E-Book inside.

Mit folgendem persönlichen Code können Sie die E-Book-Ausgabe dieses Buches downloaden:

70181-r65p6-yze00-e3741

Registrieren Sie sich unter

www.hanser-fachbuch.de/ebookinside

und nutzen Sie das E-Book auf Ihrem Rechner*, Tablet-PC und E-Book-Reader.

Der Download dieses Buches als E-Book unterliegt gesetzlichen Bestimmungen bzw. steuerrechtlichen Regelungen, die Sie unter **www.hanser-fachbuch.de/ebookinside** nachlesen können.

* Systemvoraussetzungen: Internet-Verbindung und Adobe® Reader®

Schoblick

Blended Learning mit MOODLE

Robert Schoblick

Blended Learning mit MOODLE

Elektronische Lehrmittel in den modernen Unterricht integrieren

HANSER

Der Autor:
Robert Schoblick, Techelsberg am Wörthersee (A)

Alle in diesem Buch enthaltenen Informationen, Verfahren und Darstellungen wurden nach bestem Wissen zusammengestellt und mit Sorgfalt getestet. Dennoch sind Fehler nicht ganz auszuschließen. Aus diesem Grund sind die im vorliegenden Buch enthaltenen Informationen mit keiner Verpflichtung oder Garantie irgendeiner Art verbunden. Autor und Verlag übernehmen infolgedessen keine juristische Verantwortung und werden keine daraus folgende oder sonstige Haftung übernehmen, die auf irgendeine Art aus der Benutzung dieser Informationen – oder Teilen davon – entsteht.

Ebenso übernehmen Autor und Verlag keine Gewähr dafür, dass beschriebene Verfahren usw. frei von Schutzrechten Dritter sind. Die Wiedergabe von Gebrauchsnamen, Handelsnamen, Warenbezeichnungen usw. in diesem Buch berechtigt deshalb auch ohne besondere Kennzeichnung nicht zu der Annahme, dass solche Namen im Sinne der Warenzeichen- und Markenschutz-Gesetzgebung als frei zu betrachten wären und daher von jedermann benutzt werden dürften.

Bibliografische Information der Deutschen Nationalbibliothek:

Die Deutsche Nationalbibliothek verzeichnet diese Publikation in der Deutschen Nationalbibliografie; detaillierte bibliografische Daten sind im Internet über http://dnb.d-nb.de abrufbar.

Lektorat: Brigitte Bauer-Schiewek
Copy editing: Petra Kienle, Fürstenfeldbruck
Umschlagdesign: Marc Müller-Bremer, München, www.rebranding.de
Umschlagrealisation: Max Kostopoulos
Titelmotiv: Sebastian Völkel
Gesamtherstellung: Kösel, Krugzell
Printed in Germany

Print-ISBN: 978-3-446-46382-0
E-Book-ISBN: 978-3-446-46554-1
E-Pub-ISBN: 978-3-446-46469-8

Inhalt

Vorwort

Die Entwicklung der Lehre wurde maßgeblich durch Veränderungen in den verfügbaren Medien beeinflusst. So eröffnete die Erfindung des Buchdrucks einst die Möglichkeit, Wissen auch durch Selbststudium zu erwerben. Das war ein Beitrag zur Befreiung für eine größere Bevölkerungsschicht von einer rein elitären Bildung hin zur Breitenbildung. Aus reinen Vorlesungen wurden allmählich Lehrveranstaltungen, die es Lernenden gestatteten, sich auch aus verschiedenen Quellen zu informieren.

Mit den Möglichkeiten der modernen Computertechnologie, der Smartphones und des Internets eröffnen sich völlig neue Bildungsoptionen. Es ist nicht nur möglich, in kürzester Zeit in mehreren Quellen zu recherchieren, sondern auch örtlich unabhängig zu lernen. Setzt man nun diesen Gedanken fort, wird sich zwangsweise eine sehr kühne Idee in eine prominente Position stellen: schulübergreifendes Lernen. Dagegen sprechen heute noch durchaus Fragen der Budgetierung und der Planung personeller Ressourcen. Die Strukturen sind darauf noch nicht ausgelegt. Es sollte aber möglich sein, in der Regie einzelner Schulen oder Hochschulen Kooperationen mit Partnerschulen auf internationalem Niveau einzugehen. Dies fördert die Sprach- und die Kulturbildung. Moodle ermöglicht solche Kooperationen. Es lassen sich spezielle Bereiche einrichten und Lernende aus mehreren internationalen Schulen in die Kurse gemischt einschreiben. Hier braucht es lediglich das *Wollen*!

Die Lernplattform Moodle wird heute bereits oft eingesetzt, aber keinesfalls deren Potenziale auch nur annähernd ausgenutzt. Die am meisten eingesetzte Aktivität ist die Bereitstellung von Dateien zum individuellen Download. Hier werden oft PDF-Dateien auf die Plattform gestellt. Das ist zu wenig, um einen tatsächlichen Mehrwert in der Lehre zu erreichen. Es kommt noch schlimmer, denn die alleinige Ablage von PDF-Dateien und Präsentationen im Moodle-System verführt förmlich dazu, den Bezug zum Arbeitsaufwand für die Lernenden zu verlieren. Die Folge sind Überlastungen.

Ähnlich sieht es mit dem Einsatz von Moodle als Abgabemedium für Hausaufgaben aus: Moodle ermöglichst dies auf die Minute genau zu einem bestimmten Termin. Außerdem wird die Abgabe auf ein einziges Medium fokussiert und ist in den Protokollen grundsätzlich bei Unstimmigkeiten nachvollziehbar.

Leider ist jedoch zu beobachten, dass Moodle (und auch andere Lernplattformen) sehr häufig unterschätzt und das Prinzip einer E-Learning-Komponente missverstanden werden. In Gesprächen mit Lehrerinnen und Lehrern wird in den allermeisten Fällen zuerst die

Befürchtung der menschlichen Entfremdung durch „E-Learning" geäußert. Auch die Sorge, E-Learning könne zur weiteren Rationalisierung beitragen und damit den Lehrermangel noch verschärfen, wird postuliert. Tatsächlich gibt es auch die Meinung, dass der verstärkte Einsatz elektronischer Lehrmittel dem Lehrermangel durch Rationalisierungseffekte entgegenstehen könnte. Das ist bei detaillierter Betrachtung ein Trugschluss! Reines E-Learning hat durchaus einen Sinn für die Fortbildung. Es bietet die Möglichkeit, quasi vom System und von Lehrenden unterstützt, autodidaktisch aktuelles Wissen anzueignen und zu vertiefen.

In der schulischen Bildung stellen elektronische Lernplattformen ein ideales Hilfsmittel zur Unterstützung des Präsenzunterrichts dar. Es können vertiefende Informationen angeboten, aber auch in dieser Plattform gut kontrollierbare Gruppenarbeiten umgesetzt werden. Das erleichtert eine gerechte Beurteilung erbrachter Leistungen, weil das System die Vorgänge der Lernenden protokolliert. Zudem bietet Moodle die Möglichkeit, über gegenseitiges Feedback nicht nur Objektivität und Fairness zu trainieren und damit auch die sozialen Kompetenzen zu schärfen, sondern auch über diesen Weg den Stand des Fachwissens der Lernenden zu prüfen.

Moodle-Aktivitäten müssen nicht grundsätzlich in der Form opulenter Kursunterlagen oder aufgeblähter Lektionen gestaltet werden. Es ist durchaus möglich – und oft auch sinnvoll –, kurze elektronische Lernzielkontrollen direkt in den Präsenzunterricht einzubauen. Kurze Feedbackfragen, wie zum Beispiel ein Zuordnungsspiel, können das gerade Gelernte überprüfen. Allein die Möglichkeit, dass derartige (protokollierte) Abfragen während des Unterrichts oder während einer Vorlesung gestellt werden, wird die Aufmerksamkeit steigern.

Natürlich können Lernzielkontrollen noch weiter gestaltet und bis hin zur vollständigen und rechtssicheren Prüfung rein elektronisch umgesetzt werden. Wer hier jedoch zuerst an Rationalisierung denkt, muss enttäuscht werden, denn es wird nach wie vor Aufsicht führendes Personal benötigt und es sind entsprechende Infrastrukturen erforderlich. Einen echten Zeitgewinn können Lehrende durchaus für sich verbuchen, wenn sie anstelle – oft in einer abenteuerlichen Form verfasster – handschriftlicher Prüfungsabgaben einen auf dem Computer geschriebenen und somit problemlos lesbaren Text korrigieren müssen. Lehrende gewinnen hier persönliche Freizeit, denn diese Korrekturtätigkeiten finden fast immer daheim statt.

Um Moodle und die Potenziale dieses Systems zu entdecken, kann ein eigenes kleines Experimentalsystem nützlich sein. Es eignet sich auch dazu, eigene Kurse oder Prüfungsfragen zu entwickeln. Dieses Werk stellt also in zwei großen Themenschwerpunkten sowohl die technischen Rahmenbedingungen als auch den praktischen Einsatz des Systems in der Lehre vor. Dies beginnt bei der Server-Technologie von Moodle einschließlich der erforderlichen Systemvoraussetzungen. Die Einrichtung und die Administration eines Moodle-Systems und nicht zuletzt die praktischen Einsatzmöglichkeiten in Kursen (sowohl rein digital als auch präsenzunterstützend) bis hin zur Durchführung elektronischer Prüfungen bilden die Schwerpunkte.

Danksagung

Mein Dank richtet sich an Frau Dr. Gabriele Frankl von der Alpen-Adria-Universität in Klagenfurt, die mir vor einigen Jahren die Möglichkeit bot, nebenberuflich das Moodle-System und vor allem dessen Einsatz in einer sicheren Prüfungsumgebung kennenzulernen. Ebenso danke ich dem Team der Kärntner Berufsförderungsinstitut GmbH (bfi Kärnten) und hier speziell dem ehemaligen Moodle-Administrator Thomas Weiher sowie Frau Mag. Verena Roßmann, Leiterin des eLearning Centers. Für interessante Gespräche und thematische Anregungen am Rande von Lehrveranstaltungen zu E-Learning und Blended Learning danke ich Herrn Asc. Prof. (FH) Mag. (FH) Hans-Peter Steinbacher, MA von der FH Kufstein und Herrn Prof. Dr. Peter Baumgartner von der Donau-Universität Krems.

Bedanken möchte ich mich auch bei den fleißigen Mitarbeiterinnen und Mitarbeitern des Verlages, ohne die ein solches Werk nicht machbar wäre. Namentlich möchte ich mich bei Frau Brigitte Bauer-Schiewek und Frau Kristin Rothe vom Carl Hanser Verlag sowie bei Frau Petra Kienle für ihren Einsatz bei der Fehlerkorrektur bedanken.

Mein ganz besonderer Dank richtet sich an meine Familie und speziell an meine Frau Gabi für die große Geduld und für die aktive Unterstützung bei der Verfassung dieses Buchs.

Techelsberg im Juni 2020

Robert Schoblick

Wozu Blended Learning?

Geleitwort von Prof. Dr. Baumgartner, Donau-Universität Krems

Unter Blended Learning wird ein didaktisches Modell verstanden, das verschiedene Unterrichtsformen miteinander kombiniert. „To blend" heißt soviel wie mischen, vermischen, vermengen, durchmischen oder auch verschneiden. Dabei geht es aber nicht bloß darum, dass zum Präsenzunterricht noch eine zusätzliche Lernform additiv hinzugefügt wird. Blended Learning ist vielmehr ein pädagogischer Ansatz der Präsenzunterricht, Online-Lernen und (nicht zu vergessen) Selbststudium zu einem einheitlichen Ganzen verbindet. Im Deutschen wäre daher nicht „vermischtes", sondern „integriertes" Lernen wohl die korrekte Übersetzung.

Während beim Präsenzunterricht sowohl Lernende als auch Lehrende an einem Ort zur selben Zeit körperlich anwesend sind, sind bei den E-Learning-Phasen die Menschen (also Lernende und Lehrende) disloziert, d.h. sie (inter)agieren an verschiedenen Orten. Das kann sowohl zur gleichen Zeit sein (dann sprechen wir vom synchronen E-Learning) oder aber es wird zu individuell verschiedenen Zeiten gelernt (dann sprechen wir vom asynchronen E-Learning). Beispiele für synchrones Lernen sind Chat und Videokonferenzen, Beispiele für asynchrones Lernen sind E-Mail, Forum oder auch die meisten Interaktionen über eine Lernplattform wie Moodle.

Blended Learning hat die große Chance, nur die positiven Seiten der beiden Welten (reale und virtuelle Welt) zu betonen:

- Individualisiertes Lernen (E-Learning und Selbststudium) wird mit Präsenzunterricht in einer Gruppe kombiniert: Dadurch können mögliche Schwachstellen beim Online-Lernen (wie z.B. fehlender persönlicher Kontakt) vermieden werden.
- Angeleitetes Präsenzlernen in der Gruppe hingegen kann auf das eigenverantwortliche Online-Lernen aufbauen und die individuellen Besonderheiten stärker in den Unterricht integrieren.

Das Bindeglied für diese beiden Aspekte und damit auch das Erfolgsrezept für Blended Learning ist die zeitnahe Betreuung. Qualitativ hochstehendes Blended Learning hat sich dabei zwei großen organisatorischen Herausforderungen zu stellen:

- Wie können die Vorteile von Präsenz- und Online-Lernen optimal genutzt werden? Dazu braucht es didaktischer Ansätze, die früher ohne E-Learning kaum möglich waren. Ein Beispiel ist „Flipped Classroom", wo die traditionelle Lehr- und Lernfolge – und damit auch das Lernverhalten – umgedreht wird. Statt purer „Stoffvermittlung" (Präsentieren -> Verstehen -> Aneignen/Üben) steht die Entdeckung von Zusammenhängen im Vordergrund, weil zuerst geübt, probiert, experimentiert wird und die selbst erarbeiteten Ergebnisse danach den Mitlernenden in der Gruppe präsentiert werden (Aneignen/Üben -> Verstehen -> Präsentieren). Während im ersten Fall vor allem die Lehrpersonen präsentieren, sind es beim Flipped Classroom prototypisch die Lernenden, die ihre Lernerkenntnisse und -produkte vorstellen.

- Welches Mischungsverhältnis von Präsenz- und Online-Lernen soll gewählt werden? Dafür gibt es keine einfache Regel: Welchen Anteil E-Learning im Gesamtbudget der Lernstunden haben soll, hängt von vielen wechselnden Bedingungen ab. Manche Inhalte sind besser für Online-Lernen geeignet als andere. Besonders körperliche Fertigkeiten können nicht alleine über das Internet angeeignet werden. Die nachfolgende Typologie soll die große Variationsbreite der Mischungsszenarien aufzeigen, wobei 6 – 9 laut obiger Definition gar nicht unter Blended-Learning fallen.

Typologie der Mischungsszenarien von Präsenz-, Selbst- und Online-Lernen

Nr.	Präsenz	E-Learning	Selbst-lernen	Bemerkung, prototypische Mischungsformen
1	33%	33%	33%	Gleichverteilung
2	20%	40%	40%	hoher Anteil E-Learning mit geringem Präsenzanteil
3	40%	40%	20%	hoher Anteil Präsenz mit geringem Anteil individueller Selbstlernphasen
4	20%	20%	60%	Prototyp von Blended Learning
5	20%	60%	20%	hoher Anteil betreutes E-Learning
6	50%	0%	50%	Präsenzstudium
7	60%	20%	20%	Präsenzstudium mit E-Learning Unterstützung
8	0%	20%	80%	Fernstudium: Distance Education
9	0%	0%	100%	Fernstudium: Korrespondenzstudium

Aus meiner Sicht sind nicht fehlende technische Kenntnisse oder mangelnde Hard- und Softwareausstattung das Hauptproblem für die erfolgreiche Umsetzung von Blended Learning. Ich glaube vielmehr, dass es die neue Rollenverteilung – selbstorganisiertes und eigenverantwortliches Lernen auf der einen Seite und Umgang mit einer geänderten Rolle der Lehrenden auf der anderen Seite – die größte Herausforderung ist.

Gerade jetzt in der aktuellen COVID-19-Krise merken wir, wie wichtig Selbstverantwortung der Lernenden und Betreuungsmodalitäten über die Distanz sind. Wegen geschlossener Schulen, Betriebe und Bildungseinrichtungen kann derzeit kein Präsenzunterricht und daher auch kein Blended Learning durchgeführt werden. Der heutige Schwerpunkt auf Online-Learning bringt aber auch die große Chance mit sich, dass der bisher vernachlässigte E-Learning-Anteil in unserem Bildungssystem in Zukunft stärker betont wird. Dann wird Blended Learning eine noch größere Bedeutung als bisher zukommen.

Krems im März 2020

Prof. Dr. Peter Baumgartner

Univ.-Prof. Dr. Peter Baumgartner

Peter Baumgartner ist nach Professuren in Klagenfurt, Münster, Innsbruck und Hagen seit 2006 Professor für technologieunterstütztes Lernen an der Donau-Universität Krems (Österreich). Seine Arbeits- und Forschungsschwerpunkte liegen im Bereich E-Education, E-Learning, interaktive Medien, technologiegestütztes Lernen, Web 2.0, E-Science, Open Knowledge und Data Literacy Education. Die Ergebnisse seiner Arbeiten wurden in 25 Büchern (10 Monographien und 15 Sammelbände) und in über 200 Artikeln publiziert. Weitere bio- und bibliografische Informationen finden sich auf seinen Webseiten

- *http://peter.baumgartner.name* (Gedankensplitter/Deutsch)
- *https://notes.peter-baumgartner.net/* (Open Science Education/Englisch),
- *https://orcid.org/0000-0003-4526-8791*

Der Autor

Robert Schoblick, Jahrgang 1964, lernte im Elektrohandwerk, studierte Nachrichtentechnik an der FH der Deutschen Bundespost (später FH der Deutschen Telekom AG) und später Elektro- und Informationstechnik mit dem Schwerpunkt regenerative Energietechnik an der Fernuniversität in Hagen. Lange Zeit war Schoblick hauptberuflich als Fachjournalist und Buchautor tätig. 2012 bekam er den ersten beruflichen Kontakt mit dem Lernmanagementsystem Moodle, was an der Alpen-Adria-Universität Klagenfurt für rechtlich sichere Prüfungen mit großem Erfolg eingesetzt wird. Seit 2015 arbeitet er sehr intensiv in der Ausbildung Jugendlicher sowie in der Erwachsenenbildung als zertifizierter Fachtrainer (SystemCERT, Österreich). Neben Firmenkunden betreute er auch Arbeitsuchende, Beeinträchtigte und Strafgefangene in der JVA Klagenfurt.

Der Autor dieses Werks hat in einem knapp 40-jährigen Berufsleben einen ständigen Wandel der Technologien erleben können. Das betrifft auch den Wandel in der Bildung. Er genoss seine Schulzeit im klassischen Frontalunterricht. „Multimediales Highlight“ war die gelegentliche Präsentation eines Films, projiziert von einer Zelluloidrolle oder später ein Video (VHS, Beta-Max, Video 2000). „PowerPoint“ hieß damals noch Overhead-Projektor! In diesen Jahren gab es auch bereits Fernkurse. Es wurden monatlich Lehrbriefe verschickt und Übungsaufgaben an das Institut eingesendet. Schoblick nahm in diesen Zeiten während eines längeren unfallbedingten Krankenhausaufenthalts - noch als Jugendlicher - an solchen Fernkursen teil und erwarb die theoretischen Grundlagen, um damit innerhalb der regulären Ausbildungszeit die Gesellenprüfung abzulegen. Auch den letzten Hochschulabschluss erlangte er berufsbegleitend über ein Fernstudium.

Schoblick erlebte als junger Ingenieur in den letzten Jahren der Behörde „Deutsche Bundespost“ und in den ersten Jahren der Deutschen Telekom AG die Umstellung alter elektromechanischer Telefon-Vermittlungstechnik hin zur digitalen Technik einschließlich der Einführung einer digitalen Anschlusstechnik (ISDN). Diese Jahre waren prägend, denn der Technologiewandel vollzog sich in rasanter Geschwindigkeit. Die älteren Kolleginnen und Kollegen, kurz zuvor noch die „Wissenden“, waren nun plötzlich zweite Wahl für anspruchsvolle Aufgaben. Ihre Erfahrung verlor zu einem großen Teil an Bedeutung. Fortbildungen stellten bereits damals einen signifikanten Kostenfaktor dar. Kurse für Technik, aber auch für die Mess- und Servicegeräte bekamen nur wenige Mitarbeiter. Es entstanden Eliten, was kurz vor dem Telekom-Börsengang und den damit verbundenen Rationalisierungen Ängste verbreitete. In seinen Büchern und Lehrgängen ist es deswegen grundsätzlich Schoblicks Ziel, auch wieder einen Beitrag zur Herstellung der Chancengleichheit zu leisten.

Teil I: Allgemeine Ansätze

Moodle ist eine Lernmanagement-Plattform, die mittlerweile an fast allen Schulen (Sekundarstufe) und Hochschulen vorhanden ist. Auch Schulungsinstitute setzen Moodle ein und sogar einige Unternehmen, die die Notwendigkeit erkannt haben, Mitarbeiter nicht nur aus-, sondern auch weiterzubilden, interessieren sich für digitale Lehrsysteme.

Es stellt sich heute tatsächlich die Frage, was man unter einem Lehrer noch versteht. Die Kapitel dieses Abschnitts sollen keine Antworten finden. Das wird wahrscheinlich auch nicht mehr allgemeingültig möglich sein. Sie werden aber Fragen aufwerfen und zur Diskussion anregen. Das gilt auch für die möglichen Einsatzbereiche digitaler Lehrplattformen. Gehören sie in die Schule und wenn ja, ab welcher Klassenstufe sind sie sinnvoll? Sollte man diese Systeme vielleicht sogar ablehnen, weil es der Entwicklung sozialer Kompetenzen widersprechen würde, junge Menschen auf ihr Smartphone und den PC zu fixieren?

Dem Trend der Digitalisierung kann man sich heute nicht mehr verschließen. Wichtig wird es also sein, die gebotenen Technologien sinnvoll einzusetzen und den verantwortungsvollen Umgang mit Medien zu lehren. Ebenso wichtig wird es aber auch für Lehrende sein, die sich in den meisten Fällen beruflich nicht mit den neuen Medien und mit moderner IT-Technologie auseinandersetzen müssen, selbst diese Medienkompetenz zu erlangen. Hier geht es allerdings nicht in erster Linie darum, den Unterschied zwischen virtueller und realer Welt und die Bedeutung sozialer Kontakte zu verstehen. Es geht vielmehr darum, zu erkennen, wie man Lehreinheiten richtig dosiert und wie man sie zeitlich steuern kann. Tatsächlich wird hier die eigentliche Herausforderung ersichtlich: Während die Schul- und Geschäftsleitungen in digitalen Lernplattformen (oft vorschnell und fälschlicherweise!) Rationalisierungspotenziale zu sehen meinen, wird dieses Buch versuchen, den die Lehre unterstützenden Nutzen moderner Technologien zu verdeutlichen.

1 Potenzielle Zielgruppen

Wenn in Pädagogenkreisen das Thema *E-Learning* auf die Tagesordnung kommt, entstehen rasch hart umkämpfte Lager mit sehr kompromisslosen „Pro“- und „Contra“-Ansichten. Tatsächlich sind Begriffe wie *E-Learning* und *Blended Learning* hoch umstritten und das hat gute Gründe: Einerseits wird heute in der allgemeinen „Euphorie für Digitalisierung“ digitale Technik „wie Hühnerfutter“ über alle Bereiche des Lebens gestreut. Dies erweist sich bei näherem Nachdenken nicht immer als sinnvoll und oft sogar als falsch. Auf der anderen Seite setzt der sinnvolle Einsatz von *E-Learning*-Elementen im Rahmen eines *Blended Learnings* durchaus technisches Know-how voraus, das weit über das reine Fachwissen und über die didaktischen Fähigkeiten der Lehrenden hinausgehen kann.

Tatsächlich gehört die komplexe Administration von IT-Infrastruktur eben nicht zum Kerngeschäft einer Pädagogin bzw. eines Pädagogen und dennoch werden meist Lehrende mit dieser Aufgabe betraut. – Grund: Kosteneinsparung! Versuchen wir nun zu definieren, wie die verschiedenen Fachgruppen im weiten Feld der Pädagogik und Bildung allgemein ihre Kernaufgaben sehen und wie in diesen Bereichen elektronische Lernplattformen sinnvoll eingesetzt werden können. Dies beginnt bei einem scheinbar trivialen Ansatz: Das Verständnis der jeweiligen „Zielgruppendefinitionen“. Wer kommt überhaupt als Anwender digitaler Lehrwerkzeuge in Frage? Für wen sind diese Technologien tatsächlich sinnvoll und eine wirkliche Unterstützung in der pädagogischen Arbeit?

1.1 Lehrerinnen und Lehrer

Der Begriff der Lehrerin oder des Lehrers ist ein sehr weitgreifender Begriff und dies wird bereits die ersten Kontroversen in Diskussionen zu den Themen *Blended Learning* oder gar *Digitale Transformation*[1] auslösen.

[1] Begriffe wie „Digitale Transformation“ oder sogar „Digitale Disruption“ sind heute in aller Munde und werden sogar beinahe gefeiert! Es ist jedoch insbesondere im Bildungsbereich sehr differenziert darüber nachzudenken, was mit diesen Begriffen im Einzelfall gemeint ist und was sie letztendlich bewirken. Digitale Technologien müssen immer ein kontrollierbares Hilfsmittel bleiben und dürfen den Menschen als solches niemals ersetzen. Der Mensch ist und bleibt ein analoges Wesen!

1.1.1 Amtsbezeichnung „Lehrerin/Lehrer“

Die Zahl der Verbeamtungen bei Lehrerinnen und Lehrern ist rückläufig. Grundsätzlich wird die Frage gestellt, ob dieser Beruf tatsächlich eine „hoheitliche“ Aufgabe darstellt. Dies ist insbesondere berechtigt, wenn man die Entwicklung der letzten Jahrzehnte analysiert. Infrastrukturen und Kommunikationsnetze – einst hoheitliche Kernbereiche – wurden privatisiert und tatsächlich modernisiert.

Von weit größerer Bedeutung ist die Frage nach der gesellschaftlichen Anerkennung des Lehrerberufs. Waren Lehrerinnen und Lehrer einst hoch angesehene Persönlichkeiten, so sehen sie sich heute oft mit geringer Wertschätzung in der breiten Gesellschaft konfrontiert. Die älteren Leserinnen und Leser erinnern sich gewiss noch an die morgendlichen Begrüßungsrituale wie zum Beispiel das kollektive *Aufstehen,* wenn die Lehrkraft den Klassenraum betritt. Diese Geste der Höflichkeit wird heute nicht mehr erwartet. In vielen Schulen sind die Lehrkräfte ohnehin bereits zufrieden, wenn die Klasse vollständig versammelt ist und damit bekundet, mit physischer Anwesenheit am Unterricht teilzunehmen.

Es ist gewiss schwierig, über „alte Traditionen“ zu diskutieren, jedoch ist schwindender Respekt gegenüber dem Lehrerberuf zu erkennen. Dies betrifft allerdings nicht nur die verbeamteten Lehrerinnen und Lehrer. Spricht man nun zusätzlich von *Blended Learning* oder sogar *E-Learning,* dann verschärft dies die Betrachtung durchaus. Es handelt sich bei E-Learning-Technologien schließlich um eine direkte Konkurrenz zum Lehrerberuf. Lehrerinnen und Lehrer stellen möglicherweise die Frage, welche disruptiven Effekte diese Technologien auf ihren Beruf haben. Mehr noch: Wenn elektronische Lehrtechnologien sich etablieren, steht – zusätzlich zur abnehmenden Verbeamtung von Lehrkräften – auch die dazu erforderliche hoheitliche Bedeutung in Frage. Der Begriff „Lehrer“ (ebenso Studienrat etc.) als Amtsbezeichnung steht in der heutigen Zeit auf dem Prüfstand. Dies wird allerdings nicht ausschließlich durch elektronische Lehr- und Lernsysteme begründet.

Bild 1.1
Das Bild eines Lehrers, wie ihn seinerzeit der satirische Zeichner Wilhelm Busch in seinem Werk „Max und Moritz“ sah, ist beinahe visionär: Aus einer zu respektierenden Person mit einem hohen gesellschaftlich anerkannten Stellenwert wurde in heutigen Tagen beinahe schon eine „bedauernswerte Karikatur“. Dabei tut man dem Beruf des „Lehrers“ Unrecht, denn die fachlichen Anforderungen sind seit Busch rapide gestiegen. Ebenso ist zu erkennen, dass in breiten Gesellschaftsschichten das Bewusstsein, ein „Recht auf Bildung“ zu haben, nicht mehr selbstverständlich ist. Lehrer sind keinesfalls zu ersetzen. Sie sollten jedoch mit der Zeit gehen und die ihnen zur Verfügung gestellten Werkzeuge nutzen. *(Bild: Wilhelm Busch)*

1.1.2 Berufsbezeichnung „Lehrerin/Lehrer“

Für den Begriff des „Lehrers“ gibt es eine Reihe von Interpretationen. Die der Amtsbezeichnung, also der geschützten Auslegung des Begriffs, wurde bereits angesprochen. So leitet die Online-Enzyklopädie Wikipedia die Definition des Begriffs folgendermaßen ein:

> *Ein Lehrer, weiblich: Lehrerin, ist eine Person, die auf einem Gebiet, auf dem sie einen Vorsprung an Können, Wissen oder Erfahrung hat, weiterbildet.*
>
> *Quelle: Wikipedia, diverse Autoren, Zugriff: 07. 12. 2019*

Damit erweitert sich der Begriff des „Lehrers“ weit über die Amtsbezeichnung hinaus sowohl in sinnvoller als auch in übertriebener Weise. Ein „Lehrer“ wird damit plötzlich jeder Mensch, der anderen etwas beibringt und das kann streng genommen ein Kindergartenkind sein, welches einem anderen beibringt, wie man aus „Schippchen und Förmchen“ Sandkuchen herstellt.

Man findet den Begriff des „Lehrers“ in Sportvereinen, Musikschulen, Tanzschulen und Volkshochschulen etc. In der Regel fallen diese Tätigkeiten nicht in den geschützten Bereich der Amtsbezeichnung „Lehrer“, die mit einer speziellen pädagogischen Ausbildung und staatlich anerkannten schulischen Tätigkeit (auch: private Schulen) verbunden ist.

Formuliert man in diesem Kontext die Frage nach der gesellschaftlichen Anerkennung des „Lehrers“, so wird die Aussage in der Regel weit positiver ausfallen. Das liegt daran, dass beispielsweise mit einem „Tanzlehrer“ nicht gleichzeitig ein „Erziehungsauftrag“ verbunden wird, sondern gemeinsamer Spaß an einem Thema und eine starke intrinsische Motivation der Lernenden.

Die Akzeptanz von E-Learning-Komponenten im Kontext dieser „Lehrer“-Definition und damit verbunden der Vielseitigkeit des Lernens hängt gewiss vom eigentlichen Themengebiet ab. Eine gewisse Bereitschaft zur freiwilligen Teilnahme der Lernenden an den elektronischen Angeboten darf jedoch tendenziell vorausgesetzt werden.

1.2 Trainerinnen und Trainer

Markus Rimser (Rimser, 2011), der sich in diesem Fall auf Dr. Christoph Warhanek beruft, unterscheidet drei grundlegende Arten von Training:

- Fachtraining,
- Verhaltenstraining und
- Persönlichkeitstraining.

Eine *Fachtrainerin* bzw. ein *Fachtrainer* entsprechen – grob formuliert – dem eben beschriebenen Berufsbild des „Lehrers“. Hier handelt es sich um Lehrende, die (Fach-)Wissen an Personen weitergeben, die auf einem geringeren Wissensstand sind und sich fortbilden möchten. Fachtrainer und Fachtrainerinnen arbeiten also vorzugsweise präsentierend[2] vor ihrem Publikum.

Im Vergleich zum Fachtraining arbeiten *Verhaltenstrainerinnen* und *Verhaltenstrainer* anleitend, um die Lernenden zu bewegen, sich das gewünschte Wissen selbst zu erarbeiten. Sie liefern damit quasi einen „roten Faden“, der jedoch verschiedene, ausgesprochen individuelle Lernwege gestattet. Diese hängen von den Kenntnissen und Fähigkeiten der Lernenden, aber auch von deren Kreativität in der eigenen Gestaltung ihrer Lernstrategien ab.

Trainerinnen und Trainer legen für gewöhnlich großen Wert auf den direkten persönlichen Kontakt und Austausch mit den Teilnehmerinnen und Teilnehmern ihrer Kurse. Training bedeutet „Übung“, hat also einen starken praktischen Bezug. Trotzdem sind elektronische Lernplattformen lehrbegleitend sinnvoll: Sie können beispielsweise den Dialog innerhalb des Teilnehmerkreises sowie zwischen Trainerinnen/Trainern und Teilnehmerinnen/Teilnehmern fördern, ohne deren Privatsphäre zu verletzen. Ein Lernmanagementsystem dient zudem als Fundus für Ausbildungsunterlagen. Nicht zuletzt kann das erworbene Wissen geprüft werden.

1.3 Ausbilderinnen/Ausbilder

Berufsausbildung oder berufliche Weiterbildung sind in Zeiten des gern postulierten Fachkräftemangels von großer Bedeutung. Es wird nicht zuletzt hier größter Wert auf eine qualitative Ausbildung gelegt, aber auch auf Effizienz. „Auszubildende müssen in meiner Firma sofort performen!“ - Dies war die Aussage des Geschäftsführers einer kleinen IT-Dienstleistungsfirma. Die Bereitschaft, junge Menschen für den Beruf auszubilden, ist in den letzten Jahren rückläufig. Das liegt vor allem am wirtschaftlichen Druck, dem sich insbesondere kleine und mittelständische Unternehmen ausgesetzt sehen.

Berufliche Aus- und Weiterbildung besteht grundsätzlich aus Theorie und Praxis. Der Theorieteil kann effizienter gestaltet werden, wenn dieser mit einem Selbststudium der Lerneinheiten im Vorfeld einer theoretischen Frontalunterweisung vorbereitet wird.

Besonders in der beruflichen Weiterbildung gewinnen elektronische Lernplattformen an Bedeutung, denn Werkzeuge und Produkte unterliegen einem rasanten Innovationswandel. Das gilt auch für Dienstleister wie Rechtsanwälte, Lohnbuchhalter und Steuerberater etc. Die Mitarbeiterinnen und Mitarbeiter müssen ständig weitergebildet werden. In vielen Fällen kann hier sogar auf ein ausschließliches Selbststudium gesetzt und damit Ausfallzeit sowie Reisekosten beim Personal eingespart werden. Allerdings ist der reine Ansatz der Kosteneinsparung selbst zu kurz gesprungen, denn dieses Konzept kann nur dann funktionieren, wenn das Lehrmaterial verständlich ist und didaktisch hervorragend aufbereitet wurde.

[2] Dies ist keinesfalls einschränkend oder gar wertend zu verstehen. Im Fachtraining werden selbstverständlich auch praktische Elemente eingesetzt. Die Unterstützung durch E-Learning-Elemente ist stets an das didaktische Konzept zu adaptieren.

Für eine Ausbilderin bzw. einen Ausbilder ist diese Form der Kursgestaltung eine große Herausforderung, denn auf der einen Seite funktioniert dieses Prinzip nur in einem sehr engen Kontakt mit den Experten der jeweiligen Abteilungen und es setzt eine sorgfältige und umfangreiche Gestaltung der Kurselemente und der einzelnen Lektionen voraus. Auf der anderen Seite wird der Aufwand für die Erstellung und vor allem für die Pflege der Kursinhalte sowie die individuelle Betreuung der Lernenden oft massiv unterschätzt. Dies schlägt sich sowohl in unzureichender Wertschätzung als auch in mangelnder Bereitstellung von Zeit und finanziellen Mitteln nieder.

Erfolg und Akzeptanz von E-Learning in Aus- und Weiterbildung

Wenn es „schnell gehen" muss und „nichts kosten" darf, sind E-Learning-Konzepte zum Scheitern verurteilt! Es handelt sich zwar um eine andere Art der Wissensvermittlung, die durchaus Rationalisierungseffekte bietet, jedoch führen „Billig"-Lösungen zur Ablehnung und Demotivation der Lernenden. Erfolgreiches E-Learning setzt gut qualifizierte Ausbilderinnen und Ausbilder voraus. ■

■ 1.4 IT-Administratoren

Für IT-Administratoren ist Moodle lediglich eine Web-Anwendung, bestehend aus PHP-Skripten, die auf Datenbanken zugreifen. Aufgabe des IT-Administrators ist es in der Regel lediglich, den Webserver aufzusetzen und zu warten, die Datenbank einzurichten und zu betreuen und nicht zuletzt für die Sicherheit der Anlagen zu sorgen.

IT-Administratoren sind nur in den seltensten Fällen auch mit Lehrtätigkeiten betraut. An vielen Schulen ist es jedoch „gängige Praxis", Fachlehrer aus mathematisch-technischen oder naturwissenschaftlichen Bereichen bzw. aus dem Informatikunterricht quasi „nebenberuflich" zum IT-Administrator zu erheben. Davon sei an dieser Stelle ausdrücklich abgeraten. Der Betrieb eines Servers ist nicht nur eine rein technische Aufgabe, sondern bringt auch juristisch wirksame Verantwortung mit sich. Im einfachsten Fall kann das System die gewünschte Dienstleistung nicht mehr erbringen. Bedeutend schwieriger ist die Situation jedoch, wenn beispielsweise persönliche Daten gestohlen werden. Problematisch ist in diesem Fall vor allem die zumeist eher „symbolische" Anerkennung von Arbeitszeiten für die Systemadministration.

Zur Zielgruppe dieses Themas gehören IT-Administratoren, weil sie die Bedürfnisse der Lehrenden insbesondere in Bezug auf Erweiterungen wie „virtuelle Klassenzimmer" etc. verstehen müssen. Die IT-Administration muss beispielsweise für die richtigen Firewall-Einstellungen und die notwendigen Bandbreiten im Netzwerk sorgen. Nicht zuletzt ist die IT-Administration für die zuverlässige Anfertigung von Sicherheitskopien und gegebenenfalls für die Wiederherstellung des Systems verantwortlich. Bezogen auf Moodle obliegt es der IT-Administration zudem, die Ressourcen, vor allem die Größen der Speichermedien im Blick zu behalten. Wächst die Benutzerzahl im System, kann der Bedarf an Speicherplatz rapide ansteigen. Auch die Einbindung neuer multimedialer Lehrmaterialien eskaliert den Speicherplatzbedarf.

Im Fall eines Systemupdates ist die IT-Administration dafür verantwortlich, alle Teile des Moodle-Systems - einschließlich der Erweiterungen, die möglicherweise noch nicht mit der aktuellen Moodle-Version getestet wurden - voll funktionsfähig zu übergeben und Ausfälle der Lernplattform zu vermeiden bzw. zeitlich so kurz wie möglich zu halten.

Die IT-Administration kann, muss aber nicht zwingend auch Moodle-Administration sein. Moodle-Administratoren sind für den Betrieb der Lernplattform, für die Benutzerverwaltung, das Anlegen von Kursbereichen und anderen internen Aufgaben zuständig. In jedem Fall ist ein enger Dialog zwischen den technischen Abteilungen und der Moodle-Administration empfehlenswert.

1.5 Entscheidungsträger in Bildungsfragen

Der Begriff „Entscheidungsträger" ist sehr weitläufig gefasst. Tatsächlich kann davon ausgegangen werden, dass Entscheidungsträger - von Schulleitern etc. abgesehen - so gut wie nie eine Lehrveranstaltung leiten werden. Moodle bietet zwar die Möglichkeit, auch Material für eine Präsentation zu sammeln und für eine Veranstaltung zur Verfügung zu stellen, doch das macht Entscheidungsträger nicht zur Zielgruppe für dieses Thema.

Es geht vielmehr darum, dass weder in den Chefetagen noch in der Politik das Thema *Digitalisierung* in wirklich allen Facetten betrachtet und erst recht nicht verstanden wird. Über die Ergebnisse der *PISA-Studie*[3] lässt sich mittlerweile streiten. Kritiker reklamieren, dass explizit auf diese Studie alljährlich wie in einem Wettbewerb gezielt hingearbeitet wird und dabei doch die eigentlichen Ausbildungsziele vernachlässigt werden.

Entscheidungsträger in Politik und Wirtschaft verbinden mit Bildung vor allem den Aspekt der internationalen Wettbewerbsfähigkeit. Diese ist grundsätzlich unter dem Gesichtspunkt des wirtschaftlichen Erfolgs zu sehen. So soll Bildung mehr auf den Beruf direkt vorbereiten und möglichst schnell potenzielle Nachwuchskräfte „produzieren". Die G8-Experimente sind ein Beispiel für diese Bestrebungen. G8 steht für die achtjährige Phase der Sekundarstufen I und II an Gymnasien, die zum Abitur bzw. zur Matura führen sollen. Ziel sollte es sein, dass Schüler schneller an die Universitäten kommen und damit auch früher ihren Abschluss machen sollten. Darüber hinaus - dies ist natürlich eine, wenngleich leidenschaftlich diskutierte, Spekulation - erzeugt die verkürzte Gymnasialzeit Stress, wodurch eine natürliche Selektion potenzieller Studenten an Universitäten und Fachhochschulen entsteht.

Tatsächlich hat sich die Gesellschaft gewandelt: Der Abschluss einer Hauptschule - womöglich mit eher durchschnittlichem Erfolg - erschwert es jungen Menschen, den Einstieg in das Berufsleben mit einer qualifizierten Ausbildung zu beginnen. Stattdessen sind in Handwerksberufen zunehmend mehr Abiturienten zu finden.

---

[3] PISA = Programme for International Student Assessment (Programm zur internationalen Schülerbewertung, *http://www.oecd.org/berlin/themen/pisa-studie/*)

Es gibt gute Gründe für die Entscheidungen. Politik, Wirtschaft und internationale Beziehungen stellen extrem komplexe Systeme dar, die an vielen Knotenpunkten miteinander verwoben sind, disruptive Risiken, aber auch Chancen bieten. Auch die bildungspolitischen „Evolutionsprozesse" wurden und werden durch diese globalen Systeme beeinflusst. Hierzu trägt nicht zuletzt die technische Entwicklung der Computertechnologie, des Internets und der Preisentwicklung bei Rechenzeit, Übertragungstechnik und Speicher bei. Erst diese Technologien machen auch digitale Bildungskonzepte möglich.

Gemessen an der Entwicklungsgeschwindigkeit der Computer und des Internets sind diese digitalen Bildungsplattformen schon nahezu „steinalt". Martin Dougiamas, der Erfinder des Lernmanagementsystems *Modular **Object** **Oriented** **Dynamic** **Learning** **Environment*** oder kurz *Moodle*, stellte 1999 den ersten Prototypen der Plattform vor. Seitdem entwickelte sich Moodle rasant im Leistungsumfang aber auch in der weltweiten Verbreitung.

Nimmt man die Entwicklung der schulischen Bildung zum Maßstab, stellt dieser Zeitraum jedoch nur einen Wimpernschlag dar. Im Bildungsbereich wird zur Zeit viel experimentiert und ausprobiert. Forschung ist wichtig, doch Fehler gehen stets zu Lasten der betroffenen Schülerinnen und Schüler. Sie haften ihnen lebenslang an, beeinflussen ihre persönlichen Karriere- und Entwicklungschancen.

Entscheidungsträger im Bereich der Bildung sollten sich darüber im Klaren sein. Selektion von Eliten dient möglicherweise kurzfristig den Interessen der Wirtschaft, führt aber schon mittelfristig zur Belastung der Gesellschaft. Selektion von Eliten mag bildungspolitisch legitim zu begründen sein, denn schließlich wird eine Bewertung von Leistung gefordert. Dies dient nicht zuletzt der persönlichen Motivation der Lernenden. Allerdings ist beispielsweise das Prinzip der Notenvergabe umstritten. Es sind zwar Notenstufen definiert, die über Versetzung und Nichtversetzung an Schulen entscheiden, doch entbehrt es einer verbindlichen Grundlage. Das Zentral-Abitur wird dieses Problem nicht erschöpfend lösen können, denn die Schwachstelle ist die Qualität der Ausbildung, die nicht allein auf die Kompetenz des Lehrpersonals zurückzuführen ist.

Die derzeitigen Widersprüche in den Zielen der Bildungspolitik – Chancengleichheit für die heranwachsenden Menschen auf der einen Seite und der wirtschaftliche Bedarf an Fachpersonal auf der anderen Seite – wird auch global betrachtet früher oder später zu gravierenden Problemen führen. Die Lösung dieser Probleme lässt sich nicht auf Dauer einzelnen Volkswirtschaften aufbürden. Ausschließlich auf Rationalisierung und Effizienz zu setzen, Menschen als Wirtschaftsgut zu betrachten und nach Qualitätsmaßstäben zu taxieren, ist definitiv der falsche Weg! Die Konsequenzen einer solchen Politik werden schon heute den Volkswirtschaften übertragen, allerdings nicht mehr aus dem „Bildungstopf", sondern vom Sozialsystem finanziert.

Der Einsatz von Moodle – hier stellvertretend für alle digitalen und multimedialen Bildungsplattformen – darf keinesfalls primär zur Senkung von Bildungskosten und zur Beschleunigung von „Bildungs-Output", sprich leistungsfähige *Fachkräfte auf Zeit* verstanden werden. Bildung kann und darf im Interesse von Ethik und Kultur auch keinesfalls *Fachkräfte on Demand* produzieren, die den gerade aktuellen Anforderungen an Personal entsprechen. Menschen müssen sich entwickeln können und sind kein „Wegwerfprodukt mit Verfalldatum".

Wenn Entscheidungsträger die Themen E-Learning und Blended Learning betrachten, dann darf dieses Thema nicht auf den Gesichtspunkt der „Einsparungen" begrenzt werden.

E-Learning-Werkzeuge sind auch kein Ersatz für die reguläre Präsenzbildung. Ganz im Gegenteil: So, wie einst die Erfindung des Buchdrucks *unterstützende* Medien für die Bildung schuf, bieten auch digitale Lehrmethoden lediglich ein Werkzeug zur *Unterstützung* der Bildung, nicht aber für den Ersatz bestehender Verfahren!

Vorsicht vor naiven Gedanken!

Für Politiker ist der Gedanke „hocherotisch“, Bildung zu automatisieren und in „die Cloud“ zu verlegen. Dies wäre billig (nicht kostengünstig). Davor kann nur gewarnt werden! Obgleich „Fernausbildungen“ im akademischen Bereich durchaus etabliert sind und auch – als berufsbegleitende Bildungsmaßnahme gut funktionieren –, wird die digitale Ausbildung nie alleine ausreichend sein! Die Bildung an Fernschulen funktioniert getrieben aus intrinsischer Motivation der Lernenden. Diese innere Motivation fehlt Kindern und Jugendlichen oft.

2 Potenzielle Einsatzbereiche

Spricht man beim Begriff des „Lehrens“ und des „Lernens“ nur von Schule und Studium? Ganz gewiss denkt man daran zuerst. Eine große Bedeutung gewinnt aber vor allem in dieser schnelllebigen Zeit mit rasanten Innovationen und einer zunehmenden Internationalisierung das „lebenslange Lernen“. Es geht also nicht allein um die Ausbildung, sondern immer mehr auch um *Weiterbildung*, die neben dem regulären (meist Vollzeit) „Broterwerb“ stattfinden muss. Dementsprechend gibt es unterschiedliche Einsatzbereiche für digitale Lernsysteme.

2.1 Allgemeinbildende Schulen

Wer an Schule denkt, sieht sofort kleine Kinder mit einem Schulranzen vor sich, in den Pausen über einen Schulhof tobend und im Unterricht an aufgereihten Tischen in einem Klassenraum sitzend. Tatsächlich umschreibt der Begriff der allgemeinbildenden Schule einen sehr breiten Bereich in unterschiedlichen Schulformen.

In jeder Klassenstufe und in jedem Schulzweig haben Schülerinnen und Schüler unterschiedliche Motive, Voraussetzungen, persönliche „Geschichten“ und nicht zuletzt sehr unterschiedliche Ziele für die Zukunft. Eine *Pauschalisierung* über die Sinnhaftigkeit digitaler Lernplattformen in allgemeinbildenden Schulen kann damit nicht vorgenommen werden.

Auch die Voraussetzungen innerhalb der Schulen sind sehr unterschiedlich zu bewerten. Zwar sieht die Politik die „Digitalisierung“ mit hoher Priorität und setzt auf elektronische Lehrmedien wie Beamer, Whiteboards und Tablets etc., jedoch erscheint dieses Engagement nicht immer zielführend. Anerkennenswert: Es wird viel Geld investiert. Investitionen alleine reichen allerdings nicht. Es fehlt an der Aufstockung des Budgets zur Deckung laufender Kosten. Es fehlt zudem an Ausbildung und fast überall in den Schulen an Personal.

2.1.1 Primärstufe und Kita

Die Überlegung erscheint absurd: Soll eine - in sich hoch komplexe - Lernplattform wie Moodle an Schulen der Primärstufe und sogar in Kindertagesstätten betrieben werden? Der Aufwand für den Betrieb der Plattformen ist nicht unwesentlich, setzt zumindest grundlegende IT-Kenntnisse voraus und erfordert auch IT-Grundkenntnisse bei den Lernenden.

Ein Smartphone in den Händen eines Kleinkinds ist heute keine Seltenheit mehr. Das hat aber absolut nichts mit der Beherrschung des Geräts und schon gar nicht mit der Chance gemeinsam, sich in einem Moodle-Lehrsystem orientieren zu können. Kinder, die einen Kindergarten oder die ersten Stufen der Primärstufe besuchen, sind also nicht mit Moodle zu erreichen. In der Tat darf man gewiss so weit gehen, an die Vernunft zu appellieren und die Digitalisierung nicht zu übertreiben.

Dennoch sind auch in diesen Bildungsstufen digitale Medien sinnvoll einsetzbar, allerdings weniger zur Abbildung von Kursen innerhalb der Plattform als vielmehr für die Information und Kommunikation mit den Eltern. Dies wird tatsächlich in Form von WhatsApp-Gruppen o. Ä. immer öfter praktiziert, jedoch sind diese Medien - aus Gründen des Persönlichkeits- und Datenschutzes - stark umstritten.

Moodle bietet - gewissermaßen als „Beiwerk" - eine kleine Community-Lösung. Lehrende, Eltern und - bei Bedarf - auch die Kinder können eigene Profile innerhalb der geschlossenen Plattform einrichten. Moodle bietet Foren, in denen ein Austausch zu verschiedenen Themen stattfinden kann und über das Eltern informiert werden können. Die Mitglieder der Community können einen internen Chat nutzen und damit live miteinander kommunizieren. Moodle bietet einen Kalender, aus dem die aktuellsten Termine für die Beteiligten klar ersichtlich werden.

Tatsächlich ist der große Vorteil von Moodle für diesen Einsatzbereich die Entkopplung von den großen Social-Media-Monopolisten. Daten, die auf dem eigenen Server gespeichert werden, können auch dort kontrolliert werden. Zudem ist das Risiko eines Missbrauchs deutlich geringer als innerhalb internationaler Massen-Communities. Dies gilt insbesondere hinsichtlich der Pädophilie, denn Fotos in den Profilen sind durchaus für zwielichtige Gestalten interessant, weil sie Menschen angreifbarer machen und als Persönlichkeit auch über digitale Kommunikationsmedien einander näherbringen. In öffentlichen Communities sind die persönlichen Daten nicht mehr vollständig kontrollierbar und damit nicht mehr als sicher einzustufen. Die Moodle-Plattform ist dagegen ein privates, in sich abgeschlossenes System. Auch mobil kann mithilfe einer Moodle-App, die auf das eigene System programmiert wird, zugegriffen werden, ohne Daten mit anderen internationalen Firmen zu teilen.

Strategie für Kitas und kleine Schulen der Primärstufe

Einen eigenen Moodle-Server zu betreiben und zu betreuen ist für eine Kita oder eine kleine Schule wirtschaftlich nicht sinnvoll. Die Pädagoginnen und Pädagogen in diesen Bereichen sind zudem mit ihren Kernaufgaben vollkommen ausgelastet und oft keine IT-Experten. Allerdings kann es sinnvoll und obendrein kostentechnisch realistisch sein, wenn an zentraler und vertrauenswürdiger Stelle ein Moodle-Server betrieben wird. Dies kann eine übergeordnete Instanz, wie beispielsweise die Schulbehörde sein. Jeder Kita bzw. jeder Schule wird ein eigener Bereich zugewiesen. Die Rollen der Teilnehmerinnen und Teilnehmer sind auf diese jeweiligen Bereiche begrenzt, wodurch die Persönlichkeitsrechte und der Datenschutz gewahrt bleiben. Eine Einweisung für das Personal und teilnehmende Eltern ist in übersichtlichen Schulungen von wenigen Stunden umsetzbar.

■

2.1.2 Sekundarstufe

Im Schulbereich ist insbesondere die Sekundarstufe geeignet, elektronische Lehrmittel direkt einzusetzen. Dies kann aber nicht zwingend pauschalisiert werden. Es ist Feingefühl für die jeweiligen Altersklassen erforderlich. In den oberen Klassenstufen darf man zunehmend mehr Affinität zur modernen Informationstechnologie voraussetzen.

In der allgemeinbildenden Schule ist ein reines E-Learning-Konzept auch in der Sekundarstufe nicht praktikabel. Kinder und Jugendliche haben nicht nur den Bedarf, elementares Grund- und Fachwissen zu erlernen, sondern zunehmend mehr Bedarf am Erwerb sozialer Kompetenzen. Es mag ein ausgesprochen subjektiver Eindruck sein, doch sind Jugendliche in einer Entwicklungsphase, die vor allem eine zwischenmenschliche Ebene ausprägen muss. Die Generationsunterschiede werden oft und gerne zitiert. Das passiert meist subjektiv und selten wissenschaftlich. Dennoch lohnt es sich, über diese subjektiven Eindrücke nachzudenken. Eine kleine Anekdote soll dazu beitragen:

Es begegnen sich zwei ältere Damen in einer belebten Straße. Sie bleiben stehen und beginnen sofort ein Gespräch miteinander. Ein vorbeikommender Jugendlicher kommentiert dies kurz gegenüber den anderen, die ihn begleiten: „Die schnattern schon wieder wie ein Wasserfall, die ‚Tratschtanten'."

Es geht an dieser Stelle nicht um die Inhalte der Gespräche. Es geht um die Form, sozialer Interaktionen. Ein weiteres Beispiel soll dies verdeutlichen:

Eine Gruppe Jugendlicher (Auszubildende) wartet vor dem Beginn des Arbeitstags vor dem noch verschlossenen Lehrsaal. Die meisten hocken am Boden. Ausnahmslos alle haben jedoch ein Smartphone in den Händen und einen kleinen Kopfhörer am Ohr. Niemand spricht miteinander! Wer hinzu kommt und mit den Worten „Guten Morgen!" grüßt, erhält als Reaktion bestenfalls ein gemurmeltes „Morjen!" und wird nur selten mit einem Blickkontakt begrüßt.

Das Gespräch miteinander wird durch den Dialog mit einer Maschine ersetzt. Die Wirklichkeit des Lebens wird von einer fiktiven, virtuellen Scheinwelt verdrängt. Beide Fälle wurden vom Autor nachdenklich beobachtet. Sie sind also nicht frei erfunden. Es stellt sich die Frage, in welchem Fall mehr soziale Kompetenz erkennbar ist. Die Antwort möge jeder für sich finden.

Wenn nun auch die Lehre ausschließlich über digitale Wege erfolgen würde, so gelänge es möglicherweise, einige Kinder und Jugendliche über diesen Kanal zu erreichen. Sie für die Themen und die Inhalte zu interessieren würde jedoch nur funktionieren, wenn diese spektakulär aufbereitet, unterhaltsam präsentiert und mit Punkten bewertet werden, die den inneren Sportsgeist wecken.

Der Vergleich zum Bild der beiden älteren Damen, die spontan ein Gespräch beginnen, mag soziologisch nur schwer zu vertreten sein, denn dafür müssen alle Randbedingungen der Menschen und deren Entwicklungen in verschiedenen technischen „Mikro-Epochen“[1] betrachtet werden. Das Erreichen von Höchstpunktzahlen und „neuen Leveln“ hat bei den Seniorinnen und Senioren keine nennenswerte Bedeutung, wenngleich auch die heute betagten Jahrgänge durchaus zur Entwicklung der Digitalisierung beigetragen haben. Jugendliche leben dagegen zu einem großen Teil rein virtuell. Bei extremer Auslegung kann sogar behauptet werden, dass sich viele Jugendliche von den digitalen Charakteren beeinflussen und formen lassen. Dieser Gedankengang ist – das muss zugegeben werden – stark umstritten. Insbesondere wurde dieses Thema in der Vergangenheit am Beispiel der Extreme wie dem Einfluss von Gewaltspielen (Egoshooter) und auf die Entwicklung der Sexualität diskutiert.

In Anbetracht dessen jedoch, was Jugendliche heute von den digitalen (multimedialen und interaktiven) Medien erwarten und in der breiten Angebotsvielfalt auswählen, wäre die Annahme ausgesprochen naiv, Jugendliche würden ein freiwilliges digitales Bildungsangebot mit einem erheblichen Zeitaufwand konsequent nutzen. Die reine Abbildung von Schule (allgemeinbildende Schule bis zum Abitur bzw. zur Matura) durch elektronische Lehrsysteme wird also ganz gewiss nicht funktionieren!

Recht auf Bildung – Notwendigkeit der Bildung – Pflicht zur Bildung

Es wird heute kaum jemandem – zumindest während der Kindheit und im jugendlichen Alter – klar, dass Bildung auf mitteleuropäischem Niveau ein hart erkämpftes Recht ist. Dieses Recht wird von der Allgemeinheit auch durchaus mit einer gewissen Notwendigkeit gleichgesetzt, weil nur eine gute Durchschnittsbildung der Garant für den Wohlstand dieser Gesellschaft ist, die sich auf die Dauer keine bildungsferne Unterschicht leisten kann. Daraus wird leider oft fälschlicherweise eine Pflicht zur Bildung abgeleitet, was naturgemäß unter Schülern eine lange Tradition hat, aber auch mehr und mehr von resignativen Gruppen so gesehen wird, die sich längst von der Gesellschaft abgehängt und chancenlos fühlen. Hier ist Motivation erforderlich und diese kann nur durch persönliche und zwischenmenschliche Beziehungen zwischen Lehrenden, Lernenden und Eltern geweckt werden. Rein elektronische Lehrsysteme sind deswegen im schulischen Bereich allein nicht geeignet. Sie sind jedoch sehr wohl eine zeitgemäße und zweckdienliche Unterstützung.

[1] Der Begriff einer „Mikro-Epoche“ sei an dieser Stelle einfach neu definiert, denn die groben geschichtlichen Epochen zeichnen sich meist durch ihre Innovationsschübe aus, welche die Gesellschaft an sich beeinflussten. In einer Zeit wie dieser, die durch Digitalisierung geprägt ist und permanent „neu erfunden“ wird, fällt es der Gesellschaft schwer, sich mit dieser Welt zu identifizieren. Ein Beispiel: Waren es früher Autos, die als „Statussymbol“ betrachtet wurden, rücken heutzutage Smartphones, genauer gesagt die *aktuellen Marken,* auf diesen Platz. Lebensweisen, Musik- und Kulturgeschmack und vieles mehr unterwerfen sich heute „Halbwertzeiten“ von ungefähr einem halben Jahr.

2.1.2.1 Präsenzbegleitung

Reines E-Learning ist – wie eben mit einem sehr allgemeinen Blickwinkel dargelegt – eher ungeeignet für die allgemeinbildende Schule, auch in der Sekundarstufe. Es ist also sehr schwer vorstellbar, dass es in naher Zukunft rein digitale Schulen geben wird und selbst die Betreuung in virtuellen Klassenzimmern wird den Präsenzunterricht nicht ersetzen können.

Die modernen Informations- und Kommunikationsmedien sind allerdings nicht mehr aus unserer Gesellschaft wegzudenken. Spricht man in diesem Zusammenhang von Medienkompetenz, einer Bildungsdisziplin, mit der sich sowohl Lernende als auch Lehrende und vor allem politische Verantwortungsträger auseinandersetzen müssen, dann steht dieser Begriff vor allem dafür, die verfügbaren technischen und kulturellen Mittel sinnvoll einzusetzen. Medienkompetenz bedeutet also nicht allein, moderne technische Geräte einsetzen und im Internet ein Profil in den sozialen Netzwerken erstellen zu können. Es geht vielmehr darum, die in diesen vielseitigen Medien stetig wachsende Flut an Informationen nicht unreflektiert zu konsumieren, sondern kritisch zu bewerten. Die gefährlichsten Phänomene in den digitalen Medien sind die sogenannten

- Echokammern und
- Schweigespiralen.

Diese beiden Phänomene beeinflussen nicht nur junge Menschen maßgeblich. Während der Echokammereffekt das Bestreben nach Anerkennung durch Zustimmung der vermeintlich dominanten Meinung in einer Gruppe beschreibt, bezeichnet der Begriff der Schweigespirale die Zurückhaltung eigener Ansichten, um nicht der dominanten Gruppenmeinung zu widersprechen.

Medienkompetenz ist die Voraussetzung, um – den Präsenzunterricht begleitend – Themen mit modernen Technologien zu recherchieren. Der Unterschied zu klassischen „analogen" Unterrichtsmaterialien liegt vor allem in zwei Bereichen:

- Frühere Lehrmaterialien wurden überwiegend vorgegeben. Lehrende referenzierten den Unterricht auf Abschnitte eines Lehrbuches oder auf Arbeitsblätter, die grundsätzlich von allen Lernenden verwendet wurden.
- Die Zahl der Lehrmaterialien war überschaubar. Deren Vielfalt nicht besonders groß und zumeist weitläufig bekannt.

Grundsätzlich konnte eine gewisse Seriosität der Lehrmittel vorausgesetzt werden. Die fachliche Kompetenz der Autoren und der Autorenteams wurde nie in Zweifel gezogen und die Inhalte der Lehrmittel damit nie in Frage gestellt.

Das Internet eröffnet neue Recherchewege. Es ist jedoch nicht allein die Vielfalt der Publikationen – Texte, Tondateien und Videos –, sondern die Bewertung der Materialien, die zur Herausforderung wird. Dieser Herausforderung sehen sich Lehrende und Lernende gleichermaßen gegenübergestellt. Viele Publikation sind unseriös, oft sogar inhaltlich falsch und irreführend. Das Vertrauen in das verfügbare Material schwindet und dies ist leider nicht verwunderlich, wenn selbst führende politische Persönlichkeiten dominierender Weltmächte Absurditäten lautstark äußern. Die Diskussion von Arbeitsergebnissen im Plenum eines Klassenverbands nimmt unter diesen Rahmenbedingungen völlig neue Dimensionen an.

Aus dieser Vielfalt von Materialien unterschiedlicher Qualität leitet sich in einem verstärkten Maß die Anforderung zum Nachweis der Quellen ab. Richtiges Zitieren gehört natürlich allein schon aus Gründen des Urheberrechtsschutzes zum „guten Ton“. Es dient aber auch der Nachvollziehbarkeit der Ausführungen.

Lernmanagementsysteme wie Moodle bieten die Möglichkeit, Lehrmaterialien direkt im System zum Download zur Verfügung zu stellen. Auch Verlinkungen zu externen Quellen sind möglich, jedoch erfordern diese eine gewisse Pflege.[2]

Das weitaus größte Risiko ist allerdings die Überforderung der Lernenden durch eine Informationsüberflutung. Genau genommen ist dies heute oft die Regel. Ein breites Informationsangebot wird zumindest falsch kommuniziert und von den Lernenden als verpflichtende Lektüre gedeutet. Tatsächlich wird der Aufwand für Lernende beim Einsatz digitalisierter Lehrmaterialien sehr oft (!) unterschätzt. Es ist nicht verwunderlich, denn Lehrende schieben ein PDF mit der Maus in ein Upload-Feld, bestätigen den Vorgang und warten wenige Sekunden. Vielleicht fällt der Lehrperson noch eine weitere Unterlage ein, die ganz schnell noch zusätzlich hochgeladen wird.

Bereitstellung von Lehrmaterial

Digitale Lehrplattformen wie Moodle verführen förmlich dazu, Material in großen Mengen ins System zu stellen und dessen Auswertung zur Aufgabe zu erklären. Verbunden mit engen Terminen generiert unüberlegte „Kursgestaltung“ überdurchschnittlichen Stress bei den Lernenden. Der Bezug zur zeitlichen Äquivalenz eines ECTS-Punkts geht sehr schnell verloren. ■

Neben der Vermittlung von Medienkompetenzen und der Bereitstellung von Lehrmaterialien bieten elektronische Lehrplattformen auch eine weitere Ergänzungsmöglichkeit für den Präsenzunterricht. Feedback zum vermittelten Stoff ist enorm wichtig. Je mehr Feedback Lehrende von den Lernenden während einer Unterrichtseinheit bekommen, umso besser können sie auf eventuelle Verständnisschwierigkeiten, aber auch auf Unaufmerksamkeiten eingehen und den Stoff vertiefen. Es werden dabei keine tiefgreifenden Prüfungen durchgeführt, sondern – quasi spontan – Übungsfragen an das Plenum gestellt, die dann in kurzer Zeit über die vorhandenen Kommunikationsgeräte der Lernenden beantwortet werden. In diesen Fällen spielen mögliches „Abschreiben“ und weitere Recherchen im Netz keine Rolle. Es geht um eine spontane Momentaufnahme zur Lernzielkontrolle in bestimmten Kursabschnitten.

Damit diese Feedback-Aktionen erfolgreich und motivierend funktionieren können, müssen sie gezielt vorbereitet werden. Das ist für den Lehrenden mit einem gewissen Zeitaufwand verbunden, der sich jedoch durch eine gesteigerte Aufmerksamkeit rentieren kann. Wie im Verlauf dieses Werks zu sehen sein wird, können Feedbackrunden auf verschiedene Weise konstruiert und auch dokumentiert werden.

---

[2] Verlinkungen sind grundsätzlich mit einem gewissen Kontrollaufwand verbunden. Externe Quellen unterliegen nicht den eigenen Einflüssen. So kann die Einhaltung gesetzlicher Bestimmungen nicht garantiert werden. Nicht zuletzt ist stets auch zu prüfen, ob die gewünschten Inhalte noch verfügbar sind.

2.1.2.2 Hausaufgaben

Eine Lernplattform wie Moodle ist im schulischen Betrieb auch für die Bearbeitung von Hausaufgaben gut geeignet. Auch hier gilt allerdings etwas bereits Angesprochenes: Es kommt auf die Dosierung der Aufgaben an! Elektronische Lernsysteme werden natürlich gern mit einem Rationalisierungseffekt in Zusammenhang gebracht. So können Kursinhalte und Aufgaben grundsätzlich im Original oder leicht angepasst einfach in weiteren Semestern und Schuljahren wiederverwendet werden. Der Griff ins „Konservenregal“ ist schnell durchgeführt. Der damit für die Lernenden verbundene Aufwand kann jedoch nur schwer eingeschätzt werden. Das erfordert Routine im Umgang mit den elektronischen Lehrmedien und eine zeitnahe Prüfung der Aufgabe, bevor diese an die Lernenden übergeben wird.

Überforderung bei Hausaufgaben vermeiden

Lehrende haben bei klassischen Hausaufgaben einen vergleichsweise guten Überblick über den zu erbringenden Aufwand. Dieser manifestiert sich durch Abgaben in Papierform, die schriftlich zu korrigieren sind. Elektronische Hausaufgaben können durchaus vollautomatisch bewertet und deren pünktlicher Eingang überwacht werden. Das entlastet Lehrende zum Teil erheblich, verführt aber auch dazu, zu umfangreiche Aufgaben zu formulieren und damit die Lernenden zu überfordern. Es darf dabei nicht vergessen werden, dass auch in anderen Fächern Aufgaben gestellt werden.

Ein großer Vorteil beim Einsatz elektronischer Lerntechnologie im Bereich der Hausaufgaben ist die Personalisierung der Aktivitäten. Es lassen sich auch Gruppenarbeiten gestalten und durchaus die Beiträge der Gruppenmitglieder differenzieren.

Mit einem Lernmanagementsystem wie Moodle lassen sich zeitlich präzise Fristen setzen. Dies betrifft definierte Abgabetermine ebenso wie mögliche Nachfristen. In einer sehr restriktiven Auslegung der Möglichkeiten können Abgaben auf die Minute genau mit Ablauf der Frist verwehrt werden. Dies hat eine disziplinierende Wirkung auf die Lernenden, setzt allerdings auch Konsequenz bei den Lehrenden voraus.

2.1.2.3 Förderkurse/Vertiefungskurse

Die Förderung von Kindern und Jugendlichen, die den Lehrstoff nicht sofort verstehen, möglicherweise Lernschwierigkeiten haben oder aus anderen Gründen dem Tempo des Unterrichts nicht folgen können, ist eine höchst anspruchsvolle Aufgabe. Die Mehrzahl der Pädagoginnen und Pädagogen erkennen die Notwendigkeit gezielter Förderungen an und sind zudem mit einem gewissen Idealismus dabei. Dem steht zumeist die Wirklichkeit entgegen: Enge Lehrpläne, Lehrermangel und Leistungsdruck lassen nicht viel Raum, um gezielt (und immer wieder) einzelne Themen zu wiederholen. In der Konsequenz resignieren viele Lernende.

Eine Abbildung der Förderprogramme für lernschwache Menschen auf elektronische Systeme wird sehr kontrovers diskutiert. Das wichtigste Argument ist zweifellos, dass diese Schülerzielgruppe direkte menschliche Ansprechpartner und vor allem eine Vertrauensebene benötigt. Auch wird eingeworfen, dass gerade lernschwache Personen häufig eine gänzlich fehlende oder nur geringe intrinsische Motivation aufweisen. Diese innere Motivation Lernender ist jedoch eine Voraussetzung für den erfolgreichen Einsatz elektronischer Lernsysteme.

Elektronische Lernplattformen wie Moodle sind also keineswegs geeignet, persönliche Förderungen für lernschwache Schüler zu ersetzen. Sie können aber ein sehr sinnvolles *zusätzliches Angebot* sein und einen Teil der oben beschriebenen Lücken im System kompensieren. Es lassen sich gezielte Übungsangebote unterbreiten, die auch zu einem direkten (teilweise automatischen) Feedback führen. Viel wichtiger ist allerdings, dass auch eine Interaktion mit den Lehrenden möglich ist und sich auch Lernende untereinander austauschen können.

Multimediale Lernaktivitäten, wie sie beispielsweise in einfachen Fällen mit der Zusatzsoftware Hot Potatoes oder noch weitaus anspruchsvoller bis hin zu interaktiven Videos mit H5P erstellt werden können, lassen sich vielseitig gestalten. Damit können auch unterschiedliche kognitive Kanäle der Lernenden erreicht und ihnen sofortige Erfolgserlebnisse vermittelt werden.

Der Einsatz elektronischer Lehrsysteme bei zusätzlichen Vertiefungs- und Förderangeboten für die Lernenden, die einfach mehr erfahren wollen und über den regulären Lehrplan hinausgehendes Wissen erwerben möchten, bietet sich förmlich an. Die intrinsische Motivation ist in dieser (zumeist relativ kleinen) Gruppe gegeben. Das Interesse ist groß. Der Gestaltungs- und Betreuungsaufwand ist allerdings ebenso groß. Diese Gruppe Lernender ist sehr anspruchsvoll, auch bezüglich des Lehrstoffs. Diese Lernenden suchen eine Herausforderung und werden überdurchschnittlich häufig Fragen stellen. Der Aufwand für diese (Begabten)-Förderung ist also sehr hoch. Man sollte sich jedoch nicht scheuen, derartige Angebote zu gestalten und fortwährend weiterzuentwickeln.

In diesem Kontext lassen sich auch semesterstufen- oder klassenübergreifende Gruppenkurse umsetzen. Lernmanagementsysteme wie Moodle bieten dazu alle nötigen Voraussetzungen.

2.2 Hochschulen

An Hochschulen, Universitäten und Fachhochschulen gehört eine Lernplattform wie Moodle meist zur festen Infrastrukturausstattung. Voll ausgereizt werden die Potenziale dieser Lernplattformen jedoch meist nicht. Das hat sehr unterschiedliche Gründe:

- Beharren auf Präsenzvorlesungen,
- Sorge um das eigene geistige Eigentum,
- Sorge, Stunden für die Forschungsarbeit zugunsten der Gestaltung elektronischer Lehrangebote zu verlieren,
- fehlende technische Affinität der Professorinnen und Professoren,
- Sorge, den persönlichen Kontakt zu Studentinnen und Studenten zu verlieren.

Zudem stellen viele Professorinnen und Professoren an Hochschulen in Frage, inwieweit der Einsatz elektronischer Lehrmaterialien dem wissenschaftlichen Anspruch einer akademischen Lehre entspricht. Insbesondere die Videoübertragung von Vorlesungen wird sehr argwöhnig von Seiten der Professorinnen und Professoren betrachtet. Auch dies hat verschiedene Gründe:

So wird das Risiko gesehen, der eigenen Karriere mit einer schlechten und auf einem Videoband entsprechend dokumentierten Performance zu schaden. Es gibt durchaus Hochschullehrerinnen und -lehrer, die ihre Kernkompetenzen in der Forschung sehen und sich als Vortragende in einem Hörsaal selbst nicht die besten Noten geben würden. Diese Ehrlichkeit spricht für die Persönlichkeit dieser Personen.

Vorlesungen beinhalten in vielen Fällen auch vertrauliche Forschungsergebnisse der eigenen Institute. Werden diese Institute zudem von der freien Wirtschaft finanziert, so kann es im Interesse der Geldgeber liegen, Details noch nicht einer breiten Öffentlichkeit zugänglich zu machen. Werden solche Vorlesungen jedoch über elektronische Medien frei publiziert, so werden sie quasi zum Gemeingut und auch andere Universitäten können sich an der Forschung beteiligen. Der akademische Austausch – in früherer Zeit durchaus üblich und auch heute noch vor der Veröffentlichung wissenschaftlicher Aufsätze in Form des „Peer-Reviews" gängige Praxis – wird unter dem Druck wirtschaftlicher Interessen eingeschränkt. Das steht diametral zu den Möglichkeiten, die elektronische Lehrmedien im weit gefassten Sinn bieten.

Die Praxis beim Einsatz elektronischer Lehrmittel an Hochschulen ist eher als ernüchternd zu bewerten. In erster Linie werden Plattformen wie Moodle dazu verwendet, Lehrmaterial – zumeist als PDF oder gelegentlich auch als MS-Word- oder MS-Excel-Datei – über das System bereitzustellen. Erfahrungsgemäß unterschätzen Lehrende dabei die Wirkung ihrer Aufgabenformulierungen und die Informationsflut der Materialien. Dieser künstlich erzeugte Leistungsdruck wird sogar oft gerechtfertigt mit dem Argument, dass es von angehenden Akademikern erwartet werden darf, unter Zeitdruck große Informationsmengen auszuwerten und zu verarbeiten.

Achtung: ECTS stehen auch für einen Zeitaufwand!

ECTS steht für ***E**uropean **C**redit **T**ransfer **S**ystem.* Das Ziel dieses Punktesystems sollte sein, Studienleistungen und Erfolge miteinander vergleichbar zu machen. So richtig gelungen ist das leider nicht. Noch immer müssen – nicht nur europaweit und international betrachtet – Studienergebnisse bei einer Immatrikulation an einer anderen Hochschule nostrifiziert werden. Das bedeutet möglicherweise auch die Erbringung weiterer Studienleistungen, um dem jeweils gültigen Curriculum gerecht zu werden. Auch bezogen auf den pro ECTS-Punkt kalkulierten Zeitaufwand gehen die Interpretationen oft deutlich auseinander. Es kommt sogar vor, dass ein und dieselbe Lehrveranstaltung an einer Universität in verschiedenen Studiengängen unterschiedlich bewertet wird. Allgemein ist vorgesehen, einen ECTS-Punkt mit einem Zeitaufwand von 25 bis 30 Arbeitsstunden zu bemessen. Dieser Wert schließt die Vorbereitung, die Bearbeitung der Unterrichtseinheiten, die Nachbearbeitung und die Prüfung inkl. einer angemessenen Vorbereitungszeit mit ein. In der Praxis wird dieses Grundprinzip sehr häufig missachtet, oft aus dem verständlichen Interesse heraus, die Qualität der Lehrveranstaltung zu steigern. Für Studierende ist dies jedoch mit fatalen Konsequenzen verbunden, wenn diese beispielsweise „neben“ dem Studium für ihren Lebensunterhalt arbeiten oder Kinder erziehen müssen. Die schlechte Auslegung des durch die ECTS-Vergabe einer Lehrveranstaltung zugewiesenen Zeitrahmens führt letztlich zu einer sozialen Selektion in der akademischen Ausbildung.

Elektronische Lernsysteme gießen an dieser Stelle Öl ins Feuer! Oft entkoppelt sich der vergleichsweise geringe administrative Aufwand, einen Termin zu setzen und Lehrmittel freizuschalten von der Wahrnehmung der damit verbundenen Wirklichkeit und deren Zeitaufwand. Hier müssen noch viele Erfahrungen gesammelt und ausgewertet werden. Die Überlastung Studierender durch zeitliche Fehlkalkulationen kann nicht Ziel der akademischen Bildung sein! ■

Im akademischen Bereich eignen sich Lernmanagementsysteme auch für Gruppenarbeiten. Dabei lassen sich Gruppen in jeder Kurseinheit individuell zusammenstellen.

2.2.1 Sonderfall Fernstudium

Das Thema Fernstudium wird nach wie vor mit einem Beigeschmack betrachtet. Kann ein Fernstudium als vollwertig anerkannt werden? Wird ein Fernstudium tatsächlich wissenschaftlichen Ansprüchen gerecht? Im Nordrhein-Westfälischen Hagen gibt es eine öffentliche Fernuniversität, deren Bachelor- und Masterabschlüsse vollwertige Universitätsabschlüsse darstellen. Die Fernuniversität in Hagen ist eine offiziell zugelassene Universität des Landes Nordrhein-Westfalen.

Neben der Fernuniversität in Hagen gibt es weitere – private – Hochschulen, an denen offiziell anerkannte Hochschulabschlüsse (Bachelor und Master sowie an den Universitäten auch Promotionen) abgelegt werden können (Auswahl: siehe Kasten).

Fernstudien unterscheiden sich vom Präsenzstudium zunächst einmal dadurch, dass es keine oder nur wenige direkte Vorlesungen im Hörsaal gibt. Diese ließen sich auch als Videostream oder als Video-on-Demand anbieten. Gelegentlich werden im technischen Studium Laborversuche erforderlich. Diese müssen von der Hochschule gut organisiert werden. Möglicherweise kann das Angebot an praktischen Laborübungen tatsächlich nicht mit einer Präsenzuniversität mithalten, wenn dort intensive Forschungen in den Instituten betrieben werden. Allerdings können gut ausgewählte Industriepraktika diesen Nachteil in weiten Grenzen kompensieren.

In der Tat ist auch beim Fernstudium die soziale Komponente die gravierende Einschränkung, denn der persönliche Kontakt von Kommilitoninnen und Kommilitonen fehlt in einem Fernstudium. Ein Fernstudium ist zum großen Teil eine Veranstaltung für lernende Einzelgänger. Dies gilt auch in Zeiten sehr dominanter sozialer Netzwerke, in denen breite Schichten der Gesellschaft bereits einen festen Teil ihrer Lebenszeit investieren.

Fernhochschulen in Deutschland

- Fernuniversität in Hagen (öffentlich-rechtlich):
  https://www.fernuni-hagen.de/
- Hamburger Fernhochschule (privat):
  https://www.hfh-fernstudium.de/
- Euro-FH (privat):
  https://www.euro-fh.de/

Grundlage für Fernstudien, die bereits seit Jahrzehnten angeboten werden, sind heute vorwiegend elektronische Medien. Früher waren es Lehrbriefe auf Papier. Deren Herstellung war teuer und deren Aktualisierung aufwendig. Dieses klassische Medium verwendet beispielsweise die Fernuniversität in Hagen noch heute, jedoch werden die aktuellen Lehrbriefe mittlerweile auch zum Download als PDF angeboten. Übungen und weitere Aktivitäten in der Lernplattform Moodle sowie in virtuellen Klassenzimmern werden zunehmend intensiver eingesetzt. Digitale Lerntechnologien werden in diesem Bereich großen Einfluss gewinnen und dazu beitragen, Menschen neben Beruf und Familie ein hochwertiges Studium zu ermöglichen.

2.2.2 Sonderfall MOOCs

Massive Open Online Courses (MOOCs) haben ihren Ursprung im universitären Umfeld. Es gibt seit einigen Jahren verschiedene Ansätze, um universitäre Bildung einer breiten Masse von Menschen zugänglich zu machen, die sonst aufgrund von Zulassungsbeschränkungen keine Chance auf eine Teilnahme an einer Vorlesung hätten.

MOOCs stehen in einer breiten öffentlichen Kritik, was jedoch mehr daran liegen wird, dass das Konzept und die Idee dahinter oft unverstanden bleiben. So ist ein MOOC zunächst einmal kein offizielles Universitätsstudium. Es ist allerdings durchaus möglich, auch Prüfungen abzulegen. Dies tun tatsächlich nur vergleichsweise wenige Teilnehmerinnen und Teilnehmer eines MOOC. Letztlich kommt es bei einem Hochschulstudium auch darauf an, ob der Lehrgang akkreditiert ist. Dafür sind hochschulübergreifend international verschiedene Institutionen zuständig. In Deutschland ist dies beispielsweise der Akkreditierungsrat. In Österreich nimmt diese Aufgabe die Agentur für Qualitätssicherung und Akkreditierung Austria (AQ Austria) wahr.

Reklamiert wird auch die vergleichsweise geringe Absolventenquote. Auch dies hat verschiedene Gründe, von denen ein wichtiger Grund das persönliche Ziel des Wissenserwerbs darstellt. Es ist also weniger das Ziel, ein Zertifikat anzustreben als vielmehr sich mit dem vermittelten Stoff vertraut zu machen.

Die didaktische Qualität von MOOCs ist entscheidend für deren Akzeptanz. Spricht das Design die Teilnehmerinnen und Teilnehmer nicht an, steigen die meisten schnell wieder aus dem Kurs aus. Hinzu kommt, dass die Teilnahme an den Kursen selbst meist kostenlos möglich ist. Das stellt für den Anbieter die Frage nach der Finanzierbarkeit. Ein ausgereiftes und anspruchsvolles didaktisches Design ist mit viel Arbeitsaufwand verbunden. Dieser

Aufwand muss finanziert werden und meist gilt es, einen Mittelweg zu finden. Besonders schwierig erweist sich die Abwägung dieser Frage, wenn MOOCs für die Allgemeinheit neben kostenpflichtigen Studiengängen koexistieren sollen.

Auch auf der Seite der Teilnehmerinnen und Teilnehmer werden MOOCs – und auch Fernstudien – gerne unterschätzt. Die Online-Teilnahme sowie die damit verbundene örtliche und zeitliche Flexibilität dürfen keinesfalls mit einem schnellen Studienerfolg verwechselt werden. Ganz im Gegenteil sogar erweisen sich Online-Studien häufig als organisatorisch schwieriger. Das liegt zum Teil an der Anerkennung durch das persönliche Umfeld: „Wer nicht das Haus verlässt, um zu studieren, der tut nichts!“ Dieses Vorurteil ist weit verbreitet. Das Online-Studium daheim wird mit Freizeit gleichgesetzt. Das sollte grundlegend vermieden werden. Bei der Teilnahme an einem MOOC verschärft sich diese Situation auch dann, wenn eine Prüfung und damit verbunden eine Zertifizierung angestrebt wird.

Kein MOOC ohne eine Lernplattform

MOOCs sind heute ohne eine durchweg digitalisierte Online-Plattform gar nicht wirtschaftlich umsetzbar. Die Abkürzung drückt es bereits aus: Es handelt sich um reine Online-Kurse und zwar für sehr viele mögliche Teilnehmerinnen und Teilnehmer. Der Erfolg dieser Kurse setzt eine leistungsstarke IT-Infrastruktur und ein gutes didaktisches Design der Kurse ebenso voraus wie ein gut funktionierendes Lernmanagementsystem. Moodle ist durchaus auch für die Gestaltung von MOOCs geeignet.

2.3 Aus- und Fortbildung

Der Einsatz digitaler Lehrsysteme in der betrieblichen Bildung bietet sich förmlich an! Mit der Speicherung von strukturierten Kursmaterialien lässt eine Wissensdatenbank entstehen, mit deren Hilfe nicht nur Auszubildende mit dem nötigen Fachwissen vertraut gemacht werden können, sondern sich auch etablierte Mitarbeiter ständig weiterbilden können.

2.3.1 Betriebsinterne Mitarbeiterschulung

Der Begriff des Fachkräftemangels ist seit Jahren allgegenwärtig. Gleichzeitig sind die Jobagenturen gut frequentiert mit arbeitsuchenden Fachleuten, denen möglicherweise lediglich wenige Detailkenntnisse neuer Technologien fehlen. Ausbildung ist jedoch teuer und die erforderlichen Kosten sind schwer in ein knapp zu kalkulierendes Betriebsbudget abzubilden. Lohnte es sich früher aufgrund der längeren Innovationszyklen für Unternehmen, einen neuen Mitarbeiter anzulernen, versucht man heute beim Recruiting nicht nur Arbeitskräfte, sondern auch frisches Know-how in die Firma zu holen.

Volkswirtschaftlich betrachtet ist dies nicht optimal, denn angenommen, die Philosophie, nicht mehr selbst aus- und weiterzubilden, sondern wie „die Spinne im Netz“ auf Fachkräfte zu warten, setzt sich durch, dann führt dies mittelfristig zur Degeneration von Bildung und Fachwissen. Der Fachkräftemangel wird sich verschärfen. Es darf durchaus diskutiert werden, ob entsprechendes Handeln nicht bereits für die aktuelle Situation mitverantwortlich ist.

2.3.2 Betriebliche Ausbildung

Die betriebliche Berufsausbildung ist ohne Frage der beste Weg, um jungen Menschen den Einstieg in das Berufsleben und zugleich den Übergang vom Jugendlichen zur erwachsenen Fachkraft zu bieten. Das Prinzip der dualen Ausbildung sieht hierbei die praktische Ausbildung in den Unternehmen und die theoretische Ausbildung in der Berufsschule vor. Grundsätzlich kann eine eindeutige Trennung der Vermittlung aus Theorie und Praxis nicht sinnvoll sein, denn neben dem allgemeinen Theorieteil der Berufsschule nach dem berufsspezifischen Lehrplan bietet jedes Unternehmen auch sehr spezialisiertes Wissen und Erfahrungswerte. Diese leiten sich aus den fokussierten Aufgaben der Kundschaft und der vorwiegend verwendeten Produkte ab. Den theoretischen Teil, den das eigene ausbildende Unternehmen bieten kann, kann die Berufsschule nicht bedienen. Sie muss eine breite Masse von Auszubildenden mit sehr heterogenem Vorbildungsniveau auf die Anforderungen der Abschlussprüfung vorbereiten. Echtes Expertenwissen kann somit vorwiegend in aufbauenden Kursen und im eigenen ausbildenden Unternehmen erworben werden.

Ausbildungspflicht !/?

Es dürfte Einigkeit bestehen: Dem Fachkräftemangel kann vor allem durch Bildung entgegengewirkt werden. Doch stellt sich die Frage, wer dies bezahlen soll? Bildet ein kleines Unternehmen – womöglich sehr hochwertig und engagiert – aus, bietet anschließend ein solventeres Großunternehmen die besseren Karrierechancen. Das Abwerben von Fachkräften demotiviert Unternehmen, eigenes Engagement zur Ausbildung zu leisten. Kann Ausbildung also als unternehmerische Pflicht betrachtet werden? Die Frage muss sowohl wirtschaftlich als auch moralisch diskutiert werden. ■

Elektronische Lernplattformen sind für Unternehmen durchaus sinnvolle Ergänzungen. Sie sind Basis für eine abgestufte Wissensvermittlung und bieten darüber hinaus die Flexibilität, bedarfsgerecht Spezialwissen anzubieten. Auf diese Weise entsteht eine hochkarätige Wissensdatenbank, die jeder Mitarbeiterin und jedem Mitarbeiter zugänglich ist.

Die Unternehmensleitung wird zunächst die Kosten sehen und in der Tat verschiedene Punkte anführen können:

- Webserverinfrastruktur,
- Wartung des Servers und der Moodle-Oberfläche,
- permanente Pflege und Betreuung der Kursinhalte.

Vor allem sind bei der Einführung digitaler Lehrmittel erhebliche Anfangsinvestitionen zu tätigen, die sich in der Administration der IT und in der Entwicklung der Kurse und Einzellektionen niederschlagen. Es erhebt sich die Frage, warum diese Kosten jedes Unternehmen alleine tragen soll? Ausbildung kann auch in Partnerschaft mit anderen Firmen gestaltet werden. Davon profitieren das Budget und die Qualität der Ausbildung als solche.

2.3.3 Überbetriebliche Aus- und Fortbildung

Überbetriebliche Ausbildung stellt nicht direkt eine Partnerschaft im Sinne unternehmerischer Kooperation dar. Überbetriebliche Ausbildung ist ein Angebot staatlicher und privater Bildungsinstitute, die ihr Lehrangebot auf die Interessen der Wirtschaft ausrichten. Die Unternehmen ihrerseits buchen für ihre Auszubildenden oder auch ihre weiterzubildenden Mitarbeiter zeitlich befristete Kurse.

Tatsächlich müssen auch diese Bildungsinstitute wirtschaftlich hart kalkulieren. Spezielle Schulungen lassen sich nicht einfach aus dem Hut ziehen. Zudem werden Schulungen zu speziellen Technologien nur in Verbindung mit einer speziellen Zertifizierung anerkannt. Die Zertifizierung ist mit signifikanten Kosten verbunden und in der Regel zeitlich befristet.

Aus- und Weiterbildung unterliegt harten Qualitätsanforderungen. Die Umsetzung der Kursprogramme auf digitale Lehrplattformen bietet deshalb verschiedene Vorzüge:

- Permanent weiterentwickelte Lern- und Vertiefungsplattformen für die Lernenden gewährleisten einen Sachstand auf aktuellem technischem Niveau.
- Mehrfacher Einsatz der Kurse und Auswertung des Teilnehmerinnen-/Teilnehmerfeedbacks optimieren das Qualitätsniveau.
- In der Präsenzschulung bieten die digitalen Lehrkonzepte einen gemeinsamen „roten Faden“, an dem sich das Schulungspersonal orientieren und jederzeit – auch bei personeller Fluktuation – schnell einarbeiten kann.

Bildungsinstitute verfügen über die Infrastruktur, Know-how und personelle Ressourcen, um eigene Kursbereiche für Unternehmenskunden zu hosten. Diese werden nur ausgewählten Teilnehmerinnen und Teilnehmern zugänglich gemacht. Neben der fachlichen Betreuung der Plattform und dem technischen Support entstehen individuelle Firmenschulungen durch die enge Zusammenarbeit des Bildungsinstituts mit den Experten des Kunden.

2.4 Bildungsmaßnahmen zur Rehabilitation

Präsenzschulungen fordern die physische Anwesenheit Lehrender und Lernender an einem gemeinsamen Ort. Das ist bisweilen eine Selbstverständlichkeit. Tatsächlich werden Alternativen zum Präsenzunterricht nach wie vor sehr kritisch gesehen. Es gibt hierfür verschiedene Gründe:

- Das soziale Miteinander in der Gruppe der Lernenden wird durch einen gemeinsamen Bildungsort gefördert. Reine Online- oder Fernschulungen finden dagegen weitgehend in der persönlichen Anonymität statt.

- Lehrende entwickeln einen direkten persönlichen Bezug zu den Lernenden.
- Lehrende können unmittelbar auf Schwierigkeiten und Missverständnisse reagieren.
- Lehrende haben die Kontrolle über die Aktivitäten im Kurs und können diese motivierend und sanktionierend direkt steuern.

Präsenzunterricht ist allerdings nicht grundsätzlich möglich, denn verschiedene Personengruppen sind aus unterschiedlichen Gründen nicht in der Lage, an örtlich fest gebundenen Lehrveranstaltungen teilzunehmen. Dies sind u. a.:

- Künstler, Sportler etc., deren Beruf über Monate hinweg keinen festen Wohnsitz zulässt,
- Strafgefangene,
- kranke und beeinträchtigte Menschen.

Digitale Lernplattformen und Fernunterricht eröffnen den betroffenen Menschen die Möglichkeit, Rehabilitationszeiten und Gefangenschaft sinnvoll für die persönliche Weiterentwicklung zu nutzen. Auch Prüfungen lassen sich über diesen Weg ablegen, wobei entweder medizinisches Betreuungspersonal oder Justizbeamte als legitime Aufsicht anerkannt werden können.

2.5 COVID 19 und die Grenzen der Sinnhaftigkeit

Während der Verfassung dieses Buchs machte die Corona-Pandemie über viele Wochen hinweg täglich Schlagzeilen. Es kam zur Schließung von Schulen und Universitäten. Auch private Bildungsinstitute mussten ihre Arbeit einstellen und konnten keine Präsenzschulungen mehr anbieten. Von diesen restriktiven Maßnahmen waren nicht nur die regulären Unterrichtseinheiten betroffen, sondern auch wichtige Abschlussprüfungen (Gesellen-/Lehrabschlussprüfungen, Matura-/Abiturprüfungen etc.).

Die Situation eskalierte so weit, dass die Gefahr bestand, mindestens ein Semester, wenn nicht sogar ein ganzes Schuljahr zu verlieren. Schlimmer noch: Eine derartig lange Auszeit ohne ein Ziel vor den Augen führt zwangsweise zu einem Verlust der fachlichen Bezüge. Es ist damit nicht ohne Weiteres möglich, nach dem Ende eines solchen gesellschaftlichen Shutdowns wieder mit dem Lehrplan an der gleichen Stelle fortzufahren, wo die Ausbildung unterbrochen wurde.

Während der Pandemie-Auszeit wurde an vielen Schulen und Universitäten versucht, die Lehre über digitale Kommunikationsmedien fortzusetzen und den Lehrerfolg auf diesem Weg zu erreichen. Dabei kamen unter anderem zum Einsatz:

- E-Mail-Verteilerlisten,
- Lernplattformen wie Moodle,
- virtuelle Klassenzimmer/digitale Konferenzsysteme (Zoom, Adobe Connect, Big Blue Button, MS-Teams etc.)

Tatsächlich war aus der Perspektive des Autors zu beobachten, dass sich Lehrende sehr engagiert der Herausforderung stellten und teilweise ohne oder mit nur geringer Vorbereitung die digitalen Medien einsetzten. Neben den üblichen, meist mit Humor zu nehmenden Pannen, nicht richtig funktionierender Audio- und Videokommunikation, zeitlichen Verzögerungen beim Bildaufbau und in der Bedienung der Systeme allgemein, offenbarten sich aber auch ernsthafte Erfahrungen.

Das Feingefühl für die richtige Dosierung des Lehrmaterials und auch die Termingestaltung für Ausarbeitungen und Abgaben erwiesen sich als schwierig. Während der Präsenzunterricht auch direktes zeitliches Feedback liefert, werden Online-Lektionen quasi für die Zukunft gestaltet. Doch welchen zeitlichen Aufwand verursachen diese Lektionen, die zudem über einen völlig anderen Kommunikationsweg geliefert werden, als es bei der direkten Interaktion der Fall ist.

Die Terminplanung erwies sich ebenfalls als schwierig. Die üblichen Stundenpläne griffen nicht. Es wurden von den Schulen (begrenzte) Kapazitäten bei Anbietern virtueller Klassenzimmer eingekauft. Die Nutzungszeiten waren entsprechend zu organisieren. Die (virtuellen) Präsenzzeiten waren damit also nicht nur knapp bemessen, sondern deren zeitliche Präsentation kollidierte oft mit anderen Terminen der Lernenden. Probleme gab es, wenn Lernende berufliche Nebentätigkeiten wahrnehmen mussten, wenn die Online-Präsentationen von den ursprünglichen Vorlesungszeiten und damit von der Lebensplanung der Betroffenen abwich.

Timing ist auch für die Lehrenden problematisch, denn Lehre vom Homeoffice aus ist schwierig zu organisieren. Auch hier ist ein hoher Zeitaufwand für die Organisation und die Vorbereitung erforderlich. Hinzu kommt die Umsetzung des Stoffs in ein digitales Medium. Im einfachsten Fall ein Text als PDF, möglicherweise aber auch in der Form von Videoclips. Kritisch wird dies, wenn die Aufgaben zu späten Zeiten am Wochenende in das System eingestellt werden. Lernende fühlen sich unterbewusst verpflichtet, zu reagieren und ebenfalls in sonst freien Zeiten tätig zu werden.

Wird die Zeit der COVID-19-Pandemie wissenschaftlich-analytisch ausgewertet hinsichtlich des Einsatzes digitaler Lehrkonzepte und Kommunikationsmedien, lassen sich wertvolle Erkenntnisse gewinnen, die zur Planung und Verbesserung der Einsatzbedingungen von E-Learning- und Blended-Learning-Konzepten genutzt werden können.

II Teil II: Technik

Die Betreuung der IT-Infrastrukturen, die Administration des Moodle-Systems und die pädagogische Umsetzung sind grundsätzlich verschiedene Aufgabenbereiche. Im schulischen Einsatz passiert es leider oft, dass Teile der Administration auf das Lehrpersonal übertragen werden, was nicht immer mit einer fairen Würdigung bei der Anrechnung entsprechender Arbeitszeiten verbunden ist. Für diesen Personenkreis werden die administrativen Kapitel zum Moodle-System interessant sein. Wer sogar ein eigenes – wenngleich nur experimentelles – Moodle-System aufbauen möchte, dem bieten die Kapitel dieses Abschnitts die nötigen Anleitungen.

Die Verwaltung und die Administration des Moodle-Systems gehören zu den wichtigsten *Partnern* der Lehrenden. Dieser übergeordneten *Rolle* obliegt quasi die „Herrschaft" über die Moodle-Plattform und auch die Verantwortung für deren Funktion. Die Administratorrolle ist nicht veränderbar. Sie kann also nicht eingeschränkt werden. Wohl aber ist es möglich, weitere Nutzerinnen und Nutzer im System in diesen Status zu erheben und damit Vertreterpositionen zu schaffen.

Die Administration kann Benutzerinnen und Benutzern Standardrollen zuweisen und auch individuelle Rechte im System vergeben. Sie verwaltet die Kommunikationswege (z.B. E-Mail-Server) und legt das Layout des Moodle-Systems fest. Die Verwaltung der Kursbereiche und das Benutzermanagement sind elementare Aufgaben der Moodle-Verwaltung. Von der Qualität der Arbeit in diesen Bereichen hängt nicht zuletzt die Akzeptanz der Lernplattform sowohl bei Lernenden als auch bei Lehrenden ab.

Wie beschrieben, ist die Moodle-Administration als Partner der Lehrenden und deren Ratgeber zu verstehen. Es ist die grundlegend falsche Einstellung, hier in Hierarchieebenen zu denken und die Administration wie eine „unnahbare IT-Gottheit" zu betrachten. Die Moodle-Administration braucht jedoch auch einen zeitlichen Spielraum, um diesen Aufgaben gerecht zu werden. Überall dort, wo Moodle ernsthaft im pädagogischen Kontext eingesetzt wird, ist die Moodle-Administration ein Vollzeit-Job. Dass auch eine Vertretung zu kalkulieren ist, sollte sich von selbst verstehen. Diese Aufgabe ist anspruchsvoll. Das Personal wird meist aus dem Kreis der Lehrenden rekrutiert. Der Dialog aller Mitglieder des Teams ist sehr wichtig.

3 Der Moodle-Server

Grundsätzlich betrachtet ist Moodle eine auf PHP und einer MySQL-Datenbank basierende Webserver-Applikation, wie es auch gängige Content-Management-Systeme (CMS) wie z. B. Joomla!, Drupal, Typo3 oder WordPress darstellen. Das bedeutet, dass Moodle zunächst einmal keine ausgesprochen komplizierten Systemvoraussetzungen auf einem Webserver erwartet, die nur von speziellen Webspace-Anbietern zu erfüllen wären. Dennoch sind die Installation und (sichere) Konfiguration nicht ganz einfach, was verschiedene Gründe hat:

- Die PHP-Konfiguration des Webservers muss verschiedene Erweiterungen umfassen, die meist nicht in der Standardinstallation enthalten oder aktiviert sind. In der Regel zeigen sich Webspace-Anbieter hier allerdings gesprächsbereit und aktivieren diese Erweiterungen recht unbürokratisch.
- Moodle benötigt einen Webserver, der mit einem SMTP[1]-Server kommunizieren kann. Dies ist nötig, um E-Mails versenden zu können.
- Es wird ein ausreichend großes Datenverzeichnis benötigt, welches jedoch nicht von externen Besuchern direkt erreichbar sein sollte.

3.1 Systemvoraussetzungen

Moodle ist OpenSource[2]-Software! Das bedeutet zugleich, dass Moodle vorzugsweise auf lizenzfreien, offenen Systemen entwickelt wird:

- Das favorisierte Betriebssystem der Serverumgebung ist Linux.

---

[1] SMTP ist die Abkürzung für „Simple Mail Transfer Protocol". Ein Systemdienst, der mit diesem Protokoll arbeitet – der SMTP-Server –, übernimmt die geschriebene E-Mail und leitet sie über verschiedene weitere Server innerhalb des Netzes an das Empfänger-Postfach weiter. Von diesem Postfach rufen sogenannte E-Mail-Clients (z. B. MS-Outlook, Thunderbird etc.) die E-Mail ab.

[2] OpenSource – offene Quellen – steht für eine gemeinschaftliche, meist ehrenamtliche Entwicklung von Software. Ein treibender Gedanke war es, hochwertige Software – unabhängig vom rein kommerziellen Motiv – einer breiten Community zur Verfügung zu stellen. Längst hat sich dabei Software von allerhöchster Qualität etabliert. Das Betriebssystem Linux, der Apache-Webserver sowie die Office-Suite LibreOffice bzw. OpenOffice sind Beispiele für den Erfolg.

- Der favorisierte Webserver ist Apache.
- Moodle ist für Datenbanken optimiert, die MySQL oder PostgreSQL unterstützen. MSSQL, MariaDB[3] und Oracle-Datenbanken werden allerdings auch unterstützt. Es sollte hier keine Probleme geben.
- Ein Sicherungslaufwerk sollte – ohne direkte Zugriffsmöglichkeit aus dem Internet – für die regelmäßige Sicherung der Daten zur Verfügung stehen.

Grundsätzlich auch MS-Webserver möglich

Grundsätzlich sollte Moodle auch auf Webservern nutzbar sein, die auf dem kommerziellen MS-Windows-Betriebssystem basieren. Hier sollte mit den Administratoren Kontakt aufgenommen werden, da sich die Konfiguration von der Linux-Umgebung unterscheidet. Das betrifft auch die Verwendung der *.htaccess*-Datei, mit deren Hilfe auf Linux-Systemen Verzeichnisse des Webservers u. a. mit Passwörtern geschützt werden können.

Moodle definiert Anforderungen an den Webserver und dessen Nebensysteme. Vor allem betrifft das die PHP-Umgebung und den Datenbank-Server.

Tabelle 3.1 Mindest-(!)-PHP-Versionen für ältere Moodle-Versionen (Quelle: Moodle-Dokumentation)

Moodle-Version	PHP-Mindest-Version[4]	Datenbank
Moodle 1.0 bis 1.4	PHP 4.0.1	k. A.
Moodle 1.5	PHP 4.0.1	MySQL 3.23, PostgreSQL 7.4
Moodle 1.6	PHP 4.3.0	MySQL 4.1.12, PostgreSQL 7.4
Moodle 1.7	PHP 4.3.0	MySQL 4.1.12, PostgreSQL 7.4, MS SQL-Server 2005
Moodle 1.8	PHP 4.3.0	MySQL 4.1.12, PostgreSQL 8, MS SQL-Server 2005
Moodle 1.9	PHP 4.3.0	MySQL 4.1.16, PostgreSQL 8, MSSQL 9.0, Oracle 9.0
Moodle 2.0	PHP 5.2.8	MySQL 4.1.16, PostgreSQL 8r, MSSQL 9.0, Oracle 9.0, SQLite 3 (experimentell)
Moodle 2.1 und 2.2	PHP 5.3.2	MySQL 5.0.25 (InnoDB Storage Engine empfohlen), PostgreSQL 8.3, MSSQL 9.0, Oracle 10.2, SQLite 2.0

[3] Der finnische Softwareentwickler Ulf Michael Widenius war maßgeblich an der Entwicklung von Datenbanksystemen beteiligt. Die Zugangssprache MySQL – dies ist eine Abkürzung für „My Standard Query Language" – gehört zu diesen Projekten, an denen Widenius beteiligt war. My ist der Name einer seiner Töchter, die er an dieser Stelle ehrte. Allerdings liegen die Markenrechte von MySQL mittlerweile bei der Firma Oracle. Eine kompatible Weiterentwicklung ist MariaDB. Auch hier war wieder eine der Töchter Widenius' Patin für die Namensgebung des Datenbanksystems.

[4] Wie bereits im Text erwähnt, gibt es in der Entwicklung von PHP verschiedene Versionssprünge, die keine Abwärtskompatibilität vorsehen. Aktuell gilt dies für den Sprung auf die PHP-Version 7.x.

Moodle-Version	PHP-Mindest-Version[4]	Datenbank
Moodle 2.3 und 2.4	PHP 5.3.2	MySQL 5.1.33 (InnoDB Storage Engine empfohlen), PostgreSQL 8.3, MSSQL 2005, Oracle 10.2
Moodle 2.5	PHP 5.3.3	MySQL 5.1.33 (InnoDB Storage Engine empfohlen), PostgreSQL 8.3, MSSQL 2005, Oracle 10.2, MariaDB 5.2
Moodle 2.6	PHP 5.3.3	MySQL 5.1.33 (InnoDB Storage Engine empfohlen), PostgreSQL 8.3, MSSQL 2005, Oracle 10.2, MariaDB 5.3.5
Moodle 2.7 bis 2.9	PHP 5.4.4	MySQL 5.5.31, PostgreSQL 9.1, MSSQL 2008, Oracle 10.2, MariaDB 5.5.31
Moodle 3.0	PHP 5.4.4	MySQL 5.5.31, PostgreSQL 9.1, MSSQL 2008, Oracle 10.2, MariaDB 5.5.31
Moodle 3.0.1	PHP 7.1.x	MySQL 5.5.31, PostgreSQL 9.1, MSSQL 2008, Oracle 10.2, MariaDB 5.5.31
Moodle 3.1	PHP 5.4.4 und PHP 7.0, *keine* PHP 7.1.x-Unterstützung	MySQL 5.5.31, PostgreSQL 9.1, MSSQL 2008, Oracle 10.2, MariaDB 5.5.31
Moodle 3.2	PHP 5.6.5, PHP 7.0.x und 7.1.x werden unterstützt	MySQL 5.5.31, PostgreSQL 9.1, MSSQL 2008, Oracle 10.2, MariaDB 5.5.31
Moodle 3.3	PHP 5.6.5, PHP 7.0.x und 7.1.x werden unterstützt	MySQL 5.5.31, PostgreSQL 9.3, MSSQL 2008, Oracle 10.2, MariaDB 5.5.31
Moodle 3.4 13.11.2017	**PHP 7.0.0** (!), 7.1.x und 7.2.x werden unterstützt	MySQL 5.5.31, PostgreSQL 9.3, MSSQL 2008, Oracle 10.2, MariaDB 5.5.31
Moodle 3.5 17.05.2018	PHP 7.0.0, 7.1.x und 7.2.x werden unterstützt	MySQL 5.5.31, PostgreSQL 9.3, MSSQL 2008, Oracle 10.2, MariaDB 5.5.31
Moodle 3.6 03.12.2018	PHP 7.0.0, 7.1.x bis 7.3.x werden unterstützt	MySQL 5.6, PostgreSQL 9.4, MSSQL 2008, Oracle 11.2, MariaDB 5.5.31
Moodle 3.7 20.05.2019	PHP 7.1.0, 7.2 und 7.3.x werden unterstützt	MySQL 5.6, PostgreSQL 9.4, MSSQL 2008, Oracle 11.2, MariaDB 5.5.31
Moodle 3.8 18.11.2019	PHP 7.1.0, 7.2 und 7.3.x werden unterstützt	MySQL 5.6, PostgreSQL 9.4, MSSQL 2012, Oracle 11.2, MariaDB 5.5.31

Eigenschaften verschiedener Moodle-Versionen

Für jede Moodle-Version gelten andere Systemvoraussetzungen und jede Moodle-Version bringt neue Leistungsmerkmale mit sich. In den sogenannten *Release Notes* der Moodle-Dokumentation sind die Details vermerkt. Sie sind für ältere Versionen nicht sofort und einfach im Menü zu finden. Sie lassen sich jedoch direkt über die Web-Adresse aufrufen. Wichtig hierbei:

Die Platzhalter X und Y müssen durch die gewünschte Versionsnummer ersetzt werden!

Für Moodle 3.x:

```
https://docs.moodle.org/dev/Moodle_X.Y_release_notes [Enter]
```

Für Moodle 2.x:

```
https://docs.moodle.org/XY/de/Installation_von_Moodle [Enter]
```

3.2 Webserver-Hardware

Unabhängig davon, ob man einen eigenen Webserver betreiben oder sich Webspace bei einem Provider anmieten möchte, muss man sich über das Teilnehmervolumen im Moodle-System im Klaren sein. Universitäten und Institutionen mit voraussichtlich mehreren tausend Usern brauchen hochleistungsfähige Maschinen, zu deren Qualitätsmerkmalen auch *Ausfallsicherheit* und *Skalierbarkeit* gehören. Das dafür erforderliche Know-how bringen in der Regel die in solchen Institutionen vorhandenen IT-Abteilungen und deren Mitarbeiterinnen und Mitarbeiter mit.

Die wesentliche Anforderung an die Hardware ist der Speicherplatz. Auf der Festplatte werden 160 MB als Minimum empfohlen. Für ein praktisch einsetzbares System reicht dies allerdings bei Weitem nicht aus. Die offiziellen Moodle-Dokumentationen empfehlen, mindestens fünf Gigabyte Festplattenspeicher zu reservieren. Es sollte allerdings an die Zukunft gedacht werden, in der sich zunehmend mehr multimediale Lehrmittel etablieren werden. Diese Materialien benötigen große Speicherreserven! Das Linux-Betriebssystem unterstützt sehr flexible Dateiformate, mit denen Datenträgergrößen über mehrere physische Speichermedien dynamisch erweitert werden können. So gibt es den ***Logical Volume Manager*** (LVM), mit dessen Hilfe „logische Partitionen" über mehrere physische Laufwerke hinweg definiert werden können.

Ein zusätzlicher Speicherplatz, der nicht direkt für den Betrieb des Moodle-Systems verwendet wird, sollte in gleicher Größe für Datensicherungen zur Verfügung stehen. Nichts wäre besonders im Bildungssystem ärgerlicher, als würden persönliche Daten von Lehrenden und Lernenden oder auch Unterrichtsmaterialien verloren gehen. Darüber hinaus kann Datenverlust zu rechtlichen Problemen führen, wenn beispielsweise prüfungsrelevante Abgaben für einen bestimmten Termin festgelegt wurden und die Unterlagen infolge einer Störung verloren gehen. Regelmäßige Datensicherungen – das bedeutet in der Regel mindestens einmal täglich – sind für ein Moodle-System ausgesprochen wichtig.

Maßgeblich für die Geschwindigkeit des Moodle-Systems ist neben einer ausreichend schnellen Netzanbindung[5] vor allem der Arbeitsspeicher (RAM). Für ein einfaches Testsystem wird möglicherweise die Mindestanforderung von 256 MB RAM ausreichend sein, wie es in der Moodle-Dokumentation empfohlen wird. Es sei allerdings darauf hingewiesen, dass selbst Desktop-Computer mit einem derartig geringen Arbeitsspeicher heute keinesfalls mehr zeitgemäß sind. Die Moodle-Dokumentation empfiehlt als „Faustformel" 1 GB RAM pro zehn bis 20 gleichzeitig auf das System zugreifende Benutzer vorzusehen.

User-Zahl für den *gleichzeitigen* Zugriff

Es ist zu beachten, dass in der Regel nicht alle im System angemeldeten Benutzerinnen und Benutzer zur gleichen Zeit auf das System zugreifen werden. Für die technischen Grenzen ist jedoch nur die Zahl der *zeitgleich aktiven* Benutzerinnen und Benutzer relevant. Damit kann die Zahl der im Moodle angemeldeten Personen erheblich größer geplant werden. Wie das Verhältnis genau zu dimensionieren ist, hängt vom Volumen der Nutzung ab. ■

Eine gern gestellte Frage nach der Anzahl der Benutzer und deren gleichzeitiger Präsenz im System lässt sich natürlich nicht pauschal beantworten. Es gibt keine Faustformel, mit der seriös das System anhand der maximal registrierten User-Zahl kalkuliert werden kann. Zwei Beispiele sollen dies verdeutlichen:

Im ersten Fall wird eine Schule mit 600 Schülerinnen und Schülern angenommen. Der Schwerpunkt liegt im Präsenzunterricht und Moodle soll lediglich die Lehre unterstützend eingesetzt werden. Das bedeutet, dass neben der Bereitstellung von Lehrmaterialien und der kontrollierten Abgabe von Hausaufgaben auch einige vertiefende Informationen für den Unterrichtsstoff angeboten werden. In diesem System ist die durchschnittliche Verweildauer eher überschaubar.

Im zweiten Fall soll ein auf direkten Online-Unterricht spezialisiertes Schulungsunternehmen angenommen werden. Die Lehrinhalte werden ausschließlich über das Internet angeboten (Download möglich), jedoch in Form von virtuellen Klassenräumen online auch zwischen den Teilnehmerinnen und Teilnehmern des Kurses diskutiert. In diesem Fall muss nicht nur von einer sehr hohen aktiven Teilnehmerdichte im System ausgegangen werden, es müssen auch Ressourcen für die Kollaborationsmodule – sofern diese auf dem eigenen System betrieben werden – kalkuliert werden.

[5] Eine ausreichend schnelle Anbindung an das Internet bieten nahezu alle gängigen Provider. Bei Abschluss eines Vertrags sollte die Übertragungsrate sowie eine Verfügbarkeitsklausel (Ausfallsicherheit) berücksichtigt werden. Darüber hinaus nimmt die Verbreitung von Lichtwellenleiter-Anschlüssen mittlerweile stark zu. Diese lassen in Verbindung mit einer festen IP-Adresse auch den direkten Anschluss eines hauseigenen Webservers zu, auf dem das Moodle-System installiert wird. Alternativ zur festen IP-Adresse können auch Dienste eines dynamischen DNS (Domain Name Services) eingekauft werden, um den Webserver gezielt im Internet erreichbar zu machen. Der Betrieb eines eigenen Servers (Hardware) erfordert umfassendes Know-how zur IT-Sicherheit.

Lieber „klotzen" als „kleckern"

Arbeitsspeicherbausteine (RAM-Module) sind heute nicht mehr teuer. RAM-Bausteine sind bereits ab 5 € bis 10 € pro Gigabyte erhältlich. Für Server empfiehlt es sich allerdings auf Qualität zu achten, denn diese Geräte laufen im Gegensatz zu Desktop-Computern permanent. Eine Kühlung ist durchaus empfehlenswert. Auch die Speichertaktfrequenz ist zu beachten. Diese sowie die übrigen Daten des bzw. der erforderlichen RAM-Module (Speichertyp/Formfaktor etc.) sind dem Datenblatt des Computer-Mainboards zu entnehmen. Auf keinen Fall sollte die Aufrüstung des Arbeitsspeichers von Laien vorgenommen werden.

Die folgende Tabelle gibt eine Orientierungshilfe für die Dimensionierung des Serverspeichers, wie er in seiner Hardware auszustatten oder beim Provider zu bestellen ist (unverbindliche Empfehlung).

Tabelle 3.2 Kalkulationshilfe zur Hardware-Planung (Speicherplatz zzgl. zum Betriebssystem)

Systemgröße (User)	Speicherplatz (Platte)	Speicher (Backup)	RAM-Speicher
10 (Testumgebung)	1 GB	1 GB	1 GB bis 4 GB
50 (kleine Schule)	5 GB bis 10 GB	5 GB bis 10 GB	4 GB bis 16 GB
100 (mittlere Schule)	10 GB bis 50 GB	10 GB bis 50 GB	8 GB bis 32 GB

3.3 Webserver-Software

Neben der Hardware-Ausstattung eines Servers benötigt dieser auch eine passende Software-Umgebung. Zu empfehlen ist für Moodle grundsätzlich ein Server auf der Basis von Linux. Auf diesem System wird Moodle entwickelt. Das System läuft allerdings auch auf (kommerziellen) Windows-Servern. Hier sind entsprechende Lizenzkosten zu kalkulieren. Auch weitere Betriebssysteme wie Solaris oder Mac OS können geeignet sein, was allerdings individuell zu testen ist.

3.3.1 Webserver

Kern der Installation ist zunächst einmal ein geeigneter *Webserver*. Kostenlos[6] verfügbar (keine Lizenzkosten) ist der *Apache-Webserver*, der neben dem Internet Information Server[7] (IIS) von Microsoft weltweit eine dominante Rolle in der Bereitstellung von Internet-Publikationen spielt. Daneben gibt es verschiedene weitere Webserver-Lösungen, die jedoch meist noch nicht offiziell mit einem Moodle-System getestet wurden. Für den Einsatz in Produktiv-Systemen ist hier Vorsicht geboten.

3.3.2 PHP-Versionen und PHP-Erweiterungen

PHP[8] ist eine auf dem Server laufende Skriptsprache. Das bedeutet, dass auf dem Webserver ein sogenannter *PHP-Parser*[9] aktiv sein muss, der in der Lage ist, PHP-Code zu interpretieren.

3.3.2.1 PHP-Sprung auf Version 7

PHP wurde seit der Einführung im Jahr 1995 diverse Male aktualisiert und überarbeitet. Ende November 2019 wurde die Version PHP 7.4.0 freigegeben. Das Problem bei Sprachen – vor allem bei Programmiersprachen – ist nun, dass die darauf basierende Verständigung nur dann funktioniert, wenn beide Seiten mit dem gleichen Wortschatz arbeiten. Menschen sind in der Lage zu „improvisieren". Computer können das nicht. Im Gegenteil sogar beinhalten Programmiersprachen feste Regeln von Anweisungen und Definitionen, die nur wenig Interpretationsspielraum zulassen. Anders als bei der menschlichen Kommunikation können mit der Verabschiedung neuer „Sprach-Versionen" durchaus Definitionen entfallen. Das bedeutet: Computer erkennen einen Code nicht mehr, der in einer früheren Version absolut gültig oder zumindest noch „geduldet"[10] war.

Moodle betrifft dies nun direkt! Seit 2004 waren PHP-Versionen 5.x (x steht für verschiedene Überarbeitungen im Laufe der Zeit) quasi der Standard in der Web-Entwicklung auf Seiten des Webservers. Mittlerweile ist Version 7.x gültig und hat die 5er-Versionen völlig

---

[6] Wird beim Betriebssystem (Linux) und beim Webserver (Apache) von „kostenlos" gesprochen, so sind damit eventuelle Lizenzkosten gemeint. Bei kommerziellen Betriebssystemen fallen durchaus bereits bei der Anschaffung Kosten an. Grundsätzlich wird eine saubere betriebswirtschaftliche Kalkulation jedoch auch die Administration und die technische Wartung berücksichtigen, was sich insbesondere in Personalkosten oder in Entgelten des Providers niederschlägt.

[7] Der Internet Information Server™ (IIS™) ist eine Marke von Microsoft.

[8] PHP ist eine (rekursive) Abkürzung für ***P****HP* ***H****ypertext* ***P****reprocessor*. Diese Form der Abkürzungen, welche die Abkürzung ihrerseits in der ausgeschriebenen Form enthalten, ist insbesondere in der Entwicklerszene quelloffener Software häufig zu finden. Über Sinn und Unsinn bzw. über die Philosophie derartiger Schreibstile kann nur spekuliert und leidenschaftlich diskutiert werden.

[9] PHP unterscheidet sich damit deutlich von einer anderen gängigen Skriptsprache, die im Webdesign zum Einsatz kommt: JavaScript. JavaScript wird im Browser – dem Darstellungsprogramm für Webseiten auf dem PC – ausgeführt. Aus Sicherheitsgründen hat somit JavaScript keinen direkten Zugriff auf serverseitige Datenbanken. PHP hingegen hat diese Möglichkeiten.

[10] In Programmiersprachen werden Syntax-Änderungen meist nicht spontan und ohne Vorwarnung umgesetzt. Die Entwickler müssen allerdings beachten, dass verschiedene Code-Elemente als „veraltet" oder „unerwünscht" gekennzeichnet sind, wenn die Software auch künftig funktionsfähig bleiben soll.

abgelöst. Es gibt keine gesicherte Abwärtskompatibilität mehr! Das hat einerseits gute Gründe, führt aber auch zu Kompatibilitätsproblemen mit älteren Internet-Publikationen, u. a. bei Moodle!

PHP 5.x und PHP 7.x sind grundlegend verschieden!

Bei der Installation von Internet-Software, die auf PHP basiert, müssen unbedingt die Systemvoraussetzungen beachtet werden! Für PHP 5.x entwickelte Lösungen werden meist nicht mehr auf PHP 7.x funktionieren! Eine Entscheidung zugunsten der veralteten Plattform ist aus Sicherheitsgründen nicht sinnvoll!

Der wichtigste Unterschied zwischen PHP 5.x und PHP 7.x ist vor allem im Zugriff auf Datenbanken zu sehen, die nicht zuletzt für den Betrieb eines Moodle-Systems unabdingbar sind. Obwohl die PHP-Erweiterung *mysql* und der darin enthaltene Funktionsumfang bereits mit der Version PHP 5.x als „veraltet" eingestuft wurde, setzen viele Entwickler bis zuletzt auf die ihnen vertrauten Verfahren zur Kommunikation mit Datenbanken. Parallel dazu gab es aber bereits mit der Version PHP 5.1 die Alternative, *PHP Data Objects* (PDO) zu verwenden. Beide Verfahren erfüllen zwar den gleichen Zweck (die Kommunikation mit einer Datenbank), jedoch ist deren Syntax (Schreibweise) vollkommen verschieden.

Versionsunterschiede gibt es auch in anderen Bereichen, sodass es kaum wirtschaftlich sinnvoll ist, ältere Installationen 1:1 auf neue Plattformen zu migrieren. Der sinnvolle Ansatz wird im Fall von Moodle darin zu sehen sein, Kursdaten aus älteren Umgebungen zu exportieren und in aktuelle Systeme zu importieren. Ganz ohne Kompromisse ist aber auch dies in den meisten Fällen nicht zu erreichen.

Migration oder Neu-Installation?

Diese Frage stellt sich häufig, wenn man von einem Moodle-System spricht, das derzeit noch auf einem veralteten Server läuft: In der Regel wird allein aus Sicherheitsgründen der Umstieg auf eine neue Plattform anzustreben sein. Die veraltete Installation in neue Systeme zu migrieren ist allerdings nur selten wirklich umsetzbar, weil Moodle und deren Erweiterungen (Plugins) nicht immer zeitnah und schon gar nicht parallel entwickelt werden.

3.3.2.2 PHP-Erweiterungen für Moodle

Neben verschiedenen Standard-Funktionen und Programmbibliotheken sieht PHP auch eine Reihe von Erweiterungen vor, die zusätzliche Leistungsmerkmale bieten. Moodle ist hier sehr anspruchsvoll und verlangt durchaus die Aktivierung einer Reihe von Erweiterungen des PHP-Parsers.

Tabelle 3.3 PHP-Erweiterungen für ein Moodle-System[11]

Name	Notwendigkeit	Bedeutung/Aufgabe
ctype	erforderlich	Überprüfung von Zeichen, ob es sich dabei um alphanumerische Zeichen handelt.
cURL	erforderlich	„Client for Uniform Resource Locator" – Werkzeug zum Download von Daten, deren Ursprung über Webadressen angesprochen wird.
dom	erforderlich	Unterstützung des „Document Object Model" für den Zugriff auf XML-Dokumente.
gd	erforderlich	Bibliothek mit Programmfunktionen, die es gestattet, dynamisch Grafiken zu erzeugen und zu bearbeiten.
iconv	erforderlich	Konvertierung zwischen verschiedenen Zeichensätzen – ein Computer kennt keine Buchstaben, sondern nur dafür vorgesehene Codes. Die Zuordnung zu Zeichensätzen erzeugt das, was Menschen letztlich auf dem Bildschirm sehen.
json	erforderlich	PHP-Erweiterung für JavaScript Object Notation (JSON) – hier handelt es sich um den PHP-seitigen Gegenpart einer direkten Kommunikation zwischen Webserver und Browser, ohne eine Webseite für die inhaltliche Aktualisierung neu aufbauen zu müssen.
intl	Empfehlung	Internationalisierungsmodul für PHP.
mbstring	Empfehlung	Unterstützung von Zeichenketten, deren einzelne Zeichen in mehreren Byte codiert werden (Multibyte String).
openssl	Empfehlung	Ver- und Entschlüsselung.
pcre	erforderlich	„Perl Compatible Regular Expressions" – die Erweiterung bietet u. a. Funktionen zur Suche nach bestimmten Ausdrücken. Diese orientieren sich an den Funktionen der Programmiersprache Pearl.
simplexml	erforderlich	Erweiterung für die Auswertung von Informationen in einem XML-Dokument.
soap	Empfehlung	SOAP steht für Simple Object Access Protocol – ein Protokoll, welches zum (XML-)Datenaustausch dient.
spl	erforderlich	SPL steht für Standard PHP Library – in aktuellen PHP-Versionen ab 5.0 ist diese Bibliothek grundsätzlich in PHP vorhanden.
tokenizer	Empfehlung	Verschiedene PHP-Operationen werden Parser-intern durch „Token" beschrieben. In der Regel wird der normale Programmierer damit nur selten in direkten Kontakt kommen, es sei denn, er muss Warnungen oder Fehlermeldungen interpretieren.

(Fortsetzung nächste Seite)

[11] Quelle der Erweiterungsliste: Moodle-Dokumentation – zusätzlich: freie Erklärung der Erweiterungen.

Tabelle 3.3 PHP-Erweiterungen für ein Moodle-System *(Fortsetzung)*

Name	Notwendigkeit	Bedeutung/Aufgabe
xmlrpc	Empfehlung	XML-RPC steht für Extensible Markup Language Remote Procedure Call. Es handelt sich um ein – in XML-Paketen übertragenes – Protokoll zum Aufruf von Prozeduren/Unterprogrammen über ein Netzwerk. SOAP gilt als eine Weiterentwicklung von XML-RPC.
xml	erforderlich	XML steht für Extensible Markup Language. Es handelt sich um ein einfaches Protokoll zur (textbasierten) Übertragung von Daten. Die Informationen werden zwischen einem Start-Tag (zeigt den Beginn der Information an) und einem Schluss-Tag gesetzt. Die Syntax zwischen den kommunizierenden Partnern orientiert sich an den Festlegungen des Programmierers.
zip	erforderlich	PHP-Erweiterung zum Packen bzw. Entpacken „gezippter" Archive. ZIP ist auch auf Windows-Computern einer der am weitesten verbreiteten Standards zur Kompression von Dateien.

Fehlende Erweiterungen müssen unter Umständen nachträglich installiert werden. So kann beispielsweise das PHP-Modul des Apache-Webservers mit folgender Kommandozeile (auf einem Linux-System) installiert werden:

```
sudo apt-get install libapache2-mod-php [Enter]
```

Der Linux-Befehl *sudo* – meist gefolgt von der Eingabe des Administrator-Passwortes – bewirkt die Ausführung der Kommandozeile mit den Rechten des Superusers (root). Es ist somit kein erneutes Login im System zum Wechsel des Benutzers erforderlich.

Besitzt das Betriebssystem eine grafische Benutzeroberfläche – so, wie es im Experimentalsystem der Fall ist – kann auch ein grafischer Paketmanager wie zum Beispiel *synaptic* verwendet werden. Sowohl *apt-get* als auch *synaptic* erkennen Zusammenhänge zu möglicherweise zusätzlich benötigten Programmpaketen und bieten diese ebenfalls zur Installation an. Derartige Tools erleichtern auch die Analyse des Systems. Dazu werden Stichwörter in eine Suchfunktion eingetragen und dann die Ergebnisliste untersucht. Ist ein erforderliches Paket noch nicht installiert, wird es vorgemerkt. Sobald alle erforderlichen PHP-Erweiterungen sowie die sonstigen noch benötigten Pakete überprüft wurden, wird mit einem Klick auf *Anwenden* die Installation ausgeführt.

3.3.2.3 php.ini im System finden

Neben der gezielten Installation eventuell fehlender Programmpakete müssen die PHP-Erweiterungen zusätzlich auch *aktiviert* werden! Dies geschieht durch eine im Grunde genommen recht einfache Bearbeitung der Datei *php.ini*. Für den Laien besteht die Schwierigkeit vor allem darin, diese Datei zu finden. Folgende Voraussetzungen müssen zur Bearbeitung der Datei *php.ini* erfüllt sein:

- Die Administration muss in der Lage sein, die Datei im System aufzufinden, um sie bearbeiten zu können.
- Es muss ein geeigneter Editor verwendet werden.
- Die Datei ist mit Administratorrechten zu öffnen und zu speichern.

Allein der erste Punkt wird gelegentlich für Schwierigkeiten sorgen, denn auf einem Computer existieren Tausende von Dateien in unzähligen Verzeichnissen und Unterverzeichnissen. Auch für den eingeweihten IT-Kenner ist es nicht immer ganz einfach, die Datei zu finden, denn das Betriebssystem Linux wird in verschiedenen Distributionen angeboten und nicht alle Systeme setzen in den Details auf die gleiche Verzeichnisstruktur.

Natürlich gibt es Hilfe bei der Suche. Im Windows Explorer existiert zum Beispiel ein Suchfeld, in das einfach der Name der gesuchten Datei eingegeben werden kann. Es ist zu beachten, dass auch die Unterverzeichnisse durchsucht werden. Zeit spart dabei, wer ungefähr eine Vorstellung hat, auf welchem Laufwerk die Datei *php.ini* installiert ist. Das gilt übrigens grundsätzlich, also auch für die Suche in einem Linux-System.

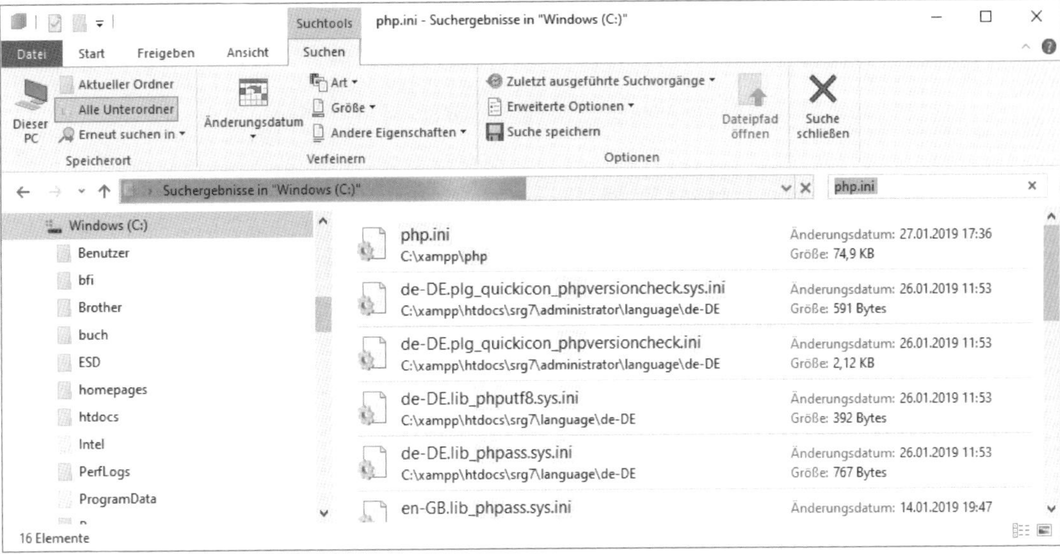

Bild 3.1 Auf einem Windows-System eine Datei zu finden, ist nicht schwierig. Im Windows-Explorer gibt es ein Suchfeld.

Wer ein Testsystem auf einem Windows-Computer betreiben möchte, welches in einem *lokalen* XAMPP[12]-Serversystem installiert werden soll, findet die Datei *php.ini* sehr schnell: Mit der Installation des XAMPP-Programmpakets wird ein Verzeichnis auf dem Laufwerk C:\ mit dem Namen *xampp* angelegt. In diesem Verzeichnis existiert nun ein Unterverzeichnis mit dem Namen *php*. Darin befindet sich die Datei *php.ini*. Der vollständige Suchpfad lautet also bei einer XAMPP-Installation auf einem MS-Windows-System:

```
C:\xampp\php\php.ini
```

[12] XAMPP ist eine Abkürzung. Dabei steht X für ein nahezu beliebiges Betriebssystem (Windows, Linux oder Mac OS X). A steht für den Webserver Apache2, M ist das Kürzel für die MariaDB-Datenbank und PP steht für die Interpreter der Programmiersprachen Pearl und PHP.

Achtung: XAMPP ist nicht für Live-Systeme vorgesehen!

Mit XAMPP kann wirklich jeder einen voll funktionsfähigen Webserver auf dem eigenen Computer installieren. Auch die in diesem Werk vorgestellten Moodle-Installationen können auf einer XAMPP-Umgebung umgesetzt und studiert werden. Allerdings – so einfach und komfortabel ein XAMPP-Server-System auch zu installieren ist – ist dieser Server ohne professionelle Konfiguration nicht für öffentlich zugängliche Live-Systeme geeignet. XAMPP ist als Schulungs- bzw. Trainingsumgebung gestaltet worden. Das bedeutet, dass grundsätzlich kein Passwortschutz existiert, und wenn doch, dann nur ausgesprochen rudimentär. Datenbanken und Server-Dateien sowie die Datenverzeichnisse sind also angreifbar, um nicht zu sagen „offen wie das (sprichwörtliche) Scheunentor“! Für eigene Studien und Übungszwecke ist XAMPP allerdings ein wunderbares und außerdem zu realen Serverumgebungen kompatibles Instrument. Es wird deswegen auch bei der Beschreibung eines eigenen Testsystems vorgestellt.

Vergleichbare Möglichkeiten findet man auch in einem Linux-System. Auf einer grafischen Oberfläche gibt es je nach Distribution und installierter Oberfläche (z. B.: GNOME, KDE) dem Explorer in dessen Grundfunktion ähnliche Werkzeuge mit einer Suchfunktion. In professionellen Serverumgebungen wird allerdings meist auf der Kommandozeile gearbeitet. Das Kommando lautet *locate*.

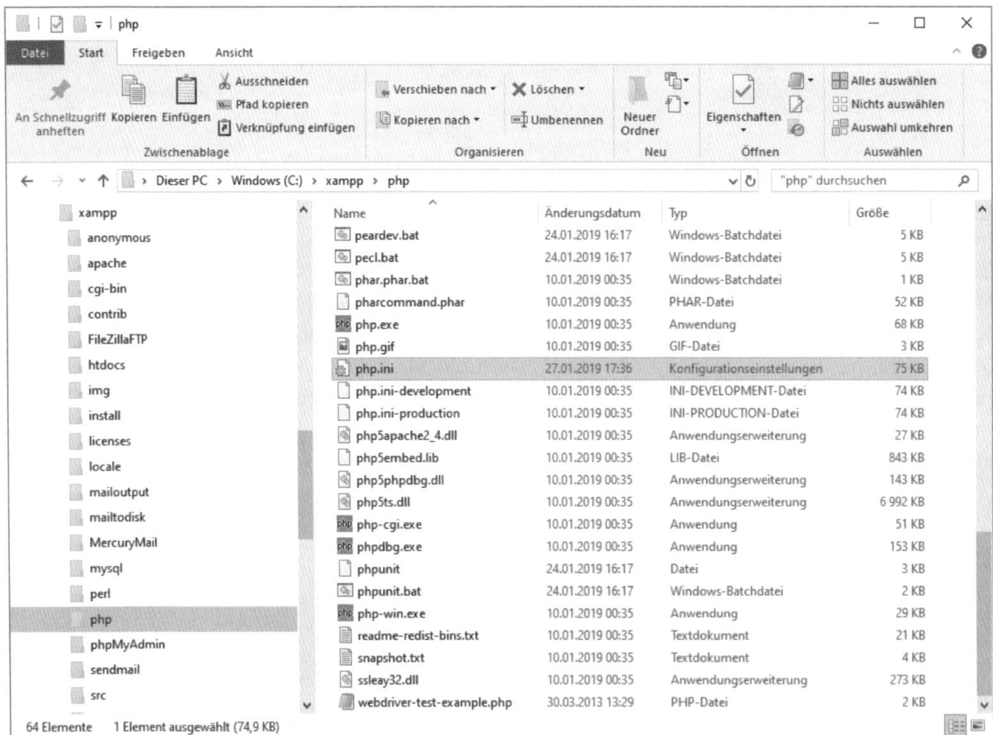

Bild 3.2 Die Datei php.ini ist in einer XAMPP-Testumgebung direkt zu finden. Der Pfad heißt: *C:\xampp\php\php.ini*

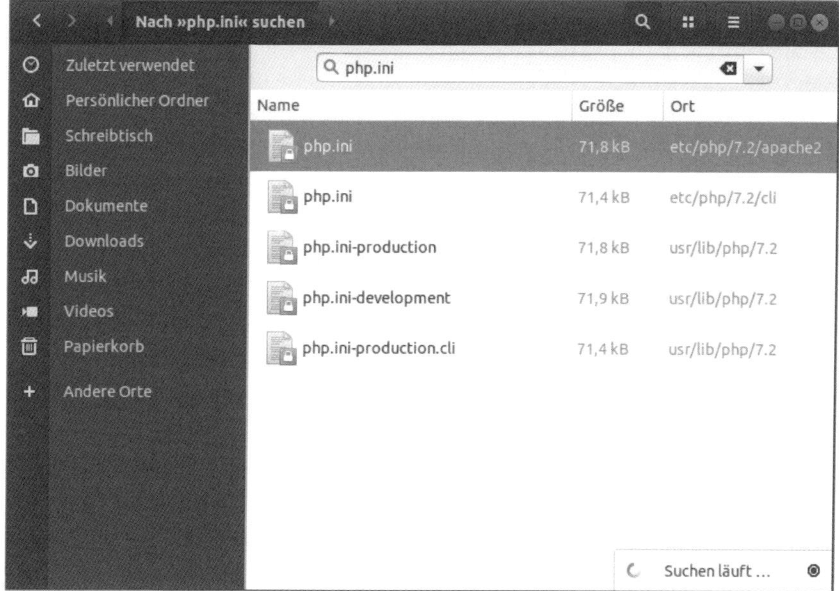

Bild 3.3 Auch in einem Linux-System kann in einem grafischen Assistenten nach einer Datei gesucht werden.

Bild 3.4
Linux wird meist mit der Shell, der Kommandozeile, assoziiert und ist deswegen unter IT-Laien eher berüchtigt als berühmt. Dennoch führt ein sehr einfacher Befehl in der Shell schnell zum Ziel: `locate php.ini` Enter

Etwas komplizierter wird es möglicherweise, wenn preisgünstige Standard-Webspace-Pakete bei einem großen Provider angemietet werden. Das Problem ist dabei: Die Datei *php.ini*, die zur Aktivierung von PHP-Erweiterungen bearbeitet werden muss, liegt meist außerhalb des Zugriffsbereichs des Kunden. Hinzu kommen möglicherweise Probleme bei der Einrichtung eines Datenverzeichnisses, wie es Moodle erwartet.

Öffentlicher Webspace ist ein eigenes Thema

Die Nutzung eines angemieteten Webspaces in einem Rechenzentrum eines öffentlichen Internet-Dienstleisters ist für kleinere Anbieter von Bildungsdienstleistungen (freie Fachtrainer, kleine Schulen etc.) ein durchaus geeigneter und vor allem kostengünstiger Weg. Dieses Thema wird deswegen an späterer Stelle in diesem Kapitel eingehender behandelt.

3.3.2.4 php.ini bearbeiten

Es sei angenommen, die für die Aktivierung von PHP-Erweiterungen wichtige Datei php.ini sei im System gefunden worden. Nun gilt es, diese zu bearbeiten. Gleich vorweg eine Entwarnung: Es ist nicht nötig, sich mit einer komplizierten Programmiersprache vertraut zu machen! Das Wichtigste ist bereits in die Datei hineingeschrieben worden. Es sind nur Kleinigkeiten zu bearbeiten. Dazu benötigt man einen Text-Editor.

Achtung: Ein Text-Editor ist kein Textverarbeitungsprogramm!

Es ist keinesfalls eine gebräuchliche Textverarbeitungssoftware wie MS-Word oder LibreOffice Writer für die Bearbeitung der Steuerdateien (z. B. php.ini oder später auch .htaccess) zu verwenden. Diese Programme bilden den Text mit zusätzlichen Informationen - unter anderem für die Formatierung der Zeichen, Absätze und Seitenlayouts - in den Dateien ab. In der Software-Entwicklung und in der Administration von Internet-Programmen wird jedoch reiner Text benötigt. Für deren Bearbeitung gibt es eine breite Vielfalt - zum großen Teil kostenloser - sehr guter Programme.

Geeignete Editoren sind unter anderem:[13]

Für Linux (Kommandozeile):

- ed (ein Klassiker aus „alten" UNIX-Zeiten)
- vi (sehr häufig verwendeter Editor in der Shell)
- joe
- nano

Für Linux mit grafischer Benutzeroberfläche:[14]

- gedit (wird mit der grafischen Oberfläche „GNOME" geliefert)
- Kate (Editor für die KDE-Oberfläche)
- KWrite (ehemals DER Standard-Editor der KDE-Oberfläche)
- VS Code bzw. Visual Studio Code - ein Microsoft-Editor, der auch für das Linux-Betriebssystem verfügbar ist.
- Bluefish - der Editor ist auch für MS-Windows und OS X erhältlich.

OS X (Apple/Mac)

- Verschiedene unter Linux/UNIX bekannte Editoren für die Kommandozeile[15]
- TextEdit

[13] Die Aufzählung erhebt keinen Anspruch auf Vollzähligkeit, bietet jedoch gewiss Werkzeuge für jeden Anspruch.

[14] Für das Betriebssystem Linux existieren eine Vielzahl grafischer Benutzeroberflächen, die sich im Layout etwas voneinander unterscheiden und auch verschiedene Standard-Tools mit sich bringen. Die bekanntesten Oberflächen sind KDE und GNOME.

[15] Das Betriebssystem OS X für Apple-Computer wie z. B. MacBook ist dem UNIX-System und damit auch Linux sehr nahe. Die Anordnung der Verzeichnisse ist in einer vergleichbaren Struktur realisiert wie bei Linux/UNIX und auch viele Kommandos der Kommandozeile belegen die enge Verwandtschaft der Betriebssysteme. Allerdings ist Mac OS X kein Linux!

- VS Code bzw. Visual Studio Code – ein Microsoft-Editor, der auch für das Mac-Betriebssystem verfügbar ist
- Bluefish – der Editor ist auch für Linux und MS-Windows erhältlich.

MS-Windows

- notepad – der „klassische" Windows-Editor, der nicht mit dem ähnlich klingenden Programm „Wordpad" zu verwechseln ist, ist eher nicht zu empfehlen. Zwar erfüllt dieses einfache Programm alle Minimalanforderungen, ist jedoch sehr unkomfortabel in der Benutzung.
- notepad++ – hier darf man sich nicht von der Ähnlichkeit im Namen zum vorangehenden Programm täuschen lassen! notepad++ ist ein sehr guter und brauchbarer Editor, der unter anderem so wichtige Funktionen wie Syntax-Highlighting[16] bietet.
- Atom – ebenfalls ein sehr guter Editor, der mit farblich hervorgehobenen Elementen Programmierfehler zu vermeiden hilft.
- VS Code bzw. Visual Studio Code – hierbei handelt es sich um einen sehr leistungsfähigen Editor aus dem Hause Microsoft. Der Editor ist auch für OS X und Linux verfügbar.
- Bluefish – der Editor ist auch für Linux und OS X erhältlich.

Welcher Editor ist der beste?

Es spielt grundsätzlich keine Rolle, welcher Editor – ob einer der hier Genannten oder ein anderes Programm – verwendet wird. Wichtig ist lediglich, dass der Editor den jeweils verwendeten Zeichensatz (z. B. UTF-8) versteht und die Datei auch in diesem Zeichensatz speichern kann. In der Regel kann das auch der ganz einfache Windows-Editor „notepad" (ohne „++"). Wichtig ist, dass der verwendete Editor zu einem vertrauten Werkzeug wird. Es gibt also keinen „guten" und auch keinen „schlechten" Editor, sondern nur das Werkzeug, welches der jeweilige Benutzer bzw. die jeweilige Benutzerin bevorzugt.

[16] Die farbliche Hervorhebung von Kommandos und deren Argumenten erleichtert die Arbeit eines Programmierers ganz wesentlich und hilft, Fehler infolge banaler Schreibfehler zu vermeiden. Fast jeder moderne Editor, der als Programmierwerkzeug eingesetzt wird, bietet das sogenannte *Syntax Highlighting*.

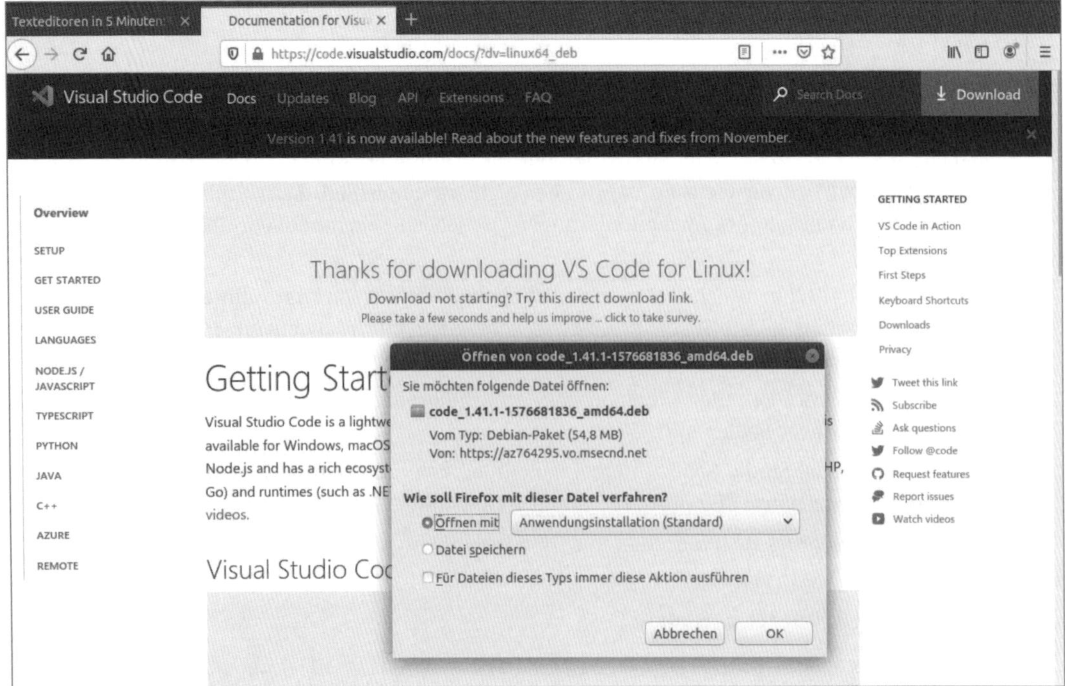

Bild 3.5 Obwohl der Editor Visual Studio Code ein Produkt der Firma Microsoft ist, wird er auch für andere Betriebssysteme – hier am Beispiel von Ubuntu-Linux – angeboten. Dies gilt auch für verschiedene andere Editoren!

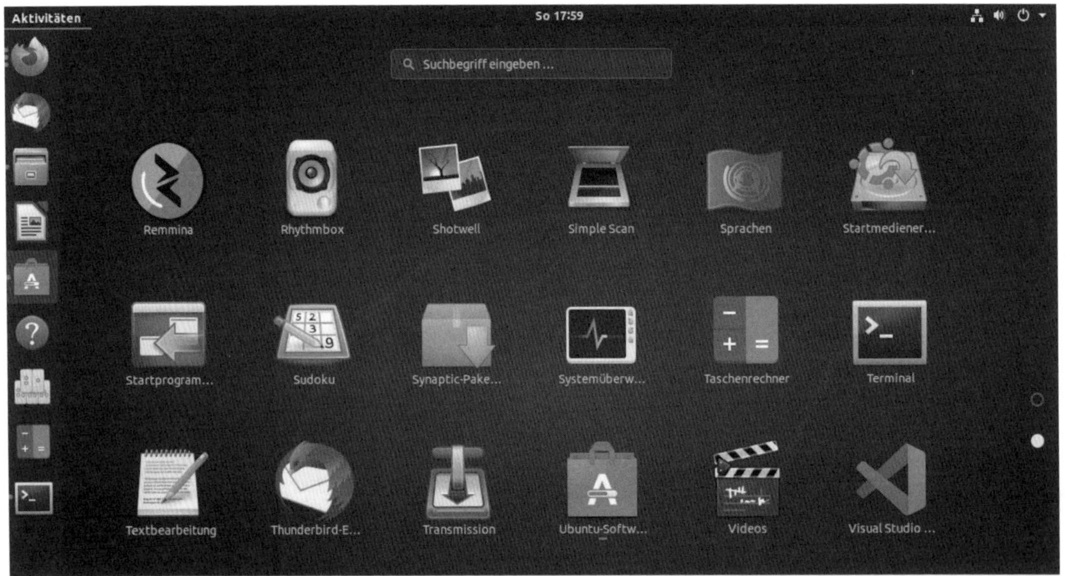

Bild 3.6 Unten rechts ist die Programmverknüpfung zu Visual Studio Code im Anwendungsverzeichnis der Linux-Oberfläche zu sehen. Softwareinstallationen auf einem Linux-Computer sind nicht mehr unbedingt komplizierter als auf einem Windows-PC!

Sind alle erforderlichen PHP-Erweiterungen (in der richtigen Version) im System installiert, so müssen sie lediglich in der Datei *php.ini* aktiviert werden. Die Datei *php.ini* ist die zentrale Steuerdatei des PHP-Parsers. Es gibt allerdings – wie bereits beschrieben – keinen allgemein verbindlichen Speicherort. In den in diesem Werk beschriebenen Testsystemen findet man die Datei *php.ini* in den folgenden Verzeichnissen:

- XAMPP-Umgebung auf einem MS-Windows-Betriebssystem: C:\xampp\php\php.ini
- XAMPP (Moodle Installer Package[17], ebenfalls auf einem MS-Windows-System): C:\Users\Nutzer\Desktop\Moodle_3-9_XAMPP\server\php\php.ini
- Linux (Ubuntu-Linux 18.04.3 LTS): /etc/php/phi.ini

Die Aktivierung der geforderten Erweiterungen ist nun sehr einfach: Es wird lediglich das Semikolon gelöscht, welches sich am Beginn der Code-Zeile befindet. Ein Semikolon leitet einen einzeiligen Kommentar ein. Alles, was dem Semikolon folgt, wird also vom System ignoriert. Löscht man aber das führende Semikolon, so wird die Code-Zeile aktiv gesetzt.

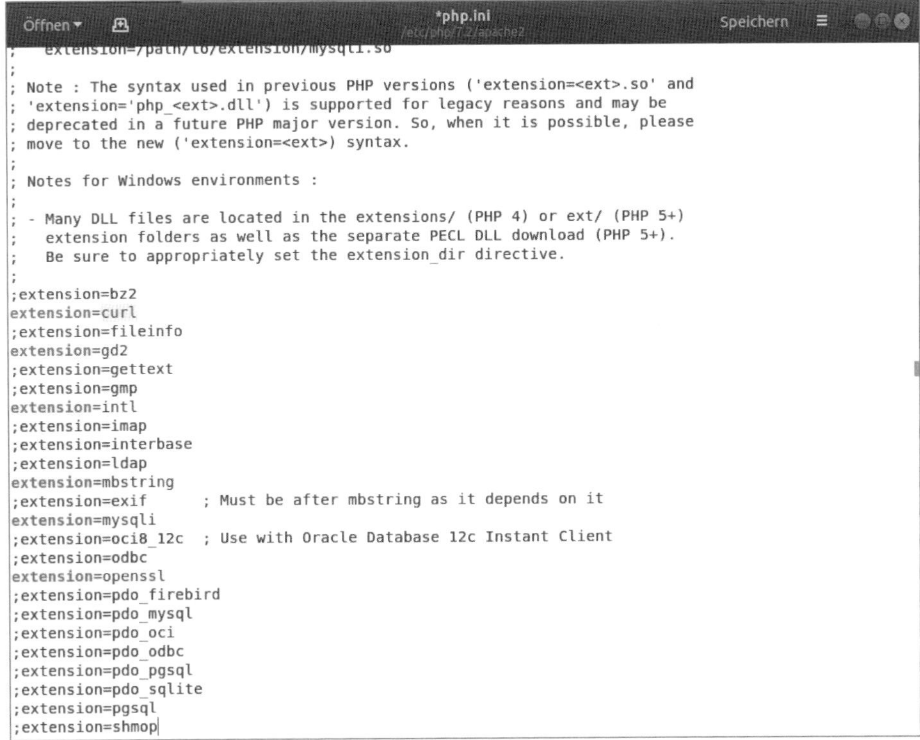


```
;
; Note : The syntax used in previous PHP versions ('extension=<ext>.so' and
; 'extension='php_<ext>.dll') is supported for legacy reasons and may be
; deprecated in a future PHP major version. So, when it is possible, please
; move to the new ('extension=<ext>) syntax.
;
; Notes for Windows environments :
;
; - Many DLL files are located in the extensions/ (PHP 4) or ext/ (PHP 5+)
;   extension folders as well as the separate PECL DLL download (PHP 5+).
;   Be sure to appropriately set the extension_dir directive.
;
;extension=bz2
extension=curl
;extension=fileinfo
extension=gd2
;extension=gettext
;extension=gmp
extension=intl
;extension=imap
;extension=interbase
;extension=ldap
extension=mbstring
;extension=exif      ; Must be after mbstring as it depends on it
extension=mysqli
;extension=oci8_12c  ; Use with Oracle Database 12c Instant Client
;extension=odbc
extension=openssl
;extension=pdo_firebird
;extension=pdo_mysql
;extension=pdo_oci
;extension=pdo_odbc
;extension=pdo_pgsql
;extension=pdo_sqlite
;extension=pgsql
;extension=shmop
```

Bild 3.7 PHP-Erweiterungen werden in der Datei php.ini aktiviert, in dem das Semikolon am Beginn der Zeile gelöscht wird. Mit einem vorangestellten Semikolon wird ein Eintrag „auskommentiert". Er ist damit nicht aktiv.

[17] In diesem Fall wurde das Moodle-Installer Package für Windows mit der (hier: noch) Alpha-Version 3.9 verwendet. Dieses erzeugt auf dem Windows-PC ein nahezu autarkes „to-go"-System. Es unterscheidet sich also von einer separaten XAMPP-Server-Installation, auf der Moodle ebenfalls installierbar ist

Ganz wichtig: Als Systemverwalter arbeiten!

Die Datei php.ini ist eine Systemdatei! In einem Linux-System muss sie also mit den Rechten des Systemverwalters bearbeitet werden, sonst lässt sie sich nicht speichern. In Beispiel (Bild 3.7) wurde das Editor-Programm Gedit verwendet. Damit es sicher mit Administratorrechten arbeitet, wurde der Editor über die Kommandozeile mit einem vorangestellten sudo-Kommando gestartet:

```
sudo gedit /etc/php/php.ini [Enter]
```

In der Datei *php.ini* sind noch weitere wichtige Konfigurationen vorzunehmen. Dies betrifft die Möglichkeit, über die Moodle-Oberfläche Dateien auf das System hochzuladen, ohne dazu beispielsweise ein FTP-Programm nutzen zu müssen. Der Dateiumfang für Lehrmaterialien (E-Books, Video-Dateien etc.) kann durchaus beachtliche Größen umfassen. Damit auch große Dateien im Moodle-System gespeichert werden können, müssen mindestens zwei Werte in der Datei *php.ini* bearbeitet werden:

- *upload_max_filesize:* maximale Größe einer einzelnen hochzuladenden Datei.
- *post_max_size:* maximale Größe einer Variablen im $_POST[]-Array des Webservers, welches von PHP zur Übernahme von Dateien mittels eines Web-Formulars verwendet wird.

Zusätzlich können Anpassungen in folgenden Parametern der Datei *php.ini* sinnvoll sein:

- *max_execution_time:* zeitliche Begrenzung der Ausführung eines PHP-Skripts. Der Grenzwert ist möglicherweise bei sehr großen zulässigen Dateigrößen und einer hohen Benutzerzahl, die gleichzeitig auf den Server zugreifen dürfen, nach oben anzupassen.
- *max_input_time:* Zeit, mit der sich ein Skript mit einem Eingabeprozess befassen darf. Bei größeren Dateien, mehreren gleichzeitigen Server-Zugriffen und langsamen Kommunikationswegen kann es sinnvoll sein, diesen Wert nach oben zu korrigieren.
- *memory_limit:* Teil des für PHP reservierten Arbeitsspeichers. Hier sollte die Großzügigkeit nicht übertrieben werden. Zu klein sollte dieser Wert jedoch auch nicht bemessen werden. Heute werden oft schon 128M (entspricht 128 Mbyte) in der Grundeinstellung festgelegt. Dieser Wert sollte in der Regel ausreichen und ist nur zu erhöhen, wenn die Performance in der serverseitigen Bearbeitung der PHP-Skripte zu gering ist.

Welche Werte verwendet werden, muss aus den Erfahrungen heraus ermittelt werden. Insbesondere die zeitlichen Grenzen und die Reservierung von Arbeitsspeicher hängen von der Auslastung des gesamten Servers und nicht zuletzt von dessen Systemressourcen ab. Die Festlegung der maximal hochladbaren Dateigröße kann bereits mit 15 Mbyte bis 20 Mbyte vernünftig definiert werden. In der Praxis sind aber auch andere Werte wie zum Beispiel 50 Mbyte und mehr denkbar. Es kommt hier vor allem darauf an, welche Art von Unterrichtsmaterialien eingesetzt werden. Wird nur mit reinen Texten, überschaubaren PDF-Dateien und kleineren Präsentationen gearbeitet, dann sollte ein kleiner Grenzwert für die Dateigröße völlig ausreichen. Wird das Lernsystem jedoch zur Ausbildung von Informatikern oder Personen eingesetzt, die große Dateipakete als Archiv verwenden bzw. mit hochauflösendem Foto- und Videomaterial arbeiten, so ist die Festlegung der Grenzwerte unbedingt mit den Lehrenden zu klären und gegebenenfalls sehr großzügig zu bemessen. Doch Achtung: Es muss auch für ausreichend großen Speicherplatz auf dem System und auf den Backup-Medien gesorgt werden! Mit den minimalen Systemvoraussetzungen kann eine solche Lernplattform dann nicht mehr betrieben werden.

Server-Neustart erforderlich!

Jede Veränderung am Webserver, dem PHP-Parser oder dem Datenbankmanagement erfordert einen Neustart des Webservers. Auch dieser wird in einem Linux-System über die Kommandozeile durchgeführt:

```
sudo /etc/init.d/apache2 restart [Enter]
```

Nach jeder Änderung des Webservers ist dessen Neustart erforderlich. Auf einer XAMPP-Testumgebung ist das sehr komfortabel über das XAMPP Control Panel möglich: Der Server wird einfach gestoppt und gleich darauf neu gestartet. Auf einem Linux-System arbeitet man mit einem Befehl auf der Kommandozeile (siehe Kasten).

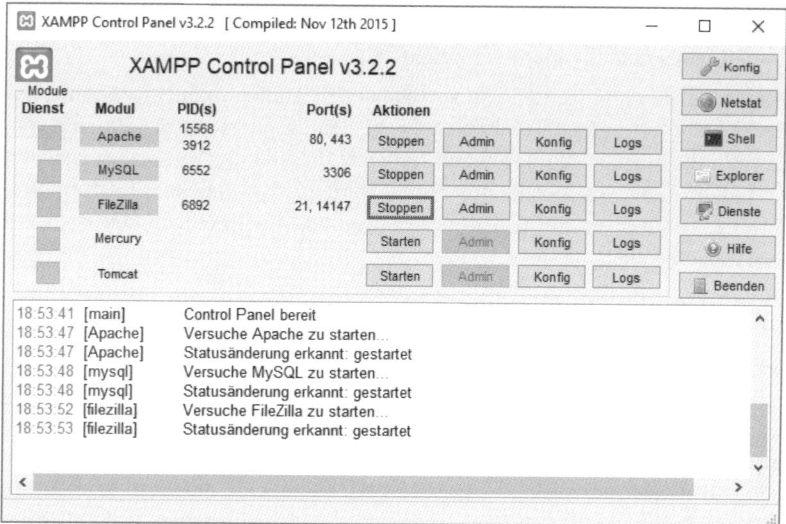

Bild 3.8 Das XAMPP Control Panel bietet Schaltflächen, mit denen gezielt Serverdienste gestoppt und neu gestartet werden können.

3.3.3 Datenbanken

Die einfachste Form einer Datenbank ist wohl der klassische Karteikasten. Auf den Karten stehen die eigentlichen Informationen – die „Daten“. Damit man sich in der Fülle dieser vielen Daten zurechtfinden kann, wird eine gewisse Ordnung benötigt. Bei den Karteikästen waren es Regeln, nach denen diese selbst und die darin gespeicherten Daten organisiert wurden. Auch gab es möglicherweise Verzeichnisse, in denen strukturierte Informationen erfasst wurden, die das Auffinden der richtigen Karteikarte erleichtern. Natürlich bedurfte es in der analogen „Papierzeit“ auch ein gewisses Maß an persönlicher Arbeitsleistung die Karteikarten zu sortieren und beispielsweise Daten bestimmter Jahrgänge oder Wohngebiete auf dem neuesten Stand zu halten.

In der modernen IT werden Daten längst elektronisch erfasst und verwaltet. Der Datenbestand wird auf Speichermedien abgelegt. Dazu ist es erforderlich, jedem einzelnen Datensatz, den man sich als Zeile einer Tabelle vorstellen kann, eine bestimmte Struktur zu geben. Dazu gehören unter anderem die Breite der Datenfelder, die Art, wie die Daten gespeichert werden (z.B. Zeichenketten bzw. Strings, ganze Zahlen, Gleitkommazahlen usw.), aber auch der zu verwendende Zeichensatz.

Die Struktur, mit welcher der Datenbestand gespeichert wird, legt ein *Datenbankmanagementsystem* (DBMS) an. Es koordiniert auch die Vorgänge beim Ergänzen oder Löschen von Daten. Besonders wichtig ist die Aufgabe eines DBMS, wenn gleich mehrere Benutzer auf die Datenbank zugreifen wollen. In einem Lernmanagementsystem wie Moodle ist dies obligatorisch! Das DBMS muss also eine entsprechende Leistungsfähigkeit ermöglichen, da sonst die Arbeit mit dem Gesamtsystem für eine große Zahl von Benutzern mit extremen Wartezeiten verbunden ist und somit praktisch unmöglich wäre.

Bei den Datenbanken MySQL und MariaDB - beide unter dem leitenden Einfluss des gleichen Entwicklers, Michael Widenius, entwickelt - organisieren Speichersubsysteme den effizienten Zugriff auf Daten. Solche *Engines* sind u.a. MyISAM, MERGE und nicht zuletzt InnoDB, was derzeit quasi dem Standard entspricht.

Datenbank-Systeme wurden und werden von verschiedenen Anbietern entwickelt und vertrieben. Moodle ist nicht nur auf eine Technologie festgelegt, sondern unterstützt alle gängigen DBMS. Allerdings müssen die jeweiligen Entwicklungsstände (Versionen) beachtet werden. Welche Datenbanken von Moodle unterstützt werden, zeigt Tabelle 3.1. Grundsätzlich sollten allerdings bei der Gestaltung der Serverumgebung die jeweiligen Release Notes des gewünschten Moodle-Pakets beachtet werden.

3.3.4 Webserver auf Linux

Über den Apache-Webserver wurden bereits eine Reihe von - sehr umfangreichen - Fachbüchern geschrieben. Darin wird die Konfiguration des Servers in den verschiedenen Konfigurationsdateien sowie dessen Absicherung gegen Hackerangriffe ausführlich erläutert. Dieser Abschnitt des Buchs will diesen Werken keine Konkurrenz machen, wohl aber der interessierten Leserin bzw. dem interessierten Leser ein Beispiel - hier auf einem Desktop-Betriebssystem[18] Ubuntu 18.04.3 - für die Installation und die Grundkonfiguration des Webservers anbieten.

3.3.4.1 Prüfung der Systemvoraussetzungen

Für dieses Beispiel steht ein Linux-Betriebssystem (in einer „VirtualBox“) zur Verfügung. Aus dem Betriebssystem wurden für die Präsentation alle Programmteile des Apache2-Webservers, der Datenbanken und der PHP-Elemente entfernt.

[18] Professionelle Webserver werden auf speziell für Server-Einsätze konfigurierte Betriebssysteme installiert. Die Wahl eines Desktop-Betriebssystems für die Illustration dieses Buchs begründet sich mit der Verfügbarkeit einer grafischen Benutzeroberfläche, die einem reinen Server-Betriebssystem fehlt, um die optimale Leistung den jeweiligen Diensten zur Verfügung zu stellen. Für den Einstieg erweist sich die grafische Oberfläche jedoch als verständlicher und einfacher zu handhaben.

Auf der anderen Seite soll auf dieser Maschine später ein Moodle-System installiert werden. Ein Blick in die Release Notes, Abschnitt „Server Requirements" beschreibt für Moodle 3.8 die groben Anforderungen an den Webserver:

- PHP 7.1.0 als Minimum.
- PHP-Erweiterung *intl* ist erforderlich.
- Bei den Datenbanken wird unter anderem MariaDB 5.5.31 gefordert.
- Alternative Datenbanken sind: PostgreSQL 9.4 (11.x empfohlen), MySQL 5.6, Microsoft SQL-Server 2012 oder Oracle Database 11.2

Fehlende Software - sei es der komplette Apache-Webserver, eine oder mehrere PHP-Erweiterungen oder ein Datenbank-Server - können in einem Linux-System mit mittlerweile recht komfortablen Werkzeugen installiert werden. Das gilt sowohl für rein textbasierende Oberflächen (Terminal, Shell) als auch für Betriebssysteme mit grafischer Oberfläche. In den folgenden Abschnitten werden Beispiele für beide Umgebungen vorgestellt.

3.3.4.2 Software-Installation auf der Konsole

Die Installation von Programmpaketen ist auch ohne eine grafische Benutzeroberfläche möglich. In der Tat verzichtet man beim Betrieb eines Servers auf diesen Geräten meist auf eine grafische Benutzeroberfläche, um die verfügbare Rechenleistung der Maschine maximal den Serverdiensten zur Verfügung zu stellen. Man arbeitet direkt auf der Konsole.[19] In größeren Serverfarmen werden die einzelnen Geräte ohnehin in System-Racks verbaut. Den klassischen „Computer am Arbeitsplatz", bestehend aus Tastatur, Maus und Monitor darf man sich also nicht vorstellen. Stattdessen erfolgt die Administration von zentralen Wartungsplätzen aus.

Das in diesem Buch als Beispiel verwendete Betriebssystem Ubuntu-Linux gibt es auch als Server-Version! Wer sich für die Installation dieser Variante entscheidet, kann jedoch trotzdem jedes Softwarepaket installieren. Zum Editieren der Konfigurationsdateien eignen sich Konsolen-Editoren wie beispielsweise *nano, joe* oder *vi* etc.

Sehr beliebt zur Installation oder Aktualisierung von Software über einen Kommandozeilenbefehl ist *apt-get.* APT Steht für ***Advanced Packaging Tool.*** Das Programm ist ursprünglich mit der Debian-Distribution entwickelt worden. Da die Installation von Programmen auf einem Linux-System in der Regel Administratorrechte erfordert, muss apt-get entweder als Superuser (root) oder mit dem vorangestellten Befehl *sudo*[20] ausgeführt werden. Der Befehl *sudo* fordert die Eingabe des Administrator-Passworts und bewirkt die Ausführung des folgenden Befehls mit den entsprechenden Rechten des Systemverwalters.

[19] Andere Begriffe: Terminal, Shell

[20] Voraussetzung ist, dass *sudo* auf dem Betriebssystem vorhanden ist. Es erfordert eine Datei */etc/sudoers,* die jedoch nicht mit einem einfachen Texteditor und schon gar nicht von Laien bearbeitet werden sollte!

Software-Installation erfordert zumeist Administratorrechte

Es ist nicht immer zwingend erforderlich, sich als Standardbenutzer vom System ab- und als Superuser erneut anzumelden, um ein neues Programm zu installieren, wenn hierzu Administratorrechte gefordert sind. Wird das Kommando *sudo* dem Installationsbefehl vorangestellt, so wird dieser Befehl mit Administratorrechten ausgeführt. Selbstverständlich ist die Eingabe des gültigen Administrator-Passworts dazu die Voraussetzung.

Mit *apt-get* können zu gleicher Zeit mehrere Programmpakete installiert werden. Die Namen dieser Pakete werden dem Befehl als *Argument*[21] übergeben. Darüber hinaus benötigt dieses Programm ein Kommando, welches bestimmt, wie die Programmpakete zu behandeln sind (Installation, Update oder Entfernen aus dem System). Mithilfe zusätzlicher Optionen können zum Beispiel die Antworten auf Rückfragen automatisiert werden.

```
sudo apt-get [[Optionen]] Kommando Paketname1 Paketname2 ...
```

Tabelle 3.4 Optionen für apt-get (Auswahl)

Option	Bedeutung
-b	Kompilierung des Programm-Quelltextes nach dem Download
-c	Vorgabe einer Konfigurationsdatei
-d	Es werden lediglich die Paketdateien heruntergeladen, nicht jedoch direkt installiert.
-f	Die Nachinstallation der Pakete, die in Abhängigkeit zum gewünschten Programm stehen, sowie die eventuelle Deinstallation fehlerhafter Pakete werden ausgeführt.
-h	Ausgabe eines Hilfetextes zu apt-get. Die gleiche Funktion ist mit dem Kommando help zu erreichen.
-s	Reine Simulation, keine Installation
-u	Ausgabe der Liste aller aktualisierten Programme
-y	Automatische Beantwortung von Zwischenfragen mit Ja (Yes). Ausnahme: Kritische Änderungen im System müssen weiterhin manuell bestätigt werden.

Tabelle 3.5 Kommandos für apt-get (Auswahl)

Kommando	Bedeutung
install	Lädt das gewünschte Programm herunter und führt die Installation aus. Es können mehrere Programme mit einem Befehl installiert werden.
update	Es werden alle Programmpaketquellen neu eingelesen und die entsprechenden Paketlisten im System aktualisiert.
remove	Remove deinstalliert das bzw. die bezeichneten Programmpaket(e).
clean	Löschen der heruntergeladenen Installationsdateien aus dem Archiv. Damit kann Festplattenspeicher freigegeben werden.

[21] Als „Trennzeichen" zwischen den Argumenten dient das Leerzeichen.

Kommando	Bedeutung
help	Ausgabe eines Hilfetextes zu apt-get. Die gleiche Funktion ist mit der Option -h zu erreichen.
upgrade	Die auf dem System installierten Programme werden auf den aktuellsten Stand gebracht. Es erfolgt keine nachträgliche Installation zusätzlicher oder Deinstallation überflüssiger Pakete.
dist-upgrade	Die auf dem System installierten Programme werden auf den aktuellsten Stand gebracht. Eventuell erforderliche Pakete werden zusätzlich installiert, nicht mehr erforderliche Pakete werden entfernt.

Der Apache-Webserver lässt sich zum Beispiel mit dem folgenden Befehl auf der Konsole installieren:

```
sudo apt-get -y install apache2 [Enter]
```

Obgleich die Konsole eine rein textgesteuerte Benutzeroberfläche ist, gibt es mit *Aptitude* eine Alternative zum manuellen Tippen eines jeden Kommandos. Es handelt sich bei Aptitude um eine strukturierte Anordnung von Textelementen, die ein Menü und eine Übersichtsliste darstellen. Aptitude bietet unter anderem die Möglichkeit, Programme zu suchen und zu installieren. Allerdings ruft Aptitude letztlich auch wieder *apt-get* auf und dient lediglich der Vereinfachung der Vorgänge. Diese begründet sich zum Beispiel damit, dass die konkreten Namen der Programmpakete nicht bekannt sein müssen, sondern aus der Vorschlagliste entnommen werden können.

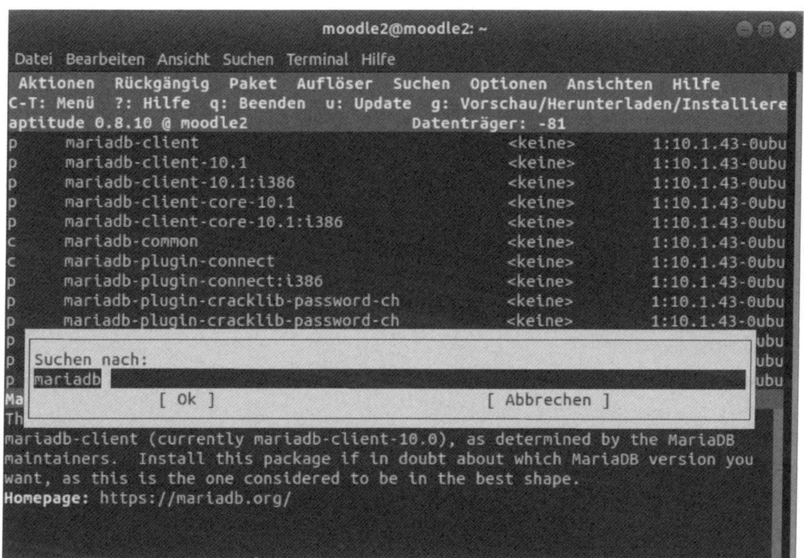

Bild 3.9 Das Programm „Aptitude" läuft direkt im Terminal, ohne eine grafische Oberfläche vorauszusetzen. Es bietet gegenüber der manuellen Texteingabe einen gewissen Komfort bei der Installation von Programmen im Linux-System.

Programme auf der Kommandozeile lassen sich meist nicht mit der Maus[22] steuern. Es gibt stattdessen Tastencodes, die auch durchaus in ihrer Handhabung als komfortabel empfunden werden können.

Linux ist „Case-sensitiv“: Groß- und Kleinschreibung beachten!

Die Steuerung von Aptitude erfolgt u. a. mit Buchstabentasten. Hier macht die Groß- und Kleinschreibung allerdings Unterschiede. Wenn ein Befehl einmal nicht funktioniert, sollte zuerst geprüft werden, ob die „Feststelltaste“ (Caps Lock) aktiviert wurde.

Aptitude kann sowohl direkt über Tastencodes als auch über ein Menü gesteuert werden, das mit der Tastenkombination Strg+T aufgerufen wird. Navigiert wird mit den Cursortasten (Auf- und Abwärts) bzw. über längere Abschnitte hinweg seitenweise mit Bild↑ und Bild↓. Ein Programm wird zur Installation mit der Taste [+] vorgemerkt. Zur Deinstallation wird die Taste [-] auf dem markierten Eintrag gedrückt.

Um also die Datenbank *mariadb* zu installieren, soll zunächst einmal danach gesucht werden. Dazu wird [/] – mit der Kombination Umsch+[7] – gedrückt.[23] Dies öffnet einen einfachen Suchdialog mit einer Eingabezeile und den aktivierbaren Feldern OK und Abbrechen. Zwischen diesen Feldern kann mit der Tabulator-Taste gewechselt werden. Die Auswahl erfolgt mit der Eingabetaste Enter.

Anschließend werden, wie beschrieben, die gewünschten Pakete markiert. Eine grüne Markierung bedeutet, dass die Installation möglich ist. Eine rote Markierung weist auf Probleme hin. Diese Probleme können mögliche Kollisionen mit bereits vorhandenen Programmen oder nicht auflösbare Abhängigkeiten sein. Mit der Taste [G] werden die Programmpakete heruntergeladen und installiert. Aptitude wird mit der Taste [Q] (= quit) verlassen. Allerdings erfolgt eine Rückfrage, ob das Programm wirklich geschlossen werden soll.

Tabelle 3.6 Aptitude-Codes in der Aktionsspalte (erste Spalte)

Code	Bedeutung
p	Paket restlos entfernen (p = purge)
d	Löschen (d = delete)
i	Installieren
u	Aktualisieren (u = upgrade)
r	Neu-Installation (r = reinstall)
B	Broken
A	(in zweiter Spalte) bedeutet automatisch installiert

[22] Eine Maussteuerung ist möglich, wenn zum Beispiel Aptitude in einem Terminal-Fenster einer grafischen Oberfläche ausgeführt wird.

[23] Achtung: Es wird von einer Tastatur mit deutschem Layout ausgegangen! Auf Tastaturen mit z. B. US-Layout sind die Tasten anders belegt.

```
moodle2@moodle2: ~
Datei  Bearbeiten  Ansicht  Suchen  Terminal  Hilfe
 Aktionen  Rückgängig  Paket  Auflöser  Suchen  Optionen  Ansichten  Hilfe
C-T: Menü  ?: Hilfe  q: Beenden  u: Update  g: Vorschau/Herunterladen/Installiee
aptitude 0.8.10 @ moodle2                  Datenträger: +10        DL: 0 B/22,1 MB
p     mariadb-plugin-spider:i386                       <keine>      1:10.1.43-0ubu
p     mariadb-plugin-tokudb                            <keine>      1:10.1.43-0ubu
pi    mariadb-server                         +66,6 kB  <keine>      1:10.1.43-0ubu
ciA   mariadb-server-10.1                    +76,1 MB  <keine>      1:10.1.43-0ubu
p     mariadb-server-10.1:i386                         <keine>      1:10.1.43-0ubu
piA   mariadb-server-core-10.1               +25,9 MB  <keine>      1:10.1.43-0ubu
p     mariadb-server-core-10.1:i386                    <keine>      1:10.1.43-0ubu
p     mariadb-test                                     <keine>      1:10.1.43-0ubu
p     mariadb-test:i386                                <keine>      1:10.1.43-0ubu
p     mariadb-test-data                                <keine>      1:10.1.43-0ubu
MariaDB database core server files
MariaDB ist ein schneller, stabiler, wirklich Mehrbenutzer- und multithread-
fähiger SQL-Datenbankserver. SQL (Structured Query Language) ist die weltweit
populärste Datenbank-Abfragesprache. Die Hauptziele von MariaDB sind
Geschwindigkeit, Robustheit und einfache Benutzbarkeit.

This package includes the core server files, as used by Akonadi.
Homepage: https://mariadb.org/
```

Bild 3.10 Mit den Cursortasten wird in der Auswahlliste navigiert. Mit „+“ wird ein Paket zur Installation markiert.

3.3.4.3 Einfacher mit grafischer Oberfläche

Nicht immer kann eine grafische Benutzeroberfläche zur Verwaltung des Servers verwendet werden. In einem solchen Fall kommt man um die gerade beschriebenen Tools nicht herum. Für den Aufbau eines eigenen Experimentalsystems oder für ein kleineres Produktivsystem[24] kann man sich die Arbeit jedoch einfacher gestalten.

In den folgenden Beispielen werden fehlende Programmpakete mithilfe der *synaptic*-Paketverwaltung installiert. Das ist ein sehr einfach zu handhabendes grafisches Tool zur Auflistung bereits installierter Programme sowie zur Ergänzung weiterer Programme.

Synaptic ist nicht Teil des Systems?

In diesem Fall ist der Zugriff auf die Konsole sicher der einfachste und direkteste Weg, um Synaptic zu installieren. Achtung: Es werden Administratorrechte benötigt, weswegen der Befehl mit dem vorangestellten Kommando „sudo“ ausgeführt wird:

```
sudo apt-get -y install synaptic [Enter]
```

■

Zur Erinnerung: Die zu installierende Moodle-Version (3.8) fordert:

- PHP 7.1.0 als Minimum.
- PHP-Erweiterung *intl* ist erforderlich.
- Bei den Datenbanken wird unter anderem MariaDB 5.5.31 gefordert.
- Alternative Datenbanken sind: PostgreSQL 9.4 (11.x empfohlen), MySQL 5.6, Microsoft SQL-Server 2012 oder Oracle Database 11.2.

---

[24] Ein Server in einer Produktivumgebung sollte aus Gründen der Sicherheit – sowohl des Servers als auch der darauf arbeitenden Benutzerinnen und Benutzer – grundsätzlich von einem Profi installiert und verwaltet werden.

Als Webserver soll Apache2 zum Einsatz kommen, der in Linux-Umgebungen quasi der Standard ist. Dieser wird zuerst installiert. Wie auch bereits beim Einsatz von *Aptitude* (im Terminal) erläutert, ist es sinnvoll, die angebotene Liste zunächst auf die gewünschte Software einzugrenzen.

Das Paket *apache2* ist sehr einfach zu finden. Das Feld in der linken Spalte wird nun mit der Maus angeklickt und im sich öffnenden Kontextmenü *„Zum Installieren vormerken"* ausgewählt. Da möglicherweise weitere Programmpakete erforderlich sind, von denen der Apache-Webserver abhängig ist, werden diese ebenfalls zur Installation vorgeschlagen. Mit einem Klick auf *Vormerken* werden auch diese zur Installation angemeldet.

Schaut man nun in die Paketliste von Synaptic, so fällt auf, dass nicht alle Programmpakete installiert werden, die entfernt mit dem Apache2-Webserver zu tun haben. Das System wird also nicht überfrachtet, allerdings ist durchaus zu überprüfen, ob nicht die Installation weiterer Pakete sinnvoll wäre, beispielsweise die Dokumentation oder spezielle Module wie etwa das PHP-Modul für den Apache-Webserver (libapache2-mod-php). Auch hier kann das System hinterfragen, ob weitere Pakete installiert werden sollen, zu denen Abhängigkeiten bestehen. Dies wird man in der Regel bestätigen.

Im oberen Teil der Programmoberfläche gibt es nun die Schaltfläche *Anwenden*. Ein Klick auf *Anwenden* löst den Download und die Installation aller vorgemerkten Pakete aus. Auch für den umgekehrten Fall, dass Pakete zu deinstallieren sind, startet *Anwenden* diese Aktion.

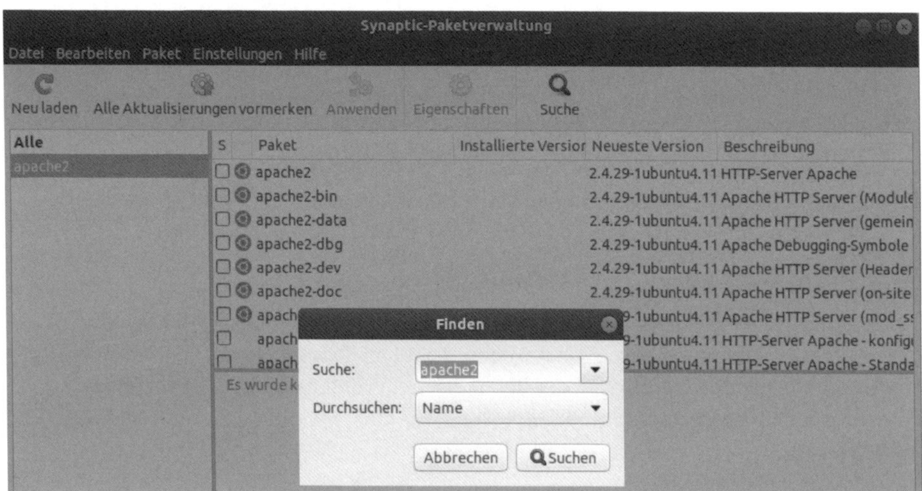

Bild 3.11 Das gewünschte Programmpaket zu suchen, vereinfacht und beschleunigt die Installation, denn die angebotene Liste mit Software kann sehr lang sein.

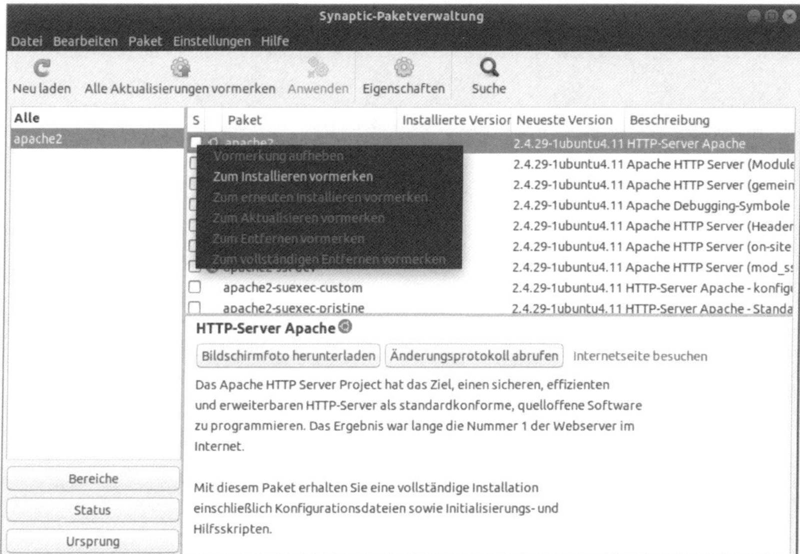

Bild 3.12 An dieser Stelle wird noch keine Installation gestartet, sondern das gewünschte Programmpaket zunächst nur für die Installation „vorgemerkt". Die eigentliche Installation wird ausgeführt, wenn alle Installations- sowie unter Umständen auch Aktualisierungs- oder Deinstallationswünsche platziert wurden.

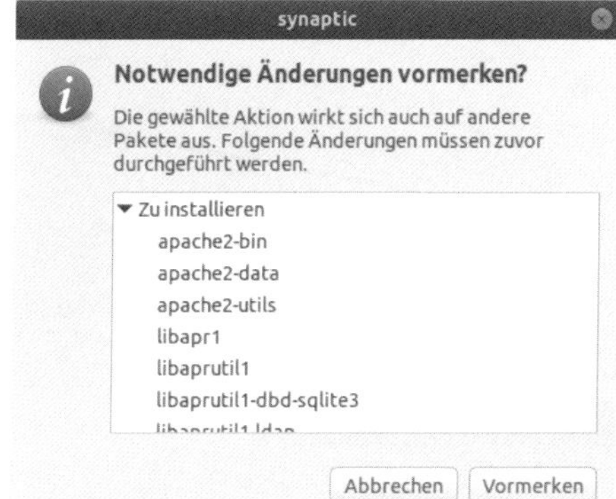

Bild 3.13
Ein ausgewähltes Softwarepaket kann unter Umständen vom Vorhandensein weiterer Pakete abhängig sein. Darum muss sich heute zum Glück kein Linux-Benutzer mehr kümmern. Die Installation der Abhängigkeiten wird vom System automatisch vorgeschlagen.

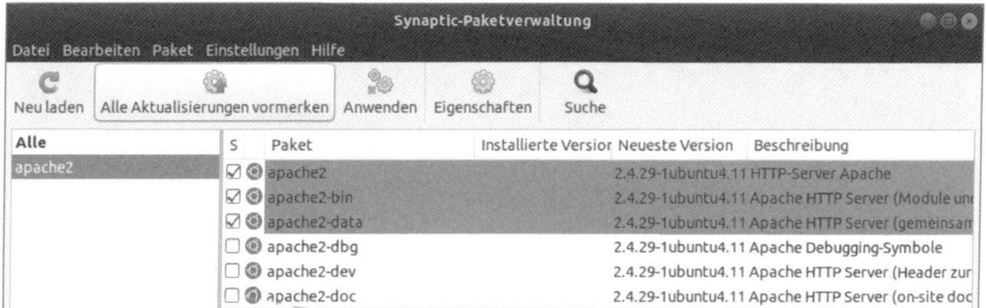

Bild 3.14 Auch die zur Installation vorgemerkten Paketabhängigkeiten werden in Synaptic für die Installation in der Liste erfasst. Allerdings werden nur die Pakete automatisch vorgemerkt, die wirklich benötigt werden.

Synaptic-Paketverwaltung

Datei Bearbeiten Paket Einstellungen Hilfe

Neu laden | Alle Aktualisierungen vormerken | Anwenden | Eigenschaften | Suche

Alle
apache2

S	Paket	Installierte Version	Neueste Version	Beschreibung
	libapache2-mod-parser3		3.4.5-2	Parser 3, HTML-embedd
	libapache2-mod-passenger		5.0.30-1+deb9u1bu	Apache2-Unterstützung
	libapache2-mod-perl2		2.0.10-2ubuntu3.18	Perl-Integration in den A
	libapache2-mod-perl2-dev		2.0.10-2ubuntu3.18	Integration von Perl in de
	libapache2-mod-perl2-doc		2.0.10-2ubuntu3.18	Integration von Perl in de
	libapache2-mod-php		1:7.2+60ubuntu1	server-side, HTML-embe
	libapache2-mod-php7.2		7.2.24-0ubuntu0.18	server-side, HTML-embe
	libapache2-mod-proxy-msrpc		0.6-1	Apache module for Outl
	libapache2-mod-proxy-uwsgi		2.0.15-10.2ubuntu2	uwsgi proxy module for

Bild 3.15 Möglicherweise werden weitere Pakete im System benötigt. Hier fällt ein interessantes Modul für den Apache-Webserver ins Auge, welches für den Betrieb eines Moodle-Systems wichtig erscheint: libapache2-mod-php (und dessen Abhängigkeiten).

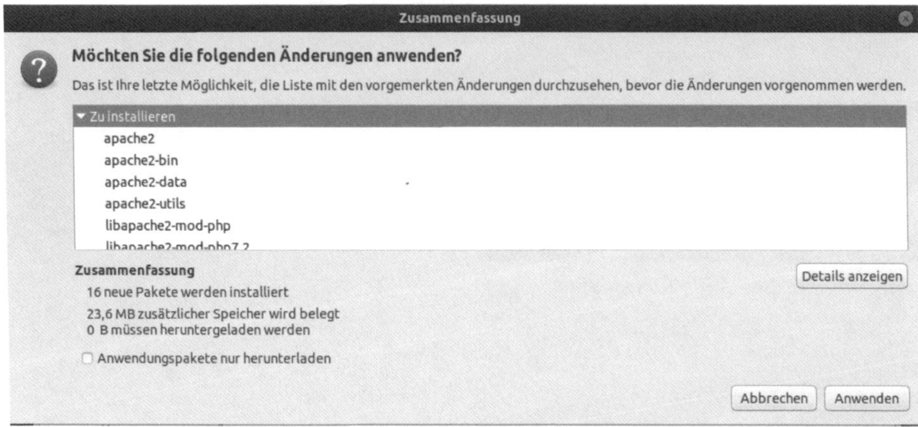

Bild 3.16 Die zu installierenden bzw. zu deinstallierenden Pakete werden in einer Zusammenfassung aufgelistet. Mit Klick auf *Anwenden* wird die Operation bestätigt und ausgeführt.

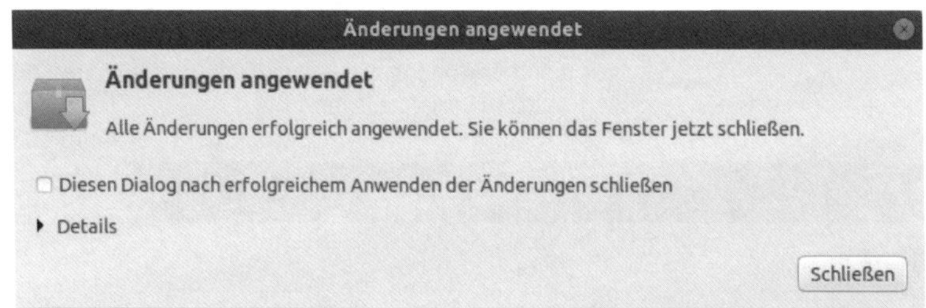

Bild 3.17 So sieht das gewünschte Ergebnis aus, wenn alle Pakete wunschgemäß installiert wurden.

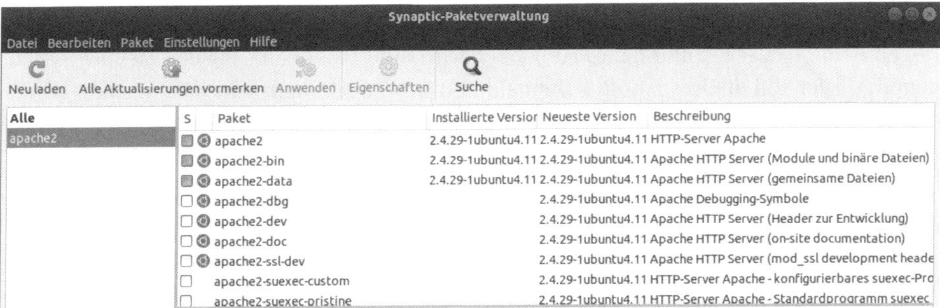

Bild 3.18 Die Paketliste von Synaptic zeigt die auf dem System installierten Pakete mit einer grünen Checkbox am Zeilenanfang. Bei Bedarf kann über dieses Feld die Deinstallation vorgemerkt werden.

Auf die gleiche Weise werden nun die übrigen Systemvoraussetzungen für die Moodle-Installation geschaffen. So ist der PHP-Parser auf der Serverseite unbedingt erforderlich, damit die Moodle-Skripte überhaupt ablaufen können. Mit dem Apache-Webserver wurde lediglich – und das in einem zweiten Auswahlschritt – das erforderliche Modul installiert. Aus diesem Grund muss über die Paketsuche geprüft werden, ob die PHP-Module auf dem Server bereits installiert sind und ob sie dem geforderten Mindeststandard entsprechen.

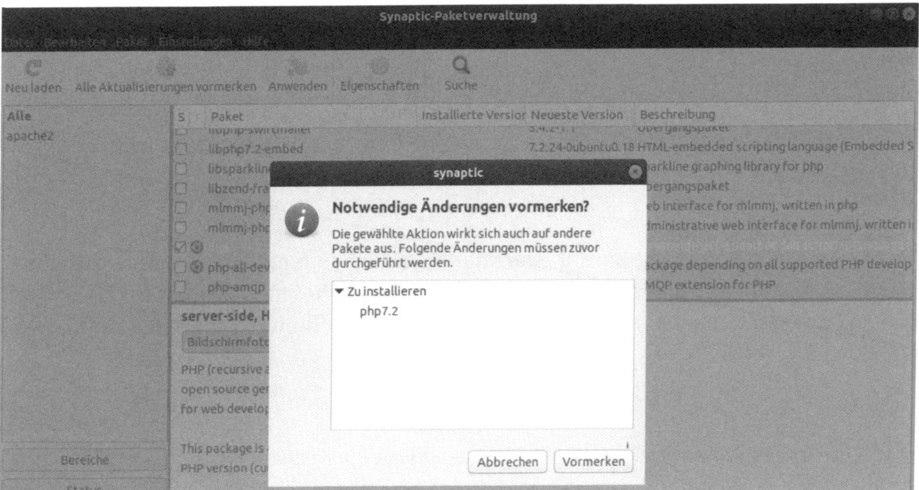

Bild 3.19 Der PHP-Parser wurde nicht automatisch installiert! Er muss also zusätzlich vorgemerkt und installiert werden. Die Version PHP 7.2 entspricht den Mindestanforderungen.

Weitere Programmpakete sollten bei der Installation berücksichtigt werden. Dies sind u. a.:

- php-curl
- php-gd
- php-intl
- php-json
- php-mbstring
- php-soap
- php-xml

3.3.4.4 Datenbankserver

Neben dem Webserver und dem PHP-Parser wird eine Datenbank für das Moodle-System benötigt. Hier soll die lizenzfreie Datenbank *MariaDB* als Datenbankserver installiert werden. Für die Verwaltung der Datenbank bietet sich das Werkzeug *phpMyAdmin* an, welches ebenfalls als Programmpaket installiert werden kann.

Alle genannten Programmpakete können in einem einzigen Durchgang durch „Anwenden der Auswahl" installiert werden. Die Installation der Datenbank erfordert die Vergabe eines Passworts. Dieses sollte nicht zu einfach zu erraten sein, besonders dann nicht, wenn die Datenbank über öffentliche Netzwerke zugänglich ist. Ein sicheres Passwort wird niemals in einem Wörterbuch zu finden sein. Es sollte Groß- und Kleinbuchstaben sowie Ziffern und Sonderzeichen enthalten. Eine gute Möglichkeit, selbst ein solches Passwort mit einem hohen Sicherheitsniveau zu erzeugen, ist die Verwendung eines Merksatzes. Ein Beispiel:

Merksatz: ***„Mein erstes Auto war ein VW-Käfer Baujahr 71!"***

Daraus werden die jeweils ersten Buchstaben jedes Wortes, die Zahl und das Satzzeichen gewählt. Das so entstandene Passwort lautet:

MeAweVKB71!

Es ist kompliziert für Hacker-Programme zu knacken und doch einfach zu merken.

Konfiguration und Aktivierung der Module

Mit der Installation der Programmpakete wird vorerst eine Grundinstallation durchgeführt. Bevor nun Moodle installiert werden kann, müssen möglicherweise in der Konfigurationsdatei des Webservers – *httpd.conf* – zusätzlich erforderliche Module *aktiviert* werden. ■

Nach der Installation muss geprüft werden, ob der Server funktioniert. Auf dem eigenen Computer wird in der Adresszeile des Webbrowsers – in diesem Beispiel wird Firefox verwendet, es kann sich aber auch um nahezu jeden anderen Browser handeln – die folgende Adresse eingegeben:

```
localhost [Enter]
```

Wenn die Installation korrekt verlaufen ist, sollte sich die *Apache2 Default Page* öffnen. Das ist nicht nur eine Kontrollseite, die aus dem Stammverzeichnis des Webservers an den Browser gesendet wird, sie bietet auch wichtige Informationen zum Standort der wichtigsten Konfigurationsdateien.

Konfigurationsdateien sind vom System abhängig

Die Entwickler der verschiedenen Linux-Distributionen variieren ihre Strategien zur Konfiguration der Server. Welche und wie viele Konfigurationsdateien verwendet werden, ist immer anhand der jeweiligen Server-Dokumentation zu prüfen! ■

„localhost“ steht als Synonym für die IP-Adresse 127.0.0.1. Das ist vereinbarungsgemäß grundsätzlich die Netzwerkadresse des eigenen Computers und funktioniert auch dann, wenn gerade weder ein WLAN noch ein Draht gebundener Netzwerkanschluss verfügbar ist. Man nutzt gewissermaßen sein eigenes kleines „lokales Insel-Internet“. Auch diese IP-Adresse kann in die Adresszeile eingegeben werden und sollte zum gleichen Ergebnis führen.

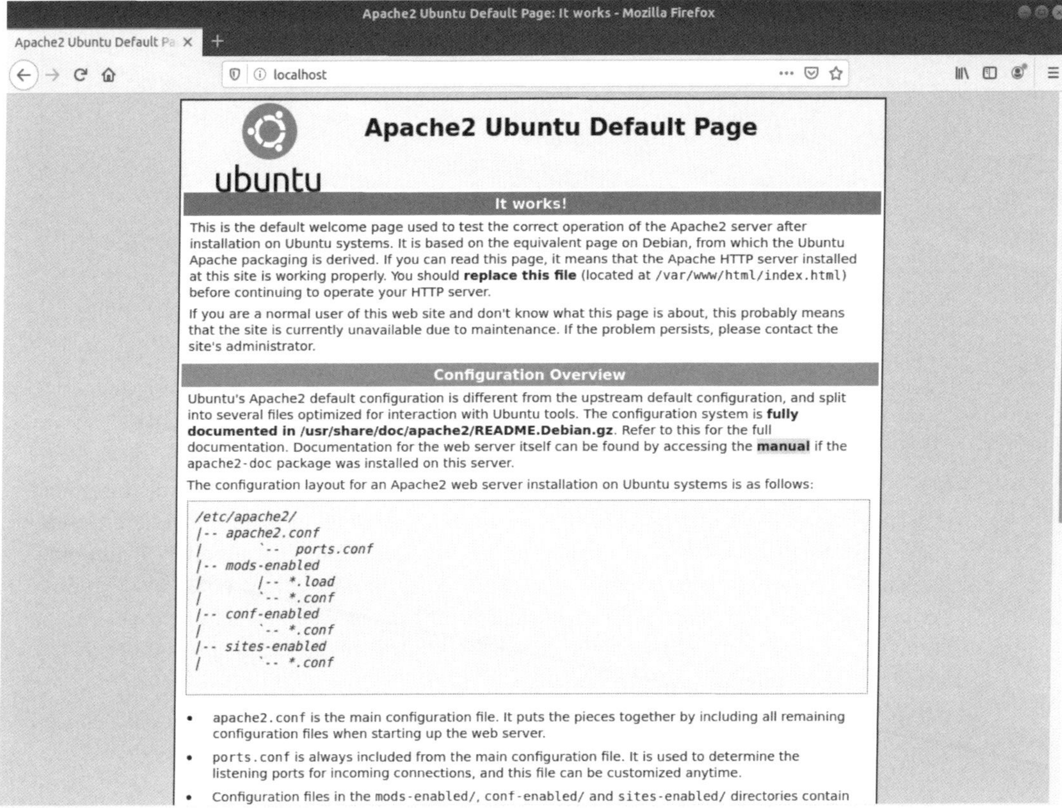

Bild 3.20 Die Apache2 Default Page ist weit mehr als eine Kontrollseite zur Überprüfung der Serverfunktion! Sie enthält wichtige Informationen zu den Standorten und den Aufgaben der Konfigurationsdateien des Servers.

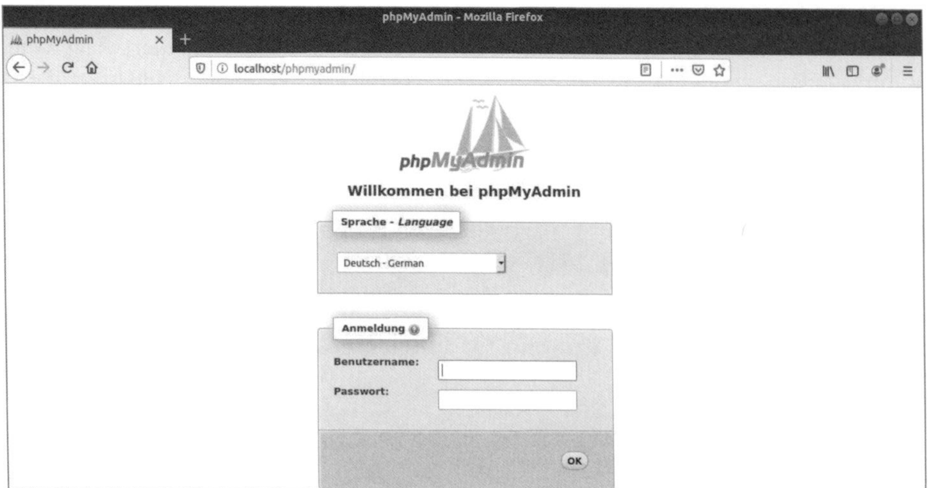

Bild 3.21 phpMyAdmin ist die bekannteste Administrationsoberfläche für MySQL und MariaDB. Sie läuft direkt im Webbrowser.

Ebenso sollte die Funktion der Datenbank-Administrationsoberfläche getestet werden:

```
localhost/phpmyadmin [Enter]
```

Über diese Oberfläche werden Datenbanken angelegt und können gezielt verwaltet werden. Unter anderem lassen sich mithilfe von *phpMyAdmin* auch fehlerhafte Daten korrigieren. Vor allem ist es sinnvoll, mithilfe eines solchen Verwaltungstools wie phpMyAdmin eine Datenbank speziell für Moodle anzulegen. Zwar ist grundsätzlich auch das Installationsskript dazu in der Lage, jedoch ist dies bezüglich der Systemsicherheit sehr kritisch. Das ist besonders deswegen zu berücksichtigen, weil der Zugriff auf die Datenbank mit der Installation nur dem Systemverwalter erlaubt ist.

Für die Verwaltung der Datenbanken muss der erste Login mit dem Account des Systemverwalters erfolgen. Der Benutzername ist also „root". Das Passwort entspricht dem, welches auch im Linux-System dem Superuser zugewiesen wurde.

Da diese Zugangsdaten universelle Rechte im System eröffnen, versteht es sich von selbst, dass sie niemals in einer Webplattform, die aus dem Internet zugänglich ist, verwendet werden sollten. Darüber hinaus sind die Rechte auch innerhalb des Datenbankmanagementsystems durchaus sensibel zu betrachten und unbedingt auf den zur Erfüllung der Aufgaben notwendigen Umfang zu beschränken. Um beides zu erreichen, wird in der Administration der Datenbank ein neuer Systembenutzer angelegt, der neu auf eine bestimmte Datenbank zugreifen darf. Dieser soll hier schlicht und einfach „moodle" heißen. Es empfiehlt sich jedoch, in einem Live-System mit öffentlichem Zugriff einen neutralen Benutzernamen zu vergeben, der nicht unmittelbar mit Moodle in Zusammenhang gebracht werden kann. Öffentliche Webspace-Anbieter verwenden meist Datenbank- und Benutzernamen, die aus beliebigen Buchstaben- und Zahlenfolgen gebildet werden. Das erschwert Angriffe auf das System.

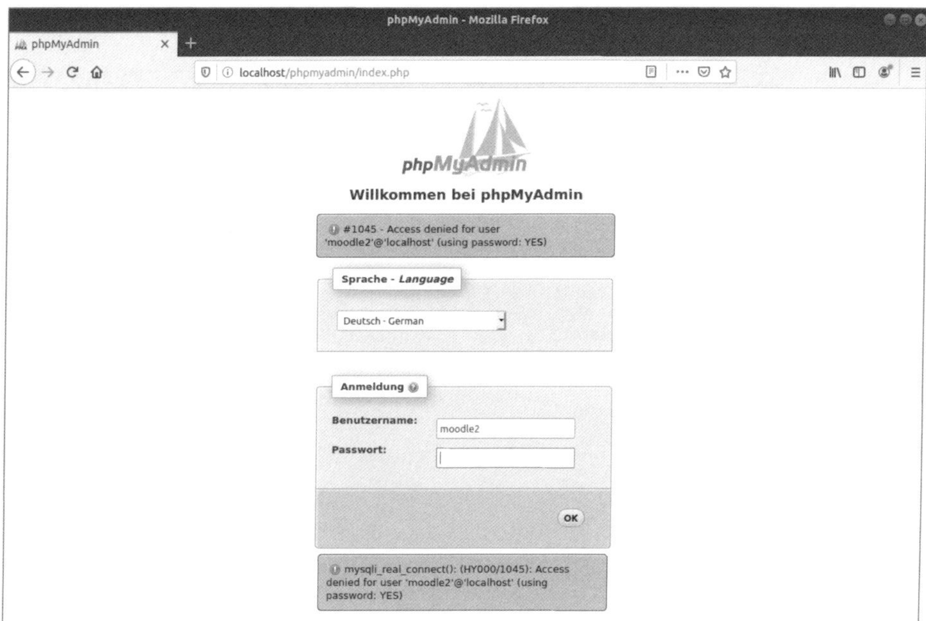

Bild 3.22 Mit dem regulären Benutzer-Account ist es nicht möglich, sich bei der lokalen MySQL- bzw. MariaDB-Datenbank anzumelden. Dies erfordert die Rechte des Systemverwalters „root" oder eines Benutzers, der Zugriff auf eine oder mehrere Datenbanken hat. Letzterer existiert jedoch noch nicht.

Safety first!

Datenbanken – noch dazu die einer Lernmanagement-Plattform wie Moodle – sind ausgesprochen sensible Angriffsziele für Hacker. Sie enthalten nicht nur meist urheberrechtlich geschütztes Material, sondern vor allem auch sehr persönliche Daten und Leistungsnachweise. Der Schutz dieser Datenbanken beginnt mit der sorgsamen Konfiguration der Zugangsdaten und der Zugriffsrechte.

Bild 3.23
Wenn „root" tatsächlich der einzige Benutzer bleibt, der Zugriff auf die Datenbank hat, so ist dies ein eklatantes Sicherheitsproblem!

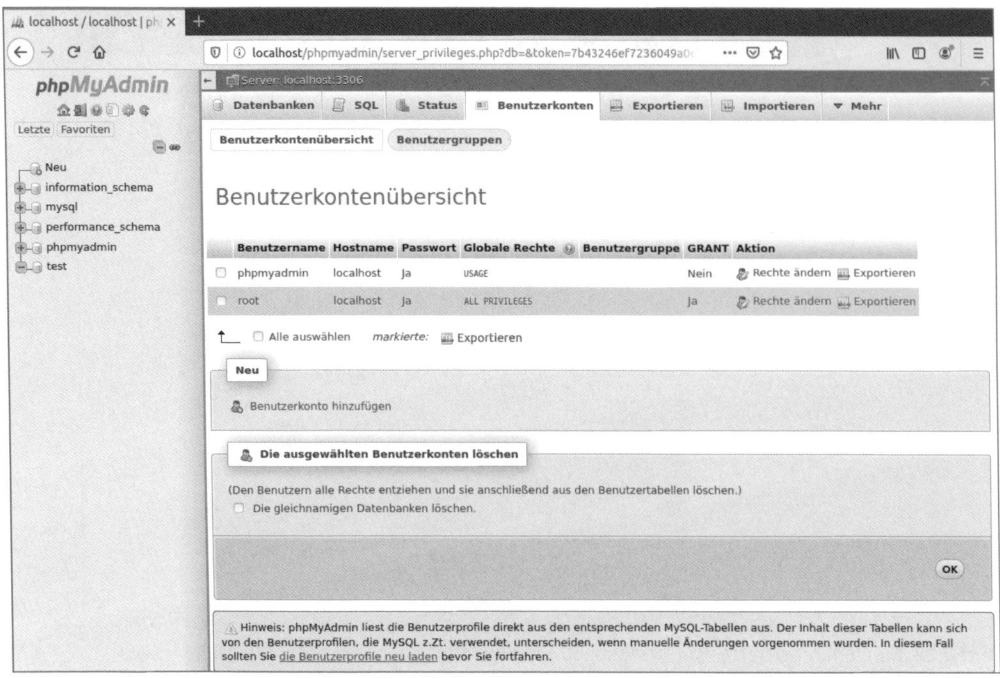

Bild 3.24 Mit phpMyAdmin (und den Rechten des Systemverwalters) kann man sowohl neue Datenbanken im System als auch Benutzer-Accounts mit eingeschränkten Rechten erstellen. Beides dient unter anderem der Sicherheit.

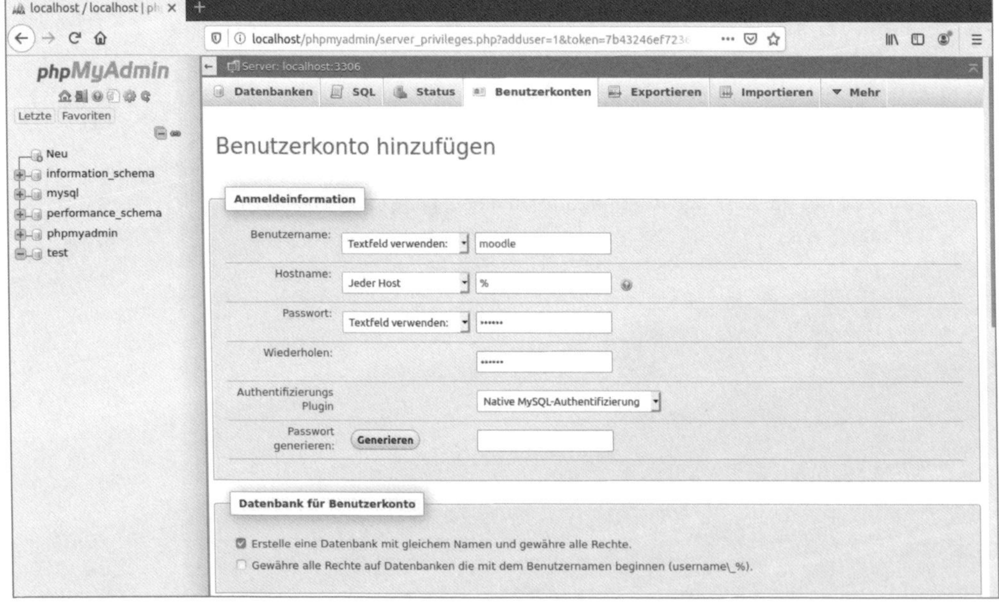

Bild 3.25 Der Systemverwalter vergibt einen Namen für den neuen Systembenutzer und ein Passwort. Auch wenn hier für das Beispiel der Name „moodle“ gewählt wird, sollte aus Sicherheitsgründen ein „neutraler“ Name und ein sicheres Passwort gewählt werden. Beide Daten werden später für die Moodle-Installation benötigt!

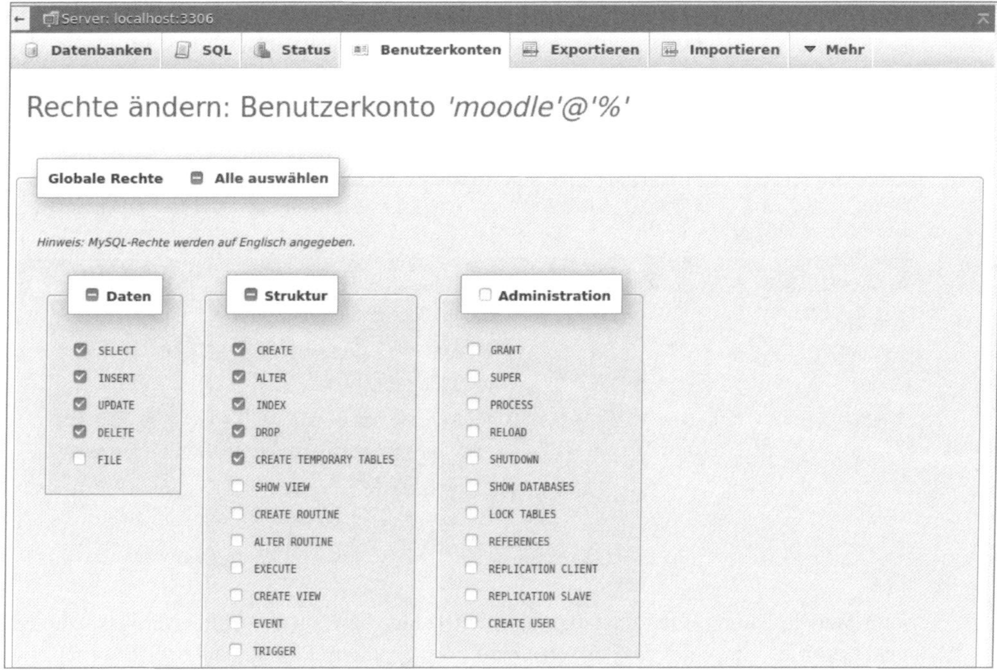

Bild 3.26 Der Systemuser „moodle" - hier wurde er so genannt, die Namensvergabe ist freibleibend im Ermessen des Administrators - braucht nicht alle Rechte. Eine möglichst genaue Einschränkung steigert die Sicherheit des gesamten Systems!

Mit dem Account des neuen Datenbank-Systembenutzers kann zugleich eine leere Datenbank mit dessen Namen eingerichtet werden. Dies sollte man tun, falls noch keine Datenbank für Moodle existiert. Wichtig ist, sich die Zugangsinformationen zu notieren, denn sie werden später bei der Installation der Moodle-Software benötigt.

Im Fall dieses *Beispielsystems*[25] sind das nun:

- Adresse der Datenbank: ***localhost*** (oder eine bekannte IP-Adresse bzw. der URL)
- Name der Datenbank: ***moodle***
- Benutzername für die Datenbank: ***moodle***
- Passwort für den Datenbank-Zugriff: ***moodle***

Es versteht sich von selbst, dass derartige einfache Zugangsdaten für ein Live-System tabu sind. Sie würden einem Angreifer wie ein ausgebreiteter „roter Teppich" erscheinen. Zudem entsprechen solch banalen Zugangsdaten nicht dem „Stand der Technik", wie er in der Datenschutzgrundverordnung (DSGVO) gemeint ist. Im Fall eines Datenmissbrauchs würde dies als grobe Fahrlässigkeit gewertet werden.

Obwohl nun eine Datenbank und ein Benutzer speziell für das Moodle-System existieren, kann es bei der Installation trotzdem zu weiteren Hürden kommen. Verantwortlich dafür ist die Art und Weise, wie die Daten einer Zeile physisch gespeichert werden. Hier gibt es bei-

[25] Wichtig: Wie beschrieben sind die hier gezeigten Einstellungen auf keinem Fall für ein Live-System geeignet!

spielsweise dynamische Verfahren und Datenkompression. Da es zwei Dateiformate des Speicher-Subsystems *InnoDB* gibt, welches für Moodle favorisiert wird, kann es bei der Installation von Moodle bei der finalen Systemprüfung zu einer ärgerlichen Meldung kommen. Die Dateiformate der InnoDB-Engine heißen *Antelope* und *Barracuda*.

Tabelle 3.7 Wesentliche Unterschiede des „Antelope"- und „Barracuda"-Formats in MySQL (Quelle: *https://mariadb.com/kb/en/innodb-row-formats-overview/#redundant-row-format*, Zugriff: 04.01.2020)

Zeilenformat	Antelope	Barracuda	Beschreibung
REDUNDANT	Ja	Ja	Kompatibel zu älteren MySQL-Versionen
COMPACT	Ja	Ja	Speicherersparnis von bis zu 20 % im Vergleich zum redundanten Format
DYNAMIC	Nein	Ja	Ähnlich wie das „COMPACT"-Format, jedoch mit erweiterten Speichereigenschaften für große Variablenlängen
COMPRESSED	Nein	Ja	Bietet zusätzlich zu den Eigenschaften des „DYNAMIC"-Formats Datenkompression

Wenn Moodle während der Installation einen Fehler bzw. nicht erfüllte Voraussetzungen meldet, hilft es, die Datei */etc/mysql/my.cnf* zu bearbeiten. Das Moodle-Projekt beschreibt die dazu notwendigen Schritte in den Dokumentationen (die Meldungen beim abschließenden Systemcheck enthalten einen direkten Link).

Sinnvoller erscheint es jedoch, bereits vor der Installation die soeben erzeugte (noch leere) Datenbank über phpMyAdmin mithilfe von SQL-Kommandos zu konfigurieren. Dies löst in der Regel die Probleme und sollte auch für Moodle-Administratoren der erste Schritt sein, um ihr System auf einem öffentlichen Webhoster zu installieren.

Konfiguration des InnoDB-Datei-Formats in phpMyAdmin

- Wahl des Registers SQL
- Eingabe dreier Befehlszeilen (Achtung: Abschluss mit einem Semikolon!):
  - SET GLOBAL innodb_file_format = barracuda;
  - SET GLOBAL innodb_file_per_table = 1;
  - SET GLOBAL innodb_large_prefix = 'on';
- Mit OK bestätigen

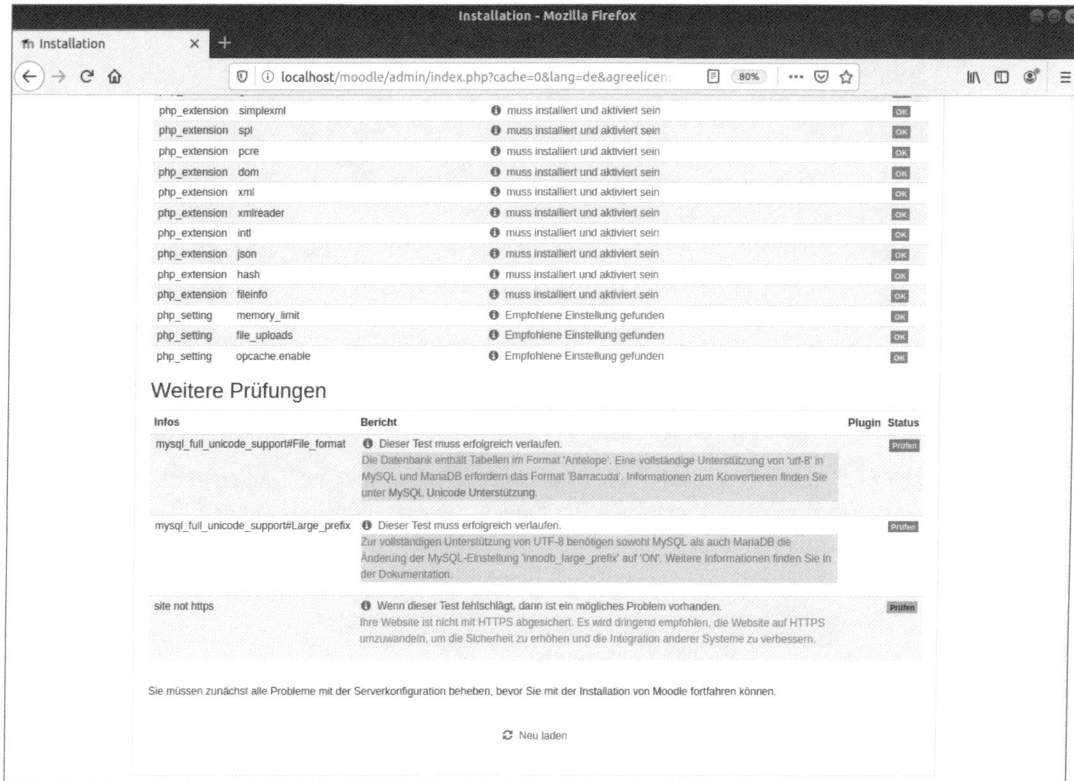

Bild 3.27 Schon ärgerlich: Bei einem öffentlich angemieteten Webspace ist hier eine Mail an den Support erforderlich. Bei einem eigenen Server genügt es, die Datei */etc/mysql/my.cnf* zu bearbeiten.

3.3.4.5 Anpassung älterer Systeme für das Upgrade

Wer ein Upgrade von einer älteren Moodle-Version mit bereits bestehender Datenbank durchführen muss und direkten Zugriff auf die Interna des Systems hat, kann durchaus auch direkt die Konfiguration der Datenbank bearbeiten. Dies passiert im hier gezeigten Testsystem in der Datei *my.cnf*, die sich im Verzeichnis */etc/mysql/* befindet. Die Änderungs- bzw. Aktualisierungsschritte sind in der Moodle-Dokumentation beschrieben:

https://docs.moodle.org/38/de/MySQL_Unicode_Unterstützung

Der Grund dafür sind Änderungen beim Standard-Zeichensatz, mit denen die Daten in die Datenbank gespeichert werden. Der Aufruf der Datei zur Bearbeitung muss mit Systemverwalterrechten erfolgen:

```
sudo gedit /etc/mysql/my.cnf [Enter]
```

In die Datei werden folgende Zeilen eingetragen bzw. entsprechende Einträge korrigiert:

```
[client]
default-character-set = utf8mb4
[mysqld]
```

```
innodb_file_format = Barracuda
innodb_file_per_table = 1
innodb_large_prefix
character-set-server = utf8mb4
collation-server = utf8mb4_unicode_ci
skip-character-set-client-handshake
[mysql]
default-character-set = utf8mb4
```

Wichtig ist: Nachdem die Datei */etc/mysql/my.cnf* editiert wurde (mit Systemverwalterrechten!), muss der MySQL-Server (bzw. der MariaDB-Server) neu gestartet werden. Erst dann wird die neue Konfiguration wirksam.

In dem hier verwendeten Ubuntu-Linux-System erledigt man dies am einfachsten mit Systemverwalterrechten auf der Kommandozeile:

```
sudo /etc/init.d/mysql restart [Enter]
```

Danach muss dafür gesorgt werden, dass die Datensätze auch tatsächlich in das neue Format konvertiert werden. Hierzu wird im Moodle-Stammverzeichnis auf dem Webserver im Unterverzeichnis /admin/cli/ die Datei mysql_collation.php gesucht und mit der Option --collation=utf8mb4_unicode_ci mit dem php-Kommando ausgeführt:

```
sudo php /var/www/html/moodle/admin/cli/mysql_collation.php
--collation=utf8mb4_unicode_ci [Enter]
```

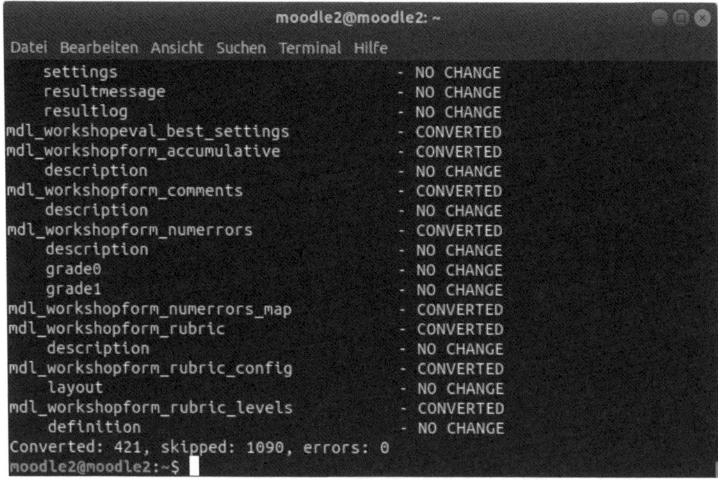

Bild 3.28 Der PHP-Konvertierungsbefehl erzeugt in der Kommandozeile eine sehr lange Liste mit Informationen zu jeder einzelnen Tabellenspalte, die entweder konvertiert wurde oder in der keine Konvertierung erforderlich war. Es empfiehlt sich, diese Liste Zeile für Zeile zu untersuchen, wenn Fehler gemeldet wurden (errors ungleich Null).

3.3.4.6 Das Moodle-Datenverzeichnis

Das Moodle-Datenverzeichnis ist vorgesehen, um alle verwendeten Kurs- und Unterrichtsmaterialien zu speichern. Dieses Verzeichnis sollte nicht über einen Zugriff aus dem Internet erreichbar sein, sich also nicht im direkten Webspace des Moodle-Systems befinden.

Allerdings muss der Webserver direkten Zugriff auf dieses Verzeichnis haben. Nur so können die PHP-Skripte des Moodle-Systems die geforderten Inhalte bereitstellen. Das ist kein Widerspruch, denn der PHP-Parser ist eine im Auftrag des Webservers auf dieser Maschine laufende Instanz, die durchaus als „Bote" zwischen dem systeminternen und dem öffentlich zugänglichen Bereich agieren kann.

Sicherheit der Dokumente und Bilder

Dokumente, Videos, Bilder und Präsentationen etc., die als Kursinhalte oder aber als persönliche Daten in das System hochgeladen werden, sind vor dem allgemeinen öffentlichen Zugriff zu schützen. Sie sollen ausschließlich in der vorgesehenen Weise für die jeweiligen Kurse zur Verfügung gestellt werden. Um einen direkten Zugriff auf diese Inhalte aus dem Internet ohne Benutzung der Moodle-Plattform zu vermeiden, muss das Moodle-Datenverzeichnis außerhalb des öffentlich zugänglichen Webspaces platziert und dem Webserver darauf Schreib- und Leserechte eingeräumt werden. Ist dies nicht möglich, müssen die Zugriffsrechte für das Verzeichnis restriktiv eingeschränkt werden. ■

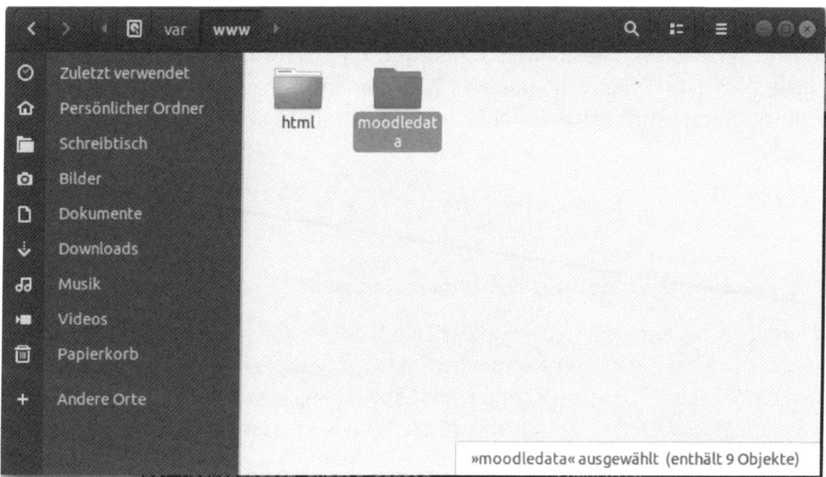

Bild 3.29 Der eigentliche Webspace ist hier im Verzeichnis `/var/www/html/` hinterlegt. Das Verzeichnis `/var/www/moodledata/` ist nicht direkt über einen Webbrowser zugänglich.

Im Fall dieses Testsystems wurde ein Parallelverzeichnis zum öffentlich zugänglichen Webspace für das Moodle-Datenverzeichnis gewählt. Dieses muss nun allerdings auch vom Webserver und von dessen Diensten erreichbar sein. Dazu benötigen der Besitzer des Verzeichnisses – wenn es nicht gerade bereits *root* ist – und die Benutzergruppe des Webservers entsprechende Zugriffsrechte. Für alle anderen Benutzer werden keine Rechte vergeben!

Rechte für die Benutzergruppe?

Unter IT-Experten wird zum Teil heftig diskutiert, ob der Zugriff auf das Moodle-Datenverzeichnis nicht ausschließlich dem Webserver und dem Systemverwalter erlaubt werden soll. Der *chmod*-Befehl müsste dann den Wert 0700 übergeben, wodurch nicht nur der öffentliche Zugriff vollkommen untersagt wird, sondern auch der von Mitgliedern der Benutzergruppe des Webservers.

Praktisch ist es jedoch sinnvoll, einen oder mehrere Moodle-Administratoren zu bestimmen, die auf dieses Verzeichnis Zugriff haben, um eventuell kritische Inhalte zu entfernen oder um ein komplettes manuelles Backup durchzuführen. Aus diesem Grund wird hier *chmod* mit dem Wert 0770 verwendet. ■

Um einer Benutzergruppe Zugriff auf das Moodle-Datenverzeichnis zu erlauben, wird folgender Befehl[26] verwendet:

```
sudo chgrp -cR www-data /var/www/moodledata/ [Enter]
```

Nun werden für das Moodle-Datenverzeichnis mithilfe des Befehls chmod die Rechte vergeben. Sowohl der Besitzer (hier: der Systembenutzer *www-data* = der Dienst des Webservers) als auch die Benutzergruppe *www-data* (ihr können neben dem Webserver auch andere Benutzer angehören, die Administrationsaufgaben wahrnehmen) bekommen alle Rechte (oktaler Wert „7"). Öffentliche (andere) Benutzer sollen dagegen überhaupt keinen Zugriff auf dieses Verzeichnis erhalten (oktaler Wert „0"). Daraus ergibt sich die folgende Kommandozeile:

```
sudo chmod -R 0770 /var/www/moodledata/ [Enter]
```

Systemänderungen nur mit Superuser-Rechten!

Änderungen des Benutzerstatus und der Zugriffsrechte für ein Verzeichnis oder eine Datei erfordern die Rechte des Systemverwalters. Deswegen muss die Befehlszeile mit dem Kommando „sudo" eingeleitet werden. Es wird nach dem Absenden des Befehls zusätzlich das Passwort des Systemverwalters abgefragt. ■

[26] *Achtung:* Dieser Befehl funktioniert nur dann, wenn das Moodle-Datenverzeichnis tatsächlich in genau diesem Pfad platziert wurde und die Benutzergruppe auch *www-data* heißt.

Bild 3.30
Das Moodle-Datenverzeichnis ist öffentlich nicht direkt erreichbar. Lediglich der Webserver als Systembenutzer und Mitglieder der Webserver-Benutzergruppe dürfen darauf zugreifen.

3.3.4.7 Systemsicherheit und Benutzerrechte für den Webserver

Im Fall eines eigenen Testsystems erscheint die Installation zunächst recht einfach, denn schließlich passiert ja alles auf dem „eigenen Computer". Es muss jedoch beachtet werden, dass ein Linux-System sehr streng und restriktiv mit den User-Rechten umgeht. So kann jedes Verzeichnis im Besitz eines bestimmten Benutzers oder einer Benutzergruppe sein. Der Zugriff wird hier streng nach den jeweiligen Rechten zum Lesen, zum Schreiben und – wo es der Programmtypus vorsieht – zum Ausführen geregelt.

Wichtig ist in diesem Zusammenhang, dass unter einem Benutzer nicht zwingend ein Mensch zu verstehen sein muss. Auch einer Software bzw. einem Serverdienst kann ein Benutzer-Account im System zugewiesen werden. So existieren auch ein Benutzer und eine eigene Benutzergruppe für den Apache-Webserver. Der Systembenutzer, welcher den Dienst des Apache-Webservers im System verkörpert, heißt *www-data*. Die Verzeichnisse des Webservers gehören dem Systemverwalter (root) und zu dessen gleichnamiger Gruppe. Dies muss berücksichtigt und in der Regel angepasst werden, damit Dateien entweder aus der Ferne per FTP – zum Beispiel mit einem Programm wie FileZilla – oder eben lokal mit den üblichen Kopierverfahren zwischen verschiedenen Ordnern in das Webserver-Stammverzeichnis geschrieben werden können. Der Superuser-Account sollte aus Sicherheitsgründen nicht für Fernzugriffe vorgesehen werden.

Wie kommen die Dateien ins Webserver-Verzeichnis?

Wer bereits eine XAMPP-Installation ausprobiert hat, wird sich über diese Frage wundern. Wer allerdings auf einem Linux-System arbeitet, wird schnell feststellen, dass eine Übertragung der Moodle-Dateien mit „Copy and Paste" in das Webserver-Verzeichnis (meist) nicht sofort funktioniert. Das liegt daran, dass der eigene Benutzer-Account im System nicht mit dem des Systembenutzers des Webservers (www-data) identisch ist.

Benutzer lassen sich in einem Linux-System allerdings auch zu *Gruppen* zusammenfassen. Mit dem Beitritt zur Gruppe des Webserver-Benutzers lassen sich die Zugriffsprobleme lösen und dabei die Systemsicherheit bewahren. ■

Mit einem ersten Experiment soll das Problem[27] verdeutlicht werden: Obwohl der Benutzer „moodle2“ auf dem System existiert und ein FTP-Server[28] läuft, scheitert die Übertragung des (hier noch) gezippten Moodle-Pakets. Es wird ein *kritischer Datenübertragungsfehler* gemeldet. Viel aussagekräftiger ist aber die Meldung in der Zeile zuvor: *553 ... Permission denied!* Der Zugriff auf das Zielverzeichnis wird verweigert.

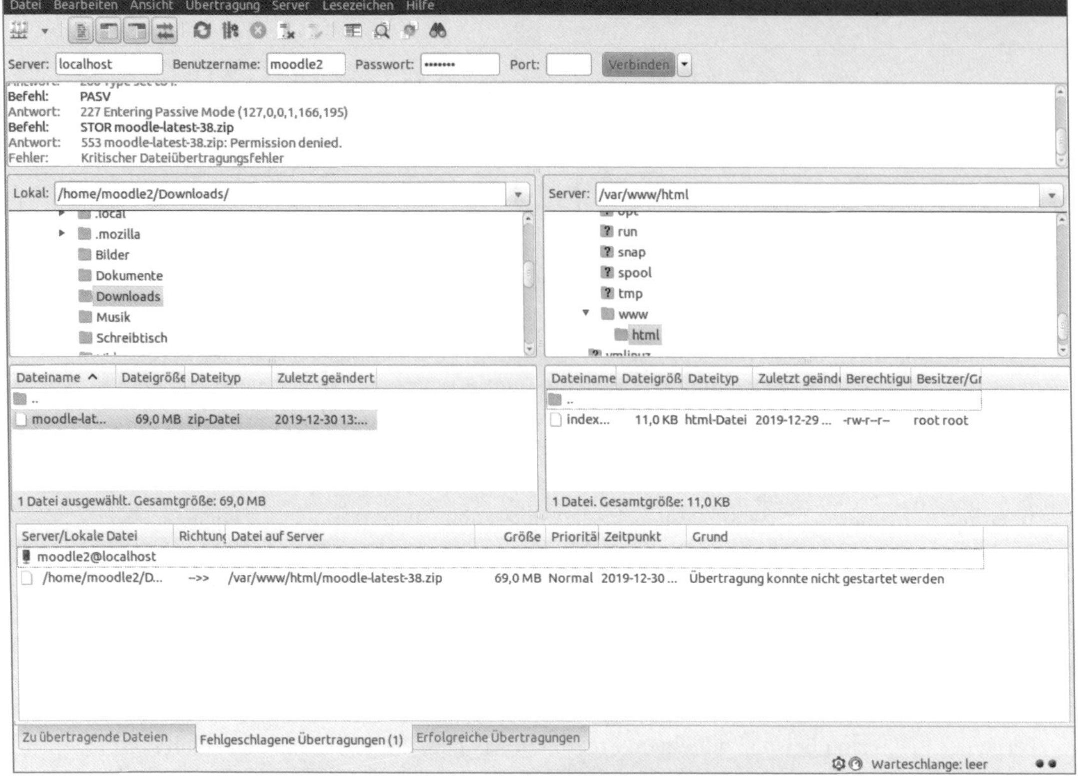

Bild 3.31 Die Übertragung mit dem FTP-Programm – hier FileZilla – scheitert, weil der Benutzer keine passenden Zugriffsrechte – in diesem Fall Schreibrechte – auf das Zielverzeichnis `/var/www/html` hat.

Das Ergebnis ist durchaus zum aktuellen Stand der Server-Konfiguration korrekt und sinnvoll. Es geht schließlich um die Sicherheit des Systems und aller damit arbeitenden Benutzerinnen und Benutzer. Natürlich muss das System die Bearbeitung durch legitimierte Benutzer gestatten. Die dazu erforderlichen Voraussetzungen sollen in den nächsten Schritten geschaffen werden. Dazu sei zunächst einmal das Webserver-Stammverzeichnis näher betrachtet, in das letztlich die Moodle-Dateien hineingeschrieben werden sollen. Streng genommen sind die Besitzverhältnisse und die vergebenen Rechte interessant. Der „Besit-

[27] Warum treten derartige Probleme nicht bei einem öffentlichen Webspace-Anbieter auf, der meist ähnliche Plattformen nutzt? Die Antwort ist einfach: Dort kümmert sich ein professioneller Systemverwalter um die „Kleinigkeiten“, die hier nachfolgend beschrieben werden.

[28] Ist kein FTP-Server auf dem Linux-System installiert, so kann dieser mit der Paketverwaltung *Synaptic* oder direkt auf der Kommandozeile mit dem Befehl `sudo apt-get install ftpd [Enter}` nachträglich installiert werden.

zer“ des Verzeichnisses ist „root“, der *Superuser* des Systems. Das Verzeichnis ist der Gruppe des Systemverwalters zugewiesen. Bedauerlicherweise ist der Benutzer „moodle2“ nicht Mitglied der Gruppe „root“ und natürlich – der Name sagt es bereits – nicht der Systemverwalter[29] mit dem *Namen* „root“.

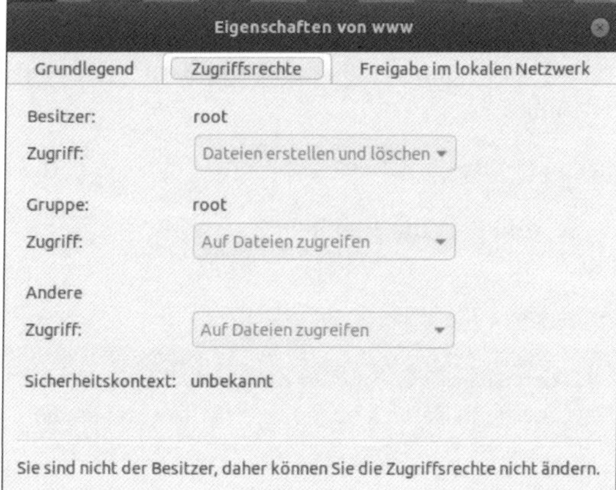

Bild 3.32
Das Webserver-Stammverzeichnis gehört dem Systemverwalter (root). Nur dieser darf Dateien in das Verzeichnis schreiben oder löschen. Mitglieder der Gruppe „root“ und alle anderen Benutzerinnen und Benutzer dürfen lediglich die Dateien lesend öffnen und sie nicht verändern!

In den Foren des Internets kursieren nun verschiedene – zum Teil sehr abenteuerliche – „Lösungen“ des Problems. So wird beispielsweise vorgeschlagen, allen Benutzern und Benutzergruppen alle Rechte zuzuweisen. Gewiss: Damit gibt es keine Probleme mehr, die Daten in das Webserver-Stammverzeichnis zu schreiben. Leider kann das auch jeder x-beliebige Spaßvogel oder jeder kriminelle Cracker aus dem Internet ebenso. Von „Sicherheit“ könnte man in diesem Fall nicht mehr sprechen.

Sicherheitsrisiko: Alle Rechte für jeden

Im eigenen Interesse und im Interesse der Systemsicherheit sowie der Sicherheit aller Benutzerinnen und Benutzer gilt: *Finger weg* von Ratschlägen, Rechte mit 0777 oder „rwxrwxrwx“ zu vergeben. Beides würde bedeuten, dass jeder das Recht hat, Dateien zu lesen, zu schreiben und auszuführen! Damit steht das betroffene Verzeichnis Angreifern offen wie das sprichwörtliche Scheunentor! ■

Es gibt einen Weg, der in diesem Fall drei Schritte umfasst:

- Änderung der Gruppe von „root“ nach „www-data“
- Zuweisung von Schreibrechten auf das Verzeichnis und alle Unterverzeichnisse für diese Gruppe
- Zuordnung aller berechtigten Benutzer (hier moodle2), die schreibenden Zugriff auf das Webserver-Stammverzeichnis haben dürfen, zur Gruppe „www-data“

[29] Hier ist der Systemverwalter des Betriebssystems gemeint. Andere Benutzer können mit Systemverwalterrechten auf der Kommandozeile arbeiten, wenn sie das Kommando *sudo* dem eigentlichen Befehl voranstellen. Sie müssen jedoch zusätzlich das Passwort des Systemverwalters kennen.

Mit dem ersten Schritt - dem Wechsel der Gruppe, die besondere Rechte und Privilegien in dem betreffenden Verzeichnis genießt - werden keinesfalls die Rechte des Eigentümers (des Systemverwalters „root") beschnitten und es werden dessen Rechte auch nicht auf die Mitglieder der Gruppe übertragen. Der sinngemäße Befehl auf der Kommandozeile - dieser muss mit dem vorangestellten Kommando *sudo* ausgeführt werden, da die Gruppenänderung Administratorrechte erfordert - heißt *chgrp*[30].

Die vollständige Befehlszeile, um dem Webserver-Stammverzeichnis */var/www* die Benutzergruppe *www-data* zuzuordnen, lautet wie folgt:

```
sudo chgrp -cR www-data /var/www [Enter]
```

Die dabei verwendeten Optionen „-c" und „-R" erläutert die Tabelle 3.8.

Tabelle 3.8 Optionen für den Befehl *chgrp* (Gruppenwechsel)

Option	Bedeutung
-c	„Changes" - Bezeichnung der zu verändernden Dateien oder Verzeichnisse, denen die Gruppe zugeordnet werden soll
-f	Unterdrückung von Fehlermeldungen
-R	Rekursive Bearbeitung von Verzeichnissen sowie Einbezug von Unterverzeichnissen und deren Dateien
-v	Detaillierte Ausgabe aller Aktivitäten auf der Kommandozeile

Der zweite Schritt ist nun die Veränderung der Zugriffsrechte für die Mitglieder dieser Gruppe. Mitglieder der Gruppe *www-data* müssen auch Dateien bearbeiten und in das Verzeichnis hineinschreiben können. Sie zu lesen genügt allein dem Webserver, um die angeforderten Daten an den Webbrowser zu senden. Das Design einer Webseite ist ohne Schreibrechte allerdings nicht möglich.

Die Zugriffsrechte auf Dateien und/oder Verzeichnisse werden mit dem Kommando *chmod* festgelegt. Die Rechte werden für bis zu vier Benutzertypen definiert:

- Besitzer der Datei bzw. des Verzeichnisses - dies ist ein Benutzer bzw. ***U***ser, Abkürzung: ***u.***
- Gruppe mit Rechten auf diese Datei bzw. das Verzeichnis - Abkürzung steht ***g*** für ***G***roup.
- Andere Benutzer - Abkürzung ***o*** für ***o***ther
- Alle - Abkürzung: ***a*** für ***a***ll

Die Abkürzungen für die verschiedenen Rechte, wie sie im chmod-Befehl verwendet werden, lauten:

- **r** für *read*: Recht zum Lesen
- **w** für *write*: Recht zum Schreiben
- **x** für *execute*: Recht zum Ausführen

Damit den Benutzertypen Rechte zugewiesen werden können, bedarf es noch eines Operators. Hier werden „+" zum Zuweisen bzw. zum Ergänzen eines Rechts und „-" zum Entziehen eines Rechts verwendet. Das Gleichheitszeichen (=) weist ebenfalls ein oder mehrere Rechte zu, allerdings werden alle nicht bezeichneten Rechte entzogen, auch dann, wenn sie

[30] *chgrp* steht als Abkürzung für Change Group - Gruppenwechsel.

bereits vor Ausführung des Befehls vorhanden waren. Tabelle 3.9 zeigt die Abkürzungen zusammengefasst in einer Übersicht.

Tabelle 3.9 Argumente für den chmod-Befehl im „symbolischen Modus"

Benutzergruppen		Rechte		Operatoren	
Benutzergruppe	**Code**	**Recht**	**Code**	**Operator**	**Bedeutung**
Besitzer	u	Lesen	r	+	Hinzufügen
Gruppe	g	Schreiben	w	-	Entziehen
Andere	o	Ausführen	x	=	Bezeichnete Rechte gesetzt, alle anderen entzogen
Alle	a				

Für den hier beschriebenen Webserver ist es erforderlich, dass die Gruppe *www-data* sowohl lesenden als auch schreibenden Zugriff auf das Webserver-Stammverzeichnis hat. Sollen beispielsweise auch ZIP-Archive entpackt werden, wird zudem ein Recht zum Ausführen benötigt.

Auch *chmod* verwendet Optionen in der Befehlszeile

Wie bereits beim Befehl *chgrp* gesehen, werden auch beim *chmod*-Befehl Optionen verwendet, um die Reichweite und den Umfang der auszugebenden Informationen festzulegen. Es handelt sich um die gleichen Optionen, wie sie bereits in Tabelle 3.8 aufgeführt wurden.

Neben der *symbolischen* Schreibweise des Befehls kann auch die sogenannte *oktale* Schreibweise[31] verwendet werden, die in der Regel von Profis bevorzugt wird. Die Kombinationen aller möglichen Rechte können somit in einer einzigen Ziffer von 0 bis 7 dargestellt werden. Für alle drei Benutzergruppen (Besitzer, Gruppe und Andere) lassen sich somit mit einer dreistelligen Oktalzahl[32] alle Rechte vollständig zuweisen.

Tabelle 3.10 Rechte-Berechnung in Oktalwerte

Bit	Recht	Recht erteilt = 1	Stellenwert	Summanden
0	Ausführen	0	* 1	0
1	Schreiben	1	* 2	2
2	Lesen	1	* 4	4
Oktalwert zur Beschreibung der Rechtekombination (Summe)				**6**

[31] Der Hintergrund ist technischer Natur. Für jede Benutzergruppe werden die Rechte durch jeweils ein Bit symbolisiert. Ein gesetztes Bit (1) bedeutet Recht erteilt. Eine Null steht entsprechend für Recht nicht erteilt. Für jede Benutzergruppe ergibt sich somit eine Kombination aus drei Bit. Alle möglichen Kombinationen lassen sich durch eine einzige oktale Ziffer (Zahlensystem von 0 bis 7) ausdrücken.

[32] Zur Kennzeichnung einer Zahl als Oktalzahl wird in der Informatik eine führende Null geschrieben. Damit kann die Zahl eindeutig von Zahlen anderer Zahlensysteme (Dezimal, Hexadezimal etc.) unterschieden werden.

Die Rechtevergabe (Lesen und Schreiben) für die Gruppe *www-data* auf das Webserver-Stammverzeichnis sieht in der *Symbolschreibweise* folgendermaßen aus:

```
sudo chmod -R g+rw /var/www [Enter]
```

In entsprechend gewandelter Form kann der Befehl auch in *oktaler Schreibweise* geschrieben werden. Hierbei wird das Gesamtbild der Rechte aller drei Benutzergruppen betrachtet:

- Der Besitzer (root) darf alles: 7
- Die zugewiesene Benutzergruppe (www-data) soll im Verzeichnis lesen und schreiben dürfen. Allerdings wird für ein Verzeichnis auch das Recht zum „Ausführen“ benötigt, um in dieses zu wechseln: 7
- Alle übrigen Benutzer dürfen die Inhalte des Verzeichnisses lesen und ausführen: 5

Der chmod-Befehl sieht in oktaler Schreibweise nun so aus:

```
sudo chmod -R 0775 /var/www [Enter]
```

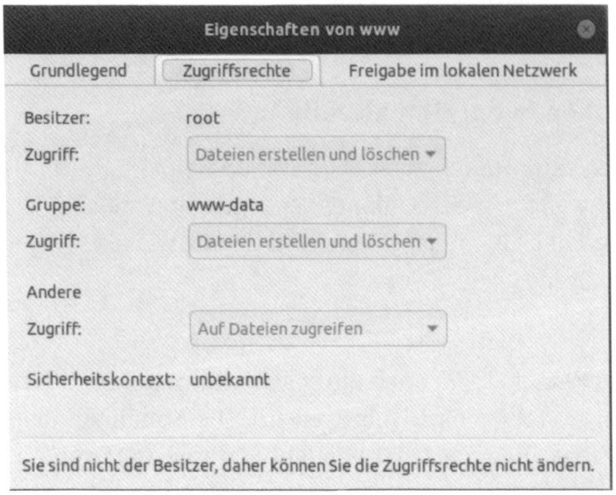

Bild 3.33
Mitglieder der Gruppe www-data haben nun Schreib- und Leserechte auf die Inhalte des Webserver-Stammverzeichnisses. Allerdings müssen die berechtigten Benutzer auch dieser Gruppe angehören.

Im Testsystem für dieses Buch heißt der reguläre Benutzer „moodle2“. Dieser Benutzer soll nun Mitglied der Gruppe *www-data* werden, welche Zugriff auf das Stammverzeichnis des Webservers haben darf. Das kann mit einer einfachen Kommandozeile erledigt werden. Doch Achtung: Alle administrativen Vorgänge, die Benutzer und Benutzergruppen betreffen, erfordern Rechte des Systemverwalters. Darum muss auch hier das Kommando „sudo“ vorangestellt und der Befehl noch mit der Eingabe eines Passworts freigegeben werden.

```
sudo usermod -aG www-data moodle2 [Enter]
```

Ist auf dem Linux-System ein ftp-Server installiert, was durchaus zu empfehlen ist, wenn die Moodle-Dateien über ein Netzwerk oder sogar via Internet verwaltet werden sollen, so wird auch hier der Upload scheitern, wenn die Benutzerdaten nicht denen entsprechen, wie sie der Zugriff auf das Verzeichnis erwartet.

„usermod“ kann frei als Benutzer-Modifizierung gedeutet werden. Gemeint sind die Deklarationen der Eigenschaften wie zum Beispiel Gruppenzugehörigkeiten, die mit einem Benutzer verbunden werden. Auch neue Passwörter können mit diesem Kommando gesetzt werden.

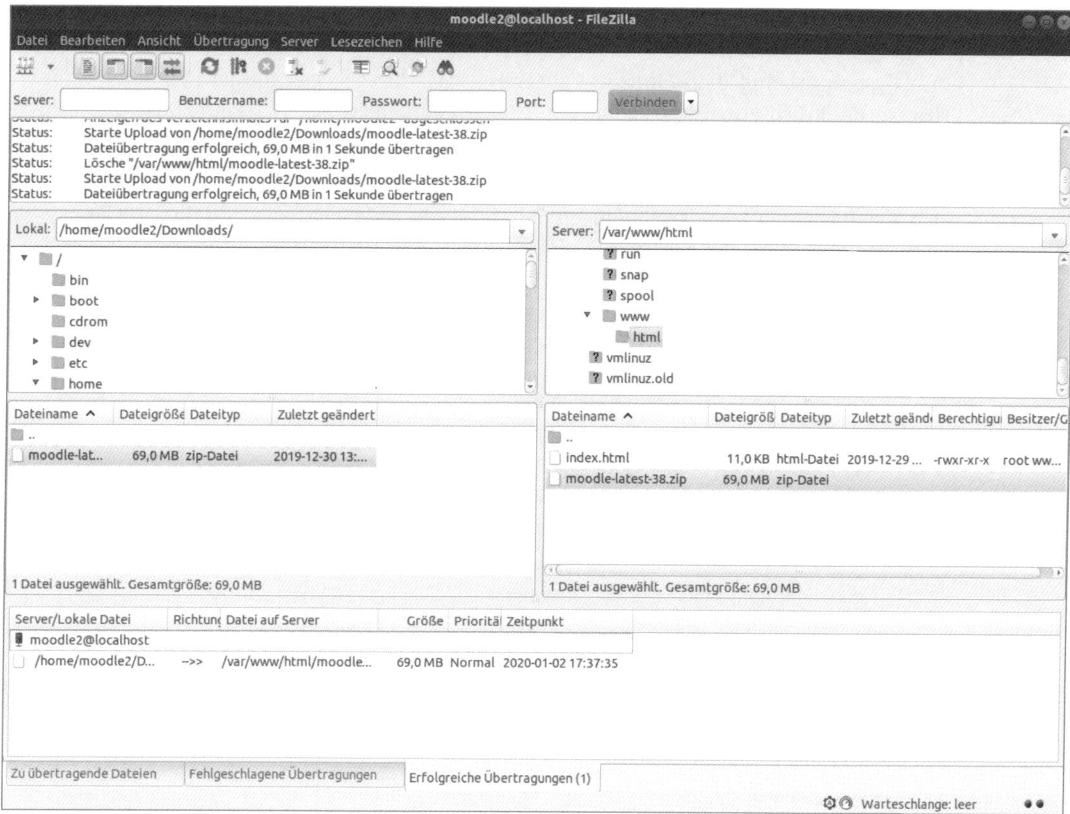

Bild 3.34 Das Webserver-Stammverzeichnis kann von Mitgliedern der Gruppe *www-data* erreicht werden und der Benutzer (hier moodle2) ist Mitglied dieser Gruppe. Auch wurden die Zugriffsrechte für die Gruppenmitglieder angepasst. Nun ist auch die Übertragung der Moodle-Dateien per FTP (hier mithilfe von FileZilla) erfolgreich.

Ganz wichtig sind auch die beiden Optionen *„-a" **und** „-G"*, die unbedingt gemeinsam verwendet werden müssen. Der Option „-G" folgt der Name der Gruppe bzw. die Liste von Gruppen, welcher der Benutzer angehört oder nicht mehr angehören soll. Das Problem ist: Wird diese Option alleine verwendet, so überschreibt der Befehl die vorherigen Deklarationen. Möglicherweise ist der Benutzer dann plötzlich nicht mehr Mitglied anderer wichtiger Gruppen, denen er zuvor angehörte. Dies verhindert die Option „-a", die dafür sorgt, dass neue Deklarationen an die bestehende Liste angehängt werden, ohne vorherige Einträge zu löschen.

3.3.4.8 Der Cron-Job

Regelmäßige, periodisch ablaufende Prozesse lassen sich sowohl in MS-Windows- als auch in UNIX-ähnlichen Betriebssystemen (Linux, OS X) automatisiert starten. In der MS-Windows-Umgebung gibt es einen speziellen Verwaltungsassistenten, die *Aufgabenplanung*. UNIX, Linux etc. sehen mit *cron* ein Standardprogramm vor, das sehr einfach über eine tabellarisch gestaltete Konfigurationsdatei – die *crontab* – gesteuert werden kann.

Die Idee der *crontab* ist ebenso einfach wie genial: Es wird tabellarisch der konkrete Zeitpunkt und die auszuführende Aktion in jeweils eine Tabellenzeile eingetragen. Das Linux-System arbeitet diese Tabelle unentwegt durch und startet die jeweils definierten Prozesse pünktlich zur festgelegten Zeit. Neben einmaligen festen Terminen lassen sich durch Setzen eines Platzhalters – * (= Asterisk) – regelmäßige Wiederholungen programmieren.

Auch Moodle benötigt den regelmäßigen Start gewisser Aufgaben, sei es für das Aufräumen des Systems oder für die Kommunikation, zyklisch gestarteter Hintergrundprozesse. Um die Details kümmert sich ein PHP-Skript, das Bestandteil der Moodle-Installation ist. Für dessen Ausführung zu sorgen, ist allerdings Aufgabe des Systemverwalters.

Ausführung des „cron-Skripts" im Browser verhindern!

Das Skript .../moodle/admin/cli/cron.php sollte aus Sicherheitsgründen nicht über den Webbrowser ausführbar sein. Dies kann der Moodle-Administrator direkt in seiner (Moodle)-Verwaltungs-Oberfläche festlegen. Sollte es dennoch erforderlich sein, das Skript über den Webbrowser oder sogar auf diesem Weg von einem entfernten Rechner innerhalb des Netzes zu starten, lässt sich hierzu ein Passwort festlegen.

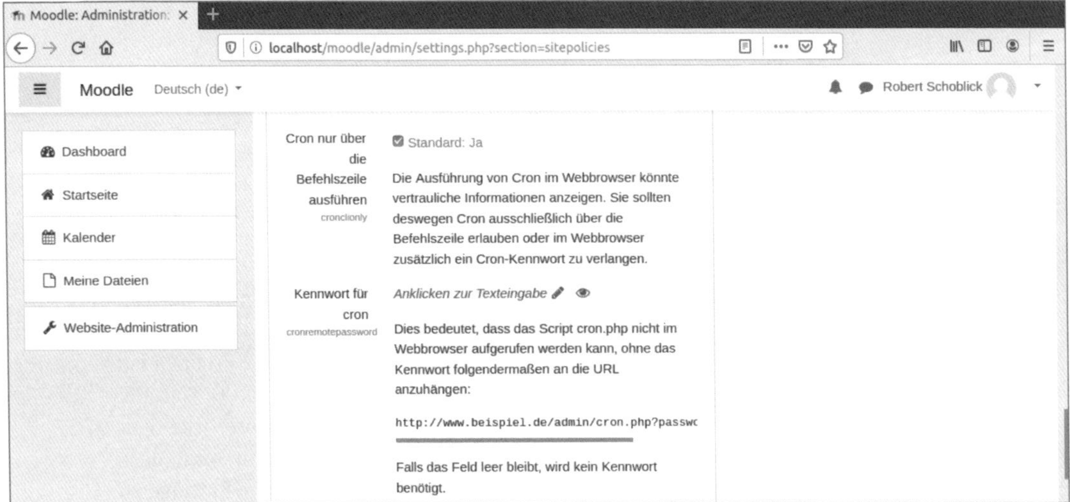

Bild 3.35 Blick in die Verwaltung des (zu diesem Zeitpunkt noch zu installierenden) Moodle-Systems: Der Start des Skripts cron.php wird hier ausschließlich über die Kommandozeile bzw. dem Systemdienst cron zugelassen.

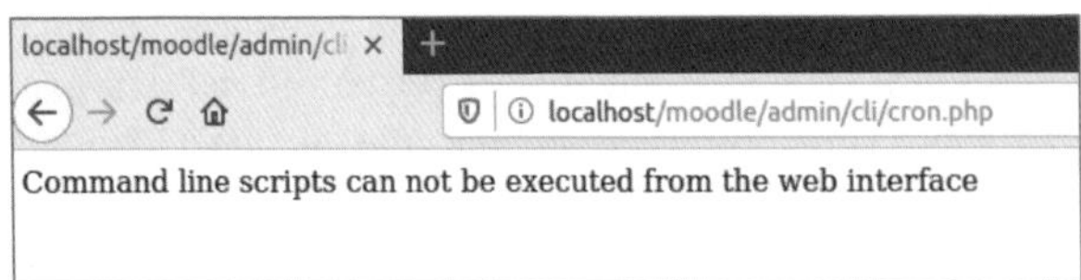

Bild 3.36 Bei richtiger Sicherheitskonfiguration sollte der Versuch, ein Kommandozeilenskript wie zum Beispiel cron.php zu starten, unter Ausgabe einer banalen Meldung verweigert werden!

Die Konfiguration eines sogenannten „cron jobs", der zeitlich gesteuerten Ausführung eines Kommandozeilen-Befehls, erfolgt wie bereits erwähnt über die Systemtabelle „crontab". Das Editieren der Tabelle – natürlich sinnvollerweise mit Systemverwalterrechten – erfolgt mit einem sehr einfachen Kommandozeilen-Befehl:

```
sudo crontab -e [Enter]
```

Es wird der bevorzugte Kommandozeilen-Editor gestartet. Das Verfahren ist allerdings einem direkten Editieren einer Tabelle, die letztlich nicht einmal „crontab" heißt, vorzuziehen. Gespeichert wird die Eingabe nämlich zunächst in einer temporären Datei. Wenn der Editor geschlossen wird, prüft das Programm „crontab", ob die Schreibweise korrekt ist. Ist dies nicht der Fall, wird eine Korrektur angeboten oder die Daten werden nicht gespeichert.

Theoretisch darf übrigens jeder Benutzer im System eine eigene crontab editieren. Diese trägt auch dessen Namen. Für die zeitliche Steuerung von Moodle-Prozessen sollte es allerdings unbedingt ein Benutzer sein, der die entsprechenden Rechte im Moodle-System besitzt. Deswegen wurde der crontab-Befehl in diesem Fall mit einem einleitenden sudo-Kommando gestartet. Man findet die Datei später im Verzeichnis */var/spool/cron/crontabs/*.

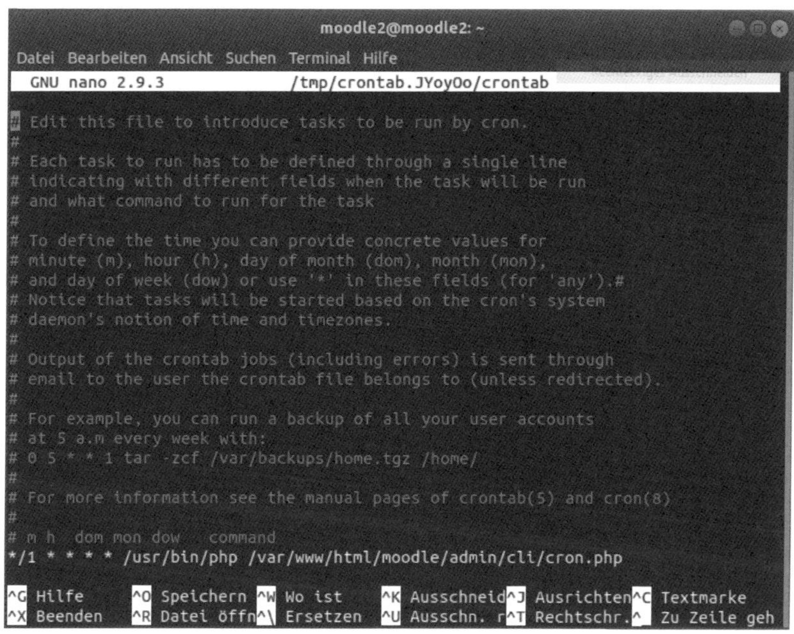

Bild 3.37 Beispiel einer für den Start des Moodle-cron.php-Skripts editierten crontab: Das cron.php-Skript wird minütlich gestartet.

Die Struktur der Tabelle sieht zuerst die Zeitangabe für das Ereignis vor. Hierbei werden – jeweils getrennt durch ein Leerzeichen – folgende Daten eingetragen: Minute (m, Zahl von 0 bis 59), Stunde (h, Zahl von 0 bis 23), Tag (dom, Zahl von 1 bis 31), Monat (mon, Zahl von 1 bis 12) und Kalendertag (dow, Zahl von 0 bis 7, wobei sowohl 0 als auch 7 für Sonntag stehen). Ein Asterisk (*) kann als Platzhalter verwendet werden. Der Ausdruck */1 in der Minutenspalte steht für eine Ausführung im Minutentakt.

Nach einem weiteren Leerzeichen folgt dann der Befehl, wie er auch in die Kommandozeile geschrieben wird. Allerdings wird hier kein „sudo“ geschrieben, weil der cron-Job ohnehin in diesem Fall mit Systemverwalterrechten laufen soll.

Das Kommando wird zweckmäßigerweise mit dem vollen Pfad des ausgeführten Programms geschrieben. Hier ist es */usr/bin/php*. Nach einem weiteren Leerzeichen wird das auszuführende Skript - ebenfalls mit dem vollen Pfad innerhalb des Systems - als Argument übergeben. In der Moodle-Dokumentation wird empfohlen, das Skript recht häufig, nämlich im Minutentakt auszuführen. Je nachdem, wie intensiv das Moodle-System genutzt wird und welche Ansprüche an dessen Reaktionszeit gestellt werden, kann das Intervall auch verlängert werden.

Die komplette crontab-Zeile lautet somit:

```
*/1 * * * * /usr/bin/php /var/www/html/moodle/admin/cli/cron.php
```

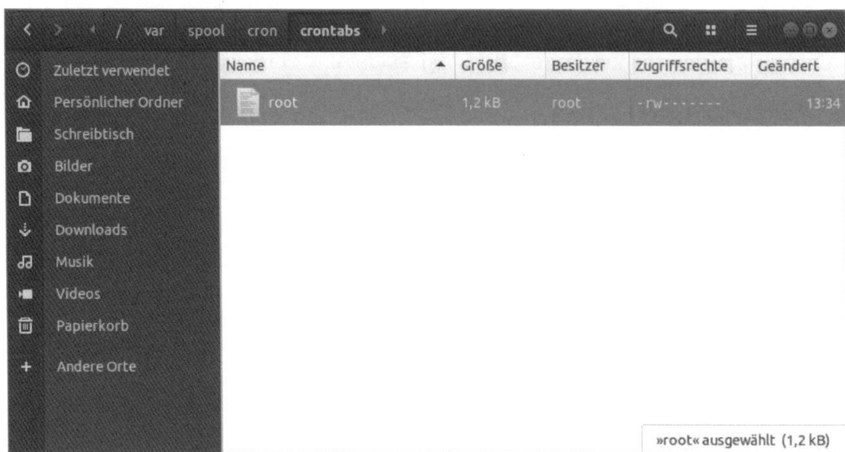

Bild 3.38 Die crontab-Tabellen der Benutzer - einschließlich des Systemverwalters root - werden im Verzeichnis `/var/spool/cron/crontab/` gespeichert. Sie sollten nicht über beliebige Editoren, sondern stets mit dem crontab-Kommando bearbeitet werden.

Backup des moodledata-Verzeichnisses anlegen!

Wenn die crontab bereits bearbeitet wird, bietet es sich an, auch gleich die Datensicherung für das *moodledata*-Verzeichnis zu programmieren. Je nachdem, wie intensiv das System genutzt wird und wie kritisch ein defekter Datenträger angesehen wird, kann die Sicherung täglich oder mehrmals täglich erfolgen. Das Zielverzeichnis sollte sich - wenn möglich - auf einem anderen physischen Laufwerk befinden als die Dateien des Webservers. Für eine tägliche Datensicherung[33] um 2 Uhr in der Nacht kann in die crontab-Tabelle folgende Zeile geschrieben werden:

```
*2 * * * cp -u /var/www/moodledata/. /home/moodle2/backup
```

[33] Als Datenquelle soll das im Testsystem verwendete Verzeichnis `/var/www/moodledata/` verwendet werden. Zielverzeichnis soll hier willkürlich das Verzeichnis `/home/moodle2/backup/` sein.

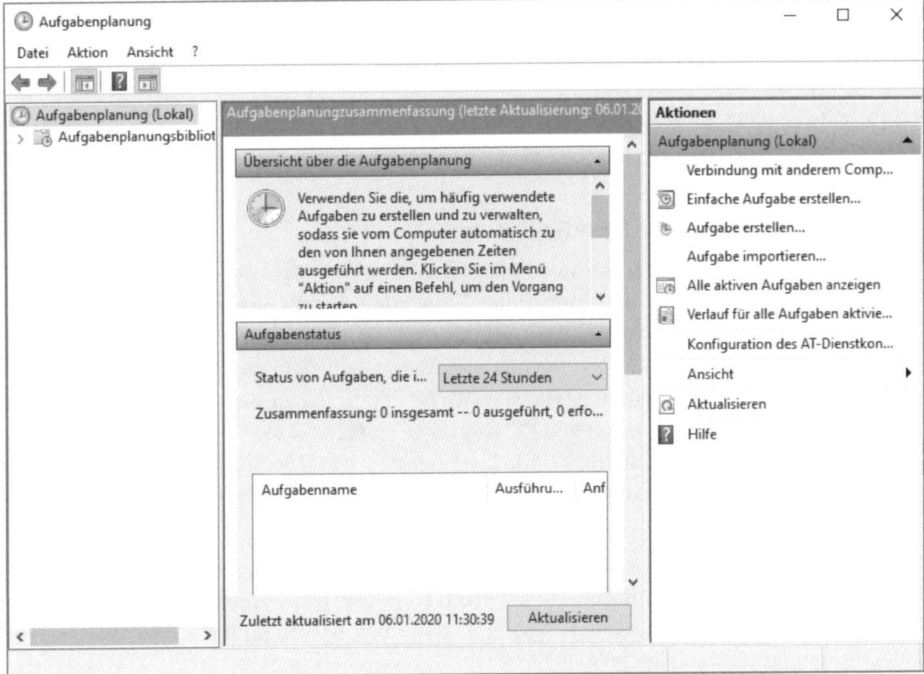

Bild 3.39 Auch in Windows-Systemen lassen sich regelmäßige Prozesse automatisieren und zeitlich exakt gesteuert ausführen. Dies erledigt dort die „Aufgabenplanung“.

3.3.5 Moodle auf einem öffentlichen Webspace?

Wer nicht gerade ein MOOC[34]-Projekt plant, sondern möglicherweise eine Schulungsplattform für die Mitarbeiter eines kleinen bzw. mittelständischen Unternehmens aufbauen will, der kann durchaus Moodle auf den Systemen eines öffentlichen Webhosters installieren.

Diese Anbieter haben verschiedene Vorteile:

- Sie sind extrem kostengünstig: Für wenige Euro im Monat bieten diese Produkte quasi ein vollständiges Webserver-Paket.
- Die Server sind meist vorkonfiguriert, d. h. es läuft ein Webserver (wahlweise auf Linux oder MS-Windows) und es existiert ein funktionsfähiger Datenbankserver.
- Eine Domain (z. B. srg.at) ist meist im Preis inbegriffen.
- Oft ist auch ein Zertifikat (https:\\) im Grundpreis enthalten, um eine sichere Kommunikation zwischen Client und Webserver zu ermöglichen.
- Die Serverinstallation ist in der Regel gegen Angriffe gesichert.[35]
- Es gibt professionellen Support.

[34] MOOC = Massive Open Online Course

[35] *Achtung:* Das gilt nicht für die eigenen Installationen auf diesem System! Somit sind in den hier gemeinten Paketen auch keine Moodle-Administration und kein Support enthalten.

Trotz aller Vorteile funktioniert eine Moodle-Installation nicht immer problemlos. Zu den häufigsten Problemen zählen hierbei:

- Probleme mit der PHP-Version und der Freigabe der Erweiterungen
- Einrichtung eines Moodle-Datenverzeichnisses
- Aktivierung des *cron*-Dienstes

3.3.5.1 Übertragung der Moodle-Dateien

In der Regel ist es unkritisch, das Moodle-Paket auf den Webspace des öffentlichen Webhosters zu übertragen. Es gibt allerdings unter Umständen bereits hier die ersten Einschränkungen. So kann es vorkommen, dass die maximale Größe einer hochzuladenden Datei begrenzt wird. Im Fall des hier als Beispiel gewählten Anbieters ist der Upload einer Datei über dessen Webspace-Explorer – eine Oberfläche, die in jedem Browser funktioniert und keinerlei Installation auf dem eigenen PC erfordert – auf maximal 50 MB pro Datei limitiert. Das Moodle-Installationspaket umfasst in „gezippter" Form jedoch über 67 MB. Es ist also deutlich zu groß und kann damit nicht ohne Weiteres über die Weboberfläche hochgeladen werden.

An dieser Stelle bietet sich die Verwendung eines FTP-Programms wie *FileZilla* oder *WinSCP* an. Nach dem Entpacken auf dem Webspace des Webservers – dieser befindet sich nun tatsächlich auf einem öffentlichen System – sollte das ursprüngliche ZIP-Archiv wieder gelöscht und der davon belegte Speicher wieder freigegeben werden.

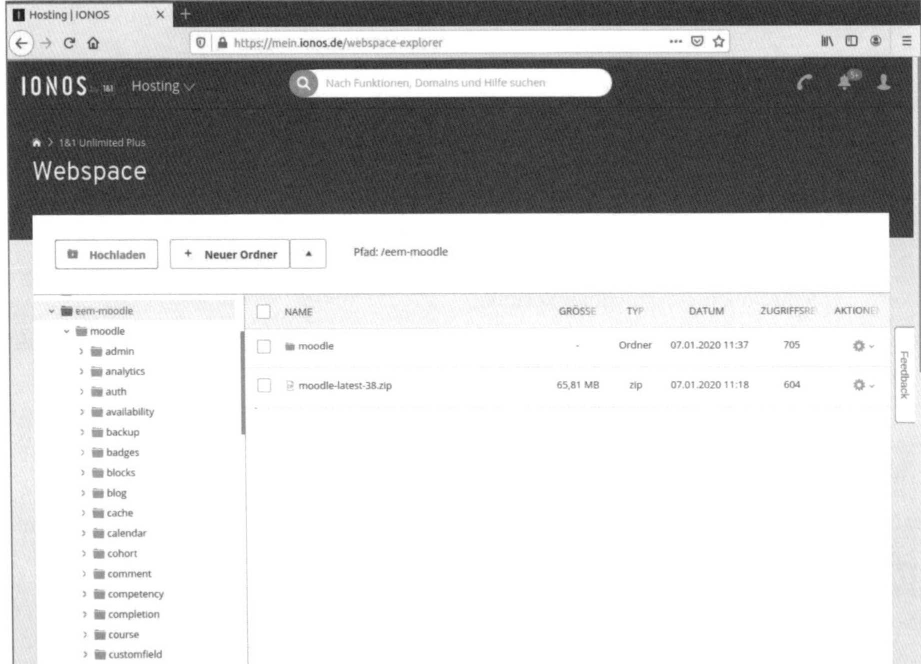

Bild 3.40 Das Moodle-(ZIP)-Archiv wurde in den dafür vorgesehenen Ordner kopiert und entpackt. Aufgrund der Größe der ZIP-Datei konnte die Weboberfläche des Anbieters nicht verwendet werden.

3.3.5.2 Datenbank für den öffentlichen Webspace

Nur eine Datenbank im Tarif?

Einen vollwertigen öffentlichen Webspace inkl. einer eigenen Domain, PHP-Unterstützung und einer Datenbank bekommt man heute bereits für weniger als 10 € im Monat. Grundsätzlich ist natürlich vor der Wahl des Produkts zu prüfen, ob dieser Webserver die Voraussetzungen für den Betrieb von Moodle erfüllt. Ist nur eine einzige Datenbank im Angebot enthalten, so ist das für ein kleines Moodle-System nicht zwingend ein K. o.-Kriterium. Jede Tabelle innerhalb der Datenbank kann durch ein sogenanntes Präfix eindeutig einer Nutzung zugeordnet werden und so können mehrere Seiten gemeinsam diese (eine) Datenbank nutzen. Kommt es jedoch auf eine möglichst gute Performance für bereits mittlere Systeme an, so ist von einem solchen Minimalsystem abzuraten. Moodle sollte grundsätzlich exklusiv eine eigene Datenbank nutzen.

Auch die Datenbank ist bei diesem öffentlichen Anbieter sehr schnell eingerichtet und konfiguriert. Idealerweise kann Moodle exklusiv eine eigene Datenbank verwenden. Müssen sich mehrere Web-Publikationen eine gemeinsame Datenbank teilen, so ist dies technisch zwar möglich, aber aus verschiedenen Gründen nicht empfehlenswert. Der wichtigste Grund ist die System-Performance. Jeder Zugriff auf die Datenbank fordert Rechenzeit und bremst damit das System. Zudem expandiert eine gemeinsam von mehreren Publikationen genutzte Datenbank sehr rasch. Die zunehmende Größe bremst ebenfalls die Verarbeitungsgeschwindigkeit.

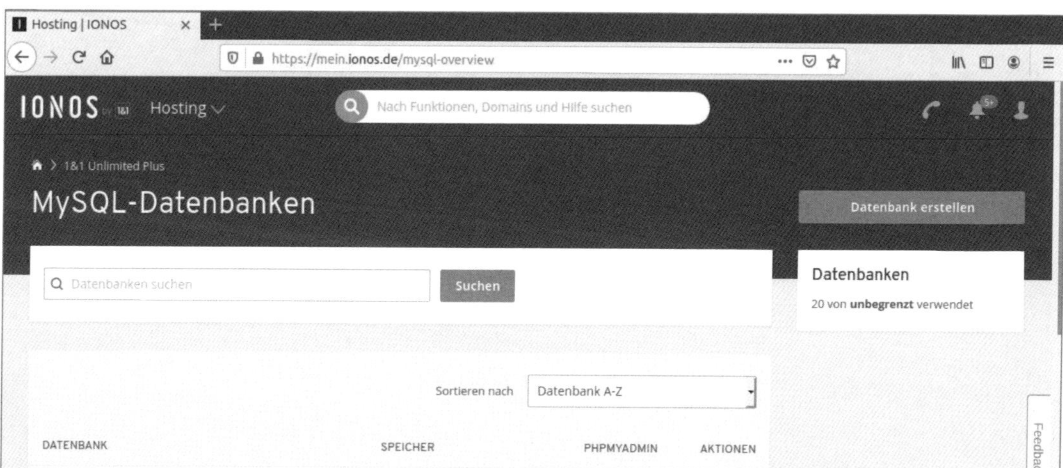

Bild 3.41 Hier kann man sehr entspannt arbeiten: Für jede Publikation kann eine exklusive Datenbank erstellt werden.

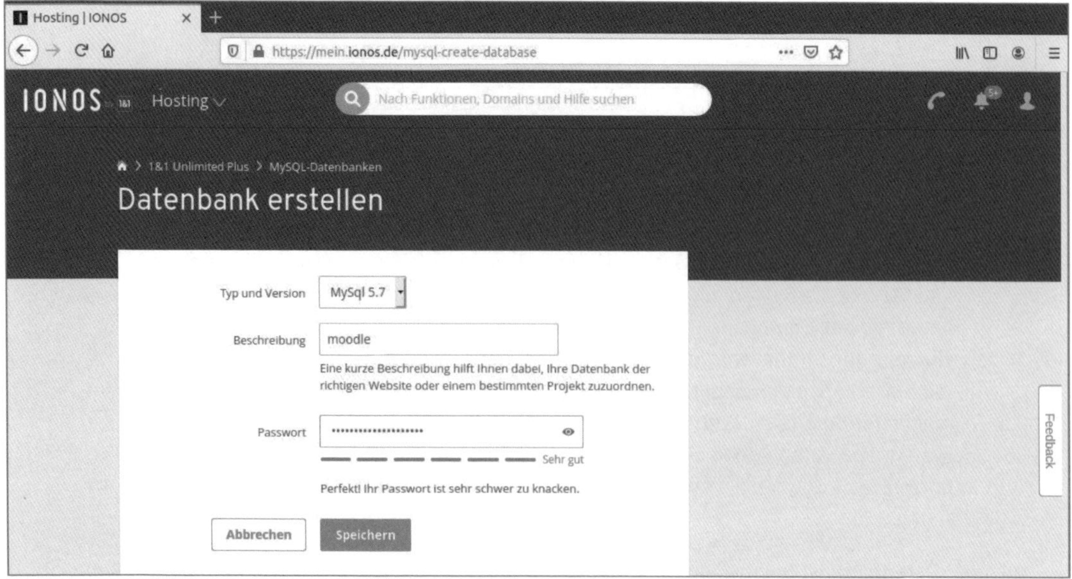

Bild 3.42 Das war es auch schon mit der Datenbank-Einrichtung: Als Typ und Version wird der aktuellste Stand gewählt. Das Passwort sollte möglichst sicher sein und darf deswegen ruhig etwas länger gestaltet werden.

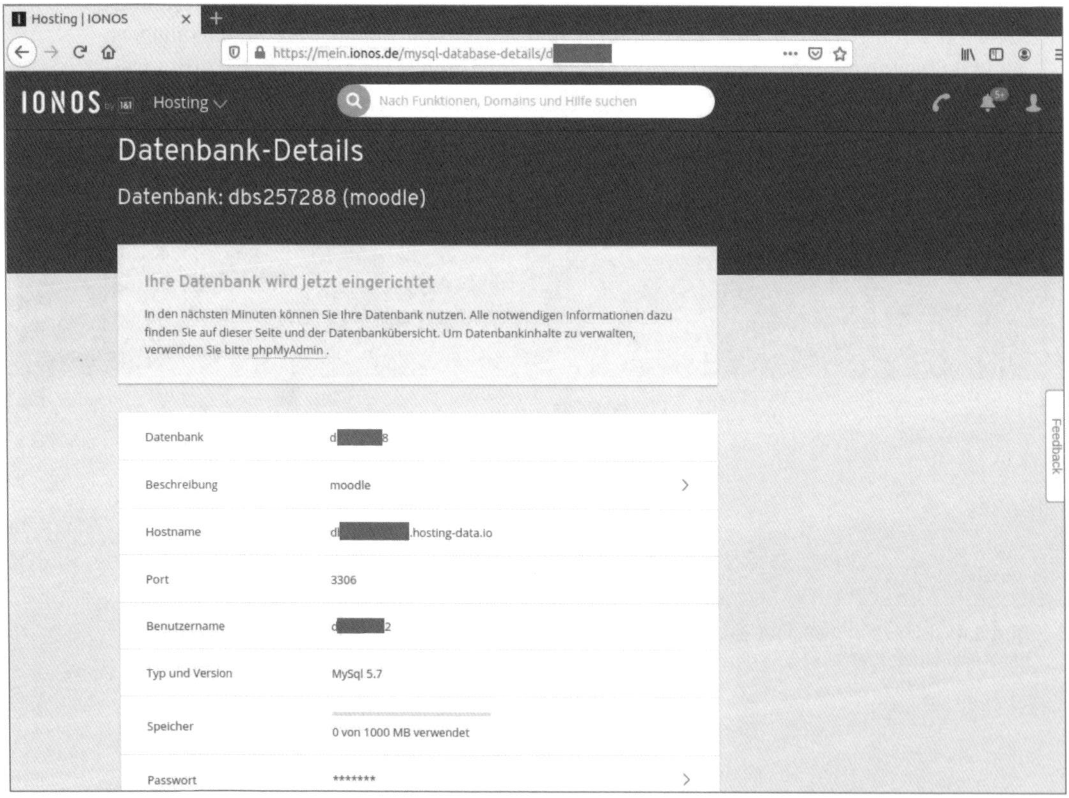

Bild 3.43 In dieser Übersicht sind alle wichtigen Zugangsdaten zusammengefasst, die für die Installation des Moodle-Systems benötigt werden. Das Passwort sollte man sich allerdings merken.

3.3.5.3 Webserver und Moodle-Datenverzeichnis

Das Moodle-Datenverzeichnis wird oft als Sorgenkind einer Moodle-Installation auf einem Pauschal-Webspace betrachtet. Das liegt daran, dass ein Verzeichnis zu wählen ist, welches nicht direkt über das Internet erreichbar sein darf und dennoch dem Webserver Zugriffsrechte einräumt.

Im Beispiel wurde in einem Verzeichnis */eem-moodle/* ein Unterverzeichnis */eem-moodle/moodle/* eingerichtet. In diesem Verzeichnis befinden sich die Dateien des Moodle-Pakets. Es wird künftig das Stammverzeichnis des Moodle-Systems werden.

Neben dem Moodle-Verzeichnis wird nun ein neuer Ordner erzeugt: *moodledata*. Er ist also nicht über den Webbrowser erreichbar und erfüllt damit die Voraussetzungen für die Moodle-Installation. In diesem Fall gibt es sogar einen direkten Pfad, der in das Moodle-Installationsskript eingetragen werden kann.

Kann der Dateipfad nicht ermittelt werden oder muss aus einem besonderen Grund das Moodle-Datenverzeichnis direkt in das Moodle-Stammverzeichnis platziert werden, gibt es auf einem Linux-System eine Alternative: die (versteckte) Systemdatei *.htaccess*[36], *die in das Datenverzeichnis (z. B.:* ***moodledata****) hineingeschrieben wird.* Sie muss folgenden Inhalt haben:

```
order deny, allow
deny from all
```

Achtung: Wichtig ist, dass diese Datei mit einem Texteditor verfasst wird. Auf keinen Fall sollte eine Textverarbeitungssoftware wie MS-Word oder LibreOffice verwendet werden. Diese erzeugen formatierten Text, der hier unbrauchbar ist. Wird eine solche Datei auf einem Windows-Computer erstellt, sollte ein „Dummy-Text" vor dem Punkt geschrieben und der Dateiname auf dem Server wieder korrigiert werden. Der Grund: MS-Windows sieht den Ausdruck .htaccess als eine reine Dateinamenerweiterung, der jedoch ein Dateiname zu fehlen scheint. Während alle anderen Betriebssysteme bereits in diesem Schriftzug einen gültigen Dateinamen erkennen, kann MS-Windows den Namen mit dem führenden Punkt nicht deuten.

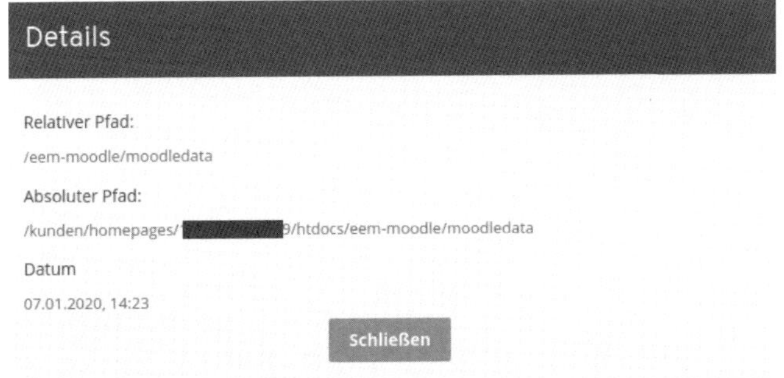

Bild 3.44 Hier ist die Arbeit mit einem öffentlichen Webspace – zumindest bezogen auf das Moodle-Datenverzeichnis – leicht: Der absolute Pfad ist in den Details des Ordners ablesbar.

[36] Ganz wichtig: Die Datei hat keinen Namen im Sinn einer Windows-Struktur! *Der führende Punkt ist Teil des Namens* und bewirkt, dass die Datei als „versteckt" gekennzeichnet wird. Verschiedene Programme wie WinSCP blenden sie deswegen aus. *.htaccess* kann mit der Tastenkombination **Strg+Alt+H** eingeblendet werden.

3.3.5.4 PHP-Erweiterungen ohne Zugriff auf php.ini

Etwas aufwendiger ist es, fehlende PHP-Erweiterungen zu aktivieren. In vielen Fällen hat der Kunde eines öffentlichen Webspaces keinen direkten Zugriff auf die dazu erforderliche Datei *php.ini*. Das hat auch durchaus gute Gründe, denn solcher Webspace ist für einen breiten Kundenkreis entwickelt worden, der meist keinerlei IT-Ausbildung besitzt und dennoch möglichst funktionsreiche Webseiten erstellen möchte. Die Kunden besitzen hier zwar einen eigenen und individuell gestaltbaren Webspace, teilen sich jedoch meist die Rechenleistung des Webservers mit anderen Benutzern. Der Zugriff auf das Betriebssystem wird unterbunden, um ungewollten Schaden zu vermeiden.

Man muss also eine *eigene* Datei *php.ini* erzeugen und diese dann in das Stammverzeichnis der Moodle-Installation kopieren. Bedauerlicherweise genügt dies noch nicht, denn eine Datei *php.ini* oder wie in diesem Fall ein Systemlink auf die Datei aus dem Stammverzeichnis muss sich auch in jedem einzelnen Unterverzeichnis befinden. Unnötig, darauf hinzuweisen, dass dies mithilfe eines gewöhnlichen FTP[37]-Programms oder gar über eine Web-Oberfläche zum Datei-Upload eine müßige, zeitraubende und vor allem fehlerträchtige Angelegenheit ist. Es gibt jedoch eine Alternative, wenn man eine Kommandozeile benutzen kann. Das ist bedauerlicherweise nicht so einfach wie bei einem lokalen Zugriff auf einen eigenen Computer.

Mit dem Programm *PuTTY*[38] gibt es jedoch eine Lösung. Dieses Programm stellt eine verschlüsselte Verbindung zum eigenen Webspace über das Internet her und öffnet ein Terminal, also eine Kommandozeilenoberfläche. Der Dialog auf dieser Oberfläche startet mit der Eingabe der Zugangsdaten. Diese müssen unter Umständen zuvor in der Administrationsoberfläche des jeweiligen Anbieters festgelegt worden sein.

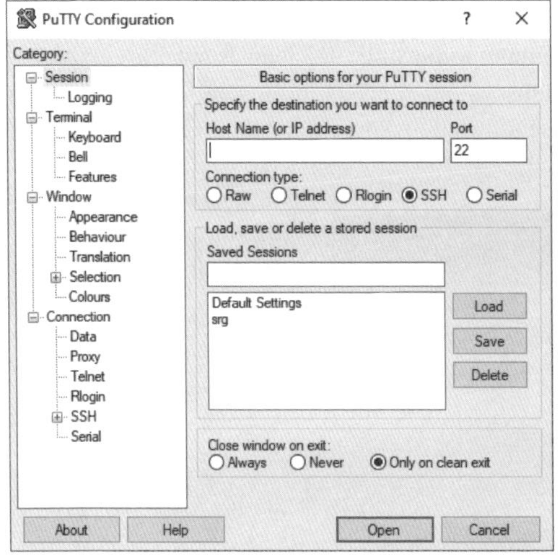

Bild 3.45
In der Regel erfordert die Kontaktaufnahme zum eigenen Webspace mithilfe von PuTTY lediglich die Server-Adresse - diese liefert der Anbieter - und die persönlichen Zugangsdaten, die in der sich öffnenden Konsole eingegeben werden müssen.

37 FTP steht für File Transfer Protocol. Es ist ein bedeutender Übertragungsstandard für Dateien über das Internet bzw. innerhalb von IP-Netzwerken allgemein.

38 PuTTY kann kostenlos über die Entwicklerseite *www.putty.org* heruntergeladen werden. Der Begriff TTY ist übrigens eine sehr alte Abkürzung für **Telety**pewriter (Fernschreibmaschine).

php.ini zuerst vorbereiten!

Die Datei *php.ini* wird mit den gewünschten Einstellungen am besten offline in einem Texteditor bearbeitet und dann über die Weboberfläche des Anbieters oder mit einem FTP-Programm (z. B. FileZilla oder WinSCP) in das Moodle-Stammverzeichnis des Webservers kopiert. Anschließend ist ein Neustart des Webservers erforderlich!

Nach der Anmeldung mit den persönlichen Zugangsdaten werden die beiden folgenden Kommandozeilen eingegeben. „stammverzeichnis" steht hier für den jeweils individuellen Pfad zum Moodle-Stammverzeichnis. Darin sollte sich bereits die bearbeitete Datei *php.ini* befinden. Damit werden *Systemlinks* in alle Unterverzeichnisse geschrieben.

```
cd stammverzeichnis [Enter]
find -type d -exec ln -s $PWD/php.ini {}/php.ini \; [Enter]
```

Es muss darauf hingewiesen werden, dass die Ausführung der zweiten Kommandozeile zumindest eine Fehlermeldung verursachen wird, die jedoch zu ignorieren ist. Der Fehler entsteht, weil der Befehl versucht, auch im Stammverzeichnis einen *Systemlink zur php.ini* anzulegen. Dies ist jedoch weder möglich noch nötig, weil die Datei bereits existiert.

Sollte sich herausstellen, dass Einstellungen zu ändern oder weitere Freigaben zu aktivieren sind, so genügt es, ausschließlich die Datei *php.ini* im Moodle-Stammverzeichnis zu bearbeiten. Die Änderungen werden aufgrund der Systemverlinkungen automatisch auch in den Unterverzeichnissen wirksam.

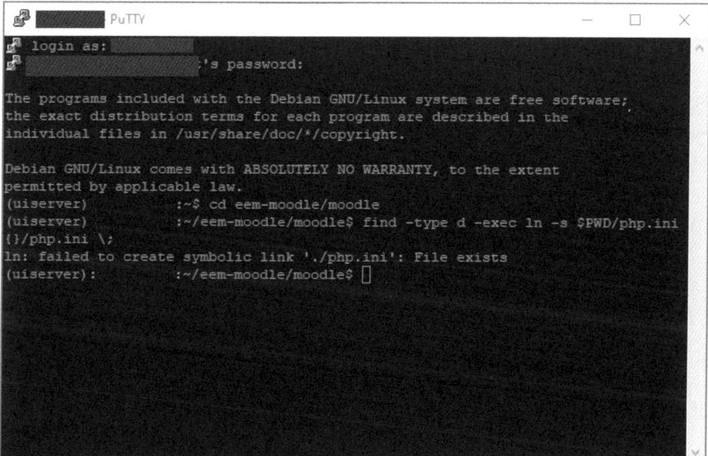

Bild 3.46 Ein symbolischer Systemlink auf die Datei php.ini (aus dem Moodle-Stammverzeichnis) wird in jedes Unterverzeichnis kopiert. Die Fehlermeldung ist in diesem Fall zu ignorieren.

3.4 Moodle einer Domain zuweisen

Im Internet hat jede Webseite eine Adresse in Klarschrift, den sogenannten URL[39]. Eine solche Adresse besteht aus mindestens drei Teilen, die von rechts nach links gelesen werden:

- Die Toplevel-Domain steht beispielsweise für das Land (.de, .at etc.) oder (ursprünglich[40]) für eine besondere Nutzergruppe (.org, .com, .info etc.).
- Die Domain ist die persönliche Wunschadresse der eigenen Publikation.
- Die Subdomain (meist www) erlaubt es, verschiedene Web-Publikationen zu einer einzigen Domain zu erstellen. So kann eine Schule durchaus eine reguläre Webseite mit den klassischen Informationen und zusätzlich eine Moodle-Plattform auf einer gemeinsamen Domain betreiben.

Die Zuordnung dieser Adresse zu einer im Netzwerk gültigen IP-Adresse übernimmt der Anbieter des Webspaces bzw. letztendlich die jeweils zuständige Institution. Die Zuordnung der Subdomain zu einem Stammverzeichnis auf dem Webserver muss der Seitenbetreiber in der Regel selbst erledigen. Dies ist allerdings relativ einfach:

Zuerst wird ein Name für die Subdomain gewählt. Dieser sollte nicht zu kompliziert sein. Man denke daran, dass die Adresse oftmals per Hand in die Adresszeile des Webbrowsers eingetragen wird. Im schlimmsten Fall passiert dies auf einem Smartphone mit kleinem Display und nicht am PC mit einer Tastatur. Der Name sollte zudem aussagekräftig sein. Oft wurde für Lernplattformen als Subdomain verwendet:

- moodle
- elearning bzw. e-learning
- lms[41]

Im zweiten Schritt wird die neu angelegte Subdomain dem Verzeichnis des Webservers zugeordnet, in das die Moodle-Dateien hineinkopiert werden (das Stammverzeichnis!). Dies wird zumeist durch einen Navigationsassistenten erleichtert, in dem das Verzeichnis per Mausklick ausgewählt wird. Ist dies erledigt, sollte der Moodle-Installationsdialog über das Internet aufrufbar sein, wenn in den Webbrowser eine Adresse nach diesem Schema eingegeben wird:

```
Subdomain.eigeneDomain.toplevelDomain
```

z. B.: moodle.e-emotion.net

[39] URL steht für **U**niform **R**essource **L**ocator

[40] Man ist heute recht liberal in der Vergabe von Internet-Adressen, auch wenn sie nicht immer wirklich zur Toplevel-Domain passen.

[41] LMS als Abkürzung für **L**ern-**M**anagement-**S**ystem

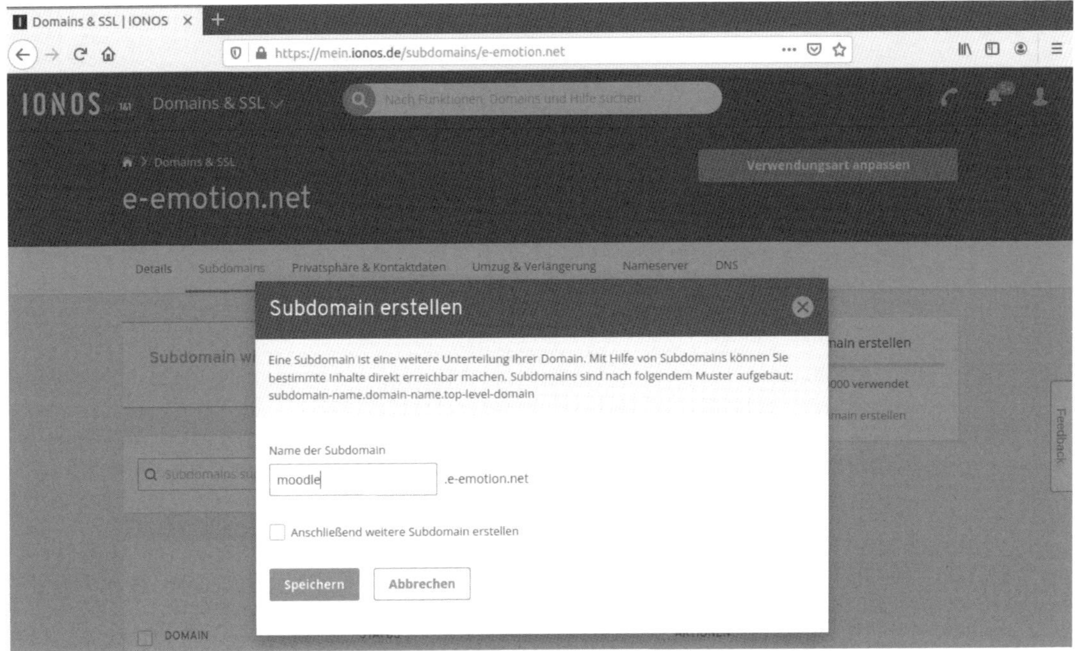

Bild 3.47 Es wird ein aussagekräftiger Name für eine Subdomain gewählt. Damit können unter einer einzigen Domain diverse voneinander unabhängige Internet-Publikationen angeboten werden.

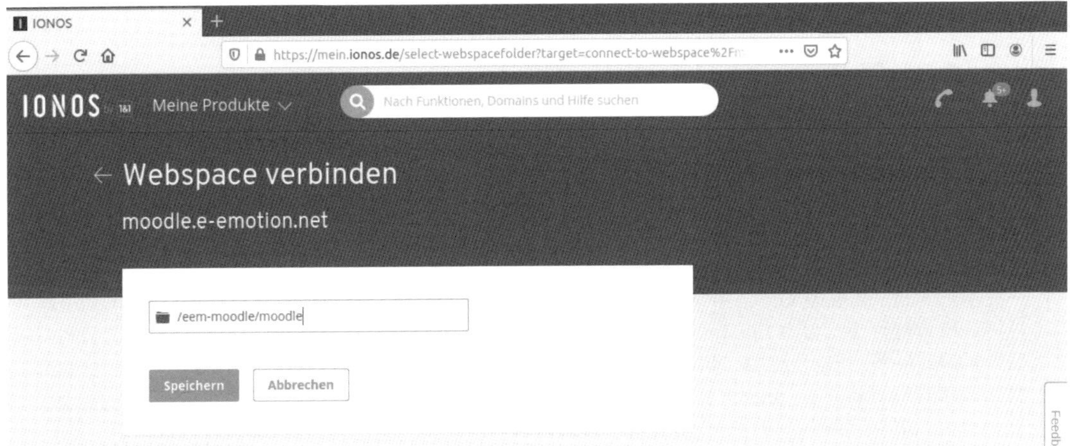

Bild 3.48 Die Subdomain wird nun einem Ordner auf dem Webserver zugewiesen, auf dem sich die Startseite der Publikation – meist die Datei index.php – befindet.

3.5 Bei Upgrade/Update zu beachten

Nichts ist ärgerlicher und – im Wirkbetrieb einer Schule bzw. Hochschule auch rechtlich – katastrophaler als ein Datenverlust bei einer Systembeschädigung. Diese können vielfältige Ursachen haben:

- Defekter Datenträger
- Folgen eines Hackerangriffs
- Unzuverlässiger Dienstleister
- „Menschliches Versagen"

Werden Leistungen von *Students* rein online in einer digitalen Lernumgebung erbracht, so haben auch diese rechtlich verbindliche Relevanz. Letztlich geht es auch um die Karriere und um die Anerkennung von Abschlüssen für die Lernenden. Es ist deswegen unabdingbar, für eine nahezu zuverlässige Verfügbarkeit der Daten zu sorgen und dies im Schadensfall auch nachweisen zu können.

Moodle bietet systemintern bereits einige Optionen zur Erstellung von Sicherheitskopien. Diese können auch von einzelnen *Teachern* bei Bedarf genutzt werden, beispielsweise um die eigenen Kurse auf einem individuellen Datenträger zu sichern. Es ist aber auch sinnvoll, über das Moodle-System hinaus Sicherheitskopien auf der Ebene des Betriebssystems anzufertigen. Nicht zuletzt sind solche Backups sehr wichtig, wenn das Moodle-System erweitert oder aktualisiert werden soll. Auch bei einem direkten Umbau der Server-Plattform gehört ein Backup des Gesamtsystems zum guten Ton.

3.5.1 Datenbank sichern

Die Datenbank ist das zentrale Element von Moodle. Hier werden die Daten der Benutzerinnen und Benutzer, die Kursdetails und die darin erreichten Fortschritte und vieles mehr gespeichert. Die Inhalte der Datenbank lassen sich auch außerhalb des Moodle-Systems in der Verwaltungsoberfläche wie zum Beispiel in *phpMyAdmin* gezielt sichern. Das betrifft sowohl einzelne Tabellen der Datenbank als auch die gesamte Datenbank. Die Aufteilung einer Tabelle ist meist zu empfehlen, da oft die maximale Größe eines Tabellenimports stark begrenzt ist. Die Einstellung der maximal möglichen Upload-Größe wird in der Datei *php.ini*[42] festgelegt. Der Standardwert liegt meist bei nur 2 Mbyte. Für die meisten kleinen Datenbanken ist dieser Wert ausreichend. Spätestens jedoch dann, wenn es darum geht, umfangreiches Lehrmaterial über die Moodle-Oberfläche in das System hochzuladen, wird die Grundeinstellung in der Datei *php.ini* Probleme bereiten. Hier sind sowohl Anpassungen bei der maximalen Dateigröße als auch in der zulässigen Ausführungszeit eines Skripts erforderlich, denn mehrere gleichzeitige Zugriffe auf den Server in Verbindung mit der Übertragung großer Dateien können eine gewisse Zeit in Anspruch nehmen. Läuft diese ab, kommt es zu einer Fehlermeldung!

[42] Die Details wurden im Zusammenhang mit der Einrichtung und der Konfiguration des Webservers beschrieben.

Upload-Größen können ein Streitthema werden

Laufen sowohl das Moodle-System als auch der Webserver auf der gleichen Maschine, wird es allein für einen praxistauglichen Betrieb von Moodle sinnvoll sein, die Upload-Größen zu erhöhen. Bei Datenbanken ist man in der Regel bemüht, diese in ihrer Größe nicht zu sehr zu eskalieren, damit die Performance, also die Verarbeitungsgeschwindigkeit, nicht unzumutbare Dimensionen annimmt. Denkbar ist es aber, Datenbank und Moodle auf getrennten Servern zu installieren. ■

Zu verändern sind folgende Werte:

- upload_max_filesize
- post_max_size

Optional:

- max_execution_time
- max_input_time
- memory_limit

Der eigentliche Export der Datenbank über die Oberfläche *phpMyAdmin* erfordert gültige Zugangsdaten. Darüber hinaus ist die gesamte Prozedur fast ausschließlich mit sorgfältig gesetzten Mausklicks zu erledigen. Der Export einer Datenbank sollte nach der *angepassten Eingabemethode* erfolgen. Damit werden alle Optionen dargestellt und der Export kann optimal eingestellt werden. Für eine vollständige Sicherheitskopie der Datenbank werden sowohl die Struktur als auch die Daten aller Tabellen markiert.

Eine Datenbank für verschiedene Web-Publikationen?

Wie erwähnt, ist es sinnvoll, eine für das Moodle-Lernmanagementsystem exklusiv reservierte Datenbank zu betreiben. Rein technisch ist es allerdings bei kleinen Systemen aufgrund billiger Pauschalangebote für Webspace möglich, in einer einzigen Datenbank Tabellen verschiedener Systeme zu speichern. So kann neben Moodle möglicherweise auch eine WordPress-Plattform in der Datenbank enthalten sein. Die Tabellen unterscheiden sich in ihrem Tabellen-Präfix voneinander. Sinnvoll ist eine solche Kombination nicht! ■

Wird entgegen der Empfehlung eine Datenbank für mehrere Websysteme (neben Moodle zum Beispiel Joomla!, Typo3, WordPress etc.) genutzt, so müssen die Tabellen tatsächlich einzeln markiert und damit für den Export selektiert werden. Das ist sehr aufwendig und birgt das Risiko eines Fehlers in sich. Werden Daten vergessen, wird es schwierig, ein zerstörtes System wieder zu reaktivieren.

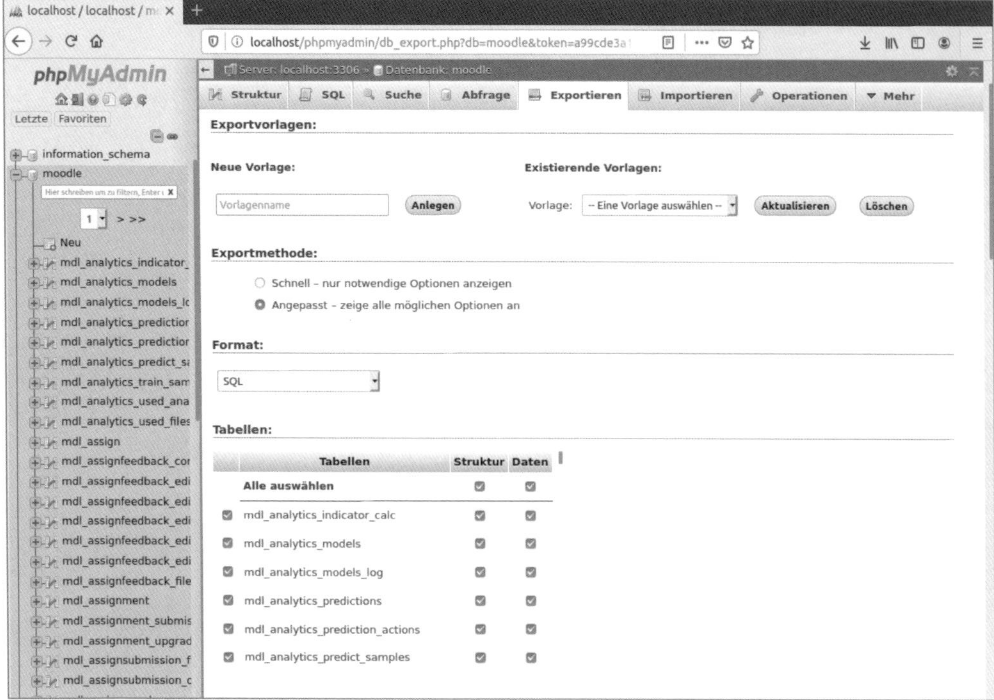

Bild 3.49 In der Datenbank-Verwaltungsoberfläche – hier phpMyAdmin – werden alle Tabellen der Datenbank (moodle) mit ihrer Struktur und den Dateninhalten ausgewählt.

Eine weitere wichtige Einstellung betrifft das Ausgabeformat. Es ist auf jedem Fall der Zeichensatz der Datei zu beachten. Diese Einstellung muss später beim Import der Datenbank bekannt sein, da die Inhalte sonst nicht lesbar sind. In einem Moodle-Produktivsystem kann die Datenbank mit der Zeit eine recht beachtliche Größe annehmen. Es ist deswegen sehr zu empfehlen, die exportierten Daten zu komprimieren. Zur Auswahl stehen folgende Optionen:

- Keine Kompression der Datei
- ZIP-Kompression
- GZIP-Kompression

Im Wesentlichen können die übrigen Einstellungen zumeist übernommen und der Export durch einen Klick auf die OK-Schaltfläche abgeschlossen werden.

Der Import einer auf diese Weise gesicherten Datenbank ist sehr einfach: Im Register „Importieren" der *phpMyAdmin*-Oberfläche wählt man die zu importierende Datenbank bzw. das ZIP- oder GZIP-Archiv und lädt dieses über das Webformular hoch. Spätestens an dieser Stelle wird man mit der maximalen Dateigröße konfrontiert. Die Größe der Datenbankdatei muss innerhalb des Grenzwerts liegen.

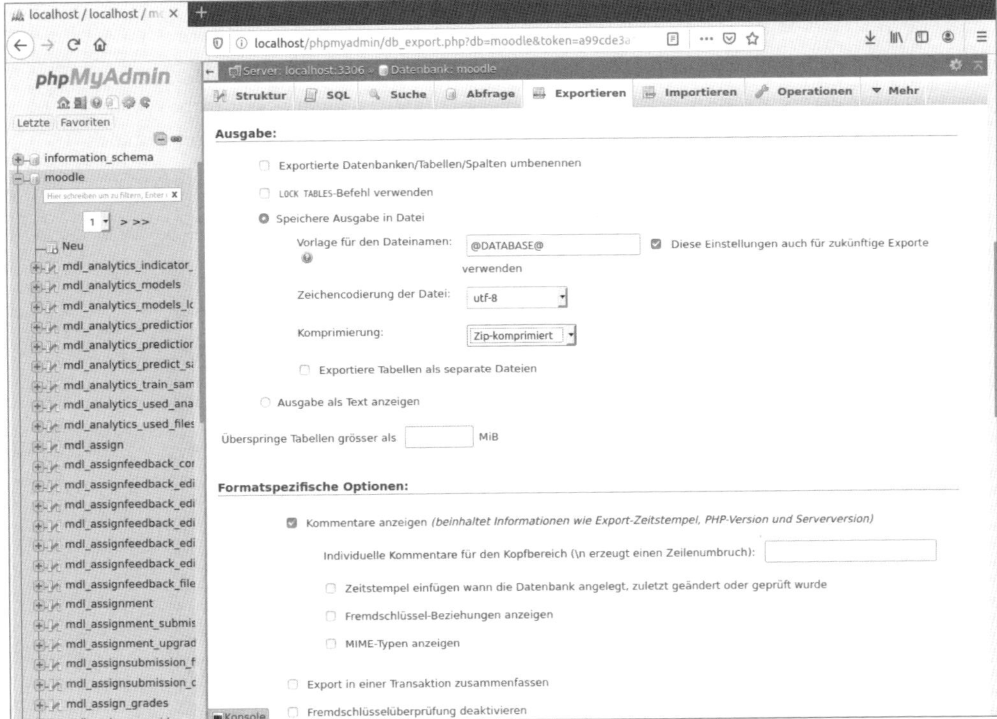

Bild 3.50 Die Kompression der Datenbank ist zu empfehlen, weil sehr häufig Restriktionen in der Dateigröße für den Upload von Datenbanken definiert werden. Unter Umständen muss die Datenbank sogar in mehrere Teile gesplittet oder die Datei *php.ini* geändert werden.

3.5.2 Sicherheitskopie des Moodle-Datenverzeichnisses

Den Inhalt des Moodle-Datenverzeichnisses sichert man am einfachsten automatisch auf der Ebene des Betriebssystems. Die hierzu eingesetzten Werkzeuge sind bereits aus der Konfiguration des Servers bekannt:

- MS-Windows: *Aufgabenplanung*
- Linux etc.: *cron*

Im Normalfall wird es ausreichen, lediglich einmal am Tag eine komplette Sicherung des Moodle-Datenverzeichnisses durchzuführen. Bild 3.51 zeigt eine Konfiguration der *crontab*. Hier wird die Sicherung des Moodle-Datenverzeichnisses jeweils in der Nacht um 02:00 Uhr ausgeführt. In die *crontab* wird ein Kopierbefehl (cp) programmiert. Damit wird der Inhalt des gesamten Moodle-Datenverzeichnisses inklusive aller Unterverzeichnisse kopiert.

Wichtig!

Es ist wichtig, die Sicherheitskopien auf ein eigenes physisches Laufwerk durchzuführen. Bei besonders sensiblen Daten ist auch eine örtliche/räumliche Trennung der Speicherorte zu empfehlen, um auch im Fall eines Brands oder eines Einbruchs keine Daten zu verlieren.

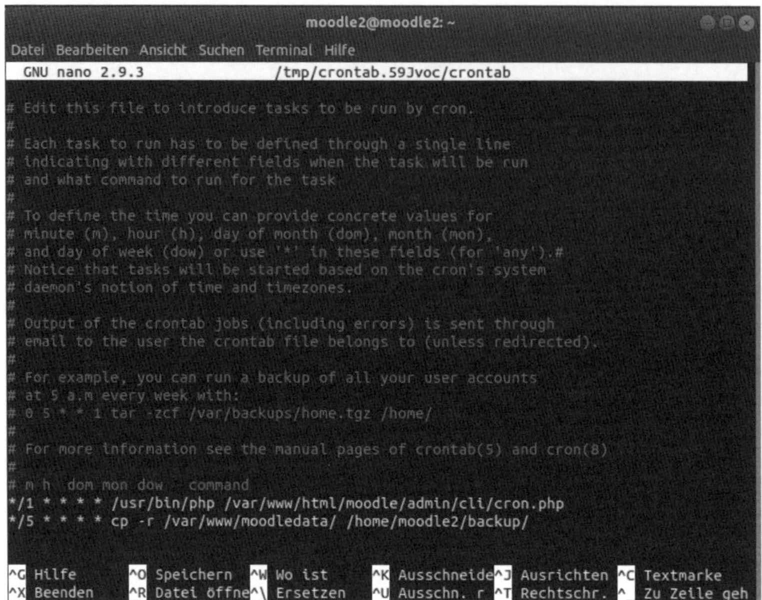

Bild 3.51 Die crontab sieht zwei programmierte Aufgaben vor: Die erste (weiße) Zeile programmiert die Ausführung des Skripts cron.php einmal pro Minute. Die zweite (weiße) Zeile ist ein Kopierbefehl des Moodle-Datenverzeichnisses, der täglich um 02:00 Uhr ausgeführt wird.

3.5.3 Moodle-Verzeichnis

In vergleichbarer Weise wie beim Moodle-Datenverzeichnis kann auch das gesamte Moodle-Verzeichnis automatisch gesichert werden. Das hat den Vorteil, dass auch die Skripte aller installierten Erweiterungen gesichert werden. Im Fall einer Zerstörung der Serverdateien kann das Moodle-System so sehr schnell wiederhergestellt werden.

3.5.4 Backup-Funktionen in Moodle

An dieser Stelle soll bereits vorgreifend erwähnt werden, dass auch einzelne Kurse in Sicherheitskopien gespeichert werden können. Diese Datensicherungen können Teacher individuell ausführen. Details beschreibt ein späteres Kapitel

4 Moodle-Grundinstallation

Nachdem die Systemvoraussetzungen für Moodle geschaffen wurden, kann das Programmpaket in der gewünschten Version heruntergeladen und installiert werden.

4.1 Moodle-Programmpakete

Die Moodle-Programmpakete können aus verschiedenen Quellen bezogen werden. Die individuelle Verbreitung von Moodle ist durchaus legal, denn Moodle ist eine quelloffene Software, die unter der *GNU General Public Licence* vertrieben wird. Dennoch ist es zu empfehlen, die Installationspakete direkt von der Projektseite *https://moodle.org* bzw. einer dort empfohlenen Quelle zu beziehen. Damit wird nicht nur sichergestellt, dass es sich um eine originale Version der Projektgruppe handelt, sondern auch die Chance erfolgreicher Updates und Upgrades gesteigert. Über diese Seite wird auch eine Dokumentation – vieles bereits in deutscher Sprache, ganz gewiss jedoch in Englisch – geboten, die oft Detailfragen zu klären hilft.

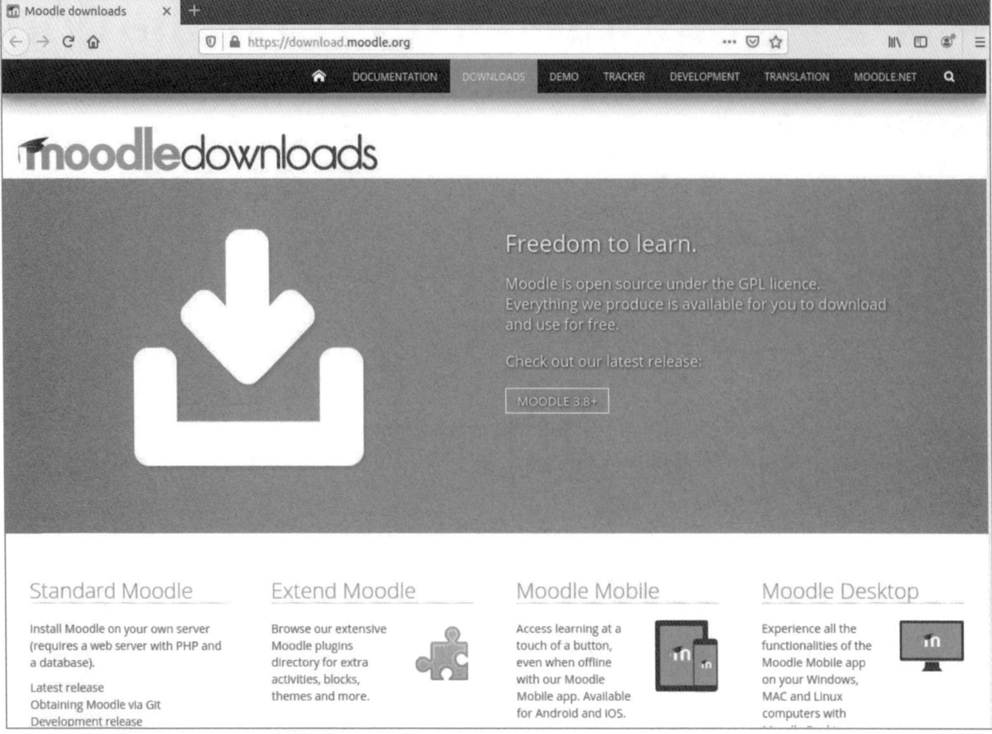

Bild 4.1 Die offizielle Moodle-Seite - *moodle.org* - ist der beste Garant dafür, die stets aktuelle und sicherste Moodle-Version zu beziehen.

Bei der Auswahl des jeweiligen Programmpakets für eine Neuinstallation sollte die Entscheidung in der Regel auf die aktuellste Entwicklungsstufe fallen. Es gibt jedoch eine begründete Ausnahme, die für die Installation einer älteren Version sprechen kann: Es werden dringend Plugins benötigt, die es für eine neuere Version noch nicht oder nicht mehr gibt.

Der Normalfall ist (und sollte es sein), die aktuellste Version zu verwenden. Dies kommt der Kompatibilität zu aktuellen Web-Technologien sowie der Sicherheit des Systems gegen externe Angriffe zugute. Auch die Rechtssicherheit spielt in diesem Zusammenhang eine wichtige Rolle, denn die Datenschutzgrundverordnung (DSGVO) sieht Sanktionen auch bei unbeabsichtigtem Datendiebstahl vor, wenn die Sicherheitsvorkehrungen nicht dem Stand der Technik entsprechen. Die DSGVO greift deswegen im Zusammenhang mit Moodle, weil die darin aktiven Benutzerinnen und Benutzer (Students, Teacher etc.) sehr persönliche Daten im System hinterlassen.

Alternativen zum direkten Download sind u. a.:

- Installation aus den Paketverwaltungen der Linux-Distributionen
- Installation von Datenträgern in Fachpublikationen

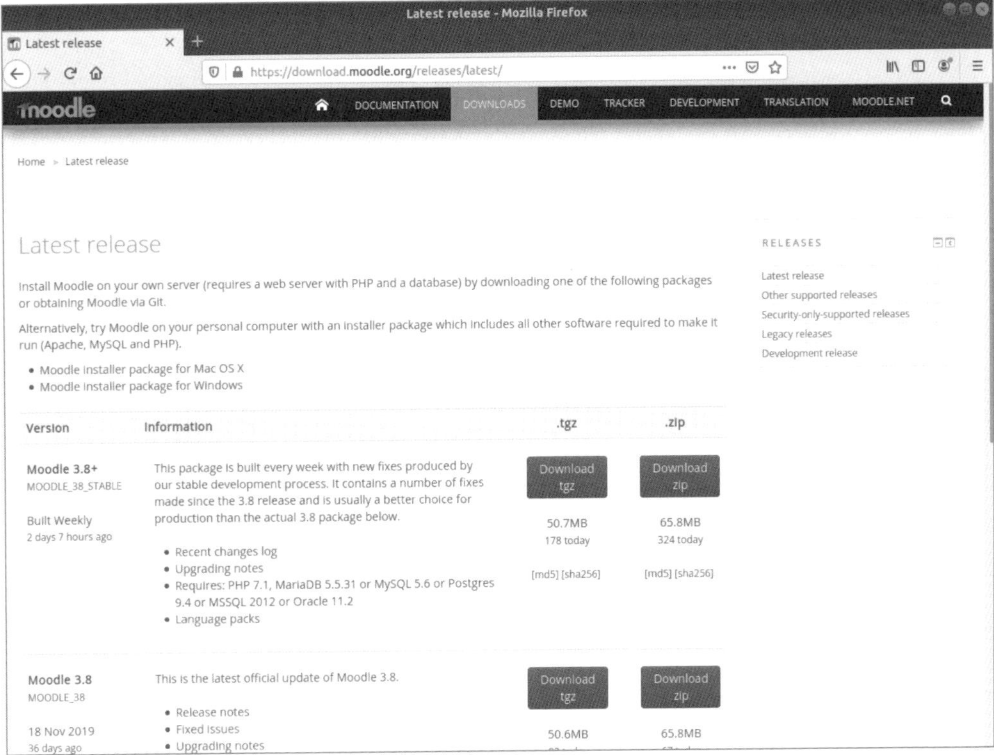

Bild 4.2 Man kann nahezu jede Moodle-Version aus den Archiven herunterladen und an den jeweils verfügbaren Webserver angepasst installieren. Der grundsätzliche Rat ist aber, die jeweils aktuelle Version zu wählen und, falls erforderlich, den dafür nötigen Webserver auf den neuesten Stand der Technik zu bringen.

4.2 Moodle in verschiedenen Umgebungen

Nachdem bekannt ist, woher man Moodle (legal und kostenlos) bekommen kann und welche Voraussetzungen der für dessen Betrieb erforderliche Webserver erfüllen muss, kann es daran gehen, das erste Moodle-System selbst zu installieren. Der einfachste Weg, der allerdings ausschließlich für das Selbststudium und zum Kennenlernen des Systems sinnvoll ist, ist die Installation eines XAMPP-Komplett-Pakets für Windows-Computer. Eine solche Version kann über die Projektseite von Moodle.org heruntergeladen werden. Auch der direkte Download und die Installation in eine bestehende Serverumgebung sind natürlich vorgesehen und unter Profis gängige Praxis. Die Installation von Moodle mit Hilfe des Versionsverwaltungssystems *git* erleichtert es, Moodle stets auf dem aktuellsten technischen Stand zu halten.

4.2.1 XAMPP-Moodle-Installer-Package

Es ist gewissermaßen das „Rundherum-Sorglos-Paket", welches vom Moodle-Projekt auch für die direkte Verwendung auf MS-Windows- und Apple-Computern angeboten wird. Natürlich kann man mithilfe dieses Pakets ein vollwertiges und zum späteren Live-Einsatz vorgesehenes System aufbauen und konfigurieren. Allerdings sei an dieser Stelle klar betont, dass die *Moodle-Installer-Packages* zunächst einmal für den Einsatz in *internen, geschlossenen Umgebungen* vorgesehen sind. So werden, wenn überhaupt, Standardpasswörter in den Server-Umgebungen verwendet. Das System ist damit bei einem direkten öffentlichen Zugriff durchaus angreifbar.

Zum Lernen und Testen

Die kompakten *Moodle-Installer-Packages* eignen sich natürlich ganz hervorragend zum Selbststudium des Systems. Der Vorteil dabei ist, dass man nicht wirklich viel falsch machen kann. Wer eine Sicherheitskopie anfertigt, bevor tiefgreifende Experimente durchgeführt werden, kann sich möglicherweise viel Arbeit ersparen und sich dennoch weit mehr zu versuchen wagen, als dies in einem Live-System möglich und erlaubt wäre. Die Moodle-Installer-Packages eignen sich aber auch dazu, neue Versionen des Moodle-Systems zu testen und sich vor der Umsetzung in der eigenen Produktivumgebung mit eventuellen Neuheiten vertraut zu machen.

Der Download erfolgt mit einem Klick auf eine der unscheinbaren Link-Zeilen. Hier ist darauf zu achten, die richtige Version für das gewünschte Betriebssystem zu wählen.

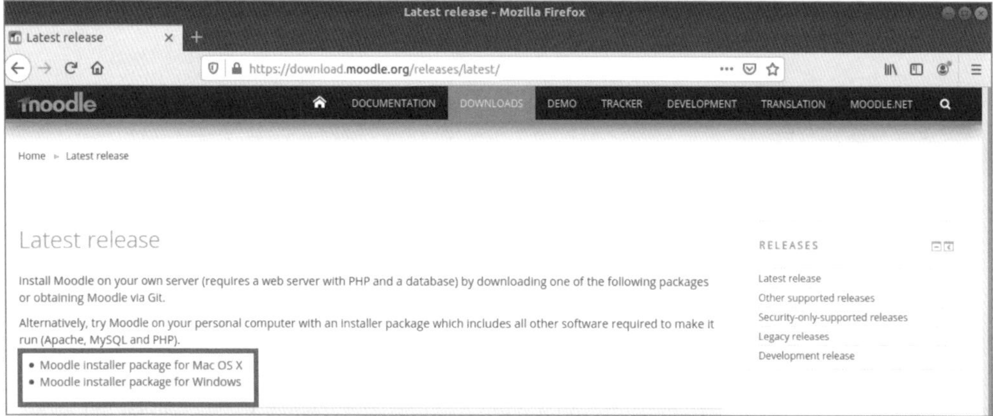

Bild 4.3 Das Moodle-Installer-Package kann wahlweise für einen MS-Windows- oder einen Mac-OS-X-Computer bezogen werden. Alle erforderlichen Server-Programme sowie Datenbanken sind darin bereits enthalten und vorkonfiguriert.

Das in diesem Beispiel heruntergeladene ZIP-Archiv des Moodle-Installer-Packages für Windows hat eine Größe von ca. 188 MB. Dabei handelt es sich um komprimierte Daten, wohlgemerkt. Entpackt zeigt sich der Inhalt des Pakets mit einem Speicherbedarf von rund

680 MB nicht gerade bescheiden auf der Festplatte. Die Größe des Archivs fordert auch beim Entpacken ihren Tribut an Rechenleistung und Zeit. Je nachdem, wie schnell der eigene PC ist, kann es sich durchaus lohnen, während des Entpackens in aller Ruhe eine Tasse Kaffee zu trinken.

Große ZIP-Archive fordern den Computer!

Das Entpacken großer ZIP-Archive kann unter Umständen eine gewisse Zeit beanspruchen. Wie lange der Vorgang dauert, hängt wesentlich von der allgemeinen Leistungsfähigkeit und der Auslastung des eigenen Computers ab. Es empfiehlt sich deswegen, auch bei längeren Entpackungszeiten Geduld zu haben und etwas abzuwarten. ■

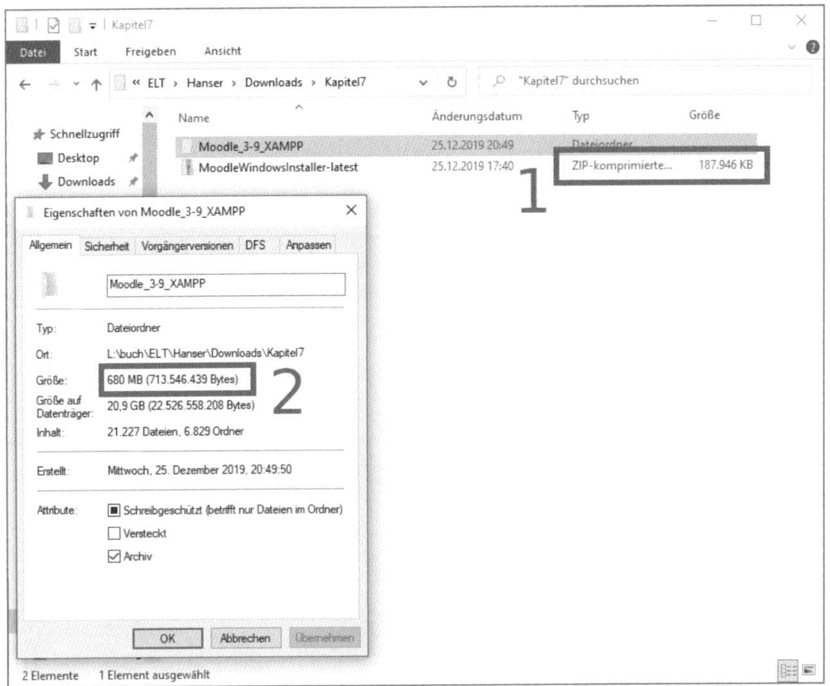

Bild 4.4 Das ZIP-Archiv des gepackten Moodle-Installer-Packages hat ein Volumen von stolzen 180 MB. In ein eigenes Verzeichnis entpackt, beansprucht das Paket sogar 680 MB Plattenspeicher!

Mit dem Entpacken liegen nun bereits alle wichtigen Dateien und Verzeichnisse auf dem eigenen Computer vor. Eine kurze Anleitung zum Start und zum Beenden des Servers bietet die mitgelieferte Readme.txt-Datei, die mit einem ganz gewöhnlichen Text-Editor (z. B. das einfache Programm notepad.exe) gelesen werden kann. Der Server – genauer, der Apache2-Webserver inkl. PHP und die erforderliche Datenbank – wird mit dem Programm *Start Moodle.exe* aktiviert. Im hier verwendeten Beispiel wurde eine Entwicklungsversion Moodle 3.9 heruntergeladen. Die dazu mitgelieferte (XAMPP)-Server-Version umfasst:

- Apache 2.4.41
- PHP 7.3.11
- MariaDB 10.4.8

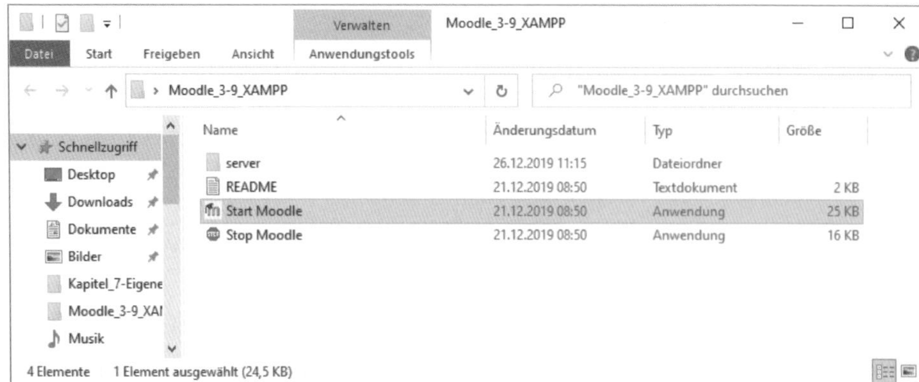

Bild 4.5 Der Inhalt des Moodle-Pakets: Der gesamte Server – einschließlich der noch zu konfigurierenden Moodle-Installation – befindet sich im Verzeichnis */server/*. Der (lokale) Webserver wird mit den Programmen *Start Moodle.exe* und *Stop Moodle.exe* ein- und ausgeschaltet.

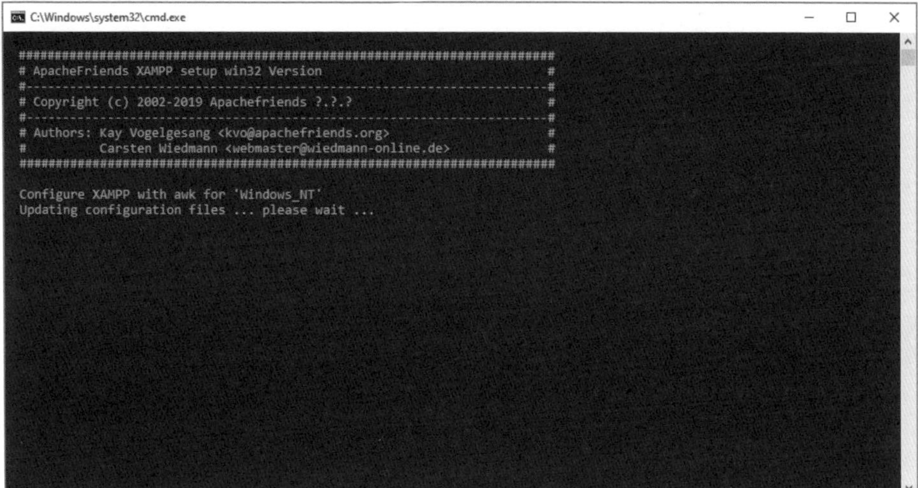

Bild 4.6 *Start Moodle.exe* ist ein kleines Programm, welches auf der Kommandozeile läuft. Seine Aufgabe ist lediglich, den XAMPP-Server zu starten und dessen Dienste zu aktivieren.

Mit dem Start-Programm wird nicht nur der Server selbst aktiviert, sondern dessen aktiver Dienst im MS-Windows-Betriebssystem angemeldet. Hier wird es aus technischen Gründen zu einer Warnung der Windows-Defender-Firewall kommen. Die angebotenen Optionen sollten sehr sorgfältig geprüft werden. Fahrlässig ist es, die Firewall – wenngleich auch nur für den http-Dienst – für den Zugriff aus öffentlichen Netzwerken zu öffnen. In der Regel wird es ausreichen, die Firewall-Einstellungen so anzupassen, dass Mitglieder des privaten Netzwerks auf den Webserver zugreifen können. Zum Testen eines Moodle-Systems und für die Bereitstellung von Schulungssystemen kann dies durchaus sinnvoll sein. Weitere

Konfigurationen sind an dieser Stelle zunächst nicht nötig. Mit einer unscheinbaren Meldung in der Kommandozeile teilt der Computer nun mit, dass der Apache-Webserver und die MySQL-Datenbank (richtiger eigentlich: MariaDB) aktiv sind. Mit dem Programm *Stop Moodle.exe* wird der Server wieder deaktiviert und dessen Dienst abgeschaltet.

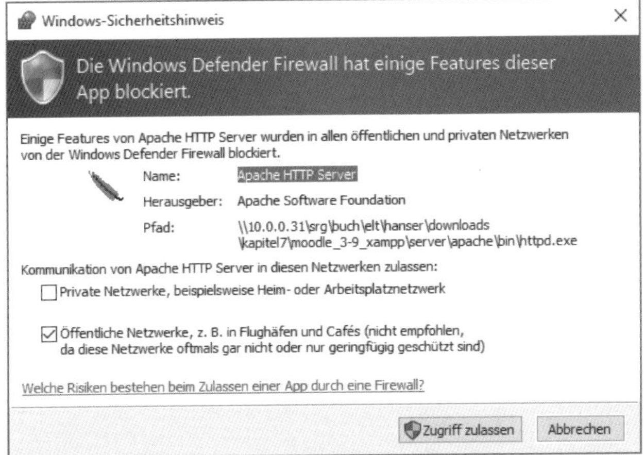

Bild 4.7
Wer mit seinem Computer viel unterwegs ist, zum Beispiel an wechselnden Arbeitsplätzen oder häufig im Hotel arbeitet, sollte diese Einstellung sehr gewissenhaft wählen.

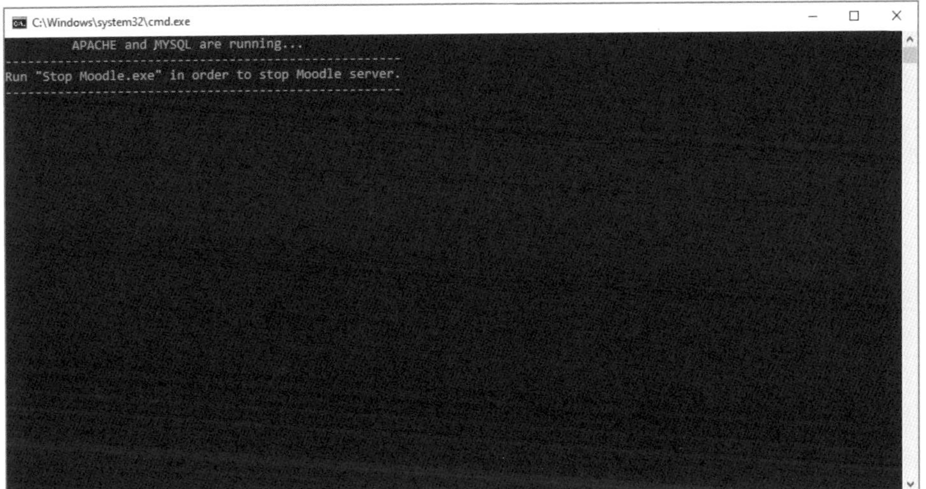

Bild 4.8 Der Server läuft! Viel ist davon natürlich nicht zu sehen, denn ein Server ist ein Dienst, der im Hintergrund die von ihm erwarteten Aufgaben erledigt. Dies gilt auch für einen Webserver.

Um die Funktion des neuen (lokalen) Webservers zu testen, kann ein nahezu beliebiger Webbrowser verwendet werden. „Nahezu beliebig" bedeutet, dass es nach wie vor immer wieder zu kleinen Darstellungsunterschieden kommen kann, wenn zum Beispiel aktuelle HTML5- oder CSS3-Spezifikationen (noch) nicht im Browser umgesetzt werden können. Neben den Sicherheitsaspekten ist auch dies ein treibendes Argument dafür, die Browser-Software stets auf einem aktuellen Stand zu halten und Updates regelmäßig durchzuführen.

Für den ersten Versuch, Moodle[1] zu starten, wird als „Internet-Adresse" im Browser lediglich die folgende Zeile eingegeben:

```
http://localhost [Enter]
```

localhost ist „multikulturell"

localhost ist ein betriebssystemübergreifendes Synonym für den Aufruf eines Dienstes auf dem eigenen Computer. Der Aufruf der Webseite funktioniert also sowohl auf MS-Windows als auch auf Linux-Computern (egal, welcher Distribution) und auf Apple OS X.

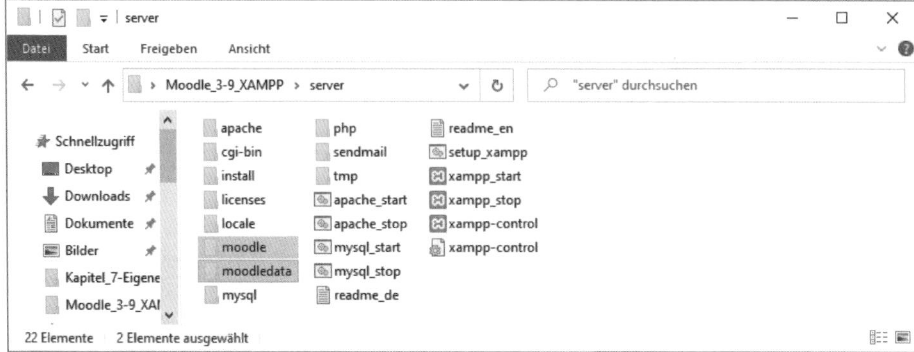

Bild 4.9 Das Bild zeigt zwei Besonderheiten gegenüber einer „klassischen" XAMPP-Installation: Anstelle des Verzeichnisses `/htdocs/` werden die Dateien der Web-Publikation hier in einem Unterverzeichnis `/moodle/` gespeichert. Wichtig ist zudem auch das Verzeichnis `/moodledata`, auf das noch eingegangen wird.

Bevor Moodle bzw. dessen Installationsskript gestartet wird, soll zunächst noch ein Blick in das „Server-Verzeichnis" geworfen werden. Es unterscheidet sich ein wenig von einem XAMPP-Server, der unabhängig von Moodle installiert wird.

Im Moodle-Paket wurde der Speicherort für die Webseiten sinngemäß umbenannt: Anstatt des sonst üblichen Verzeichnisses /htdocs[2] werden die HTML- und PHP-Dateien etc. in ein Verzeichnis mit dem Namen /moodle gespeichert.

Damit der (Apache-)Webserver die Dateien auch finden kann, reicht es natürlich nicht aus, nur den Namen zu ändern. Der Webserver muss sehr genau wissen, in welchem Verzeichnis er die Moodle-Dateien finden wird. Dazu muss der Pfad zur sogenannten DocumentRoot[3]

---

[1] Genau genommen, wird nicht „Moodle" als Lernmanagement-System, sondern zuerst das *Installationsskript* gestartet, mit dem Moodle individuell installiert und konfiguriert wird.

[2] Wer eine vorhandene XAMPP-Installation verwenden möchte, dort jedoch vielleicht ein Verzeichnis mit dem Namen /htdocs vermisst, sollte prüfen, ob es ein Verzeichnis mit dem Namen /www gibt.

[3] *DocumentRoot* bedeutet frei übersetzt: Dokumenten-„Wurzel". Es handelt sich um das Startverzeichnis, in das die Dateien und Unterverzeichnisse der gesamten Web-Publikation geschrieben werden. Befindet sich in diesem Verzeichnis eine Datei mit dem Namen index.html oder index.php, so wird diese direkt aufgerufen, ohne sie ausdrücklich benennen zu müssen. Die Schreibweise ist tatsächlich zusammenhängend, wobei sowohl das D (in Document) als auch das R (in Root) großgeschrieben werden. Dieser Schreibstil wird als *Camel-Case* bezeichnet.

in eine Konfigurationsdatei mit dem Namen *httpd.conf* eingetragen werden. Die Datei wird mit einem gewöhnlichen Texteditor[4] geöffnet.

Apache2-Konfigurationsdateien

Etwas ärgerlich ist es, dass Konfigurationsdateien nicht immer an exakt definierten Orten zu finden sind. Das wird durch unterschiedliche Distributionen (bei Linux), verschiedene Entwicklungsversionen oder eben auch von der jeweiligen Umsetzung in Programmpaketen beeinflusst. Beim XAMPP-Server lassen sich die wichtigsten Konfigurations- und Log-Dateien sehr elegant über das XAMPP-Control-Center auffinden und zur Bearbeitung öffnen (vgl. Bild 4.9). ■

DocumentRoot finden

Die Datei *httpd.conf* kann sehr lang (mehrere hundert Zeilen!) sein. Es ist also sehr mühselig, die zumeist aus Kommentarzeilen bestehende Datei von oben nach unten auf der Suche nach nur einem zu prüfenden oder zu bearbeitenden Parameter durchzulesen. Mit der Tastenkombination **Strg**+[F] öffnet sich ein Suchdialog. In diesen wird der gewünschte Begriff eingetragen. Beispiel: *documentroot*. Wird die Suche nicht mit einem direkt am Anfang der Datei gesetzten Cursor durchgeführt, sollten zwei Suchvorgänge mit unterschiedlichen Suchrichtungen durchgeführt werden. ■

Das folgende Listing zeigt einen (stark gekürzten) Auszug aus der Konfigurationsdatei *httpd.conf*. In der ersten Zeile wird das Verzeichnis festgelegt, in dem der Apache-Webserver die Web-Dateien erwartet. Der darauffolgende Deklarationsblock `<Directory ...` legt unter anderem fest, ob Regeln und wenn ja welche mit der Datei *.htaccess*[5] für dieses Verzeichnis definiert werden können.

```
DocumentRoot "C:/Users/nUTZER/Desktop/Moodle_3-9_XAMPP/server/moodle"
<Directory "C:/Users/nUTZER/Desktop/Moodle_3-9_XAMPP/server/moodle">
    Options Indexes FollowSymLinks Includes ExecCGI
    AllowOverride All
    Require all granted
</Directory>
```

[4] *Achtung:* Bitte kein Textverarbeitungsprogramm wie MS-Word oder LibreOffice Writer etc. verwenden!

[5] Die Schreibweise der Datei *.htaccess* ist tatsächlich mit einem Punkt beginnend. In einem Windows-Betriebssystem ist es hingegen nicht üblich, eine Datei ohne Dateiname allein durch deren Dateinamenerweiterung zu benennen.

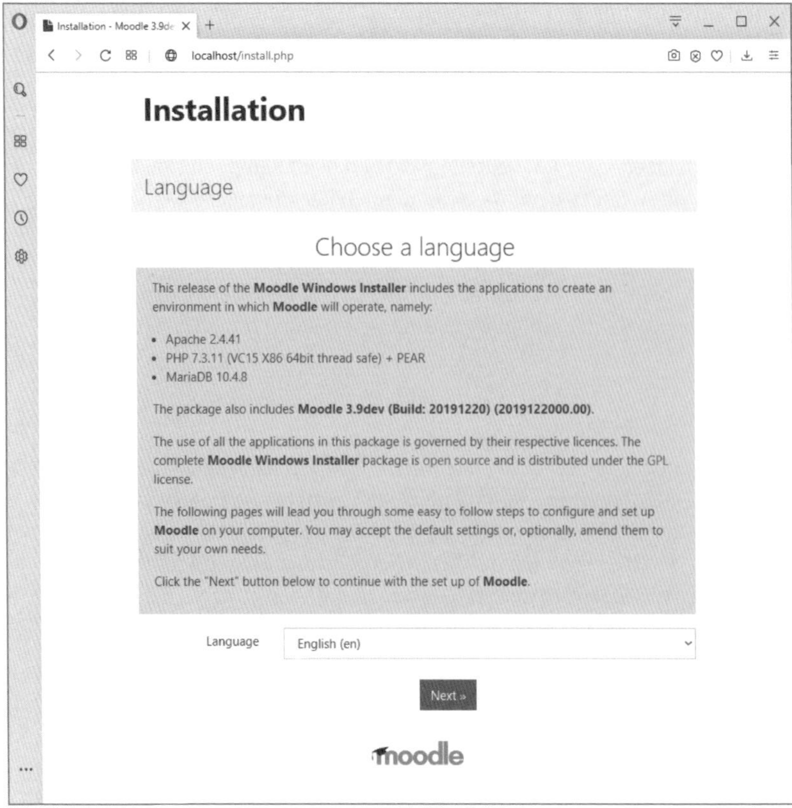

Bild 4.10 Wenn die Einstellungen des Webservers stimmen, sollte mit dem ersten Aufruf von „localhost" dieses Bild erscheinen. Es ist die Startseite des Installationsassistenten von Moodle.

An dieser Stelle soll die Beschreibung der Installation zunächst unterbrochen werden, um noch weitere Alternativen als Serverumgebung vorzustellen. Noch einmal der Hinweis: Die hier gezeigte Version dient ausschließlich der eigenen Entwicklungsarbeit von Kursen etc. und ist nicht für Produktivumgebungen vorgesehen.

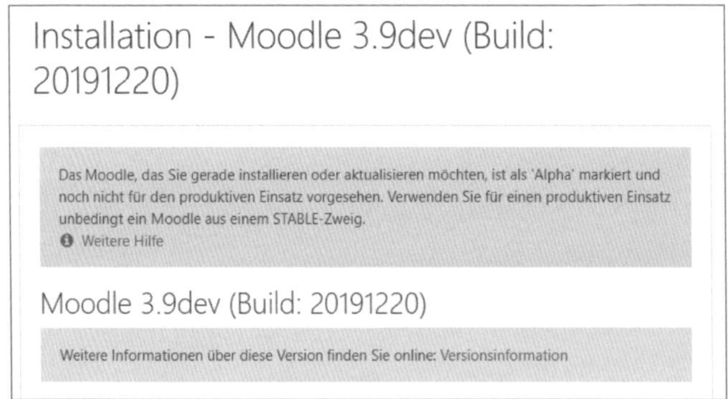

Bild 4.11 Moodle in einer portablen XAMPP-Umgebung bietet die Möglichkeit, bereits sehr frühe Entwicklungsphasen der kommenden Version zu testen. Doch Vorsicht: Alpha- und Beta-Versionen sollten niemals in einer Live-Umgebung unter realen Nutzungsbedingungen eingesetzt werden.

4.2.2 Moodle in einer Linux-Umgebung

Lange Zeit galt Linux als das „ominöse Akademiker-System“, wobei der Begriff „Akademiker“ noch weiter auf Informatiker einzugrenzen war. Das hat sich zum Glück gewandelt. Zwar ist Linux gemessen an den Installationszahlen von Microsoft noch immer sehr klein bei den „Marktanteilen“ aufgestellt, jedoch ist es eine besonders kostengünstige Alternative zum kostenpflichtigen MS-Windows-Betriebssystem. Es kann sich in Komfort und Geschwindigkeit durchaus mit dem kommerziellen Dauerrivalen messen.

Die kommerziellen Betriebssysteme dominieren den Markt nicht zuletzt durch ihre vertraglich gesicherten Kooperationen mit anderen Software-Herstellern und vor allem auch durch die weite Verbreitung von Microsofts eigener Anwender-Software wie zum Beispiel dem MS-Office-Paket.

Andererseits ist durchaus zu erwähnen, dass eine Reihe von sehr guter Software, die heute auch auf Windows-Computern läuft, ihre Wurzeln in der OpenSource-Welt und auf dem Linux-Betriebssystem hat. Beispiele sind u.a. das beliebte Bildbearbeitungsprogramm GIMP und LibreOffice. Berührungsängste mit Linux sind also unbegründet.

Linux auch für öffentlichen Webspace

Bei der Anmietung von öffentlichem Webspace bei großen Providern hat man zumeist die Wahl des Server-Betriebssystems. Weil Moodle in erster Linie auf dem offenen Linux-Betriebssystem entwickelt wurde, ist Linux an dieser Stelle meist die erste Wahl. Dies stellt jedoch keine Wertung dar. Auch kann man heute davon ausgehen, dass das technische Personal bei den Providern durchaus professionell beide Umgebungen administrieren kann. Auf einem öffentlichen Webspace hat man – wie noch an späterer Stelle zu sehen sein wird – kaum direkte Berührung mit dem Betriebssystem. ■

4.2.2.1 Bezug der Moodle-Paket-Dateien

Um die direkte Installation auf einem fertig eingerichteten Server durchzuführen, wird zunächst das komplette Moodle-Paket vom Server des Projekts[6] heruntergeladen. Dieses wird in das Webserver-Verzeichnis kopiert und dort entpackt.

Aktuellste Version im Download-Bereich des Moodle-Projekts

Die jeweils aktuellste Version sowie ein Link auf nützliche Zusätze wie zum Beispiel Sprachpakete und Prüfsummen sind grundsätzlich auf der Webseite des Moodle-Projekts zu finden:

https://download.moodle.org/releases/latest/ ■

---

[6] Moodle wird auch über andere Quellen angeboten, was durchaus erlaubt ist und den GNU-Lizenzbedingungen für quelloffene Software entspricht. Es sei jedoch stets geraten, die Vertrauenswürdigkeit des Anbieters zu prüfen und kritisch zu bewerten.

Wie bereits angedeutet, kann Moodle neben der offiziellen Internet-Plattform der Projektgruppe auch von Quellen verschiedener Dienstleister bezogen werden. Wer keinen Vertrag mit einem Dienstleister hat, sollte grundsätzlich die originalen Quellen nutzen (siehe Kasten). Auf der Download-Seite für die jeweils aktuelle Version findet man nicht nur die Installationsdateien in verschiedenen Ausführungen, sondern auch Links auf andere wichtige Informationen und Zusätze:

- *Recent Changes log:* Moodle wird nie fertig! An Moodle wird also permanent gearbeitet. Wer an der Entwicklung von Moodle intensiver beteiligt ist, braucht deswegen Informationen zu den jeweils umgesetzten Änderungen. Protokolliert wird nicht nur, was getan wurde, sondern auch wer diese Änderungen wann genau ausgeführt hat.
- *Upgrading notes:* Das ist bereits ein Link, der jeden Systemverwalter interessieren muss, der ein bestehendes Moodle-System aktualisiert. Der Text enthält wichtige Informationen und Ratschläge, die vor der Ausführung der Systemaktualisierung zu beachten sind. Besonderes Augenmerk sollte auf den Hinweis zu eventuellen Plugin-Updates gelegt werden. Die Entwicklung von Plugins ist leider nicht immer synchron mit der Entwicklung von Moodle insgesamt.
- *Requirements:* Hier werden die Systemvoraussetzungen für die jeweils aktuelle Moodle-Version beschrieben. Wer als Administrator für die Installation und Aktualisierung der Software verantwortlich ist, erfährt über diesen Link unter anderem, ob Aktualisierungen zum Beispiel in der PHP-Version oder bei der Datenbank nötig werden.
- *Language Packs:* Sprachpakete sind für nahezu alle Sprachen verfügbar, beginnend bei Afrikaans bis hin zu fernasiatischen Sprachen. Doch Achtung: Die Pakete werden meist von automatischen Übersetzungsprogrammen erzeugt. Die Entwicklersprache ist Englisch. So kann es im Einzelfall schon einmal zu „humorvollen Interpretationen" eines Begriffs kommen.
- *[md5] und [sha256]:* Über diese Links werden Hash-Werte (Prüfsummen) zu den jeweils aktuellen Programmversionen aufgerufen. Diese Prüfsummen sind gewissermaßen Fingerabdrücke der Dateien. Wird ein Programmpaket auch nur in einem einzigen Bit verändert, wird der Hashwert vollkommen anders aussehen. Mithilfe dieser Prüfsummen können auch Pakete anderer Quellen verifiziert werden. Der Prüfcode sollte stets gemeinsam mit dem Programmpaket heruntergeladen und gespeichert werden. Er gilt nur für genau diese Version!
- *Download tgz/zip:* tgz und zip sind Kompressionsverfahren, welche beide auf Linux unterstützt werden. Auf Windows-Computern ist tgz nur mithilfe einer zusätzlichen Software zu entpacken.

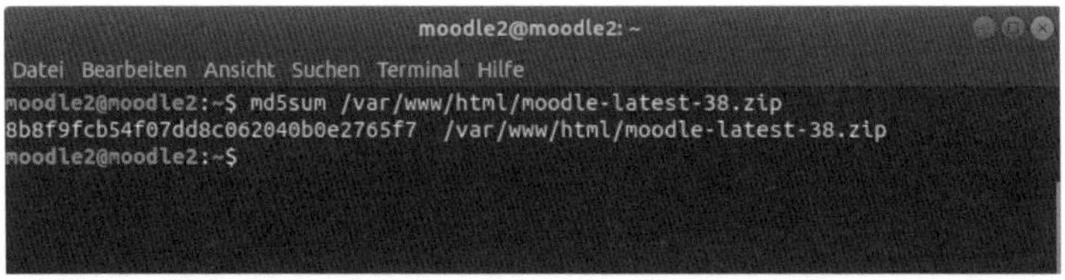

Bild 4.12 Ist die heruntergeladene Datei ein Original und damit vertrauenswürdig? Mit dem Kommando md5sum (Linux) lässt sich das feststellen. Das Ergebnis muss dem Prüfwert auf der Webseite entsprechen.

Hash-Werte verschieden?

Bereits die Veränderung eines einzigen Bits wird dazu führen, dass der errechnete Hash-Wert vollkommen anders aussehen wird. Das muss aber nicht unbedingt bedeuten, dass es sich um eine gehackte Version handelt. Der Hash-Wert ist immer auf genau eine ganz bestimmte Version bezogen. Weichen die Werte also voneinander ab, so sollte zuerst geprüft werden, ob die Version und das letzte Bearbeitungsdatum übereinstimmen.

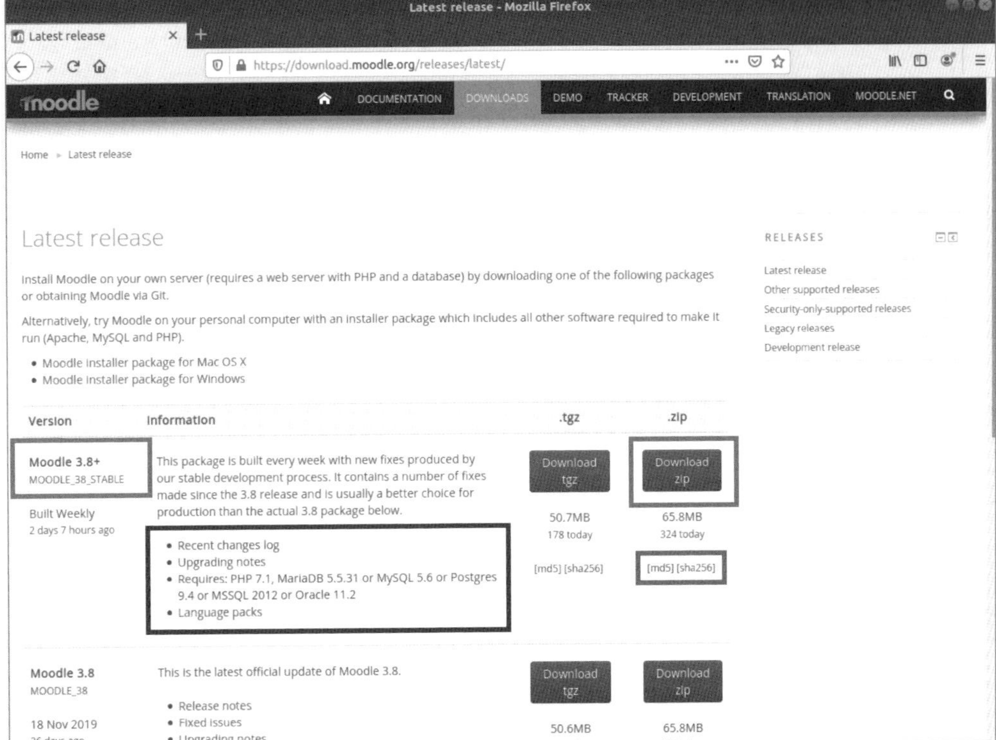

Bild 4.13 In diesem Fall wird die letzte Version als ZIP-Archiv vom Server des Moodle-Projekts geladen. Dieses Archiv hat eine Größe von 65,8 MB.

4.2.2.2 Installation mit git-Versionsverwaltung

„git" ist ein sogenanntes Software-Konfigurations- und Management-Programm (SCM[7]). Dessen Nutzung setzt voraus, dass git auf dem Server-System installiert wurde. Auf einem Linux-System kann man das mit der folgenden Kommandozeile durchführen:

```
sudo apt-get install git [Enter]
```

[7] SCM = Software Configuration and Management

git ist – wie Linux und Moodle auch – Open-Source-Software, kann frei und legal aus dem Internet heruntergeladen und auch verbreitet werden. Außerdem ist git nicht nur für Linux verfügbar, sondern auch für die anderen wichtigen Betriebssysteme MS-Windows und Apple OS X.

Der Vorteil an git ist, dass alle zeitraubenden Vorgänge mit wenigen Kommandozeilen recht einfach ausgeführt werden. Das umfasst:

- Download des aktuellen Programmpakets
- Entpacken der Dateien
- Installation in die richtigen Verzeichnisstrukturen

Ganz besonders wichtig ist aber: git erleichtert das Update! Eine bestehende Installation kann mit einer einfachen Kommandozeile auf den neuesten Stand gebracht werden:

```
sudo git pull [Enter]
```

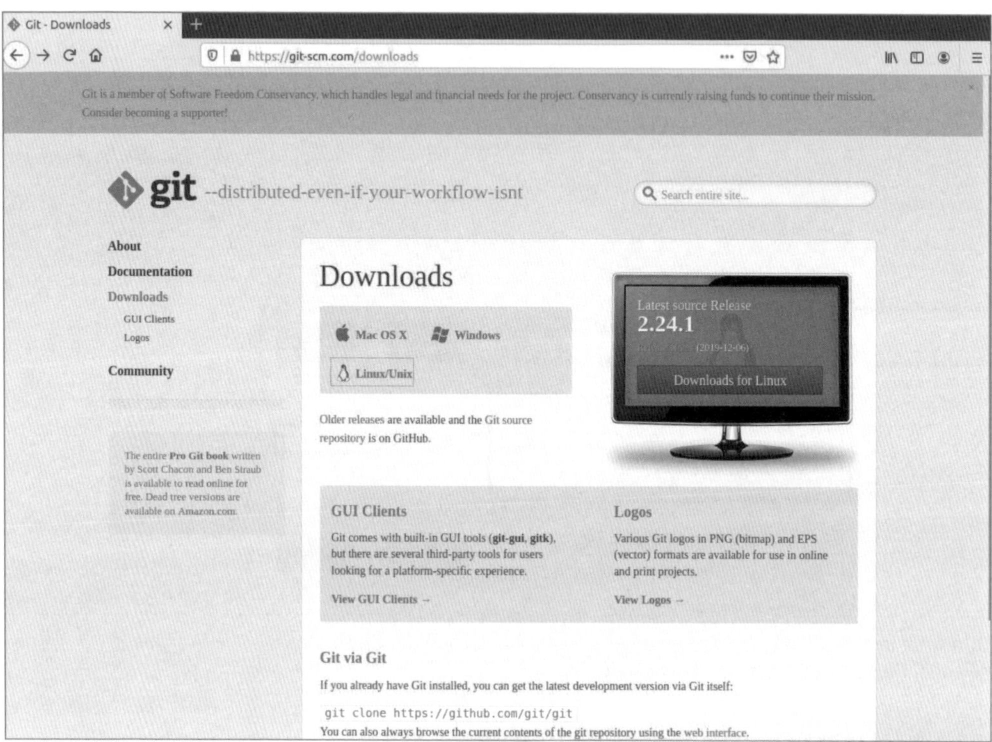

Bild 4.14 Das Software Konfigurations- und Management-System „git“ leistet dem Moodle-Administrator wertvolle Dienste und ist für alle wichtigen Betriebssysteme kostenlos im Internet verfügbar.

Natürlich: Systemverwalterrechte sind Voraussetzung!

Auch beim Einsatz von *git* muss natürlich beachtet werden, dass nicht jeder x-beliebige User in den Verzeichnissen des Webservers frei agieren darf. Die Befehle werden somit stets mit den Rechten des Systemverwalters ausgeführt. Dazu wird das Kommando *sudo* der Befehlszeile vorangestellt.

Nachdem *git* auf dem Rechner installiert wurde und natürlich die erforderlichen Webserver-Voraussetzungen (Installation des Webservers, Anpassung der PHP-Erweiterungen an die Moodle-Anforderungen, Einrichtung eines Moodle-Datenverzeichnisses und einer Datenbank) erfüllt sind, können der Download und die Installation von Moodle beginnen.

Der erste Schritt ist der Wechsel in das Stammverzeichnis des Webservers. In diesem Fall soll es heißen: `/var/www/html/`. Es kann natürlich auf anderen Systemen auch anders heißen. Auf einem MS-Windows-Betriebssystem, das mit XAMPP arbeitet, könnte der Pfad beispielsweise mit C:\xampp\htdocs\ definiert sein. Das Kommando cd (= Change Directory) existiert auf allen Betriebssystemen[8] in der Kommandozeile. Lediglich die Schreibweise der Pfade unterscheidet sich, wie gerade gesehen.

```
cd /var/www/html [Enter]
```

Nun wird mit dem nachfolgenden Befehl das Webserver-Stammverzeichnis als eine Kopie, ein „Clon“ des *git-Servers*, definiert und darin ein neues Verzeichnis mit dem Namen *moodle* angelegt. Da hier auch gleichzeitig die Dateien vom Server geladen werden, kann dieser Vorgang - abhängig von der Qualität der Internet-Anbindung - ein wenig Geduld beanspruchen.

```
sudo git clone git://git.moodle.org/moodle.git [Enter]
```

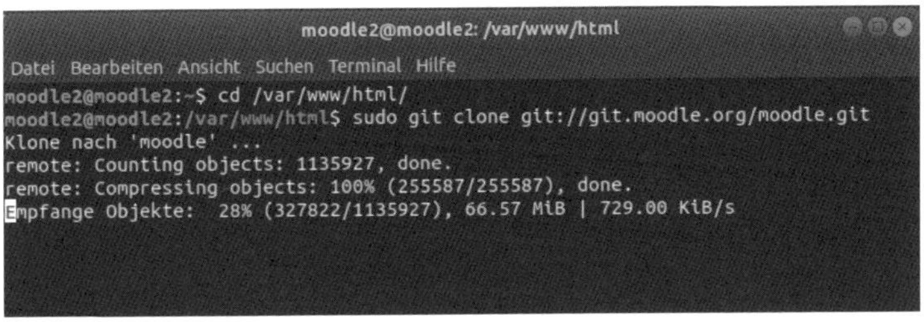

```
moodle2@moodle2: /var/www/html
Datei Bearbeiten Ansicht Suchen Terminal Hilfe
moodle2@moodle2:~$ cd /var/www/html/
moodle2@moodle2:/var/www/html$ sudo git clone git://git.moodle.org/moodle.git
Klone nach 'moodle' ...
remote: Counting objects: 1135927, done.
remote: Compressing objects: 100% (255587/255587), done.
Empfange Objekte:  28% (327822/1135927), 66.57 MiB | 729.00 KiB/s
```

Bild 4.15 Bitte keine spontanen Ergebnisse erwarten! Der Download von weit über 60 MB benötigt seine Zeit. Es handelt sich also nicht um einen Fehler oder einen Systemabsturz!

Wenn die Dateien vollständig heruntergeladen und in das Webserver-Stammverzeichnis kopiert wurden, wird in das Moodle-Verzeichnis gewechselt und darin werden die verfügbaren Varianten des Systems einmal aufgelistet.

```
cd moodle [Enter]
sudo git branch -a [Enter]
```

Das Ergebnis ist eine recht lange Liste aus der die - zum Zeitpunkt der Verfassung dieses Buchs - aktuelle Version Moodle 3.8 ausgewählt werden soll, deren Entwicklung git künftig folgen soll:

```
sudo git branch –track MOODLE_38_STABLE origin/MOODLE_38_STABLE [Enter]
```

Abschließend wird geprüft, ob die Dateien auf dem aktuellsten Stand sind. Die Installation der Moodle-Pakete mit git ist dann abgeschlossen.

---

[8] Auch ein MS-Windows-Computer erlaubt die Arbeit auf der Kommandozeile! Dazu wird das Programm cmd.exe - als Administrator! - ausgeführt.

```
sudo git checkout MOODLE_38_STABLE {Enter]
```

Beim Aufruf der Moodle-Seite im Webbrowser sollte jetzt der Begrüßungsbildschirm des Installationsskripts erscheinen.

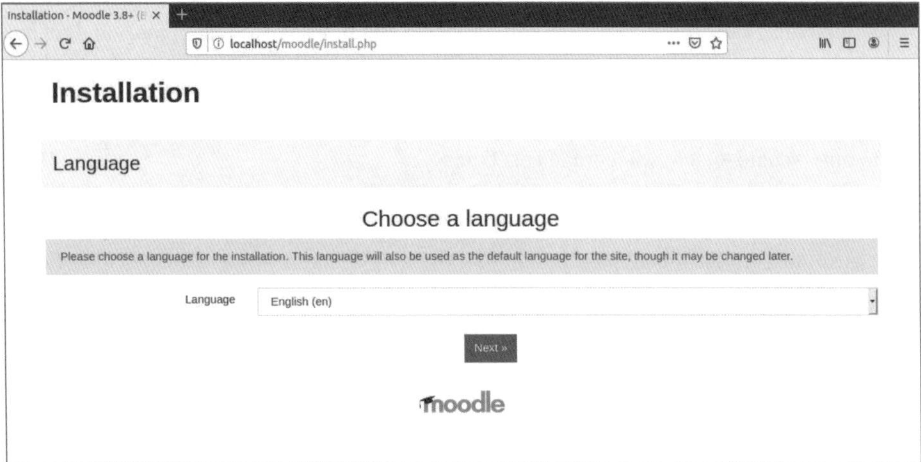

Bild 4.16 Nach dem kurzen Download-Prozess mithilfe von git sollte auch hier die Webseite funktionieren. Als Erstes erscheint die Startseite des Installationsskripts, über das nun Moodle tatsächlich eingerichtet wird.

4.2.2.3 Updates mit git

Eine Eigenschaft des Konfigurations- und Management-Systems *git* ist die Versionsverwaltung. Natürlich funktioniert das nur, wenn in den Moodle-Skripten nicht beliebig der Code geändert wird. Man sollte also konsequent beim git-Verfahren bleiben und keine manuellen Änderungen im Programmpaket vornehmen. Das liegt daran, dass git jede einzelne Datei in Quelle und Ziel vergleicht und so Aktualisierungen erkennen kann. Es werden dann nur diese Dateien heruntergeladen und im System neu installiert.

Es ist dafür lediglich eine - mit Administratorrechten - einzugebende Befehlszeile[9] erforderlich:

```
sudo git pull [Enter]
```

Vor jedem Upgrade: Sicherheitskopie!

Bevor der Befehl ausgeführt wird, sollte auch in diesem Fall eine Sicherheitskopie des Systems erstellt werden. Im idealen Fall werden das Moodle-Datenverzeichnis, aber eben auch das vollständige Moodle-Verzeichnis zeitgesteuert automatisch auf einem separaten physischen Datenträger gespeichert. Im Fall eines Fehlers beim Update lässt sich so das alte lauffähige System wiederherstellen. ■

[9] Das Beispiel hier zeigt ein Linux-System. git ist allerdings auch für MS-Windows sowie für Apple OS X verfügbar.

```
moodle2@moodle2: /var/www/html/moodle
Datei Bearbeiten Ansicht Suchen Terminal Hilfe
moodle2@moodle2:/var/www/html/moodle$ sudo git pull
[sudo] Passwort für moodle2:
remote: Counting objects: 1740, done.
remote: Compressing objects: 100% (213/213), done.
remote: Total 1034 (delta 809), reused 1023 (delta 798)
Empfange Objekte: 100% (1034/1034), 171.14 KiB | 394.00 KiB/s, Fertig.
Löse Unterschiede auf: 100% (809/809), abgeschlossen mit 212 lokalen Objekten.
Von git://git.moodle.org/moodle
   4d5849b0e46..77be1e3fe31  MOODLE_38_STABLE -> origin/MOODLE_38_STABLE
   fedba1fcc41..2288e606152  MOODLE_35_STABLE -> origin/MOODLE_35_STABLE
   d20bd99b07d..e05d1c34cd9  MOODLE_36_STABLE -> origin/MOODLE_36_STABLE
   b2c0237ae8b..86a19e4910c  MOODLE_37_STABLE -> origin/MOODLE_37_STABLE
   c55402486bf..77d1c415025  master           -> origin/master
 * [neues Tag]               v3.5.10          -> v3.5.10
 * [neues Tag]               v3.6.8           -> v3.6.8
 * [neues Tag]               v3.7.4           -> v3.7.4
 * [neues Tag]               v3.8.1           -> v3.8.1
Aktualisiere 4d5849b0e46..77be1e3fe31
Fast-forward
 admin/roles/classes/define_role_table_advanced.php                   | 12 +++---
 admin/tool/dataprivacy/classes/task/process_data_request_task.php  |  2 +-
 admin/tool/dataprivacy/tests/api_test.php                            |  5 +++
 calendar/lib.php                                                     |  5 ++-
 calendar/tests/lib_test.php                                          | 18 +++++++++
 competency/tests/privacy_test.php                                    |  4 +-
 enrol/meta/lib.php                                                   |  6 ++-
 install/lang/km/admin.php                                            |  1 +
 lib/classes/task/manager.php                                         |  2 +
 lib/cronlib.php                                                      | 60 ++++++++++++++++++++-------------
 lib/editor/tests/fixtures/editor_form.php                            |  2 +-
 lib/filestorage/file_system.php                                      |  5 +++
 lib/form/duration.php                                                |  2 +-
 lib/form/filetypes.php                                               |  2 +
```

Bild 4.17 Eine einzige Befehlszeile löst viel Aktivität aus: Aktualisierte Dateien werden vom Quellserver geladen und ersetzen die veralteten Versionen auf dem lokalen Verzeichnis.

```
moodle2@moodle2: /var/www/html/moodle
Datei Bearbeiten Ansicht Suchen Terminal Hilfe
 repository/dropbox/classes/dropbox.php                               |   2 +-
 theme/boost/amd/build/loader.min.js                                  | Bin 1463 -> 1463 bytes
 theme/boost/amd/build/loader.min.js.map                              | Bin 6246 -> 6368 bytes
 theme/boost/amd/src/loader.js                                        |   3 +-
 theme/boost/templates/navbar-secure.mustache                         |   2 +-
 theme/boost/templates/navbar.mustache                                |   8 ++--
 theme/classic/templates/navbar-secure.mustache                       |   4 +-
 theme/classic/templates/navbar.mustache                              |   8 ++--
 version.php                                                          |   4 +-
 61 files changed, 259 insertions(+), 120 deletions(-)
 create mode 100644 lib/tests/fixtures/repeated_events.ics
moodle2@moodle2:/var/www/html/moodle$
```

Bild 4.18 Es wurden Dateien ersetzt, ergänzt und gelöscht. Das Update ist abgeschlossen.

4.3 Installation von Moodle

Der Server steht und läuft. Die Systemvoraussetzungen sind erfüllt und das *Moodle-Installationspaket* ist heruntergeladen, entpackt und auf den Webspace kopiert worden. Nun kann also endlich die Installation des Moodle-Systems beginnen. Ganz gleich, wie die Serverumgebung gestaltet und wie die Moodle-Dateien auf das Moodle-Stammverzeichnis kopiert wurden, sollte nach dem Aufruf die Startseite des Installationsskripts erscheinen (vgl.

Bild 4.19). Die Installation und Konfiguration des Moodle-Systems beginnt mit der Auswahl der Systemsprache.[10]

Dieser Entscheidung folgt ein sehr wichtiger Dialog: Es wird die Adresse der Webseite eingetragen. Im Beispiel lautet diese `http://localhost/moodle`. In der Praxis wird eine gültige Internet-Adresse in dieser Zeile stehen und diese – das ist sehr zu empfehlen, um den Regeln der DSGVO im Sinne des Schutzes der IT-Infrastruktur nach dem aktuellsten technischen Stand zu entsprechen – nicht mit dem unsicheren Protokolls *http*, sondern mit dem verschlüsselten und damit gesicherten Protokoll *https*[11] eingeleitet. Eine IP-Adresse sollte auch dann verwendet werden, wenn das System nicht nur zum reinen Test auf einem Einzel-Computer verwendet wird, sondern in einem lokalen Netzwerk zum Einsatz kommen soll. Hier wird eine feste (statische) IP-Adresse benötigt, die auch in der Webserver-Konfiguration einzutragen ist. In einem öffentlich zugänglichen Moodle-System sollte der URL als weltweit erreichbare Adresse verwendet werden.

Das Moodle-Datenverzeichnis muss mit dem vollständigen Pfad eingetragen werden. Findet das Installationsskript dieses nicht automatisch, so lassen sich die erforderlichen Daten bei einem öffentlichen Webspace in der Regel aus den Eigenschaften des Ordners ermitteln oder beim Anbieter erfragen. Auf einem lokalen Betriebssystem mit eigener Systemverwalter-Hoheit genügt im Zweifelsfall ein Blick in den Dateimanager.

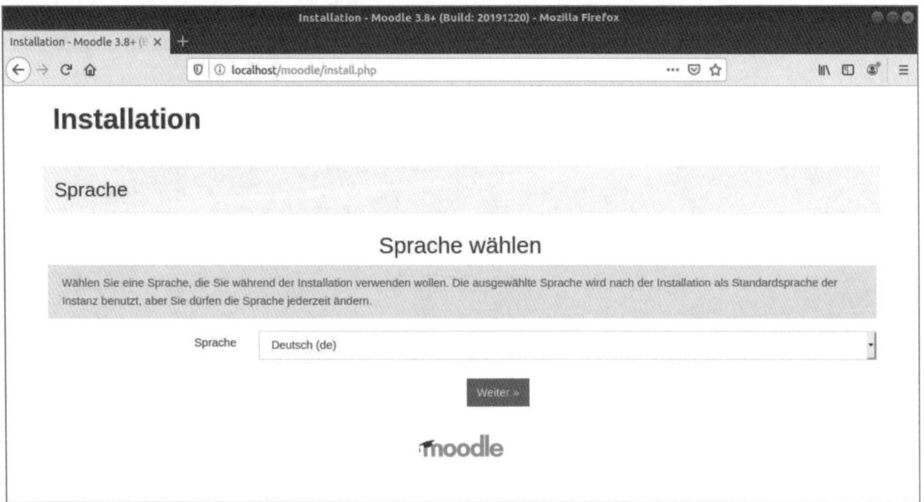

Bild 4.19 Die Einrichtung des Moodle-Systems beginnt mit der Wahl der Administrationssprache.

[10] Die meisten aktiven Moodle-Installationen werden in englischer Sprache verwaltet. Im Beispiel liegt jedoch eine Version mit deutschem Sprachpaket vor, das an dieser Stelle verwendet werden soll.

[11] http***s*** steht für Hyper Text Transfer Protocol ***Secure***. Der Webserver muss dieses Protokoll unterstützen – was in der Regel der Fall ist – und entsprechend konfiguriert werden. Das erforderliche Zertifikat kann über den Internet-Provider erworben werden.

Außerdem sollte das Verzeichnis nicht direkt aus dem Internet erreichbar sein.

Das Intallationsskript wird versuchen, ein solches Verzeichnis zu erstellen, falls es nicht existiert.

Webadresse	http://localhost/moodle
Moodle-Verzeichnis	/var/www/html/moodle
Datenverzeichnis	/var/www/moodledata

« Zurück   Weiter »

moodle

Bild 4.20 Die Webadresse und die beiden relevanten Speicherorte für das Moodle-System – das Moodle-Stammverzeichnis auf dem Webserver und das Moodle-Datenverzeichnis – werden meist vom Installationsskript automatisch erkannt. Klappt das nicht, können die Pfade direkt eingetragen werden.

Webadresse „localhost"

Bei einer lokalen (Test)-Installation wird häufig automatisch die Adresse http://localhost/... voreingestellt. Soll diese Moodle-Installation jedoch bereits innerhalb des lokalen Netzwerks (LAN) zugänglich sein, muss hier die IP-Adresse des Servers innerhalb des LAN eingetragen werden. Bei Installationen im Internet muss dies der URL sein, den auch die Benutzerinnen und Benutzer für den Aufruf von Moodle benutzen. Wird dies nicht berücksichtigt, so ändert sich automatisch die Adresse im Browser auf „localhost" und es kommt zu einer Fehlermeldung, dass die Seite nicht erreichbar ist (Fehlercode: 404).

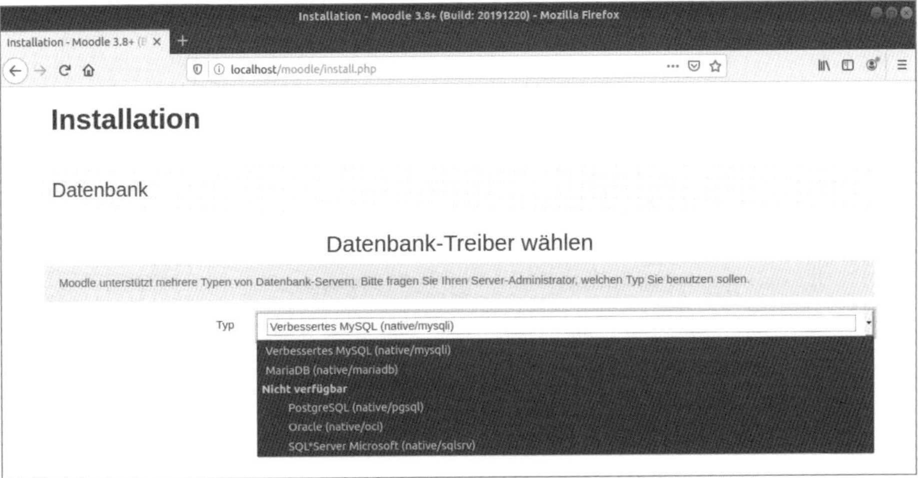

Bild 4.21 Die gewünschte Datenbank kann gewählt werden. Es ist durchaus denkbar, dass ein Webserver mehrere Angebote unterbreitet. Im Beispiel wurde MariaDB gewählt.

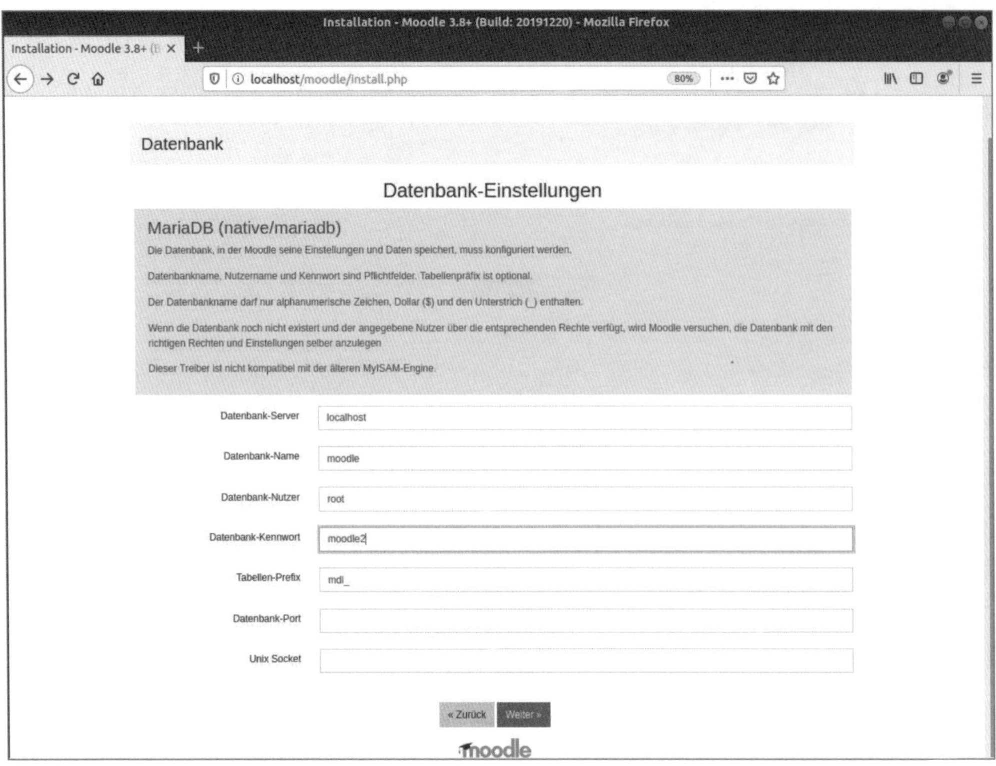

Bild 4.22 Die Zugangsdaten für den Zugriff auf die Datenbank wurden entweder mit Systemverwalterrechten in einem Verwaltungsprogramm wie phpMyAdmin oder über einen Dialog eines öffentlichen Webspace-Anbieters festgelegt. Diese müssen nun in die Moodle-Konfiguration eingetragen werden.

Mit der Einrichtung der Datenbank wurden folgende Mindestkonfigurationen vorgenommen:

- Einrichtung eines Systembenutzers[12] für das Moodle-System innerhalb des Datenbank-Management-Systems mit (auf das Notwendigste) eingeschränktem Rechtevolumen. Damit verbunden: dessen Zugangsdaten.
- Festlegung der Zeichensatzgrundeinstellung und Auswahl der Speicher-Engine.
- Adresse des Datenbank-Servers.
- Name der Datenbank (falls diese bereits angelegt wurde).

Diese Daten werden nun in das vom Installationsskript bereitgestellte Formular eingetragen.

[12] Hier werden Zugangsdaten für den Zugriff auf die Datenbank definiert. Dieser User muss nicht zwingend einem Benutzer innerhalb des Betriebssystems entsprechen.

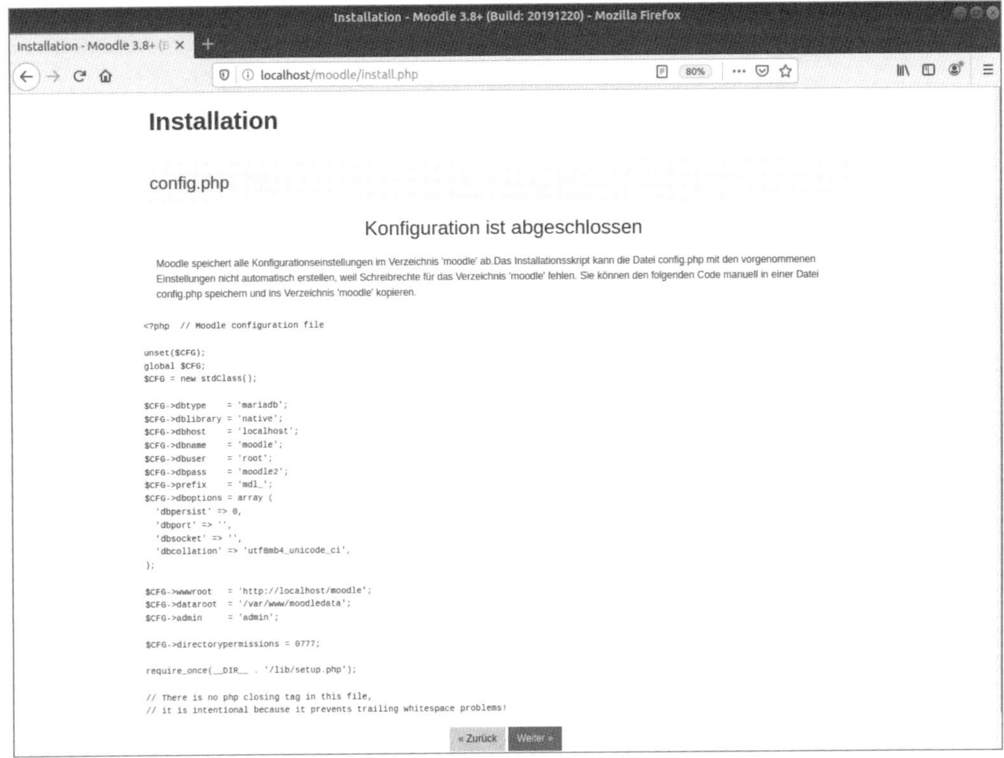

Bild 4.23 Die Datei config.php muss unter Umständen manuell erstellt und in das Moodle-Stammverzeichnis kopiert werden.

Damit ist die Grundkonfiguration abgeschlossen. Wenn das Moodle-Installationsskript jedoch die Konfigurationsdatei nicht in das Moodle-Stammverzeichnis schreiben kann, muss dies durch einen manuellen Eingriff vorgenommen werden, wie es Bild 4.23 bis Bild 4.25 zeigen.

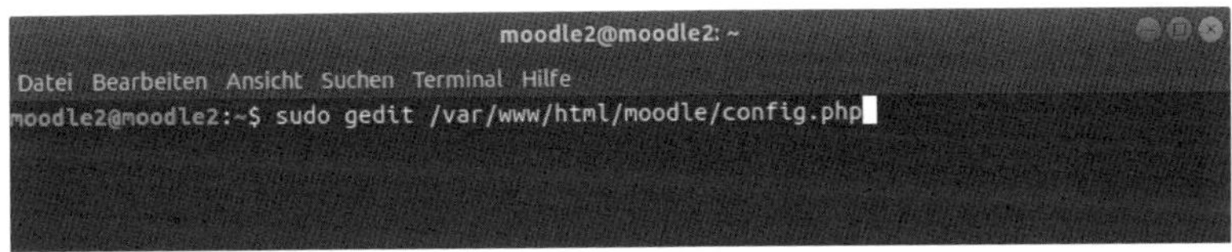

Bild 4.24 Um die Datei config.php zu erstellen, wird ein Text-Editor benötigt. Es müssen darüber hinaus Schreibrechte auf das Moodle-Stammverzeichnis vorhanden sein.

Der Inhalt der Moodle-Meldung kann einfach in ein leeres Dokument, das mit einem Text-Editor neu erzeugt wird, hineinkopiert werden. Es wird dann – mit Schreibrechten für das Moodle-Stammverzeichnis – als Datei mit dem Namen *config.php* gespeichert. Sobald sich die Datei im Moodle-Stammverzeichnis befindet, kann das Installationsskript mit der Anerkennung der Lizenzbedingungen fortgesetzt werden.

```
Öffnen ▾                    *config.php                    Speichern
                         /var/www/html/moodle
<?php  // Moodle configuration file

unset($CFG);
global $CFG;
$CFG = new stdClass();

$CFG->dbtype    = 'mariadb';
$CFG->dblibrary = 'native';
$CFG->dbhost    = 'localhost';
$CFG->dbname    = 'moodle';
$CFG->dbuser    = 'root';
$CFG->dbpass    = 'moodle2';
$CFG->prefix    = 'mdl_';
$CFG->dboptions = array (
  'dbpersist' => 0,
  'dbport' => '',
  'dbsocket' => '',
  'dbcollation' => 'utf8mb4_unicode_ci',
);

$CFG->wwwroot   = 'http://localhost/moodle';
$CFG->dataroot  = '/var/www/moodledata';
$CFG->admin     = 'admin';

$CFG->directorypermissions = 0777;

require_once(__DIR__ . '/lib/setup.php');

// There is no php closing tag in this file,
// it is intentional because it prevents trailing whitespace problems!

?>
                 PHP ▾  Tabulatorbreite: 8 ▾    Z. 32, Sp. 2  ▾  EINF
```

Bild 4.25 Der Inhalt für die Datei config.php wird am einfachsten aus der Meldungsseite des Moodle-Installationsskripts in die PHP-Seite hineinkopiert. Die Daten werden direkt übernommen und entsprechen den zuvor getätigten Eingaben.

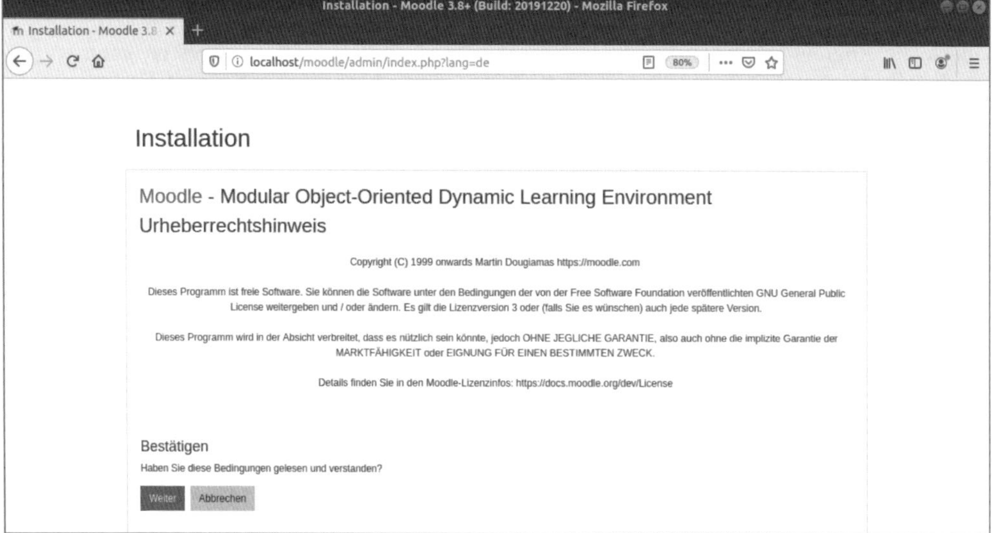

Bild 4.26 Auch kostenlose OpenSource-Software wie Moodle unterliegt Lizenzbedingungen, die zu bestätigen und zu akzeptieren sind.

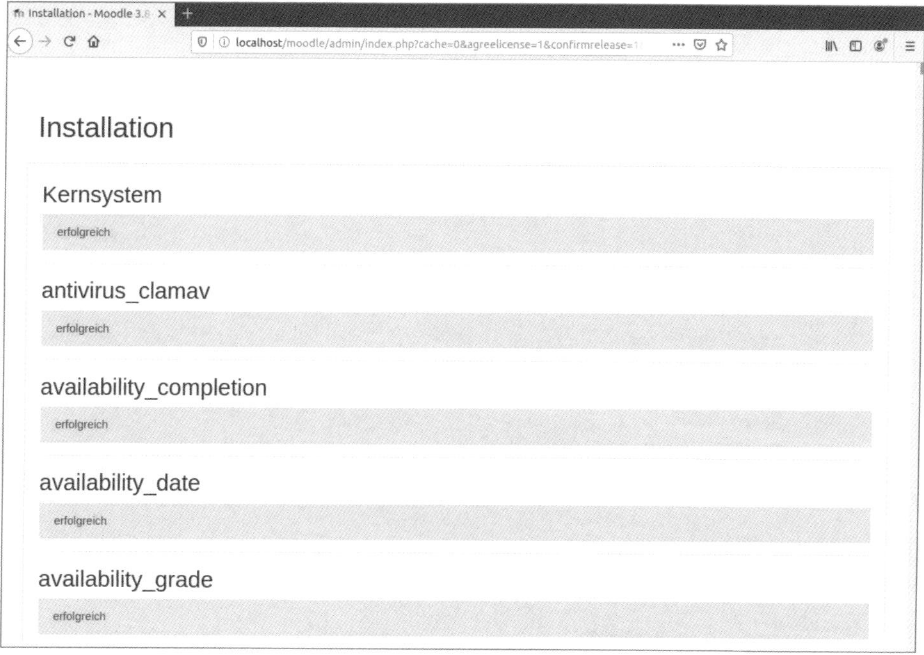

Bild 4.27 Eine wichtige Checkliste! Gibt es hier Fehlermeldungen, sollte die Einhaltung der Systemvoraussetzungen überprüft werden. Insbesondere gilt dies für die Verfügbarkeit der PHP-Erweiterungen.

Es folgt nun ein sehr wichtiger Abschnitt, bei dem im besten Fall nichts weiter zu tun ist, als Zeile für Zeile zu überprüfen. Gibt es an einer Stelle eine Fehlermeldung kann dies bedeuten, dass einzelne Moodle-Inhalte nicht funktionieren oder sogar die Darstellung des Systems im Webbrowser nicht über ein reines unformatiertes „HTML“ hinausreicht. Ist einer der Installationsschritte nicht erfolgreich, müssen unter Umständen die PHP-Erweiterungen und deren Versionen überprüft werden. Oft genügt es, in der Datei *php.ini* ein einfaches Semikolon zu entfernen.

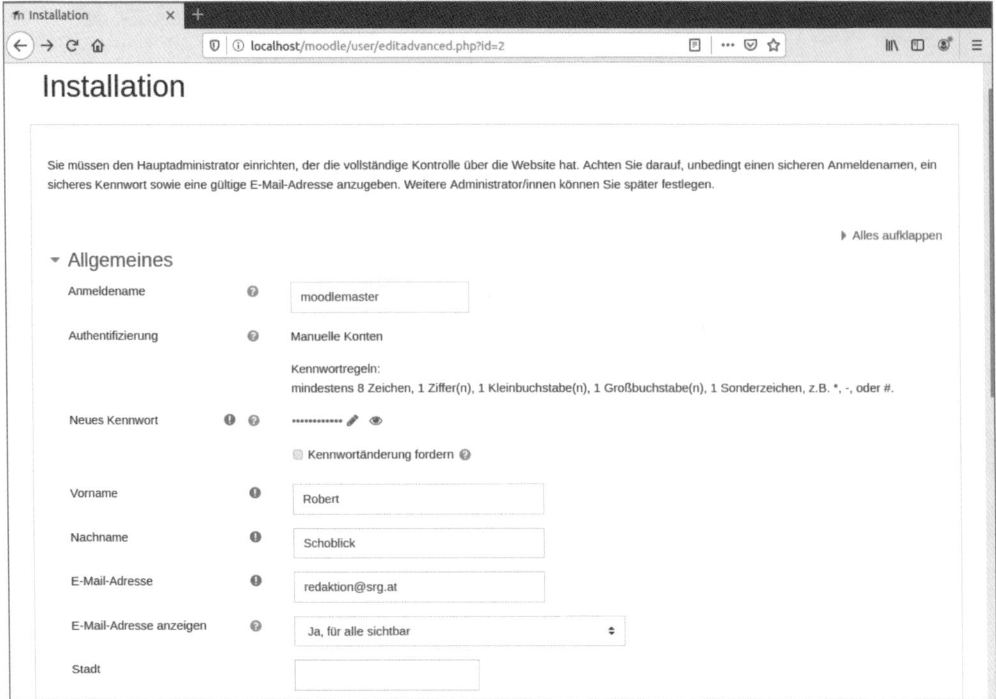

Bild 4.28 Abschließend noch ein wichtiger Schritt: Die Einrichtung des Hauptadministrators. Die Zugangsdaten sollten unbedingt notiert werden!

Den letzten Installationsschritt stellt nun die Einrichtung des Moodle-Systemverwalters dar. Dieser ist einzig für die Verwaltung des Moodle-Systems, die Kurse, die Benutzerberechtigungen, Aktivierung von Plugins usw. zuständig. Der Moodle-Systemverwalter muss nicht zwangsweise auch Verwalter des Betriebssystems sein und ist dies in den meisten Fällen auch nicht. Das kann zu einem administrativen Problem werden, was nur durch eine gute Kommunikation gelöst werden kann.

Die Zugangsdaten sollten notiert und sicher verwahrt werden. Wird die Aufgabe auf eine andere Person delegiert, so sollte mit dem ersten Login dieses Moodle-Administrators aus Sicherheitsgründen die Wahl eines neuen Passworts erzwungen werden. Ebenso kann an dieser Stelle festgelegt werden, wie sich Lernende (Students) und Lehrende (Teacher) im System registrieren können. Dies kann sowohl durch den Administrator als auch persönlich mit Eingabe einer E-Mail-Adresse erfolgen. Letzteres hat den Vorteil, dem Moodle-Administrator Arbeit – in größeren Systemen in durchaus erheblichem Umfang – zu ersparen. Die erste Variante macht es Angreifern schwerer, das System zu überfluten.

Für die Registrierung im System und den Zugang zu Moodle werden durch Aktivierung von Plugins zu einem späteren Zeitpunkt noch weitere Optionen zur Verfügung stehen. Im Einzelfall müssen dafür jedoch die entsprechenden Umgebungsvoraussetzungen (SSO-Server etc.) mit der IT-Abteilung geklärt werden.

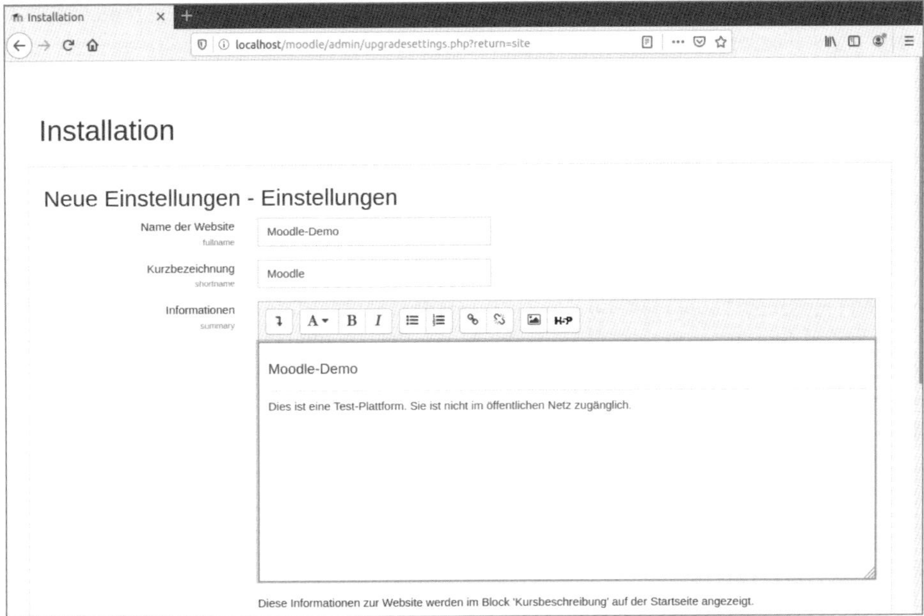

Bild 4.29 Für den Besucher der Moodle-Startseite sollte es eine kurze Beschreibung des Lehrangebots dieser Plattform und des Instituts geben. Unter Umständen kann auch eine kurze Information für die Anmeldung am System bereits hier deponiert werden.

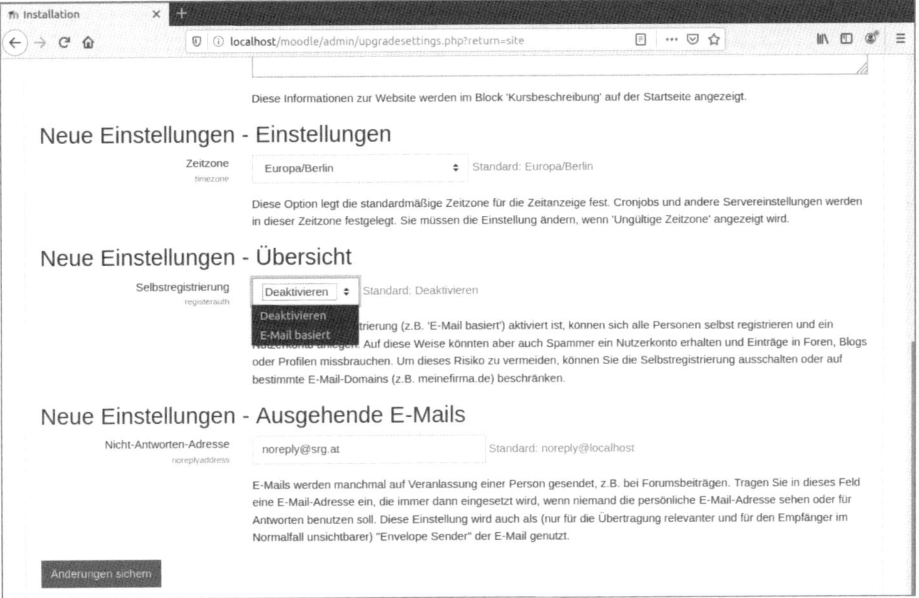

Bild 4.30 Soll eine Selbstanmeldung möglich sein oder dies nur der Systemverwaltung vorbehalten bleiben?

Sind all diese Schritte durchlaufen, dann ist die Installation einer absolut leeren Lernplattform abgeschlossen. „Absolut leer“ bedeutet:

- Es gibt noch keine Lehrenden im System.
- Es gibt noch keine Lernenden im System.
- Es gibt noch keine Kurse.
- Es gibt noch keine Lerninhalte, Aufgaben, Prüfungen usw.

Die eigentliche Arbeit mit Moodle beginnt also erst jetzt und bedarf noch einiger administrativer Vorbereitung innerhalb des nun bestehenden Systems. Möglicherweise möchte eine Schule, eine Hochschule oder ein Unternehmen die Lernplattform auch optisch etwas individueller gestalten? Dann sind die verschiedenen Designoptionen interessant. Funktionell kann Moodle über den bereits mit der Grundinstallation recht beachtlichen Umfang durch die Installation von Plugins noch sinnvoll erweitert werden. Doch hier gilt es aufzupassen, denn die Entwickler der Plugins müssen nicht unbedingt dem Moodle-Projekt angehören und es ist nicht garantiert, dass ein möglicherweise sehr nützliches und beliebtes Plugin in einer neuen Version noch funktionieren kann.

Die gute Nachricht: In den weiteren Kapiteln wird die Ebene der Betriebssysteme und der Serverumgebung weitgehend verlassen.

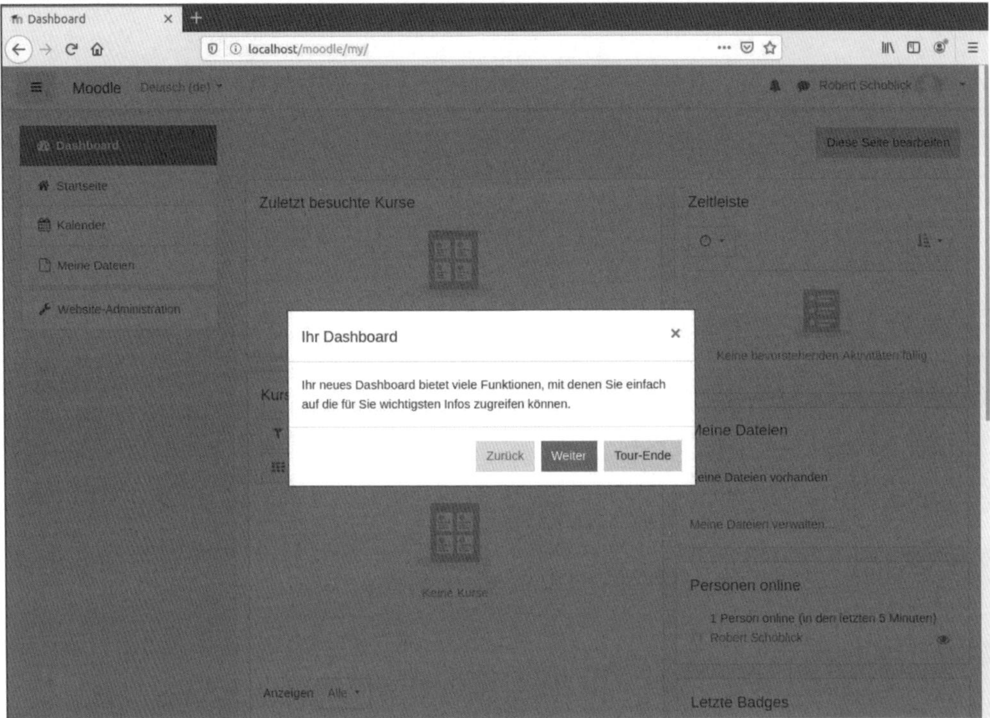

Bild 4.31 Die Installation ist geschafft! Die Moodle-Oberfläche ist natürlich noch leer.

4.4 Plugins für Moodle

Das Lernmanagementsystem Moodle bietet bereits mit seiner Grundinstallation sehr vielseitige Möglichkeiten, um Kurse zu gestalten und um Lernzielkontrollen durchzuführen. Darüber hinaus gibt es jedoch eine Vielzahl nützlicher Erweiterungen für Moodle. Hier kann es sich beispielsweise um moderne Erscheinungsbilder - sogenannte *Themes* - handeln. Es gibt administrative Plugins wie Terminplaner oder automatische Wartelisten für überbuchte Kurse. Zudem ist das Thema Plagiatserkennung immer wichtiger in der Beurteilung von Aufgaben geworden. Auch hier gibt es mittlerweile Plugins, die eine Unterstützung anbieten.

Sehr interessant für die motivierende Gestaltung von Kursen ist die Möglichkeit, Feedbacks einzufordern. Auch Lernspiele haben einen meist sehr einfachen, aber für kurze Übungsphasen nutzbringenden Charakter. Sogar sehr komplexe Prüfungen sind mit Moodle möglich. All dies ist natürlich nur dann wirklich sinnvoll, wenn die erbrachten Leistungen der Lernenden auch tatsächlich übersichtlich für die jeweils zuständigen Lehrenden zusammengefasst werden können.

Weitere Plugins gibt es für die Kommunikation und die Zusammenarbeit innerhalb der Moodle-Plattform sowie für die inhaltliche Gestaltung. Natürlich ist die Zahl der verfügbaren Plugins sehr groß, sodass in den Kapiteln dieses Werks nur eine kleine Auswahl vorgestellt werden kann. An dieser Stelle soll vor allem die Suche nach dem richtigen Plugin und dessen Installation im Vordergrund stehen.

4.4.1 Das richtige Moodle-Plugin

Wie sucht man das richtige Plugin? Wird es tatsächlich benötigt oder erscheint es lediglich als „nice to have“? Die Frage sollte im Kollegenkreis gewissenhaft diskutiert werden, denn ein Moodle-Plugin ist möglicherweise mit zusätzlichem administrativem Aufwand verbunden und es kann - wenn es nicht zum Moodle-Standard gehört - nicht garantiert werden, dass es auch für künftige Moodle-Versionen weiterentwickelt wird! Das bedeutet wiederum, dass eine Fixierung auf ein bestimmtes Plugin möglicherweise sicherheitsrelevante Updates und Upgrades von Moodle verhindert.

Die Praxis zeigt bedauerlicherweise oft, dass Plugins im System eingerichtet, jedoch selten tatsächlich genutzt werden. Um die richtige Erweiterung für das Moodle-System zu finden, sei hier eine (selbstverständlich unverbindliche) Empfehlung gegeben.

Zuerst das Standardpaket prüfen

Werden tatsächlich Erweiterungen benötigt, weil der Leistungsumfang des Standardpakets nicht ausreicht? Gibt es (gute und zuverlässig weiterentwickelte) Erweiterungen, die den Funktionen des Standardpakets überlegen sind? Ein Plugin sollte nur dann installiert werden, wenn dessen Bestand als nachhaltig gesichert angenommen werden kann. Ein späterer Verzicht auf ein Plugin führt häufig zu Verstimmungen im Kreis der Lehrenden.

4.4.1.1 Bedarfskonferenz

Was brauchen die Lehrenden? Was unterstützt deren Unterricht oder Training wirklich? In einer Bedarfskonferenz sollte die Möglichkeit gegeben werden, ganz offen Wünsche zu formulieren. Dabei ist es noch nicht wirklich erforderlich, verbindliche Zusagen zu machen. Es ist eher ein sinnvolles „Brainstorming“, welches es dem Systemverwalter erleichtert, passende Lösungen zu recherchieren. Konferenzen dieser Art steigern zudem die Akzeptanz der Lernumgebung.

Als Quintessenz einer solchen Konferenz kann eine „Wunschliste“ entstehen, anhand der zunächst verschiedene Erweiterungen ausgewählt, auf einem Testsystem installiert und in einem engen Kreis von Probanden getestet werden. Erst wenn sich eine Erweiterung tatsächlich bewährt hat, wird sie in das Produktivsystem aufgenommen.

Empfehlung: ein Testsystem als Experimentierplattform

Um der Kritik vorzugreifen: Ja, es sind zwei Installationen erforderlich! Ja, es braucht zwei unabhängige Bereiche auf dem Webserver und zwei eigene Datenbanken! Und ja, es ist zusätzlicher administrativer Aufwand erforderlich! Es können allerdings risikofrei nahezu alle erdenklichen Szenarien durchgespielt und ausprobiert werden. Dazu sollten die Lehrenden, die später mit den Erweiterungen arbeiten werden, eingeladen und deren Meinung berücksichtigt werden. Ein Tipp: Ein Server, der in einer „virtuellen Maschine[13]“ wie zum Beispiel VirtualBox oder VMware läuft, lässt sich leicht auf einen definierten Anfangszustand zurücksetzen, wenn mit Kopien einer solchen virtuellen Maschine gearbeitet wird.

4.4.1.2 Recherchegrundlagen

Bei der Suche nach einem geeigneten Plugin für das Moodle-System reicht es nicht aus, nur der Wunschliste der Lehrenden zu folgen. Aus technischer Betrachtungsweise ist es zunächst viel wichtiger, dass ein Plugin mit dem Moodle-System kompatibel ist und dass es auch auf dem Server reibungslos funktionieren kann. So kann es also vorkommen, dass ein Webserver durchaus die aktuellen Systemvoraussetzungen für Moodle erfüllt, jedoch das Plugin möglicherweise noch weitere PHP-Erweiterungen oder aktuellere Versionen von PHP und der Datenbank erfordert. In aller Regel können ältere Erweiterungen, die für Moodle-Versionen bis Moodle 1.9 entwickelt wurden, heute nicht mehr eingesetzt werden. Dies liegt unter anderem an dem Entwicklungssprung bei der PHP-Plattform. Auch Erweiterungen für Moodle 2.x sollten zuerst in einer Experimentalumgebung getestet werden, bevor sie in das Live-System implementiert werden.

[13] Eine virtuelle Maschine ist ein Computersystem, dessen Hardware lediglich simuliert wird. Es handelt sich also um eine Software, in der ein vollständiges Betriebssystem installiert wird, in dem auch vollwertige Programme laufen können. Virtualisierung ist tatsächlich eine Technik, die sogar für größere Systeme zum Einsatz kommt. Wichtig ist allerdings, unbedingt eine gut bemessene (physische) Hardwareplattform zu verwenden, die ausreichende Ressourcen für das Host- und das Gastsystem bietet. Eine virtuelle Maschine kann sehr einfach kopiert (geklont) werden und lässt sich im Fall einer Zerstörung schnell und unkompliziert wiederherstellen.

Beginnen sollte die Recherche auf der offiziellen Seite des Moodle-Projekts. Hier wird ein *Moodle Plugin Directory*[14] angeboten, das mehr als 1600 Erweiterungen enthält. Interessant dürften aber auch Erweiterungen sein, mit denen andere multimediale Lernsysteme in die Moodle-Plattform integriert werden können. Immer wichtiger werden zum Beispiel *virtuelle Klassenzimmer*. Dabei handelt es sich um meist als eigenständige Plattformen konzipierte Kommunikationslösungen, die neben einem Textchat und einem Interactive Whiteboard auch die Möglichkeit der Audio- und Video-Konferenz bieten und es gestatten, Präsentationen vorzuführen. Diese virtuellen Klassenräume bzw. Konferenzlösungen laufen zumeist nicht auf einem eigenen Server! Oft sind sie auch kostenpflichtig. Allerdings können die Sitzungen mithilfe von Moodle direkt organisiert und der Zugang zur Sitzung direkt aus der Moodle-Session heraus initiiert werden. Neben den Kursinhalten des virtuellen Klassenzimmers können zusätzlich die Materialien aus der Moodle-Plattform verwendet werden.

Mögliche Kostenpflicht beachten!

Virtuelle Klassenräume gibt es auch zum „Nulltarif", jedoch meist nur in sehr stark eingeschränkter Form mit einer geringen Zahl von Teilnehmerinnen und Teilnehmern. Sie sind darüber hinaus zumeist in der Nutzungsdauer stark limitiert. Wird jedoch viel auf örtliche Unabhängigkeit in der Schulung Wert gelegt – insbesondere bei der internen Weiterbildung von Mitarbeitern ist dies interessant –, sind die Preise von wenigen Euro im Monat gegenüber Aufwendungen für Arbeitsausfälle und Dienstreisen marginal. ■

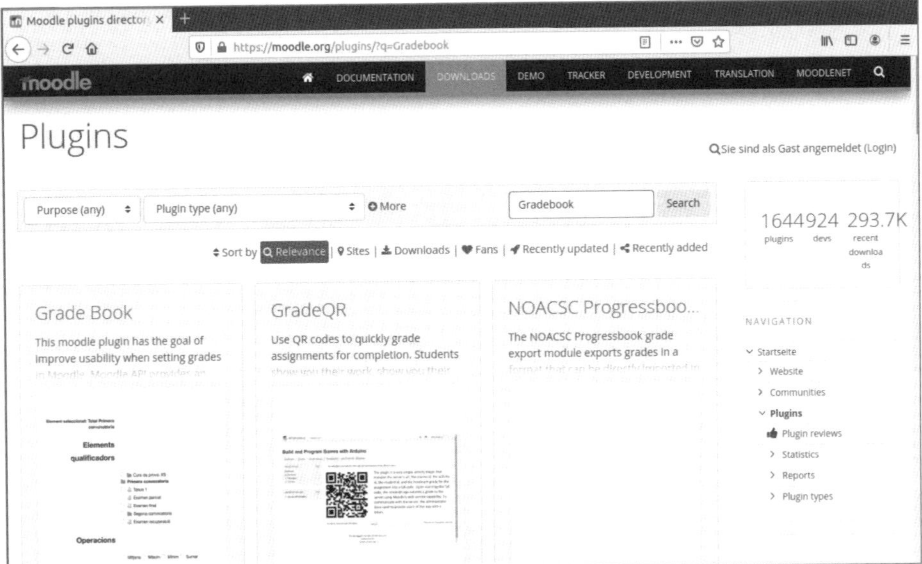

Bild 4.32 Über die offizielle Seite des Moodle-Projekts sind mehr als 1600 Erweiterungen verschiedener Kategorien zu finden. Darüber hinaus bieten freie Entwickler teilweise sehr interessante Plugins an.

[14] Das Moodle Plugin Directory *https://moodle.org/plugins/* bietet verschiedene Moodle-Erweiterungen zum Download an.

Plugins gibt es in verschiedenen Kategorien:

- Verwaltung (Administration)
- Bewertung, Beurteilung (Assessment)
- Zusammenarbeit (Collaboration)
- Kommunikation (Communication)
- Inhalt (Content)
- Schnittstellen (Interface)

4.4.2 Installation eines Plugins

Nach der Auswahl eines Plugins sollte vor dem Download geprüft werden, ob es überhaupt für die installierte Moodle-Version geeignet ist. Auf der Webseite des Moodle-Projekts wird ausdrücklich darauf hingewiesen, dass Plugins nicht zwingend getestet wurden. Wer zunächst in einer Testumgebung arbeitet, kann (und sollte) dort experimentieren. In einer Produktivumgebung wird stets empfohlen, den sicheren Weg zu wählen. Ein Test kann aber durchaus auch positive Ergebnisse zeigen und eine nicht explizit für die bestehende Moodle-Version bezeichnete Erweiterungen als einsetzbar entlarven.

Die „goldene Regel“

Vor jeder Systemänderung oder -erweiterung gehört es sich, ein vollständiges Backup, also eine Sicherheitskopie des Moodle-Datenverzeichnisses und der Moodle-Datenbank anzufertigen!

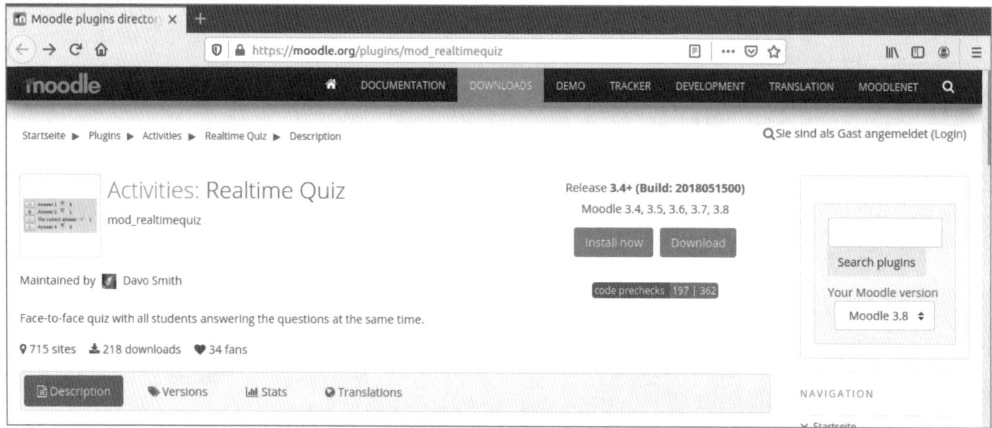

Bild 4.33 Die Erweiterungen müssen zur installierten Moodle-Version passen. Sonst können weitreichende Funktionsstörungen die Folge sein.

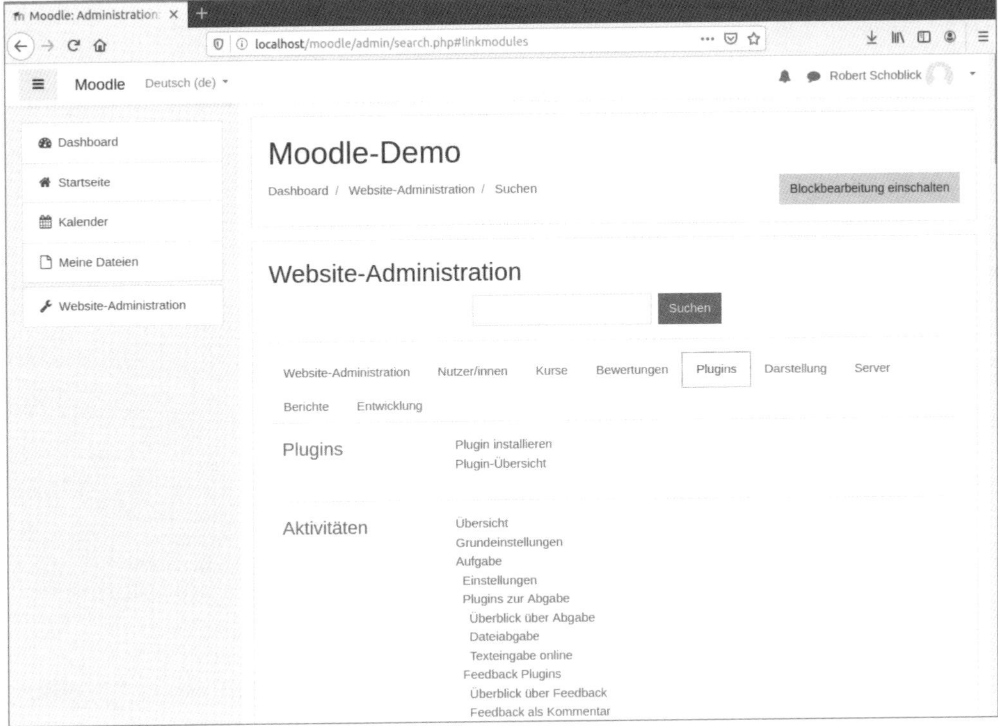

Bild 4.34 Die Installation des Plugins beginnt im Bereich „Website-Administration" mit den Rechten eines Moodle-Administrators.

Hat man die gewünschte Erweiterung heruntergeladen, kann sie in das Moodle-System installiert werden. Das funktioniert durch Hochladen des ZIP-Archivs über einen sehr einfachen Dialog der Moodle-*Website-Administration*. Natürlich ist dieser Bereich von Moodle nicht für jede Benutzerin bzw. jeden Benutzer zugänglich. Moodle legt eine sehr klare Hierarchie im System fest, nach der Rechte und Nutzungseinschränkungen festgelegt werden können. Diese *Rollen im Moodle-System* werden im folgenden Kapitel vorgestellt.

Nach dem Upload überprüft Moodle das Installationspaket auf Fehler. Werden keine gefunden, erfolgt eine weitere Überprüfung, ob gegebenenfalls Aktualisierungen vorhanden sind. Diese können per Mausklick gesucht werden. Eine grün hinterlegte Meldung signalisiert letztlich die erfolgreiche Installation. Wird diese Meldung nicht angezeigt, so sind folgende Prüfungen durchzuführen:

- Hat der Webserver die erforderlichen Schreibrechte im System?
- Ist das Plugin für die installierte Moodle-Version geeignet?
- Passen die PHP-Versionen und die PHP-Erweiterungen zu den Systemanforderungen des Plugins?
- Entspricht die Datenbank den Systemanforderungen des Systems?

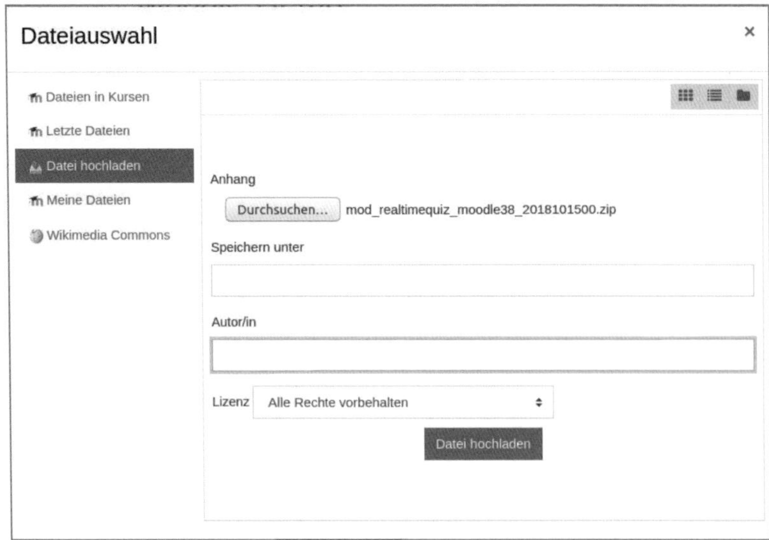

Bild 4.35 Mithilfe eines solchen einfachen Upload-Dialogs, wie er in anderen Bereichen auch von *Teachern* zum Hochladen von Lehrmaterialien und von *Students* zur Abgabe ihrer Arbeiten genutzt wird, lässt sich das neue Plugin in das System einspielen.

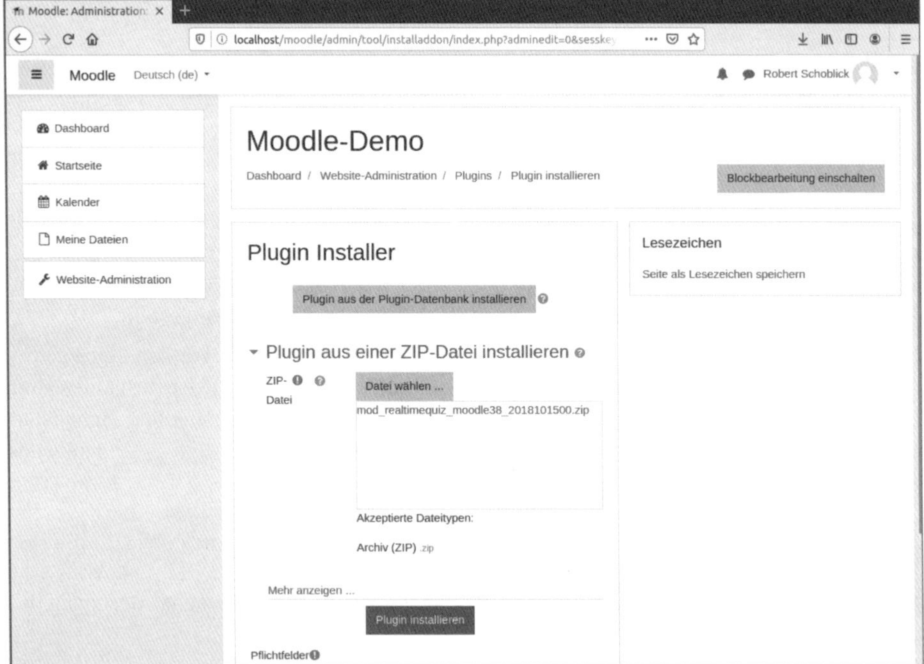

Bild 4.36 Nach dem Upload des ZIP-Archivs mit den Installationsdateien des neuen Plugins wird der Installationsvorgang in der Website-Administration von Moodle mit einem Mausklick gestartet.

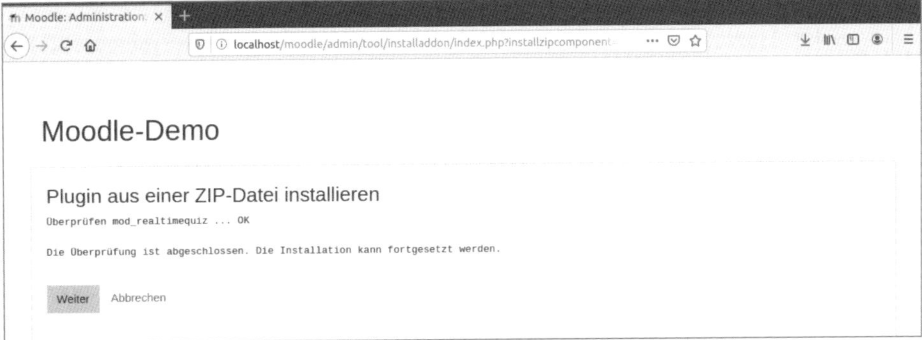

Bild 4.37 Zunächst wird das Installationsskript auf Fehler überprüft. Auch fehlende Schreibrechte im Webserver, die für die Installation des Plugins nötig sind, werden an dieser Stelle immer wieder geprüft.

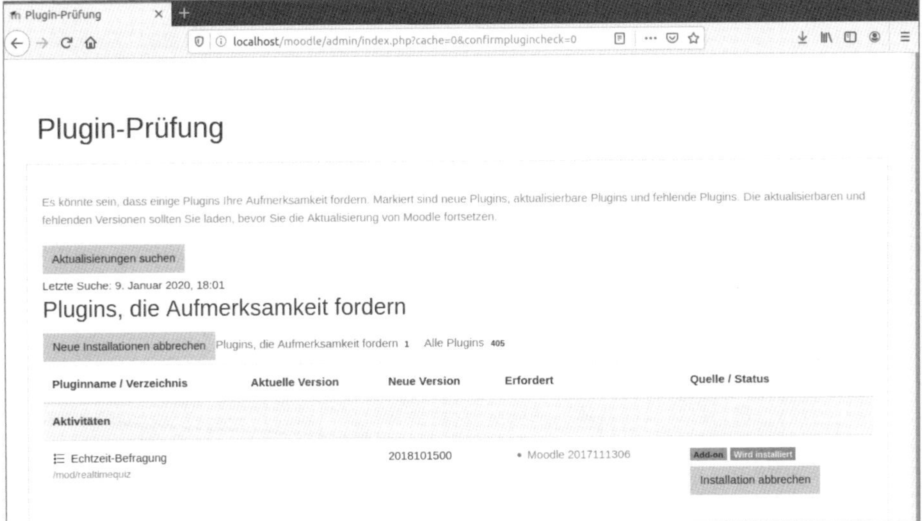

Bild 4.38 Stimmen die Versionen? Gibt es aktualisierte Pakete? Dieser Dialog lässt eine Prüfung zu.

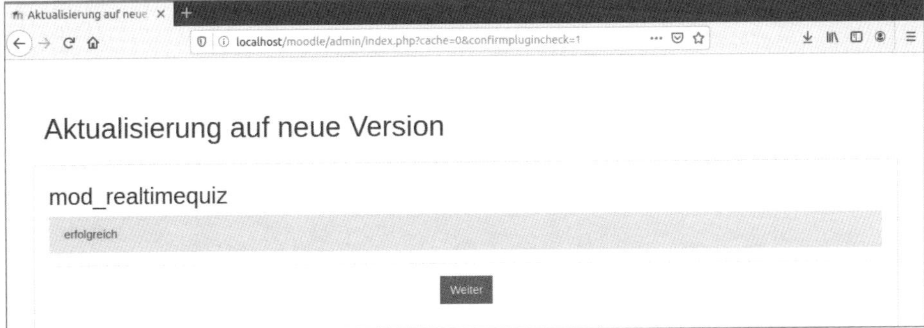

Bild 4.39 Es ist geschafft! Das erste Plugin wurde soeben im eigenen Moodle-System installiert.

Mit der Zeit werden zahlreiche Erweiterungen im System installiert sein, die neben den mehr als 400 Plugins der Standardinstallation existieren. Um diese zu verwalten, ruft der Moodle-Administrator erneut die Website-Administration auf und wählt im Bereich *Plugins* die *Plugin-Übersicht*. Diese ist in zwei Bereiche gegliedert:

Eine gesamte Übersicht (alle Plugins) listet alle bereits installierten Plugins auf. Über eine Schaltfläche *Einstellungen* können diese bereits in der Übersicht bearbeitet werden. In einer eigenen Rubrik werden lediglich die zusätzlich neben dem Standardumfang installierten Erweiterungen aufgelistet, was die Übersicht verbessert und die individuelle Administration erleichtert.

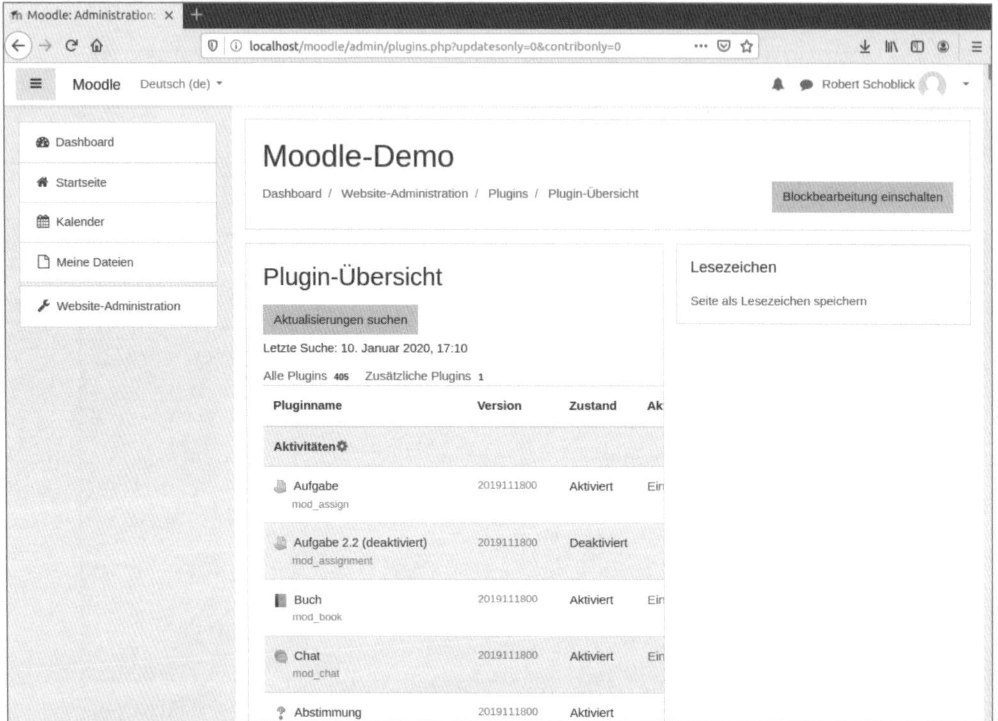

Bild 4.40 Im Moodle-System gehören bereits über 400 Plugins zum Stammumfang! Die soeben installierte Erweiterung ist nicht nur in der Gesamtliste, sondern darüber hinaus im Register „Zusätzliche Plugins“ zu finden.

5 Benutzerverwaltung

Was wäre eine Lernplattform ohne Lernende und ohne Lehrende? Lehrende erstellen und verwalten in einem elektronischen Lernsystem Kurse. Lernende finden hier Unterrichtsmaterial und geführte Lektionen, aber auch Kontaktmöglichkeiten zu den Lehrenden und anderen Mitlernenden.

Lernende und Lehrende sind jeweils Benutzer dieses Systems. Bevor diese Personen aktiv werden können, müssen sie dem Moodle-System beitreten und eine Rolle in diesem digitalen Mikrokosmos zugewiesen bekommen. Wie die Benutzer Teil des Systems werden und welche Rollen sie einnehmen dürfen, legt die Administration fest.

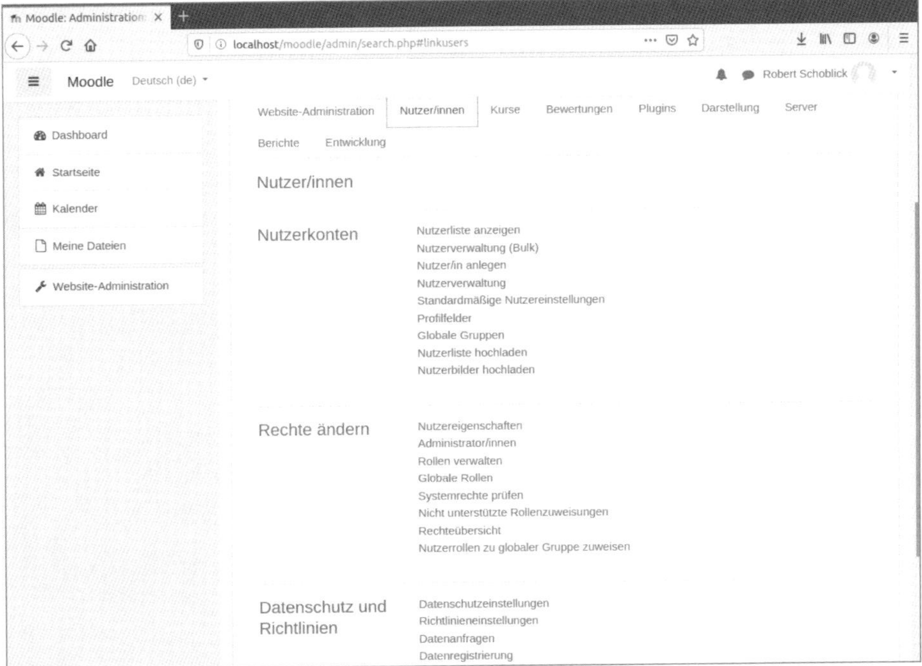

Bild 5.1 Der Moodle-Administrator hat entscheidenden Einfluss auf die Aktivitäten der Benutzer und deren Rollen im System.

5.1 Neuer Benutzer/neue Benutzerin

Um dem Moodle-System beizutreten, gibt es verschiedene Möglichkeiten. In komplexen Netzwerkinfrastrukturen können Benutzerinnen und Benutzer beispielsweise über einen zentralen Server in das System aufgenommen werden und sich über diesen direkt auch an Moodle anmelden. Dies ist beispielsweise der Fall, wenn Moodle in Unternehmen zur internen Fortbildung von Mitarbeitern oder an Schulen oder Hochschulen eingesetzt wird, wo Lernende und Studierende bereits einen Zugang zum Campussystem haben. In diesem Fall kann Moodle mit der Aktivierung entsprechender Plugins auf einen LDAP-Server bzw. ein anderweitiges Single Sign On-(SSO)-System zugreifen.

Im Folgenden soll Moodle allerdings eigenständig betrachtet werden. Dazu werden zwei Möglichkeiten vorgestellt, Benutzerinnen und Benutzer in das System zu integrieren.

- Selbstanmeldung per E-Mail
- Aufnahme durch die Administration

5.1.1 Selbstanmeldung per E-Mail

Die Selbsteinschreibung in das Moodle-System stellt eine erhebliche Entlastung der Administration dar und beschleunigt nicht zuletzt auch die Abwicklung von Kursen. Wollen Lehrende ihren Lernenden Material zur Verfügung stellen, während des Unterrichts elektronisches Feedback einholen oder Lernzielkontrollen durchführen, so sind dazu ein Moodle-Zugang und die Aufnahme in einen Kurs erforderlich. Lediglich die Aufnahme in den Kurs kann der Lehrende (Teacher) vollziehen. Um aktiv Teilnehmerinnen und Teilnehmer in dem Moodle-System zu registrieren, fehlt dieser Person meist die Berechtigung. Spontane Lösungen sind ohne Selbsteinschreibung also nicht möglich.

Allerdings gibt es auch Argumente, die gegen eine Selbsteinschreibung sprechen. So wird beispielsweise eine Überflutung des Systems mit *Fakeprofilen* als Risiko gesehen.

Damit sich Personen im Moodle-System selbst registrieren können, müssen durch die Administration die entsprechenden Voraussetzungen geschaffen werden.

Grundeinstellung: Keine Selbsteinschreibung!

Unmittelbar nach der Neuinstallation eines Moodle-Systems ist es nicht möglich, dass sich Benutzerinnen und Benutzer des Systems selbst einschreiben können. Dies muss erst ausdrücklich zugelassen werden.

5.1.1.1 Schritt 1: Website-Administration: Plugins

Die Erlaubnis zu erteilen, dass sich Benutzer selbstständig mit der Angabe ihrer E-Mail-Adresse in das Moodle-System einschreiben können, ist *nicht* Teil der Benutzerverwaltung. Dies geschieht in der Verwaltung der Plugins.[1] Dort gibt es eine Fülle von Abschnitten, nach denen Plugins im System eingeordnet werden können:

- Plugins (Übersicht und Installation)
- Aktivitäten (diese Plugins werden eine Bedeutung für die Möglichkeiten der *Teacher* zur Gestaltung ihrer Lerneinheiten haben)
- Antivirus-Plugins
- Authentifizierung (hier soll die Selbsteinschreibung ermöglicht werden)
- ...
- Einschreibung (dies bezieht sich auf die Einschreibung von Students in bestehende Kurse)
- und viele mehr.

Im Bereich *Authentifizierung* muss der Link *Übersicht* gewählt werden! Darin findet man zunächst einmal tatsächlich eine Übersicht über die aktiven Plugins, die für Authentifizierungsaufgaben genutzt werden.

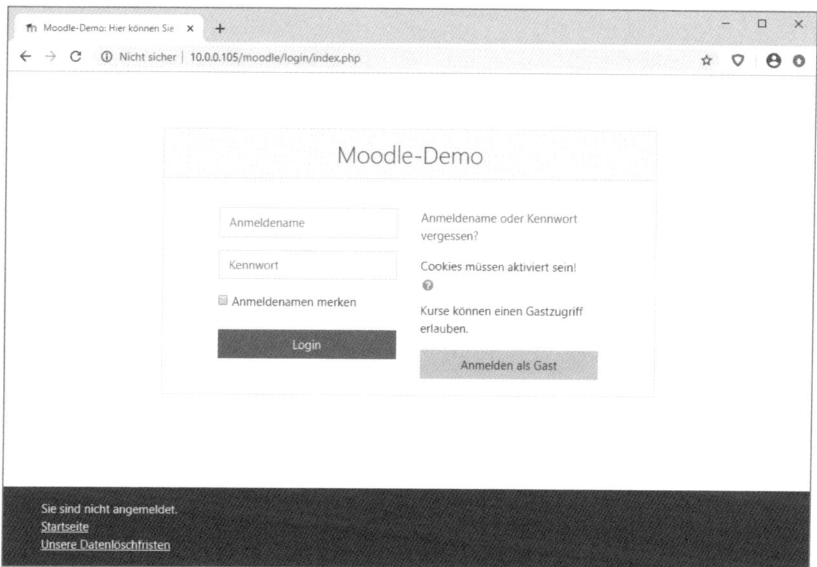

Bild 5.2 Über diese Seite kann man sich nicht selbst im Moodle-System registrieren. Es ist lediglich möglich, sich mit bereits vorhandenen Zugangsdaten oder als „Gast" anzumelden.

Bild 5.3 zeigt, dass das Plugin für die E-Mail-basierte Authentifizierung aktiviert wurde. Ein Klick auf „das Auge" deaktiviert dieses Plugin! Um die Funktion zu aktivieren, sind aller-

[1] Plugins sind Erweiterungen des Moodle-Basissystems um verschiedene anwendungsorientierte oder systeminterne Funktionen. Auch viele Standardkomponenten sind als Plugins bereits fest in das System integriert, andere können nahezu beliebig nachträglich installiert werden.

dings zwei Schritte erforderlich: Einerseits muss das Plugin *aktiv* gesetzt werden. Darüber hinaus muss aber auch in den *Grundeinstellungen* (etwas weiter unten in der gleichen Menüseite) die *Selbstregistrierung* als „E-Mail basiert" festgelegt werden. Damit die Einstellungen wirksam werden, müssen die Änderungen gesichert werden (blaue Schaltfläche ganz unten in der Seite). Dies gilt grundsätzlich bei jeder Konfigurationsänderung.

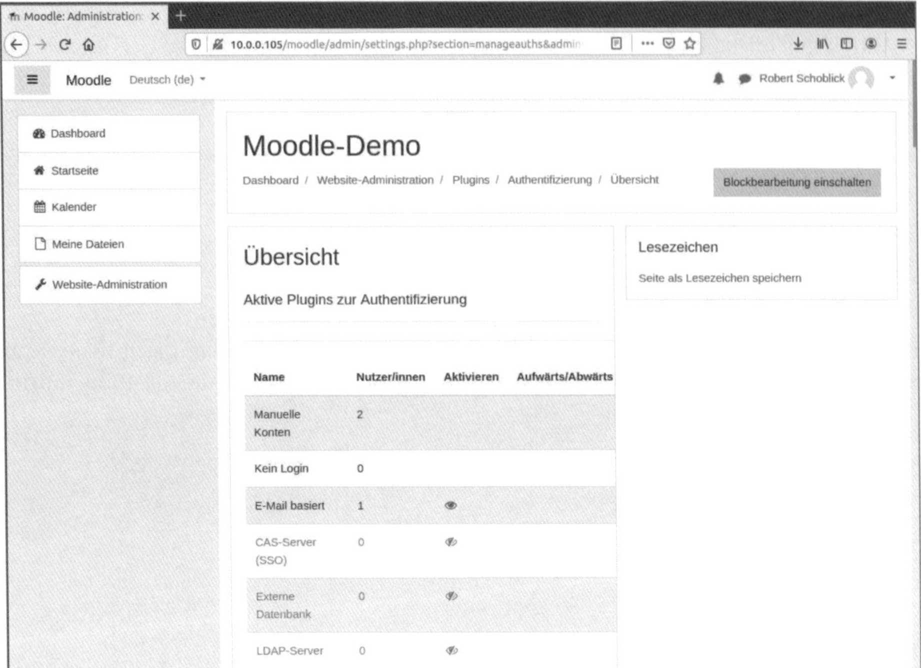

Bild 5.3 Das Plugin für die E-Mail-basierte Authentifizierung muss aktiv gesetzt sein. Hier ist auch deutlich zu erkennen, dass dieses Moodle-System keine externen Authentifizierungsverfahren (SSO, LDAP etc.) benutzt, da diese Plugins nicht aktiv gesetzt sind.

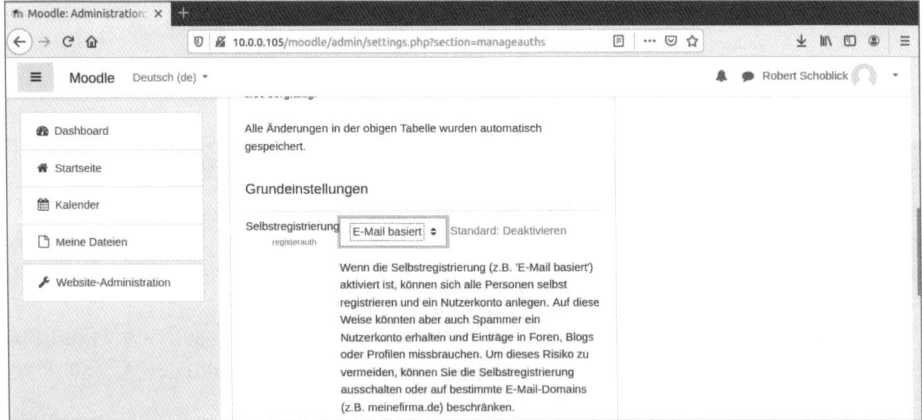

Bild 5.4 In den Grundeinstellungen muss ausdrücklich die „E-Mail basierte" Selbstregistrierung gewählt werden. Erst dann erscheint der entsprechende Dialog auf der Login-Seite.

Ein erneuter Aufruf der Moodle-Homepage und des Login-Dialogs zeigt die Änderung an: Wer noch keinen Zugang zum System hat, wer also „das erste Mal auf dieser Seite ist", kann jetzt ein neues Konto anlegen. Dazu werden einige persönliche Informationen benötigt. Dies sind ein selbstgewählter Benutzername, ein Kennwort und eine (gültige!) E-Mail-Adresse.

5.1.1.2 Selbstregistrierung mit E-Mail-Adresse

Wenn die Voraussetzungen gegeben und das erforderliche Plugin sowie die *E-Mail-basierte Selbstregistrierung* aktiviert sind, bietet sich dem Besucher der Moodle-Login-Seite ein anderes, erweitertes Bild: Es wird eine Schaltfläche zum Anlegen eines neuen Kontos[2] angeboten.

Für ein neues Benutzerkonto werden gleich zu Beginn verschiedene Informationen abgefragt. Einige davon sind Pflichtangaben, ohne die kein Benutzerkonto erstellt werden kann. Das betrifft übrigens nicht nur die individuell zu wählenden Zugangsdaten, sondern auch Vor- und Zuname sowie eine gültige E-Mail-Adresse. Ohne eine E-Mail-Adresse kann die Anmeldung nicht durchgeführt werden, weil Moodle eine E-Mail versendet. Diese enthält einen Code, der zur Bestätigung verwendet wird. Auf diese Weise wird es erheblich erschwert, dass das System von SPAM-Bots angegriffen und gestört wird.

Moodle und E-Mail-Kommunikation

Damit der Versand der Bestätigungsmail und der Empfang der Antwort durch das Moodle-System automatisch erfolgen kann, muss sowohl ein E-Mail-Eingang als auch ein E-Mail-Ausgang konfiguriert werden. Wie das funktioniert, beschreibt das Kapitel „E-Mail-Kommunikation". ■

Bei den Zugangsdaten sollten die angehenden Benutzerinnen und Benutzer dringend darauf hingewiesen werden, ein *sicheres Passwort* und einen *beliebigen Benutzernamen* zu wählen. Diese Anweisung gehört durchaus in ein Informationsdokument, was allen Lernenden (und Lehrenden) bei Eintritt in die Schule/Hochschule bzw. das Bildungsinstitut ausgehändigt werden kann. Die Sicherheitsregeln sollten eigentlich zum Allgemeinwissen gehören, jedoch zeigt die Praxis eher das Gegenteil.

Zugangsdaten haben eine wichtige Schutzfunktion

Nicht nur das Kennwort sollte sicher sein, auch der Anmeldename sollte so gewählt werden, dass damit keine „Scherze" gemacht werden können, was zur Sperre eines Benutzerkontos führen kann.

Die Systemadministration kann direkten Einfluss auf die Mindestvorgaben bei Länge und die Zusammenstellung eines Kennworts ausüben. Dies wird in Abschnitt 5.2 beschrieben. ■

[2] Selbstverständlich ist hier nicht von einem Bankkonto die Rede, sondern es handelt sich um die Mitgliedschaft im Moodle-System. Ob der Anbieter damit Kosten, Kündigungspflichten etc. verbindet, wird in der Regel separat geregelt. Darüber hinaus muss in einem solchen Fall ausdrücklich darauf hingewiesen werden. In den hier gezeigten Beispielen ist der Beitritt zum Moodle-System selbstverständlich *nicht* mit Zahlungen oder sonstigen Verpflichtungen verbunden.

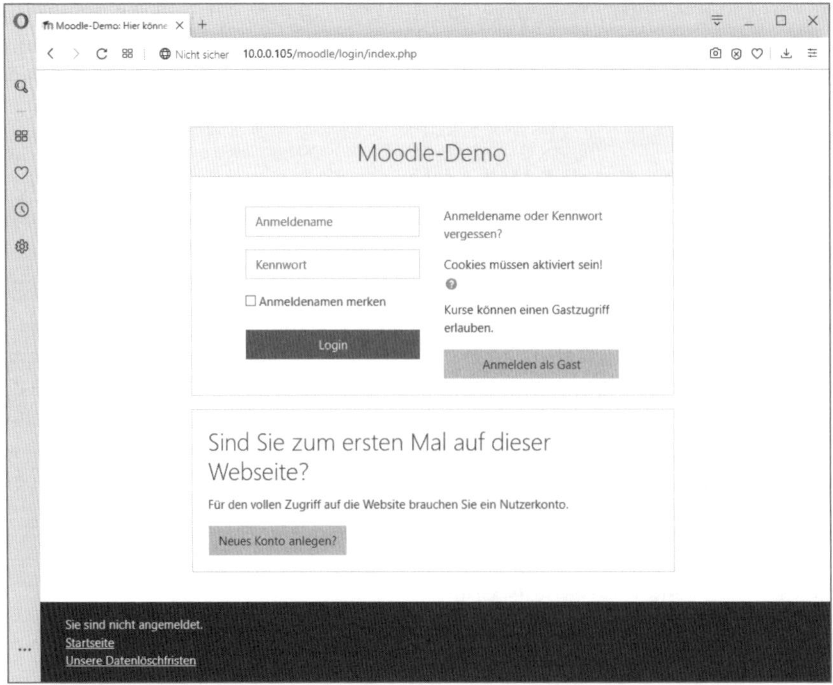

Bild 5.5 Wenn dieses Bild auf der Login-Seite erscheint, kann man unter Angabe der eigenen E-Mail-Adresse ein eigenes Benutzerkonto innerhalb des Moodle-Systems anlegen. Eine Zuweisung zu Kursen ist damit allerdings noch nicht gegeben.

Zu den geforderten Daten gehören zusätzlich der Vor- und Zuname, wobei dieses Mal tatsächlich Realnamen gemeint sind. Auch diese sind verpflichtend einzutragen, weil sonst die Benutzerin bzw. der Benutzer in den einzelnen Lehrveranstaltungen keiner Person zugeordnet werden kann. Insbesondere bei Fernstudien, in denen die Ergebnisse der Lehrveranstaltungen auch rechtlich verbindlich sein müssen, ist eine klare persönliche Identifizierung erforderlich.

Nach der Eingabe dieser Daten und der Bestätigung des – per E-Mail verschickten – Codes wird das Konto aktiviert. Damit ist der Zugang zum Moodle-System und eine Einschreibung in die Kurse möglich. Für die Einschreibung in Kurse gibt es wiederum verschiedene Möglichkeiten:

- Einschreibung durch den Lehrenden (Teacher)
- Selbsteinschreibung

Mit der Aktivierung gelangt der neue Benutzer bzw. die neue Benutzerin auf die persönliche Startseite mit dem *Dashboard*. Bild 5.10 zeigt ein noch leeres Dashboard. Das liegt nicht nur daran, dass es sich neben dem Administrator um den ersten Benutzer im System handelt, sondern auch daran, dass der neuen Benutzerin bzw. dem neuen Benutzer noch keine Kurse zugewiesen sind. Die Kurse stellen die eigentlichen – in sich thematisch und auf einen definierten Teilnehmerkreis fokussierten – Lernbereiche dar. Auf das Dashboard wird in der „Moodle-Übersicht“ näher eingegangen.

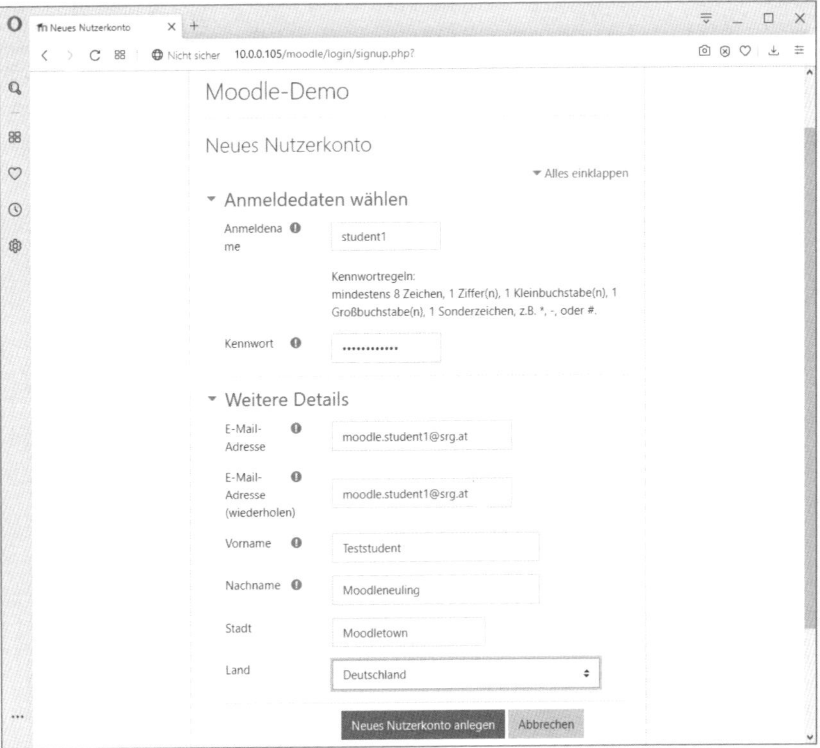

Bild 5.6 Zu den einzugebenden Pflichtdaten gehört neben den gewünschten Zugangsdaten vor allem eine E-Mail-Adresse. An diese wird eine Bestätigungsmail geschickt. Vor- und Zuname (Realname!) sind für den Bezug zu den regulären Lehrveranstaltungen von Bedeutung.

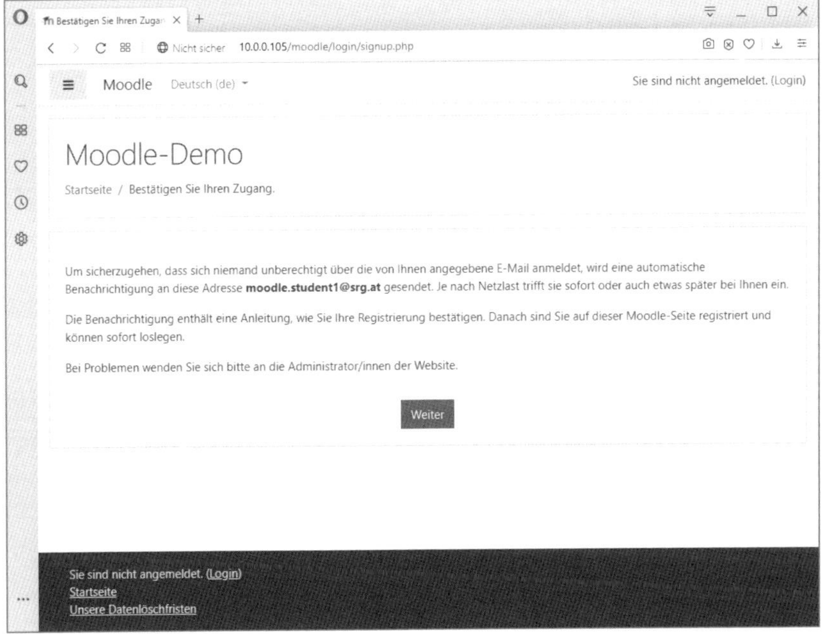

Bild 5.7 Nach Eingabe der benötigten Daten sendet Moodle eine E-Mail an die genannte Adresse. Erst nach deren Bestätigung wird das Konto aktiviert.

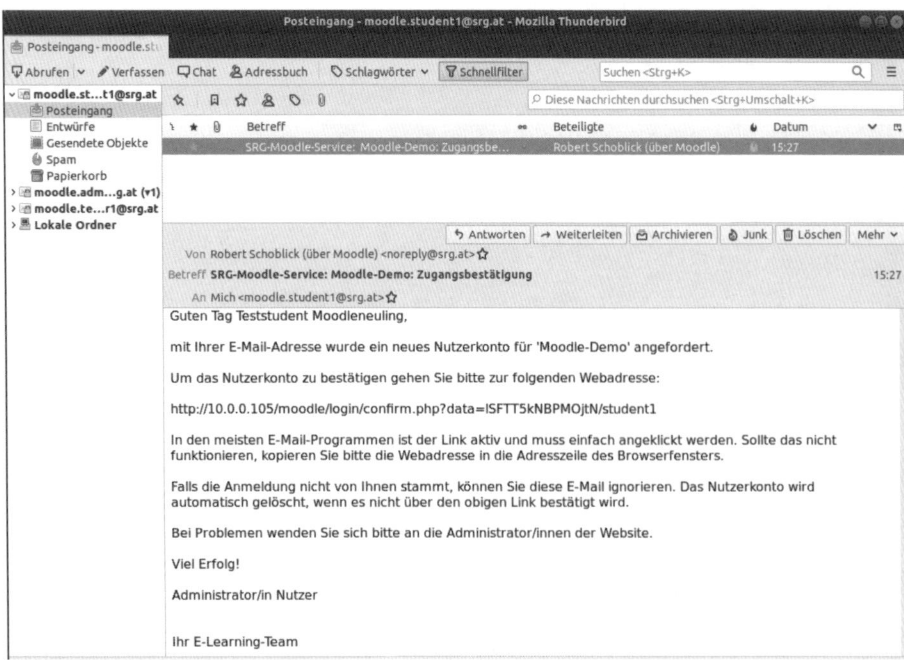

Bild 5.8 Die Bestätigungs-E-Mail beinhaltet einen Link auf die Moodle-Seite. Dieser wird um einen Bestätigungscode ergänzt, den Moodle direkt auswerten kann. Erst nach Aufruf dieser Webadresse wird das Konto aktiviert.

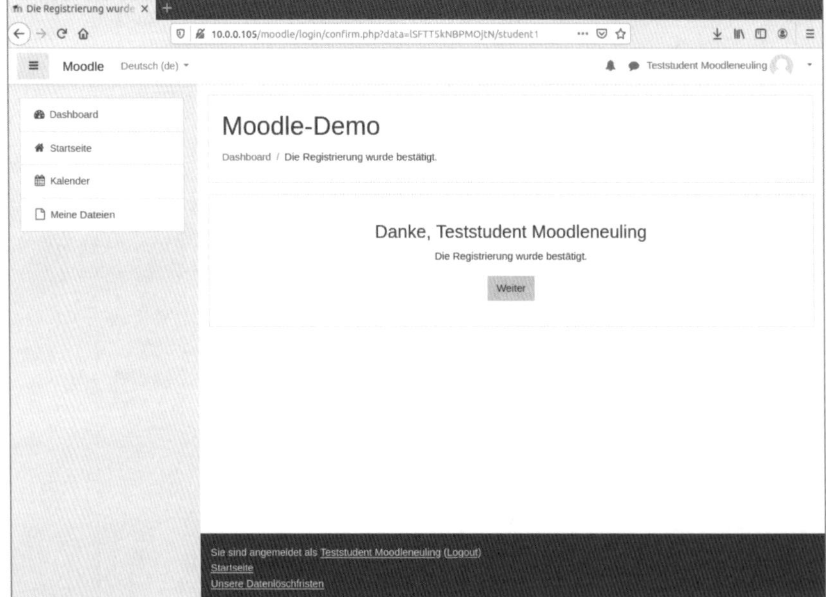

Bild 5.9 Das Moodle-Konto ist nun aktiviert. Mit der Schaltfläche „Weiter“ gelangt das neue Moodle-Mitglied zum persönlichen Dashboard.

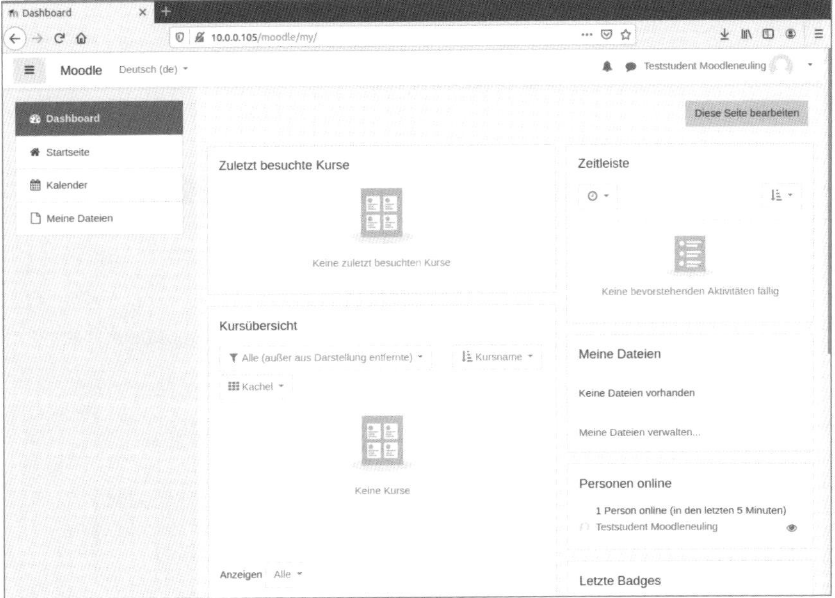

Bild 5.10 Das noch leere Dashboard ähnelt dem des Administrators nach der ersten Anmeldung, allerdings fehlt hier der Menüpunkt „Website-Administration".

5.1.2 Anmeldung durch Administrator

Die Anmeldung durch den Administrator ermöglicht eine kontrollierte und organisierte Einladung von Benutzerinnen und Benutzern. Dies ist ergänzend zur Selbstregistrierung aber auch exklusiv möglich. Die Administration kann hier bereits vollständige Benutzerprofile anlegen. Der Vorteil dieser Methode ist, dass ausschließlich befugte Personen Zugang zum Moodle-System erhalten. Die Aufnahme in das Moodle-System kann beispielsweise Teil des administrativen Prozesses einer Immatrikulation sein. Der Nachteil ist, dass bei einer sehr großen Zahl Studierender bzw. Lernender der Verwaltungsaufwand sehr groß wird und sich dies tatsächlich signifikant in Arbeitsstunden und dafür zu entrichtende Entgelte als Kosten rechnen lässt.

In der Regel wird die Registrierung über die Administration deswegen vorzugsweise durch Lehrende oder direkt aktiv verwaltendes Personal vorgenommen, wobei diesen Personen auch gleichzeitig die entsprechenden Rollen und Rechte im System zugewiesen werden.

Administrative Anmeldung verursacht Kosten!

Die Verwaltung des Moodle-Systems ist grundsätzlich zeitaufwendig und verursacht damit Personalkosten! Wenn Prozesse auf die Teilnehmerinnen und Teilnehmer direkt delegiert werden können, spart das Kosten in einem signifikanten Ausmaß! Allerdings kann diese Einsparung kompensiert werden, wenn Nachbearbeitungen – beispielsweise Rollen- und Rechtezuweisungen – für neu eingeschriebene Benutzerinnen und Benutzer zu leisten sind.

Möglicherweise sind von diesen Personen Rückfragen zu beantworten. In diesen Fällen kann sich die zentrale Aufnahme von Benutzerinnen und Benutzern des Systems als vorteilhaft erweisen. ■

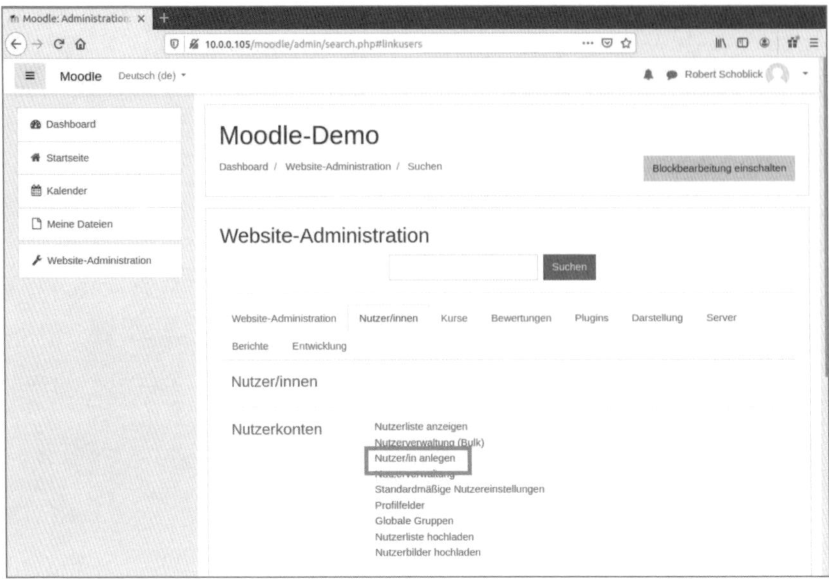

Bild 5.11 Die Moodle-Administration kann direkt ein Benutzerkonto einrichten und die Zugangsdaten der betreffenden Person aushändigen.

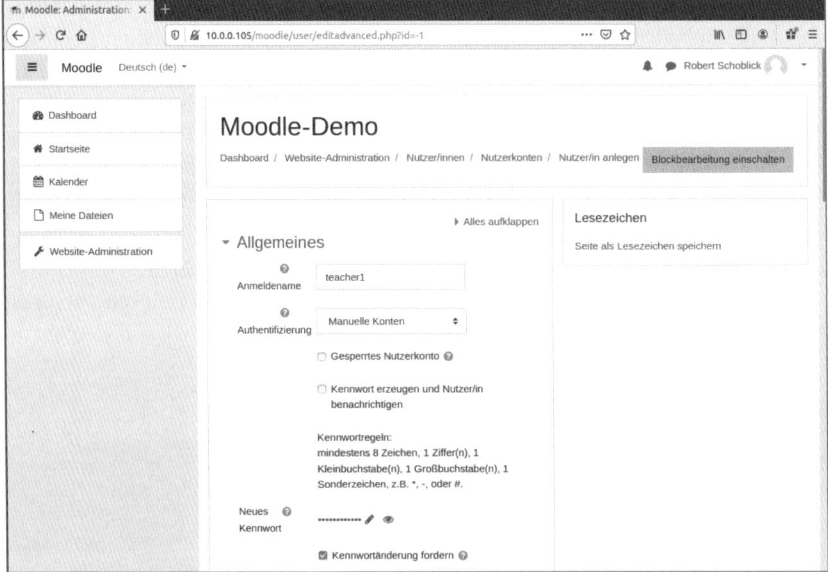

Bild 5.12 Es gelten auch hier die Kennwortregeln, die als Mindestanforderung im Interesse der Systemsicherheit zu beachten sind.

Im Gegensatz zu verschiedenen anderen sozialen Communities ist Moodle keine Spaß- oder Vernetzungsplattform. Hier werden Bildungsinhalte bereitgestellt und Lernergebnisse überprüft. Letzteres soll jedoch nicht nur als persönliches Feedback dienen, sondern tatsächlich in eine Gesamtbewertung der Lernerfolge – gebildet aus Praxis, Präsenz- und Online-Unterricht – einfließen. Deswegen ist eine eindeutige persönliche Zuordnung erforderlich, wodurch der Vor- und der Zuname bei der Registrierung zu den Pflichtfeldern gehören.

Individuelle Profilgestaltung?

In diesem Abschnitt geht es darum, Benutzerinnen und Benutzer in das Moodle-System aufzunehmen. In diesem Zusammenhang drängt sich natürlich die Frage auf, ob tatsächlich alle Felder in dieser Form benötigt werden und wie flexibel Moodle ist, wenn weitere Daten in das Profil eingetragen werden sollen, wie beispielsweise eine Matrikelnummer etc. Auf die Details dazu geht Abschnitt 5.3 ein.

Selbstverständlich benötigen auch die durch die Administration eingerichteten Benutzerinnen und Benutzer ein sicheres Kennwort für den Zugang zum System. Hier gibt es zwei Möglichkeiten, dieses festzulegen:

- Das System legt ein Zufallskennwort fest.
- Die Administration legt ein willkürliches Kennwort fest.

Für die Gestaltung des Kennworts gelten auch bei der administrativen Einrichtung des Benutzerkontos die gleichen Bedingungen wie bei der Selbstregistrierung. Diese Regeln können nur von der Administration verändert werden (vgl. Abschnitt 5.2).

Wenn das Kennwort durch die Administration (manuell) vorgeschlagen wird, *kann* zusätzlich eine Kennwortänderung bei der ersten Anmeldung erzwungen werden. Wird das Kennwort vom System erzeugt und der neuen Benutzerin bzw. dem neuen Benutzer per E-Mail zugestellt, so ist die Änderung des Passworts mit der ersten Anmeldung obligatorisch!

E-Mail entspricht einer „Postkarte"!

Per E-Mail versendete Nachrichten werden grundsätzlich offen und unverschlüsselt übertragen! Die Inhalte einer E-Mail sind also theoretisch für jedermann lesbar. Aus diesem Grund sind per E-Mail übermittelte Kennwörter als unsicher einzustufen. Zusätzliche Verschlüsselungsverfahren sind zwar möglich und bieten eine gewisse Sicherheit, sie gehören allerdings nicht zum Standard in der E-Mail-Kommunikation.

Die Eingabe der E-Mail-Adresse ist in Moodle grundsätzlich Pflicht. Obwohl (theoretisch!) auf E-Mail-Benachrichtigungen bei Forenaktivitäten oder zur Benutzerregistrierung verzichtet werden könnte, würde dies die Nutzungsmöglichkeiten des Systems derartig einschränken, dass mangels Kommunikation kein sinnvoller Lehrbetrieb möglich wäre. Das bedeutet allerdings nicht zwangsweise, dass die E-Mail-Adresse allgemein bekannt gegeben werden und für jedermann sichtbar sein muss. Mit der Einrichtung des Benutzerkontos entscheidet jede Benutzerin und jeder Benutzer, für wen die Adresse sichtbar ist:

- Grundsätzlich für alle
- Nur für privilegierte Personen (Teacher, Administration)
- Für Kursteilnehmerinnen und Kursteilnehmer

Die Administration kann an dieser Stelle bereits weitere Daten in das Profil einfügen. Insbesondere bei Lehrenden in großen Bildungseinrichtungen stellt ein aktuelles Profilfoto eine Brücke zwischen Lehrenden und Lernenden her. Zu beachten ist jedoch, dass stets das Recht am eigenen Foto gewahrt bleiben muss. Die Administration darf also nicht ein beliebiges Foto der Benutzerin oder des Benutzers in das System hochladen. Auch müssen die Betroffenen grundsätzlich damit einverstanden sein.

Weitere Daten wie das Land oder die Zeitzone und die Sprache sind dann wichtig, wenn es sich um eine internationale Lehrplattform handelt. So gibt es Fernhochschulen, in denen sowohl die Studierenden als auch die Lehrenden auf allen Kontinenten der Welt beheimatet sein können. Hier erleichtern diese Informationen die Kommunikation und die Planung von Live-Veranstaltungen.

Persönliche Interessen gehören eigentlich nicht in ein Personalprofil. Dies gilt jedenfalls für Mitarbeiterprofile in Unternehmen. In einer Lehrplattform kann es jedoch anders gesehen werden, denn insbesondere dann, wenn ein großer Schwerpunkt auf E-Learning gelegt und die Präsenzphasen eher gering gehalten werden, können Kenntnisse über gemeinsame persönliche Interessen durchaus ein soziales Miteinander der Studierenden fördern. Diese Angaben sind selbstverständlich auf rein freiwilliger Basis einzutragen.

Studierendengruppen fördern Lernerfolge

Lernende, die sich über die örtliche Nähe und gemeinsame Interessen auch privat kennenlernen und außerhalb der Lehrplattform kommunizieren, erreichen meist gemeinsam bessere Lernerfolge und motivieren einander. Diese Tendenzen sollten von einer digitalen Lernplattform unterstützt werden!

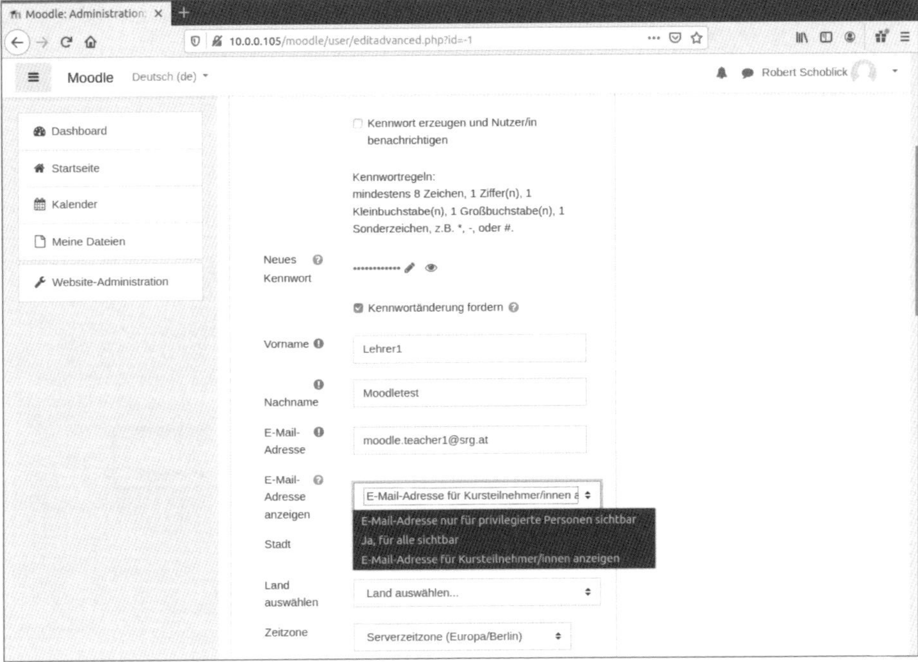

Bild 5.13 Datenschutz ist wichtig, aber die Angabe einer gültigen E-Mail-Adresse ebenso. Die Benutzerin bzw. der Benutzer können jedoch Einfluss nehmen, wer die E-Mail-Adresse sehen darf.

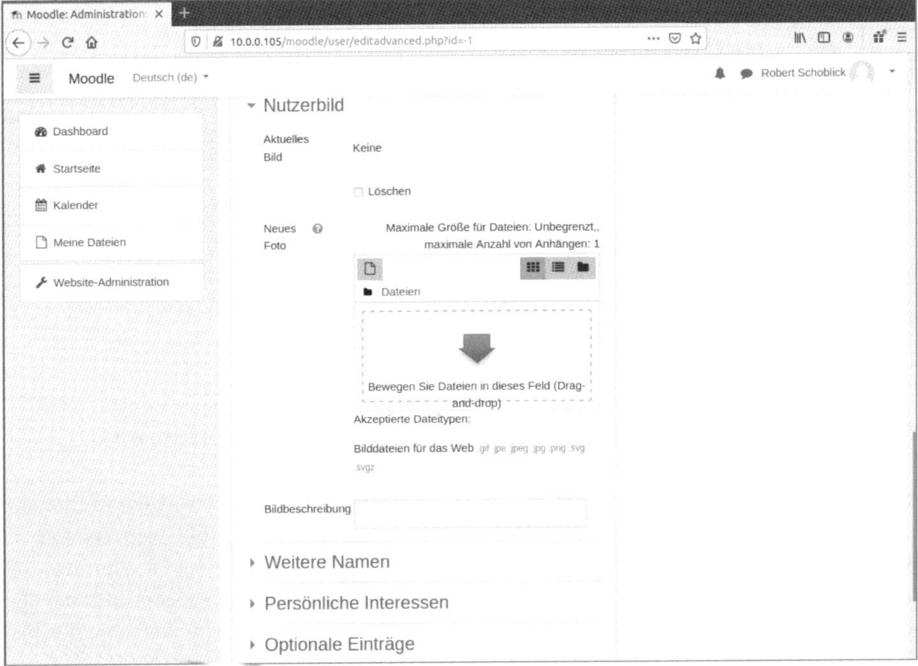

Bild 5.14 Wenn Details bereits vorhanden sind, können diese sowie ein Profilfoto bereits durch die Administration in das Profil eingefügt werden.

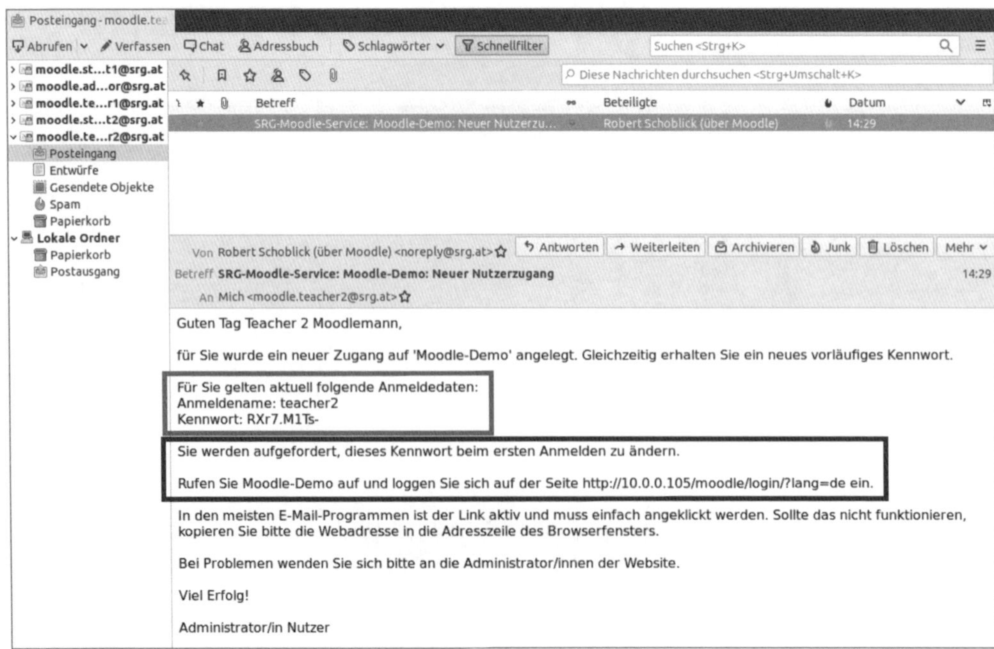

Bild 5.15 Die Zugangsdaten wurden automatisch vom Moodle-System generiert. Aus Sicherheitsgründen muss das Kennwort allerdings von der Benutzerin bzw. dem Benutzer bei der ersten Anmeldung geändert werden.

Den E-Mail-Text ändern?

Der Text der E-Mail kann individuell und persönlicher gestaltet werden. Dazu muss der entsprechende Eintrag im Sprachpaket bearbeitet werden. Dieses ist über die Moodle-Website-Administration zugänglich:

Website-Administration - Sprache - Sprachanpassung - Filtertexte

Hier wird in der Komponenten-Rubrik *core - moodle.php* gesucht:

newusernewpasswordtext

5.1.3 Weitere Authentifizierungs- und Registrierungsverfahren

Wird Moodle – wie in diesem Demo-System – ausschließlich isoliert betrachtet, werden die Zugänge mit den beschriebenen Verfahren die Regel sein. Ein exklusiver Zugang zu Moodle – unabhängig von eventuell bestehenden Campus-Netzwerken – ist allerdings oft aus Gründen der Sicherheit gewünscht. Nicht immer führt dies zur „Begeisterung" bei den Benutzerinnen und Benutzern, die einen gemeinsamen Zugang zu allen Systemen des Instituts, der Schule oder Hochschule wünschen.

Je nachdem, wie die internen IT-Architekturen gestaltet sind, wird es verschiedene Technologien geben, für die Moodle mithilfe spezieller Plugins Schnittstellen anbieten muss. An dieser Stelle soll eine Auswahl der wichtigsten Verfahren genannt werden:

- LTI® - Learning Tools Interoperability
- LDAP - Lightweight Directory Access Protocol
- CAS-Server - Central Authentication Service

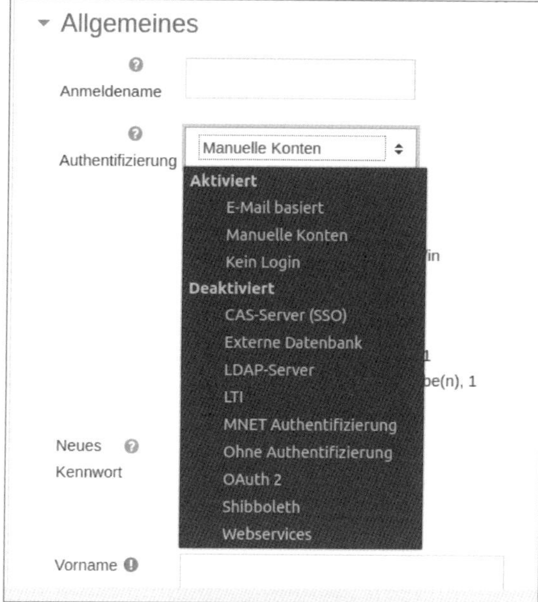

Bild 5.16
In diesem Demonstrationssystem sind lediglich die E-Mail-basierte und die manuelle Authentifizierung aktiviert. Universitäten, große Schulen und Institute mit einer gut strukturierten IT-Abteilung bieten jedoch weitere Plattformen an, die mit dem Moodle-System kooperieren und auf die Benutzerkonten gemeinsam zugreifen können.

5.1.3.1 LTI® – Learning Tools Interoperability

Das IMS[3] Global Learning Consortium in Lake Mary, Florida, hat sich zum Ziel gesetzt, Lerntechnologien zu fördern, die kostengünstig weiterentwickelt werden können und dazu beitragen, die Akzeptanz von Lehrangeboten und das Erreichen der Lernziele zu verbessern. Mithilfe des LTI-Tools, welches seit der Version Moodle 2.2 verfügbar ist, können externe, jedoch LTI-kompatible Lehrwerkzeuge in die Moodle-Plattform integriert werden.

Von Bedeutung ist dies vor allem, weil Moodle-Kurse aus fremden Systemen über die LTI-Authentifizierung Teil eigener Kurse werden können. Diese werden als *Externes Tool* in den Kurs eingefügt.

[3] Das Instructional Management System (IMS) war ein Projekt der amerikanischen National Learning Infrastructure Initiative. Dieses Projekt geht bereits auf das Jahr 1977 zurück.

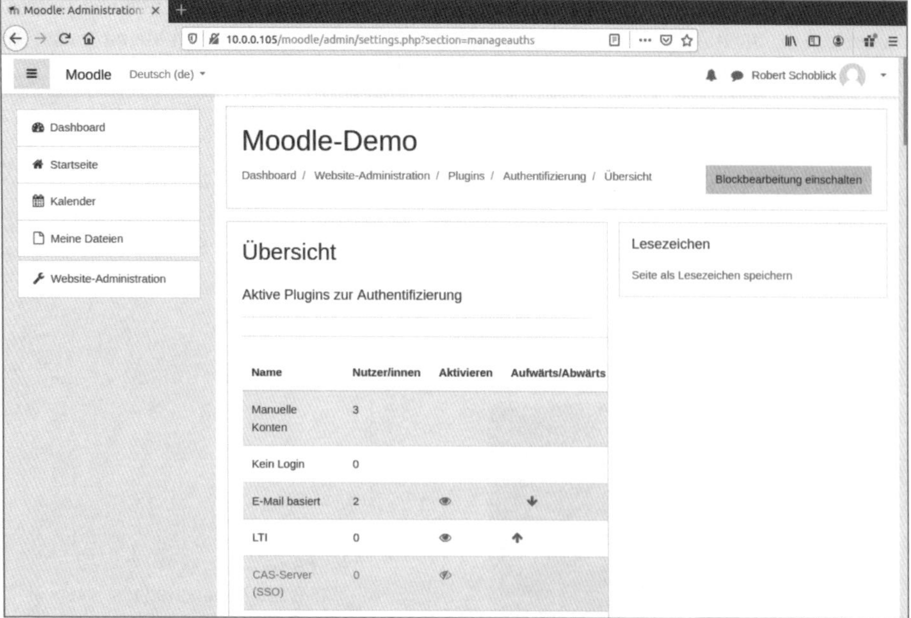

Bild 5.17 Die Aktivierung des LTI-Plugins erfolgt durch die Administration in der „Website-Administration“: Bereich *Plugins/Authentification/Übersicht*

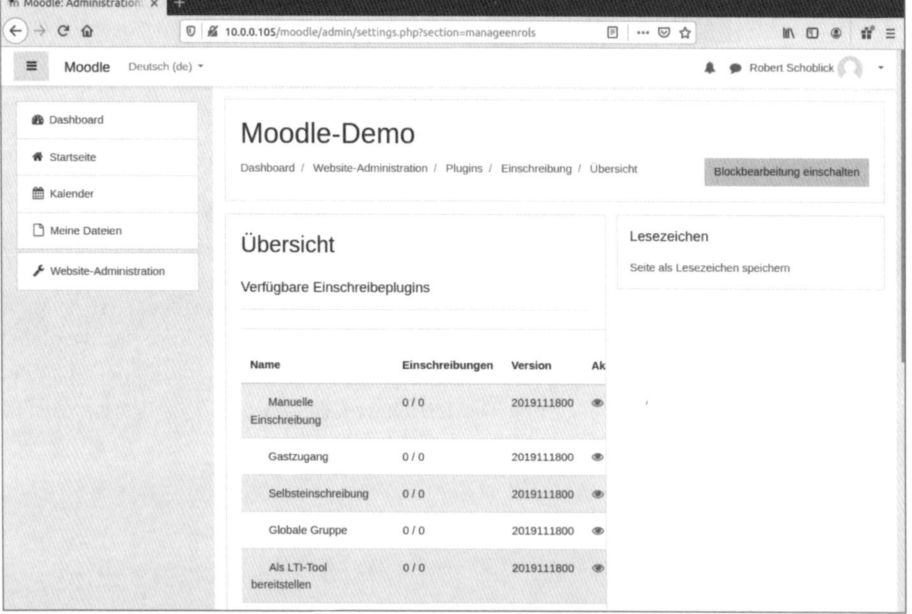

Bild 5.18 LTI muss für die Einschreibung aktiviert werden, damit externe Tools zur Verfügung gestellt bzw. genutzt werden können.

Um auf eine Lektion bzw. einen Kursinhalt zuzugreifen, sind ein direkter Link und ein Security-Code notwendig. Beides muss dem jeweiligen Teacher bekannt sein. Students nutzen das Lehrangebot wie ein regulärer Bestandteil des Kurses.

5.1.3.2 LDAP – Lightweight Directory Access Protocol

Verzeichnisdienste in verteilten Netzwerken stellen hierarchische Datenstrukturen dar. Diese können unter anderem personenbezogene Benutzerdaten – auch Zugangsdaten – sowie Informationen zu den individuellen Arbeitsplätzen enthalten. Anhand dieser Informationen ist es beispielsweise möglich, sich in größeren Unternehmensnetzwerken an beliebigen Arbeitsplätzen anzumelden und stets eine vertraute Arbeitsumgebung vorzufinden. Die Kommunikation mit diesen Verzeichnisdiensten erfolgt über spezielle Protokolle. Das Lightweight Directory Access Protocol (LDAP) ist ein solches Protokoll.

LDAP kommt in der Active-Directory-Architektur von Microsoft zum Einsatz. Hier werden tatsächliche Benutzerdaten, deren Gruppenzugehörigkeiten und Informationen zu den Arbeitsplätzen erfasst. Existiert eine Active-Directory-Infrastruktur, sollte über eine mögliche Kombination mit dem Moodle-System nachgedacht werden.

Nicht zwingend alle Lernenden in das Active Directory einbinden

Die LDAP-Authentifizierung ist lediglich eine Möglichkeit, sich im Moodle-System anzumelden. Es ist zu empfehlen, wenn das eigene Personal der Schule bzw. des Instituts Zugang zu Moodle bekommen soll. Die Lernenden selbst benötigen jedoch in der Regel keine weiteren Elemente der hauseigenen Infrastruktur.

5.1.3.3 CAS – Central Authentication Server

Moderne IT-Infrastrukturen bestehen aus verschiedenen Diensten, die auf unterschiedlicher Hardware und zum Teil an unterschiedlichen Orten laufen. Gemeinsame Basis ist das Netzwerk. Sehr ärgerlich und zudem zeitaufwendig ist es, wenn man sich an jedes System separat anmelden muss. Das bedeutet Zeitaufwand für die Anmeldeprozeduren, die sich durchaus mehrmals am Tag wiederholen können, wenn ein zeitgesteuerter Logout (Session Timeout) erfolgt, und erfordert möglicherweise auch, sich mehrere Zugangsdatensätze zu merken. Das Chaos ist perfekt, wenn diese Zugangsdaten verwechselt werden.

Sogenannte Single Sign On-(SSO)-Lösungen bieten Abhilfe. Hier übernimmt ein zentraler Authentifizierungsserver (Central Authentication Server) die Aufgabe des „Türstehers“. Der Dienst ist dabei webbasierend und so für verschiedene Plattformen einsetzbar, wenn sie CAS unterstützen.

Für die Anmeldung wird die Benutzerin bzw. der Benutzer zu einem *Login-URL*[4] umgeleitet. An dieser Stelle erfolgt die Eingabe der Zugangsdaten (Anmeldename und Kennwort). Der Server prüft diese Daten und leitet die Verbindung an den ursprünglich gewünschten Dienst

[4] URL = Uniform Resource Locator – sehr vereinfacht übersetzt ist dies die Internet-Adresse.

weiter. Dabei übergibt der CAS-Server ein Token an den Webbrowser, über den die Verbindung zur Seite (z. B. die Moodle-Startseite) hergestellt wurde.

Moodle[5] überprüft das Token bzw. „Ticket" über eine weitere Adresse – den *Validation-URL* – beim CAS. Gibt dieser Server „grünes Licht", wird der Zugriff auf den Dienst gewährt. Das gleiche Prinzip wird nun auch bei allen anderen Diensten verwendet, die mit dem CAS kooperieren. Somit ist nur eine einmalige Anmeldung mit einem einzigen Satz Zugangsdaten erforderlich. Auch die Abmeldung vom System erfolgt zentral über einen *Logout-URL*.

CAS – Protokollspezifikationen

CAS ist ein offenes Protokoll. Die Spezifikationen sind frei zugänglich:

https://github.com/apereo/cas/blob/master/docs/cas-server-documentation/protocol/CAS-Protocol-Specification.md

5.2 Kennwortregeln bearbeiten

Wer die Zugangsdaten – Anmeldename und Kennwort – kennt, kann sich mit fremder Identität in das System einloggen. Im „harmlosesten" Fall kann diese Person sehen und lesen, welche Arbeiten und mit welchem Erfolg jemand bereits abgeliefert hat. Es ist aber auch denkbar, in dessen Namen Arbeiten zu fälschen oder zu manipulieren. Das kann weitreichende Konsequenzen haben, deren Auswirkungen sogar den Erfolg der Lehrmaßnahme in Frage stellen können. Abgesehen davon, dass ein „schwaches Kennwort" als grobe Fahrlässigkeit zu werten ist, was zum Ausschluss von eventuellen Haftungsansprüchen oder sogar zu einer aktiven Mitschuld im Schadensfall führen kann, sollte an dieser Stelle auch deutlich werden, dass *Identitätsdiebstahl* durchaus strafrechtliche Konsequenzen nach sich ziehen kann.

Auch ohne Kenntnis des Kennworts kann ein Benutzerzugang sabotiert werden. Deshalb ist es möglich (und auch zu empfehlen), dass Moodle Falscheingaben erkennt und nach einer gewissen Anzahl von Fehleingaben das Konto automatisch sperrt. Im Normalfall wird man die Sperre zeitlich begrenzen, um automatischen „Passwort-Knackern" – Fachleute sprechen von einer *Brute-Force-Attack* – keine Chance zu geben, einfach alle möglichen Passwörter auszuprobieren. Für den legitimen Inhaber des Kontos ist dies natürlich eine Sicherheitsfunktion, jedoch könnte damit auch systematisch die Nutzung des Moodle-Systems für diese Benutzerin oder diesen Benutzer blockiert werden. Derartige Denial-of-Service-Attacken lassen sich erschweren, wenn der Anmeldename nicht aus dem Klarnamen oder sonstigen Daten wie zum Beispiel einer Matrikelnummer abgeleitet werden kann.

[5] *Achtung:* Das entsprechende Plugin muss aktiviert und die Authentifizierung mit einem CAS freigegeben werden.

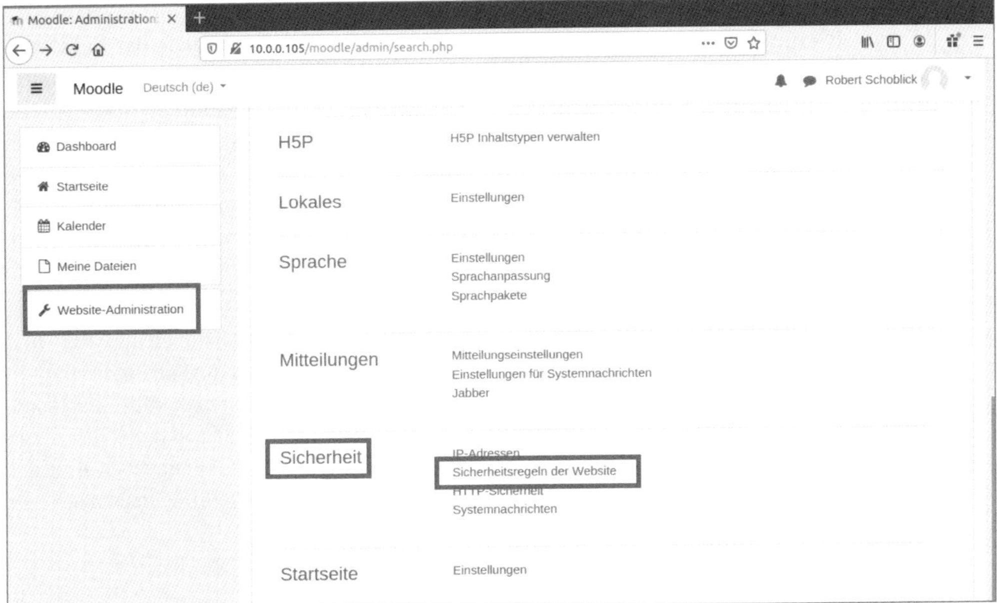

Bild 5.19 Die Kennwortregeln werden nicht im Bereich *Benutzer/innen* bearbeitet. Sie gehören zu den *Sicherheitsregeln der Webseite!*

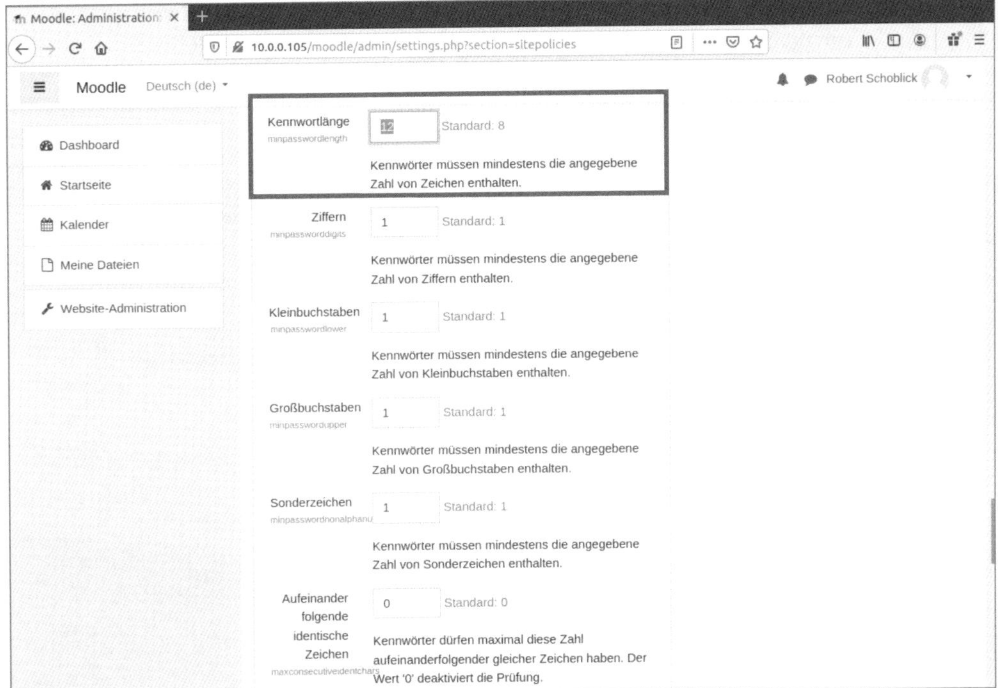

Bild 5.20 Die Erhöhung der Mindestanzahl von Zeichen für das Kennwort erschwert Brute-Force-Attacken.

Auch wenn Kennwörter einen direkten Bezug zu Benutzerinnen und Benutzern haben, so haben sich die Entwickler der Moodle-Plattform entschlossen, die Vorgabe der Kennwortregeln in die Sicherheitsregeln der Webseite zu verlegen. Dieser Bereich ist sehr komplex. So kann beispielsweise festgelegt werden, ob es Suchmaschinen erlaubt ist, die Seiten zu indizieren und dann in den Ergebnissen darauf zu verweisen. Das betrifft zum Beispiel auch einen „Gastzugang" von Suchmaschinen. Auch Speichergrößen, wie zum Beispiel der Speicherplatz für die persönliche Dateiablage kann (und sollte bei begrenztem Systemspeicherplatz und hoher Auslastung) begrenzt werden. In diesem Abschnitt sollen jedoch die Kennwortstrukturen im Fokus stehen. Die Administration kann hier einen ganz erheblichen Beitrag zur Sicherheit des Moodle-Systems leisten.

Werden zusätzlich Umlaute und Sonderzeichen zu Ziffern und Buchstaben in Groß- und Kleinschreibung beim Anmeldenamen erlaubt, dann erweitert dies natürlich die Freiheit in der Gestaltung eines Benutzernamens, kann jedoch auch zu Problemen führen. Moodle führt hier zum Beispiel deutsche Umlaute wie ä, ö und ü an, die nicht Teil eines jeden Zeichensatzes sind. Grundsätzlich zugelassen sind Unterstrich, Punkt, Bindestrich und das Zeichen „@". Aus diesen Gründen ist die Option in der Standardeinstellung deaktiviert.

Auch der Anmeldename ist sicherheitsrelevant!

Die Bedeutung des Anmeldenamens ist vielen nicht bewusst. Wer zwar nicht im Besitz des Kennworts ist, dafür aber den Anmeldenamen kennt, kann durch gezielte mehrfache Falscheingabe einer Benutzerin bzw. einem Benutzer für eine gewisse Zeit den Zugang zum Moodle-System verwehren! Im Ausbildungs- und Schulbereich gehören „Streiche" zum guten Umgangston der Lernenden! Passiert dies zu einem Prüfungstermin, kann dies mit administrativen Unannehmlichkeiten verbunden sein.

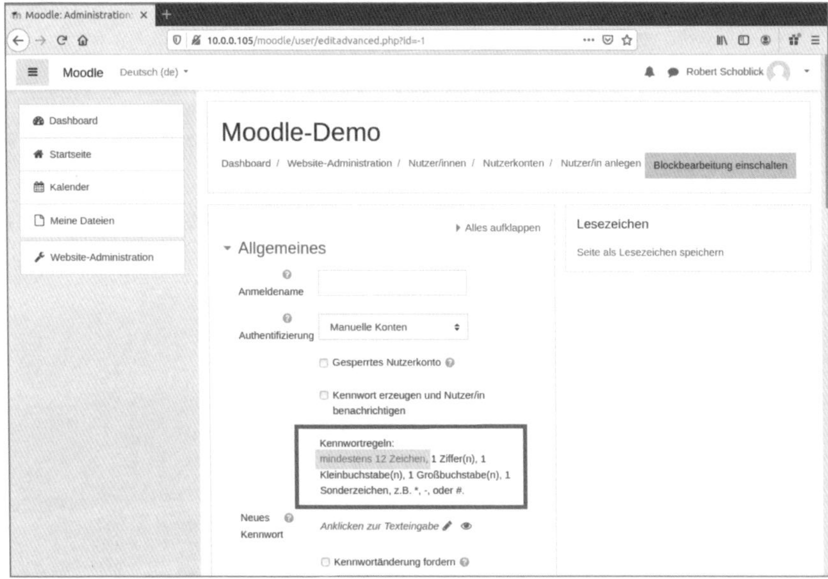

Bild 5.21 Die Festlegung der Regeln wird im System auch automatisch in den Eingabeanweisungen umgesetzt. Eine zusätzliche Änderung in den Texten ist nicht erforderlich.

Die Problematik, dass absichtliche Fehleingaben von Zugangsdaten zur Sperre eines Benutzerkontos führen können, muss Lehrenden bewusst sein. Lernende sind oft noch in einer charakterlichen Reifephase und so gehören Scherze und Streiche zum Schulalltag dazu. Auf eine Reaktion permanenter Falscheingaben zu verzichten, würde allerdings ein gravierendes Sicherheitsproblem darstellen. In diesem Fall könnten Algorithmen gezielt ausgewählte Benutzerinnen und Benutzer angreifen und durch permanentes Ausprobieren des Kennworts Zugriff auf das Konto erlangen und dessen Identität übernehmen.

In der Standardeinstellung ist die *Schwelle zur Kontosperrung* ausgeschaltet. Ein beliebter Grenzwert sind drei Fehlversuche. Dies ist beispielsweise bei Bankkarten an Geldautomaten ein geläufiger Wert. Es erfüllt aber bei einem gut gewählten Kennwort auch den gewünschten Sinn, die Schwelle großzügig zu bemessen. So kann man durchaus zehn oder 20 Fehlversuche einräumen.

Neben der Höchstgrenze von maximal tolerierten Fehlversuchen können auch zeitliche Grenzwerte festgelegt werden. Mit der ersten Fehleingabe eines Passworts startet ein Kontrollzeitraum. Innerhalb dieser Zeit werden die Fehleingaben gezählt. Werden die richtigen Zugangsdaten eingegeben oder erfolgt ein weiterer Login-Versuch nach Ablauf dieses Kontrollzeitraumes, so beginnt die Zählung von Neuem. Die Standardeinstellung ist hier 30 Minuten.

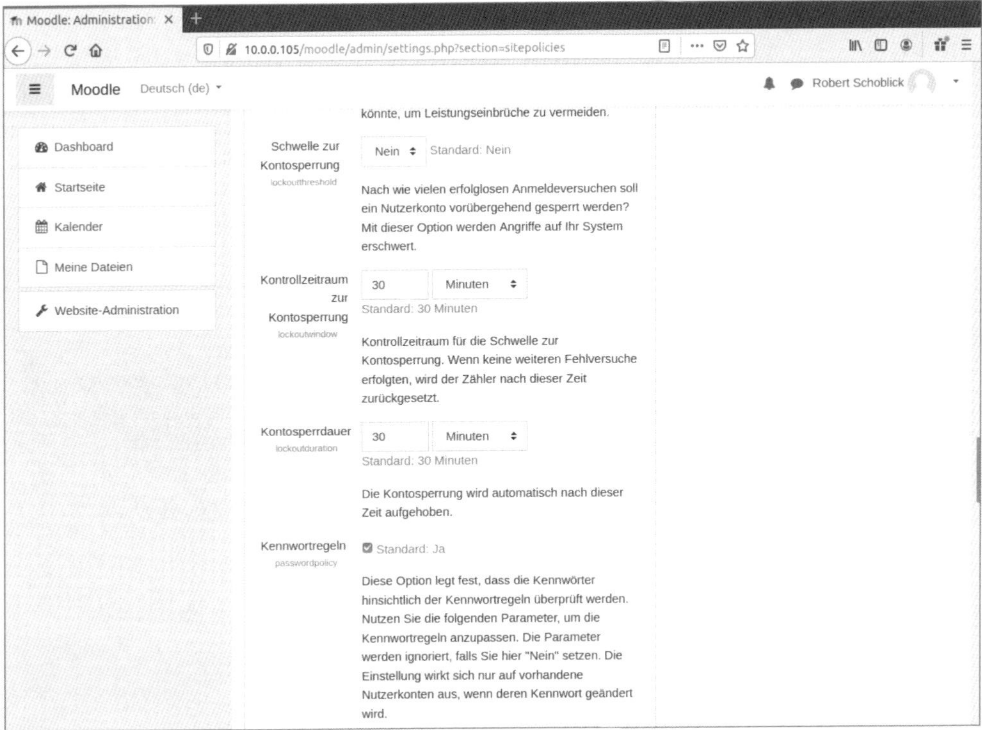

Bild 5.22 Innerhalb des Kontrollzeitraums werden die Fehlversuche bei der Anmeldung gezählt. Erfolgt bis zum Ablauf des Kontrollzeitraums kein Anmeldefehler, wird der Zähler zurückgesetzt. Die Kontosperrdauer legt fest, nach welchem Zeitraum ein durch Fehlanmeldungen gesperrtes Konto wieder freigegeben wird.

Die Sicherheit steigert nicht nur ein kompliziertes und langes Kennwort, sondern auch dessen Einmaligkeit. Da viele Menschen versuchen, den Lernaufwand für Kennwörter gering zu halten, neigen sie zu bereits verwendeten Kennwörtern. Dies ist ein großes Risiko, denn wenn ein solches Passwort kompromittiert wurde, könnte es durchaus in einer Art „Dictionary Attack[6]" verwendet werden, um den Zugang zu knacken. Auch besteht ein Risiko, wenn andere Personen die Kennwortvorlieben eines Menschen kennen, weil das Kennwort möglicherweise auch in anderen Systemen verwendet wird.

Die Systemsicherheit und die der Benutzerin bzw. des Benutzers werden verbessert, wenn die mehrfache Verwendung eines Kennworts verhindert wird. Um die Einschränkung nicht zu sehr zu übertreiben, kann eine Anzahl für Kennwortänderungen definiert werden, nach der eine erneute Nutzung wieder möglich wird.

Begrenzte Wirkung!

Die Verhinderung einer erneuten Kennwortnutzung funktioniert ausschließlich bei einer lokalen Authentifizierung, weil die Hash-Werte der Kennworte ausschließlich in einer lokalen Datenbank gespeichert werden. Externe Authentifizierungsverfahren können mit dieser Einschränkung nicht belegt werden, weil die administrative Verantwortung nicht im Bereich des Moodle-Systems liegt. ■

Wird allerdings die Zahl der zulässigen Fehlversuche erreicht, geht das Moodle-System von einem Angriff auf das Benutzerkonto aus und sperrt dieses komplett. Während der Kontosperre ist auch mit der Eingabe des korrekten Kennworts keine Anmeldung am System mehr möglich. Die Länge dieser Sperre kann von der Administration eingestellt werden. Auch hier ist der Standardwert bei 30 Minuten voreingestellt. Es lassen sich jedoch beliebige Vorgaben im Bereich weniger Sekunden bis hin zu Wochen auswählen. Letzteres ist jedoch in der Regel nicht sinnvoll.

Keine Information für Hacker!

Nach mehrmaligen Falscheingaben wird auch mit den richtigen Zugangsdaten keine Anmeldung am System möglich sein. Moodle wird auch in diesem Fall grundsätzlich mitteilen, dass die Zugangsdaten falsch sind. Hier soll mit Absicht kein positives „Feedback" an einen eventuellen Angreifer gesendet werden. Erst nach Ablauf der Sperrzeit ist eine Anmeldung wieder möglich. ■

---

6 Wörterbuch-Angriff – anstatt Zeichen für Zeichen beim Versuch, ein Passwort zu knacken, auszutesten, versuchen Angriffsalgorithmen existierende Wörter und Wortgruppen als Kennwort zu verwenden. Eine Variante dieser Methode ist es, bei bekannten Opfern Begriffe auszuprobieren, die einen persönlichen Bezug haben. Beispiele sind Geburtstage, Namen von Freunden und Verwandten sowie von Haustieren etc.

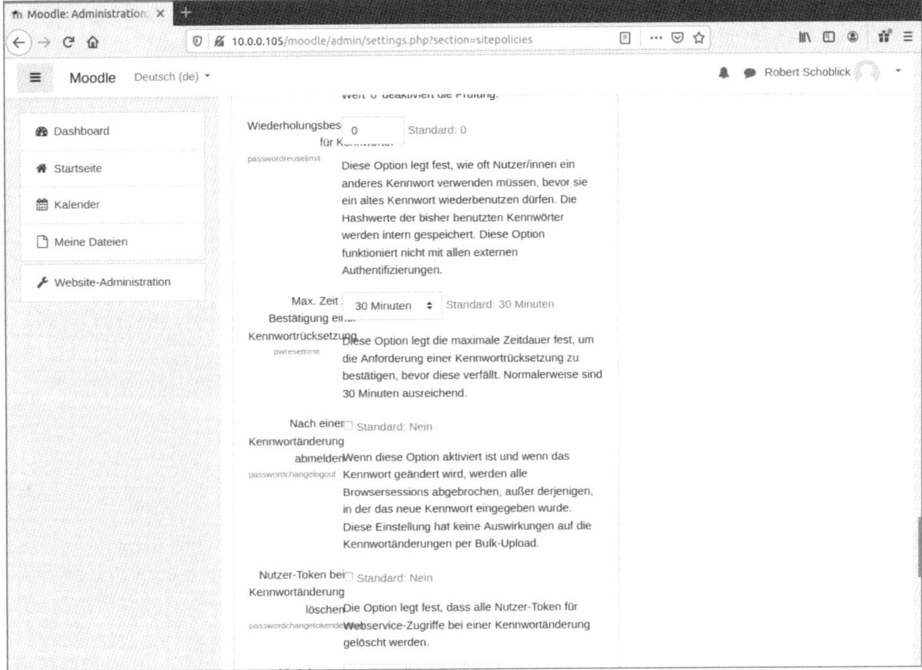

Bild 5.23 Wer merkt sich schon gerne neue Passwörter? Besonders unbeliebt ist es, für verschiedene Portale unterschiedliche Kennwörter zu haben. Dennoch ist es sicherheitstechnisch grundsätzlich zu empfehlen, mit Gewohnheiten zu brechen und individuelle Passwörter ohne „Vergangenheit" zu erzwingen.

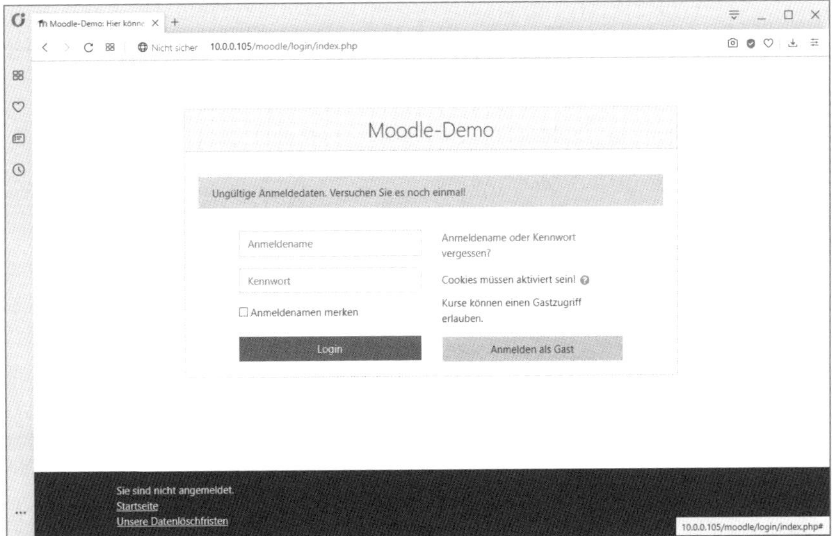

Bild 5.24 Das kann schon mal passieren: Der Anmeldename oder das Kennwort wurden falsch geschrieben. Passiert dieser Fehler aber zu oft hintereinander, ist eine Anmeldung nicht mehr möglich. Aus Sicherheitsgründen wird die Benutzerin bzw. der Benutzer darüber *nicht* in der Anmeldeseite informiert!

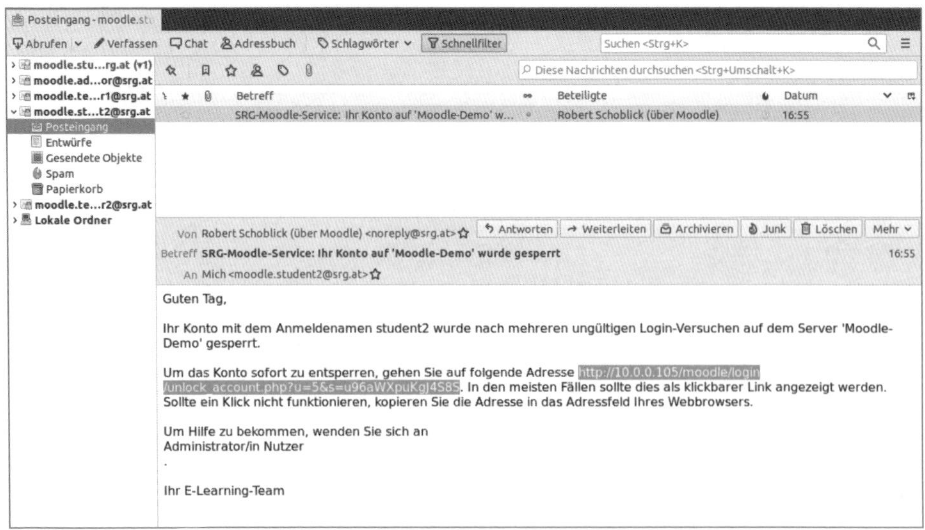

Bild 5.25 Im Fall einer Fehleingabe sendet Moodle einen Link zum Entsperren des Benutzerzugangs. Doch Achtung: Wenn der Link direkt anklickbar ist, sollte zuvor geprüft werden, ob er auch tatsächlich zur regulären Moodle-Adresse führt!

Wenn das Moodle-Konto aufgrund von Fehleingaben gesperrt wurde, kann die Benutzerin oder der Benutzer die im System programmierte Wartezeit verkürzen. Dazu sendet Moodle automatisch eine E-Mail an die betroffene Benutzerin bzw. den betroffenen Benutzer. Diese E-Mail enthält einen Link mit einem Entsperr-Code. Die Auswahl dieses Links führt auf die Anmeldeseite, über die nun wieder – mit den richtigen Zugangsdaten – eine Anmeldung erfolgen kann.

Den E-Mail-Text ändern?

Der Text der E-Mail kann individuell und persönlicher gestaltet werden. Dazu muss der entsprechende Eintrag im Sprachpaket bearbeitet werden. Dieses ist über die Moodle-Website-Administration zugänglich:

Website-Administration – Sprache – Sprachanpassung – Filtertexte

Hier wird in der Komponenten-Rubrik *core – admin.php* gesucht:

lockoutemailbody

Es kann durchaus passieren, dass Benutzerinnen bzw. Benutzer des Systems die Abweisung der Anmeldung nicht verstehen. Besonders dann nicht, wenn sie sich – nach Überschreiten der maximalen Anzahl der Login-Versuche – „sicher sind“, die richtigen Zugangsdaten eingegeben zu haben. Hier kann die Administration Aufklärung liefern. Die Moodle-Systemverwalterin bzw. der Systemverwalter können das betreffende Benutzerprofil einsehen. Dies ist in der Website-Aministration im Abschnitt *Nutzer/innen – Nutzerkonten* in den *Benutzerlisten* (vgl. Abschnitt 5.4) möglich. Hier lassen sich gezielt Profile aufrufen.

Die Administration hat eine erweiterte Ansicht des Dashboards und kann vielseitige Berichte einsehen. Dies betrifft auch die sogenannten *„Log-Daten"*. Hier sind alle von der betreffenden Benutzerin bzw. dem Benutzer verursachten Ereignisse aufgelistet. Das betrifft auch Fehlversuche bei der Anmeldung (Error ID '3') und Sperrzeiten nach wiederholter Fehleingabe (Error ID '4'). In Bild 5.26 ist ein solcher Fall dokumentiert. Für betroffene Benutzerinnen bzw. Benutzer gilt die Empfehlung, das E-Mail-Postfach zu prüfen und den Entsperr-Code zu aktivieren bzw. die Sperrzeit abzuwarten.

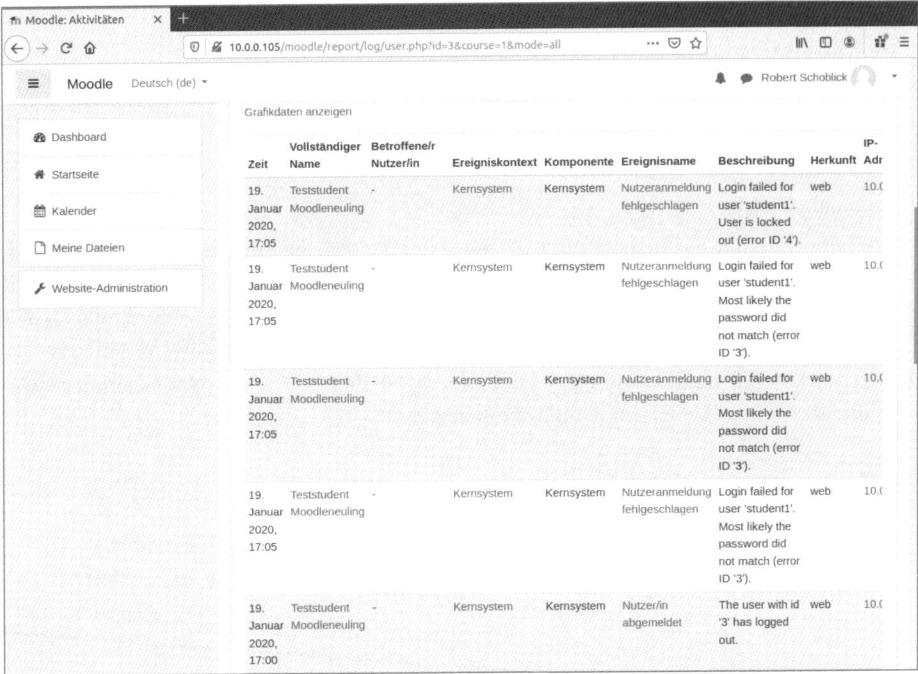

Bild 5.26 Die Administration kann in den Profilen der jeweiligen Benutzerinnen und Benutzer erkennen, ob fehlerhafte Zugangsversuche und infolge dessen eine Sperre erfolgten.

5.3 Benutzerprofile

Moodle ist eine Lernplattform, jedoch stellt diese Plattform innerhalb des Systems auch ein soziales Netzwerk dar, über das Lernende und Lehrende sich kennenlernen und über verschiedene Foren und über Nachrichten austauschen können. Damit trägt Moodle innerhalb einer in sich geschlossenen IT-Umgebung zu einer sicheren Kommunikation bei. Das Moodle-System ist hier eine vertrauenswürdige Umgebung, welche sich an die geltenden Gesetze zum Datenschutz zu halten hat.

Jede einzelne Benutzerin und jeder einzelne Benutzer ist Teil dieser Community und beschreibt sich selbst durch ein eigenes Profil. Dieses besteht aus verschiedenen Arten von Feldern:

- **Pflichtfelder:** Diese sind Vor- und Nachname sowie die E-Mail-Adresse. Diese Felder müssen ausgefüllt werden, wobei jedoch die E-Mail-Adresse auf Wunsch der Benutzerin bzw. des Benutzers bei der Ansicht der Profile verborgen werden kann.
- **Freiwillige Eingaben:** Hierzu gehören Stadt, Land, eine Beschreibung etc. Es obliegt der Benutzerin oder dem Benutzer, diese Felder mit Eingaben zu füllen oder diese Angaben nicht in Moodle zu veröffentlichen. Dies gilt auch für ein Nutzerbild.

Darüber hinaus ist das Profil der Benutzerinnen und Benutzer in verschiedene Bereiche aufgeteilt:

- Allgemeines
- Nutzerbild
- Weitere Namen
- Persönliche Interessen
- Optionale Einträge

Diese Bereiche sind die sogenannten *Standard-Profilfelder*. Sie sind bereits mit der Moodle-Installation eingerichtet. Ohne weitere Veränderung in den Definitionen lassen sich mit deren Hilfe bereits aussagekräftige Profile gestalten. Der Umfang der Standardfelder der Profile ist von der Administration nicht zu verändern. Das gilt auch für die Pflichtfelder.

Zusätzlich können *weitere Profilfelder* mit unterschiedlichen Eigenschaften definiert werden, die über den allgemeinen Standard hinausgehen.

Abweichung vom Standard

Bei der Verwendung „weiterer Profilfelder“ müssen am System arbeitende Kollegen auf diese Felder hingewiesen werden. In anderen Installationen sind diese Felder, deren Definition und deren Bedeutung unbekannt!

5.3.1 Standard-Profilfelder

Die in Moodle definierten Standard-Profilfelder können nicht aus dem System gelöscht werden. Darüber hinaus ist es möglich, die Veränderbarkeit einzelner Felder einzuschränken. Das ist beispielsweise bei den Realnamen sinnvoll, um Zuordnungspannen bei nicht elektronischen Bewertungen durch die Schuladministration zu verhindern.

Bei den Einschränkungen sind drei Optionen vorgesehen:

- *Bearbeitbar* – Benutzerinnen und Benutzer können das Feld ihres eigenen Profils frei bearbeiten und jederzeit den Inhalt des Felds verändern.
- *Bearbeitbar (wenn leer)* – Benutzerinnen und Benutzer können das Feld ihres eigenen Profils nur dann bearbeiten, wenn es noch leer ist. Bestehende Einträge sind nicht mehr zu verändern und fordern den Kontakt mit der Administration.
- *Gesperrt* – Felder, die mit dieser Einstellung belegt sind, können ausschließlich durch die Administration gefüllt und bearbeitet werden.

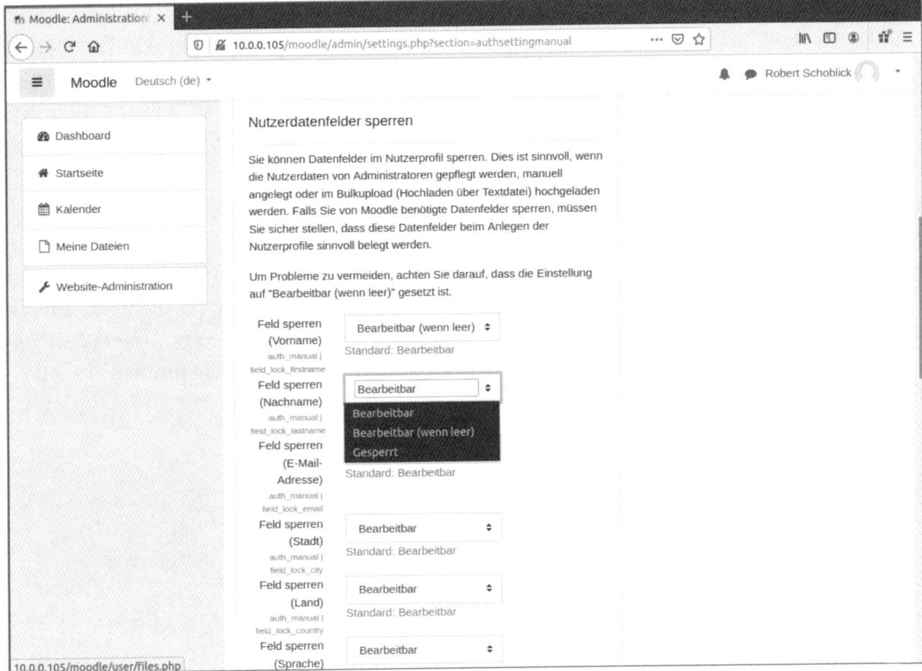

Bild 5.27 Ein gesperrtes Profilfeld kann von der Benutzerin bzw. dem Benutzer nicht geändert werden.

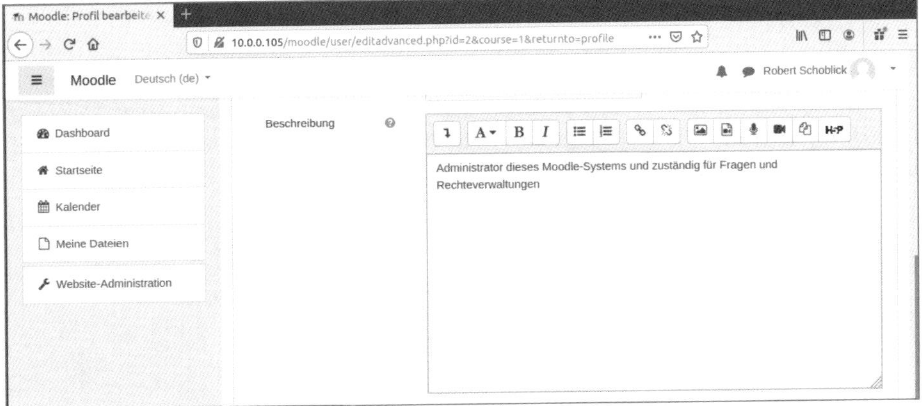

Bild 5.28 Ein frei beschreibbares Feld bietet die Möglichkeit, etwas über die eigene Person zu schreiben, was in keinem Feld abgefragt wird. In einer Lehrplattform ist es sinnvoll, hier etwas über die belegten Fächer und Kurse zu hinterlassen.

Die Einschränkung der Änderungsmöglichkeiten erfolgt in der *Website-Administration* im Abschnitt *Plugins/Authentifizierung/Manuelle Konten*. Eine Sperre der Veränderungsmöglichkeiten ist für die Felder sinnvoll, die ausschließlich durch die Administration bearbeitet und an die allgemeinen Personal- und Studierendenakten angepasst werden. Dies kann beispielsweise Referenzen zur Personal- oder Matrikelnummer betreffen.

Insbesondere ist dies beim sogenannten Bulk-Upload, also beim Hochladen gleich mehrerer Profile von Benutzerinnen und Benutzern aus einem externen Datenbestand in Form einer CSV[7]-Datei sinnvoll. Das gewährleistet die Kompatibilität von Moodle zu den externen Datenbeständen und erleichtert es Benutzerinnen und Benutzern aus der allgemeinen Verwaltung heraus in das Moodle-System zu integrieren. Zu den Details dieses Verfahrens vgl. Abschnitt 5.3.3.

Ein oft unterschätztes und doch nützliches Standardfeld ist die „Beschreibung“. An dieser Stelle können jede Benutzerin und jeder Benutzer etwas zur eigenen Person vermerken. Da es sich um eine Lernplattform handelt, bietet es sich an, etwas über fachliche Interessen in das Profil zu schreiben. So können sich Lernende untereinander austauschen und individuelle Lerngruppen bilden. Ähnlich sieht es aber für Lehrende aus, die mit diesem Feld die Möglichkeit haben, individuelle Mitteilungen (z.B. persönliche Sprechstunden, Angebote für Abschlussarbeiten, spezialisierte Fachgebiete etc.) zu deponieren.

Bearbeitungsrechte festlegen

Ob eine Benutzerin oder ein Benutzer einzelne Felder bearbeiten darf oder nicht, wird in den Einstellungen der Authentifizierungs-Plugins für *Manuelle Konten* festgelegt:

Website-Administration - Plugins - Authentifizierung - Manuelle Konten

5.3.2 Weitere Profilfelder

Neben den Standard-Profilfeldern können weitere Felder für das Profil vorgesehen werden. Diese Felder sind selbstverständlich nur Bestandteil der Profile in dieser einen Lernplattform. Das muss beachtet werden, wenn einmal Lernplattformen zusammengeführt oder in andere Systeme übernommen werden.

Festlegung weiterer Profilfelder

Die Festlegung weiterer Profilfelder erfolgt im Bereich *Nutzer/innen* in der Website-Administration:

Website-Administration - Nutzer/innen - Profilfelder

Weitere Profilfelder können in verschiedenen Arten definiert werden:

- Datum- und/oder Zeitfeld
- Dropdown-Menü
- Markierungsfeld

[7] CSV steht für Comma Separated Values - durch Kommata getrennte Werte. Es handelt sich um eine reine Textdatei. In der ersten Zeile werden - durch Kommata getrennt - die Spaltenüberschriften (Felder im Datensatz) und in den weiteren Zeilen - ebenfalls durch Kommata getrennt - die Werte der einzelnen Datensätze geschrieben.

- Textbereich
- Texteingabe

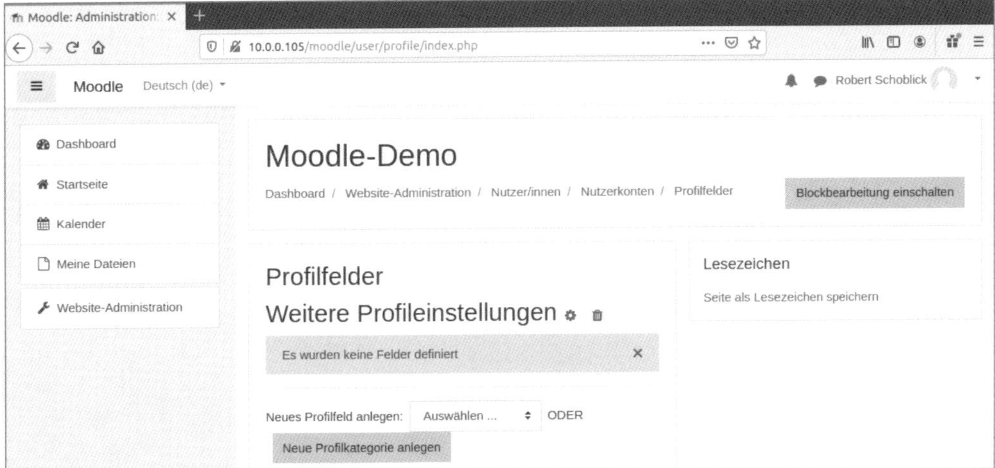

Bild 5.29 Das Profil kann um verschiedene weitere Profilkategorien und darin um weitere Datenfelder ergänzt werden.

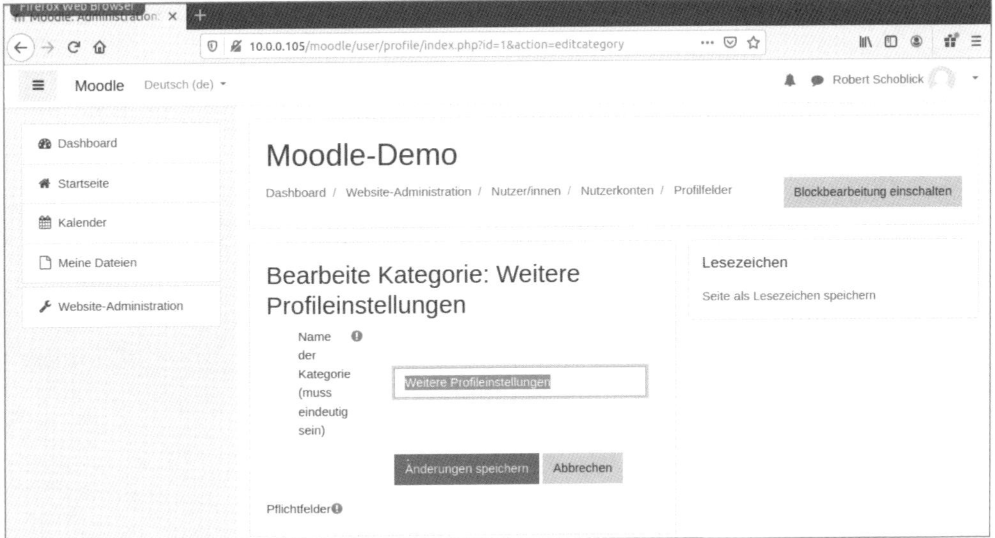

Bild 5.30 Den „weiteren Profilkategorien" kann jeweils ein individueller Name zugewiesen werden.

Es lassen sich verschiedene Profilkategorien anlegen und innerhalb dieser Kategorien verschiedene Datenfelder einrichten. Jedes Datenfeld kann mit individuellen Eigenschaften versehen werden. Das betrifft zum Beispiel die Sichtbarkeit des Felds (grundsätzlich sichtbar für alle, nicht sichtbar oder nur für Teilnehmer/innen sichtbar).

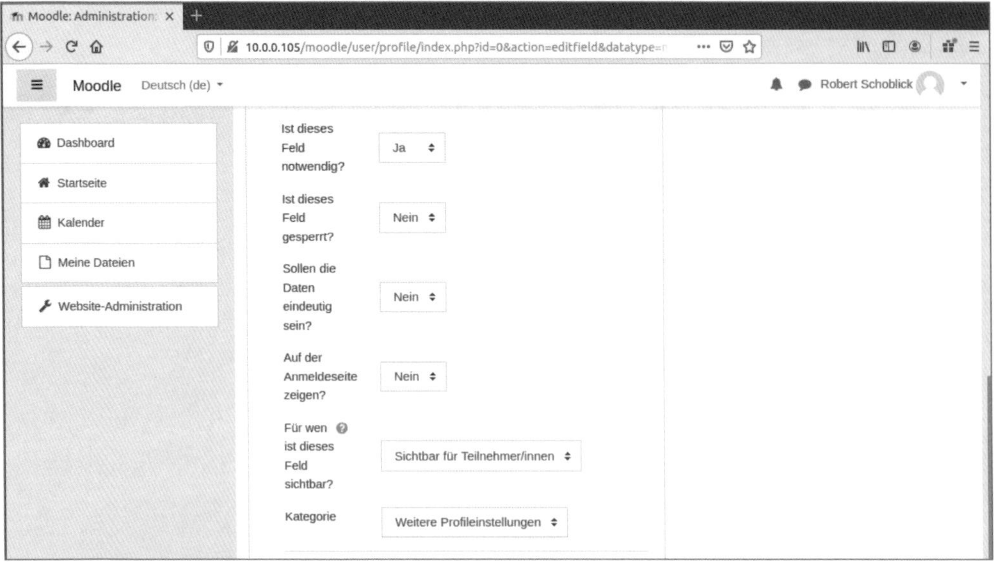

Bild 5.31 Für jedes ergänzende Profilfeld können Regeln festgelegt werden. Unter anderen kann die Sichtbarkeit des Felds auf bestimmte Benutzergruppen eingeschränkt werden.

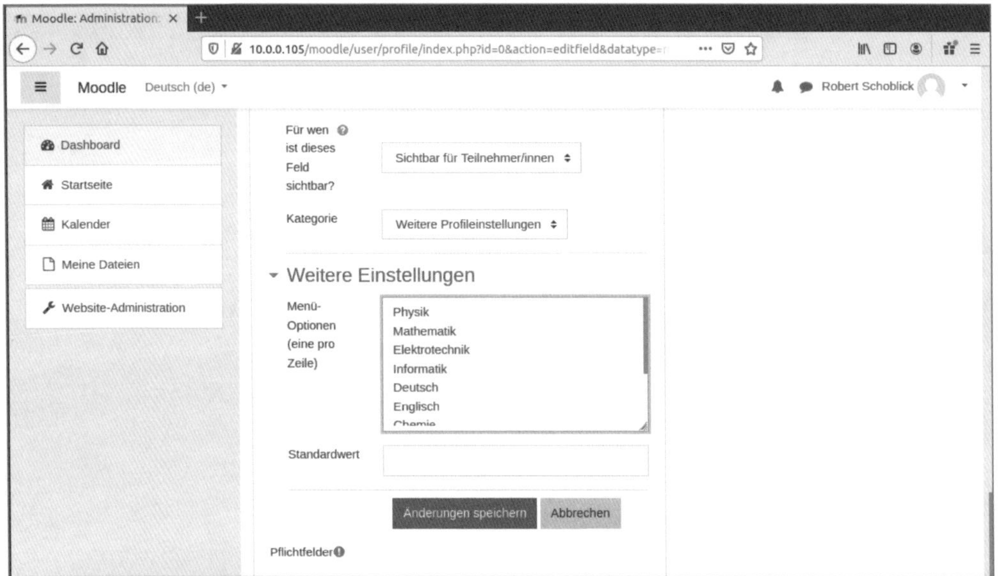

Bild 5.32 Für die Definition eines Drop-down-Menüs werden die Menüeinträge zeilenweise in das Optionsfeld eingetragen.

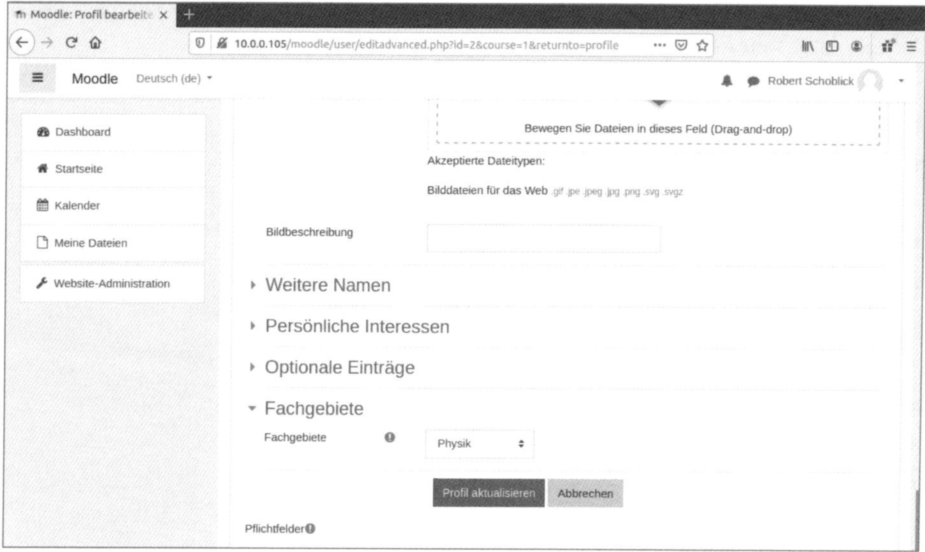

Bild 5.33 Im Profil erscheint nun das neue Feld in der festgelegten Kategorie mit den gewählten Eigenschaften.

5.3.3 Benutzerprofile per Bulk-Upload einrichten

Sollen mehrere Benutzerinnen und Benutzer gemeinsam in das System aufgenommen werden, stellt dies über die gängigen Webformulare einen großen Arbeits- und Zeitaufwand dar. Wenn die Basisdaten wie Namen und E-Mail-Adressen bereits in einer anderen Datei vorliegen und damit bekannt sind, können sie in eine CSV-Datei – CSV steht für Comma Separated Values – exportiert werden.

Eine CSV-Datei kann beispielsweise aus Datenbanken oder aus einer Excel-Datei exportiert werden. Der Begriff „durch Kommata getrennt“ ist allerdings nicht zu genau zu nehmen, denn als Trennzeichen können auch andere Zeichen verwendet werden:

- Komma (,)
- Semikolon (;)
- Doppelpunkt (:)
- Tabulator (\t)

Eine Benutzerdatei, die alle Pflichtelemente (Benutzername, Vorname, Name, E-Mail-Adresse) enthält, zeigt das folgende Listing:

```
username,firstname,lastname,email
student4,Student 4,Bulkupload,moodle.student4@srg.at
student5,Student 5,Bulkupload,moodle.student5@srg.at
teacher3,Teacher 3,Bulkupload,moodle.teacher3@srg.at
```

Die Datei wird im UTF-8-Format gespeichert. Wenn ein anderer Zeichensatz gewählt wird, muss dieser auf jedem Fall beim Upload im Feld *Encoding* richtig eingestellt werden. Sonst kann Moodle die Informationen nicht richtig zuordnen. Als Trennzeichen wurde hier das

Komma gewählt. In Deutschland und in Österreich sind allerdings auch das Semikolon oder der Tabulator sehr gebräuchlich. Dies kann also frei festgelegt werden.

Für die Moodle-Profilfelder gibt es folgende Spaltenbezeichnungen

- username,
- email,
- firstname,
- lastname,
- idnumber,
- institution,
- department,
- phone1,
- phone2,
- city,
- url,
- icq,
- skype,
- aim,
- yahoo,
- msn,
- country

In einer CSV-Datei können auch zusätzlich deklarierte Profilfelder berücksichtigt werden. Beispiele sollen die zuvor deklarierten „weiteren Profilfelder" sein. Zur Erinnerung: Für den Namen des Felds wurden eine eindeutige Kurzbezeichnung und ein erklärender Name definiert. Die Kurzbezeichnung ist die interne Bezeichnung des Felds, wie sie auch als Teil der Spaltenbeschriftung in der CSV-Datei verwendet wird. Eingeleitet werden die Spaltennamen für die weiteren Profilfelder mit *profile_field_*.

Die im Beispiel erzeugten neuen Profilfelder haben die Kurzbezeichnungen „Fachgebiete" und „Themenangebote". Damit setzen sich die CSV-Spalten für diese beiden Profilfelder wie folgt zusammen:

- profile_field_Fachgebiete
- profile_field_Themenangebote

Wie heißen die Profilfelder im eigenen Moodle-System?

Es ist möglich, die im Moodle-System gespeicherten Profile als CSV-Datei zu exportieren. Auch diese Datei wird in ihrer ersten Zeile die Spaltenüberschriften enthalten, die für den Upload von Benutzerprofilen verwendet werden können. Ausführlich beschreibt Abschnitt 5.4.3 den Download der Profile.

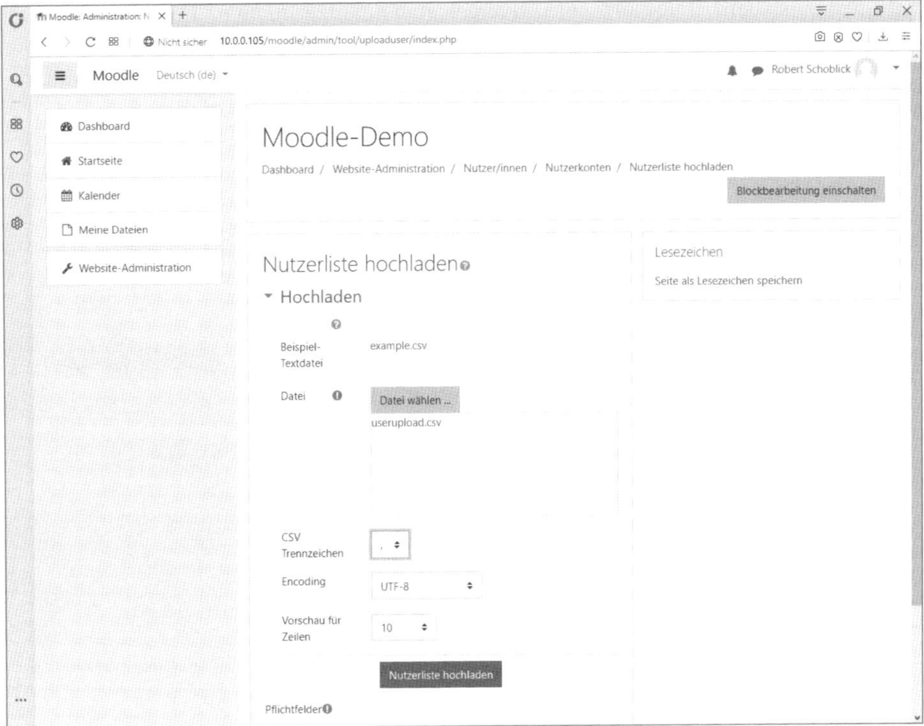

Bild 5.34 Beim Hochladen einer Benutzerdatei im CSV-Format muss sichergestellt sein, dass sowohl der Zeichensatz als auch das in der Datei verwendete Trennzeichen den Einstellungen entsprechen.

Moodle liest die Daten Zeile für Zeile aus und ordnet die Informationen den jeweiligen internen Feldern zu. Diese sind in der CSV-Datei in der ersten Zeile deklariert.

Mit dem Hochladen der Datei allein ist der Vorgang jedoch noch nicht abgeschlossen, denn es können Benutzerinnen oder Benutzer bereits vorhanden sein. Es muss also festgelegt werden, wie mit Duplikaten umzugehen ist. Natürlich müssen auch die neuen Benutzerinnen und Benutzer eigene Zugangsdaten mit einem sicheren Kennwort haben. Diese Kennwörter werden in Moodle automatisch erzeugt. Sie werden also nicht mit der CSV-Datei hochgeladen, weil dies ein Sicherheitsproblem darstellen würde. Stattdessen wird den neuen Benutzerinnen und Benutzern ein Zufallskennwort per E-Mail zugeschickt, welches diese bei der ersten Anmeldung individuell ändern müssen.

Authentifizierung neuer Benutzerinnen und Benutzer

Es ist zu empfehlen, Benutzerinnen und Benutzern ein automatisch generiertes Kennwort per E-Mail zuzusenden, was zwangsweise bei der ersten Anmeldung zu ändern ist. Auf diese Weise wird ein hohes Maß an individueller Sicherheit erreicht. ■

Natürlich muss der Datenschutz der neu angelegten Benutzerinnen und Benutzer beachtet und respektiert werden. Man kann die Ansicht der E-Mail-Adresse grundsätzlich oder nur für Kursteilnehmer sichtbar machen oder unterbinden. Im letzteren Fall haben nur administrative Mitglieder des Systems Zugriff auf diese Information.

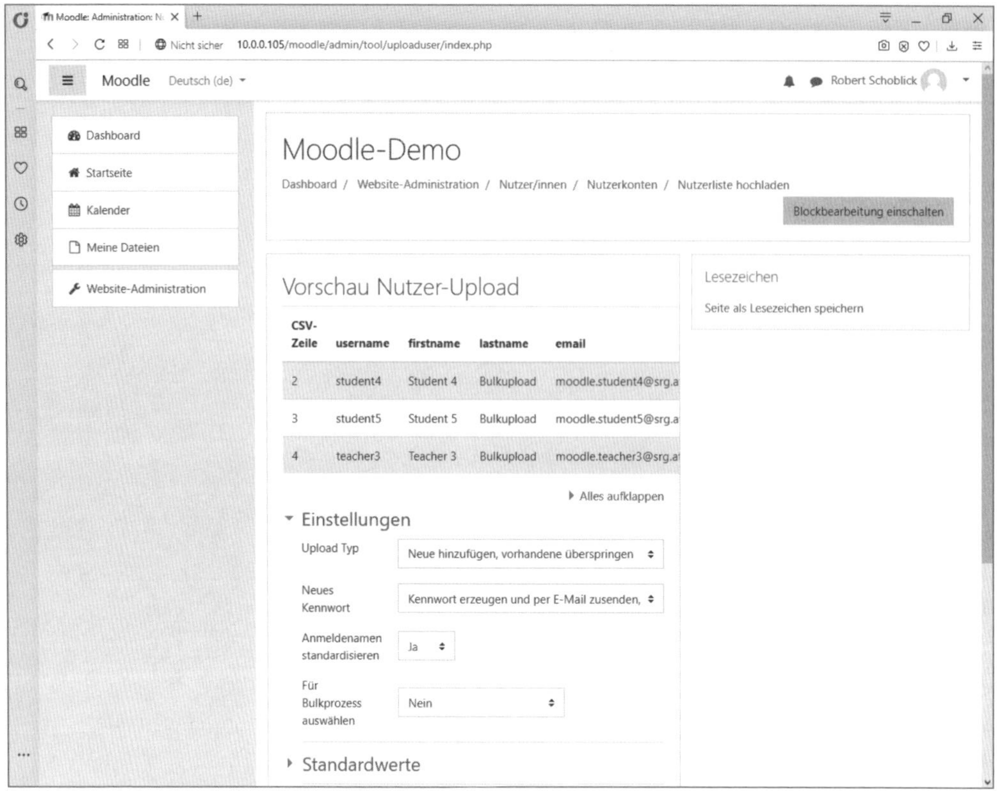

Bild 5.35 Wenn die CSV-Datei in das System geladen wurde, muss festgelegt werden, wie mit bereits vorhandenen Benutzern verfahren werden soll und wie ein neues Kennwort erzeugt wird.

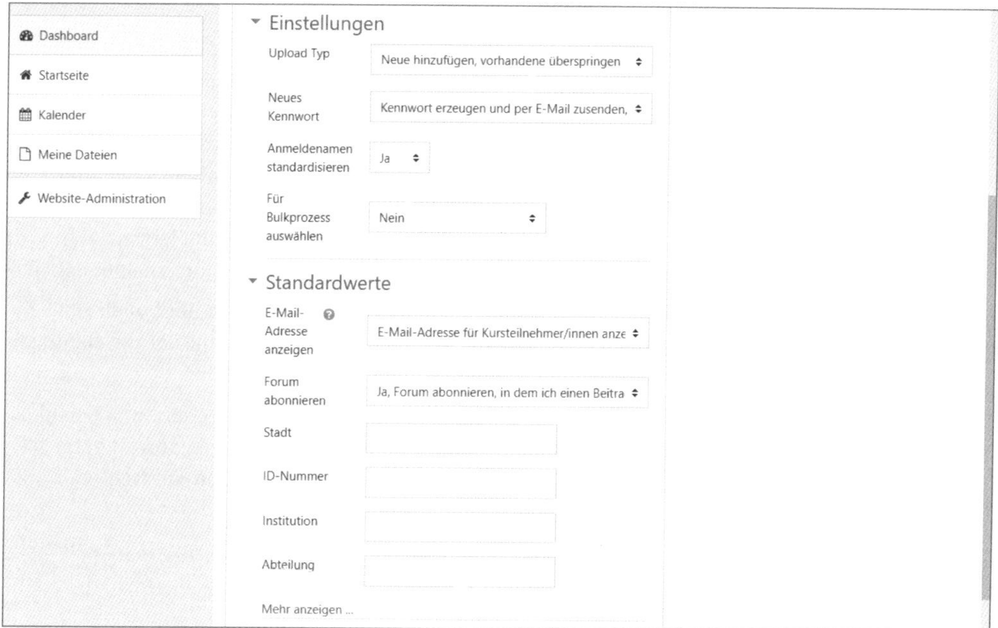

Bild 5.36 Es wird nicht nur festgelegt, ob ein Kennwort erzeugt und per E-Mail an die Benutzerin bzw. den Benutzer verschickt wird. Auch die Anzeige der E-Mail-Adresse kann eingeschränkt werden.

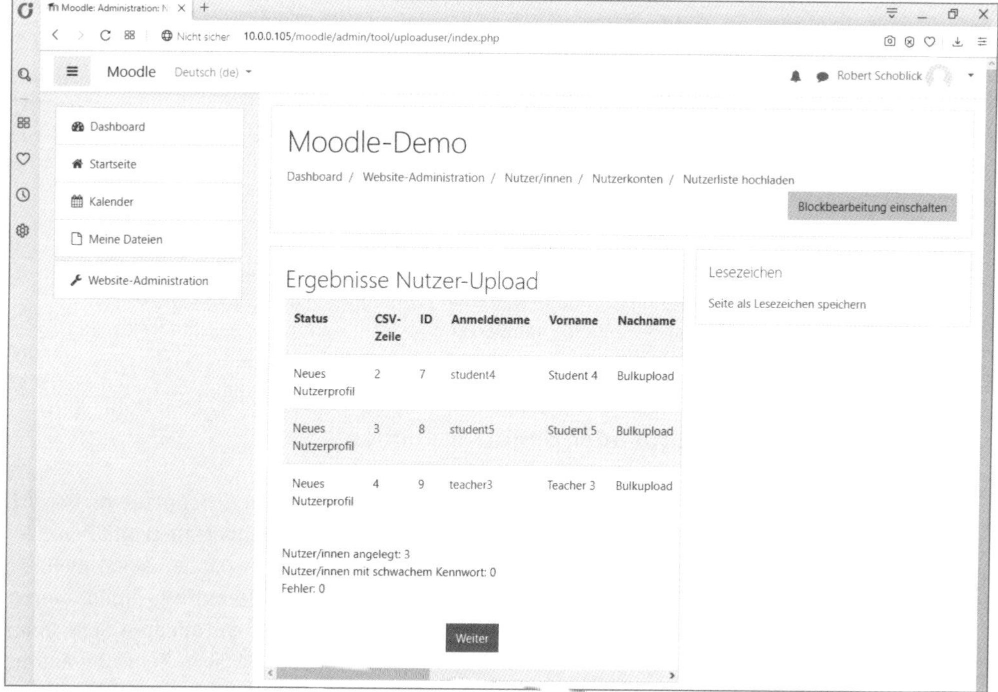

Bild 5.37 Das Ergebnis des Bulk-Uploads wird statistisch angezeigt. Hier kann die Administration überprüfen, ob wirklich alle Profile angelegt wurden.

5.4 Benutzerlisten

Ob die neuen Benutzerinnen und Benutzer im System „angekommen“ sind und ob sie bereits aktiv waren, lässt sich durch einen Blick in die *Benutzerlisten* feststellen. Die Benutzerliste ist ein sehr wichtiges Werkzeug für die Administration. Hiermit lässt sich feststellen, wann welche Benutzerin und welcher Benutzer zuletzt online waren und ob diese Personen überhaupt Moodle nutzen. In Bild 5.38 wird ersichtlich, dass die im letzten Abschnitt neu angelegten Benutzerinnen und Benutzer sich noch nie im System angemeldet haben.

Diese Benutzerliste ist der Abschluss des Bulk-Uploads. Sie lässt sich aber auch über die Website-Administration aufrufen. Im Register *Nutzer/innen* ist der Link auf die Benutzerlisten gleich ganz oben im Abschnitt *Nutzerkonten* zu finden.

Die einzelnen Profile lassen sich von der Administration gezielt bearbeiten, was beispielsweise wichtig ist, wenn eine Benutzerin oder ein Benutzer das Zugangskennwort vergessen hat. Die Administration kann allerdings auch Benutzer vorübergehend sperren oder vollständig aus dem System entfernen.

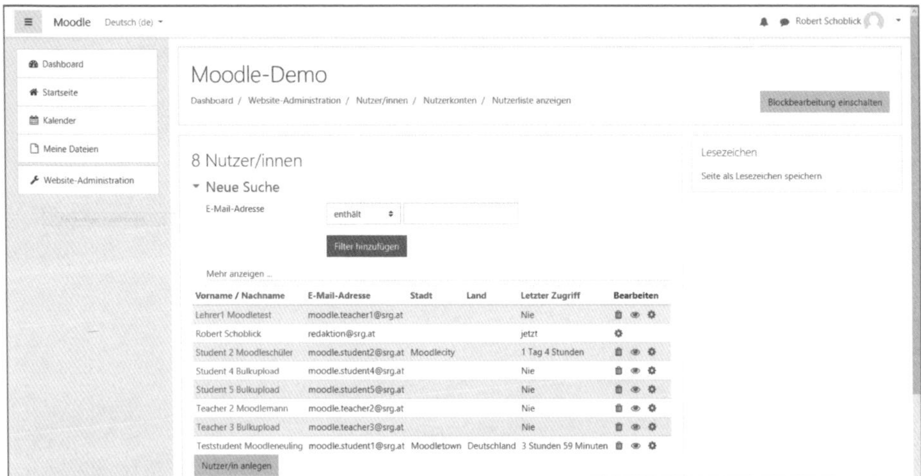

Bild 5.38 In der Benutzerliste hat die Administration Zugriff auf alle im System registrierten Benutzerprofile und kann einzelne Profile vorübergehend deaktivieren oder vollständig löschen.

5.4.1 Nach Benutzerin oder Benutzer suchen

In diesem Testsystem sind gerade einmal acht Benutzerinnen und Benutzer registriert. Natürlich werden Moodle-Systeme in der Praxis weitaus mehr Benutzerinnen und Benutzer umfassen. In Schulen existieren schnell mehrere hundert, in Universitäten sogar mehrere tausend Personen im System, die einen aktiven Zugang besitzen. Hier gibt es einen Interessenskonflikt, denn viele Benutzerprofile bremsen das System. Auf der anderen Seite muss Absolventen auch die Möglichkeit gegeben werden, über einen gewissen Zeitraum auf die eigenen Arbeitsleistungen zugreifen zu können. Möglicherweise ist auch aus rechtlicher

Sicht eine Dokumentationspflicht gegeben. Der Umfang der Benutzerliste kann also schnell sehr große Ausmaße erreichen.

Die Benutzerliste bietet einige Möglichkeiten, den Umfang der Darstellung einzugrenzen. So kann beispielsweise gezielt nach der E-Mail-Adresse oder Teilen davon gesucht werden. Auch kann die Sortierung der Liste verändert werden: Ein Klick auf die Spaltennamen sorgt für eine Aufwärts- oder Abwärtssortierung in der betreffenden Spalte.

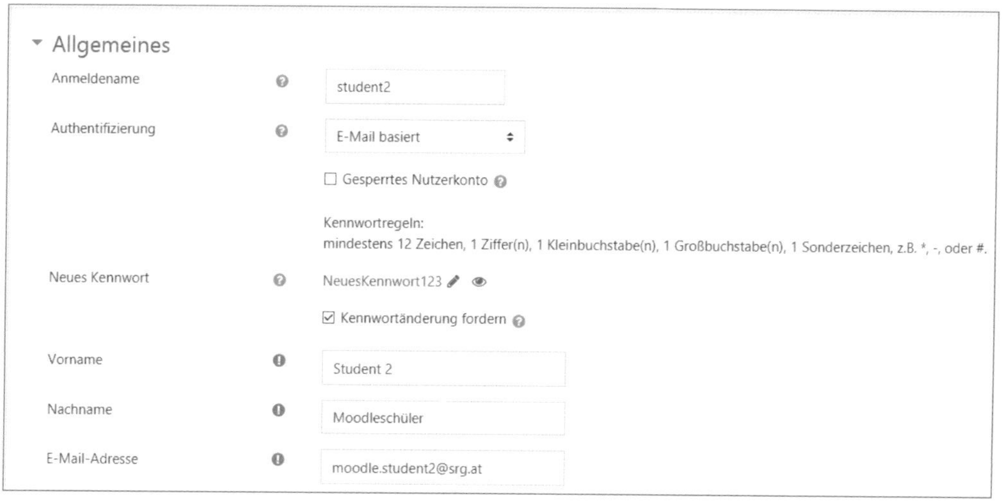

Bild 5.39 Die Administration weist einem – in der Benutzerliste ausgewählten – Benutzer ein neues Kennwort zu. Aus Sicherheitsgründen wird eine Änderung des Kennworts bei der ersten nun folgenden Anmeldung erzwungen.

5.4.2 Nach anderen Kriterien suchen

In Bild 5.38 ist unter „Neue Suche" ein Drop-down-Menü „E-Mail-Adresse enthält" zu sehen. E-Mail-Adressen können bei beliebigen Anbietern bezogen und mit Phantasienamen gestaltet werden. Sie sind also ein denkbar schlechtes Suchkriterium in einem hochkomplexen System. Ein anderes, möglicherweise sinnvolleres Suchkriterium muss an anderer Stelle im Bereich *Nutzerkonten – Nutzerverwaltung* eingestellt werden.

Es können gezielte Vorgaben für das Suchkriterium gemacht werden, wobei diese Kriterien nicht alleine auf die Profilfelder beschränkt sind. Interessant sind die Daten, welche die Nutzung zwangsweise begleiten wie die exakten Zugangszeiten in das System oder die dabei verwendete IP-Adresse. IP-Adressen sind gewissermaßen die Visitenkarte bei jeder Bewegung im Internet. Wird beispielsweise ein Zugang gehackt und missbraucht und sind hierbei sowohl die IP-Adresse als auch die Uhrzeit und das Datum bekannt, können sehr eindeutige Rückschlüsse auf den Anschlussinhaber und damit zu einer Person gemacht werden. Es gibt also eine begründete Chance, Störer im System zu ermitteln.

IP-Adressen sind wie Personalausweise – oder?

Eine ungefälschte IP-Adresse kann tatsächlich – einer persönlichen Visitenkarte vergleichbar – mit einer physischen Person in Verbindung gebracht werden, wenn dies legitimierte Ermittlungsbehörden veranlassen. Allerdings gibt es auch Netzwerke wie TOR[8], die Internet-Verbindungen über verschiedene Knotenpunkte mit ständig wechselnden IP-Adressen herstellen. Hier wird es schwierig, IP-Adressen zu personalisieren.

Im Fall eines Missbrauchs im System können Recherchen in den Nutzerprofilen durchaus auch zur Entlastung der registrierten Benutzerinnen und Benutzer beitragen. Identitätsdiebstahl ist ein weit verbreitetes Problem in digitalen Systemen. Angreifer erlangen hier oft durch Phishing Kenntnis von den Zugangsdaten ihrer Opfer. Die Auswertung dieser Daten eignet sich zudem zum Nachweis von Betrugsversuchen bei digitalen Prüfungen im Moodle-System.

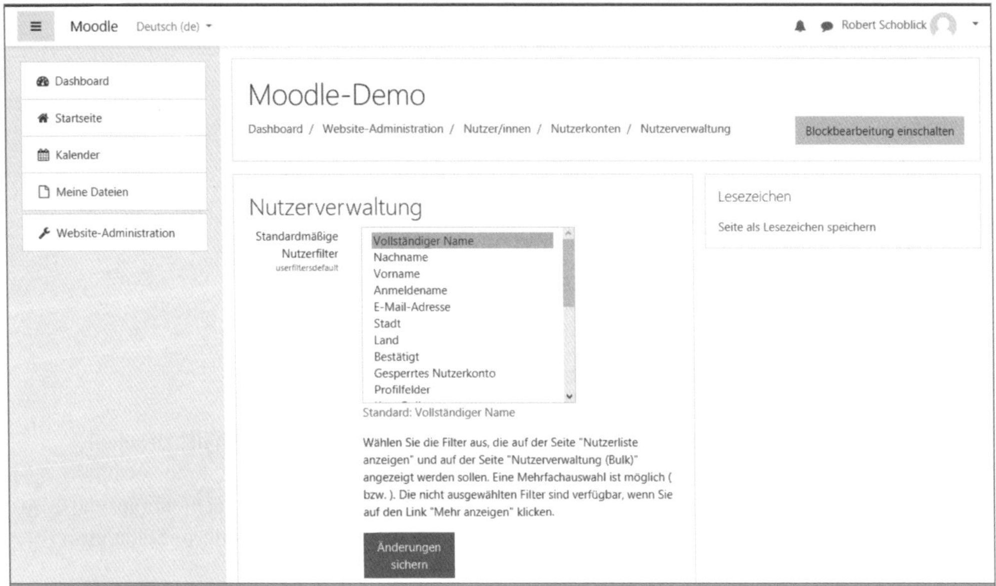

Bild 5.40 Für die Suche in der Nutzerliste muss ein Suchkriterium voreingestellt werden. Hierzu kommen alle Standard-Profilfelder, aber auch dynamische Daten wie zum Beispiel die verwendete IP-Adresse oder der letzte Zugriff etc. in Betracht.

[8] TOR steht als Abkürzung für „The Onion Routing“. Es bezeichnet das Prinzip des mehrschichtigen Datentransports über das Anonymisierungsnetzwerk *www.torproject.org.*

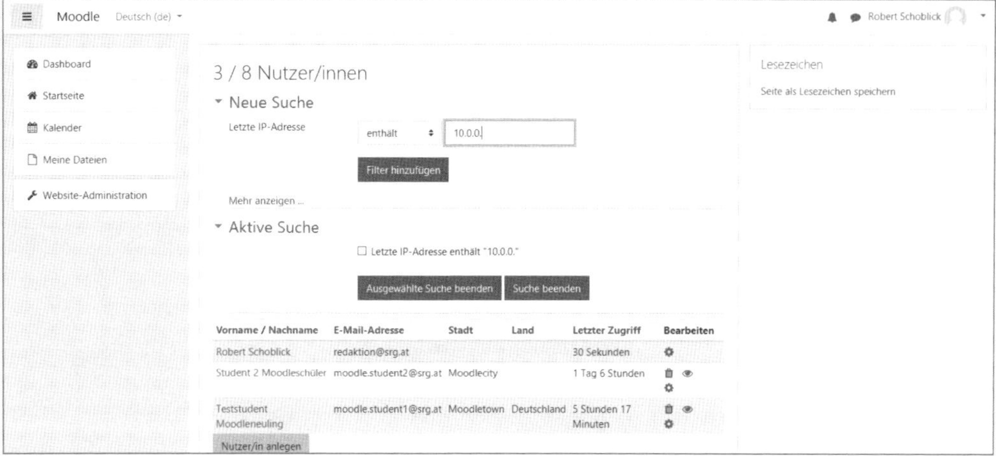

Bild 5.41 Hier wird nach Teilen einer zuletzt für den Zugriff verwendeten IP-Adresse gesucht. Damit können beispielsweise Störer ausfindig gemacht werden.

5.4.3 Benutzerverwaltung (Bulk)

Im Bereich *Website-Administration - Nutzer/innen - Nutzerkonten* findet man den Eintrag *Benutzerverwaltung (Bulk)*. In diesem Bereich können aus den mit dem Filterkriterium gefundenen Benutzerinnen und Benutzern gezielt Personen selektiert werden. Mit diesen Moodle-Teilnehmerinnen und -Teilnehmern können nun (blockweise) gemeinsame Aktionen durchgeführt werden:

- Bestätigen der Mitgliedschaft im System.
- Löschen aus dem System.
- Versenden einer E-Mail.
- Aufforderung zu einer Kennwortänderung.
- Anzeige auf einer Seite.
- Hinzufügen zu einer globalen Gruppe.

Hinweis:

Für dieses Beispiel wurde in der *Nutzerverwaltung* (Abschnitt 5.4.2) der *Standardmäßige Nutzerfilter* auf *Anmeldename* gesetzt.

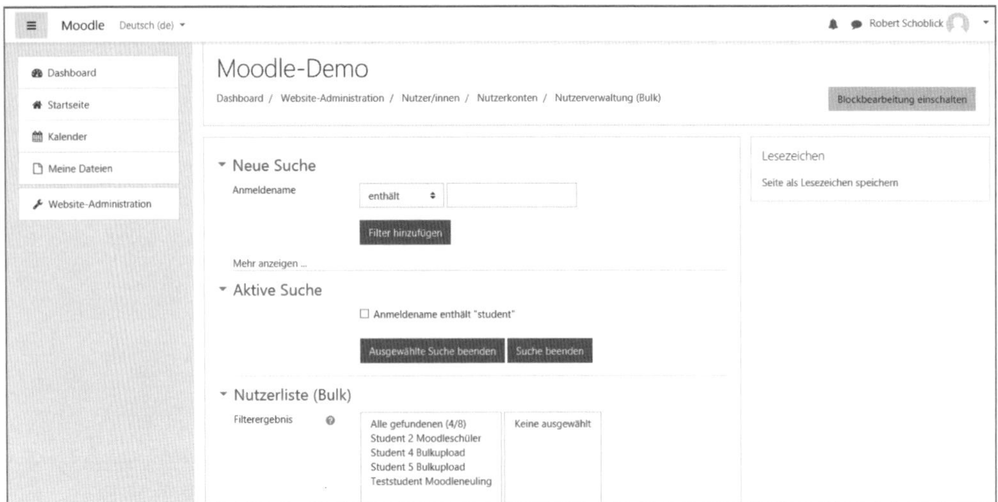

Bild 5.42 Hier wurden alle Benutzerinnen und Benutzer des Moodle-Systems gesucht, deren Anmeldename „student“ enthält.

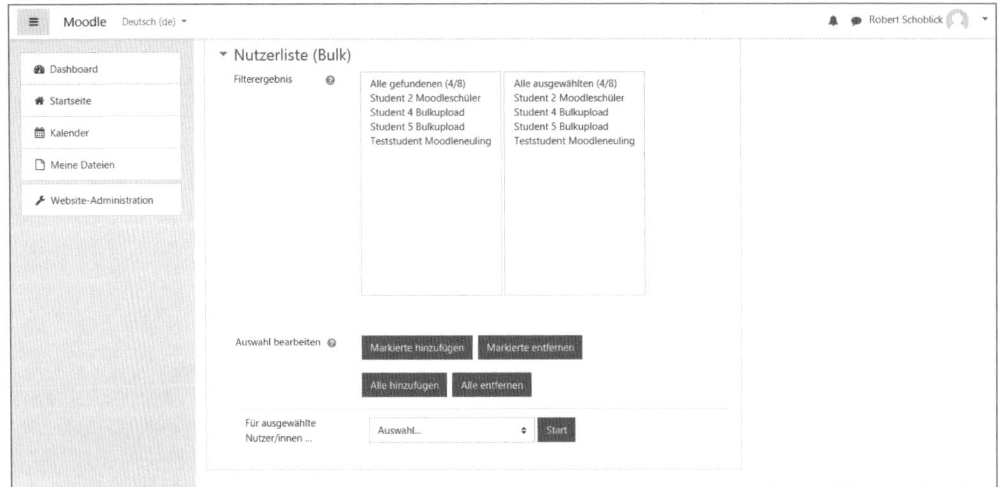

Bild 5.43 Es können gezielt einzelne Benutzerinnen bzw. Benutzer selektiert oder die gesamte Trefferliste für weitere Operationen übernommen werden.

Die Bulk-Suche gestattet es der Administration, gezielt Benutzerinnen oder Benutzer nach bestimmten Kriterien zu suchen. Damit lässt sich in einer möglicherweise sehr umfassenden Teilnehmermenge Übersicht gewinnen.

5.5 Globale Gruppen

Während *Gruppen in Kursen* vom „Teacher“, also von der Lehrerin bzw. dem Lehrer angelegt und verwaltet werden, können *globale Gruppen* nur von der Administration eingerichtet und verwaltet werden. Für die Teacher stellen diese globalen Gruppen eine Arbeitserleichterung dar, denn sie müssen sich nicht um die Aufnahme der Lernenden in ihre Kurse kümmern. In einer globalen Gruppe können beispielsweise die Schülerinnen und Schüler einer Klasse pro Jahrgang oder Studierende aufgenommen werden, die sich in einen bestimmten Kurs eingeschrieben haben.

Anlegen globaler Gruppen erfordert spezielle Rechte!

Um globale Gruppen anzulegen, sind administrative Rechte erforderlich. Diese können allerdings auch auf andere Rollen delegiert werden. Es sollte jedoch das Recht, globale Gruppen zu definieren, an zentralen Stellen des Systems verbleiben, um Chaos in der Organisation des Systems zu verhindern.

5.5.1 Globale Gruppen anlegen

Eine globale Gruppe richtet die Administration in der *Website-Administration* im Bereich *Nutzer/innen* bei den *Nutzerkonten* ein. Im folgenden Beispiel wird eine globale Gruppe für das *Kernsystem* eingerichtet. Sie soll den Namen „Teachergruppe“ und die globale Gruppen-ID „teacher1“bekommen. Der Zweck soll die vereinfachte Organisation interner Fortbildungen des eigenen Personals sein.

Es lassen sich gezielt Gruppen, beispielsweise für Klassenverbände oder Semestergruppen bilden, wodurch die Zuordnung der Benutzerinnen und Benutzer des Moodle-Systems zu einzelnen Kursen oder Lernplänen erleichtert wird.

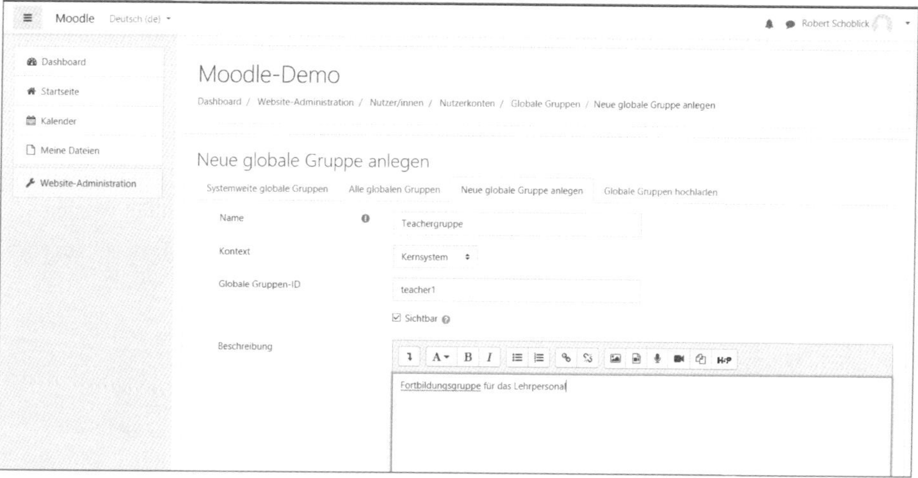

Bild 5.44 Es wird eine neue globale Gruppe angelegt, die Gültigkeit im Kernsystem hat.

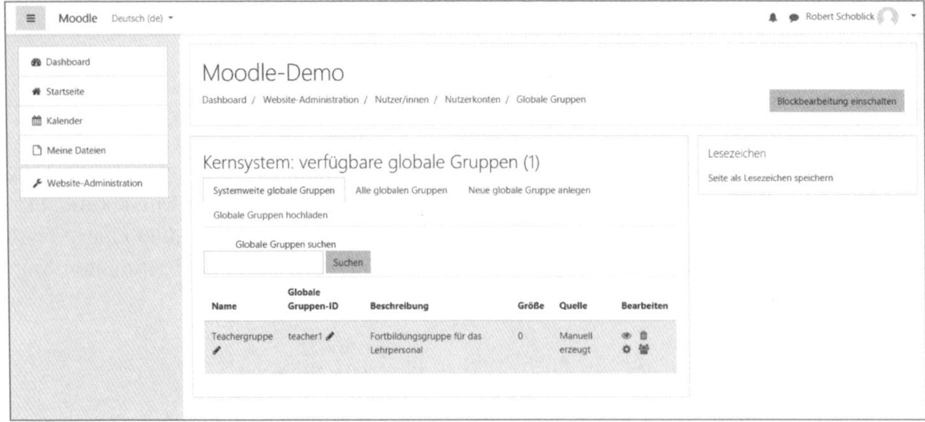

Bild 5.45 Globale Gruppen können jederzeit durch die Administration bearbeitet, ergänzt oder gelöscht werden.

5.5.2 Globale Gruppen als CSV-Datei importieren

Während sich einzelne *globale Gruppen* durchaus über die *Website-Administration* im *Nutzer/innen*-Bereich unter *Nutzerkonten* einrichten lassen, werden mehrere globale Gruppen zweckmäßigerweise mit einer CSV-Datei gemeinsam deklariert und durch Hochladen in das Moodle-System eingerichtet.

Das ist beispielsweise dann sinnvoll, wenn ein neues Semester oder ein Schuljahr beginnt und viele Schülerinnen und Schüler neuen Klassenverbänden zugewiesen werden müssen. Zuerst werden in diesem Fall die neuen globalen Gruppen eingerichtet und anschließend die Benutzer und Benutzerinnen in diese Gruppen aufgenommen.

```
name;idnumber;description
Klasse 11a-SS2020;11a-SS2020;Mathematik-Leistungskurs
```

Die CSV-Datei kann mit folgenden Spalten gebildet werden:

- *name*: Name der neuen Gruppe. Diese soll im Beispiel Klasse11a-SS2020 für das Sommersemester 2020 lauten. Der Name ist das einzige Pflichtelement in der CSV-Datei.
- *idnumber* (optional): Hier muss es sich nicht notwendigerweise um eine Zahl handeln. Es kann auch ein aussagekräftiges Kürzel gewählt werden.
- *contextid* (optional): Ist eine Kontext-ID eines bestimmten Kursbereichs bekannt, so kann diese hier zur Zuweisung der globalen Gruppe zu diesem Bereich verwendet werden.
- *visible* (optional): Wenn die Gruppe sichtbar ist, wird dieser Spalte der Wert „1“ zugeordnet. Sonst wird hier „0“ gesetzt.
- *context* (zusätzliche Spalte)
- *category* (zusätzliche Spalte)
- *category_id* (zusätzliche Spalte)
- *category_idnumber* (zusätzliche Spalte)
- *category_path* (zusätzliche Spalte)

Um die Begriffe *context* und *category* zu verstehen, muss man sich die interne Organisation von Moodle vor Augen führen. Das gesamte System ist hierarchisch organisiert. Ein Kontext ist ein Bezug zu einem Bereich innerhalb des Moodle-Systems, in den Benutzerinnen und Benutzern *Rollen* zugewiesen werden können. Diese Bereiche können in Kategorien gegliedert werden.

Standardkontexte in Moodle sind:

- Kernsystem
- Nutzer
- Kursbereich
- Kurs
- Aktivitäten
- Block

Das Kernsystem ist der Standardkontext, dem jede Gruppe zugeordnet wird, wenn keine spezielle Deklaration vorgenommen wird. Die zusätzlichen Spalten beziehen sich also auf Kontexte und Kategorien, die innerhalb des Moodle-Systems existieren müssen. Ist dies nicht der Fall, antwortet die Vorschau mit einer entsprechenden Warnmeldung.

Eine andere CSV-Datei verursacht Probleme. Es wird ein Kontext in der Deklaration beschrieben, der jedoch nicht im Moodle-System definiert wurde. Das führt zu einer Warnung, verhindert jedoch nicht die Einrichtung der globalen Gruppe. Es ist dabei zu beachten, dass die globale Gruppe mit Bezug auf den Standardkontext – Kernsystem – eingerichtet wird (Bild 5.49).

```
name;idnumber;description;context
Seminar 01;S1-2020;Fortbildung Moodle-Kursgestaltung;interne Fortbildung
```

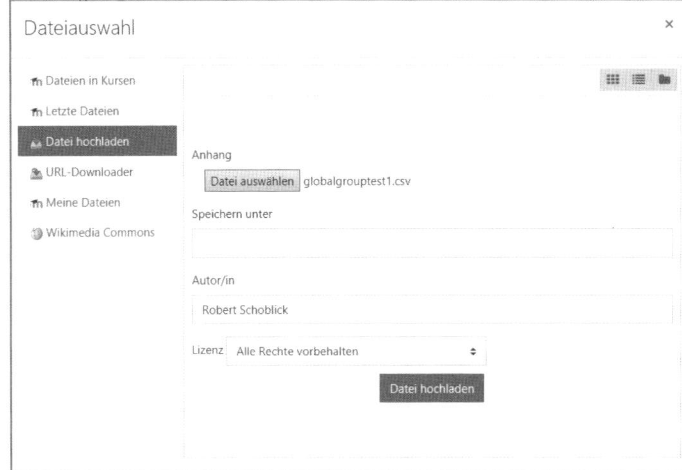

Bild 5.46
Die CSV-Datei wird über den Standard-Upload-Dialog von Moodle hochgeladen.

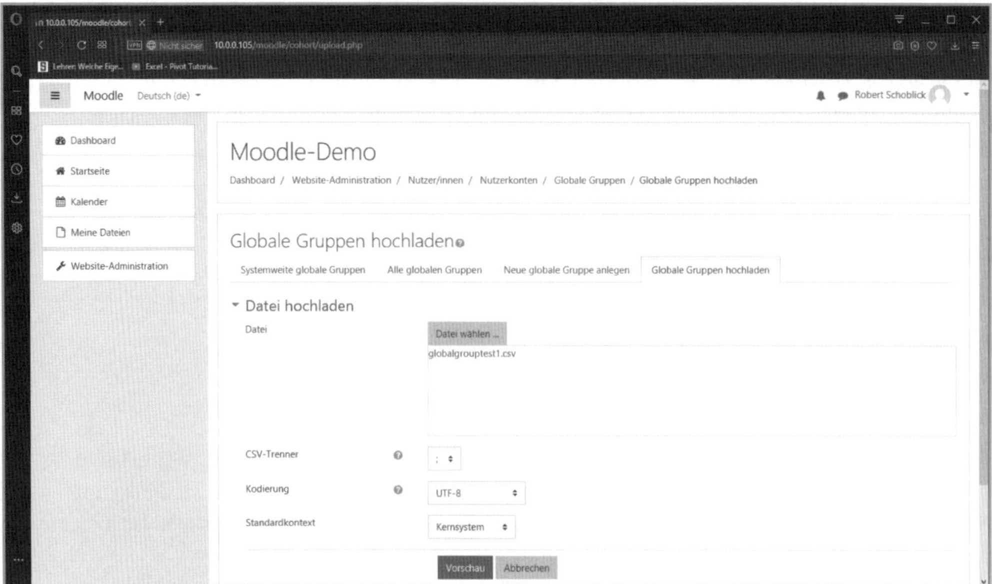

Bild 5.47 Wichtig für den erfolgreichen Upload der globalen Gruppendefinitionen ist die Übereinstimmung von Kodierung und Trennzeichen.

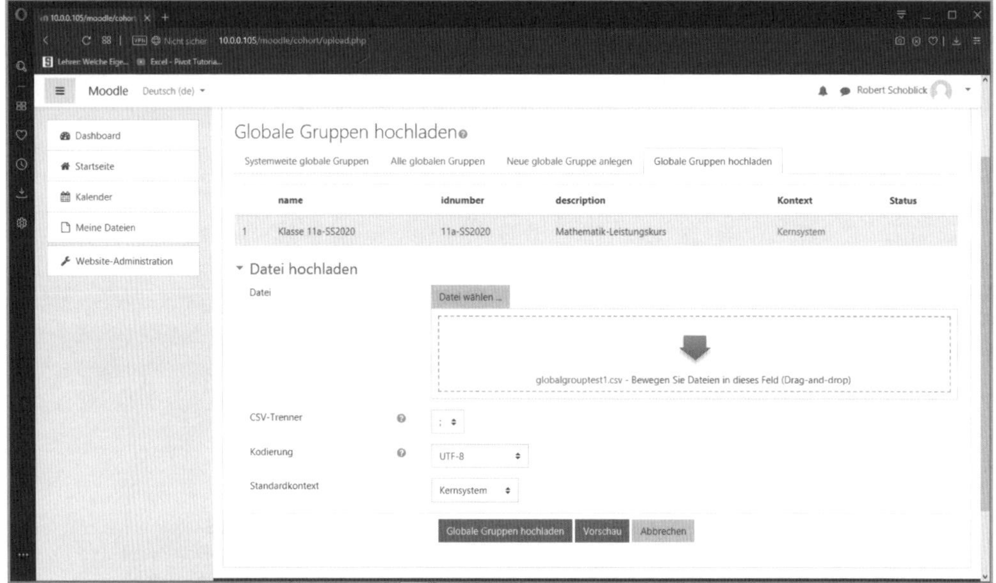

Bild 5.48 In der Vorschau kann überprüft werden, ob die globalen Gruppen korrekt definiert wurden. Erst danach erfolgen das eigentliche Hochladen und Installieren der Definitionen.

10.0.0.105/moodle/cohort/upload.php

Moodle Deutsch (de) Robert Schoblick

Dashboard
Startseite
Kalender
Meine Dateien
Website-Administration

Moodle-Demo

Dashboard / Website-Administration / Nutzer/innen / Nutzerkonten / Globale Gruppen / Globale Gruppen hochladen

Globale Gruppen hochladen

Systemweite globale Gruppen   Alle globalen Gruppen   Neue globale Gruppe anlegen   Globale Gruppen hochladen

Warnungen in den CSV-Daten gefunden. Details siehe unten.

	name	idnumber	description	Kontext	Status
1	Seminar 01	S1-2020	Fortbildung Moodle-Kursgestaltung	Kernsystem	Die Kategorie **interne Fortbildung** wurde nicht gefunden. Eventuell haben Sie keine Recht, um an dieser Stelle eine globale Gruppe anzulegen. Der Standardkontext wird verwendet.

Datei hochladen

Datei   Datei wählen ...

globalgrouptest.csv - Bewegen Sie Dateien in dieses Feld (Drag-and-drop)

CSV-Trenner ;

Kodierung UTF-8

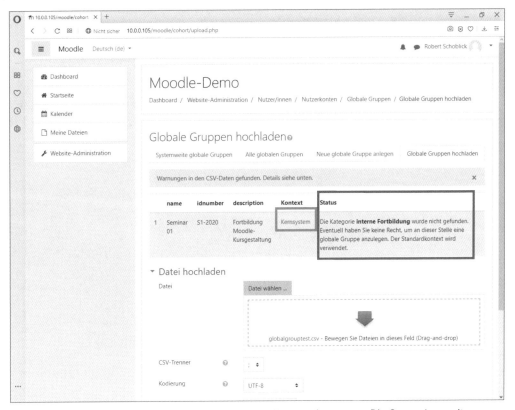

Bild 5.49 In der CSV-Datei wurde ein nicht existierender Kontext eingetragen. Die Gruppe kann mit dem Standardkontext eingerichtet werden.

Bild 5.50 Die neue globale Gruppe taucht in der Liste nun neben der manuell angelegten Gruppe auf.

Bitte beachten beim Erstellen der CSV-Datei

Die Spalten und die jeweiligen Daten müssen durch Trennzeichen (Komma, Semikolon etc.) separiert werden. Ein leeres Datum wird durch zwei direkt nebeneinander liegende Trennzeichen dargestellt. Die Zahl der Daten muss der Anzahl der Spalten entsprechen. Der Zeichensatz der Datei (z. B. UTF-8) muss passend in Moodle gewählt werden.

6 Rollen im Moodle-System

Auf einer Moodle-Lernplattform besitzen die verschiedenen Benutzerinnen und Benutzer sehr unterschiedliche und sehr differenzierte Rechte. Kombinationen dieser Rechte werden in sogenannten *Rollen* beschrieben. Die dominanteste und wichtigste *Rolle* in einem Moodle-System ist der *Administrator*. Diese Rolle ist bereits bekannt, denn der Administrator verwaltet federführend das gesamte Moodle-System. Der Administrator ist eine Standardrolle in einem Moodle-System.

Wer darf was?

In der *Website-Administration* kann in der Rubrik *Nutzer/innen* unter *Rechte ändern* eine Rechteübersicht aufgerufen werden. Hier lässt sich wahlweise prüfen, welche der rund 630 Fähigkeiten *(Capabilities)* den jeweiligen Rollen zugewiesen wurden. ■

Die Rolle, welche eine Benutzerin oder ein Benutzer innehat, beeinflusst auch das Erscheinungsbild von Moodle. So sind beispielsweise für Students keine administrativen Blöcke sichtbar. Gäste können nicht alle Inhalte der Kurse einsehen und grundsätzlich bleiben Kurse all denen verschlossen, die nicht für deren Zugang legitimiert wurden. Man sagt auch, Rollen sind kontextabhängig.

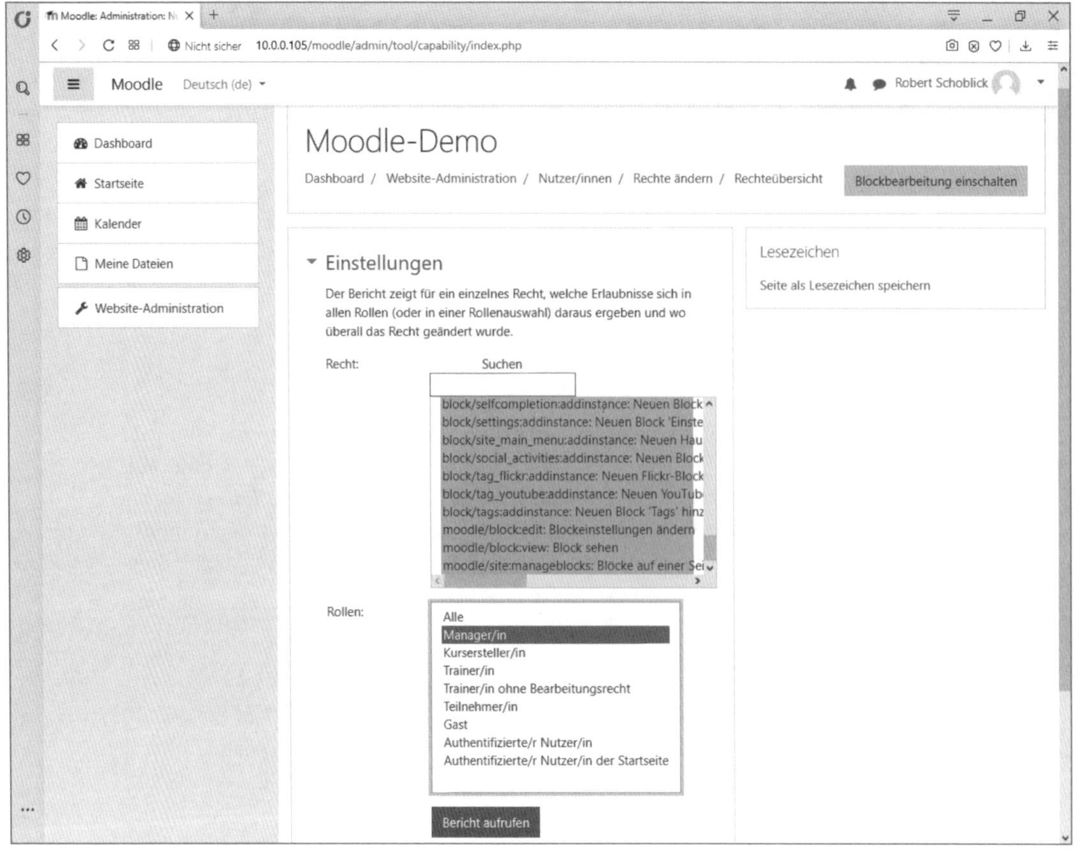

Bild 6.1 Es soll geprüft werden, welche Rechte eine Managerin bzw. ein Manager in diesem System hat. Dazu wurden alle Rechte sowie die Rolle *Manager/in* markiert. Im Bericht können die Einstellungen nicht verändert werden!

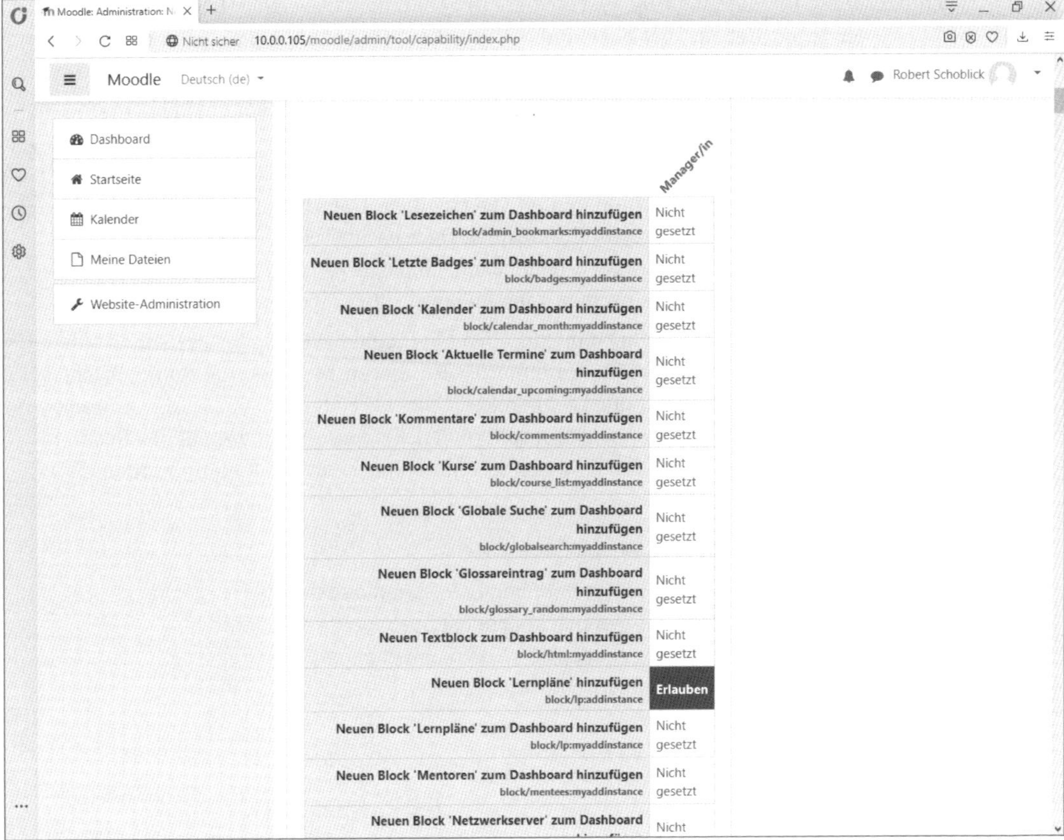

Bild 6.2 Die gesetzten Rechte werden als Filterbericht dargestellt.

6.1 Rollen in verschiedenen Moodle-Kontexten

Wenn es um die Definition von Rollen geht, wird die Administration stets auch mit dem Begriff des Kontextes konfrontiert. Dazu muss man verstehen, dass keine Benutzerin und kein Benutzer (von der primären Administration abgesehen) eine globale Rolle im gesamten System einnehmen. Moodle ist in verschiedenen Funktionsebenen organisiert, die einer gewissen Hierarchie unterliegen. Allem übergeordnet steht der Systemkontext bzw. die Systemverwaltung. Es versteht sich von selbst, dass hier nur Benutzerinnen und Benutzer Zugriff haben dürfen, denen entsprechend administrative Rollen wie zum Beispiel *Administrator* oder *Manager* zugewiesen wurden.

Direkt dem System untergeordnet existieren die drei Bereiche Kurse (Courses), Startseite (Frontpage) und Benutzer/innen (User). Dieser Kontext umfasst die bereits bekannte Benutzerverwaltung. Rollen, die diesem Kontext zugeordnet werden, haben also die Aufgabe,

Benutzerinnen und Benutzer im System zu betreuen, ihnen also eigene Rollen zuzuweisen bzw. wieder zu entziehen, aber auch andere Aufgaben wie zum Beispiel die Bereitstellung passender Editoren für Texteingaben oder die Verwaltung von Rechten in den Foren.

Für die Kurse ist eine mehrstufige Hierarchie vorgesehen. Dies kommt dem Interesse größerer Schulen und Ausbildungszentren entgegen, die in unterschiedliche Fachbereiche, Leistungsstufen usw. organisatorisch aufgeteilt sind. So kann jedem Fachbereich ein eigener Kursbereich und innerhalb dessen verschiedene Unterbereiche für die jeweiligen Klassenstufen zugewiesen werden. Ein Beispiel: Dem Fachbereich „Naturwissenschaften" werden die Unterbereiche „Physik", „Chemie" und „Biologie" zugewiesen. Innerhalb dieser Unterbereiche bekommen die einzelnen Klassen jeweils ihre eigenen Kurse.

Personell betrachtet, werden Lehrkräfte aus einem Fachgebiet wie „Spracherziehung" nicht in den Naturwissenschaften arbeiten. Dennoch wird diesen Personen die Rolle „Teacher" zugewiesen, wobei der Kontext der Fachbereich „Spracherziehung" sein wird. Im Bereich „Naturwissenschaften" haben diese Lehrkräfte möglicherweise nicht einmal das Recht, in die Kurse hineinzusehen und können weder gestaltend noch bewertend tätig werden.

Kontext und Rollen

Eine Rolle im Moodle-System steht immer in einem direkten Zusammenhang, einem Kontext, zu einem Bereich im Moodle-System. Von der primären Administration abgesehen, hat also keine Benutzerin bzw. kein Benutzer systemübergreifend identische Rechte.

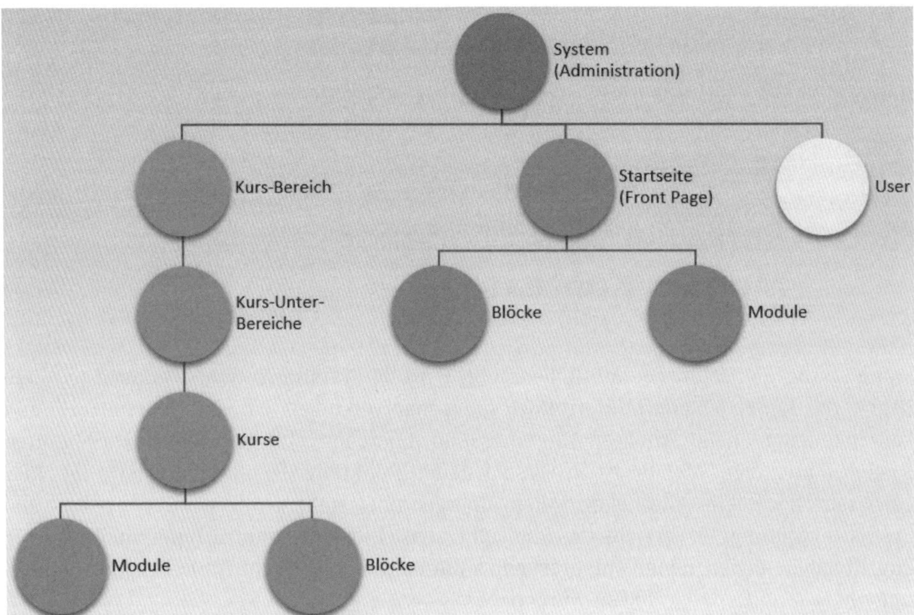

Bild 6.3 Hierarchische Struktur der Moodle-Kontexte: Eine Benutzerin bzw. ein Benutzer kann in jedem Kontext eine oder mehrere individuelle Rollen einnehmen.

Der Bereich *Frontpage* bzw. *Startseite* ist in einer flachen Hierarchie strukturiert, entspricht aber prinzipiell der Struktur eines Kurses. Der Kontext *Frontpage* bzw. *Startseite* wurde für Benutzerinnen und Benutzer definiert, die sich im System angemeldet haben, jedoch noch nicht in einem Kurs eingeschrieben sind. Diese finden hier beispielsweise Orientierungskurse, allgemeine Informationen, ein Forum oder wichtige persönliche Blöcke wie zum Beispiel einen Kalender. Auch Benutzerinnen und Benutzer, die innerhalb der Systemhierarchie in anderen Kontexten anspruchsvolle Rollen einnehmen, werden nach der Anmeldung zuerst auf die Startseite geführt. Sie können jedoch bereits an dieser Stelle (dem Startseiten-Kontext) besondere Rollen innehaben.

6.2 Standardrollen in Moodle

Zu den *Standardrollen* zählen:

- Administrator (admin)
- Manager (manager)
- Kursersteller (Course Creator)
- Trainer/Lehrer (editing Teacher)
- Trainer/Lehrer ohne Bearbeitungsrecht (Teacher bzw. Non editing Teacher)
- (Kurs-)Teilnehmer (Student)
- Gast (Guest)
- Authentifizierter Benutzer (User)
- Authentifizierter Benutzer auf der Startseite (Frontpage)

Darüber hinaus kann die Administration eigene, spezifische Rollen definieren.

Empfehlung

Sollen Rollen mit besonderen Rechtekombinationen im System verfügbar sein, empfiehlt es sich, eine neue Rolle zu definieren. Die Rechte der Standardrollen sollten nicht verändert werden, da dies die Einschulung neuer Mitarbeiterinnen und Mitarbeiter in der administrativen Ebene erleichtert.

6.2.1 Administrator/Administratorin (admin)

Die Administratorin bzw. der Administrator haben den *vollen Zugriff* auf das gesamte System. Das schließt auch die einzelnen Kurse und die Profile mit ein. Diese Rolle ist dementsprechend ausgesprochen sensibel und erfordert eine Vertrauensposition in der Schule, Hochschule oder im Unternehmen.

Eine besondere Rolle nimmt der primäre Administrator ein, der das Moodle-System eingerichtet hat. Der primäre Administrator kann nicht gelöscht werden!

Das System braucht einen primären Administrator!

Der primäre Administrator des Moodle-Systems kann nicht gelöscht werden. Im Fall eines personellen Wechsels ist darauf zu achten, dass diese Rolle grundsätzlich besetzt wird. Sonst ist das Moodle-System führungslos.

Administratoren arbeiten oft auch unterrichtend, also als Lehrerin/Lehrer bzw. Trainerin/Trainer. Wenn diese Rollen in Personalunion wahrgenommen werden, wird aus Sicherheitsgründen die Einrichtung eines zweiten Benutzerzugangs empfohlen.

Mehrere Rollen einer Benutzerin bzw. eines Benutzers

Jede Benutzerin bzw. jeder Benutzer kann durchaus mehrere Rollen im Moodle-System einnehmen. So ist es üblich, dass „Teacher" auch zur Rolle eines „Student" wechseln, um die eigenen Kurse aus der Sicht der Lernenden zu beurteilen und zu optimieren. Es sind aber auch Kombinationen mit sehr sicherheitssensiblen Rollen (Manager, Administrator) denkbar, die jedoch in einem speziellen Nutzerkonto abgebildet werden sollten.

6.2.2 Manager/Managerin (manager)

Managerinnen bzw. Manager stellen eine untergeordnete administrative Ebene dar. Das Rechtevolumen der Rolle Manager ist sehr umfassend, jedoch fehlen Rechte, die das zentrale System betreffen. So ist die Rolle Manager befugt, Nutzerprofile zu verwalten, sie also hinzuzufügen, zu bearbeiten oder zu löschen.

Nicht berechtigt sind Manager in der Grundfassung ihrer Rolle jedoch, verlinkte Benutzerkonten zu verwalten. Einschränkungen gibt es auch in der Verwaltung von Lernplänen.

Manager-Rolle in der Administration

In einem stabil eingerichteten System, das grundsätzlich keine Konfiguration mehr erfordert, kann eine Benutzerin bzw. ein Benutzer mit der Rolle Manager grundsätzlich die gesamte betriebliche Administration des Moodle-Systems wahrnehmen.

6.2.3 Kursersteller/Kurserstellerin (course creator)

Die Bedeutung des Kurserstellers bzw. der Kurserstellerin wird oft überschätzt. Es handelt sich hier um eine Rolle mit einer administrativen Hilfsfunktion, die durchaus von der Assistenz der Lehrenden wahrgenommen werden kann. Kurserstellerinnen und Kursersteller können also Kurse in den definierten Bereichen einrichten, werden darin jedoch nicht selbst lehrend aktiv.

Rolle „Kursersteller" als ergänzende Funktion

Insbesondere in den Administrationen der Fakultäten und Institute einer Universität ist die reine Administration der Kurse eine sehr belastende Tätigkeit, denn Professorinnen und Professoren lehren und forschen! Die Rolle des Kurserstellers entlastet die Lehrenden und bietet ihnen mehr Zeit für deren Kernaufgaben. ■

6.2.4 Trainer/Trainerin (teacher)

Moodle kennt zwei verschiedene Teacher-Rollen:

- Editing Teacher – gerne auch: Trainerin/Trainer *mit* Autorenrecht
- Non editing Teacher – gerne auch: Trainerin/Trainer *ohne* Autorenrecht

Die sogenannten Non editing Teacher, also Trainerinnen und Trainer ohne ein aktives Bearbeitungsrecht dürfen zwar im Kurs Lernende betreuen und auch deren Leistungen bewerten. Die Gestaltung der Kurse und deren Elemente obliegt allerdings dem Teacher mit einem aktiven Bearbeitungsrecht.

Teacher, die „Stars in der Manege"

Moodle lebt als Lernplattform von den Kursen. Deren Gestaltung wird durch die fachliche und didaktische Kompetenz der Lehrenden bestimmt, die eine Teacher-Rolle innehaben. Innerhalb der Kurse haben die Teacher auch administrative Funktionen. ■

6.2.5 Standardteilnehmerin/Standardteilnehmer (student)

Schülerinnen und Schüler, Studierende und Kursteilnehmerinnen und Kursteilnehmer allgemein haben die Rolle einer Standardteilnehmerin bzw. eines Standardteilnehmers. Diesen Status erwirbt man mit der Anmeldung am System *und* mit der Einschreibung in einen Kurs.

Diese Benutzerinnen und Benutzer können an den Lernaktivitäten der jeweils von ihnen belegten Kurse teilnehmen und Aufgaben absolvieren. Das von der Trainerin bzw. dem Trainer zur Verfügung gestellte Lehrmaterial[1] ist ihnen zugänglich. Sie erhalten auch Bewertungen ihrer Leistungen, die sie einsehen können, sobald die Lehrenden dies freigegeben haben. Die Administration kann eine Standardteilnehmerin bzw. einen Standardteilnehmer in höhere Hierarchieebenen erheben.

6.2.6 Gäste (guest)

Gäste haben in der Grunddefinition ihrer Rolle maximal lesenden Zugriff auf die für sie freigegebenen Bereiche. Sie können also keine Beiträge in ein Forum posten, nicht über den Chat kommunizieren und auch keine Aufgaben abliefern. Damit sind Gäste selbstverständlich auch von Bewertungen ausgeschlossen. Trotz der eingeschränkten Rechte der Gast-Rolle ist es sinnvoll, diese Rolle in den Orientierungsphasen – beispielsweise unmittelbar vor dem Studienbeginn – für die aktuellen Kurse zu öffnen. Lernende können dann prüfen, ob die Themen in ihren persönlichen Ausbildungsplan passen.

Oft unterschätzt: Gast-Angebote

Es gibt tatsächlich nur sehr selten gute Moodle-Systeme, die auch Gästen ein attraktives Angebot bieten. Dabei kann ein gut gestalteter, allgemein offener Zugang durchaus als Werbe- und Informationsmedium dienen. Studienabbrüche wegen falscher Erwartungen der Lernenden ließen sich reduzieren. Auf der anderen Seite kann es so gelingen, Studierende für ein ihnen bislang unbekanntes Fachgebiet zu interessieren. Die Gestaltung der Gast-Angebote ist eine sehr anspruchsvolle Aufgabe! ■

6.2.7 Authentifizierte Nutzerinnen und Nutzer (user)

Wer sich neu in Moodle einschreibt, ist zunächst einmal eine authentifizierte Nutzerin bzw. ein authentifizierter Nutzer. Diese Person hat sich also entweder durch die Bestätigung mit einer gültigen E-Mail-Adresse legitimiert oder wurde von einem Teacher eingeladen.

Selbstverständlich ist der Begriff „authentifiziert" mit Vorsicht zu genießen! Es ist spielend einfach, eine E-Mail-Adresse bei einem *Freemail*-Anbieter zu erstellen und damit einen vollständigen Anmeldeprozess im System zu durchlaufen. Eine belegbare Zuordnung zu einer Person ist damit also nicht möglich und es schließt auch keine Erzeugung sogenannter Fake-Accounts aus. Es ist also wichtig, dass sich Benutzerinnen und Benutzer in der Organisation (Schule, Hochschule, Unternehmen etc.) auch persönlich identifizieren und ihr Moodle-Konto mit ihren offiziellen Daten in Verbindung bringen.

[1] Es obliegt der Trainerin bzw. dem Trainer, welches Kursmaterial zu welchem Zeitpunkt von ihnen freigegeben wird. Aus didaktischen Gründen wird sehr häufig erst dann neues Kursmaterial angeboten, wenn die dafür geforderten Voraussetzungen erfüllt wurden.

Angemeldete Nutzerinnen und Nutzer als Startposition

Die Standardrolle nimmt jede Benutzerin und jeder Benutzer an, der sich im Moodle-System registriert. Die Administration kann in Einzelfällen andere Rollen zuweisen.

6.2.8 Authentifizierte Nutzer in der Startseite (frontpage)

Nach der Anmeldung am System gelangt man auf die Startseite. Für authentifizierte Nutzerinnen und Nutzer können hier bereits gewisse Angebote bereitgestellt werden, obwohl diese noch nicht in einem Kurs eingeschrieben sind. Unter anderem kann von der Administration ein Forum (Ankündigungen) für die Startseite eröffnet werden. Doch hier ist Vorsicht geboten, denn mit einer gültigen E-Mail-Adresse kann sich jeder am System anmelden und das Forum mit unpassenden Inhalten überfluten.

Auch Gäste erreichen die Startseite, jedoch haben sie keinerlei Zugang zum Forum und empfangen nur eingeschränkte Informationen.

Es besteht ein gewisses SPAM-Risiko

(Authentifizierte) Nutzer dürfen Feedback verfassen und könnten dies zur Verbreitung von Spam nutzen.

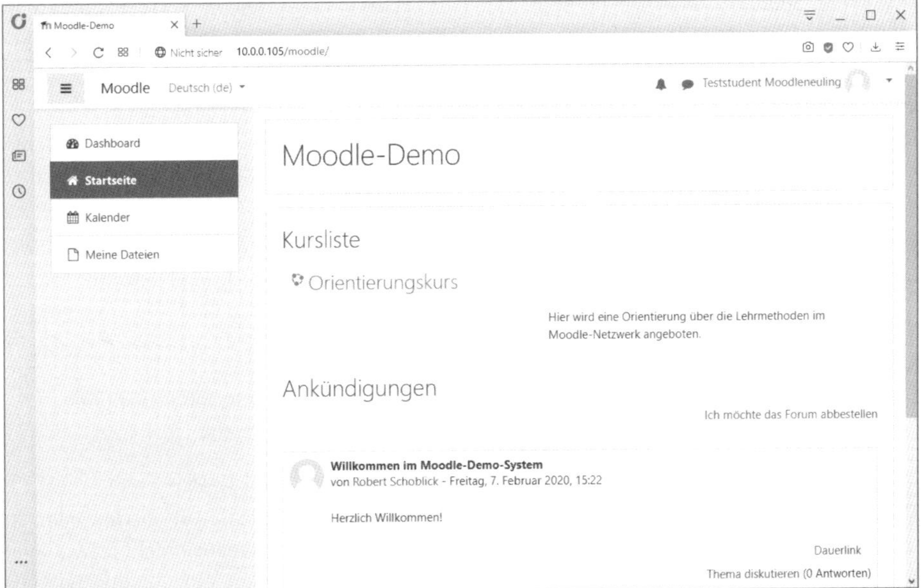

Bild 6.4 Auf der Startseite einer authentifizierten Nutzerin bzw. eines authentifizierten Nutzers stehen bereits verschiedene persönliche Inhalte sowie – wenn dies von der Administration eröffnet wurde – ein Forum zum allgemeinen Austausch zur Verfügung.

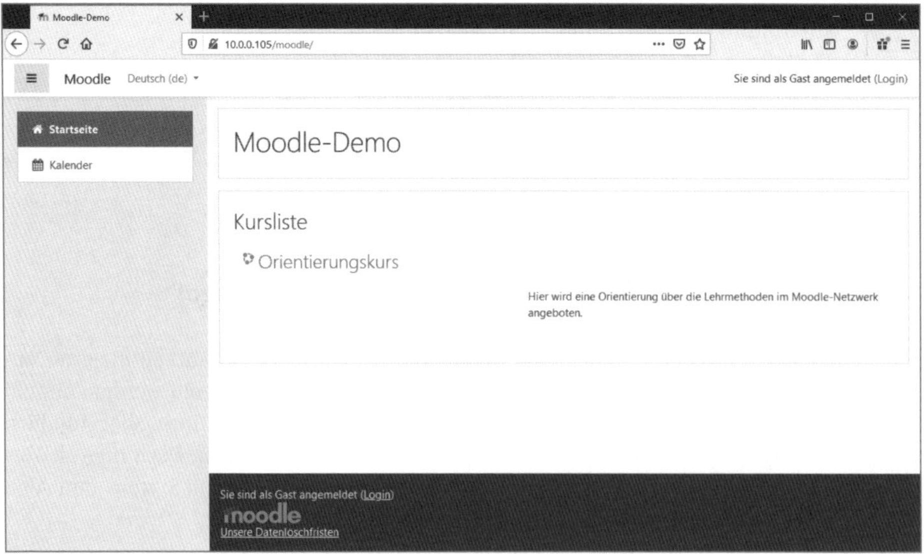

Bild 6.5 Mit der Anmeldung als „Gast" gelangt man auf eine Startseite mit eingeschränkten Inhalten.

6.3 Individuelle Rollen

Neben den Standardrollen, die bereits mit der Installation eines Moodle-Systems eingerichtet wurden, kann die Administration eigene Rollen für das System definieren, deren Rechte auf die jeweilige Aufgabe abgestimmt sind. So ist es beispielsweise möglich, eine Rolle zu definieren, die sich ausschließlich mit der Administration der Foren beschäftigt.

Denkbar ist auch eine spezielle Rolle für Eltern. Diese nehmen zwar nicht aktiv an den Lektionen eines Kurses Teil, können sich jedoch durch Einsicht in ausgewählte Inhalte über den Leistungsfortschritt ihrer Kinder sowie deren Bewertungen informieren.

Die Definition einer individuellen Rolle findet im Abschnitt *Nutzer/innen* der *Website-Administration* unter *Rechte ändern* statt. Hier wird der Eintrag *Rollen verwalten* gewählt.

Rollen verwalten

Der Abschnitt 6.4 geht über die Definition neuer Rollen hinaus auf die weiteren Möglichkeiten ein, den Rollen Rechte für verschiedene Kontexte zuzuweisen.

Was Nutzerinnen und Nutzer in der neu definierten Rolle in Moodle tun dürfen oder zu lassen haben, kann individuell festgelegt werden. Dabei muss man jedoch nicht jede „Capability", wie die Handlungsmöglichkeiten einer Rolle genannt werden, einzeln zuweisen. Es ist möglich, bestehende Rollen zu duplizieren und individuell in den Rechten zu bearbeiten.

Das Prinzip entspricht dem der Verwaltung von Rollen, wie es im Folgenden dargestellt wird.

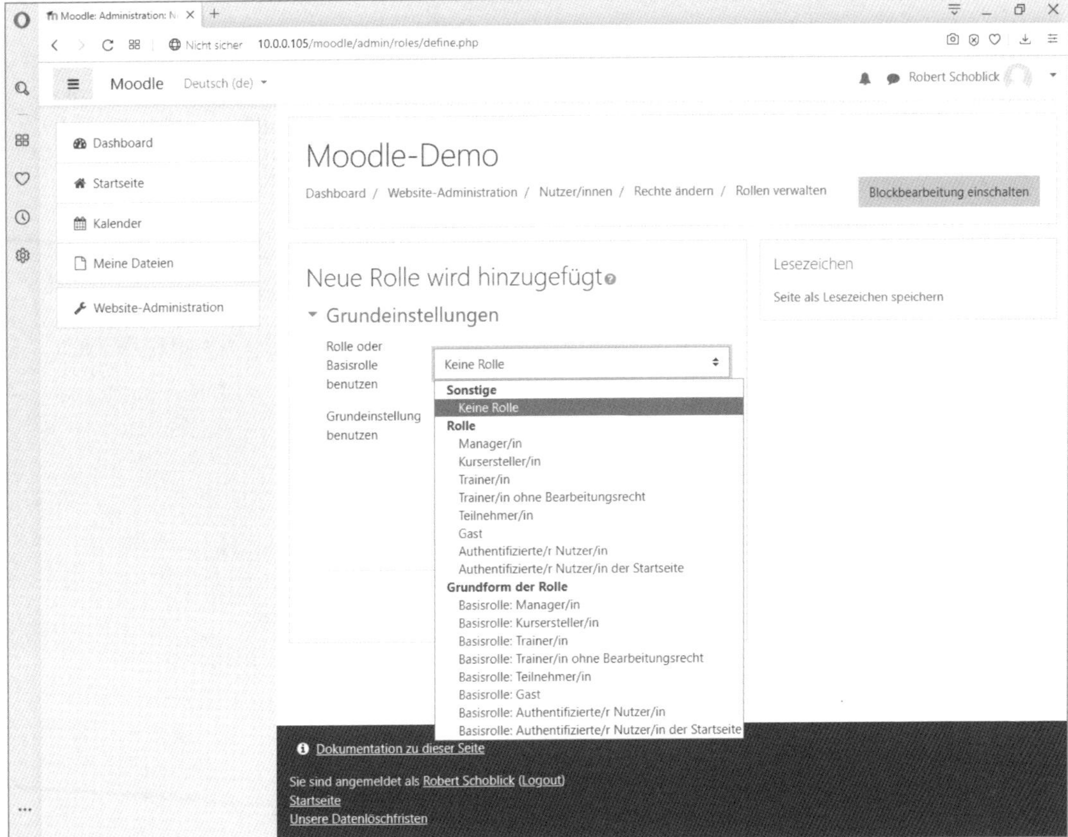

Bild 6.6 Beim Erstellen einer neuen Rolle kann man eine vollkommen neue Definition des Rechtevolumens verwenden oder die Rolle auf der Basis einer aktuell bestehenden Rolle bzw. – wenn diese modifiziert wurde – auf der Basis ihrer Grundform festlegen.

6.4 Rollen verwalten

Die Definition einer neuen Rolle wurde bereits beschrieben (vgl. Abschnitt 6.3). Es wurde in diesem Abschnitt bereits angedeutet, dass die in der Grundinstallation von Moodle festgelegten Rollen in ihrem Rechtevolumen keinesfalls unumstößlich sind. Es lassen sich weitere Rollen ergänzen und sogar Rollen aus dem System entfernen. Lediglich die Rolle des Administrators der Seite kann nicht entfernt oder bearbeitet werden. Das hat seinen Grund, denn Benutzerinnen und Benutzer, denen die Administration zugewiesen wurde, dürfen uneingeschränkt alles im System gestalten, aber auch zerstören! Die Administration trägt eine sehr große Verantwortung, weswegen diese Rolle nur in den absolut notwendigen Fällen benutzt werden sollte. Für die reguläre Verwaltung des Systems sollte die Rolle *Manager* gewählt werden.

Die Verwaltung der Rollen beginnt im gleichnamigen Abschnitt unter *Website-Administration* im Bereich *Nutzer/innen - Rechte ändern - Rollen verwalten*. Die im System existierenden Rollen werden aufgelistet. Jede Rolle kann nun individuell durch einen Klick auf das Zahnrad-Symbol bearbeitet werden. Mithilfe des Mülleimer-Symbols können Rollen auch vollkommen aus dem System entfernt werden. Es wird übrigens auffallen, dass die Rolle *Administrator* in dieser Aufstellung nicht gelistet ist! Die Rechte des (primären) Administrators sind gesetzt und diese Rolle kann nicht entfernt werden.

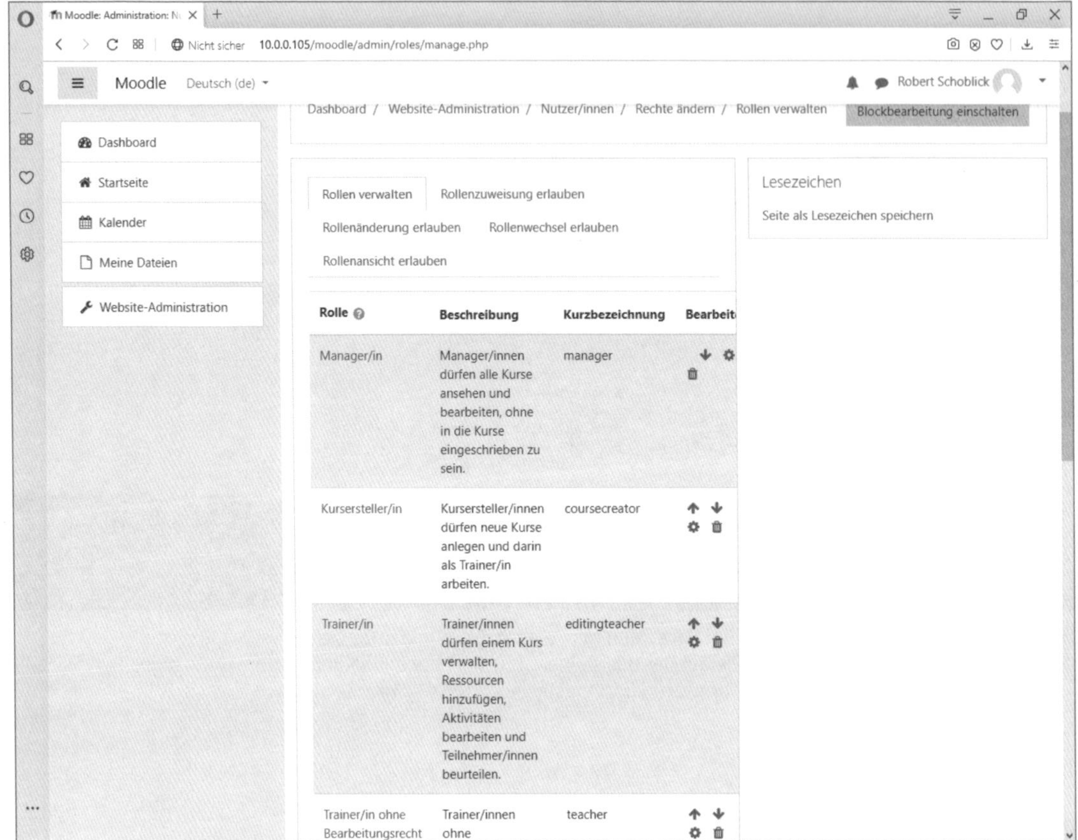

Bild 6.7 Jede einzelne Rolle - außer die des Administrators - kann bearbeitet oder sogar gelöscht werden.

Die Bearbeitung einer Rolle - dies ist bei einer neu hinzugefügten Rolle (vgl. Abschnitt 6.3) unabdingbar - wird in einer sehr umfangreichen und langen Konfigurationsseite vorgenommen. Es beginnt mit einer allgemeinen Beschreibung der Rolle. Sehr wichtig ist allerdings die Wahl der möglichen Kontexttypen, in denen die Rolle verwendet werden soll. Das sind:

- Kernsystem
- Nutzer

- Kursbereich
- Kurs
- Aktivitäten
- Block

Im Beispiel soll die Rolle des Teachers (Trainerin/Trainer) bearbeitet werden. Diese Rolle wird in der Regel *Kurse* innerhalb der ihnen zugewiesenen Bereiche gestalten und darin die verschiedenen *Aktivitäten* verwalten. Die Rolle Teacher sieht jedoch nicht vor, selbst *Kursbereiche* einzurichten!

Damit die Definition einer (neuen) Rolle nicht in uferlose Arbeit ausartet und vor allem die Wahrscheinlichkeit, Fehler zu machen, eingeschränkt wird, empfiehlt es sich, die neue Rolle von der Grundform einer bereits bestehenden Rolle abzuleiten und nur einzelne Anpassungen vorzunehmen.

Ein paar Rechte beziehen sich allerdings nicht auf kontextbezogene Fähigkeiten, sondern auch auf die Rechte, anderen Nutzerinnen und Nutzern eine Rolle zuzuweisen oder sogar Rollen nach dem hier gezeigten Schema zu verändern.

Rollen ändern erfordert eine spezielle Befähigung!

Nicht alle Nutzerinnen und Nutzer können die Eigenschaften einer Rolle ändern. Sie müssen Mitglied einer Rolle sein, die dazu ausdrücklich befähigt ist. Hier gibt es zwei Eigenschaften, die gesetzt werden können:

- moodle/role:override
- moodle/role:safeoverride

Die Fähigkeit „safeoverride" schränkt die Änderung auf die Rechte ein, mit denen keine Risiken verbunden sind.

Interessant ist es insbesondere für Inhaberinnen und Inhaber der Teacher-Rolle (Trainerin/Trainer), die ihre Kursangebote aus der Sicht der Lernenden selbst bewerten möchten. Es ist also durchaus üblich, dass Nutzerinnen und Nutzer ihre Trainerrolle verlassen und in die Rolle eines Students wechseln. Der Rollenwechsel erspart es also, eigens für Testzwecke ein zusätzliches Nutzerkonto einzurichten.

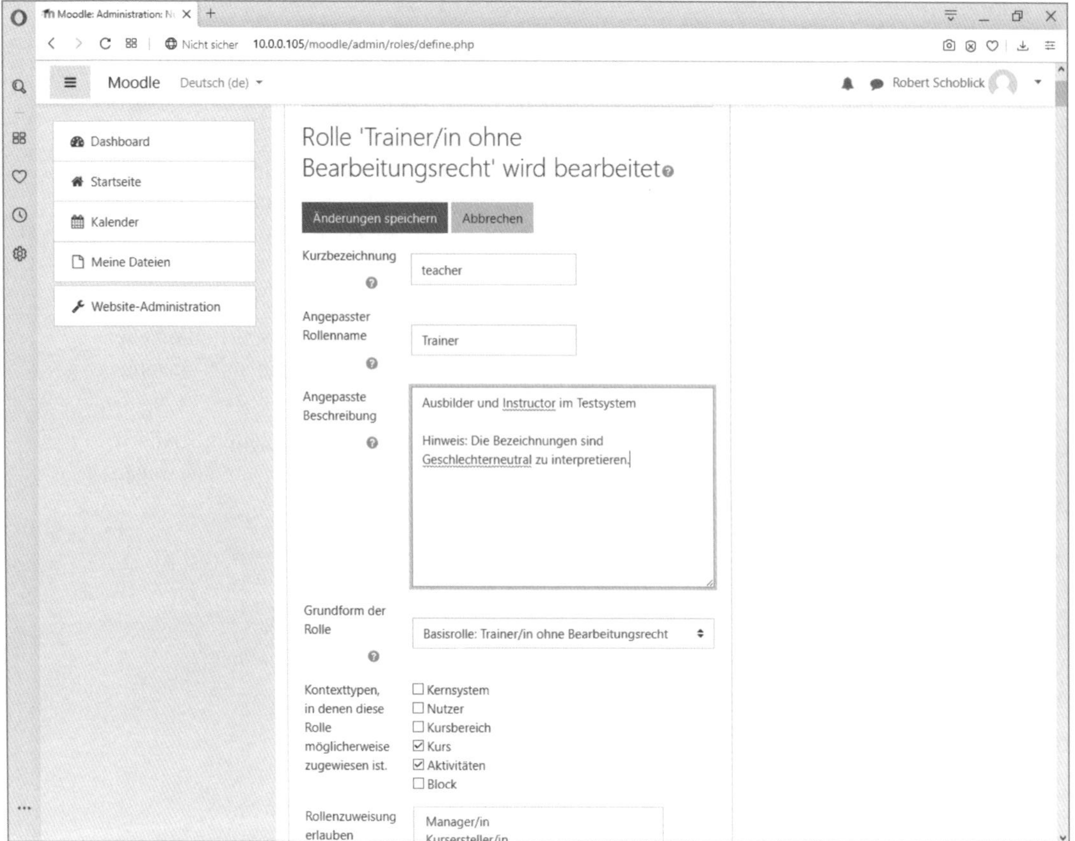

Bild 6.8 Neben einer Beschreibung der Rolle kann die Vorgabe einer Grundform einer Rolle die nachfolgende Bearbeitung der Rechte auf einzelne gezielte Veränderungen begrenzen und damit die Gestaltung der Rolle vereinfachen.

Die Erlaubnis der Rollenzuweisung gehört zu den sensibelsten Fähigkeiten. Hier muss sehr genau geprüft werden, wer diese administrative Aufgabe übernehmen darf und welche Rollen von deren Inhaberinnen bzw. Inhabern anderen zugewiesen werden können. Sinnvoll kann es beispielsweise für die Teacher-Rolle sein, Tutoren für die Lehrunterstützung aus der Gruppe der Lernenden eines Kurses zu bestimmen. Diesen Nutzerinnen bzw. Nutzern kann eine Trainerrolle ohne Autorenrechte zugewiesen werden. Allerdings muss berücksichtigt werden, dass damit der Einblick in persönliche Daten ermöglicht wird.

Wird eine Rollendefinition von einer Standardrolle abgeleitet, was durchaus sinnvoll ist, dann stehen möglicherweise in der neu gestalteten Rolle nicht alle Fähigkeiten offen. Diese können entsprechend ergänzt werden. Theoretisch ist es dadurch möglich, dass eine von der Standardrolle „Trainer/in ohne Bearbeitungsrecht" abgeleitete Rolle letztlich umfassendere Fähigkeiten besitzt als die übergeordnete Trainer/in-Rolle mit ihrem Autorenrecht.

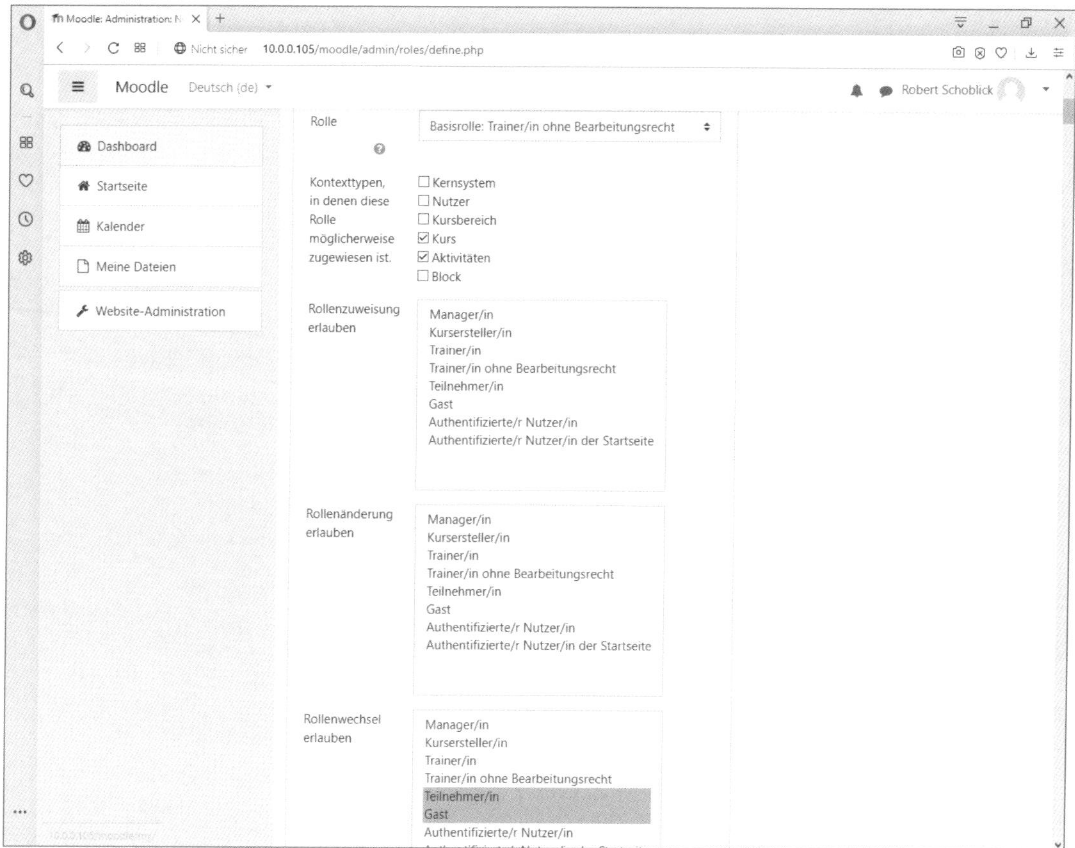

Bild 6.9 Trainerinnen und Trainer ohne Bearbeitungsrechte dürfen durchaus ihre Rolle im System wechseln, um die Seite aus der Student-Perspektive zu betrachten. Die Zuweisung von Rollen oder deren Änderung ist dieser Standardrolle jedoch nicht gestattet.

Die Fähigkeiten, die in Moodle definiert sind, werden für jede Rolle entweder erlaubt oder verboten. Allerdings ist diese grobe Einteilung noch nicht vollständig, denn es können auch Abhängigkeiten (Vererbung) von übergeordneten Rollen und Kontexten gesetzt werden. In vielen Fällen ist das bei den Standardrollen der Fall. Die Berechtigung „Nicht gesetzt" besagt also keinesfalls, dass die Befähigung untersagt wird, sondern verweist lediglich auf die Festlegung der übergeordneten Rolle.

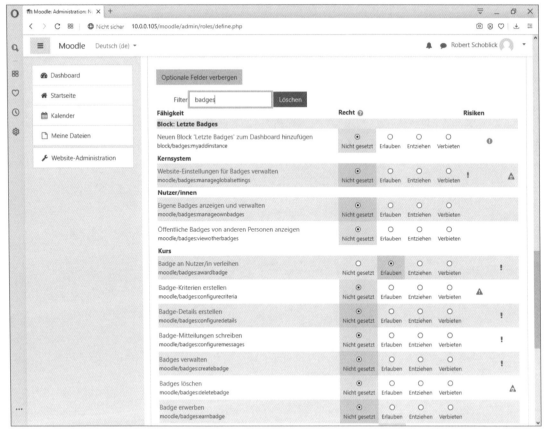

Bild 6.10 Moodle kennt über 600 Fähigkeiten, die alle individuell für eine Rolle gesetzt werden können. Durch Setzen eines Filters lässt sich die Auswahl der Fähigkeiten auf eine übersichtliche Zahl einschränken. Wichtig ist allerdings, dass die Vergabe von Fähigkeiten im System auch das Vertrauen in die Personen voraussetzt, die diese Rollen letztlich einnehmen. Es gibt durchaus Risiken!

Auch bei den ausdrücklichen Verboten gibt es Unterschiede: Man kann durchaus in der aktuell betrachteten Rolle eine Berechtigung entziehen, die möglicherweise im übergeordneten Kontext als zulässig galt. Hier ist es jedoch in einfachen Fällen denkbar, dass Befähigungen in einem untergeordneten Kontext wieder erlaubt werden. In diesem Fall werden die Befähigungsrechte nur im aktuellen Kontext *entzogen*. Wird die Befähigung jedoch *verboten*, kann sie in einem untergeordneten Kontext nicht erneut aktiviert werden. Die Befähigungen in einem übergeordneten Kontext werden davon nicht berührt.

Die Nutzung einer Fähigkeit erscheint wider Erwarten verboten?

Wenn eine Rolle nicht so funktioniert, wie es geplant wurde, lohnt es sich, die Ebene dieser Rolle in der Hierarchie zu betrachten und die Berechtigungen der übergeordneten Kontexte sowie der zugrunde liegenden Ausgangsrollen zu prüfen.

Tabelle 6.1 Erlaubnis/Berechtigungen für die Fähigkeiten im System

Berechtigung	Beschreibung
Nicht gesetzt (Vererbung)	Dieser Status sagt noch nichts über die tatsächliche Befähigung aus. Es ist eine Analyse der übergeordneten Kontexte erforderlich. Wird die Nutzung der Fähigkeit nicht ausdrücklich erlaubt oder verboten, so wird sie nämlich aus der Rolle geerbt, die im übergeordneten *Kontext*[2] gesetzt wurde. Was im übergeordneten Kontext verboten ist bleibt also verboten. Was erlaubt ist, bleibt erlaubt.
Erlauben	Eine Befähigung kann für diese Rolle ausdrücklich (im aktuellen Kontext) erlaubt werden. Diese Befähigung ist von den Einstellungen im übergeordneten Kontext unabhängig und kann an untergeordnete Kontexte vererbt werden
Entziehen	Eine Befähigung kann für diese Rolle im aktuellen Kontext entzogen werden. Das Entziehen der Befähigung beeinträchtigt nicht die Rechte der Rolle in einem übergeordneten Kontext. Im Gegensatz zum „Verbieten" kann die Befähigung in diesem Kontext entzogen und in einzelnen untergeordneten Kontexten wieder erlaubt werden.
Verbieten	Eine Befähigung wird für diese Rolle im aktuellen Kontext und auch in allen untergeordneten Kontexten verboten. Wird dieses Attribut gesetzt, kann die Befähigung auch in untergeordneten Kontexten nicht mehr erlaubt werden. Übergeordnete Kontexte sind nicht betroffen.

Problemfall: User mit mehreren Rollen

Es passiert nicht selten, dass Nutzerinnen und Nutzer mehr als eine Rolle in einem Kontext belegen. Es stellt sich nun die Frage, was passiert, wenn sich in den verschiedenen Rollen Rechte für Befähigungen widersprechen. Das betrifft den Konflikt zwischen *Erlauben* und *Entziehen*. In diesem Fall dominiert *Erlauben*. *Verbieten* ist jedoch stets dominant. ■

Solche Risiken bringen verschiedene Rollen zwangsweise mit sich. So können Trainerinnen und Trainer durchaus fremde Dateien in ihre Kurse einbinden, die direkt und sonst ungeprüft publiziert werden. Damit ist das Risiko eines sogenannten *Cross Site Scriptings* (XSS) verbunden. Das bedeutet, dass Sicherheitslücken in Webanwendungen von Angreifern ausgenutzt werden können, was sowohl die Computer der Nutzerinnen und Nutzer als auch den Webservice der eigenen Moodle-Installation kompromittieren kann.

Die Rollen der Trainerinnen und Trainer sind darüber hinaus mit dem Risiko einer Datenschutzverletzung verbunden. Sie haben notwendigerweise Einblick in persönliche Daten der Lernenden und müssen ihre Rolle deswegen als eine Vertrauensposition verstehen.

[2] Beispiel für einen Kontext: Ein Kursbereich ist der übergeordnete Kontext der darin angebotenen Kurse, die wiederum jeweils einen Kontext im Sinn des Moodle-Systems darstellen.

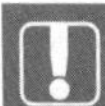

Vorsicht bei Lernenden in der Teacher-Rolle!

Es ist heute oft gängige Praxis, in einzelnen Kursen auch Lernende in die Trainerrolle zu erheben. Diese unterstützen sowohl die Lehrenden, sind aber gleichzeitig auch Vertrauenspersonen für die Lernenden. Wichtig ist jedoch zu bedenken, dass diese Personen über die Bedeutung des Datenschutzes unterwiesen werden.

Tabelle 6.2 Risiken bei der Vergabe von Rechten

Spalte	Symbol	Bedeutung
1		Es besteht das Risiko, dass eine Inhaberin oder ein Inhaber dieser Rolle das Erscheinungsbild der Webseite beeinflussen und verändern kann.
2		Es besteht das Risiko, dass Dateien und Texte in das System eingebracht werden, die ein Cross Site Scripting - XSS - zulassen. Das bedeutet, dass schädliche Skripte in die eigentlich vertrauenswürdigen Inhalte eingebunden werden. Im schlimmsten Fall können Angreifer Zugriff auf den PC des Seitenbesuchers erlangen.
3		Ein sensibles Thema ist nicht erst seit dem Inkrafttreten der DSGVO der Schutz personenbezogener Daten. Es gilt, diese Daten vor Missbrauch und Weitergabe nach dem geltenden Stand der technischen Möglichkeiten zu schützen. Das bedeutet, dass ein mit diesem Risiko verbundenes Recht nur verantwortungsvoll vergeben werden darf.
4		In einer Lernplattform erwarten die Benutzerinnen und Benutzer ausschließlich Bildungs- und sinnvolle Informationsangebote. Werbung oder, noch schlimmer, Schmuddel-Inhalte, Gewaltverherrlichung und Extremismus will dort niemand in seinem Postfach finden.
5		Der „größte anzunehmende Unfall“ ist die Verfälschung von Lern- und Lehrinhalten. Dies stellt die Qualität der Plattform massiv in Frage und führt zu einem Vertrauensverlust. Auch Eltern würden digitale Lernplattformen per se ablehnen, wenn deren Qualität durch Angreifer kompromittiert werden könnte.

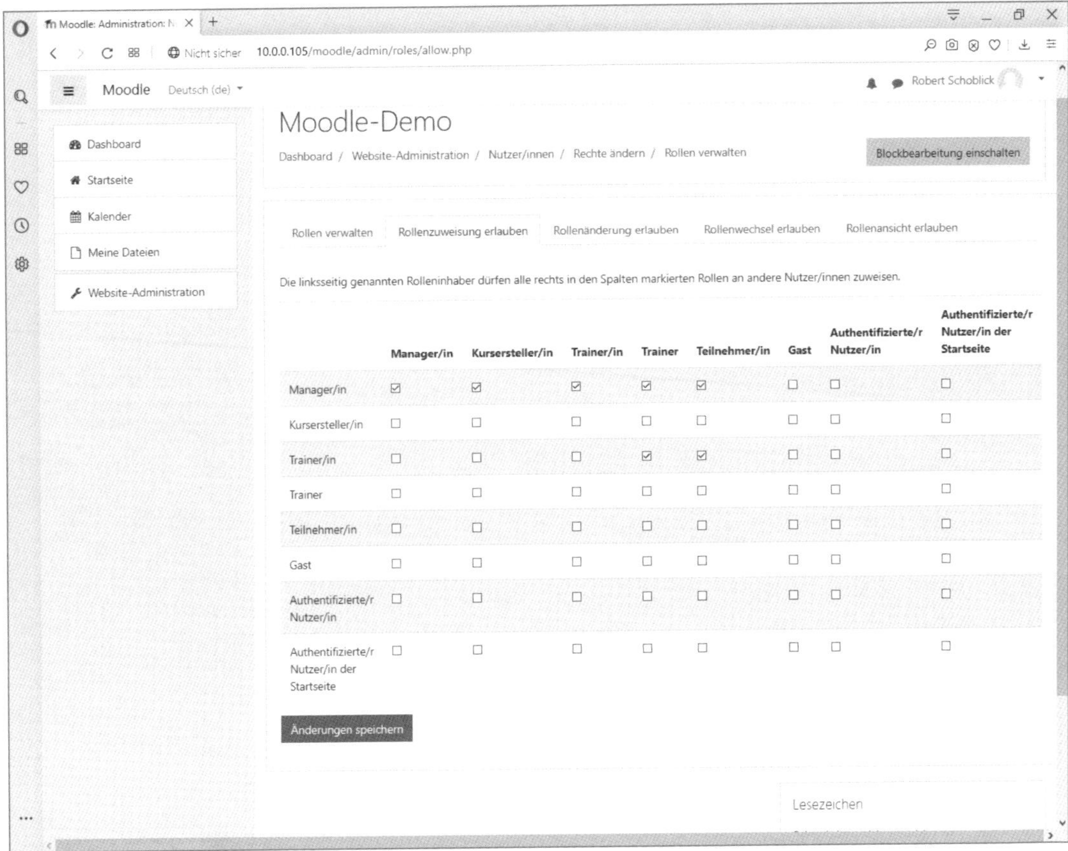

Bild 6.11 Die Administration kann für verschiedene Rollen festlegen, wer welche Rollen anderen Benutzern zuweisen darf.

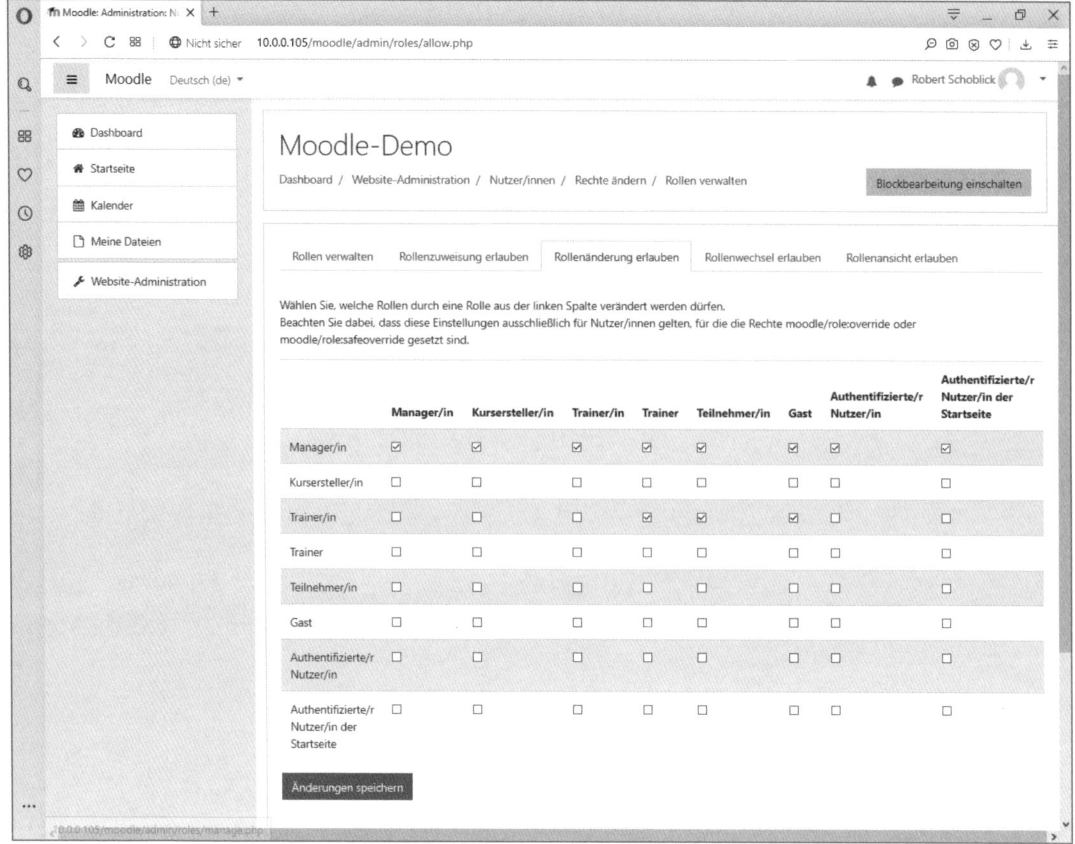

Bild 6.12 Die Veränderung der Rollen ist eine sehr sensible Aufgabe! Sie ist mit einem hohen Risiko behaftet und sollte deswegen ausschließlich der Administration oder dem Management vorbehalten bleiben. Die Rechte *moodle/role:override* bzw. *moodle/role:safeoverride* müssen gesetzt sein, damit eine Änderung an dieser Stelle wirksam wird.

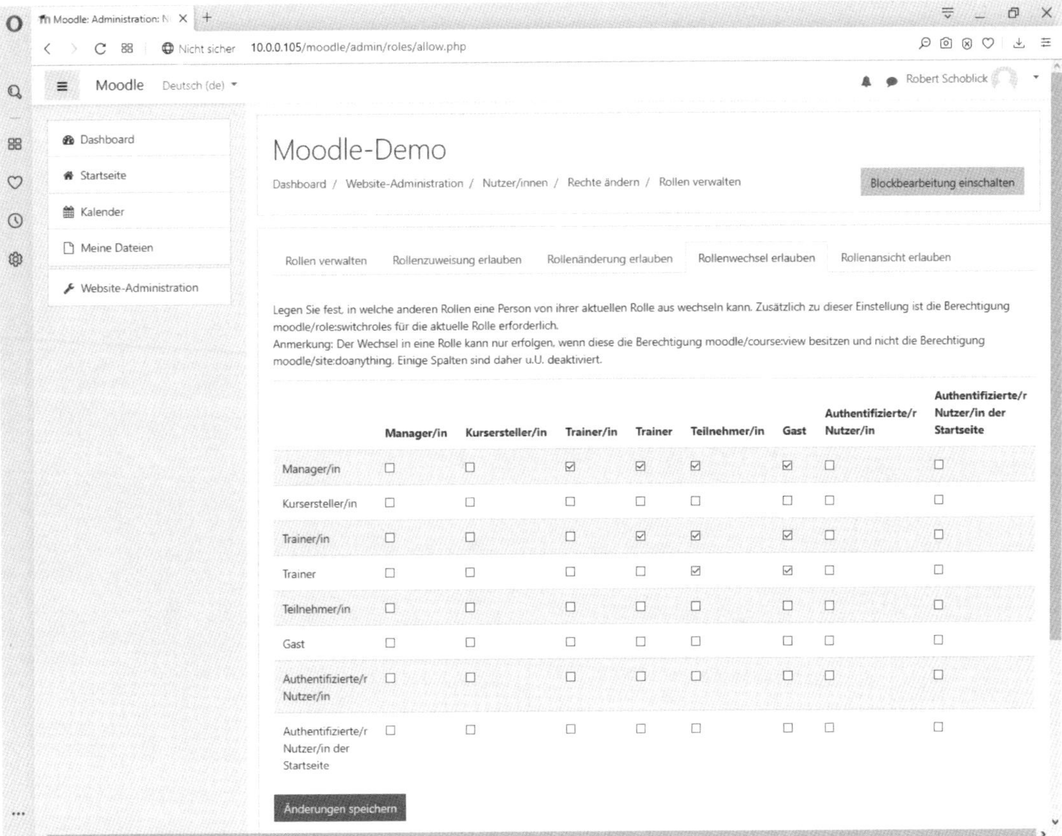

Bild 6.13 Der Wechsel der eigenen Rolle im jeweils legitimen Kontext erlaubt es beispielsweise Trainerinnen und Trainern, ihre Kurse aus der Sicht der Lernenden zu betrachten und zu testen. Dazu sind allerdings neben der Aktivierung an dieser Stelle auch die entsprechenden Fähigkeiten erforderlich.

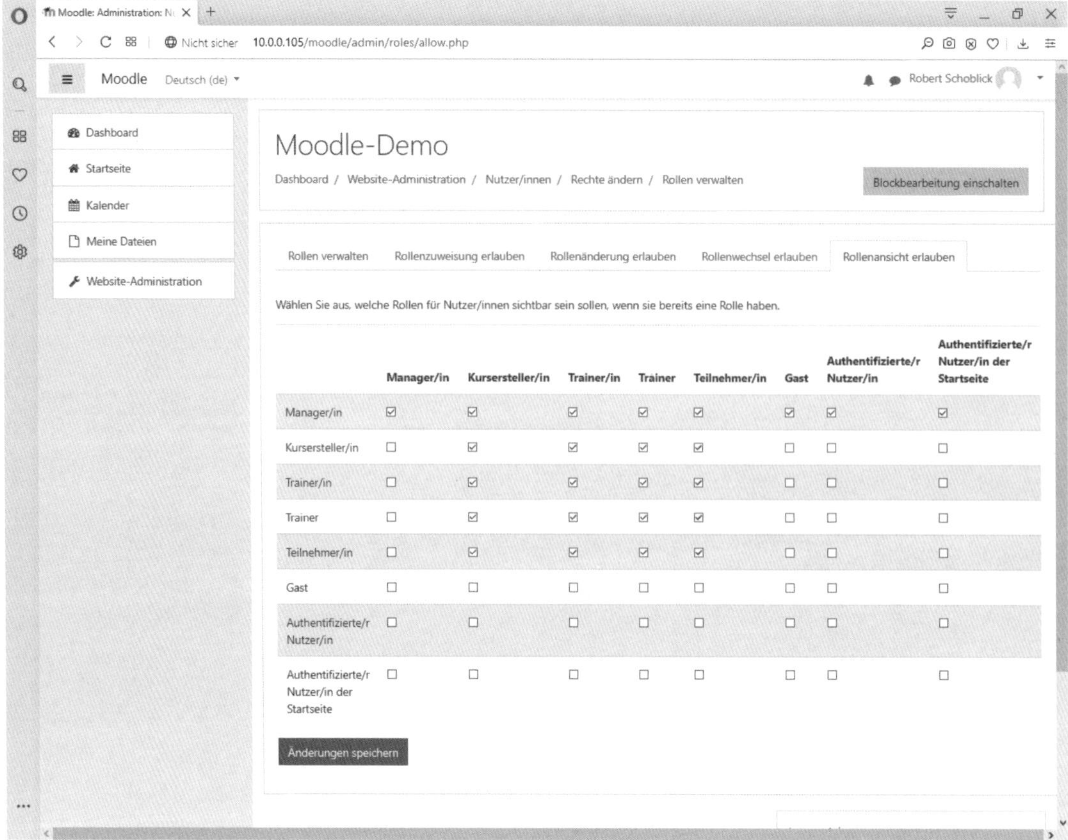

Bild 6.14 Nicht alle Rollen sind allen Benutzerinnen und Benutzern im System sichtbar. Es ist so zum Beispiel meist unerwünscht, die Administration oder das Management allgemein sichtbar zu schalten, da im Fall von Rückfragen oder Systemproblemen die meisten Personen den regulären Weg verlassen und sich an die „höchste Stelle" wenden.

6.5 Rechte/Fähigkeiten bei Standardrollen

Weit über 600 Fähigkeiten – Capabilities – sind im Grundsystem definiert. Diese können den verschiedenen Rollen zugewiesen oder entzogen werden. Wie es Tabelle 6.1 zu entnehmen ist, können diese Fähigkeiten den jeweiligen Rollen zur Nutzung aus übergeordneten Kontexten per Vererbung zugewiesen, direkt erlaubt, aus einer eventuell geerbten Erlaubnis entzogen oder verboten werden.

Es ist also nicht ganz einfach, die Übersicht zu behalten oder sie zuerst einmal zu gewinnen. Bild 6.10 zeigt den Ausschnitt einer sehr langen Webseite zur Konfiguration einer Rolle. Jede Fähigkeit belegt eine eigene Zeile. Mithilfe des Filters lässt sich die Arbeit bei der Zuweisung der Befähigungen für eine Rolle vereinfachen. Die infrage kommenden Fähigkeiten lassen sich damit eingrenzen. Allerdings handelt es sich lediglich um ein Standardsuchwerkzeug, wie es in den meisten Webseiten eingesetzt wird. Es ist eine reine Textsuche, deren Funktionsumfang Grenzen hat.

- *Blockverwaltung* (block): Die Fähigkeiten der Blockverwaltung beziehen sich in den meisten Fällen auf das Hinzufügen eines Blocks zum Dashboard.
- *Kernsystem* (moodle): Diese Fähigkeiten sind oft mit Risiken für das System sowie die Benutzerinnen und Benutzer verbunden. Diese Fähigkeiten sollten nur Personen besitzen, die ein entsprechendes Vertrauen genießen.
- *Verschiedene Berichte* (report): Fähigkeit, eine Kursübersicht, Performanceübersicht, einen Sicherheitsbericht etc. anzusehen. Reports können mit dem Risiko, persönliche Informationen zu offenbaren, verbunden sein.
- *Werkzeuge* (tool): Verschiedene Tools sind stark risikobehaftet. Diese Fähigkeiten, wie beispielsweise Tools zum „Schutz personenbezogener Daten“, dürfen nur für vertrauenswürdige Personen im System vergeben werden. Allerdings gibt es auch zahlreiche unkritische Tools wie die Verwaltung und die Bestätigung von Richtlinien.
- *Nutzer/innen* (moodle): Die mit Nutzerrechten verbundenen Fähigkeiten sind sehr umfangreich. Die meisten Fähigkeiten werden jedoch nicht mit Risiken in Zusammenhang gebracht. Einige Fähigkeiten sind allerdings mit dem Risiko des Missbrauchs „personenbezogener Daten“ und der Aussendung von Spam verbunden.
- *Kursbereiche* (moodle): Zu diesen Fähigkeiten zählen neben dem Anlegen (Risiko von Cross Site Scripting) und Verwalten von Kursen auch das Anlegen und Verwalten von Kompetenzrahmen und Lernplanvorlagen.
- *Kurs* (moodle, report): Die mit Kursen verbundenen Fähigkeiten sind sehr umfangreich. Ebenso umfangreich ist dabei die Zahl der mit Risiken behafteten Fähigkeiten. Hier wird das volle Programm nach Tabelle 6.2 berührt. Mit diesen Fähigkeiten werden Kurse verwaltet (auch Sicherheitskopien angefertigt). Es werden auch Kurskompetenzen verwaltet und Bewertungen einsehbar gemacht. Es kann das Recht vergeben werden, verborgene Kurse in einem Bereich für die betreffenden Rollen sichtbar zu machen.
- *Bewertungen* (gradeimport, gradeexport, gradereport): Diese Fähigkeiten umfassen grundsätzlich den Umgang mit personenbezogenen Daten. Nutzerinnen und Nutzer, die mit Bewertungsrechten ausgestattet sind, müssen vertrauenswürdig sein.
- *Aktivitäten* (mod): Die Fähigkeiten, verschiedene Aktivitäten zuzuweisen, sind in vielen Fällen mit dem Risiko von Cross Site Scripting verbunden. Es handelt sich allerdings um wichtige Fähigkeiten, um den Lernerfolg überhaupt erreichen zu können: So können Tests angelegt, Umfragen durchgeführt und Lernpakete eingebunden werden. Aber auch das Chatten und das Feedback geben sind wichtige Aktivitäten in Moodle, die mit eigenen Fähigkeiten behaftet sind.
- *Fähigkeiten für die Webservices* (webservice): Verwendung verschiedener Web-Protokolle.
- *HTML5-Dienste* (atto): Mit diesen Fähigkeiten können H5P sowie Audio und Video für die Gestaltung von Moodle-Kursen verwendet werden. Doch Vorsicht: Hier sind auch Fähigkeiten im Systembereich (moodle) zu prüfen: moodle/h5p:deploy
- *Buchfunktionen* (booktool, mod): Fähigkeiten, um Kapitel eines „Buchs“ zu importieren und zu exportieren. Nicht zuletzt sind Fähigkeiten definiert, um Kapitel anzuzeigen (mit einer besonderen Fähigkeit auch die „verborgenen“) sowie zu bearbeiten. Das letztere Recht ist allerdings mit dem Risiko von Cross Site Scripting verbunden.

- *Forenberichte* (forumreport): Zugriffsrechte für zusammenfassende Berichte in Foren. Es können Risiken beim Schutz personenbezogener Daten bestehen.
- *Quiz-Aktivitäten* (quiz): Fähigkeiten zur Bewertung und Erstellung von Berichten bei einem Quiz.
- *Dateiansicht* (repository): Fähigkeit zur Einsicht von legitimierten Verzeichnissen auf internen und externen Quellen.

7 Bereichs- und Kursverwaltung

Moodle ist eine Lernplattform, deren Kern letztlich die Kurse sind, die von den Lernenden belegt und bearbeitet werden können. In vielen Moodle-Systemen werden die Möglichkeiten leider nicht annähernd ausgenutzt. Das hat verschiedene Ursachen, die bereits mit den organisatorischen Strukturen von Schulen und anderen Bildungseinrichtungen, mit dem Fokus auf pädagogische Kernkompetenzen und nicht zuletzt mit den verfügbaren Budgets zu erklären sind.

Moodle ist für große Bildungsinstitutionen ausgelegt. Das bedeutet, dass es Kurse in verschiedenen Leistungs- und Klassen- bzw. Semesterstufen nebeneinander in den unterschiedlichsten Fachbereichen geben kann. Letztlich sind die Kurse durch die Lehrenden mit verschiedenen Angeboten zu organisieren. Dabei gehen die Angebote innerhalb der Kurse deutlich über die „klassische PDF-Verteilung“ hinaus. Die Kurse können direkt geführte Lehrlektionen, Lernunterstützung mithilfe von Lernspielen, aber auch Leistungs- und Lernzielkontrollen bieten. Diesem Thema widmet sich ein eigenes, sehr umfassendes Kapitel.

Voraussetzung für eine erfolgreiche Kursgestaltung ist allerdings die Administration der Kursbereiche und der Kurse. Dies schließt eine verantwortungsvolle und zielgerichtete Vergabe von Rechten im System ein.

Kurs-Administration und DSGVO

Wer Kurse einrichten, verwalten und die Lernerfolge auswerten darf, hat sehr wahrscheinlich Zugang zu persönlichen Daten der Lernenden – auch solche, die anderen Kursteilnehmerinnen und Kursteilnehmern verborgen sind – sowie Zugang zu Lernergebnissen. In beiden Fällen handelt es sich um personenbezogene Daten, die grundsätzlich unter den Schutz der DSGVO fallen und entsprechend zu behandeln sind.

7.1 Kursbereiche

Als Beispiel sei eine fiktive Universität angenommen. Diese habe vier fiktive Fakultäten:

- Sprachwissenschaften
- Naturwissenschaften
- Geisteswissenschaften
- Ingenieurswissenschaften

Jede Fakultät bekommt nun ihren eigenen Kursbereich. Die Professorinnen und Professoren dieser Fakultäten werden in den meisten Fällen nicht in den anderen Bereichen arbeiten. Somit ist jeder einzelne Kursbereich ein eigener Kontext im Moodle-System und die Benutzerinnen und Benutzer, die in einem oder mehreren Kursen arbeiten bzw. eingeschrieben sind, sind Benutzer und Benutzerinnen in diesem Kontext.

Kursbereiche und Nutzerinnen bzw. Nutzer

Nutzerinnen und Nutzer sind im Moodle-System stets an einen oder mehrere Kontexte gebunden. Sie haben also keinen uneingeschränkten Zugang zu allen Kursbereichen und Kursen im System. Die jeweiligen Rechte werden individuell für jeden einzelnen Kontext vergeben. Nutzerinnen und Nutzer können jedoch durchaus in mehreren Bereichen eingeschrieben sein. Ihre Rollen sind dort jedoch nicht zwingend identisch.

Die Administration der Kursbereiche erfolgt unter *Website-Administration - Kurse* und dort im Abschnitt *Kurse und Kursbereiche verwalten* können die Strukturen der Lernplattform festgelegt und an die jeweils neuen Anforderungen angepasst werden. Neben den *Kursbereichen* können hier bereits erste *Kurse* definiert werden.

Über den Button *Neuen Kursbereich anlegen* gelangt die Administration in einen sehr einfachen Dialog. Neben dem Namen des neuen Bereichs, der sich an den Bezeichnungen der internen Organisation orientieren sollte, ist die Festlegung des *übergeordneten Kursbereichs* entscheidend. Hier lassen sich mehrstufige Bereiche definieren. Allerdings sollte man dies nicht übertreiben, denn es geht in erster Linie darum, dass sich Lernende und Lehrende im Kurssystem zurechtfinden und nicht um eine detaillierte Abbildung des Organigramms.

Ganz wichtig ist es natürlich, eine aussagekräftige Beschreibung zu erstellen. Diese sollte nicht mehr als ein oder zwei Absätze umfassen und dennoch konkret darstellen, um welchen Bereich es sich handelt. Das ist besonders dann wichtig, wenn ähnliche Kursbereiche angeboten werden, die möglicherweise sogar überschneidende Kursangebote enthalten. Ein Beispiel aus der Technik soll dies verdeutlichen:

Werden Kursbereiche für die Berufe des Elektromaschinenbaus und der allgemeinen Elektronik eingerichtet, so gehören ganz gewiss Grundlagen der allgemeinen Elektrotechnik und der Mathematik zu den wichtigsten Kursen der unteren Ausbildungsstufen. Dies gilt berufsübergreifend. Sind die Kursbereiche nicht eindeutig beschrieben, besteht das Risiko, dass sich Lernende in den falschen Kursen einschreiben.

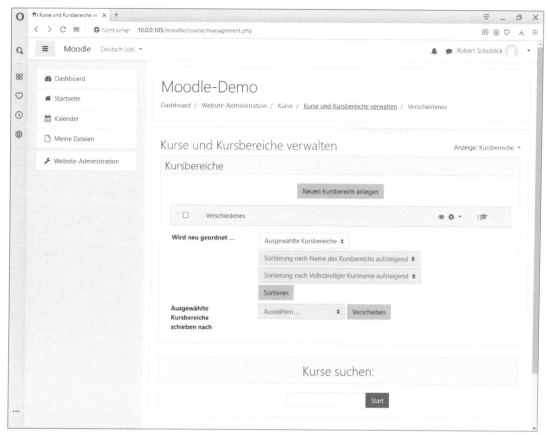

Bild 7.1 Die Administration hat das Recht, neue Kursbereiche anzulegen. Diese können sowohl eine völlig neue Ebene eröffnen als auch untergeordneter Teil eines bestehenden Kontextes sein.

Klare Sprache – auch in Zeiten der Digitalisierung

Editor-Felder zur Beschreibung eines Kurses sollten nicht einfach aus „Zeitgründen" leer gelassen oder mit Stichworten ausgefüllt werden. Sie bieten eine wertvolle Orientierungshilfe und tragen mit ihren verständlichen Erklärungen später zur gesteigerten Akzeptanz der Bildungsplattform bei.

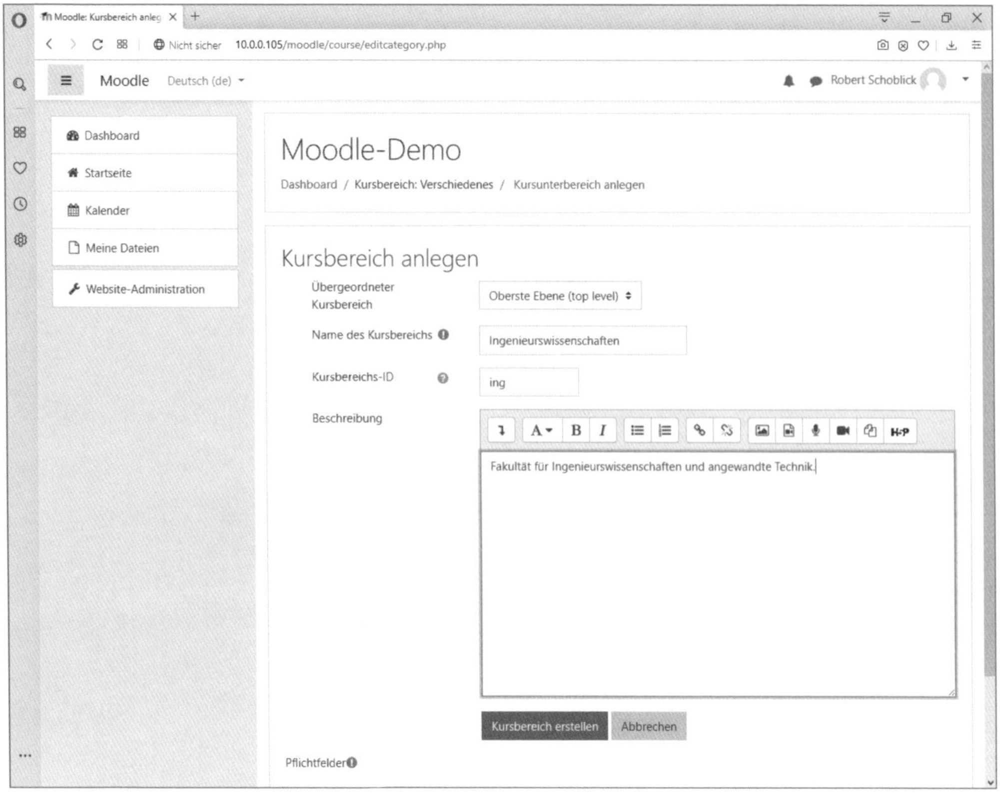

Bild 7.2 Eine Beschreibung erleichtert die Orientierung in einem stetig wachsenden System. Sie sollte die „Sprache der Lernenden“ sprechen.

Die Zahl der Kursbereiche kann sehr schnell sehr groß werden und erfordert eine fundierte Struktur und Organisation. Das gilt nicht nur für Universitäten, die in verschiedenen Fakultäten ein sehr mannigfaltiges Studienangebot liefern, sondern bereits für kleinere Volkshochschulen. Hier hat man es mit einem oft sehr wechselhaften Kursangebot verschiedener freier Lehrkräfte zu tun. Es gilt hier, eine thematisch nachhaltige Definition von Kurs- und Kursunterbereichen zu finden. Wichtig ist in diesem Zusammenhang auch die zusammenhängende Gliederung der Themengebiete. Dies zu schaffen ist möglich, weil die Kursbereiche verschoben werden können. Es ist auch möglich, Kursunterbereiche anderen Bereichen zuzuordnen. Doch Vorsicht! Dadurch kann die Übersicht in der Plattform Schaden nehmen. Lernende müssen sich somit stets neu orientieren und werden Schwierigkeiten haben, sich in der Lernplattform dauerhaft zurechtzufinden.

Planung braucht Zeit

Es mutet an wie nur wenige planerische „Federstriche“, doch die Festlegung einer Kursbereichsstruktur sollte über Jahre hinweg Bestand haben. Das gilt auch unter der Berücksichtigung, dass sich Curricula und Lehrpläne entsprechend wirtschaftlicher und politischer Vorgaben auch unverhofft ändern können. Die Definition sollte hier ausreichende Flexibilität vorsehen. ■

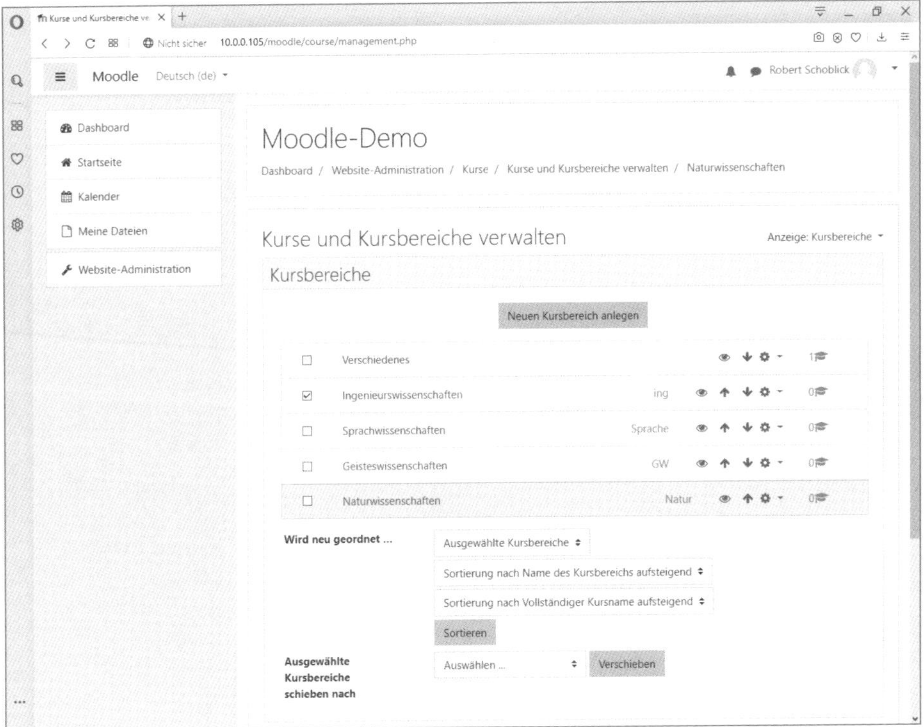

Bild 7.3 Kursbereiche können in einer bestimmten Reihenfolge und hierarchisch verschachtelt definiert werden.

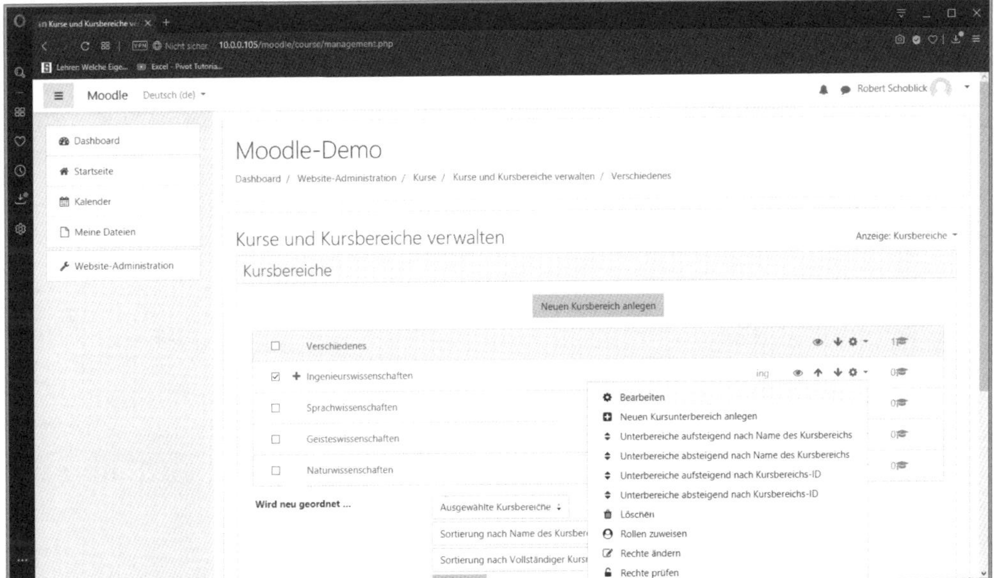

Bild 7.4 Die Verwaltung der Kursbereiche umfasst nicht nur deren Definition, sondern auch die Zuweisung von Rollen und Rechten.

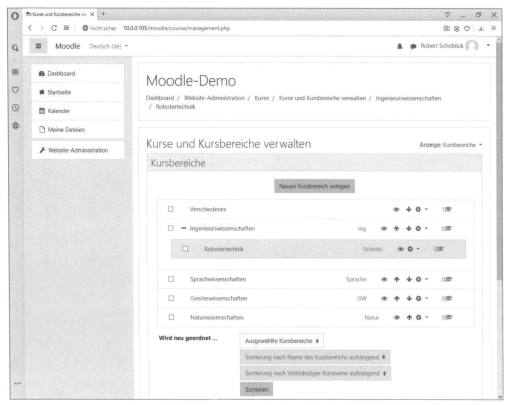

Bild 7.5 Umorganisationen lassen sich in der Administration jederzeit durch die Ergänzung neuer Kursbereiche oder durch Verschiebung bestehender Bereiche umsetzen.

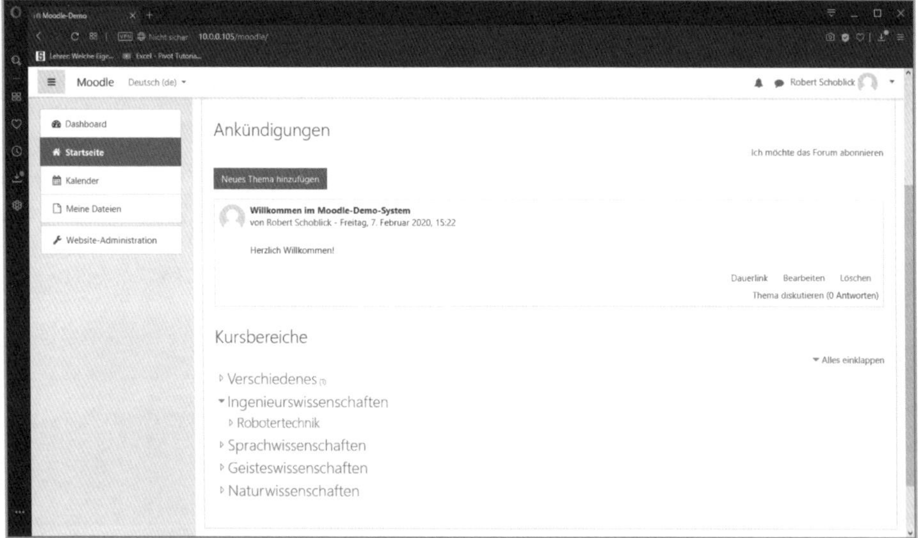

Bild 7.6 Die neu angelegten (sichtbaren) Kursbereiche erscheinen umgehend in den Startseiten der Nutzerinnen und Nutzer.

7.2 Grundeinstellungen

Das Erscheinungsbild von Kursen wird stets von den Vorstellungen des Lehrenden abhängig sein. Beispielsweise wird oft gewünscht, dass ein Kurs vor Beginn einer Lehrveranstaltung nicht allgemein sichtbar ist. Der Hintergrund hierfür ist, dass es bei Lernenden, die sich vorab informieren wollen, nicht zu Irritationen kommen darf, während der Kurs als solches noch in der Entwicklung ist. Bei einem unsichtbar geschalteten Kurs hat der Lehrende die Möglichkeit, diese Arbeit in aller Ruhe zu erledigen und zu überprüfen.

Neben der allgemeinen Sichtbarkeit des Kurses gehört auch die Einteilung der Abschnitte eines Kurses zu den wichtigsten Vorgaben. Bei den Kursabschnitten müssen die pädagogischen Pläne der Lehrenden beachtet werden. Hier gibt es verschiedene Strategien: Es sind sowohl wöchentliche Abschnitte denkbar, die dann sinnvoll sind, wenn der Kurs einem zeitlichen Ablauf folgen soll. Alternativ gibt es auch thematische Strukturen, die gerne verwendet werden, wenn die Lehrveranstaltung beispielsweise projektorientiert aufgestellt wird. Darüber hinaus gibt es Kurse, im Einzelformat oder als soziales Format.

In den Grundeinstellungen werden die beiden letzteren Formate in der Regel nicht gewählt. Das würde die Kursgestaltung scheinbar einschränken. In der Regel wird deswegen das Wochen- oder das Themenformat vorgeschlagen.

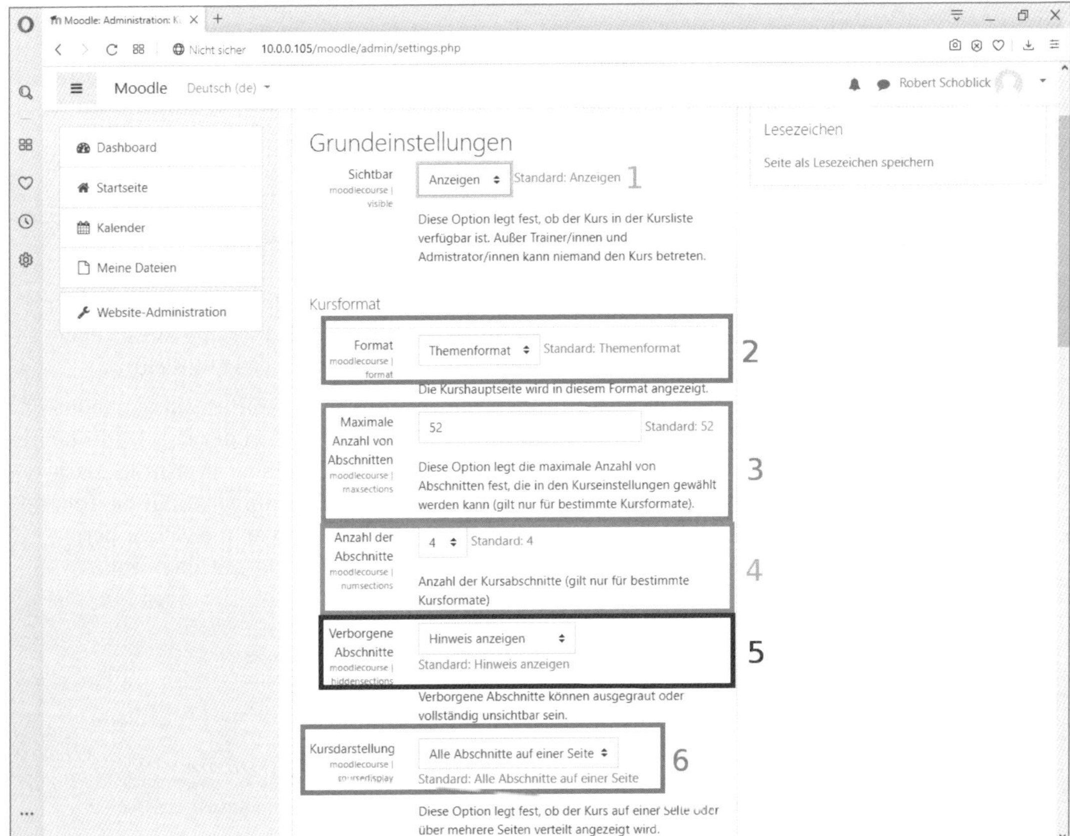

Bild 7.7 Kursgrundeinstellungen – hier: Sichtbarkeit und Kursformate

Individuelle Freiheit trotz Grundeinstellungen

Die Kursgrundeinstellungen sind keine endgültige Festlegung! Sie können in jedem einzelnen Kurs angepasst werden. Um die Kursgestaltung zu vereinfachen und nur wenige Änderungen erforderlich zu machen, sollte die Grundvorgabe jedoch insgesamt mit dem Lehrpersonal abgestimmt werden. ■

Die Vorgaben für das Kursdesign sind in den Grundeinstellungen sehr vielseitig:

1. *Sichtbarkeit* des Kurses: Soll der Kurs für die Lernenden sichtbar sein? In der Regel wird dies erst ab dem Beginn der Lehrveranstaltung gewünscht. Innerhalb des Kurses kann auch nach der Aktivierung für jeden einzelnen Kursabschnitt individuell deren Sichtbarkeit geregelt werden.
2. Das *Themenformat:* Es wird eine von vier Möglichkeiten voreingestellt. Meist wird das Themenformat favorisiert. Aber auch das Wochenformat ist in der Grundeinstellung sehr beliebt.
3. Mit der *maximalen Anzahl von Kursabschnitten* lässt sich die Länge eines Kurses begrenzen.
4. Die *Anzahl der Abschnitte* eines neuen Kurses wird auf eine überschaubare Menge begrenzt. Sie kann grundsätzlich vom Lehrenden mit Autorenrechten bis zur maximalen Anzahl erweitert werden. Werden nicht alle angebotenen Abschnitte benötigt, so können diese auch später von den Lehrenden wieder beseitigt werden.
5. Es wird während der Lehrveranstaltung oft gewünscht, nicht sofort das volle Kurspaket zu präsentieren, sondern den Inhalt während der Lehrveranstaltung allmählich aufzubauen. Werden Hinweise auf noch freizugebende Abschnitte angezeigt, bietet dies den Lernenden möglicherweise einen „roten Faden“ für den Kurs und zur Kalkulation des Arbeitsaufwands. Insgesamt übersichtlicher in der Darstellung ist es jedoch, *verborgene Abschnitte* vollständig unsichtbar zu schalten.
6. Sehr komplexe Kurse erfordern ein sehr intensives Scrollen auf dem Bildschirm, bis der richtige Abschnitt gefunden wird. In der *Kursdarstellung* kann die Präsentation auf einen Kurs pro Seite oder auf das komplette Programm des Kurses festgelegt werden.
7. Ein Kurs dauert meist ein Semester oder ein Schuljahr. Er kann natürlich auch an individuellen Lehrveranstaltungen zeitlich ausgerichtet werden. Es ist in der Regel sinnvoll, ein *Kursende* vorzugeben. Nach dem Kursende erscheint der Kurs nicht mehr im Dashboard. Oft gesehene „Dauerkurse“ bringen Probleme mit sich, denn nicht nur die Lehrinhalte veralten mit der Zeit, sondern es werden auch Nutzerinnen und Nutzer permanent „mitgetragen“, die längst die Lehrveranstaltung abgeschlossen oder verlassen haben. Zusätzlich sollte jeder Kurs nach dessen Abschluss deaktiviert werden.[1] Dies ist auch aus Gründen des Datenschutzes wichtig.

[1] Gelegentlich werden Kurse auch nach deren Ende für eine gewisse Zeit sichtbar geschaltet, um Lerninhalte noch einmal zu vertiefen. Neue Kurse sollten dann jedoch individuell mit den jeweils neu hinzukommenden Nutzerinnen und Nutzern angelegt werden. Die Kursinhalte lassen sich durchaus kopieren.

8. Ergänzend zur Vorgabe, ob ein Kursende gesetzt werden soll, kann zusätzlich die *Kursdauer* begrenzt werden. Dies ist erforderlich, wenn ein Kursende vorgegeben ist. Die Kursdauer wird in der Regel auf eine bestimmte Anzahl von Tagen oder Wochen fixiert. Es ist aber auch denkbar, hier sehr kurze Zeiträume im Stundenbereich bzw. sogar im Minuten- oder Sekundenbereich zu wählen. In der Grundvorgabe ist dies jedoch nicht sinnvoll.
9. Moodle lässt die Installation verschiedener Sprachpakete zu. Insbesondere im universitären Einsatzbereich, wo Internationalität wichtig und üblich ist, ist daher die Vorgabe einer *Sprache* in einem Kurs sinnvoll. In der Grundeinstellung sollte jedoch die allgemein verwendete Systemsprache verwendet werden.
10. Zu jedem Kurs gehört ein Ankündigungs-Forum. Die *Anzahl* der zuletzt darin veröffentlichten Beiträge (*Ankündigungen*) kann in der Anzeige im Kurs limitiert werden. Innerhalb des Forums sind natürlich alle Beiträge zugänglich.
11. *Bewertungen*[2] an sich sind in Moodle ein komplexes Thema. Ob Bewertungen im Zusammenhang mit dem Kurs angezeigt werden oder nicht, kann in der Grundeinstellung festgelegt werden.
12. *Aktivitätenberichte* sind nützlich, um die Akzeptanz der eigenen Lehrinhalte aus der Sicht des Teachers zu prüfen. Sie eignen sich aber auch dazu, um das Engagement der Lernenden einschätzen zu können. Sie sollten allerdings nicht unbedingt zur Gestaltung von Prüfungsschwerpunkten verwendet werden (Fragen überwiegend aus Abschnitten, die wenig von Lernenden konsumiert wurden). Dies erscheint als disziplinierende Maßnahme durchaus gegeben, stellt aber letztlich die digitale Lernplattform als ergänzendes Element eines Blended-Learning-Konzepts in Frage. Dessen Kern sollte es sein, den Lernenden mehrere Alternativen für ihr Studium zu bieten.
13. Die *maximale Dateiupload-Größe* kann für einen Kurs durchaus limitiert werden. Dies ist sinnvoll, um den Plattenspeicher des Servers und des Backup-Mediums nicht zu überlasten. Die vorgegebene Größe hängt von den Vorgaben der Webserver-Einstellung ab. Sie wird in der Konfigurationsdatei *php.ini* vorgegeben.
14. Wenn die *Abschlussverfolgung* aktiviert ist, können die Fortschritte bei der Bearbeitung des Kurses dargestellt werden. Die dafür zugrunde liegenden Kriterien werden von der Teacher-Rolle festgelegt.
15. In der Grundeinstellung kann der *Gruppenmodus* vorgesehen werden. Dabei ist zwischen sichtbaren und getrennten Gruppen zu unterscheiden. Bei den *getrennten Gruppen* sehen lediglich die Mitglieder einer Gruppe, wer sonst noch Teil des Teams ist. Gruppenexternen bleibt diese Information verborgen.
16. Der Gruppenmodus kann für alle Aktivitäten des Kurses vorgegeben werden.

[2] Bewertungen sind in einer Lernplattform extrem wichtig. Hierbei muss es nicht allein um die Vergabe klassischer Schulnoten gehen. Die Möglichkeiten einer Bewertung zu definieren ist eine eigene Aufgabe der Administration. An dieser Stelle wird nur festgelegt, ob Bewertungen im Kurs dargestellt werden.

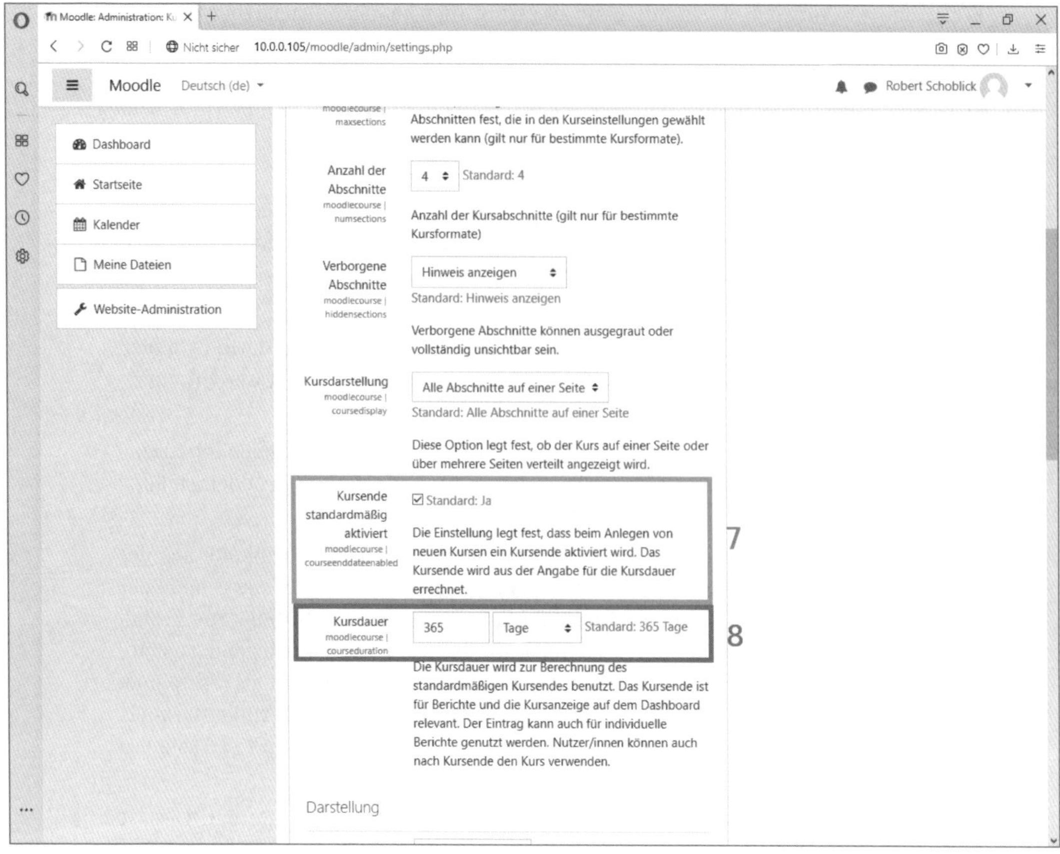

Bild 7.8 Kursgrundeinstellungen: Wie lange soll der Kurs aktiv bleiben?

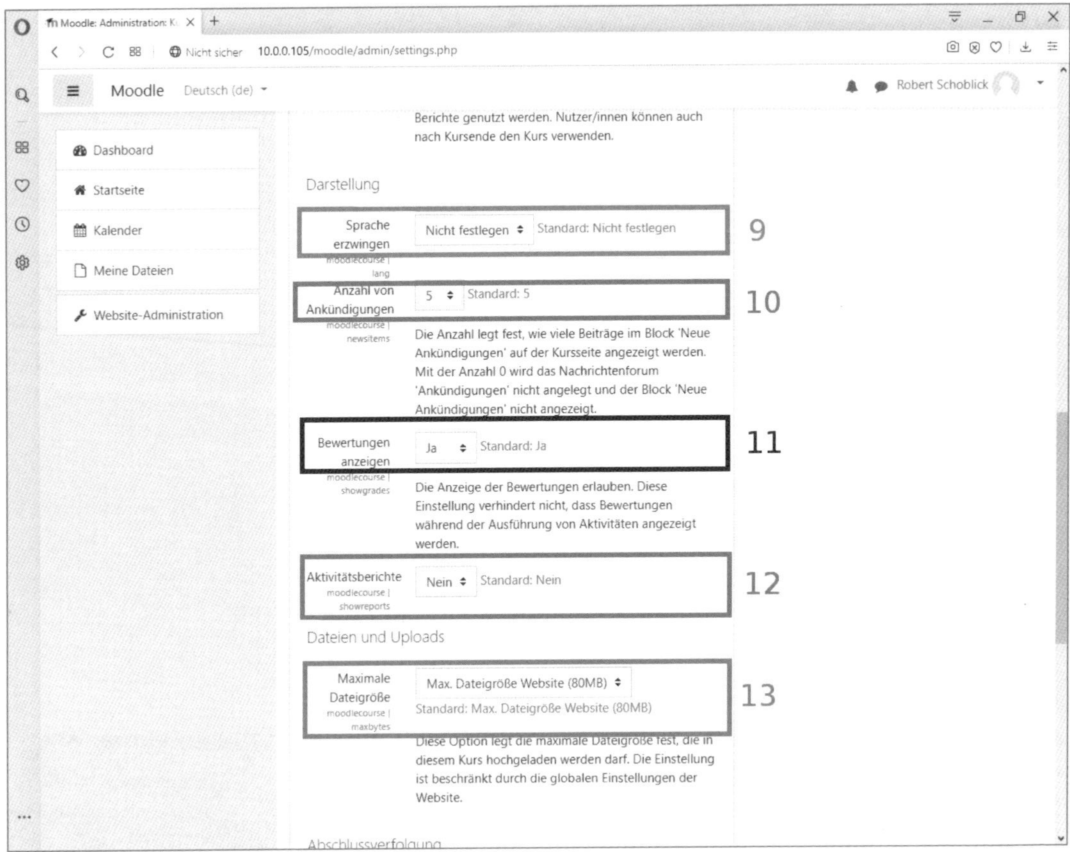

Bild 7.9 Kursgrundeinstellungen: Grundvorgabe der dargestellten Inhalte.

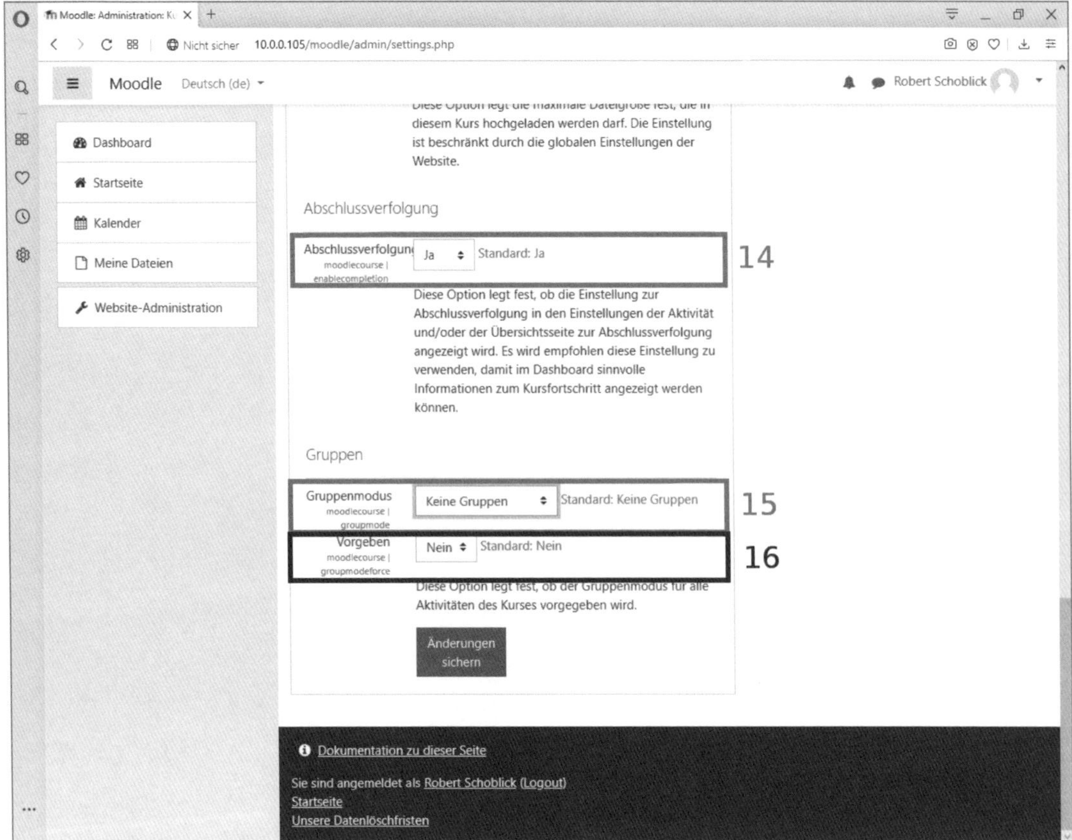

Bild 7.10 Kursgrundeinstellungen: Soll der Gruppenmodus zugelassen werden?

7.3 Kurse anlegen und Kursanträge bearbeiten

Das Anlegen von Kursen kann zentral oder auf Antrag, beispielsweise durch Lehrende, erfolgen. Unter Umständen können auch Lehrende selbst einen Kurs anlegen, wenn ihrer Rolle zuvor das dafür erforderliche Recht zugewiesen wurde:

moodle/course: create auf „Erlauben“

Möglicherweise ist diese Fähigkeit auch „Nicht gesetzt“. Das bedeutet nicht, dass die Fähigkeit nicht zugewiesen ist, sondern dass sie von der übergeordneten Ebene geerbt wird.

7.3.1 Kurse zentral anlegen

Die Administration hat die Möglichkeit, Kurse zentral anzulegen. Das hat gewisse Vor- und Nachteile. Der wesentliche Vorteil liegt in der Kontrolle über die im System angebotenen Lehrveranstaltungen bei einer übergeordneten Verwaltungsebene. Der große Nachteil ist die durchaus in Zeiten eines Semester- oder Schuljahreswechsels anfallende zusätzliche Arbeitsbelastung in der Verwaltung. Aus diesem Grund lassen sich das Anlegen und Verwalten von Kursen auch auf andere Rollen delegieren. Dies sind nicht nur die Rollen Kursersteller (coursecreator) oder Manager/Managerin (manager), sondern es können auch die Lehrenden selbst innerhalb ihres Kontextes mit der Erzeugung und Verwaltung der Kurse betraut werden.

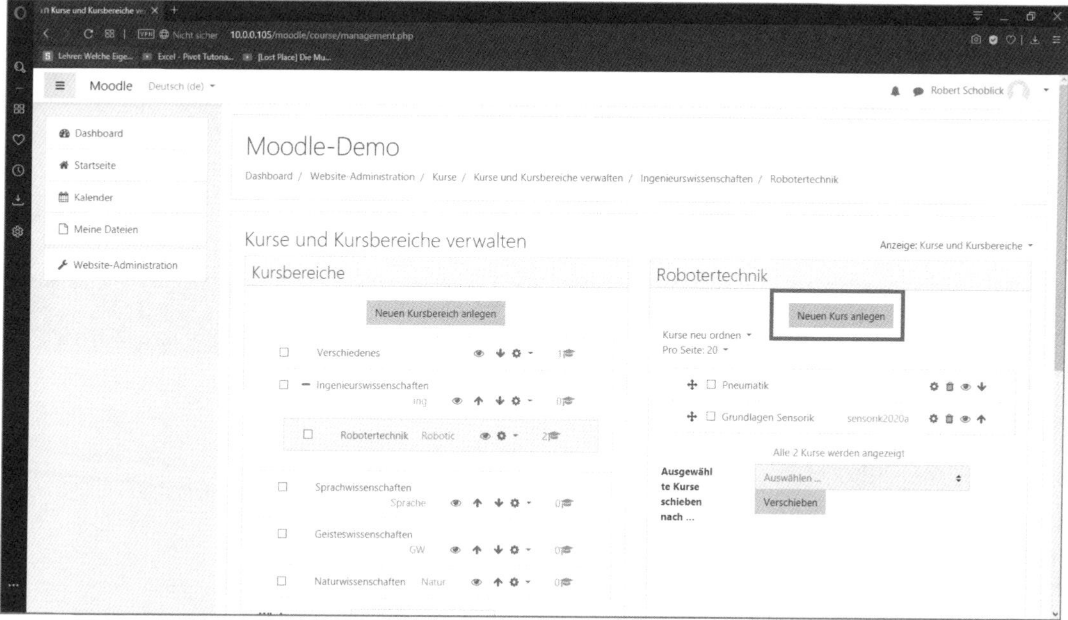

Bild 7.11 Um einen neuen Kurs anzulegen, wählt die Administration den jeweiligen Kursbereich und startet den Einrichtungsdialog mit der Schaltfläche „Neuen Kurs anlegen“.

Grundeinstellungen setzen die Vorgaben

Die Grundeinstellungen eines Kurses bestimmen lediglich die Vorgaben, die jedoch grundsätzlich veränderbar sind und damit individuell an die Anforderungen der Lehrveranstaltung angepasst werden können.

Auch wenn das Anlegen des Kurses noch nicht im richtigen Bereich gestartet wurde, kann der Kurs jederzeit richtig platziert werden. Das Drop-down-Menü *Kursbereich* listet alle registrierten Bereiche und bietet diese zur Auswahl an.

Zuvor wird jedoch der *Kursname* festgelegt. Hier gibt es eine aussagekräftige Bezeichnung und einen „kurzen“ Kursnamen, der beispielsweise in Betreffzeilen einer E-Mail verwendet wird. Auch dieses Kürzel sollte also aussagekräftig sein.

Ein nicht sichtbarer Kurs bietet die Möglichkeit, die Lehrinhalte sorgfältig vorzubereiten und erst in vollendeter Form den Lernenden zu präsentieren. Eine exklusive Sichtbarkeit für den Kursersteller besteht hier jedoch nicht grundsätzlich, denn alle Nutzerinnen und Nutzer, denen Rollen mit den entsprechenden Rechten zugewiesen wurden, können den Kurs einsehen. Dies ist sinnvoll, wenn Lehrinhalte im Kollegium abgestimmt oder einfach nur die persönlichen bzw. fachlichen Meinungen anderer Lehrkräfte eingeholt werden sollen.

Kursbeginn und Kursende können beispielsweise auf die Semestertermine angepasst werden. Auch hier lassen sich natürlich Vorgaben in der Grundeinstellung übernehmen, obgleich diese dort allgemeiner formuliert wurden. So errechnet sich das im Formular vorgeschlagene Kursende nach den Vorgaben der Grundeinstellungen. Das Kursende kann allerdings individuell festgelegt werden.

Die Kurs-ID ist ein wichtiger Parameter für die Verarbeitung der Kursdaten in externen Datenbanken. Innerhalb des Moodle-Systems hat die Kurs-ID eine wichtige Bedeutung, wenn beispielsweise mithilfe von CSV-Dateien Teilnehmerinnen und Teilnehmer über ein zentrales Datensystem in die Kurse eingeschrieben werden sollen.

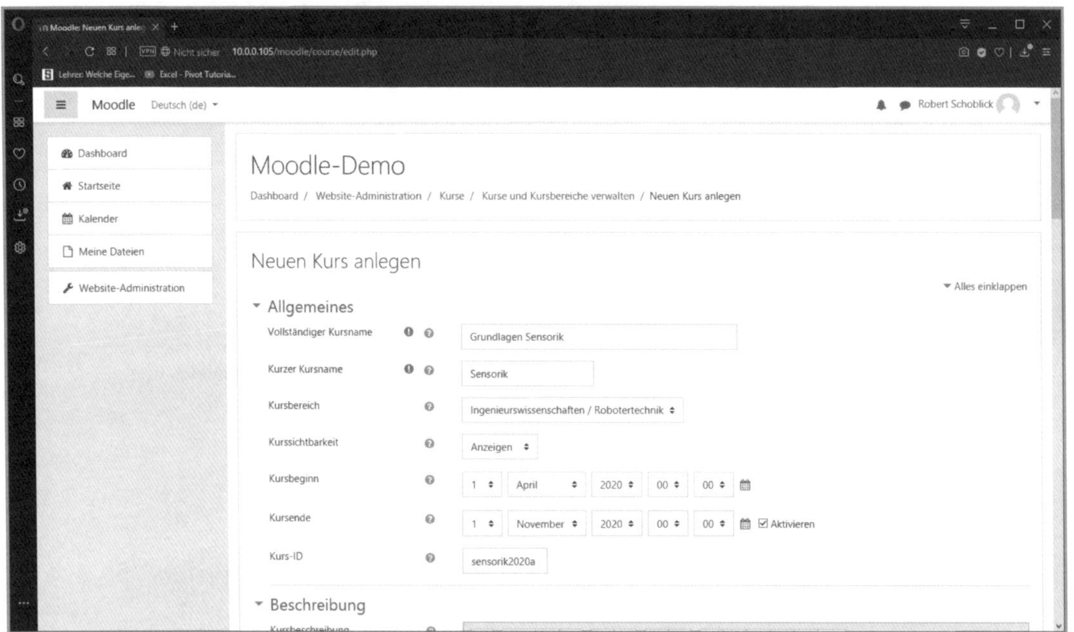

Bild 7.12 Der Kursname wird in den Kurslisten der Teilnehmerinnen und Teilnehmer angezeigt. Die Daten für Kursbeginn und Kursende werden vom System aus dem aktuellen Tagesdatum und den Grundeinstellungen vorgeschlagen und können individuell angepasst werden.

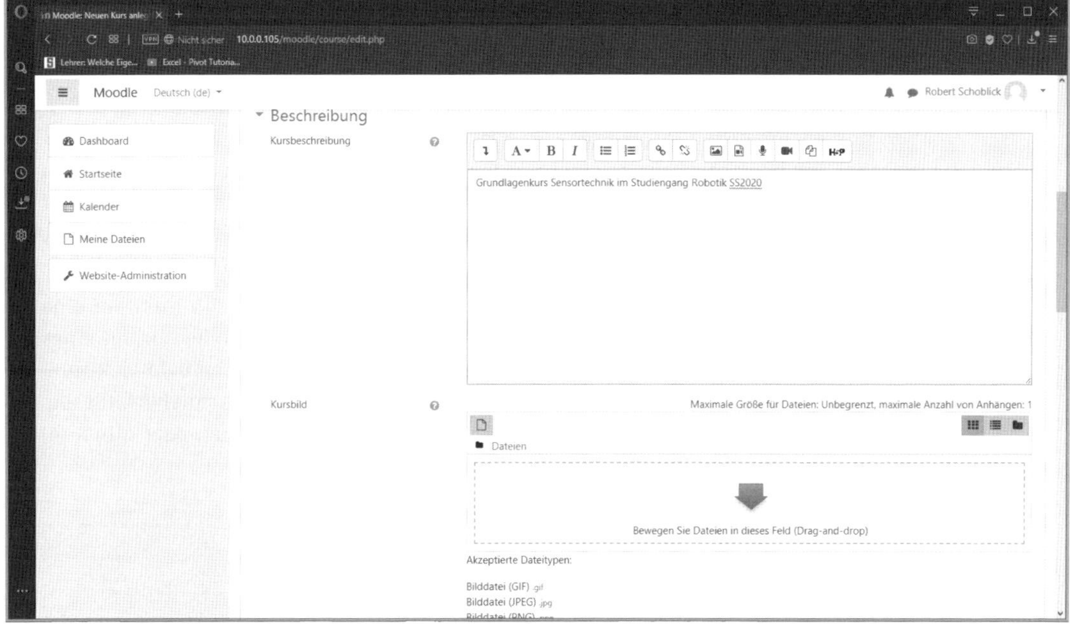

Bild 7.13 Ein Kursbild (optional) und eine aussagekräftige Beschreibung (empfohlen) tragen dazu bei, dass die Kursteilnehmerinnen und Kursteilnehmer schnell die für sie richtige Lehrveranstaltung in der Lernplattform finden können.

Das Editorfeld *Beschreibung* ist nicht nur in Bezug auf die Fläche im Formular sehr dominant. Es ist insbesondere in Lernplattformen mit einem sehr breiten Kursangebot und mit vergleichbaren (sichtbaren) Kursen über mehrere Semester ein unverzichtbares Informationswerkzeug sowohl für Lehrende als auch für Lernende.

Für eine angenehmere und übersichtlichere Darstellung kann der Kurs mit einem Kursbild illustriert werden. Hier sind die im Internet gängigen Grafikformate GIF, JPEG/JPG und PNG vorgesehen. Die Dateigrößen dürften sich hier in Grenzen halten, denn das Kursbild dient lediglich der Illustration in der Kursliste auf der Startseite und im Dashboard.[3]

Das *Kursformat* wird auf den eigentlichen Zweck der Lehrveranstaltung eingestellt. Die Vorgabe wurde in den Grundeinstellungen nach dem überwiegend bevorzugten Format festgelegt. Sie kann übernommen oder verändert werden. Insgesamt werden vier Kursformate angeboten:

- Das *Themenformat* gehört zu den häufigsten verwendeten Formaten. Hier wird jedem Teilthema des Kurses ein eigener Abschnitt zugeordnet. Über einen längeren Kurs hinweg fällt auch die Orientierung an fachbezogene Themen in diesem Format leichter. Es ist jedoch darauf zu achten, dass die einzelnen Abschnitte nicht überfrachtet werden.
- Das *Wochenformat* ist ideal im schulischen Unterricht einsetzbar, wo die Lehrinhalte innerhalb der Semester und Schuljahre eng getaktet angeboten und in einem straffen zeitlichen Ablauf präsentiert werden müssen. Die Kursbeschreibung sollte dabei durchaus

[3] Die Eigenschaften des Dashboards und der Startseite werden im Kapitel „Moodle im Überblick" besprochen. Dies ist der Einstieg in die Anwenderseite der Moodle-Lernplattform.

einen Leitfaden zum Kurs enthalten, der Lernenden auch die Orientierung bei der Nachbearbeitung der Inhalte erleichtert.

- Das *„soziale Format“* ist ein besonderes Format für einen Kurs. Genau genommen handelt es sich um ein Forum, das sich für offene Diskussionen zu einem Fachgebiet eignet. Derartige Kurse können zudem als Ergänzung zu einem thematisch geführten Kurs im Themen- oder Wochenformat eingerichtet werden, um dem Semester- oder Klassenverband eine Plattform für den persönlichen Austausch zu bieten. Achtung: Ein Forum erfordert einen gewissen administrativen und moderierenden Aufwand, um Eskalationen oder Ausschweifungen zu vermeiden.
- Ausgesprochen interessant ist das *Einzelaktivitäts-Format*. Hier kann ein Kurs auf eine einzelne Aktivität begrenzt werden, die sonst in einem von vielen Teilbereichen eines Kurses platziert würde. Wirklich sinnvoll ist dieses Format jedoch bei einem elektronischen Test bzw. einer elektronischen Prüfung.[4] Hier wird ein Kurs ausschließlich für diesen Zweck erstellt und die Kursdauer (im Bereich von wenigen Stunden oder Minuten) begrenzt.

Achtung: Risiko der Überfrachtung im Themenformat

Man nehme einmal als Beispiel das Studienfach Webdesign in der Informatik. Wird für Webdesign ein Kurs festgelegt, dann liegt es nahe, die sehr komplexen Unterthemen wie HTML, CSS, JavaScript, PHP etc. in jeweils eigenen Abschnitten dieses einen Kurses zu platzieren. In der Folge werden diese Abschnitte zu eigenen, sehr umfangreichen „Unterkursen“, was didaktisch nicht sinnvoll ist!

Stattdessen sollte gemeinsam mit der Administration im Kursbereich „Informatik“ ein Unterbereich „Webdesign“ erstellt und darin die entsprechenden Kurse zu den Teilthemen platziert werden. Die enge Abstimmung mit der Administration ist wichtig, weil Lehrende in der Regel nicht berechtigt sind, die Kursbereiche zu bearbeiten.

Im Bereich *Darstellung* der Kurskonfiguration wird festgelegt, ob ein Forum für Ankündigungen, aber auch allgemeine Informationen zum Kurs in der Seite angeboten werden sollen. Der hier einzutragende Wert gibt vor, wie viele der zuletzt eingebrachten Beiträge im Block „Letzte Ankündigungen“ gelistet werden sollen. Diese Ausgabe kann mit dem Wert „Null“ unterbunden werden. Natürlich ist das Forum für den Kurs weiterhin präsent.

Nützliche Informationen zu Kursfortschritten und Bewertungen können für die Lernenden eine nützliche Feedback-Komponente darstellen. Wird *Bewertungen anzeigen* auf „Nein“ gesetzt, sind Bewertungen für die Lernenden nicht mehr direkt in der Bewertungsübersicht des Kurses sichtbar. Allerdings können die Bewertungen unter Umständen direkt in den damit verbundenen Aktivitäten eingesehen werden. Ähnlich sieht es mit dem *Aktivitätsbericht* aus. Hier werden – wenn dies so eingestellt wird – alle Aktivitäten der Teilnehmerinnen und Teilnehmer in deren Profilseite gelistet. Wird die *Abschlussverfolgung* aktiviert, stehen den Teilnehmerinnen und Teilnehmern Informationen zu deren persönlichem Lern- und Bearbeitungsfortschritt des Kurses zur Verfügung.

[4] Dem Themengebiet Lernzielkontrollen und Tests ist in diesem Werk ein eigenes Kapitel gewidmet.

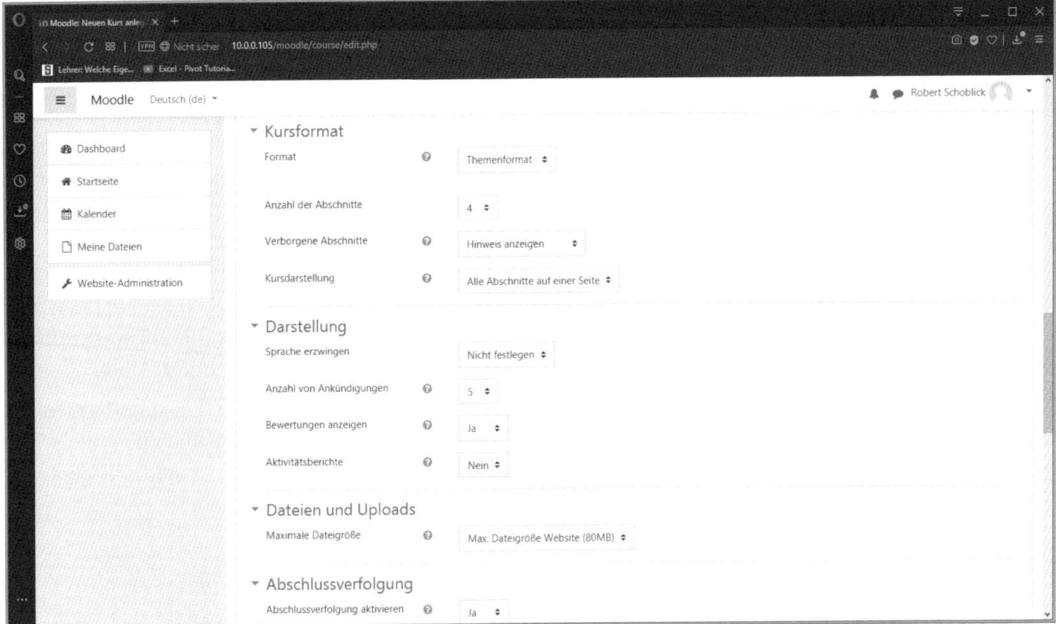

Bild 7.14 Das Kursformat muss sich an den Anforderungen der Lehrveranstaltung orientieren. Die Vorgabe wird in den Grundeinstellungen gesetzt, kann aber individuell angepasst werden.

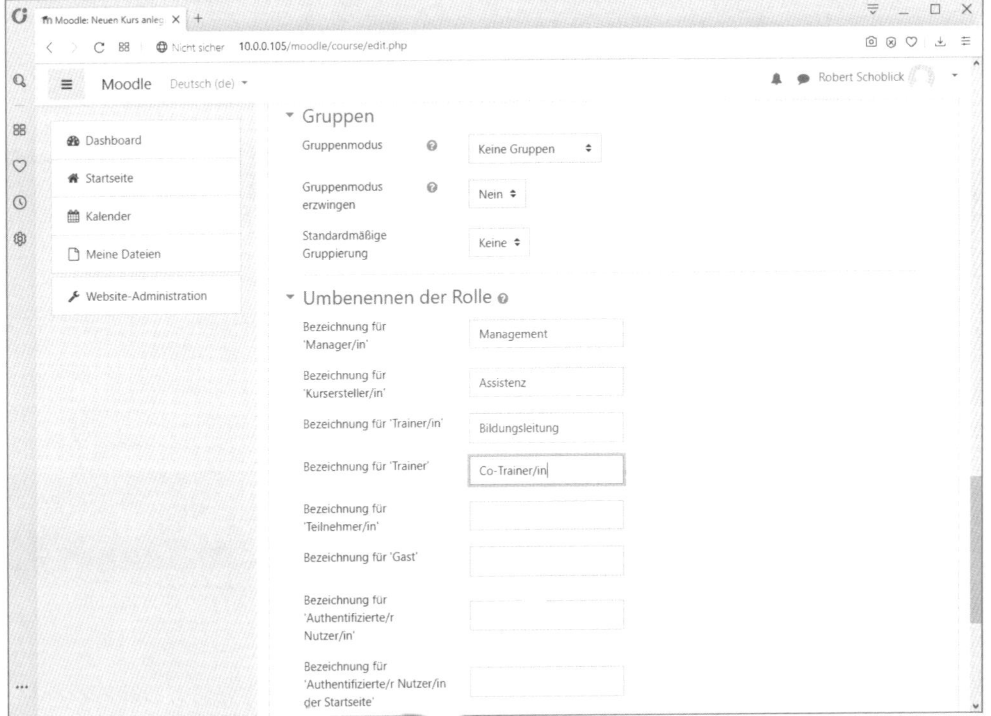

Bild 7.15 Die internen Bezeichnungen für die verschiedenen Rollen im Moodle-System können an die organisatorischen Bezeichnungen der Schule, Universität bzw. Bildungsinstitution angepasst werden.

Werden Gruppenarbeiten im Kurs gewünscht, kann zwischen sichtbaren und getrennten Gruppen unterschieden werden. Der Gruppenmodus kann für den jeweiligen Kurs auch erzwungen werden. Dies dominiert dann auch gegenüber eventuell anderweitigen Einstellungen in den Aktivitäten eines Kurses.

Interessant dürfte für viele Lehrende auch die Möglichkeit sein, die Rollenbezeichnungen zu ändern. „Manager“, „Teacher“ usw. bzw. die eingedeutschten Standardbezeichnungen der Rollen im Moodle-System sind aus unterschiedlichen Gründen nicht immer gern gesehen. Ganz gleich, ob die Rollenbezeichnungen einer gendergerechten Schreibweise unterliegen sollen oder passender an das Verhältnis zwischen Lernenden und Lehrenden angelehnt werden sollen, besteht die Möglichkeit, diese Rollen ganz individuell zu benennen. Es ist aber zu empfehlen, sich innerhalb einer Schule/Hochschule bzw. eines Bildungsinstituts auf eine einheitliche Form zu einigen, da sonst Verwirrungen vorprogrammiert sind.

Eine Zuweisung von Schlagworten (Tags) ist in besonders umfangreichen Lernplattformen sinnvoll. Hier genügt es nicht allein, Kurse in den gängigen Listen des Dashboards und der Startseite zu suchen. Schneller kommt man zum Ziel, wenn man die Übersicht mit einer Schlagwortsuche eingrenzen kann.

Pflicht ist nur der Kursname!

Die meisten, der besprochenen Kurseigenschaften sind optional. Um einen Kurs zu erstellen, genügt es, die Pflichtangaben – vollständiger und kurzer Kursname – einzutragen. Wichtig ist natürlich auch – obwohl dies nicht ausdrücklich als Pflichtfeld deklariert ist –, den richtigen Kursbereich zu wählen. Damit kein Chaos entsteht, wird für diesen in der Grundeinstellung zunächst ein neutraler Bereich vorgegeben, der sofort geändert werden sollte.

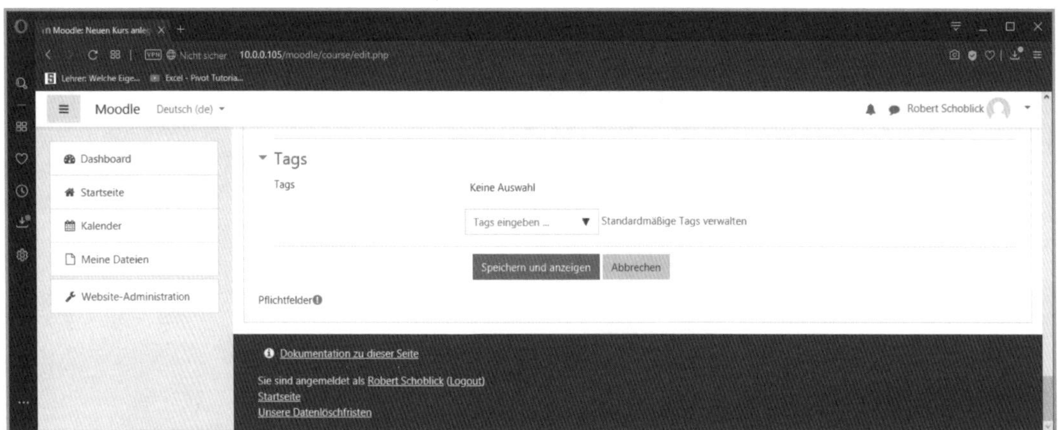

Bild 7.16 Schlagworte – „Tags“ – erleichtern die Suche nach bestimmten Kursen zu den Fachgebieten oder Veranstaltungszeiträumen.

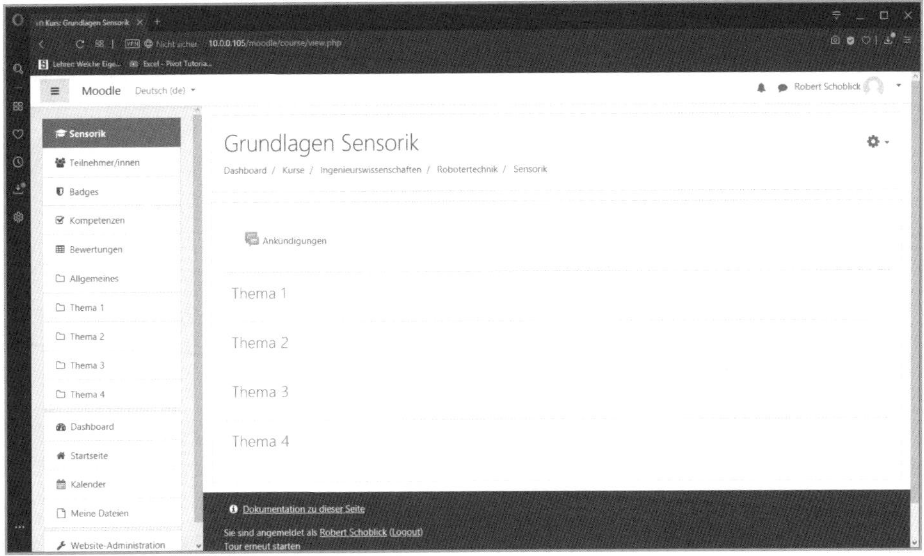

Bild 7.17 Der fertige Kurs erscheint in diesem Beispiel in der Ansicht nach dem Themenformat.

Die Einrichtung des Kurses wird mit der Schaltfläche *Speichern und Anzeigen* abgeschlossen. Damit wird der Kurs nun in seiner eigentlichen Form aufgerufen. Bild 7.17 zeigt einen neuen Kurs mit vier Abschnitten im *Themenformat*. Dieses wurde in der Konfiguration gewählt, ebenso wie die Anzahl der Abschnitte in der Startphase des Kurses. Die Abschnitte können nun beliebig umbenannt und in ihrer Zahl erweitert werden. Sie können zudem vom Lehrenden (Teacher mit Autorenrechten) mit Aktivitäten und Informationen gefüllt werden. Bei Bedarf können Abschnitte entfernt oder weitere – bis zum Erreichen der maximalen Grenze – ergänzt werden.

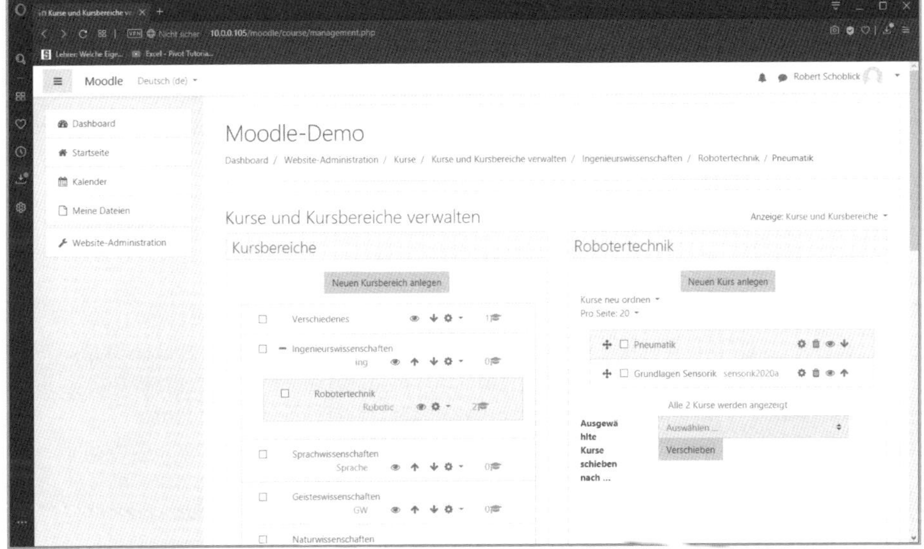

Bild 7.18 Kurse können durch die Administration in die jeweils passenden Kursbereiche verschoben oder nachträglich bearbeitet werden. Anpassungen an Organisationsänderungen sind somit grundsätzlich möglich.

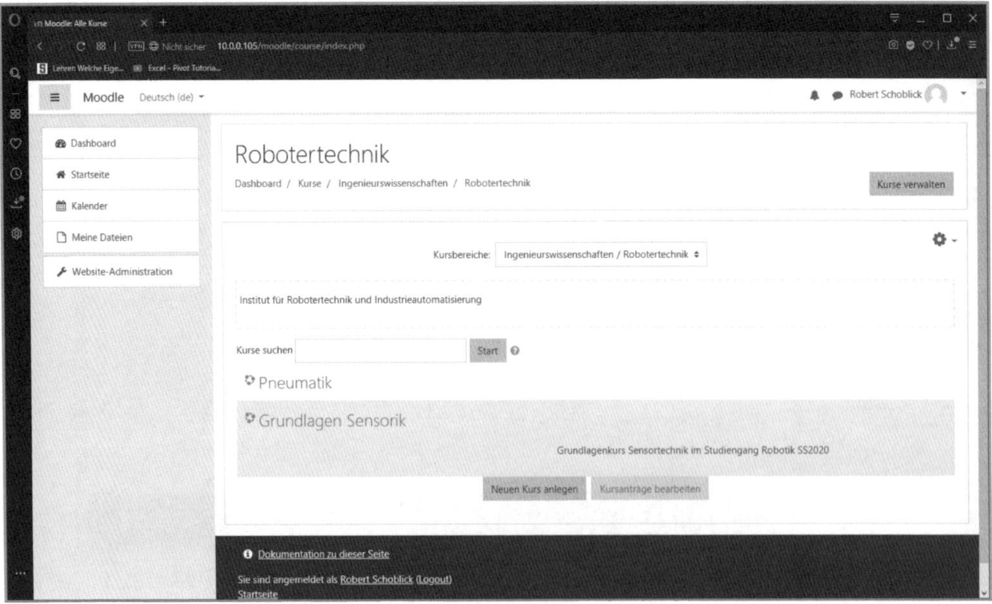

Bild 7.19 Der Kurs – sofern er sichtbar geschaltet ist – erscheint nun in den Kurslisten.

7.3.2 Kursanträge bearbeiten

Theoretisch kann in einem Moodle-System jede angemeldete Benutzerin und jeder angemeldete Benutzer einen neuen Kurs beantragen. Das setzt allerdings voraus, dass die Administration dies zulässt und dass für die infrage kommenden Rollen die entsprechende Befähigung gesetzt wird. Diese Fähigkeit (Kurserstellung genehmigen) lautet: *moodle/site:approvecourse*. Um einen Kurs anlegen zu dürfen, muss die Fähigkeit „Kurse anlegen" *(moodle/course:create)* erlaubt sein.

Das Instrument der Kursanträge kann unter verschiedenen Gesichtspunkten sinnvoll sein:

- Lehrkräfte wollen ihre Kursbereiche selbst gestalten, die Administration möchte jedoch die Kontrolle über die Gesamtstruktur behalten.
- Schülerinnen und Schüler bzw. Studentinnen und Studenten sollen bei der Gestaltung von Kursen ein Mitbestimmungsrecht haben und eigene Tutorien anbieten dürfen.

Spam-Risko?

Abgesehen von einem vorbildlichen echten Engagement kann ein Button „Kurs beantragen" auch leicht zu einem Ärgernis in der Administration führen. Die geplanten Zeiteinheiten für diese Tätigkeit sind in den meisten Bildungseinrichtungen noch ausgesprochen gering bemessen. Damit kann eine Vielzahl gewissenhaft geprüfter und organisatorisch korrekt eingeordneter Kursanträge leicht zur Überlastung der Administration auf der einen Seite und zu langen Wartezeiten bei der Bearbeitung auf der Seite der Antragsteller führen.

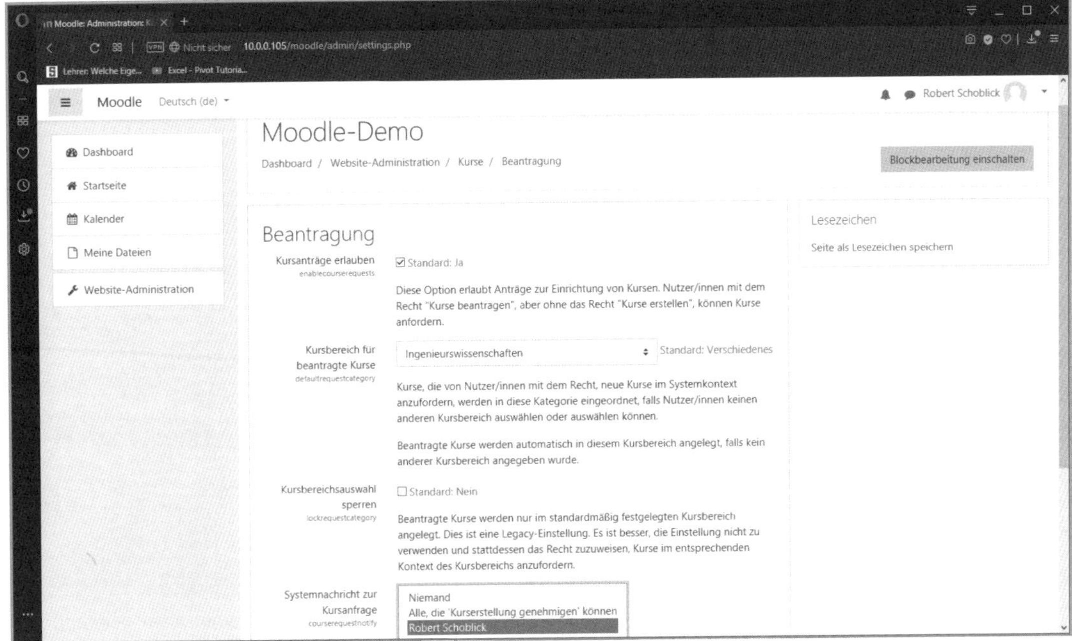

Bild 7.20 Wenn Kursanträge möglich sein sollen, sollte auch festgelegt werden, wer mithilfe einer Systemnachricht über den anstehenden Kurswunsch zu informieren ist.

Damit die Beantragung von Kursen außerhalb der Administration möglich ist, muss die Kursbeantragung zunächst allgemein erlaubt werden. Auch dies ist ausschließlich Aufgabe der Administration und findet in der *Website-Administration* unter *Kurse – Beantragung* statt. In dieser Konfiguration wird zudem ein Kursbereich festgelegt, in dem die beantragten Kurse einzurichten sind. Dies kann durch Sperrung der Kursbereichsauswahl fixiert werden. Ist diese Sperre nicht gesetzt, kann der auf Antrag neu eingerichtete Kurs in einen anderen Kursbereich verschoben werden, wenn der Antragsteller in diesen Bereichen über die entsprechende Rolle verfügt. Damit Kursanfragen nicht unbearbeitet im Alltagsgeschäft untergehen, kann ein Empfänger für eine Systemnachricht definiert werden. Dies sollte natürlich jemand sein, der über die Rechte verfügt, den Kursantrag zu prüfen und im Idealfall zu genehmigen.

Der zweite wichtige Schritt, um einen Kursantrag zu ermöglichen, ist die Erlaubnis, neue Kurse zu beantragen, für die jeweiligen Rollen zu erteilen. Nur dann können diese Nutzerinnen und Nutzer überhaupt den Button sehen.

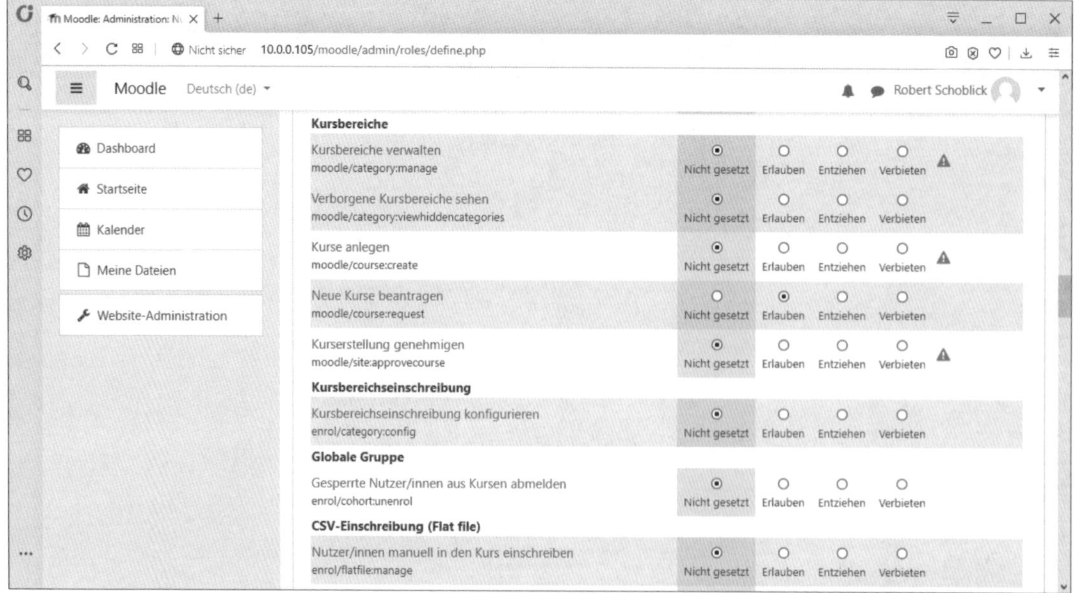

Bild 7.21 Nur Inhaber von Rollen, denen die Befähigung, einen „neuen Kurs zu beantragen", erlaubt ist, können den Button „Kurs beantragen" sehen.

Wenn die Voraussetzungen erfüllt sind, sieht das Szenario aus der Sicht der Benutzerinnen und Benutzer folgendermaßen aus: Beim Zugriff auf die Liste der Kursbereiche und der Kurse erscheint eine Schaltfläche *Kurs beantragen*. Ein Klick auf diese Schaltfläche öffnet einen Dialog, der in den ersten Feldern dem der Kurserstellung ähnelt. In der Tat werden an dieser Stelle wichtige Informationen wie der vollständige und der kurze Kursname sowie eine Kursbeschreibung abgefragt.

Neben den beiden Namenfeldern gibt es allerdings noch ein drittes Pflichtfeld: Die Begründung des Antrags sollte nicht zu knapp oder gar oberflächlich formuliert werden. In einem größeren Bildungsinstitut ist die Administration des Moodle-Systems in der Regel mit Support gut beschäftigt. Die Gestaltung der Kursbereiche und die darin enthaltenen Kurse sind das Ergebnis detaillierter Konferenzen und Planungen. Zusätzliche Kurse sollten nur dann etabliert werden, wenn diese grundsätzlich ins Konzept passen. Allerdings kann eine Lehrveranstaltung auch vorsehen, dass sich Lernende in eigenen Kursprojekten selbst organisieren. Dies sollte in eigens für diese Zwecke definierten Kursbereichen geschehen. Eine gut formulierte Begründung erleichtert die Administration und beschleunigt damit die Genehmigung eines neuen Kurses.

Mit diesen Parametern wird der Kursantrag an die Administration übermittelt. Die Antragstellerin bzw. der Antragsteller wird über die getroffene Entscheidung per E-Mail informiert.

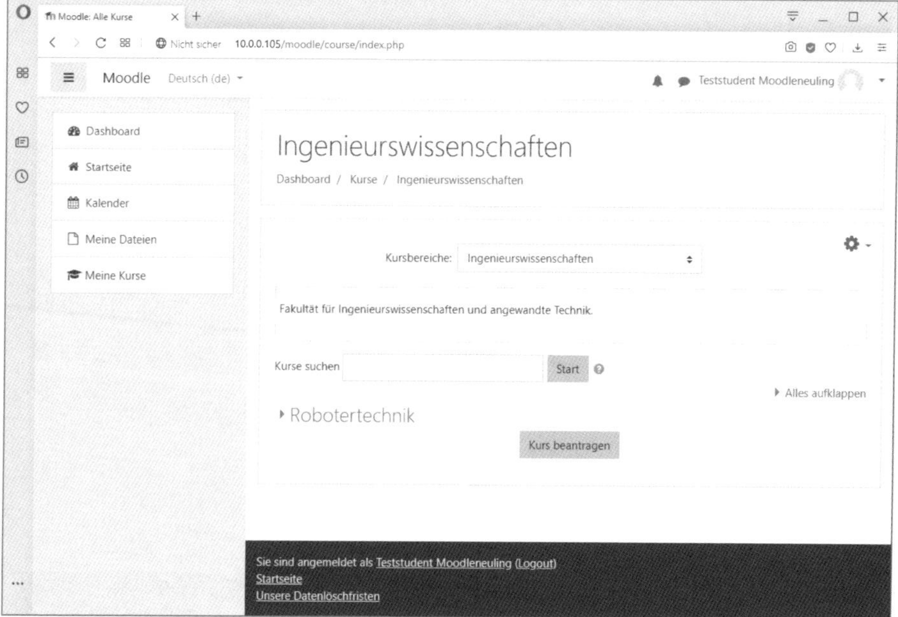

Bild 7.22 Ist es der Rolle gestattet, so findet die Nutzerin bzw. der Nutzer einen Button „Kurs beantragen" in der Kursliste.

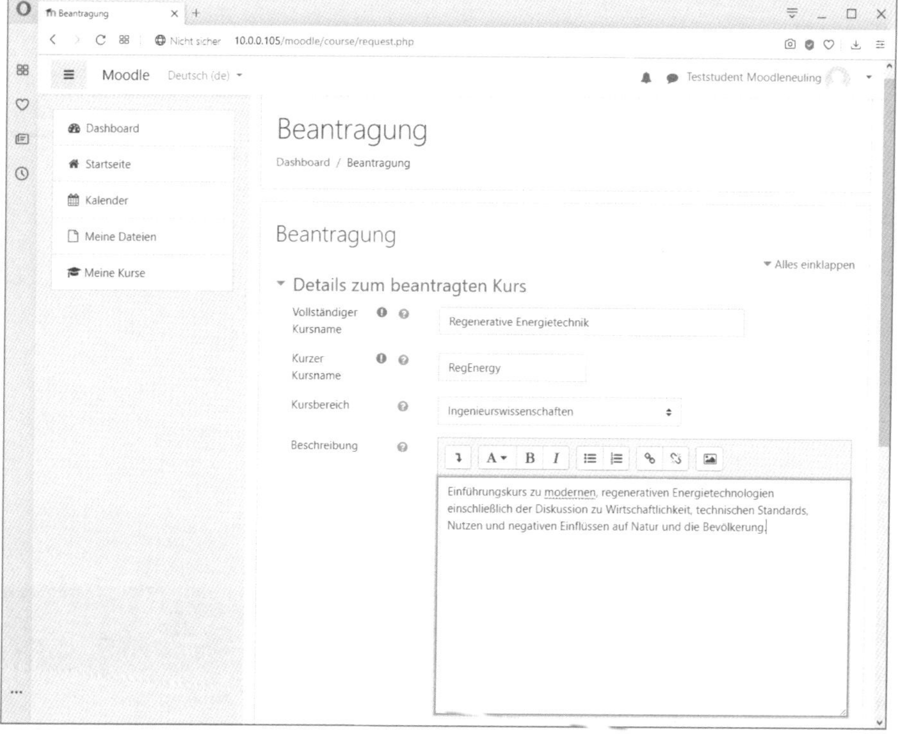

Bild 7.23 Die Kursbeantragung sieht zunächst ähnlich aus, wie das Anlegen eines Kurses, beschränkt sich jedoch auf wenige Felder.

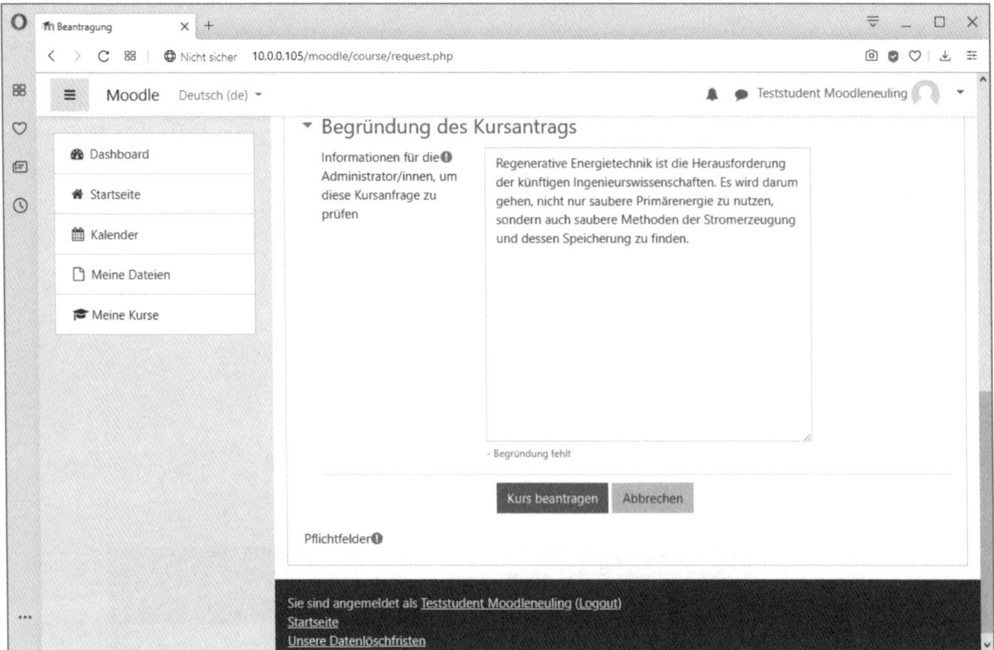

Bild 7.24 Ein Pflichtfeld ist die Begründung des Kursantrags. Diese dient der Administration als Entscheidungshilfe.

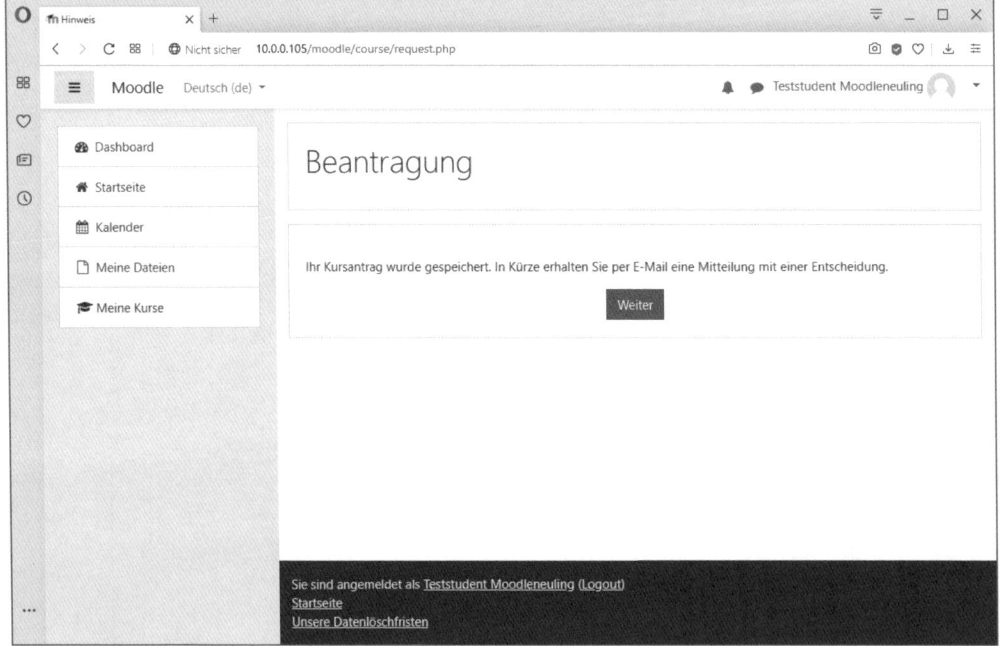

Bild 7.25 Die Entscheidung über die Einrichtung des Kurses bleibt bei den Inhaberinnen und Inhabern der dafür autorisierten Rollen.

Der letzte Schritt liegt wieder bei der Administration. Die Bearbeitung des Kursantrags kann durchaus auch vom Inhaber einer anderen Rolle als der primären Administration erledigt werden. Im Administrations-Dialog in Bild 7.20 wird beispielsweise der Empfänger bzw. die Empfängergruppe einer Systemnachricht festgelegt, die berechtigt ist, einen Kurs zu genehmigen.

Die Administration findet eine Übersicht ausstehender Kursanträge in der *Website-Administration* im Bereich *Kurs - Kurse*. Die Kursanträge werden in einer (HTML-)Tabelle dargestellt. Hier sind alle mit der Antragstellung eingetragenen Informationen im vollen Umfang nebeneinander dargestellt. Die wichtigsten Informationen sind die Identität des Antragstellers sowie die Begründung für den Kursantrag. Nach der Prüfung - und gegebenenfalls Rücksprache mit Entscheidungsträgern innerhalb des Kollegiums - wird mit einem Klick auf die entsprechende Schaltfläche die Entscheidung getroffen und gleichzeitig dem Antragsteller mitgeteilt. Im Fall einer Genehmigung wird eine automatisch generierte E-Mail verschickt, in der ein Link zum Kurs enthalten ist. Dieser Link ist wichtig, weil der Kurs nicht unbedingt im zunächst gewünschten Kursbereich, sondern in einem allgemeinen Bereich eingerichtet werden kann, in dem zuerst einmal die detaillierte Entwicklung, Prüfung und letztendlich die Freigabe durch Verschiebung in den endgültigen Bereich erfolgt.

Auch bei einer Ablehnung des Antrags wird eine E-Mail vom System verschickt. Hier muss die Administration jedoch eine eigene Begründung formulieren, in der die Gründe für die Ablehnung dargelegt werden.

Respektvolle Antragsablehnung

Jede administrative Formalität bedeutet gleichzeitig einen Aufwand an Arbeitszeit. Dennoch ist eine nachvollziehbare Begründung für die Ablehnung eines Kursantrags in einer Lernplattform stets ein Zeichen guten Stils. Idealerweise wird über den ausstehenden Antrag bereits vor einer Entscheidung im Kollegenkreis beraten und gemeinsam eine Entscheidung gefunden. ■

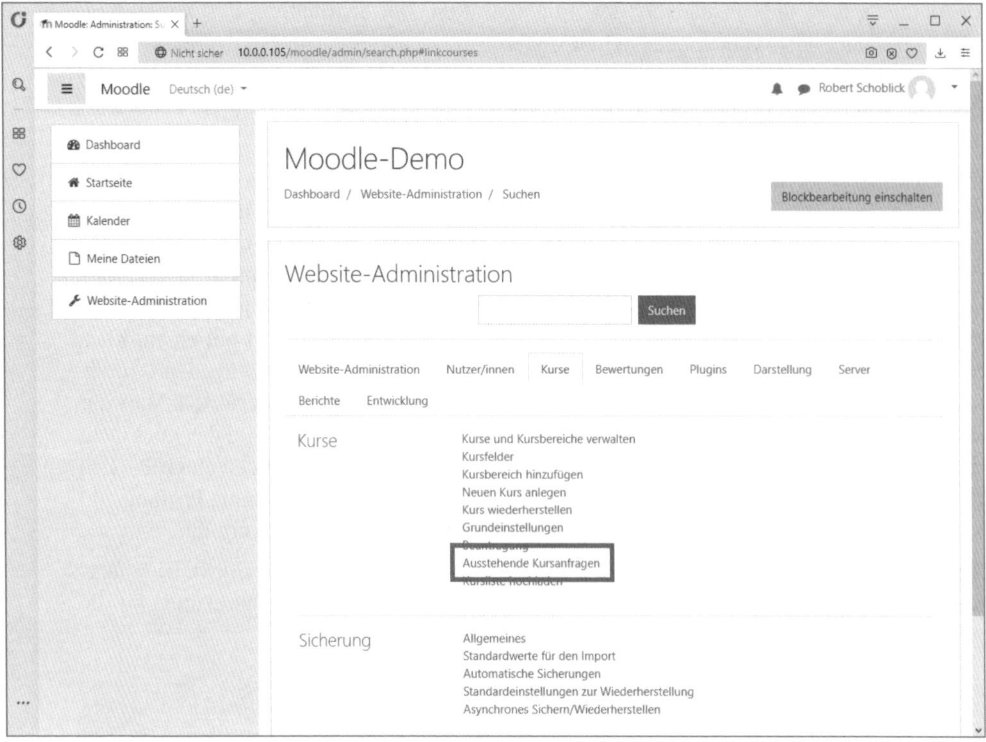

Bild 7.26 Auch wenn keine Systemnachricht vorliegt, sollte die Administration hin und wieder nachschauen, ob eventuell unbeantwortete Kursanträge vorliegen.

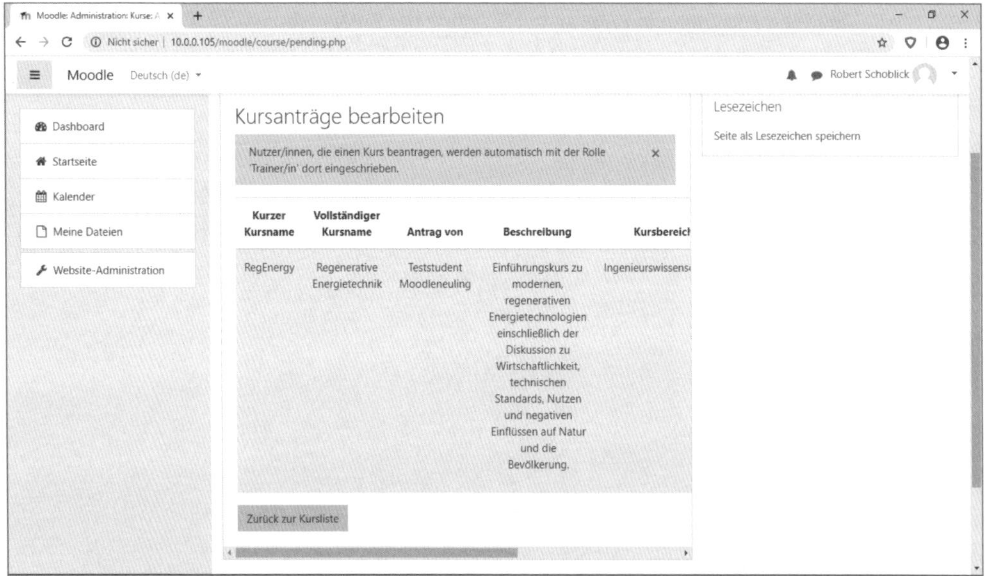

Bild 7.27 Zu beachten: Theoretisch kann jede Nutzerin und jeder Nutzer, dem das Recht zugesprochen wurde, einen Kurs zu beantragen, dies auch tun. Wird der Kurs genehmigt, wird dieser Nutzerin bzw. diesem Nutzer automatisch für diesen Kurs die Teacher-Rolle zugeschrieben!

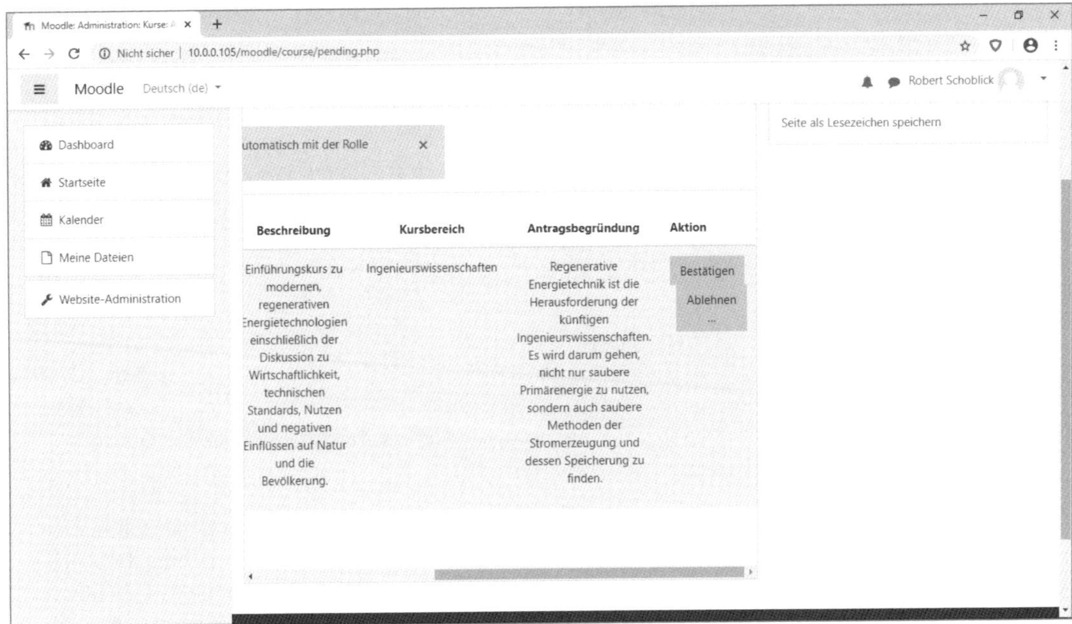

Bild 7.28 Der beantragte Kurs kann entweder akzeptiert oder abgelehnt werden. In beiden Fällen wird der Antragsteller per E-Mail von der Entscheidung unterrichtet.

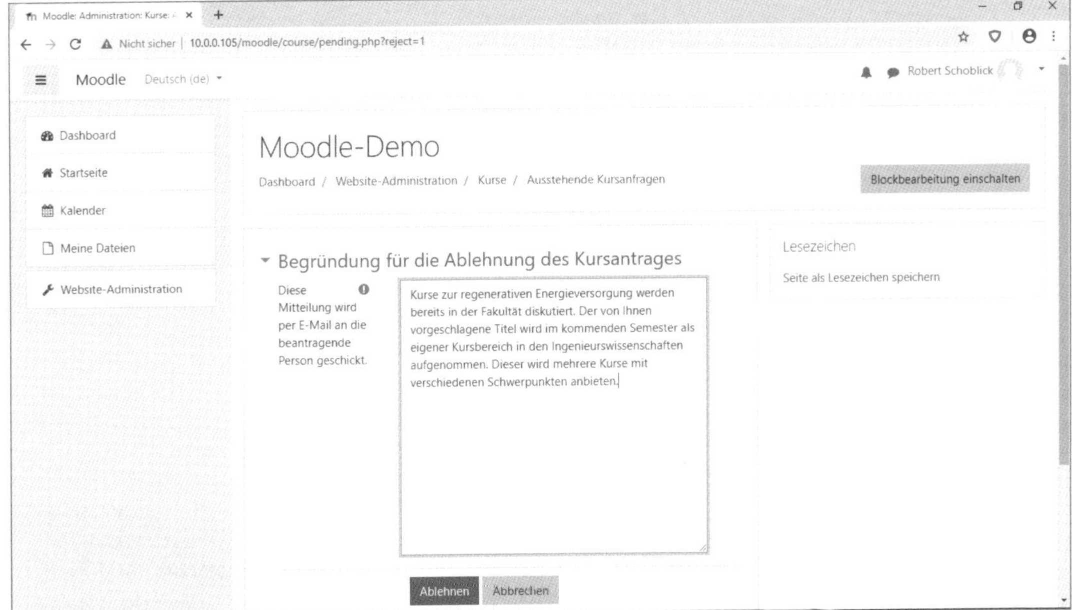

Bild 7.29 Wird ein Kursantrag abgelehnt, so ist es nicht nur ein guter Stil, sondern auch im Moodle-System verpflichtend, eine Begründung abzugeben.

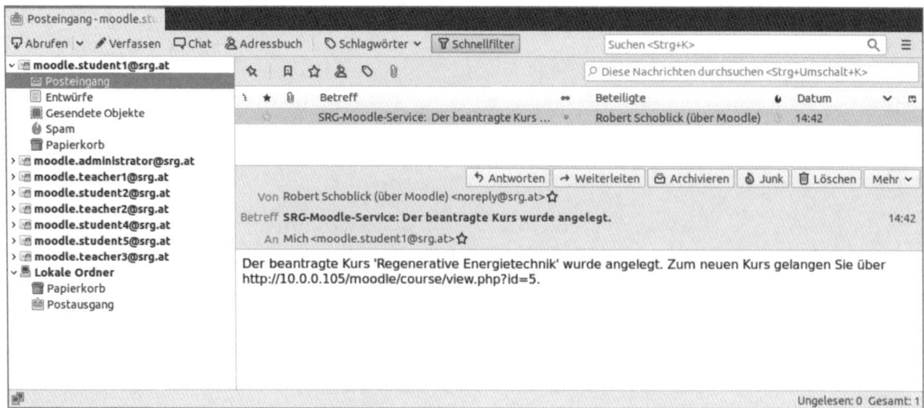

Bild 7.30 Wird der Kursantrag angenommen, wird dem Antragsteller zeitgleich eine E-Mail zugesandt.

Wird der Kurs angenommen, dann hat der ursprüngliche Antragsteller automatisch in diesem Augenblick die Rolle des Teachers (mit Autorenrechten) für diesen Kurs inne. Dabei ist es nicht wichtig, ob die Nutzerin oder der Nutzer bisweilen schon einmal eine vergleichbare Rolle ausgeübt hat. Wie allerdings mehrfach in diesem Kapitel ausgeführt wurde, sind die Rollen in Moodle stets „kontextbezogen". Die Teacher-Rolle des ursprünglichen Antragstellers ist also ausschließlich für diesen Kurs definiert. Eventuell vergleichbare Rollen in anderen Bereichen und Kursen werden davon nicht berührt.

Datenschutz: Sonderrechte eines „Teachers"

Teacher haben möglicherweise Einblick in nicht allgemein zugängliche Informationen eines Profils. Sie können auch Bewertungen einsehen, die innerhalb des jeweiligen Kurses vergeben wurden. Grundsätzlich geht es stets um personenbezogene Daten, die gesetzlichen Schutz genießen (z. B. DSGVO). An diese Gesetze müssen sich Trainerinnen und Trainer grundsätzlich halten, auch wenn sie aus dem Umfeld der Lernenden kommen und beispielsweise im Rahmen eines Tutorials einen eigenen Moodle-Kurs leiten. ■

7.3.3 Recht, eigene Kurse zu erstellen

Es sei abschließend noch erwähnt, dass verschiedenen Rollen die Fähigkeit gestattet sein kann, eigene Kurse zu erstellen. Dieser Rolle muss die Fähigkeit *Kurse anlegen (moodle/course:create)* erlaubt sein. In diesem Fall finden eine Nutzerin bzw. ein Nutzer mit dieser Rolle keinen *Kurs beantragen*-Button, sondern eine Schaltfläche mit der Aufschrift *Neuen Kurs anlegen* in der entsprechenden Bereichs- bzw. Kursliste.

Ein Klick auf diese Liste führt direkt in einen Anlagedialog, wie er bereits im Abschnitt 7.3.1 beschrieben wurde. Der Kurs kann in diesem Fall direkt in den für diese Rolle zugänglichen Bereichen eingeordnet und direkt freigegeben werden.

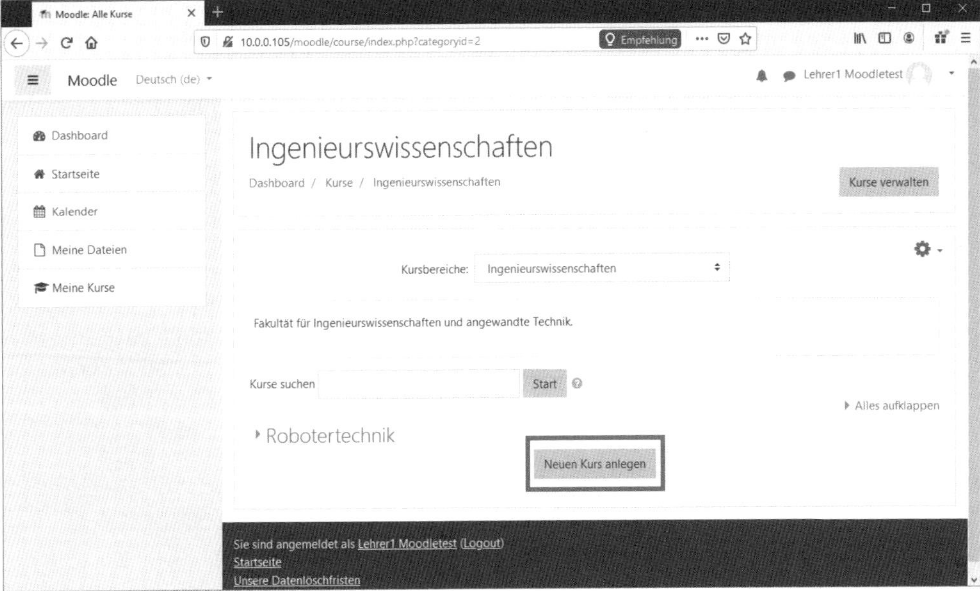

Bild 7.31 Wer mit seiner Rolle in einem Kursbereich das Recht hat, einen eigenen Kurs anzulegen, muss diesen nicht erst beantragen. Er kann dies über die Schaltfläche „Neuen Kurs anlegen" in eigener Regie tun.

7.4 Import und Export von Kursen

Eine Moodle-Lernplattform überdauert in der Regel viele Jahrgänge der Lernenden an der Schule/Universität/Bildungseinrichtung. Es wäre weder mit wirtschaftlichem Aufwand vertretbar noch Lehrenden zumutbar, grundsätzlich zu Beginn einer neuen Lehrveranstaltung „das Rad neu zu erfinden" und stets neue Kurse zu entwickeln. Auf der anderen Seite genießen natürlich die personenbezogenen Daten der Lernenden einen berechtigten Schutz.

Moodle unterstützt sowohl die Sicherung bestehender Kurse und deren Import in neue Kurse als auch das Hochladen eines Kurses in der bereits bekannten CSV[5]-Form.

7.4.1 Sicherung eines Kurses

Bereits bestehende Kurse sind naturgemäß die beste Vorlage für neue Kurse. Diese Kurse sind erprobt und haben mindestens das erste Feedback erhalten. Selbstverständlich können bei der Sicherung eines Kurses verschiedene Prämissen gesetzt und für die Sicherung ausgewählte Inhalte festgelegt werden.

[5] Zur Erinnerung: CSV steht für Comma Separated Values. Es handelt sich um eine unformatierte Textdatei, deren Dateninhalte durch Trennzeichen (geeignet sind u. a. das Komma oder das Semikolon) voneinander getrennt sind.

Ein wichtiges Motiv für eine Kurssicherung ist die Verfügbarkeit einer Sicherheitskopie. Auch wenn ein gutes Moodle-Server-System mit mindestens einer täglichen Datensicherung arbeitet, ist es sinnvoll, auch auf Ebene der Teacher-Rolle oder des Managements gezielte Sicherheitskopien anzufertigen. Im Fall eines Totalverlusts bei einem Fehler im System oder bei einer teilweisen Zerstörung von Daten oder Einstellungen aufgrund eines persönlichen Fehlers kann ein Kurs problemlos auf den Stand der letzten Sicherung wiederhergestellt werden.

Das zweite Motiv für die Sicherung des Kurses ist selbstverständlich die erneute Verwendung der Aktivitäten sowie des Informationsmaterials und der Aufgaben in einer neuen Lehrveranstaltung. Ein einmal gestalteter und erfolgreich durchgeführter Kurs muss bestenfalls in Details überarbeitet und an neue Anforderungen im Curriculum angepasst werden. Damit kann durch dieses „digitale Wissens-Recycling" viel Arbeit in der Vorbereitung gespart werden.

Unterschiede nicht aus dem Blick verlieren!

Nicht alle Lernenden sind gleich stark und gleich motiviert. Oft müssen Kursinhalte an die unterschiedlichen Gruppen neu angepasst werden. Natürlich können auch in diesem Fall bereits fertige Kurse eingesetzt werden. Die Administration sollte jedoch grundsätzlich Arbeitszeit und Ressourcen für die Lehrenden bereitstellen, um auf die gegebenen Situationen zu reagieren.

Die Fähigkeit, Kurse und Kursinhalte zu sichern – *moodle/backup:backupcourse* – ist mit verschiedenen Risiken aus der Sicht der Administration verbunden:

- Spam-Risiko
- Datenschutz-Risiko
- Cross Site Scripting-Risiko

Diese Risiken leiten sich unter anderem aus den Möglichkeiten ab, die Sicherungsdatei herunterzuladen und in einem fremden System zu manipulieren bzw. deren Inhalte auszulesen. Werden beispielsweise auch persönliche Daten in die Sicherungsdatei übernommen, besteht ein eklatantes Datenschutzrisiko. Die Nutzerdaten können natürlich auch nach Kontaktdaten durchsucht werden, die sich in Spam-Verteiler übernehmen lassen.

Ebenfalls durch Manipulation einer Sicherungsdatei ist das Einbringen gefährlicher Skripte in verschiedene Kursinhalte (Cross Site Scripting) möglich. Viele Administrationen sehen aufgrund dieser Risiken eine besondere Rolle für einen sehr eng umfassten Personenkreis vor, die Kurse sichern dürfen.

Die Sicherung der Kurse kann vollständig oder durch Speicherung einzelner Inhalte erfolgen. Diese können durch Anklicken der zugehörigen Checkboxen ausgewählt werden. Bild 7.33 zeigt zwei Eigenschaften, die nicht wählbar sind. Der Grund sind die fehlende Erlaubnis für den Benutzer bei den Fähigkeiten, Benutzerinformationen sichern *(moodle/backup:userinfo)* und Benutzerdaten anonymisieren *(moodle/backup:anonymise)* zu dürfen.

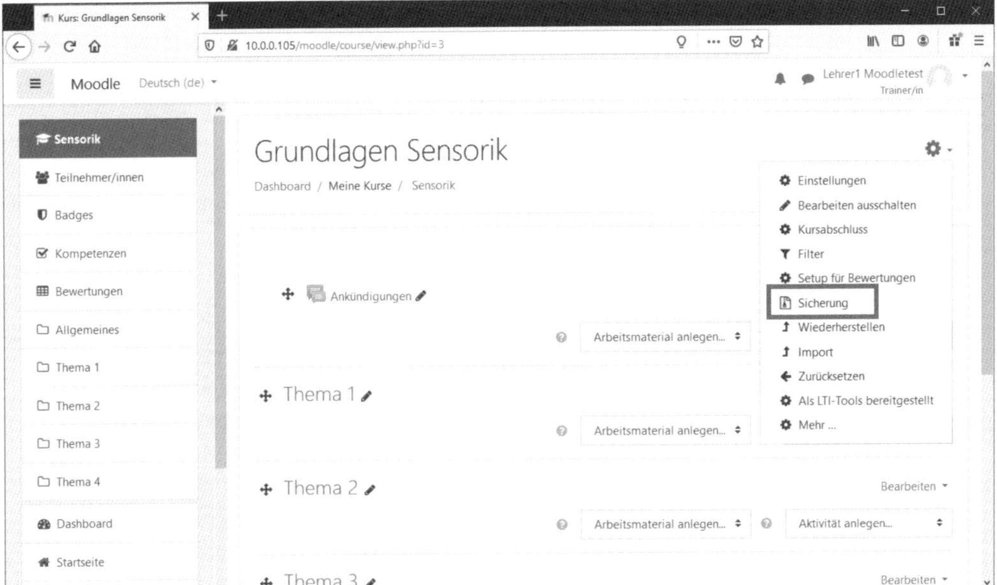

Bild 7.32 Um einen Kurs sichern zu können, muss die Fähigkeit „Kurse sichern" erlaubt sein.

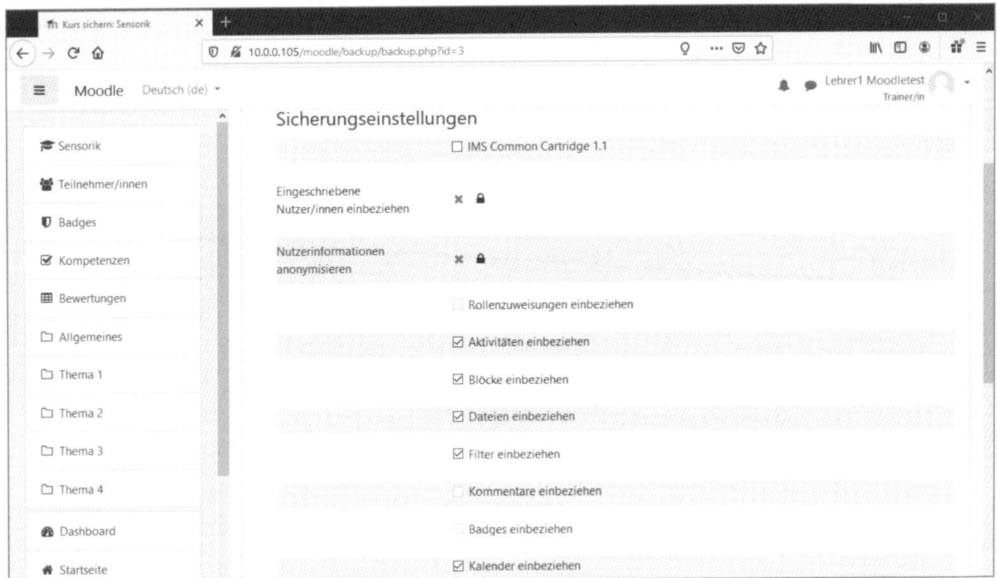

Bild 7.33 Einen Kurs sichern zu dürfen, bedeutet noch nicht, dass auch alle Daten durch eine Rolle erfasst und in die Sicherungsdatei geschrieben werden dürfen. Sensible Parameter erfordern zusätzliche Fähigkeiten.

Gesichert werden nicht nur die gewählten Kursabschnitte, sondern - wenn dies gewünscht wird - auch andere Kursbestandteile wie Kalender, Blöcke und Dateien etc. All diese Kursbestandteile können in den *Einstellungen* der Sicherung individuell ausgewählt werden. Nach der Definition der zu sichernden Informationen, die in einem großen Kurs sehr umfangreich sein können, wird die Auswahl noch einmal zur Überprüfung zusammengefasst. Erst danach wird die Sicherung ausgeführt. Die Sicherungsdatei wird auf dem Moodle-Server gespeichert. Der Dateiname wird von Moodle vorgeschlagen, kann allerdings individuell geändert werden.

Sicherung durchführen heißt noch nicht Daten sichern!

Da die Sicherungsdatei direkt auf dem Moodle-Server gespeichert wird, kann noch nicht von einer zuverlässigen Sicherung gesprochen werden. Erst wenn diese Datei heruntergeladen und auf einem externen Medium gespeichert wird, ist der Kurs selbst bei einer vollständigen Zerstörung des Servers wiederherstellbar. Allerdings stellen der Download und das externe Speichern - zum Beispiel auf einem USB-Stick - auch ein Datenschutzrisiko dar. Ebenso sind Urheberrechte zu prüfen, falls die gesicherten Kurse in anderen Systemen verwendet werden.

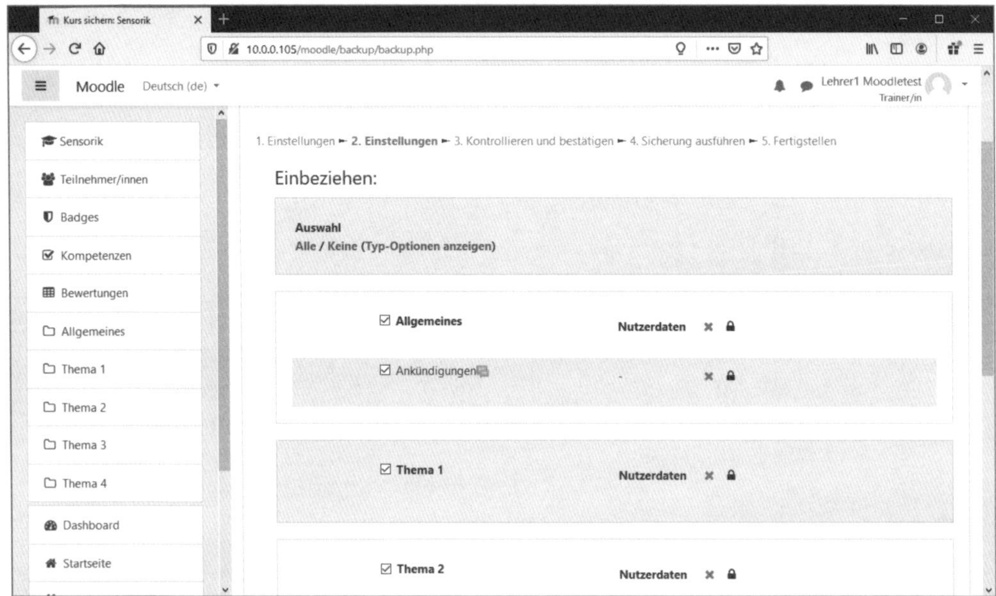

Bild 7.34 Die Datensicherung wird von einer Rolle ausgeführt, der die Fähigkeit, Nutzerdaten zu sichern, fehlt. Allerdings können die einzelnen Abschnitte des Kurses frei gewählt und individuell gesichert werden.

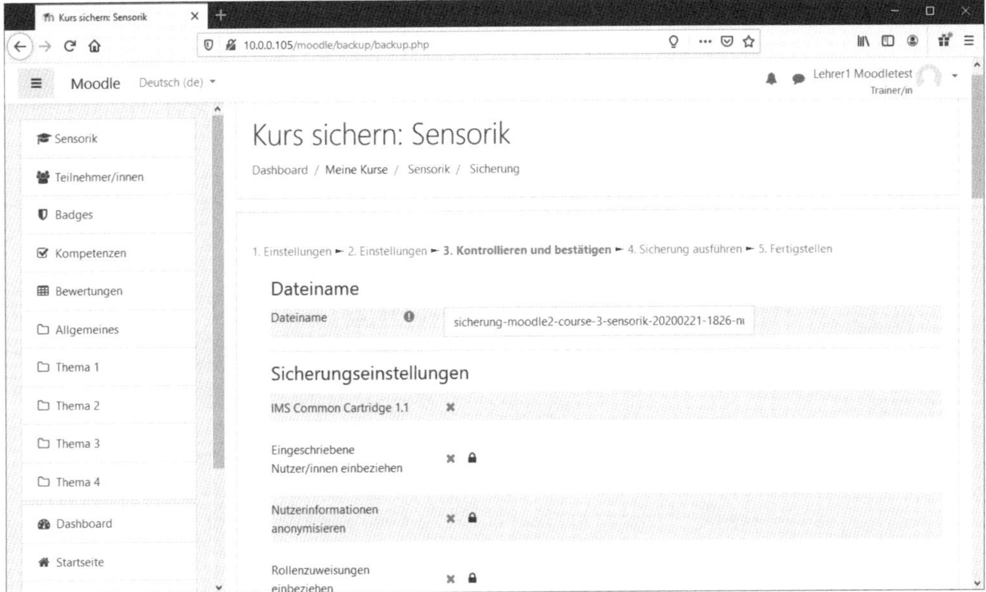

Bild 7.35 Bevor die Sicherung ausgeführt wird, können die zu sichernden Informationen geprüft werden. Es lässt sich zudem ein individueller Dateiname für die Sicherungskopie vorgeben.

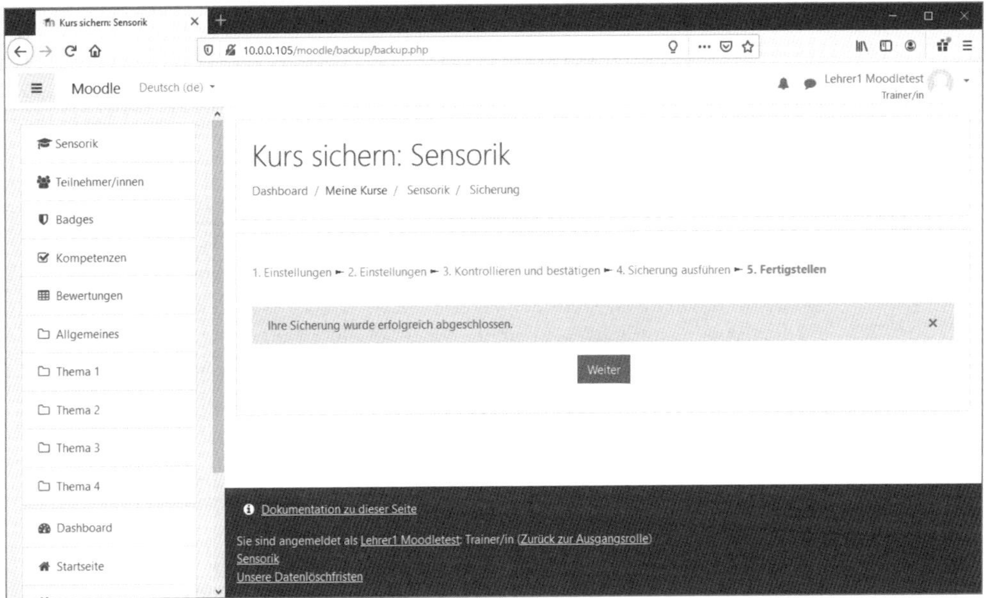

Bild 7.36 Die Sicherungsdatei liegt nun auf dem Moodle-Server. Sie kann heruntergeladen oder direkt aus dem System heraus zur Wiederherstellung eines Kurses verwendet werden.

7.4.2 Wiederherstellung eines Kurses

Nun ist möglicherweise der Fall eingetreten: Der Kurs wurde durch einen Systemfehler oder durch ungeschickte Kursbetreuung zerstört oder beschädigt. Zum Glück ist aber die Sicherheitskopie vom Vortag vorhanden. Ein zweites mögliches Szenario ist die Erstellung eines völlig neuen Kurses. Auch hier kann die Sicherheitskopie nützlich sein und als Vorlage für die Kursgestaltung dienen. Beide Szenarien werden über die *Wiederherstellung* eines Kurses durchgeführt.

Sicherungsdatei ist nicht automatisches Backup

Es muss betont werden, dass es sich bei der *Wiederherstellung eines Kurses innerhalb des Moodle-Systems* nicht um das Backup auf der Server-Ebene handelt, wie es in früheren Kapiteln beschrieben wurde. Im Fall eines vollständigen System-Crashs ist es mithilfe dieser Backups möglich, das System in kurzer Zeit wiederherzustellen. Es handelt sich jedoch dabei nicht um eine Sicherungsdatei, wie sie in Abschnitt 7.4.1 beschrieben wurde.

Die Voraussetzung zur Wiederherstellung eines Kurses ist eine bereits vorhandene Sicherungsdatei, die als Datenquelle verwendet werden kann. Wie angedeutet, kann diese Sicherungsdatei auch in einen völlig neuen und ansonsten leeren Kurs importiert werden.

Die Sicherheitskopie liegt in der Regel auf dem Moodle-Server und kann direkt über den Wiederherstellungs-Dialog ausgewählt werden. Mit dem gleichen Dialog ist es allerdings auch möglich, eine solche Sicherungsdatei herunterzuladen und diese auf einem lokalen Datenträger oder einem USB-Stick zu speichern bzw. eine solche extern gespeicherte Datei zu verwenden.

Datenschutzrisiko bei USB-Sticks!

USB-Sticks sind klein und gehen schnell verloren. Der Finder kann in der Regel alle Daten problemlos lesen. Um kein Datenschutzrisiko einzugehen, ist die Verschlüsselung der Inhalte zu empfehlen. Hier gibt es sowohl kommerzielle Lösungen als auch - beispielsweise mit VeraCrypt - gute frei erhältliche Software.

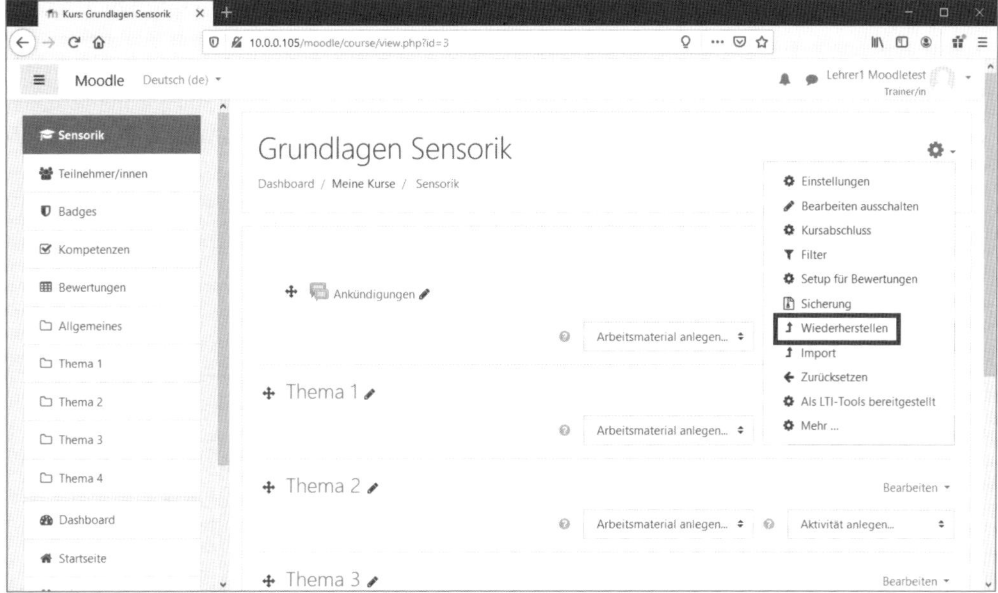

Bild 7.37 Die Wiederherstellung eines Kurses kann für die Erzeugung eines neuen Kurses mit gleichem Lehrinhalt oder für die Reparatur eines bestehenden Kurses angewendet werden.

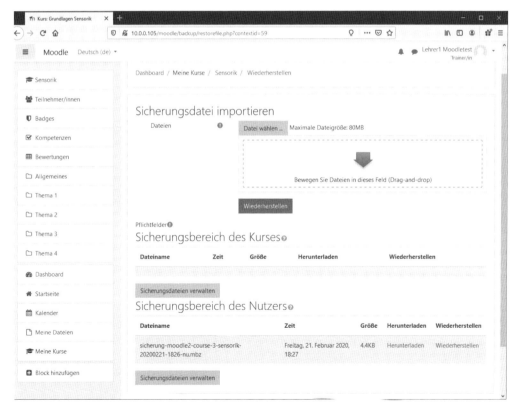

Bild 7.38 Eine vorhandene Sicherungsdatei dient in erster Linie der Wiederherstellung eines Kurses. Sie kann jedoch auch heruntergeladen und auf einem externen Speicherplatz archiviert werden.

Das Öffnen der Sicherungsdatei bedeutet noch nicht, dass deren Inhalte sofort in den Kurs einfließen. Das Risiko, den Kurs mit falschen Inhalten oder überhaupt einen falschen Kurs zu überschreiben, ist sehr groß. Es wird also zuerst einmal eine Übersicht geöffnet, in der wichtige Details zum Inhalt und zur Datei selbst ausgegeben werden. Auch wenn es naheliegend ist, diese zu überspringen und die Wiederherstellung fortzusetzen, sollte die Übersicht genau geprüft werden:

- Handelt es sich grundsätzlich um die richtige Datei? Gehört die Datei zum richtigen Kurs und ist das Sicherungsdatum tatsächlich relevant (z. B. die letzte Sicherung)?
- Werden wirklich alle Abschnitte geliefert, die zur Wiederherstellung erforderlich sind?

Es gibt keinen „Rückgängig"-Button!

Bevor eine Sicherungsdatei in einen bestehenden (und bereits mit Inhalten gefüllten) Kurs eingespielt wird, sollte unbedingt zuvor von diesem Kurs ein Backup erstellt werden. Wird bei der Wiederherstellung ein Fehler gemacht, dann kann über dieses Backup die funktionierende Version des Kurses wiederhergestellt werden. Eine „Rückgängig"-Funktion sehen Webapplikationen nicht vor!

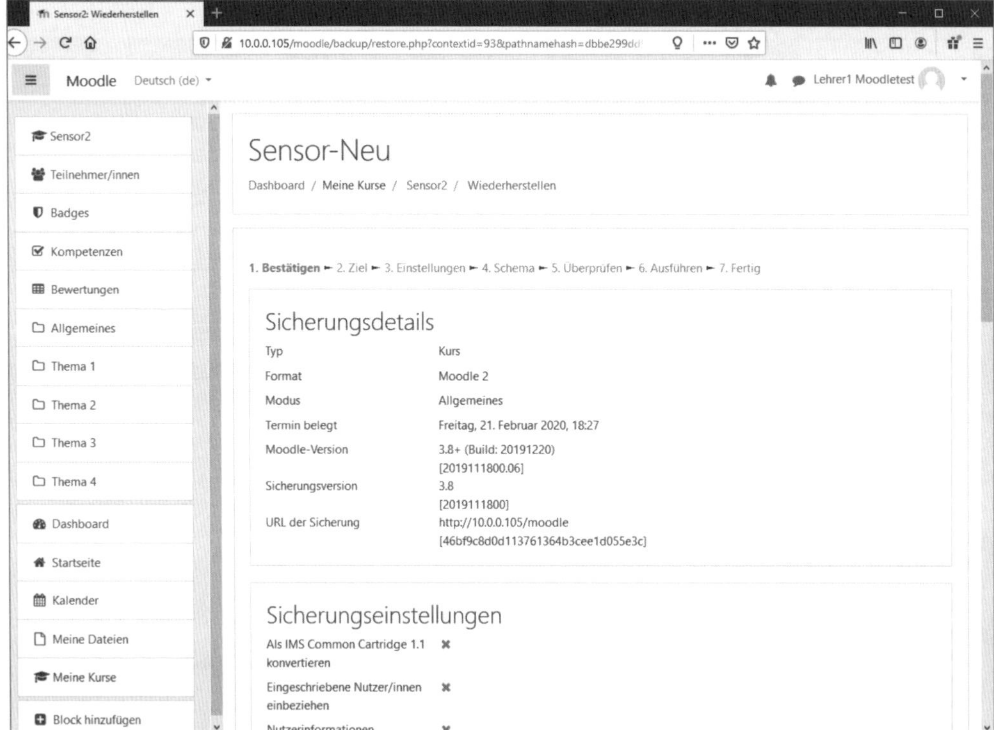

Bild 7.39 Handelt es sich bei der Sicherungsdatei um die korrekte Version mit dem aktuellsten Stand der Daten?

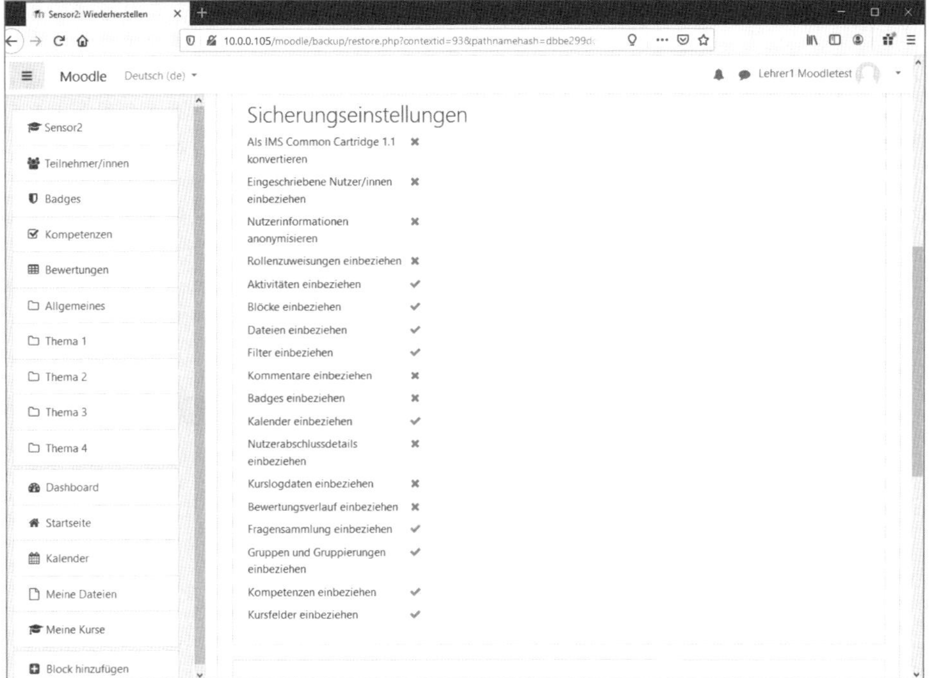

Bild 7.40 Entspricht der Inhalt der wiederherzustellenden Kursdaten in vollem Umfang den erforderlichen Inhalten? Es ist zu bedenken, dass nur die Daten wiederhergestellt werden können, die zuvor in die Sicherungsdatei übernommen wurden.

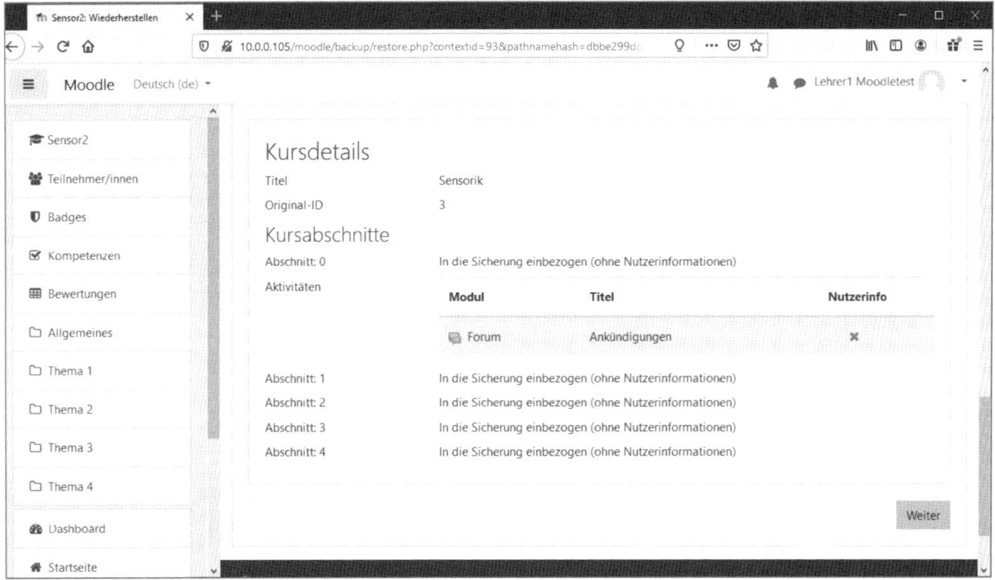

Bild 7.41 Mit der Schaltfläche *Weiter* wird die Datei noch nicht installiert. Damit wird lediglich die Überprüfung der Sicherungsdatei abgeschlossen.

Ist die Überprüfung der Inhalte einer Sicherungsdatei abgeschlossen, wird eine Entscheidung getroffen:

- Soll aus der Sicherungsdatei ein neuer Kurs erstellt werden? Achtung: Dies erfordert die Erlaubnis bei der Fähigkeit *Kurs erstellen (moodle/course:create)*.
- Soll die Sicherungsdatei im aktuellen Kurs wiederhergestellt werden? Dies erfordert die Erlaubnis bei den Fähigkeiten *Kurs wiederherstellen* (moodle/restore:restorecourse) bzw., wenn es um einzelne Kursabschnitte geht, die Fähigkeit *Kursabschnitte wiederherzustellen* (*moodle/restore:restoresection*)
- Soll die Sicherungsdatei in einem anderen, bereits vorhandenen Kurs wiederhergestellt werden? Dazu sind natürlich die entsprechenden Rollenzuweisungen für die jeweilige Person erforderlich.

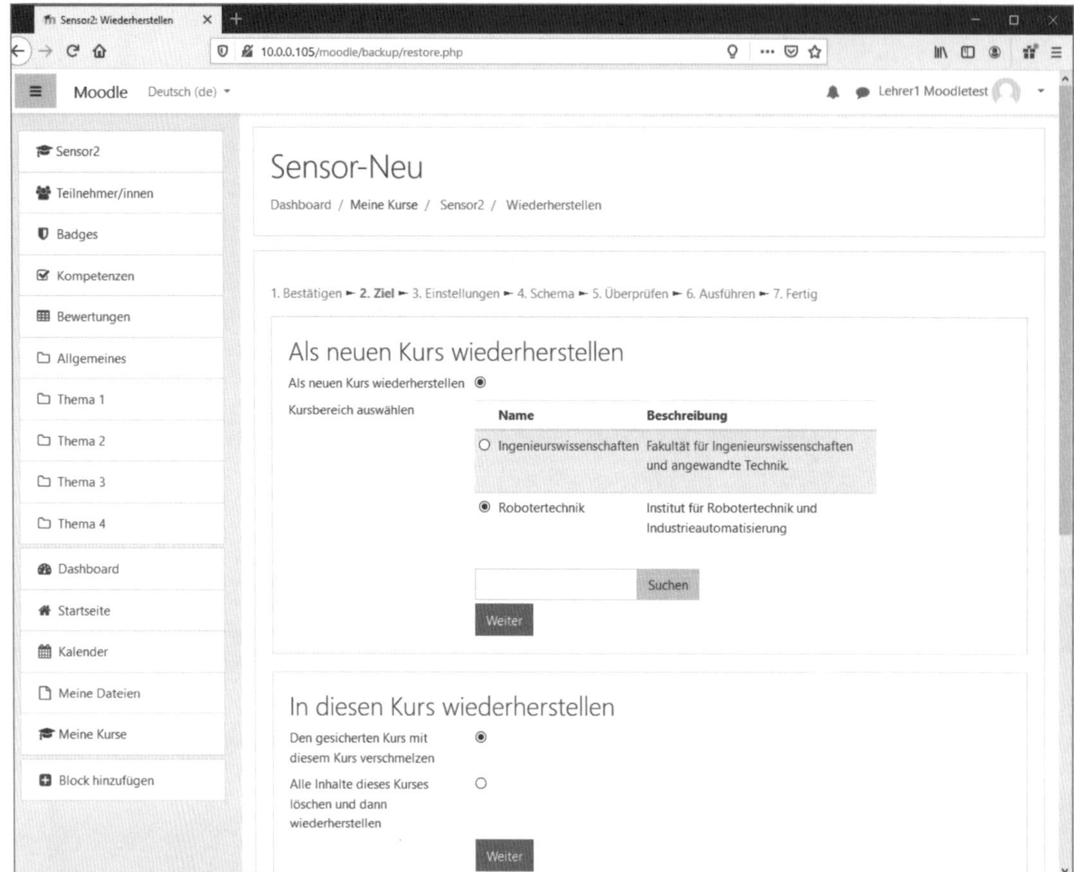

Bild 7.42 Die Wiederherstellung muss nicht zwingend im aktuellen Kurs erfolgen. Es kann auch ein neuer Kurs aus der Sicherungsdatei erzeugt werden. Dies funktioniert jedoch nur, wenn die erforderlichen Fähigkeiten der Rolle zugewiesen wurden.

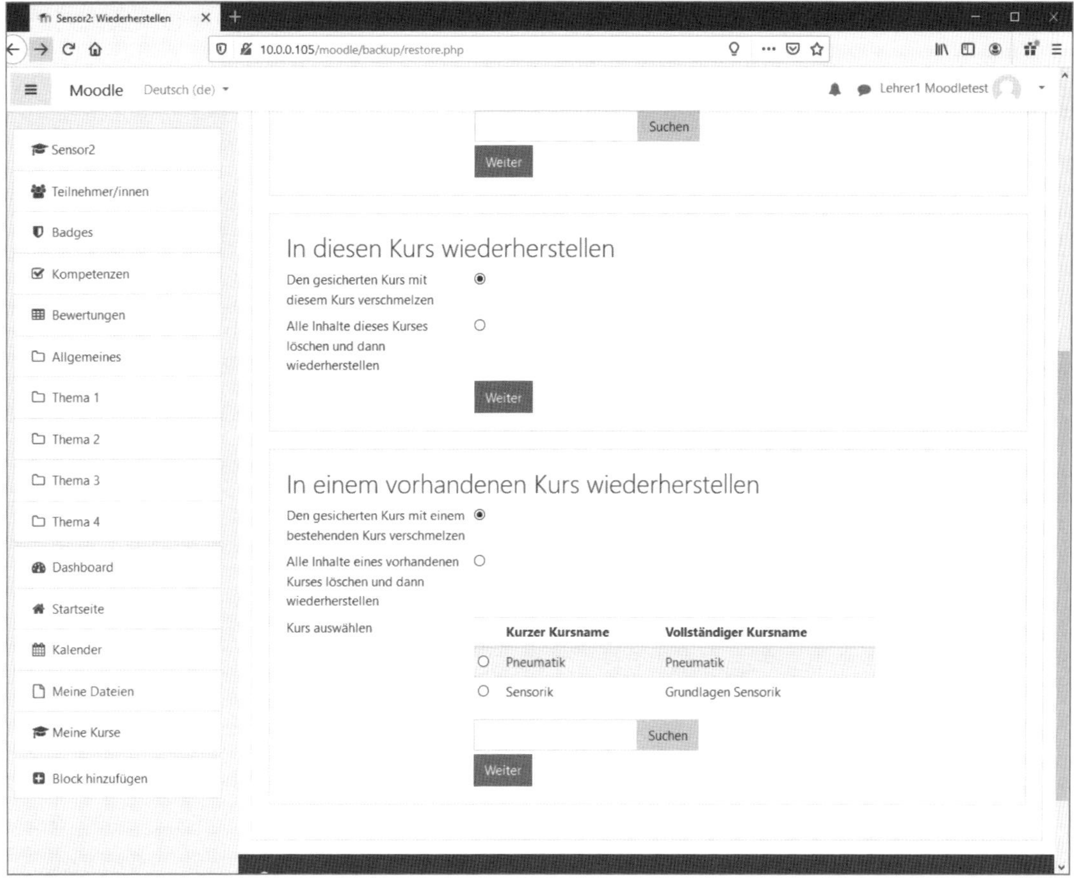

Bild 7.43 Bei der Wiederherstellung in einem bestehenden Kurs können die Sicherungsdaten entweder den vorhandenen Kurs vollständig überschreiben oder die vorhandenen Inhalte ergänzen.

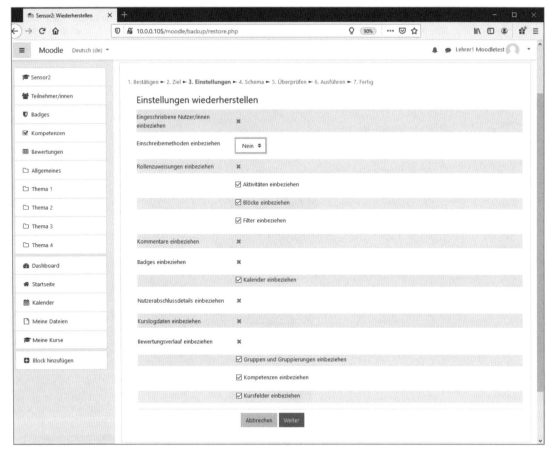

Bild 7.44 Vor der Wiederherstellung können nun verschiedene Elemente des Kurses ausgewählt werden, die zu übernehmen sind. Nicht verfügbare Elemente des Kurses sind mit einem roten X gekennzeichnet.

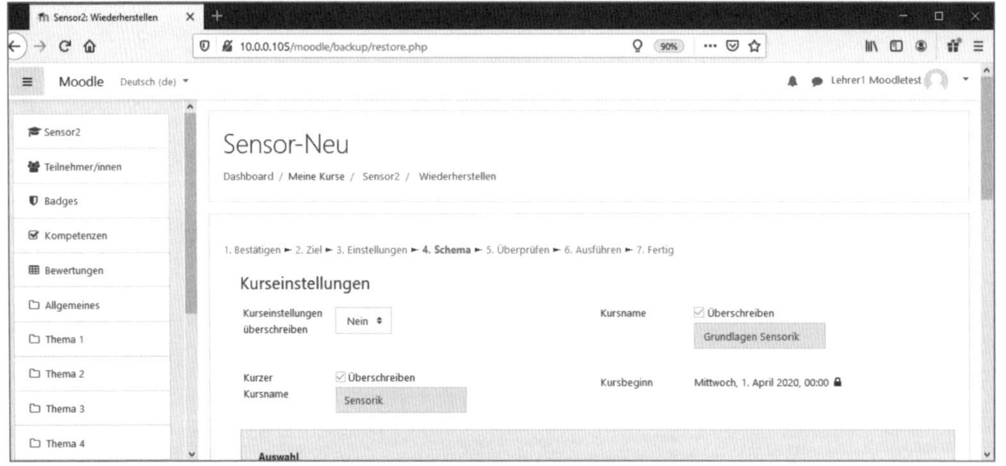

Bild 7.45 Die regulären Kurseinstellungen wie zum Beispiel der Kursname können beibehalten oder mit den Einstellungen in der Sicherungsdatei überschrieben werden.

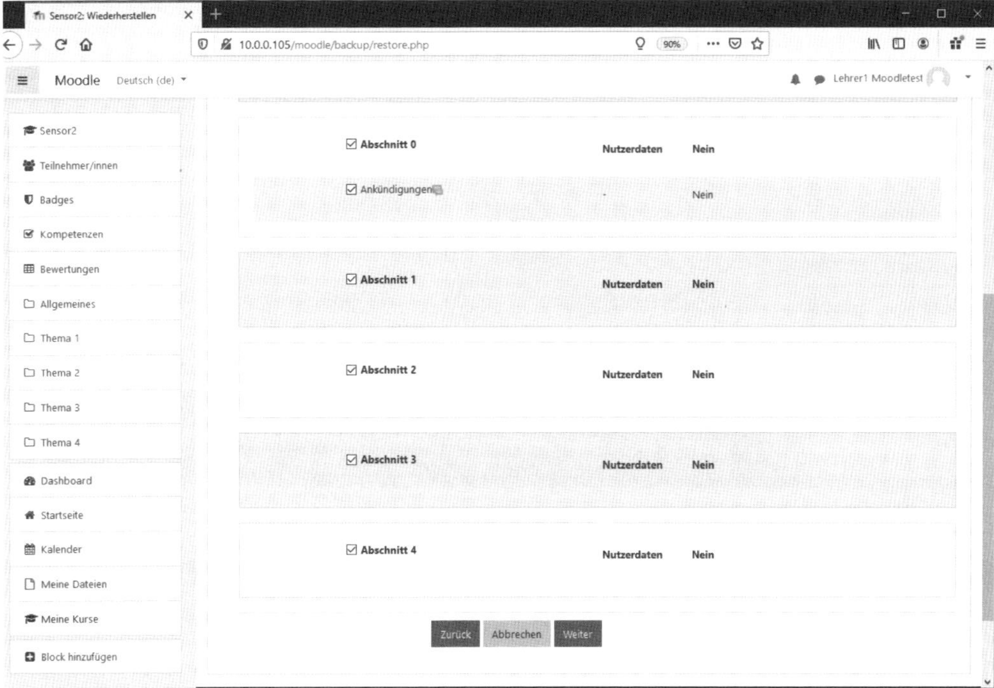

Bild 7.46 Es können nun gezielt Abschnitte festgelegt werden, die wiederhergestellt werden sollen.

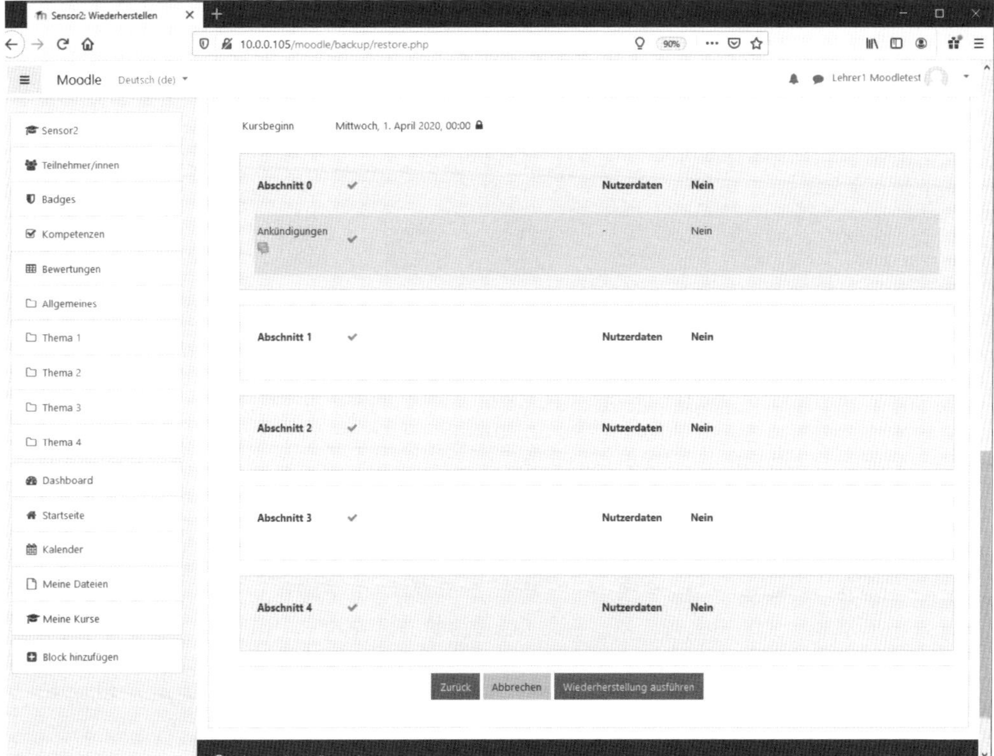

Bild 7.47 Nach einer abschließenden Prüfung kann die Wiederherstellung ausgeführt werden.

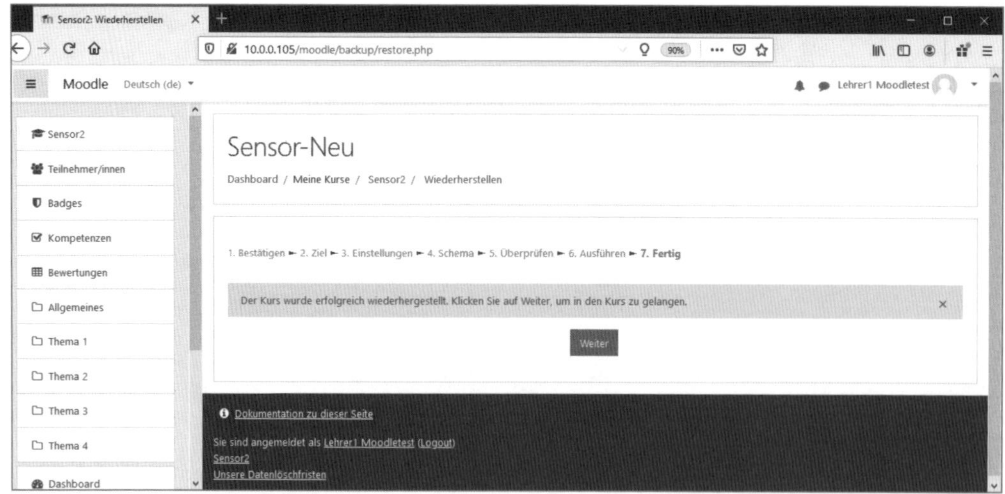

Bild 7.48 Nun kann der Kurs aktiviert und die ersten Lernenden können eingeschrieben werden.

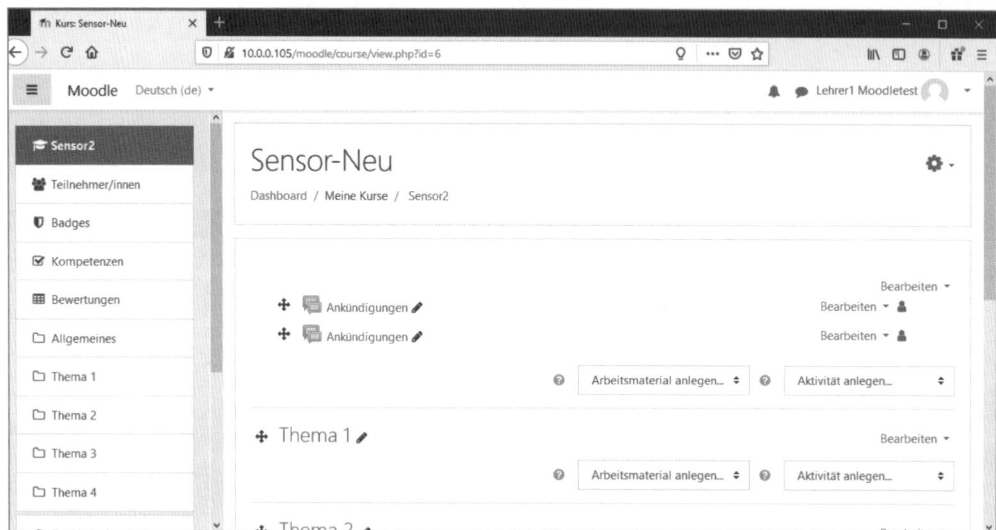

Bild 7.49 Werden Kurselemente in einen bestehenden Kurs importiert, kann es passieren, dass zum Beispiel ein Forum zweimal vorhanden ist: das erste aus dem bestehenden Kurs, das zweite aus dem Import. An diesem Beispiel zeigt sich, wie wichtig die Prüfung der zu importierenden Elemente ist.

7.4.3 Import eines Kurses

Was in einem Moodle-System unter einem Import verstanden wird, ist nicht mit der zuvor dargestellten Wiederherstellung eines Kurses zu verwechseln. In dieser war es durchaus möglich, eine Sicherungskopie eines bereits existierenden Kurses auch in ein fremdes System zu übertragen.

Beim Begriff des Imports versteht Moodle dagegen die Übertragung eines existierenden Kurses in einen neuen Kurs. Hierbei wird der Kurs aus einer Liste ausgewählt. Die gewünschten Kurselemente werden in den folgenden Dialogen ähnlich gewählt und überprüft, wie es bereits bei der Erstellung einer Sicherheitskopie dargestellt wurde. Der Vorteil eines direkten Imports aus einem bestehenden Kurs ist die Einsparung von Speicherplatz auf dem Server. Darüber hinaus wird durch Vermeidung einer separaten Datei dem Datenschutz entsprochen, der dem Prinzip der Datensparsamkeit zu folgen hat.

Datensparsamkeit durch direkten Import

Eine Sicherungsdatei kann jederzeit vom Server heruntergeladen und vervielfältigt werden. Die Duplizierung von Kursen über einen direkten Import aus einem bestehenden Kurs schließt dieses Risiko aus.

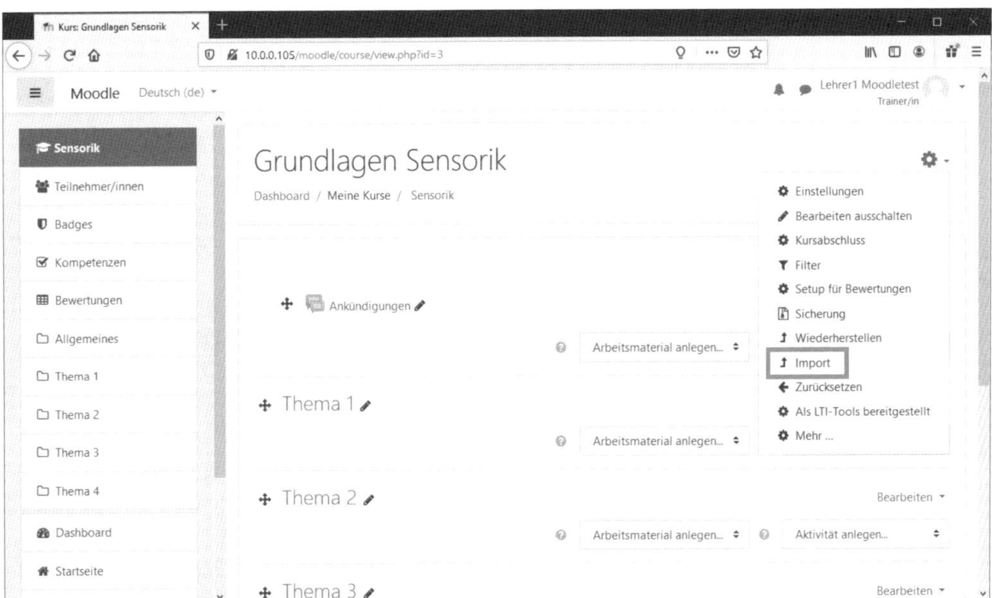

Bild 7.50 Beim Import eines Kurses werden Elemente eines anderen Kurses in einen neuen Kurs direkt „importiert“.

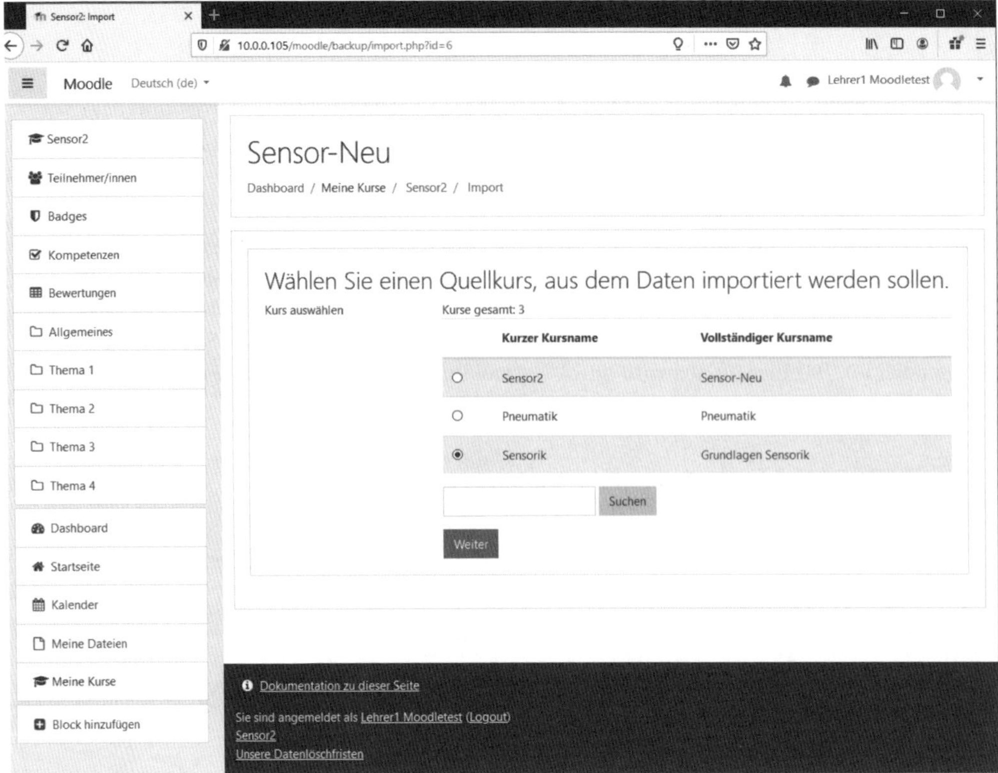

Bild 7.51 Es wird der gewünschte Quellkurs gewählt, der in den neuen Kurs importiert wird.

7.4.4 Kurs aus CSV-Datei laden

Ein oder mehrere Kurse können mithilfe einer Textdatei, die durch ein Trennzeichen voneinander separierte Datensätze enthält, direkt in das System hochgeladen werden. Das Prinzip eignet sich sehr gut, um umfangreiche Systeme neu aufzusetzen und bereits vordefinierte Kurse zu übergeben.

Bei einer *Comma Separated Value*-Datei (CSV-Datei) ist die strikte Einhaltung der Rechtschreibung und die korrekte Anzahl der Datenfelder pro Zeile extrem wichtig. Anderenfalls kommt es mit großer Wahrscheinlichkeit zu einer Fehlermeldung beim Hochladen oder zumindest zu unsinnigen Inhalten in den gespeicherten Daten. CSV-Dateien können mit einem beliebigen Texteditor geschrieben werden. Eine sehr gute Möglichkeit, saubere CSV-Dateien zu erstellen und dabei Fehler zu minimieren, ist die Verwendung einer gängigen Tabellenkalkulation.

Die Kurse werden in einer ganz normalen Tabelle erstellt. Hierbei ist es sogar durchaus möglich und für die Übersicht förderlich, die Tabelle mit Rahmen und Hintergrundfarben bzw. Schriftattributen wie zum Beispiel *Fettschrift* (Bold) zu formatieren. Die Formate bleiben allerdings nur dann erhalten, wenn man die „Master-Tabelle“ als gewöhnliche xlsx-Datei bzw. ODS-Datei (LibreOffice bzw. OpenOffice) speichert. Beim Export bzw. *Speichern als* CSV-Datei gehen alle Formate vollständig verloren, weil CSV ein reines Textformat darstellt.

Semikolon beim Excel-Export

Wenn eine Excel-Tabelle als CSV-Datei gespeichert wird, wird in den europäischen Programmversionen in der Regel das Semikolon und in der US-Version das Komma als Trennzeichen gesetzt. Das hängt von den regionalen Einstellungen des Betriebssystems ab, die von Excel ausgelesen werden. Dieser Fakt stellt nur selten ein praktisches Problem dar, muss aber beim Import in Moodle beachtet werden.

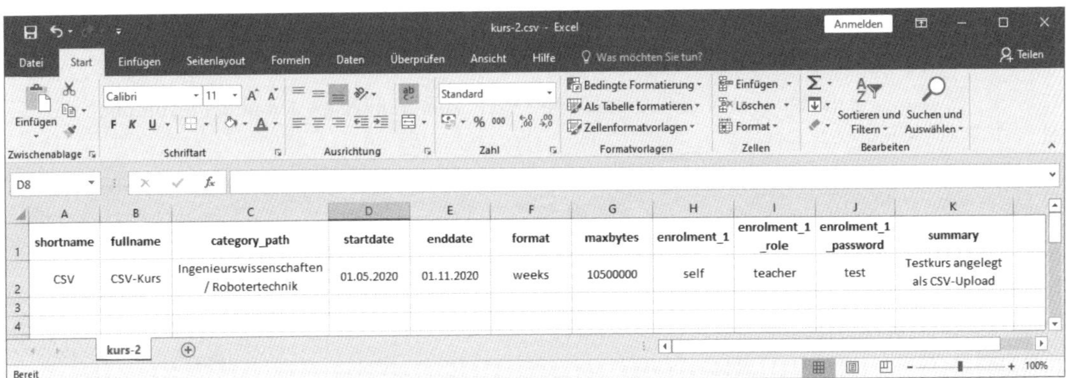

shortname	fullname	category_path	startdate	enddate	format	maxbytes	enrolment_1	enrolment_1 _role	enrolment_1 _password	summary
CSV	CSV-Kurs	Ingenieurswissenschaften / Robotertechnik	01.05.2020	01.11.2020	weeks	10500000	self	teacher	test	Testkurs angelegt als CSV-Upload

Bild 7.52 Tabellenkalkulationsprogramme wie Excel oder LibreOffice Calc stellen das komfortabelste Werkzeug dar, um eigenhändig eine CSV-Datei für eine Kursliste anzufertigen.

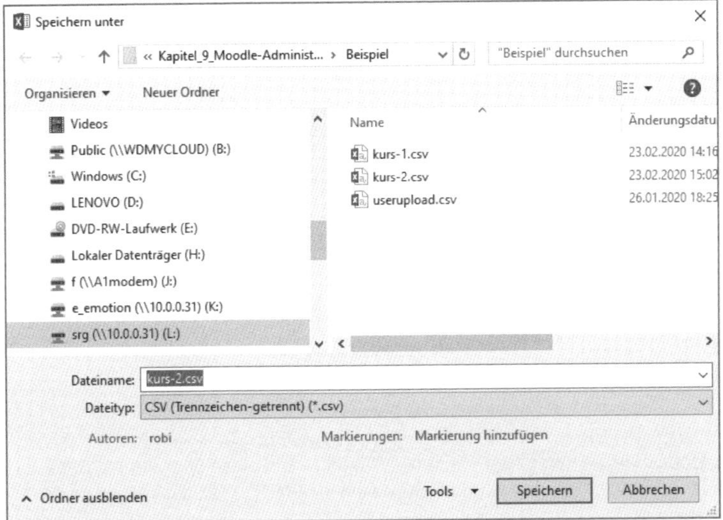

Bild 7.53 Die Excel-Tabelle wird lediglich im Dateiformat CSV gespeichert. Als Trennzeichen werden in Europa automatisch Semikolon gesetzt.

Wichtig ist bei der Erstellung einer CSV-Datei, dass die erste Zeile grundsätzlich die Feldnamen beinhaltet. Sie gibt die Struktur vor, in der die folgenden (Daten-)Zeilen auszufüllen sind. Bei den Datenzeilen ist es selbstverständlich auch möglich, leere Felder zu übergeben. Die Anzahl der Datenfelder an sich – also auch die Anzahl der Trennzeichen – muss mit der in der Feldnamendefinition identisch sein!

Natürlich kann eine CSV-Datei auch in einem normalen Texteditor erstellt werden. Bei kleineren Dateien ist das durchaus sinnvoll. Werden jedoch sehr viele Kurse in einer einzigen Datei zusammen definiert, um diese mit nur einem Schritt in das Moodle-System hochzuladen, wird die Arbeit mit dem Texteditor schnell mühsam und fehlerträchtig. Die in Bild 7.52 gezeigte Excel-Tabelle sieht in einer CSV-Datei bereits wie folgt aus:

```
shortname;fullname;category_path;startdate;enddate;format;maxbytes;
enrolment_1;enrolment_1_role;enrolment_1_password;summary
CSV;CSV-Kurs;Ingenieurswissenschaften /
Robotertechnik;01.05.2020;01.11.2020; weeks;10500000;self;teacher;test;Testkurs
angelegt als CSV-Upload
```

Die erste Zeile beinhaltet die Datenfelder. Deren Namen müssen den Moodle-Vorgaben entsprechen.

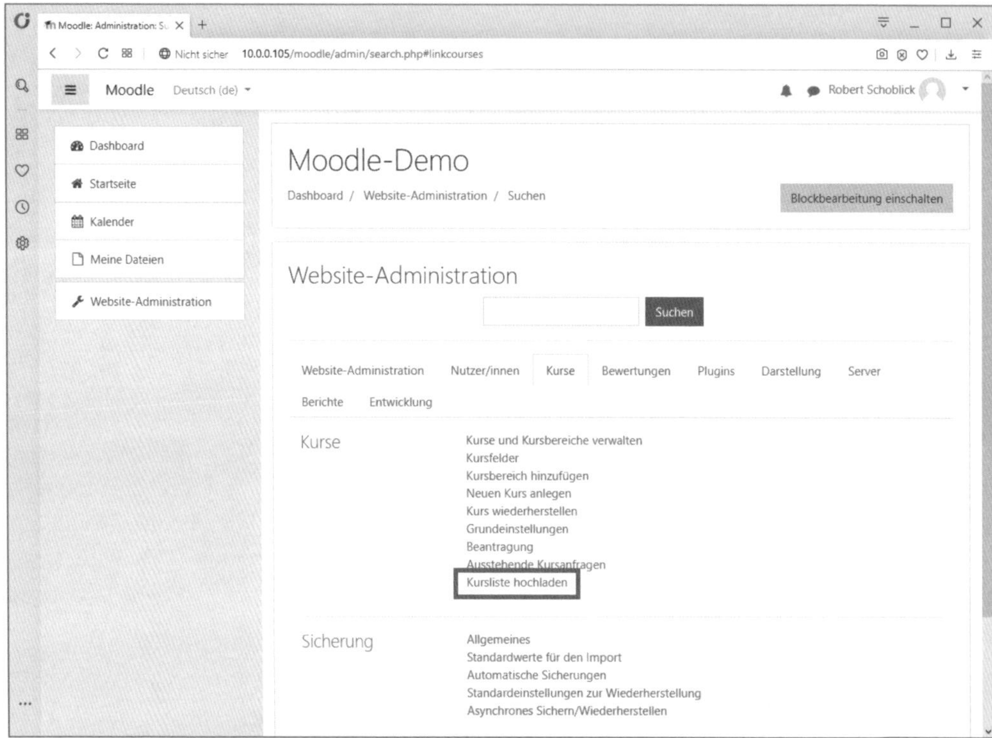

Bild 7.54 Ist eine CSV-Datei mit den Kursinformationen verfügbar, kann diese über die *Website-Administration* im Bereich *Kurse* hochgeladen werden. So lassen sich mit nur einem Vorgang eine Reihe von Kursen gleichzeitig im System einrichten.

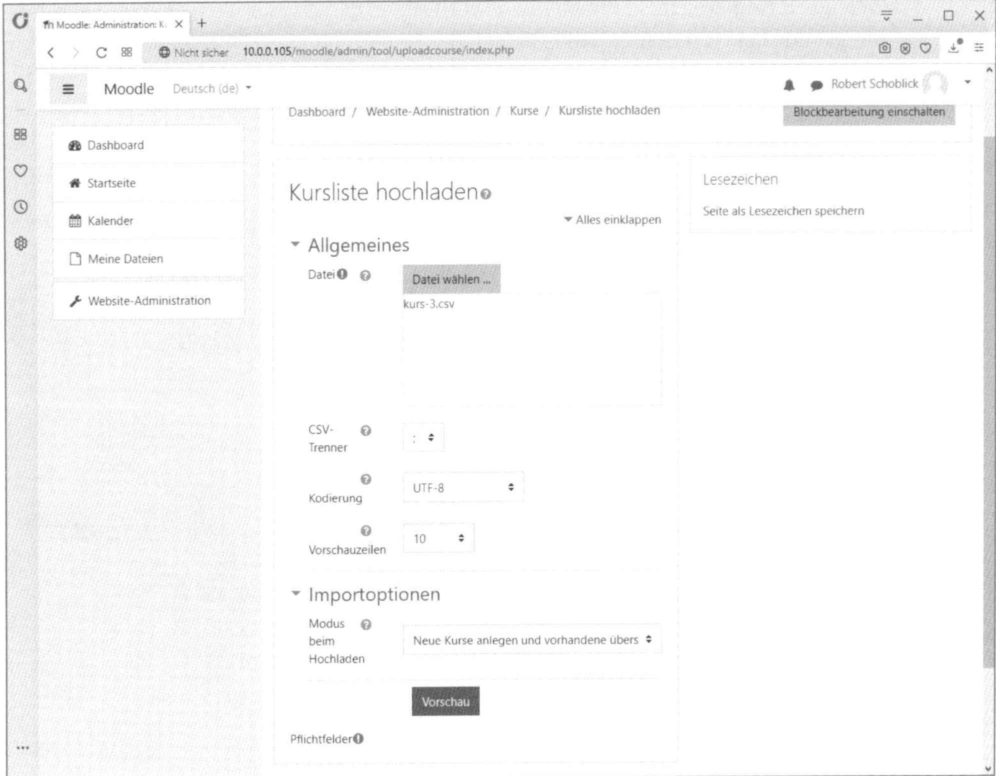

Bild 7.55 Auch die CSV-Kursdateien werden in einem einfachen Upload-Dialog an das Moodle-System übergeben. Damit der Vorgang funktionieren kann, müssen die Zeichensatz-Codierung und das CSV-Trennzeichen (meist das Semikolon) eingestellt werden.

Kurse, wie sie in der hochzuladenden Liste definiert sind, können durchaus bereits im System vorhanden sein. Es stellt sich die Frage, wie mit diesen Kursen zu verfahren ist. In der Regel sind neue Kurse anzulegen. Es kann allerdings auch gewünscht werden, dass lediglich bestehende Kurse auf den aktuellsten Stand gebracht werden, die Anlage neuer Kurse jedoch nicht vorgesehen ist.

Eventuell vorhandene Kurse sind ebenfalls sehr differenziert zu betrachten. Vorhandene Kurse können aktualisiert oder mit einem neuen „kurzen Namen", der im System die Unterscheidung gewährleistet, als Duplikat angelegt werden. Außerdem können vorhandene Kurse auch schlicht und einfach bei der Bearbeitung übersprungen werden. In einem weiteren Dialog wird festgelegt, ob eventuelle Vorgaben, die in den Datenfeldern der Kursliste eingetragen sind, erlaubt werden oder nicht. Dies sind im Einzelnen:

- *Löschung erlauben*: Diese Option bewirkt, dass ein eventuell bereits vorhandener Kurs gelöscht wird, wenn das Datenfeld *delete* in der CSV-Datei auf den Wert 1 gesetzt wurde.
- *Umbenennen erlauben*: Wird im CSV-Datensatz ein Datenfeld *rename* auf den Wert 1 gesetzt und das Umbenennen ausdrücklich erlaubt, wird der Kurzname bei Gleichheit erweitert. Hier wird in der Regel eine Zahl angehängt.
- *Zurücksetzen erlauben*: Wird diese Option eingestellt, so wird der vorhandene Kurs auf die übertragenen Inhalte zurückgesetzt wird, wenn das Datenfeld *reset* übergeben und auf den Wert 1 gesetzt wird.

Unabhängig davon, welche Parameter in der CSV-Datei gesetzt werden, behält die Administration grundsätzlich durch gezieltes Setzen der Importoptionen die Hoheit über die Aktivitäten in dessen Moodle-System.

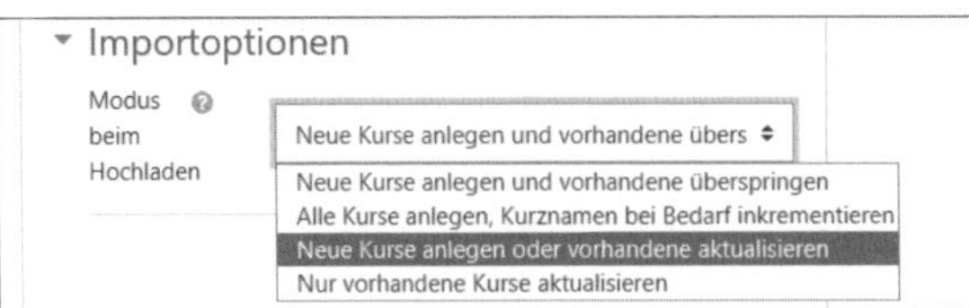

Bild 7.56 Mit den Importoptionen behält die Administration die Kontrolle über die Vorgänge im System.

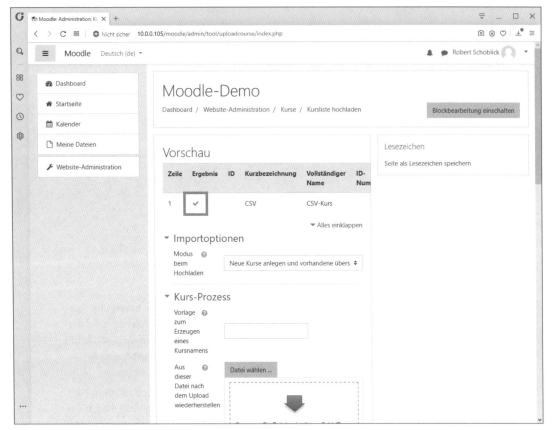

Bild 7.57 Das grüne Häkchen in der Spalte Ergebnis besagt, dass die Inhalte der CSV-Datei schlüssig sind. Dennoch besagt diese Information noch nicht endgültig, dass der Upload erfolgreich sein wird.

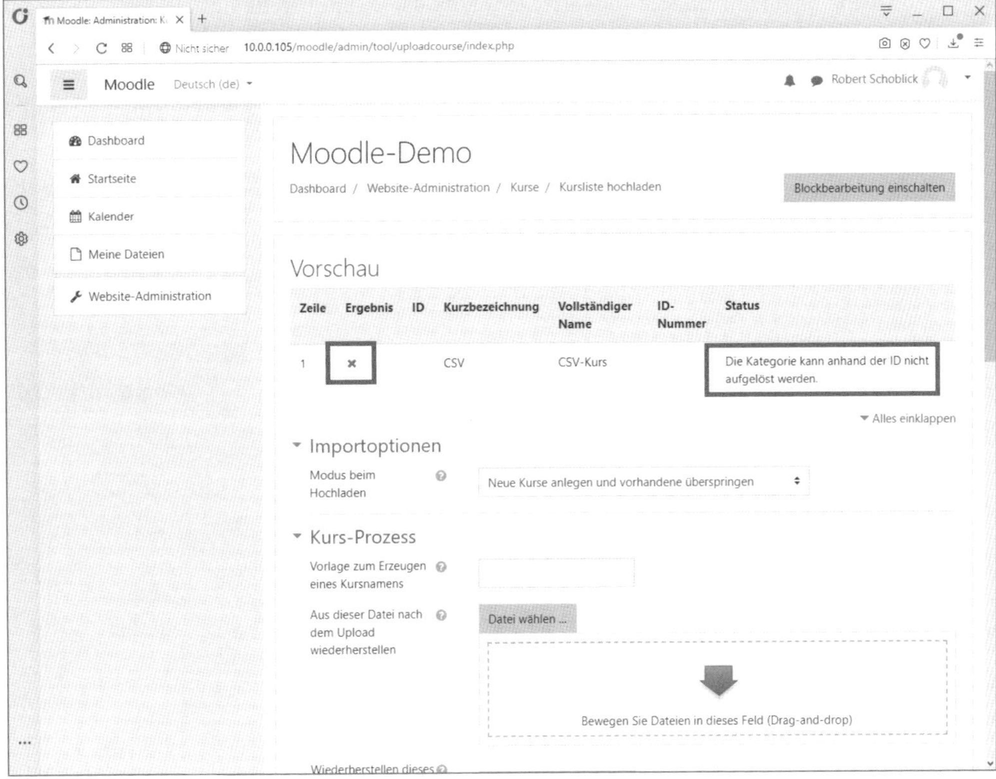

Bild 7.58 Ein rotes „X" signalisiert einen Fehler. In diesem Fall war der Inhalt eines Pflichtdatenfelds - die Kategorie - fehlerhaft.

Moodle überprüft beim Upload der Datensätze, ob deren Struktur eingehalten und die Zahl der Datenfelder mit den Vorgaben der Spalten übereinstimmen. Auch Moodle-Pflichtfelder werden bereits in der Vorschau überprüft. So müssen der Name des Kurses ebenso wie der Kurzname und ein Feld, welches die Kurskategorie *(category, category_idnumber, category_path)* beschreibt, vorhanden sein. Bei den Kategoriefeldern wird darüber hinaus bereits in der Vorschau-Phase geprüft, ob die betreffende Kategorie tatsächlich existiert. Angelegt wird sie nämlich mit dem Upload eines Kurses nicht.

Die Schreibweise kann besonders bei einigen Feldern wie zum Beispiel dem Kategoriepfad (*category_path*) anspruchsvoll werden. Beim Kategoriepfad werden die Ebenen durch ein Slash (/) voneinander getrennt. Vor und nach dem Slash-Zeichen wird jeweils ein Leerzeichen gesetzt. Im Beispiel sieht das folgendermaßen aus:

Richtig: Ingenieurswissenschaften / Robotertechnik

Falsch: Ingenieurswissenschaften/Robotertechnik

Ein grünes Häkchen in der Vorschau bei einem Kurs bedeutet also lediglich, dass die CSV-Datei vollständig und die Pflichtfelder korrekt ausgefüllt sind. Dennoch kann es zu Problemen kommen, wie ein Beispiel zeigen soll:

Das CSV-Datenfeld *maxbytes* erwartet – wie es der Name bereits ausdrückt – eine Zahl (ohne eine Einheit). Betrachtet man die Informationen in den Web-Formularen, werden aber oft Ausdrücke wie „2 MB“ etc. verwendet. Dies ist ein zwar menschlich verständlicher Ausdruck, für die Ablage in die Datenbank jedoch ungültig und wird beim Speichern in die Datenbank von dieser nicht akzeptiert.

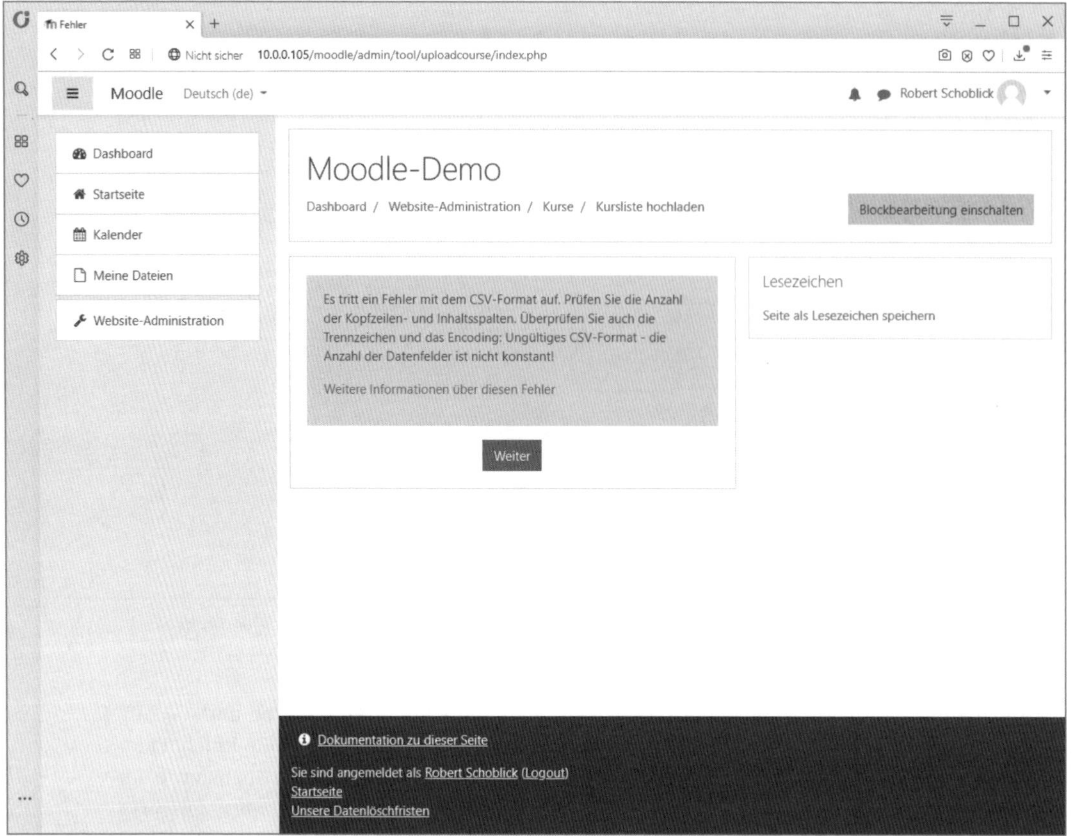

Bild 7.59 Die Spaltenzahl in der Datentabelle muss mit der Anzahl der Dateninhalte in jedem einzelnen Datensatz übereinstimmen. Ist dies nicht der Fall, kommt es zu einer Fehlermeldung. Die Kurslisten werden nicht installiert.

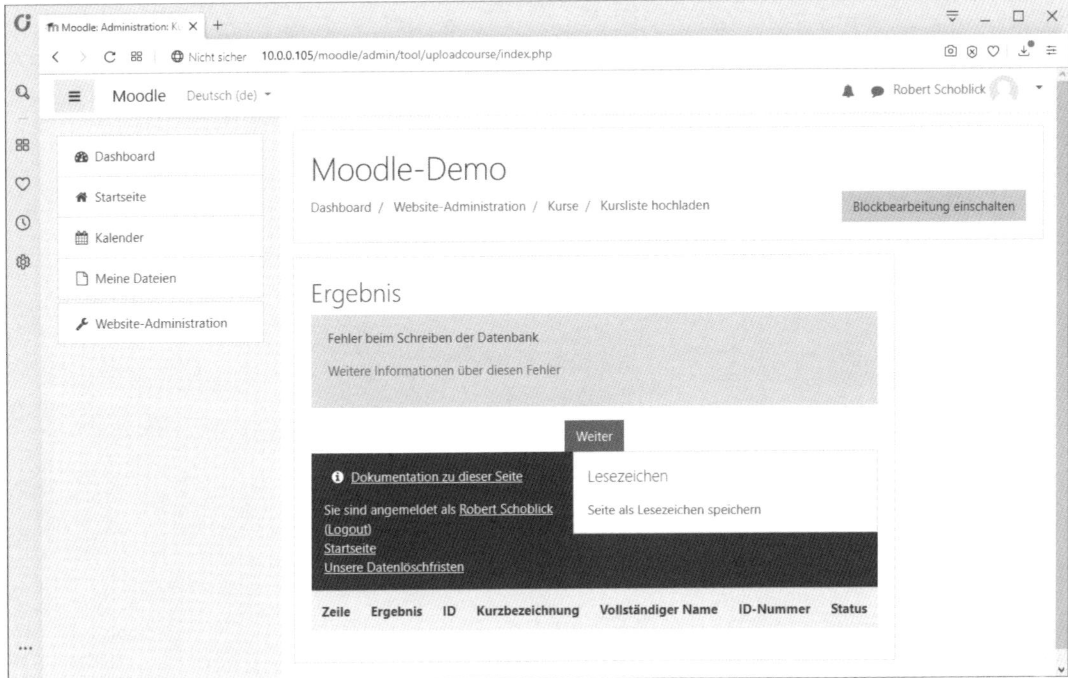

Bild 7.60 Offenbar wurde versucht, ein Feld mit einem – aus Sicht der Datenbank – unzulässigen Inhalt zu beschreiben.

Die Vorschau, die nach der Auswahl der CSV-Datei zu einer ersten Prüfung der Datensätze aktiviert wird, ist nicht wirklich aussagekräftig, denn es werden nur die wichtigsten Datenfelder angezeigt. Zudem sorgen die Felder der Rubrik *Standardmäßige Kurseinstellungen* für Verwirrungen. Hierbei handelt es sich nämlich nicht um die Inhalte der Datenfelder. Dies wäre auch nicht sinnvoll, denn es können schließlich mehrere Datensätze für verschiedene Kurse mit unterschiedlichen Vorgaben in der CSV-Datei eingetragen sein.

Die standardmäßigen Kurseinstellungen entsprechen den bereits besprochenen Grundeinstellungen, die an dieser Stelle temporär für diesen einen Installationsvorgang angepasst werden können. Sie werden von anderweitig definierten Vorgaben in der CSV-Datei überschrieben.

Standardmäßige Kurseinstellungen

Die Kurslisten in einer CSV-Datei müssen nicht zwingend alle Felder beinhalten, mit denen sich die Kurse vollständig deklarieren lassen. In unserem Fall werden Grundeinstellungen übernommen. Diese können für den Upload-Vorgang angepasst werden, ohne die globalen Grundeinstellungen für Kurse zu verändern. ■

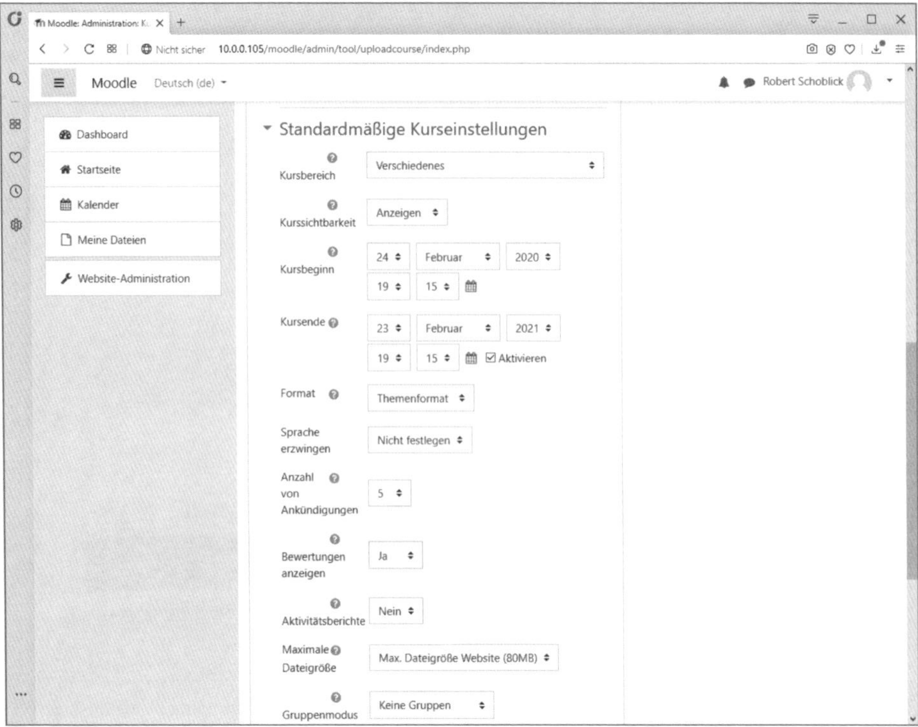

Bild 7.61 Die „Standardmäßigen Kurseinstellungen" geben die Einstellungen vor, die nicht explizit in der CSV-Datei deklariert werden müssen. Damit sind die Kurse letztlich vollständig konfiguriert.

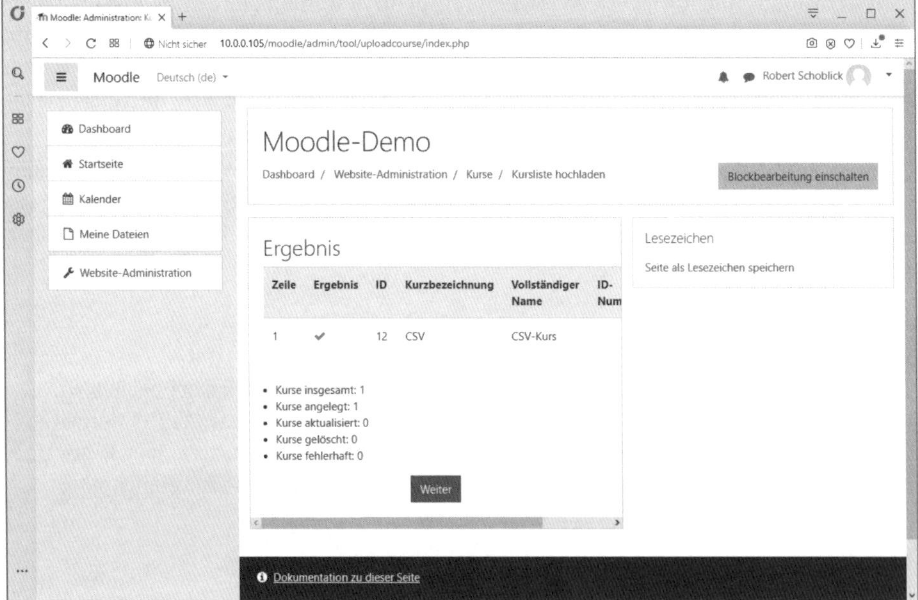

Bild 7.62 In dieser Datei wurde nur ein einziger Kurs zur Neuanlage deklariert. Das Ergebnis wird in statistischer Form nach der Installation dargestellt.

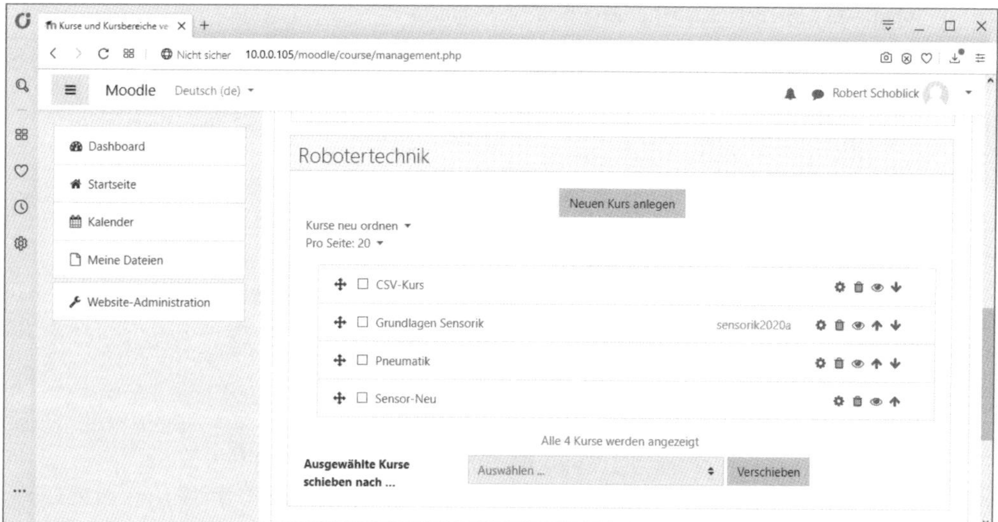

Bild 7.63 Geschafft! Der über die CSV-Datei eingerichtete Kurs befindet sich im gewünschten Kursbereich.

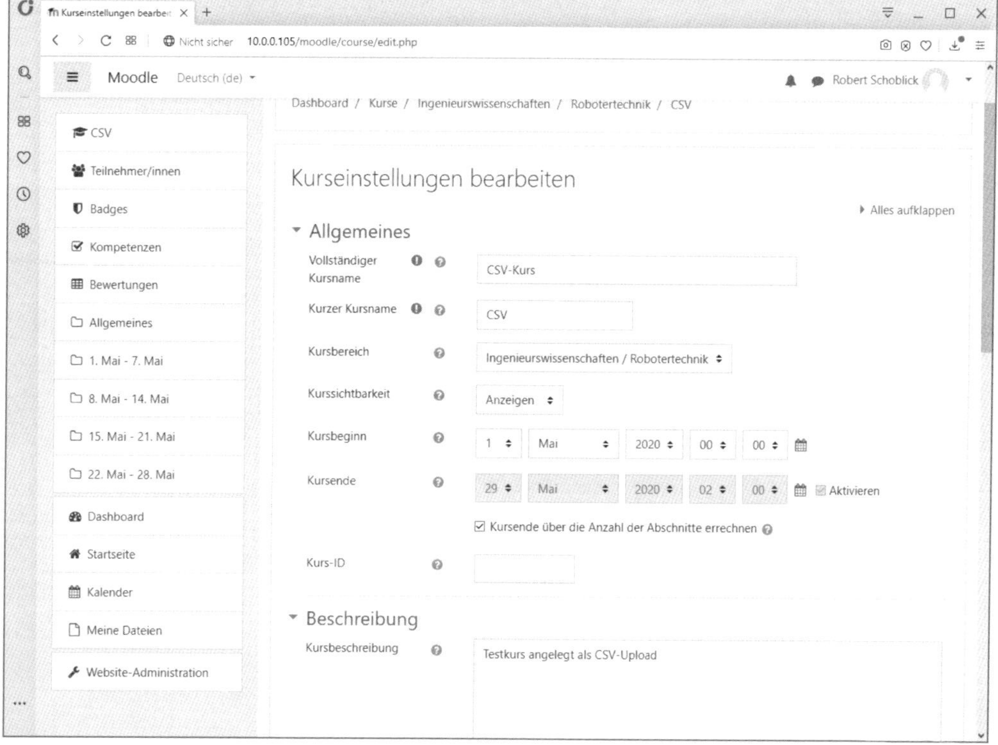

Bild 7.64 Ein Blick in den Kurs zeigt: Die Vorgaben der CSV-Datei wurden übernommen.

Tabelle 7.1 CSV-Feldnamen für den Upload von Kursen

Feldname	Bedeutung
backupfile	(System-)Pfad und Dateiname zu einer Sicherungsdatei mit der Dateinamenendung *mbz*. Diese wird als Importmedium verwendet.
category	Kurskategorie - dieses Feld ist dominant gegenüber den eventuell vorhandenen Feldern category_idnumber und category_path.
category_idnumber	Nummer der Kurskategorie - dieses Feld ist dominant gegenüber einem eventuell vorhandenen Feld category_path.
category_path	Kategoriepfad wie er in den Listen erscheint. Bei untergeordneten Kategorien werden die Pfade durch die Kombination „Leerzeichen+Slash+Leerzeichen" getrennt.
delete	Kann den Wert 0 oder 1 zugewiesen bekommen. Mit dem Wert 1 wird der Kurs zum Löschen markiert.
enablecompletion	Kann den Wert 0 oder 1 zugewiesen bekommen. Mit dem Wert 1 wird die Abschlussverfolgung aktiviert.
enddate	Abschlussdatum des Kurses im Format TT.MM.JJJJ.[6]
enrolment_[lfd-nr]	Für [lfd-nr] wird eine fortlaufende Nummer gesetzt (beginnend bei 1). Es können mehrere Einschreibemethoden vorgesehen werden. Dieses Feld legt deren Namen fest.
enrolment_[lfd-nr]_delete	Für [lfd-nr] wird eine fortlaufende Nummer gesetzt (beginnend bei 1). Der zugewiesene Wert des Felds kann 0 oder 1 sein. Der Wert 1 löscht die Einschreibemethode.
enrolment_[lfd-nr]_disable	Für [lfd-nr] wird eine fortlaufende Nummer gesetzt (beginnend bei 1). Der zugewiesene Wert des Felds kann 0 oder 1 sein. Der Wert 1 deaktiviert die Einschreibemethode. Sie bleibt jedoch verfügbar.
enrolment_[lfd-nr]_enddate	Für [lfd-nr] wird eine fortlaufende Nummer gesetzt (beginnend bei 1). Ende der Einschreibeperiode. Das Format ist TT.MM.JJJJ.
enrolment_[lfd-nr]_enrolperiod	Für [lfd-nr] wird eine fortlaufende Nummer gesetzt (beginnend bei 1). Für Nichttechniker ist hier die Angabe einer Zeit in Sekunden der einfachste Weg, um die Teilnahmedauer festzulegen. Alternativ dazu können die für die PHP-Funktion strtotime()[7] gültigen Formate gewählt werden.
enrolment_[lfd-nr]_password	Für [lfd-nr] wird eine fortlaufende Nummer gesetzt (beginnend bei 1). Hier wird das für eine Selbsteinschreibung nötige Kennwort festgelegt.

[6] TT = zweistellig für den Tag (0...31), MM = zweistellig für den Monat (0...12) und JJJJ = vierstellig für das Jahr

[7] Näheres zur PHP-Funktion *strtotime()* ist in der offiziellen Dokumentation zur Skriptsprache PHP nachzulesen: *https://www.php.net/manual/de/function.strtotime.php*

Feldname	Bedeutung
enrolment_[lfd-nr]_role	Für [lfd-nr] wird eine fortlaufende Nummer gesetzt (beginnend bei 1). Kurzbezeichnung[8] der Rolle, welche die Nutzerin bzw. der Nutzer automatisch mit der Einschreibung in diesem Kurs bekommt.
enrolment_[lfd-nr]_startdate	Für [lfd-nr] wird eine fortlaufende Nummer gesetzt (beginnend bei 1). Beginn der Einschreibeperiode. Das Format ist TT.MM.JJJJ.
format	Legt fest, in welchem Format[9] die Kursinhalte erscheinen. In der Moodle-Standard-Installation sind dies *topics* (Themenformat), *weeks* (Wochenformat) sowie *social* (Forum, Diskussionsformat) und *singleactivity* (Einzelaktivität).
fullname	Vollständiger Name des Kurses, wie er in den Listen erscheinen wird. Dies ist ein Pflichtfeld!
groupmode	Kann den Wert 0, 1 oder 2 zugewiesen bekommen. 0 = keine, 1 = getrennte und 2 = sichtbare Gruppen.
groupmodeforce	Kann den Wert 0 oder 1 zugewiesen bekommen. Mit dem Wert 1 wird der Gruppenmodus im Kurs erzwungen.
idnumber	ID-Nummer des Kurses.
lang	Zu verwendende Spracheinstellung für den Kurs.
legacyfiles	Kann den Wert 0 oder 1 zugewiesen bekommen. Es wird der Wert 1 gewählt, wenn eine Datei in einer Verzeichnisstruktur wie vor Moodle 2.0 gespeichert werden sollen.
maxbytes	In dieses Feld wird die maximale Dateigröße für einen Upload definiert. Achtung: Die Angabe erfolgt in Byte. Werte wie 10 MB sind ungültig! Wird 0 gewählt, wird die Standardeinstellung übernommen.
newsitems	Anzahl der angezeigten neuen Nachrichten.
rename	Kann den Wert 0 oder 1 zugewiesen bekommen. Mit dem Wert 1 wird der Kurs zur Umbenennung markiert. Hier wird der neue Kurzname verwendet.
reset	Kann den Wert 0 oder 1 zugewiesen bekommen. Mit dem Wert 1 wird der bestehende Kurs gelöscht und mit den neuen Einstellungen wieder angelegt.
shortname	Kurzname des Kurses – dies ist ein Pflichtfeld!
showgrades	Kann den Wert 0 oder 1 zugewiesen bekommen. Bei Wahl der 1 können Bewertungen im Kurs dargestellt werden.
showreports	Kann den Wert 0 oder 1 zugewiesen bekommen. Mit dem Wert 1 können Berichte im Kurs dargestellt werden.

(Fortsetzung nächste Seite)

[8] Die Kurzbezeichnung entspricht dem Begriff, der in *Website-Administration – Nutzer/innen* unter *Rechte ändern – Rollen verwalten* festgelegt wurde.

[9] Die Bezeichnungen der Formate ergeben sich aus den Namen der PHP-Datei der jeweils erforderlichen Plugins: format_*name*.php.

Tabelle 7.1 CSV-Feldnamen für den Upload von Kursen *(Fortsetzung)*

Feldname	Bedeutung
startdate	Anfangsdatum des Kurses im Format TT.MM.JJJJ.
summary	Beschreibungstext für den Kurs. Dies kann durchaus ein längerer Text sein. Er sollte jedoch knapp und präzise formuliert werden.
templatecourse	Kurzname des Kurses, aus dem die Inhalte in den neuen Kurs zu importieren sind.
theme	Auswahl eines Kursdesigns. Dieses kann als Erweiterung des Moodle-Systems neben den Grunddesigns installiert werden.
visible	Wird auf den Wert 1 gesetzt, wenn der Kurs sofort sichtbar erscheinen soll. Anderenfalls wird der Wert 0 erwartet.

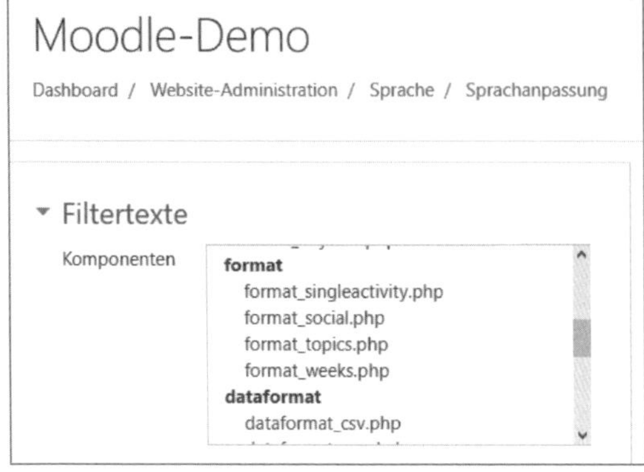

Bild 7.65
In welchen Formaten die Kursinhalte dargestellt werden, legen Plugins fest.

7.5 Einschreibung in Kurse

Es gibt verschiedene Möglichkeiten, Benutzerinnen und Benutzer in einen Kurs einzuschreiben und deren Rollen festzulegen. So ist es beispielsweise mithilfe eines *PayPal*-Plugins möglich, einen kommerziellen, bezahlten Kurszugang anzubieten. An dieser Stelle soll der Fokus auf fünf mögliche Verfahren gesetzt werden:

- Die Einschreibung von authentifizierten Nutzerinnen und Nutzern durch die Administration oder eine entsprechend befugte Rolle
- Selbsteinschreibung
- Meta-Einschreibung
- Einschreibung per CSV-Liste
- Einschreibung als Gast

Die wichtigsten Verfahren sind die Einschreibung der Lernenden durch Administration, Management oder Lehrende sowie die Selbsteinschreibung durch die Kursteilnehmerinnen und Kursteilnehmer.

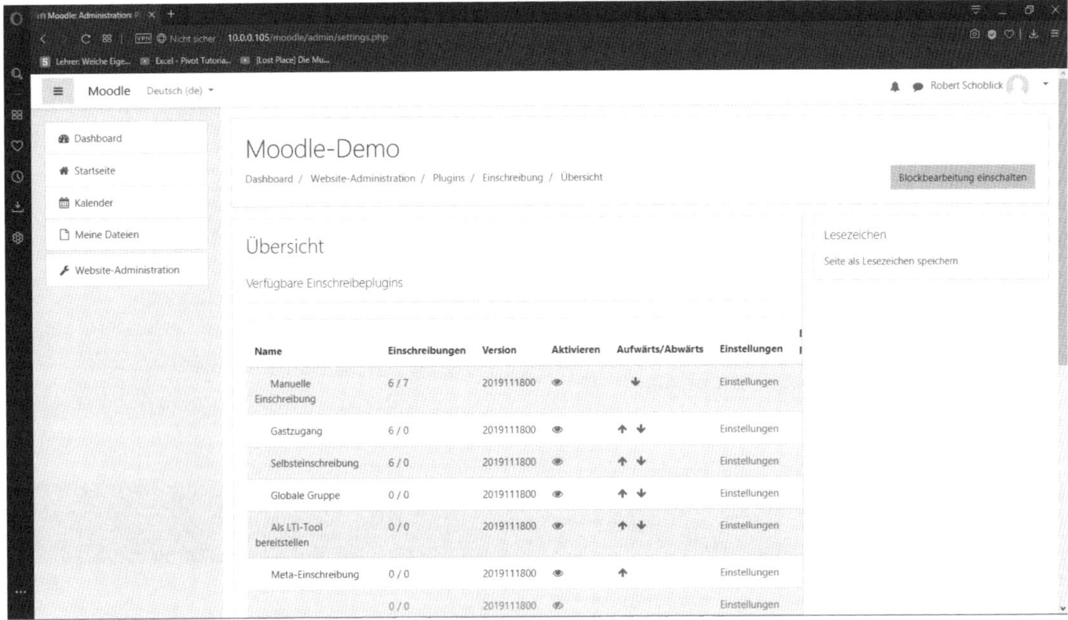

Bild 7.66 Für die gewünschte Einschreibemethode müssen die erforderlichen Plugins installiert und aktiviert sein.

Plugins erforderlich!

Es stehen nur die Einschreibemethoden zur Verfügung, die im Moodle-System als Plugin installiert und auch aktiviert wurden. Die erforderlichen Einstellungen sind für den Administrator in der *Website-Administration* unter *Plugins - Einschreibung* vorzunehmen.

7.5.1 Manuelle Einschreibung durch Lehrende

In der linken Seite der Ansicht[10] eines Kurses ist ein Link *Teilnehmer/innen* zu finden. Hier wird eine Liste der in diesem Kurs eingeschriebenen Nutzerinnen und Nutzer erreicht. Um eine bestimmte Nutzerin oder einen bestimmten Nutzer zu finden, kann eine alphabetische Eingrenzung von Vor- oder Zunamen erfolgen, wodurch sich die Liste auf die relevanten Personen reduziert.

Mit der Schaltfläche *Nutzer/innen einschreiben* können weitere im System registrierte Personen (authentifizierte Nutzer) in den Kurs aufgenommen und ihnen Rollen zugewiesen werden. Die Suche erfolgt entweder nach dem Benutzernamen oder nach der E-Mail-

[10] Die Ansichten sind stets von den jeweils verwendeten Designs abhängig und können rein optisch von den hier gezeigten Beispielen der Grundinstallation des Moodle-Systems abweichen.

Adresse. Neben der Aufnahme in den Kurs kann im gleichen Schritt eine Rolle im Kurs zugewiesen werden.

Erinnerung: Rollen sind auf einen bestimmten Kontext bezogen!

Es gibt mit Ausnahme der Administration keine universellen Rollen im Moodle-System. Rollen sind stets vom Kontext abhängig, in dem die Nutzerin oder der Nutzer agieren. Eine Nutzerin oder ein Nutzer kann in einem Kurs oder einem Kursbereich als Teacher und in einem anderen jedoch nur als Student gelistet sein. Es ist auch denkbar und allgemein sogar üblich, dass den Nutzerinnen und Nutzern in verschiedenen Bereichen im System überhaupt keine Rechte zugewiesen wurden. Sie sind in diesen Kontexten lediglich authentifizierte Nutzerinnen und Nutzer.

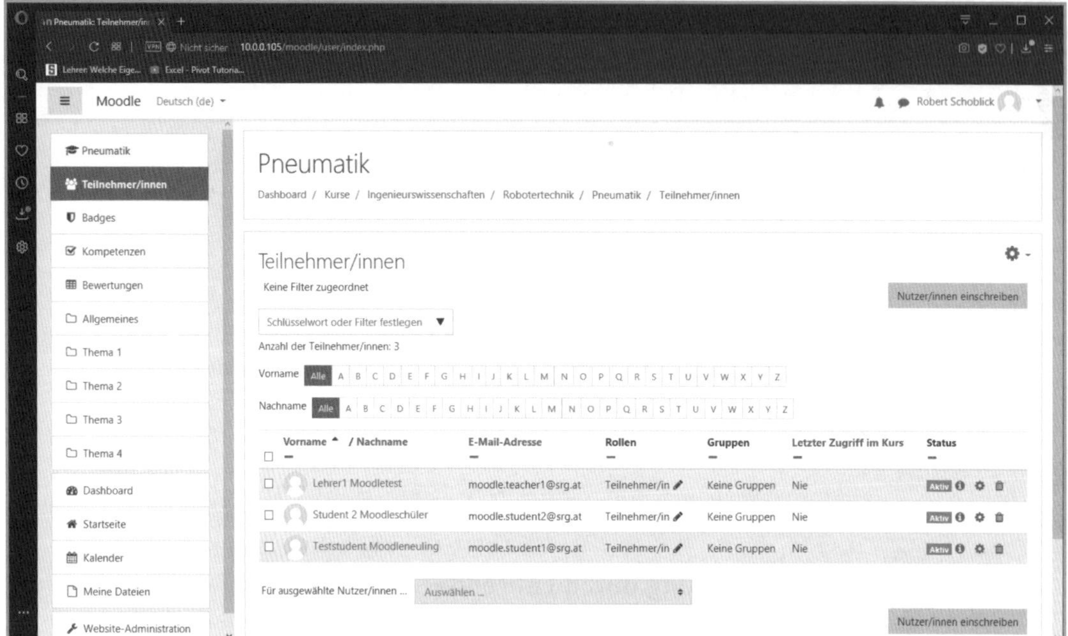

Bild 7.67 Die Teilnehmerliste zeigt in einer Übersicht, welche Benutzerinnen und Benutzer in diesem Kurs eingeschrieben sind. Wer die entsprechende Rolle inne hat, kann neue Teilnehmerinnen und Teilnehmer in den Kurs einschreiben.

Einschreibeoptionen

Nutzer/innen auswählen
× Teststudent Moodleneuling moodle.student1@srg.at
× Student 2 Moodleschüler moodle.student2@srg.at
× Lehrer1 Moodletest moodle.teacher1@srg.at
Suchen ▼

Globale Gruppen auswählen
Keine Auswahl
Suchen ▼

Kursrolle zuweisen
Teilnehmer/in

☐ Alte Nutzerbewertungen falls möglich wiederherstellen !

Beginn ab ! Jetzt (15.02.2020 20:44)

Teilnahmedauer ! Unbegrenzt

Einschreibeende ! 15 Februar 2020 20 44 ☐ Aktivieren

Weniger anzeigen ...

Ausgewählte Nutzer/innen und globale Gruppen einschreiben | Abbrechen

Bild 7.68 Die selektierten Nutzerinnen und Nutzer können nun mit einem Mausklick in den Kurs eingeschrieben werden.

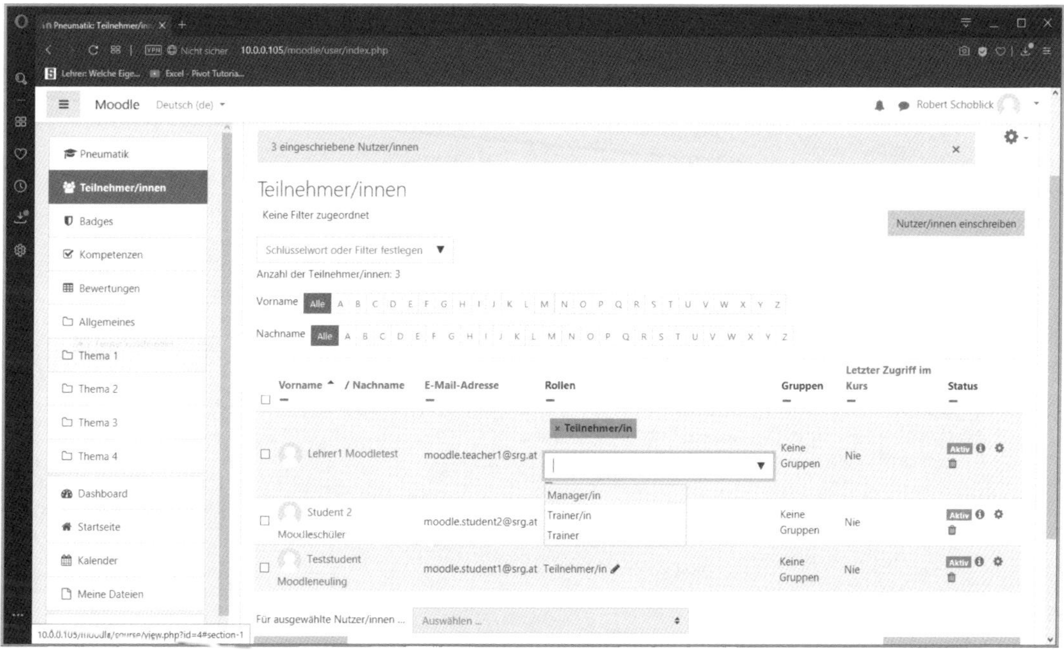

Bild 7.69 Jeder Kursteilnehmerin und jedem Kursteilnehmer müssen die Rollen zugeschrieben werden, die diese Person innerhalb des Kurses einnehmen darf.

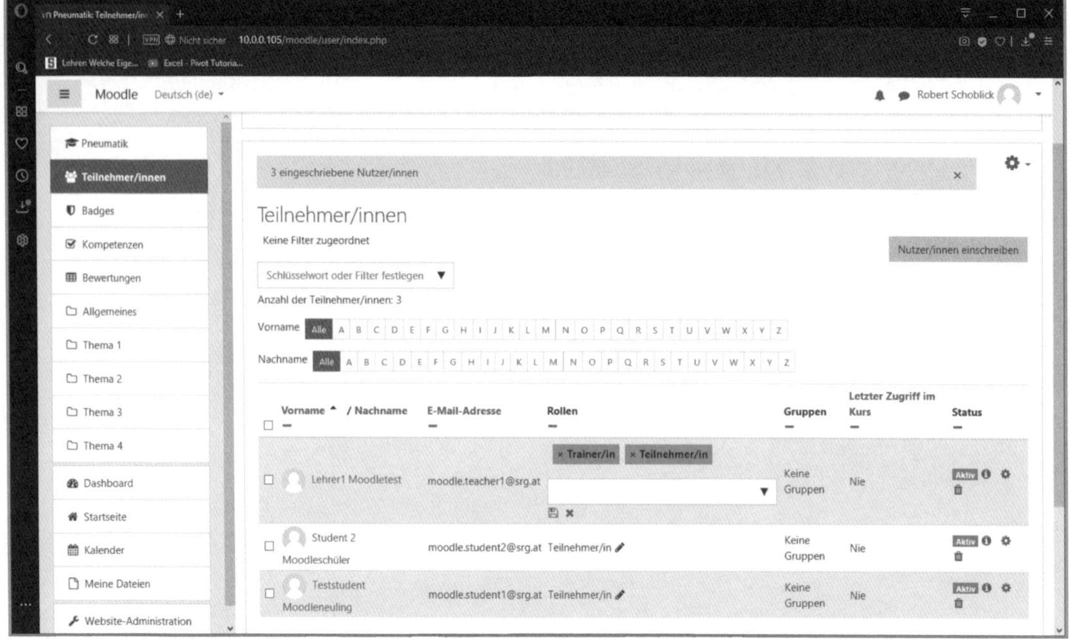

Bild 7.70 Der Teilnehmer „Lehrer1" darf die Rollen Trainer/in und Teilnehmer/in im Kurs einnehmen.

Die Teilnehmerinnen und Teilnehmer eines Kurses können durchaus mehrere Rollen annehmen. Dazu muss ihnen jedoch die jeweilige Rolle zugewiesen werden. Die zweite Voraussetzung hierfür ist die Fähigkeit, die Rolle zu wechseln *(moodle/role:switchroles)*.

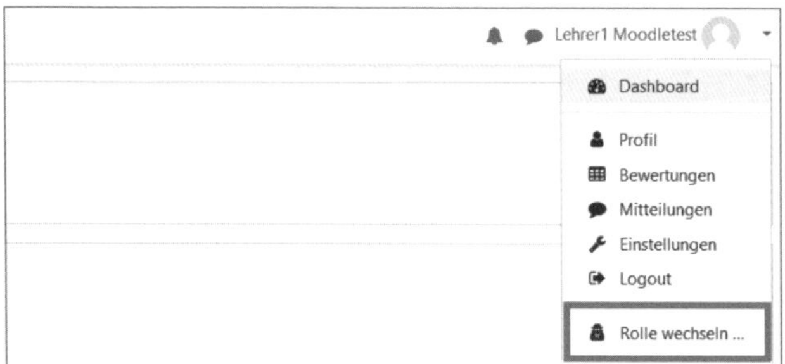

Bild 7.71 Mit dem entsprechenden Recht können Nutzerinnen oder Nutzer zwischen den ihnen in diesem Kontext zugewiesenen Rollen wechseln und so Kurse auch aus einem anderen Blickwinkel betrachten.

7.5.2 Selbsteinschreibung

Das Prinzip der Selbsteinschreibung bietet verschiedene Vorteile:

- Die Administration bzw. die Lehrkraft eines Kurses werden entlastet.
- Lernende können sehr schnell einem Kurs beitreten, sobald sie Kenntnis vom Einschreibeschlüssel haben.
- Die Methode eignet sich – in Kombination mit Kursen im Format „Einzelaktivität" – auch zur Erfassung von Anwesenheiten in der Präsenzlehrveranstaltung. Für jeden Schulungstag wird dann quasi ein eigener Kurs[11] angeboten.

Es gibt jedoch auch einen Nachteil: Die permanente Kontrolle der Teilnehmerliste erfordert einen gewissen Aufwand. In der Regel wird ein Kurs nur einem eng umrissenen Kreis, z. B. einem Klassenverband oder Studierenden eines Semesters, zugänglich gemacht. Wird der Zugangsschlüssel in der Öffentlichkeit verbreitet, gleicht der Kurs einem offenen Kurs.

Selbsteinschreibungen können insbesondere bei einem den Präsenzunterricht begleitenden Kurs sinnvoll sein. Der Zugangsschlüssel wird dann im Rahmen der Lehrveranstaltung präsentiert und die Einschreibemethode wird lediglich für eine begrenzte Zeit aktiv gehalten. Die nachträgliche Aufnahme von Nachzüglern in den Moodle-Kurs erfolgt dann manuell und ist vom zeitlichen Aufwand her eher gering zu bewerten.

Damit die Selbsteinschreibung der Kursteilnehmerinnen und Kursteilnehmer ermöglicht werden kann, müssen die dafür erforderlichen Fähigkeiten bei den lehrenden Personen als „erlaubt" gesetzt werden. Dabei handelt es sich um die folgenden Fähigkeiten für diese Rollen:

- enrol/self:config: Ist diese Fähigkeit für eine Rolle erlaubt, darf die Person die Selbsteinschreibung konfigurieren.
- enrol/self:holdkey: Die Person, deren Rolle diese Fähigkeit zugewiesen bekommen hat, wird als „Verwalter des Zugangsschlüssels" angezeigt.

Darüber hinaus muss für diesen Kurs ausdrücklich die Selbsteinschreibung erlaubt und ein Zugangsschlüssel definiert werden.

Keine Selbsteinschreibung für einen Kurs verfügbar?

In diesem Fall ist zu prüfen, ob das entsprechende Plugin (*Website-Administration* unter *Plugins – Einschreibung*) aktiviert wurde. Weiterhin muss für den Kurs das Einschreibeverfahren zugelassen werden, was in der Kurskonfiguration vorzunehmen ist. Diese Konfiguration kann nur eine Person ausführen, der eine Rolle mit der entsprechenden Fähigkeit (enrol/self:config) zugewiesen wurde. ■

[11] Dieses Prinzip eignet sich nur für eine überschaubare Anzahl von Veranstaltungen. Sonst müsste für eine einzelne Lehrveranstaltung bereits ein eigener Kursbereich definiert werden.

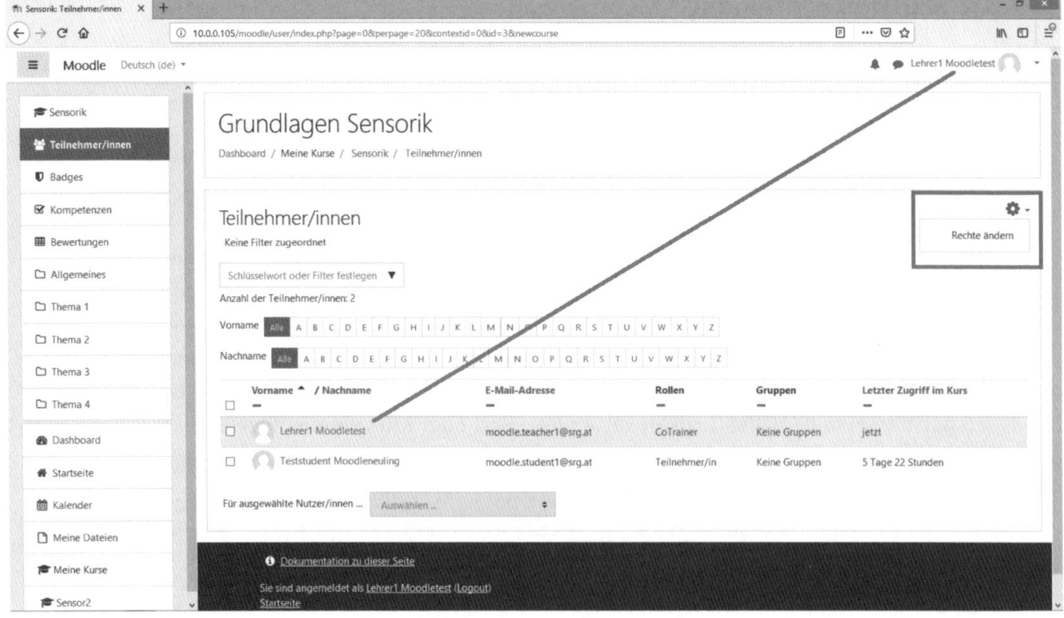

Bild 7.72 Mit der Rolle „Co-Trainer“ (hier neue Bezeichnung für einen Teacher ohne Autorenbefugnis) steht kein Button „Nutzer/innen einschreiben“ zur Verfügung. Diese Rolle kann die Selbsteinschreibung nicht verwalten.

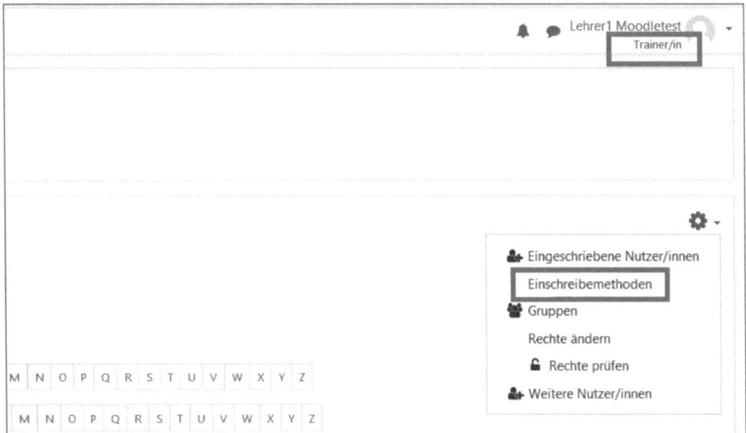

Bild 7.73 Über das Zahnrad-Symbol wird ein bedeutend umfassenderes Menü geöffnet, wenn die Rolle diese Fähigkeiten besitzt. Die Rolle *Trainer/in* verfügt in diesem System über die Fähigkeit, die Einschreibemethoden zu wählen.

Verfügt der Kursbetreuer über die erforderlichen Fähigkeiten, so bietet das Konfigurationsmenü, erreichbar über das kleine *Zahnradsymbol*[12] im Abschnitt *Teilnehmer/innen* des Kur-

---

[12] Die optische Gestalt des „Menü-Öffners“ ist abhängig vom gewählten Design. Es muss also nicht zwingend das „Zahnrad“ sein, wenn der Entwickler des Themes sich etwas anderes ausgedacht hat.

ses, ein erweitertes Angebot. Unter anderem kann diese Person die Einschreibemethoden bearbeiten. Welche das sind, hängt von den freigegebenen Plugins und den Fähigkeiten der Rolle ab. In diesem Beispiel kann über das Drop-down-Menü *Methode hinzufügen* die Selbsteinschreibung gewählt werden.

Für die Konfiguration der Selbsteinschreibung können verschiedene Kursoptionen wie zum Beispiel die Dauer der Einschreibungsphase festgelegt werden. Wichtig in diesem Zusammenhang ist allerdings vor allem die Definition eines Zugangskennworts für die Einschreibung. Optional kann ein Begrüßungstext für die neue Kursteilnehmerin bzw. den neuen Kursteilnehmer verfasst werden.

Das Einschreibekennwort ist nicht individuell!

Authentifizierte, d. h. im Moodle-System registrierte Benutzer und Benutzerinnen, können sich in einen Kurs mit Selbsteinschreibung einschreiben, wenn ihnen das Kennwort bekannt ist.

Der Einschreibemethode kann zudem eine neue Bezeichnung gegeben werden, die für Kurskandidatinnen und -kandidaten plausibel erscheint. Nach der Bestätigung des Formulars taucht nun die neue Methode in der Liste der verfügbaren Einschreibemethoden auf. Wichtig ist allerdings, dass die Einschreibemethode aktiviert ist. Dies ist am nicht durchgestrichenen Auge erkennbar. Ab diesem Zeitpunkt kann die selbstständige Kurseinschreibung erfolgen. Zuletzt muss der Einschreibeschlüssel den Teilnehmerinnen und Teilnehmern der Lehrveranstaltung noch mitgeteilt werden.

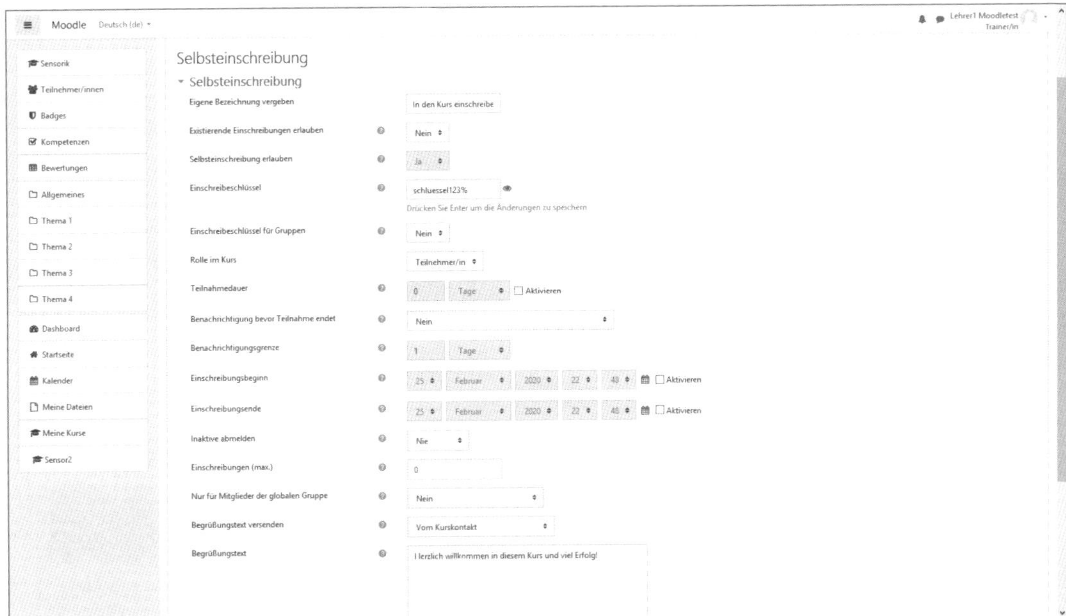

Bild 7.74 Die wichtigste Vorgabe für die Selbsteinschreibung ist der Einschreibeschlüssel, das Kennwort, mit dem sich authentifizierte Nutzerinnen und Nutzer in den Kurs einschreiben und die Rolle eines Lernenden (hier schlicht als Teilnehmer/in bezeichnet) annehmen können.

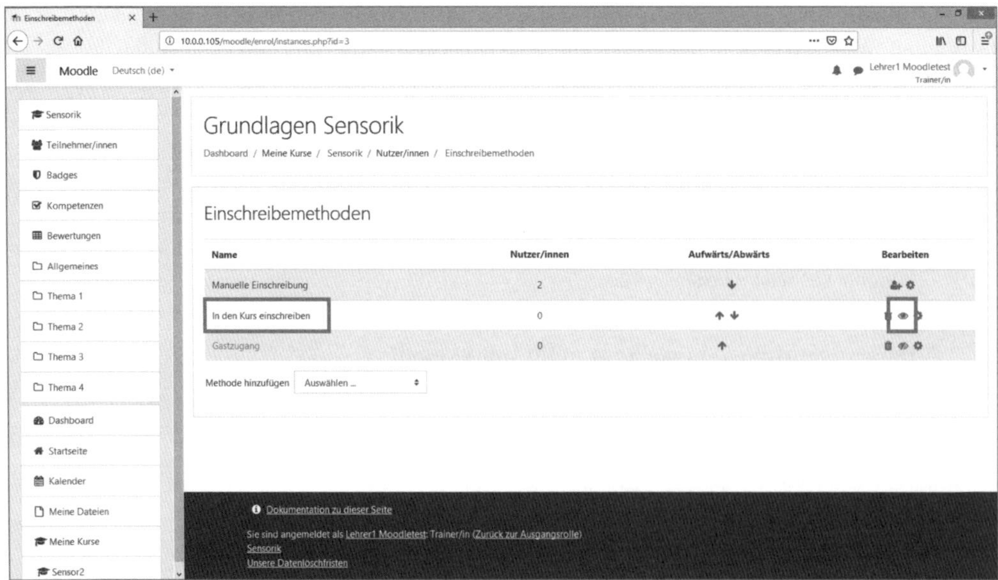

Bild 7.75 Die mit dem neuen Namen „In den Kurs einschreiben“ benannte Selbsteinschreibung steht nun authentifizierten Nutzerinnen und Nutzern zur Verfügung, wenn ihnen das Einschreibekennwort bekannt ist. Die Methode muss zudem aktiviert werden (offenes „Auge“).

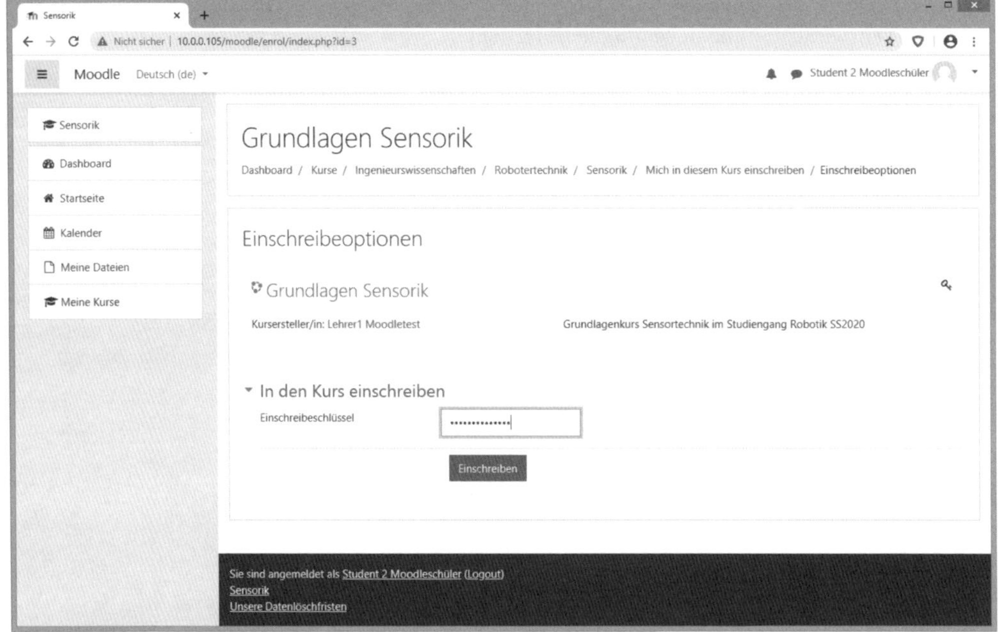

Bild 7.76 Ist der Einschreibeschlüssel bekannt, können sich nun beliebige authentifizierte Nutzerinnen und Nutzer in den Kurs einschreiben und an der Lehrveranstaltung teilnehmen.

7.5.3 Meta-Einschreibung

Eine für abgestufte Kurskonzepte sehr nützliche Einschreibemethode ist die sogenannte *Meta-Einschreibung*. Hier werden die in einem Kurs bereits eingeschriebenen Nutzerinnen und Nutzer als Teilnehmerinnen und Teilnehmer eines neuen Kurses übertragen. Die Meta-Einschreibung ist insbesondere im schulischen Kontext interessant, wenn ein Klassenverband in ein neues Semester bzw. ein neues Schuljahr aufsteigt. In diesen Fällen wird grundsätzlich ein neuer Kurs angelegt, der dem aktuellen Lehrplan für die neue Klassenstufe entspricht. Meist werden die Kurse dabei direkt aus einem vergleichbaren Kurs importiert (vgl. Abschnitt 7.4.3) oder durch eine sogenannte Wiederherstellung aus einer Sicherungsdatei (Abschnitt 7.4.2) erzeugt.

In beiden Fällen werden in der Regel keine Nutzerdaten übertragen. Damit stehen quasi Blanko-Kurse zur Verfügung, die neu belegt werden können. Die Meta-Einschreibung erleichtert diesen Vorgang ganz enorm.

Achtung: Zeitaufwand trotz Meta-Einschreibung ist nicht unerheblich!

Kostenverantwortliche werden zunächst jubeln! „Dank Import bestehender Kurse und Meta-Einschreibung wird die Moodle-Administration zum Selbstläufer!" – das ist falsch! Es ist zudem leider oft gängige Praxis, dies so zu sehen. Tatsache ist jedoch, dass die Verwaltung eines Moodle-Systems eine Aufgabe ist, die Gewissenhaftigkeit und Präzision erfordert. Kursinhalte müssen stets auf Fehler und Aktualität überprüft und gegebenenfalls aktualisiert werden. Auch die Meta-Einschreibung entbindet die Administration nicht von einer sorgfältigen Prüfung der Teilnehmerinnen und Teilnehmer: Sind noch alle Teilnehmerinnen und Teilnehmer der vorherigen Veranstaltung[13] mit dabei? Kommen neue Teilnehmerinnen und Teilnehmer hinzu? Sind die Lehrenden die gleichen Personen wie im Kurs zuvor? ■

Um die Meta-Einschreibung aus einem bestehenden Kurs in den neuen Kurs vornehmen zu können, müssen natürlich einige Voraussetzungen im System und bezüglich der Rolle dieser Person erfüllt sein:

- Das Plugin für die Meta-Einschreibung muss installiert[14] und aktiviert sein.
- Die Rolle, die eine Nutzerin bzw. ein Nutzer innehaben muss, um den Kurs zu verwalten, braucht die Fähigkeit, die Meta-Einschreibung zu konfigurieren: *enrol/meta:config*. Ohne diese Fähigkeit werden keine Kurse zur Verbindung in der Auswahl angezeigt.
- Sie braucht auch die Fähigkeit, einen Kurs auszuwählen, aus dem mithilfe der Meta-Einschreibung Teilnehmerinnen und Teilnehmer in den Kurs aufgenommen werden dürfen: *enrol/meta:selectaslinked*

[13] Es ist durchaus gängige Praxis, dass ausscheidende Kursteilnehmerinnen und -teilnehmer noch für eine gewisse Zeit Zugriff auf den Kurs und ihre Leistungsdaten haben sollen. Diese Personen sollen allerdings nicht in weiterführende Kurse übernommen werden und müssen „per Hand" nach einer Meta-Einschreibung entfernt werden.

[14] Das Plugin wird mit der Installation des Grundsystems installiert, ist jedoch zunächst ausgeschaltet und muss aktiviert werden. Das ist Aufgabe der Administration (*Website-Administration – Plugins – Einschreibung* (in der Übersicht)).

- Das Kursmanagement, welches die Einschreibung vollzieht, muss auch im verknüpften Kurs vergleichbare Rechte besitzen.

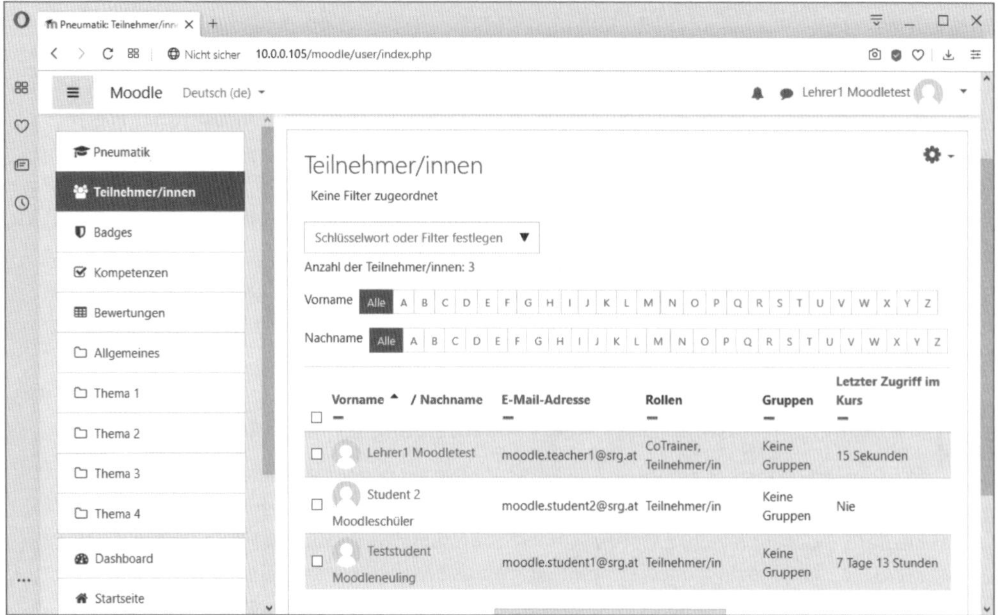

Bild 7.77 Der Kurs „Pneumatik" ist von zwei Studierenden belegt. Die Teilnehmerinnen und Teilnehmer dieses Kurses sollen im Anschluss die Folgeveranstaltung „Sensor-Grundlagen 2" besuchen können.

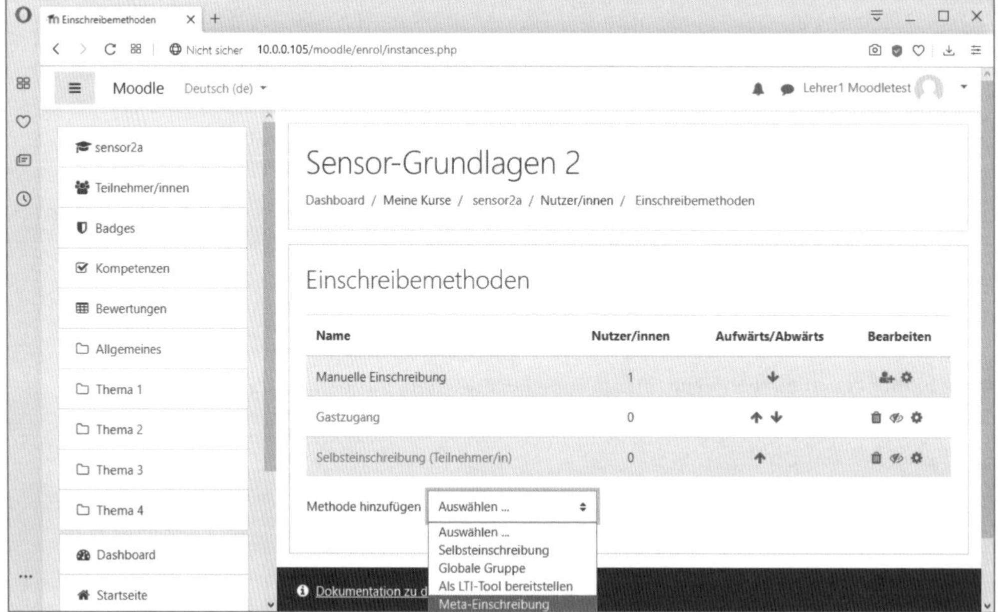

Bild 7.78 Die Kurs-Administration kann mit dem Werkzeug der „Meta-Einschreibung" Lernende aus einem Vorläuferkurs direkt in den neuen Kurs übernehmen.

Das Verfahren der Einschreibung ähnelt im Prinzip den bereits beschriebenen Szenarien. Die kursverantwortliche Person wählt innerhalb des neuen Kurses im Menü *Teilnehmer/innen* die Lernenden aus. Sind die Voraussetzungen dafür erfüllt, wird mit einem Klick auf das Zahnradsymbol ein Kontextmenü geöffnet, in dem ein Link *Einschreibemethoden* angeboten wird. Das Kontextmenü ist bereits aus Bild 7.73 bekannt. Im Drop-down-Menü *Methode hinzufügen* muss nun jedoch die *Meta-Einschreibung* gewählt werden.

Alles Weitere geht – wenn die Voraussetzungen erfüllt sind – sehr schnell: Es wird der zu verknüpfende Kurs gewählt und die Auswahl bestätigt. Das war es dann auch schon. Anschließend ist noch etwas manuelle Detailarbeit erforderlich, um auch wirklich alle Teilnehmerinnen und Teilnehmer im Kurs zu betreuen, die diesen tatsächlich benötigen.

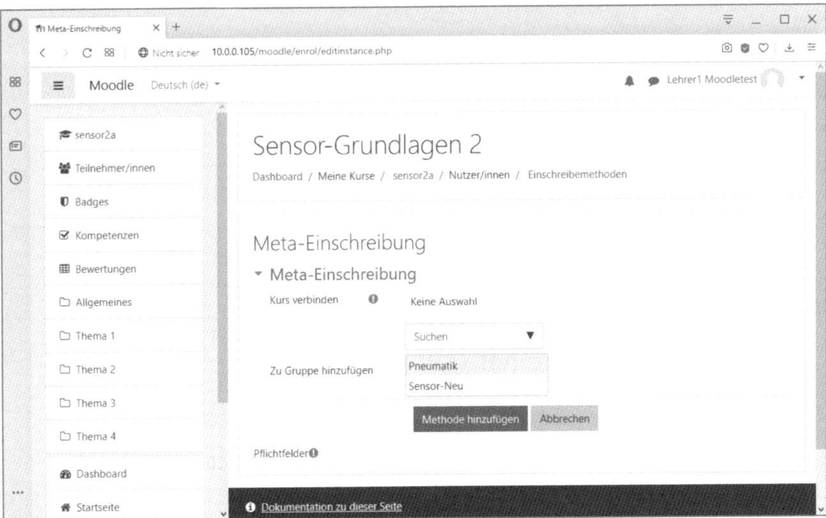

Bild 7.79 Im Drop-down-Menü *Suchen* unter *Kurs verbinden* werden nur die Kurse angezeigt, in denen die Kursverwaltung vergleichbare Rollen einnimmt.

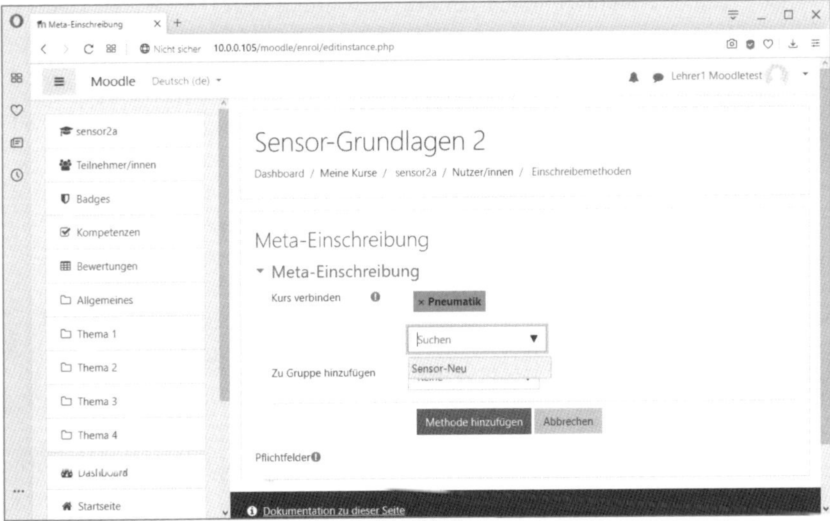

Bild 7.80 Der zu verbindende Kurs wird betont dargestellt. Wurde hier ein falscher Kurs gewählt, kann dieser bequem per Mausklick entfernt werden.

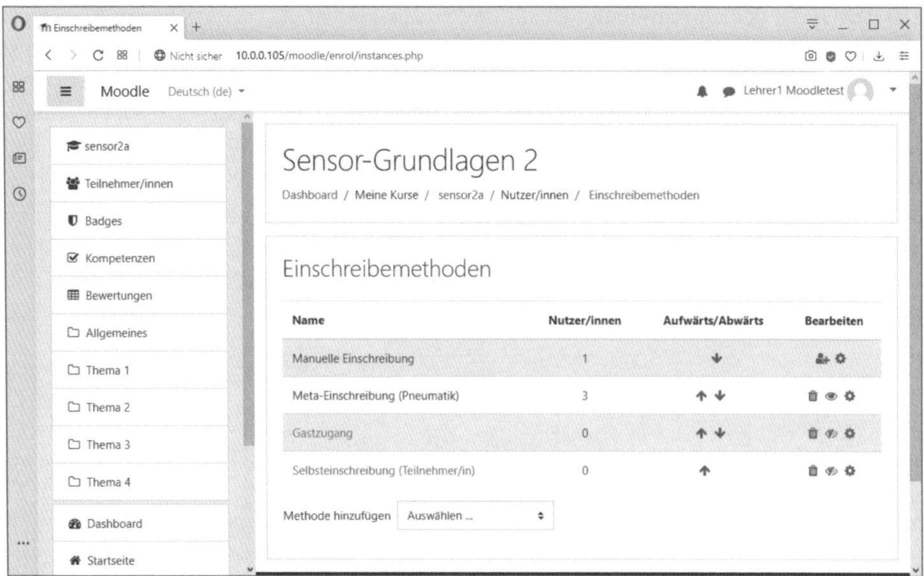

Bild 7.81 Die Kurseinschreibung wird mit dem Hinzufügen der Methode unverzüglich durchgeführt.

7.5.4 Einschreibung mithilfe einer CSV-Liste

Die Einschreibung von Nutzerinnen und Nutzern über eine CSV-Liste ist eine zentrale Aufgabe der Administration. Hier werden die – ansonsten kaum beachteten – ID-Felder der Kurse und der Nutzerprofile benötigt. Diese Daten sind nicht ganz unumstritten, weil sowohl Kurse als auch die Nutzerprofile individuell von den Nutzerinnen und Nutzern – die Zuordnung entsprechender Rollen vorausgesetzt – eingerichtet werden können. Eine Einschreibung in Kurse mithilfe einer CSV-Datei kann also nur funktionieren, wenn die Hoheit über die Vergabe von ID-Nummern allein bei der Verwaltung liegt. Es versteht sich von selbst, dass der administrative Aufwand in größeren Schulen oder Hochschulen sehr groß werden kann.

Moodle als Teil des Gesamtsystems

Im Zusammenhang mit der Registrierung von Nutzerinnen und Nutzern wurde bereits darauf hingewiesen, dass die Möglichkeit besteht, Nutzerinnen und Nutzer automatisch – z. B. über ein LDAP-System – in die Moodle-Plattform aus einem bestehenden IT-Umfeld zu übernehmen. Die eigenständige – quasi anonyme[15] – Registrierung im Moodle-System sollte in diesen Fällen unterbunden werden. Mit einem solchen Konzept lassen sich interne Referenzen – beispielsweise eine Matrikelnummer – als Nutzer-ID einsetzen.

[15] Eine gültige E-Mail-Adresse kann beliebig und anonym bei jedem Freemail-Anbieter erzeugt werden. Sie hat keinerlei Bedeutung zur Bestätigung der persönlichen Identität.

Moodle: Administration: P… × +
Nicht sicher 10.0.0.105/moodle/admin/category.php
Moodle Deutsch (de) Robert Schoblick

Dashboard
Startseite
Kalender
Meine Dateien
Website-Administration

Bereich: Administration / Plugins / Einschreibung

Übersicht

Verfügbare Einschreibeplugins

Name	Einschreibungen	Version	Aktiv
Manuelle Einschreibung	7 / 8	2019111800	
Gastzugang	7 / 0	2019111800	
Selbsteinschreibung	7 / 0	2019111800	
Globale Gruppe	0 / 0	2019111800	
Als LTI-Tool bereitstellen	0 / 0	2019111800	
Meta-Einschreibung	1 / 3	2019111800	
CSV-Einschreibung (Flat file)	0 / 0	2019111800	
Kursbereichseinschreibung	0 / 0	2019111800	
Externe Datenbank	0 / 0	2019111800	

Lesezeichen
Seite als Lesezeichen speichern

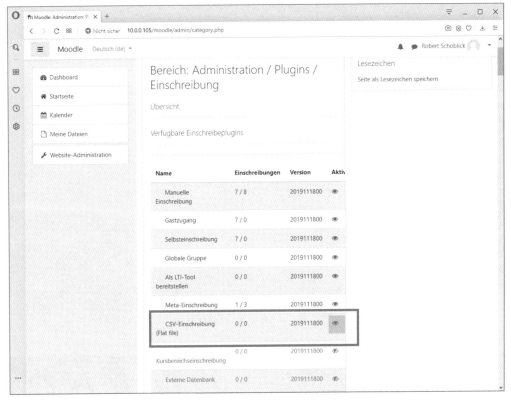

Bild 7.82 Zunächst einmal muss – wie für jede Einschreibemethode – das entsprechende Plugin aktiviert werden.

Sollen dennoch die manuelle Registrierung (und die manuelle Erstellung von Nutzerkonten) sowie die E-Mail-basierte Anmeldung möglich sein, so ist die Sperre des ID-Felds zu empfehlen. In diesem Fall kann nur die Administration das Feld beschreiben und – mit dem eben schon angedeuteten zusätzlichen administrativen Arbeitsaufwand – beispielsweise die Matrikelnummer nachtragen.

Achtung Irrglaube!

Die Nutzer-ID und die Kurs-ID haben nichts mit den Schlüsselfeldern in der Moodle-Datenbank gemeinsam. Deren Verwaltung findet innerhalb des Datenbank-Management-Systems statt und gehört somit nicht zum Administrationsbereich von Moodle. Nutzer-ID und Kurs-ID werden nach organisatorischen Vorgaben deklariert. Es können alphanumerische Zeichen wie Ziffern und Buchstaben verwendet werden. Allerdings sollten auch diese Werte einmalig im System sein. Über diese ID kann eine direkte Schnittstelle zu externen Datenbeständen in anderen Systemen oder in der allgemeinen Verwaltung hergestellt werden. ■

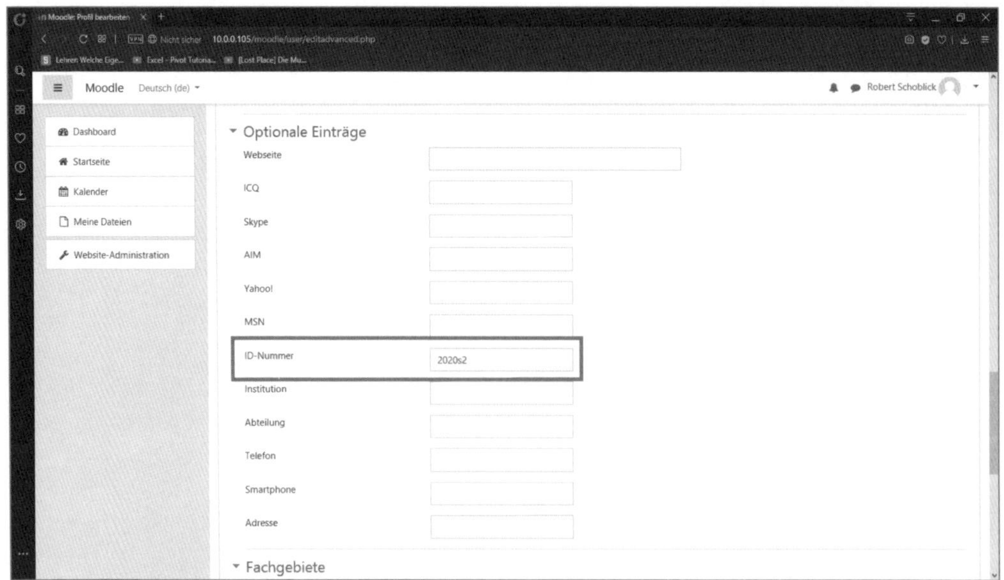

Bild 7.83 Die ID-Nummer ist im Nutzerprofil zu finden. Sie muss kein reiner Zahlenwert, jedoch einmalig im System sein. Ist das Feld leer, ist die CSV-Einschreibung für diese Nutzerin bzw. diesen Nutzer nicht möglich.

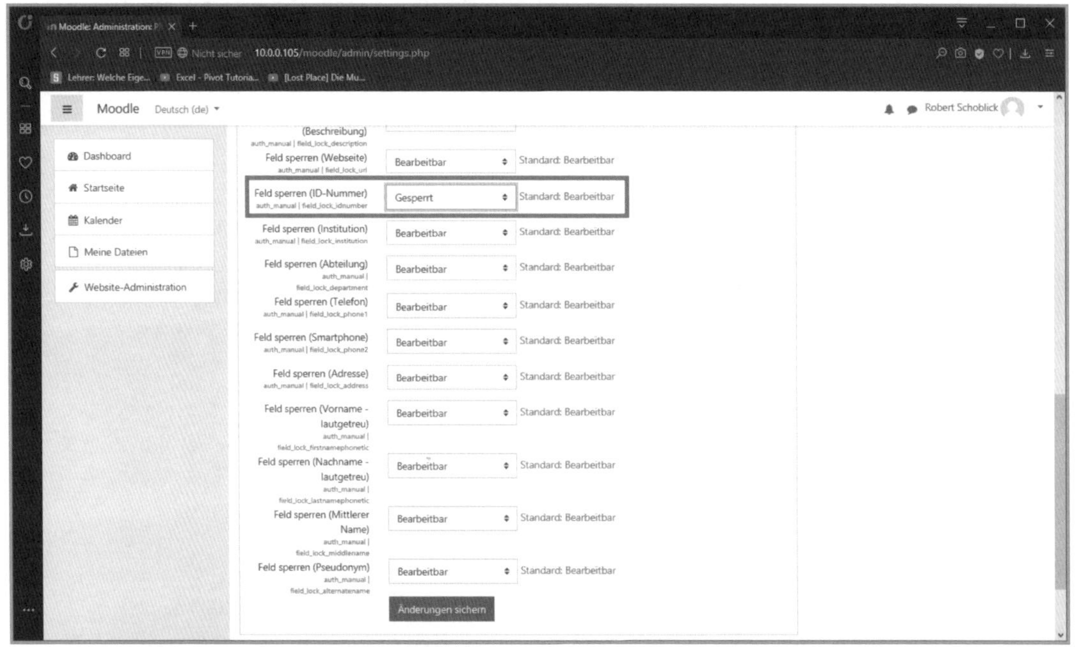

Bild 7.84 Diese Einstellung wird von der Administration unter *Website-Administration – Plugins – Authentifizierung* für jedes in Betracht kommende Registrierungsverfahren vorgenommen. Sonst ist die ID kein zuverlässiger Referenzwert.

Was eine CSV-Datei ist, wurde bereits bei der Anlage von Nutzerinnen und Nutzern sowie bei der Gestaltung von Kursen dargestellt. CSV steht für *Comma Separated Value*. Die Datei ist eine reine Textdatei, deren Datenformat dem der Einstellung im Moodle-System entsprechen muss. Hier im Beispielsystem wurde das Format UTF-8 gewählt.

Eine Ausnahme zu den bereits gezeigten Beispielen gibt es jedoch: In diesem Fall ist die Reihenfolge der vier oder – wenn die Kursmitgliedschaft zeitlich begrenzt sein soll – sechs Datenfelder bereits im System vorgegeben. Es ist also nicht erforderlich, die Spalten in der ersten Zeile zu deklarieren.

Die Einschreibung mit einer CSV-Datei sieht keine Detail-Konfigurationen vor!

Mit der CSV-Datei wird lediglich dem System mitgeteilt, welche Benutzerin bzw. welcher Benutzer – benannt durch die zwingend im Profil existierende ID – in welchem Kurs – bezeichnet durch die Kurs-ID, nicht durch den Namen oder Kurznamen – mit welcher Rolle eingeschrieben wird. Optional kann die Verweildauer durch Start- und Enddatum deklariert werden. Alle weiteren Daten müssen in den Profilen und Kursbeschreibungen erfasst werden. ■

In der ersten Spalte kann pro Zeile nur einer von zwei möglichen Werten eingetragen werden:

- *add*: Eine Nutzerin oder ein Nutzer wird zum Kurs hinzugefügt.
- *del*: Die Nutzerin oder der Nutzer wird aus dem Kurs entfernt.

In der zweiten Spalte wird die Rolle bezeichnet, welche die Nutzerin bzw. der Nutzer im Kurs einnehmen wird. Welche Begriffe hier zu verwenden sind, hängt von den Vorgaben in der Konfiguration des Plugins für die CSV-Einschreibung ab. Auch diese wird von der Administration kontrolliert.

Das dritte Feld wird mit der bereits beschriebenen Nutzer-ID belegt. Diese bezeichnet indirekt die Person, der das Nutzerkonto zugeordnet ist. Fehlt eine solche ID im Profil, dann kann diese Nutzerin bzw. dieser Nutzer nicht über die CSV-Methode in den Kurs eingeschrieben werden. Gleiches gilt für die Kurs-ID, die nun in der vierten Spalte eingetragen wird.

CSV-Methode ist universell.

Da jede einzelne Zeile in der CSV-Datei einen abgeschlossenen Einschreibe- oder Entfernungsvorgang beschreibt, der jeweils durch die entsprechende ID einer Nutzerin bzw. einem Nutzer und einem Kurs zugeschrieben werden kann, lassen sich mit nur einer einzigen CSV-Datei alle direkt anstehenden Vorgänge über alle Kurse hinweg durchführen. Rechtliche Aspekte sind hier untergeordnet, weil diese Methode nur der systemübergreifenden Administration zugänglich ist. ■

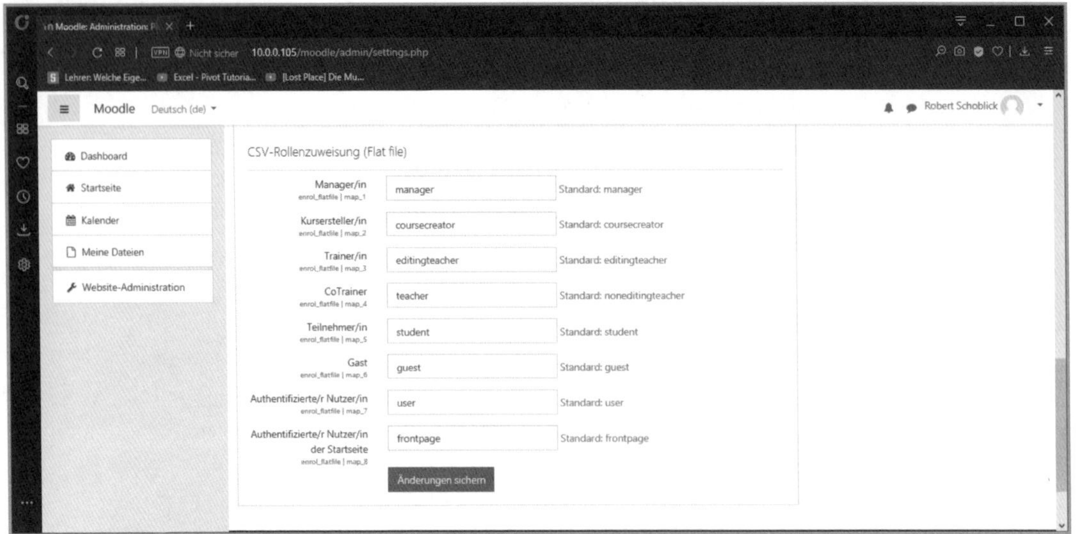

Bild 7.85 Die in der CSV-Datei verwendeten Rollenbezeichnungen können in der Konfiguration des Plugins angepasst werden. In der linken Spalte ist die Bezeichnung zu finden, wie sie in der Rolleneinstellung vorgenommen wurde.

Das folgende Listing zeigt eine CSV-Datei, mit der vier Nutzerinnen bzw. Nutzer mit unterschiedlichen Rollen in einen Kurs (dessen ID ist csv1) eingeschrieben werden:

```
add,student,2020s1,csv1
add,student,2020s2,csv1
add,editingteacher,2020t2,csv1
add,student,2020s3,csv1
```

Wie bereits erwähnt, können die Zeilen um jeweils zwei weitere Felder erweitert und damit eine Start- und eine Endzeit für die Verweildauer im Kurs festgelegt werden. Diese Zeiten werden leider in der sogenannten *UNIX-Zeit* angegeben. Dabei handelt es sich um die Anzahl der seit dem 01.01.1970 um 00:00:00 Uhr (UTC[16]) vergangenen Sekunden. Für die Berechnung empfiehlt es sich, eine Tabellenkalkulation (MS-Excel, LibreOffice Calc) zu verwenden. Dabei werden folgende Formeln verwendet:

- Berechnung der UNIX-Zeit: ([gewünschtes Datum]-„1.1.1970“)* 86 400
- Berechnung eines Datums aus der UNIX-Zeit: [UNIX-Zeit]/86 400+“1.1.1970“

Der Wert 86400 ist die Anzahl der Sekunden pro Tag (24* 60* 60 = 86 400).

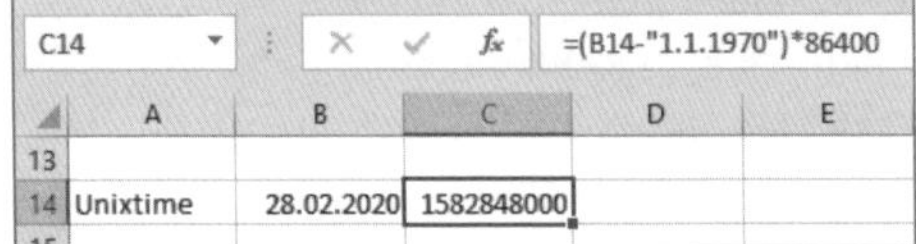

Bild 7.86
Das gewünschte Datum (hier in Zelle B14 geschrieben) wird mit der Formel (siehe „Bearbeitungsleiste“) in das UNIX-Format umgerechnet. Zelle C14 zeigt das Ergebnis.

[16] UTC steht für Coordinated Universal Time. Es handelt sich quasi um die Weltzeit-Basis, die u. a. auch in der Fliegerei und in der Schifffahrt eine wichtige Bedeutung hat. Diese Zeitangabe kompensiert bereits Schwankungen der Erdrotation durch das Einfügen von Schaltsekunden.

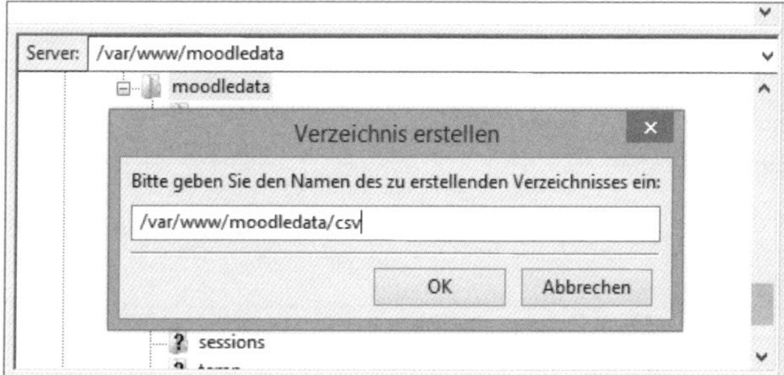

Bild 7.87
Die CSV-Datei muss in einem Verzeichnis auf dem Webserver-System gespeichert werden, auf das die Skripte des Webservers Zugriffsrechte[17] besitzen.

Besser ohne Zeitstempel!

Die Einschreibung und Deaktivierung einzelner Nutzerinnen und Nutzern sind mit den vier Grundparametern optimal steuerbar! Die zeitlichen Begrenzungen sollten in einem externen *Kursmanagementsystem* umgesetzt werden, das ohnehin Quelle der CSV-Datei sein wird.

Die CSV-Datei kann, wie bereits beschrieben, in einer Tabellenkalkulation oder einem Kursverwaltungssystem manuell editiert und exportiert werden. Wichtig sind dabei die Struktur (Einhaltung der Reihenfolge innerhalb der Datei sowie ein gültiges Trennzeichen) und das passende Zeichenformat (hier UTF-8).

Nun muss die Datei in das Moodle-System übertragen werden. Hierzu wird man einen Upload-Dialog vergeblich suchen! Stattdessen wird die CSV-Datei in einem eigens für diesen Zweck vorgesehenen Verzeichnis gespeichert. Auf dieses Verzeichnis muss der Webserver direkten Zugriff haben und die Datei sowohl lesen als auch nach dem Lesen löschen können. Der Webserver ist eine permanent auf dem physischen Server laufende Software, die unter anderem auch die Skripte des Moodle-Systems anbietet und ausführt.

Auf dieses Verzeichnis bzw. grundsätzlich auf Verzeichnisse des Serversystems hat aus gutem Grund niemand Zugriff, der nicht mit Aufgaben am Serversystem betraut ist. Weil die Moodle-Administration aber nicht zwingend auch gleichzeitig Aufgaben der Systemadministration wahrnehmen muss, wird eine Alternative benötigt. Die (Server-)Systemverwaltung richtet das Verzeichnis auf dem Server in einem von Moodle zugänglichen Bereich ein und definiert einen FTP-Zugang mit eigenen Zugangsdaten für die Moodle-Administration.

[17] Näheres zu diesem Thema ist in einem eigenen Kapitel „Der Moodle-Server“ nachzulesen.

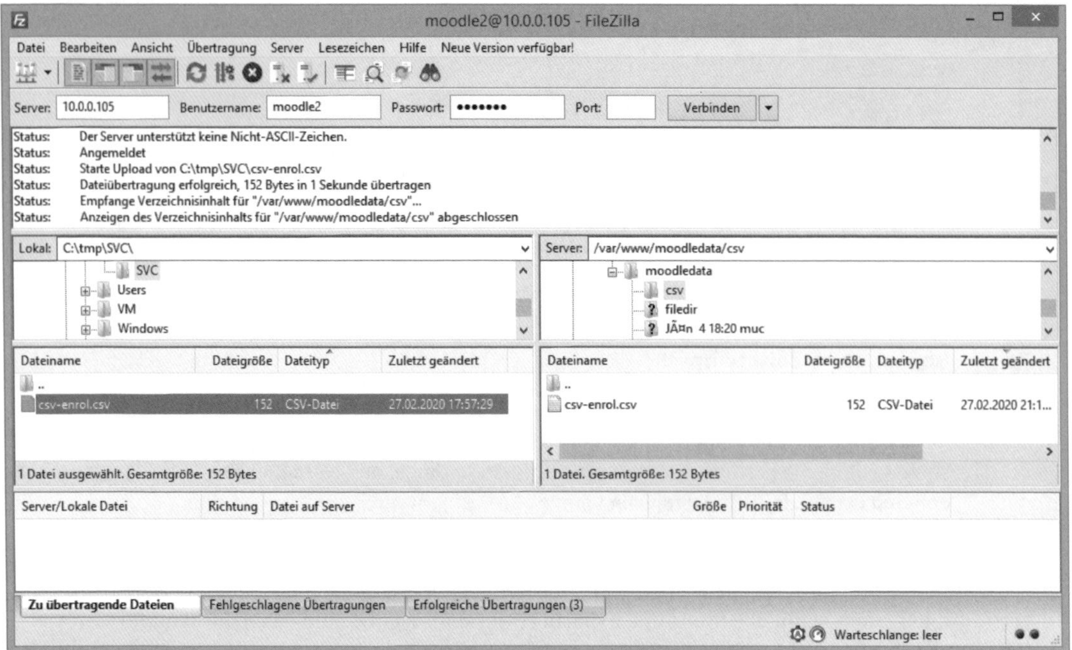

Bild 7.88 Mit einem begrenzten FTP-Zugang kann der Moodle-Administration ein direkter Weg angeboten werden, um eine CSV-Datei auf dem Server abzuspeichern. Gelöscht wird die Datei automatisch nach der Verarbeitung vom Moodle-System.

Das Verzeichnis muss nicht nur physisch auf dem Server existieren, sondern auch im Moodle-System als Datenquelle explizit deklariert werden. In diesem Zusammenhang wird auch das Zeichenformat festgelegt, in dem die Datei gespeichert werden muss. Das Datenverzeichnis muss in der Form des Systempfads deklariert werden. Diese Information liefert die verantwortliche IT-Administration.

Das geschieht in der *Website-Administration* unter *Plugins* in der Gruppe *Einschreibung*. Hier ist ein Menüpunkt *CSV-Einschreibung (Flat file)* zu finden, über den die Grundeinstellungen erreicht werden.

In der Konfiguration des Plugins für die CSV-Einschreibung wird zudem festgelegt, ob eine Benachrichtigung an die neuen Teilnehmerinnen und Teilnehmer bzw. an die Administration der Kurse erfolgen soll.

Wichtig sind allerdings Einstellungen, welche regeln, was mit dem Status von Nutzerinnen und Nutzern passiert, deren Kursteilnahme über diese CSV-Datei deaktiviert wird oder die komplett aus dem Kurs gelöscht werden. Auch dies wird in der Konfiguration des Plugins festgelegt.

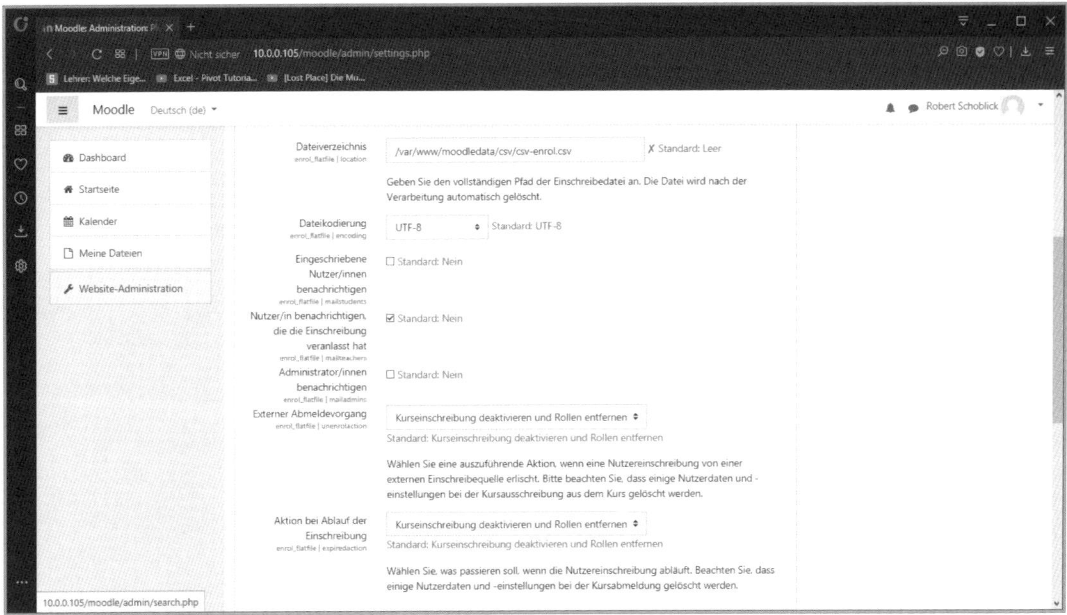

Bild 7.89 Wichtig: Der vollständige Link auf die CSV-Datei muss in die Konfiguration des Plugins eingetragen werden. Das ist ein Systempfad! Dessen Eingabe setzt Kenntnis der Verzeichnisstruktur auf dem Server voraus.

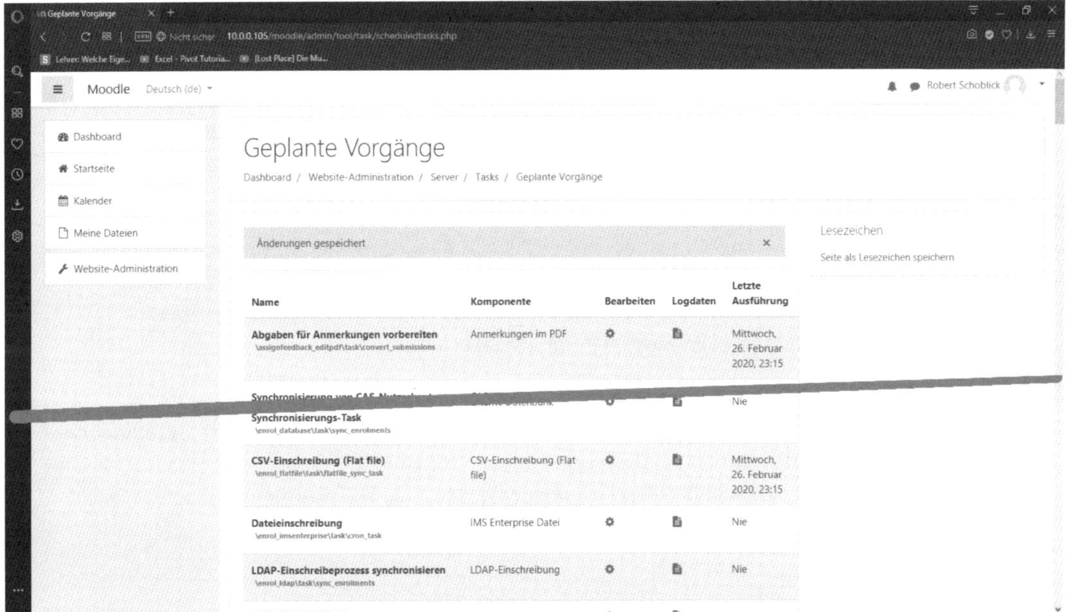

Bild 7.90 Die Durchführung des Einschreibevorgangs geschieht als ein sogenannter „geplanter Vorgang“, der in definierten zeitlichen Intervallen ausgeführt wird.

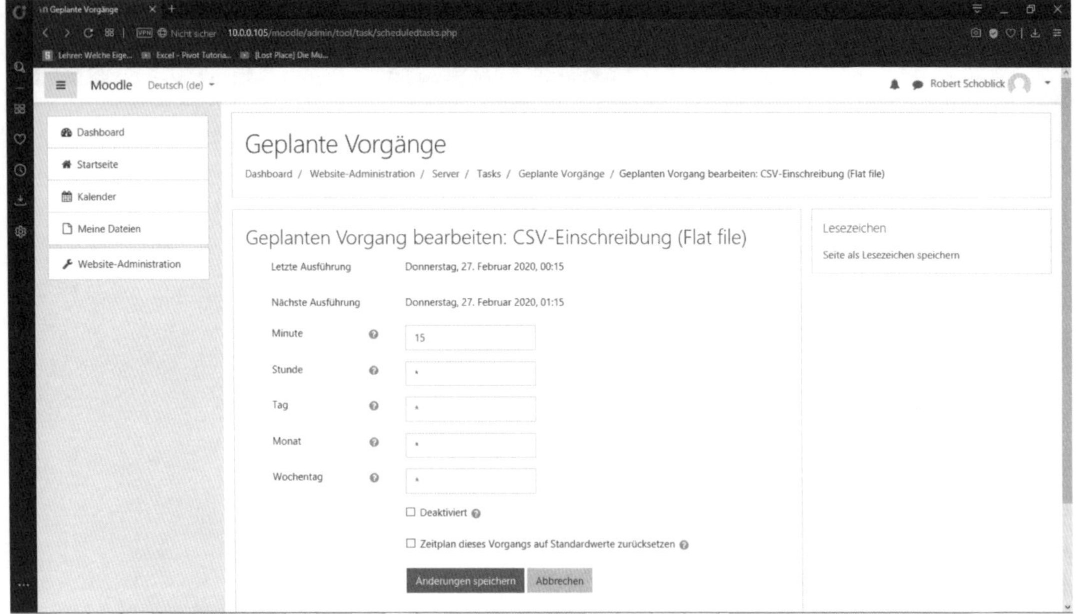

Bild 7.91 Es erinnert an die „cron-Jobs" auf Server-Ebene: Die CSV-Datei wird einmal pro Stunde zur 15. Minute eingelesen. Existiert keine solche Datei, wird die Aktion meldungslos übergangen.

Nach der Übertragung der CSV-Datei auf das Operationsverzeichnis ist die aktive Arbeit für die Administration erledigt. Die Verarbeitung der CSV-Einschreibung erfolgt als *geplanter Vorgang* automatisch. In zeitlich genau definierten Intervallen wird das Operationsverzeichnis nach einer neuen Datei durchsucht. Liegt eine CSV-Datei vor, wird diese eingelesen und verarbeitet. Anschließend wird die Datei gelöscht und der Vorgang ist damit abgeschlossen.

Bereinigung des CSV-Datenverzeichnisses

Nach der Verarbeitung der CSV-Datei wird diese umgehend gelöscht. Es wird kein Backup angelegt. Dieses muss extern organisiert und verwaltet werden. Allerdings haben die Dateien nach der Einschreibung der Teilnehmerinnen und Teilnehmern im System ihren Zweck erfüllt.

Über den Erfolg der Aktion können sich die Lehrenden mit einem Blick in die *Teilnehmer/innen-Übersicht* des Kurses informieren. Gibt es Probleme mit dem Einschreibeprozess, liefert ein Protokoll Aufschluss über Erfolg oder Misserfolg der Verarbeitung.

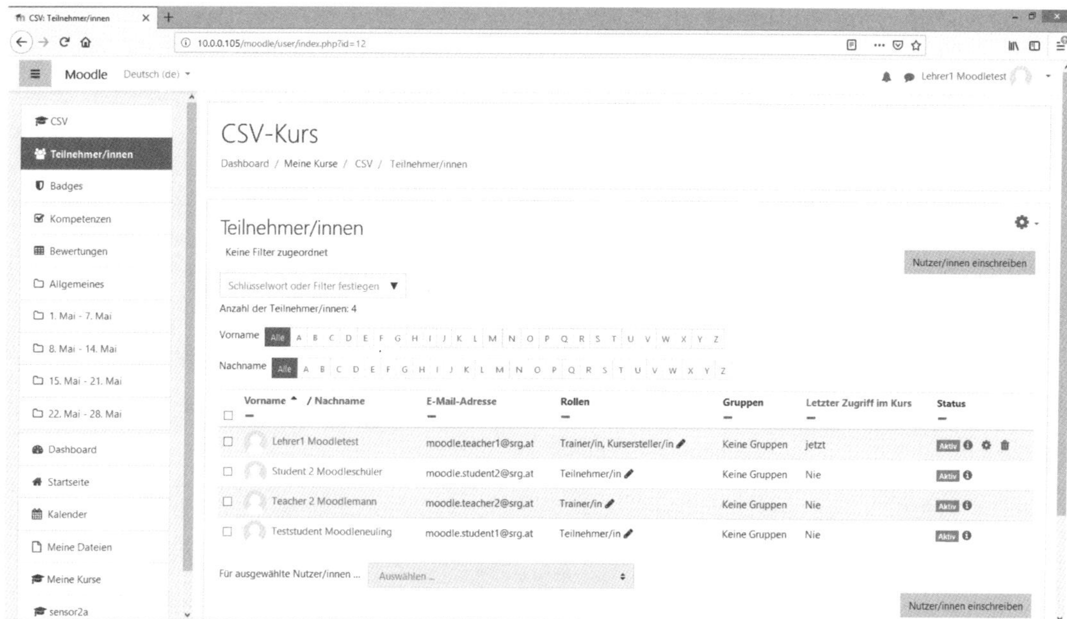

Bild 7.92 Das Ergebnis der Einschreibung: Fährt man mit der Maus über die kleine blaue Fläche in der Statusspalte, wird die Quelle der Kursmitgliedschaft angezeigt.

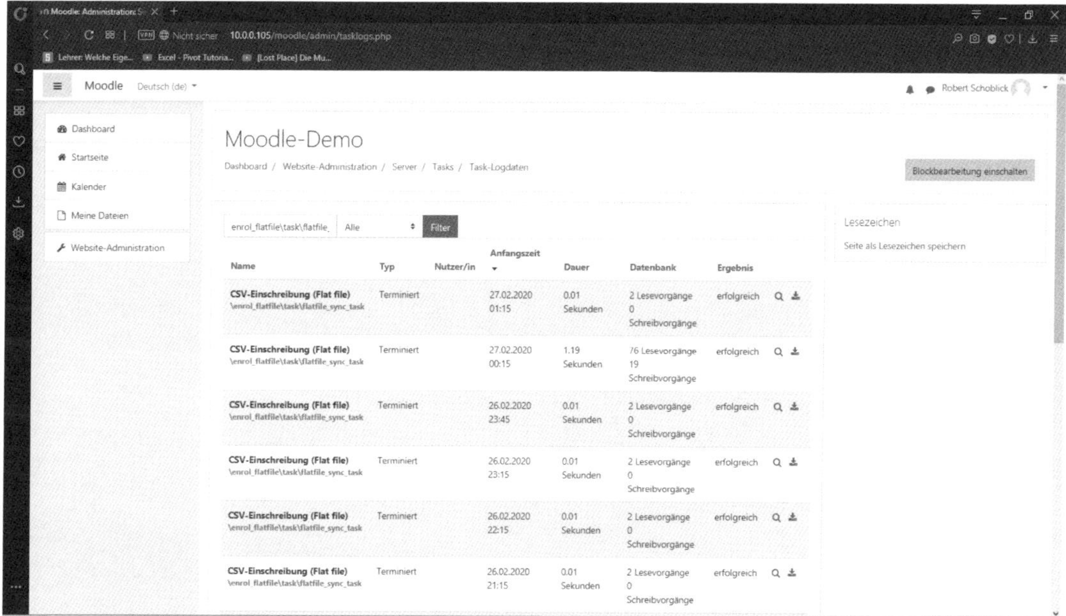

Bild 7.93 Ein Blick in die Log-Datei zeigt, dass die geplanten Vorgänge regelmäßig ausgeführt werden. Nur wenn eine CSV-Datei im Operationsverzeichnis abgelegt ist, nimmt der Prozess etwas Zeit in Anspruch.

7.5.5 Einschreibung als Gast

Nicht immer wird ein Gastzugang in das Moodle-System zugelassen. Auch hier ist selbstverständlich wieder die Aktivierung des entsprechenden Einschreibe-Plugins erforderlich.

Gastzugang ist einfach zu deaktivieren!

Wird beschlossen, für das Moodle-System keinen Gastzugang anzubieten, so muss lediglich das Plugin im Bereich Einschreibung deaktiviert werden.

Für jeden einzelnen Kurs kann nun individuell festgelegt werden, ob Gäste Zugang haben sollen. Darüber hinaus kann – sofern die entsprechende Einstellung in der Konfiguration des Plugins gesetzt wird – für jeden Kurs ein Gastschlüssel für den Zugang gefordert werden.

Gäste sind keine authentifizierten Nutzerinnen/Nutzer!

Gäste haben kein eigenes Nutzerprofil! Sie sind lediglich so lange „Mitglied" der Moodle-Community, wie die aktive Sitzung andauert. Ihre Aktionsmöglichkeiten sind sehr eingeschränkt. An Prüfungen können sie nicht teilnehmen und sie können auch keine Bewertungen erhalten.

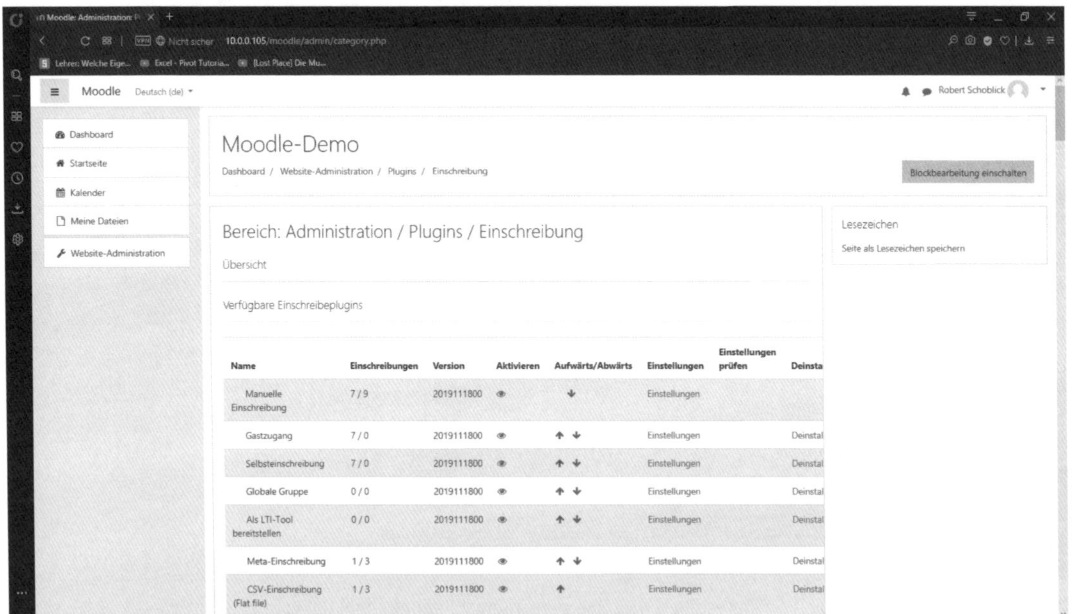

Bild 7.94 Wie alle Einschreibemethoden wird auch der Gastzugang durch Moodle-Plugins realisiert, die bereits mit der Grundinstallation des Systems eingerichtet werden.

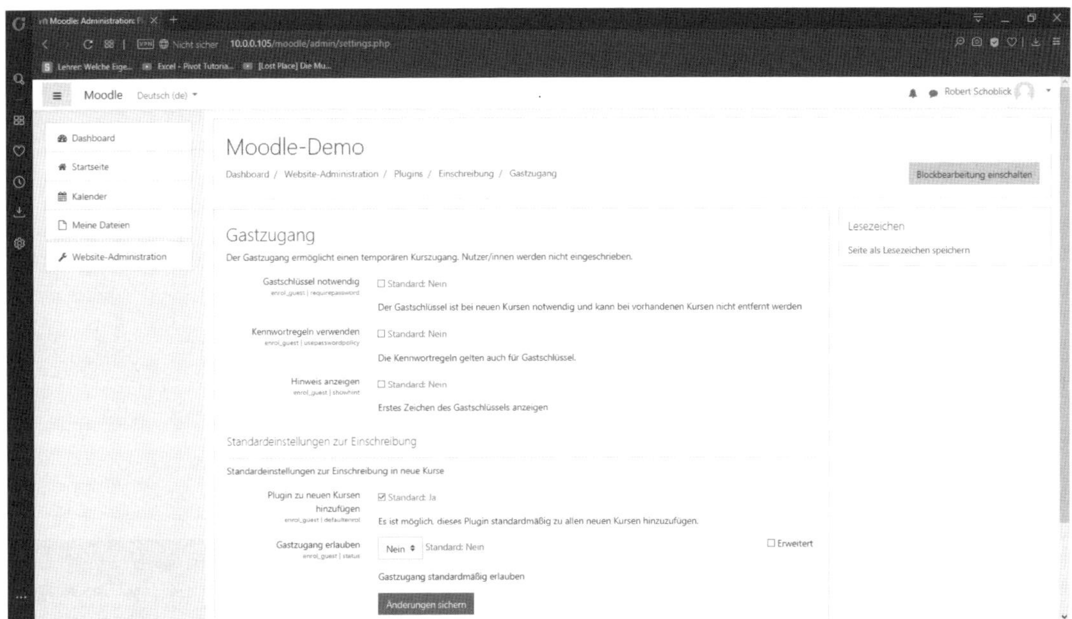

Bild 7.95 Bei der Konfiguration des Gastzugangs kann die Notwendigkeit eines „Gastschlüssels" vorgegeben werden, der sich für jeden einzelnen Kurs individuell definieren lässt.

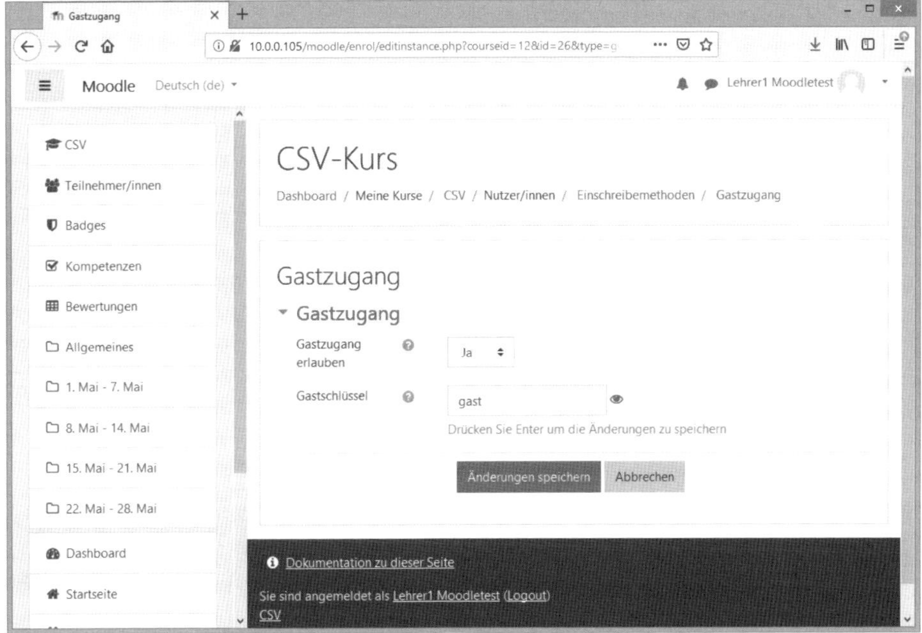

Bild 7.96 Für jeden einzelnen Kurs muss der Gastzugang ausdrücklich erlaubt werden. Zudem kann ein spezielles Zugangskennwort definiert werden.

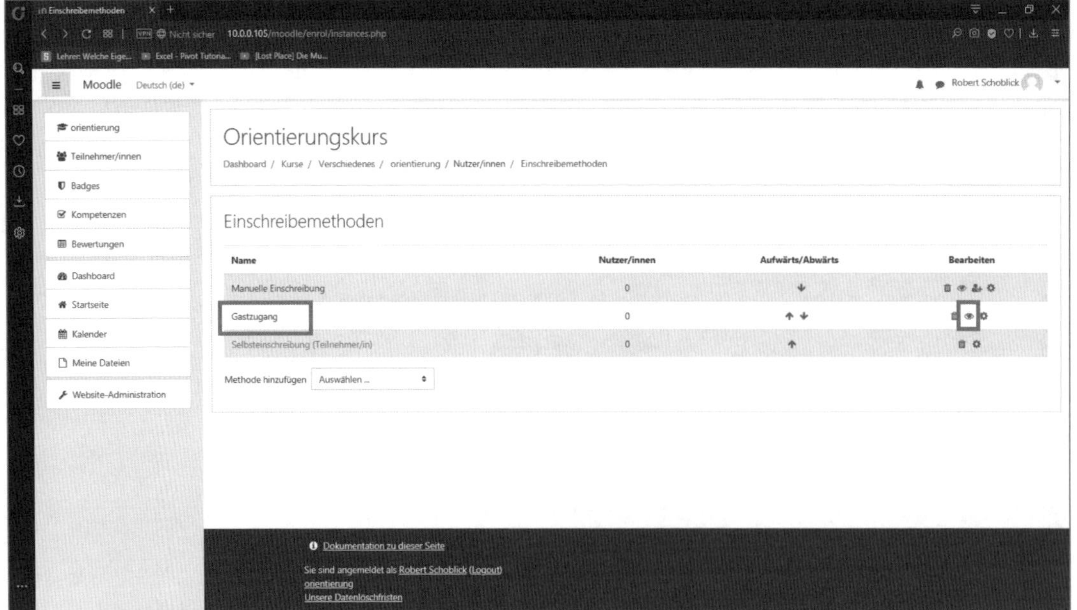

Bild 7.97 Der Gastzugang ist möglich, wenn die Einschreibemethoden aktiv gesetzt werden.

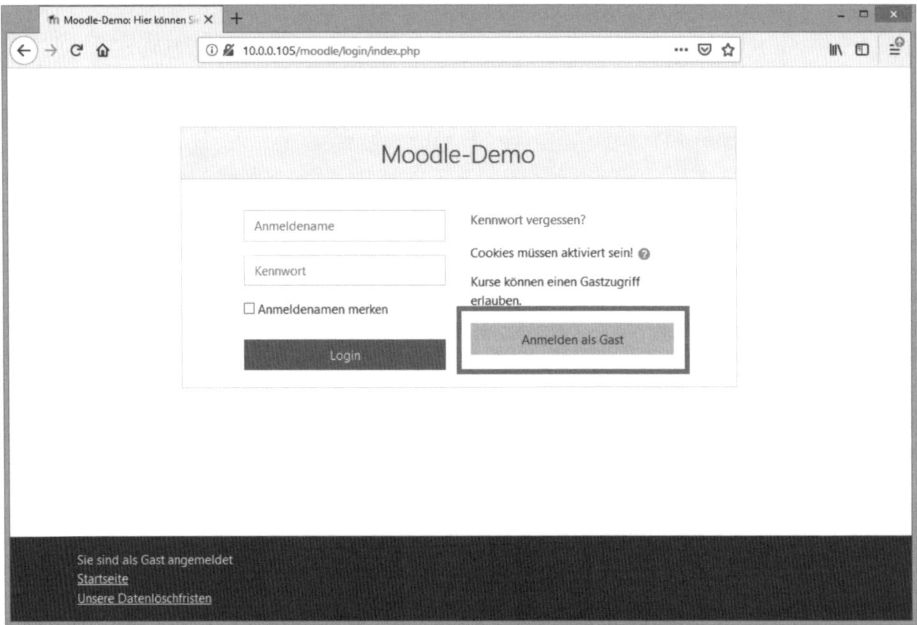

Bild 7.98 Die Anmeldung als „Gast“ erfordert keine Zugangsdaten. Ein Klick auf die Schaltfläche im Login-Dialog genügt.

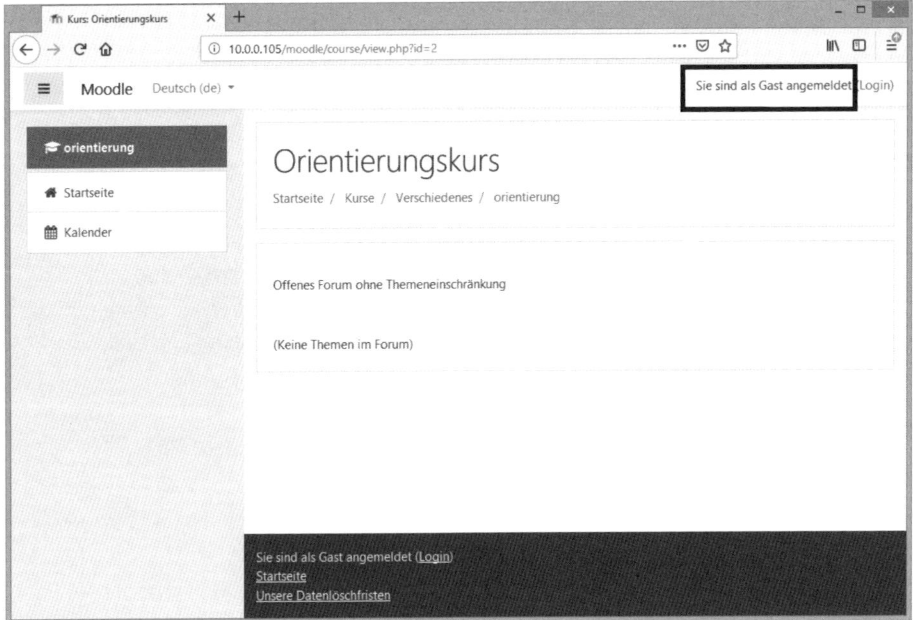

Bild 7.99 Gäste sind anonym! Wer den Status verändern möchte, muss sich regulär in das System einloggen.

7.6 Kurse löschen

Sind Kurse beispielsweise durch ihren Ablauf überflüssig oder durch andere Kurse ersetzt worden, können sie recht einfach gelöscht werden. Selbstverständlich kann dies nur von Personen vorgenommen werden, die in dem jeweiligen Kursbereich die entsprechende Rolle haben. Um die Kursbereiche zu verwalten, benötigt die Rolle die Fähigkeit *moodle/category:manage*. Soll sich die Anzeige der Kurse auch auf die Kurse beziehen, in welche die Person selbst nicht eingeschrieben ist, wird zudem die Fähigkeit *moodle/category:viewcourselist* benötigt. Die erforderliche Fähigkeit zum Löschen eines Kurses heißt *moodle/course:delete*.

Der Vorgang ist sehr einfach: Es gibt in der Kursliste ein Papierkorb-Symbol. Ein Klick auf dieses Symbol führt zunächst zu einer Kontrollfrage. Hier muss der Wunsch, den Kurs zu löschen, noch einmal bestätigt werden. Achtung: Eine „Rückgängig-Funktion" gibt es nicht! Der Kurs wird auch aus der Moodle-Datenbank entfernt. Hier ist also große Sorgfalt geboten. Über die Rechte zum Löschen eines Kurses sollte nur ein überschaubarer Personenkreis verfügen.

Chance auf Wiederherstellung

Wurde ein Kurs irrtümlich gelöscht, gibt es innerhalb des Moodle-Systems keine Möglichkeit, den Vorgang zu widerrufen und den Kurs wiederherzustellen. Vor einer Löschaktion sollte der Kurs also grundsätzlich vollständig gesichert und die Sicherungsdatei erst nach absoluter Sicherheit ebenfalls entfernt werden.

Wurde dieser Schritt versäumt, sollte mit der IT-Abteilung, die das Webserver-System verwaltet, Kontakt aufgenommen werden. Existiert neben einem Moodle-Backup auch eine Sicherungskopie der Datenbank, können Kurse durchaus wiederhergestellt werden. Allerdings gehen möglicherweise Daten und Aktivitäten verloren, die nach Erstellung des Backups entstanden sind. ■

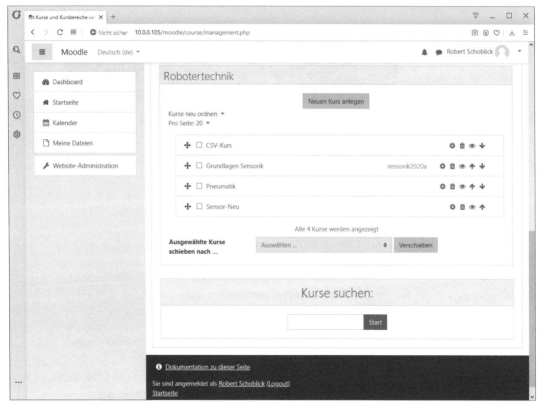

Bild 7.100 Wer das Recht hat, einen Kurs zu löschen, erkennt dies am Symbol eines Papierkorbs in der Kursliste.

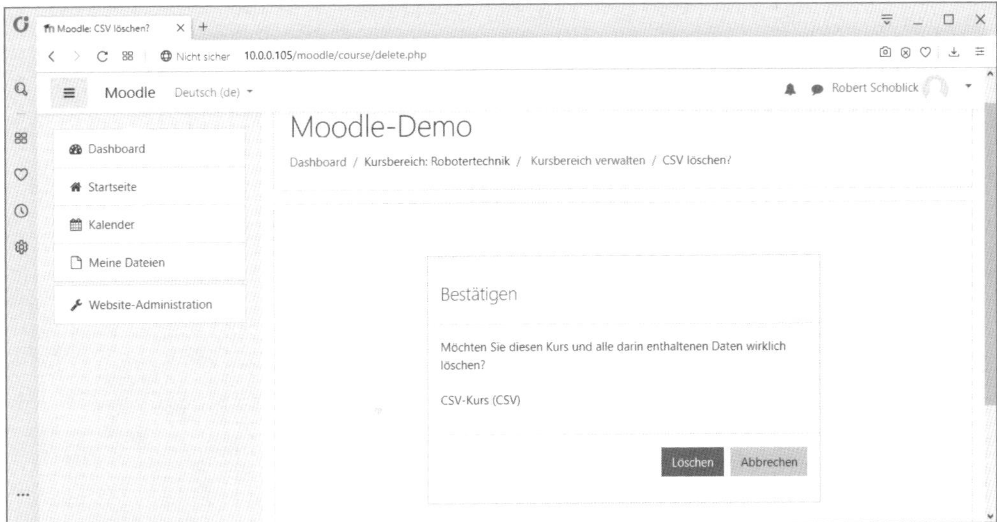

Bild 7.101 Ein Klick ist schnell getätigt und Fehler wären nicht mehr rückgängig zu machen. Die Löschoperation wird erst nach einer Bestätigung ausgeführt.

Moodle: CSV löschen
Nicht sicher 10.0.0.105/moodle/course/delete.php
Moodle Deutsch (de)
Robert Schoblick
Dashboard
Startseite
Kalender
Meine Dateien
Website-Administration
CSV löschen
Gelöscht - Abschlussverfolgung
Gelöscht - Bewertungen, Aspekte, Kategorien
Gelöscht - Lernziele
Gelöscht - Bewertungsskalen
Gelöscht - Einstellungen
Gelöscht - Gruppierungen
Gelöscht - Gruppen
CSV wurde gelöscht
Weiter
Dokumentation zu dieser Seite
Sie sind angemeldet als Robert Schoblick (Logout)
Startseite
Unsere Datenlöschfristen

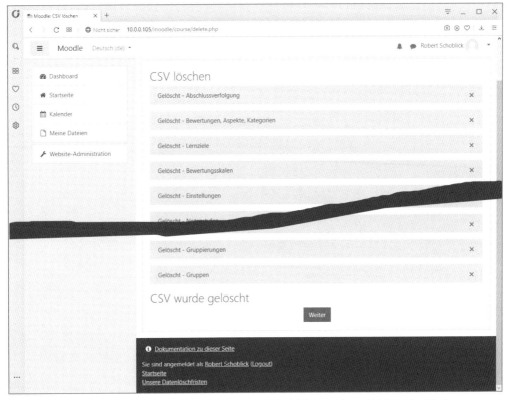

Bild 7.102 Mit dem Kurs werden verschiedene Daten und Aktivitäten entfernt. Erfolgreiche Löschaktivitäten werden grün unterlegt.

8 E-Mail-Kommunikation

Moodle benötigt aus mehreren Gründen eine Schnittstelle zu einem E-Mail-Dienst:

- Der Administrator bekommt automatische Systemmeldungen.
- Students (Lernende) bekommen automatische Meldungen zu Neuheiten in den Foren.
- Abwicklung von Selbsteinschreibungen.
- Direkte E-Mail-Kommunikation zwischen Benutzerinnen und Benutzern im System. (Voraussetzung: Die E-Mail-Adressen müssen in den Profilen sichtbar sein.)

Die Grundeinstellungen im System für die E-Mail-Kommunikation obliegen dem Moodle-Administrator bzw. der -Administratorin. In der *Website-Administration*, Register *Server* sind für den Versand und den Empfang im Abschnitt *E-Mail* die jeweiligen Einstellungen vorzunehmen.

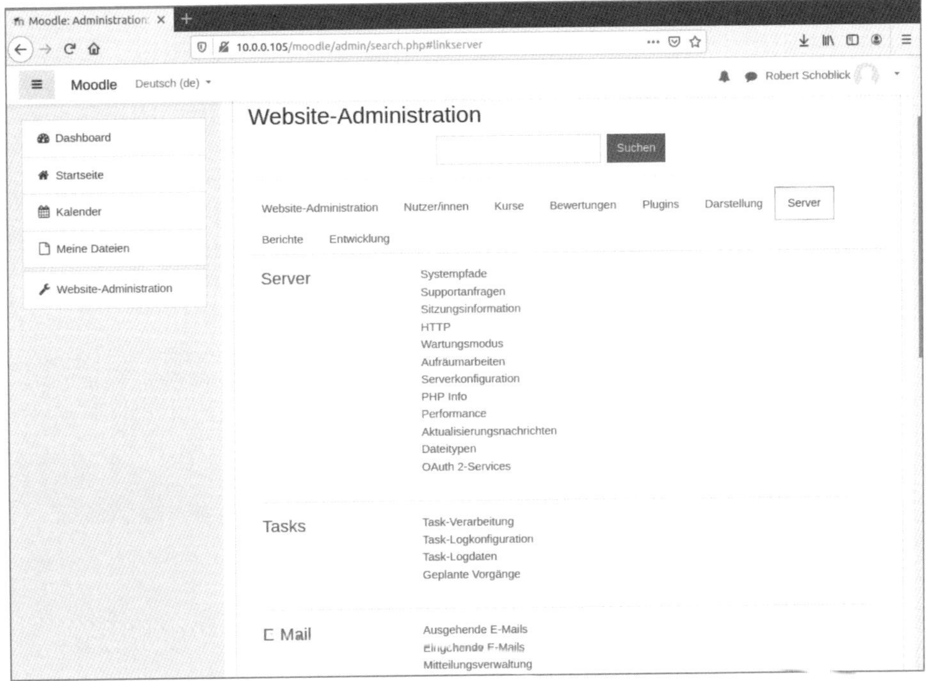

Bild 8.1 Im Bereich „E-Mail" der Server-Konfiguration werden vor allem Serveradressen und die jeweils erforderlichen Zugangsdaten definiert.

8.1 Konfiguration für ausgehende E-Mails

Der E-Mail-Ausgang wird über einen sogenannten SMTP-Server versendet. Einen solchen SMTP-Server nutzt jede Person, die am PC oder dem Smartphone Nachrichten mit dem E-Mail-Dienst verschickt. Die jeweils nötigen Konfigurationsdaten werden vom Betreiber des E-Mail-Servers geliefert. Das kann ein beliebiger öffentlicher Anbieter und sogar ein Freemailer wie GMX, Microsoft (Outlook, ehemals Hotmail), Google (GMAIL) etc. sein. Möglicherweise gibt es bereits im hauseigenen IT-System einen solchen Mail-Server. In diesem Fall ist für die Einrichtung der Zugangsdaten und deren Bereitstellung der zuständige Systemverwalter verantwortlich.

8.2 SMTP-Konfiguration

Für die Konfiguration ausgehender E-Mails wird zunächst die Adresse des SMTP-Servers benötigt. Das Feld kann frei bleiben, wenn der Webserver, auf dem das Moodle-System läuft, bereits für den E-Mail-Versand vorbereitet ist und die PHP-Standard-Methoden für den Versand verwenden kann.

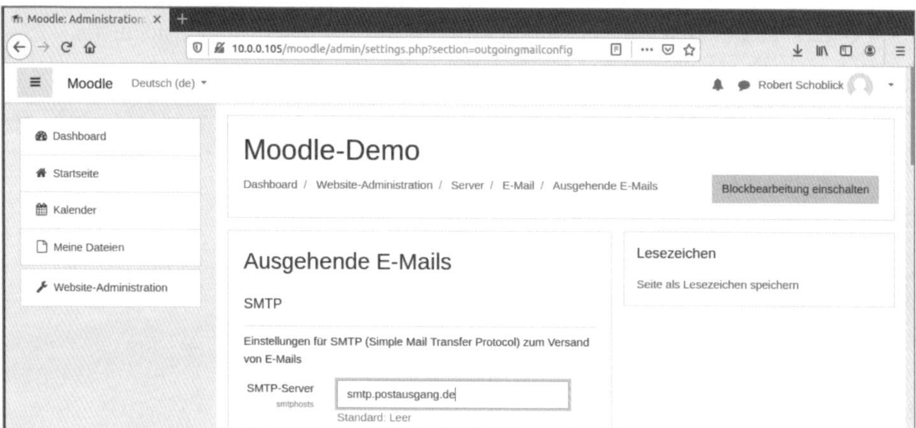

Bild 8.2 Die Server-Adresse für den Postausgang bekommt man vom Anbieter des E-Mail-Dienstes (auch öffentliche Freemailer kommen in Frage) oder vom Systemadministrator in der eigenen IT-Abteilung.

In diesen Bereich sind weitere wichtige Daten einzutragen:

- SMTP-Sicherheit
- SMTP-Authentifizierung
- SMTP-Anmeldename
- SMTP-Kennwort

Diese Daten, die ebenfalls vom Betreiber des E-Mail-Servers bezogen werden, dienen der Sicherheit gegen Missbrauch des eigenen Postfachs. Man stelle sich den möglichen Ärger vor, wenn über dieses Mail-Postfach unerlaubte Inhalte (Gewaltverherrlichung, Kinderpornografie, Terrorplanung etc.) versendet werden. Es versteht sich somit von selbst, dass auch der Zugang zum E-Mail-Server geschützt werden muss.

Der E-Mail-Dienst ist die moderne „Postkarte"!

Ähnlich wie bei einer klassischen Postkarte werden Nachrichten mit dem E-Mail-Dienst unverschlüsselt, also in Klartext übertragen! Gelingt es, die Datenübertragung anzuzapfen, können E-Mail-Inhalte somit unbemerkt von Unbekannten gelesen und durchaus auch manipuliert werden. Für vertrauliche Informationen empfiehlt sich also somit eine Verschlüsselung der Inhalte. Auf jeden Fall sollte der Zugriff auf das E-Mail-Konto ausschließlich nach einer persönlichen Authentifizierung erfolgen. ■

Für die Herstellung der Sitzung zwischen dem E-Mail-Programm auf dem eigenen PC bzw. hier dem Moodle-System und dem öffentlichen Mail-Server, sollte eine gesicherte Verbindung verwendet werden, damit kriminellen Elementen keine Möglichkeit des Missbrauchs eröffnet wird. „Keine" SMTP-Sicherheit ist deswegen eine schlechte Entscheidung. Die meisten Server bieten entsprechend verschlüsselte Übertragungen nach dem SSL- oder dem TLS-Protokoll an.

SSL steht für Secure Socket Layer. *TLS* gilt als eine Weiterentwicklung von SSL und steht für Transport Layer Security. Die entsprechenden Protokolle können auch durch die jeweiligen *Port-Adressen*[1] bezeichnet werden: SSL = 465 und TLS = 587 (jeweils für den SMTP-Zugang).

Eine weitere wichtige Einstellung ist die SMTP-Authentifizierung.[2] Die Standardeinstellung ist hier „LOGIN". Hierbei erfolgt die Übermittlung der Zugangsdaten (Benutzername und Kennwort) unverschlüsselt wie auch beim Verfahren „PLAIN". Allerdings erfolgt die Übertragung in zwei Schritten.

Das Verfahren „CRAM-MD5" arbeitet nach dem sogenannten Challenge-Response-Verfahren. Hierbei sendet der Server einen Zufallswert an das Moodle-System, welcher mit dem Passwort zu kombinieren ist, um daraus einen MD5-Hashwert, eine Prüfsumme, zu erzeugen. Nur diese Prüfsumme, nicht aber das Passwort, wird übertragen. Selbstverständlich ist die Prüfsumme stets eine andere, weil ein Teil der dazu verwendeten Vorlage ein Zufallswert ist. Ähnlich funktioniert auch das NTLM[3]-Verfahren.

In großen Moodle-Installationen kann es die Verarbeitungsgeschwindigkeit beim E-Mail-Versand beschleunigen, wenn mehrere Nachrichten in einer gemeinsamen SMTP-Sitzung an den Ausgangsserver übertragen werden. Wird dagegen das *Limit für die SMTP-Session* auf 1 gesetzt, so wird für jede Übertragung eine eigene Verbindung zum Mail-Server etabliert.

[1] Während mit der IP-Adresse ein Computer innerhalb eines Netzwerks adressiert wird, stehen die Port-Adressen für den Serverdienst auf diesem Computer.

[2] Welches Verfahren zur SMTP-Authentifizierung angewendet wird und deswegen einzustellen ist, hängt von den Vorgaben des Mail-Server-Betreibers ab. Diese Einstellung ist also nicht frei wählbar.

[3] NTLM steht für NT LAN Manager. Das Authentifizierungsverfahren beruht auf dem Challenge-Response-Prinzip.

8.3 No Reply

Systemmeldungen sind automatisch generierte Nachrichten von einer Maschine! Es ist deswegen nicht sinnvoll, eine Antwort-Möglichkeit vorzusehen. Allerdings soll beim Empfänger eine E-Mail-Adresse des Absenders angezeigt werden (siehe Bild 8.4). Für den Empfänger der Nachricht sollte jedoch die Absenderadresse ausdrücklich darauf hinweisen, dass diese keine Antworten akzeptiert. Dies wird meist mit Begriffen wie *No Reply* oder *Bitte nicht antworten* etc. in der Adresse bereits kundgetan.

Ein Beispiel

Die reguläre E-Mail-Adresse eines Moodle-Administrators sei *moodleadmin@domain.tld*. Diese soll jedoch nicht öffentlich erscheinen und es sind keine Antworten auf automatisch generierte Systemnachrichten erwünscht. Die Absenderadresse des Moodle-Systems wird deswegen entsprechend geändert:

noreply@domain.tld

Rechtliche Rahmenbedingungen beachten!

Es gibt verschiedene gesetzliche Bestimmungen, die den unaufgeforderten Versand von E-Mails regeln. Auch beim E-Mail-Versand hat sich eine Art Impressumspflicht etabliert. In der E-Mail sollte deswegen eine Signatur enthalten sein, aus der der Absender, dessen Kontaktdaten und der Zweck der Nachricht hervorgehen. Das gilt auch dann, wenn die Mail an im System registrierte Benutzerinnen und Benutzer gesendet wird.

8.4 Anzeigeeinstellungen

Ob eine gesendete E-Mail auch so beim Empfänger ankommt, wie sie geschrieben wurde, hängt wesentlich vom verwendeten Zeichensatz ab. Dieser sollte der Systemeinstellung entsprechen und auch für den E-Mail-Versand nicht verändert werden. Abweichungen werden in der Regel nur in wenigen Ausnahmefällen erforderlich sein.

Das Feld *Via-Information* für E-Mails bezieht sich auf die Darstellung eines Absendernamens, wie er im Posteingang des Empfängers erscheint (vgl. Bild 8.4). Auch dies ist eine zusätzliche Information für den Empfänger über den Ursprung der Nachricht. Hier stehen drei Optionen zur Auswahl:

- *Nie* – das bedeutet, dass grundsätzlich neben dem Absendernamen kein Hinweis erscheint, dass der Versand der Nachricht aus dem Moodle-System erfolgt.
- *Immer* – dies ist die Standardeinstellung – sie bewirkt einen grundsätzlichen Hinweis über den Ursprung der Nachricht.
- *Nur falls von einer No-Reply-Adresse* – die Einschränkung bezieht sich auf Sendungen, die keine Antwort entgegennehmen können.

E-Mail-Postfächer sind heute meist stark gefüllt. Dabei wird gleichzeitig die Zeit für die Prüfung einer E-Mail, ob diese denn tatsächlich wichtig und relevant sei, immer knapper. Deswegen werden die meisten E-Mails heute nicht einmal mehr gelesen. Die Entscheidung, ob eine Nachricht gelesen, ignoriert oder direkt in den Papierkorb geschoben wird, wird meist nach dem kurzen „Überfliegen“ der Betreffzeilen getroffen.

Damit sofort erkennbar ist, dass es sich bei der E-Mail um eine Nachricht aus dem Moodle-System handelt, kann vor die eigentliche Betreffzeile ein Präfix gesetzt werden. Dieses sollte nicht zu lang, aber dennoch aussagekräftig formuliert werden.

Zu experimentieren ist mit der Einstellung der Zeilenumschaltung. Hier gibt es die Optionen LF (= Linefeed) oder CRLF (Carriage Return[4]/Linefeed). Meist wird heute die Option LF gesetzt, was von den meisten E-Mail-Programmen korrekt interpretiert wird. Die Option CRLF führt dagegen meist zu einem zweifachen Zeilenumbruch.

In die Rubrik *Anzeigeeinstellungen für E-Mails* fällt auch die Entscheidung, ob der Versand von Dateianhängen gestattet werden soll. Der Standard ist hier *Ja*, denn gelegentlich werden auch Systemnachrichten mit einem Anhang versendet.

■ 8.5 Test der Einstellungen

Um festzustellen, ob die Einstellungen korrekt sind, kann eine Test-E-Mail versendet werden. Hierzu ist lediglich eine gültige Empfängeradresse in das Dialogfeld einzutragen und die Mail zu versenden. Allerdings müssen die Einstellungen zuvor gespeichert werden. Es darf nicht vergessen werden, dass Moodle lediglich eine Web-Applikation ist. Man arbeitet in Formularen innerhalb der Oberfläche eines Webbrowsers (Chrome, Firefox, Opera, Edge bzw. Internet-Explorer etc.) und nicht direkt im System. Erst nach dem Absenden der Daten und deren Verarbeitung durch die Skripte auf dem Webserver sind die Einstellungen gültig.

Das leidige Thema: „Spam or no Spam“?

Wenn die Testnachricht versendet wurde, aber scheinbar nicht im Postfach ankommt, so kann das verschiedene Ursachen haben: falsche Zugangs- oder Serverdaten, ein Schreibfehler etc. Sehr häufig führen jedoch sehr restriktive SPAM-Filter dazu, dass eine Nachricht im Spam- oder Junkmail-Verzeichnis landet. Es lohnt sich in diesem Fall, einen Blick in diese Ordner zu werfen und die Absenderadresse – falls die Nachricht tatsächlich gefiltert wurde – auf eine Whitelist[5] zu setzen. Diese Empfehlung sollte auch allen Systembenutzerinnen und Systembenutzern gegeben werden, die sich bei Moodle anmelden. ■

[4] Der Begriff kommt aus der Zeit mechanischer Schreibmaschinen, als ein Zeilenwechsel (Drehung der Walze mit dem Papiertransport = Linefeed) und der Wagenrücklauf (Druckposition am Zeilenanfang = Carriage Return) zwei separate, jedoch hintereinander durchgeführte Vorgänge waren.

[5] Eine *Whitelist* ist eine Filterliste, in die speziell erwünschte E-Mail Adressen eingetragen werden. Damit lassen sich Ausnahmen bei ansonsten pauschalen Sperrregeln festlegen.

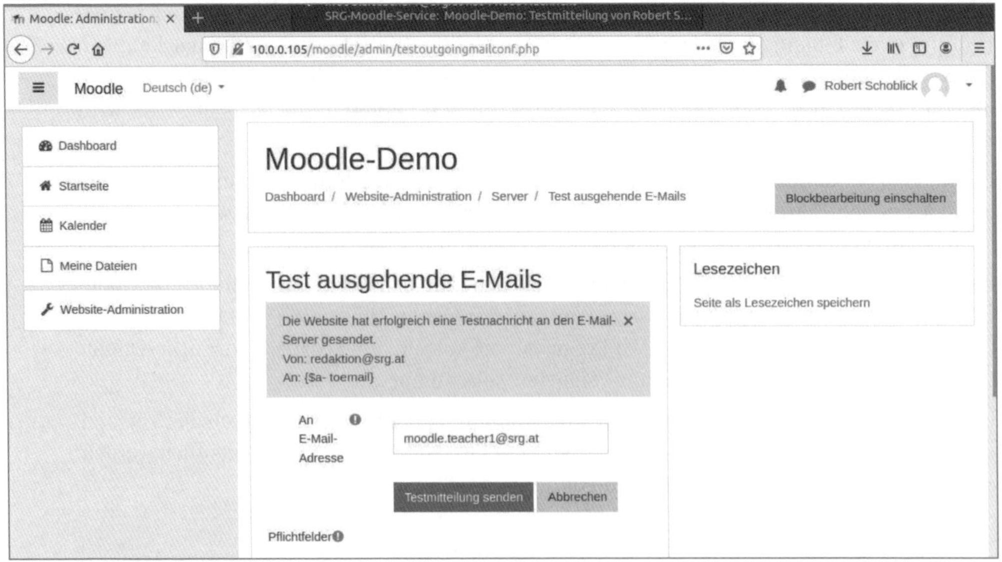

Bild 8.3 Der Test des E-Mail-Ausgangs verlief hier erfolgreich. Zumindest besagt die Meldung, dass die E-Mail vom Ausgangsserver angenommen wurde. Ein Beleg über deren Zustellung ist das aber noch nicht.

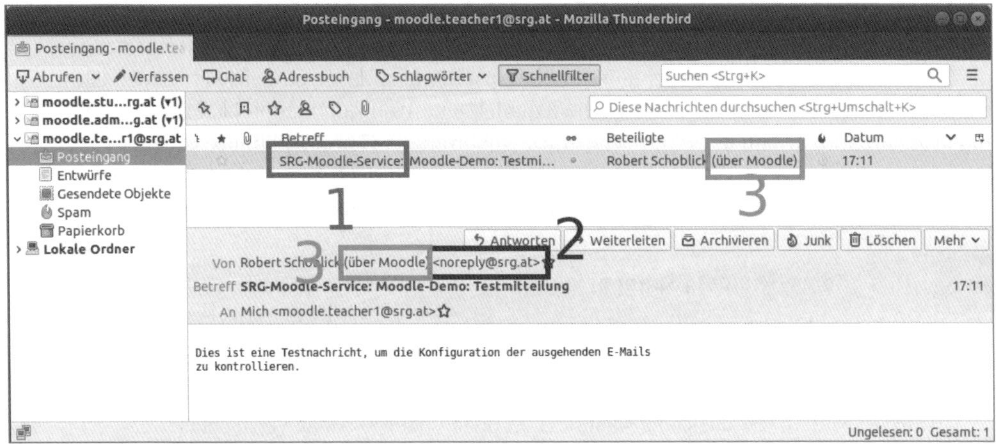

Bild 8.4 Die Testnachricht ist eingetroffen. Damit sind die Einstellungen des Ausgangsservers korrekt. Darüber hinaus funktioniert das Präfix für die Betreffzeile (1), die Einstellung der (noreply)-Absenderadresse (2) und die „Via-Information" (3).

8.6 E-Mail-Posteingang für Moodle

Das Moodle-Forum ist eines der wichtigsten Kommunikationswerkzeuge des gesamten Systems. Benutzerinnen und Benutzer können über die Aktivitäten in den Foren per E-Mail informiert werden. Es ist zudem möglich, direkte Antworten per E-Mail zu erlauben. Allerdings muss dies von der Administration in den Server-Einstellungen für die E-Mail-Kommunikation ausdrücklich zugelassen werden.

Die Standardeinstellung ist hier *Nein*! Der Grund sind mögliche SPAM-Angriffe auf das E-Mail-Konto, mit denen der Ablauf der Lehrveranstaltungen gestört und das Forum durch Überflutung mit Müll-Nachrichten faktisch unbrauchbar gemacht werden kann. Solche Angriffe werden oft automatisch von Algorithmen durchgeführt. Allerdings funktionieren SPAM-Filter bei den Betreibern von Mailservern heute bereits sehr gut, sodass derartige Attacken selten sind bzw. schnell gestoppt werden können. Ist diese Funktion deaktiviert, so können Foreneinträge ausschließlich direkt im Moodle-System nach einem Login diskutiert werden.

Damit Moodle eine E-Mail empfangen kann, müssen dem System eine eigene E-Mail-Adresse zugewiesen und damit verbunden die Zugangsdaten zum Posteingangsserver in die Konfiguration eingetragen werden. Dabei kann es sich um einen POP3- oder einen IMAP-Server handeln. Beim POP3-Protokoll werden die E-Mails in der Regel vom Server heruntergeladen und dort anschließend gelöscht. Das IMAP-Protokoll belässt die gelesene E-Mail auf dem Server und gestattet darüber hinaus die Organisation des E-Mail-Eingangs in einer eigenen Verzeichnisstruktur.

Einzutragen sind:

- E-Mail-Eingangsserver: Von diesem Server ruft Moodle in regelmäßigen Abständen die elektronische Post ab.
- Benutzername
- Kennwort
- Einstellung einer eventuellen SSL- oder TLS-Verschlüsselung.

Darüber hinaus muss das interne E-Mail-Konto konfiguriert werden. Hierzu werden die beiden Adressteile vor („Name“ des E-Mail-Kontos) und nach dem „@“-Zeichen (E-Mail-Domain) getrennt eingetragen. Damit allerdings eingehende E-Mail-Nachrichten verarbeitet werden können, muss das „Mailverfahren“ mit der ersten Checkbox in diesem Menü aktiviert werden. Dies sind Einstellungen, die als Voraussetzung für weitere Dienste innerhalb des Moodle-Systems genutzt werden. Moodle selbst ist kein Mail-Server!

8.7 E-Mail-Texte ändern

Es ist wichtig, den Benutzerinnen und Benutzern im System bereits frühzeitig die Spielregeln zu erklären! Das Verfahren einer E-Mail-Verifizierung erscheint augenscheinlich ideal, um zu überprüfen, ob beispielsweise bei der Registrierung tatsächlich Fehleingaben des Passworts vorlagen (beispielsweise durch aktive Feststelltaste, prellende oder verschmutzte Tasten etc.). Die legitime Benutzerin oder der Benutzer werden in ihrem E-Mail-Postfach nachsehen und den Zugang freischalten. So ist es regulär vorgesehen.

Leider ist auch ein anderes Szenario denkbar: Ein Angreifer kann eine solche E-Mail generieren und mit einem eigenen Link auf eine gefälschte Webseite verweisen. Das Fälschen von Webseiten ist leider kinderleicht. In der gefälschten Seite erscheint dann ein Eingabeformular für die Zugangsdaten, die jedoch keinen Zugang zu Moodle herstellen, sondern einfach nur den Anmeldenamen in Verbindung mit dem Kennwort abschöpfen. Seit Jahren ist diese Form des Angriffs auf Zugangsdaten als *Phishing* bekannt. Meist werden Bankkundinnen und Bankkunden angegriffen, aber auch Bildungseinrichtungen sind begehrte Ziele.

Man ist einer Phishing-Attacke jedoch nicht schutzlos ausgeliefert. Es gibt ein paar einfache Anhaltspunkte, die Phishing-Mails entlarven können.

- Mäßige oder sogar mangelhafte Rechtschreibung. Phishing-E-Mails sind meist automatisch aus einer anderen Sprache übersetzt worden. Diese Übersetzungsalgorithmen werden zwar immer besser, jedoch entlarven sich nach wie vor die meisten Phishing-Mails durch schlechte Rechtschreibung.
- Die Verfasser einer Phishing-Mail wollen Druck erzeugen und die Schockwirkung beim Empfänger ausnutzen, um diesen zu einer übereilten und unüberlegten Handlung zu bewegen. Keine seriöse Administration wird mit rustikalen Drohungen argumentieren.
- Bei einer seriösen Benachrichtigung einer Bank wird man grundsätzlich nicht mit einem Link auf eine Login-Seite geführt und zur Eingabe der Zugangsdaten genötigt. Dies ist im Fall der Freischaltung eines gesperrten Moodle-Kontos anders, jedoch liegt hier eine initiierende Handlung vor: Die Benutzerin oder der Benutzer hat definitiv eine Falscheingabe getätigt. Geht ohne eine solche Fehleingabe eine vermeintliche Administrator-E-Mail ein, so ist dies ein Indiz für einen Angriffsversuch. In diesem Fall sollte ein Login über den regulären Weg versucht werden. Auf gar keinem Fall ist bei einer unerwarteten E-Mail dem darin enthaltenen Link zu folgen!
- Bewegt man den Mauszeiger über den Link oder die Schaltfläche in der (mutmaßlich gefälschten) E-Mail, wird in der Statuszeile die Zieladresse sichtbar. Die Prüfung der Adresse entlarvt einen Angriff, wenn man beginnend beim ersten „Slash“[6]-Zeichen die Adresse von rechts nach links liest.

Erkennung einer gefälschten Link-Adresse

Link-Adressen werden – beginnend beim ersten „Slash“-Zeichen von rechts nach links gedeutet. Die Adresse setzt sich zusammen aus der Toplevel-Domain (z. B. .de, .at, .com) und links daneben, durch einen Punkt getrennt, die Domain der Webseite (z. B. srg). Noch weiter links, wieder durch einen Punkt getrennt, wird die Subdomain gesetzt, die nahezu beliebig gestaltet werden kann.

[6] Das Zeichen Slash: /

Beispiel für eine korrekte Adresse:

https://moodle.***srg.at***/login

Beispiel für eine gefälschte Adresse:

https://moodle.srg.at.***gauner.com***/login

Die eigentliche Webadresse (Domain.Topleveldomain) ist fett betont. Der Unterschied ist deutlich zu erkennen.

Bekommt man eine E-Mail, wird man diese in der Regel eher für authentisch halten, wenn sie eine persönliche Ansprache sowie einen Bezug zu einem bekannten System enthält. Tatsächlich bietet Moodle entsprechende -in den Sprachpaketen definierte - Systemvariablen an, die in die Nachrichtentexte eingebaut werden können. Die Tabelle 8.1 zeigt eine Auswahl der in Moodle definierten Systemvariablen, die sich für die Verwendung in E-Mails eignen.

Tabelle 8.1 Systemvariablen für die E-Mail-Personalisierung (Auswahl)

Systemvariable	Inhalt
{$a->firstname}	Vorname der Nutzerin bzw. des Nutzers
{$a->lastname}	Nachname der Nutzerin bzw. des Nutzers
{$a->sitename}	Name der Moodle-Seite, wie sie in der Konfiguration vorgegeben wurde - in den Beispielen: „Moodle-Demo“
{$a->username}	Benutzer- bzw. Zugangsname der Nutzerin bzw. des Nutzers

Platzhalter funktionieren nicht überall!

Achtung: Die Belegung dieser Moodle-internen Platzhalter wird innerhalb des Programmcodes vorgenommen. Nicht immer ist jeder Dateninhalt tatsächlich verfügbar. Ist dies nicht der Fall, wird die Variable ausgegeben. Jede automatisierte E-Mail sollte grundsätzlich im zugehörigen Kontext getestet werden.

8.8 Mitteilungsverwaltung

Wenn E-Mail-Schnittstellen konfiguriert wurden, kann in diesem Abschnitt festgelegt werden, wie sich dieser Dienst auch für die interne Kommunikation einsetzen lässt. Dies betrifft drei verschiedene Fälle:

- Umgang mit Anhängen gesendeter E-Mails,
- Antworten auf Forenbeiträge und
- Umgang mit nicht zustellbaren Mitteilungen.

Die jeweiligen Konfigurationsdialoge werden über eine kleine Schaltfläche in Form eines Zahnrads erreicht. Insbesondere werden die Optionen an dieser Stelle aktiviert oder deaktiviert. Es lassen sich zudem die Absenderadressen überprüfen, ob diese einem im System registrierten Profil zugeordnet werden können.

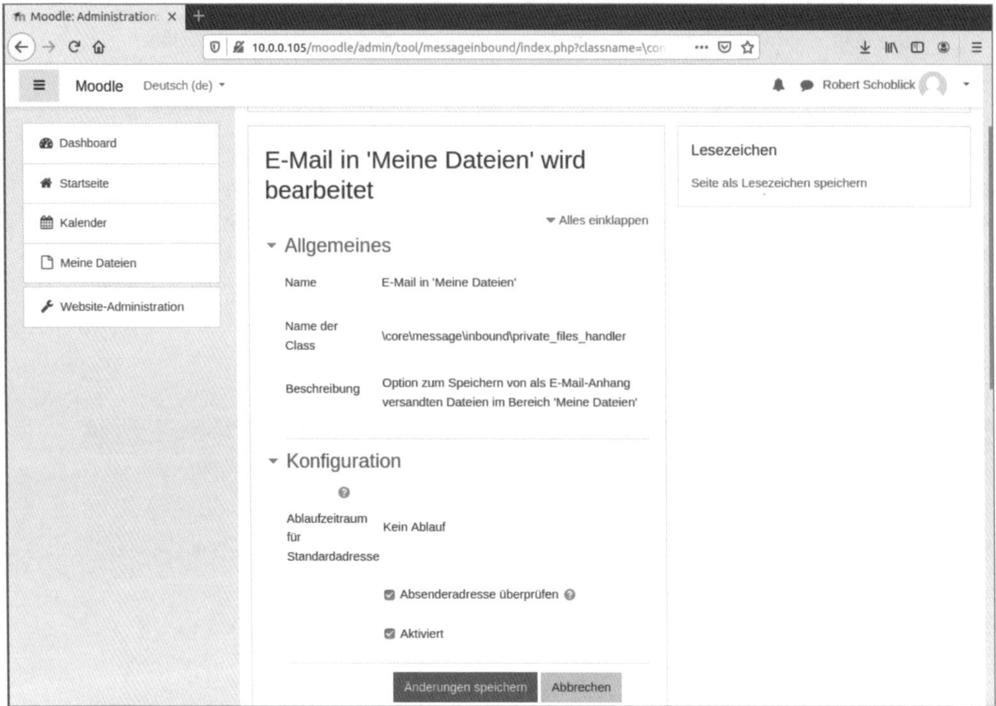

Bild 8.5 In den weiteren Mitteilungseinstellungen werden die Optionen aktiviert und bei Bedarf auch eine Überprüfung der Absenderadressen festgelegt.

9 Designs

Moodle bietet verschiedene Möglichkeiten, das Design des Systems ansprechender zu gestalten und auch professionell an die Corporate Identity einer Schule, Hochschule etc. anzupassen. An dieser Stelle sollen Beispiele erläutert werden, wie die Moodle-Plattform

- mit einem Logo dekoriert wird,
- ein neues Design erhalten kann und
- die Elemente der Startseite ordnet.

9.1 Logos

Das Logo wird als JPG/JPEG- oder PNG-Datei erstellt. Dabei sollten zwei Varianten in verschiedener Größe angeboten werden, damit das Logo auf jedem Endgerät optimal dargestellt wird.

Den Upload der Logo-Dateien vollzieht die Administration in der *Website-Administration* im Bereich *Darstellung*. Gleich der erste Eintrag des Menüs – *Logo* – führt zum Upload-Dialog für beide Dateien. Um die Platzierung in der Seite muss sich die Administration nicht kümmern. Diese Festlegung wird mit dem Design vorgenommen. Neben den Standarddesigns, die mit der Grundinstallation bereits eingerichtet werden, können weitere Erscheinungsbilder als Plugin installiert werden.

Moodle-Version beachten!

Bei der Auswahl von Moodle-Erweiterungen ist unbedingt auf die Kompatibilität zum verwendeten System zu achten. Moodle-Erweiterungen werden auch frei entwickelt und sind nicht immer vom Moodle-Projekt getestet worden. Sie können dennoch hervorragend funktionieren.

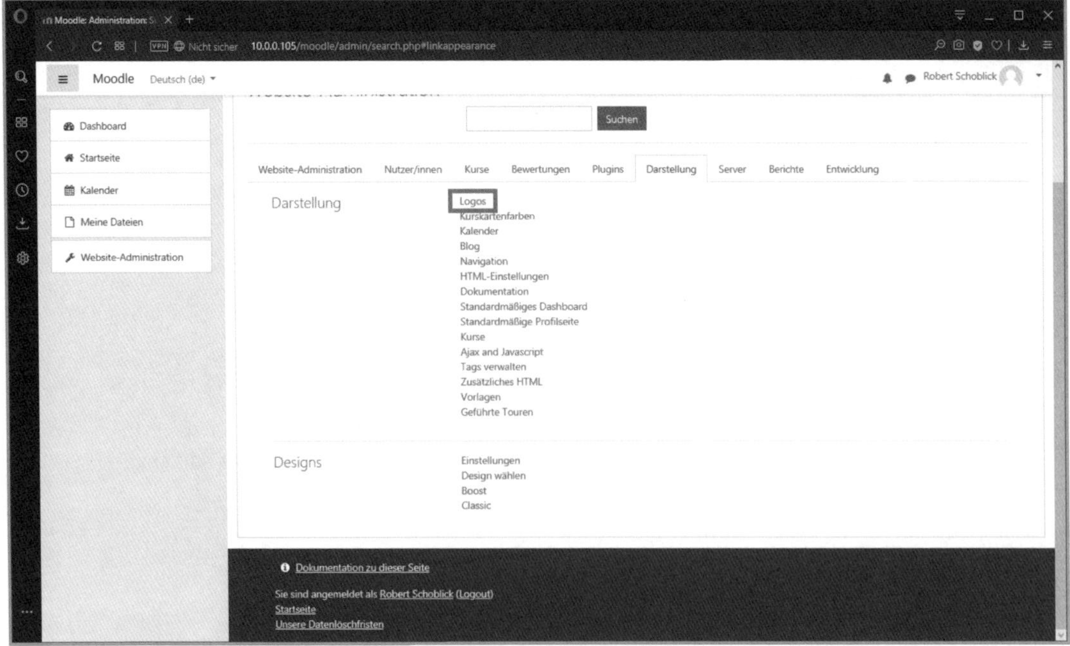

Bild 9.1 Die Seite kann an die Corporate Identity der Schule bzw. des Instituts durch Wahl eines Logos angepasst werden.

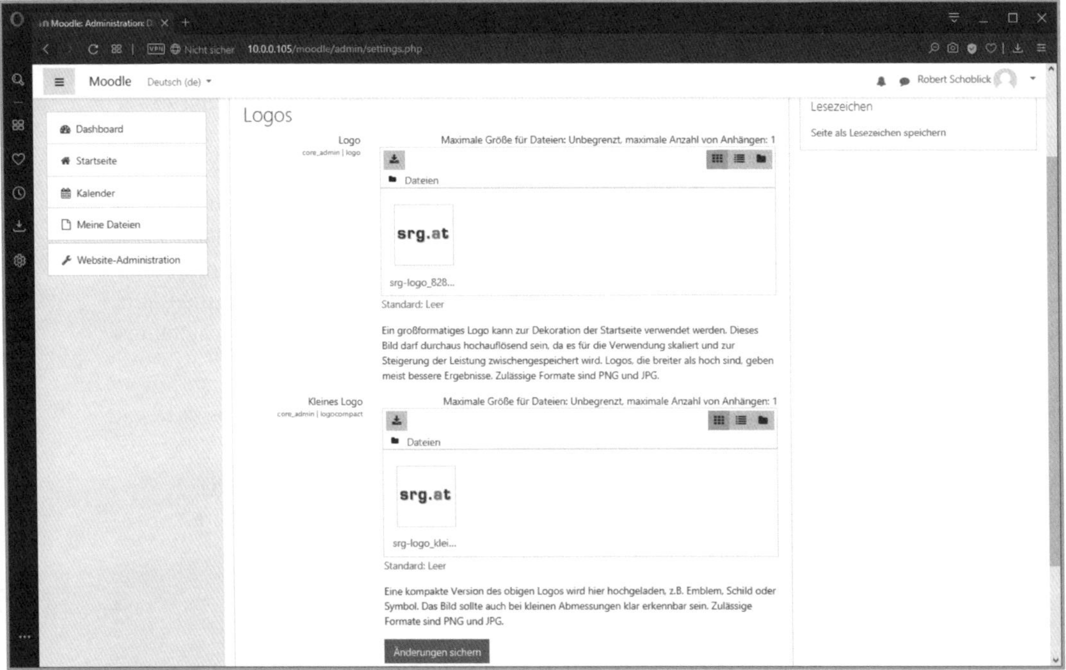

Bild 9.2 Das Logo kann in zwei Größen hochgeladen werden. Damit stehen passende Dateien für jede Bildschirmgröße zur Verfügung.

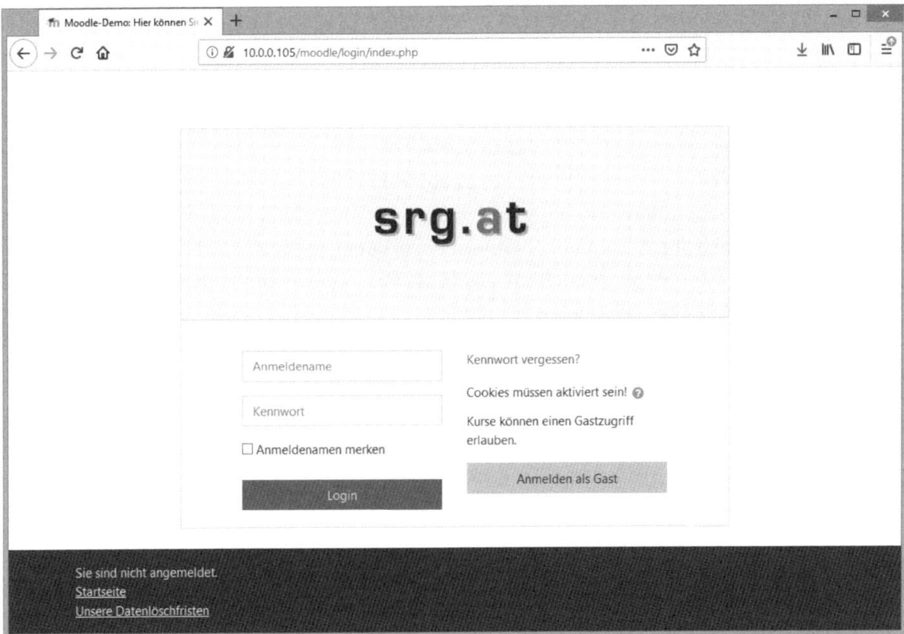

Bild 9.3 Ein erster Schritt zur Individualisierung der Moodle-Plattform ist geschafft: Das Logo begrüßt die Besucherinnen und Besucher auf der Login-Seite.

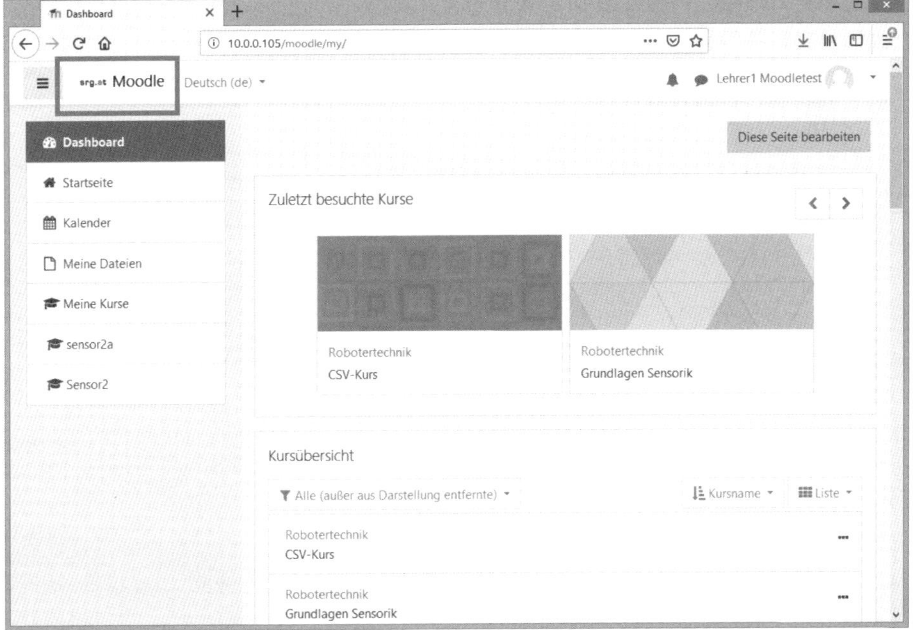

Bild 9.4 Auch auf den folgenden Seiten ist nun das Logo präsent (umrandeter Bereich oben links). Allerdings dominiert es nicht und lässt der Seite Raum für den eigentlichen Inhalt.

9.2 Design (Theme) importieren

Die mit der Grundinstallation gelieferten *Themes* sind in den meisten Moodle-Systemen zu finden und gehören schon fast zum „Markenzeichen" der Lernplattform. Der Nachteil: Sie sind funktionell, aber optisch nicht besonders ansprechend.

Wer ein Moodle-System betreibt, will die Corporate Identity des Instituts bzw. der Schule auch in der Lernplattform betonen. Insbesondere haben gerade kommerzielle Bildungsinstitute hier einen hohen Anspruch an das Erscheinungsbild ihrer öffentlichen Auftritte, zu denen auch das Moodle-System zu zählen ist.

In die Tiefen der Moodle-Skripte und deren Formate einzutauchen, ist eine Aufgabe professioneller Webdesigner, die sich unter anderem mit den Formatierungen von HTML-Elementen mithilfe von CSS[1] oder SCSS – eine Erweiterung von CSS – auskennen. Es ist jedoch der Administration möglich, ein Plugin aus dem Bereich *Themes* zu wählen, zu installieren und im Rahmen der gebotenen Möglichkeiten zu konfigurieren. Da zweimal pro Jahr neue Moodle-Releases verabschiedet werden, ist es denkbar, dass ältere Plugins nicht mit der jeweils aktuellen Version kompatibel sind. Auf den Webseiten des Moodle-Projekts werden die Moodle-Versionen benannt, mit denen die verschiedenen Plugins getestet wurden. Möglicherweise laufen auch ältere Plugins, doch hier kann kein störungsfreier Betrieb garantiert werden. Hier ist ein Test auf einem Experimentalsystem zu empfehlen. Dieses System muss selbstverständlich dem Live-System entsprechen.

Im folgenden Beispiel soll das Erscheinungsbild des Moodle-Systems, wie es bisher zu sehen war, verändert werden. Die Wahl des gezeigten Plugins erfolgte willkürlich und musste lediglich mit der verwendeten Moodle-Installation kompatibel sein. Die Installation beginnt, wie bereit dargestellt, in der *Website-Administration* im Bereich *Plugins*. Dort wird *Plugin installieren* gewählt.

Plugins sind Chefsache!

Mit der Installation externer Software-Elemente kann das gesamte System beeinträchtigt oder sogar zerstört werden. Entsprechend programmierte Skripte könnten Daten abschöpfen, diese verändern oder an unseriöse Empfänger übermitteln. Es versteht sich also von selbst, dass die Installation von Plugins nur der Administration vorbehalten bleiben sollte.

Das Installationspaket wird von der Anbieterquelle als ZIP-Archiv heruntergeladen. Es werden also keine einzelnen Skripte auf den Server übertragen. Die wichtigste Quelle ist das Moodle Plugin Directory:

https://moodle.org/plugins

Es gibt selbstverständlich auch andere Quellen kommerzieller Anbieter.

[1] CSS steht für Cascaded Style Sheets. „Cascaded" bedeutet, dass die Formate sehr vielschichtig erfolgen können. Abhängig von der Reihenfolge der Formate und der Art des sogenannten Selektors stehen die Formate in einer Hierarchie zueinander und überschreiben gleichartige Formate, wenn diese untergeordnet sind.

Die Installation selbst ist sehr einfach: Das ZIP-Archiv mit den Plugin-Dateien wird mit der Maus in das für den Upload vorgesehene Feld geschoben oder – klassisch – über die Schaltfläche *Datei wählen* aus dem lokalen Verzeichnis des Computers ausgewählt. Mit der Schaltfläche *Plugin installieren* wird das Paket dem Moodle-System zur Prüfung übertragen.

Im ersten Prüfungsschritt werden formelle Prüfungen durchgeführt. Es wird lediglich festgestellt, ob das Paket vollständig ist und ob die Installationsanleitungen durchführbar sind. Der zweite Schritt erfordert den Eingriff der Administration, deren Aufgabe es ist, eventuell fehlende Elemente zu installieren oder zumindest das zu installierende Paket auf dessen Aktualität zu überprüfen. Dies sollte beachtet werden, denn nur so ist die Stabilität des gesamten Moodle-Systems weitestgehend gewährleistet.

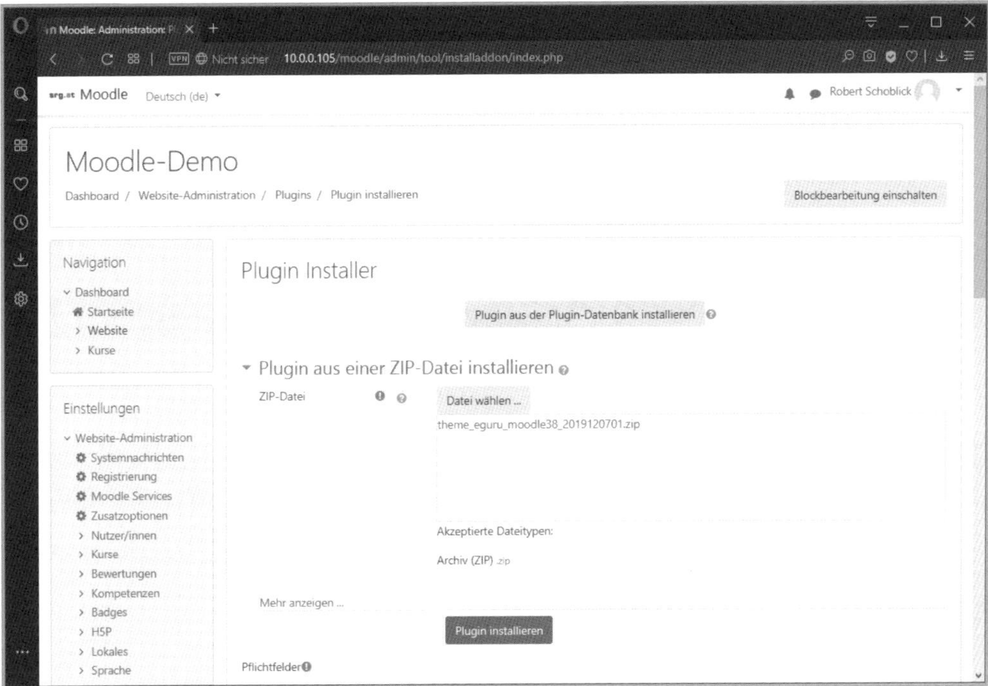

Bild 9.5 Ist das ZIP-Archiv mit dem gewünschten Plugin heruntergeladen, wird es in das dafür vorgesehene Feld des Installationsformulars verschoben.

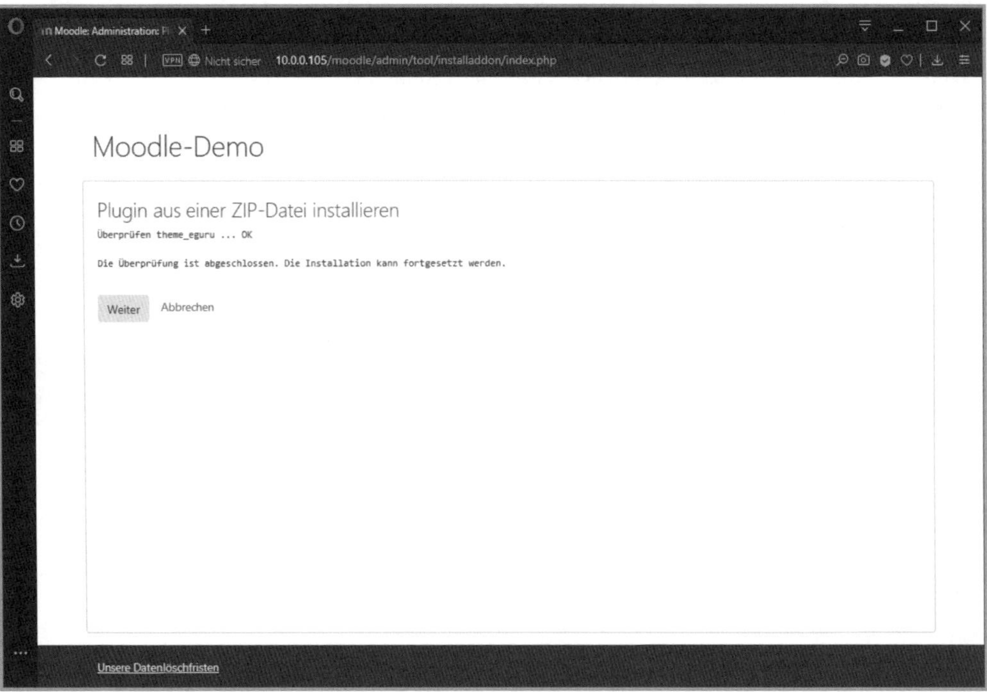

Bild 9.6 Das Installationspaket ist vollständig und korrekt aufgebaut. Es kann nun in das System installiert werden.

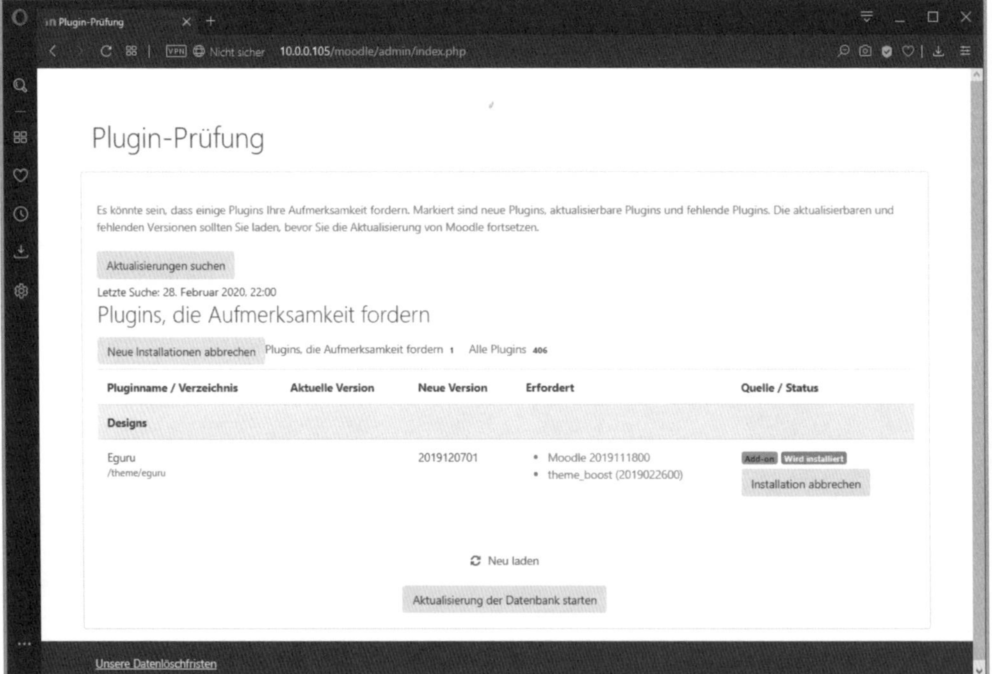

Bild 9.7 Bevor das neue Plugin durch die Aktualisierung der Datenbank endgültig in das System installiert wird, sollte festgestellt werden, ob das Plugin die aktuellste Version darstellt.

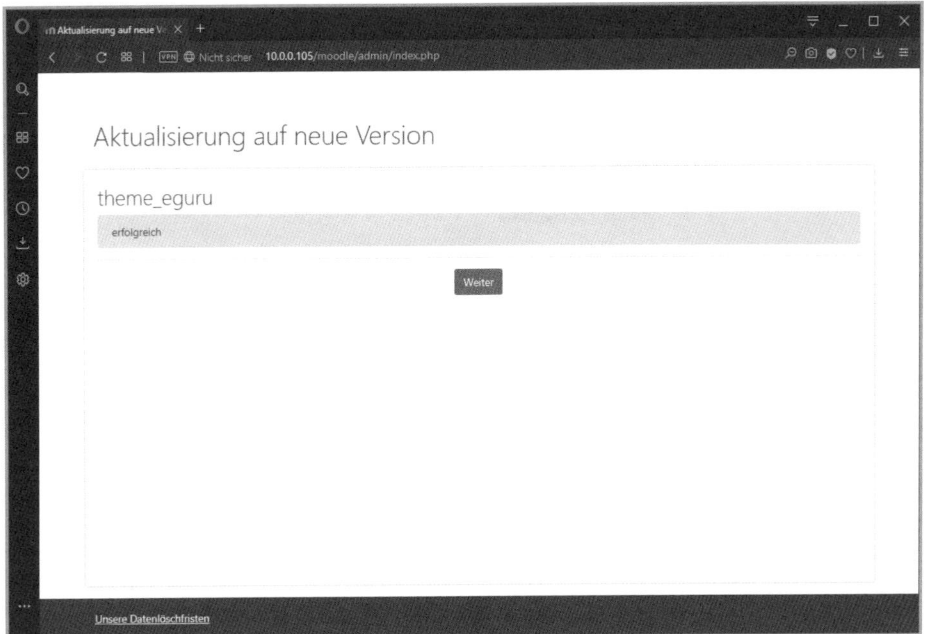

Bild 9.8 Die Installation kann nun abgeschlossen werden.

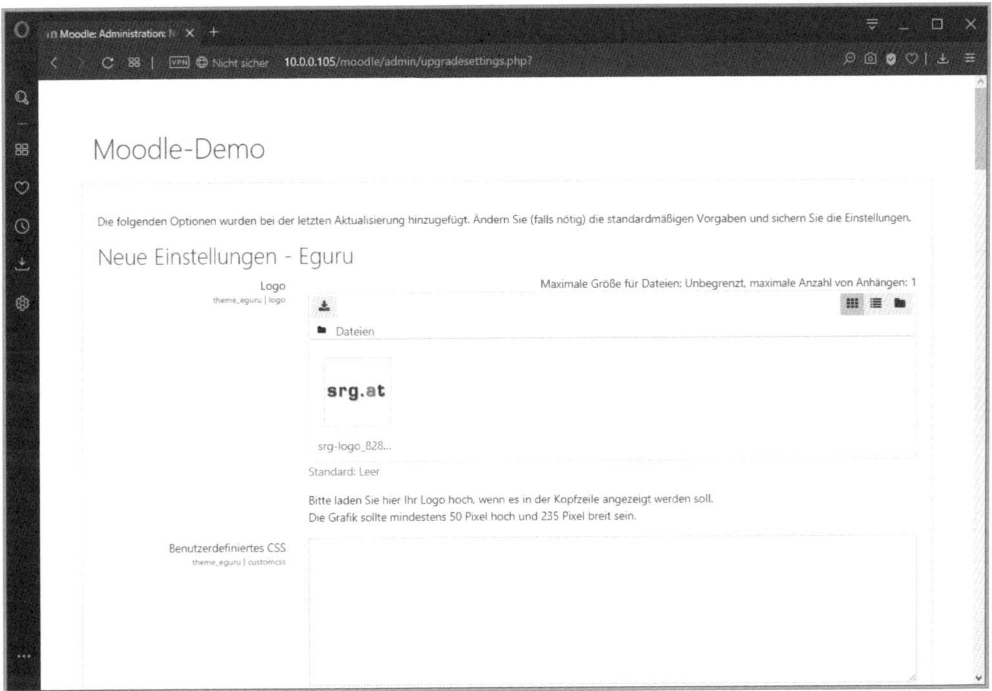

Bild 9.9 Die Feinkonfiguration ist letztlich vom gewählten Plugin abhängig. In diesem Fall kann dem Plugin ein Logo beigefügt werden. Mit einfachen CSS-Formaten lässt sich die Seite u. a. farblich gestalten.

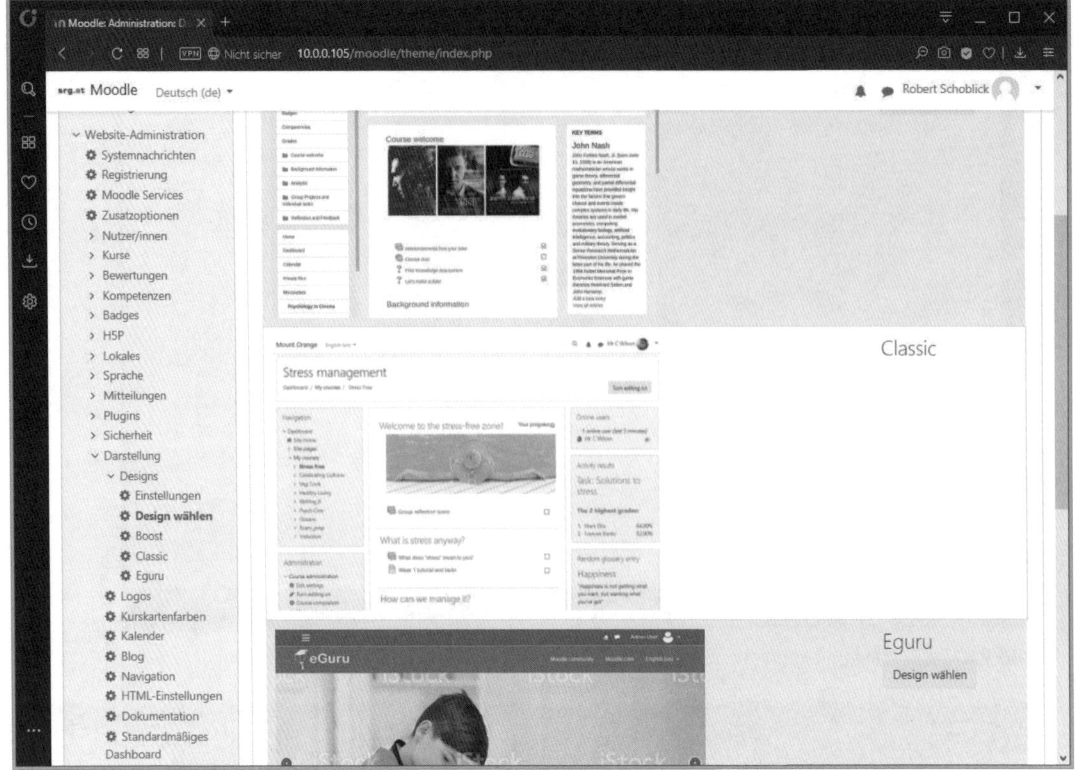

Bild 9.10 Das neue Design – das *Theme* – muss aktiviert werden. Erst dann erscheint Moodle im neuen Layout.

Nach der Installation des *Theme-Plugins* ist dieses noch nicht sofort aktiv. Nun muss in der *Website-Administration* im Bereich *Darstellung* ein neues *Design ausgewählt* werden. Das kann auch delegiert werden. So können beispielsweise Kursersteller oder Manager das Recht erhalten, ein anderes – von der Administration im System installiertes – Design zu wählen.

Dies kann in den *Kurseinstellungen* im Abschnitt *Darstellung* durch Wahl in einem Drop-down-Menü erledigt werden.

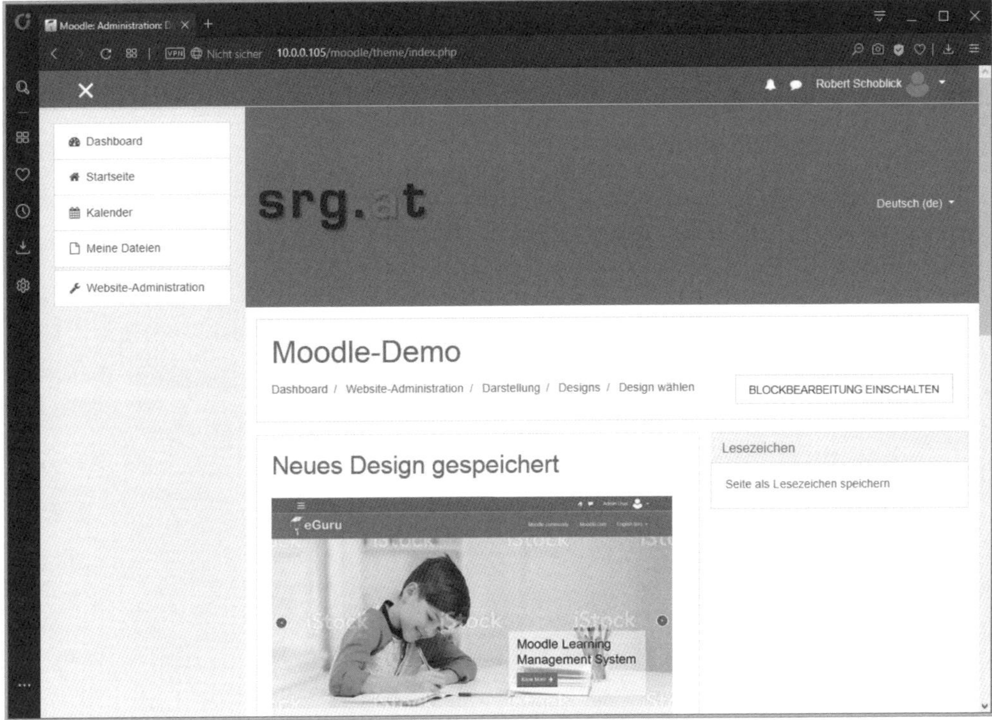

Bild 9.11 Mit der Aktivierung des neuen Themes wechselt Moodle sofort sein Erscheinungsbild.

Teil III: Moodle in der Praxis

Dieser Teil befasst sich mit den praktischen Seiten der Lernplattform Moodle. Sehr detailliert werden deswegen die Lehrmaterialien und die Lernaktivitäten besprochen, die Moodle bereits als Bordmittel mitbringt. Diese Werkzeuge eignen sich nicht nur zur Verteilung von Lernunterlagen und zur termingenauen Abgabe von Aufgaben. Sie bieten auch weiterreichende didaktische Tools, die beispielsweise das verantwortungsbewusste Feedback Lernender untereinander trainieren und damit einen hohen menschlichen Wert zu fördern imstande sind: Respekt.

Eine ganz wichtige Bedeutung haben Lernzielkontrollen, die in diesem Abschnitt in zwei Kapiteln sehr ausführlich behandelt werden. Neben der Entwicklung geeigneter Fragenkataloge wird auch die Lernaktivität „Test" sehr eingehend besprochen, mit deren Hilfe elektronische Prüfungen mit einem hohen Sicherheitsanspruch durchgeführt werden können.

Ein großes didaktisches Potenzial entfaltet Moodle durch den Einsatz externer, lernunterstützender Tools und Lernspiele. Neben einer klassischen Lernspielsammlung (Hot Potatoes) gewinnt die Verwendung multimedialer und interaktiver Tools an Bedeutung. Mit H5P lassen sich beispielsweise interessante Aktivitäten in Moodle erstellen, die unter anderem zur spontanen Lernzielkontrolle im Präsenzunterricht sowie zur Aktivierung und Motivation Lernender geeignet sind.

10 Moodle im Überblick

Kein Moodle-System gleicht dem anderen! Es ist stets eine Frage, welches *Theme* die Administration gewählt hat und ob die Teilnehmerinnen und Teilnehmer die Wahlfreiheit für ihr Lieblings-Theme haben. Wie sich das Moodle-System den Teilnehmerinnen und Teilnehmern präsentiert, hängt auch davon ab, wo (und welche) Blöcke sichtbar geschaltet sind. Es wird also mit sehr großer Wahrscheinlichkeit kein Moodle-System genauso aussehen können, wie es in den folgenden Screenshots gezeigt wird. Dennoch lassen sich die Ausführungen sinngemäß auf andere Installationen übertragen.

Moodle ist individuell!

Keine Moodle-Installation gleicht der anderen! Dies ist bei der Lektüre der folgenden Ausführungen bitte zu berücksichtigen. Diese Feststellung soll aber auch gleichzeitig dazu animieren, mit dem Layout und den dargestellten Inhalten zu experimentieren, um die Seite als solche für die Teilnehmerinnen und Teilnehmer attraktiver zu gestalten.

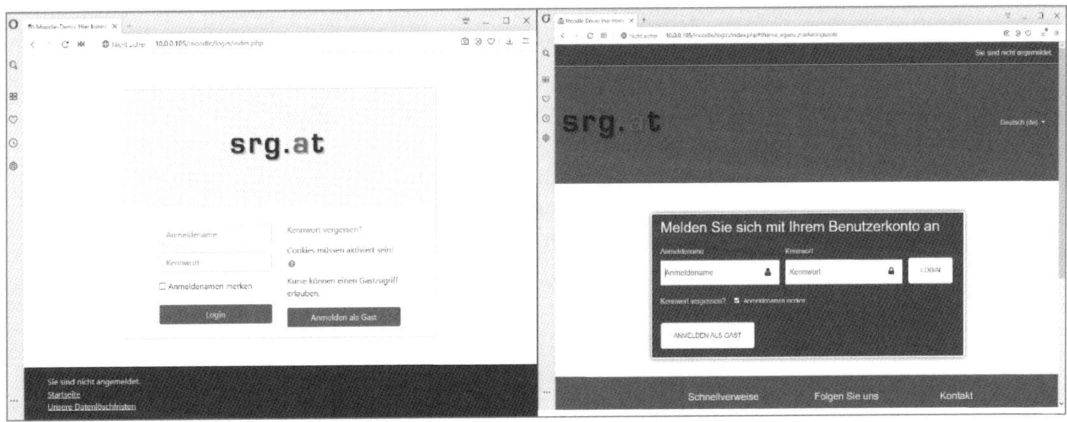

Bild 10.1 Auch wenn die beiden Login-Seiten mit unterschiedlichen Designs daherkommen, handelt es sich trotzdem um das gleiche Moodle-System.

Im Interesse aller ...

Auch wenn es bedeutend ansprechendere Designs für Moodle gibt, werden die folgenden Illustrationen das *Classic-Theme* zeigen, welches Teil der Standardinstallation ist. Dies soll das Verständnis der Ausführungen erleichtern. ■

■ 10.1 Dashboard und Startseite

Die Moodle-Oberfläche bietet nach dem Login zwei wesentliche Orientierungsseiten an:

- die Startseite und
- das Dashboard.

10.1.1 Startseite

Die Startseite wird im Design von der Administration vorgegeben. Neben einem Navigationsbereich beinhaltet sie in der Regel eine Kurs- und eine Kursbereichsliste sowie - sofern dies nicht anders festgelegt wurde - ein Forum (sein Standardtitel lautet meist „Ankündigungen"). Je nachdem, mit welcher Rolle die Teilnehmerin bzw. der Teilnehmer die Startseite betritt, kann an den Diskussionen teilgenommen werden.

In der *Navigation* können die Nutzerin bzw. der Nutzer auf eventuell vorhandene eigene Kurse direkt zugreifen. Aus der Sicht der Administration ist das möglicherweise ein Grund, die (eigenen) Kurse nicht mehr im Hauptteil der Seite zu listen und sich stattdessen beispielsweise auf die Kursbereiche zu beschränken. In der Tat kann eine allgemeine Kursliste ausgesprochen lang werden. In der Standardeinstellung ist die Zahl 200 der Grenzwert. Die Anzahl der Kurse wächst in einer größeren Schule bzw. einer Universität sehr schnell über diesen Wert hinaus.

Grundsätzlich stehen der Teilnehmerin bzw. dem Teilnehmer alle jeweils freigegebenen Tools zur Verfügung. So ist es möglich, das eigene Profil zu bearbeiten, Mitteilungen zu lesen und zu verfassen und die eigenen Bewertungen einzusehen. Darüber hinaus können jede Nutzerin bzw. jeder Nutzer auch individuelle Systemeinstellungen vornehmen. Dies ist - im stark vereinfachten Umfang - mit der *Website-Administration* der Systemverwaltung vergleichbar.

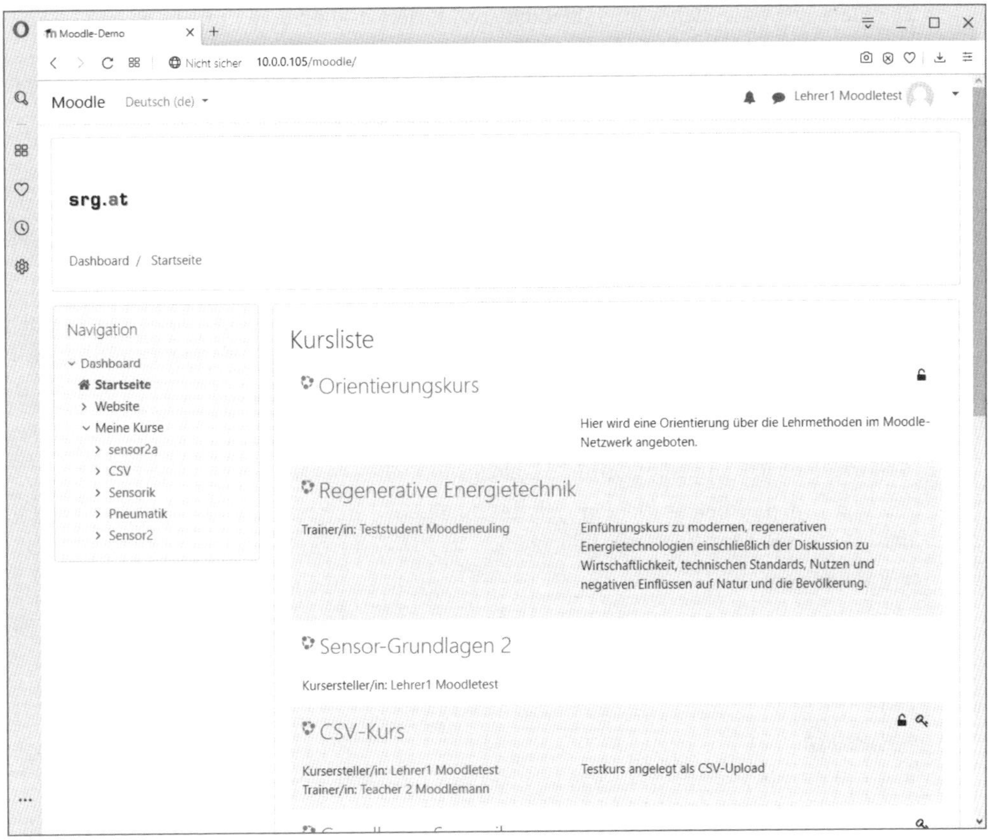

Bild 10.2 Die Startseite – hier für einen authentifizierten Nutzer – kann einen sehr umfangreichen Inhalt annehmen (bitte die Bildlaufleiste am rechte Rand beachten). Bei der Gestaltung der Startseite sollte die Administration auf Übersicht Wert legen.

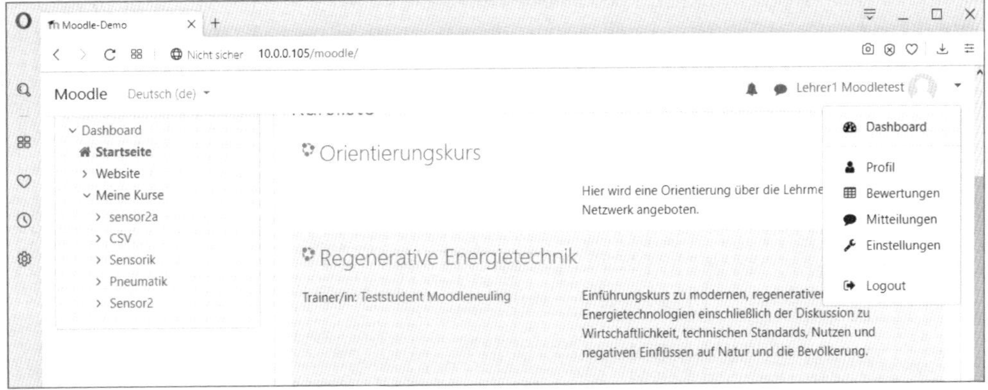

Bild 10.3 Der „kleine Pfeil" in der rechten oberen Ecke öffnet weitere Zugänge wie z. B. zum eigenen Profil oder zu den Mitteilungen.

Die Startseite ist systemweit einheitlich strukturiert. Lediglich die Inhalte (eigene Kurse, sofern deren Anzeige im Hauptbereich vorgesehen ist) variiert. Es gibt weiterhin einen Unterschied zwischen authentifizierten Nutzerinnen und Nutzern sowie Gästen im System.

Konfiguration der Startseite erfolgt zentral

Welche Inhaltsgruppen in der Startseite angezeigt werden, legt die Administration fest. Die Nutzerinnen und Nutzer können dies nicht individuell verändern.

Die *Administration* gibt die Inhalte auf der *Startseite* vor. Die Konfiguration erfolgt mit den entsprechenden Rechten im Bereich *Startseite – Einstellungen* der *Website-Administration*.

Zu den Einstellungen gehören in erster Linie zwei Inhaltsvorgaben:

- Startseite (frontpage) mit fünf Drop-down-Feldern
- Startseite nach Anmeldung (frontpageloggedin) mit sechs Drop-down-Feldern

Mit den Dropdownfeldern lassen sich die Inhalte der Startseite und deren Reihenfolge in der Ausgabe wählen. Zur Auswahl stehen:

- *Ankündigungen*
- *Kursliste*
- *Kursbereiche*
- *Kombiliste*
- *Kurssuche*
- Die Standardeinstellung ist „*Keine*".
- Für eingeloggte Nutzerinnen und Nutzer steht zudem noch *Eingeschriebene Kurse* zur Auswahl.

Eine wichtige Vorgabe für die Startseite ist die Rolle der Besucherinnen und Besucher. Die Rollen sind in Moodle grundsätzlich vom Kontext abhängig, d. h. Rollen werden personenabhängig von der Nutzung verschiedener Bereiche im System unterschiedlich zugeordnet. Eingeloggte, registrierte Benutzerinnen und Benutzer können für die Startseite folgende Rollen (Stand: Grundinstallation) erhalten:

- Teilnehmer/in (Student)
- Gast
- Authentifizierte/r Nutzer/in *für die Startseite*

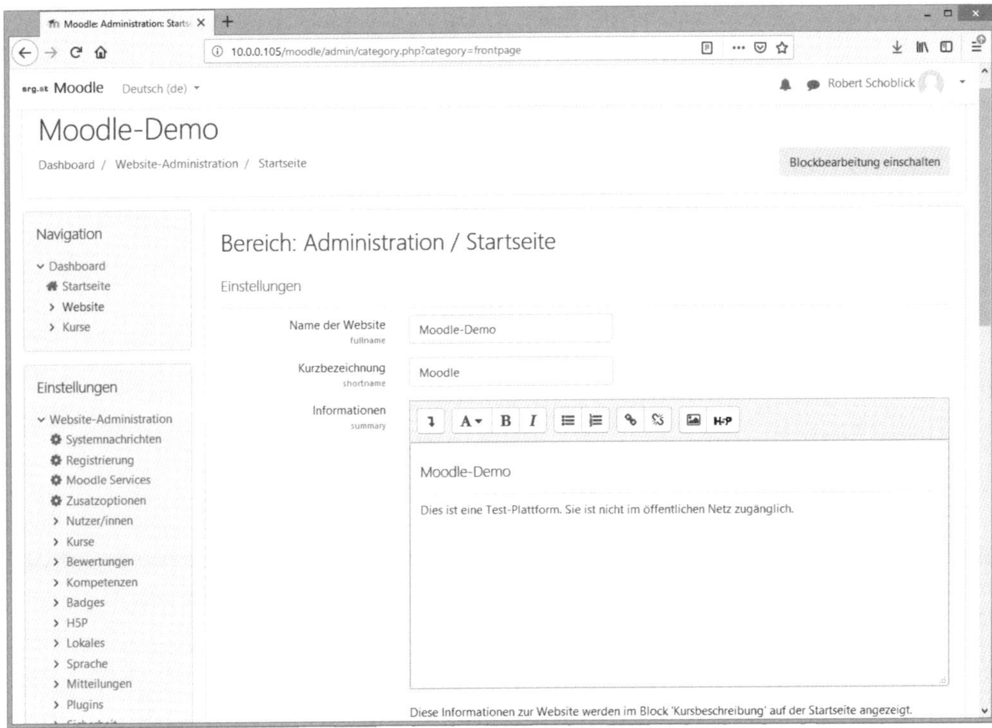

Bild 10.4 Mit den Rechten der Administration kann das inhaltliche Erscheinungsbild der Startseite verändert werden.

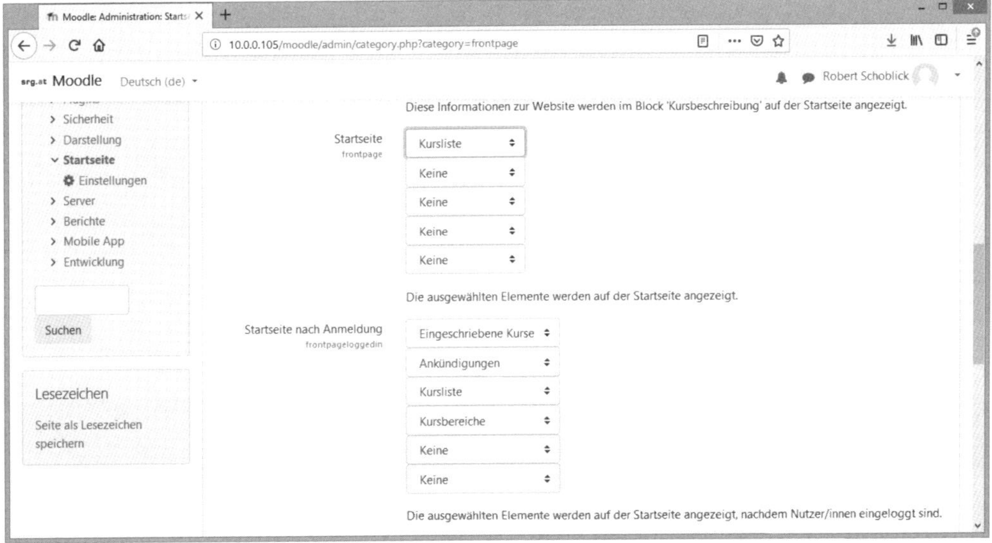

Bild 10.5 Die Administration legt fest, welche Inhalte die Startseite für nicht registrierte Besucherinnen und Besucher sowie für authentifizierte Benutzerinnen und Benutzer bietet.

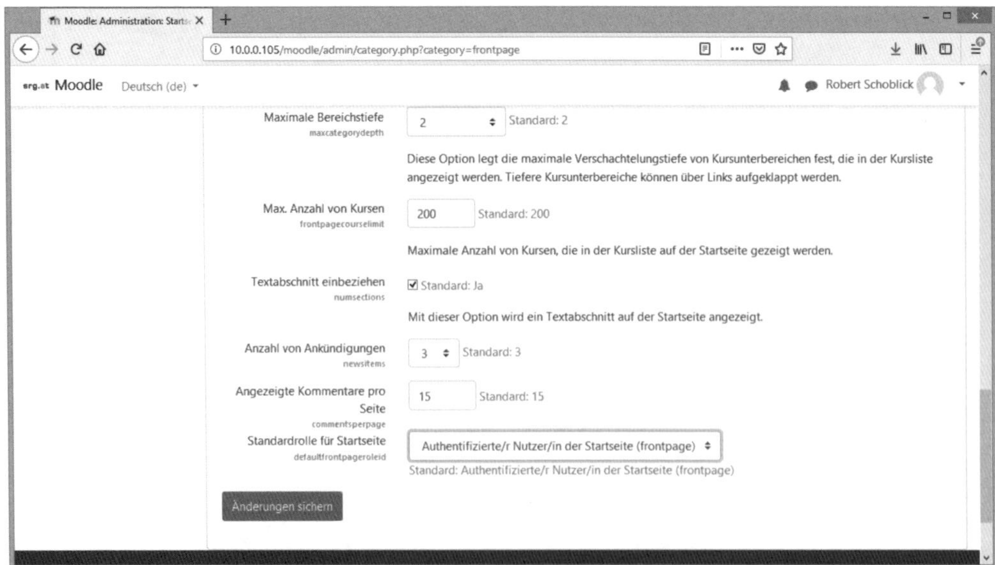

Bild 10.6 Ganz wichtig: Festlegung der Rolle, die eine Nutzerin oder ein Nutzer auf der Startseite einnimmt.

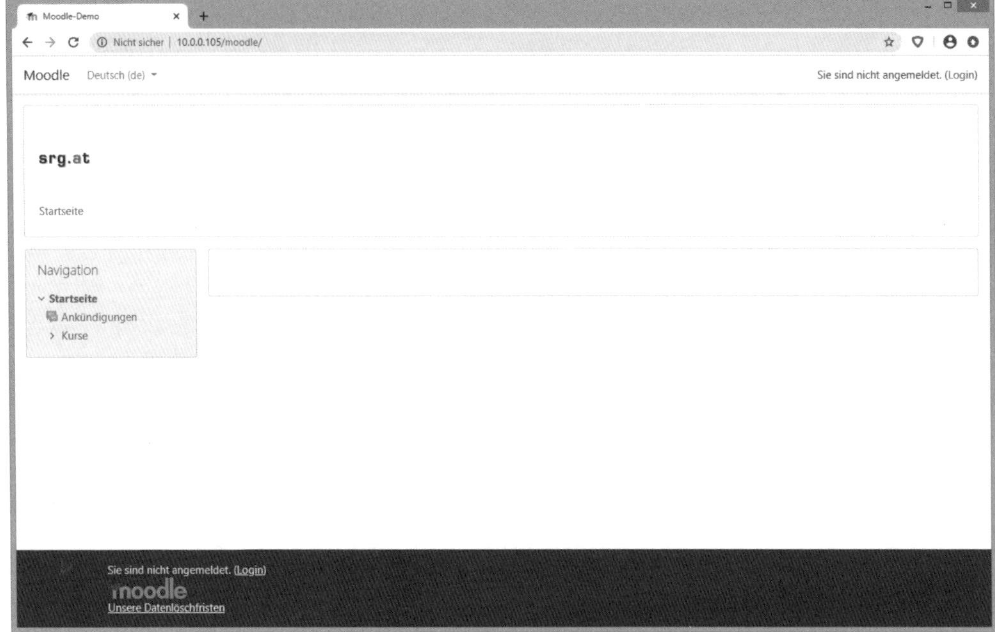

Bild 10.7 In diesem Beispiel wurden alle Drop-down-Felder der Inhaltsausgabe für die Startseite beim Besuch von nicht eingeloggten Nutzerinnen und Nutzern deaktiviert. Der Inhaltsbereich ist leer.

10.1.2 Dashboard

Anders als bei der Startseite haben die Nutzerinnen und Nutzer die Möglichkeit, ihr *Dashboard* den eigenen Wünschen anzupassen. Das Dashboard – frei übersetzt: das Armaturenbrett des (individuellen) Moodle-Systems – stellt verschiedene *Blöcke* zur Verfügung, in denen sich Nutzerinnen und Nutzer genau die Informationen auf einen Blick darstellen lassen können, die tatsächlich relevant sind. Natürlich umfasst dies auch Kurse und Kursbereiche.

Über die Schaltfläche *Diese Seite bearbeiten* kann in einen *Editiermodus* umgeschaltet werden. Es werden dann in den einzelnen Blöcken des Dashboards kleine Schaltflächen angezeigt, mit deren Hilfe folgende Aktionen möglich sind:

- Verschieben eines Blocks an eine andere Position auf dem Dashboard,
- Konfiguration der Anzeige, beispielsweise die Reihenfolge der Darstellung in einer Position,
- Löschen eines Blocks aus dem Dashboard.

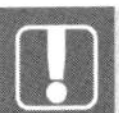

Blockinhalte unterliegen nicht der Dashboard-Konfiguration

Die Inhalte der Blöcke werden nicht durch die Konfiguration im Dashboard bearbeitet. Dies passiert in den einzelnen Modulen selbst bzw. dort, wo die angezeigten Informationen erzeugt werden. Es ist aber möglich, die Anzahl der Ausgaben zu beeinflussen.

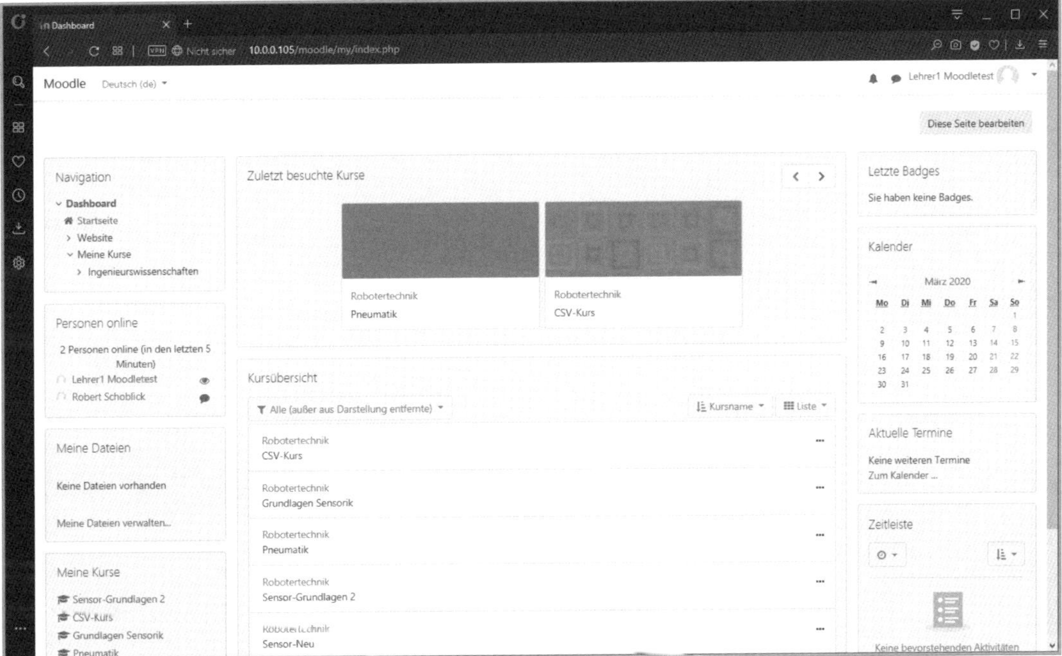

Bild 10.8 So könnte ein Dashboard aussehen (Design: classic).

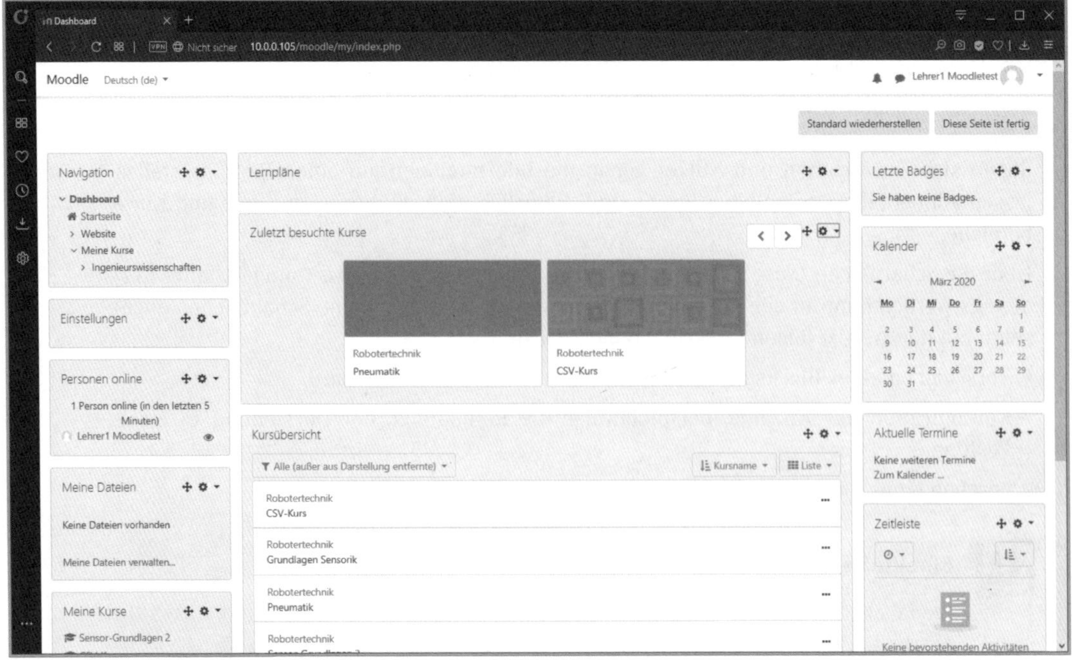

Bild 10.9 Das gleiche Dashboard, nachdem der Bearbeitungsmodus eingeschaltet wurde: Jeder Block wird um drei Icons ergänzt, mit deren Hilfe Blöcke verschoben, bearbeitet oder aus dem Dashboard gelöscht werden.

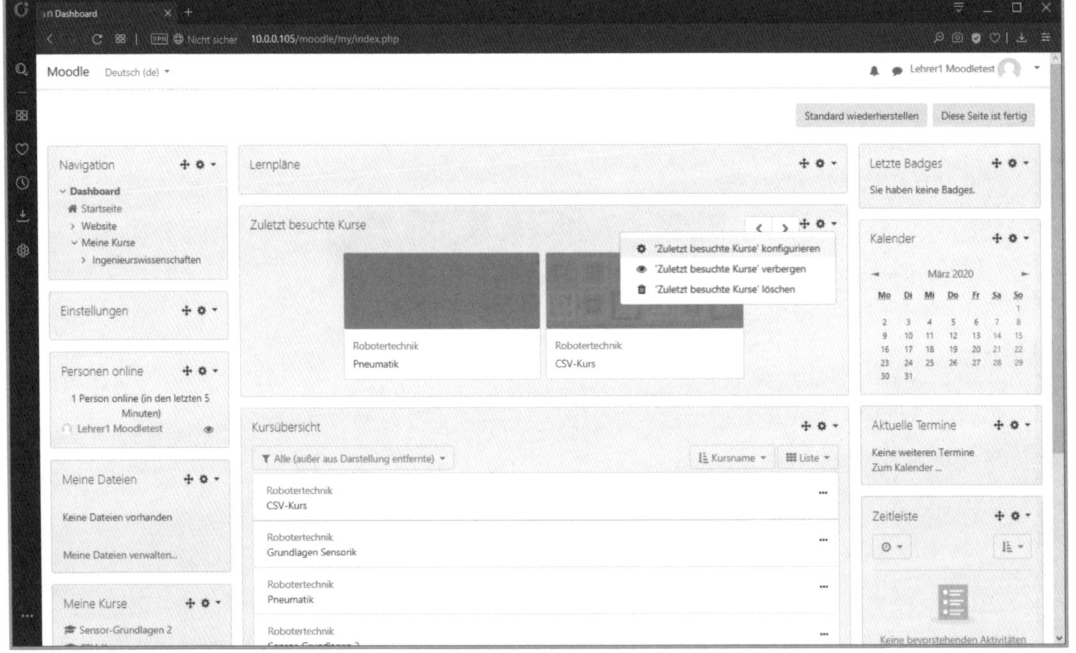

Bild 10.10 Ein Klick auf das „Zahnradsymbol" des Blocks „Zuletzt besuchte Kurse" öffnet ein kleines Menü.

Es stellt sich nun natürlich die Frage, was mit den „gelöschten" Blöcken passiert. Diese verschwinden lediglich aus der Ansicht im Dashboard, sie stehen aber nach wie vor zur Verfügung und können erneut im Dashboard platziert werden. Hierzu gibt es einen speziellen Block im Dashboard, dessen Inhalt lediglich eine Drop-down-Liste ist: *Block hinzufügen*.

Zusatz im Bearbeitungsmodus

Der „Block" *Block hinzufügen* steht nur im Bearbeitungsmodus des Dashboards zur Verfügung. Nur im Bearbeitungsmodus können Blöcke verschoben, bearbeitet oder aus dem Dashboard entfernt werden.

Zur Auswahl stehen mit der Grundinstallation folgende Blöcke:

- Aktuelle Termine
- Eigenes Profil
- Einstellungen (sichtbar im Bearbeitungsmodus)
- Favorisierte Kurse
- Globale Suche
- Glossareintrag
- Kalender
- Kommentare
- Kursübersicht
- Letzte Badges
- Meine Kurse
- Mentoren
- Navigation
- Neue Ankündigungen
- Personen Online
- RSS-Feeds
- Tags
- Textblock
- Zeitleiste
- Zuletzt besuchte Kurse
- Zuletzt genutzte Objekte

Das Moodle-Dashboard sollte als dynamisches Werkzeug verstanden werden. Nicht in jeder Phase eines Studiums oder einer Ausbildung werden tatsächlich alle Blöcke benötigt. Übersicht ist wichtig und der Aufwand zur Anpassung des Dashboards ist gering. Es lohnt sich also, die Blöcke des Dashboards bei Bedarf neu zu organisieren.

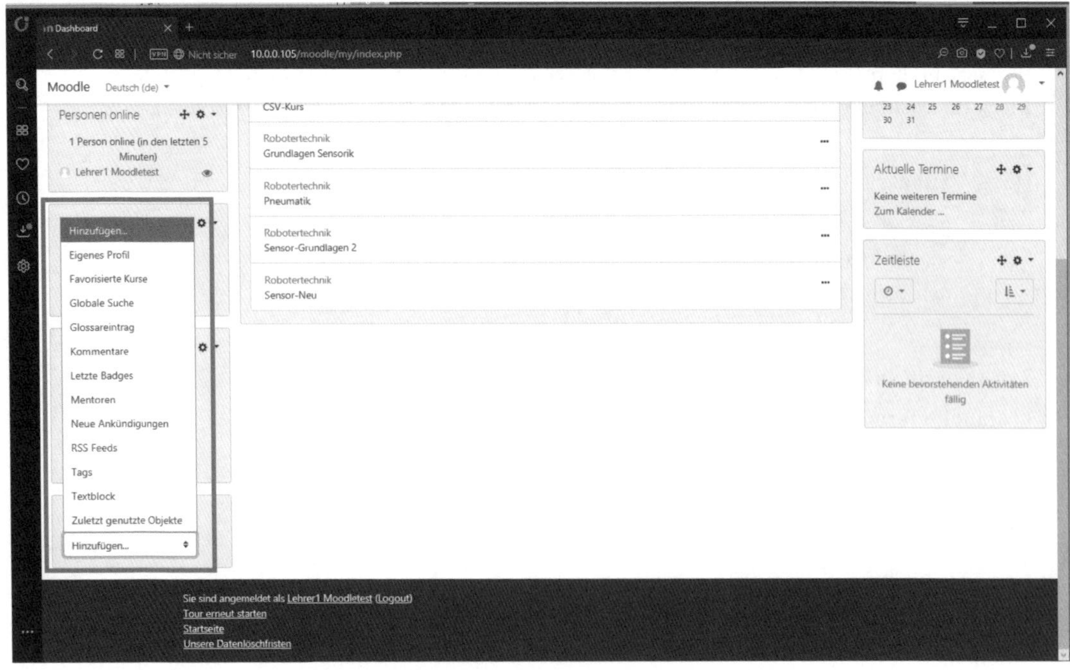

Bild 10.11 Aus dem Dashboard ausgeblendete Blöcke können bei Bedarf wieder aktiviert werden.

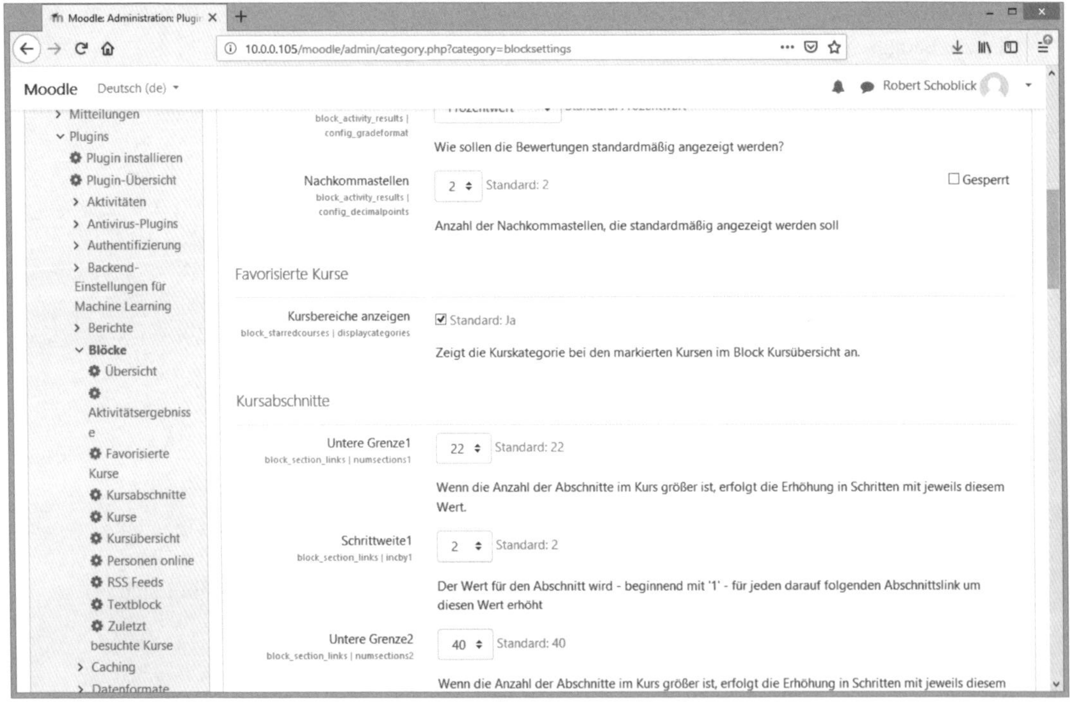

Bild 10.12 Details zu verschiedenen Blöcken können durch die Administration zentral eingestellt werden.

10.2 Blöcke in Moodle

Die Informationsinhalte auf dem Dashboard werden in sogenannten Blöcken dargestellt. Man kann sich diese Blöcke quasi als Informationscontainer vorstellen. Welche dieser Blöcke in das Dashboard eingefügt werden, entscheidet jede Benutzerin und jeder Benutzer für sich selbst. Werden in den Kursen beispielsweise Badges (sinngemäß mit Leistungsabzeichen zu übersetzen) vergeben, dann können auch diese in einem Block dargestellt werden.

Es gibt Blöcke, die nur selten eine Bedeutung haben oder von manchen Benutzerinnen bzw. Benutzern überhaupt nicht benötigt werden. Man entfernt sie dann ganz einfach, wie im Abschnitt zuvor beschrieben, aus dem Dashboard. Andererseits gibt es Blöcke, die grundsätzlich im Dashboard erscheinen sollten, wie beispielsweise das *Ankündigungsforum* oder die Übersicht zu *aktuellen Terminen.*

Blöcke sind der Kerninhalt des Dashboards. Sie ergänzen aber auch andere Bereiche wie Kurse, in denen sie entsprechende Inhalte anbieten. Wichtig für Teacher sind beispielsweise die Kurseinstellungen.

10.2.1 Aktuelle Termine

Einige Aktivitäten sind mit befristeten Sichtbarkeiten oder Startterminen verbunden und es gibt in Moodle die Möglichkeit, Abgabetermine auf eine bestimmte Frist zu begrenzen. Hier ist Moodle übrigens kompromisslos! Wenn ein Teacher einen Abgabetermin fixiert hat, wird dieser auf die Sekunde genau eingehalten. In der alltäglichen Lehrpraxis führt dies oft zur Verärgerung, weil die „Uhr eines Lernenden" vielleicht nicht ganz so genau eingestellt ist wie die Uhr des Moodle-Servers. Eine Übersicht über die anstehenden Termine vermeidet also durchaus Überraschungen. Die Daten kommen aus den jeweiligen Aktivitäten und werden automatisch im Block eingetragen.

Bild 10.13
Es steht eine Abgabe an! Darauf weist der Block „Aktuelle Termine" im Dashboard hin.

10.2.2 Block hinzufügen (sichtbar im Bearbeitungsmodus)

Block hinzufügen ist ein sehr kleiner Block des Dashboards, der lediglich im *Bearbeitungsmodus* sichtbar ist. Er besteht aus einem einfachen Drop-down-Feld, welches alle nicht platzierten, jedoch verfügbaren Blöcke auflistet (vgl. Bild 10.11).

10.2.3 Eigenes Profil

Einen kurzen Hinweis, wie das eigene Profil im System heißt, lässt sich mit diesem Block in das Dashboard bringen. Angezeigt werden – falls vorhanden – ein Profilfoto, der Anmeldename und die eigene E-Mail-Adresse. Das mag zunächst zum Schmunzeln anregen, denn in der Regel kennt eine Nutzerin oder ein Nutzer die eigene „Identität" im System. Es gibt jedoch Ausnahmen – beispielsweise während der Entwicklung von Kursen, wo es durchaus zweckmäßig ist, mit mehreren Profilen zu arbeiten, um die Arbeit vor der Live-Schaltung zu testen.

Bild 10.14
Mit welchem Benutzerprofil wird gerade in der Seite gearbeitet? – Besonders Kursentwickler nutzen sehr häufig mehrere Konten im Moodle-System, um ihre Kurse zu testen.

10.2.4 Einstellungen (sichtbar im Bearbeitungsmodus)

Der Inhalt des Blocks *Einstellungen* hängt entscheidend vom Kontext ab, in dem dieser Block verwendet wird. Im Dashboard, wo es im Wesentlichen darum geht, die Platzierung der Blöcke zu regeln, wird beispielsweise ein Konfigurationsfenster, wie es in Bild 10.16 zu sehen ist, geöffnet. Der Block für die Einstellungen ist im Dashboard allerdings leer. Es sind nur die Symbole für die Bearbeitung und die Verschiebung des Blocks sichtbar. Die Konfiguration wird über das Zahnradsymbol geöffnet.

Etwas umfangreicher kommt der Einstellungsblock in einem Kurs daher. Allerdings ist dieser nur dann sichtbar, wenn die Teilnehmerin oder der Teilnehmer in diesem Kurs eine entsprechende Rolle (z. B. Teacher) einnimmt. Unter anderem ruft die Nutzerin bzw. der Nutzer über die Einstellungen die Dialoge zum Sichern und Wiederherstellen eines Kurses auf.

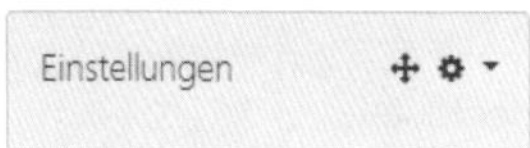

Bild 10.15 Recht mager kommt der Block *Einstellungen* im Dashboard daher. Eine Funktion hat er dennoch: Die Konfigurationen werden mithilfe des Zahnradsymbols über das damit geöffnete Menü aufgerufen.

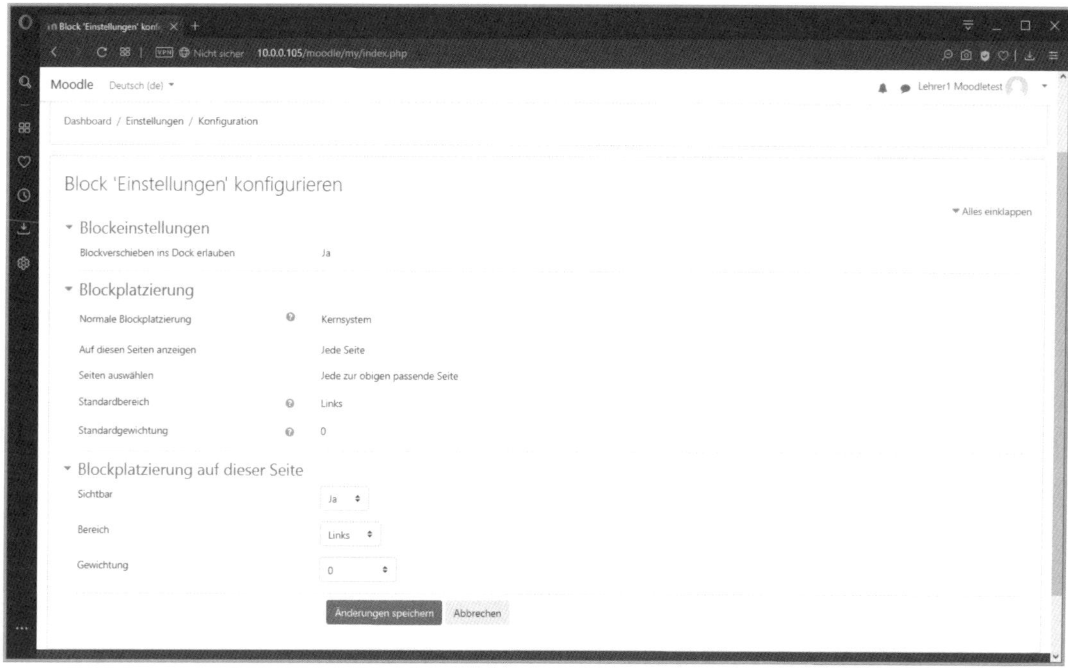

Bild 10.16 Grundlegende Einstellungen für die Platzierung von Blöcken.

Bild 10.17
Der Einstellungsblock in einem Kurs (sichtbar mit der Rolle „Teacher") ist inhaltlich bedeutend umfangreicher als die Einstellungen im Dashboard.

10.2.5 Favorisierte Kurse

Ein Studium kann schnell sehr umfangreich werden. Besonders aber dann, wenn man als Lehrerin oder Lehrer verschiedene Kurse betreut, die unter Umständen auch über verschiedene Semester aktiv bleiben sollen und verwaltet werden müssen, können Kurslisten sehr umfangreich sein. Es erleichtert die Arbeit deswegen sehr, bestimmte Kurse - zum Beispiel alle Kurse des laufenden Semesters - als (Favorit) zu markieren. Dies wird in der Kursübersicht vorgenommen (vgl. Bild 10.18).

In der Kursübersicht werden alle Kurse nach eigens festgelegten Kriterien gelistet. Auf der rechten Seite der Tabelle ist ein Symbol[1] aus drei Punkten zu finden. Darüber öffnet sich ein kleines Menü mit zwei Wahlmöglichkeiten:

- Entfernung des Eintrags aus der Kursübersicht
- Markierung des Kurses (als Favorit)

An dieser Stelle markierte Kurse werden im Block favorisierte Kurse gelistet und sind somit besser auffindbar und damit auch schneller zugänglich.

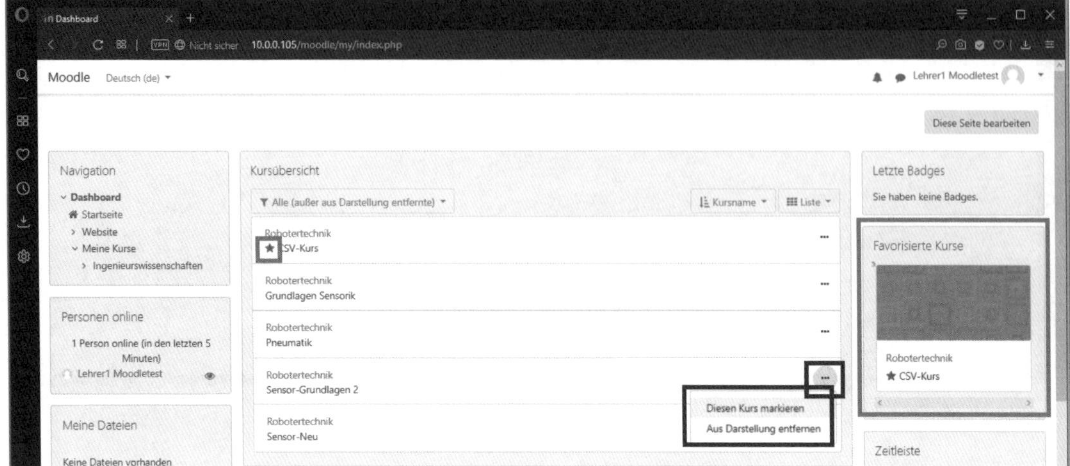

Bild 10.18 Markierte Kurse erscheinen im Block „Favorisierte Kurse".

10.2.6 Globale Suche

Die globale Suche erlaubt es, Wikis, Forenbeiträge, Kursinhalte etc. gezielt nach bestimmten Begriffen zu durchsuchen. Neben dem Block mit einem Eingabefeld für den Suchbegriff wird auch ein „Lupensymbol" neben dem Nutzernamen im Kopfbereich der Seite präsentiert. Die globale Suche kann zudem in die Kurse integriert werden.

In der *erweiterten* Suche können verschiedene Filter gesetzt werden, um damit die Suche auf einen engen Kreis innerhalb des Datenvolumens einzugrenzen. Das ist sinnvoll, denn Moodle-Systeme wachsen im Laufe der Zeit schnell im Umfang an. Die Rechenkapazität des Server-Systems wird durch Suchanfragen, aber auch durch die im Hintergrund laufenden Indizierungsvorgänge stark beansprucht.

Aus diesem Grund ist die globale Suche (innerhalb des Moodle-Systems) zunächst nicht aktiviert. Hier ist die Moodle-Administration gefordert, die Möglichkeiten ebenso wie die Notwendigkeit zu prüfen und dann auch das Plugin zu aktivieren.

---

[1] Die Symbole können – abhängig vom verwendeten Design – auch andere Gestalt annehmen. Dies legen die Entwickler der Themes fest.

Bedarf an Rechenleistung = Systembremse

Große Systeme mit großem Datenvolumen in Verbindung mit hohen Nutzerzahlen und häufigen Suchanfragen können das System merklich belasten. Kurse werden in der Regel im Moodle-System von den Lernenden nicht frei gewählt, sondern sind Teil der individuellen Lernpläne. Damit wäre eine Suchfunktion eigentlich nicht nötig. Dennoch kann eine globale Suche in einem derartig komplexen System durchaus sinnvoll sein, um beispielsweise Informationen aus älteren Kursen zu gewinnen, in denen die Nutzerin oder der Nutzer eingeschrieben ist. Das können sowohl Kursmaterialien als auch Forenbeiträge etc. sein.

Belastend für die Server-Performance – vor allem durch die häufigen und intensiven Zugriffe auf die Moodle-Datenbank – sind vor allem die Indizierungsprozesse. Dabei werden die Inhalte der Kurse, Foren, Wikis etc. gescannt und Schlagworte gebildet. Diese Indizierung beschleunigt letztlich die Suche selbst, bremst jedoch das System signifikant. Es ist deswegen zu empfehlen, die Indizierung in den geplanten Vorgängen auf ruhige Zeiten zu verlegen. Die Programmierung dieser zeitlich gesteuerten Aktionen erfolgt durch die Administration in der *Website-Administration* im Bereich *Server – Tasks – geplante Vorgänge*. Zudem kann die Aktionsdauer begrenzt werden. Dies wird allerdings in einem anderen Bereich der Website-Administration – in der Konfiguration des Plugins für die Suche – festgelegt. Im Beispiel (vgl. Bild 10.23) wird eine Indizierungsdauer von zehn Minuten programmiert. In größeren Moodle-Systemen wird dies zu wenig sein, jedoch setzt Moodle den Prozess nach der Pause an der gleichen Stelle fort. Auf diese Weise erfolgt allmählich eine vollständige Indizierung, ohne dabei jedoch die Performance des Gesamtsystems zu beeinträchtigen.

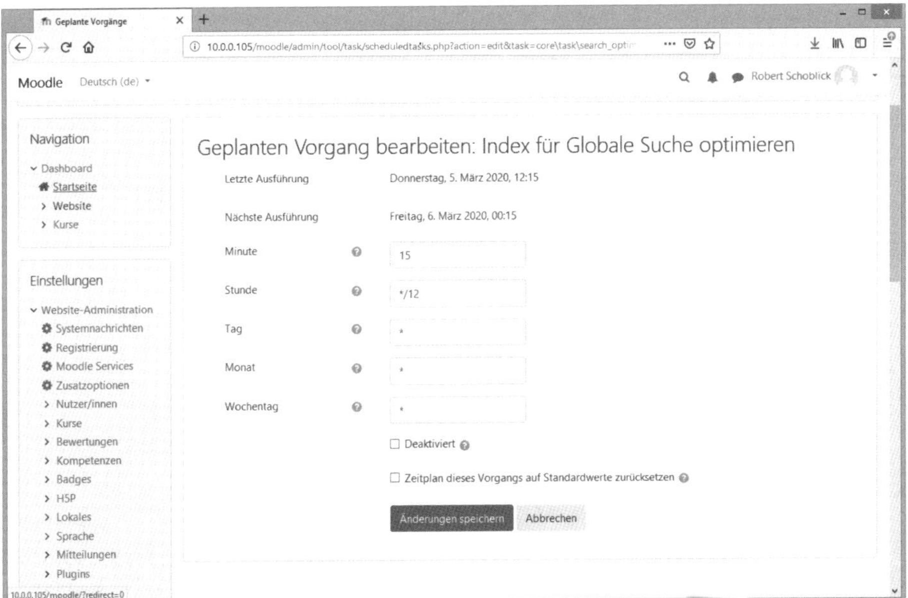

Bild 10.19 Im Intervall von zwölf Stunden wird die Indizierung jeweils zur 15. Minute ausgeführt.

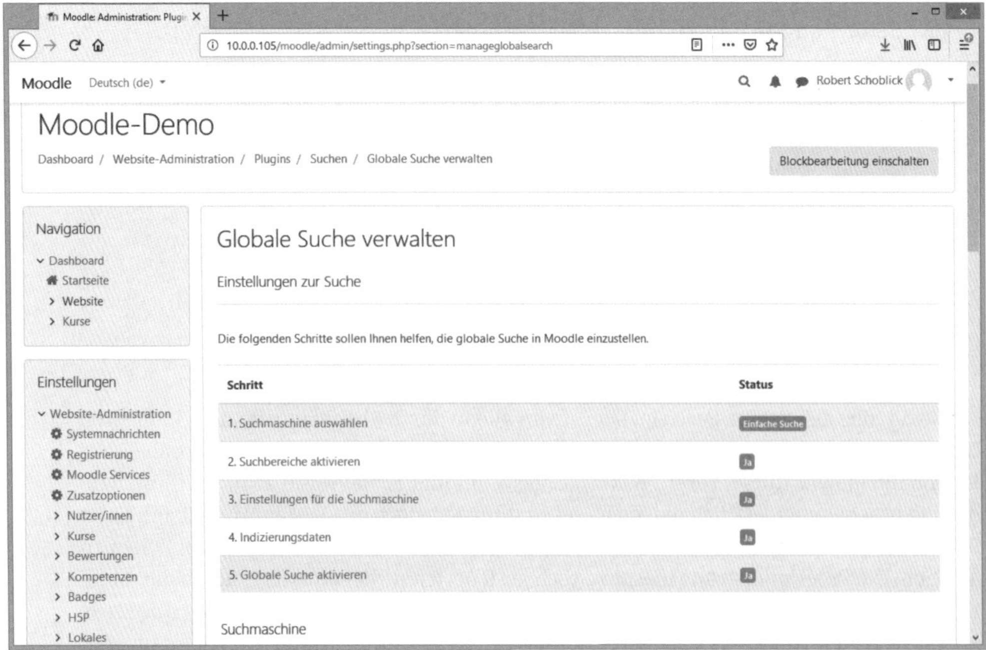

Bild 10.20 Die globale Suche wird ausschließlich durch die für das System verantwortliche Administration konfiguriert und aktiviert.

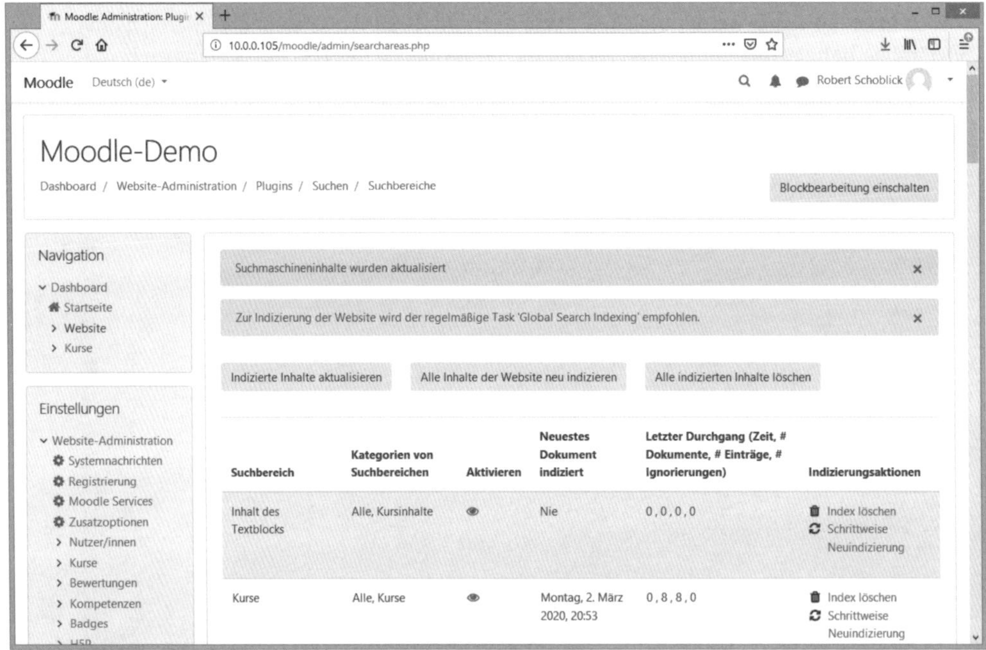

Bild 10.21 Die Indizierung der Inhalte ist für ein schnelles Auffinden der gesuchten Begriffe erforderlich. Allerdings belasten die Indizierungsprozesse sowohl die Server-Rechenleistung als auch die Performance des Datenbank-Management-Systems.

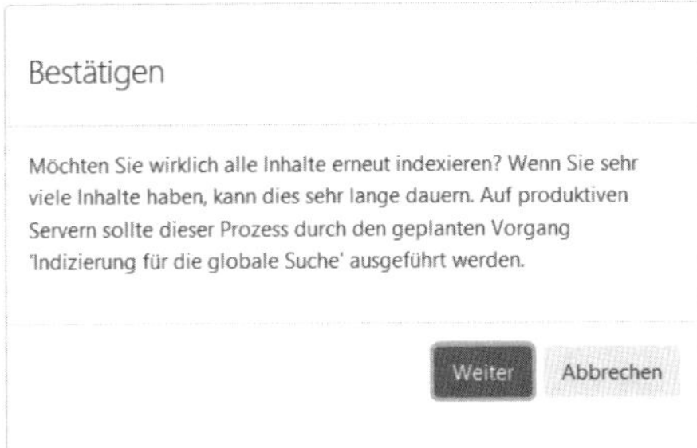

Bild 10.22
Die Indizierung kann das System in seiner Performance bremsen. Deswegen wird der manuelle Start noch einmal hinterfragt.

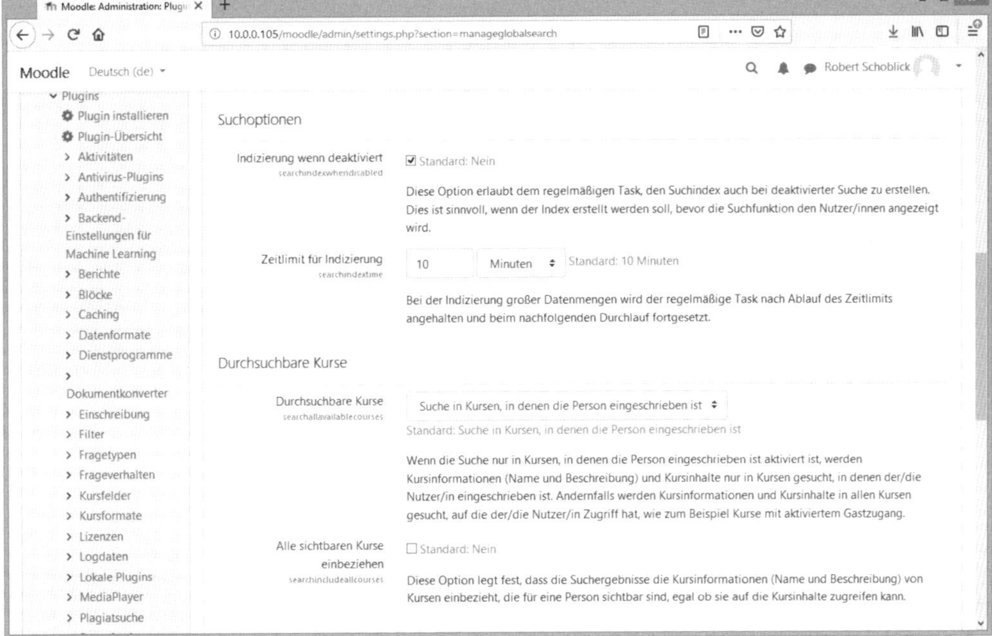

Bild 10.23 Das Zeitlimit für die Indizierung sollte nicht zu hoch angesetzt werden, wenn das Moodle-System intensiv genutzt wird. Hier wären mehrere kurze Intervalle sinnvoller, die zudem in ruhige Zeiten gelegt werden.

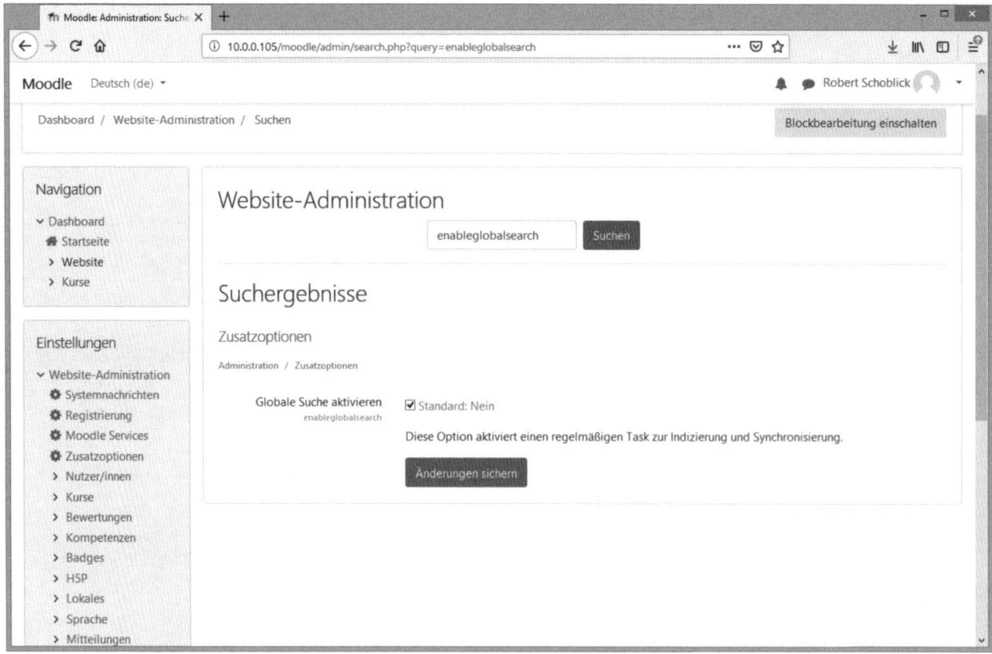

Bild 10.24 Letztendlich muss die globale Suche ausdrücklich aktiviert werden.

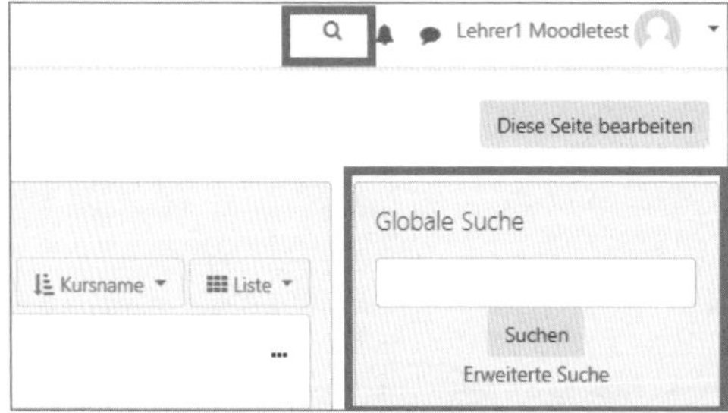

Bild 10.25
Die globale Suche kann in einem speziellen Block oder über das „Lupen-Symbol" genutzt werden.

10.2.7 Glossareintrag

Ein Glossar ist ein wertvolles Nachschlagewerk und zudem eine wichtige Voraussetzung für die Nutzung verschiedener Lernaktivitäten. In Moodle kann die Entwicklung eines Glossars wahlweise durch das Lehrpersonal oder aber auch als Gemeinschaftsaufgabe durch die Lernenden erfolgen. Auf diese Weise entstehen Wissensdatenbanken von hohem Wert. Diesen Wert kann ein Glossar allerdings nur dann entfalten, wenn dessen Inhalt zur Kenntnis genommen wird. Als Nachschlagewerk wird das Glossar in der Regel nur gezielt nach bestimmten Begriffen durchsucht. Einen größeren Effekt hat das Glossar jedoch, wenn die Inhalte immer wieder ins Bewusstsein gerufen werden.

Hier leistet der Block *Glossareintrag* in einem Kurs wertvolle Dienste. Der Block blendet ein Schlagwort und die dazugehörige Bedeutung ein. Der Begriff kann für eine festgelegte Dauer permanent oder wechselnd bei jedem Seitenaufruf angezeigt werden. Die ständige

Präsenz der Informationen sorgt beiläufig für deren Aufnahme im Gedächtnis. Außerdem bewirkt die Begrenzung auf nur einen Begriff, dass keine Überforderung beim Lernen auftritt. Dies funktioniert jedoch nur dann, wenn die Information selbst nicht zu komplex wird. Kurze Erklärungen sind ideal.

Wichtig ist, dass das Glossar entweder kursübergreifend oder auf der Startseite angelegt worden ist. Ein in einem Kurs isoliertes Glossar ist eher weniger geeignet, weil es nur in einem eng umrissenen Kontext sichtbar ist.

Voraussetzung für eine erfolgreiche Anzeige

Es stehen nur kursübergreifende oder in der Startseite verfügbare Glossare für die Nutzung zur Verfügung. ■

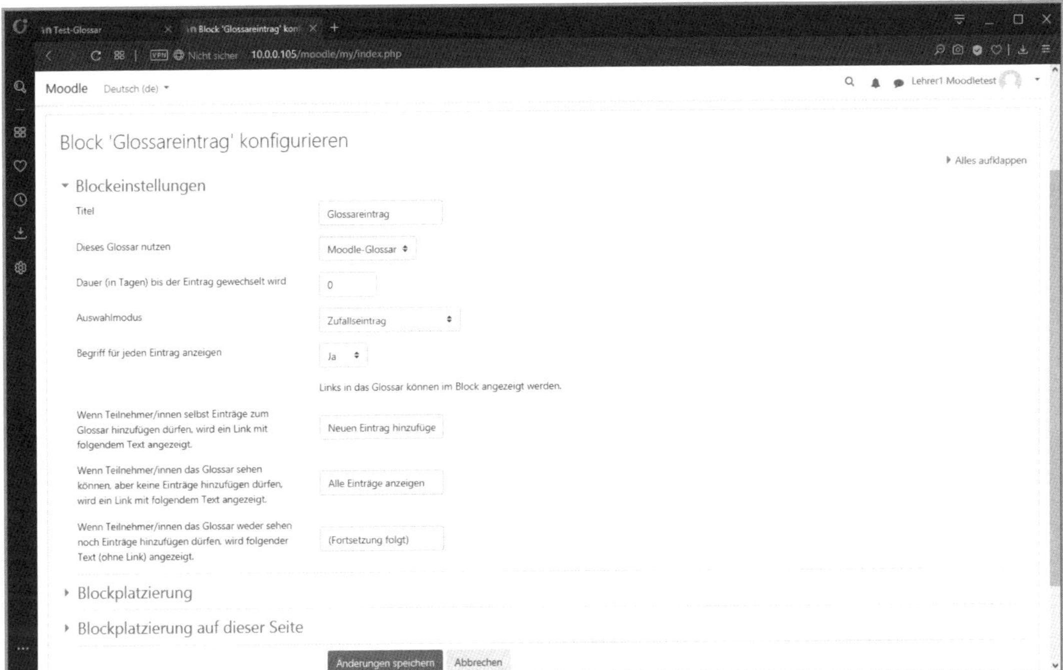

Bild 10.26 In der Konfiguration wird das zu verwendende Glossar festgelegt. Idealerweise werden die Ausgaben im Block nach dem Zufallsprinzip gewählt.

Bild 10.27
Die Glossareinträge sollten kurz und knapp sein, damit die – beiläufige – Aufnahme des Wissens möglich bleibt.

10.2.8 Kalender

Die Schulzeit, ein Studium oder eine Ausbildung sind streng durchgetaktet. Es gibt immer wieder Abgabetermine und Prüfungen. E-Learning-Plattformen wie Moodle ermöglichen die sekundengenaue Festlegung von Abgabefristen. Damit keine Abgabe versäumt und kein negatives Ergebnis riskiert wird, ist es unabdingbar, den eigenen Kalender stets im Blickfeld zu haben.

Der Kalender steht also in einem engen Zusammenhang mit den Aktivitäten in Moodle. Der Block zeigt den Kalender des Moodle-Systems an. Tatsächlich ist ein Import externer Kalender in Moodle nicht vorgesehen. Das Gleiche gilt auch für die Bearbeitung von Terminen durch externe Kalender-Software wie beispielsweise MS-Outlook oder Thunderbird.

Es ist allerdings möglich, einen Moodle-Kalender in einen externen Kalender zu importieren. Dazu muss der Kalender als ICS-Datei[2] exportiert und diese in den externen Kalender importiert werden. Alternativ zum direkten Export einer Datei kann auch ein Link auf das Moodle-System und den Kalender erzeugt werden. Der Vorteil daran ist, dass Änderungen innerhalb des Moodle-Kalenders - beispielsweise durch einen neuen Abgabetermin, der automatisch von einer Aktivität in den Kalender eingetragen wurde - automatisch auch in den externen Kalender übernommen werden.

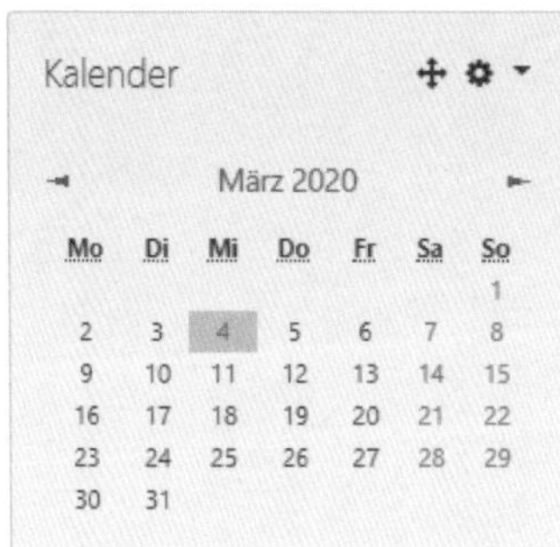

Bild 10.28
Der Kalender bietet weit mehr als die Anzeige des aktuellen Tagesdatums: Es werden auch anstehende Termine farblich hervorgehoben. Über den Block ist auch der direkte Zugang zum Kalender und die Option zu dessen Export möglich.

[2] Das Format einer iCal- bzw. ICS-Kalenderdatei ist in der RFC 5545 *(https://tools.ietf.org/html/rfc5545)* definiert. RFC steht für Request for Comment. Nach diesem offenen Definitions- und Diskussionsverfahren sind die wichtigsten Standards für das Internet festgelegt und publiziert worden.

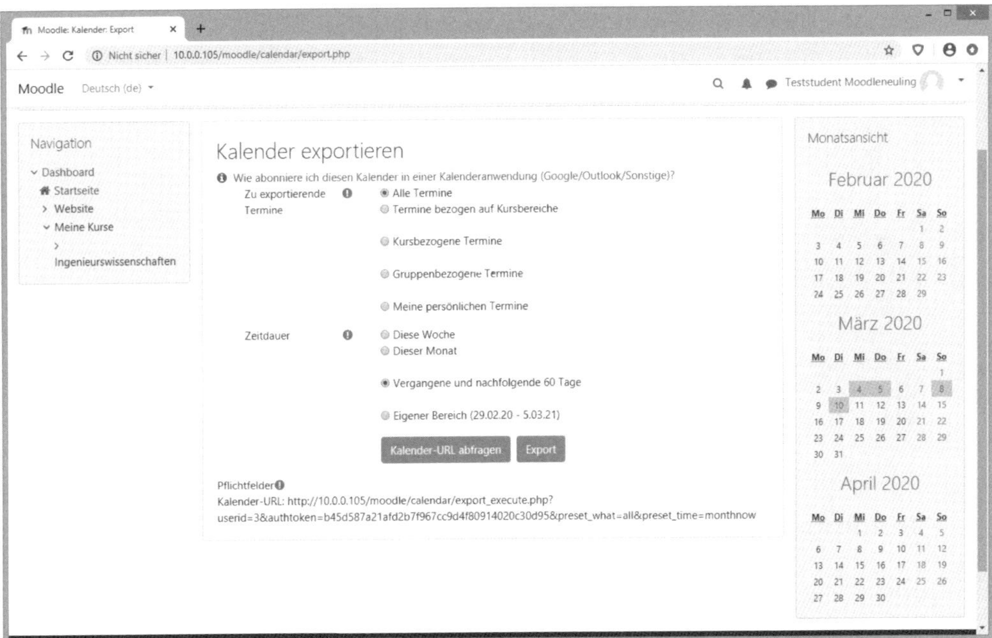

Bild 10.29 Der Kalender kann für die Integration der Daten in externe Kalender-Applikationen wie Outlook oder Thunderbird als ICS-Datei oder als ein Link auf die ICS-Datei exportiert werden.

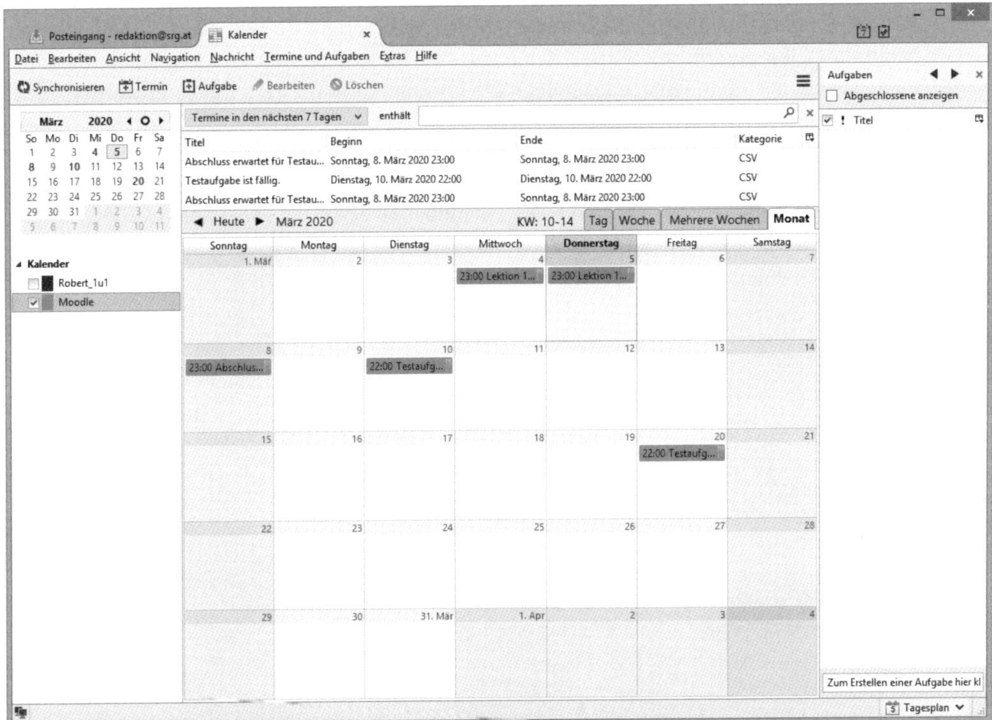

Bild 10.30 Der Moodle-Kalender wurde in einen Thunderbird-Kalender importiert. Damit haben Nutzerinnen und Nutzer stets – auch ohne einen direkten Moodle-Login – einen vollständigen Überblick zu den anstehenden Abgabeterminen.

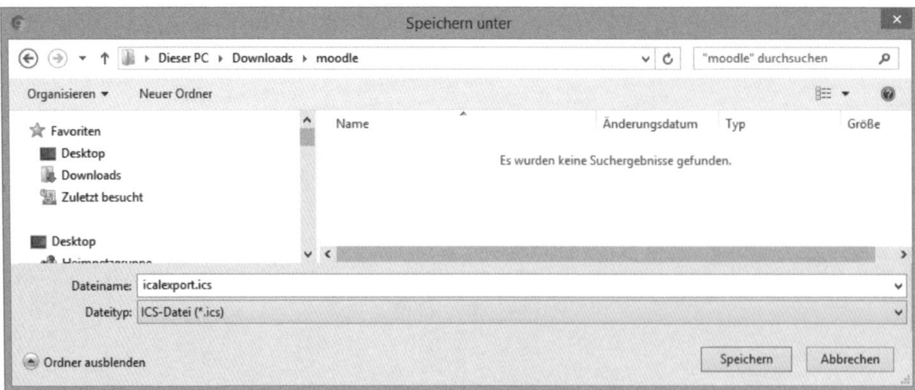

Bild 10.31 Die Kalenderdatei kann aus Moodle direkt als ICS-Datei exportiert werden.

10.2.9 Kommentare

Kommentare sind kontextbezogene Stellungnahmen zu den Inhalten und Abläufen innerhalb eines Kurses etc. Über diesen Weg lassen sich sogar kleinere Diskussionen führen. Allerdings eignen sich Kommentare auch sehr gut, Anregungen zum Kurs zu liefern oder Fragen zu formulieren.

Damit Kommentare verwendet werden können, muss dies von der Administration in der *Website-Administration* unter *Zusatzoptionen* aktiviert werden. In Bild 10.33 werden die globalen Einstellungen für die Startseite festgelegt. Darin wird unter anderem auch die maximale Anzahl der Kommentare festgelegt, die im Kommentarblock dargestellt werden.

Kommentare versus Foren

Für komplexe Diskussionen sollte ein moderiertes Forum verwendet werden. Dies bietet zudem die Möglichkeit, Diskussionen zu verschiedenen Themen in eigenen Threads[3] zu ordnen.

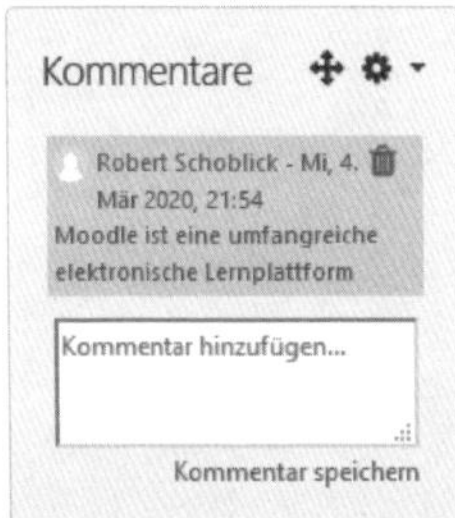

Bild 10.32
Kurze Kommentare eignen sich ideal für die Darstellung in einem Block.

[3] Thread = Faden, sinngemäß „roter Faden“, Leitfaden. In Foren werden thematisch zusammenhängende Diskussionsbeiträge, die unter einer gemeinsamen Überschrift gelistet werden, als „Thread“ bezeichnet.

Bild 10.33 Die Möglichkeit, Kurse etc. zu kommentieren, muss von der Moodle-Administration aktiviert werden.

10.2.10 Kursübersicht

Die Kursübersicht gehört zu den wichtigsten Werkzeugen des Moodle-Dashboards. Hier lassen sich alle Kurse einer Nutzerin oder eines Nutzers auflisten, wobei gezielt Filter gesetzt werden können. So können selbstverständlich auch alle Kurse gelistet werden, wobei diese Liste rasch sehr lang und umfangreich werden kann:

- alle Kurse
- laufende Kurse
- künftige Kurse
- vergangene Kurse
- als Favorit markierte Kurse
- aus der Darstellung entfernte Kurse

Die Darstellung der Liste kann in drei verschiedenen Formen erfolgen:

- als Liste
- als Kacheln
- mit Symbolen und Kommentaren

Die Liste kann zudem bearbeitet werden. Weniger wichtige Kurse lassen sich aus der Darstellung in der Liste entfernen. Sehr wichtige Kurse können dagegen als Favoriten markiert und betont werden. Diese Kurse können zudem in einem eigenen Block „Favorisierte Kurse“ präsentiert werden.

Kurse werden nicht gelöscht!

Kurse, die aus der Darstellung entfernt werden, erscheinen nicht mehr in der Kursliste der Nutzerin bzw. des Nutzers. Sie sind jedoch nach wie vor im System vorhanden und können bearbeitet werden. Die Entfernung aus der Darstellung betrifft ausschließlich die individuelle Kursliste. In den Kurslisten anderer Nutzerinnen und Nutzer wird der Kurs weiterhin angezeigt.

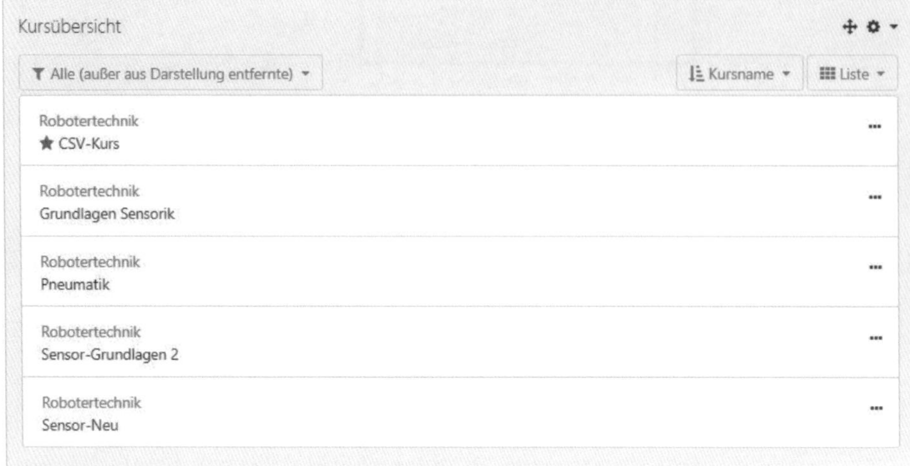

Bild 10.34 In dieser Kursübersicht werden alle Kurse in der Listenansicht gezeigt. Der CSV-Kurs ist als Favorit markiert.

10.2.11 Letzte Badges

Badges sind „Abzeichen". In Moodle handelt es sich um grafische Auszeichnungen für die erarbeiteten Leistungen im System. Wie die Badges aussehen, kann individuell definiert werden. Badges können – je nachdem, wie sie definiert werden – als „nette Anerkennung" oder als ein anspruchsvolles digitales Leistungszertifikat verstanden werden.

Wesentlich interessanter als individuelle Badges einzelner Schulen und Institute werden mittlerweile Badges unabhängiger externer Stellen angesehen. Ein Beispiel sind die „Open Badges" der Mozilla Foundation.

Mozilla Open Badges

Informationen und Quellen zu „Open Badges" sind im Projekt der Mozilla Foundation im Internet verfügbar. Wichtig in diesem Zusammenhang: Die entsprechenden Programme sind – ebenso wie Moodle – Open Source.

https://openbadges.org

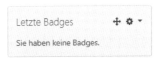

Bild 10.35
Die Nutzerin bzw. der Nutzer ist noch neu im System und hat noch keine Badges verdient. Erworbene Abzeichen werden in diesem Block angezeigt.

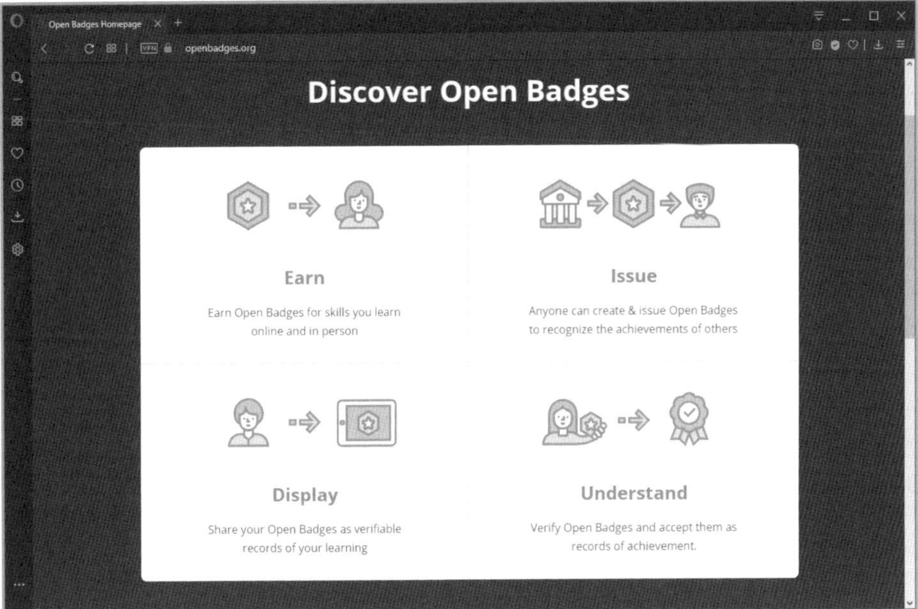

Bild 10.36 Das Projekt der Mozilla-Foundation – Open Badges – widmet sich der Entwicklung von digitalen Leistungszertifikaten und deren Anerkennung.

10.2.12 Meine Kurse

Der Block *Meine Kurse* listet die aktuellen eigenen Kurse auf. Am Rand des Dashboards oder innerhalb eines Kurses hat die Nutzerin oder der Nutzer direkten Zugriff auf die Kurse, in denen die Person eingeschrieben ist. Das ist sinnvoll, weil die Semesterinhalte meist aus einer Kombination mehrerer Fächer gestaltet werden.

Bild 10.37
Der Block „Meine Kurse“ stellt eine schnelle Zugriffsmöglichkeit auf die Kurse dar, die die Nutzerin oder der Nutzer belegt hat.

10.2.13 Mentoren

Moodle bietet auch sogenannten Mentoren[4] die Möglichkeit, ihren Mentee[5] zu beraten und zu betreuen. Dazu ist es in erster Linie erforderlich, dass sich ein Mentor über die Arbeiten und Leistungen des Mentees detailliert informieren kann. Dies funktioniert am besten, wenn ein Mentor direkten Einblick in die Kurse seines Mentees nehmen kann.

Mentoren können durchaus mehrere Schützlinge betreuen. Eine Übersicht über deren Mentees bietet der Block *Mentoren*. In Bild 10.38 ist zu erkennen, dass die Person einen Mentee betreut.

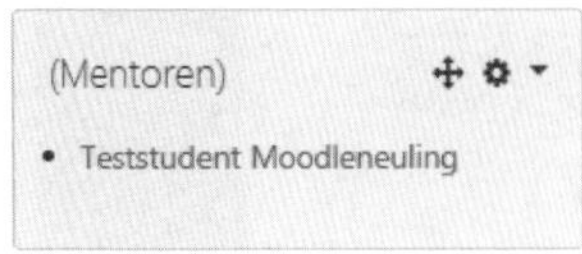

Bild 10.38
Die Nutzerin bzw. der Nutzer sieht diesen Block in einem Kurs. Die Person ist in diesem Kurs Mentor/in des Nutzers „Teststudent Moodleneuling".

Damit ein Mentee im Block seines Mentors auftauchen und vor allem auch von diesem anhand der Einsicht in den eigenen Kurs beraten werden kann, sind einige Einstellungen erforderlich:

Zuerst wird eine Rolle benötigt, die als Mentor auftreten kann. Dieser Rolle wird nicht zwingend ein klassischer Kontext (Kurs, Aktivität), sondern der Kontext „Nutzer" zugeordnet. Der Rolle muss mindestens die Fähigkeit erlaubt werden, Benutzerprofile sehen zu dürfen.

Je nachdem, welche Informationen ein Mentor aus den Kursen über seinen Schützling beziehen soll, müssen weitere Fähigkeiten erlaubt werden:

- Um die Blogeinträge des Mentees lesen zu können, muss die Fähigkeit *Alle Nutzerblogs sehen* erlaubt werden.
- Soll ein Mentor die Beiträge im Forum mitlesen und die Diskussionen analysieren können, wird die Fähigkeit *Alle Nutzerbeiträge sehen* benötigt.
- Sehr wichtig ist, die Fähigkeit, *Nutzerberichte zu sehen* – um die Erfolge (oder auch Misserfolge) in den verschiedenen Aktivitäten des Kurses erkennen zu können.

Transparenz für Eltern

An Schulen können Eltern mithilfe der Mentorenrolle Einblick in die Entwicklung ihrer Kinder bekommen, weil sie gewissermaßen passive Begleiter in den Moodle-Kursen werden. Über die Kommunikationswege von Moodle eröffnen sich zudem direkte Kommunikationsmöglichkeiten mit den Lehrenden. Die Eltern müssen sich natürlich im Moodle-System registrieren.

Damit eine Nutzerin bzw. ein Nutzer einen Mentor bekommen kann, muss zunächst eine Verbindung zwischen Mentor und Mentee hergestellt werden. Dazu ruft die Administration das Profil des Mentees und darin im Block *Administration* die *Einstellungen* auf. Unter Rollen

[4] Erfahrene Person, die eine lernende Person mit ihrem Wissen unterstützend begleitet.

[5] Der Mentee ist die lernende Person, die von einem Mentor betreut und aufgrund dessen Erfahrungen beraten wird.

ist die Option *Rollen relativ zu diesem Nutzerkonto* interessant. Über diese Option wird die Mentoren-Rolle ausgewählt, die hier die zuvor neu erzeugte Rolle „Parent“ ist. Abschließend wird die Mentorin bzw. der Mentor aus einer Liste gewählt. Es können durchaus auch mehrere Mentoren einen Mentee betreuen.

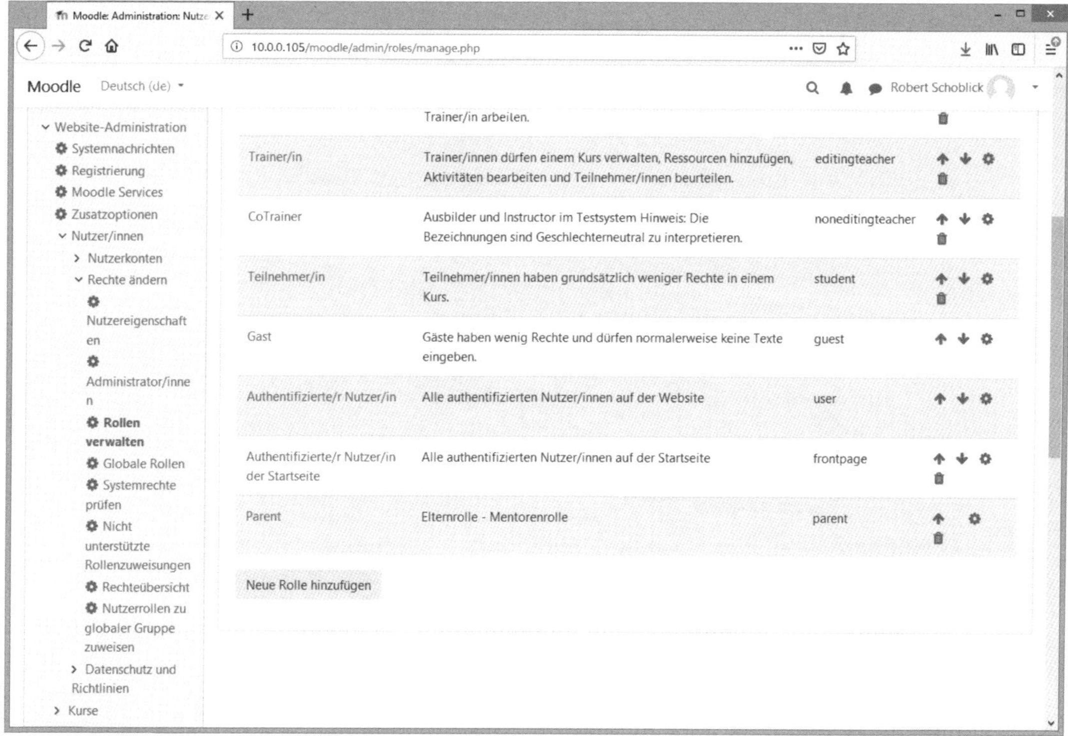

Bild 10.39 Es wird neben den Standardrollen eine eigene Mentorenrolle angelegt, die den Namen „Parent“ bekommen soll.

Kontexttypen, in denen diese Rolle möglicherweise zugewiesen ist.	☐ Kernsystem ☑ Nutzer ☐ Kursbereich ☐ Kurs ☐ Aktivitäten ☐ Block

Bild 10.40
Die Rolle eines Mentors ist stets im Kontext zu einem Nutzer zu betrachten.

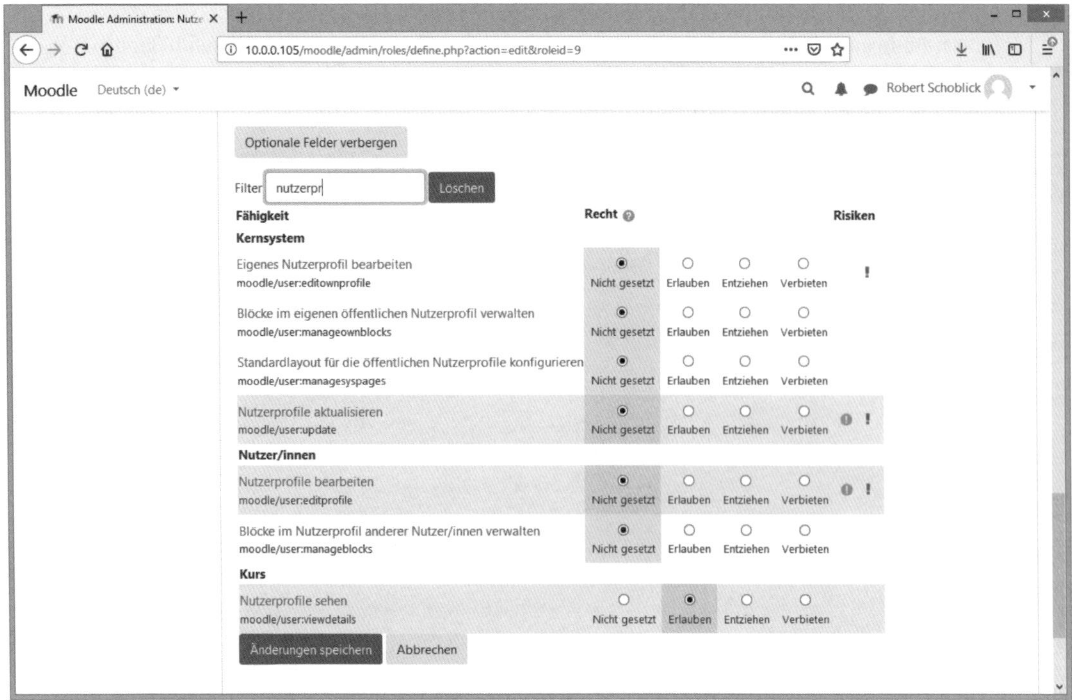

Bild 10.41 Die Mentoren-Rolle erfordert die Einsicht in das Nutzerprofil der betreuten Person.

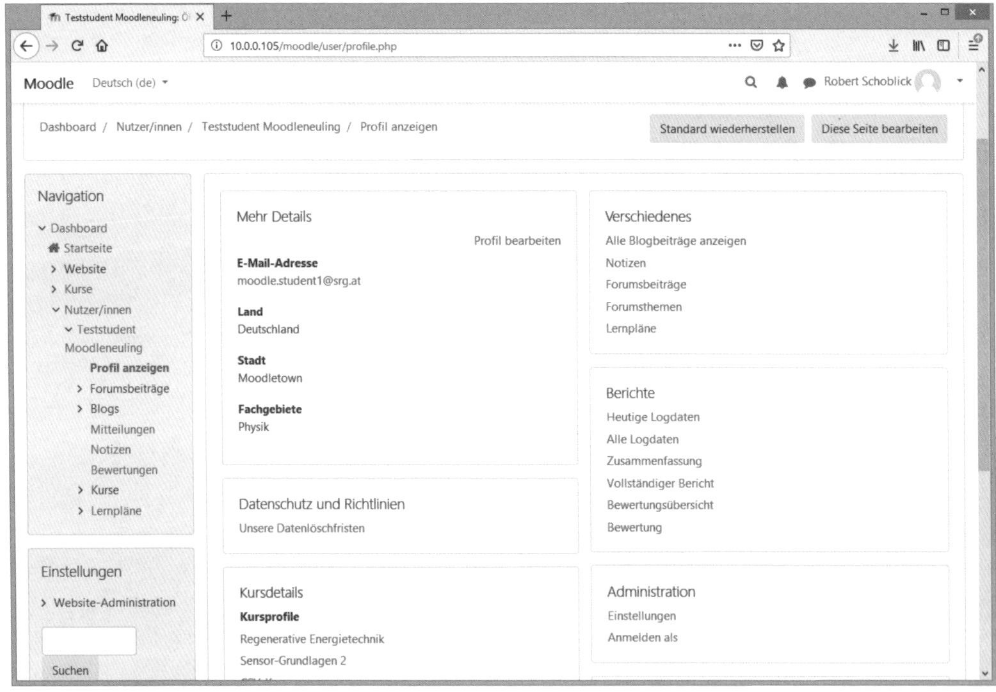

Bild 10.42 Die Administration sieht in einem Benutzerprofil den Block *Administration*. Darin ist der Eintrag „Einstellungen" zu wählen.

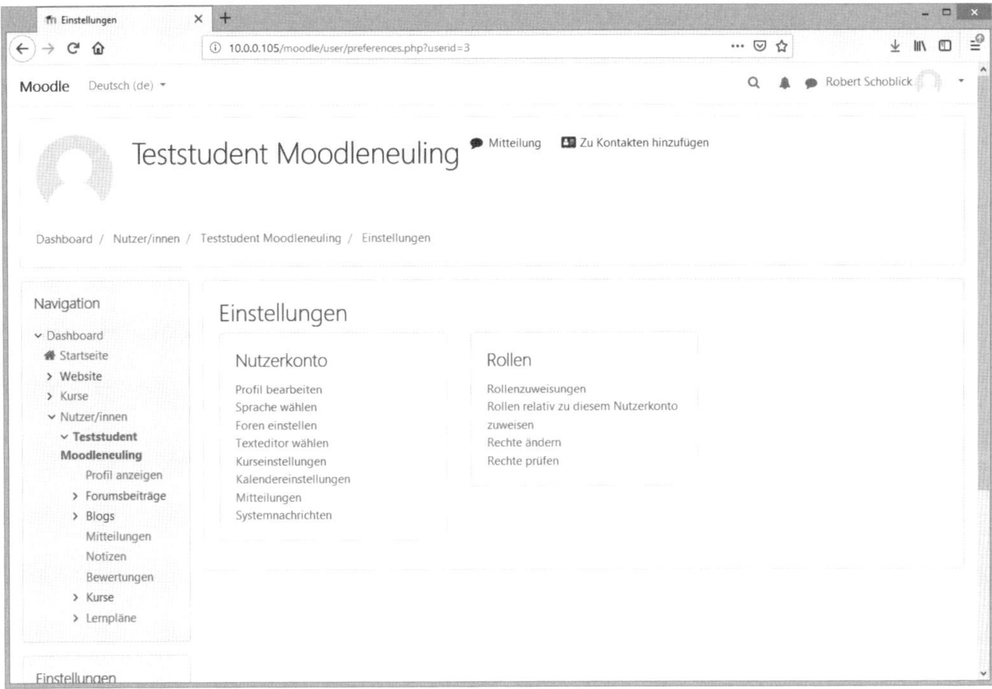

Bild 10.43 Die Mentorenrolle steht relativ zu dem gerade bearbeiteten Nutzerkonto.

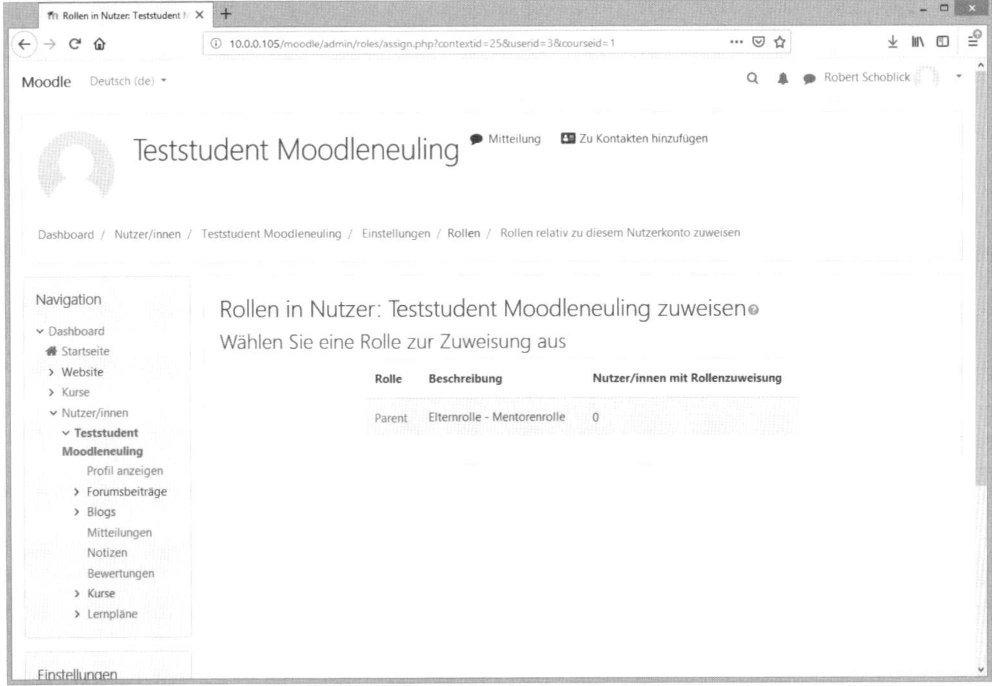

Bild 10.44 Es ist möglich, dass verschiedene Rollen im System einen Nutzer-Kontext haben. An dieser Stelle wird die für die jeweilige Nutzerin bzw. den jeweiligen Nutzer passende Rolle für die gewünschte Mentorin bzw. den gewünschten Mentor ausgewählt.

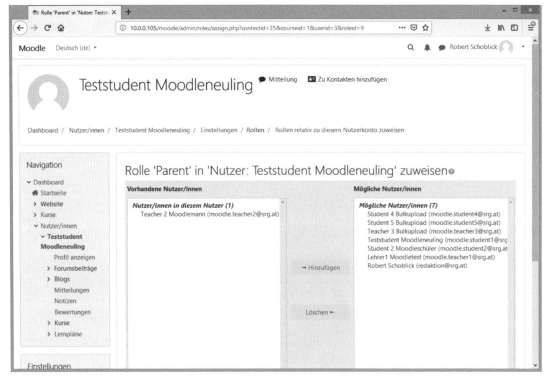

Bild 10.45 Aus der Liste der möglichen Nutzer/innen wird der Inhaberin bzw. dem Inhaber des bearbeiteten Profils die betreuende Person zugeordnet.

10.2.14 Navigation

Die Navigation ist gewissermaßen der Standard-Block. Über die hier gelisteten Ziele erreichen Nutzerinnen und Nutzer jedes Ziel in ihrem Moodle-System.

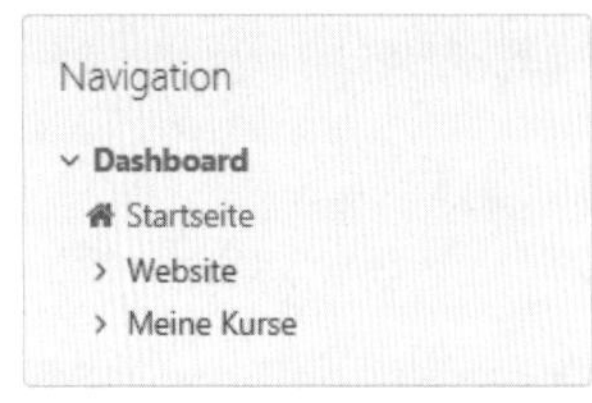

Bild 10.46
Die Navigation ist der wichtigste Block im System.

10.2.15 Neue Ankündigungen

Mit dem Block *Neue Ankündigungen* werden die Überschriften der letzten Forenbeiträge mit Autorenname und einem Zeitstempel gelistet. Der Block im Dashboard wirkt kursübergreifend und bietet der Nutzerin bzw. dem Nutzer einen schnellen Zugang zu den Aktivitäten in den Foren seiner Kurse.

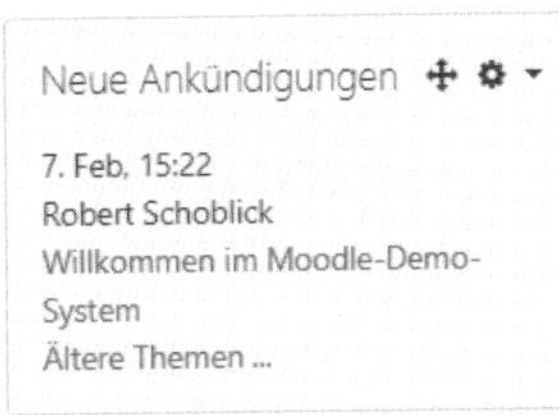

Bild 10.47
Der Block „Neue Ankündigungen" listet die letzten Forenbeiträge aus den belegten Kursen.

10.2.16 Personen Online

Im Block *Personen Online* werden die im System gerade aktiven Mitglieder des Kurses angezeigt. Werden die Kurse im Gruppenmodus mit getrennten Gruppen gestaltet, sind nur die aktuell im Netz angemeldeten Gruppenmitglieder sichtbar.

Die Aussagekraft ist allerdings begrenzt, denn es werden die Nutzerinnen und Nutzer des Kurses angezeigt, die innerhalb einer definierten Zeit (in der Grundeinstellung sind dies fünf Minuten) online sind oder waren. Es gibt also keine Garantie, dass die Personen tatsächlich noch im Moodle-System eingeloggt sind. Dieser Zeitrahmen kann durch die Administration verändert werden.

In der *Website-Administration* kann im Bereich *Plugins – Blöcke* der Zeitrahmen vorgegeben werden, in dem die Nutzerinnen und Nutzer maximal inaktiv sein dürfen, um noch im Block „Personen Online" gelistet zu werden. Es können also auch durchaus eigene Zeiten definiert werden.

Begrenzte Aussagekraft

Da alle Nutzerinnen und Nutzer des Kurses gelistet werden, die aktuell online sind oder in den letzten fünf Minuten *waren*, kann nicht garantiert werden, dass eine gelistete Person tatsächlich noch im System aktiv ist.

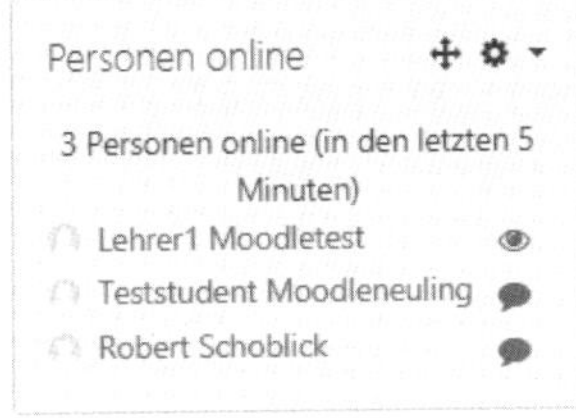

Bild 10.48
In diesem Beispiel sind in den letzten fünf Minuten drei Personen online gewesen. Ob diese Personen noch immer aktiv im System arbeiten, sagt der Blockinhalt nicht aus.

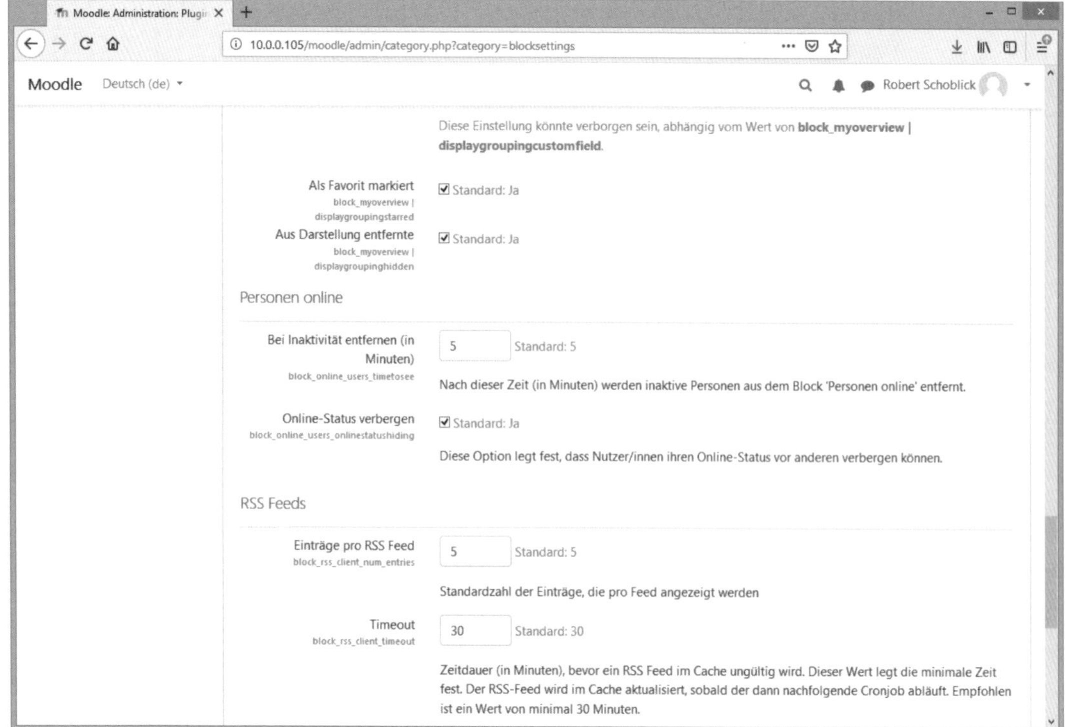

Bild 10.49 Bei Inaktivität von mehr als fünf Minuten (oder dem hier individuell definierten Zeitrahmen) werden Nutzerinnen und Nutzer aus dem Block „Personen Online" entfernt.

10.2.17 Zeitleiste

Der Block *Zeitleiste* hilft bei der Planung der Lernaktivitäten. Die Übersicht über anstehende Abgabetermine und Prüfungen erleichtert es den Lernenden, ihre Ressourcen besser einzuteilen und somit erfolgreicher und effektiver zu lernen. Die Zeitleiste ist dem Kalender funktional sehr ähnlich, jedoch listet die Zeitleiste die Termine im Klartext, während der Kalender farblich unterstützt die Daten markiert, an denen ein Termin ansteht. Es ist beim Kalender also ein Eingriff erforderlich, um den anstehenden Termin zu deuten: Das Überfahren mit dem Mauszeiger blendet ein Tooltip, einen kleinen Informationstext, ein. Dieser liefert Detailinformationen zu den einzelnen Terminen. Der Block *Zeitleiste* liefert die Informationen auf einen Blick ohne eine zusätzliche Interaktion.

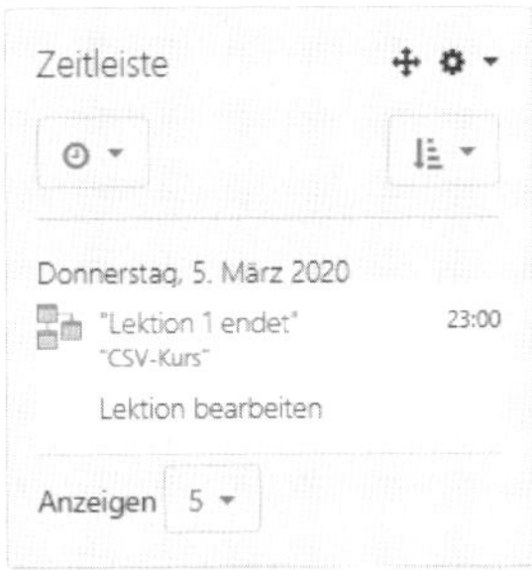

Bild 10.50
Die Zeitleiste zeigt im Klartext die bevorstehenden Termine an und erleichtert die gezielte Planung der Lernaktivitäten.

10.2.18 Zuletzt besuchte Kurse

Obwohl Nutzerinnen und Nutzer – ganz gleich ob lernend oder lehrend – meist in sehr vielen Kursen gleichzeitig eingeschrieben sind, werden in der Regel phasenweise nur sehr wenige Kurse regelmäßig bearbeitet. Es ist deswegen sinnvoll, die zuletzt besuchten Kurse besonders prominent auf dem eigenen Dashboard darzustellen, um sie schnell zu erreichen. Natürlich ist dieser Block nur dann sinnvoll, wenn die Zahl der eigenen Kurse sehr umfangreich wird.

Bild 10.51
Die zuletzt genutzten Kurse sind in diesem Block direkt zugänglich. Das beschleunigt den Arbeitsbeginn.

10.2.19 Zuletzt genutzte Objekte

Arbeitet man intensiv an einer Aufgabe oder einer Lektion etc., dann ist es sicher lästig, sich nach jedem Login-Vorgang zuerst einmal durch den „Wald der eigenen Kurse" zu navigieren. Wesentlich eleganter ist der direkte Sprung zu den zuletzt bearbeiteten Objekten, um dort die Aufgaben nach einer Unterbrechung weiterzubearbeiten und abzuschließen.

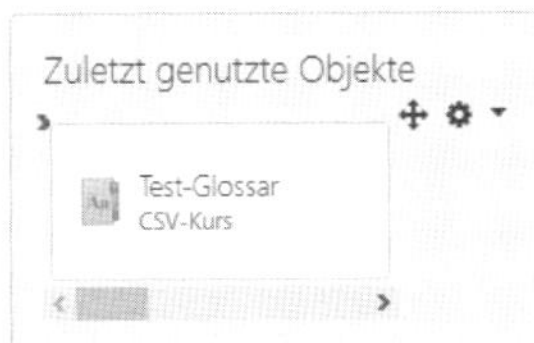

Bild 10.52
Es müssen nicht immer Kurse sein, die häufig genutzt werden. Auch der direkte Zugriff auf einzelne wichtige Objekte beschleunigt die Arbeit im Lernsystem.

11 Aktivitäten – Werkzeuge zur Kursgestaltung

Dieses Kapitel befasst sich mit der *inhaltlichen Gestaltung* von Moodle-Kursen. Diese Aufgabe obliegt den Lehrenden. Dabei wird deutlich, dass ein Lernmanagementsystem weit mehr ist als ein Medium zur Bereitstellung von Lehrmaterial im PDF-Form und zur Abgabe von Hausaufgaben. Es wird dargestellt, wie interaktive Kurse geplant und umgesetzt und die Lernerfolge durch Kontrollfragen überprüft werden. Nur wer die Werkzeuge des Moodle-Systems kennt, besitzt die Grundlagen für die individuelle Gestaltung didaktischer Konzepte und deren praktischen Umsetzung.

11.1 Kurse verwalten

In den letzten Kapiteln war zu lesen, mit welchen verschiedenen Methoden Kurse erstellt, Teilnehmerinnen und Teilnehmer in diese Kurse eingeschrieben und wie ihnen die jeweils zustehende Rolle im Kurs zugewiesen werden konnte. Das Ergebnis war ein zunächst absolut leerer Kurs, der vier (ebenfalls leere) Kursabschnitte besitzt.

Zur Erinnerung:

Die Grundeinstellungen für die Anlage neuer Kurse werden von der Administration festgelegt. Dennoch können Kursersteller diese Einstellungen individuell und bedarfsgerecht für den neu zu erschaffenden Kurs verändern. Dies betrifft unter anderem das Format der Kursabschnitte und die Zahl der mit dem neuen Kurs eingestellten Kursabschnitte.

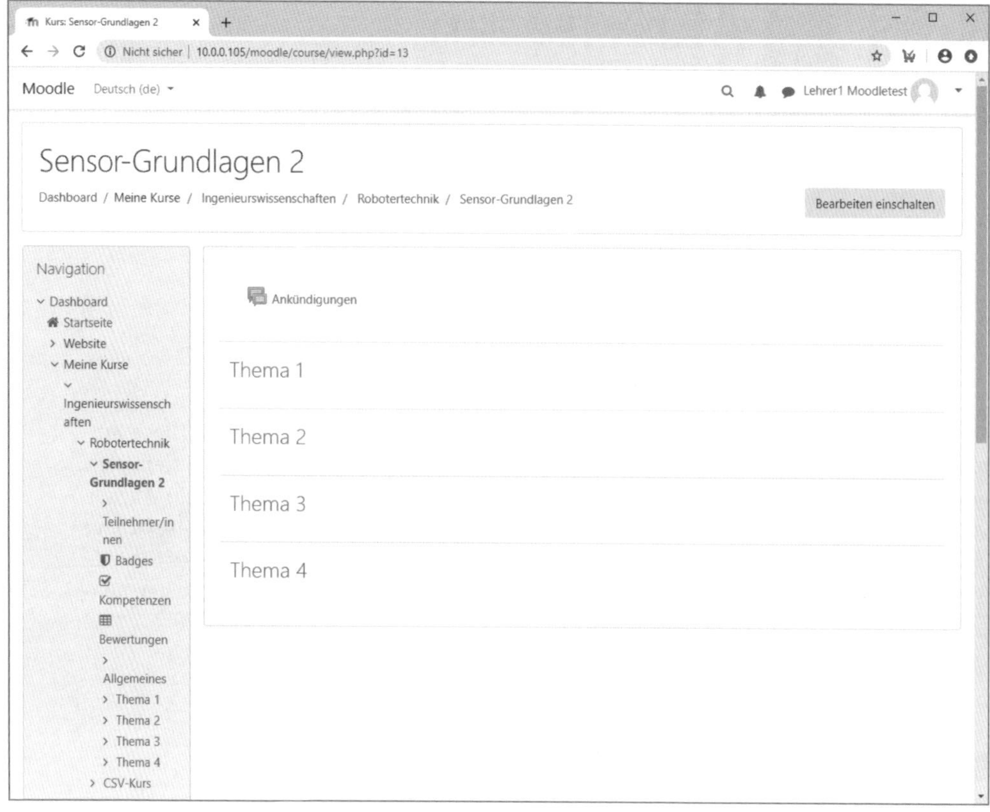

Bild 11.1 Die Namen der Abschnitte eines Kurses im Themenformat müssen angepasst werden, damit ein sinnvoller Bezug zu den Inhalten darstellbar ist.

Wird der Kurs nach einem festen zeitlichen Ablauf getaktet, so kann das Wochenformat (Bild 11.7) die ideale Lösung für dessen Gliederung sein. Oft wird ein Kurs allerdings aus didaktischen Gründen im Themenformat (Bild 11.1) gestaltet. Das erleichtert es Lernenden, bestimmte Bereiche zu wiederholen, in denen sie sich noch unsicher fühlen. Doch wie werden diese Strukturformen eines Kurses umgesetzt?

Die *Wochenansicht* ergibt sich aus den Voreinstellungen bei der Erzeugung des Kurses aus dem Kursanfang und dem Kursende.[1] Jeder Abschnitt entspricht dann einer Kalenderwoche. Die Themenansicht ist von Haus aus sehr allgemein in den Titeln der Abschnitte gehalten. Die Namen der Abschnitte werden hier grundsätzlich an die Themen angepasst. Allerdings ist das auch bei den Abschnittsnamen im Wochenformat möglich. Damit entsteht die Möglichkeit, einen zeitlich gestaffelten Kurs zusätzlich um thematische Abschnitte zu ergänzen.

[1] Voraussetzung: Das Feld „Kursende über die Anzahl der Abschnitte errechnen“ ist nicht aktiv gesetzt.

Namen der Abschnitte

Die Namen der Abschnitte sind grundsätzlich als ein Vorschlag zu verstehen und können individuell angepasst werden. Das gilt nicht nur für das Themenformat, bei dem eine solche Anpassung obligatorisch ist, sondern auch für das Wochenformat. ■

Um die Namen der Abschnitte zu verändern, aber auch um überhaupt die Abschnitte zu bearbeiten und mit Inhalten füllen zu können, muss die Seite in den *Bearbeitungsmodus* umgeschaltet werden. Diesen Button oben rechts in der Kursseite sehen allerdings nur Personen, die mit den entsprechenden Rollen betraut wurden – beispielsweise Teacher mit Autorenrechten.

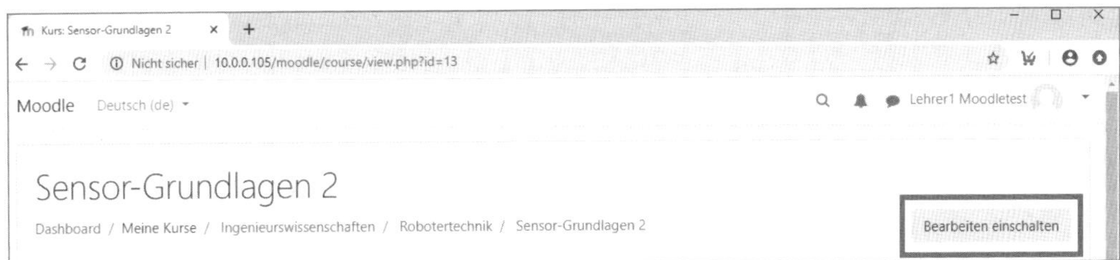

Bild 11.2 Um den Kurs, einschließlich der Kursabschnitte zu bearbeiten, muss der *Bearbeitungsmodus* eingeschaltet werden

Um den Namen eines Abschnitts umzubenennen, wird entweder auf das kleine Stiftsymbol rechts neben dem Namen geklickt oder das Menü *Bearbeiten – Thema bearbeiten* gewählt. Der „Stift" öffnet lediglich eine Eingabezeile, in der ein neuer Name eingetragen werden kann. Etwas mehr Optionen bietet der Weg über das Menü. Darin lässt sich neben einem neuen Namen für das Thema auch eine Beschreibung des Abschnitts in das Textfeld eingeben. Es ist somit möglich, für den Kursabschnitt in kurzen Worten bereits die Ziele der Lektion zu formulieren.

An den Elementen ist zudem ein Symbol mit einem *senkrechten Kreuz* zu finden, an dessen Ende sich Pfeilspitzen befinden. Mithilfe dieses Werkzeugs können die Elemente „gegriffen" und verschoben werden. Damit können Kurse jederzeit neu angeordnet und mit weiteren Abschnitten ergänzt werden.

Mit der Erstellung eines Kurses werden genauso viele Abschnitte eingerichtet, wie sie mit der Konfiguration festgelegt werden. Betrachtet man Bild 11.3, fällt unten rechts ein Link *Themen hinzufügen* auf. Man kann nahezu beliebig viele Abschnitte ergänzen. Das Maximum ist in der Grundeinstellung bzw. in der Konfiguration bei der Kurserstellung vorgegeben.

Mit diesen Hilfsmitteln kann ein Kurs wachsen, ohne dass er mit leeren und ungenutzten Abschnitten überflutet wird. Es lassen sich die Abschnitte optimal am Kursverlauf angepasst platzieren und – das ist ebenfalls sehr wichtig – es lassen sich einzelne Abschnitte unsichtbar setzen. Diese Eigenschaft ist ein wertvolles didaktisches Instrument. Es werden nur die jeweils relevanten Kursabschnitte geöffnet.

„Verstecken und verschieben“ – Instrumente für die Kursdurchführung

Die Flexibilität bei der Platzierung und Sichtbarmachung der Abschnitte erlaubt es, stets die aktuellsten Themen in die vorderen Positionen zu setzen und den Kurs dennoch systematisch und allmählich zu entwickeln.

Eine gute Strategie ist es, stets den aktuellsten Abschnitt, der gerade im Kurs bearbeitet wird, an die obere Stelle zu setzen. Kommen neue Kurse hinzu, „wandern“ die bereits bearbeiteten Kurse Schritt für Schritt nach unten. Die aktuellsten Abschnitte stehen also stets an oberster Stelle. Trotzdem bleiben die älteren Abschnitte zur Übung und Wiederholung in den unteren Bereichen der Kursseite erhalten.

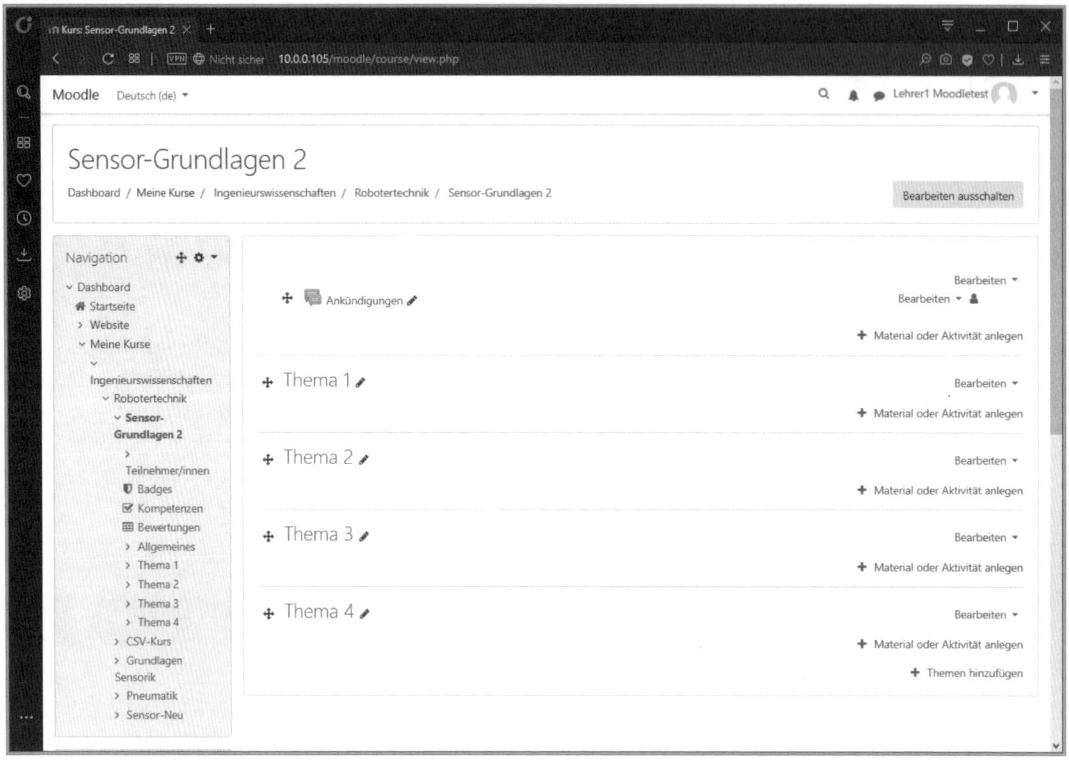

Bild 11.3 Im Bearbeitungsmodus erscheinen eine Reihe weiterer Schaltflächen, mit deren Hilfe Elemente des Kurses ergänzt, gelöscht, bearbeitet und verschoben werden können.

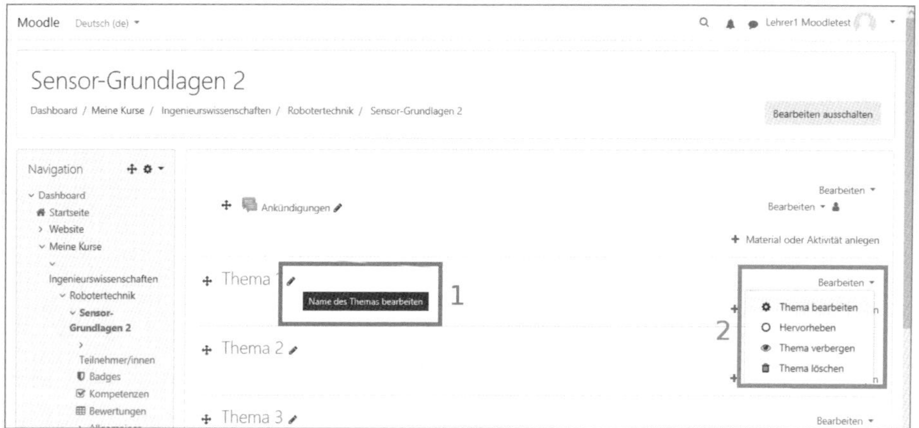

Bild 11.4 Über das Stift-Symbol (1) wird eine Eingabezeile für die Namensänderung geöffnet. Mehr Möglichkeiten bietet das Bearbeiten-Menü (2).

Bild 11.5 Das Eingabefeld ermöglicht die direkte Anpassung des Abschnittsnamen. Es geht schnell und einfach, erlaubt allerdings keine weiteren Einstellungen.

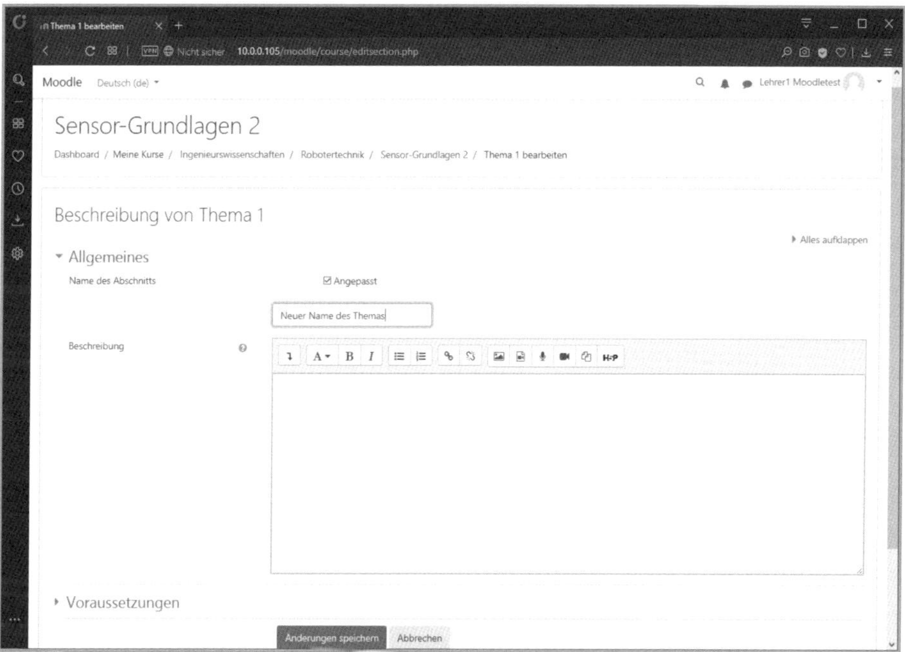

Bild 11.6 Über den Link „Bearbeiten“ kann neben der Namensanpassung auch eine Beschreibung für den Abschnitt formuliert werden. Interessant ist zudem, dass Zugangsvoraussetzungen definiert werden können.

Bild 11.7 Durch die Wahlfreiheit der Namen kann ein Kurs im Wochenformat durch Exkurse zu besonderen Themen ergänzt werden.

Ein wichtiger Link, der in jedem einzelnen Abschnitt zu finden ist, wenn die Kursseite in den *Bearbeitungsmodus* geschaltet wurde, ist *Material oder Aktivität anlegen*. Über diesen Link wird eine Auswahl aufgerufen, mit der die eigentlichen Kursinhalte gestaltet werden.

Bild 11.8 zeigt das Volumen der Materialien und Aktivitäten, die Moodle bereits mit der Grundinstallation anbietet. Hinzu kommen bei Bedarf zusätzlich über Plugins installierbare Tools. Die Aktivität *Lernpaket* gestattet es zudem, externe Lernsoftware in das Moodle-System zu integrieren.

Leider ist derzeit oft noch zu beobachten, dass nur sehr wenige Tools des Funktionsangebots tatsächlich genutzt werden. Die wohl wichtigsten Aktivitäten und Arbeitsmaterialien sind das Angebot herunterladbarer Dateien und die terminierte Abgabe von Hausaufgaben.

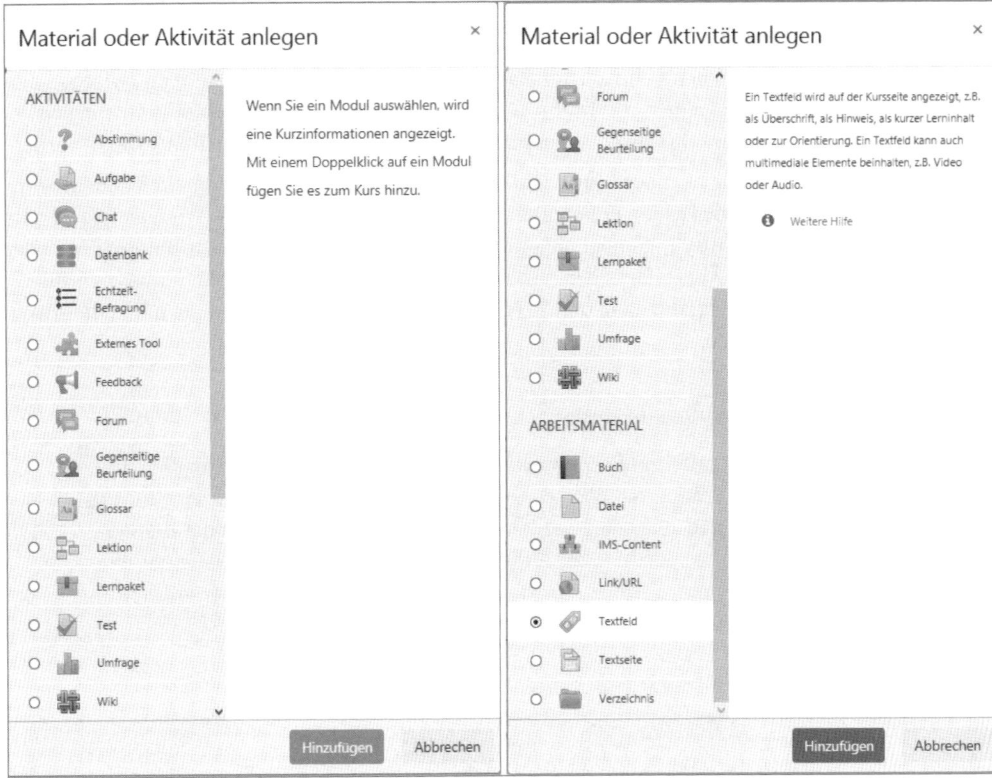

Bild 11.8 Es steht eine breite Palette an Aktivitäten und Materialien für die Kursgestaltung zur Verfügung. Auf der rechten Seite wurde das Arbeitsmaterial *Textfeld* markiert, welches dem Kurs hinzugefügt werden soll.

11.2 Arbeitsmaterialen in Kursen

Arbeitsmaterialien in Moodle sind Werkzeuge, über die in den Kursen auch externe Lehrmittel wie E-Books, Audio- und Videodateien etc. zum Download angeboten werden können. Folgende Arbeitsmaterialien werden in Moodle mit der Grundinstallation angeboten:

- Buch
- Datei
- IMS-Content
- Link/URL
- Textfeld
- Textseite
- Verzeichnis

11.2.1 Textfelder

Textfelder ermöglichen im einfachsten Fall die Darstellung von Informationen zwischen den einzelnen Elementen eines Abschnitts. So können einleitende Worte für eine Gruppe weiterer Aktivitäten innerhalb dieses Abschnitts oder einfach nur Überschriften gesetzt werden.

Textfelder sind einfache, aber sehr wichtige Elemente für die Gestaltung eines Moodle-Kurses. Ihr Kernelement ist der *Editor*. Dieser bietet über eine einfache Symbolleiste bereits vordefinierte Formatierungsmöglichkeiten zur Zuweisung von Textattributen (Fett- oder Kursivschrift) oder Absatzformaten (Überschrift groß/mittel/klein etc.). Es können Bilder, Videos oder Audio-Sequenzen in den Textfluss eingefügt und Verlinkungen auf andere Webseiten gesetzt werden.

Vorsicht bei Verlinkungen

Verlinkungen auf fremde Webseiten sind durchaus möglich und legitim. Sie sind zudem urheberrechtlich nahezu unbedenklich, da keine fremden Inhalte kopiert und neu verbreitet werden. Allerdings besteht bei Links auf fremde Inhalte stets das Risiko einer nicht mehr gegebenen Verfügbarkeit oder der inhaltlichen Veränderung. Fremde Inhalte entziehen sich also der eigenen inhaltlichen Gestaltung und sind deswegen sehr genau zu prüfen.

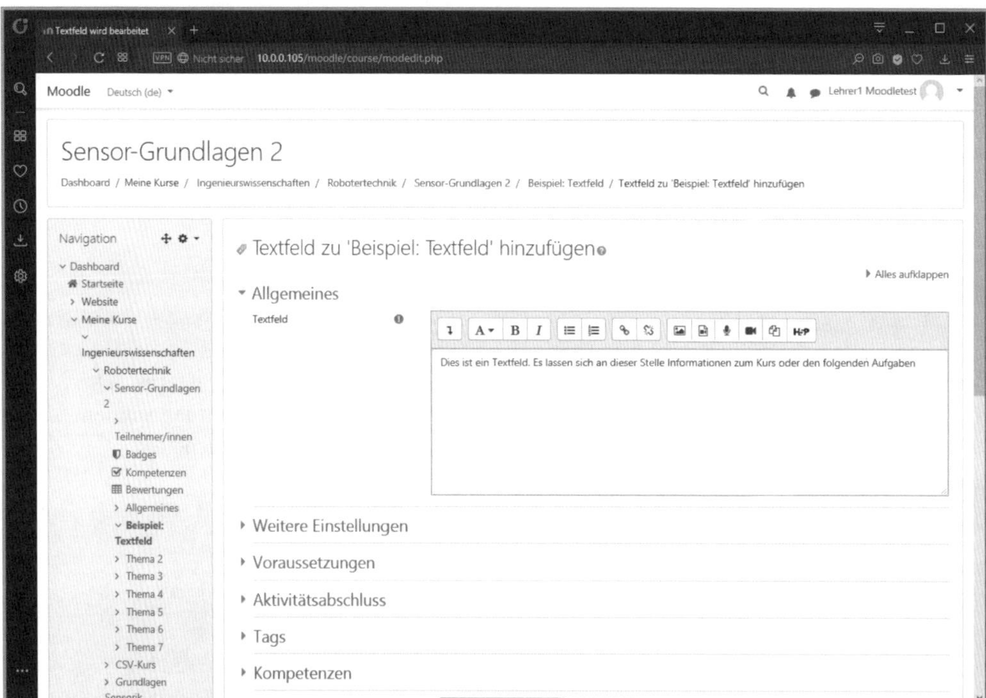

Bild 11.9 Das „einfache" Textfeld, welches als Moodle-Material eines Kurses bereitgestellt wird, bietet eine Vielzahl gestalterischer Potenziale. Es ist auch Bestandteil anderer Kurselemente!

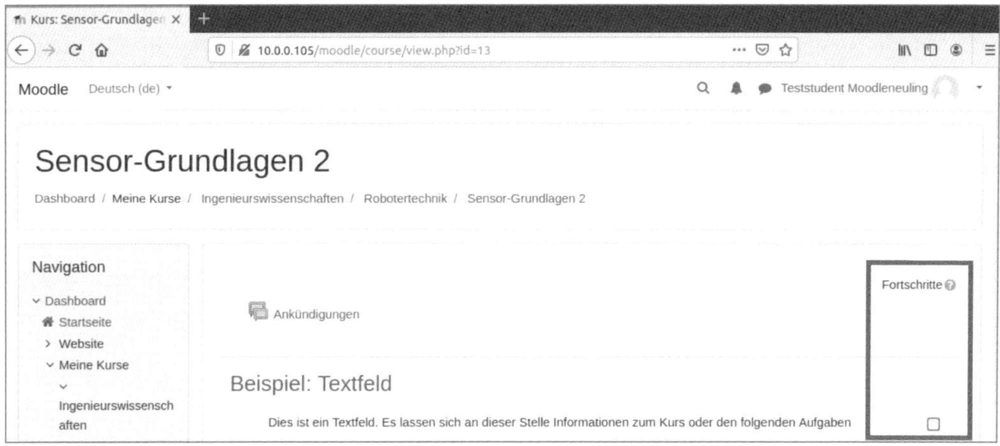

Bild 11.10 Der in das Textfeld eingetragene Inhalt erscheint – in der darin formatierten Form – direkt im Abschnitt des Kurses.

Die Formatierungsmöglichkeiten des Textfelds sind für die meisten Fälle völlig ausreichend. Dennoch kann die eigene Kreativität weitere Anforderungen stellen. So werden beispielsweise gerne farbige Textstellen gewünscht. Diese und andere Effekte, die mit HTML5 und CSS darstellbar sind, können mithilfe der erweiterten Felder des Editors oder – darüber erreichbar – dem direkten HTML-Editor umgesetzt werden.

Der erweiterte Modus des Editors wird über die erste Schaltfläche *Menüleiste umschalten/ Mehr Symbole anzeigen* erreicht. Die Schaltfläche ändert im erweiterten Darstellungsmodus ihren Namen:[2] *Menüleiste umschalten/Weniger Symbole anzeigen*. Im erweiterten Modus zeigt die Menüleiste des Editors weitere direkt verwendbare Formate wie Hoch-/Tiefstellung, Durch- und Unterstreichung sowie Absatzausrichtungen. Interessant ist die Schaltfläche mit der Beschriftung </>.[3] Ein Klick auf diese Schaltfläche schaltet den Eingabemodus des Editors von *WYSIWYG*[4] in den HTML-Code um.

WYSIWYG versus HTML-Code

Die Eingabe im HTML-Modus erfordert Kenntnis des HTML-Codes. Alle Elemente werden mit einem Start- und End-Tag versehen, der dem Textelement seine Bedeutung und sein Format zuschreibt. Optional können Attribute gesetzt und damit CSS-Formate zugewiesen werden.

Beim WYSIWYG-Modus, der mit dem Editor direkt gewählt wird, benötigt man bei der Eingabe keinerlei Kenntnis der HTML-Programmierung. Man ist allerdings auf die Verwendung der vorgegebenen Standardformate eingeschränkt. ■

[2] Der Name der Schaltflächen in der Menüleiste ist sichtbar, wenn mit dem Mauszeiger über die Schaltfläche gefahren wird.

[3] Das Symbol </> steht für die Syntax, mit der HTML-Elemente geschrieben werden.

[4] WYSIWYG steht für **W**hat **Y**ou **S**ee **I**s **W**hat **Y**ou **G**et. Es handelt sich um die wirklichkeitskonforme Darstellung der Eingabe.

Nach der Umschaltung in den HTML-Modus enthält das Eingabefenster nach wie vor den darin bereits formulierten Text, jedoch wird dieser nun mit HTML-Tags ergänzt dargestellt. Ein HTML-Element[5] wird in fast allen Fällen von einem Start- und einem Endtag umschlossen. Der eingegebene Text sieht nun wie folgt aus:

```
<p>Dies ist ein Textfeld ... </p>
```

Tabelle 11.1 Auswahl einiger HTML-Elemente

Element	Bedeutung
<p>	Absatz (Paragraph): Dieses Element enthält regulären „Fließtext".
<h1> ... <h6>	Überschriften (Headlines): Es sind sechs Überschriftenebenen definiert.
<ul>	Ungeordnete Liste: Die Liste erscheint mit Aufzählungspunkten.
<ol>	Ordered (geordnete) Liste: Die Liste erscheint nummeriert.
<li>	List Item: Listenelement in einer <ol>- oder <ul>-Liste.
<img>	Image: An dieser Stelle wird ein Bild ausgegeben.
<video>	HTML5-Container zur Wiedergabe einer Video-Datei: Es ist keine Drittsoftware wie beispielsweise Adobe Flash® erforderlich.
<audio>	HTML5-Container zur Wiedergabe einer Audio-Datei.
<span>	Inline-Container-Element: Dieses wird für die Formatierung von Texten innerhalb einer Zeile verwendet.
<div>	Block-Container-Element: Dieses wird für die Gruppierung mehrerer HTML-Elemente eingesetzt.

In das Start-Tag der HTML-Elemente können sogenannte Attribute gesetzt werden. Eines dieser möglichen Attribute ist *style*.[6] Mit dem Attribut *style* kann ein Element direkt mithilfe von CSS-Code formatiert werden. Wird die eben gezeigte HTML-Zeile um ein solches Attribut erweitert, erscheint der Text des Absatzes (und nur dieser) in roter Schrift:

```
<p style="color: red;">Dies ist ein Textfeld ... </p>
```

Textfeld ist Element vieler Aktivitäten/Materialien!

Textfelder werden als eigenes Element in der Regel nur zur Strukturierung und Gliederung eines Kurses, nicht jedoch zur alleinigen Gestaltung von Kursinhalten verwendet. Dennoch sind sie elementarer Bestandteil komplexerer Aktivitäten wie zum Beispiel in der Aktivität „Lektionen" oder zur Präsentation sogenannter *HTML5 Packages* (*H5P*), mit denen über die Moodle-Funktionen hinaus gehende interaktive und multimediale Lernkonzepte entwickelt werden können.

[5] Es gibt die sogenannten „leeren Elemente", die nur mit einem einzigen Tag programmiert werden. Beispiel: <br> erzeugt einen Zeilenumbruch.

[6] Neben dem Attribut style gibt es auch ein HTML-Element <style>. Beides dient der Formatierung mithilfe von CSS-Code, jedoch ist der Einsatzbereich verschieden.

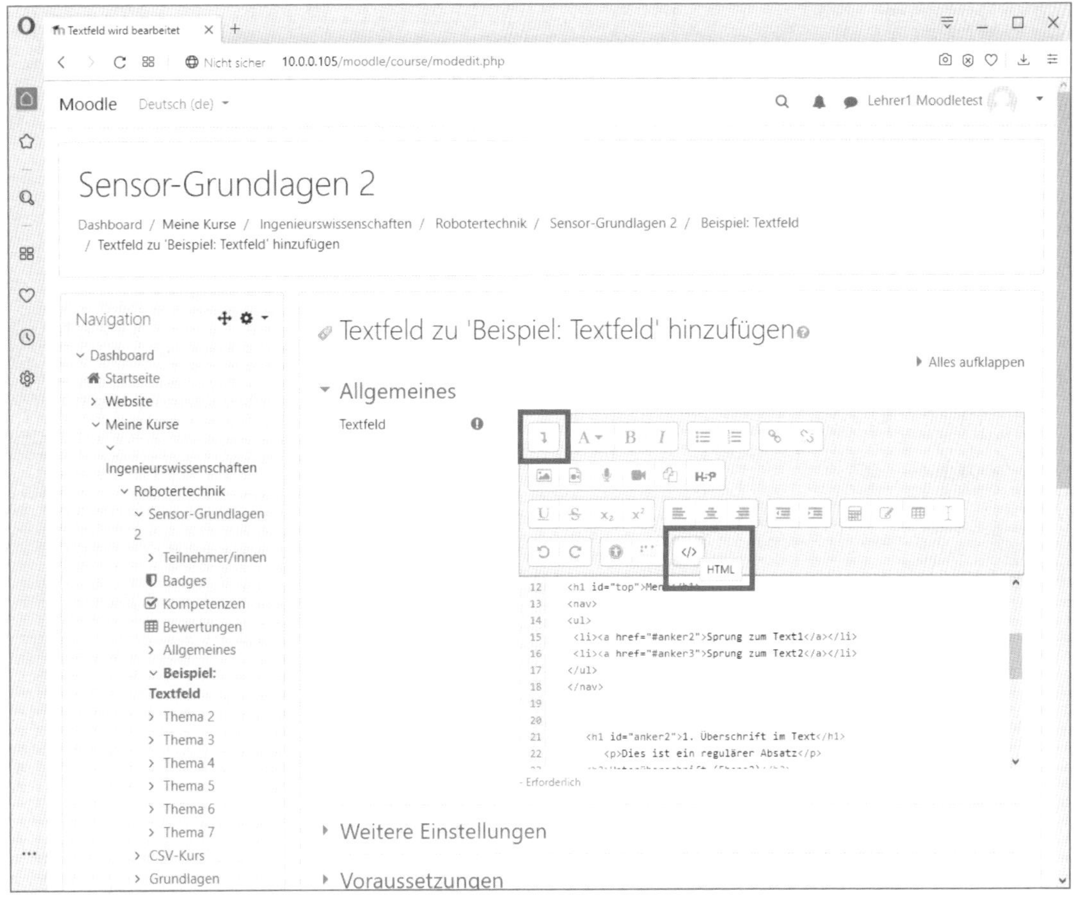

Bild 11.11 In der erweiterten Menüleiste ist eine Schaltfläche zur Aktivierung des HTML-Modus zugänglich. In diesem Modus erfolgen die Eingaben als Code.

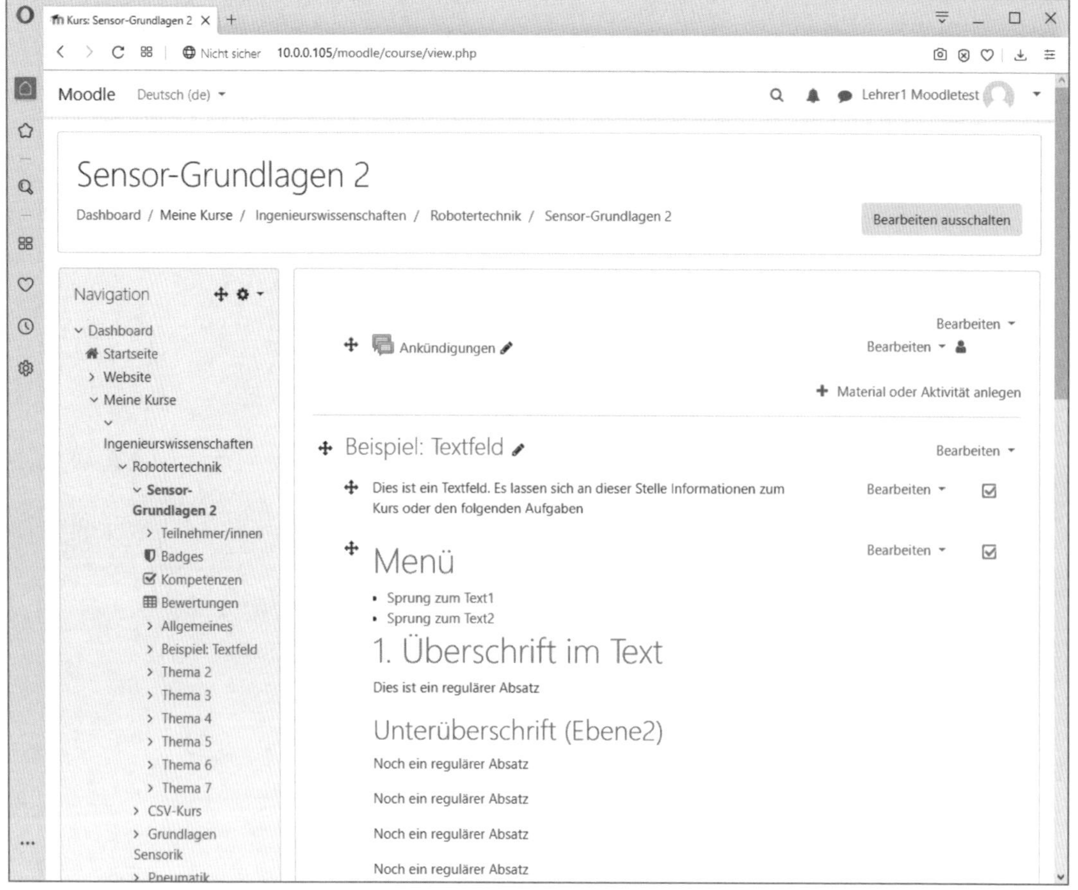

Bild 11.12 Die Eingabe im HTML-Modus ermöglicht den Einsatz von sehr vielseitigen Formateffekten. Hier werden die Überschriften farbig dargestellt.

Ein HTML-Textfeld ist allerdings mit einem gewissen Risiko behaftet, weshalb dessen Bearbeitung nicht jeder Benutzerrolle möglich sein soll. Es handelt sich um das Risiko des sogenannten Cross Site Scriptings (XSS). Ein Beispiel soll dies verdeutlichen:

Zur Demonstration wird ein harmloses JavaScript über den erweiterten (HTML5-)Modus in das Editorfenster geschrieben. Dieses Beispiel zeigt lediglich die Wirkung einer einfachen JavaScript-„Alert-Box". Es wird eine Meldung ausgegeben, die mit einem Klick auf *OK* zu bestätigen ist. Mehr passiert nicht. Solche Meldungsboxen können jedoch starke psychologische Wirkungen entfalten, wenn der Text in der Box dramatisch und ultimativ formuliert wird.

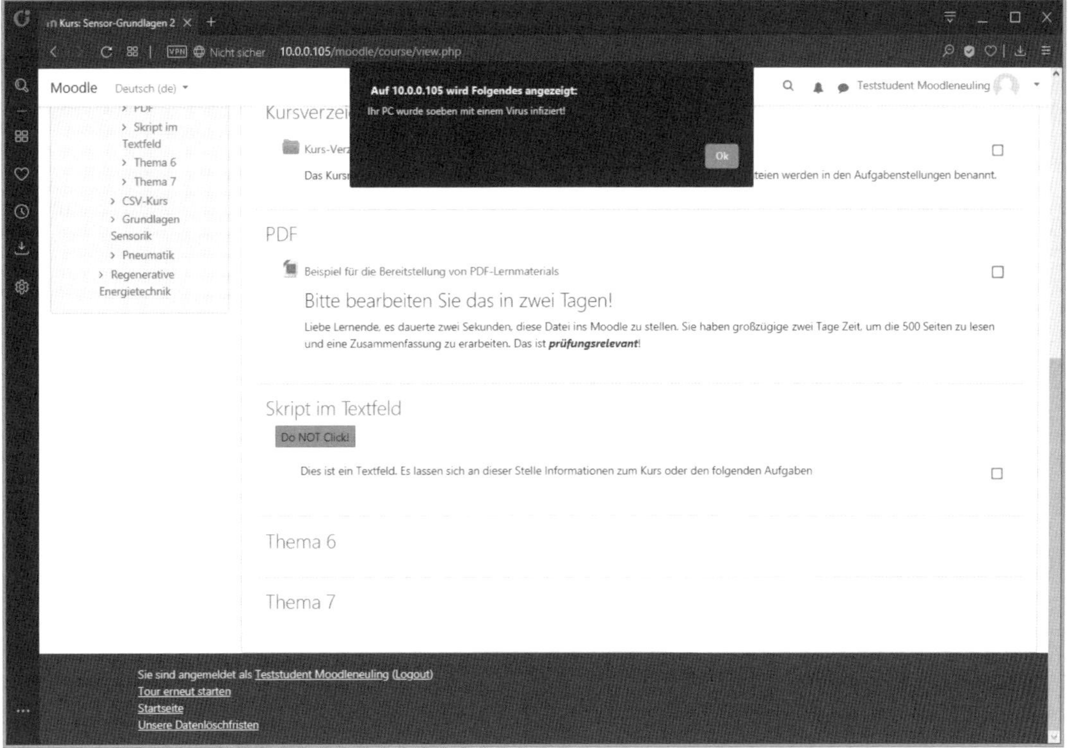

Bild 11.13 In das Textfeld lassen sich auch Skripte programmieren. Anders als bei dieser harmlosen Alert-Box, deren Wirkung auf Laien bereits einen psychologischen Effekt auslösen kann, können auch Skripte programmiert werden, die Sicherheitslücken[7] in der Browsersoftware ausnutzen.

11.2.2 Dateien als Arbeitsmaterial

Die Bereitstellung von Dateien als Arbeitsmaterial ist eine der wichtigsten und am häufigsten genutzten Aufgaben des Moodle-Systems. Es hat leider auch einen berechtigten Grund, warum Moodle in vielen Schulen, aber auch in Universitäten gerne als *PDF-Friedhof* bezeichnet wird. Der Grund ist der extrem einfache Umgang mit diesem Kurselement für die Lehrenden: Sie müssen lediglich drei Schritte durchlaufen und schon ist das Material online.

Im ersten Schritt wird dem neuen Arbeitsmaterial ein Name zugewiesen. Dieser sollte kurz, aber aussagekräftig sein. Eine Beschreibung erläutert, was das Arbeitsmaterial bietet, und erklärt möglicherweise damit verbundene Aufgabenstellungen. Doch Achtung: Ist mit dem Arbeitsmaterial eine Aufgabenstellung verbunden, die eine Abgabe erfordert, dann sieht Moodle zusätzlich ein weiteres Kurselement *Aufgabe* vor! Tatsächlich ist es zu empfehlen, diese beiden Elemente dann hintereinander im Kursabschnitt zu platzieren.

[7] Trotz sorgfältiger Programmierung wird immer wieder von Sicherheitslücken in den Betriebssystemen und in der Software berichtet. Um diese zu schließen, ist es wichtig, regelmäßig die Updates der Software zu installieren, mit denen die Entwickler ihnen bekannte Probleme beheben.

Bei den Dateien kann es sich um nahezu beliebige Formate handeln. Geläufig ist natürlich das PDF.[8] Sollen mehrere Dateien übertragen werden, die möglicherweise sogar in verschachtelten Verzeichnissen abgelegt sind, empfiehlt es sich, diese Dateien in einem Archiv zusammenzufassen. Bekannt ist hier das Dateiformat ZIP. Es lassen sich aber auch Audio-, Video- und Bilddateien über dieses Tool im Kurs zur Verfügung stellen.

Die Größe[9] einer Datei ist allerdings begrenzt. Diese Einstellung bestimmt die Moodle-Administration mit den durch die Server-Einstellung vorgegebenen Grenzen und darüber hinaus die IT-Administration, die den Webserver betreut.

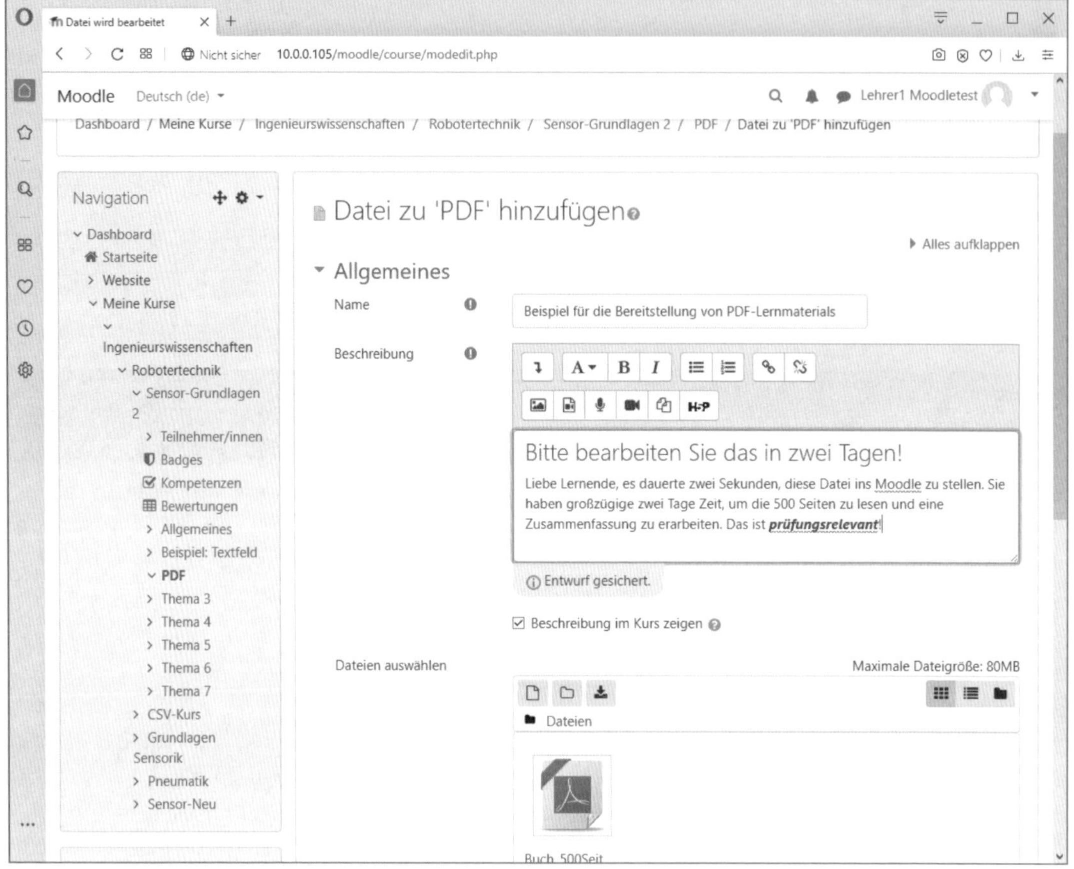

Bild 11.14 Die einfachste Form des Datei-Uploads ist das Verschieben der Datei vom Computer direkt in das dafür vorgesehene Feld.

[8] PDF steht für Portable Document Format. Es wurde von der Firma Adobe entwickelt, um eine einheitliche Darstellung von Dokumenten auf den verschiedenen Endgeräten und in unterschiedlichen Betriebssystemen zu gewährleisten. Den Export in das PDF-Format bieten heute fast alle gängigen Programme an. Ein PDF kann mit dem kostenlosen Acrobat PDF-Reader oder anderen – meist kostenlosen – Programmen gelesen werden.

[9] Im Kapitel zum Thema „Webserver“ wird beschrieben, wie durch Anpassung der Datei php.ini auf dem Server-System die zulässige Dateigröße für den Upload angepasst werden kann.

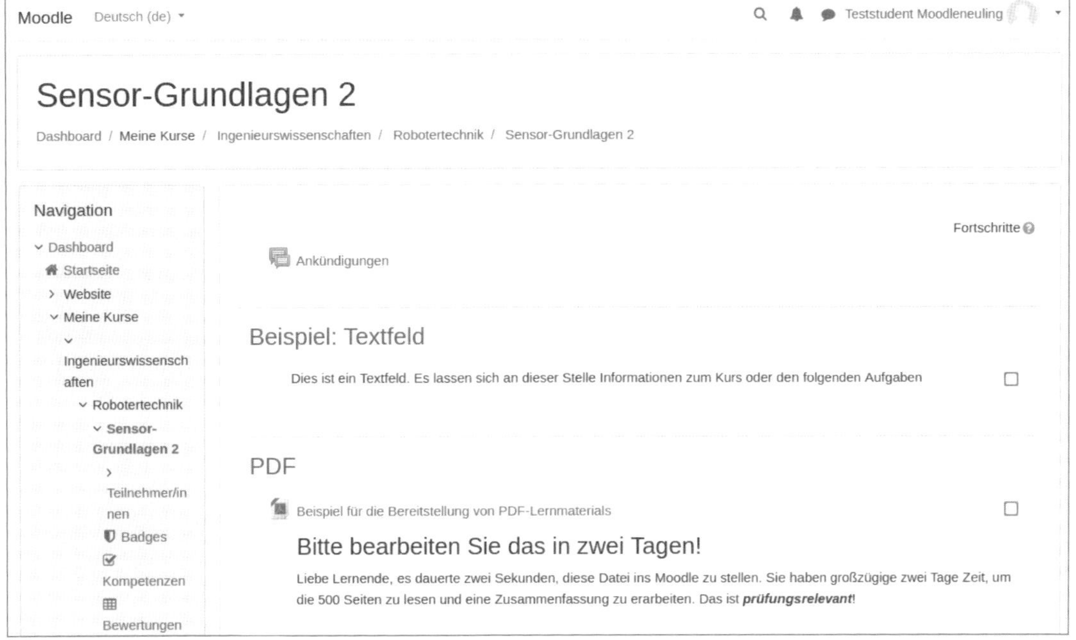

Bild 11.15 Die kleine Ironie ist durchaus beabsichtigt! Lehrende vergessen zu leicht den Aufwand, den ein kurzer Upload bei den Lernenden verursacht.

Bei der Betrachtung von Bild 11.14 und Bild 11.15 sticht ein kleines bisschen Sarkasmus ins Auge: Es wird eine PDF-Datei mit einem Volumen von 500 Seiten hochgeladen und eine Bearbeitungszeit von zwei Tagen mit dem Hinweis eingeräumt, dass der Inhalt prüfungsrelevant sei. Zugegeben: Das ist in diesem Beispiel etwas überspitzt dargestellt worden, weicht aber nicht grundsätzlich von der realen Praxis ab.

Die einfache Platzierung von (nahezu beliebigen) Lehrmitteln in einem Moodle-Kurs verführt Lehrende förmlich dazu, ihre Lernenden zu überfordern. Lehrende wissen bei der Auswahl des Materials, welche Passagen relevant sind. Sie sind fachkundig und mit dem Thema bestens vertraut. Lernende hingegen müssen sich zumeist mit einer breiten Palette an Unterrichtsstoff aus verschiedenen Fächern auseinandersetzen. Studierende verdienen sich oft parallel zum Studium in zeitaufwendigen Nebenjobs ihren Lebensunterhalt. So einfach es also ist, Lehrmaterial per „Drag and Drop“ in den Moodle-Kurs einzufügen, umso belastender kann damit die Teilnahme am Kurs für die Lernenden werden. Das sollte grundsätzlich immer beim Einsatz digitaler Lernplattformen berücksichtigt werden!

Überforderung vermeiden!

Der Datei-Upload sollte nicht zur Überfrachtung der Kurse führen. Es ist wichtig, die Dokumente und Dateien in einem angemessenen Volumen zu platzieren. Sonst führt dies zur Überforderung der Lernenden und mindert die Aussicht auf einen erfolgreichen Kursabschluss.

11.2.3 Dateien und Verzeichnisse

Mit dem Arbeitsmaterial *Verzeichnis* kann eine geordnete Struktur für die Bereitstellung der Kursunterlagen geschaffen werden. Auch hier gilt jedoch zu beachten, die Lernenden nicht durch Informationsüberflutung zu überfordern. Dies passiert leicht, denn während bei der Auswahl eines Lehrbuchs auch andere Eindrücke, wie die Optik und das Gewicht eines Buchs greifbar sind, ist die Bereitstellung einer PDF-Datei grundsätzlich nur eine winzige Bewegung mit der Maus - ganz unabhängig vom Volumen des Inhalts.

Die Anlage einer Verzeichnisstruktur ist jedoch grundsätzlich ein wertvolles didaktisches Instrument. Lernende haben einen festen Referenzpunkt im Kurs, an dem sie stets das Unterrichtsmaterial finden können. Zudem bietet eine gut gestaltete Verzeichnisstruktur eine ausgezeichnete Vorlage für die eigene Dateiablage auf dem PC der Lernenden und erleichtert die Orientierung im thematischen Kontext.

Unterstützung ortsunabhängigen Lernens

Die sorgfältige und geordnete Bereitstellung des Lehrmaterials in durchdachten Verzeichnisstrukturen unterstützt ortsunabhängiges Lernen. Lernende müssen das Material nicht grundsätzlich auf einem eigenen Datenträger ablegen, sondern können jederzeit auf die Originaldateien im Moodle-System zugreifen. Aufwendiges Suchen im Kurs entfällt ebenso wie die Notwendigkeit, sich bei einem Cloud-Service anmelden zu müssen.

Wichtig ist in diesem Fall, dass die Dateien vom Lehrenden bereitgestellt werden. Die Ordnerstrukturen sind also für Lernende rein lesend zu verstehen. Sollen Lernende eigene Dateien ihrer Community im Kurs anbieten und diese in eigenen Ordnern strukturiert verwalten können, ist ein zusätzliches Plugin erforderlich. Ein solches Plugin ist beispielsweise *Student Folder*, welches von der Administration im System eingerichtet und freigegeben werden muss.

Verzeichnis wird bearbeitet
Nicht sicher 10.0.0.105/moodle/course/modedit.php
Moodle Deutsch (de)
Lehrer1 Moodletest
Meine Kurse
Ingenieurswissenschaften
Robotertechnik
Sensor-Grundlagen 2
Teilnehmer/innen
Badges
Kompetenzen
Bewertungen
Allgemeines
Kursverzeichnis
Kurs-Verzeichnis
PDF
Beispiel: Textfeld
Thema 4
Thema 5
Thema 6
Thema 7
CSV-Kurs
Grundlagen Sensorik
Pneumatik
Sensor-Neu
Einstellungen
Verzeichnis-Administration
Einstellungen bearbeiten
Lokale Rollen zuweisen
Rechte ändern
Rechte prüfen
Filter
Name
Kurs-Verzeichnis
Beschreibung
Das Kursmaterial wird in diesem Verzeichnis-System bereit gestellt. Die jeweils relevanten Dateien werden in den Aufgabenstellungen benannt.
Beschreibung im Kurs zeigen
Inhalt
Dateien
Maximale Dateigröße: 80MB
Dateien
Messfühler
Sensoren
Verzeichnisinhalt anzeigen
Auf separater Seite
Unterverzeichnisse aufgeklappt anzeigen
Taste 'Verzeichnis herunterladen' anzeigen

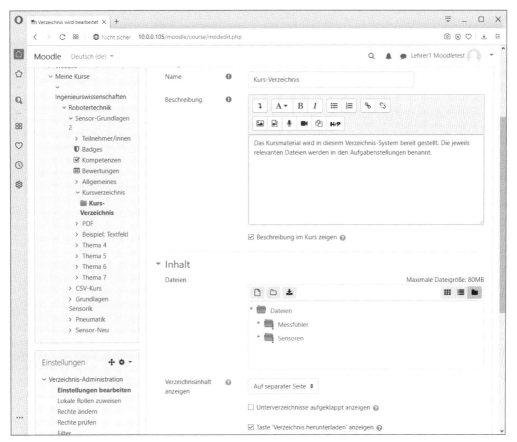

Bild 11.16 Im Bereich *Inhalt* werden die Ordner angelegt. Sie können in der Hierarchie später auch verschoben werden.

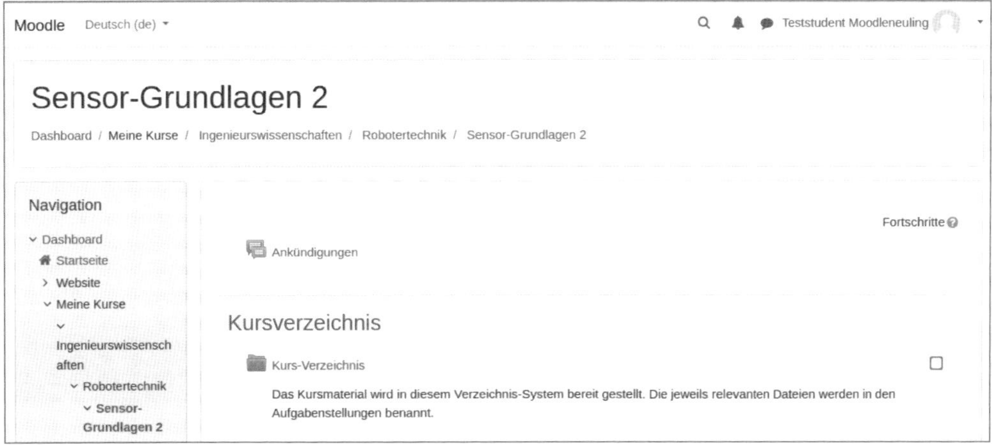

Bild 11.17 Der Abschnitt mit dem Kursverzeichnis aus der Sicht der Lernenden: Ein Klick auf den Link öffnet das Verzeichnis.

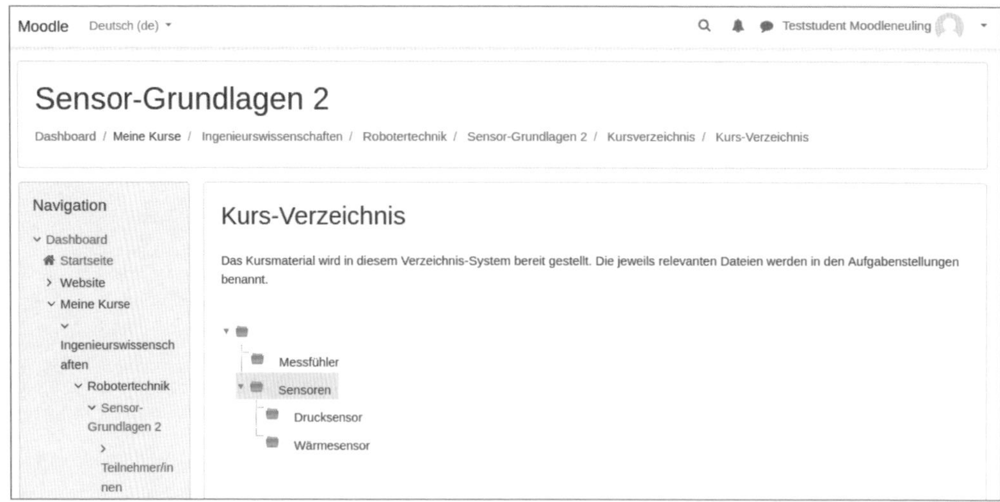

Bild 11.18 Ein Blick in das geöffnete Verzeichnis: Hier können Lernende die jeweils benötigten Unterlagen gezielt herunterladen.

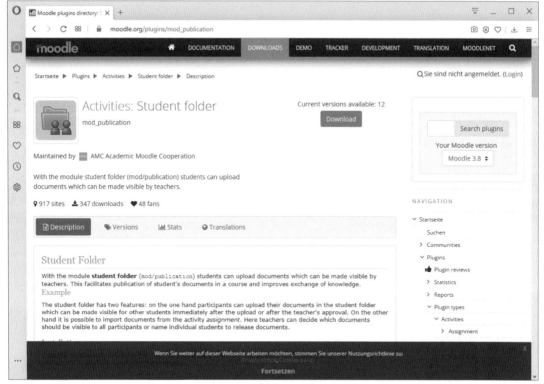

Bild 11.19 Sollen Lernende eigene Ordner verwalten und Inhalte in das Moodle-System hochladen dürfen, gibt es dafür ein Moodle-Plugin „Student Folder“.

11.2.4 Verlinkungen

Aus Gründen des Urheberrechts ist es grundsätzlich kritisch, fremde Inhalte in den eigenen Kurs zu integrieren. Das bedeutet: Download des Materials und der anschließende Upload in die eigenen Kursverzeichnisse ist verboten, wenn dies nicht ausdrücklich in der jeweiligen Benutzerlizenz gestattet wurde.

Verlinkungen sind grundsätzlich sinnvoll, denn Lernenden soll die Möglichkeit einer breiten Informationsbeschaffung - auch über das eigene Lehrmaterial des Lehrenden hinaus - geboten werden. Die Lektüre und die individuelle (kritische) Bewertung unterschiedlicher Informationen fördern zudem die Fähigkeiten in der Medienkompetenz. Dies ist in der heutigen - zunehmend intensiver auf digitale Technologien abgestützten - Gesellschaft immer wichtiger. Verlinkungen können sehr verschieden in der Seite umgesetzt werden:

- *Automatisch:* Es wird beim Aufruf einer externen Seite eine Zwischenfrage gestellt, ob diese geöffnet werden soll. In diesem Fall ist ein Klick auf den Link erforderlich.
- *Einbetten:* Die verlinkte Seite wird in einen sogenannten iFrame eingebunden und wie ein regulärer Inhalt in die Moodle-Seite eingebunden. Der Vorteil: Es wird weder ein weiteres Fenster geöffnet noch wird die eigene Moodle-Seite verlassen.
- *Öffnen:* Die verlinkte Seite wird direkt in dem aktuellen Fenster geöffnet. Dies ist nur sinnvoll, wenn der Link auf das aktuelle Moodle-System verweist. Sonst wird die Moodle-Plattform verlassen und der Bezug zum gerade bearbeiteten Kurs geht verloren.
- Als *Popup-Fenster:* Die verlinkte Seite wird in einem eigenen Browserfenster geöffnet. Der Vorteil ist, dass die Moodle-Plattform nicht verlassen wird, gleichzeitig jedoch auch eine volle Fenstergröße für die Darstellung der verlinkten Seite genutzt werden kann.

Externe Links erfordern Pflege!

Die Verlinkung auf externe Seiten macht es einfach, bereits vorhandenes und möglicherweise sehr gutes Lehrmaterial - im Rahmen des geltenden Rechts - in den eigenen Kurs einzubauen. Allerdings hat man keinen Einfluss auf die Verfügbarkeit und die Qualität der Inhalte. Es kann durchaus passieren, dass Seiten aus dem Netz entfernt oder verändert werden. Dies wird nicht ausdrücklich vom Betreiber der Seite mitgeteilt. Stattdessen obliegt es der Verantwortung der Kursbetreuung, die externen Inhalte regelmäßig zu überprüfen und nicht mehr existierende Verlinkungen aus dem Kurs zu entfernen. Der Aufwand kann in einer komplexen Lernplattform durchaus signifikant sein! ■

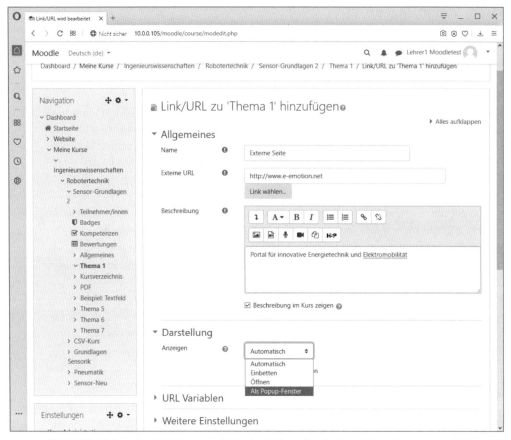

Bild 11.20 Neben dem URL der zu verlinkenden Seite sollte die Darstellungsform gut gewählt werden.

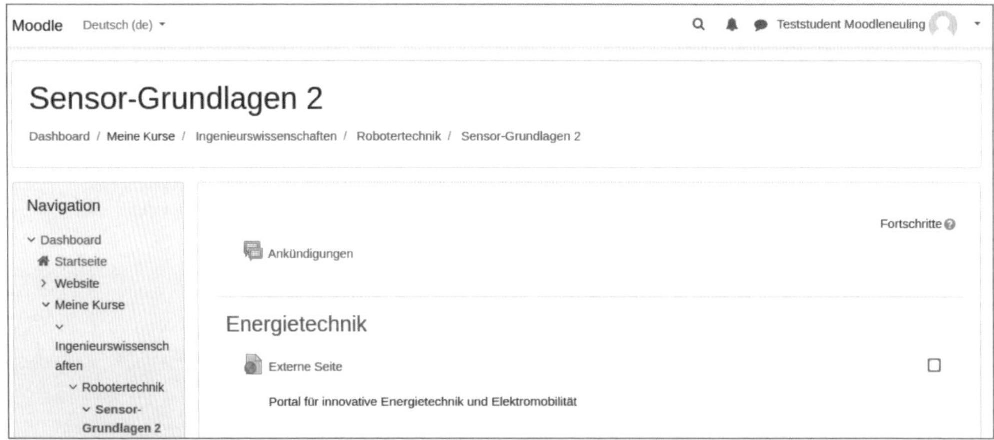

Bild 11.21 Im Kurs erscheint ein einfacher Link und – falls die Anzeige gewünscht wurde – auch eine Beschreibung zur aufzurufenden Seite.

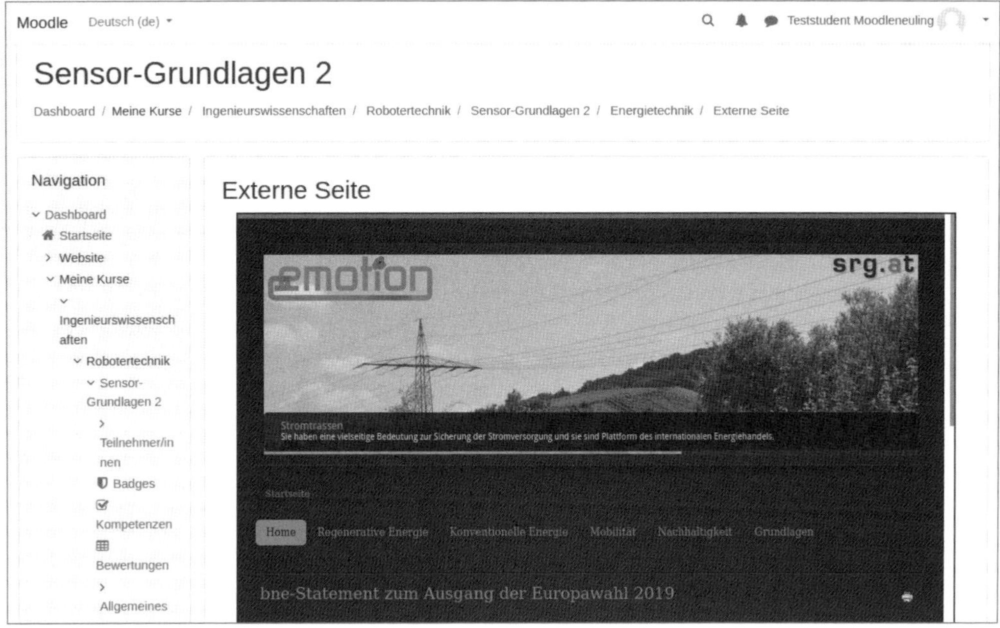

Bild 11.22 Aufruf einer verlinkten Seite in der eingebetteten Darstellung. Die externe Seite erscheint wie ein Teil der eigenen Moodle-Plattform. Dennoch ist diese Darstellungsform rechtlich legitim, weil die Quelle nach wie vor auf der Urheberseite liegt.

11.3 Arbeitsmaterialien interaktiv

Arbeitsmaterialien und Aktivitäten können – die nötigen Rechte für die Lernenden vorausgesetzt – auch interaktiv eingesetzt werden. Anstatt dass die Lehrenden die Unterlagen im System bereitstellen, können diese auch von Lernenden gestaltet und im Moodle-Kurs veröffentlicht werden.

Empfehlung: Zusätzliche Student-Rolle

Wenn Lernende im System direkt Eingaben in öffentlich bzw. allgemein innerhalb des Kurses lesbare Textfelder machen können, haben sie die Möglichkeit, Skripte in den Code einzubringen (Cross Site Scripting). Mithilfe solcher Codes kann im einfachsten Fall psychologisch auf die Nutzer eingewirkt werden. Wesentlich gefährlicher ist die Ausnutzung möglicher Sicherheitslücken in der Software, wodurch Schadsoftware verbreitet werden kann.

Wenn Lernende besondere Arbeiten im System erledigen sollen, bei denen sie HTML-Textfelder editieren, sollte von der Administration eine besondere (neue) Rolle eingerichtet werden, deren Rechte denen eines Student entsprechen, die jedoch um zusätzliche Fähigkeiten erweitert wird.

11.3.1 Buch

Ein Buch kann ein sehr komplexes und umfassendes Kursmaterial darstellen. Es gibt zwei Möglichkeiten, um mit dem *Buch* zu arbeiten:

- Lehrende verwalten den Inhalt des Buchs allein und setzen dies für die strukturierte Präsentation der Lehrinhalte bzw. als allgemeines Nachschlagewerk ein.
- Studierende erarbeiten die Kapitel eines Buchs im Team. Dazu muss die Fähigkeit *Kapitel bearbeiten* (*mod/book:edit*) aktiviert sein.

Die Inhalte selbst werden in einem (HTML-)Textfeld formuliert (vgl. Abschnitt 11.2.1). Der Autor kann festlegen, ob es sich um ein Haupt- oder um ein Unterkapitel handelt. Letzteres wird durch Aktivierung einer Checkbox als solches festgelegt. Sowohl Haupt- als auch Unterkapitel können in ihrer Reihenfolge und Zuordnung verschoben werden.

Bearbeitungsmodus

Die Bearbeitung, Verschiebung und Sichtbarschaltung des Buchs bzw. einzelner Kapitel ist nur im Bearbeitungsmodus möglich.

Die Grundkonfiguration für die Verwendung des Buchs wird von der Moodle-Administration vorgenommen. Dies gilt vor allem natürlich für die Rechtevergabe einzelner Rollen. Die Teacher-Rolle verfügt beispielsweise über die Fähigkeit, das Buch und somit auch die einzelnen Kapitel zu bearbeiten. Die Student-Rolle besitzt dagegen diese Fähigkeit nicht.

Sollen Lernende ein Buch als Studienarbeit erstellen, dann benötigen sie die Fähigkeit, das Buch zu bearbeiten (*mod/book:edit*). Da die Bearbeitung eines (HTML)-Textfelds mit einem gewissen Risiko verbunden ist, sollte von der Aministration eine neue Rolle definiert werden, deren Fähigkeiten denen eines normalen Lernenden entsprechen, jedoch mit der zusätzlichen Erlaubnis, das Buch zu bearbeiten. Diese Rolle wird nur den Lernenden in einem Kurs zugewiesen, die tatsächlich interaktiv an der Gestaltung eines Buchs arbeiten sollen.

Erforderliche Fähigkeiten zur Arbeit mit dem Buch

Im Zusammenhang mit der Arbeit an einem Buch sowie dessen Nutzung sind in Moodle verschiedene Fähigkeiten definiert. Fähigkeiten, die mit der Bearbeitung von Text im HTML-Editor verbunden sind, fordern ein gewisses Vertrauensverhältnis gegenüber der Rolleninhaberin bzw. dem Rolleninhaber. Es besteht die Möglichkeit, sogenanntes Cross Site Scripting als Schadcode zu integrieren.

- Kapitel bearbeiten: mod/book:edit (Risiko: Cross Site Scripting)
- Buch anzeigen: mod/book:read
- Verborgene Kapitel ansehen: mod/book:viewhiddenchapters
- IMS-Inhalte exportieren: booktool/exportimscp:export
- Kapitel importieren: booktool/importhtml:import (Risiko: Cross Site Scripting)
- Buch drucken: booktool/print:print
- Neues Buch hinzufügen: mod/book:addinstance (Risiko: Cross Site Scripting)

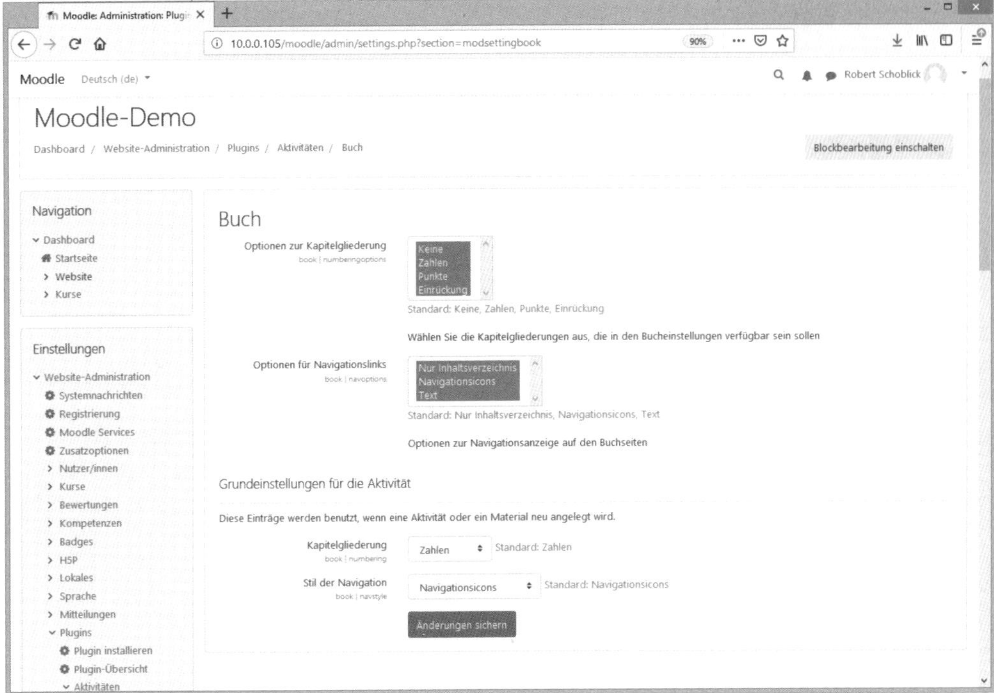

Bild 11.23 Die Grundkonfigurationen des Buch-Plugins werden von der Moodle-Administration vorgenommen.

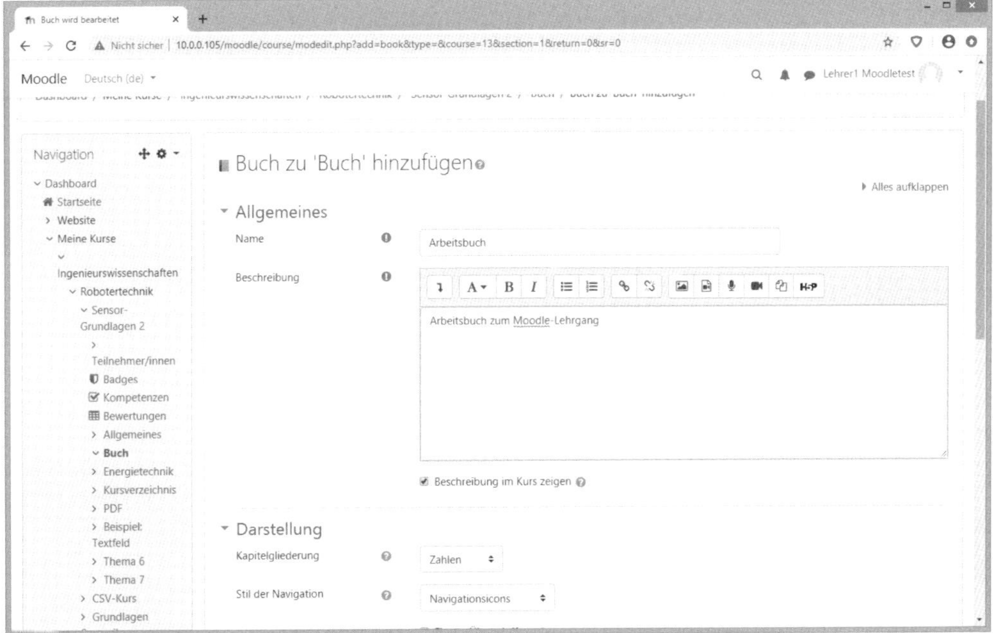

Bild 11.24 Mit der Teacher-Rolle ist es möglich, im Bearbeitungsmodus ein Buch im Kurs anzulegen.

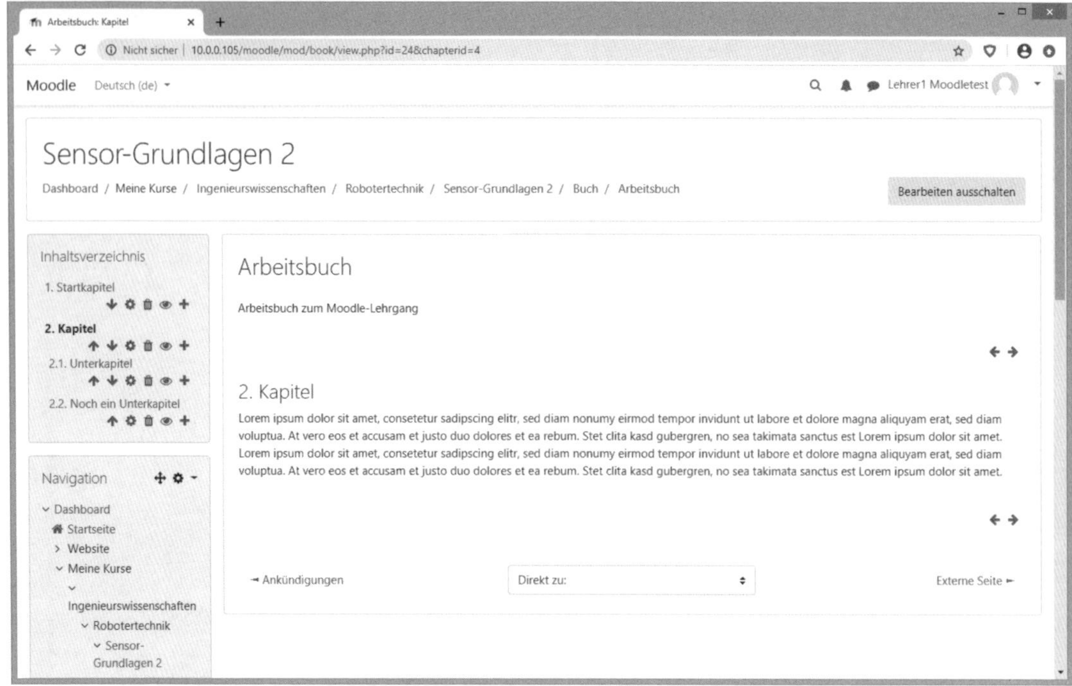

Bild 11.25 Die Teacher-Rolle ist berechtigt, Kapitel zu erstellen und zu positionieren.

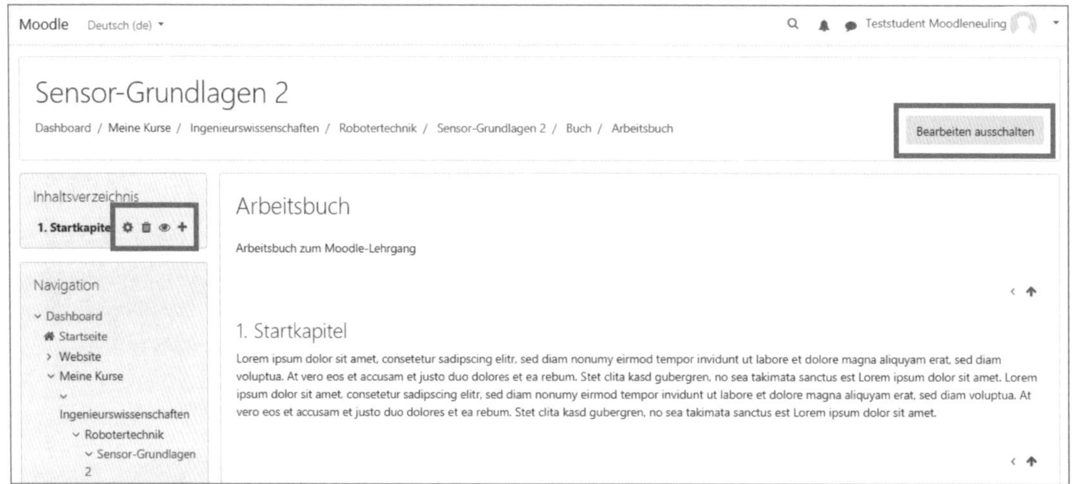

Bild 11.26 Wird einem Lernenden die Fähigkeit *mod/book:edit* erlaubt, so darf auch dieser Kapitel des Buchs bearbeiten. Damit steht eine besonders interessante Aufgabenstellung offen, denn Lernende erarbeiten selbstständig ihr „Lernmaterial“.

Bild 11.27 Aus Sicherheitsgründen ist es der Regelfall, dass Lernende zwar die Kapitel eines Buchs lesen, jedoch nicht bearbeiten dürfen. Sie finden in ihrer Seite auch keinen Button, um in den Bearbeitungsmodus umzuschalten.

11.3.2 Glossar

Ein Glossar, ein Wörterbuch, gehört zu den wichtigsten Elementen einer Wissensdatenbank, als die das Moodle-System durchaus angesehen werden kann. Die gängigsten Orte zur Platzierung eines Glossars sind die Startseite oder ein Kurs. In Ausnahmefällen kann ein Glossar auch als *Kursübergreifend* deklariert werden. Dieses Glossar ist dann auch außerhalb des Kurses zugänglich und kann beispielsweise in einen Block eingebunden werden. Allerdings steht ausschließlich der Administration das Recht zu, ein Glossar kursübergreifend zu deklarieren.

Kursübergreifendes Glossar ist Chefsache!

Die Deklaration eines kursübergreifenden Glossars ist ausschließlich der Administration vorbehalten. Dies ist sinnvoll, um ein systemweites Definitionschaos zu vermeiden. ■

Interessant am Glossar ist die Möglichkeit, dass die Einträge von den Lernenden erarbeitet werden können. Unter Umständen ist es in diesen Fällen sinnvoll, Mehrfacheinträge zuzulassen. Das bedeutet, dass unter Umständen zu einem Begriff mehrere Definitionen im Glossar vorhanden sein können. Das Qualitätsniveau eines – von Lernenden erarbeiteten – Glossars lässt sich deutlich steigern, wenn die Einträge vor der Veröffentlichung im Moodle-System von einem Lehrenden geprüft und freigegeben werden. Dazu muss in der Konfiguration des Kurses der Eintrag *Ohne Prüfung* auf *Nein* gesetzt werden.

Prüfung vor Veröffentlichung

Die Entwicklung eines Glossars ist eine anspruchsvolle Aufgabe für Lernende. Die Ergebnisse sollten jedoch nicht unreflektiert bleiben. ■

11.3.2.1 Einrichtung eines Glossars

Ein Glossar wird im Kurs von der Teacher-Rolle verwaltet. Das betrifft die Einrichtung des Glossars und auch einen möglichen Vorbehalt der Veröffentlichung. Dieses bedeutet, dass die Teacher-Rolle entscheidet, ob die Inhalte des Glossars ausschließlich von einer Person gestaltet werden, die ebenfalls eine Teacher-Rolle in diesem Kurs einnimmt oder ob die inhaltliche Gestaltung auf die Lernenden delegiert werden soll. Im letzteren Fall kann dennoch eine Einschränkung formuliert werden, nämlich, dass eine lehrende Person den Eintrag vor der Veröffentlichung prüfen und freigeben muss.

Die Einrichtung des Glossars sieht neben den üblichen Pflichtfeldern (Name des Glossars und eine Beschreibung, welche optional sichtbar geschaltet werden kann) auch weitere Parameter vor.

Wichtig ist zunächst einmal eine Entscheidung, ob das Glossar ein Primär- oder ein Sekundärglossar sein soll. Es mag zunächst verwundern, dass die Grundeinstellung Sekundärglossar lautet, denn würde man nicht zunächst mit der höchsten Priorität beginnen? In der Praxis funktionieren beide Typen im Grunde genommen identisch. Es kann jedoch lediglich *ein einziges Primärglossar* in einem Kurs eingerichtet werden. In dieses können Einträge aus beliebigen Sekundärglossaren des Kurses importiert werden.

Begriffe des Glossartypus

Das Primärglossar wird auch als *Hauptglossar* und das Sekundärglossar als *Normalglossar* bezeichnet. Dies verdeutlicht zweckmäßiger, welcher Glossartypus vorzugsweise zu wählen ist, wenn keine Importe aus anderen Glossaren vorgesehen sind.

Im Weiteren wird der Umgang mit den Einträgen in das Glossar und die Darstellung des Glossars als solches konfiguriert. Bei den Einträgen wird zunächst festgelegt, ob Autoren der Einträge - und dies dürfen bekanntlich auch Lernende sein - ihre Beiträge direkt, also ohne Freigabe der Lehrenden im Glossar veröffentlichen dürfen. Dies wird mit dem Feld *Ohne Prüfung* festgelegt. Wird diese Einstellung auf „Nein" gesetzt, so wird der Beitrag erst nach Freigabe sichtbar.

Die Bearbeitung lässt sich einschränken, um eine gewisse Stabilität der Inhalte zu gewährleisten. Wird die Option *Immer bearbeitbar* auf „Nein" gesetzt, kann der Autor einen Beitrag nur innerhalb eines von der Administration festgelegten Zeitraums bearbeiten. Die Standardeinstellung ist 30 Minuten. Wird die Einstellung auf „Ja" gesetzt, kann der Eintrag grundsätzlich jederzeit bearbeitet werden.

Die Möglichkeit, Mehrfacheinträge zu einem Begriff zuzulassen, wird in der Praxis meist sehr strittig betrachtet. Auf der einen Seite lassen sich Arbeiten von mehreren Lernenden zu einem Thema im Glossar zum Vergleich online stellen, auf der anderen Seite wird das Glossar jedoch schnell unübersichtlich und bei verschiedener Auslegung der Begriffe auch widersprüchlich. Damit verliert es den Charakter eines Nachschlagewerks.

Kommentare in einem *moderierten* System sind durchaus bereichernd. Besonders in einem Glossar eignen sich Kommentare, um konstruktive Kritik zu den Beiträgen zu formulieren oder - wertschätzend - auf Fehler hinzuweisen. Eine Moderation ist aber durchaus wünschenswert, da wertschätzendes und respektvolles Miteinander in einer zunehmend digitalisierten Kultur nicht mehr selbstverständlich sind. Das setzt einen gewissen personellen Aufwand voraus. Kann dieser nicht geleistet werden, ist es möglich, die Kommentierung zu unterbinden.

Ist die *automatische Verlinkung* aktiviert, werden Begriffe in den Texten markiert und automatisch auf das Schlagwort verlinkt.

Für die Darstellung eines Glossars kann eine von sieben Ansichten mit verschiedenen Informationsvolumina gewählt werden. Zusätzlich wird mit der Konfiguration festgelegt, ob ein alphabetischer Index dargestellt werden soll. Dies ist zu empfehlen, weil es die alphabetische Suche erleichtert.

Es sind auch rein praktische Einstellungen in dieser Rubrik vorzunehmen. Beispielsweise kann die Zahl der angezeigten Einträge definiert werden. Die Standardeinstellung wurde auf eine Listung von maximal zehn Einträgen festgelegt. Es kann zudem eine einfache Aufbereitung in ein druckbares Darstellungsformat aktiviert werden. Ein Ausdruck auf dem Papier ist damit ohne störende Randbereiche des Moodle-Systems und damit papiersparend möglich.

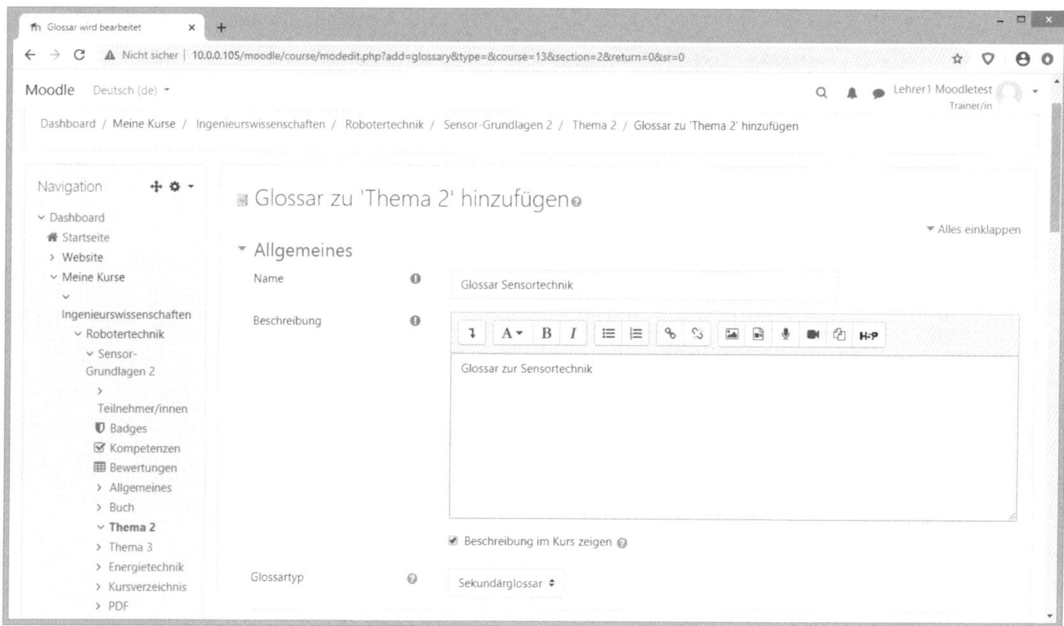

Bild 11.28 Wie jede Aktivität muss auch ein Glossar explizit benannt werden. Eine Beschreibung ist erforderlich, deren Einblendung ist jedoch wahlfrei.

Bearbeite Glossar in Thema 2

Alles aufklappen

Allgemeines

Name: Glossar Sensortechnik

Beschreibung: Glossar zur Sensortechnik

Beschreibung im Kurs zeigen

Kursübergreifendes Glossar

Glossartyp: Sekundärglossar

Bild 11.29 Die Checkbox „Kursübergreifendes Glossar“ steht allein der Administration zur Verfügung.

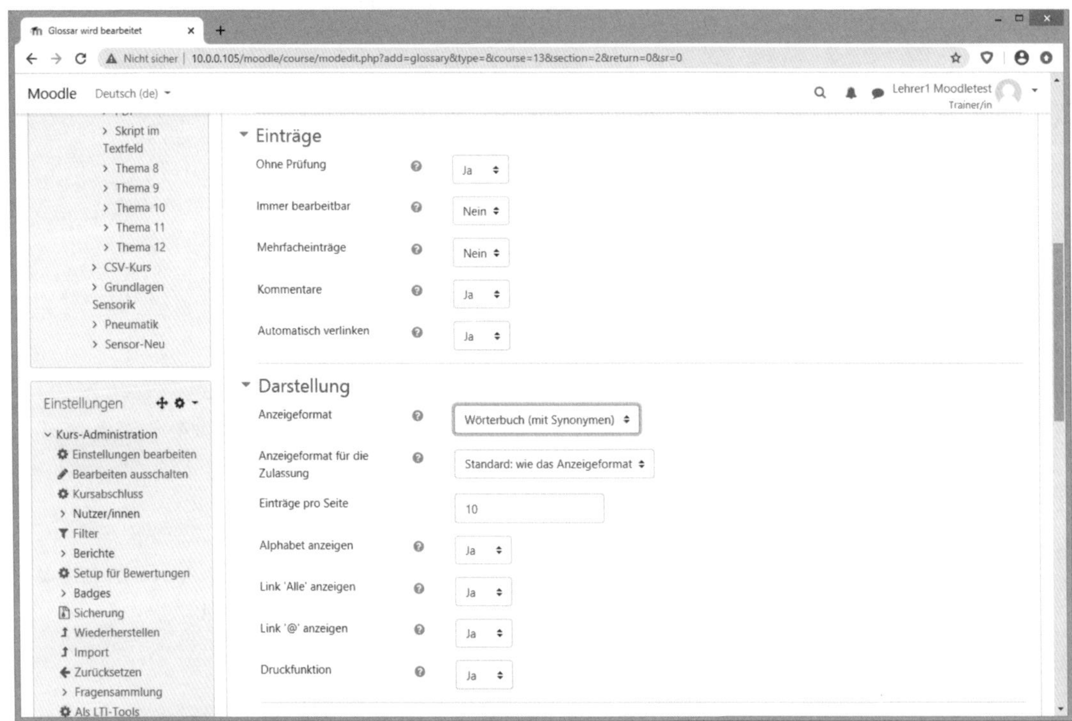

Bild 11.30 Hier sind sehr wichtige Einstellungen vorzunehmen: So wird entschieden, ob Autoren ihre Beiträge direkt posten dürfen oder ob eine lehrende Person die Beiträge prüfen und freigeben muss.

11.3.2.2 Eintrag hinzufügen

Einen Beitrag kann jede Teilnehmerin oder jeder Teilnehmer anlegen, wenn die Schaltfläche *Eintrag hinzufügen* im Bild vorhanden ist. Es sind bis zu vier Eingaben zu machen: Der Name des Begriffs, wie er später auch im Index erscheinen wird, und dessen Erklärung sind Pflichteinträge. Darüber hinaus können Synonyme des Begriffs angegeben werden.

Neben der Beschreibung des Begriffs können zusätzlich auch Dateien auf das System hochgeladen werden, die in einem direkten Zusammenhang mit dem erläuterten Begriff stehen.

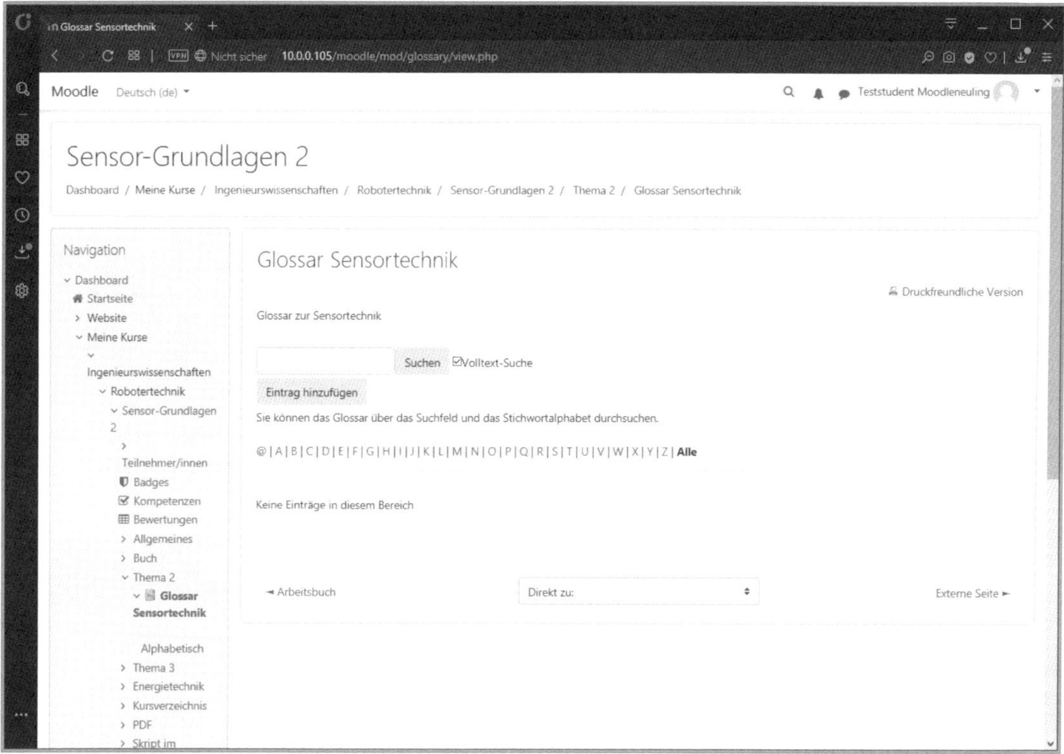

Bild 11.31 Das Glossar wächst dynamisch mit den Einträgen der Teilnehmerinnen und Teilnehmer. Dies müssen nicht zwingend Lehrende sein.

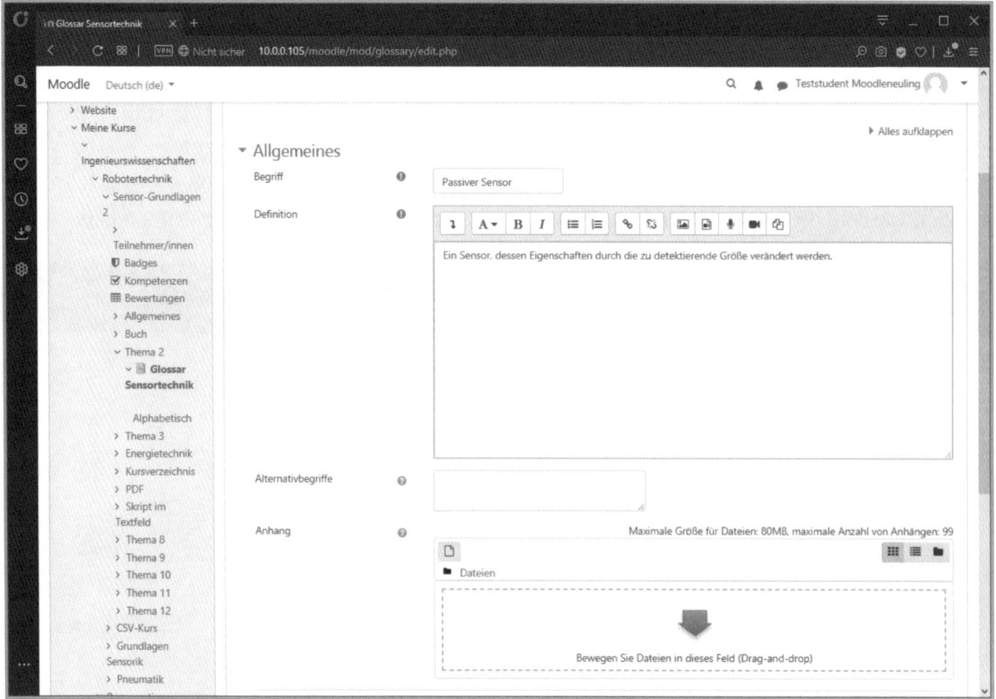

Bild 11.32 Der Begriff wird als Stichwort definiert und eine Erklärung in einem HTML-Textfeld formuliert. Zweckmäßig ist zudem bei Bedarf die Eingabe von Alternativbegriffen.

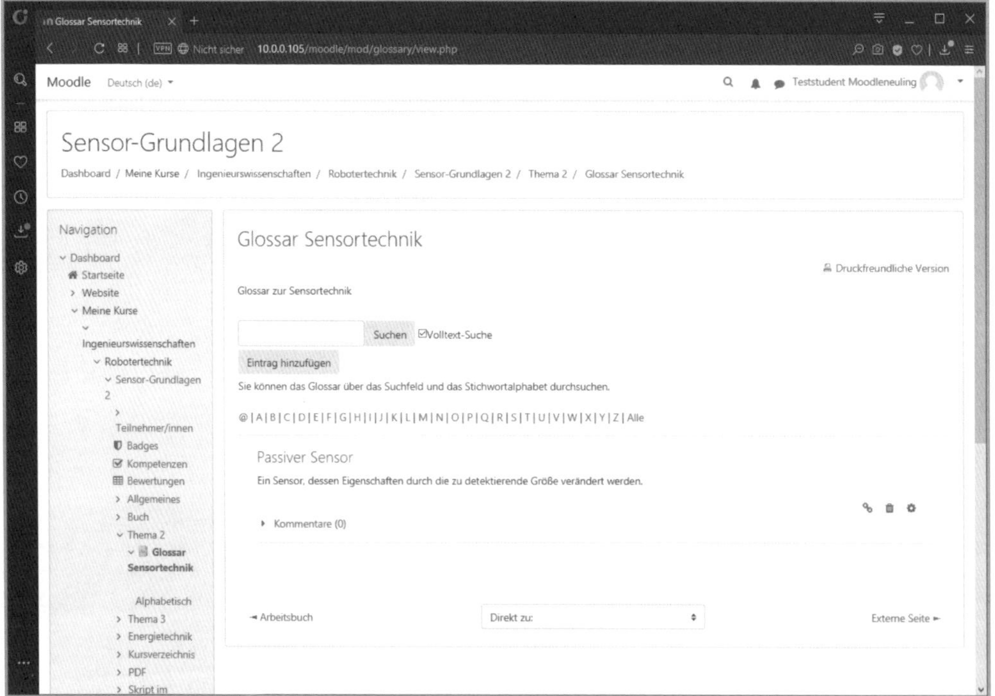

Bild 11.33 Nach der direkten Eingabe oder einer eventuell erforderlichen Freigabe wird der Begriff ins Glossar aufgenommen.

11.3.2.3 Einträge zur Freigabe

Der Einsatz eines Glossars ist mit dem Risiko des Cross Site Scripting verbunden. Nichtsdestotrotz ist das Glossar ein wertvolles interaktives Bildungsinstrument, weil es Lernende direkt in die Gestaltung der Unterrichtsmedien mit einbezieht und damit auch Verantwortung an diese überträgt. Dennoch sollte die Gestaltung des Glossars nicht anarchistisch erfolgen, sondern die Prüfung der Beiträge durch eine Verantwortung übernehmende Person erfordern.

Alternative: Kollektives Feedback

Alternativ zur durch Lehrende mithilfe der Freigabebeschränkung gesteuerten inhaltlichen Gestaltung des Glossars eröffnet eine nicht beschränkte Eingabe eine offene Diskussion. Voraussetzung ist allerdings, dass das Glossar in Verbindung mit der Möglichkeit Kommentare zu setzen konfiguriert wurde. Zudem sollte eine ständige Bearbeitung möglich sein, damit Fehler von den Autoren selbstständig behoben werden können. Die Kommentare reflektieren die Leistungen auf Augenhöhe durch Lernende untereinander. ■

Wird die Eingabe unter Vorbehalt gemacht, ändert sich zunächst für die Autoren des Beitrags nichts. Es gibt lediglich einen Hinweis, dass dieser Beitrag für andere unsichtbar ist.

Lehrende bekommen beim Besuch des Glossars einen Hinweis, dass freizugebende Einträge existieren. Sie können diese direkt aufrufen und bei Bedarf selbst bearbeiten. Sie können aber auch eine direkte Entscheidung treffen und Beiträge löschen oder annehmen.

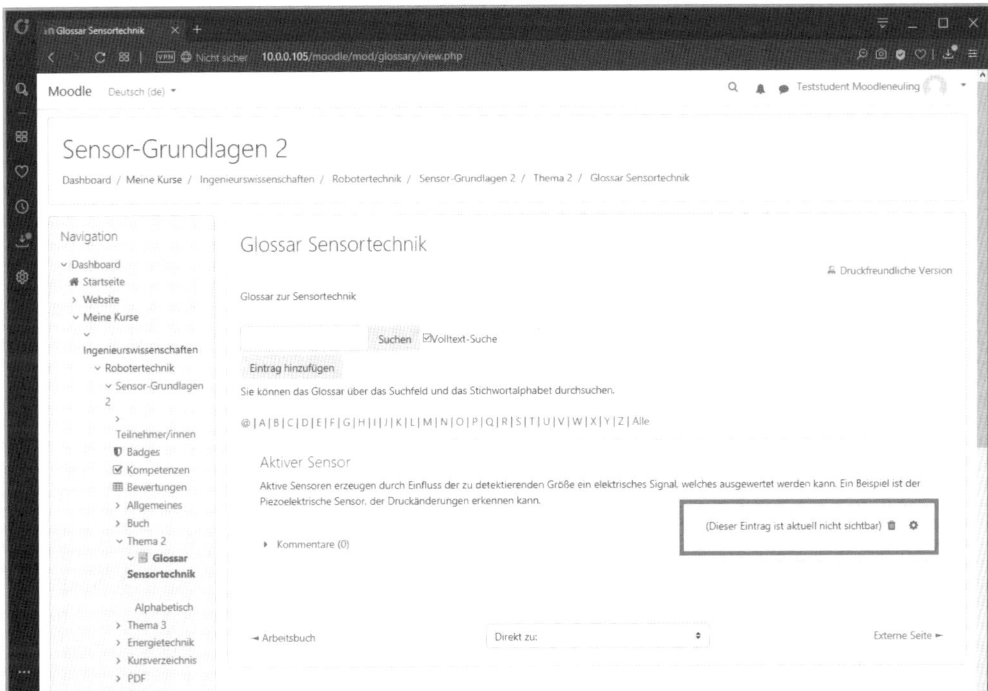

Bild 11.34 Setzt die Veröffentlichung im Glossar die Freigabe durch eine lehrende Person voraus, so wird dem Autor nach der Formulierung des Beitrags ein Hinweis gesendet, dass der Beitrag für andere Nutzerinnen und Nutzer nicht sichtbar ist.

Bild 11.35 Das Lehrpersonal bekommt beim Besuch des Glossars einen Hinweis, dass zur Überprüfung eingebrachte Beiträge vorliegen.

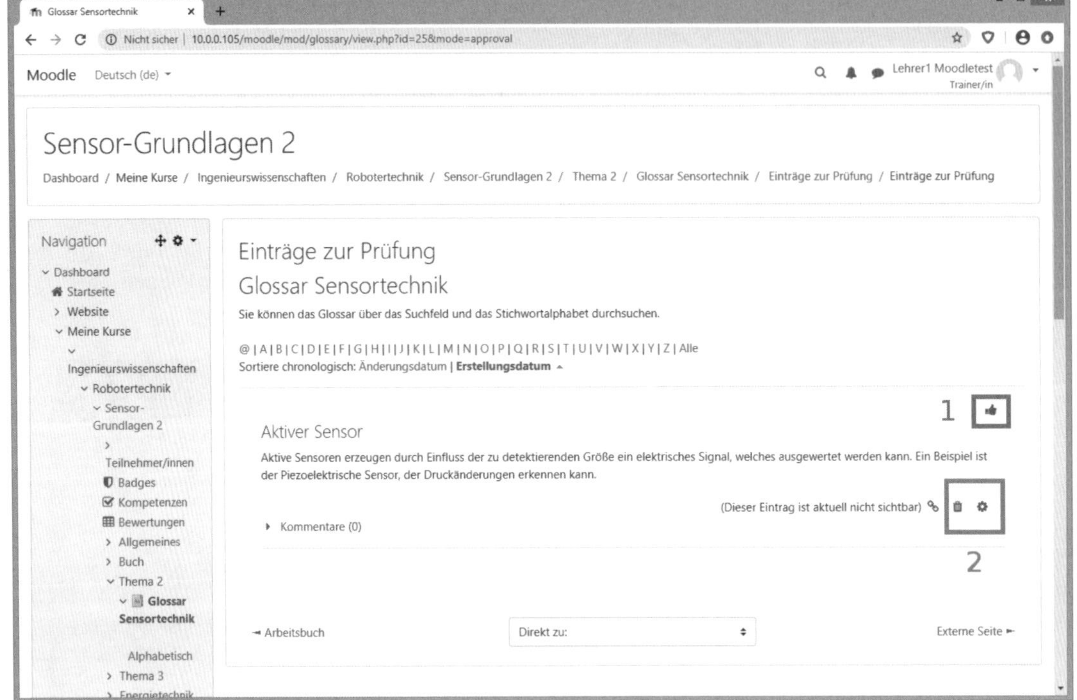

Bild 11.36 Lehrende können dem Beitrag zustimmen (1, „Daumen hoch") bzw. ihn ablehnen oder direkt bearbeiten (2).

11.3.3 Wiki

Ähnlich wie ein Glossar stellt auch ein *Wiki* eine Art „Wörterbuch" dar. Jedem ist gewiss die weltweit bearbeitete Plattform *Wikipedia* bekannt. Vergleichbares kann man im kleinen Ausmaß im eigenen Moodle-System realisieren. Wikis sind – wie auch bereits beim Glossar gesehen – eine hervorragende Herausforderung für Gruppen. Das entspricht dem Prinzip eines Wikis: Eine Autorin oder ein Autor verfasst einen Aufsatz über ein bestimmtes Thema.

Möglicherweise erkennt eine Leserinnen oder ein Leser, dass der Beitrag zu korrigieren oder möglicherweise zu ergänzen wäre. Auch die beabsichtigte Zusammenarbeit im Team ist möglich und erwünscht.

Der Vorteil der Aktivität *Wiki* ist, dass keine Arbeit wirklich verloren geht. Alles kann wiederhergestellt werden. Jede Version wird gespeichert. Die Arbeiten aller Autorinnen und Autoren bleiben also nachvollziehbar. Man unterscheidet das gemeinschaftliche und das persönliche Wiki. Beim persönlichen Wiki bearbeitet jede Nutzerin und jeder Nutzer ein eigenes Wiki, wogegen das gemeinschaftliche Wiki dem eigentlichen Sinn der interaktiven Zusammenarbeit entspricht.

Interessant ist hier der Gruppenmodus. Dieser ist bereits grundsätzlich von der Kurskonfiguration bekannt. Werden getrennte Gruppen definiert, so sehen nur die Mitglieder einer Gruppe die Arbeiten der anderen Mitglieder. Natürlich können diese entsprechend bearbeitet und ergänzt werden.

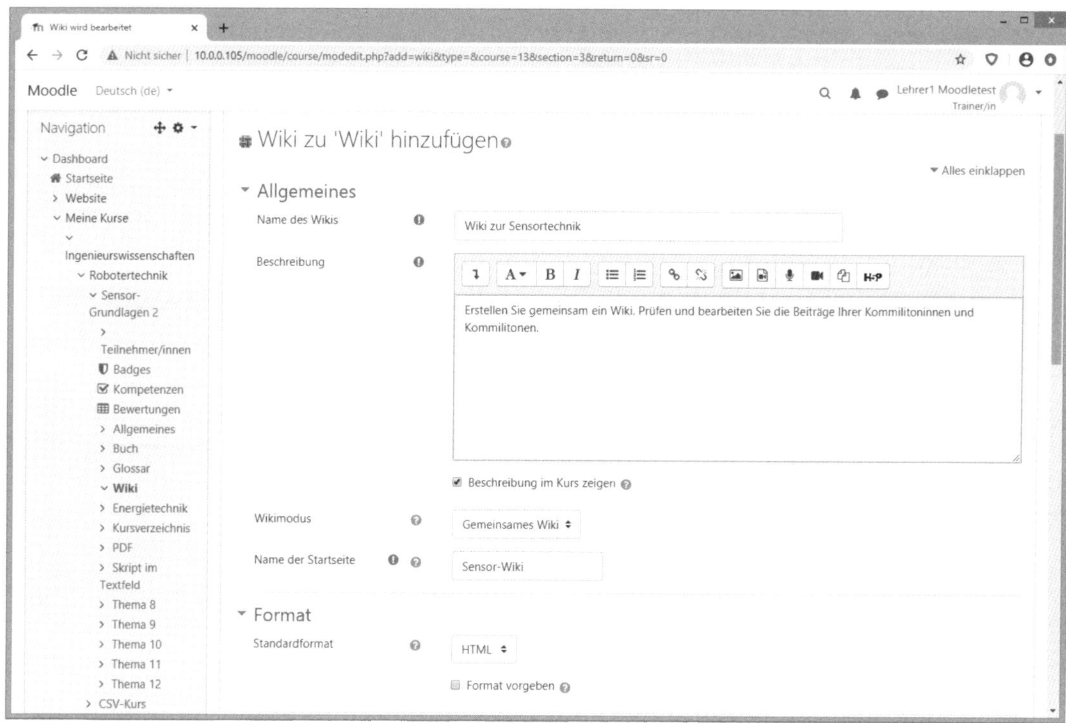

Bild 11.37 Das gemeinsame Format entspricht der regulären Philosophie eines Wikis, das von der gemeinsamen Zusammenarbeit der Nutzerinnen und Nutzer profitiert.

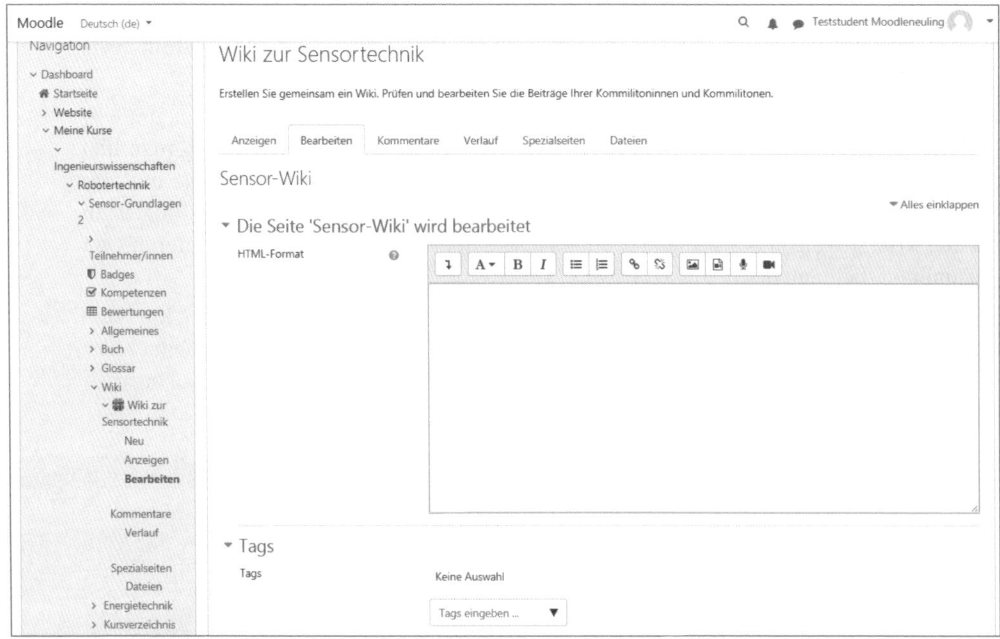

Bild 11.38 Wird das Wiki im HTML-Format konfiguriert, dann erfolgt die Bearbeitung der Beiträge im regulären Editor von Moodle. Hier kann auch der direkte HTML-Modus aktiviert werden.

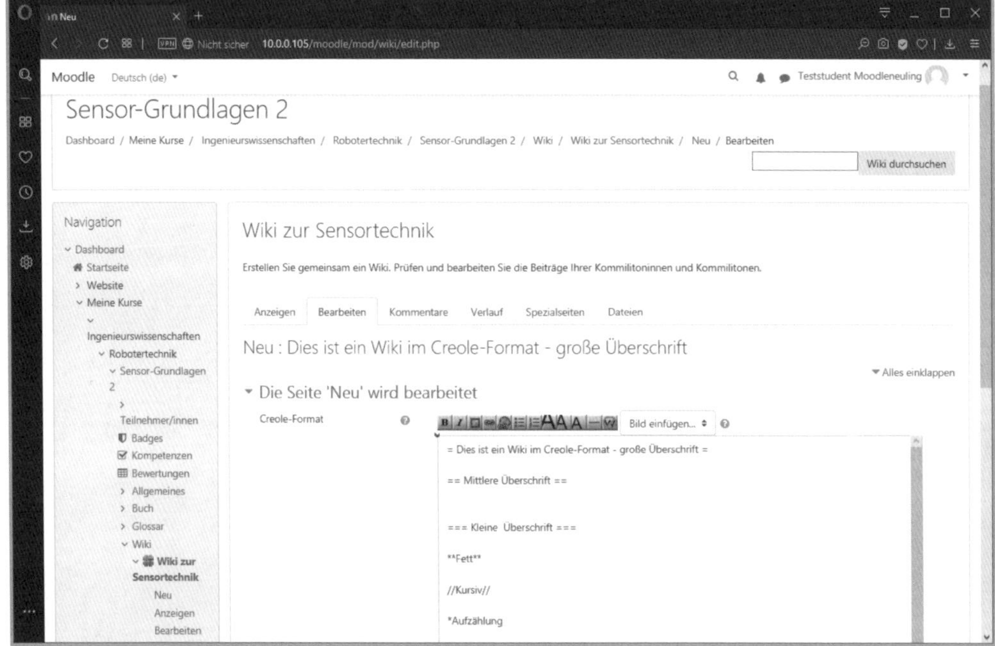

Bild 11.39 Alternativ kann das Wiki auch im *Creole-Format* gestaltet werden.

Jeder Beitrag eines Wikis wird als eine eigene Webseite präsentiert, wobei untereinander Verlinkungen möglich sind. Es gibt verschiedene Formate, mit denen die Wiki-Seiten erstellt werden können:

- das Standard-HTML-Format
- das Creole-Format
- das NWiki-Format

Es handelt sich hierbei um sogenannte Auszeichnungssprachen. Der Hintergrund ist, dass alle Seiten im Internet reine Textseiten sind. Die übertragenen Zeichen kennen selbst keine Formate! Es gibt also offiziell keinen Zeichencode für Fett- oder Kursivschrift. Damit Texte formatiert, also speziell hervorgehobene Formate für Überschriften, Aufzählungen, Verlinkungen etc. in Webseiten dargestellt werden können, bedient man sich dieser Auszeichnungssprachen. HTML[10] ist beispielsweise eine - mittlerweile sehr komplexe - Auszeichnungssprache.

Für ein Wiki suchte man nach einfacheren Varianten, (formatierte) Texte zu schreiben. Ziel ist es nach wie vor, dass die Seiten eines Wikis ein einheitliches Erscheinungsbild haben. HTML - in Verbindung mit CSS[11] - ist dafür ungeeignet, weil diese Auszeichnungssprache schlicht und einfach zu mächtig ist und zu viele Gestaltungsmöglichkeiten bietet. Das lässt sich auf den ersten Blick an der Vielfalt der im Internet veröffentlichten Webseiten mit ihrem jeweils individuellen Design erkennen.

Ein weiterer Faktor neben der Vereinheitlichung des Designs ist aber auch, dass die Autorinnen und Autoren nicht gezwungen werden sollen, die komplexen Sprachen wie HTML und CSS zu studieren. Es kommt auf eine einfache Syntax für die wichtigsten Formate an!

Tabelle 11.2 Syntax der in Moodle möglichen Wiki-Formate

Format	HTML	Creole	NWiki
Fettschrift	<b>...</b>	**...**	"..."
Kursiv	<i>...</i>	//...//	'"..."'
Liste, Ebene 1	Siehe Listing	* Ebene 1	*Ebene1
Liste, Ebene 2		Nicht definiert	**Ebene2
Liste, Ebene 3		Nicht definiert	***Ebene3
Num. Liste, Ebene 1	Siehe Listing	# Ebene1	#Ebene1
Num. Liste, Ebene 2		Nicht definiert	##Ebene2
Num. Liste, Ebene 3		Nicht definiert	###Ebene3
Interner Link	<a href="#sprung marke">internes Sprungziel</a>	[[Wiki-Begriff]]	[[Wiki-Begriff]]

(Fortsetzung nächste Seite)

[10] HTML steht für Hypertext Markup Language - es ist die grundsätzlich für Internet-Seiten verwendete Auszeichnungssprache, die von einem Webbrowser interpretiert und in formatierte Darstellungen umgesetzt wird.

[11] CSS steht für Cascaded Style Sheets - diese Sprache dient der Zuweisung von Formaten an die jeweiligen HTML-Elemente.

Tabelle 11.2 Syntax der in Moodle möglichen Wiki-Formate *(Fortsetzung)*

Format	HTML	Creole	NWiki
Externer Link	<a href="http://www.srg.at">Externer Link</a>	http://www.srg.at	http://www.srg.at
Bild[12]	<img src="bild.jpg">	{{bild.jpg|Alternativ text}}	[[image:bild.jpg|Alternativ text: Das ist ein Bild.]]
Horizontale Linie	<hr>	–	–
Kein Wiki-Code	Keine Definition	{{{Kein Wiki-Code}}}	<nowiki>Kein Wiki-Code</nowiki>

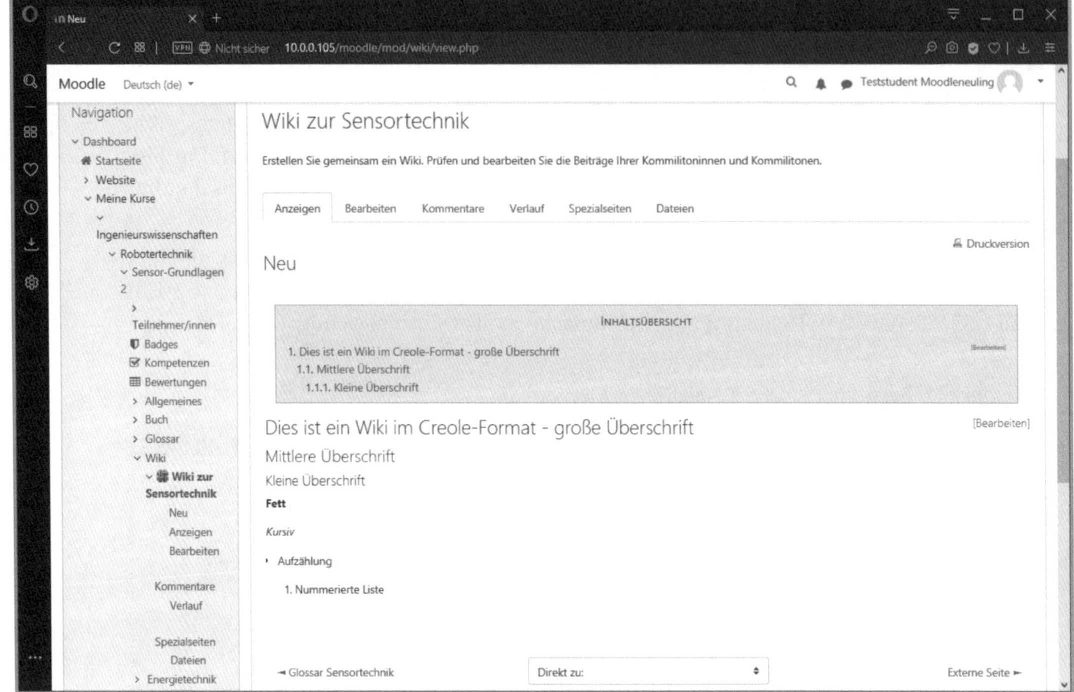

Bild 11.40 Das Ergebnis eines Wiki-Beitrags, der mit dem Creole-Format erstellt wurde. Die Überschriften finden sich in der Inhaltsübersicht wieder.

[12] Die Bilder werden durch deren vollen Verzeichnispfad und Dateinamen bezeichnet.

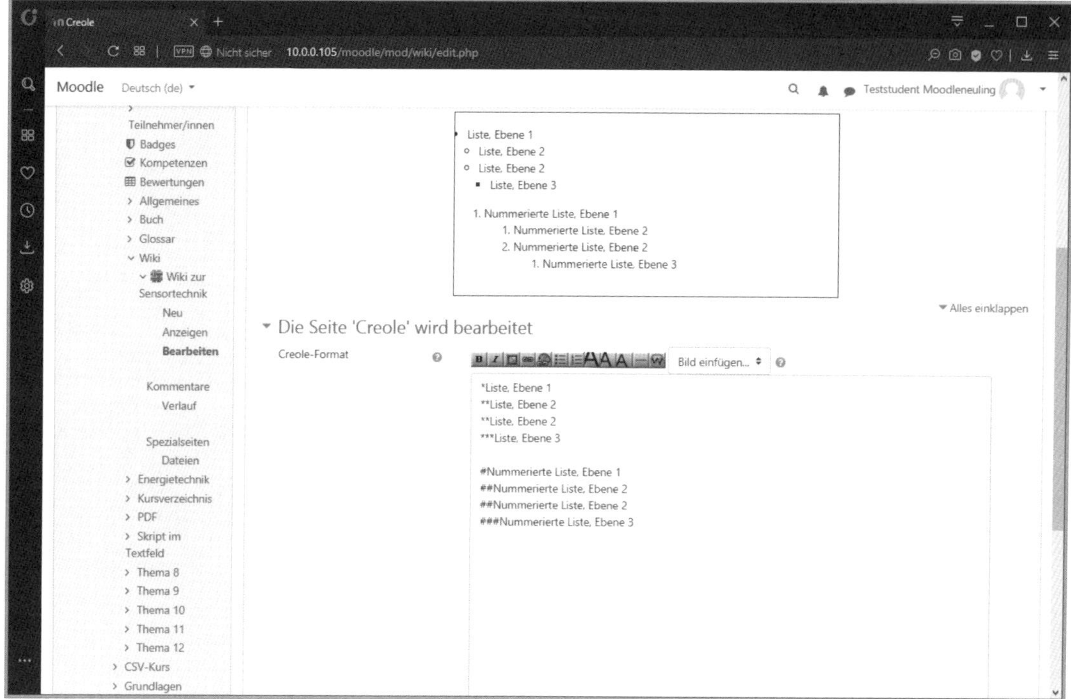

Bild 11.41 Die Listen müssen mit nur einem Zeilenumbruch programmiert werden!

Bei der Eingabe des Codes helfen Editoren. Das vereinfacht die Arbeit auch für Laien. Es ist jedoch zu beachten, dass auch die Eingabe von Leerzeilen eine Bedeutung hat. Werden beispielsweise mehrere Aufzählungsebenen festgelegt, so dürfen keine leeren Zeilen zwischen den Listenelementen vorhanden sein.

Eine wichtige Funktion des Wikis ist die Verlinkung auf andere Beiträge. Dazu ist lediglich das Stichwort nötig, welches der Überschrift des gewünschten Beitrags entspricht. Die Zahl der Verlinkungen wird im Laufe der Zeit wachsen, denn ein Wiki ist ein interaktives Konzept, an dem sich alle Teilnehmerinnen und Teilnehmer beteiligen können. Jeder kann zusätzliche Links in einem Beitrag ergänzen.

Einheitlicher Stil

Bei der Anlage eines Wikis sollte eine einheitliche Form vorgegeben werden. Dann erscheinen die Texte optisch ähnlich. ■

Wie angedeutet, werden bei einer Änderung – auch wenn sie sehr massiv ausfällt – keine jemals erstellten Beitragsversionen überschrieben oder gelöscht. Ein Wiki-Beitrag ist stets lückenlos dokumentiert.

Im Register *Verlauf* ist die vollständige Historie des Beitrags gelistet. Es lassen sich zudem verschiedene Beitragsversionen direkt miteinander vergleichen, um zu erkennen, wer wann welche Änderung vorgenommen hat.

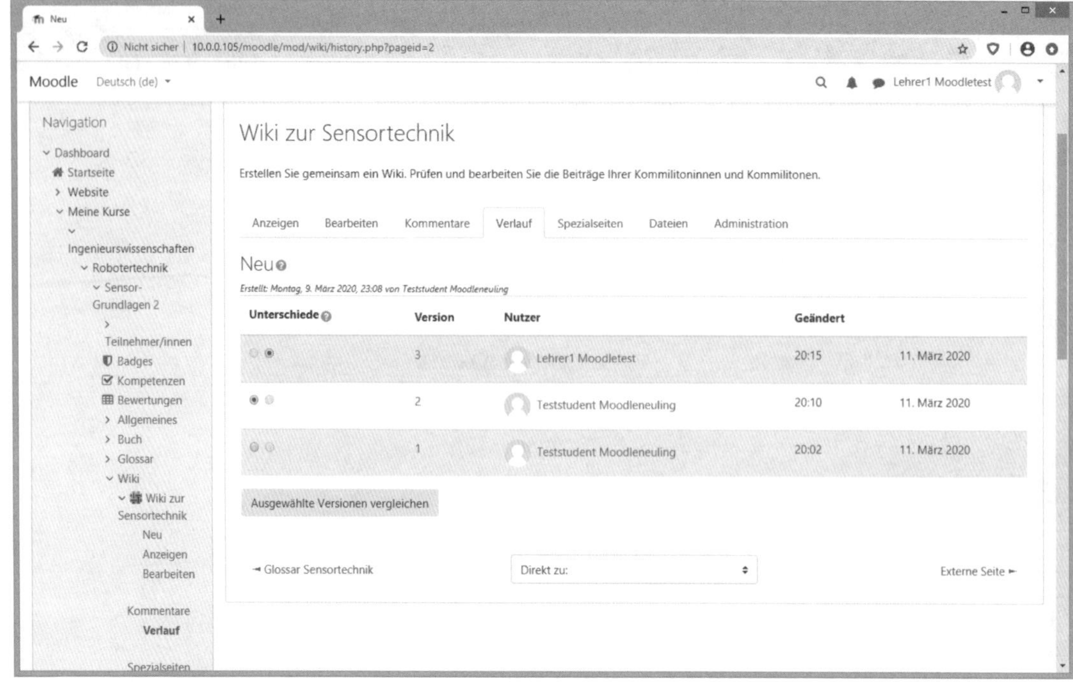

Bild 11.42 Der Beitrag wurde zweimal überarbeitet. Jede Version kann im Original betrachtet werden. Jede Änderung ist einer Nutzerin oder einem Nutzer eindeutig zuzuordnen.

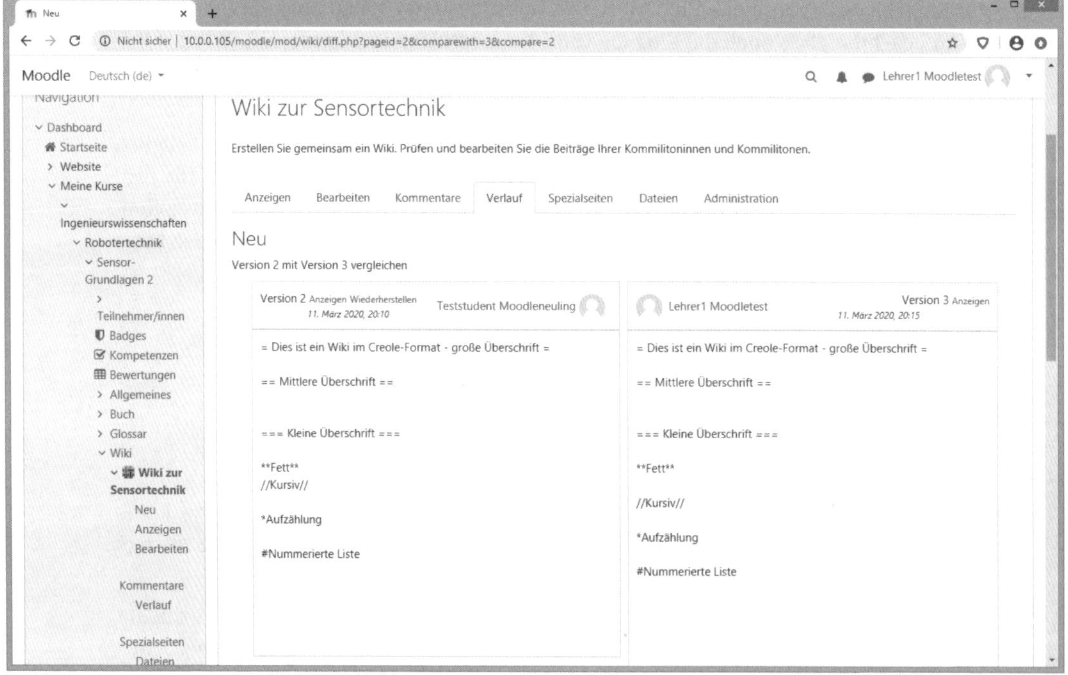

Bild 11.43 Verschiedene Versionen eines Wiki-Beitrags lassen sich direkt miteinander vergleichen.

11.3.4 Datenbanken

Die Aktivität *Datenbanken* erlaubt es, eine Wissensquelle innerhalb eines Kurses zu definieren. Diese Datenbank ist nicht im technischen Sinne mit der Moodle-Datenbank auf dem Server zu vergleichen, die Voraussetzung für den gesamten Betrieb des Lernmanagement-Systems ist. Mit der Anlage einer Datenbank in einem Moodle-Kurs als eine Lernaktivität können jedoch Strukturen angelegt werden, die einer echten Datenbank, wie zum Beispiel einer Adressdatenbank, sehr ähnlich sind.

Zu den allgemeinen Einstellungen, die mit der Wahl der Aktivität Datenbank festzulegen sind, gehören die obligatorischen Pflichtfelder: der Name der Aktivität und eine Beschreibung. Die Beschreibung ist zwar ein Pflichtfeld, kann jedoch in der allgemeinen Anzeige innerhalb des Kurses ausgeblendet werden.

Eine wichtige Einstellung ist – wie schon beim Glossar – die Festlegung, ob Einträge in die Datenbank direkt veröffentlich werden dürfen oder ob eine Freigabe durch eine lehrende Person erforderlich ist. Ist dies der Fall, muss auch überlegt werden, ob ein bereits freigegebener Eintrag verändert werden darf. Beides hat durchaus einen Sinn, denn auf der einen Seite sollte es Lernenden möglich sein, Fehler zu machen und eine (wertschätzende!) Diskussion über die Arbeit auszulösen. Auf der anderen Seite soll eine Datenbank natürlich auch nicht zur allgemeinen Verwirrung beitragen, sondern informieren.

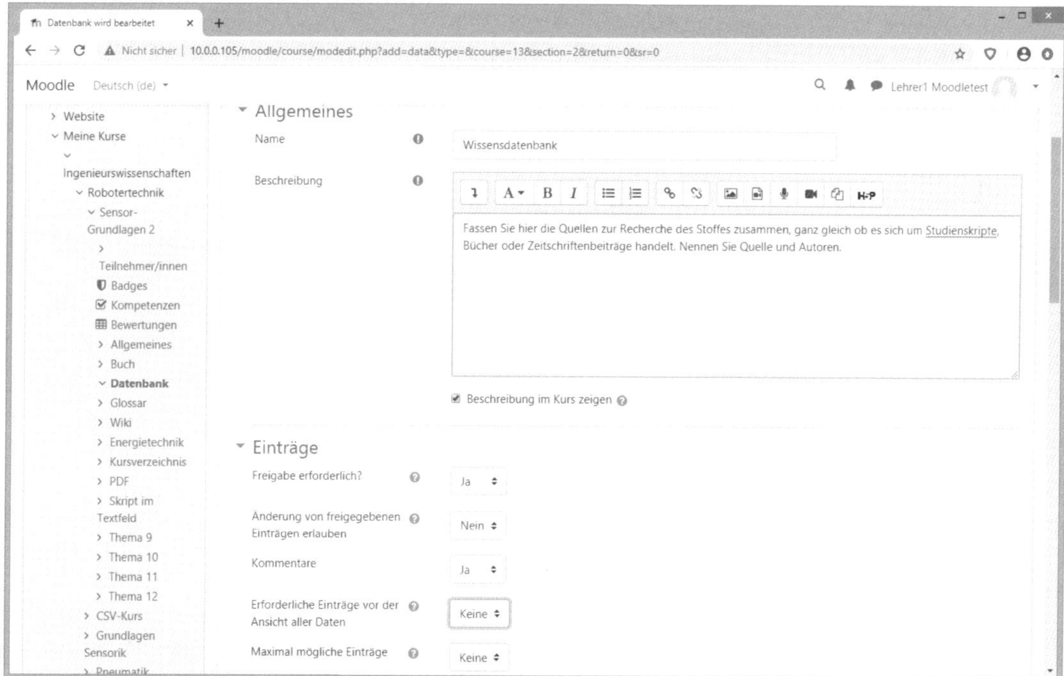

Bild 11.44 Die Freigabe der Einträge in die Datenbank kann bei Bedarf einer Prüfung durch Lehrende vorbehalten sein. Dies wird bereits mit der Anlage der Datenbank festgelegt, noch bevor die Felder definiert und die Daten eingetragen wurden.

Hier erweisen sich Kommentare in beiden Fällen als hilfreich. Kommentare können auf Fehler aufmerksam machen, ohne den Eintrag als solches zu verändern. Natürlich können Kommentare auch sinnvolle Ergänzungen liefern. Wichtig ist allerdings, im Lehralltag darauf zu achten, dass Kommentare auch moderiert oder zumindest beobachtet werden. Eine Lernplattform ist kein regelfreies soziales Netzwerk, wo leider Mobbing, Hetze und Beleidigungen an der Tagesordnung sind. Natürlich ist der Kreis der Teilnehmerinnen und Teilnehmer in einem Moodle-System überschaubarer und zudem jede einzelne Person einer Identität zuzuordnen. Dennoch erfordern alle freien Publikationsprozesse die Aufmerksamkeit der Lehrenden.

11.3.4.1 Anlage einer Datenbank

Bevor eine Datenbank mit Inhalten gefüllt werden kann, muss zunächst eine Struktur aus Datenbankfeldern definiert werden. Dies ist Aufgabe der Lehrenden, welche diese Datenbank im Kurs anbieten möchten.

Tabelle 11.3 Datenfeldtypen[13] der Aktivität „Datenbank"

Datenfeld	Bedeutung
Bild	Einfügen eines Bilds in die Datenbank
Datei	Bereitstellung einer Datei zum Download über die Datenbank
Datum	Datumsfeld
Einfachauswahl	Auswahlfeld für genau eine Option
Geografische Daten	Eingabefeld für GPS-Koordinaten
Mehrfachauswahl	Auswahlfeld für mehrere Optionen.
Menü	Auswahlmenü für eine Option. Die zur Verfügung stehenden Daten werden in der Konfiguration vorgegeben.
Menü (Mehrfachauswahl)	Auswahlmenü für mehrere Optionen.[14] Die zur Verfügung stehenden Daten werden in der Konfiguration vorgegeben.
Textbereich	Mehrzeiliger Textbereich (Anzahl der Zeilen und Spalten des Bereichs sowie die maximale Länge werden in den Optionen definiert)
Textzeile	Einzeiliges Textfeld (Länge maximal 60 Zeichen inkl. Leerzeichen)
Url	Feld für eine verlinkbare Internet- oder Netzwerkadresse
Zahl	Zahl, ggf. auch mit Kommastellen

Die einzelnen Feldtypen werden nach ihrer Auswahl in eigenen Dialogen detailliert konfiguriert. Beispielsweise werden Textbereiche (Bild 11.48) in Spalten und Zeilen für die Eingabe vordefiniert. Beim Feldformat Url sollte beim Aufruf externer Seiten – außerhalb des eigenen Moodle-Systems – die Option *Url in neuem Fenster öffnen* aktiviert sein. Ansonsten führt ein Klick auf den Link dazu, dass die eigene Moodle-Seite geschlossen und die ver-

[13] Die einzelnen Datenbank-Felder werden abhängig vom Typus in den sich öffnenden Dialogen detailliert konfiguriert.

[14] Die Auswahl mehrerer Parameter in einem solchen Menü erfolgt durch Drücken der Strg-Taste bei gleichzeitigem Mausklick (gezielte Wahl einzelner Daten) oder durch Mausklick in Verbindung mit der Umschalt-Taste (Auswahl eines Bereichs).

linkte Seite geöffnet wird. Es geht für die Teilnehmerinnen und Teilnehmer möglicherweise der Bezug zum Kurs verloren. Dies sind lediglich Beispiele. Jedes Feldformat fordert die Festlegung eigener Parameter. Dies entspricht auch dem Prinzip moderner Datenbankprogramme wie MS-Access, LibreOffice Base etc.

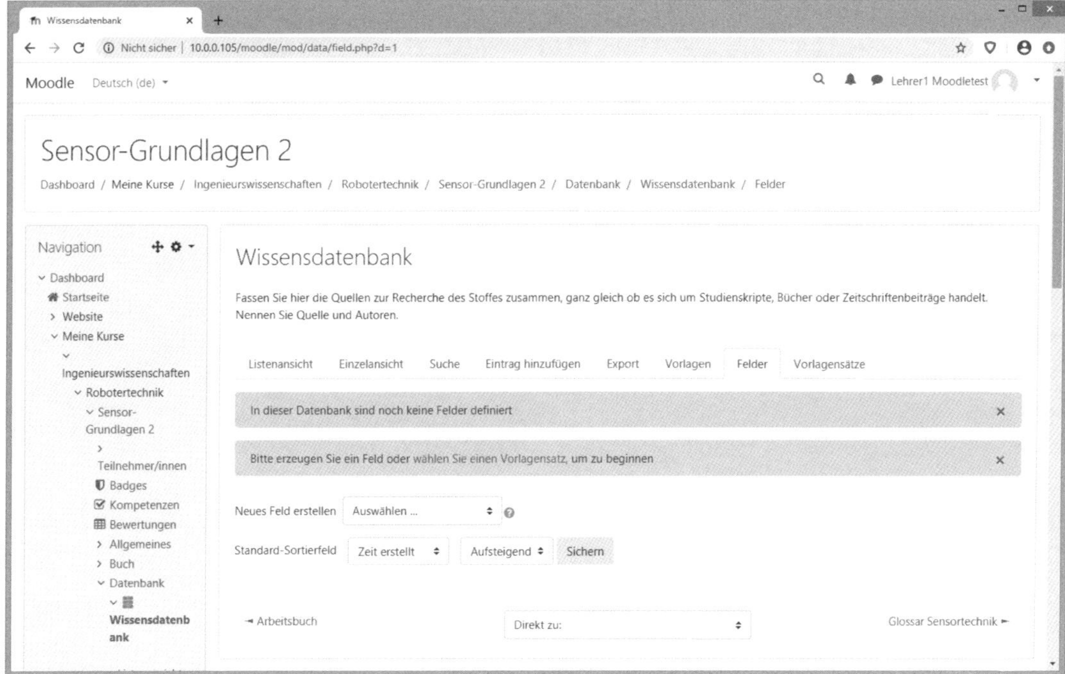

Bild 11.45 Die Einrichtung der Aktivität Datenbank fordert mehrere Schritte, um die Datenbank tatsächlich im Kurs sinnvoll einzusetzen: Definition der Felder und Eingabe von Datensätzen.

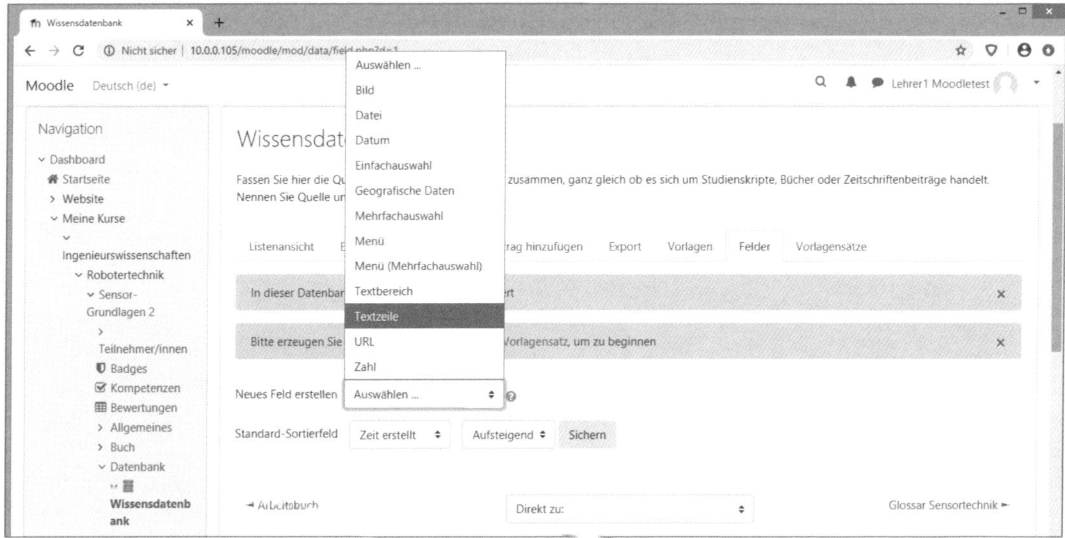

Bild 11.46 Die Moodle-Aktivität „Datenbank" kennt sehr vielfältige Feldtypen.

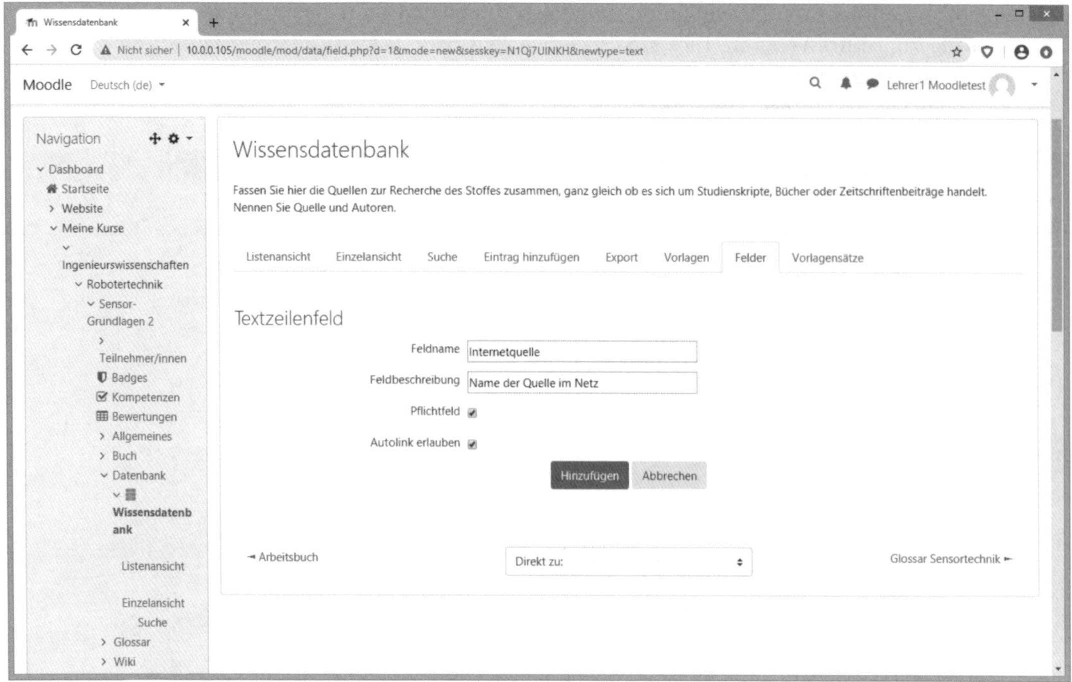

Bild 11.47 Eine einfache Textzeile kann bis zu 60 Zeichen aufnehmen.

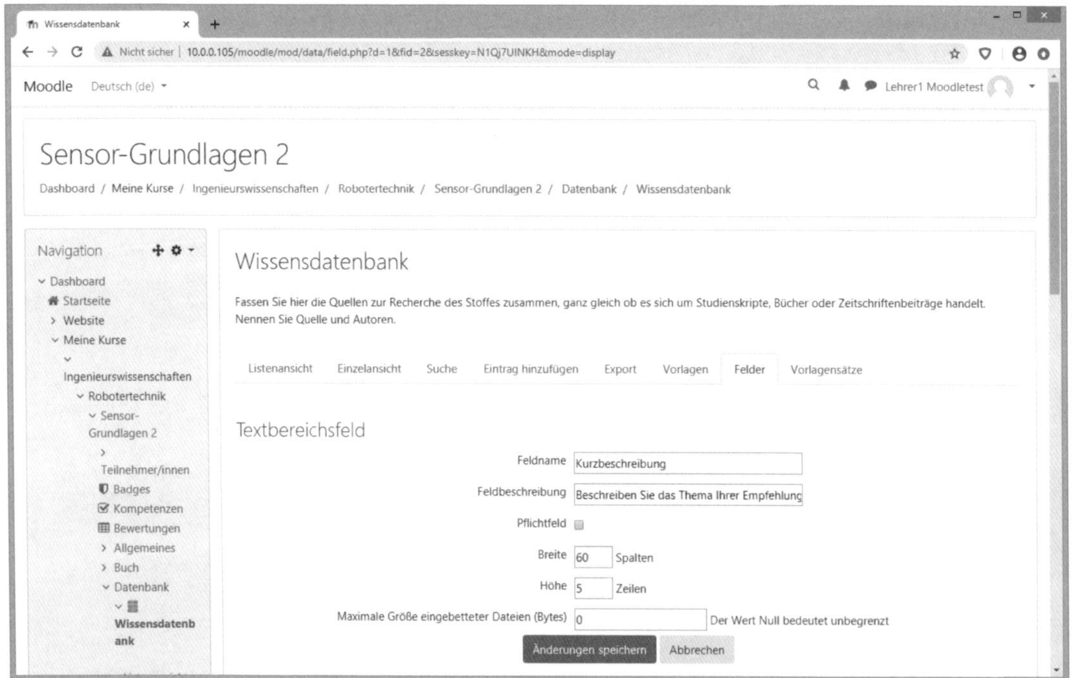

Bild 11.48 Textbereiche können größere Textmengen aufnehmen und sogar kurze Erklärungen enthalten.

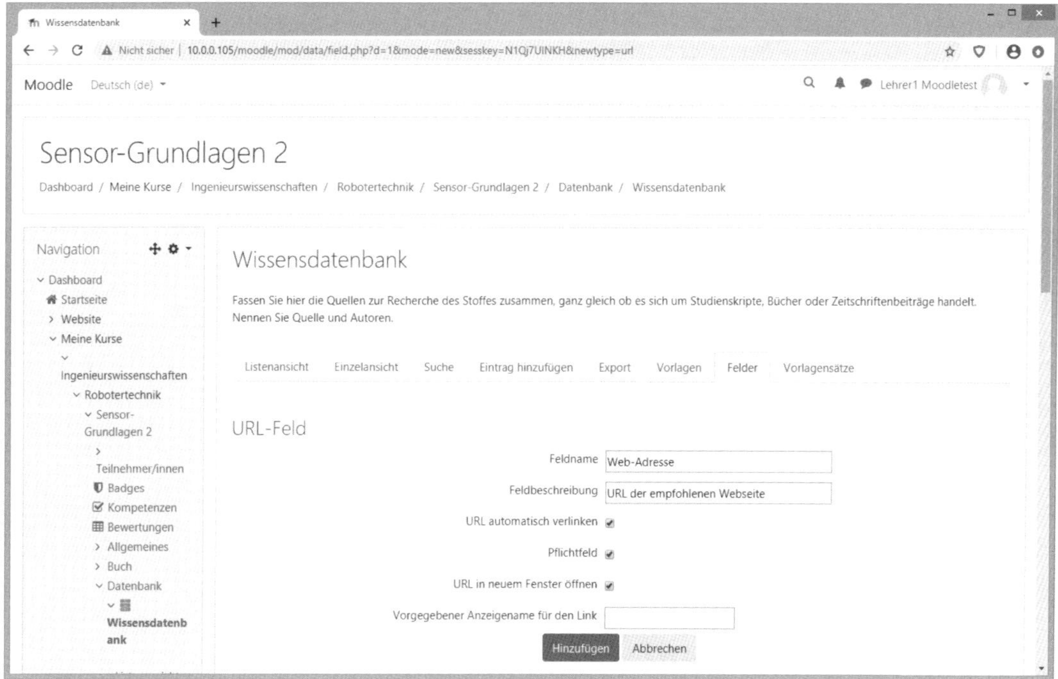

Bild 11.49 Anlage eines URL-Felds: Damit wird in jedem Datensatz ein Feld für eine Netzwerk- oder Internet-Adresse angeboten, aus der direkt auf dieses Ziel verlinkt werden kann.

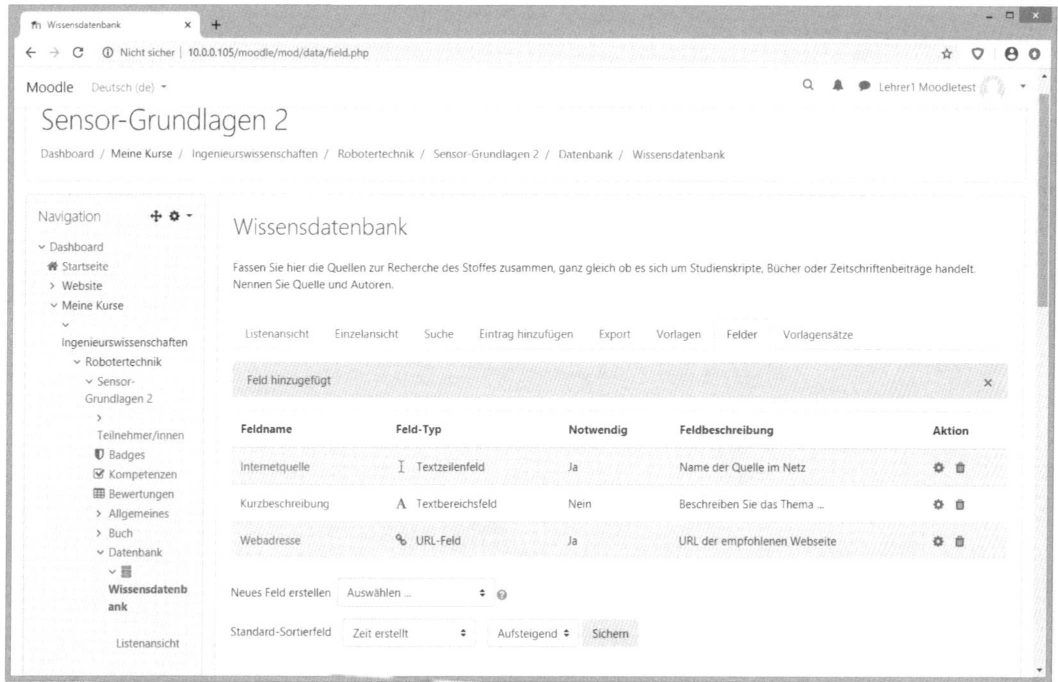

Bild 11.50 Diese Datenbank besteht aus drei Feldern verschiedenen Typs.

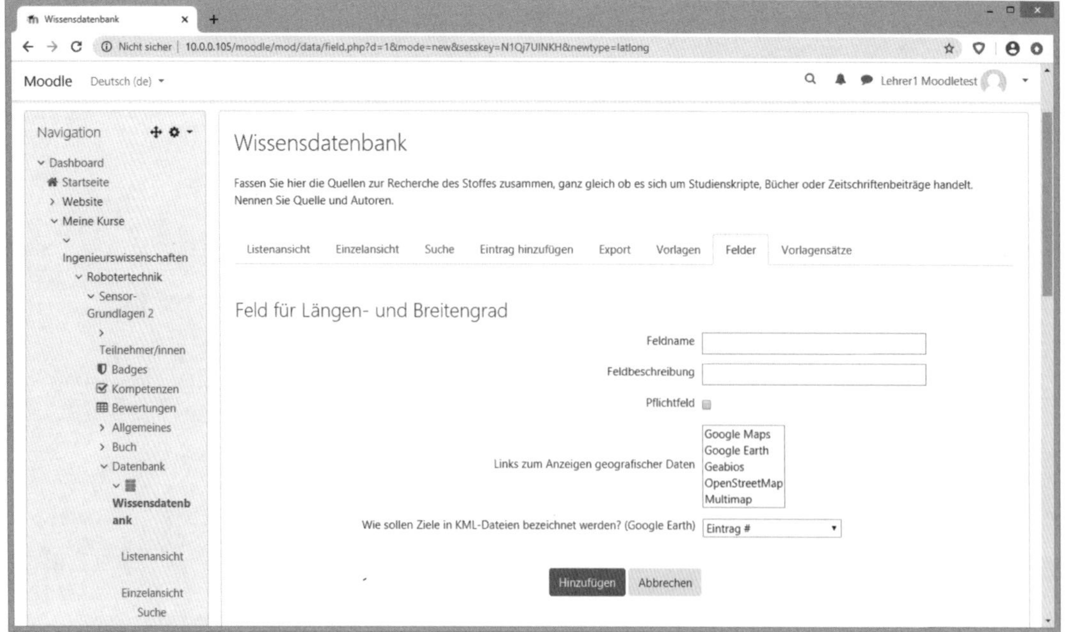

Bild 11.51 Auch geografische (GPS-)Koordinaten lassen sich in die Datenbank aufnehmen. Hier kann Moodle den Geografieunterricht fördern, wobei auch direkte Verlinkungen zu den jeweiligen Internet-Diensten möglich sind.

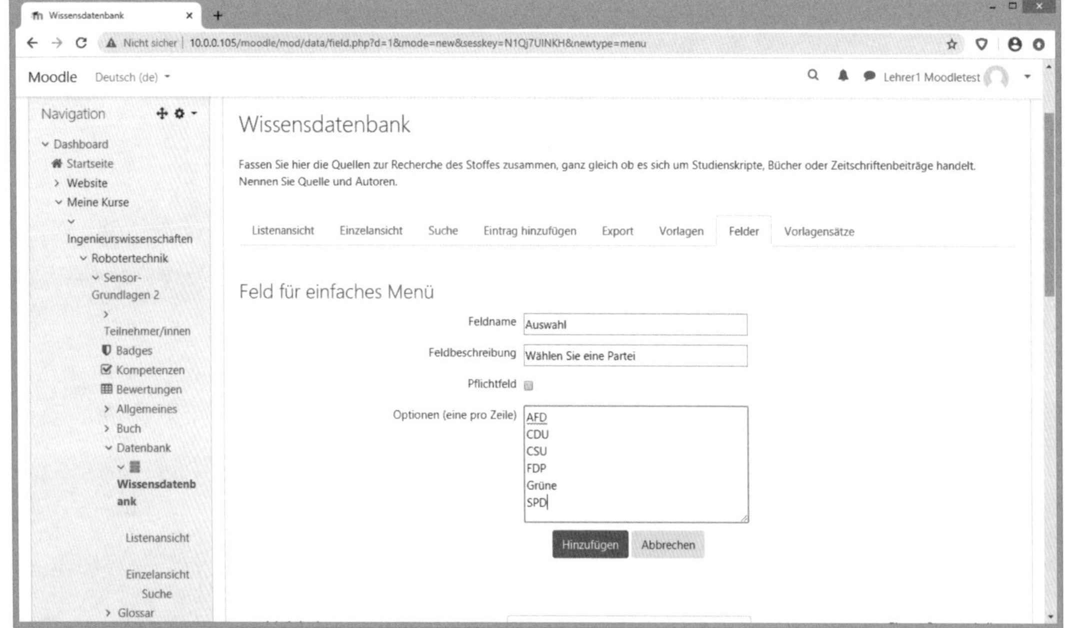

Bild 11.52 Menüfelder – für die einfache oder mehrfache Auswahl – benötigen eine Optionen-Liste. Hier wird für jede wählbare Option eine eigene Zeile benötigt.

Keine großen Textbereiche!

Rein technisch betrachtet, können Textbereiche sehr umfangreich gefüllt werden. Davon ist allerdings abzuraten. Sinnvoller erweist sich in diesen Fällen die Nutzung der Aktivitäten Glossar oder Wiki.

Um Datensätze zu erfassen, benötigt man zunächst eine Datenbankstruktur, die durch Definition der Datenfelder festgelegt wird. Ist diese Struktur vorhanden, können Daten erfasst werden. Ähnlich wie bei den gängigen Datenbankprogrammen wird jedoch noch eine Festlegung benötigt, wie und in welcher Gestalt die Daten beim Aufruf der Datenbank präsentiert werden sollen. Moodle sieht zwei Varianten vor:

- Einzelansicht
- Listenansicht

Wird eine neue Datenbankstruktur definiert, so ist sie in der Regel nicht sofort auch in den Ansichten verfügbar. Es müssen also Vorlagen definiert werden, nach deren Mustern die Datensätze letztlich für die Nutzerinnen und Nutzer ausgegeben werden. Am einfachsten ist dies mithilfe der Programmierung von HTML-Tabellen möglich, was jedoch Grundkenntnisse der HTML-Auszeichnungssprache voraussetzt. Ein Beispiel zeigt das folgende (vereinfachte) HTML-Listing. Es definiert eine Tabelle mit drei Spalten.

```
<table>
    <thead>
        <tr>
            <th scope="col">Quelle</th>
            <th scope="col">Beschreibung</th>
            <th scope="col">Webadresse</th>
        </tr>
    </thead>
    <tbody>
        <tr>
              <td>[[Internetquelle]]</td>
              <td>[[Kurzbeschreibung]]</td>
              <td>[[Webadresse]]</td>
        </tr>
    </tbody>
</table>
```

Ein kurzer Exkurs soll die Definition einer Ansichtenvorlage für die Datenbank erläutern. Für detailliertes Grundwissen zur Auszeichnungssprache HTML und zur Formatierung mit CSS muss aufgrund der Komplexität der Themen auf die einschlägige Literatur verwiesen werden.

Mithilfe des HTML-Elements <table> wird eine Tabelle definiert. Ein HTML-Element besteht aus einem öffnenden Tag[15] (hier <table>) und einem schließenden Tag (</table>). Zwischen diesen beiden Tags wird die komplette Tabelle programmiert.

Die Tabelle wird in zwei Bereichen strukturiert:

- Tabellenkopf <thead> ... </thead>
- Tabellenrumpf <tbody> ... </tbody>

[15] Der Begriff „Tag" ist hier nicht mit dem Synonym für Schlagworte in Moodle-Inhalten zu verwechseln.

In beiden Bereichen werden die Tabellen in einzelnen Zeilen geschrieben. Die Tabellenzeile – im Englischen als „Table Row“ bezeichnet – wird ebenfalls durch ein HTML-Element definiert. Wie jedes HTML-Element wird auch die Tabellenzeile mit einem Start-Tag <tr> und einem schließenden Tag </tr> umschrieben.

Die einzelnen Tabellenzellen innerhalb einer Zeile unterscheiden sich in Überschriften (Table Headline: <th> … </th>) und Datenzellen (Table Data: <td> … </td>). Das Attribut *scope* stellt den Bezug zu einer spaltenorientierten Ausrichtung der Tabelle her.

Zwischen den Tags der Tabellenüberschriften werden die Feldbezeichnungen im Klartext eingetragen. Diese Begriffe können auch frei und sinngemäß formuliert werden. Viel wichtiger sind jedoch die Elemente <td>. Zwischen deren Start- und Schluss-Tag werden jeweils ein Platzhalter für die Feldnamen eingetragen. Die Feldnamen sind mit der Definition des Felds definiert worden. Ein Platzhalter wird einleitend mit zwei eckigen öffnenden und beendend mit zwei schließenden eckigen Klammern umrahmt.

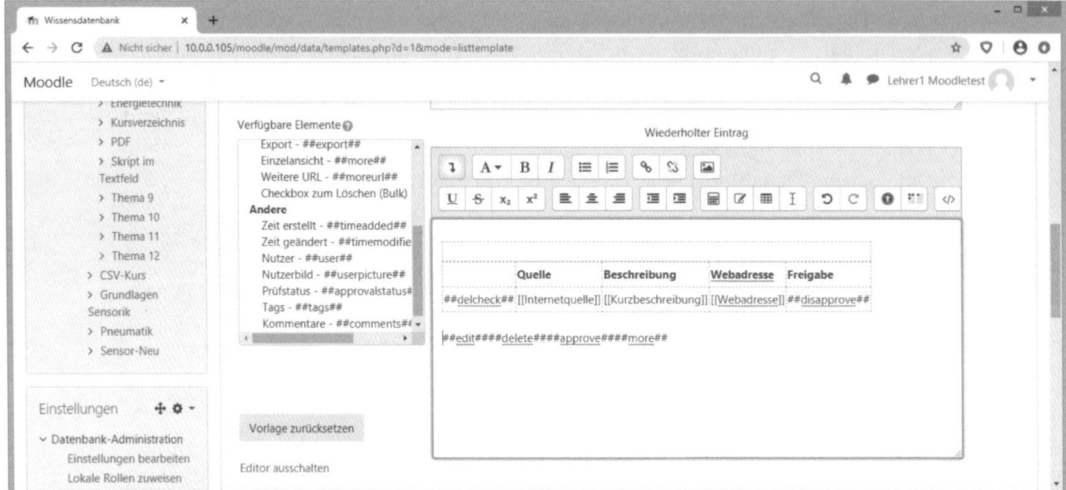

Bild 11.53 Die Listenansicht kann mithilfe einer HTML-Tabelle vorbereitet und durch Eingabe der Platzhalter einzelner Felder vervollständigt werden.

11.3.4.2 Bearbeitung der Datenbank

Ist die Datenbank in ihrer Struktur definiert und das Format der Ausgabe mithilfe von Vorlagen festgelegt worden, geht es daran, die Datenbank mit Inhalten zu füllen. Dies können auch Lernende tun und eigene Datensätze anlegen. Wenn dies mit der Einrichtung der Datenbank so festgelegt wurde, wird die Sichtbarkeit dieser Inhalte unter dem Vorbehalt der Freigabe durch eine lehrende Person vorgenommen.

Die Teilnehmerinnen und Teilnehmer können nicht nur Daten eingeben, sondern die Datenbank auch passiv als Informationsquelle nutzen. Hierzu stehen ihnen die Listen- und die Einzelansicht zur Verfügung. Die Ansichten sind allerdings nur dann nutzbar, wenn sie wie zuvor beschrieben definiert wurden.

Fehlermeldung „Ansicht ist nicht definiert!"

Wenn eine Fehlermeldung beim Aufruf der Listen- oder Einzelansicht erscheint, muss die Vorlage neu erstellt oder die bestehende Vorlage per Mausklick zurückgesetzt werden (vgl. Bild 11.53).

Wächst die Datenbank im Laufe der Zeit, so wird eine Liste schnell unübersichtlich. Die Einzelansicht ist nicht mehr praxistauglich, um eine gesamte Datenbank größeren Umfangs zu durchsuchen. Jeder einzelne Datensatz erfordert den zeitintensiven Aufruf einer neuen Seite. Eine Suchfunktion grenzt die Darstellung auf wirklich interessante Datensätze ein. Damit bleiben die Ausgaben übersichtlich. Gesucht werden kann nach verschiedenen Kriterien und in allen definierten Datenfeldern. Die Anzahl der Suchergebnisse pro Seite kann ebenso gewählt werden wie auch deren Sortierung.

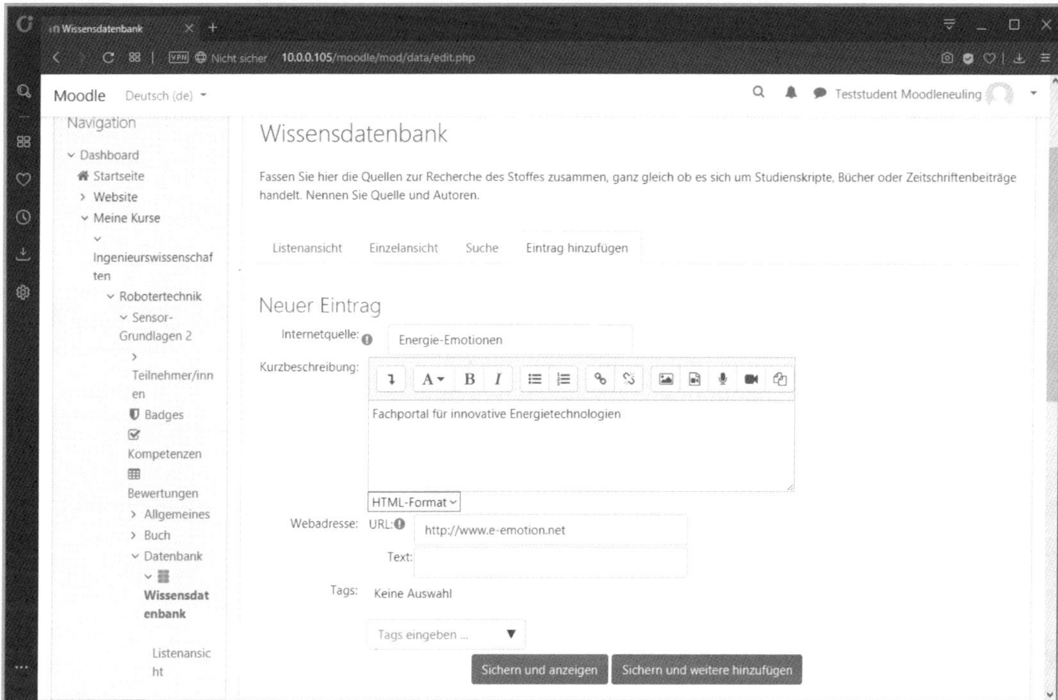

Bild 11.54 Die Eingabe der Daten erfolgt in die definierten Datenfelder. Dies ist auch Lernenden möglich.

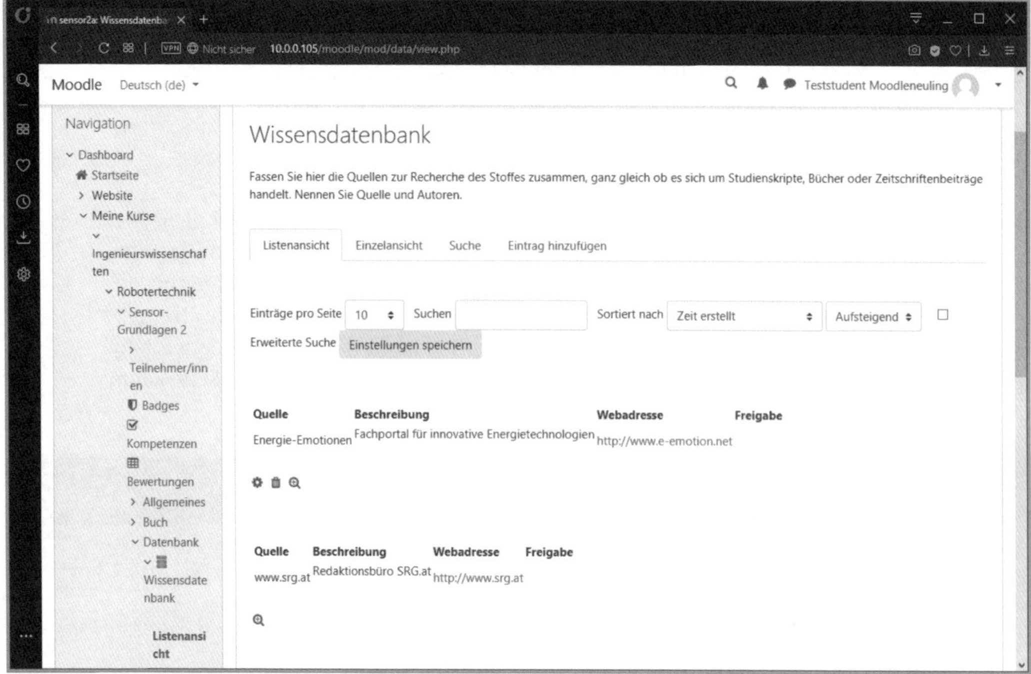

Bild 11.55 In der Listenansicht werden die gefundenen Datensätze „zeilenweise“ dargestellt.

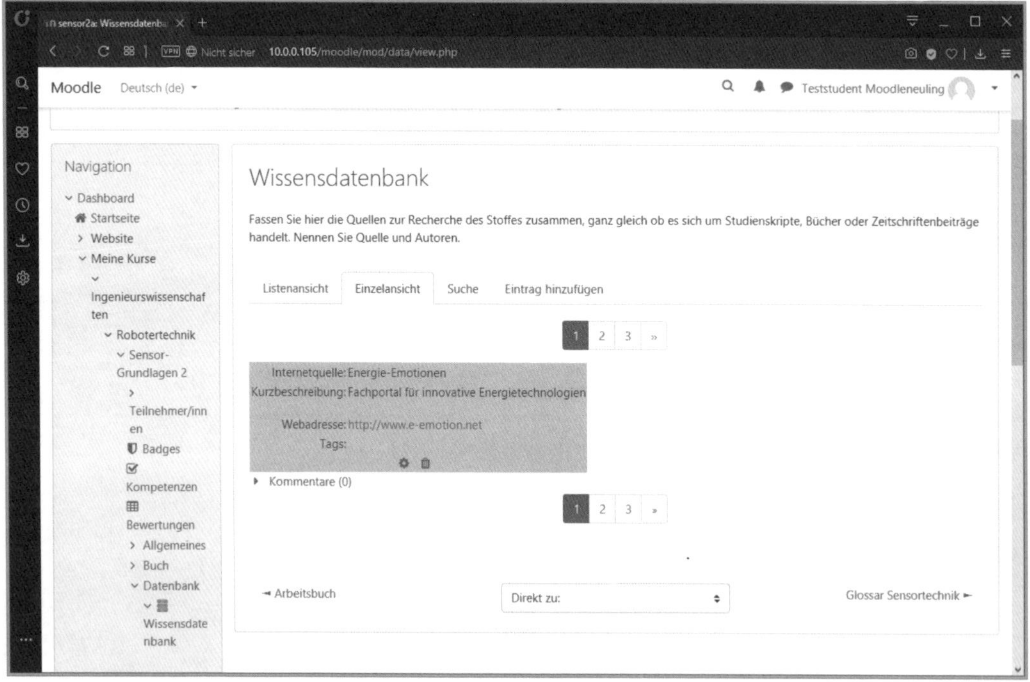

Bild 11.56 In der Einzelansicht zeigt jede Ergebnisseite nur einen einzigen Datensatz. Bei sehr vielen Suchergebnissen kann dies sehr unkomfortabel sein. Die einzelnen Datensätze werden jedoch sehr detailliert ausgegeben.

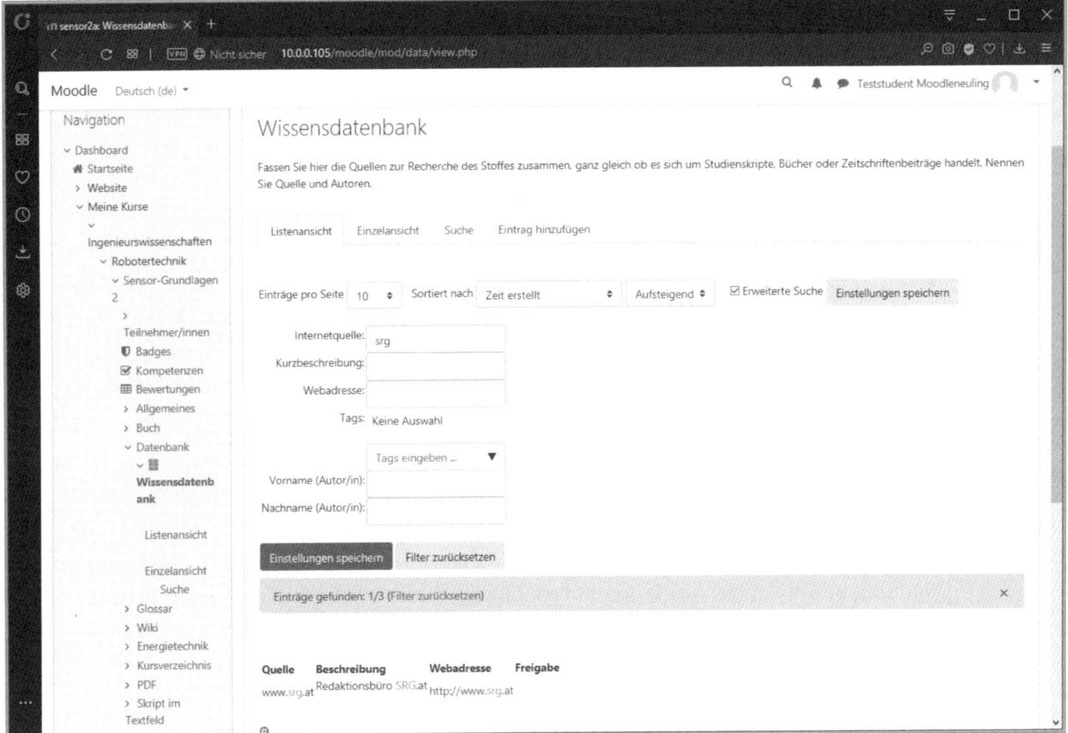

Bild 11.57 Die Suche nach verschiedenen Kriterien hilft, die Ausgabe der Daten auf eine überschaubare Zahl einzugrenzen.

11.4 Kommunikative Komponenten

Auch wenn es oft – infolge nicht ausgeschöpfter Potenziale – in dieser Form missverstanden wird: Moodle ist keine „Top-down-Bildungspumpe"! Ganz im Gegenteil stellt Moodle auch bereits mit „Bordmitteln" eine Kommunikationsplattform für Lehrende und Lernende dar. Neben dem obligatorischen Ankündigungsforum, welches ein Sprachrohr ausschließlich für die Lehrenden im Kurs ist, können weitere Foren eingerichtet werden. Diese Foren können auch von Lernenden thematisch gestaltet werden.

Interessant ist auch der Chat. Dieser bietet direkte – textbasierte –Kommunikationsmöglichkeiten aller im Kurs eingeschriebenen Nutzerinnen und Nutzer, ganz gleich ob lehrend oder lernend.

Umfragen und Abstimmungen spiegeln Ansichten und Meinungen der Teilnehmerinnen und Teilnehmer wider. Ein sehr wichtiges didaktisches Instrument ist allerdings das Feedback. Wer lernt, braucht eine Rückmeldung, an der man sich messen kann. Dabei sollte Feedback nicht ausschließlich von „oben herab", also von Lehrenden zu Lernenden kommen, sondern vor allem auch auf Augenhöhe von Lernenden zu Lernenden.

Wertvolles Feedback kann für die Kursgestaltung auch ganz allgemein über das Instrument analytischer Umfragen gegeben werden. Die Aktivität *Umfrage* bietet eine Reihe vordefinierter Fragen, deren Ergebnisse kumuliert dargestellt werden.

11.4.1 Foren

Das Forum kann in einer von fünf Varianten eingerichtet werden:

- Es gibt zwei Formen eines *Standardforums*: Grundsätzlich lässt das Standardforum beliebige Einträge zu jeder Zeit und von jeder Teilnehmerin und jedem Teilnehmer zu. Dieses kann in der normalen Ansicht oder in der sogenannten *Blog-Ansicht* präsentiert werden.
- Das *Diskussionsforum* sieht lediglich ein einziges Thema vor, zu dem jedoch alle Teilnehmerinnen und Teilnehmer antworten dürfen.
- Beim Forentypus *Einzelfrage* darf jede Teilnehmerin und jeder Teilnehmer genau ein einziges Thema posten. Allerdings dürfen alle Teilnehmerinnen und Teilnehmer zu jeder Frage auch Antworten beisteuern.
- Beim *Frage-Antwort-Forum* wird die Möglichkeit zur Antwort auf einen Foreneintrag erst dadurch eröffnet, dass die Teilnehmerin oder der Teilnehmer einen eigenen Beitrag veröffentlicht hat.

Forum versus Ankündigungsforum

Auch wenn das sogenannte Ankündigungsforum durchaus anders benannt werden kann, nimmt dieses Forum, was mit einem Kurs bereits eingerichtet wird, eine besondere Rolle ein. Es ist nur dem Lehrenden vorbehalten, ein Thema zu eröffnen. Anders ist es bei der Aktivität *Forum*, die auch von Lernenden aktiv mitgestaltet werden kann.

Foren sind allgemein ein wertvolles Kommunikationsinstrument, um Fragen zu stellen und in der Community – in Moodle wird diese durch die Reichweite des Kurses definiert – Rat und Hilfe zu bekommen. Dies fördert die Zusammenarbeit der Lernenden, die mithilfe der Plattform ein Problem ohne aktive Erklärung der Lehrenden lösen und Antworten finden sollen. In einer rein digitalen Lernumgebung kann ein Forum somit in gewisser Weise das persönliche „Pausengespräch" substituieren, in denen der Unterrichtsstoff diskutiert und die Ergebnisse der Arbeiten verglichen werden.

Natürlich haben rein digitale Foren den Nachteil, nicht stattfindende soziale Interaktionen Lernender nicht ersetzen zu können. Sie haben aber auch den Vorteil, die Diskussion breiter als in einem persönlichen Gespräch weniger Menschen zu führen und die Themen dauerhaft präsent zu halten.

Für Lehrende stellen Foren bei rein passiver Beobachtung eine gute Feedback-Quelle dar, denn sie können aus den Fragen und den gegebenen Antworten eventuelle Lerndefizite erkennen und mit Zusatzlektionen nachregeln. Ein Forum sollte grundsätzlich niemals unmoderiert den Lernenden selbst überlassen werden. Der Idealfall sieht objektive und zielführende Diskussionen vor, doch ist leider häufig zu beobachten, dass es in digitalisierten Kommunikationsplattformen an elementaren Benimmregeln fehlt. Beleidigungen, Anzüglichkeiten und Beschimpfungen sind an der Tagesordnung. Es scheint, als würde die „digitale Distanz" infolge einer vermeintlichen Anonymität enthemmend wirken. Diese Trends zwischenmenschlichen Miteinanders – geprägt durch globale soziale Netze und temporäre virtuelle Welten der Computerspiele[16] – stellen Pädagoginnen und Pädagogen vor große Herausforderungen.

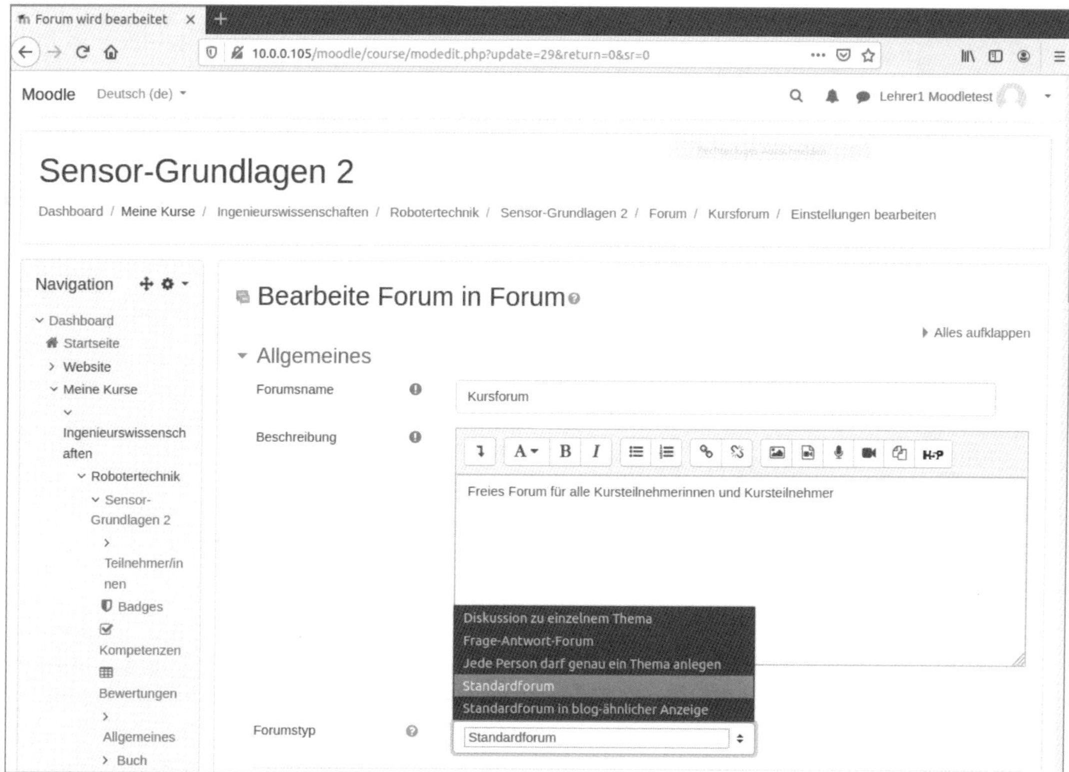

Bild 11.58 Es gibt grundsätzlich vier verschiedene Forentypen, wobei das Standardforum zudem in zwei verschiedenen Anzeige-Modi wählbar ist.

Werden Dateianhänge im Forum gestattet, so kann die Größe der Datei limitiert werden. In der Regel wird man kleine Größen wählen, die deutlich unter denen gewöhnlicher Dateiuploads für Lehrmittel liegen. Auch die Anzahl der Anhänge kann pro Beitrag begrenzt werden.

[16] Es ist ein leidenschaftlich diskutiertes Thema, welchen Einfluss digitale Medien wie soziale Netzwerke, Smartphones als ständige Begleiter und Computerspiele (insbesondere Gewaltspiele) auf die Entwicklung menschlicher Persönlichkeiten – nicht nur Heranwachsender – haben. Der Autor (selbst IT-Ingenieur mit jahrzehntelanger Branchenerfahrung) hat eine sehr kritische, pessimistische Meinung. Diese ist jedoch subjektiv zu betrachten.

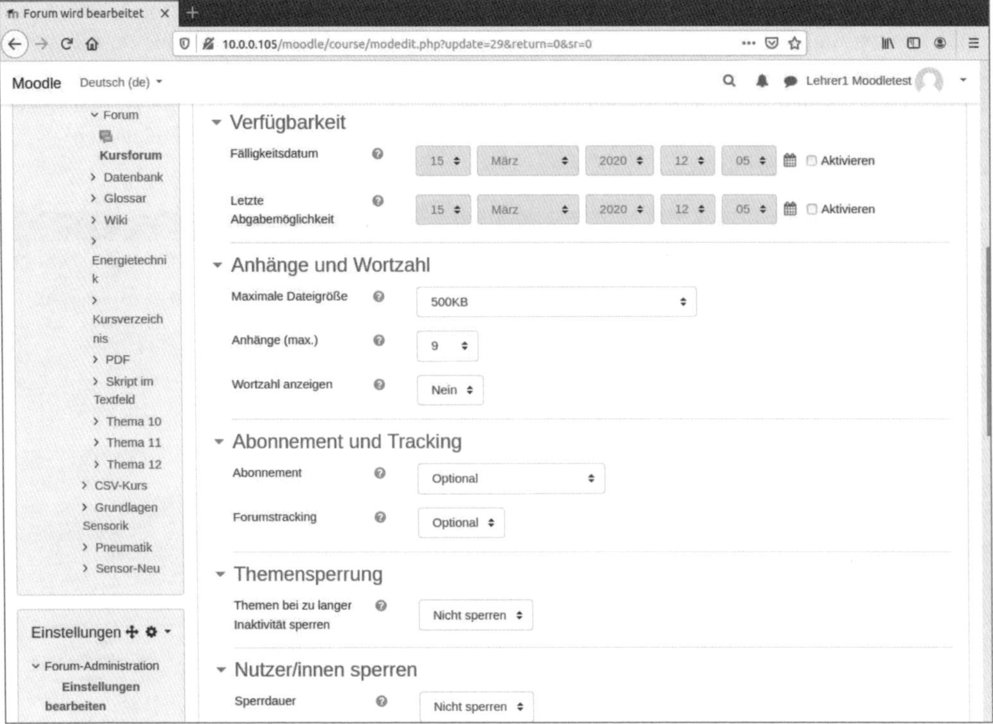

Bild 11.59 Die Bearbeitung des Forums kann zeitlich begrenzt werden. Darüber hinaus lassen sich nicht bearbeitete Themen bei Bedarf automatisch sperren.

Um über die Vorgänge im Forum auf dem Laufenden zu bleiben, kann dieses *abonniert* werden. Teilnehmerinnen und Teilnehmer werden per E-Mail über neue Einträge und Antworten informiert. Ob ein solches Abonnement vorgesehen wird, wird mit der Einrichtung des Forums festgelegt:

- *Verpflichtend*: Das Forum wird grundsätzlich ohne die Möglichkeit, es zu deaktivieren, abonniert.
- *Deaktiviert*: Es wird grundsätzlich keine Benachrichtigung gesendet.
- *Automatisch*: Das Forum wird in der Grundeinstellung abonniert. Dieses Abo kann jedoch deaktiviert werden.
- *Optional*: Es bleibt den Teilnehmerinnen und Teilnehmern des Kurses überlassen, das Forum zu abonnieren.

Darüber hinaus bietet das Forumtracking die Möglichkeit, auf ungelesene Beiträge aufmerksam gemacht zu werden. Soll dies verpflichtend möglich sein, muss die Moodle-Administration dies in der Website-Administration vorsehen.

Forenbeiträge, die längere Zeit nicht bearbeitet wurden, haben offensichtlich ihre Relevanz verloren. Sie können automatisch gesperrt werden. Die Sperrdauer kann mit der Konfiguration des Forums gewählt werden. Sollte es nötig sein, können gesperrte Beiträge von berechtigten Nutzerinnen und Nutzern wieder reaktiviert werden.

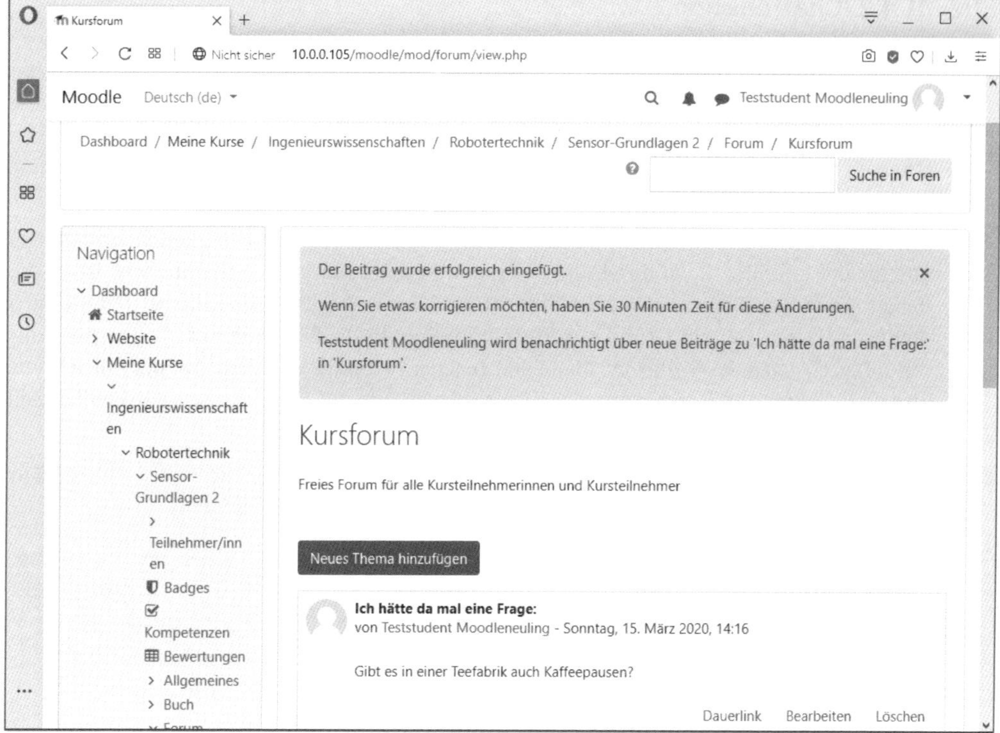

Bild 11.60 Standardforum in der Blog-Ansicht

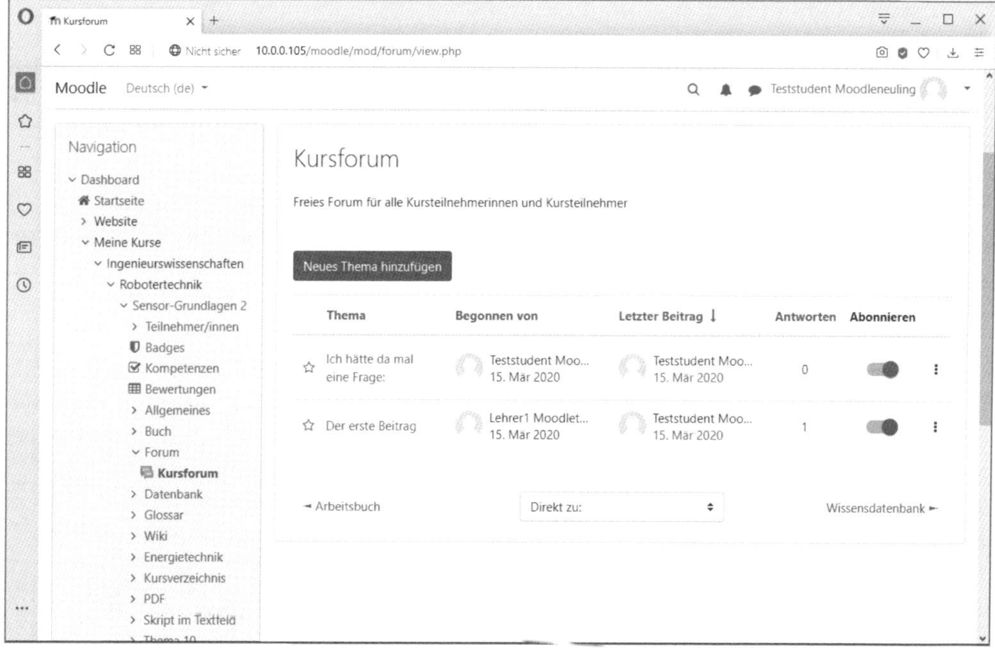

Bild 11.61 Standardforum in der Normalansicht

11.4.2 Chatfunktion

Echte Interaktion - auch in Online-Lehrveranstaltungen - bietet der Chat.[17] Ein solcher Chat gehört zu den „Bordwerkzeugen“ von Moodle und kann in jedem Kurs als Aktivität eingerichtet werden. Mithilfe des Chats können direkt Fragen gestellt und die behandelten Themen diskutiert werden. Der Verlauf der Sitzung lässt sich zudem speichern und für eine spätere Auswertung verfügbar halten.

Allerdings steht das Chatprotokoll nicht jedem offen. Es muss die Fähigkeit *mod/chat:read log* für die jeweilige Rolle durch die Moodle-Administration aktiviert sein. Dies ist in der Regel (Grundkonfiguration) für die Student- und Teacher-Rollen der Fall. Der Datenschutz kann in diesem Fall ein Grund zur Einschränkung dieser Fähigkeit auf die Teacher-Rolle sein. Das Löschen des Protokolls bleibt den Teacher-Rollen vorbehalten. Mit der Einrichtung des Chats kann die Speicherung der Gesprächsverläufe auf die technisch notwendige Zeit begrenzt werden.

Lehrende - in der Grundkonfiguration besitzt die Teacher-Rolle das Recht, die erforderliche Fähigkeit zu nutzen - können das Chatprotokoll jederzeit manuell löschen.

Achtung: DSGVO ist zu beachten!

Den Chat permanent zu protokollieren ist aus rechtlicher Sicht (DSGVO) nicht unbedenklich. Die Teilnehmerinnen und Teilnehmer sind grundsätzlich darüber zu informieren. Eine solche Information kann in die Beschreibung der Aktivität eingetragen werden. Ist das Chatprotokoll auch für Lernende zugänglich, so lassen sich auch private Korrespondenzen über dieses Medium nachlesen, die außerhalb der Studienzeiten liegen können.

Chats können von den Teilnehmerinnen und Teilnehmern in verschiedenen Ansichten (Designs) genutzt werden. Es ist möglich, einzelne Teilnehmerinnen und Teilnehmer des Chats direkt anzusprechen. Um deren Aufmerksamkeit zu erreichen, kann ein akustisches Signal[18] („Beep“) gesendet werden.

Die Handhabung dieses Werkzeugs ist den meisten Lernenden - auch nicht technisch versierten Menschen - durchaus geläufig, denn Chats gehören heute zu den alltäglichen Aktivitäten. Das Prinzip des Textchats wird unter anderem in den sozialen Netzwerken genutzt. Es erfordert somit unter den Lernenden keine tiefgreifende Unterweisung, sondern es genügt, den Termin der Veranstaltung festzusetzen.

Chats können auch permanent geöffnet bleiben. In diesen „Räumen“ können sich Lernende begegnen und ihre Aufgaben und Lösungsansätze diskutieren. Der Chat sollte deswegen grundsätzlich in jedem Kurs angeboten und dessen Nutzung den Lernenden nahegelegt werden.

---

[17] Der Textchat ist eine sehr einfache und bereits aus den Anfangszeiten des Internets bekannte Echtzeit-Kommunikationsform im Netz. Mittlerweile gibt es weitaus komplexere Kommunikationsformen - sogenannte „virtuelle Klassenzimmer“, die audiovisuelle Kommunikation mit einem Interactive Whiteboard und weiteren Medien kombinieren. Verschiedene Dienste dieser Art lassen sich als Plugin in das Moodle-System integrieren.

[18] Die Voraussetzung für den Empfang akustischer Signale ist ein funktionierendes und aktiviertes Audio-System auf dem Computer des Empfängers. Der Einsatz des „Beep“ ist also nicht mit einer Empfangsgarantie verbunden.

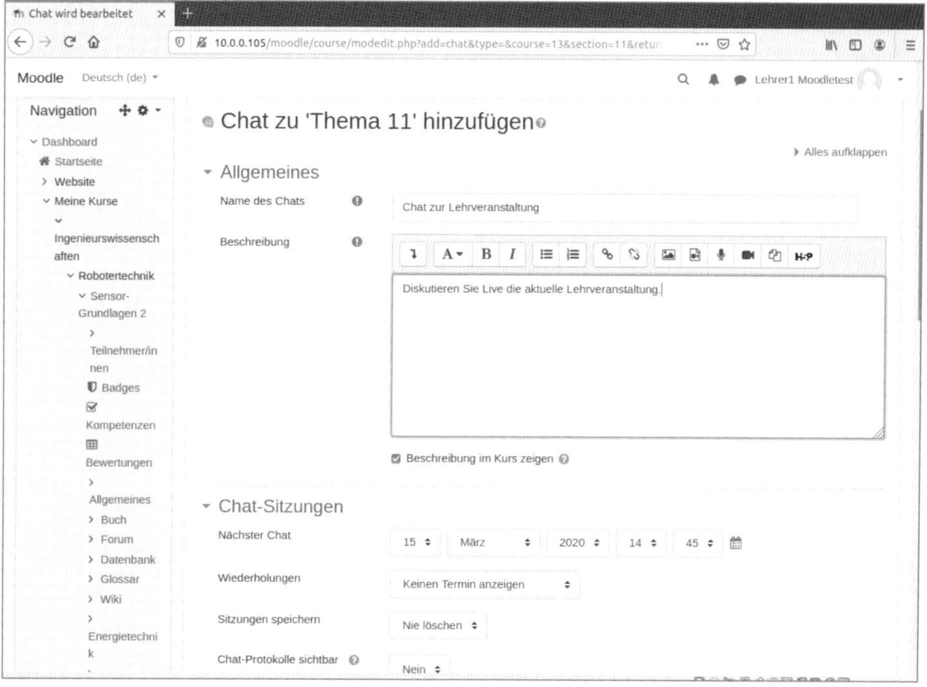

Bild 11.62 Das Speichern der Sitzungen kann didaktisch sinnvoll sein. Allerdings mindert es auch die Offenheit der Beteiligten. Soll eine gewisse Vertraulichkeit bestehen, empfiehlt es sich, die Sitzungen bereits nach wenigen Tagen zu löschen.

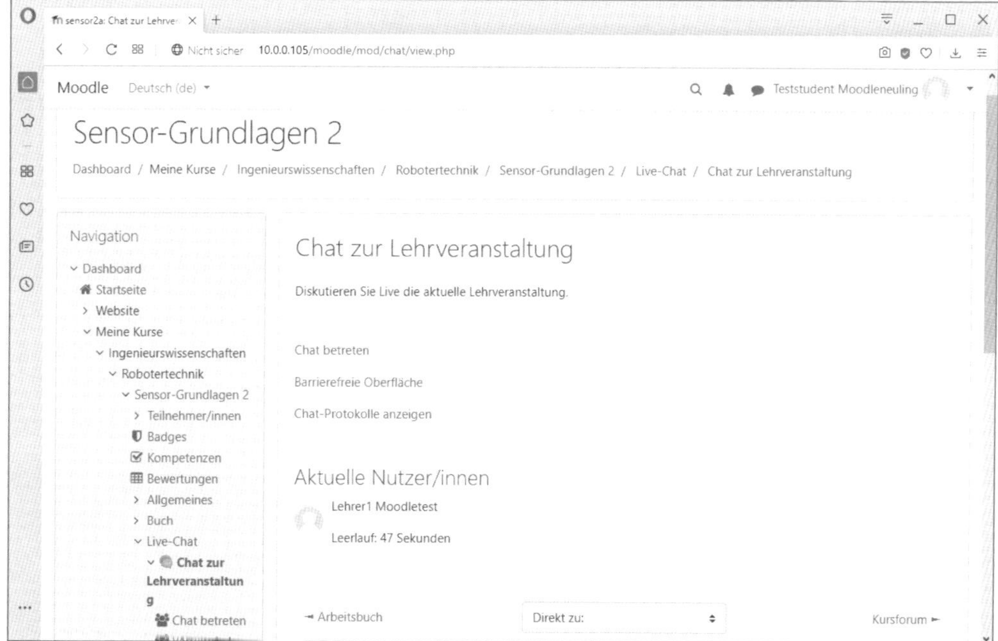

Bild 11.63 Wer dem Chat beitritt, kann die letzten Nachrichten im Chatprotokoll mitlesen (die Berechtigung dazu vorausgesetzt) oder direkt der Sitzung beitreten.

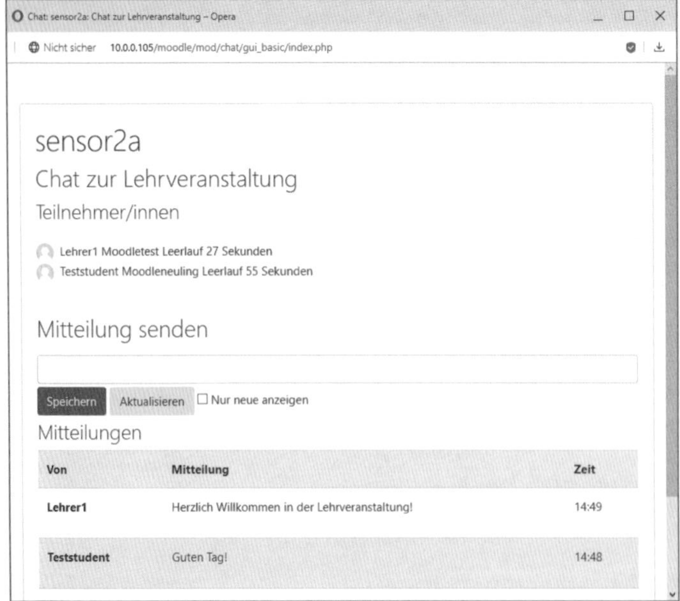

Bild 11.64 Die „barrierefreie" Chatoberfläche arbeitet mithilfe eines einfachen HTML-Formulars. Sie setzt eine regelmäßige Aktualisierung über die entsprechende Schaltfläche voraus, funktioniert dafür aber auf allen Oberflächen.

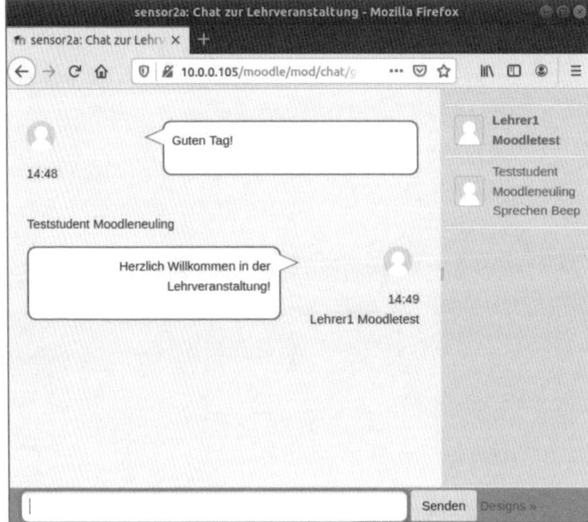

Bild 11.65
AJAX-Chat-Fenster im Design „Bubbles" – hier erscheinen die von anderen Teilnehmerinnen und Teilnehmern geschriebenen Nachrichten automatisch. Eine Aktualisierung ist nicht nötig.

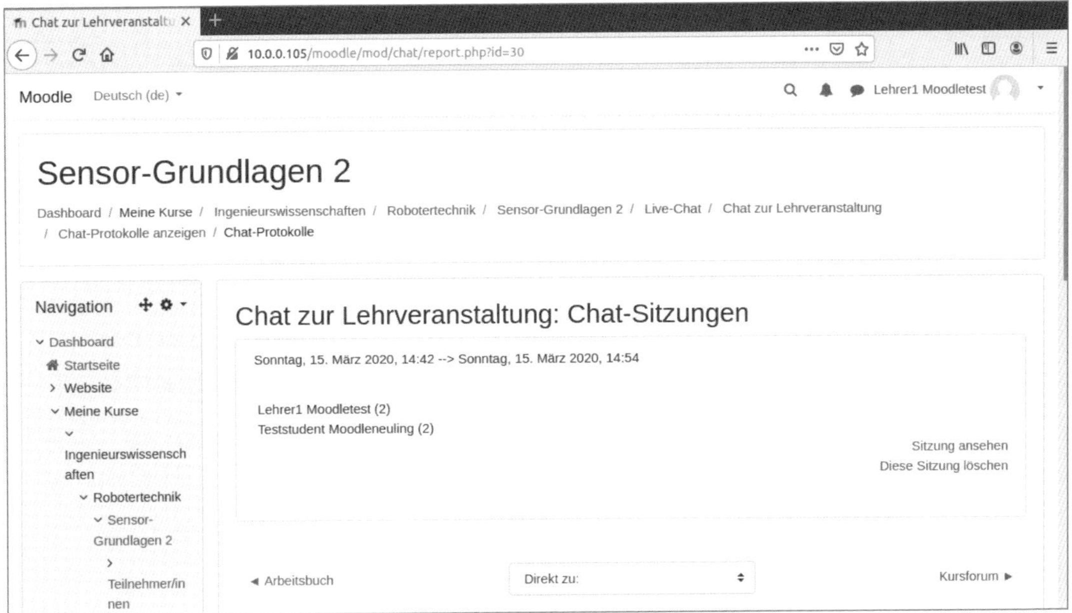

Bild 11.66 Lehrende, die den Chat verwalten, finden auf der rechten Seite einen Link „Diese Sitzung löschen".

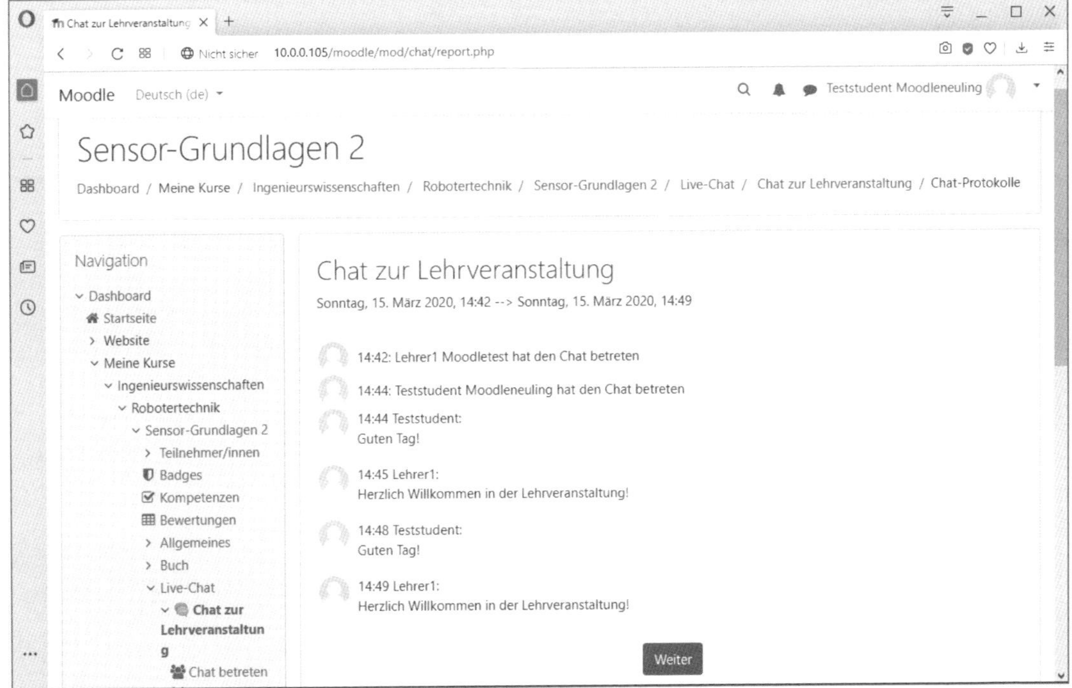

Bild 11.67 Das Chat-Protokoll zeigt, wann welche Teilnehmerinnen und Teilnehmer den Chat betreten und was sie geschrieben haben.

11.4.3 Aufgabe

Die *Aufgabe* gehört zu den am häufigsten genutzten Aktivitäten in Moodle. Sie ist einfach zu konfigurieren und bietet auf die Sekunde genaue Abgabefristen, um deren Einhaltung sich nach der Grundeinstellung niemand mehr kümmern muss. Ein weiterer Vorteil dieser Aktivität besteht darin, dass alle Abgaben der Lernenden in einem einzigen Abgabekanal konzentriert werden. Lehrende müssen also nicht unzählige Medien wie E-Mail, FTP, diverse soziale Netzwerke durchsuchen und sich noch dazu mit verschiedenen mehrfach überarbeiteten Versionen auseinandersetzen. Sie haben alle Abgaben auf einer einzigen Plattform vorliegen, deren Nutzung als verbindlich vereinbart wird. Hier können Lehrende auch unmittelbar ein Feedback an die Lernenden abgeben, was nur jeweils diesen sichtbar wird.

Eine Aufgabe kann in einem Texteditor (HTML-Editor) frei formuliert werden. Darüber hinaus kann eventuell erforderliches Lehrmaterial als Datei zum Download zur Verfügung gestellt werden. Im Beispiel bekommen die Lernenden die Aufgabe, eine Inhaltsangabe zu einem genau definierten Seitenbereich eines Buchs anzufertigen, welches als PDF beigelegt wird.

Achtung: Urheberrechte beachten!

Die Verbreitung geschützter Werke ist auch als Anhang einer Aufgabe nicht gestattet. Es bedarf der entsprechenden Lizenz oder der Erlaubnis des Rechteinhabers. ■

Für die Abgabe können verschiedene Termine definiert werden:

- *Abgabebeginn*: Vor diesem Termin ist keine Abgabe möglich! Moodle öffnet erst zu dem hier definierten Zeitpunkt den Abgabedialog. Wird das Feld deaktiviert, ist die Abgabe sofort möglich.
- *Fälligkeitsdatum*: Bis zu diesem Termin erwarten die Lehrenden die Abgabe der Aufgabe. Dieser Termin ist also für gewöhnlich die Deadline. Es kann jedoch eine Toleranzzeit definiert werden.
- *Letzter Abgabetermin*: Hier wird nun der wirklich letzte Abgabetermin festgesetzt. Zu diesem Zeitpunkt wird der Abgabedialog geschlossen und Moodle nimmt keine weiteren Abgaben mehr an. Hier gibt es keine Toleranzzeit mehr.
- *An Bewertung erinnern*: Auch die Lehrenden haben ihren Termin! Es ist eine Geste der Fairness, die Bewertung der abgegebenen Aufgaben möglichst zeitnah durchzuführen. Damit dies auch unter erhöhtem Zeitdruck nicht vergessen wird, kann ein Erinnerungstermin festgelegt werden.

Für die Abgabe steht den Lernenden ein Text-/HTML-Editor zur Verfügung. Darüber hinaus kann die Abgabe mit einem Dateiupload ergänzt werden. Die maximale Dateigröße wird durch die Systemvorgaben in den Servereinstellungen vorgegeben. Nicht überall werden derartig großzügige Dateigrößen akzeptiert, wie es in Bild 11.68 den Eindruck erweckt. Die Dateigröße kann allerdings bis zu dieser Grenze weiter limitiert werden. Hier sollte nicht vergessen werden, dass nicht jede Schule über einen Hochleistungs-Webserver verfügt. Ob ein Text und/oder eine Datei zur Abgabe eingereicht werden soll, kann mit der Aufgabendefinition vorgegeben werden.

Der Upload einer Datei lässt sich auf bestimmte Dateitypen beschränken. Für die Auswahl kann eine umfassende Liste genutzt werden, in der die akzeptierten Dateitypen per Mausklick markiert werden. Damit wird gewährleistet, dass die Abgabe auch vom Lehrpersonal geöffnet und in der gewünschten Form bewertet werden kann. Eine weitere Begrenzung kann in der Anzahl der maximal hochladbaren Dateien definiert werden. Die Beschränkung auf eine einzige Datei – beispielsweise als PDF – vermeidet Verwirrungen und zwingt die Lernenden dazu, konkrete und sauber strukturierte Arbeiten abzuliefern.

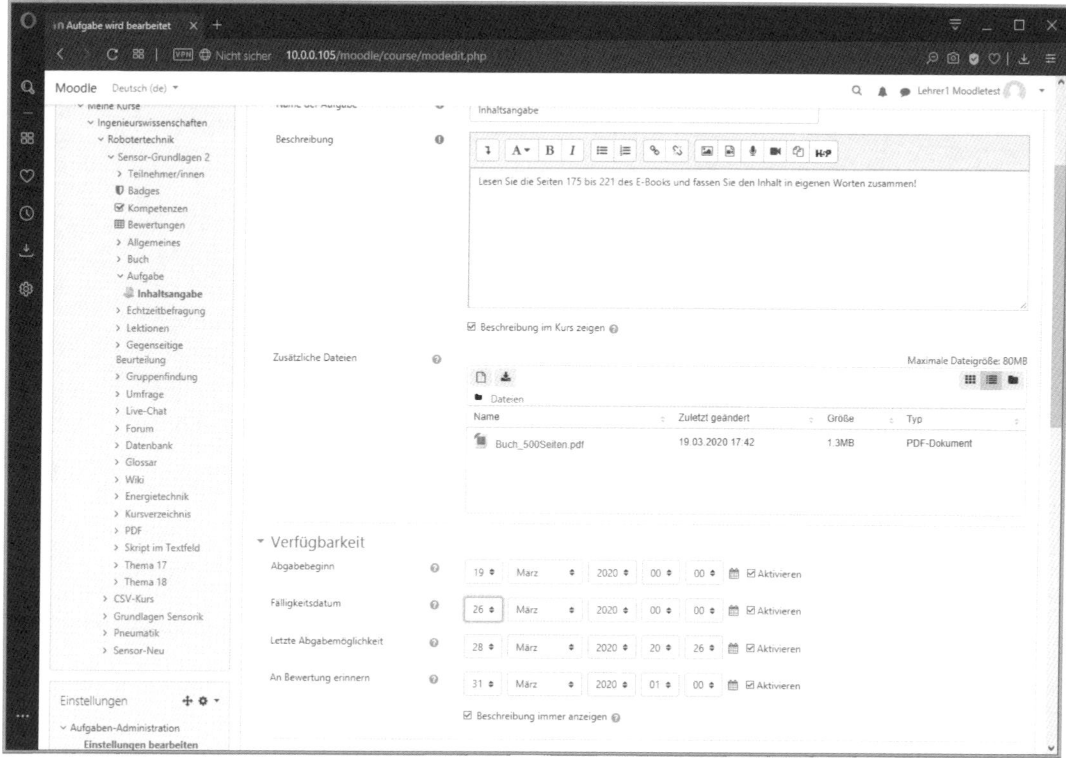

Bild 11.68 Für die Abgabe der Aufgabe lassen sich Termine vorgeben, die auf die Minute genau eingehalten werden müssen.

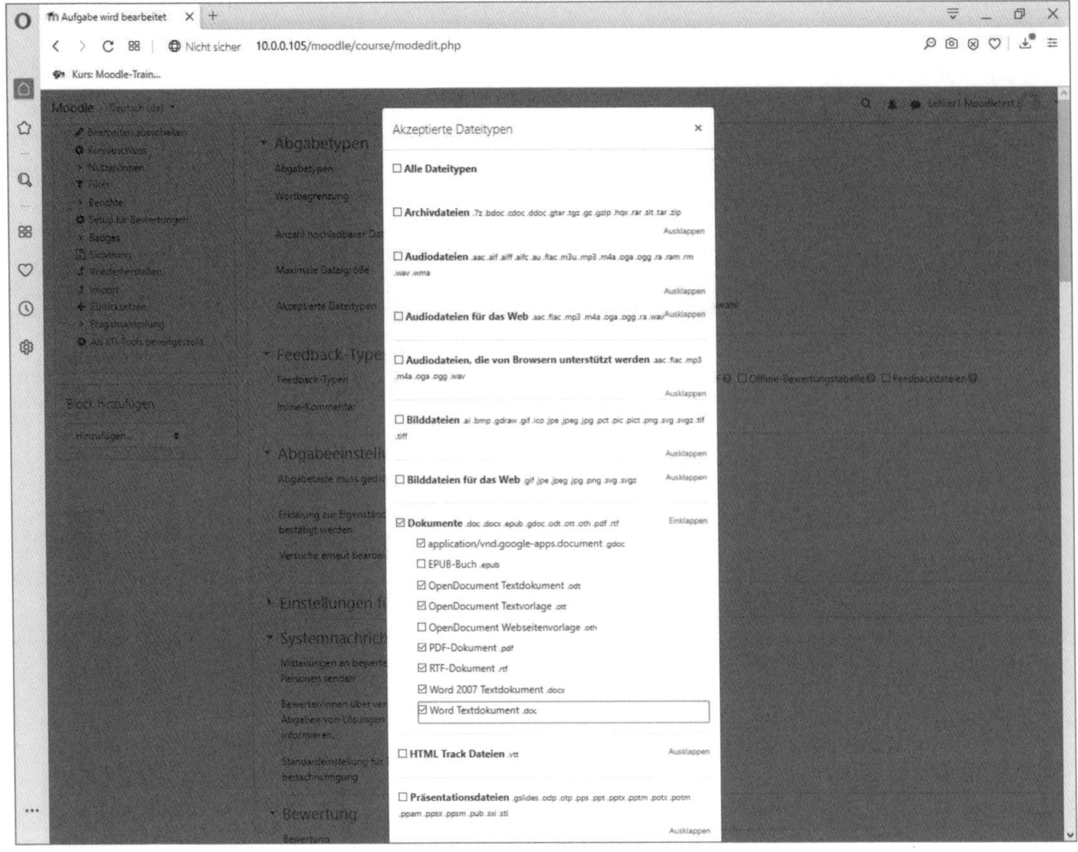

Bild 11.69 Eine Dateiabgabe kann auf genau festgelegte Dateitypen eingeschränkt werden.

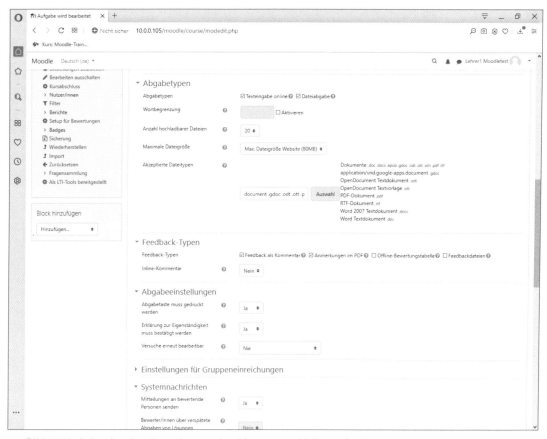

Bild 11.70 Sollen Dateien abgegeben werden, können sowohl die maximale Anzahl der Anlagen als auch die maximale Dateigröße limitiert werden.

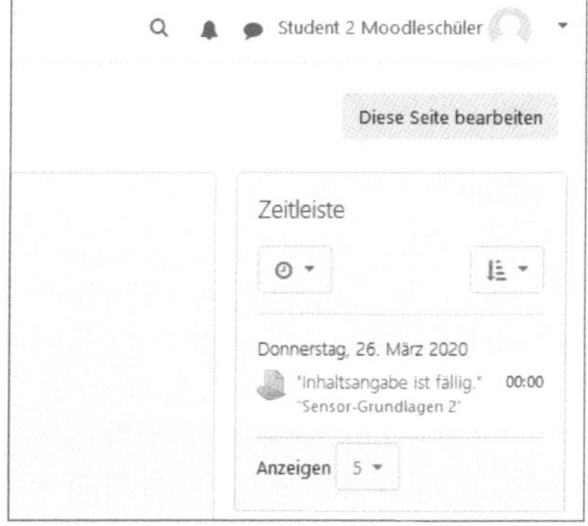

Bild 11.71
Lernende eines Kurses, in dem ein Abgabetermin definiert ist, sehen den Termin in einem Block, wenn die Zeitleiste aktiviert ist.

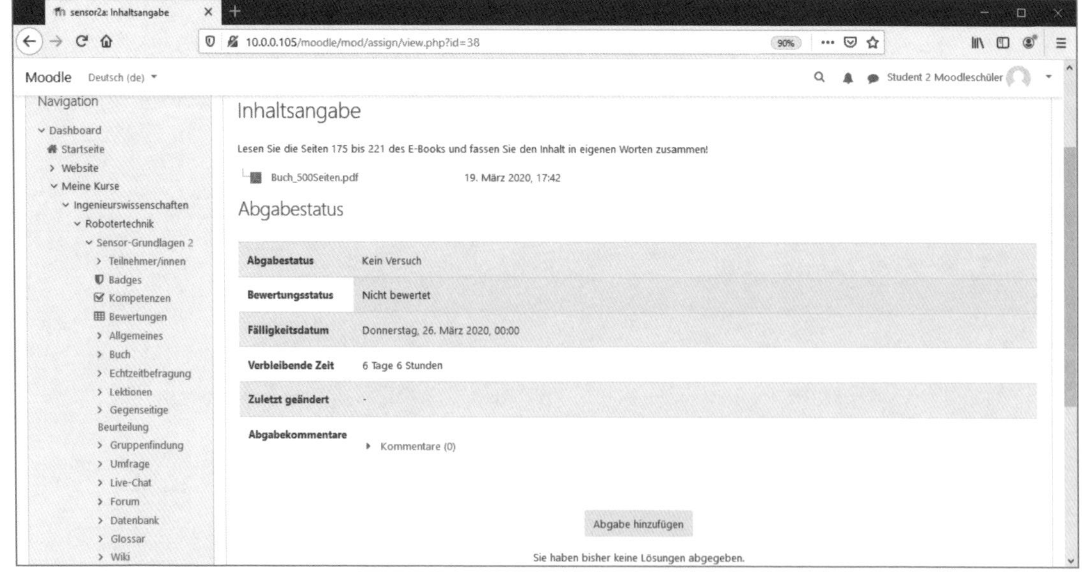

Bild 11.72 Wenn die Höchstzahl der möglichen Abgabeversuche noch nicht erreicht wurde, sehen die Lernenden einen Button *Abgabe hinzufügen*. Dieser öffnet den eigentlichen Abgabedialog.

Wenn die Lernenden in ihrem Dashboard den Block *Zeitleiste* aktiviert haben, wird ein bevorstehender Abgabetermin darin angezeigt. Eine Kennzeichnung erfolgt auch im Kalender. Wählen Lernende die Aufgabe, so bekommen sie sofort neben der eigentlichen Aufgabenstellung verschiedene Informationen angezeigt. Beispielsweise sehen sie sofort, wie viele Versuche sie schon eingereicht haben. Es ist durchaus möglich, für die Abgabe einer Aufgabe mehrere Versuche zu gestatten. Erst wenn alle Versuche ausgeschöpft sind, wird die Abgabe geschlossen. Solange die Abgabe noch möglich ist, wird die bis dahin verbleibende Zeit angezeigt. Dies ist die Zeit bis zum Abgabezeitpunkt! Es wird nicht die Zeit bis zum letzten möglichen Abgabetermin dargestellt.

Wurde eine Lösung eingereicht, dann gibt es eine Information darüber, ob die Abgabe bereits bewertet wurde. Ein Hinweis auf *Nicht bewertet* sagt allerdings nicht, dass die Abgabe noch nicht gesichtet wurde. Es ist durchaus für die Lehrenden möglich, direkten Kontakt zum Lernenden aufzunehmen und die Abgabe mit Rückfragen zu diskutieren.

Die Abgabe selbst erfolgt – je nachdem, wie es vorgesehen wurde – in einem Text-/HTML-Fenster und/oder per Dateiupload. Bevor die Abgabe endgültig eingereicht wird, wird den Lernenden noch eine Kontrollabfrage angezeigt. Dies hat den Sinn, die Abgabe noch einmal zu überprüfen, denn möglicherweise hat die Verwechslung einer hochzuladenden Datei nachteilige Konsequenzen bei der Bewertung. Die Prüfung obliegt der Verantwortung der Lernenden! Auf spätere Reklamationen einzugehen, ist letztlich eine Frage der Kulanz bei den Lehrenden. Sie verursachen jedoch auch zusätzlichen Arbeitsaufwand.

Eine weitere Aufgabe im Rahmen des Abgabeprozesses wird immer häufiger als wichtig angesehen: die Bestätigung, eine eigene, selbstverfasste Arbeit einzureichen. Dies ist eine Erklärung, die grundsätzlich in akademischen Abschlussarbeiten abzugeben ist. Diese Arbeiten stellen ein Dokument dar, dessen Verfälschung zur Aberkennung des Studienerfolgs führen kann. Lernende, die digitale Dokumente als ihre eigene Arbeit einreichen, sollten natürlich wissen, dass ihre Erklärung überprüft werden kann. Anbieter wie PlagScan oder Docolog helfen, Plagiatsfälle zu erkennen.

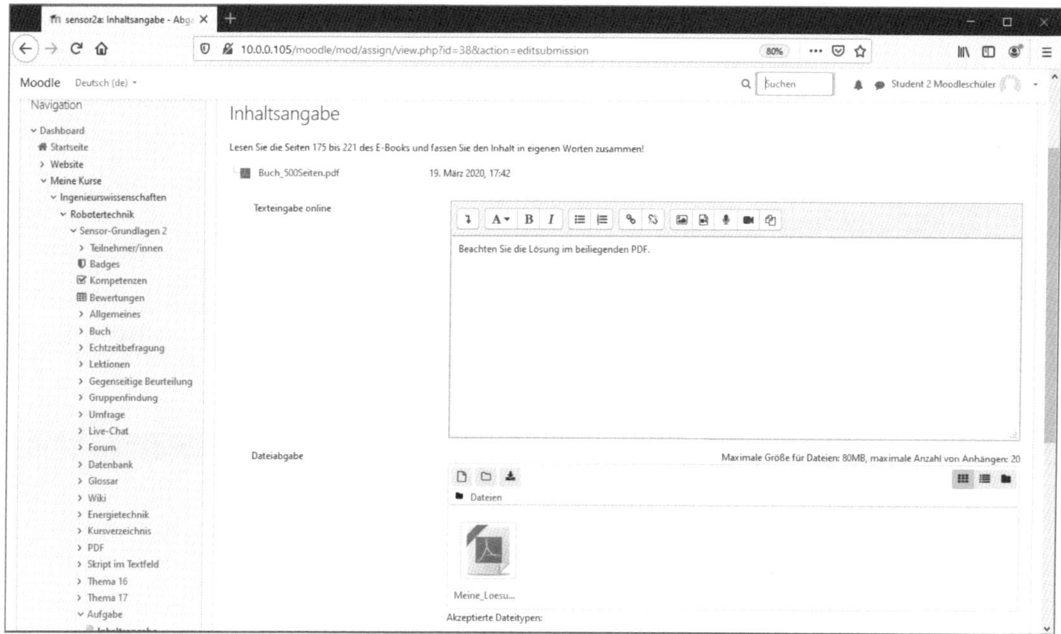

Bild 11.73 Die Abgabe selbst erfolgt mit dem Dateiupload und/oder der Ausarbeitung eines Textes im Editorfenster.

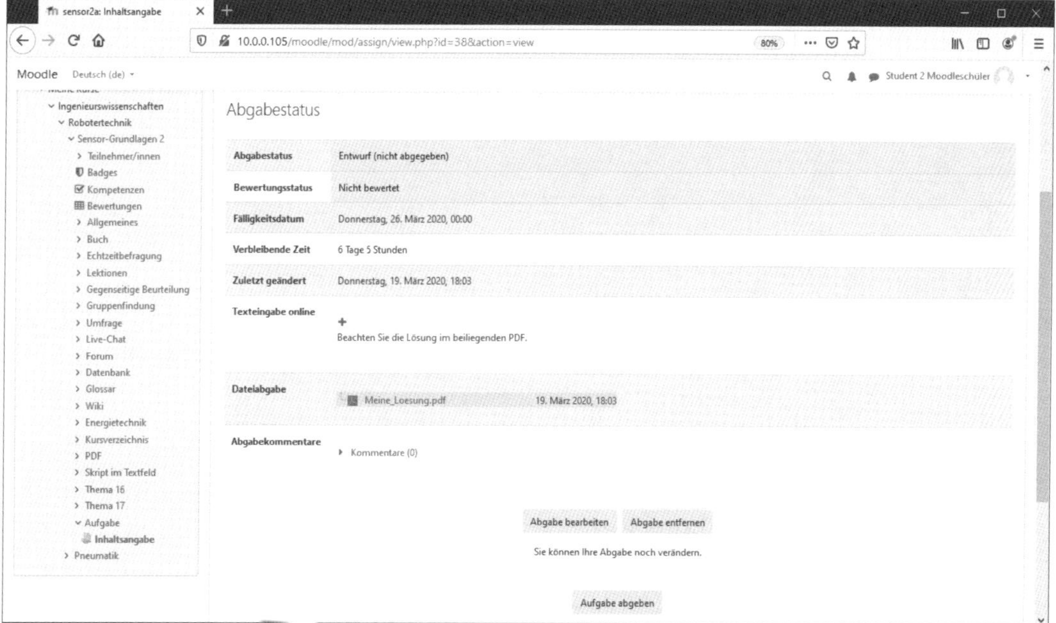

Bild 11.74 Nach dem Upload hat die einreichende Person noch die Möglichkeit, die Abgabe zu überprüfen. Erst nach der Freigabe erfolgt die endgültige Abgabe der Arbeit.

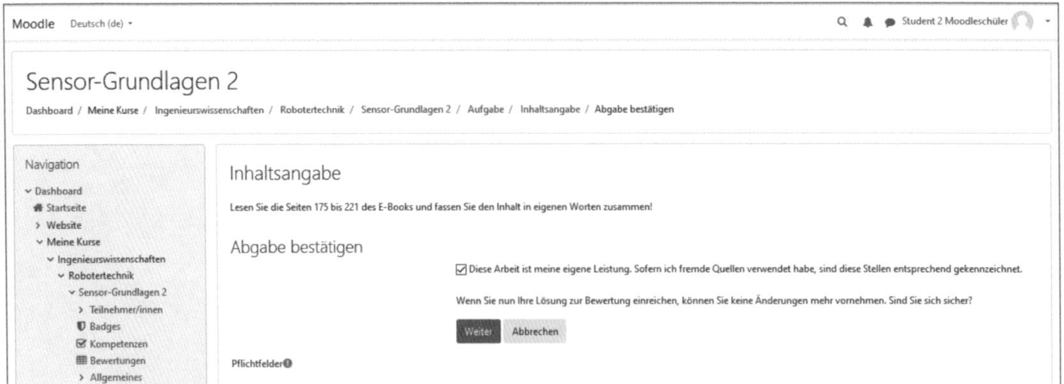

Bild 11.75 Wenn die Lehrenden diese Bestätigung in der Aufgabenkonfiguration vorgesehen haben, müssen Lernende mit der Abgabe bestätigen, dass die eingereichte Arbeit auch tatsächlich deren geistiges Eigentum ist.

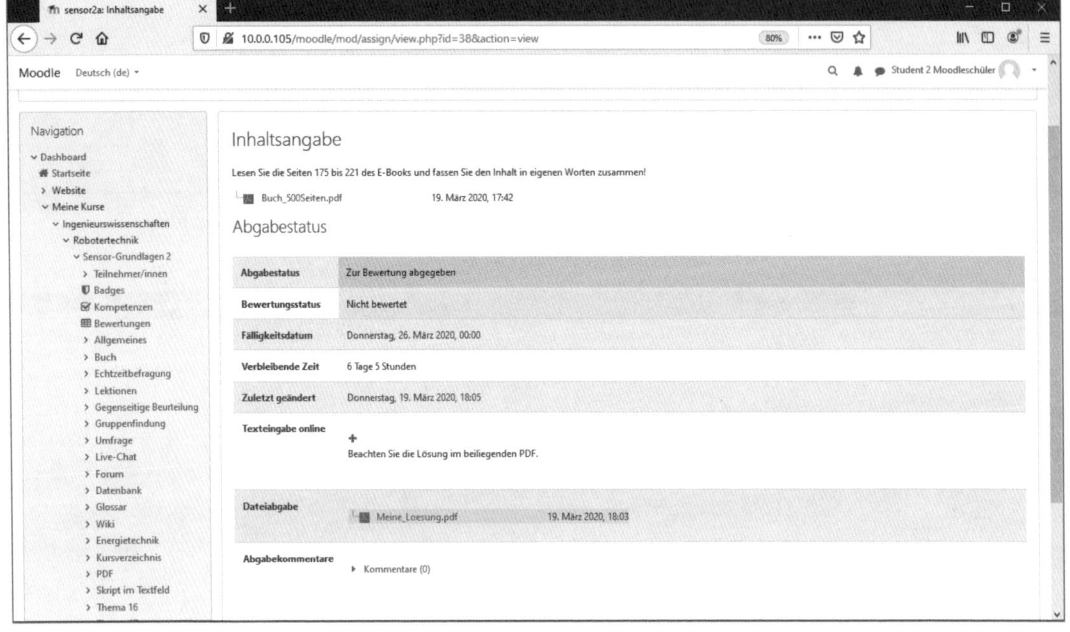

Bild 11.76 Der Abgabestatus ist jederzeit einsehbar. Das gilt auch für den Status der Bewertung.

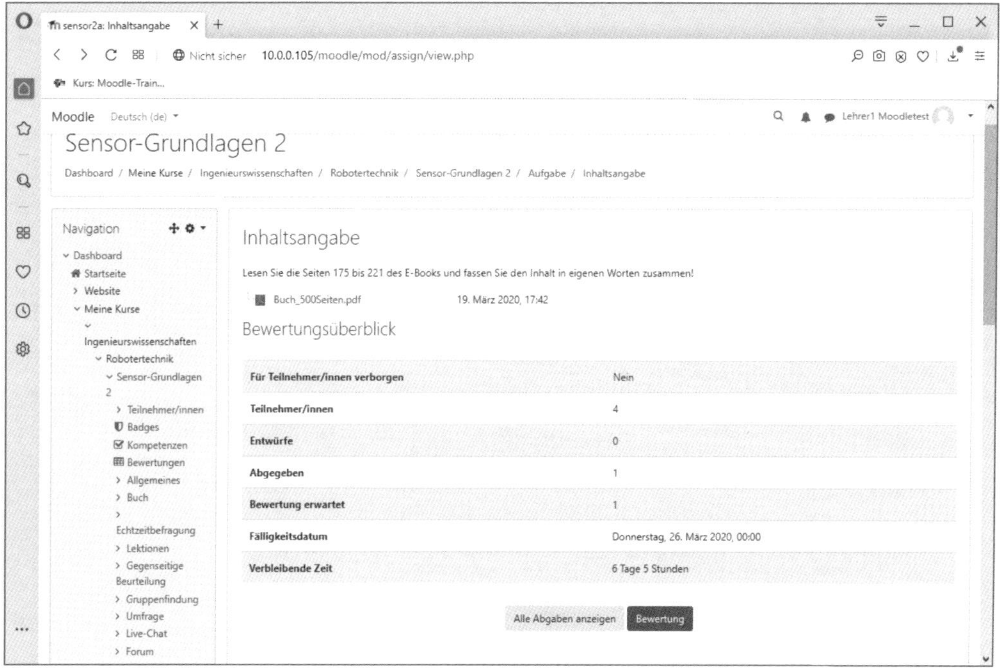

Bild 11.77 Lehrende sehen in ihrer Ansicht, wie viele Abgaben auf die Bewertung warten.

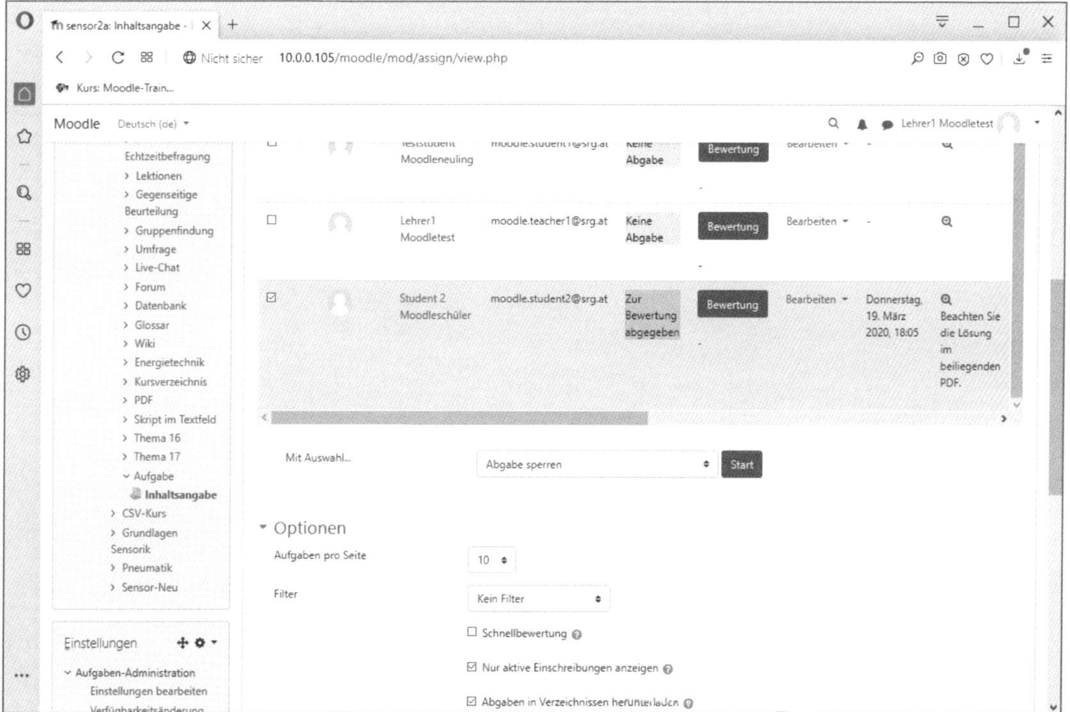

Bild 11.78 In der Ansicht der Lehrenden kann gezielt die Arbeit von Lernenden ausgewählt werden.

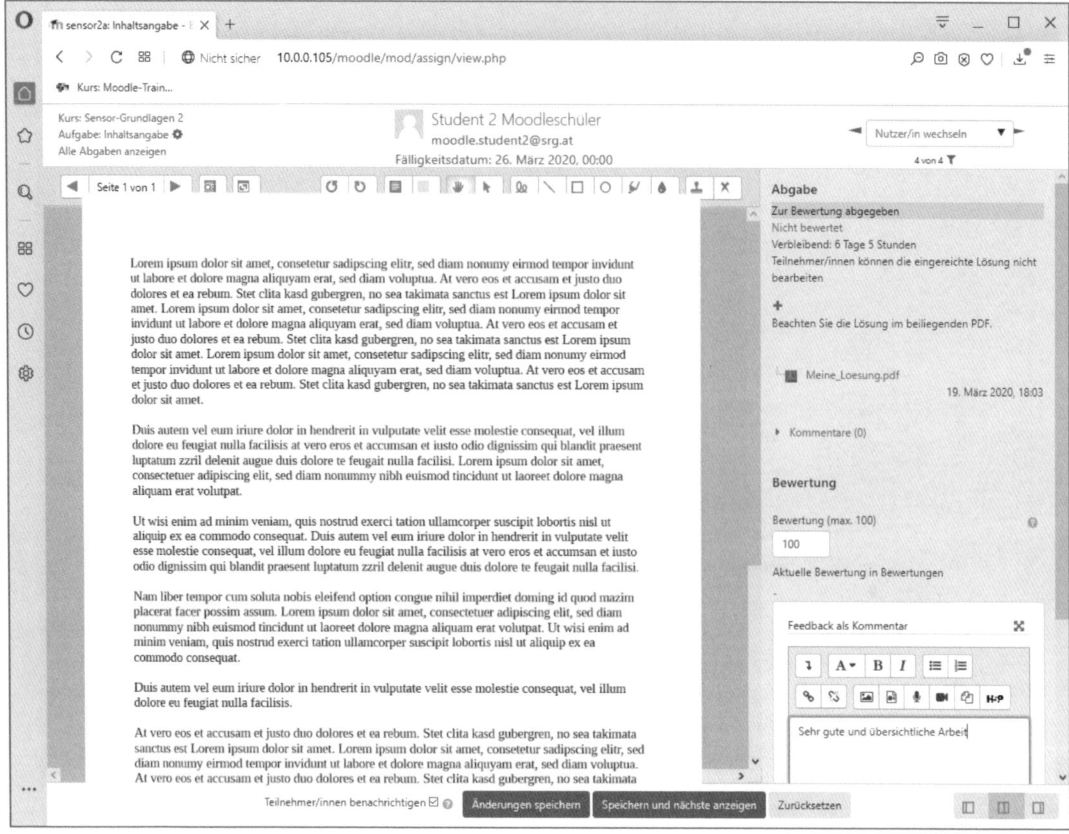

Bild 11.79 Die Lehrenden können die Abgabe öffnen und bewerten. Wichtig ist allerdings auch, dass die Bewertung in einem Kommentar begründet wird. Es geht nicht darum, nur Noten zu vergeben, sondern durch Feedback einen zusätzlichen Lerneffekt zu erzeugen.

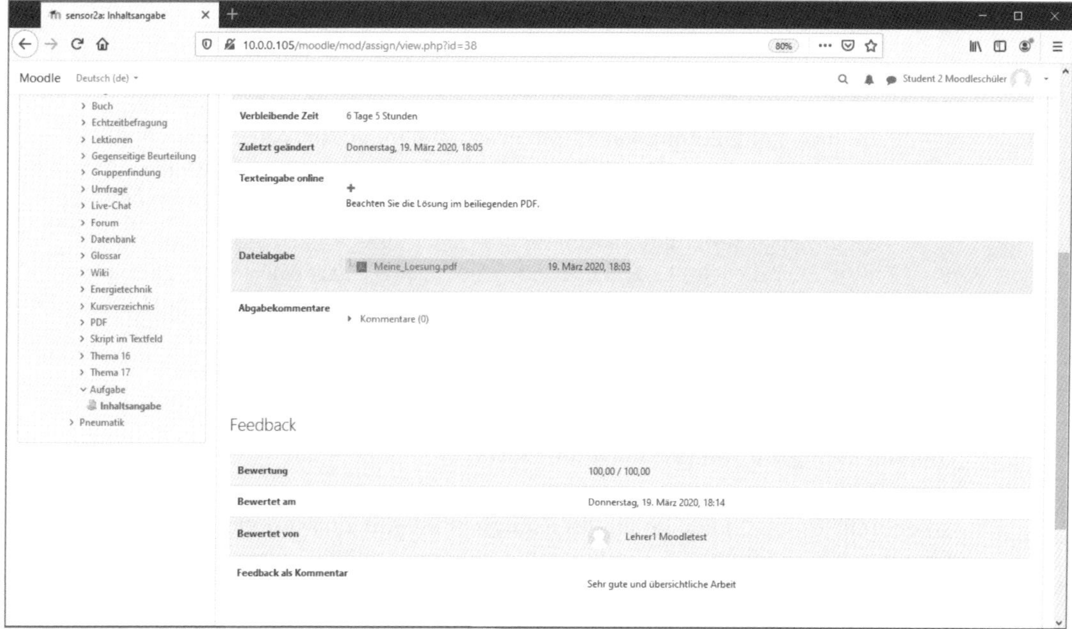

Bild 11.80 Lernende finden die Bewertung im Bericht zur Aufgabenstellung.

11.4.4 Workshop/gegenseitige Beurteilung

Die Moodle-Aktivität *Aufgabe* ist bereits dargestellt worden: Eine gestellte Aufgabe wird eingereicht und bewertet. Bei der Aktivität *Aufgabe* ist die Bewertung allerdings den Lehrenden – quasi „top-down" – vorbehalten. Bei der *gegenseitigen Bewertung* bewerten Lernende ihrerseits Lernende. Man nennt dieses Verfahren auch „Peer Review". Die Peer Review ist eine sehr anspruchsvolle und komplexe Aktivität in einem Moodle-System sowohl für Lehrende als auch für Lernende neben der Bewältigung der eigentlichen Aufgabe.

- Sie sieht die Bearbeitung der Aufgabe vor (Aufgabenstellung, Bearbeitung und Abgabe).
- Sie nimmt Lernende in die Verantwortung und fordert eine Bewertung der Lösungen anderer („Peers[19]") sowie gegebenenfalls eine Selbstbewertung.
- Sie motiviert zum Abschluss zur Diskussion von Aufgabe und Bewertungen.

Konkret bildet Moodle diese Aktivität in fünf Phasen ab:

- *Vorbereitungsphase* durch die Teacher-Rolle
- *Einreichungsphase* durch die Lernenden
- *Beurteilungsphase* (gegenseitig durch die Lernenden)
- *Bewertungsphase* durch die Teacher-Rolle
- *Abschluss*

[19] Peer = Kollege/Kollegin auf gleicher Ebene, der/die Gleichgestellte.

Peer Review

In akademischen Kreisen ist die Peer Review ein wichtiges Instrument, um die Qualität von Forschungsergebnissen zu steigern und um die Veröffentlichung von Irrtümern zu vermeiden. Die Arbeiten werden von den Forschern an kompetente Kolleginnen und Kollegen geschickt. Diese geben ihre Meinung zu dieser Arbeit ab.

Gegenseitige Bewertung bedeutet gerade unter Kollegen auf diesem Niveau nicht, Schmeicheleien abzuholen. Ganz im Gegenteil stellt eine sorgfältige und konstruktiv kritische Bewertung stets ein Zeichen der Wertschätzung dar. In diesem Sinne sollte die Peer Review auch ganz allgemein verstanden werden. ■

11.4.4.1 Konfiguration (Vorbereitungsphase)

Die Vorbereitungsphase der Aktivität *Gegenseitige Beurteilung* ähnelt zunächst einer einfachen Aufgabe und in der Tat gibt es Parallelen. Es wird zunächst die Aufgabenstellung formuliert und es werden die Abgaberegeln formuliert. Das sind unter anderem:

- Form der Abgabe: Die Abgabe kann direkt über den Text-/HTML-Editor von Moodle und/oder als Datei erfolgen. Der Dateityp kann eingeschränkt und eine maximale Dateigröße festgelegt werden.
- Termine: Es werden verschiedene Termine festgelegt, wie beispielsweise Beginn und Ende der Bearbeitungszeit sowie Beginn und Ende der Beurteilungsphase.

Wichtig ist es aber auch, die Bewertungskriterien festzulegen. Dies ist der wesentliche Unterschied zur Aktivität *Aufgabe*. Es erfordert also eine gewisse Planung und Vorbereitung außerhalb des Systems durch die Lehrenden. So müssen Bewertungskriterien formuliert werden, an denen sich die gegenseitige Beurteilung orientieren muss. Diese Richtlinien gewährleisten eine homogene Bewertung der Aufgaben und sorgen dafür, dass die Peer-Bewertungen einen möglichst objektiven Charakter bekommen.

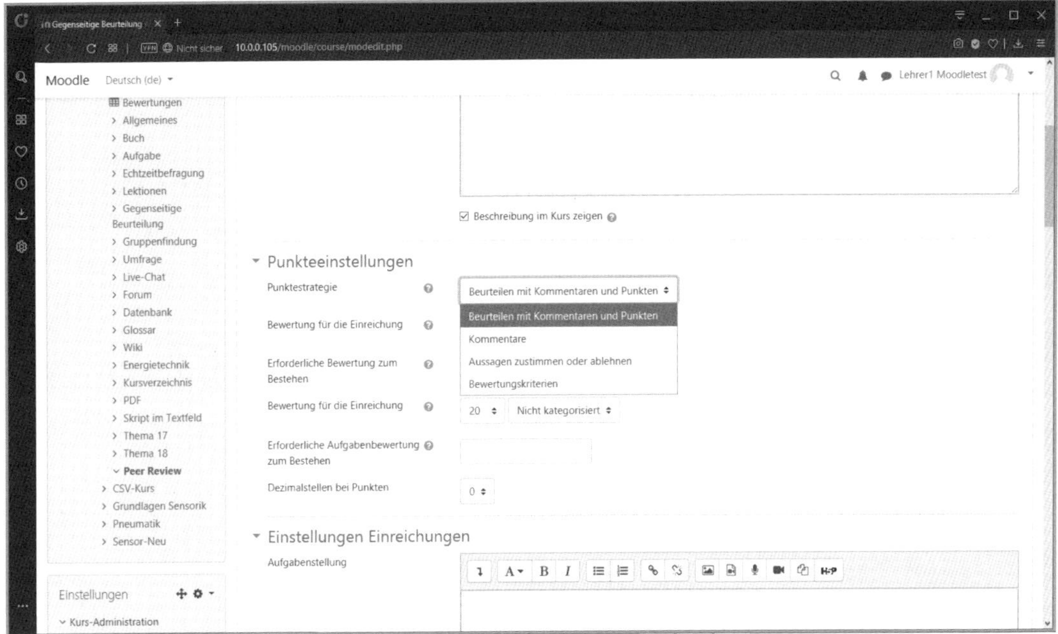

Bild 11.81 Für die Bewertung gibt es verschiedene Strategien: Neben den klassischen „Punkten" können Bewertungen auch in Zustimmung oder Ablehnung oder in verbaler Form durch Kommentare abgegeben werden.

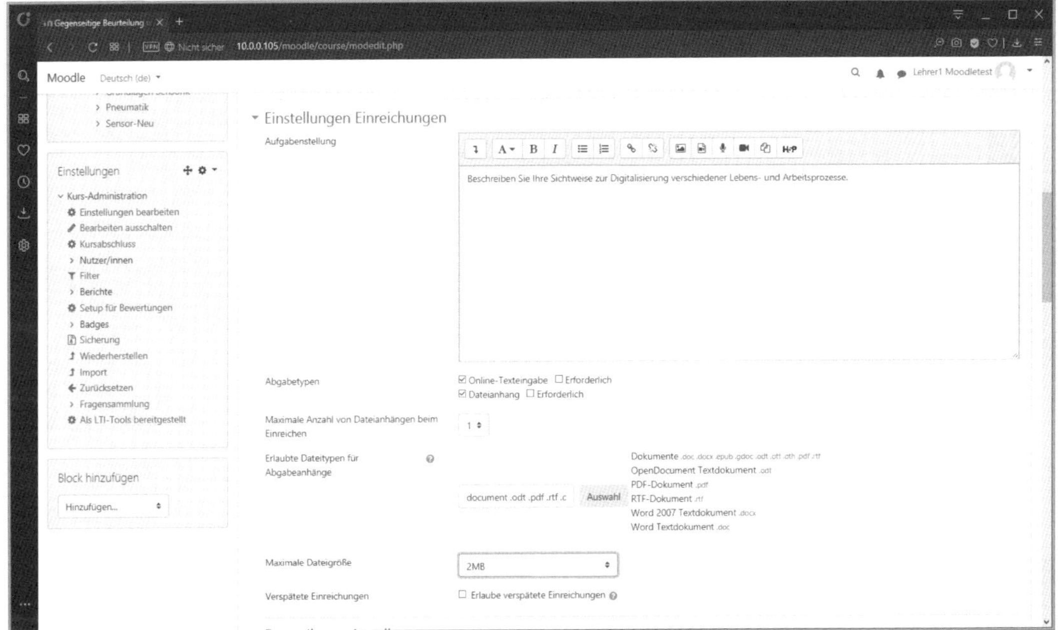

Bild 11.82 Ähnlichkeiten zur Aktivität „Aufgabe" sind durchaus vorhanden: Es kann sowohl eine Text- als auch eine Dateiabgabe (auch beides kombiniert) gefordert werden.

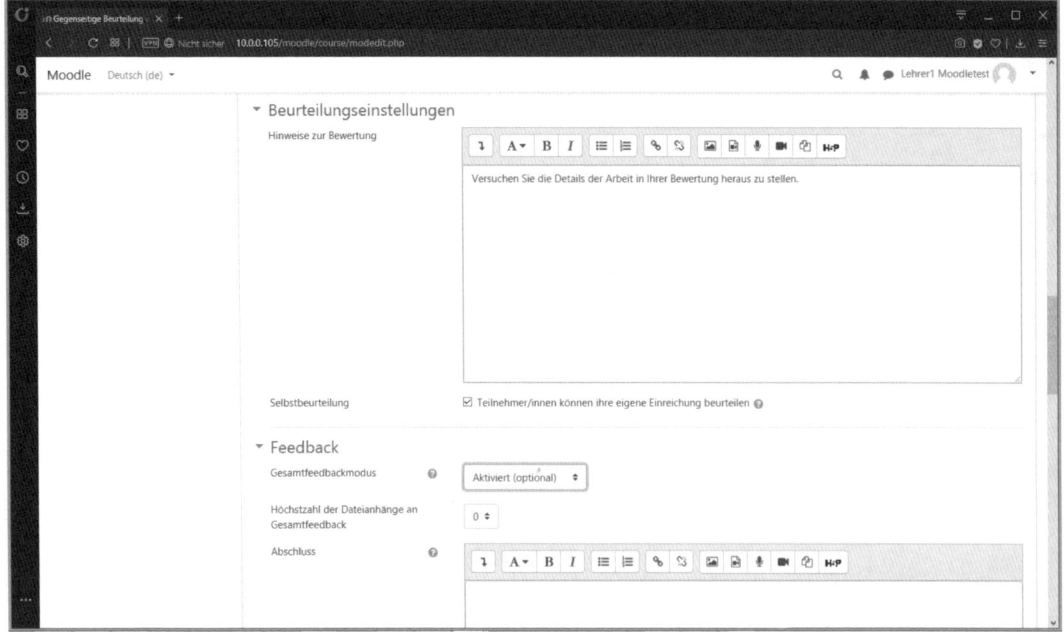

Bild 11.83 Lernende, welche die Arbeiten anderer Lernenden bewerten sollen, brauchen klar definierte Regeln, wie das zu tun ist. Reine Sympathiebewertungen sind allgemein unerwünscht. Die Bewertungen sollten zudem in Kommentaren begründet werden.

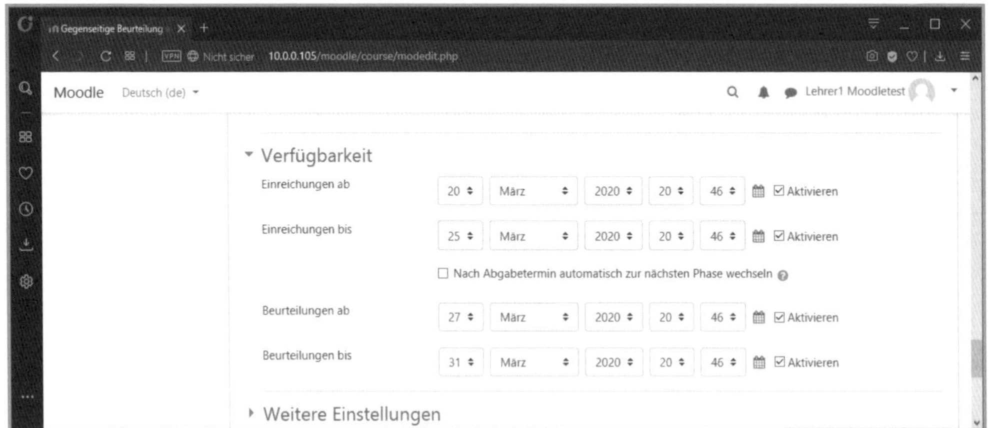

Bild 11.84 Bei den Zeitfenstern werden hier zwei Bereiche festgelegt: Zuerst werden Beginn und Ende der Einreichungsphase festgelegt. Anschließend folgt hier allerdings noch die Beurteilungsphase. Auch diese kann mit einem Beginn- und Enddatum festgelegt werden.

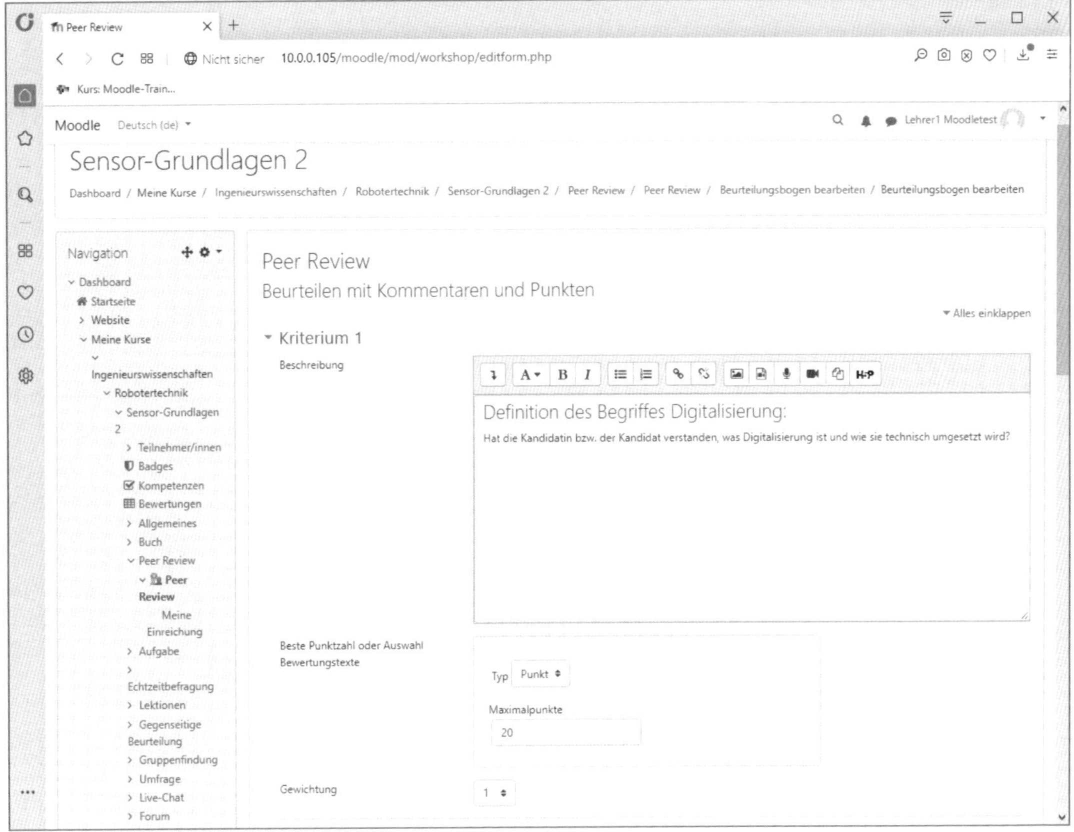

Bild 11.85 Bewertungen brauchen klare Kriterien! Eine Bewertung wird umso präziser, je genauer die Kriterien definiert sind. Eine Gewichtung bestimmt den Einfluss dieser Wertung auf das Gesamtergebnis.

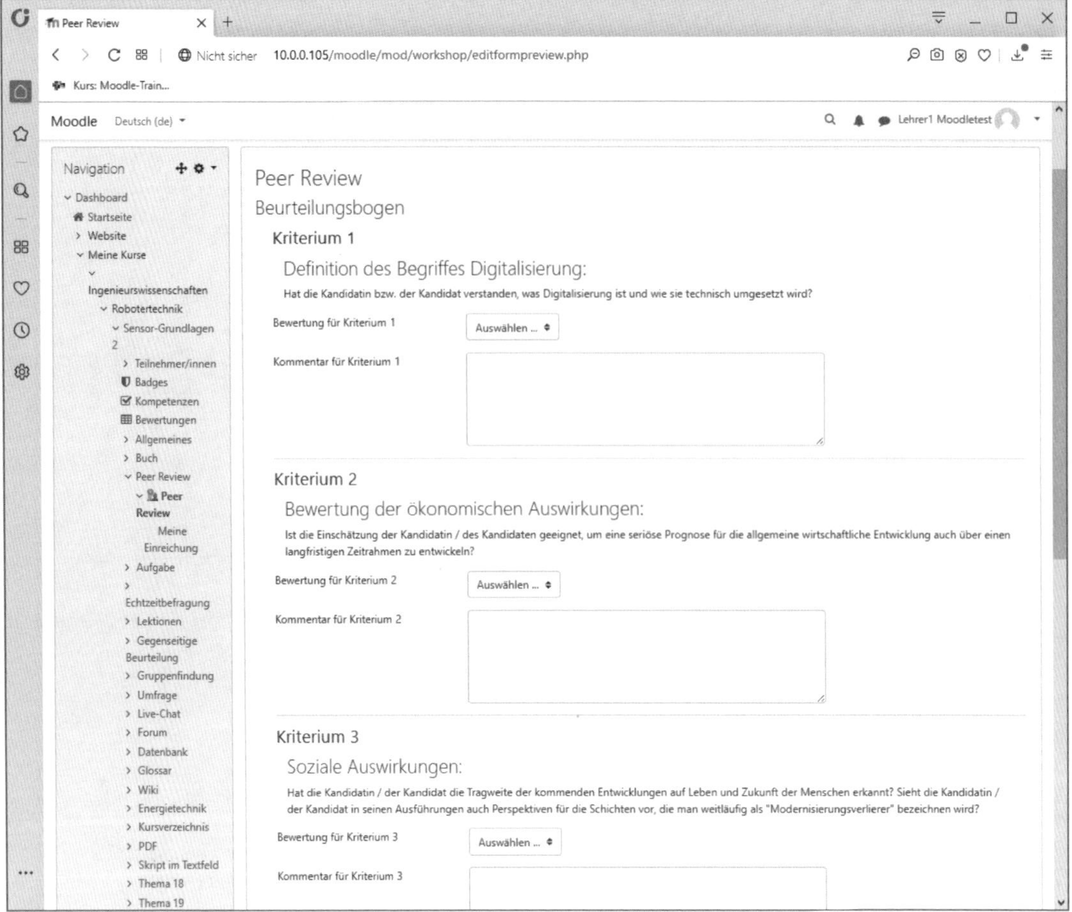

Bild 11.86 Eine Arbeit sollte nicht nur pauschal, sondern nach einer breiten Zahl von Kriterien bewertet werden. Lehrende können durchaus mehr als drei Kriterien festlegen.

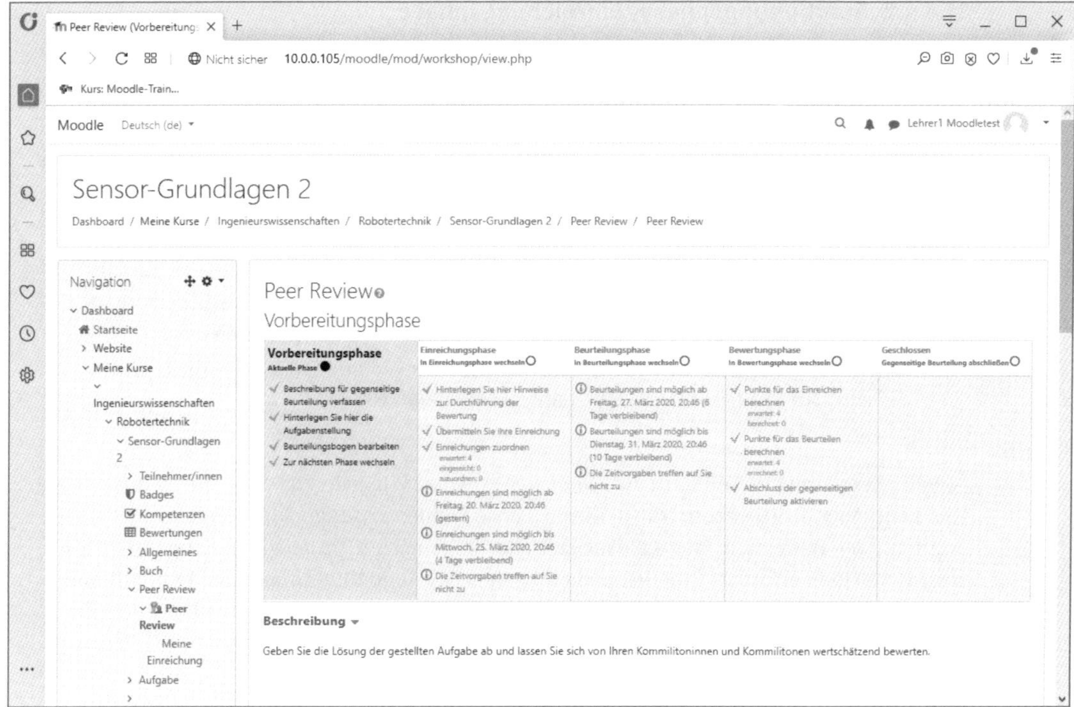

Bild 11.87 Ansicht der Lehrenden: Die Vorbereitungsphase ist abgeschlossen! Das Lehrpersonal kann nun die Einreichungsphase freigeben. Von nun an können – wenn der Termin im festgelegten Zeitfenster liegt – Lernende ihre Lösungen ausarbeiten und einreichen.

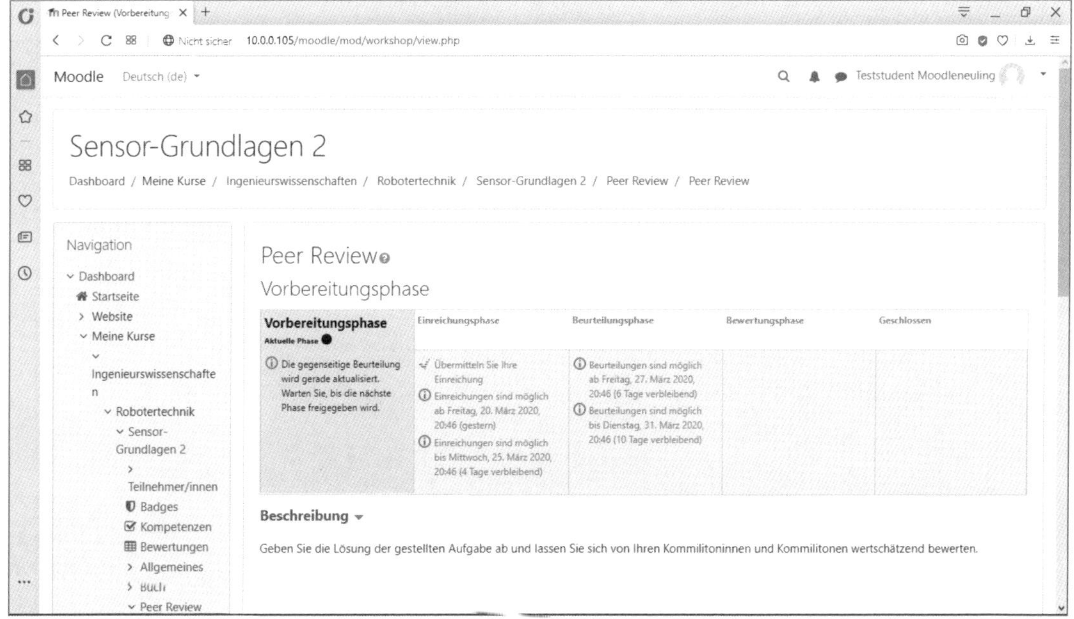

Bild 11.88 Ansicht der Lernenden: Lernende können die Aufgabe erst bearbeiten, wenn die Einreichungsphase aktiviert wurde! Eine Übersicht zu den verschiedenen Phasen des Projekts ist aber schon allgemein einsehbar.

11.4.4.2 Bearbeitungsphase/Einreichungsphase

In der Bearbeitungsphase sind den Lernenden ihr Arbeitsauftrag und die damit verbundene Abgabefrist bekannt. Nach der Erledigung der Aufgabe wird die Arbeit in das Moodle-System über den vorgegebenen Weg hochgeladen.

Klare Abgabe-Kanäle!

Bei örtlich verteilten Lehrkonzepten ist es wichtig, dass Abgaben zuverlässig und vor allem von den Lehrenden korrekt auswertbar erfolgen. Verschiedene parallel geöffnete Wege (soziale Netzwerke, E-Mail, Dateiupload auf weitere Schulservern etc.) sind kontraproduktiv und tragen das Risiko von Datenverlusten in sich. Die Begrenzung einer Abgabe ausschließlich über Moodle wird oft kritisiert, bietet aber klare und vor allem faire Rahmenbedingungen für alle.

Moodle bezeichnet diese Phase als *Einreichungsphase*. Wie jede Phase wird auch diese von den Lehrenden freigegeben. Nur in dieser Phase können Lösungen der Aufgabe abgeliefert werden. Eine Bewertung ist zu dieser Zeit allerdings noch nicht möglich, denn die Peer-to-Peer-Bewertung erfordert Einblick in die Abgaben der Kommilitoninnen und Kommilitonen. Abschreiben soll dadurch erschwert werden. Selbstverständlich kann diese Einschränkung das nicht verhindern, weil natürlich über diverse Kanäle des Internets kommuniziert werden kann.

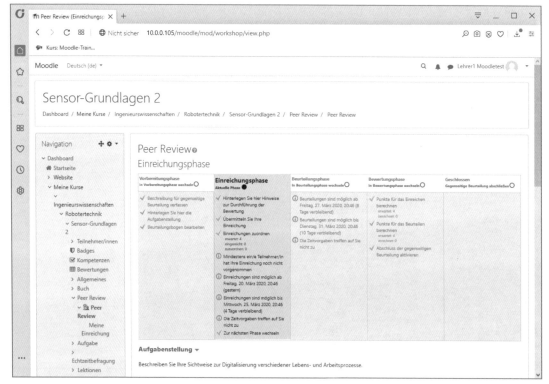

Bild 11.89 Die Lehrenden schalten die Einreichungsphase frei. In der Phasenübersicht sind zudem verschiedene wichtige Informationen enthalten.

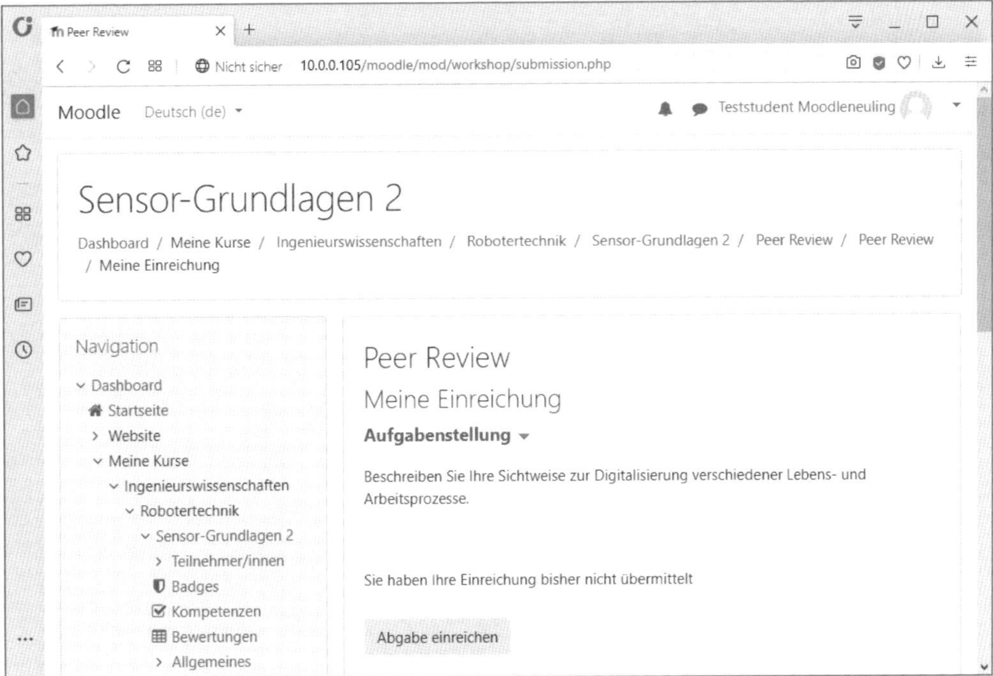

Bild 11.90 Wieder eine Parallele zur *Aufgabe:* Die Abgabe der Lösung muss konkret bestätigt werden.

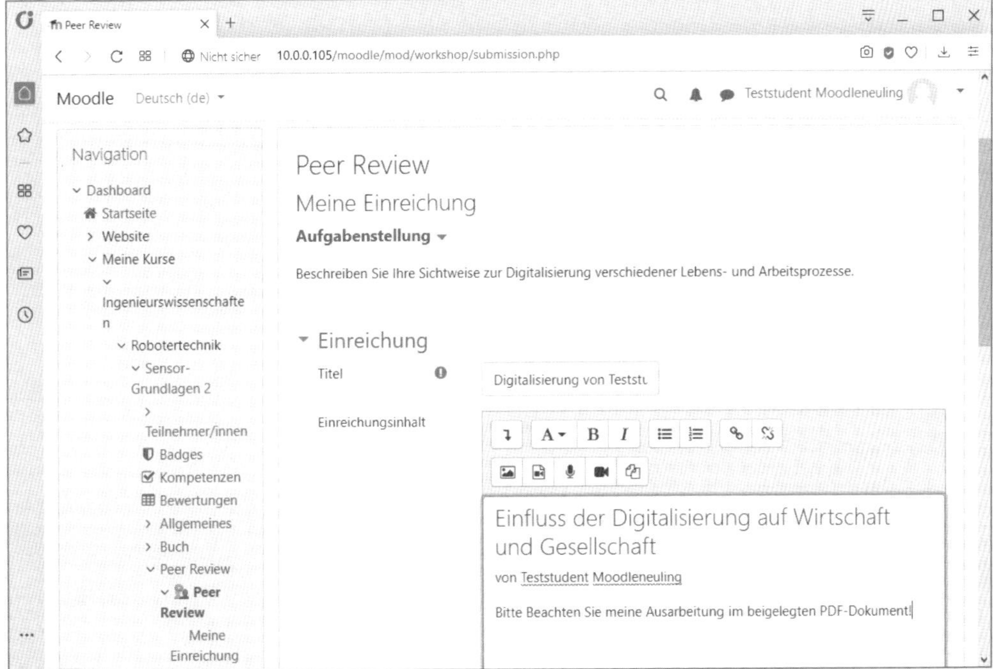

Bild 11.91 Lernende können ihre Arbeit im klassischen Textfenster abliefern. Voraussetzung ist, dass dies von den Lehrenden in der Konfiguration der Aufgabe vorgesehen wurde.

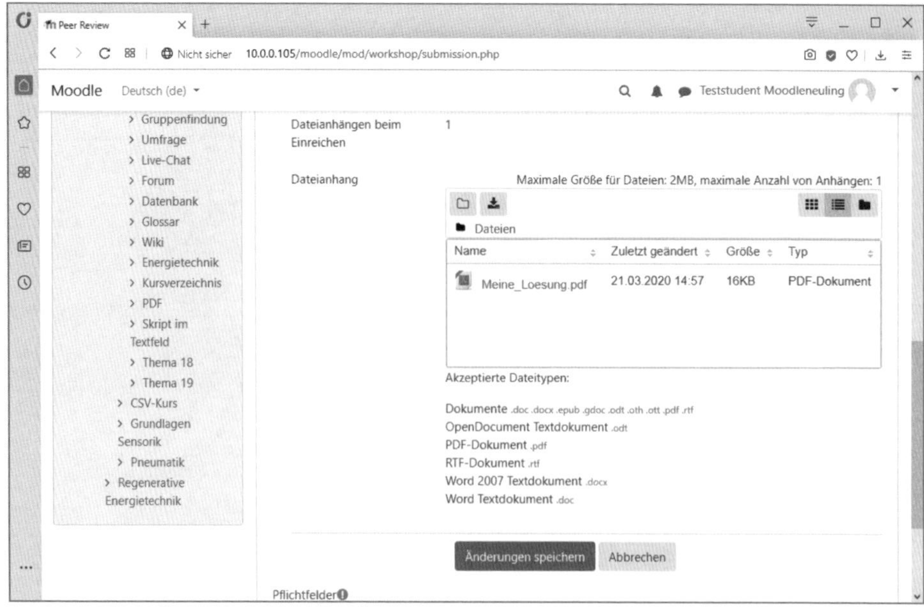

Bild 11.92 Ergänzend oder alternativ ist auch die Abgabe einer Lösungsdatei möglich, welche die Ausarbeitung enthält.

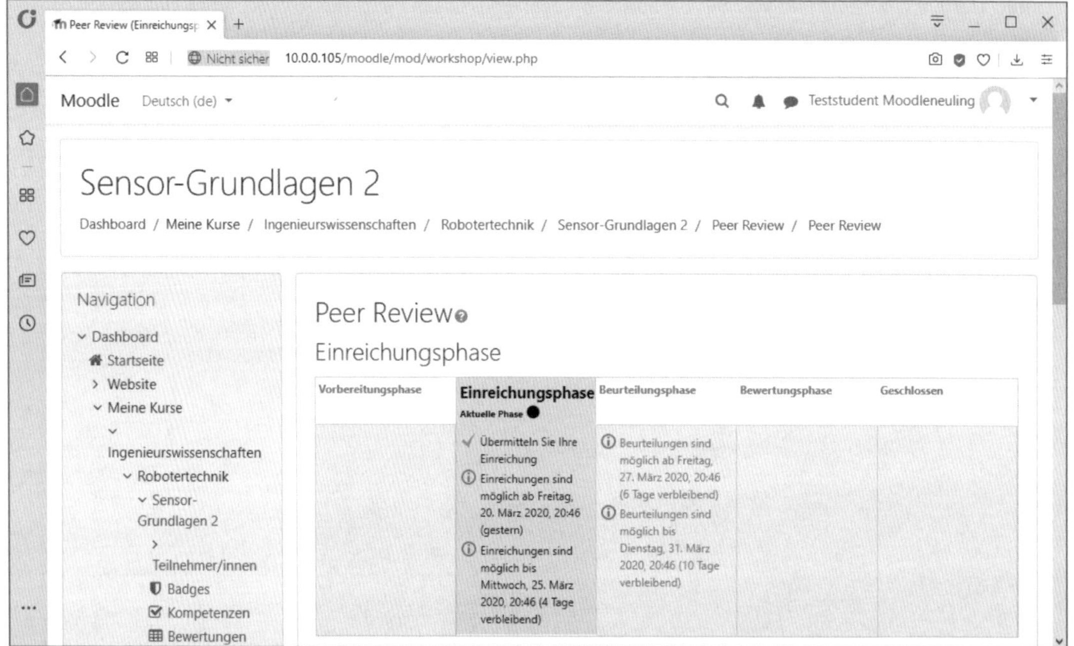

Bild 11.93 Der grüne Haken zeigt dem Lernenden an, dass die Abgabe erfolgreich war. Die Bewertungsphase hat jedoch noch nicht begonnen.

11.4.4.3 Beurteilungsphase

Nach dem Ablauf der Einreichungs- bzw. Bearbeitungsphase folgt ein Abschnitt im Ablauf, den die einfache Aktivität *Aufgabe* nicht vorsieht: die *Beurteilungsphase*. Gemeint ist hier allerdings nicht die Bewertung der Abgaben durch die Lehrenden, sondern durch Mitlernende.

In größeren Gruppen stellt es natürlich einen gewissen Aufwand dar, wenn alle Lernenden die Arbeiten aller ihrer Kolleginnen und Kollegen lesen und bewerten sollen. Es ist bei umfassenden Ausarbeitungen schon mit einer einzigen Aufgabenbewertung sehr viel Arbeitsaufwand verbunden. Damit die Aufgabe – also auch die Bewertung der anderen Abgaben – einen pädagogischen Sinn erfüllen kann, muss die Motivation und die Konzentration der Lernenden gewahrt bleiben. Es ist deswegen sinnvoll, nur wenige Aufgaben von jedem einzelnen Lernenden bewerten zu lassen. Wie viele Arbeiten das sind, hängt vom Niveau der Lernenden, deren persönlicher Zielstrebigkeit und dem Umfang der eingereichten Arbeiten ab.

Lehrende können hier wahlweise eine manuelle Zuordnung vornehmen oder – dies schließt subjektive Voreingenommenheit aus – Moodle eine Zuweisung nach dem Zufallsprinzip überlassen. Auch in diesem Fall kann die Zahl der zu beurteilenden Arbeiten begrenzt werden. Darüber hinaus kann eingestellt werden, dass niemand eine Arbeit bewerten kann, der selbst keine Lösung eingereicht hat.

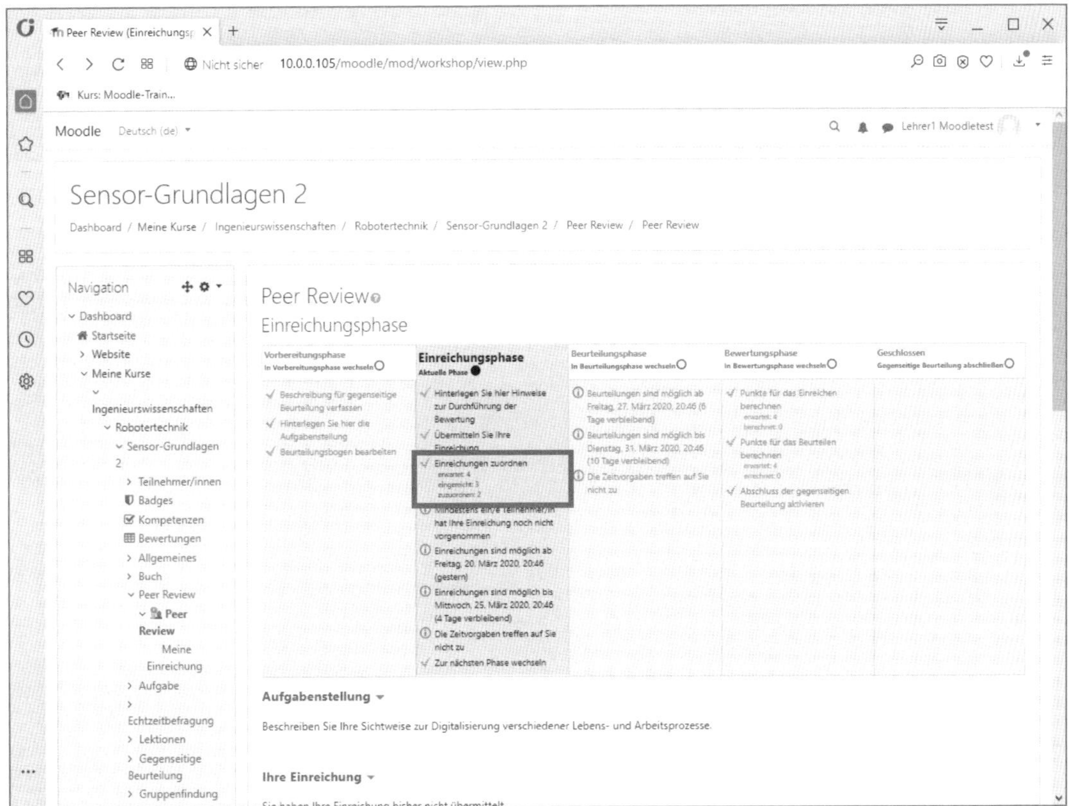

Bild 11.94 Sichtweise der Teacher-Rolle: Die Aufgabe wird von einer Gruppe aus vier Personen bearbeitet. Drei Abgaben sind eingegangen. Die Abgaben sind jeweils zwei Personen zur Bewertung zuzuweisen.

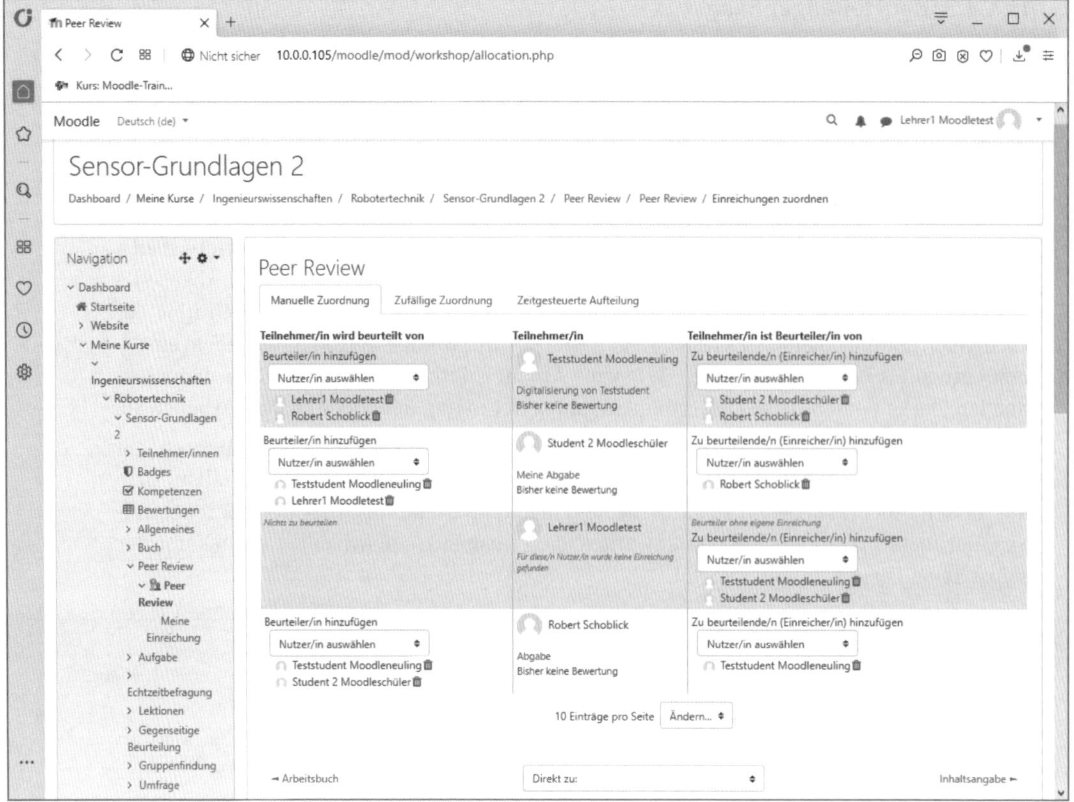

Bild 11.95 Lehrende können eine angemessene Zahl von Lernenden für die Bewertung anderer Arbeiten einteilen. In der manuellen Zuordnung legt die Teacher-Rolle fest, wer wen zu bewerten hat.

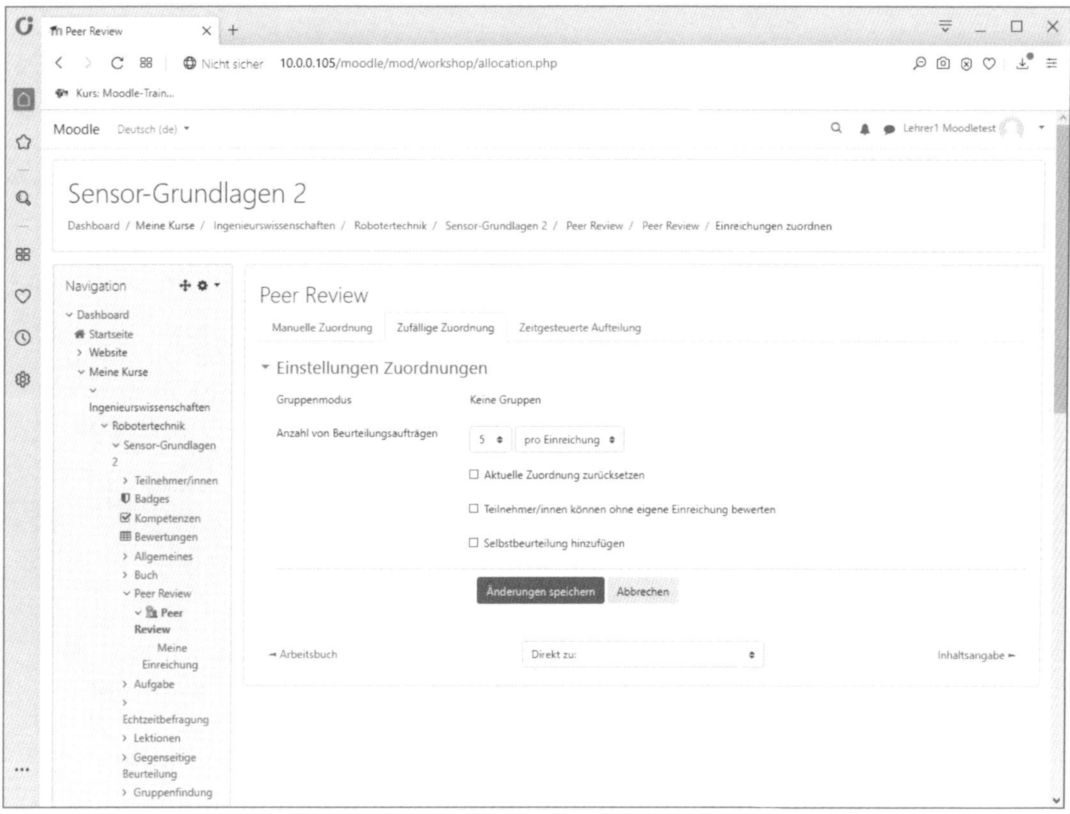

Bild 11.96 Möglicherweise ist es fairer, die Zuordnung der bewertenden Personen zu den verschiedenen Arbeiten nach dem Zufallsprinzip durch Moodle vorzunehmen. Subjektive Einflüsse werden damit ausgeschlossen.

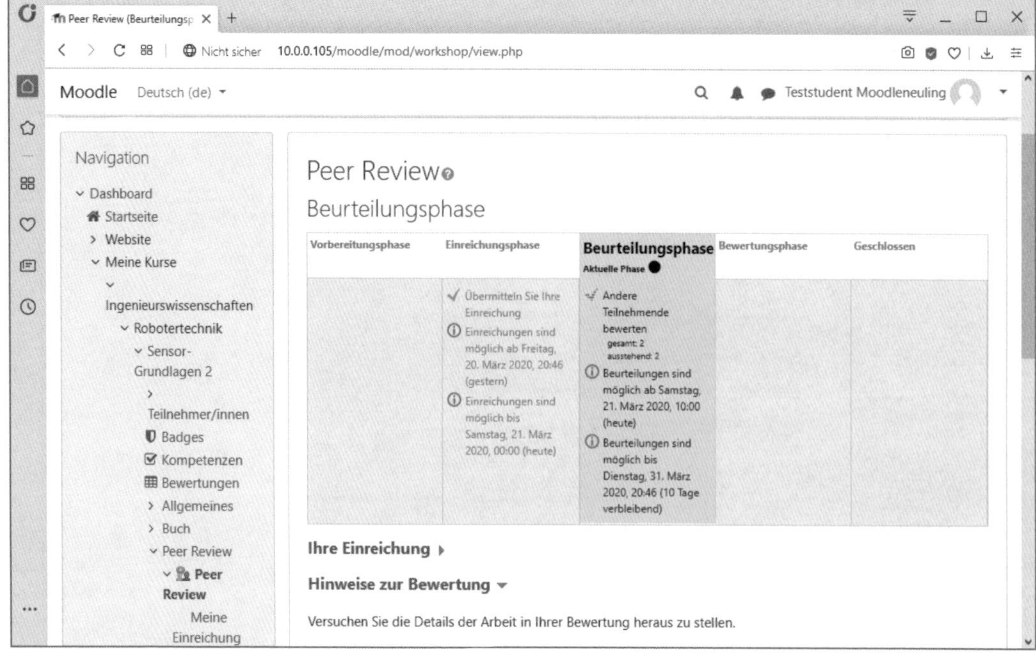

Bild 11.97 In der Projektübersicht sehen Lernende, wie viele Bewertungen sie selbst abzugeben haben und bis wann dies zu erledigen ist.

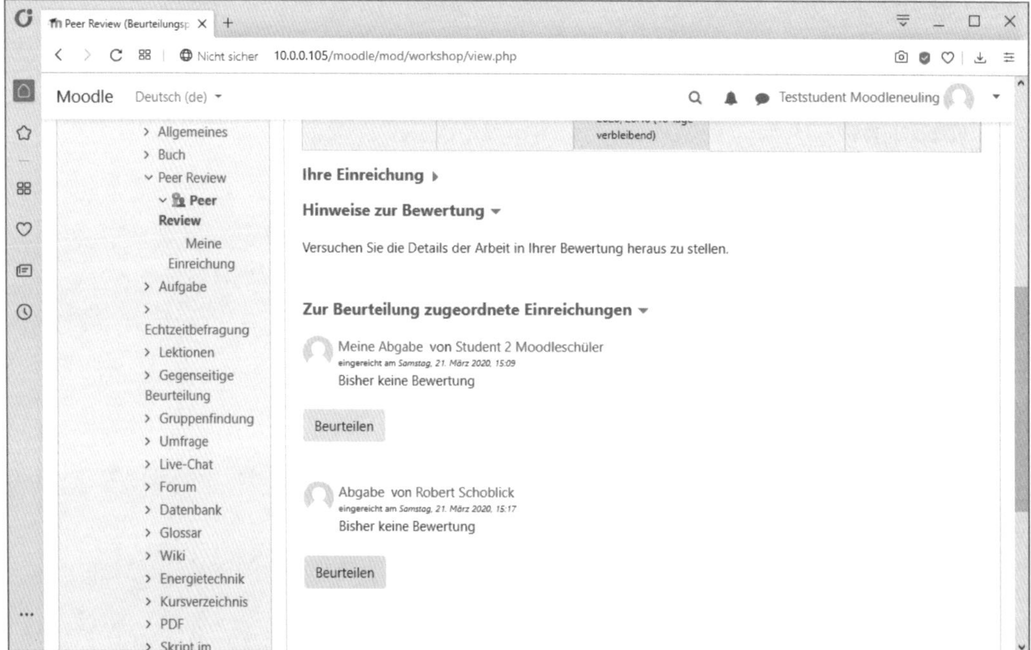

Bild 11.98 Lernende können die zu bewertenden Arbeiten gezielt im Rahmen des gesetzten Zeitfensters wählen und ihre Beurteilung abgeben.

11.4.4.4 Einstufung und Bewertung der Einstufung

Nach dem Abschluss der Beurteilungsphase übernehmen nun ausschließlich die Lehrenden die abschließende Arbeit. Sie prüfen, ob alle Lernenden ihre Aufgaben abgegeben haben. Lehrende können selbstverständlich eigene Bewertungen vornehmen.

Für die endgültige Bewertung ist das Lehrpersonal zuständig. Die Teacher-Rolle legt beispielsweise fest, wie die Berechnung der Mittelwerte aus den Peer-Bewertungen zu erfolgen hat. Es ist zudem festgelegt, wie viele Punkte die Durchführung der Bewertung wert ist. Das motiviert die Lernenden, tatsächlich Bewertungen durchzuführen.

Während dieser letzten Phase, der *Bewertungsphase*, können die Lernenden weder Arbeiten von anderen Lernenden bewerten noch selbst eigene Lösungen einreichen. Das wird ihnen in der Projektübersicht mitgeteilt. Nach der endgültigen Beurteilung der Arbeit – zusammengesetzt aus den Peer-Bewertungen und den Beurteilungen der Lehrenden – wird eine Gesamtbewertung errechnet. Diese wird den Lernenden individuell mitgeteilt. Nur die bewerteten Lernenden sehen ihr eigenes Ergebnis. Zudem werden die Ergebnisse in die Gesamtbewertung eingetragen, die über die Bewertungsübersicht in den Profilen einsehbar ist.

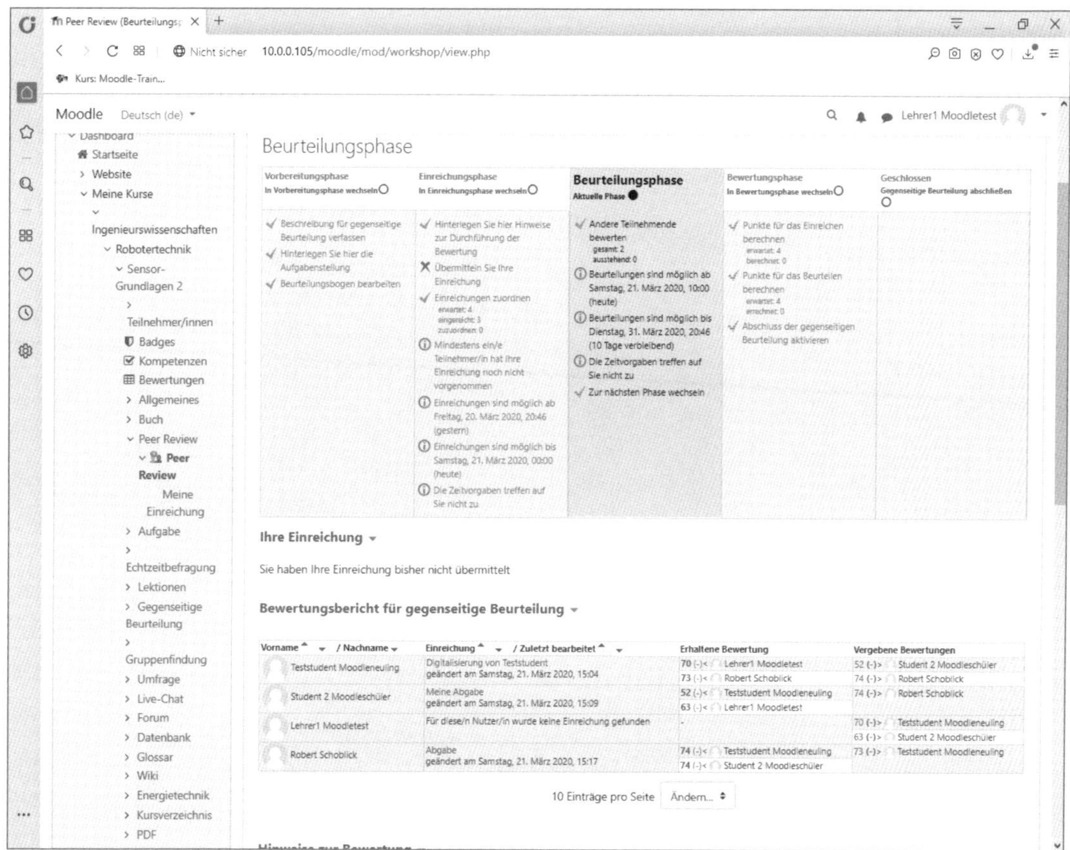

Bild 11.99 Lehrende erkennen in der Bewertungsübersicht, wer möglicherweise keine Bewertung abgegeben hat und wie die Verteilung der Punkte ist.

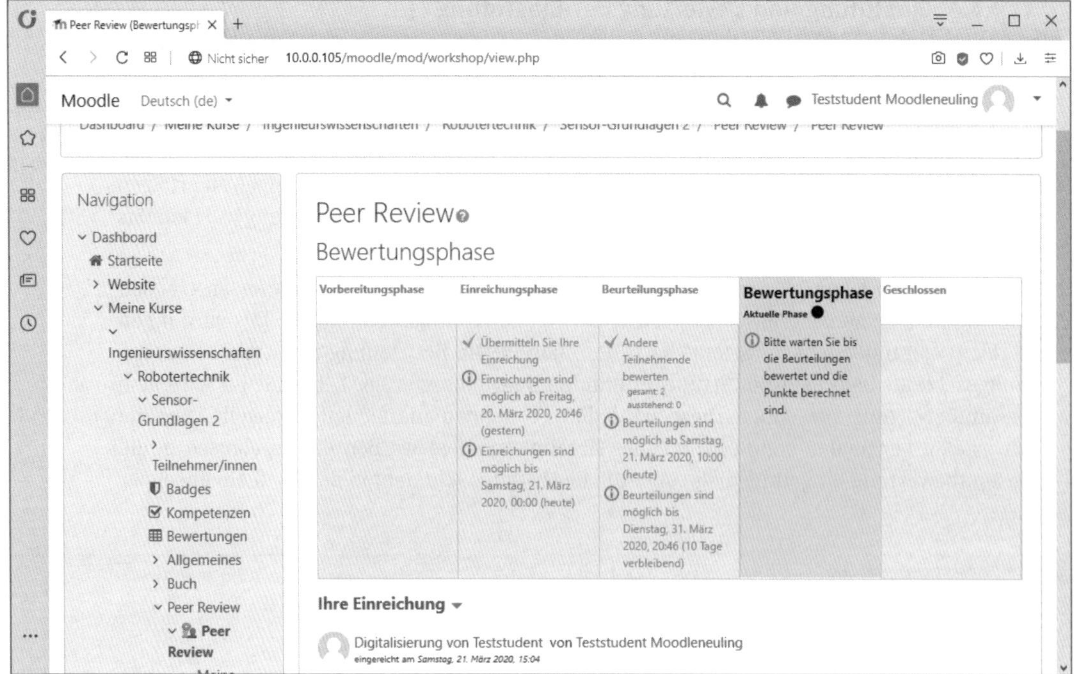

Bild 11.100 Lernende warten nach dem Abschluss der Bewertungsphase auf das Ergebnis ihrer Lehrenden.

Bewertungsbericht für gegenseitige Beurteilung

Vorname / Nachname	Einreichung / Zuletzt bearbeitet	Erhaltene Bewertung	Bewertung für die Einreichung (von 80)	Vergebene Bewertungen	Bewertung für die Einreichung (von 20)
Teststudent Moodleneuling	Digitalisierung von Teststudent geändert am Samstag, 21. März 2020, 15:04	70 (20) < Lehrer1 Moodletest; 73 (20) < Robert Schoblick	72	52 (20) > Student 2 Moodleschüler; 74 (20) > Robert Schoblick	20
Student 2 Moodleschüler	Meine Abgabe geändert am Samstag, 21. März 2020, 15:09	52 (20) < Teststudent Moodleneuling; 63 (20) < Lehrer1 Moodletest	58	74 (20) > Robert Schoblick	20
Lehrer1 Moodletest	Für diese/n Nutzer/in wurde keine Einreichung gefunden	-	-	70 (20) > Teststudent Moodleneuling; 63 (20) > Student 2 Moodleschüler	20
Robert Schoblick	Abgabe geändert am Samstag, 21. März 2020, 15:17	74 (20) < Teststudent Moodleneuling; 74 (20) < Student 2 Moodleschüler	74	73 (20) > Teststudent Moodleneuling	20

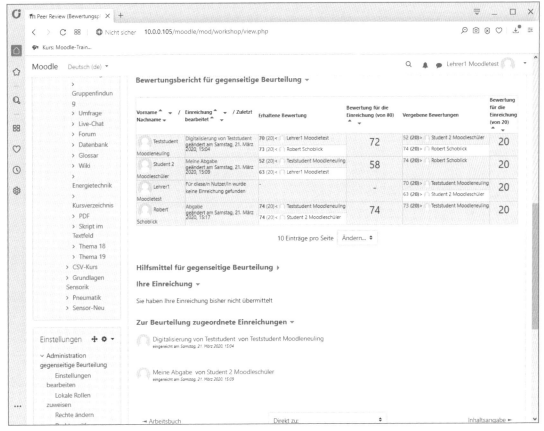

Bild 11.101 Alle Lernenden haben ihre Bewertungen abgegeben. Dafür erhalten sie die volle Punktzahl. Die Bewertungen der Arbeiten selbst werden durch das Moodle-System nach den Vorgaben und Gewichtungen durch das Lehrpersonal errechnet.

11.4.4.5 Abschlussphase

Die letzte Phase ist der Abschluss der Aktivität. Das Lehrpersonal schließt das Projekt ab. Nun sind weder Abgaben noch Peer-Bewertungen möglich und die endgültigen Ergebnisse stehen fest. Sie sind mit dem Abschluss der Aktivität auch in den Kursen der Lernenden ersichtlich. Selbstverständlich sind die Ergebnisse nicht öffentlich.

Fazit zur gegenseitigen Bewertung

Diese Aktivität wird leider ausgesprochen selten eingesetzt. Sie erfordert eine gewisse (offline!) Vorbereitungszeit und etwas Übung im Umgang mit der Kurs-Administration in Moodle. Die Bewertungen sollten im Vorfeld definiert werden. Nur so kann den Lernenden eine eindeutige Anleitung geliefert werden. Wichtig ist zudem auch, das soziale Miteinander in der Gruppe zu kennen und in der Interpretation der Peer-Bewertungen zu berücksichtigen.

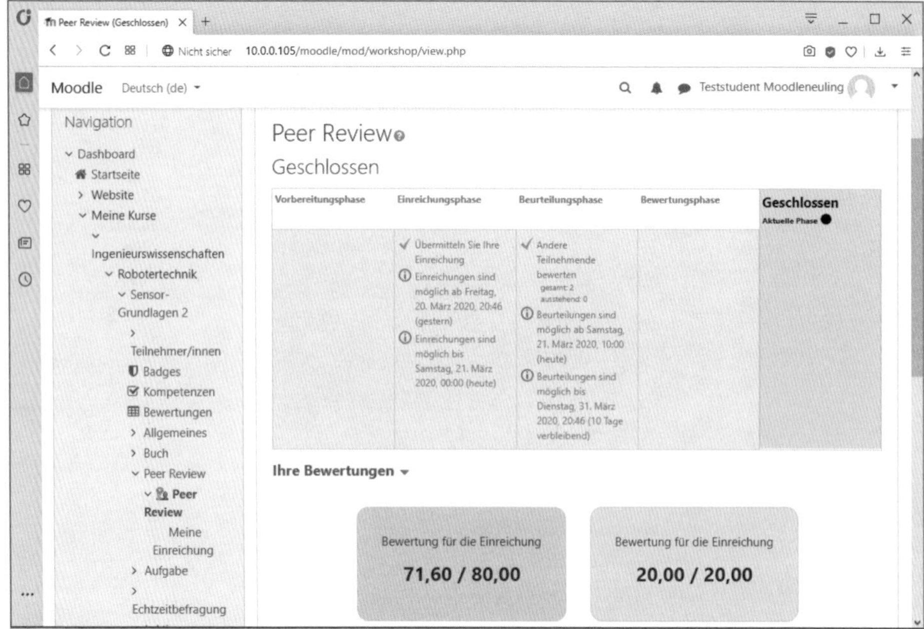

Bild 11.102 Wenn die Bewertungsphase abgeschlossen ist, sehen die Lernenden ihr erreichtes Ergebnis.

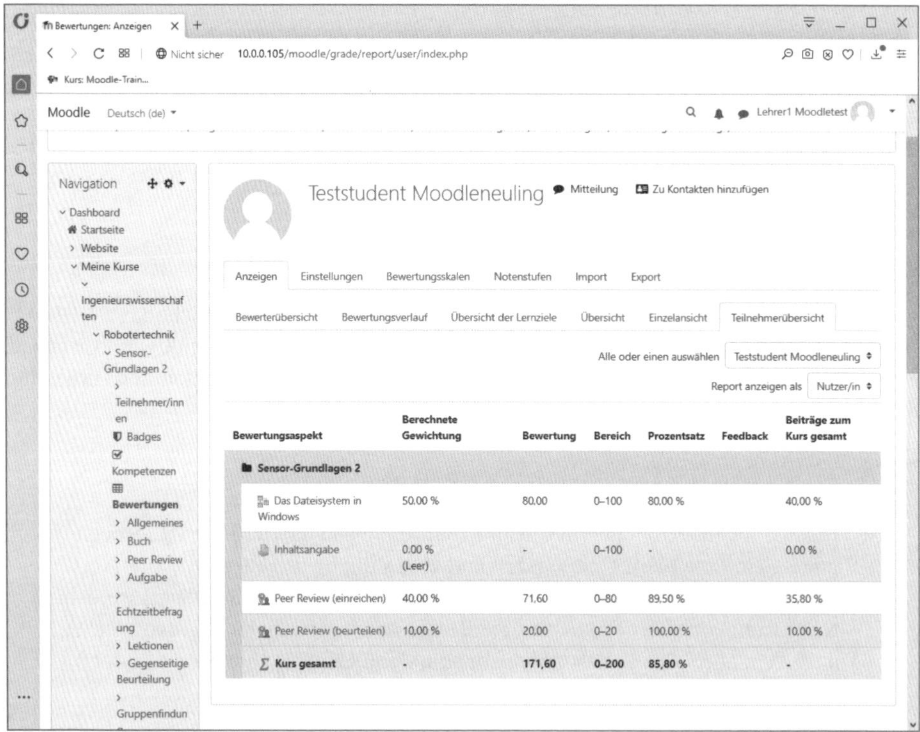

Bild 11.103 Die Ergebnisse der Arbeit werden in die Bewertungsübersicht der Lernenden aufgenommen. Sie tragen zur Gesamtbeurteilung bei.

11.4.5 Abstimmung

Abstimmungen sind vielseitig einsetzbar. Man könnte zur Einleitung eines Kurses - dies gilt für Präsenzveranstaltungen gleichermaßen wie für Online-Kurse - eine Schätzfrage zu einem Thema stellen. Die Kursteilnehmerinnen und Kursteilnehmer können dann jeweils für sich entscheiden, welche der vorgegebenen Antworten die richtige ist oder zumindest welche der Antworten der Lösung am nächsten kommt.

Abstimmungen sind auch ein hervorragendes organisatorisches Instrument, um beispielsweise das Ziel einer Exkursion zu planen, wenn in begrenzter Zeit viele Möglichkeiten offenstehen, man jedoch ein möglichst breites Interesse wecken möchte.

Organisatorisch eignet sich eine Abstimmung auch vorzüglich zur Gruppenfindung für die Ausarbeitung von Themen, die durch einen Katalog definiert wurden. Hierzu lassen sich die Antworten pro Abstimmungsoption begrenzen. Das ist individuell möglich, sodass komplexeren Themen, deren Ausarbeitung arbeits- und zeitintensiver ist, eine größere Teilnehmerzahl in der Gruppe zugebilligt werden kann als bei einem vergleichsweise einfachen Themengebiet.

Kursteilnehmerinnen und Kursteilnehmer können dann mit einem einfachen Mausklick ihre Stimme abgeben. Sollte die Zahl der Abstimmungsoptionen begrenzt sein, was bei einer Gruppenfindung durchaus sinnvoll ist, dann wird beim Erreichen der maximalen Klicks die Option mit dem Vermerk „Nicht verfügbar“ deaktiviert. Beim Einsatz in der Gruppenfindung ist eine Überbelegung also nicht möglich. Es gilt grundsätzlich: Wer zuerst kommt, bekommt den Vorzug.

Wird die Abstimmung zur Gruppenfindung eingesetzt, sollte es den Teilnehmerinnen und Teilnehmern möglich sein, ihre Auswahl zu verändern. Anders sieht es dagegen aus, wenn eine Abstimmung beispielsweise eine spontane Wissensabfrage unterstützen soll. Hier ist die Aktivität durchaus auch unterstützend im Präsenzunterricht einsetzbar, indem sie beispielsweise nach einer Lektion durch die Lehrenden freigeschaltet und von den Lernenden bearbeitet werden soll. Dies fördert die Aufmerksamkeit der Lernenden, die immer mit spontanen und personalisierten Lernzielkontrollen rechnen müssen. Hier würde es sich anbieten, eine einmal abgegebene Stimme nicht mehr zu verändern, um tatsächlich die eigene Antwort und nicht das Ergebnis der Diskussion im Auditorium zu erfassen.

In den meisten Fällen wird man nur eine Auswahl erlauben. Es kann aber auch gut sein, dass die Lehrenden eine Multiple Choice-Frage formulieren und mit mehreren gültigen Antworten zur Abstimmung anbieten. In diesen Fällen kann die Option *Mehr als eine Auswahl erlauben* aktiviert werden.

Für die Präsentation der Abstimmung gibt es zwei Möglichkeiten: eine horizontale und eine vertikale Anzeige der Optionen. Bei sehr vielen möglichen Optionen bietet sich die vertikale Form an. Dies ist auch dann sinnvoll, wenn die Stimmenzahl pro Option begrenzt ist, weil der Vermerk „Nicht verfügbar“ so besser wahrnehmbar ist als in einer vollgepackten Zeile.

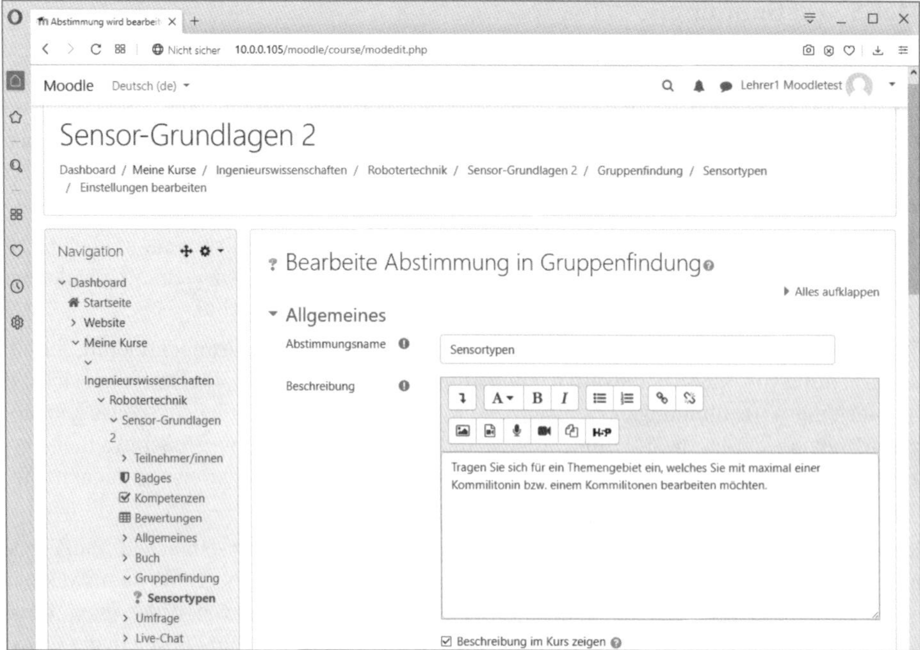

Bild 11.104 Die Beschreibung kann – wenn sie im Kurs angezeigt wird – zur Erläuterung der Abstimmungsregeln und deren Zielen genutzt werden.

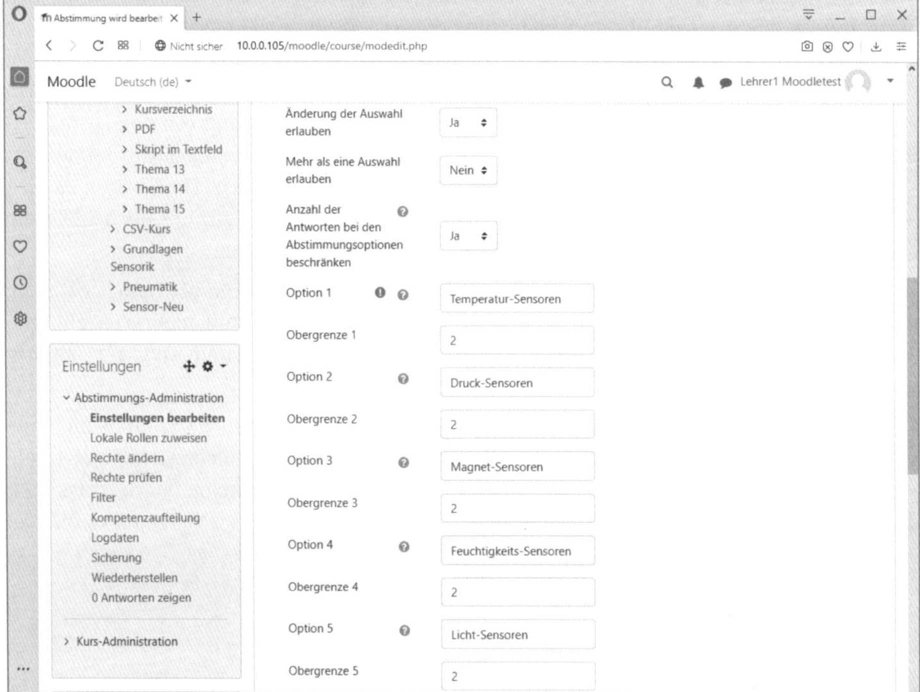

Bild 11.105 In diesem Beispiel soll die maximale Zahl der Stimmen pro Option begrenzt werden. Solch eine Einstellung eignet sich dazu, Gruppenarbeiten zu organisieren, die später nicht unbedingt rein digital stattfinden müssen.

Bild 11.106 Soll das Ergebnis der Abstimmung sofort, also unmittelbar nach der Abgabe der eigenen Stimme, angezeigt oder erst zum Schluss präsentiert werden?

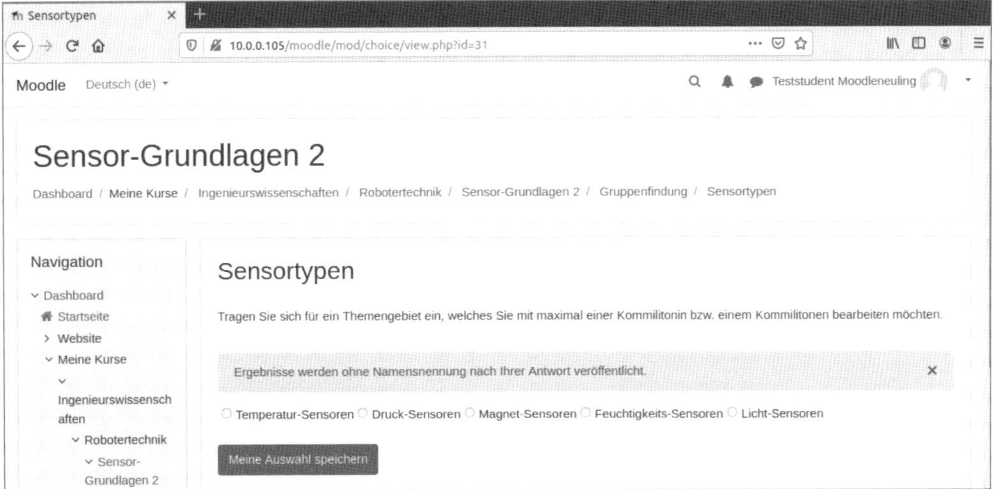

Bild 11.107 Eine horizontal angeordnete Abstimmung kann bei nur wenigen Optionen verwendet werden. Mit der steigenden Zahl der Optionen wird sie jedoch unübersichtlich.

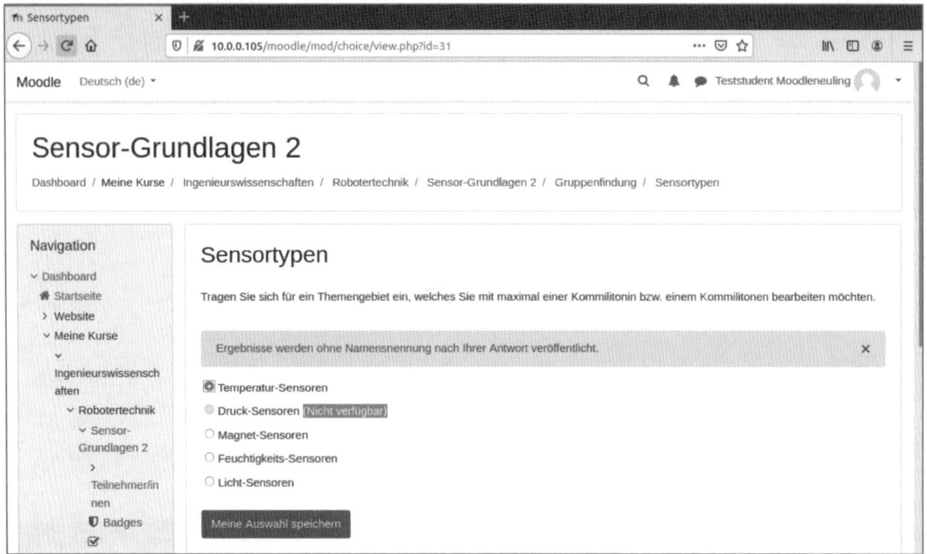

Bild 11.108 Die Option „Druck-Sensoren“ kann in diesem Beispiel nicht mehr gewählt werden, weil die maximale Zahl der Abstimmungen für diese Option erreicht wurde.

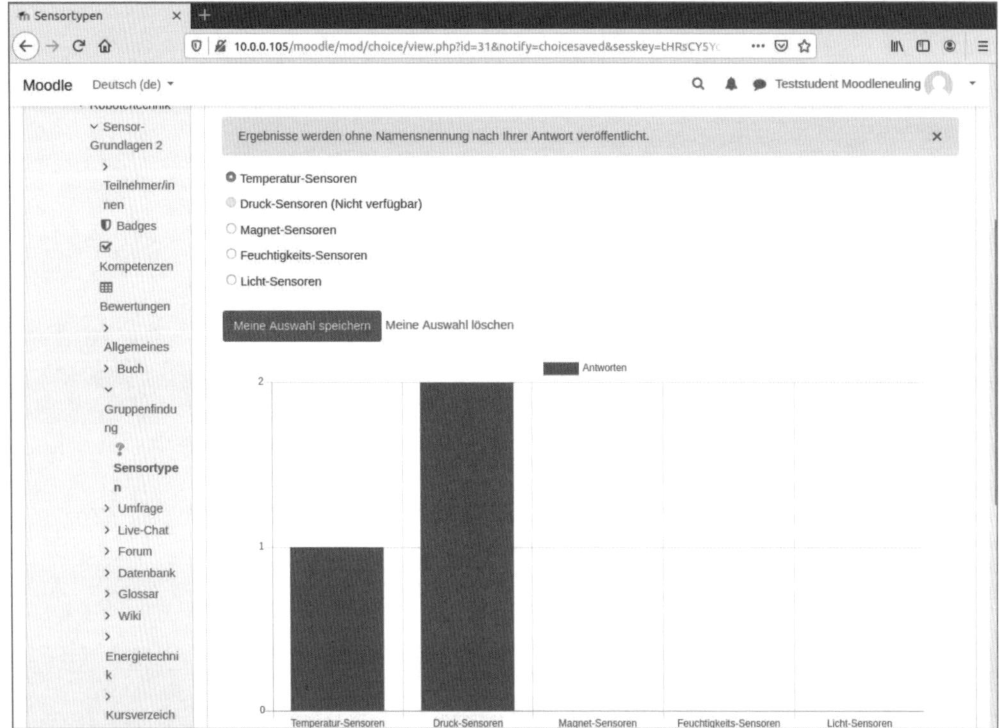

Bild 11.109 Das vorläufige Ergebnis nach der eigenen Stimmabgabe: Es wurden drei Stimmen abgegeben. Die Gruppe, die das Thema „Druck-Sensoren“ bearbeiten möchte, ist bereits mit zwei Teilnehmern belegt.

Grafikdaten verbergen

	Antworten
Temperatur-Sensoren	0 (0,0%)
Druck-Sensoren	2 (100,0%)
Magnet-Sensoren	0 (0,0%)
Feuchtigkeits-Sensoren	0 (0,0%)
Licht-Sensoren	0 (0,0%)

Bild 11.110 In diesem Fall ist die numerische Auswertung nicht zielführend. Allerdings sind diese Ergebnisse wichtig, wenn es zum Beispiel um die Wahl von Klassensprechern oder Vertrauenspersonen geht.

11.4.6 Echtzeitbefragung

Die Echtzeitbefragung ist- vor allem im Präsenzunterricht oder bei Lehrveranstaltungen, die über ein virtuelles Klassenzimmer durchgeführt werden - ein hervorragendes Instrument, um das Verständnis des vermittelten Stoffs zu überprüfen.

Kommerziell, aber vielseitig: Learning Catalytics

Die Bedeutung der Echtzeitbefragung erkannte bereits Prof. Eric Mazur und sein Team an der Harvard University. Seinen Ansatz setzte er in einer universell auf unterschiedlichen Geräten (PC, Tablet, Smartphone) einsetzbaren Online-Lösung - Learning Catalytics - um, mit deren Hilfe spontane Echtzeitbefragungen durchgeführt werden können. Damit ist es möglich, während einer Lehrveranstaltung Fragen an alle Lernenden zu formulieren und diese in voller Zahl zur Mitarbeit zu aktivieren. ■

Moodle bietet eine einfache, aber durchaus brauchbare Möglichkeit, Echtzeitbefragungen durchzuführen. Die Lehrenden - sie kennen ihren Lehrplan und die darin zu vermittelnden Eckpunkte - formulieren vorbereitend Fragen, die sie zu gegebener Zeit im Auditorium freischalten. Die Zeit für die Beantwortung lässt sich individuell begrenzen. Die Grundeinstellung liegt bei 30 Sekunden. Schwerere Fragen könnten auch mit mehr Bedenkzeit beantwortet werden.

Echtzeitbefragungen dienen der Motivation und der Aktivierung der Lernenden. Sie fördern die Teilnahme und Aufmerksamkeit, denn im Gegensatz zu mündlichen Fragen an das Auditorium, auf die *eine* lernende Person antwortet (während die Mehrzahl der Lernenden keine Gelegenheit zur Artikulation hat), richtet sich die Echtzeitbefragung an *alle*.

Bevorzugte Einsatzbereiche

Die Echtzeitbefragung ist immer dann sinnvoll einsetzbar, wenn während einer aktuellen Lehrveranstaltung eine Lernzielkontrolle durchgeführt werden soll, um das Verständnis der vermittelten Inhalte zu überprüfen. Hier kann Moodle unterstützend während einer Präsenz-Lehrveranstaltung,[20] aber auch während einer Live-Sitzung über ein virtuelles Klassenzimmer eingesetzt werden. ■

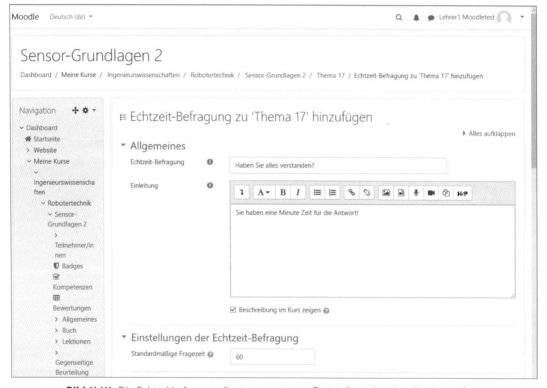

Bild 11.111 Die Echtzeitbefragung dient zur spontanen Feststellung des aktuellen Lernerfolgs. Die Zeit für die Beantwortung der Fragen wird auf wenige Sekunden begrenzt.

[20] Der Erfolg einer Echtzeitbefragung während einer Präsenzveranstaltung hängt von der Verfügbarkeit entsprechender Kommunikationsgeräte ab. Heute ist fast jeder Lernende mit einem Smartphone ausgestattet, welches Zugang zum Internet hat. Mehr braucht es nicht, um Moodle nutzen zu können.

Moodle Deutsch (de)
Lehrer1 Moodletest
Sensor-Grundlagen 2
Dashboard / Meine Kurse / Ingenieurswissenschaften / Robotertechnik / Sensor-Grundlagen 2 / Thema 17 / Haben Sie alles verstanden?
Navigation
Dashboard
Startseite
Website
Meine Kurse
Ingenieurswissenschaften
Befragung anzeigen
Befragung bearbeiten
Antworten anzeigen
Fragen in dieser Echtzeit-Befragung:
Frage hinzufügen

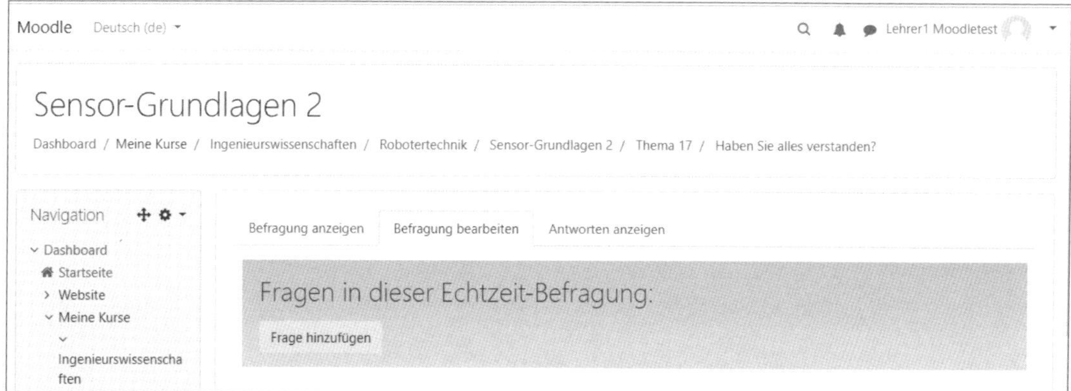

Bild 11.112 Lehrende können ihrem Echtzeitfragenkatalog eine oder mehrere Fragen hinzufügen.

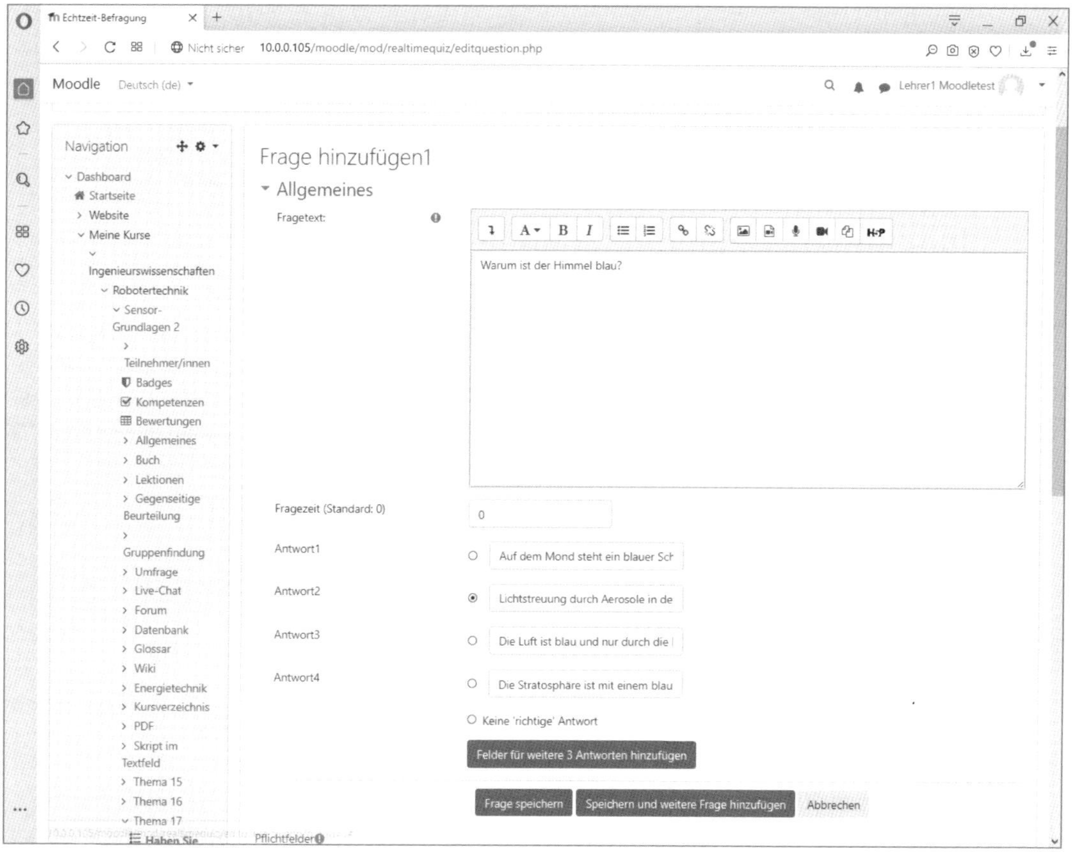

Echtzeit-Befragung
Nicht sicher 10.0.0.105/moodle/mod/realtimequiz/editquestion.php
Moodle Deutsch (de)
Lehrer1 Moodletest
Navigation
Dashboard
Startseite
Website
Meine Kurse
Ingenieurswissenschaften
Robotertechnik
Sensor-Grundlagen 2
Teilnehmer/innen
Badges
Kompetenzen
Bewertungen
Allgemeines
Buch
Lektionen
Gegenseitige Beurteilung
Gruppenfindung
Umfrage
Live-Chat
Forum
Datenbank
Glossar
Wiki
Energietechnik
Kursverzeichnis
PDF
Skript im Textfeld
Thema 15
Thema 16
Thema 17
Haben Sie
Frage hinzufügen1
Allgemeines
Fragetext:
Warum ist der Himmel blau?
Fragezeit (Standard: 0)
0
Antwort1
Auf dem Mond steht ein blauer Sch
Antwort2
Lichtstreuung durch Aerosole in de
Antwort3
Die Luft ist blau und nur durch die
Antwort4
Die Stratosphäre ist mit einem blau
Keine 'richtige' Antwort
Felder für weitere 3 Antworten hinzufügen
Frage speichern
Speichern und weitere Frage hinzufügen
Abbrechen
Pflichtfelder

Bild 11.113 Die Frage wird im Text-/HTML-Editor formuliert. Sie kann also auch Bilder oder multimediale Inhalte umfassen. Von den vorgegebenen Antwortmöglichkeiten wird die richtige markiert.

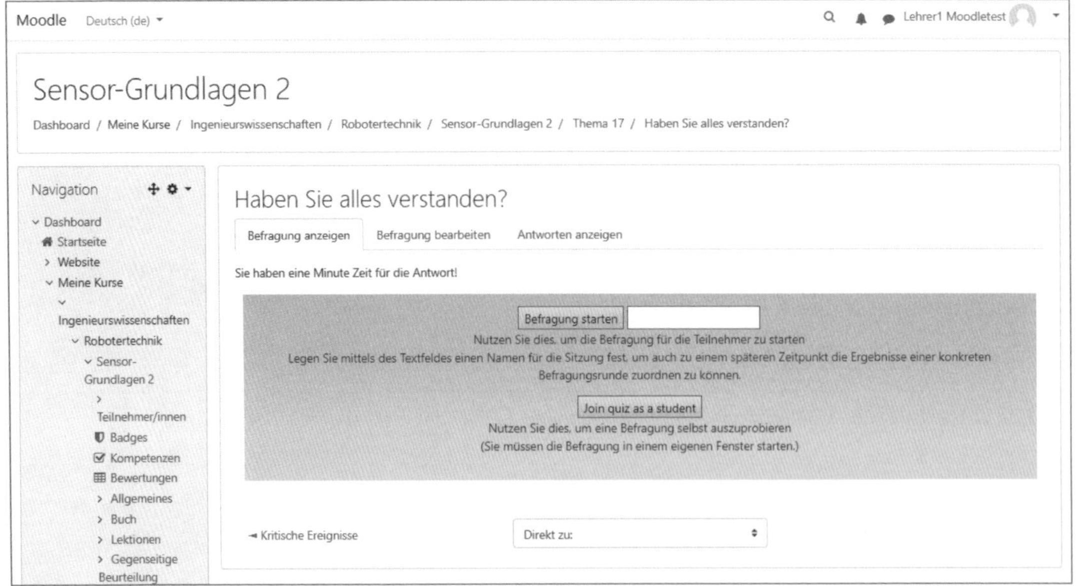

Bild 11.114 Lehrende können die Befragung zur passenden Zeit starten. Vor dem Einsatz in der Lehrveranstaltung können sie die Befragung nach der Fertigstellung auch als Student selbst prüfen.

Wenn die Fragen und die Antworten formuliert wurden, stehen sie im Moodle-Kurs zur Aktivierung bereit. Lehrende können die Echtzeitbefragung unabhängig davon testen, müssen jedoch zuvor ihre Moodle-Sitzung in einem zweiten Fenster öffnen. Mit einem Klick auf die Schaltfläche *Join quiz as a student* verlassen die Lehrenden die Fragenkonfiguration. Damit fehlt jedoch der Zugriff auf die Schaltfläche *Start new quiz session*. Die Echtzeitbefragung lässt sich also nicht starten und man wartet vergeblich auf die erste Frage. Der Grund ist, dass ein Lehrender die Befragung (in einem Fenster) freigeben muss, wenn alle Lernenden bereit zur Beantwortung sind. Das betrifft auch die Generalprobe des Lehrenden, der die Befragung erstellt hat. Somit benötigen Freigabe und Beantwortung jeweils ein eigenes Fenster.

Zweites Sitzungsfenster

Ein zweites Sitzungsfenster lässt sich in der Navigation mit einem rechten Mausklick auf die gewünschte Aktivität eröffnen. Im sich öffnenden Kontextmenü wird der Eintrag *Link in neuem Tab öffnen* (oder Fenster) gewählt. ■

Jeder Sitzung kann ein Name zugeordnet werden – zum Beispiel *kl10b-10032020* für die Klasse 10b in der Unterrichtseinheit vom 10.03.2020 –, über den die Ergebnisse auch zu einem späteren Zeitpunkt ausgewertet und der richtigen Lehrveranstaltung zugeordnet werden können.

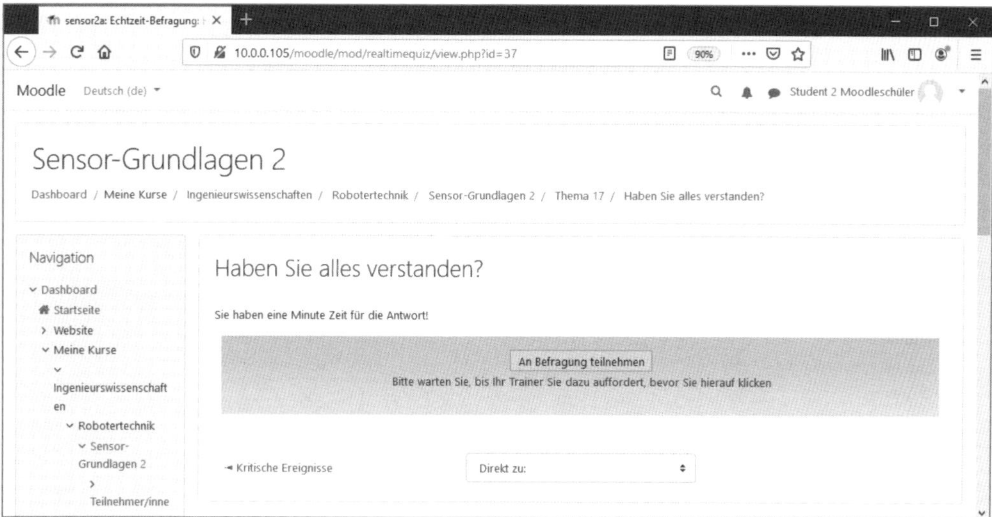

Bild 11.115 Wenn Lernende die Aktivität „Echtzeitbefragung“ wählen, können sie mit einem Mausklick an der Befragung teilnehmen.

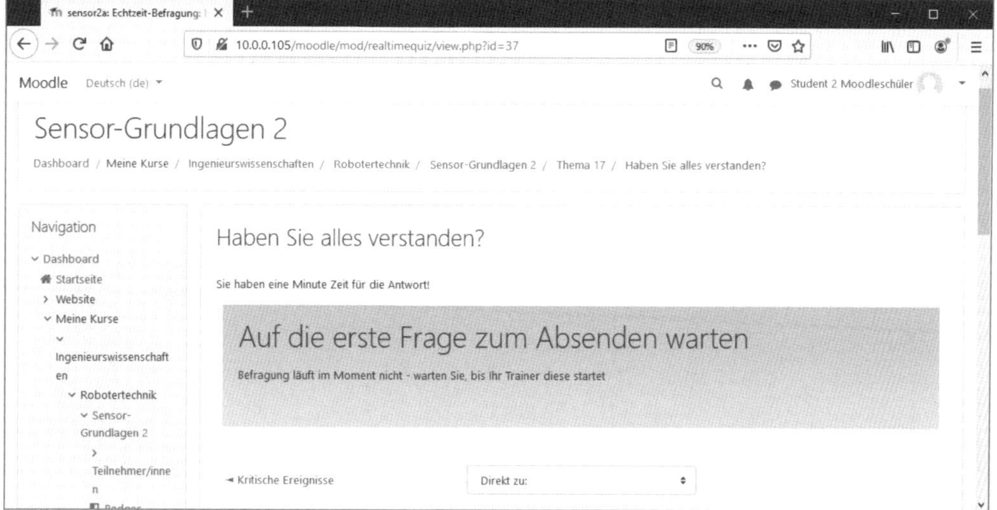

Bild 11.116 Die Frage erscheint erst dann in der Moodle-Seite, wenn sie von der lehrenden Person aktiviert wurde. Schließlich ist sie in der Bearbeitungszeit eng begrenzt.

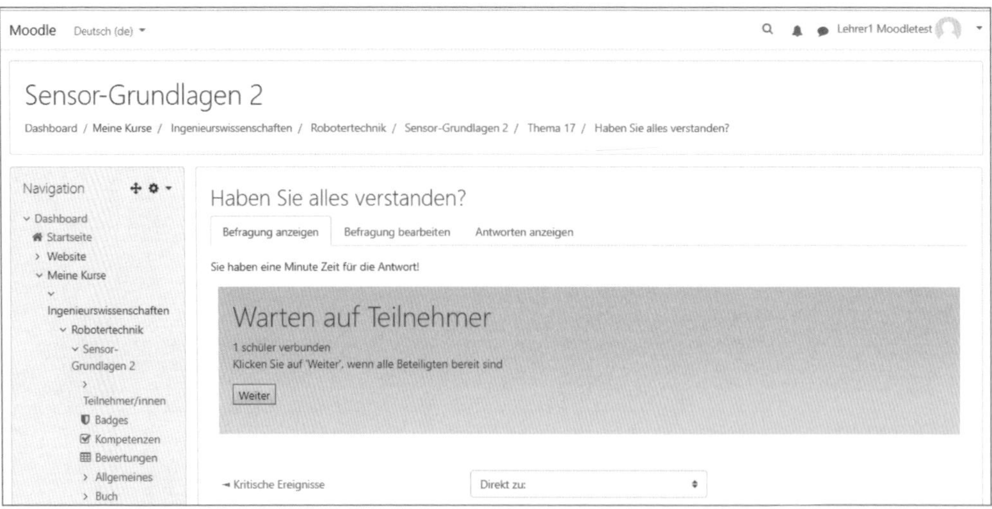

Bild 11.117 Lehrende, die eine Echtzeitbefragung durchführen, warten mit der Freigabe der Frage auf die volle Teilnehmerzahl.

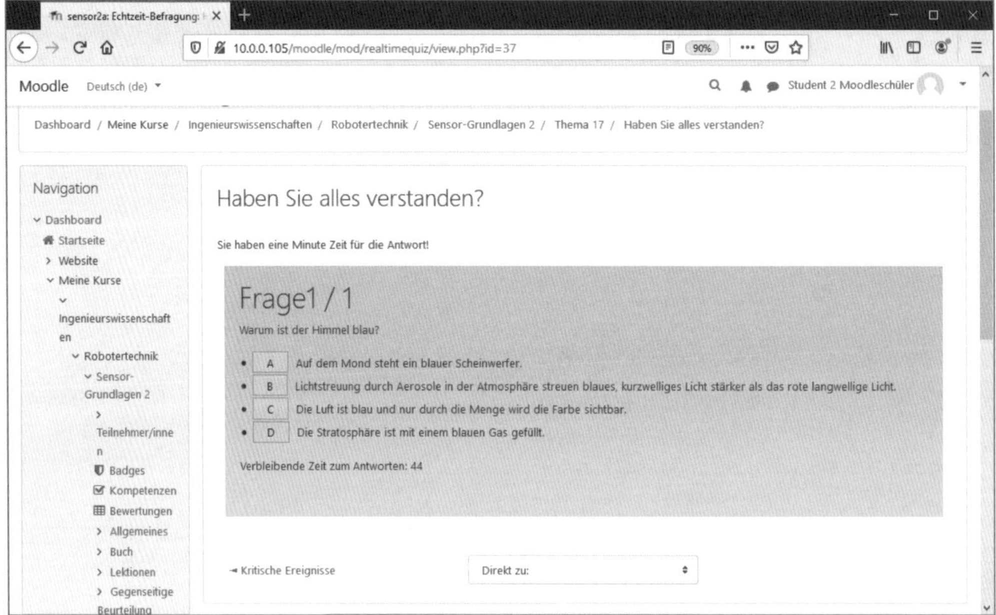

Bild 11.118 Ist die Frage freigegeben, steht Lernenden exakt die vorgesehene Zeit für die Beantwortung zur Verfügung.

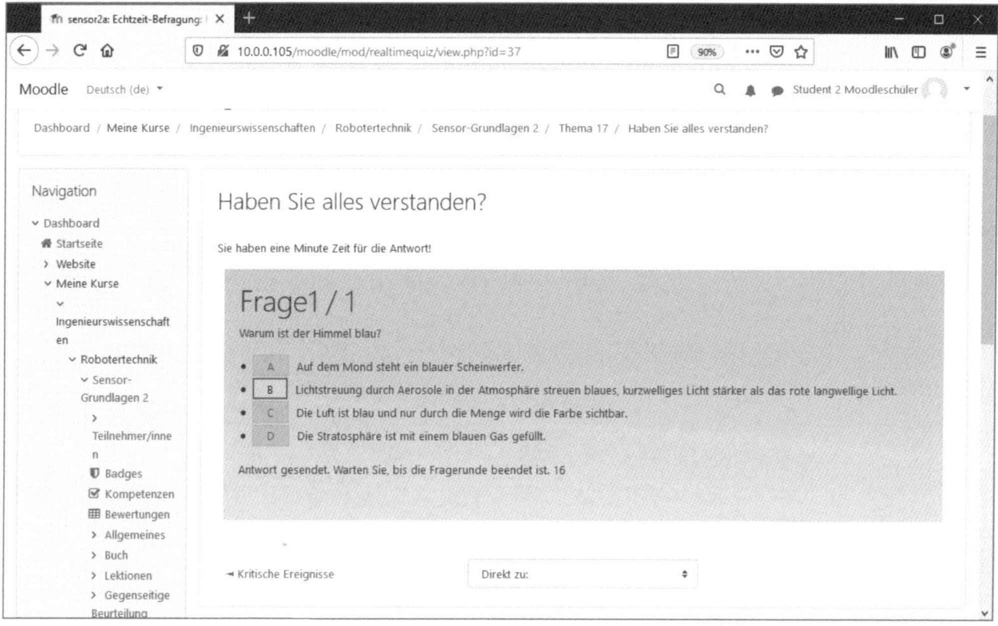

Bild 11.119 Die Abgabe der Antwort erfolgt automatisch.

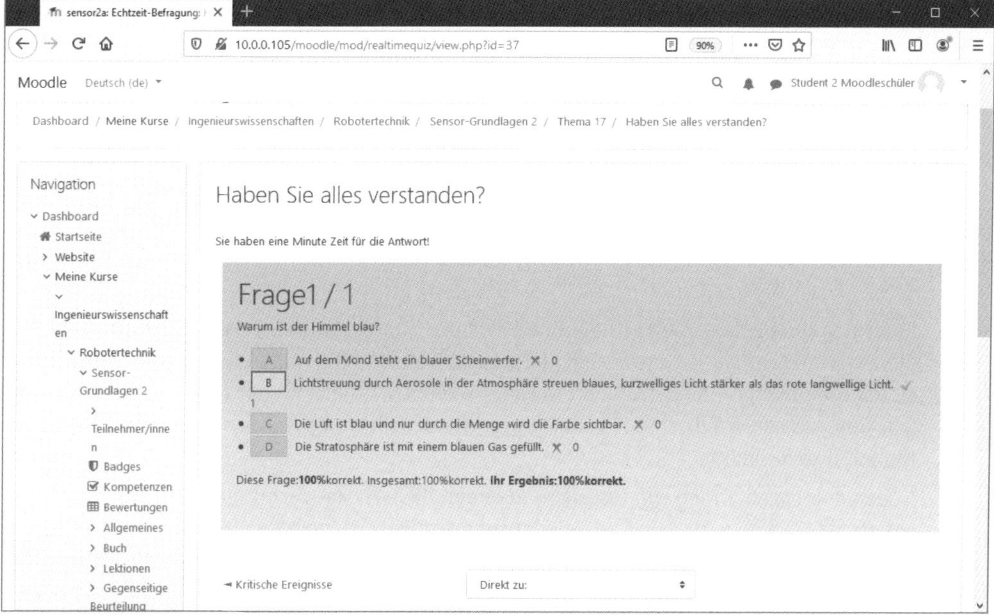

Bild 11.120 Nach Ablauf der Bearbeitungszeit bekommen die Lernenden sofort ein Feedback über die Richtigkeit ihrer Antwort.

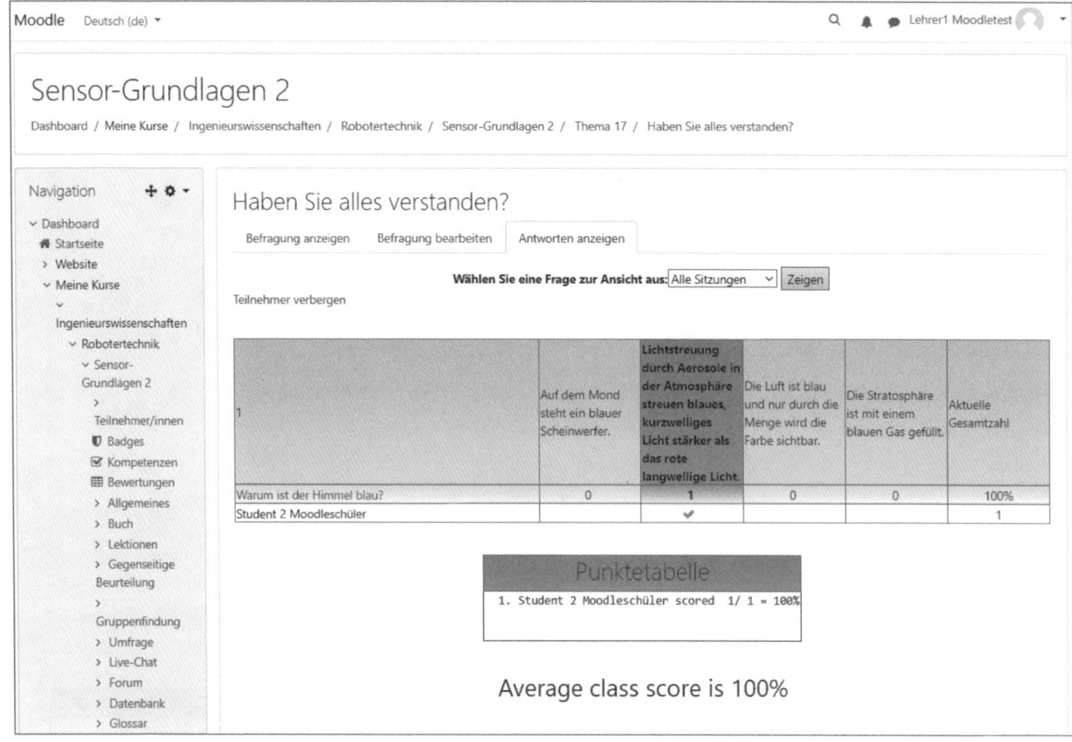

Bild 11.121 Lehrende können die Antworten jedes einzelnen Lernenden überprüfen. Wird diese Aktivität häufiger verwendet, lässt sich die jeweils relevante Sitzung nach ihrem Namen auswählen.

11.5 Abgestufte Lektionen

Eines der komplexesten und für Online-Learning interessantesten Werkzeuge ist zweifellos die Aktivität *Lektion*. Es lassen sich kleine, gut dosierte Wissenseinheiten gestalten, die aufeinander aufbauen. Die Lernenden werden so nicht von der Flut der Informationen erschlagen und können ihr Lerntempo auf diese Weise selbst regulieren, indem sie Einheit für Einheit durcharbeiten.

Neben den sogenannten *Inhaltsseiten*, in denen das Wissen vermittelt wird, können in *Frageseiten* zwischenzeitliche Lernzielkontrollen umgesetzt werden. Für die Gestaltung der Inhaltsseiten bietet Moodle den HTML-Editor an, der bereits aus Abschnitt 11.2.1 bekannt ist. Inhaltsseiten und Frageseiten können zu sogenannten Clustern zusammengefasst werden.

Mit der Konfiguration der Aktivität *Lektion* können neben den obligatorischen Angaben wie Name und Beschreibung auch verschiedene Darstellungsoptionen eingestellt und aktiviert werden. Hier ist zunächst einmal der *Fortschrittsbalken* zu nennen. Dieser zeigt Lernenden an, wie weit sie bereits in der Bearbeitung der Lektion fortgeschritten sind. Allerdings hat der Fortschrittsbalken nichts mit einer *Bewertung* zu tun. Der bisher erreichte Erfolg, der durch die Bewertungen ausgedrückt wird, wird nur dann den Lernenden angezeigt, wenn dies in der Konfiguration freigegeben wurde. Die Anzeige erfolgt in diesem Fall auf jeder Lektionsseite.

Bei Bedarf kann in einem Block auf jeder Lektionsseite ein *Inhaltsverzeichnis* dargestellt werden. Diese Darstellung kann allerdings zusätzlich vom Erfolg in der Bearbeitung abhängig gemacht werden. Hierzu wird eine prozentuale Mindestbewertung festgelegt.

Unterstützend für die Darstellung der Lektionsziele kann eine *Mediendatei* hochgeladen werden. Hierbei kann es sich um eine Audio- oder Videodatei handeln. Auch diese steht während der Bearbeitung jeder Lektions- und Fragenseite in einem gesonderten Block zum Abruf zur Verfügung. Die Größe der Mediendatei hängt von den Grenzvorgaben des Serversystems ab.

Einschränkungen in der Bearbeitung einer Lektion können auf verschiedenen Wegen vorgenommen werden. So lassen sich Leistungsvoraussetzungen, etwa in der Form einer Mindestbewertung in anderen Kurseinheiten, definieren. Es kann die Bearbeitung der Lektion aber auch von der Kenntnis eines Kennworts abhängig gemacht werden. Das Kennwort wird von den Lehrenden vergeben. Die Erlaubnis, die Lektion zu bearbeiten, kann abhängig von der Gesamtleistung in der Lehrveranstaltung oder nach anderen pädagogischen Motiven erteilt werden.

Lektionen sind ein systematisches Lehrinstrument

Lektionen sollten nicht grundsätzlich zu jeder Zeit und für jeden Lernenden offenstehen. Die Lernenden sollten sich den Zugang erarbeiten müssen, indem sie mit den erreichten Ergebnissen belegen, die dazu erforderlichen Grundlagen verstanden zu haben. In diesem Zusammenhang ist auch das Inhaltsverzeichnis kritisch zu bewerten. Es sollte keine „Abkürzung“ darstellen, sondern eine Navigationshilfe bieten, wenn die Lektion möglicherweise vertiefend in der Wiederholung bearbeitet wird. Um dies zu gewährleisten, lässt sich die Darstellung des Inhaltsverzeichnisses für die Lektionen vom Erreichen einer Mindestbewertung abhängig machen.

Neben den Inhaltsseiten lassen sich in den Lektionen *Fragen* stellen. Es ist dabei nicht zwingend erforderlich, diese Fragen an das Ende einer Lektion zu stellen, sondern es können bereits Wiederholungsfragen zur Vertiefung des Gelernten unmittelbar nach einer Inhaltsseite oder einer Gruppe mehrerer Inhaltsseiten gestellt werden. Mit den Fragen lassen sich Teilbewertungen, ein automatisches Feedback und Entscheidungen für die weitere Bearbeitung der Lektion definieren.

Mit der Einrichtung der Lektion können Lehrende eine Höchstzahl der zu stellenden Fragen pro Frageseite vorgeben. Das bedeutet aber nicht zwingend, dass sie auch tatsächlich so viele Fragen stellen müssen.

Ist die Lektion letztlich von den Lernenden durchlaufen worden, kann eine Folgeaktivität vorgesehen werden. Dabei kann es sich beispielsweise um eine weitere Lektion handeln, welche erst nach einer erfolgreichen Absolvierung der laufenden Kurseinheit sichtbar und zugänglich wird.

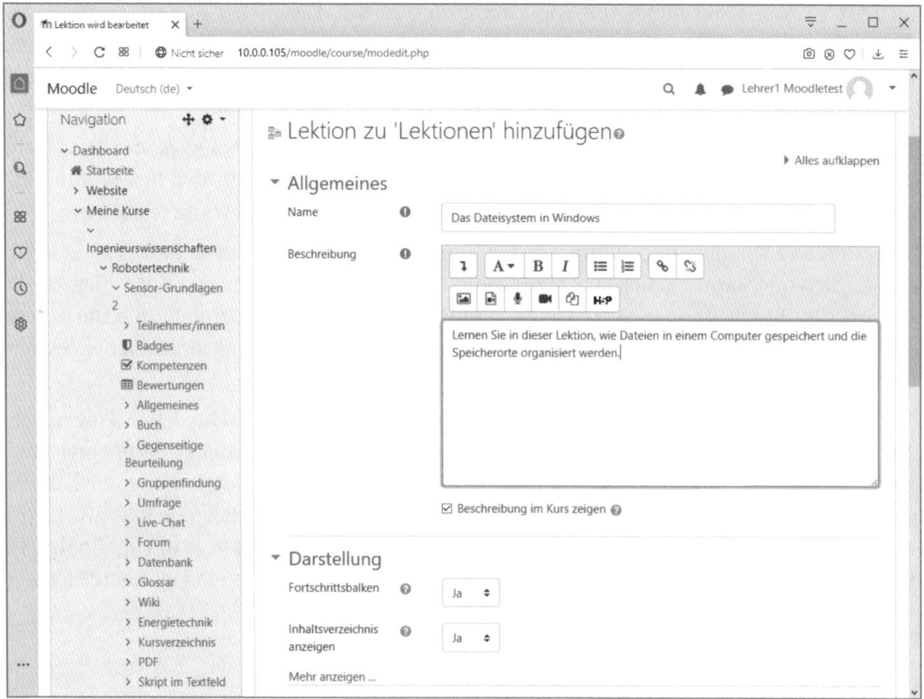

Bild 11.122 Es kann motivierend wirken, den Lernenden einen Fortschrittsbalken während der Bearbeitung der Lektionen anzuzeigen.

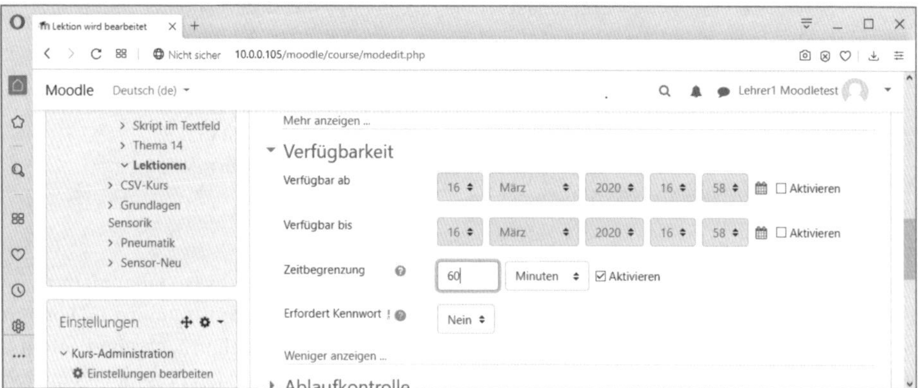

Bild 11.123 Die Bearbeitungszeit kann limitiert werden. Dies zwingt zur Disziplin bei der Bearbeitung. Der Nutzerkreis, der die Lektionen bearbeiten darf, kann durch Vergabe eines Kennworts eingeschränkt werden.

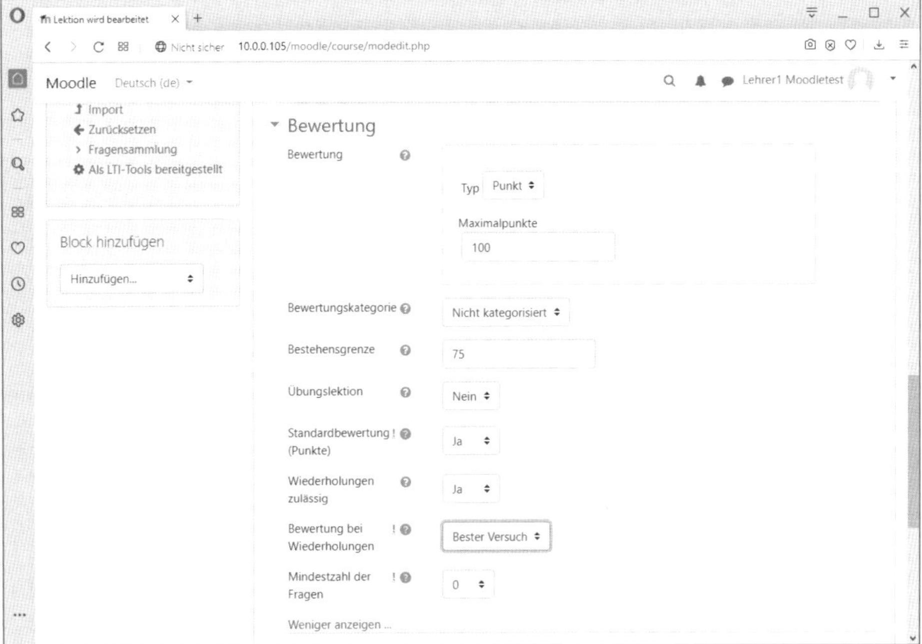

Bild 11.124 Es gibt verschiedene Möglichkeiten, eine Lektion automatisch zu bewerten. In der Regel werden die Grenze zum Bestehen der Lektion und die Berechnung des Ergebnisses relevant sein, wenn mehrere Versuche gestattet werden.

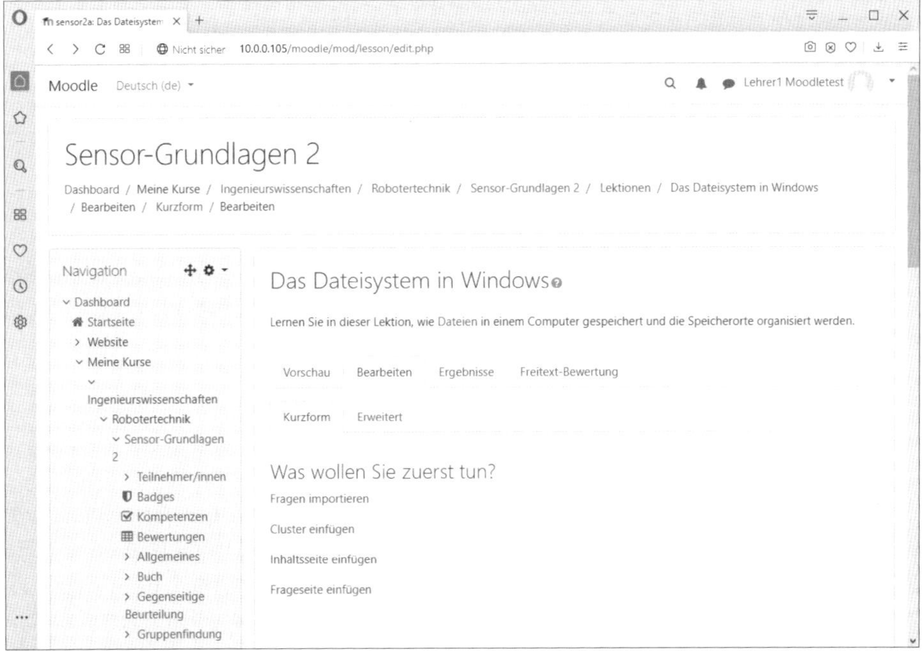

Bild 11.125 Ist die Grundkonfiguration abgeschlossen, müssen Lehrende die Lektionen mit Inhalten und Fragen befüllen.

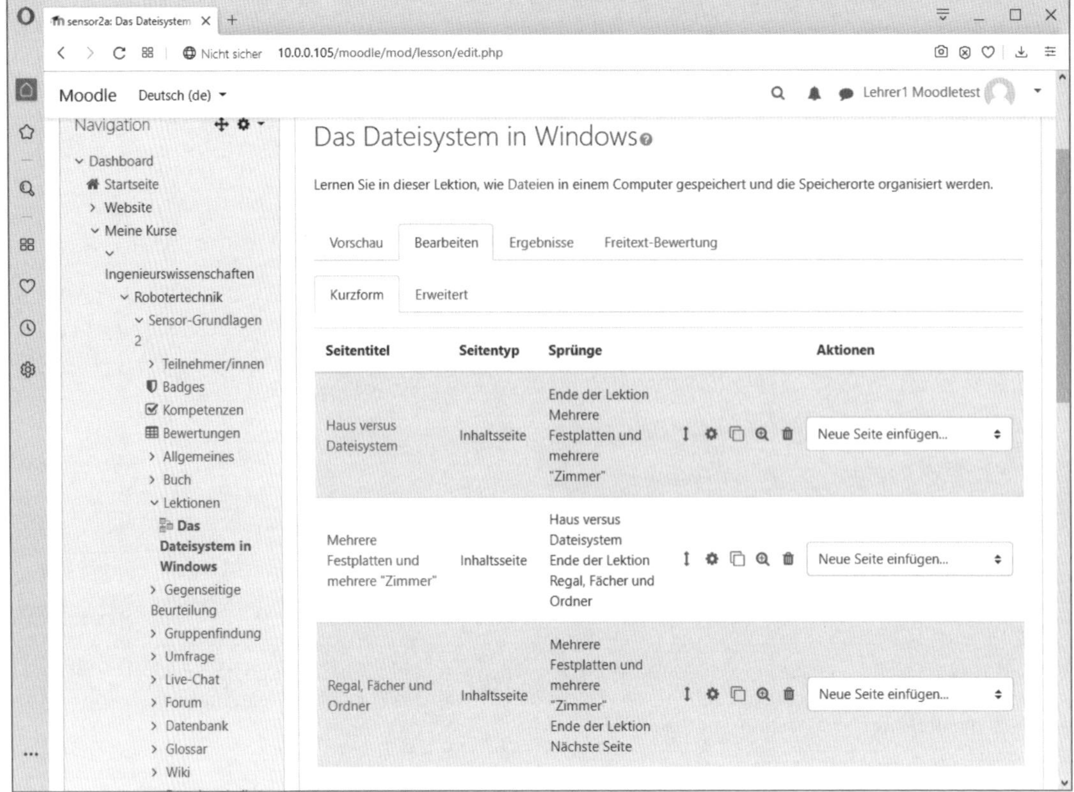

Bild 11.126 Die *Kurzform* der in der Lektion verwendeten Seitenübersicht verzichtet auf die Präsentation der Inhalte, zeigt aber recht anschaulich die Reihenfolge der Inhalts- und Frageseiten sowie der Abhängigkeiten. Fehler beim Aufruf von Folgeseiten werden hier am besten erkannt.

11.5.1 Inhaltsseiten

Die Lektion muss zunächst einmal etwas Wissen vermitteln. Dazu wird eine Inhaltsseite eingefügt. Inhaltsseiten können frei gestaltet werden. Es empfiehlt sich, diese Seiten kurz zu halten und auf das Wesentliche zu fokussieren.

11.5.1.1 Gestaltung der Inhaltsseiten

Die Inhaltsseite wird mithilfe eines Text- bzw. HTML-Editors erstellt. Es handelt sich um das gleiche Werkzeug, welches bereits aus Abschnitt 11.2.1 bekannt ist. Die Inhaltsseiten können also direkt mit Standardformaten einschließlich verschiedenen Überschriften und Aufzählungen gestaltet werden. Zudem lassen sich Bilder zur Illustration einfügen.

Bei der Arbeit mit Bildern sollte auf die Barrierefreiheit geachtet werden, denn trotz fortgeschrittener moderner Technik bei PCs und Smartphones sowie schnellen Internet-Anbindungen ist es nicht immer sicher, dass Bilder tatsächlich geladen und angezeigt werden. In diesem Fall sollte ein *Alternativtext* angezeigt werden. Dieser Alternativtext wird zudem von

Screenreadern ausgewertet, wenn Sehbeeinträchtigte an den Kursen teilnehmen. Insbesondere für diese Zielgruppe ist darauf zu achten, dass die Alternativtexte den Bildinhalt möglichst plastisch beschreiben. Es handelt sich also nicht um die klassischen Bildunterschriften, die den Zusammenhang zum Text herstellen sollen.

Moodle ist eine Online-Plattform, die am PC oder auf dem Smartphone genutzt werden kann. Beide Plattformen bieten die Möglichkeit, multimediale Inhalte wiederzugeben. Es spricht also nichts dagegen, auch reine Audio-Dateien oder Videoinhalte in die Lektionen einzubauen. Ganz im Gegenteil sogar bietet es sich aus didaktischen Gründen an, die volle Medienvielfalt zu nutzen bzw. Inhaltsseiten redundant in verschiedenen Medien aufzubereiten.

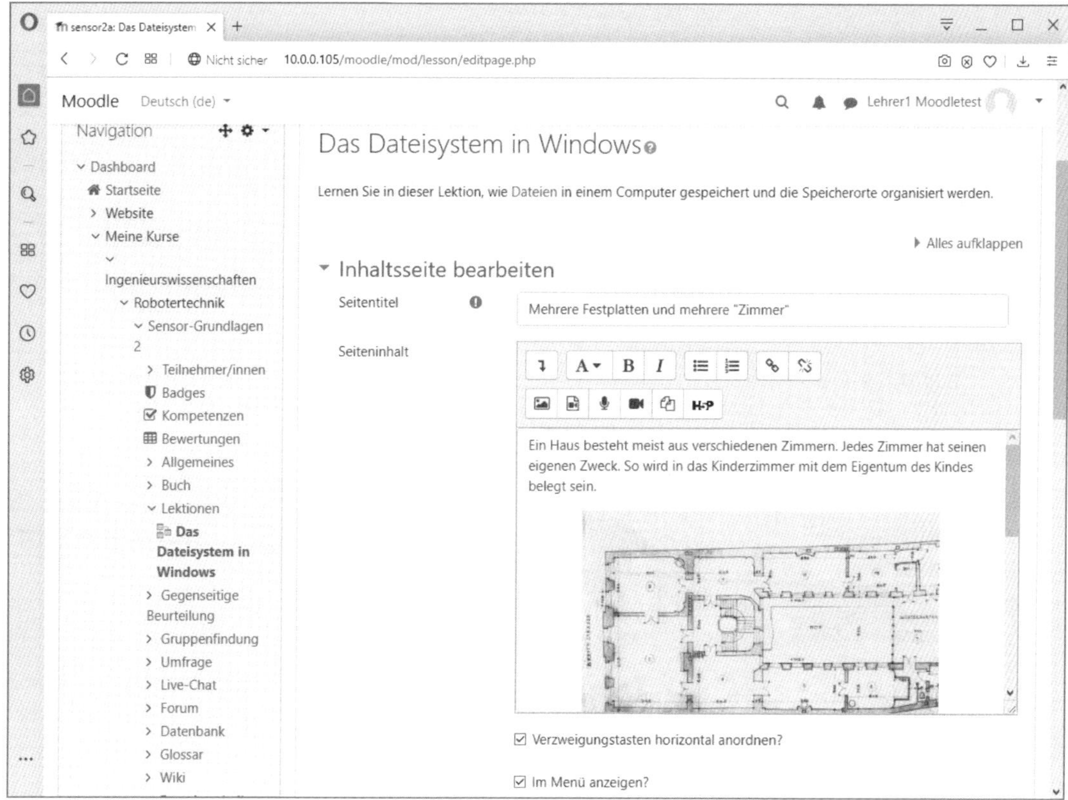

Bild 11.127 Eine Inhaltsseite kann aus Texten, Bildern[21] und multimedialen Inhalten bestehen.

[21] Quelle der hier als Beispiel verwendeten Bilddatei: Grundriss des originalen Ermelerhauses, Wikipedia, Magistrat Groß-Berlin, Hauptamt für Hochbau Berlin, 1948, amtliches Werk, gemeinfrei, Zugriff: 16.03.2020

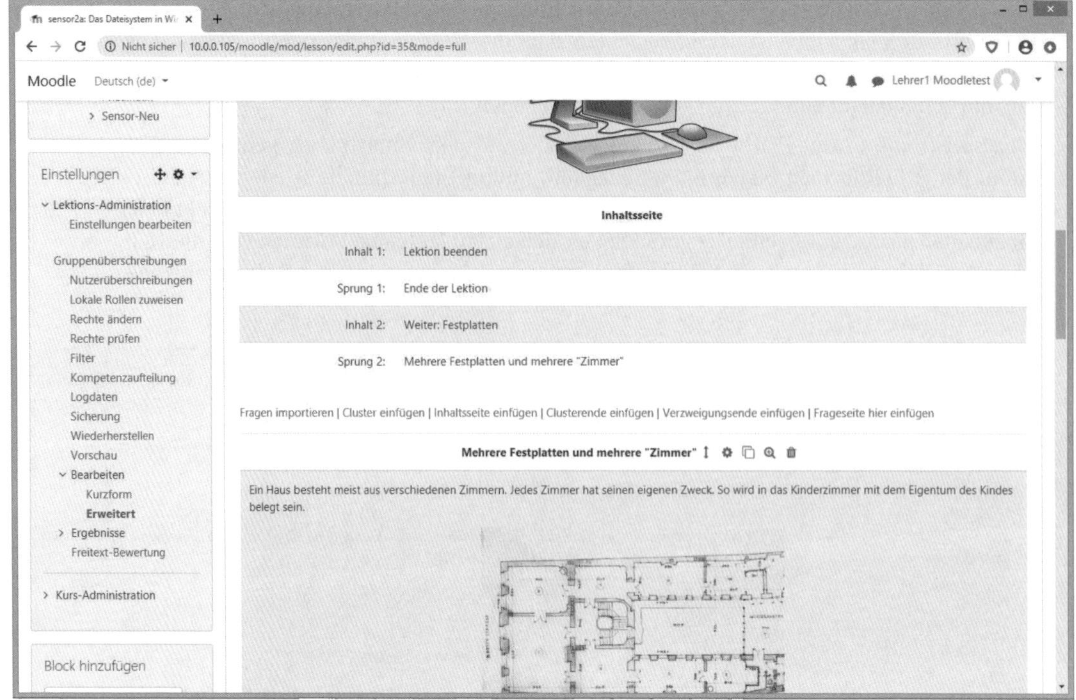

Bild 11.128 In der erweiterten Form der Übersicht sind alle Seiteninhalte enthalten. Die Funktion der Lektion mit den Aufrufen der jeweiligen Folgeseiten ist hier allerdings schwieriger zu überprüfen.

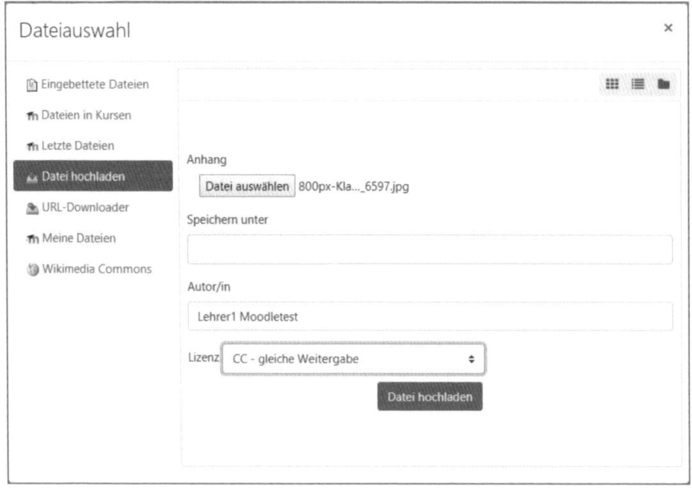

Bild 11.129 Werden Bilder in das Moodle-System hochgeladen, sind Urheberrechte zu beachten. Der Upload-Dialog sieht entsprechende Eingabefelder für die lizenzrelevanten Informationen vor.

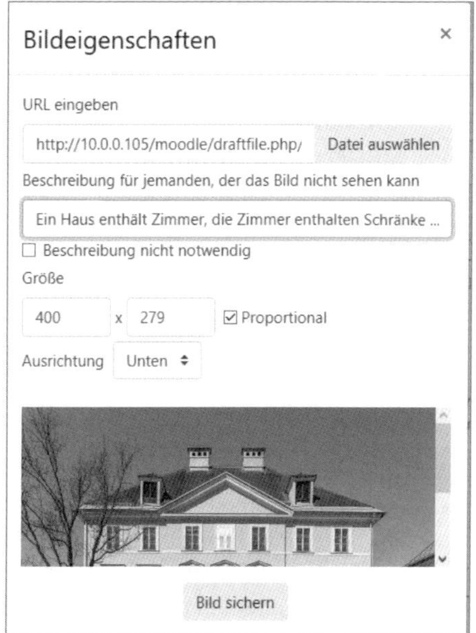

Bild 11.130
Die Bildgröße[22] kann in Pixel an die Inhaltsseite angepasst werden. Fehlt das Häkchen in der Checkbox „Proportional“ kann es bei einer Änderung zu Verzerrungen der Höhe und Breite kommen.

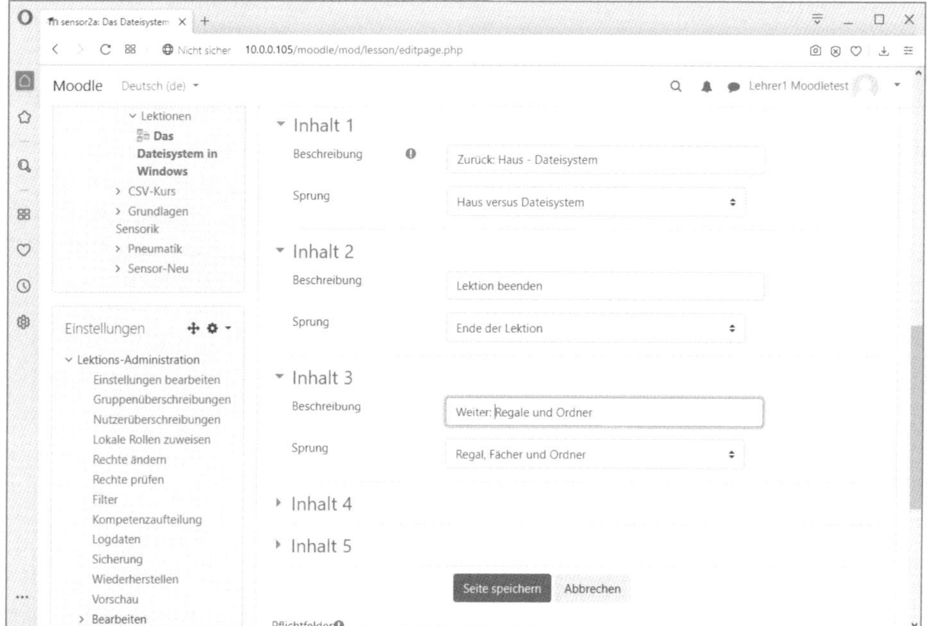

Bild 11.131 Wichtig ist bei der Aktivität *Lektionen,* dass nach der Lektüre einer Inhaltsseite der Aufruf der Folgeseiten geregelt wird.

[22] Im Beispiel verwendetes Foto: Sichl-Egger-Haus, Klagenfurt, Wikimedia, Johann Jaritz, CC-BY-SA 4.0, Zugriff 16. 03. 2020

11.5.1.2 Inhaltsseiten aus Student-Sicht

Lernende sehen die Inhaltsseiten ohne die direkte Möglichkeit, diese zu bearbeiten. Zusätzliche Informationen wie beispielsweise eine Fortschrittsanzeige oder eine Information zur aktuell erreichten Bewertung stehen möglicherweise zur Verfügung. Dies setzt allerdings voraus, dass diese Informationen von den Lehrenden aktiviert wurden.

Wichtig sind die Schaltflächen, mit denen die jeweils nächsten Schritte gewählt werden (Bild 11.133). Wie diese Wege aussehen, legen die Lehrenden mit der Lektionsgestaltung fest. Im gezeigten Beispiel wurden drei Schaltflächen definiert:

- ein Rückschritt zur letzten Seite der Lektion,
- die Möglichkeit, die Lektion an dieser Stelle zu beenden bzw. deren Bearbeitung zu unterbrechen,
- ein Sprung zur nächsten Inhalts- oder Frageseite der Lektion.

Die Unterbrechung der Arbeit an einer Lektion ist jederzeit möglich. Lernende können Stoff wiederholen und bei Bedarf vertiefen. Legen sie eine Pause ein, haben Lernende in einer nächsten Sitzung die Wahl, die Lektion an der gleichen Stelle fortzusetzen, wo sie unterbrochen haben oder die Lektion erneut zu beginnen. Damit können Lernende ihr eigenes Lerntempo völlig autonom bestimmen. Sie können auch kleine Lektionen und Lektionsteile in Pausen oder bei der Fahrt in Bahn und Bus durcharbeiten und diese Zeiten somit sinnvoll nutzen.

Nicht übertreiben!

Der gemeinsame Schulweg ist nicht nur Überwindung der Distanz von Wohnung zur Schule, sondern auch Gelegenheit zwischenmenschlicher Kommunikation! Es ist längst zu beobachten, dass Kinder und Jugendliche, aber auch viele Erwachsene nur noch auf „flimmernde Bildschirmchen“ blicken, die Menschen um sich herum jedoch nicht mehr wahrnehmen. Auch dieser Aspekt sollte berücksichtigt werden, wenn man empfiehlt, Moodle-Lektionen in diesen allgemeinen „Auszeiten“ zu bearbeiten. ■

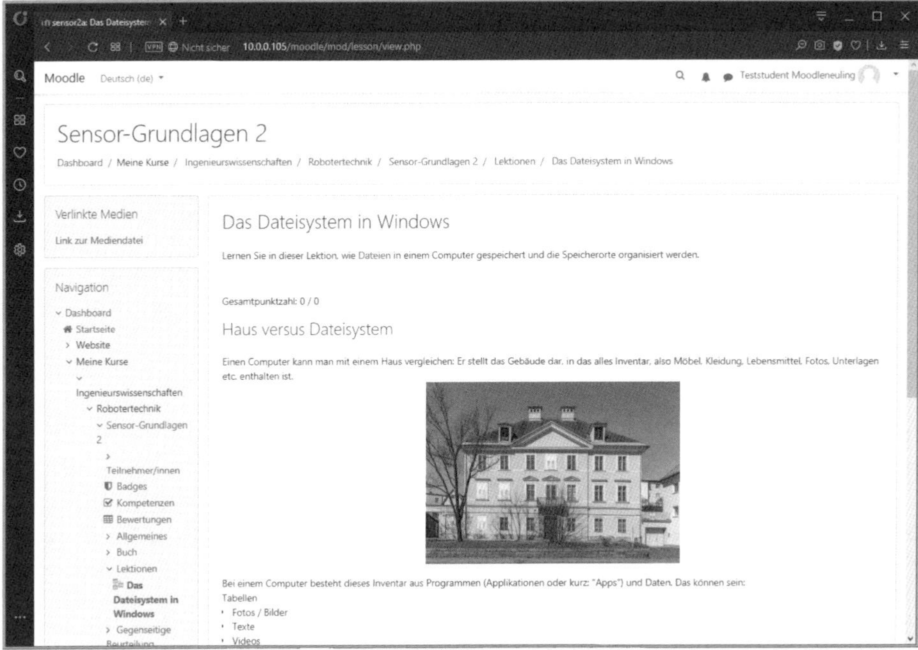

Bild 11.132 Eine Inhaltsseite aus der Sicht der Lernenden.[23] Die Bewertung (Gesamtpunktzahl) ist nur sichtbar, wenn dies in den Einstellungen der Lektion von den Lehrenden so vorgesehen wurde.

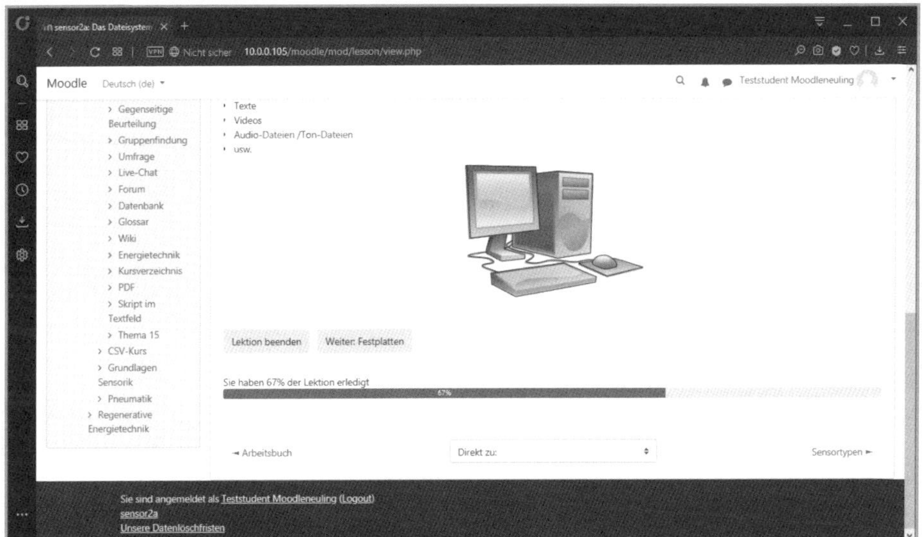

Bild 11.133 Wenn diese Eigenschaft von den Lehrenden aktiviert wurde, wird den Lernenden in dieser Lektion der Lernfortschritt in Prozent angezeigt.

[23] Im Beispiel verwendetes Foto: Sichl-Egger-Haus, Klagenfurt, Wikimedia, Johann Jaritz, CC-BY-SA 4.0, Zugriff 16. 03. 2020

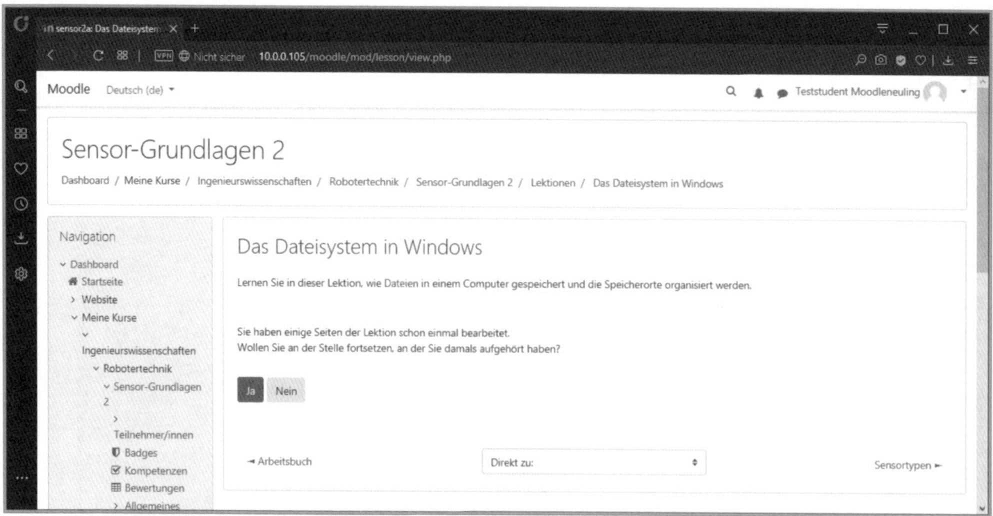

Bild 11.134 Rufen Lernende eine bereits begonnene Lektion auf, können sie entscheiden, ob diese von Beginn an oder an der zuletzt absolvierten Stelle bearbeitet werden soll.

11.5.2 Frageseiten

Frageseiten dienen in erster Linie der eigenen Lernzielkontrolle für die Lernenden, die anhand der gestellten Fragen und ihren Antworten das zuvor gelernte Wissen reflektieren können. Es gibt für die Gestaltung von Frageseiten in der Aktivität *Lektionen* insgesamt sechs Fragetypen:

- Freitext
- Kurzantwort
- Multiple Choice
- Numerisch
- Wahr/Falsch
- Zuordnung

Frageseiten versus Moodle-Prüfungen

Auch wenn die in den Frageseiten der Lektionen verwendeten Typen denen ähneln, wie sie für Prüfungen und komplexe Lernzielkontrollen verwendet werden, sollten diese Anwendungen nicht verwechselt werden. Online-Prüfungen werden in einem eigenen Kapitel beschrieben und sind wesentlich umfangreicher umzusetzen.

11.5.2.1 Freitextfragen

Freitextfragen bieten den Lernenden die Möglichkeit, ihre persönlichen Gedanken frei zu formulieren. Der Nachteil dieser Frageform ist allerdings, dass die Antworten nicht unmittelbar und automatisch ein Feedback generieren. Die Lernenden müssen sich also gedulden, bis ein Lehrender die Antwort gesichtet und bewertet hat.

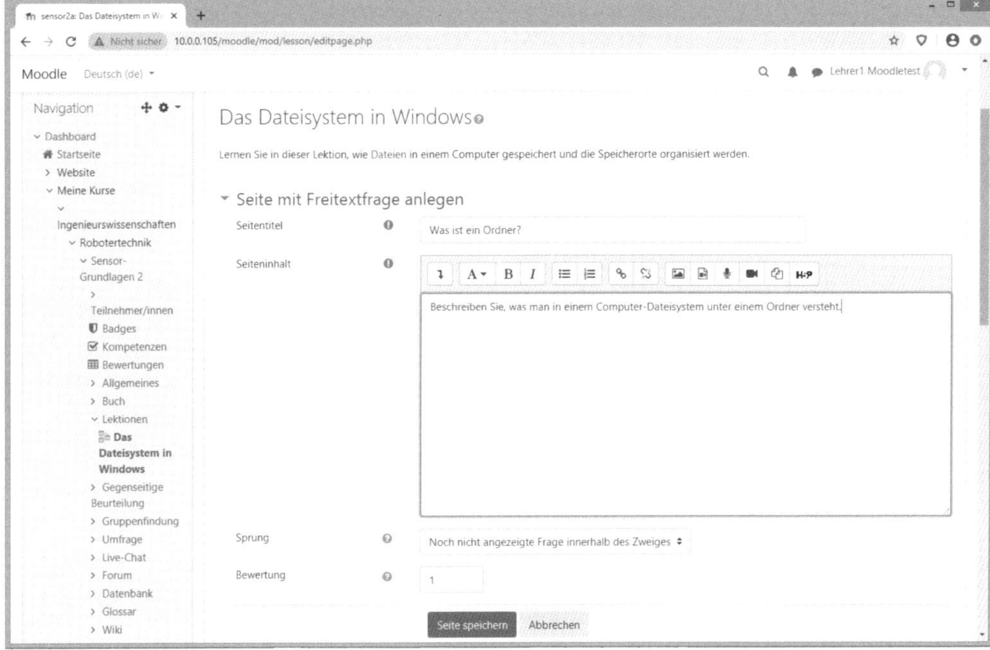

Bild 11.135 Freitextfragen bieten keine Möglichkeit für ein direktes automatisches Feedback, lassen aber Antworten mit frei formulierten Ansichten zu.

11.5.2.2 Kurzantwort

Mit der Frageart *Kurzantwort* können Begriffe definiert werden, die einer richtigen Antwort entsprechen. Stimmt die Eingabe des Lernenden mit einer richtigen Antwortoption überein, so gilt die Frage als richtig beantwortet und wird positiv gewertet.

Kurzantworten sind nicht direkt mit Lückentext-Fragen zu vergleichen, die mehrere Antwortfelder innerhalb eines Textes vorsehen. Allerdings werden auch bei dieser Frageart Begriffe direkt miteinander verglichen. Dies betrifft allerdings auch die korrekte Rechtschreibung. So ist es also möglich, dass ein eigentlich – vom Fachwissen betrachtet – richtiger Antwortbegriff als falsch gewertet wird, weil ein Schreibfehler vorliegt.

Achtung: Fehlende Fehlertoleranz

Kurzantworten erfordern die absolut korrekte Eingabe der Antwortbegriffe. Ein Rechtschreibfehler führt somit zu einer falschen Bewertung. Durch Vorgabe mehrerer möglicher Antwortalternativen kann dies – gegebenenfalls mit reduzierter Bewertung – kompensiert werden. ■

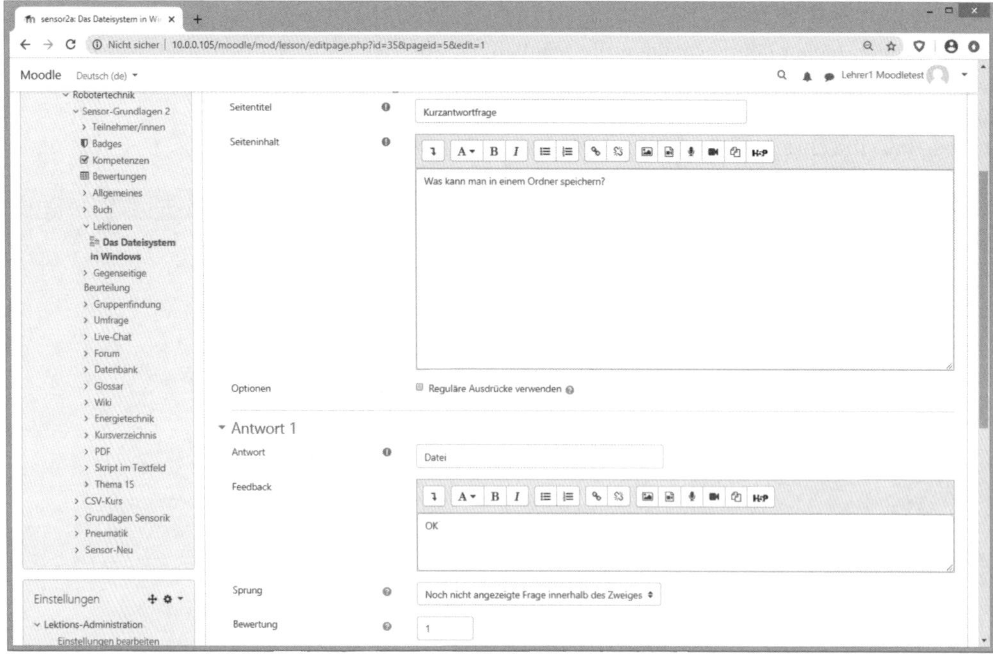

Bild 11.136 Die richtigen Antwortalternativen können mit unterschiedlichen Bewertungen versehen und gezielte Sprünge zu weiterführenden Seiten definiert werden.

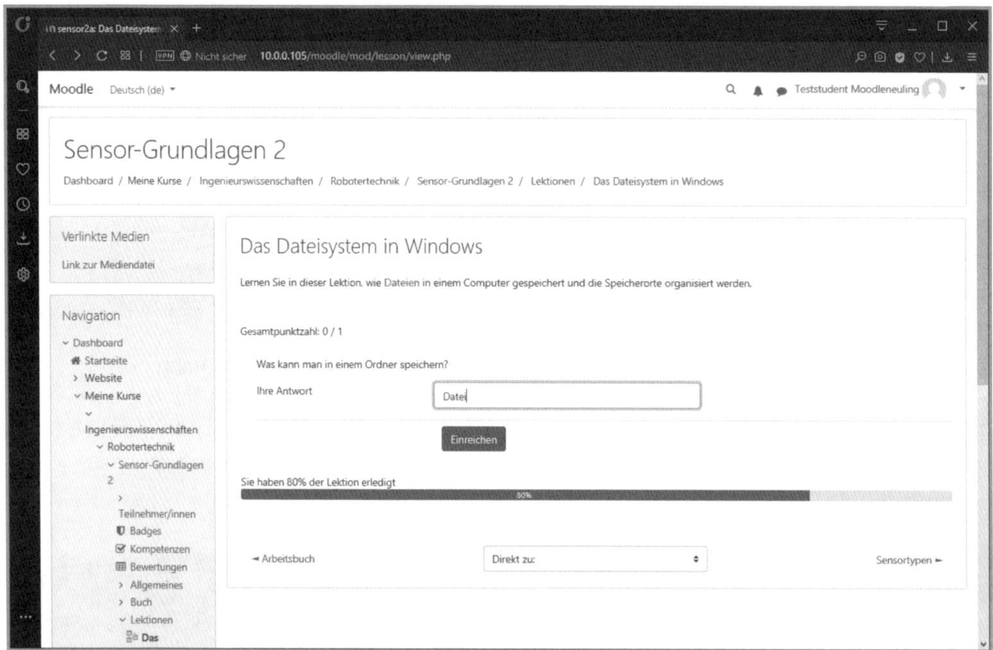

Bild 11.137 Die „Kurzantwort" wird in einem Eingabefeld auf der Webseite eingetragen.

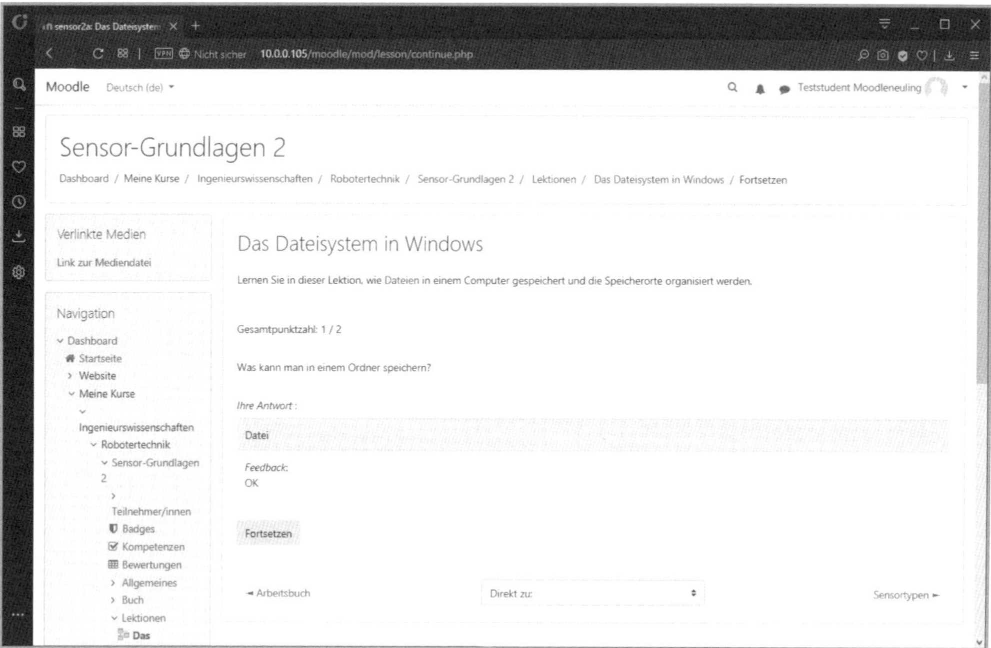

Bild 11.138 Die Antworten haben sofort ein Feedback zur Folge. Die Lektion kann nach der Kenntnisnahme mit einem Klick auf den Button fortgesetzt werden.

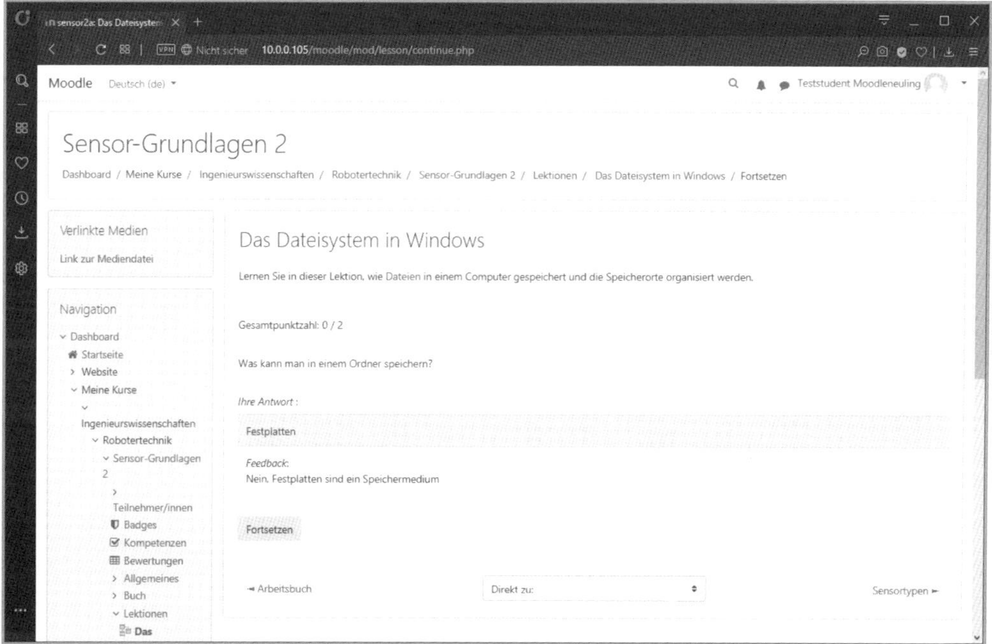

Bild 11.139 Auch falsche Antworten bekommen ein Feedback. Gerade hier sollten Lehrende möglichst präzise Statements vorsehen.

11.5.2.3 Multiple Choice

Auf eine Frage können mehrere Antwortmöglichkeiten angeboten werden, von denen eine oder mehrere Antworten richtig sein können. Dabei obliegt es den Lehrenden, die diese Fragen ausarbeiten, wie viele Antwortmöglichkeiten als richtig gesetzt werden. Bei mehreren möglichen Antworten sollte grundsätzlich darauf hingewiesen werden.

Multiple Choice-Fragen sollten grundsätzlich sauber und präzise formuliert werden. In der Praxis wird leider allzu häufig das sinnerfassende Lesen, nicht jedoch das Fachwissen überprüft. Dies führt zur Demotivation der Lernenden und zur Ablehnung der elektronischen Lernmethoden.

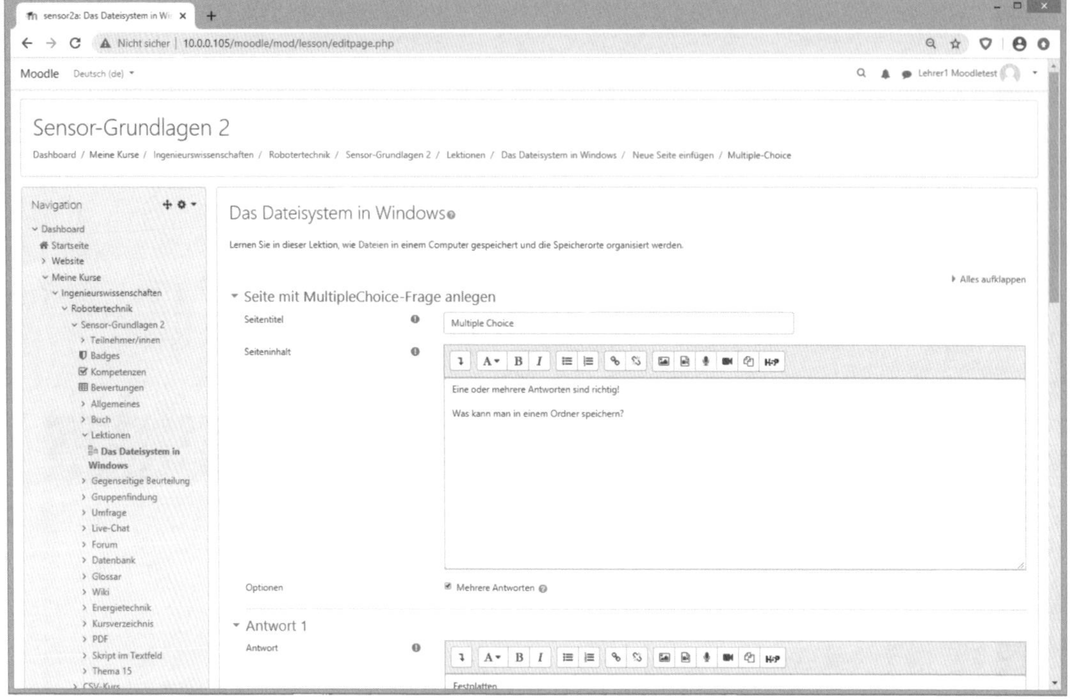

Bild 11.140 Multiple Choice-Fragen, also Fragen, die eine oder mehrere richtige Antwort-Optionen bieten, sollten klar und eindeutig formuliert werden. Ziel soll es sein, Fachwissen und nicht sinnerfassende Lesekompetenzen zu prüfen.

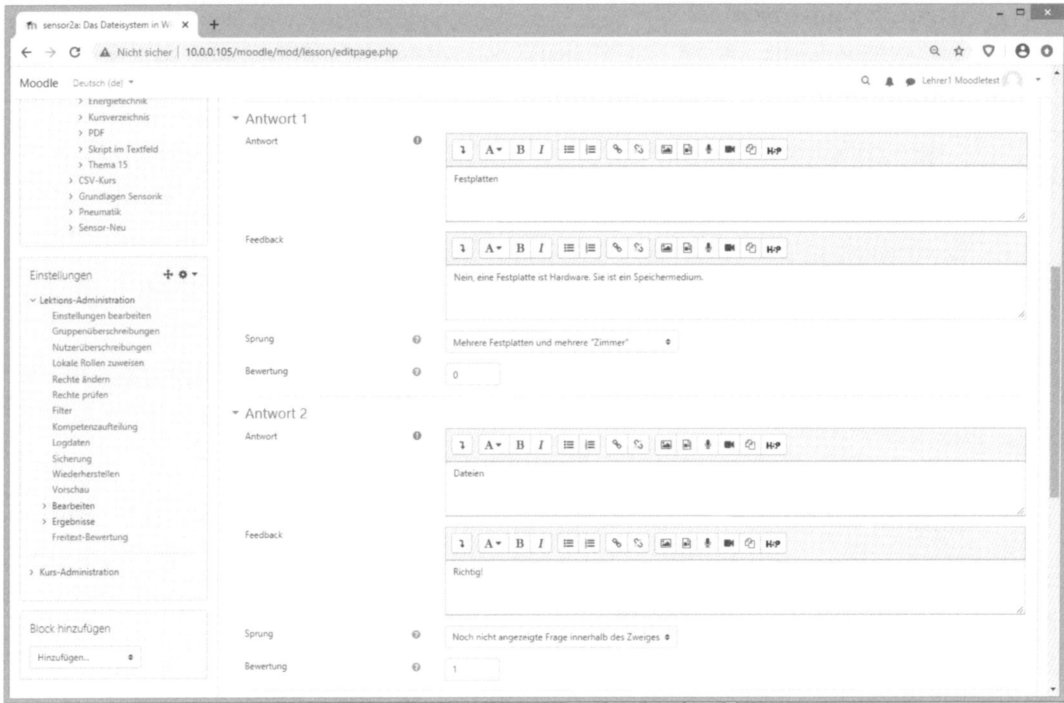

Bild 11.141 Sowohl richtige als auch fehlerhafte Antworten sollten ein Feedback zur Folge haben, aus dem die Lernenden Lehren ziehen können.

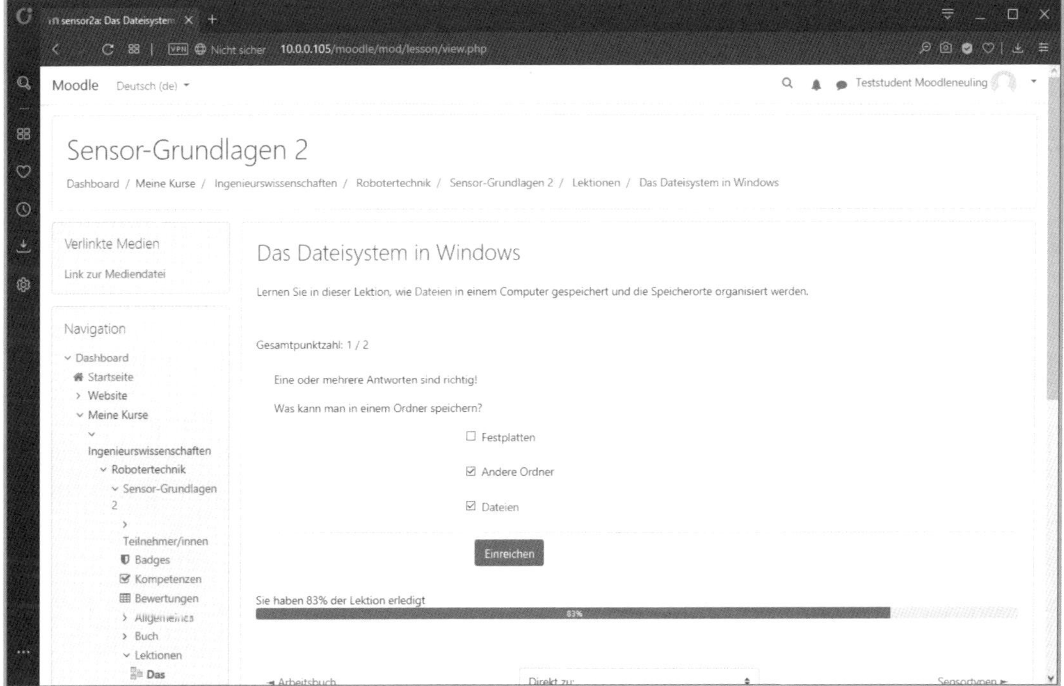

Bild 11.142 Eine Multiple Choice-Frage aus der Sicht der Lernenden.

11.5.2.4 Numerisch

In der Mathematik werden häufig numerische Ergebnisse abgefragt, also reine Zahlenwerte. Dafür wird der *numerische Fragentypus* verwendet. Die Definitionen der Fragen und Antworten ähneln denen bei Kurzantworten. Anders als bei den Kurzantworten werden jedoch keine Begriffe, sondern konkrete Zahlenwerte oder Bereiche aus Zahlenwerten als Antwort akzeptiert.

Numerische Antwortbereiche werden durch einen Doppelpunkt definiert. Dabei werden die erste gültige Zahl und die letzte gültige Zahl – getrennt durch den Doppelpunkt – als Antwort festgelegt. Damit lassen sich auch durch Rundungsfehler von den Sollwerten abweichende Antworten als richtig bewerten.

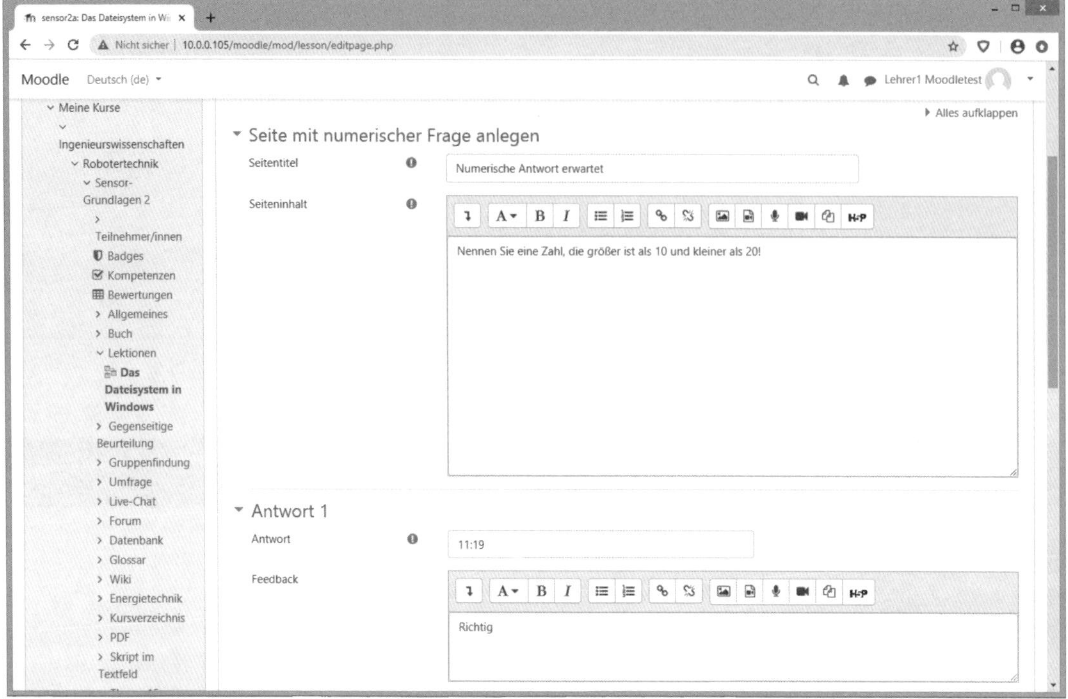

Bild 11.143 Die Antwort wird als richtig bewertet, wenn sie in diesem Fall eine Zahl von 11 bis einschließlich 19 ist. Alle anderen Zahlen sind falsch.

11.5.2.5 Wahr/Falsch

Beim Wahr/Falsch-Fragemodus wird eine Behauptung aufgestellt. Diese können Lernende als wahr oder falsch bewerten. Dieser Fragetypus sieht grundsätzlich nur eine einzige Antwort vor. Anders als bei einer Multiple Choice-Frage können also nicht mehrere Optionen gleichzeitig überprüft werden.

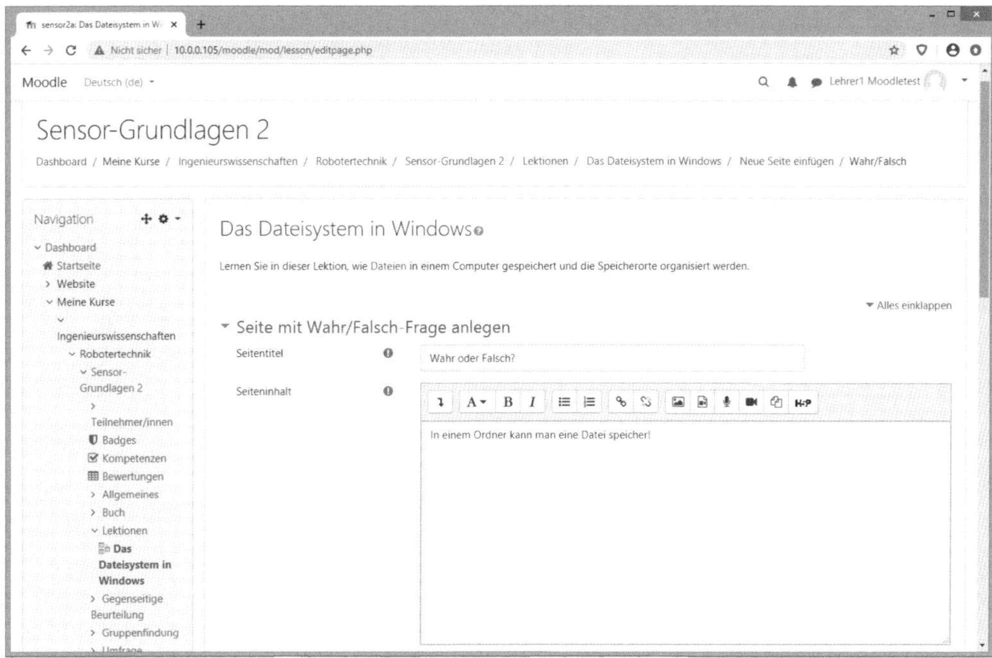

Bild 11.144 Es wird bei der Wahr/Falsch-Frage eine Aussage formuliert. Die Lernenden müssen bewerten, ob die Aussage richtig oder falsch ist.

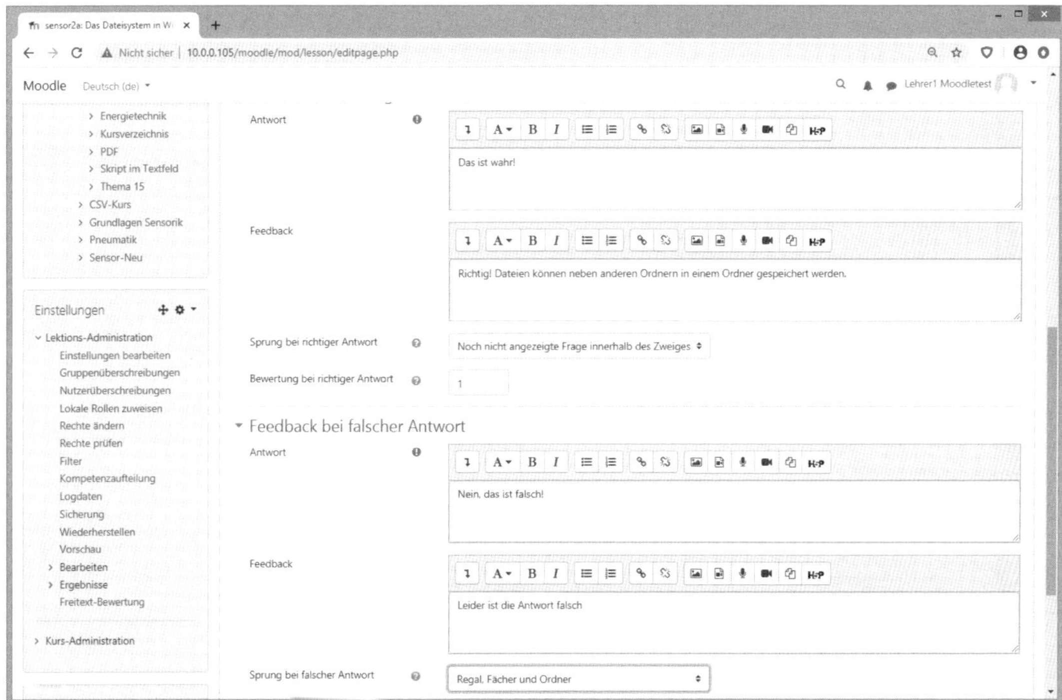

Bild 11.145 Es gibt zwei Antwort-Möglichkeiten: Für jede dieser Optionen wird ein individuelles Feedback definiert.

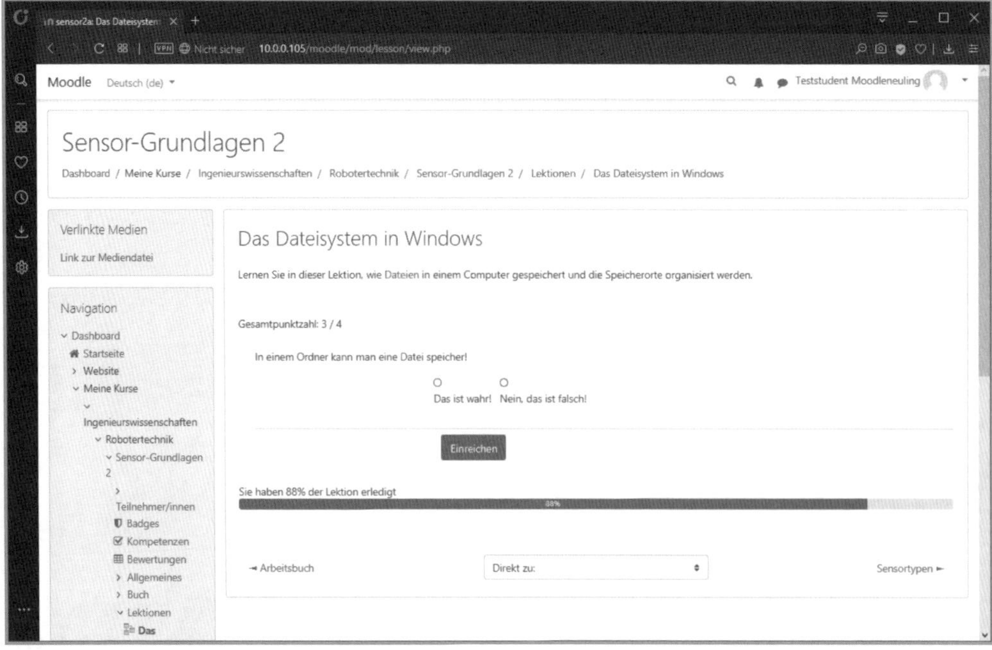

Bild 11.146 Wahr/Falsch-Frage aus der Sicht der Lernenden.

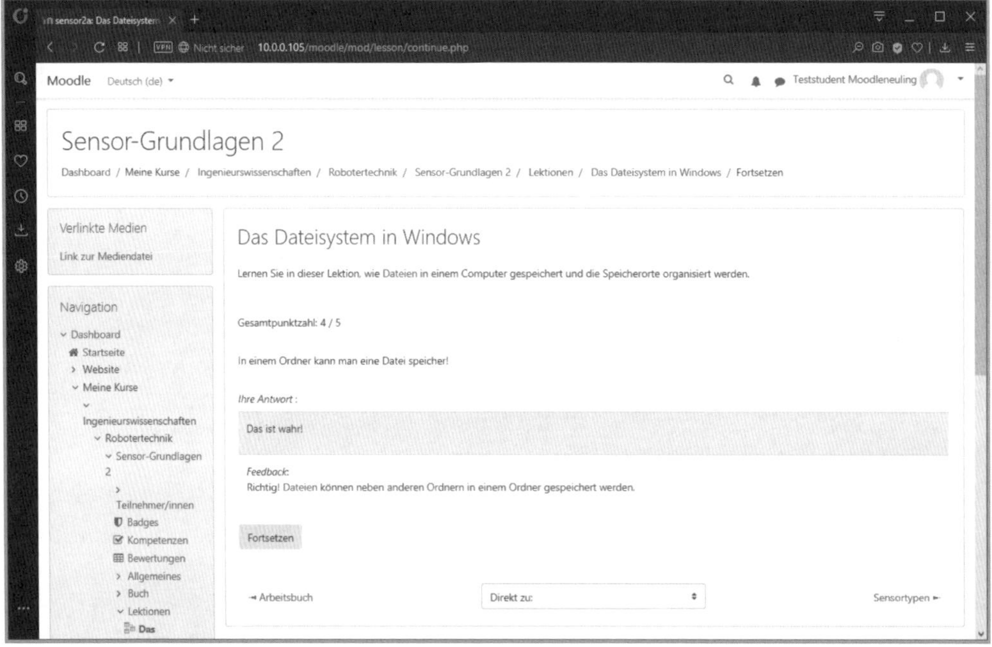

Bild 11.147 Feedback ist bei allen elektronischen Lernsystemen von großer Bedeutung. Schließlich fehlt in rein elektronischen Umgebungen der direkte Kontakt zwischen Lernenden und Lehrenden.

11.5.2.6 Zuordnung

Beim Fragetyp *Zuordnung* werden Paare definiert, die eindeutig zueinander passen. Wichtig ist dabei, klare Formulierungen zu finden. Mehrfachzuordnungen müssen ausgeschlossen werden, um einen guten Lernerfolg mit großer Motivation zu erreichen.

Das Prinzip dieser Fragestellung ist, dass Felder bereits im System fest zugeordnet sind. Diese Felder müssen also bei der Formulierung der Frage korrekt ausgefüllt werden. Das birgt Fehlerpotenzial.

Ein Beispiel: In einem Block mit Zuordnungen werden zwei Fragen formuliert:

- Welche Farbe hat der Himmel? – Antwort: blau
- Was ist die Vereinsfarbe eines Gelsenkirchener Fußballvereins? – Antwort: blau

Der Lernende kann die angebotenen Antworten nicht unterscheiden. Er sieht nur den Antwortvorschlag, kennt aber nicht die interne Verknüpfung. Obwohl Lernende also fachlich richtig antworten, kann in diesem Fall also ein Fehler vom System erkannt werden.

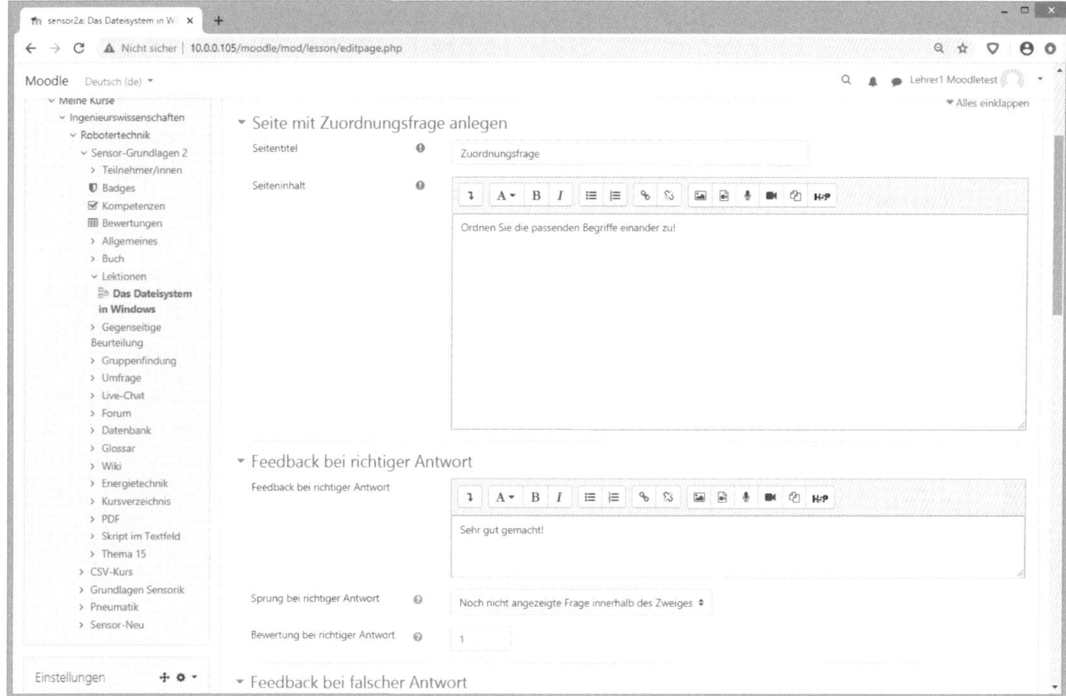

Bild 11.148 Grundsätzlich werden Antworten auf Fragen mit einem Feedback sowohl für richtige als auch für falsche Antworten formuliert.

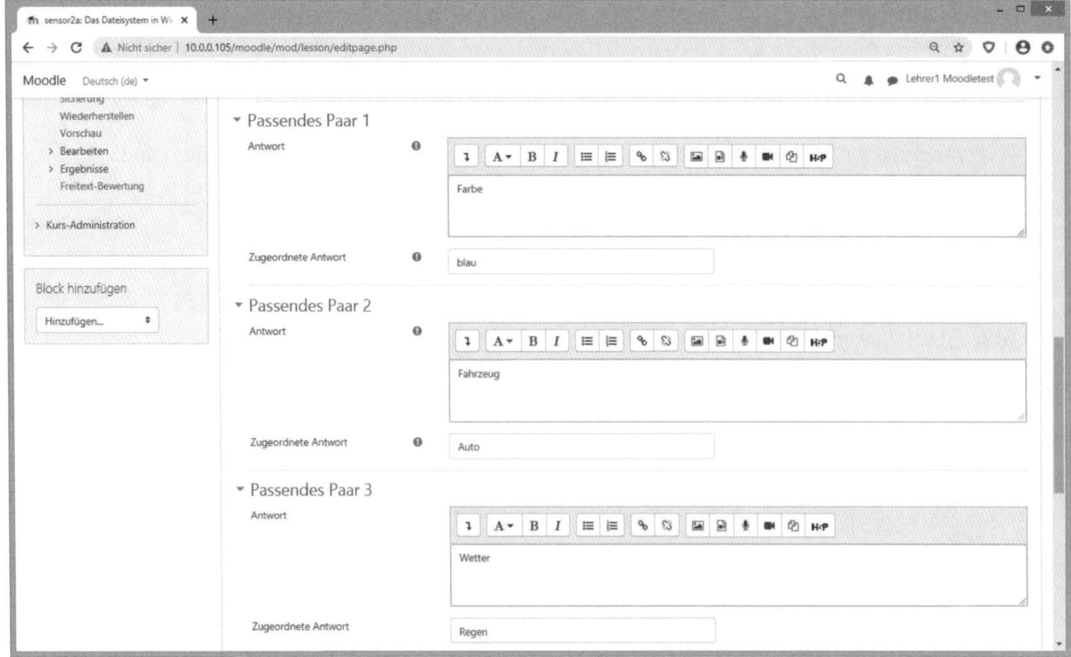

Bild 11.149 Es werden zueinander gehörige Paare definiert. Moodle ordnet die Begriffe in zufälliger Reihenfolge an, jedoch werden die Antworten aus den zugeordneten Feldpaaren gebildet.

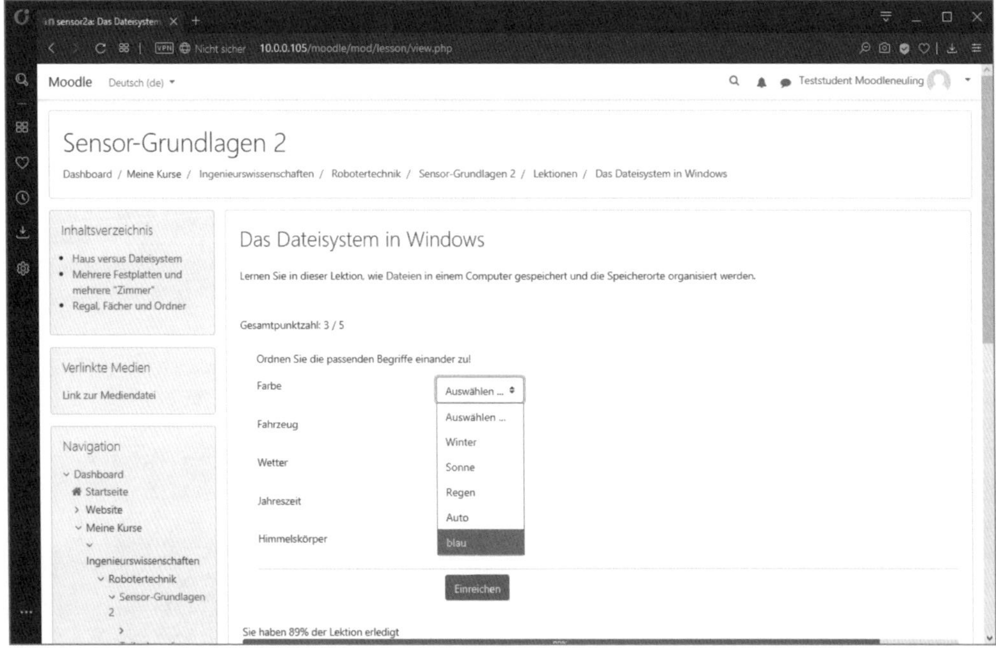

Bild 11.150 Lernende füllen die Zuordnungsfragen aus, indem sie zu jedem Begriff das passende Gegenstück aus einer Drop-down-Liste wählen.

11.6 Berücksichtigung des Lernfortschritts

Das „D" in Moodle steht für Dynamic. Es ist möglich, Aktivitäten und Lehrmaterialien abhängig vom Lernfortschritt individuell freizuschalten. Das hat verschiedene Vorteile:

- **Motivation:** Bei den Lernenden wird Neugierde auf Material geweckt, das andere Lernende möglicherweise bereits bearbeiten dürfen. Sie engagieren sich deswegen intensiver, um „mithalten" zu können. Zudem löst die – vom Leistungsfortschritt abhängige – Freigabe von Aktivitäten oder Materialien auch den sportlichen Ehrgeiz aus. Es ist vergleichbar mit dem Aufstieg in eine höhere Liga.
- **Vermeidung von Überforderungen:** Ein Kurs kann über ein Schuljahr oder ein Semester hinweg sehr umfangreich werden. Stehen sofort alle Lehrmaterialien und Aktivitäten zur direkten Verfügung, so erschlägt der erste Blick in den Kurs sofort alle Lernenden. Eine abgestufte Sichtbarschaltung von Aktivitäten und Materialien erleichtert die Übersicht.

In der Konfiguration jeder Aktivität oder bei der Bereitstellung von Materialien gibt es einen Abschnitt *Voraussetzungen*. Hier lassen sich Regeln formulieren, die von einer absolvierten Erledigung einer Aufgabe bis hin zur Erreichung einer Mindestbewertung reichen können. Es ist möglich, mehrere dieser Bedingungen zu verknüpfen.

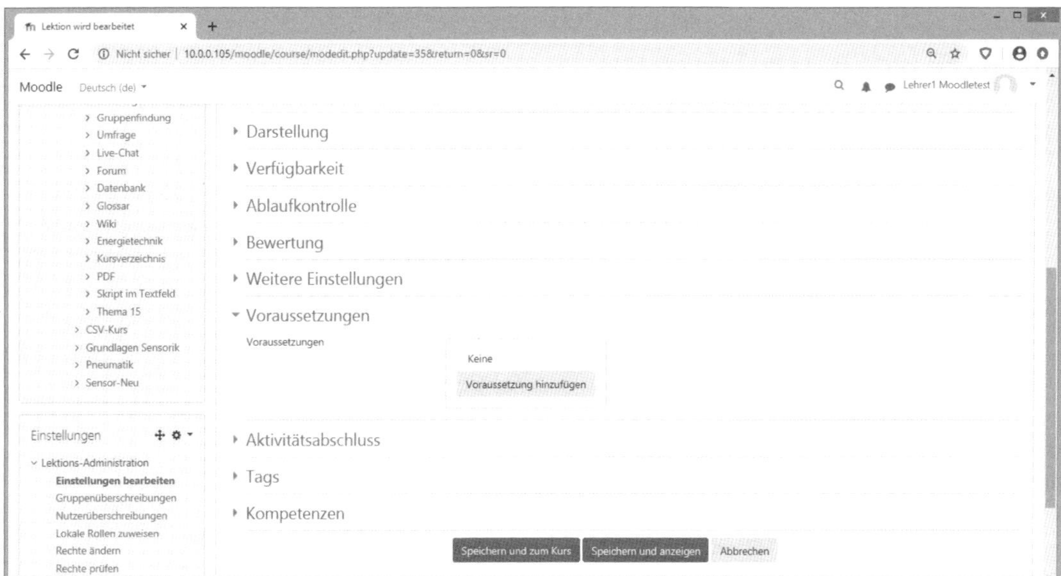

Bild 11.151 Diese Aktivität kann von den Lernenden ohne eine weitere Voraussetzung bearbeitet werden.

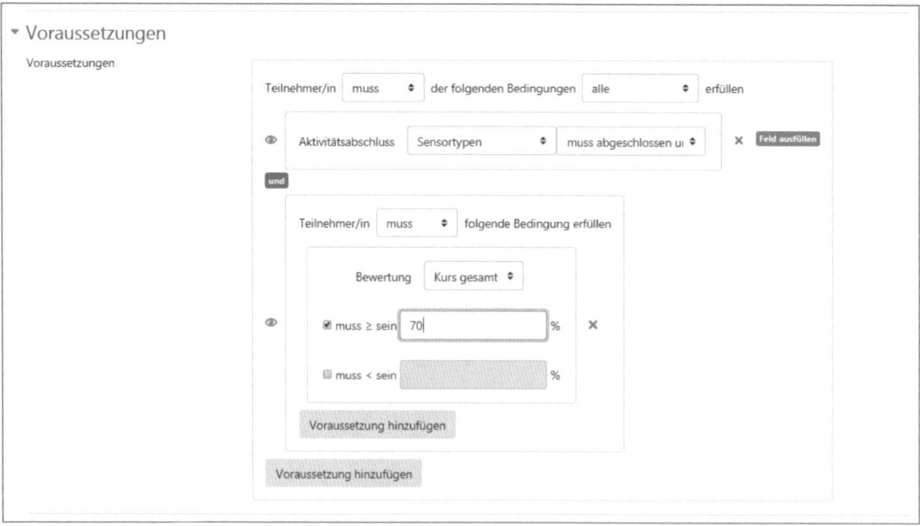

Bild 11.152 Diese Aktivität wird nur für Lernende sichtbar geschaltet, die eine Aktivität „Sensortypen" abgeschlossen und im Kurs insgesamt eine Bewertung von 70 % erreicht haben.

11.7 Umfragen

Die in den Moodle-Aktivitäten vorgesehenen Umfragen sind keine direkten Lehrmittel. Sie sind durch fest definierte, nach wissenschaftlichen Kriterien verfasste Fragen dargestellt. Die Ergebnisse dieser Umfragen lassen sich unter anderem einsetzen, um die Qualität und die Akzeptanz der eigenen E-Learning-Plattform zu evaluieren.

Drei verschiedene Umfragen können in Moodle gewählt werden:

- ATTLS-Umfrage
- COLLES-Umfrage
- Umfrage zu kritischen Ereignissen

Bildungswissenschaftliche Theorien

Auf die wissenschaftlichen Details dieser Umfragen kann in diesem Werk nicht mit seriöser Tiefe eingegangen werden. Dennoch sollen die Umfragen vorgestellt werden.

11.7.1 ATTLS-Umfrage

Attitudes Towards Thinking and Learning Survey – kurz ATTLS – entstammt Überlegungen aus der Geschlechterforschung und wurde bereits in der Mitte der 1980er-Jahre diskutiert. In der Moodle-Aktivität ATTLS werden zwanzig Fragen formuliert, die alle beantwortet werden müssen. Ziel ist es, die Einstellung zum Denken und Lernen in einer – hier – elektronischen Umgebung zu ermitteln.

Lernen fällt in der Regel leichter, wenn die Lernenden direkt im Kontext zum vermittelten Wissen stehen. Schwieriger wird es dagegen sein, wenn zwar erforderliches Wissen zu erwerben ist, was aber nicht sofort ersichtlich im direkten Zusammenhang zu den eigenen Zielen steht (abgelöstes Lernen). Beides ist in der Akzeptanz getrennt zu bewerten.

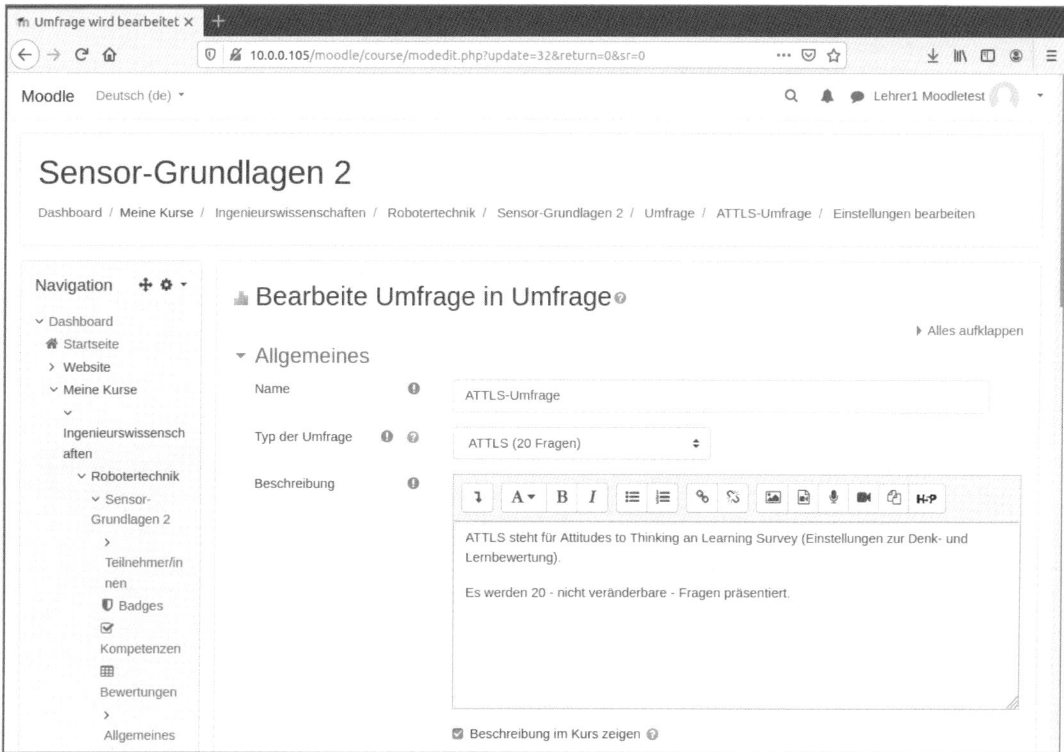

Bild 11.153 Bei der ATTLS-Umfrage werden zwanzig fest definierte Fragen gestellt und ausgewertet.

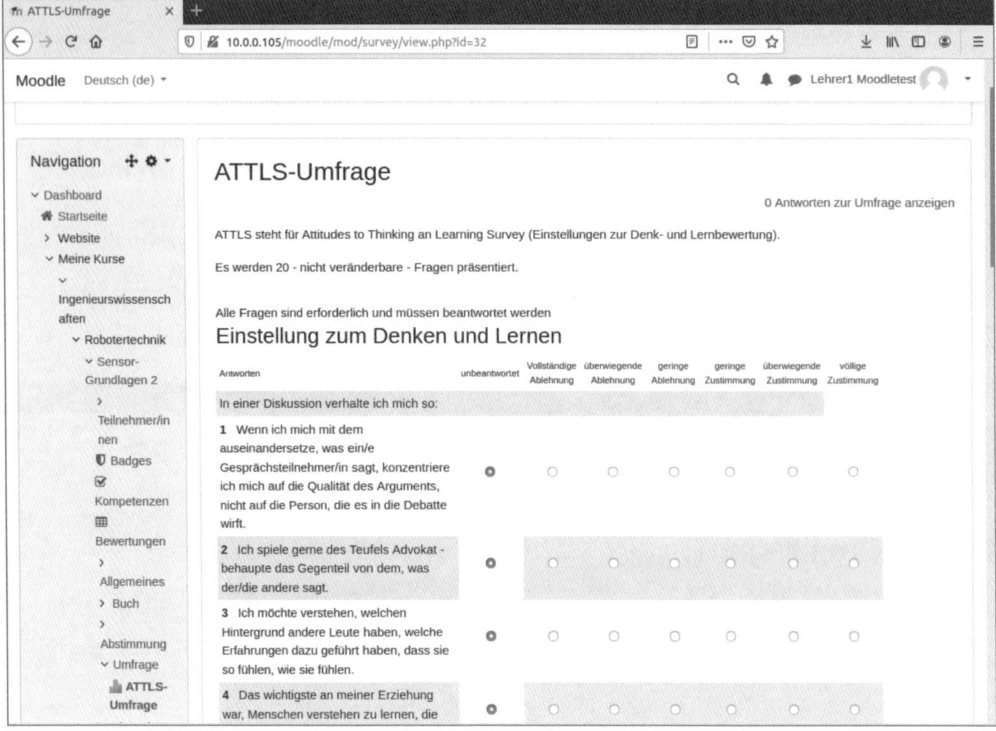

Bild 11.154 Jede Frage wird mit einer von sechs Bewertungsstufen von völliger Ablehnung bis hin zu völliger Zustimmung beantwortet.

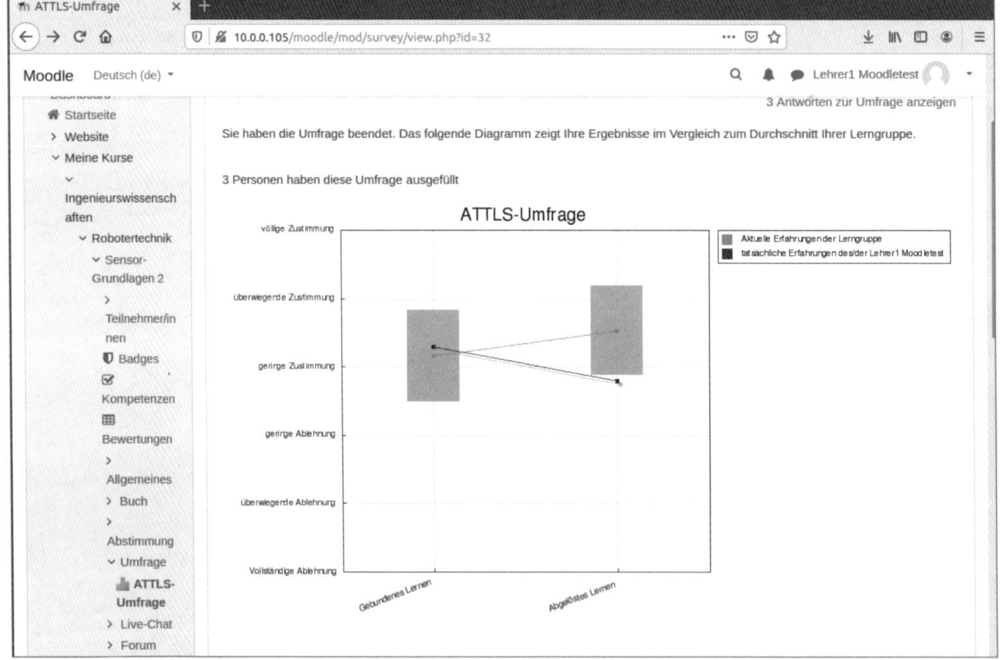

Bild 11.155 Die grafische Darstellung der ATTLS-Umfrage-Ergebnisse zeigt die Akzeptanz für gebundenes und abgelöstes Lernen in einer elektronischen Lernumgebung.

11.7.2 COLLES-Umfrage

COLLES steht für ***C****onstructivist* ***O****n****L****ine* ***L****earning* ***E****nvironment* ***S****urvey*. Je nach Variante der COLLES-Umfrage werden 24 (tatsächliche und bevorzugte) oder 48 Fragen (beides) gestellt. Die Unterscheidung spiegelt die Betrachtung der Befragten zum Kurs in verschiedenen Sichtweisen wider:

- Was nehmen sie tatsächlich wahr?
- Was würden sie bevorzugen?

Es können durchaus zwei Umfragen in den Kurs eingerichtet werden, wobei die COLLES-Umfrage hinsichtlich der *persönlichen Vorzüge*, also der *Erwartungen* der Teilnehmerinnen und Teilnehmer, sinnvollerweise zum Beginn der Lehrveranstaltung gesetzt werden sollte. Zum Abschluss des Kurses sollte die Umfrage mit dem Fokus auf die *tatsächlichen Erfahrungen* erneut durchgeführt werden. Die Fragestellung ist entsprechend formuliert. Die Inhalte der Fragen sind allerdings vergleichbar.

Eine COLLES-Umfrage kann auch beide Sichtweisen gleichzeitig erfassen. Allerdings ist hier das Risiko einer Verfälschung sehr groß, denn die Probandinnen und Probanden könnten in den Zeilen verrutschen und infolge der Menge der Fragen diese letztlich nur oberflächlich beantworten.

Die COLLES-Umfrage sieht sechs Schwerpunkte vor:

- **Relevanz:** Ist das Lehrangebot für die Lernenden persönlich oder für deren berufliches Fortkommen wichtig?
- **Reflektierendes Denken:** Wie stehen die Lernenden zur Art und Weise, wie sie oder auch die anderen lernen? Wie bewerten sie die Materialien, mit denen sie lernen?
- **Interaktivität:** Wie arbeiten die Lernenden mit anderen Lernenden zusammen? Ist diese Zusammenarbeit gewünscht? Genügen ihnen die Interaktionsangebote?
- **Unterstützung durch die Lehrenden:** Wie motivierend wirkt das Lehrpersonal auf den Lernenden?
- **Unterstützung durch andere Teilnehmerinnen bzw. Teilnehmer:** Erfahren die Lernenden gegenseitige Unterstützung und Motivation?
- **Interpretation:** Wie verstehen Lernende untereinander ihre Mitteilungen bzw. wie ist das Verständnis zwischen Lernenden und Lehrenden?

In jedem Block werden jeweils vier Fragen gestellt. Diese können jeweils mit einer von fünf Optionen beantwortet werden: „fast nie“, „selten“, „manchmal“, „oft“ „fast immer“.

COLLES: Sinnvolles Instrument

Die COLLES-Umfrage eignet sich sehr gut, um die Einstellung und die Stimmungslage der Lernenden vor und nach einer Lehrveranstaltung einzuschätzen. Unter Umständen ergeben sich aus den Ergebnissen Anregungen zur Optimierung einer Lehrveranstaltung, insbesondere dann, wenn sich die Ergebnisse über mehrere Veranstaltungen in einzelnen Bereichen bestätigen.

Artikel von Martin Dougiamas (Moodle-Gründer)

Martin Dougiamas, Entwickler der Urversion von Moodle, hat einen Artikel über die konstruktivistische Analyse eines Moodle-Kurses mithilfe der COLLES-Umfrage veröffentlicht:

https://dougiamas.com/archieves/herdsa2002/

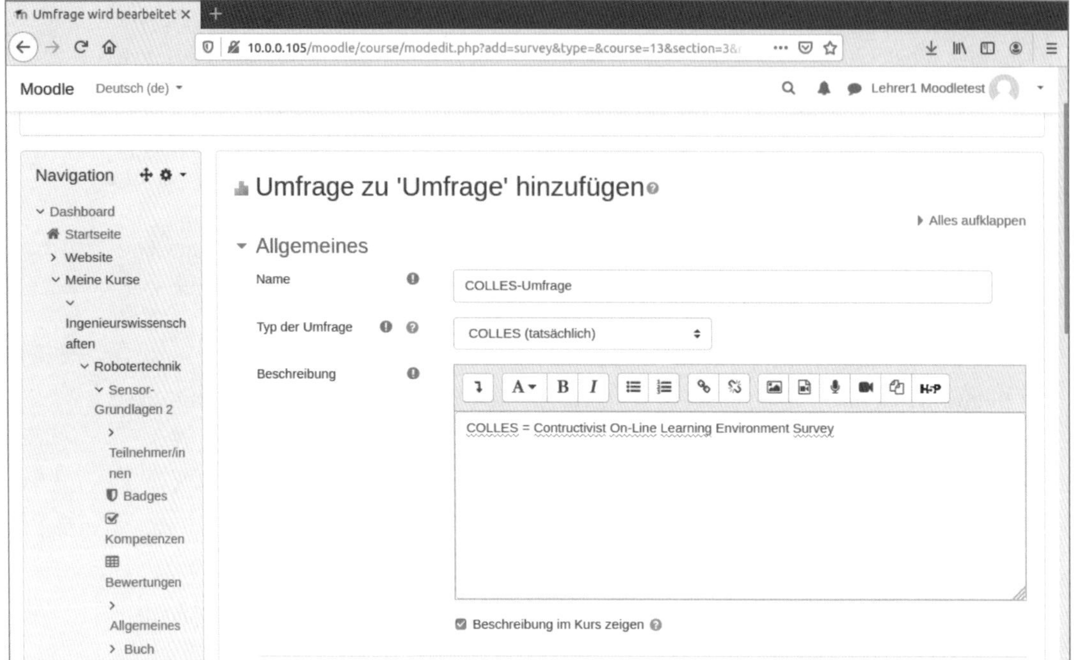

Bild 11.156 Die COLLES-Umfrage kann nach den Erwartungen und den tatsächlichen Erfahrungen fokussiert durchgeführt werden. Dies wird mit dem Typ der Umfrage festgelegt.

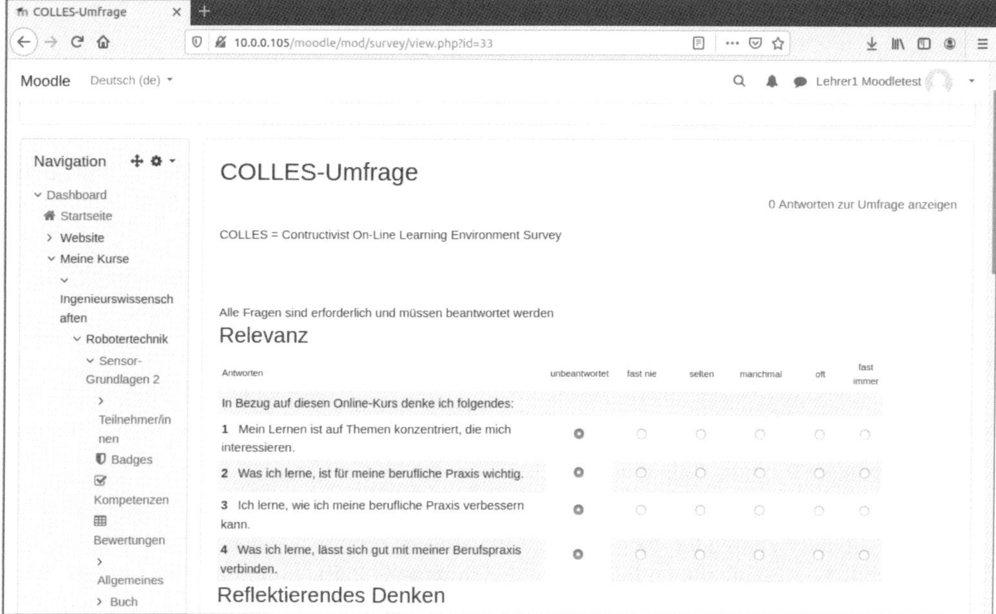

Bild 11.157 In jedem Themenbereich sind jeweils vier Fragen vorformuliert, die mit einer von fünf Antwortoptionen beantwortet werden müssen.

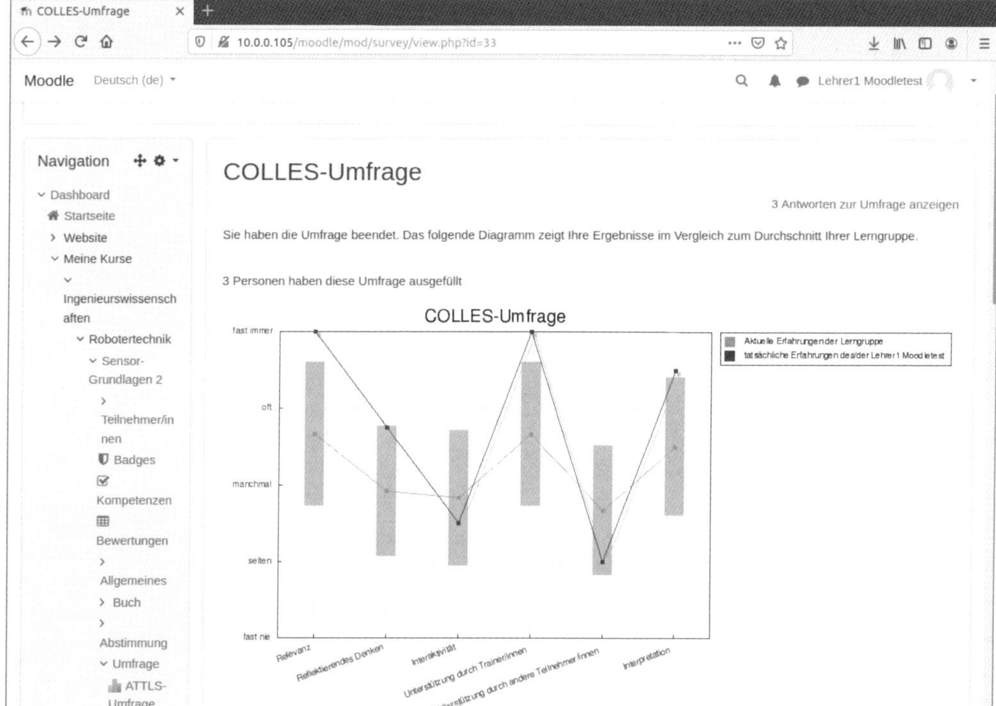

Bild 11.158 Die Auswertung aller Umfrageergebnisse bietet Lehrenden Ansatzpunkte zur Optimierung ihrer Kursgestaltung.

11.7.3 Umfrage zu kritischen Ereignissen

Die Betitelung dieser Umfrage ist etwas ungeschickt formuliert, denn es geht nicht wirklich um wahrhaft kritische Ereignisse. Dennoch ist sie ein ausgesprochen sinnvolles Feedback für Lehrende und deren Leitungsebenen, um die Qualität einer Online-Kurseinheit zu verbessern. Weil es hier ausschließlich verbales Feedback gibt und die Texte den Autoren zugeordnet werden können, lassen sich auf dieser Grundlage konstruktive Diskussionen anstoßen, um die Kursgestaltung zu optimieren.

Insgesamt werden fünf Fragen formuliert:

- Wann haben Sie sich in diesem Kurs als Lernende/r am meisten engagiert?
- Wann hatten Sie als Lernende/r zu diesem Kurs die meiste Distanz?
- Welche Aktivität im Forum fanden Sie besonders bestätigend oder hilfreich?
- Welche Aktivitäten im Forum fanden Sie besonders merkwürdig oder verwirrend?
- Was hat Sie am meisten überrascht?

Auch diese Fragen sind zunächst einmal klassisches Feedback, jedoch erscheinen sie im Kreise vieler Lehrender zu eng formuliert. Die Antworten können keine Abbildung der eigentlichen inhaltlichen und didaktischen Gestaltung der Lehrveranstaltung liefern. Auch der an sich gut gemeinte Fokus auf die Foren und die Sichtweise auf das wertschätzende Miteinander erscheint zu knapp und oberflächlich, denn die Foren sind zwar ein wichtiges Instrument in einer E-Learning-Kurseinheit, werden jedoch nicht immer im gleichen Maß von verschiedenen Teilnehmergruppen ein und desselben Kurses angenommen. Aufschlussreicher sind die beiden ersten Fragen (nach der Motivation und nach der persönlichen Relevanz der Kurseinheiten).

DSGVO beachten!

Die Antworten werden den Lehrenden nicht anonym, sondern mit dem Anmeldenamen verbunden präsentiert! Es ist also eine direkte namentliche Zuordnung zur abgegebenen persönlichen Meinung möglich. Im Sinne der DSGVO ist darauf hinzuweisen! Dies kann durchaus mit einem Hinweis in der Beschreibung der Aktivität geschehen. Diese muss allerdings dann sichtbar geschaltet werden.

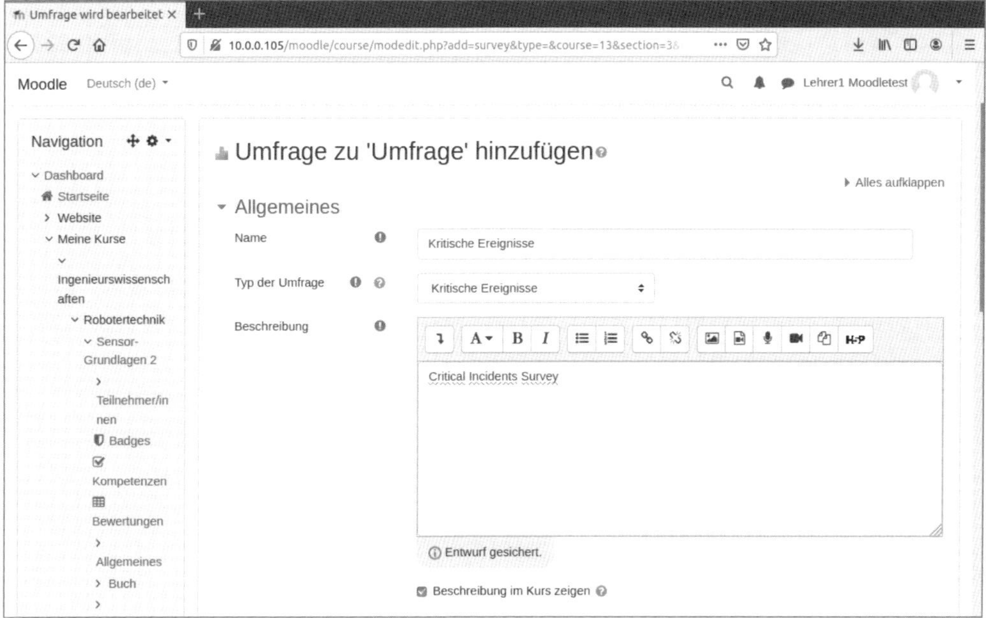

Bild 11.159 Es handelt sich bei dieser Umfrageform eigentlich nicht um die Aufdeckung „kritischer Ereignisse“. Das ist unglücklich im System formuliert worden.

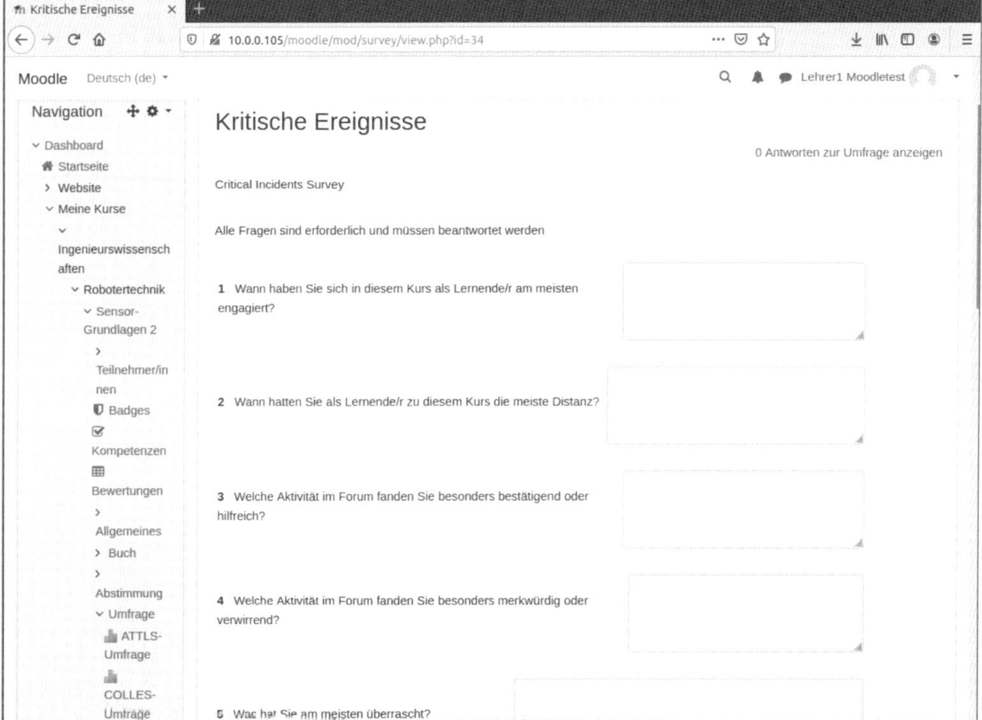

Bild 11.160 Die fünf vorgegebenen Fragen bieten Lernenden die Möglichkeit, frei formuliertes, aber leider nur punktuelles Feedback zur Lehrveranstaltung zu geben.

12 Ergänzende Lernhilfen für Moodle

Die vom Moodle-System von Haus aus gelieferten oder als Plugin nachträglich installierbaren Kurselemente sind meist funktional ausreichend, jedoch in ihren didaktischen Eigenschaften oft begrenzt. Moodle sieht deswegen offene Schnittstellen für externe Lernpakete vor, wie zum Beispiel *SCORM* (Sharable Content Object Reference Model) oder den *IMS/LTI-Standard*. Zu den bekanntesten Tools gehört *Hot Potatoes*, ein Tool zur unterhaltsamen Gestaltung von Übungsspielen und Hilfen der individuellen Lernzielkontrolle. Die an sich gute Idee externer Lernpakete ist allerdings auch mit berechtigter Kritik behaftet, denn beim SCORM-Standard sind Funktionen des Datenaustausches zwischen den externen Paketen und Moodle nicht mehr zeitgemäß, sodass erbrachte Leistungen nicht im Detail direkt berücksichtigt werden können.

Mit *H5P* gibt es seit einiger Zeit eine immer beliebtere Möglichkeit, interaktive Lehrinhalte zu gestalten. Der Vorteil dieses Frameworks ist die einfache Integration direkt in Moodle und die ausschließliche Nutzung von Internet-Standard-Technologien (HTML5, CSS3 und JavaScript). Bei den Nutzerinnen und Nutzern wird also auf deren Computer für die Darstellung multimedialer Inhalte keine zusätzliche Software – z. B. FlashPlayer – benötigt.

Allerdings bietet auch die Moodle-Community selbst sehr einfache und dennoch gute Plugins an. Sie eignen sich hervorragend zur Wiederholung des Gelernten, unabhängig davon, ob der Stoff in der Lernplattform oder im Präsenzunterricht vermittelt wurde. Auch wird der „Spieltrieb" der Lernenden angesprochen und das Belohnungssystem herausgefordert. Es besteht also eine gewisse Motivation, sich mit den Herausforderungen der Übungen auseinander zu setzen.

12.1 Installation eines Lernspiel-Plugins

Lernspiele sind meist nicht grundsätzlich im Moodle-System installiert. Die Moodle-Administration muss also entsprechende Plugins nachträglich installieren oder aktivieren. Bei der Installation eines Plugins muss unbedingt darauf geachtet werden, dass dieses tatsächlich auch zur aktuell verwendeten Moodle-Version kompatibel ist. Das Moodle Plugin Directory ist eine umfassende Sammlung von Moodle-Erweiterungen und bietet auch die erforderlichen Informationen.

Die Installation eines Plugins ist aus guten Gründen ausschließlich der Moodle-Administration vorbehalten. Teacher und Kursgestalter müssen also direkt mit der Systemverwaltung in Kontakt treten, wenn sie ein bestimmtes Lernspiel nutzen möchten. Dies gilt für alle in diesem Kapitel vorgestellten Tools.

Nach der Wahl des gewünschten Plugins im Moodle Plugin Directory wird dieses als ZIP-Datei heruntergeladen. Die ZIP-Datei kann direkt per *Drag and Drop*[1] mit der Maus in das Feld des *Plugin Installers* verschoben werden. Dort wird der Installationsprozess gestartet.

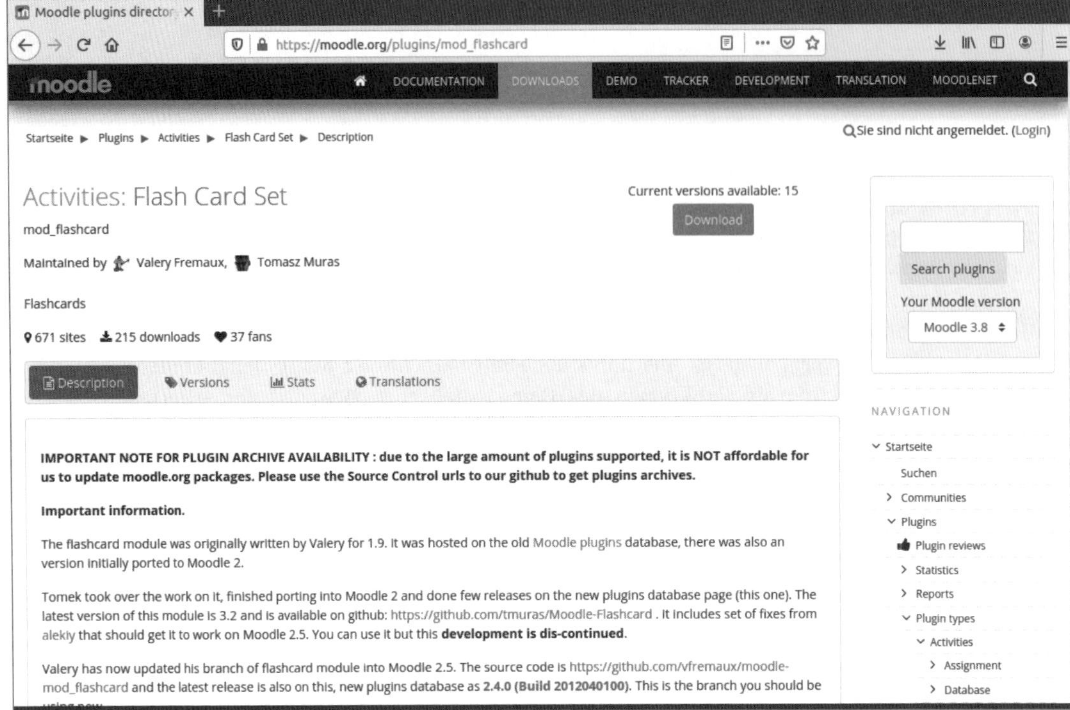

Bild 12.1 Das Moodle Plugin Directory bietet unterschiedliche Erweiterungen für die meisten im Einsatz befindlichen Moodle-Versionen. Vor dem Download und der Installation ist jedoch grundsätzlich zu prüfen, ob das Plugin für die aktuelle Moodle-Version auch geeignet ist.

[1] Drag and Drop steht für „greifen und fallen lassen". Ein Objekt wird mit der Maus gegriffen und mit gedrückter linker Maustaste über das Ziel geschoben. Mit dem Loslassen der Maustaste wird das Objekt im Ziel abgelegt.

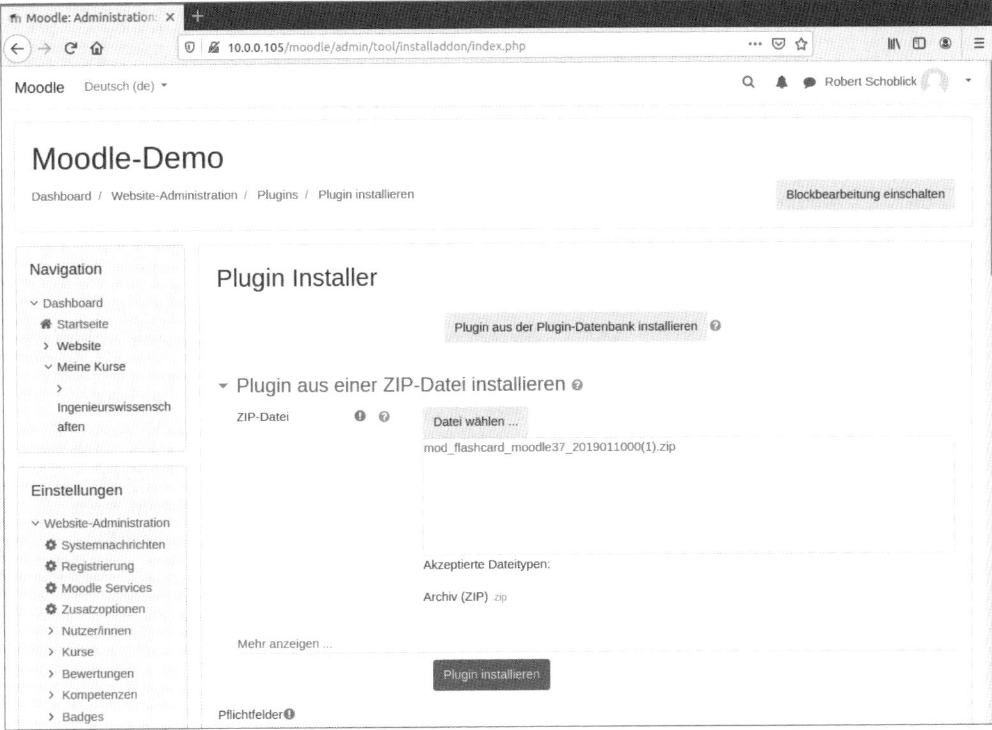

Bild 12.2 Das Plugin kommt in einem ZIP-Archiv daher. Zur Installation in Moodle wird es – von der Moodle-Administration! – in das Datei-Upload-Formular des Plugin-Installers geschoben.

Moodle überprüft das angebotene Programmpaket. Das Ergebnis sollte unbedingt berücksichtigt werden. Unter Umständen wird eine *Warnung* ausgegeben wie es beispielsweise Bild 12.3 zeigt. Trotzdem wird mit der Schaltfläche *Weiter* die Fortsetzung der Installation angeboten. Es obliegt nun der Kenntnis (und der Verantwortung) der Moodle-Administration über die weitere Vorgehensweise zu entscheiden. Im gezeigten Beispiel von Bild 12.3 wurde tatsächlich versucht, eine Version des Plugins für eine veraltete Moodle-Version zu installieren. Die Meldung war hier durchaus eindeutig:

```
[Warnung] Entwicklungsstand [MATURITY_RC]
```

Maturity kann mit Reife und Alter, aber auch mit dem Verfallsdatum übersetzt werden. In diesem Fall wurde zunächst die Installation fortgesetzt, worauf es zu gravierenden Problemen für den Benutzeraccount des Moodle-Administrators kam. Dies konnte nur mithilfe der täglichen Sicherheitskopien behoben werden.

Neben der Anfertigung regelmäßiger Sicherheitskopien des Systems und der Moodle-Datenbank sollten neue Plugins grundsätzlich zunächst in einem Experimentalsystem getestet werden.

Eine „Goldene Regel“: Backup anlegen!

Auch Autoren machen gelegentlich Fehler. So wurde auf dem hier verwendeten Testsystem versehentlich das Plugin „Flash Card Set“ für die Moodle-Version 2.8 installiert. Tatsächlich kommt für die Illustration jedoch die derzeit aktuelle Version Moodle ***3***.8 zum Einsatz. Die Warnung nach dem „Entwicklungsstand“ wurde im Eifer des Gefechts mit *Weiter* übergangen. Das hatte Konsequenzen, denn plötzlich war kein Login mehr mit dem Account der Moodle-Administration möglich.

Da glücklicherweise sowohl die Moodle-Datenbank als auch das gesamte Moodle- und das Moodledata-Verzeichnis regelmäßig extern gesichert werden, war das System schnell wiederhergestellt. Ansonsten wäre durch den Ausfall der Moodle-Administration der reguläre Systembetrieb dauerhaft nicht mehr zu gewährleisten gewesen.

Stellen Sie bitte vor der Installation von Moodle-Erweiterungen sicher, dass sowohl die Moodle-Datenbank als auch die Moodle- und Moodledata-Verzeichnisse auf dem Webserver gesichert werden. Näheres dazu ist im Technik-Teil dieses Buchs zu lesen.

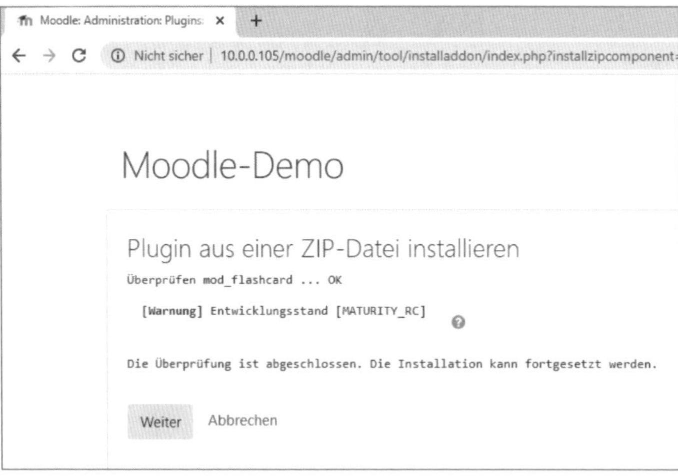

Bild 12.3 Die Warnung ist ernst zu nehmen! Die Installation veralteter Versionen eines Plugins kann zu gravierenden Systemschäden führen.

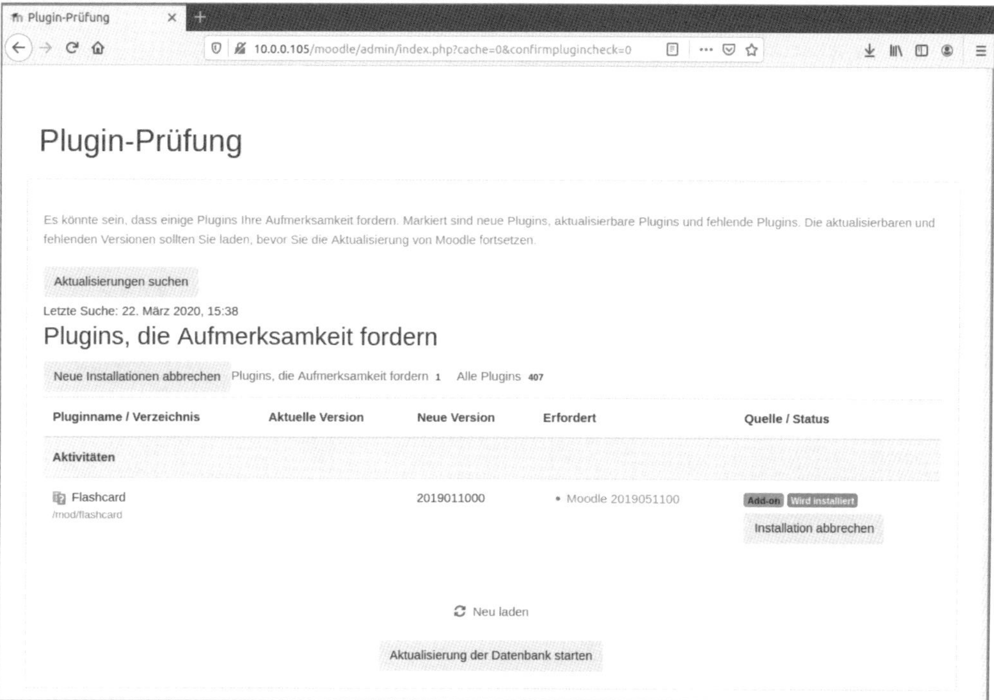

Bild 12.4 Sind tatsächlich alle Voraussetzungen erfüllt? Mit der Aktualisierung der Datenbank wird die Installation des Plugins vollendet.

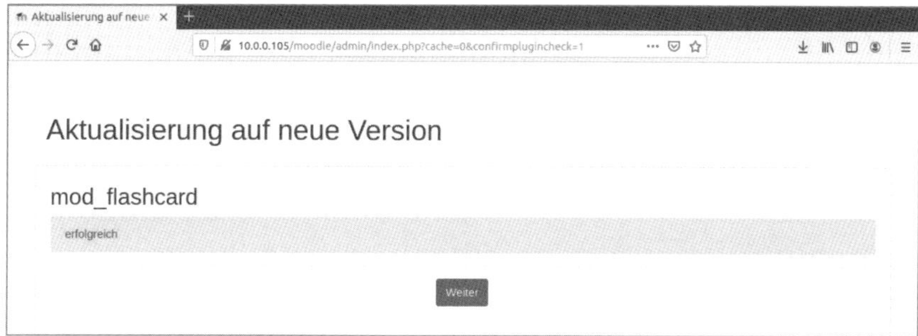

Bild 12.5 Das Plugin kann nun genutzt werden. In diesem Fall handelt es sich um eine Aktivität, die in einem Kurs eingesetzt wird. Dort kann sie nun als Lernaktivität in die gewünschten Kursabschnitte eingebaut werden.

12.2 Flash Cards

Flash Cards oder Lernkarten gehören zu den klassischen Lernhilfen, die vor allem in Sprachkursen erfolgreich zum Einsatz kommen. Ursprünglich wurde diese Methode auch im *Präsenzunterricht* oder als Hausaufgabe eingesetzt. Bevor es elektronische Lernsysteme gab, nutzte man Karteikarten auf Papier.

Zum Spielablauf

Die Lernenden nehmen die oberste Karte des vorderen Stapels und lesen die Frage. Beispielsweise wird die passende Vokabel für einen bestimmten Begriff gesucht. Bevor die Lernenden einen Blick auf die Rückseite der Karte werfen, auf welcher sie die richtige Lösung finden, versuchen sie selbst durch Überlegung auf die Lösung zu kommen. Ist die Lösung richtig, wird die Karte an das Ende des folgenden Stapels gesetzt. Ist die Lösung falsch, kommt die Karte zurück in den gleichen Stapel oder, wenn man bereits im folgenden Stapel arbeitet, wird sie wieder um einen Stack vorgelagert.

So lassen sich beispielsweise sehr effektiv und ohne Überlastung der Lernenden Vokabeln üben. Die Lernstrategie basiert dabei auf kleinen und zeitlich sehr kurzen Einheiten. Lernkarten eignen sich deswegen für die vielen kleinen Pausen des Tages wie zum Beispiel das Warten auf Bahn oder Bus.

Die elektronische Version der Lernkarten in Moodle bietet zudem verschiedene Automatismen:

Karten können automatisch nach einer gewissen Zeit wieder in einem vorderen Stapel verschoben werden, was interessant ist, wenn mehrere Stapel in diesem Spiel vorgesehen werden. Lässt sich eine lernende Person zu viel Zeit mit der Bearbeitung, füllt sich somit automatisch der Einsteigerstapel. Fleiß wird hingegen damit belohnt, eine gute Chance zu haben, wirklich alle Karten in den letzten Stapel zu verschieben. In diesem Stapel befinden sich die Karten, deren Fragen offensichtlich sicher beantwortet werden können.

Bild 12.6 Nur wenn das Flash-Card-Plugin installiert und aktiviert ist, kann die Aktivität in den Kurs eingebunden werden.

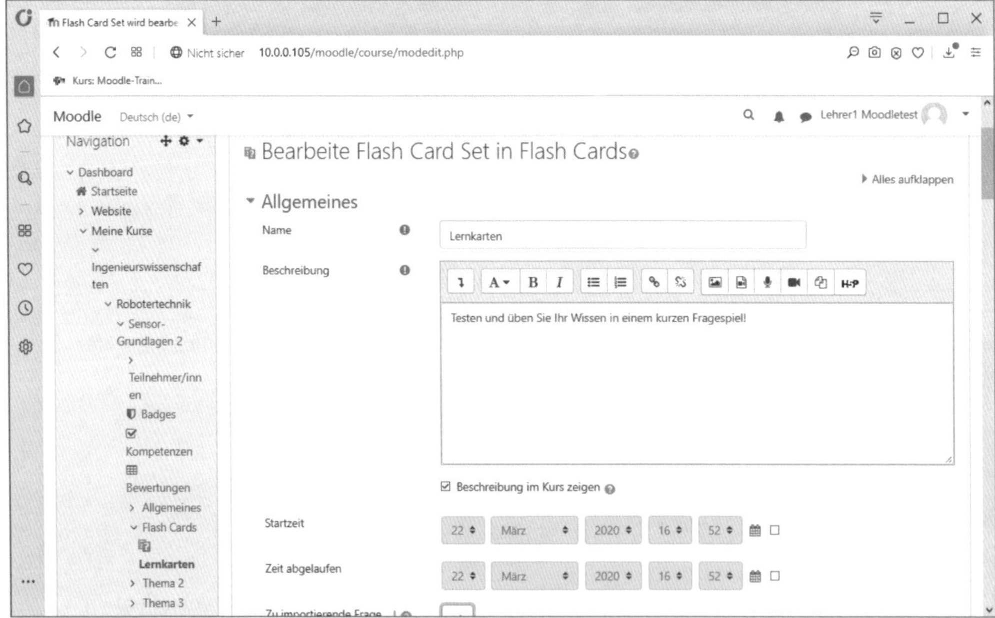

Bild 12.7 Das Lernkartenspiel kann durchaus zeitlich befristet werden. Schaffen alle Lernenden es, die Stapel durchzuarbeiten?

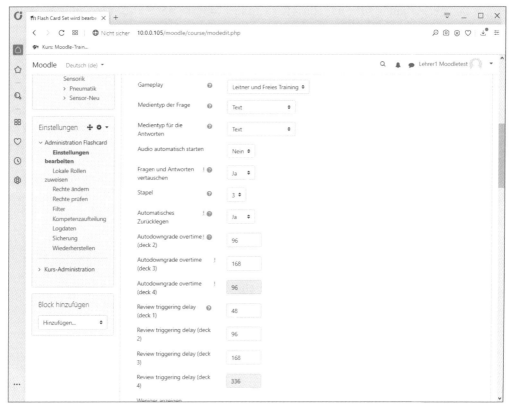

Bild 12.8 Anders als klassische Karteikarten können die Moodle-Flash-Cards durchaus auch multimediale Inhalte haben.

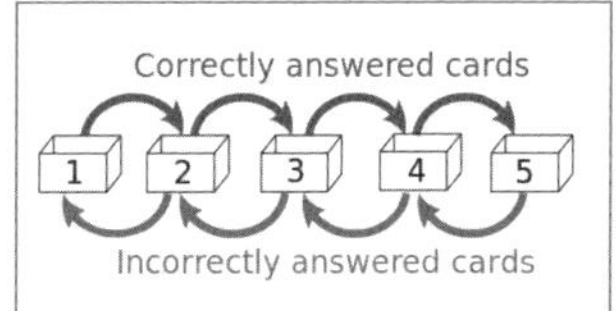

Bild 12.9
Prinzip des Leitner-Spiels: Richtig beantwortete Karten rücken einen Stapel weiter in Richtung Ziel. Falsch beantwortete Karten rücken wieder um einen Stapel zurück zum Startpunkt.
(Quelle: Wikipedia/Zirguezi, Nutzung nach CC0, Public Domain)

12.2.1 Konfiguration der Aktivität

Mit der Konfiguration der Aktivität *Flash Card Set* werden die Spielregeln von der Teacher-Rolle festgelegt. Das Gameplay – hier wird zwischen dem Leitner- und dem freien Training unterschieden – legt das Erscheinungsbild der Karten und das Spielschema fest.

Beim Leitner-Spiel – es bietet sich bei größeren Kartenstapeln an – werden mehrere Kartenstapel definiert. Zu Beginn liegen alle Karten auf dem ersten Stapel. Eine richtige Lösung lässt die Karten in den nächsten Stapel wandern. Optisch werden die verschiedenen Kartenstapel mit farbigen Kartenrücken dargestellt.

Das freie Training sieht nur einen Kartenstapel vor. Ist eine Aufgabe korrekt gelöst, kann die Karte aus dem Stapel entfernt werden. Dies bedeutet selbstverständlich, dass die Karte lediglich aus dem Stack dieser einen lernenden Person entfernt wird. Die Stapel aller anderen Lernenden bleiben davon unberührt. Das freie Training endet, wenn der Kartenstapel erfolgreich durchgearbeitet wurde.

In beiden Spielvarianten ist es möglich, sowohl Fragen als auch Antworten - genau genommen „Vorder- und Rückseite" der Lernkarten - mit reinem Text zu formulieren. Es können aber auch Bilder oder Audio-Dateien (zudem kombiniert) eingesetzt werden. Zunächst in der hier gezeigten Version als „experimentell" eingestuft, sind auch kleine Video-Sequenzen denkbar.

Eine Quasi-Verdoppelung der Fragen lässt sich erreichen, wenn Vorder- und Rückseite vertauscht werden können. In der Tat verlieren die Fragestellungen die Routine, wenn sie gelegentlich aus einer anderen Perspektive gestellt werden.

Video-Flash-Cards

Video-Clips sind heute von den meisten modernen Webbrowsern ohne Zusatzsoftware darstellbar. Zu prüfen ist, ob diese Sequenzen auch auf Smartphones der Lernenden problemlos konsumierbar sind. Hier sollte nicht zuletzt berücksichtigt werden, dass viele Mobilfunk-Verträge noch mit Volumentarifen für die Datenübertragung gestaltet werden. Videos transportieren in der Regel recht große Datenmengen! ■

Interessant sind die zeitlichen Einflüsse auf die Leitner-Kartenstapel. Hier wird ein gewisser Druck auf die Spieler, also auf die Lernenden aufgebaut. Zusätzlich zur zeitlichen Gesamtbegrenzung der Spielzeit lassen sich Fristen für die Bearbeitung der Kartenstapel festlegen. Verstreichen diese Fristen, werden die Karten wieder zurückgelegt.

Die Gestalt der Karten lässt sich individuell beeinflussen, wenn Grafiken zum Beispiel für den Vorder- und Hintergrund der Karten hochgeladen werden. Akzeptiert werden die gängigen Dateiformate für im Internet darstellbare Bilder wie JPG/JPEG, GIF und PNG.

Wer Erfahrungen mit CSS hat, kann die Gestalt der Karten zusätzlich beeinflussen. Das folgende Listing zeigt in den fett hervor gehobenen Zeilen eine Ergänzung des CSS-Codes aus Bild 12.11. Die Umrahmungen und die Schriften der Fragekarten werden damit rot, die der Antwortkarte grün dargestellt. Wer die Formate von CSS voll ausreizt, kann hier sehr ansprechende Designs entwickeln

```
/* panel div for question */
.flashcard-question{
color: red;
}
/* panel div for answer */
.flashcard-answer{
color: green;
}
```

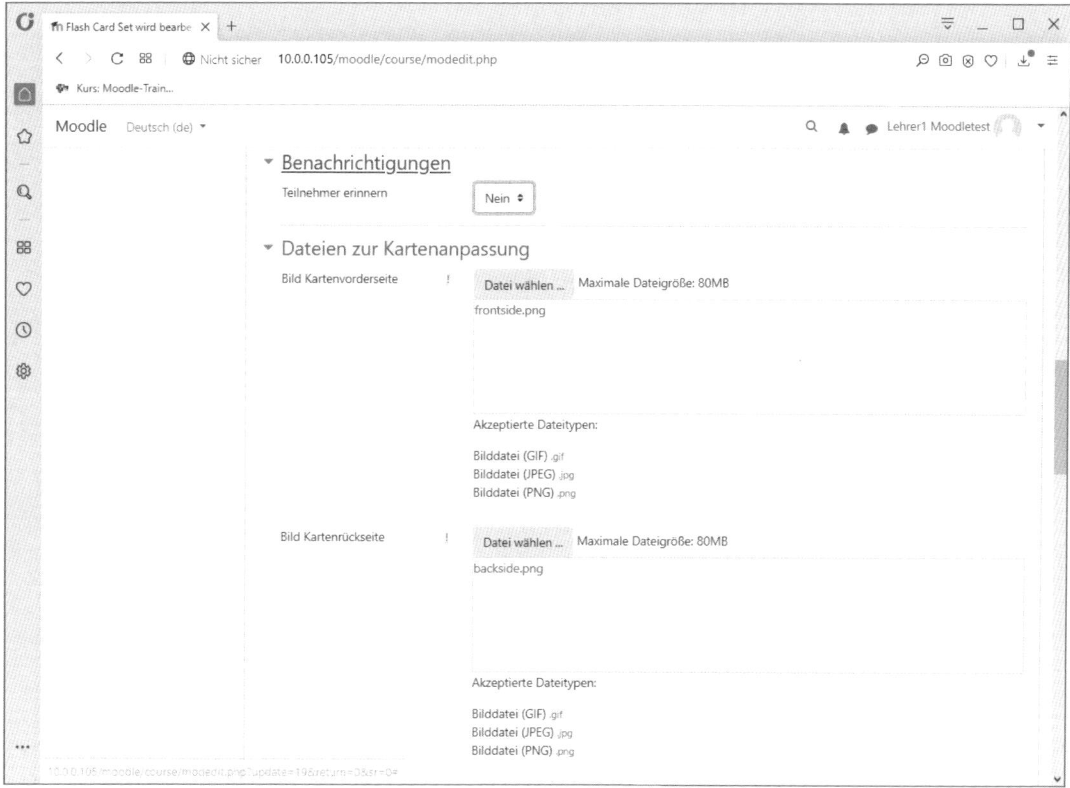

Bild 12.10 Mithilfe hochladbarer Bilddateien können die Lernkarten ein individuelles Design zugewiesen bekommen – zum Beispiel ein Logo der Schule oder des Bildungsinstituts.

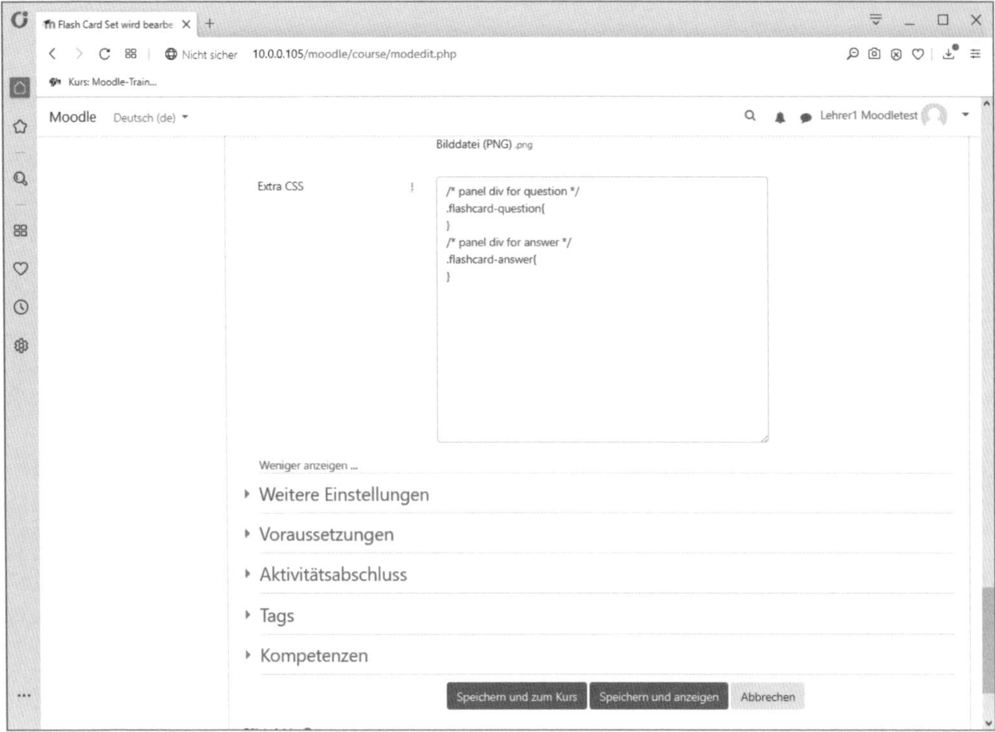

Bild 12.11 Mithilfe von CSS können die Karten direkt in ihrem Layout bearbeitet werden.

12.2.2 Erstellung von Fragen und Antworten

Nach der Grundkonfiguration der Flash-Card-Aktivität benötigen die Karten natürlich auch Inhalte. Wie bereits angedeutet, ist die klassische Verwendung der Lernkarten das Vokabeltraining. So kann auf die Vorderseite der Begriff in der eigenen Sprache und auf der Rückseite die Übersetzung in die zu lernende Fremdsprache geschrieben werden. Die einfachste Form der Lernkarten sieht also auf der Vorder- und Rückseite jeweils ein Wort vor. Allerdings lassen sich auch Fachbegriffe und komplexere Fragestellungen formulieren. Das Beispiel zeigt die Formulierung reiner Textfragen. Wie angedeutet, können die „Frage*karten*“ auch mit anderen Medien besetzt werden.

Für die Eingabe neuer Fragen können wahlweise Formulare für eine oder drei Frage-Antwort-Kombinationen aufgerufen werden. Weil jeder erneute Aufruf der Seite zur Übertragung der Fragen und für die erneute Eingabe eine gewisse Zeit erfordert, kann mit der gleichzeitigen Formulierung von drei Fragen und Antworten in einem Durchgang die Bearbeitungszeit deutlich verkürzt werden.

Die eingetragenen Fragen werden in einer übersichtlichen Liste dargestellt. Personen mit der Teacher-Rolle können hier gezielt Fragen bearbeiten und gegebenenfalls Fehler korrigieren oder Fragen aus der Sammlung entfernen.

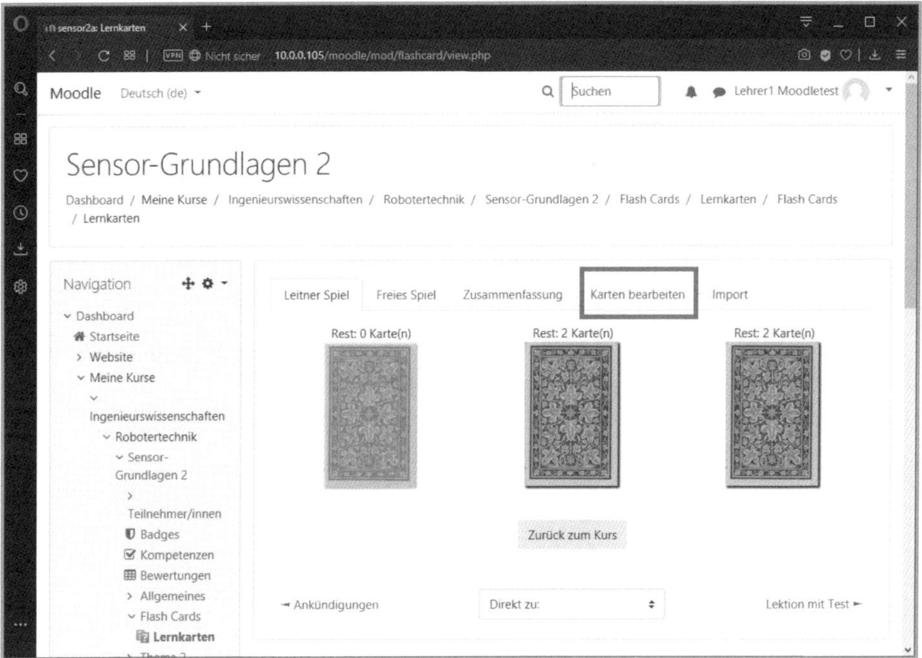

Bild 12.12 Die Trainer-Rolle hat die Möglichkeit, die Karten zu bearbeiten. Hier können Fragen und Antworten angelegt und geändert werden.

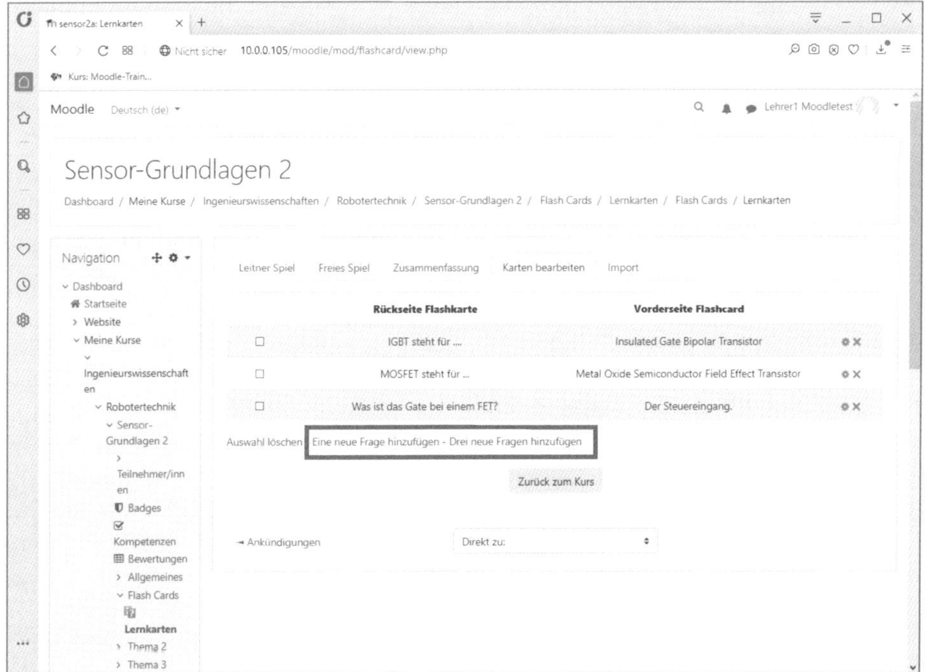

Bild 12.13 Sollen mehr als eine Frage erstellt werden, so ist es ratsam, gleich drei Fragen auf einmal hinzuzufügen. Das verkürzt die Bearbeitungszeit, weil die Übertragungs- und Seitenaufbauzeiten einer Webseite in der Summe sehr lang sein können.

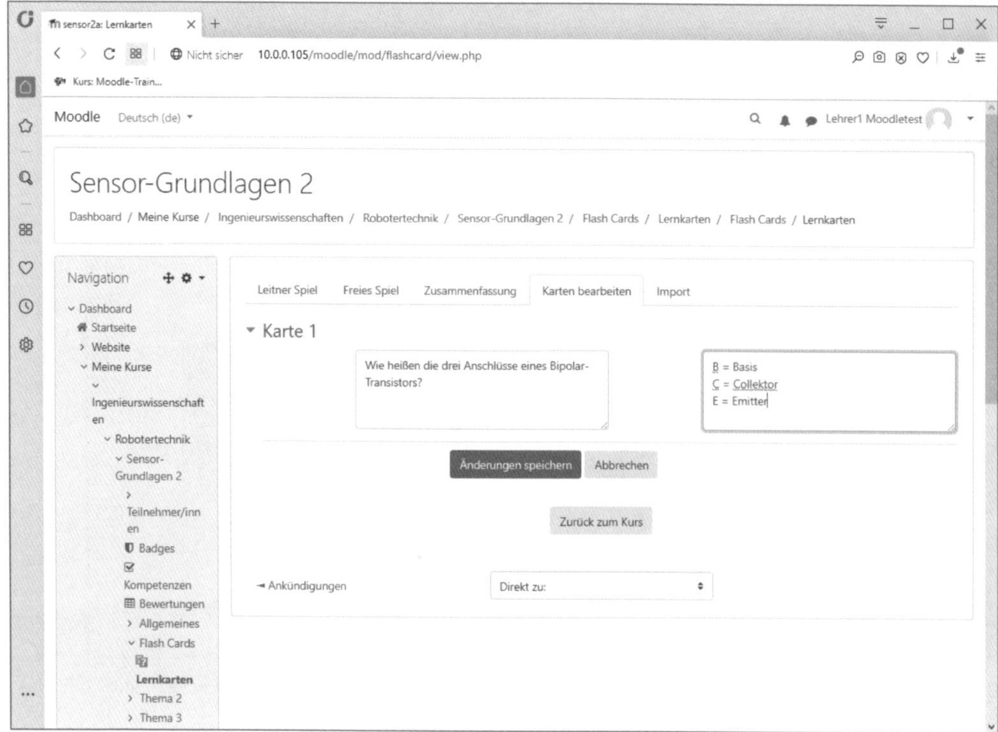

Bild 12.14 Beispiel für die Eingabe nur einer Frage und der zugehörigen Antwort.

12.2.3 Das Spiel

Wie Lernende das Spiel nutzen, hängt von den Vorgaben der Lehrenden ab. Werden sowohl freies Training als auch das Leitner-Spiel angeboten, können die Lehrenden frei wählen. Die Karten werden mit einem Mausklick geöffnet und die Fragen nach dem Zufallsprinzip angezeigt. Wenn die Lehrenden das so vorgesehen haben, können durchaus auch die Vorder- und Rückseiten bei der Fragestellung vertauscht werden.

Beim Leitner-Spiel werden die Fragekarten mehrmals durchgearbeitet und bei richtiger Lösung auf den nächsten Stapel gelegt. Beim freien Training werden die Karten mit den richtigen Antworten aus dem Stapel entfernt.

Entscheidend ist beim Flash-Card-Spiel, dass es keine automatische Bewertung gibt. Es werden keine Antworten direkt in das System eingetragen. Die „Bewertung" erfolgt ausschließlich durch die Lernenden selbst. Sie werden damit neben der Übung des fachlichen Stoffs zu einer Selbstreflexion motiviert und lernen, ihre eigenen Kenntnisse selbst und kritisch einzuschätzen.

Selbstreflexion als wichtiges Lernziel

Die Fähigkeit zur Selbsteinschätzung des eigenen Leistungs- und Wissensstands ist (nicht nur) für Lernende von allergrößter Bedeutung. Damit wird einerseits der Trend zur Selbstüberschätzung verringert. Die Lernenden gewinnen aber auch die Fähigkeit, gezielt ihre Schwächen zu erkennen und selbstmotiviert vertiefend zu lernen. ■

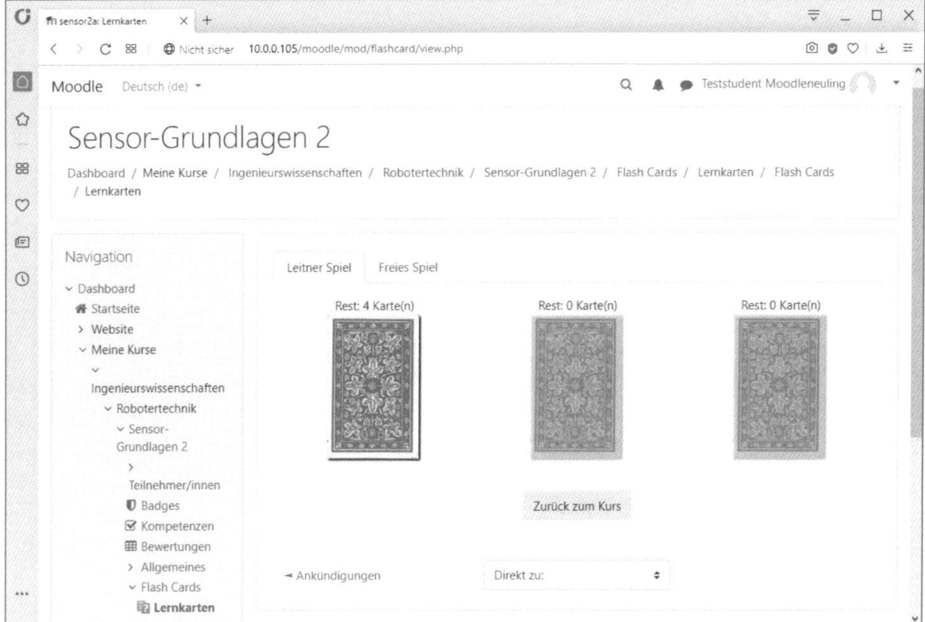

Bild 12.15 Das Lernkartenspiel nach dem Leitner-Verfahren: Hier ist das Spiel noch ganz am Anfang. Alle Fragenkarten befinden sich noch im ersten Stapel (ganz links).

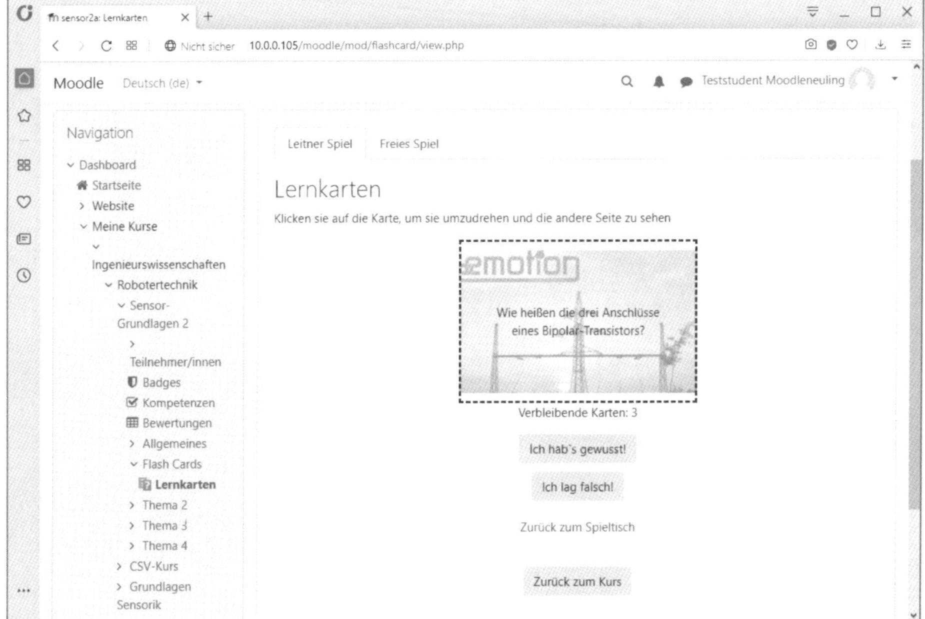

Bild 12.16 Klickt man im Leitner-Spiel auf einen Stapel, wird die Frage einer Karte geöffnet.

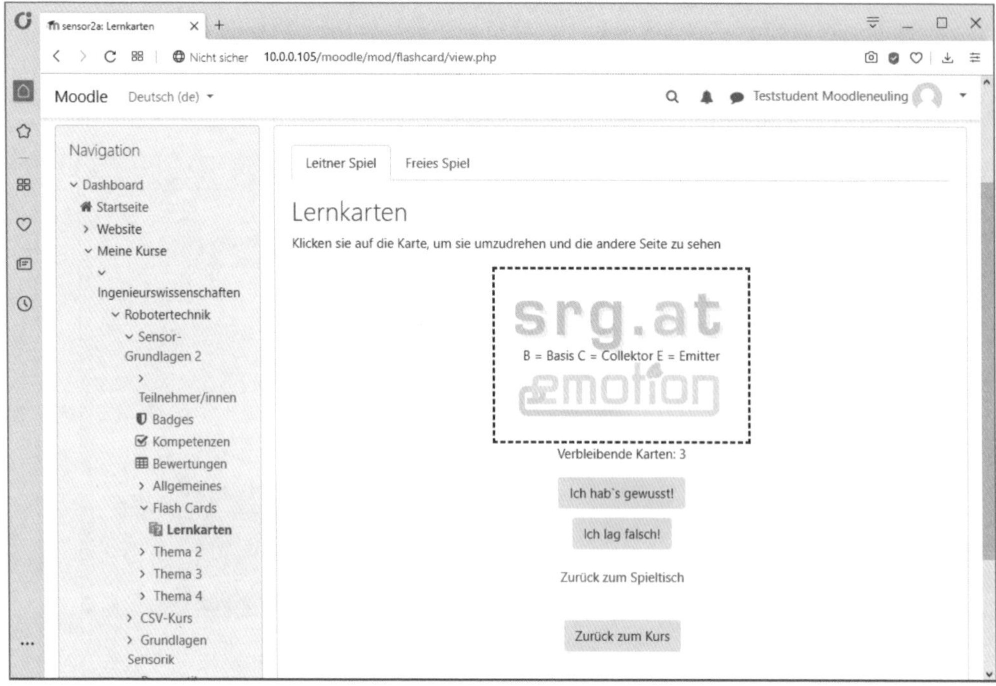

Bild 12.17 Ein weiterer Klick auf die Karte zeigt die Antwort.

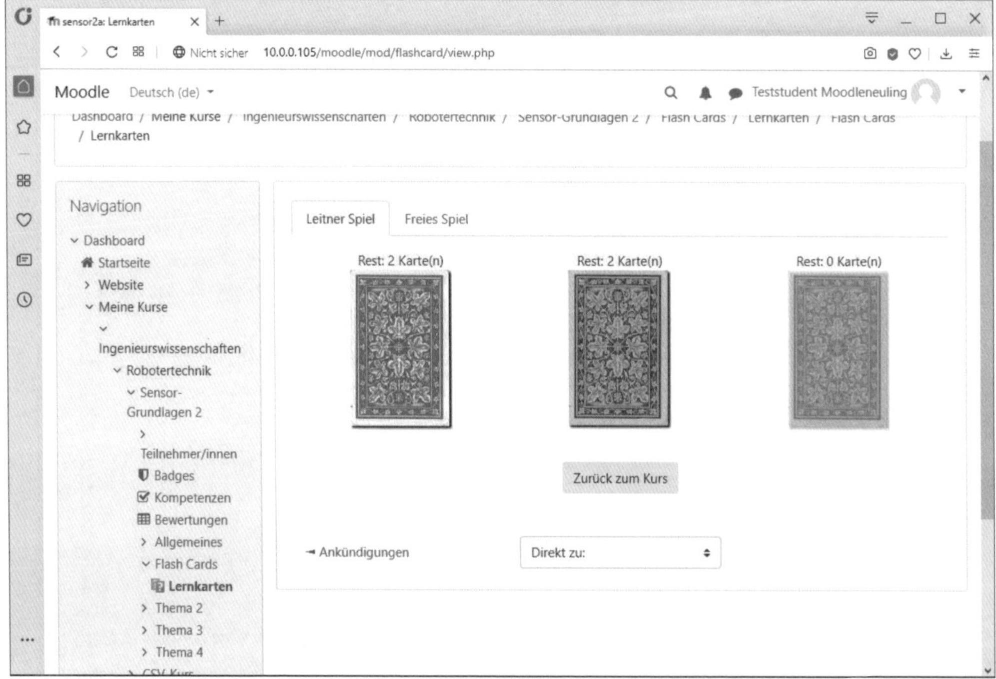

Bild 12.18 Zwei richtige Antworten! Beim Leitner-Spiel werden die Karten um einen Stapel verschoben. Sie sind aber insgesamt noch im Spiel.

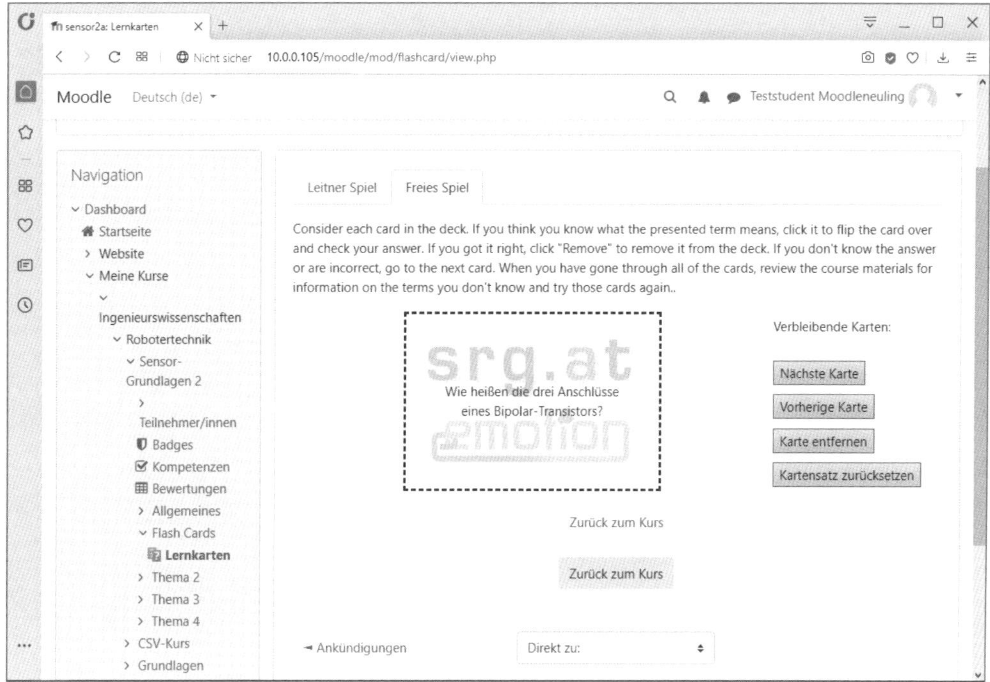

Bild 12.19 Beim freien Training wird auf die Darstellung verschiedener Kartenstapel verzichtet. Es wird nur entschieden, ob die Karte im Stapel verbleiben oder entfernt werden soll.

12.2.4 Auswertung

Lehrende sollten grundsätzlich im Blickfeld behalten, welche Fortschritte ihre Lernenden machen. Zwar können die Ergebnisse des Flash-Card-Spiels nicht als belastbare Lernzielkontrolle eingestuft werden, denn schließlich basiert die Darstellung in der Zusammenfassung der Lehrenden-Ansicht auf der eigene Einschätzung der Lernenden, jedoch kann beobachtet werden, ob die Lernkarten überhaupt von den Lernenden angenommen werden.

Einen zusätzlichen, sehr wertvollen Informationsgehalt hat die Auswertung der durchschnittlichen Bearbeitungszeit pro Lernkarte. Klicken Lernende die Karten nur durch die Stapel hindurch und suggerieren damit einen vermeintlichen Lernerfolg, so wird dies durch verblüffend kurze Bearbeitungszeiten schnell ersichtlich.

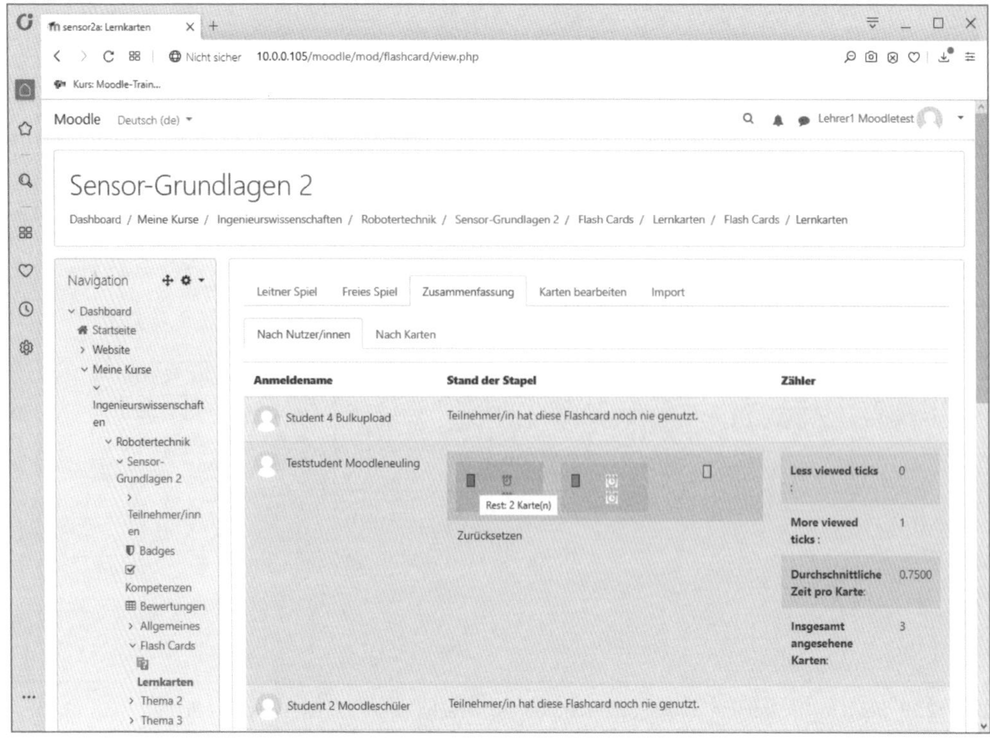

Bild 12.20 Lehrende können in einem begrenzten Maß beobachten, ob die Lernkarten bearbeitet werden, und aus den Daten schlussfolgern, wie ernsthaft dies geschieht.

■ 12.3 Das Plugin „Game“

Eine ganze Reihe interessanter Spiele fasst die Sammlung *Game* von Vasilis Daoukas zusammen:

- Hangman – Galgenmännchen
- Crossword – Kreuzworträtsel
- Cryptex – Suchrätsel
- Millionaire – Wer wird Millionär?
- Sudoku – Zahlenkreuzworträtsel
- Snakes and Ladders – Schlangen und Leitern
- The hidden Picture – Verstecktes Bild
- Book with Questions – Buch mit Fragen

All diese Lernspiele werden mit einem einzigen Plugin installiert. Jedes Spiel kann allerdings als eigene Aktivität in einen Kursabschnitt eingefügt werden.

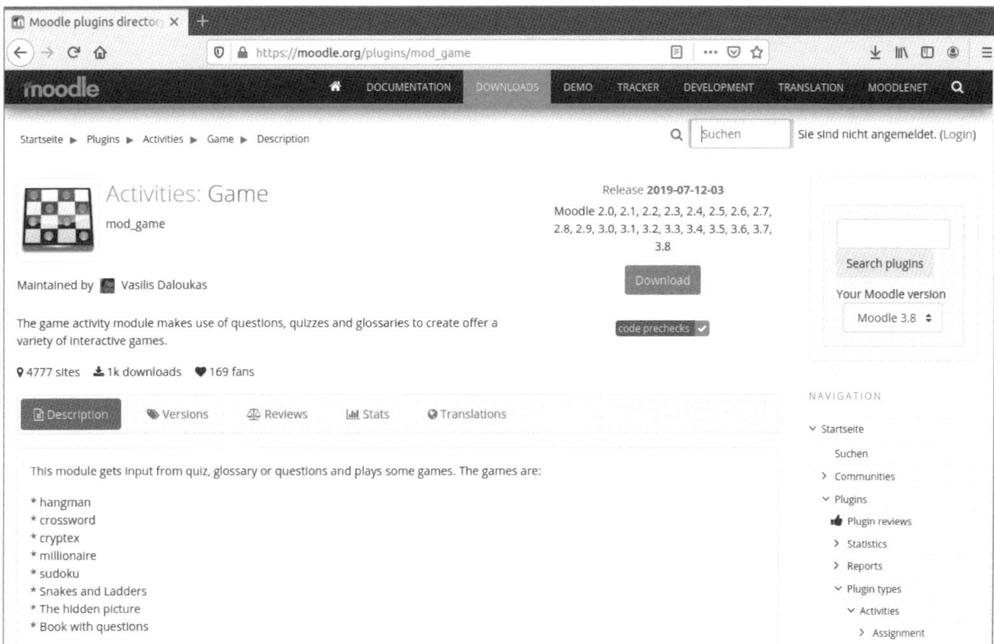

Bild 12.21 Das Plugin *Game* bietet eine ganze Reihe sehr interessanter Lernspiele. Neben einem einfachen Hangman-Spiel ist unter anderem ein Kreuzworträtsel und eine Variante des TV-Quizes „Wer wird Millionär“ in diesem Paket enthalten.

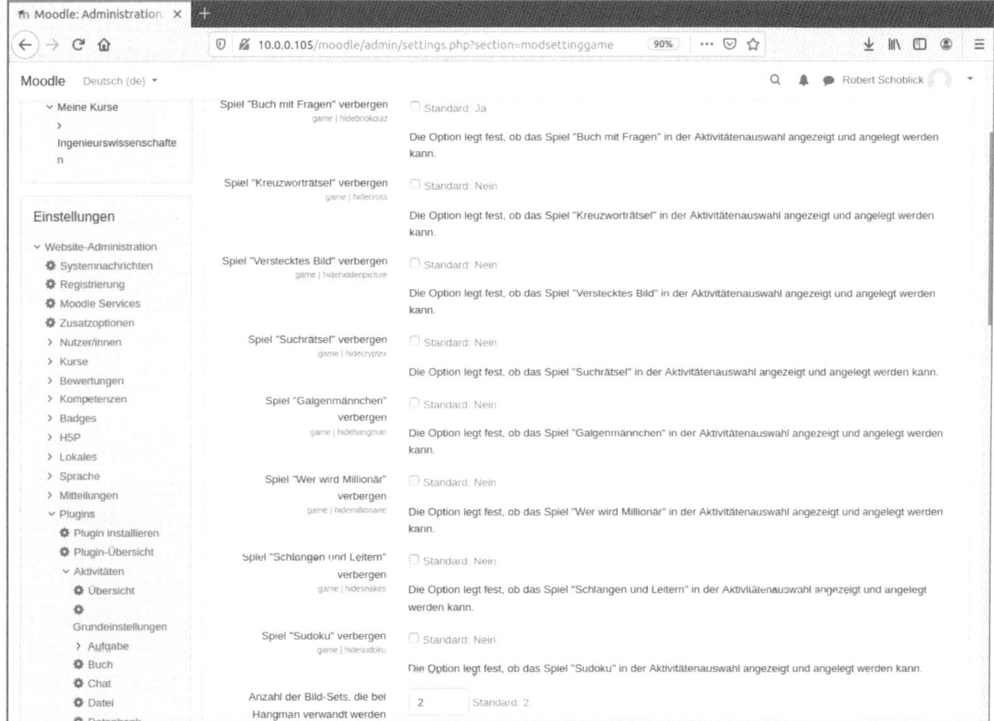

Bild 12.22 Die Moodle-Administration bestimmt, welche Spiele tatsächlich in den Kursen eingesetzt werden dürfen.

Bild 12.23
Die Auswahl der Materialien und Aktivitäten in den Kursen nimmt nach der Installation des Game-Plugins deutlich an Umfang zu.

12.3.1 Hangman – Galgenmännchen

Der Begriff „Galgenmännchen" mag heute in Stil und Betitelung nicht gerade als „political correct" gelten, jedoch fand dieses Spiel zum Erraten von Begriffen in Kindertagen immer einen gewissen Zuspruch. Mit jeder falschen Antwort bildete sich am Galgen ein Strichmännchen heraus. Hing das Männchen komplett am Galgen, war das Spiel verloren. Sinn war es also, mithilfe einer richtigen Antwort quasi „Leben" zu retten.

Die Spielregeln lassen sich in Moodle ein wenig verändern. So kann die maximale Anzahl der falschen Antworten reduziert und das Spiel damit schwieriger gestaltet werden. Auch können mehrere Durchgänge vereinbart werden.

Wichtige Voraussetzung

Hangman braucht unbedingt ein gewisses Volumen an Fragen. Sehr gut eignet sich hier ein Glossar,[2] was allerdings zum Kursthema passen sollte. Ob dieses Glossar von den Lernenden im Laufe des Kurses erstellt oder von Lehrenden beigesteuert wird, ist dabei unerheblich. Ohne eine Fragenquelle kann jedoch dieses Spiel nicht umgesetzt werden. ■

Wurde Hangman in einem echten Klassenraum gespielt – einige mögen sich noch an Tafel und quietschende Kreide erinnern –, zeichnete man einen Galgen und eine Reihe von Strichen, die als Platzhalter jeweils einen Buchstaben symbolisierten. Zum gesuchten Begriff wurde eine Frage gestellt. Es konnte nun mit dem Raten begonnen werden.

Beim Moodle-Hangman werden natürlich auch Fragen benötigt und idealerweise werden diese Fragen aus dem Kreis der Lernenden formuliert. Dazu eignet sich die in einem vor-

[2] Es gibt weitere Quellen für die Fragen in den Spielen: Fragenkataloge und Tests. Beides wird in einem späteren Kapitel beschrieben.

herigen Kapitel beschriebene Aktivität *Glossar* sehr gut. Es wird somit ein doppelter Übungs- und Motivationserfolg erreicht, bei dem sich gewissermaßen Lernende untereinander messen können. Die Trainer-Rolle gibt also lediglich die Rahmenbedingungen vor.

Eine dieser Rahmenbedingungen ist die Begrenzung der Versuche. Die Standardeinstellung sieht sechs falsche Antworten vor. Dann ist das Männchen komplett und das Spiel verloren. Es ist aber auch durchaus möglich, die Anzahl der tolerierten falschen Antworten zu reduzieren. Wird diese Zahl mit Fehlern erreicht, ist das Spiel zu Ende, wenngleich das Männchen am Galgen noch unvollständig ist. Erleichterungen für die Teilnehmerinnen und Teilnehmer bietet auch die Möglichkeit, den Anfangs- und/oder Endbuchstaben des Lösungsworts vorzugeben.

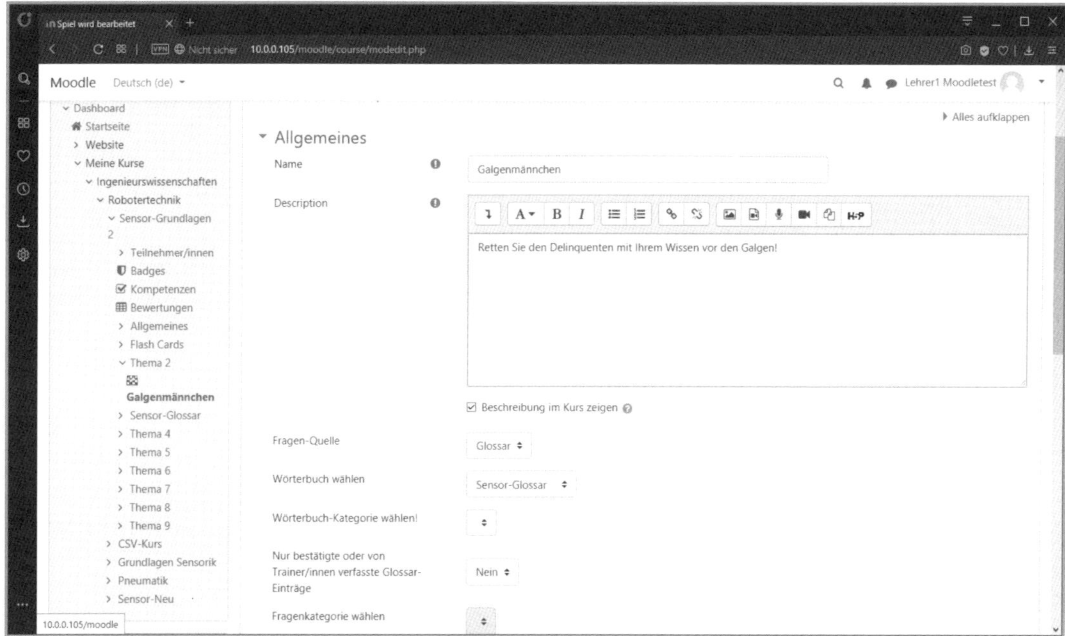

Bild 12.24 Als Quelle der Fragen für das Hangman-Spiel kann ein durch Lernende selbst entwickeltes Glossar verwendet werden.

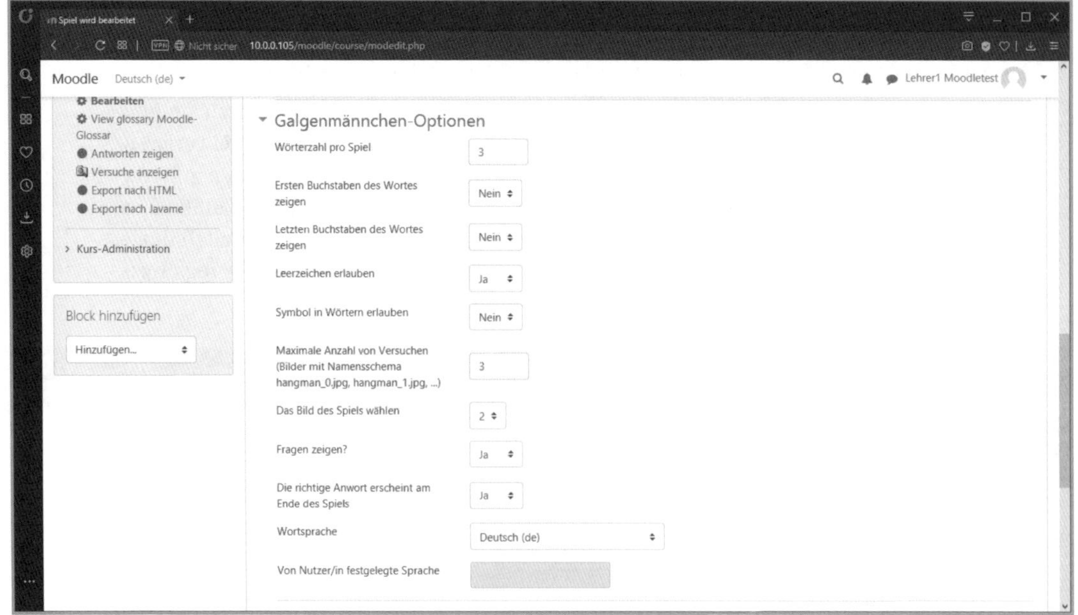

Bild 12.25 Mit den Einstellungen für das Hangman-Spiel kann die Trainer-Rolle unabhängig von den eigentlichen Fragen einen Einfluss auf den Schwierigkeitsgrad nehmen.

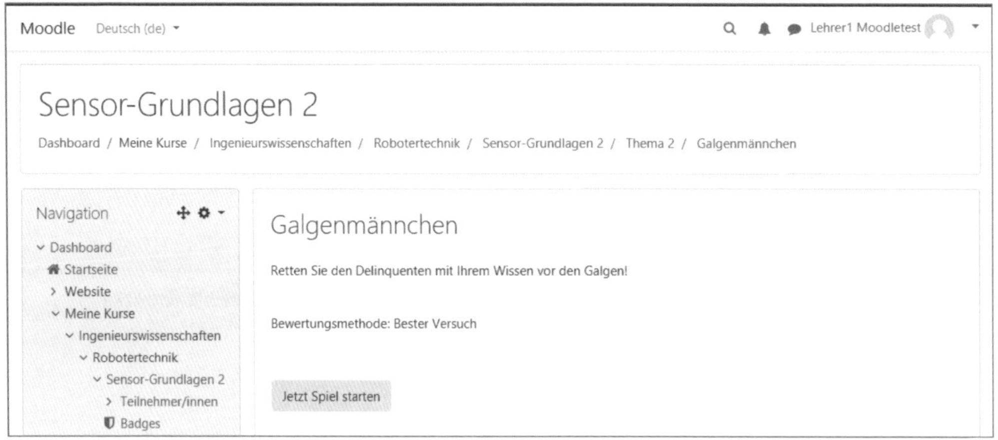

Bild 12.26 Eine interne Bewertung des Spiels bringt zusätzlichen sportlichen Anreiz.

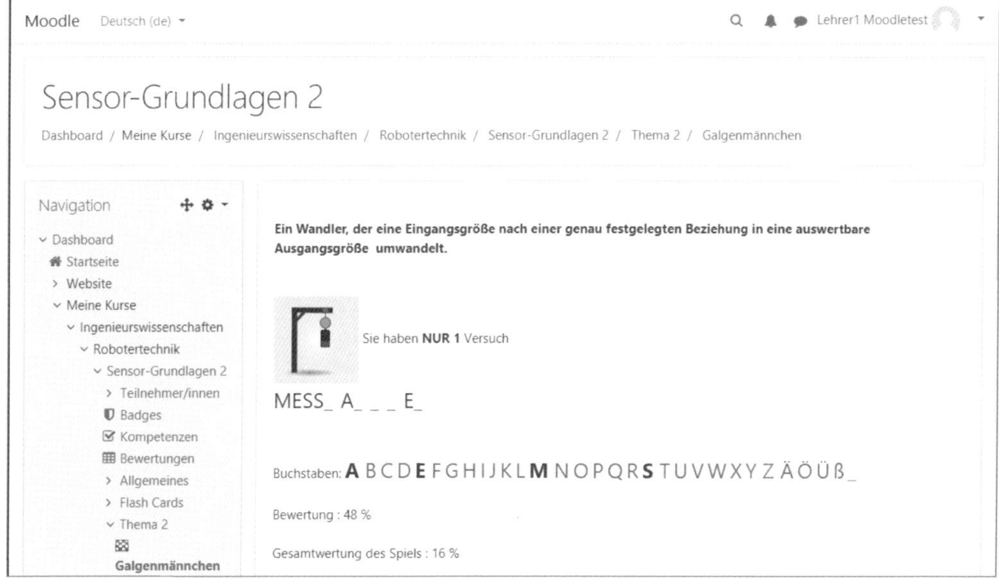

Bild 12.27 Die Standardvorgabe sind sechs mögliche Fehlversuche. Das Spiel kann aber auch mit weniger Versuchen durchgeführt werden.

12.3.2 Kreuzworträtsel

Ganz ähnlich wie beim zuvor erläuterten Hangman-Spiel benötigt auch das Kreuzworträtsel eine Quelle für Fragen und Begriffe. Auch hier eignet sich ein *Glossar* hervorragend, denn es formuliert in den Begriffserklärungen Fragen, deren Lösungsworte die Suchbegriffe des Glossars darstellen.

Der Schwierigkeitsgrad wird von der Trainer-Rolle durch Vorgabe der Höchstzahl von Spalten und Zeilen sowie einer unteren und oberen Grenze der gesuchten Wortzahlen festgelegt. Je nachdem, wie groß das Rätselfeld letztlich sein soll, können die Fragen unterhalb oder seitlich vom Raster platziert werden.

Wenn das Spiel gestartet wird, sehen die Lernenden ein Raster in waagrechter und senkrechter Anordnung. In den Feldern sind teilweise Zahlen zu finden, die als Referenz zu den Fragen stehen und für die waagrechten und die senkrechten Suchfelder getrennt formuliert werden. Man klickt in das Feld mit der Zahl und es öffnet sich neben der Frage eine Eingabezeile. Dort gibt man das Lösungswort ein. Es wird grundsätzlich Großschreibung verwendet.

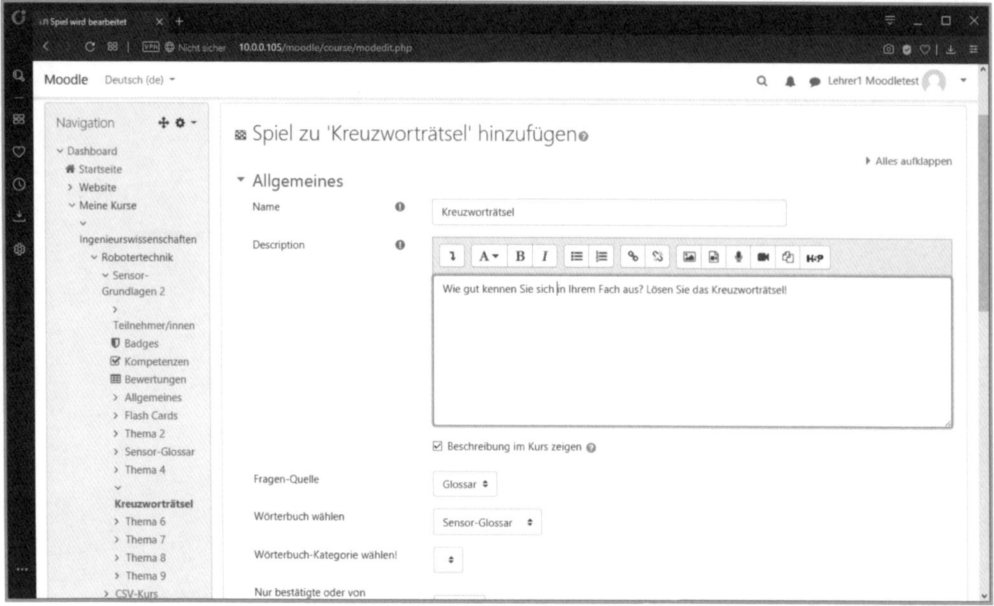

Bild 12.28 Die gesuchten Begriffe werden auch hier wieder einem Glossar entnommen, welches von den Lernenden auch selbst in einer Teamarbeit erstellt werden kann.

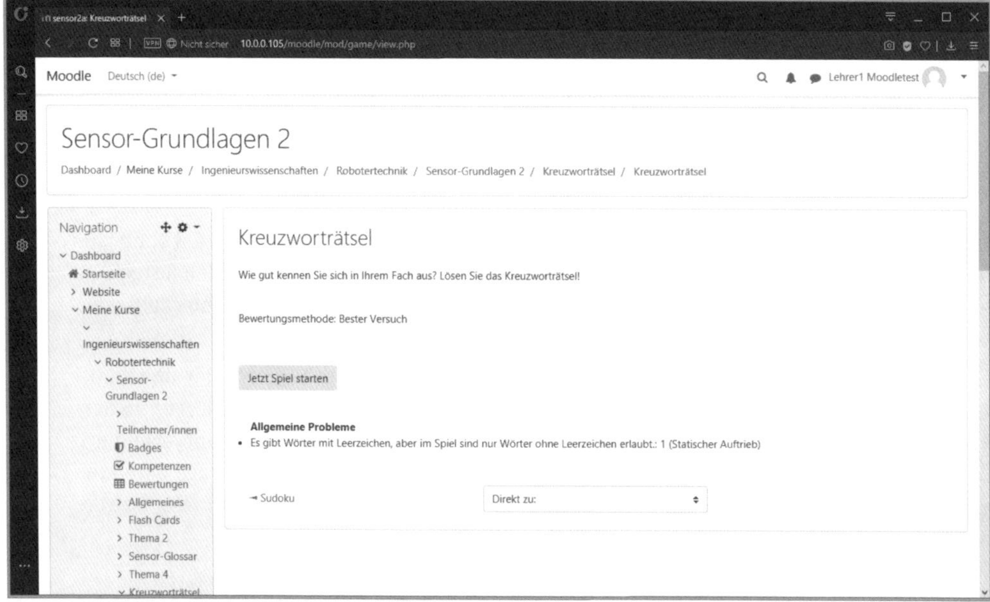

Bild 12.29 Es können nur in einem Wort zusammenhängende Begriffe im Rätsel verwendet werden. Begriffe, die Leerzeichen enthalten, werden nicht verwendet.

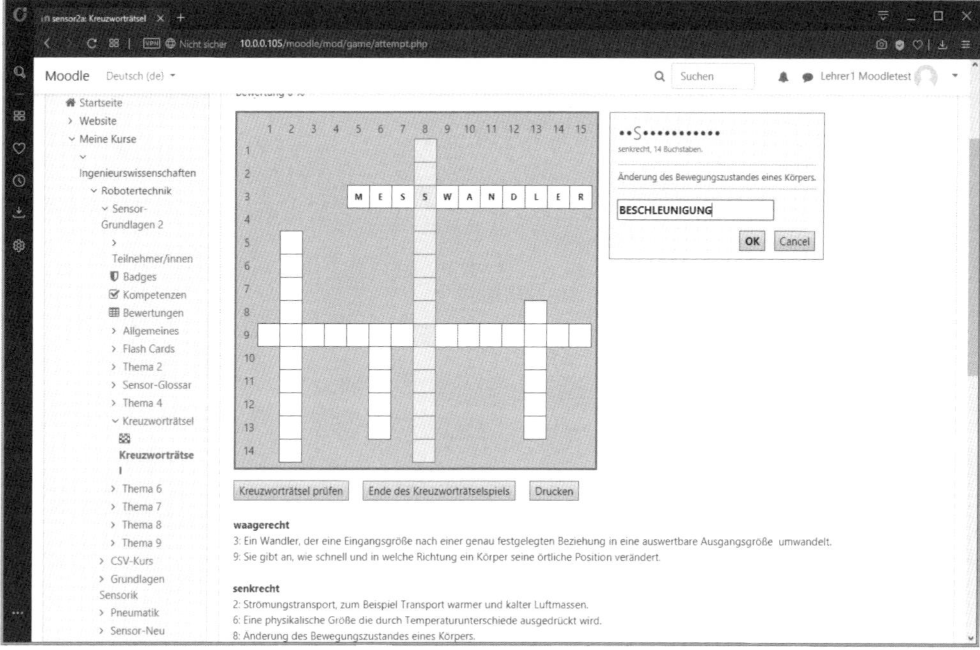

Bild 12.30 Die Eingabe des Lösungsworts erfolgt im Fenster der Fragestellung.

12.3.3 Cryptex

Ein dem Kreuzworträtsel ähnliches Spiel ist Cryptex. Hier sind bereits alle Lösungsworte in das Raster eingetragen worden, doch die übrigen Felder sind mit zufällig gewählten Buchstaben belegt. Es ist möglich, dieses Spiel auch im Präsenzunterricht einzusetzen, indem das Raster ausgedruckt wird. Die Lernenden umrahmen dann die Lösungen im Raster mit einem Stift.

Grundlage für dieses Spiel ist wie bereits bei Hangman und beim Kreuzworträtsel (Crossword) ein Glossar. Ebenso wie beim Kreuzworträtsel werden bei Cryptex, also beim Suchrätsel, nur Begriffe verwendet, die kein Leerzeichen enthalten.[3] Das Suchrätsel kann als eine sehr anspruchsvolle Aufgabe betrachtet werden und es eignet sich gut als unterhaltsame Ergänzung (auch) des Präsenzunterrichts. Am Ende einer Lehreinheit kann ein solches Suchrätsel aktiviert werden. Die Aufgabe kann zeitlich durch ein Datum und eine Uhrzeit, an der das Spiel geöffnet und geschlossen wird, begrenzt werden. Auch ist die Anzahl der Versuche einstellbar.

[3] Dies ist eine sinnvolle Standard-Einstellung, die jedoch durch die Trainer-Rolle ausgeschaltet werden kann.

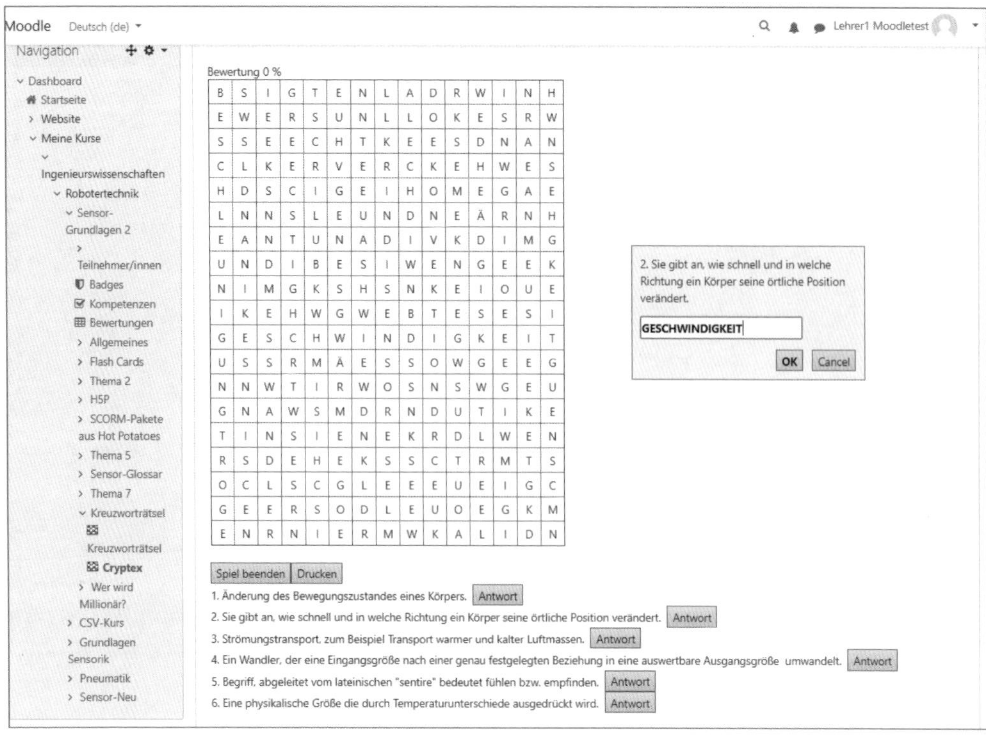

Bild 12.31 Ein gesuchter Begriff wurde gefunden und wird in die Lösungszeile eingetragen.

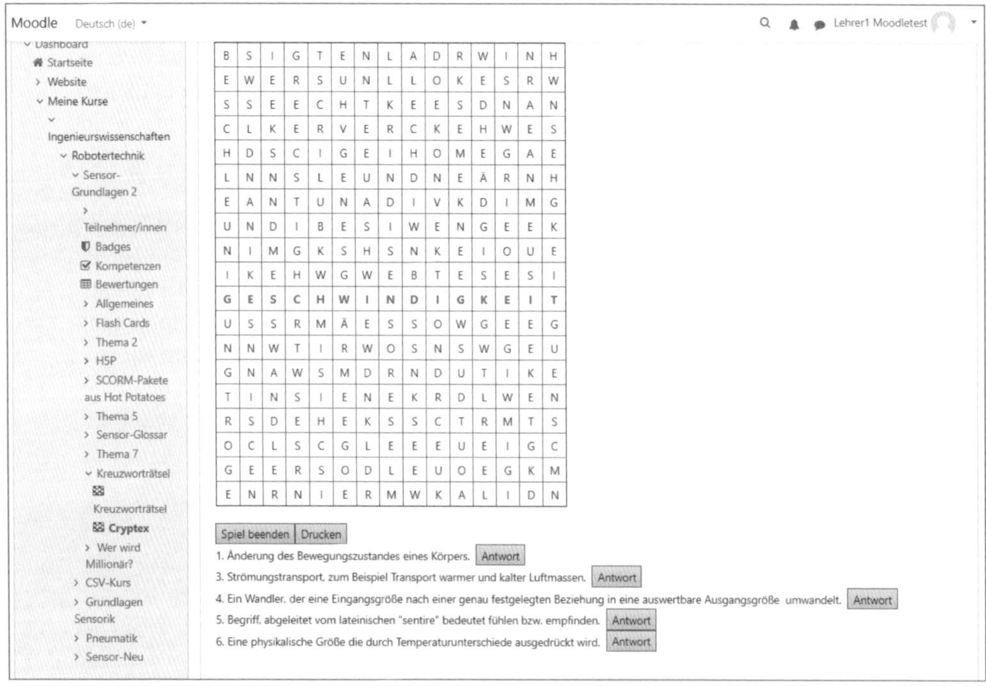

Bild 12.32 Ist der Begriff richtig, wird dieser im Raster hervorgehoben und die Frage aus der Liste entfernt.

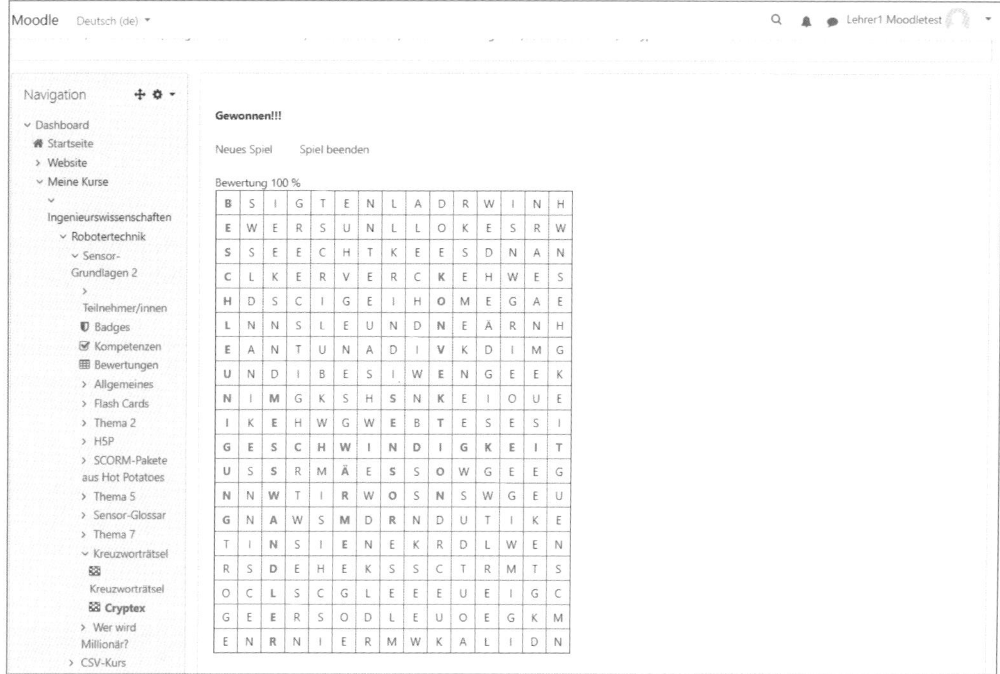

Bild 12.33 Alle Fragen wurden richtig beantwortet. Die Fragen sind entfernt. Die Frage an die Trainer-Rolle wird sein: Wer war am schnellsten?

Bild 12.34 Jeder Versuch wird mit der erreichten Zeit dokumentiert. Hier lassen sich zur Förderung des sportlichen Ehrgeizes auch Ranglisten im Klassenverband aufstellen.

12.3.4 Sudoku

Sudoku ist ein Zahlenkreuzworträtsel. Dieses – allgemein sehr beliebte – Rätselspiel ist nicht ohne Weiteres auf fachliche Fragen zu übertragen. Es ist also bei einem Zahlenrätsel nicht möglich, die Antwort „Beschleunigung" auf eine Frage wie „Was ist die Änderung des Bewegungszustands eines Körpers?" in ein Zahlenrätsel zu übertragen.

Die Designer dieses Moodle-Spiels haben eine andere Lösung gefunden: Das Sudoku-Spiel sucht in einem Raster von 9 mal 9 (3x3) mal (3x3) Ziffernfeldern eine korrekte Anordnung der Ziffern 1 bis 9. Dabei müssen in jeder Zeile *und* in jeder Spalte jeweils alle Ziffern erscheinen. Es darf nirgendwo eine Ziffer doppelt erscheinen.

Wie bisher auch können die Fragen idealerweise aus einem Glossar entnommen werden. Das Glossar eignet sich auch deswegen vorzüglich, weil es in Teamarbeit der Lernenden entwickelt werden kann. Dies motiviert und trainiert.

Beim Aufruf des Sudoku-Rasters werden leere Zellen und ein paar gesetzte Ziffern angezeigt. Die Teilnehmerinnen und Teilnehmer können also sofort versuchen, das Rätsel zu lösen. Allerdings können durch Beantwortung der gestellten Fragen zusätzliche Ziffern freigeschaltet und das Rätsel damit vereinfacht werden. Durch die Beantwortung der Fragen wird das Rätsel also leichter (oder überhaupt erst) lösbar.

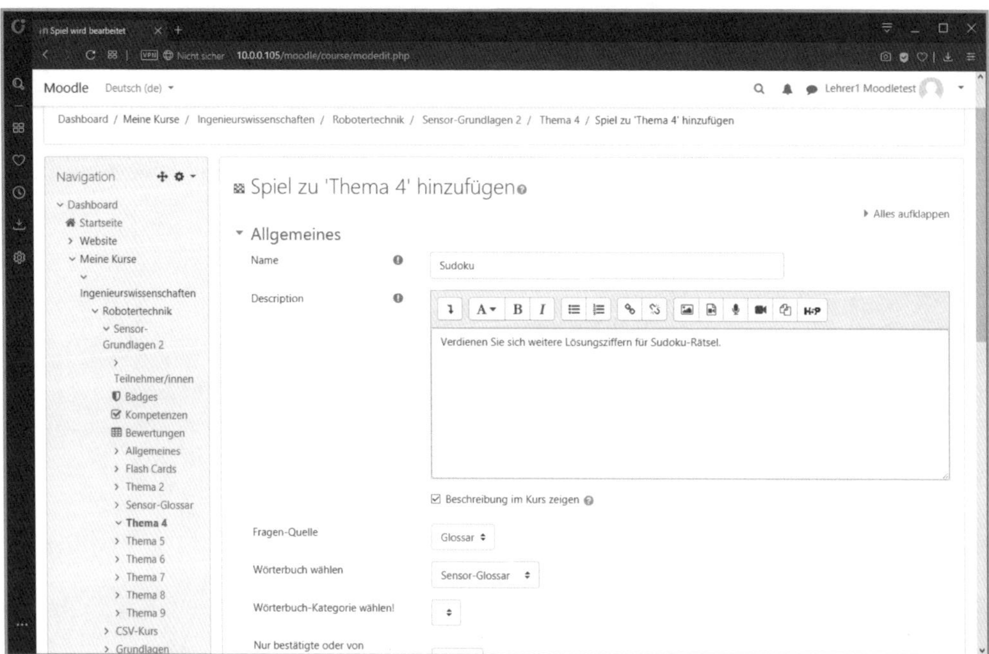

Bild 12.35 Als Quelle der Fragen dient hier wieder ein Glossar.

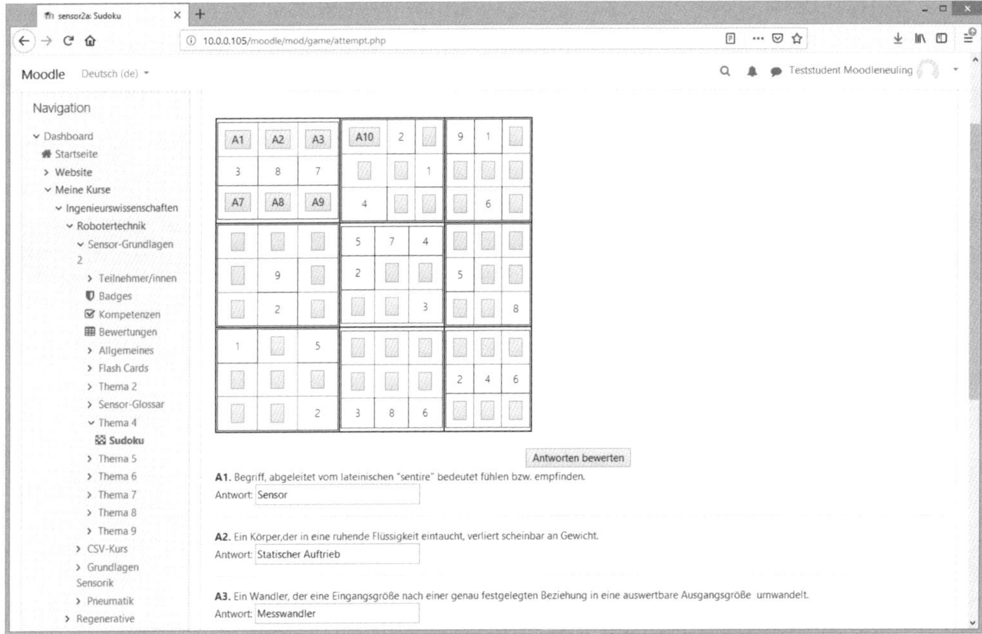

Bild 12.36 Beim Spiel gibt es wie üblich einige gesetzte Ziffern. Damit kann man bereits eine Lösung versuchen. Weitere Ziffern werden nach der Beantwortung der Fragen freigeschaltet.

12.3.5 „Wer wird Millionär“-ähnliches Spiel

Eine Lernplattform bietet natürlich nicht den frechen Charme und Witz der Moderatoren Günter Jauch (Deutschland) und Armin Assinger (Österreich), die seit vielen Jahren sehr erfolgreich dieses Quiz mit hohen Einschaltquoten im TV moderieren. Beliebt und lehrreich ist es aber trotzdem auch „online“, sodass dieses Quiz auch als Handy- und Computerspiel adaptiert wurde. Das allgemeine Konzept des Millionenspiels ist auch in Moodle einsetzbar.

Anders als in den zuvor beschriebenen Lernspielen dieses Pakets werden die Fragen für dieses Quiz nicht von einem Glossar bereitgestellt. Das Glossar eignet sich nicht, weil es nur einen Begriff als Antwort liefern kann. Das Millionenquiz bietet jedoch pro Frage vier Alternativen an. Aus diesem Grund kann nur eine Frage vom Typ Multiple Choice[4] verwendet werden, die direkt aus einer Fragensammlung oder aus einem Test entnommen werden muss.

Für dieses Quiz bedarf es also einer gewissen Vorbereitung. Es können nur Multiple Choice-Fragen mit einer eindeutigen Lösung verwendet werden. Der Fragenpool muss darüber hinaus so umfangreich sein, dass nicht nur die zehn Fragen für dieses eine Spiel vorhanden sind, sondern auch die Chance besteht, verschiedene neue Fragen bei einem erneuten Versuch zu finden.

---

[4] Der Fragentyp heißt *Multiple* Choice – Mehrfache Auswahl. Dieser Fragentyp kann, muss aber nicht, mit mehreren möglichen richtigen Antworten belegt werden. Für das Millionenquiz eignen sich nur Fragen mit einer eindeutigen Lösung.

Wie beim TV-Quiz ist auch hier nur eine Antwort möglich. Das Spiel wird fortgesetzt bis eine falsche Antwort gegeben wird oder (hier) die 150 000 Punkte gewonnen wurden. Es gibt auch drei Joker: „Fifty-Fifty“, „Telefonjoker“ und den „Publikumsjoker“. Natürlich kann man nicht wirklich jemanden anrufen. Auch ist kein „Chatkandidat“ vorgesehen. Der Publikums- und Telefonjoker werden deswegen von Moodle simuliert. Wer wirklich nicht weiter weiß, kann das Spiel auch direkt beenden.

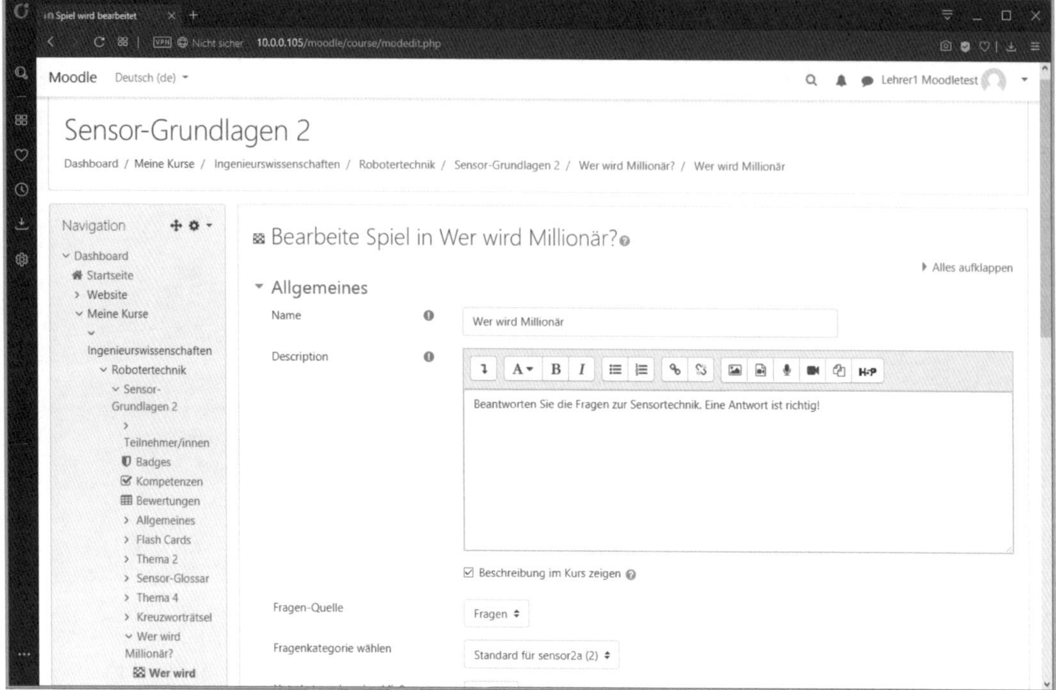

Bild 12.37 Für das Millionenquiz kommen nur der Fragenkatalog und Tests als Fragenquelle in Betracht. Das Glossar ist hier nicht einsetzbar, weil mehrere Antwortalternativen benötigt werden.

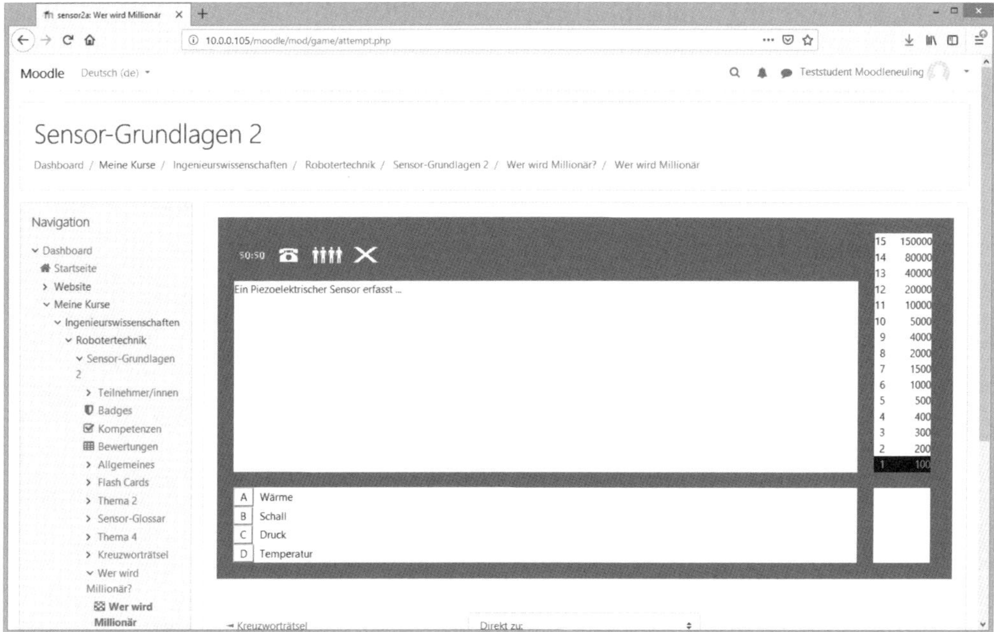

Bild 12.38 Ähnlich wie in der TV-Show können Joker genutzt werden. Diese werden natürlich vom System simuliert.

12.4 Standards für externe Lernpakete

Wenn hier von Standards für externe Lernpakete geschrieben wird, sind eigentlich die Standards gemeint, mit denen externe Lernpakete die in ihnen erzielten Ergebnisse an ein Lernmanagement-System weitergeben, von dem ausgehend sie aufgerufen wurden.

Das sind die beiden wesentlichen Aufgaben der Standards:

- Aufruf des externen Lernpakets aus einem Lernmanagement-System (z. B. Moodle) heraus,
- Übergabe der Kursergebnisse, die im externen Lernpaket erzielt wurden.

Zwei der bekanntesten Standards sind SCORM - dieser Standard ist relativ alt, aber häufig genutzt - und Learning Tools Interoperability (LTI).

Keine Entwickler-Details

Sowohl SCORM als auch LTI sind sehr umfangreiche Standards mit eigenen Philosophien. Sie bieten Stoff für jeweils eigene Bücher und können in diesem Werk - das Thema ist Moodle - nicht erschöpfend behandelt werden.

12.4.1 Learning Tools Interoperability® (LTI)

Ein zunehmend wichtiger werdender Standard kommt vom IMS Global Learning Consortium: Learning Tools Interoperability® oder kurz LTI. Die Abkürzung IMS steht hier für Instructional Management System. Ziel der Aktivität des Konsortiums war und ist es, einen offenen Standard für E-Learning-Tools zu entwickeln, um digitale Lehrmittel austauschbar und wiederverwendbar in unterschiedlichen Plattformen gestalten zu können.

Offizielle Webseite des IMS Global Learning Consortiums

Der Standard Learning Tools Interoperability® (LTI) wurde vom IMS Global Learning Consortium entwickelt und gepflegt:

https://www.imsglobal.org/activity/learning-tools-interoperability

Spezifikation von LTI v. 1.3 vom 16.04.2019:

https://www.imsglobal.org/spec/lti/v1p3/

12.4.2 Shareable Content Object Reference Model (SCORM)

Auch ein von der Firma Rustici Software LLC entworfener (Quasi)-Standard verfolgt das Ziel der Austausch- und Wiederverwendbarkeit elektronischer Lehrmittel. Es gibt eine aktuellere Version, allerdings ist nach wie vor die Version SCORM 1.2 in vielen Systemen der Standard. Auch in Moodle wird die Kompatibilität erwartet. Hier ist auf jedem Fall Bedarf für weitere Entwicklungen gegeben.

SCORM – offizielle Webseite

Entwickler des SCORM-Standards ist ein kommerzielles Unternehmen, die Rustici Software LLC:

https://scorm.com

Eine Übersicht zu den SCORM-XML-Tags ist unter der folgenden Seite zu finden:

https://scorm.com/scorm-explained/technical-scorm/content-packaging/metadata-structure/

12.5 Externe Tools (Auswahl)

In diesem Abschnitt sollen nun zwei externe Lern-Tools vorgestellt werden:

- Hot Potatoes kann über den SCORM-Standard in Moodle integriert werden. Hot Potatoes gehört zu den etablierten Tools, bietet allerdings nur eine begrenzte Zahl von Lernspielen an.
- H5P ist eine noch sehr junge Technologie, die viel Potenzial für die Gestaltung multimedialer und interaktiver Lerninhalte bietet.

Beide externe Tools sind von großer Bedeutung in der Gestaltung didaktisch guter Lehrkonzepte. Sie dienen der Auflockerung elektronischer Kurse und fördern die Motivation beim Lernen. Zudem bieten diese Tools die Möglichkeit, den Stoff auf verschiedene Weise zu präsentieren. Man erreicht damit Lernende mit unterschiedlichen Talenten und Interessen.

12.5.1 Hot Potatoes

Hot Potatoes ist eine Art bildungstechnischer Kreativbaukasten, der aus sechs Komponenten besteht. Zunächst einmal sind die fünf Programmmodule für die Gestaltung der interaktiven Lehreinheiten zu nennen. Darüber hinaus gibt es den sogenannten *Masher*. Diese Programmkomponente ist für die Kombination der Lehreinheiten und deren Export zuständig.

Die fünf Programmodule sind:

- JQuiz – Multiple Choice-Quizfragen
- JCloze – Lückentext
- JCross – Kreuzworträtsel
- JMatch – Zuordnung
- JMix – der „Schüttelsatz“

Download Hot Potatoes

Hot Potatoes ist kostenlos auf der deutschsprachigen Seite zu bekommen. Es empfiehlt sich, stets die aktuellste Version zu verwenden. Beta-Versionen sind grundsätzlich noch in einer fortgeschrittenen Testphase und sollten für den Live-Einsatz nur nach einer ausführlichen Prüfung verwendet werden.

https://www.hotpotatoes.de

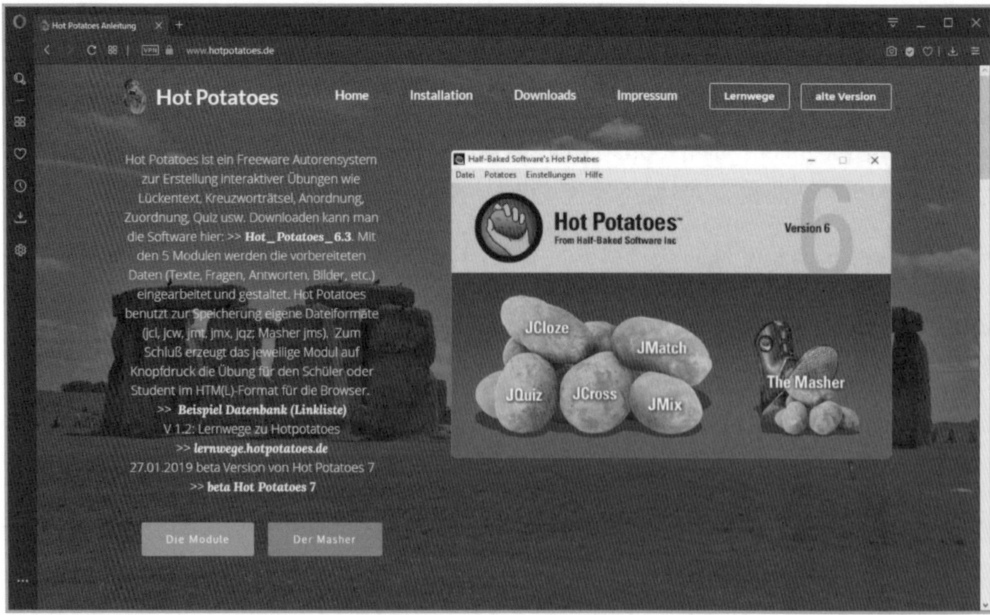

Bild 12.39 Wer Programme aus dem Internet herunterlädt, sollte grundsätzlich die originalen Quellen verwenden.

12.5.1.1 Hot Potatoes – externes Programm

Hot Potatoes ist ein eigenständiges Programm. Es werden also keinerlei administrative Rechte im Moodle-System benötigt, um Lehrinhalte mit Hot Potatoes zu erstellen. Um diese später in einen Kurs einzugliedern, benötigt es allerdings Teacher-Rechte. Diese sind nötig, um ein externes Lernpaket zu verwenden.

Die Kurseinheiten werden einzeln in jeweils einem Lernspiel erstellt. Mithilfe des *Mashers* werden die Lektionen kombiniert und in das richtige Format exportiert. Die Bedienung erfolgt über ein grafisches Menü des Programmfensters.

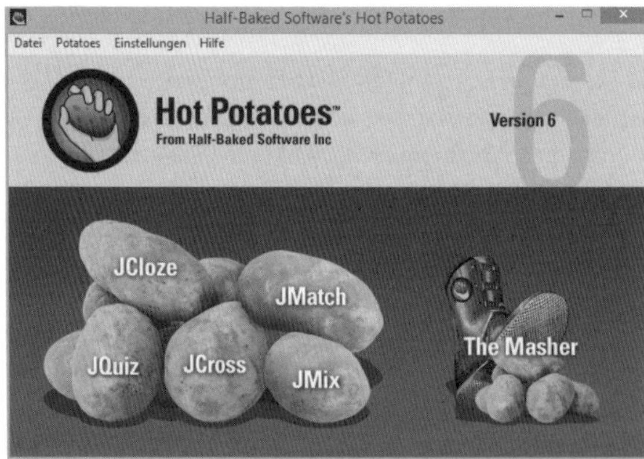

Bild 12.40 Hot Potatoes ist ein Paket aus fünf verschiedenen Lernspielen.

12.5.1.2 JCloze – der Lückentext

In Moodle gibt es den Fragentyp[5] *Lückentext.* Dieser Aufgabentyp ist jedoch mit einer recht unkomfortablen Syntax verbunden, um die Fragen zu entwickeln. Hot Potatoes bietet hier mit JCloze eine Alternative. Dabei ist es nicht notwendig, besondere Regeln zu beachten. Es wird einfach der Textblock in das Editorfenster hineinkopiert und in diesem Text werden bei Bedarf die entsprechenden Lücken eingebaut. Das passiert mit einem Mausklick.

Lücken können gezielt gesetzt werden (empfohlen), wobei hier konkret die interessanten Fachbegriffe ausgewählt werden. Alternativ dazu kann man automatisch Lücken setzen lassen, indem der Abstand der Lücken mit der Zahl der Wörter festgelegt wird. Diese Variante eignet sich für Sprachtrainings, bei denen die Lernenden die Sätze vollenden müssen. Zu kurze Intervalle sind jedoch schwierig, weil dann die Sätze nicht mehr mit eindeutigen Worten rekonstruiert werden können.

Grundsätzlich können alle Lücken in der Aufgabenstellung direkt nachbearbeitet oder – wenn sie ohne Sinn wären – aus dem Text gelöscht werden. In diesem Fall wird der Text mit dem ursprünglich an dieser Position befindlichen Begriff wiederhergestellt. Mit der Bearbeitung der Lücken ist es möglich, wahrscheinlich verwendete Alternativbegriffe festzulegen, die ebenfalls als richtig angesehen werden. Wenn rein fachliche Begriffe geprüft werden sollen, dann können auch mögliche Schreibfehler und Varianten verwendet werden. Das sind zum Beispiel Groß- und Kleinschreibung, Schreibweisen mit „ss" oder „ß" etc.

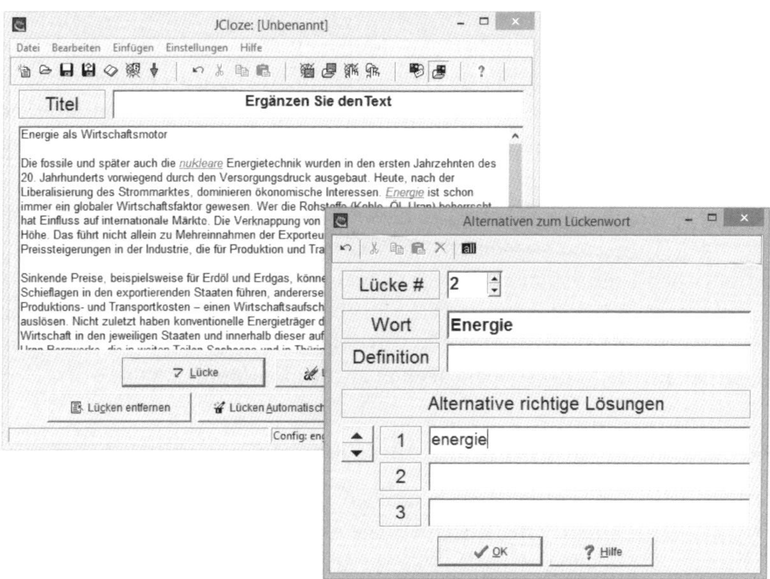

Bild 12.41 Sollen einfache Schreibfehler toleriert werden? In diesem Fall kann zum Beispiel ein kleingeschriebenes Lösungswort alternativ als richtig anerkannt werden.

[5] Die Fragentypen des Moodle-Systems werden im Kapitel zu Fragenkatalogen in Moodle erläutert.

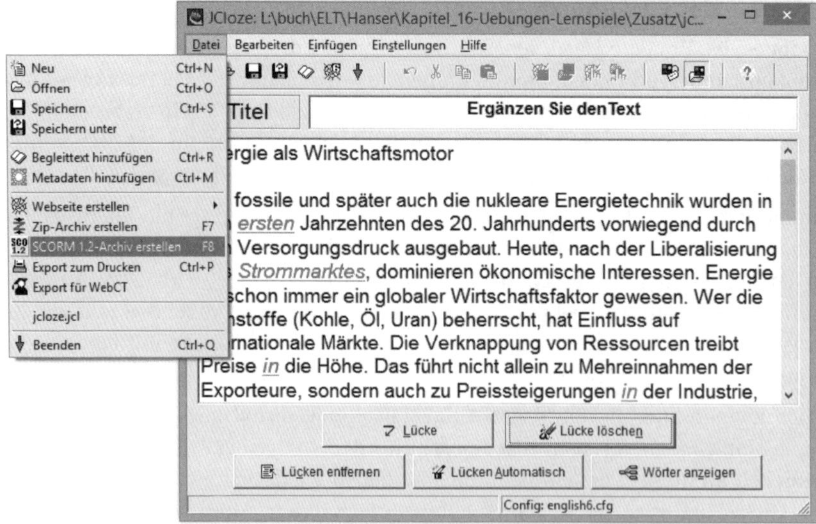

Bild 12.42 Um das fertige Lernspiel in Moodle importieren zu können, muss es aus Hot Potatoes heraus in ein SCORM-Archiv exportiert werden.

12.5.1.3 JQuiz – Multiple Choice-Fragen

Multiple Choice-Fragen sind ein Klassiker in elektronischen Prüfungen. Sie haben den Vorteil, ein schnelles und eindeutiges Ergebnis liefern zu können. Allerdings sind diese Fragen auch nicht unumstritten, was nicht allein für elektronische Prüfungen gilt. Bei Multiple Choice-Fragen kommt es darauf an, nicht das Geschick des sinnerfassenden Lesens, sondern das Fachwissen zu prüfen.

Es werden eine Frage und mehrere Antworten zu dieser Frage formuliert. Die richtige Antwort bzw. die richtigen Antworten werden mit einer Checkbox als richtig markiert. Sehr wichtig bei elektronischen Lehrsystemen und vor allem bei den Prüfungen ist ein direktes Feedback. Dies sollte sowohl bei einer richtigen, vor allem aber auch bei einer falschen Antwort direkt erfolgen. In der Konfiguration der Antworten lässt sich ein Feedback formulieren, was auch direkt auf die Antwortmöglichkeiten abgestimmt werden kann.

Ziel von Feedback in elektronischen Lernsystemen

Feedback gehört zu den wichtigsten didaktischen Werkzeugen einer Lehrerin oder eines Lehrers. Es genügt nicht, einfach eine Antwort oder ein Statement eines Lernenden mit richtig oder falsch zu bewerten. Die Bewertung muss begründet werden, damit auch aus einem Fehler ein Lernerfolg erwachsen kann. Besonders wichtig ist dies in elektronischen Lehrsystemen, wo es meist keinen direkten Kontakt zu den Lehrenden gibt.

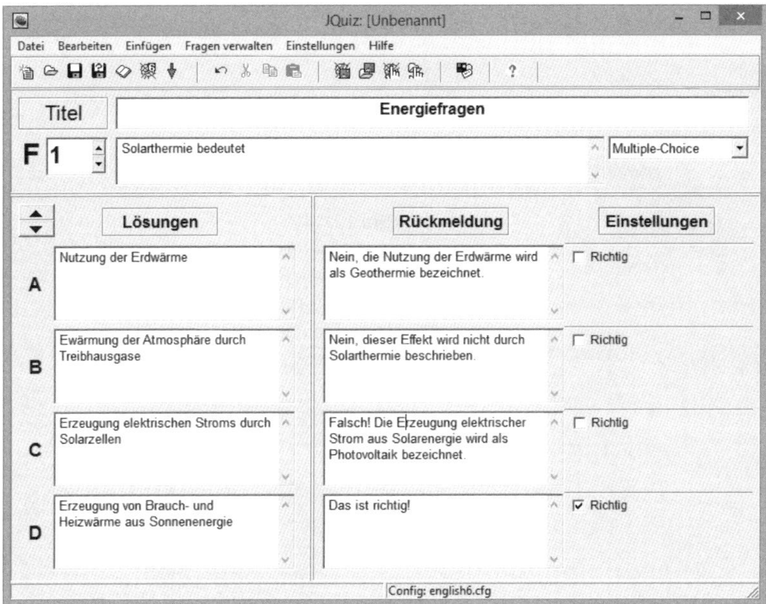

Bild 12.43 Hot Potatoes bietet eine sehr einfache Oberfläche zur Erstellung von Multiple-Choice-Fragen.

12.5.1.4 JCross – das Hot-Potatoes-Kreuzworträtsel

Kreuzworträtsel sind grundsätzlich sehr beliebt, vor allem im Sprachentraining, wo es auf richtige Schreibweisen ankommt. Die Variante in Hot Potatoes kann nicht auf ein Glossar in Moodle oder auf die im System vorhandene Fragensammlung zugreifen. Die Begriffe müssen manuell in die Aufgabenstellung eingearbeitet und die zugehören Fragen entsprechend formuliert werden. Das ist selbstverständlich mit einem gewissen Aufwand verbunden.

Es wird zuerst eine Wortliste erstellt. Diese enthält die Begriffe, die später in das Kreuzworträtsel einzutragen sind. Aus dieser Wortliste wird das Raster erzeugt, in das die Lösungsbegriffe horizontal und vertikal eingetragen werden. Damit ist die Lösung bei der Entwicklung des Rätsels bereits ersichtlich.

Die Fragen zu den Lösungsbegriffen werden nachträglich formuliert. Natürlich ist das eine sehr zeitaufwendige Arbeit. Man kann allerdings Fragen und die Begriffe extern vorbereiten. Beispielsweise lassen sich Fragen und die Begriffe in einer Excel- oder LibreOffice-Tabelle in größeren Volumina vorbereiten und dann per Copy and Paste in die Felder des Hot-Potatoes-Programms einfügen.

JCross ist mit Vorbereitungsaufwand verbunden

Der Vorbereitungsaufwand für das JCross-Modul in Hot Potatoes ist vergleichsweise groß, weil Hot Potatoes als externes Tool nicht auf Moodle-interne Fragensammlungen zugreifen kann. Es fehlt leider auch eine direkte Import-Funktion auf Tabellen oder Textdateien. ■

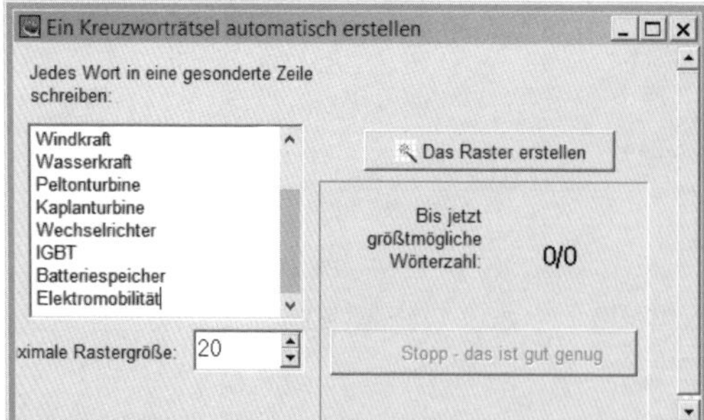

Bild 12.44
Zuerst werden die Lösungsbegriffe festgelegt. Das Raster und die Anordnung der Begriffe errechnet Hot Potatoes.

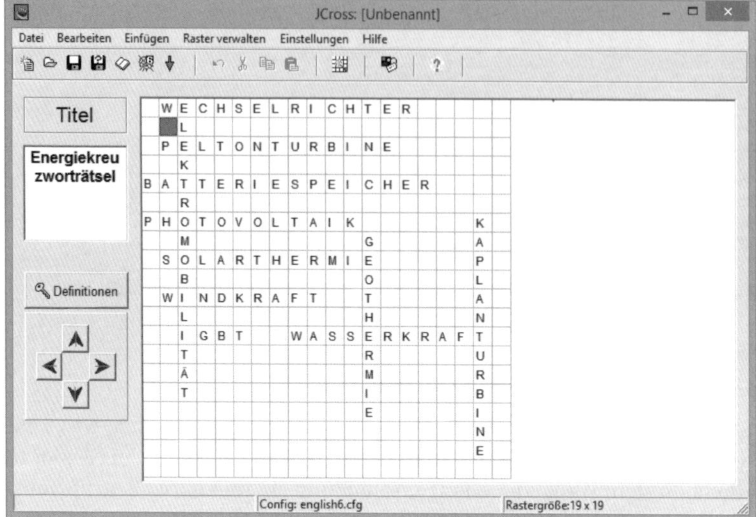

Bild 12.45 Die Lösungsbegriffe werden nach der Berechnung des Rasters in dasselbe automatisch eingetragen. Darum müssen sich Lehrende nicht kümmern.

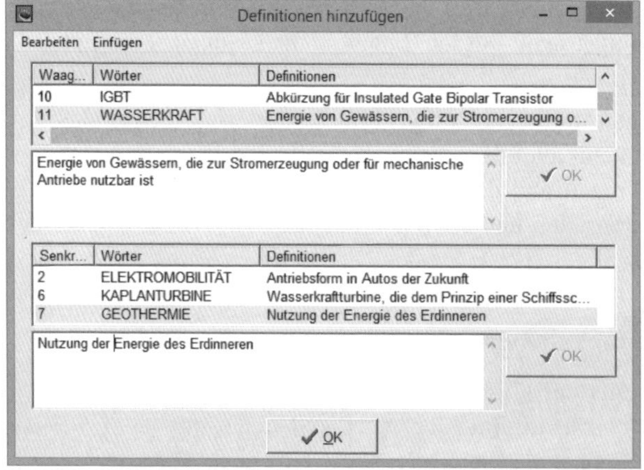

Bild 12.46
Nach dem Aufbau des Rasters werden die Fragestellungen zu jedem einzelnen Begriff formuliert.

12.5.1.5 JMatch – Zuordnung

Ein sehr einfaches Spiel, dessen Schwierigkeitsgrad nicht zuletzt auch von der Fragestellung als solche abhängt, ist das Zuordnungsspiel JMatch – sinnvoll einsetzbar ist es natürlich in der Sprachenausbildung. So können Verben beispielsweise verschiedenen Zeitformen zugeordnet werden. Vorsichtig muss man jedoch sein, wenn es um die Zuordnung der sprachlichen Fälle geht, was meist nicht eindeutig gelingt. Zum Beispiel ist bei „Sprache" (singular) der Genitiv und der Dativ jeweils „der Sprache". Die beiden Antworten wären identisch. Das erkennt das Spiel jedoch nicht, weil es feste Zuordnungen zu den Eingabefeldern anlegt, nicht jedoch zu deren Inhalten.

Beim Zuordnungsspiel: Auf Eindeutigkeit achten!

Beim Zuordnungsspiel dürfen auf keinem Fall zwei identische Lösungs- oder Frageworte verwendet werden. Was formal richtig ist, wird vom System leider nicht zwingend erkannt. ■

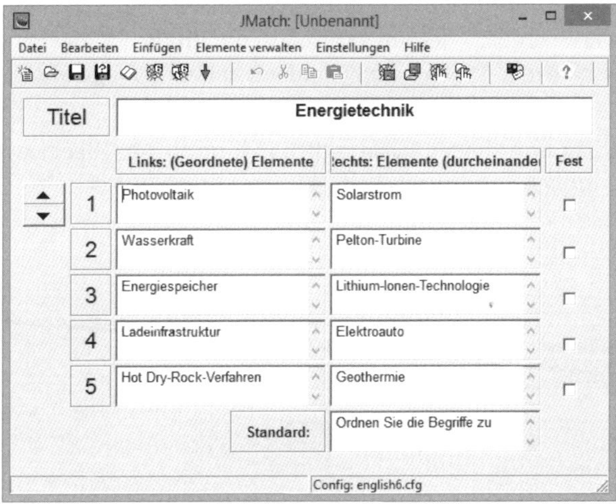

Bild 12.47
Bei der Formulierung der Lösungspaare muss auf deren Eindeutigkeit geachtet werden. Das Spiel wertet intern lediglich die Zuordnung der Felder aus, versteht aber nicht, was darin enthalten ist.

12.5.1.6 JMix – der „Schüttelsatz"

Zum Üben des Satzbaus im Sprachtraining eignet sich auch der *Schüttelsatz*. Satzfragmente werden vom System durcheinander gewürfelt und die Aufgabe der Lernenden ist es, diese in die richtige Reihenfolge zu bringen. Das Spiel lässt sich auch mit einer kleinen Geschichte oder einem Fachtext gestalten.

Lehrende formulieren in Hot Potatoes *JMix* eine Aufgabe, indem sie Satzfragmente Zeile für Zeile in das Feld Lösungssatz eintragen. In der Festlegung des Textes muss der Text natürlich in der richtigen Reihenfolge formuliert werden.

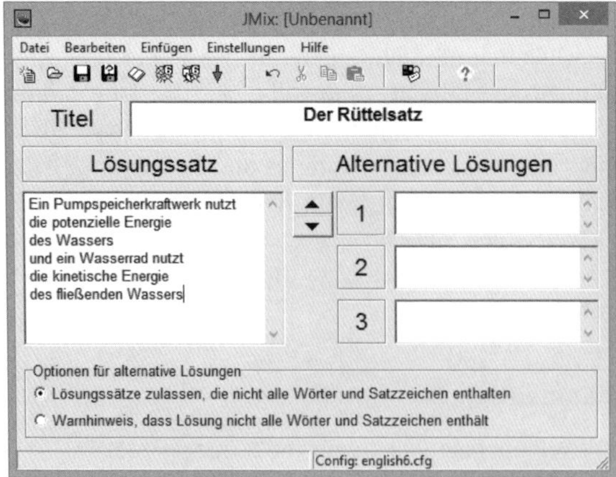

Bild 12.48
Die Lösungsfragmente werden in einzelnen Zeilen formuliert. Die Reihenfolge muss hier allerdings stimmen. Die Verwürfelung übernimmt das Programm.

12.5.1.7 Der Masher

Der *Masher* ist nicht unbedingt erforderlich, um einzelne Hot-Potatoes-Aufgaben zu erstellen, denn diese können direkt aus dem Editor in ein SCORM-Archiv exportiert und in einen Moodle-Kurs als Lernpaket importiert werden. Allerdings lassen sich mithilfe des Mashers mehrere Aufgaben – auch ganz verschiedene Typen – miteinander kombinieren und als ein Gesamtpaket speichern.

Die Dateien werden gezielt ausgewählt und können nachträglich in ihrer Reihenfolge bearbeitet werden. Mit einem Klick auf *Einheit erstellen* wird ein gesamtes Lernpaket erstellt.

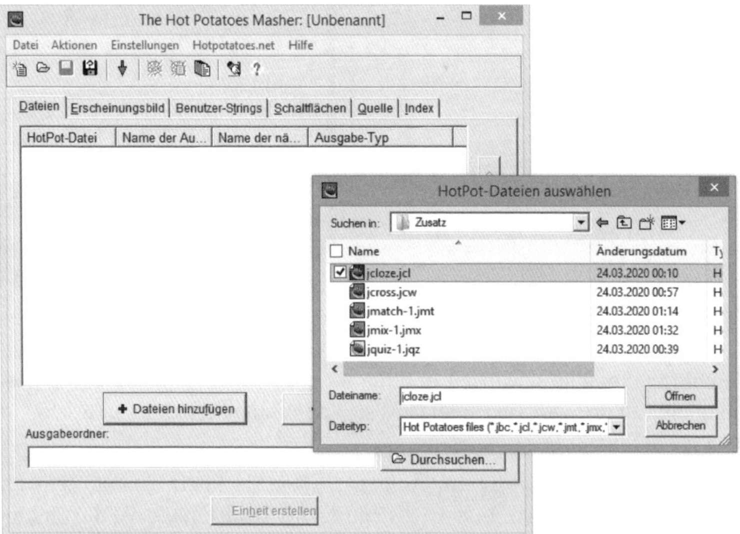

Bild 12.49 Es werden gezielt Hot-Potatoes-Aufgaben – nicht die SCORM-Pakete – für ein gesamtes Lernpaket ausgewählt.

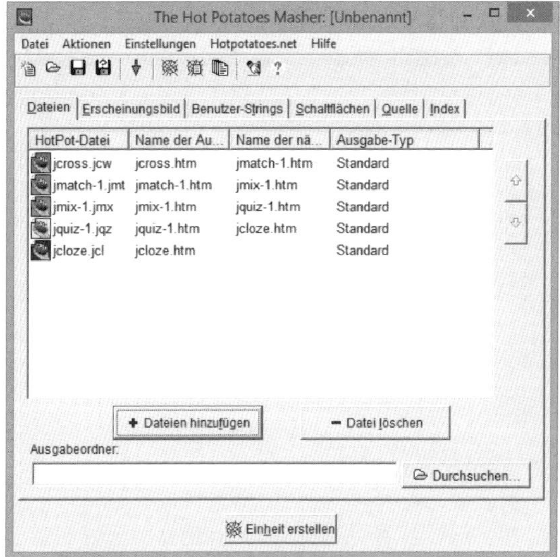

Bild 12.50
Die Reihenfolge der Lernaktivitäten kann verändert und der Inhalt jederzeit bearbeitet werden.

12.5.1.8 Hot Potatoes in Moodle verwenden

Hot-Potatoes-Lernspiele werden als *Lernpaket* in Moodle importiert. Dazu müssen die Pakete nach dem SCORM-Standard aus Hot Potatoes exportiert werden. Es lassen sich sowohl einzelne Lernspiele als auch ganze Pakete importieren. Die Einbindung des Pakets erfolgt mit der Aktivität *Lernpaket* (Bild 12.51).

Das Verfahren zum Import des Lernpakets entspricht dem gewöhnlichen Upload einer Datei. Im einfachsten Fall wird das „gezippte" SCORM-Paket mit der Maus in das freie Formularfeld in Moodle geschoben. In der Beschreibung sollte in kurzen Worten auf die Aufgabenstellung eingegangen und diese Beschreibung aktiviert werden. Wie bei allen Aktivitäten, die in einem Moodle-Kurs eingesetzt werden können, gehören ein Name und eine Beschreibung zu den Pflichtinformationen.

Bild 12.51
Mithilfe dieses Symbols werden Lernpakete nach dem SCORM-Standard in Moodle-Kursen als Aktivität eingefügt.

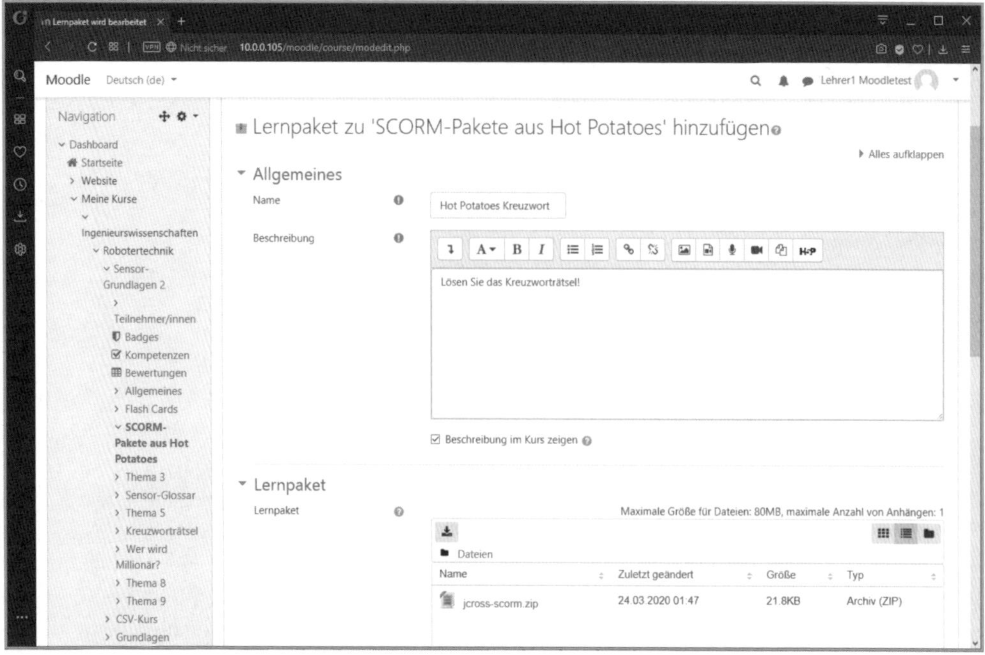

Bild 12.52 Das Lernpaket wird als ZIP-Datei hochgeladen. Es muss aus der Quelle in das SCORM-Format exportiert werden.

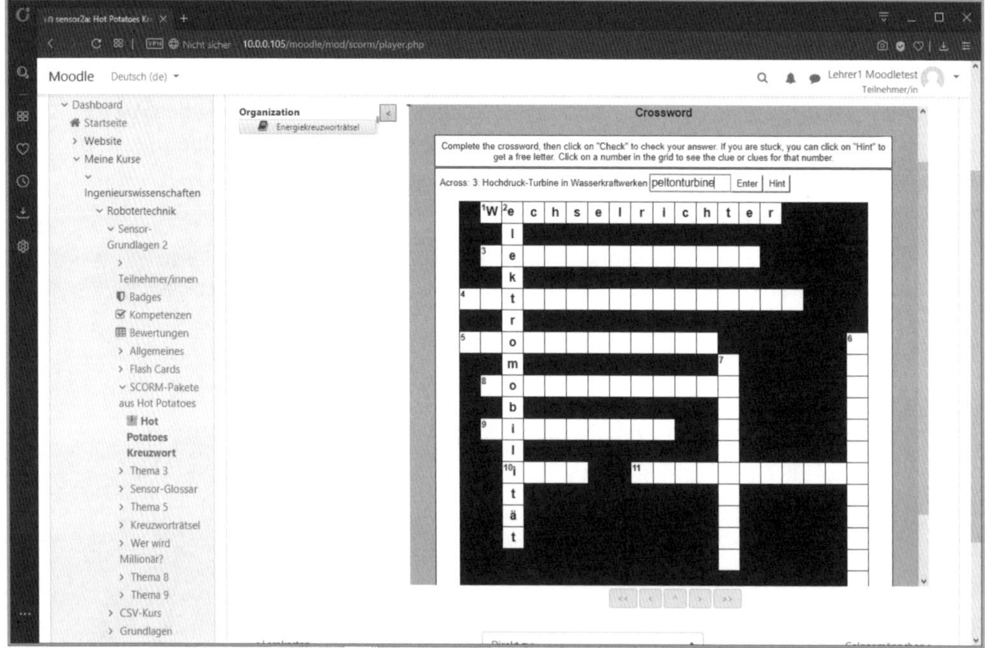

Bild 12.53 Ein Klick auf das durch eine Zahl markierte Feld öffnet eine Frage (waagrecht und/oder senkrecht). Die Antwort wird in das Eingabefeld eingetragen und erscheint anschließend im Raster des Rätsels.

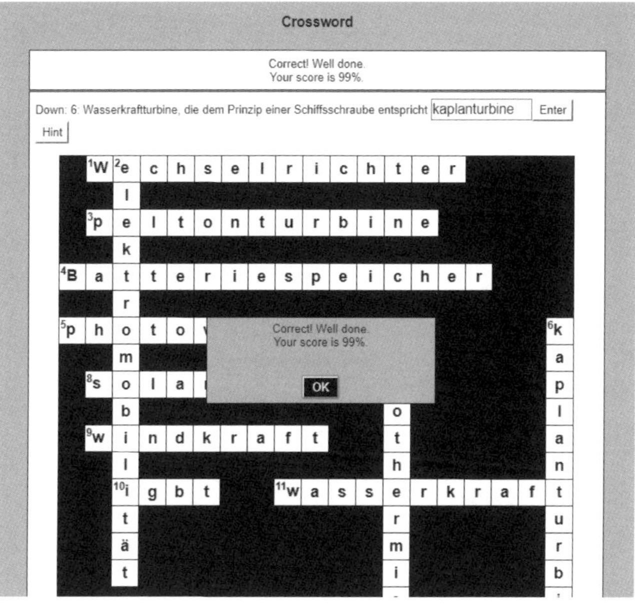

Bild 12.54 Fehler werden intern gezählt. Am Schluss des Spiels wird das Ergebnis angezeigt und für die Auswertung durch die Lehrenden gespeichert.

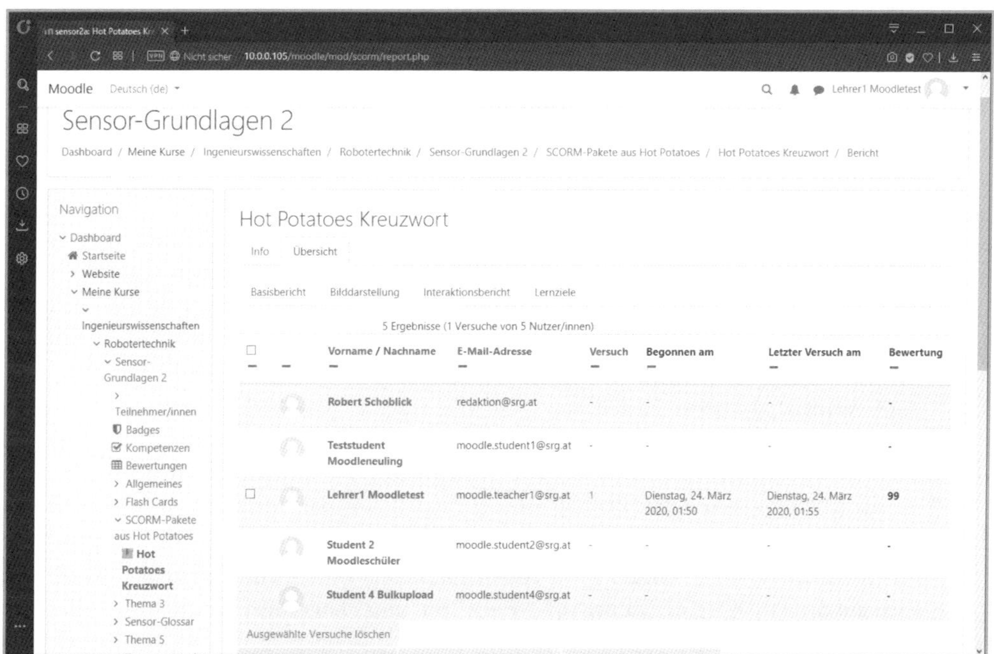

Bild 12.55 Die Ergebnisse der Hot-Potatoes-Lerneinheiten können erfasst und von den Lehrenden ausgewertet werden

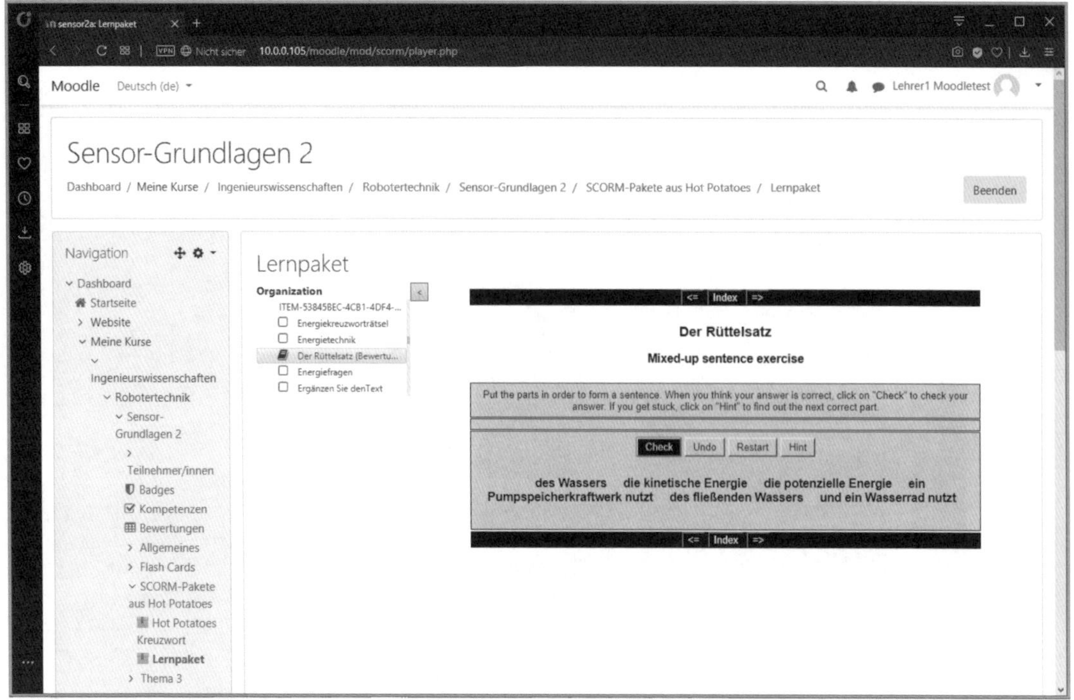

Bild 12.56 Ein mit dem Masher erstelltes Lernpaket bietet in einer Aktivität alle im Paket enthaltenen Lernspiele an. Diese können gezielt per Mausklick bearbeitet werden.

12.5.2 HTML 5 Package (H5P)

H5P steht für HTML5 Package. Damit wird lediglich die grundlegende Technik beschrieben, ohne auch nur ansatzweise die Potenziale dieses Content Collaboration Frameworks zu betonen. H5P dient der Entwicklung multimedialer und vor allem tatsächlich interaktiver Lehrinhalte. So können interaktive Videosequenzen mit Zusatzinformationen und Aufgaben zu einzelnen Abschnitten des Videos formuliert werden.

Interessant sind aber auch die Möglichkeiten, direktes Feedback einzuholen, was auch unterstützend im Präsenzunterricht möglich ist. Obwohl H5P noch eine sehr junge Technologie ist – sie basiert unter anderem auf HTML5 und kann auch multimediale Inhalte ohne zusätzliche Browser-Plugins in einer Webseite darstellen und wiedergeben–, gibt es bereits eine starke Community und eine Reihe von guten Lernmaterialien, die frei verfügbar sind.

Diese Lernmaterialien kann man kostenlos mit einem Online-Editor erstellen, wenn man sich auf der Projektseite H5P.org registriert. Man muss allerdings beachten, dass die Nutzung dieser Plattform auch Regeln mit sich bringt: So sind die darin erstellten Lernmodule grundsätzlich offen und dürfen auch in der Community genutzt und erweitert werden.

Die Verwendung dieser – selbst erstellten, aber doch öffentlich gehosteten – Lehrmaterialien ist in Moodle sehr einfach möglich: Mit Moodle 3.8 findet man im Text-/HTML-Editor einen Button, der ein kleines Eingabefeld öffnet. In dieses wird der Link auf die Lehreinheit gesetzt und kann damit in Moodle verwendet werden.

Eine andere Möglichkeit, die zudem ein eigenes Urheberrecht zulässt, ist die Nutzung eines eigenen H5P-Editors, der direkt in das Moodle-System als Plugin eingebunden werden kann. Dieses Plugin muss allerdings zuerst von der Moodle-Administration in das System installiert und konfiguriert werden.

H5P-Aktivitäten-Plugin installieren!

Neben der Möglichkeit, H5P-Inhalte in den Text-/HTML-Editor einer Kursaktivität integrieren zu können, kann in Moodle auch ein H5P-Plugin direkt installiert werden. Damit ist es möglich, unabhängig von einem Account bei H5P.org Inhalte in Moodle zu gestalten. ■

H5P-Inhalte können - wenn sie extern über H5P.org erstellt wurden, über das Text-/HTML-Editorfenster in eine beliebige Moodle-Aktivität eingebaut werden, wenn sie mit dem Texteditor arbeitet. Um jedoch eigene H5P-*Aktivitäten* in Moodle-Kurse einbauen zu können, müssen der Trainer-Rolle durch die Moodle-Administration entsprechende Rechte[6] eingeräumt werden:

- Eingebettetes H5P hinzufügen: *atto/h5p:addembed*
- Bereitstellen von H5P-Inhalten: *moodle/h5p:deploy*
- Einstellung der H5P-Anzeigeoptionen: *moodle/h5p:setdisplayoptions*
- Installation (empfohlener) Bibliotheken: *mod/hvp:installrecommendedh5plibraries*

Manche Fähigkeiten sind mit dem Risiko des Cross Site Scripting verbunden! Deswegen sind Administratoren in der Regel sehr umsichtig bei der Zuweisung dieser Rechte zu einer Rolle. Unter Umständen entscheidet sich die Administration für die Erschaffung einer speziellen Teacher-Rolle, der H5P-Rechte als Editoren eingeräumt werden. Aber es können auch zusätzliche Student-Rollen mit gestalterischen Rechten mit H5P eingerichtet werden. H5P und dessen Möglichkeiten bieten sich förmlich an, Projekte durch Lernende entwickeln zu lassen. Die Idee des *Flipped Classrooms*[7] kann hier mit nahezu allen möglichen Medien des Internet und der Computertechnik umgesetzt werden. Die Lernenden erarbeiten selbstständig zu bestimmten Themen gestellte Aufgaben, recherchieren selbstständig, lernen Quellen zu bewerten und die Inhalte auf Plausibilität zu überprüfen. Die Ergebnisse bereiten sie multimedial auf und haben so auch an der Ausarbeitung sowie der Präsentation Freude. Dies steigert die Motivation.

---

[6] Bitte die Schreibweisen beachten: h**5**p und h**v**p werden in der Bezeichnung der Fähigkeiten richtig verwendet. Über die Erlaubnis, diese Fähigkeiten zu nutzen, entscheidet die Moodle-Administration.

[7] Unter dem Begriff des *Flipped Classrooms* versteht man gewissermaßen die Umkehr der Handlungen im Klassenraum. Die Lernenden erarbeiten den Unterrichtsstoff selbstständig und tragen diesen vor. Die Lehrenden geben den roten Faden vor, wirken moderierend und beratend. Selbstverständlich obliegt ihnen noch die endgültige Bewertung der Arbeiten.

Risikobewertung bei Student-Projekten

H5P ist eine höchst interaktive und vielseitige Lerntechnologie. Sie hat große Potenziale für Lehrende, um interessante, multimediale und eben interaktive Lehreinheiten zu gestalten. Allerdings fördert es auch die Kreativität der Lernenden, wenn diese selbst Kurseinheiten ausarbeiten und online präsentieren können. Weil die Gestaltung von HTML5- und JavaScript-Inhalten auch das Risiko des Cross Site Scripting mit sich bringt, empfiehlt es sich, eine neue Student-Rolle anlegen zu lassen, die das Recht zur Gestaltung von H5P-Inhalten erhält.

12.5.2.1 H5P-Inhaltstypen

Während bei Hot Potatoes fünf Spiele definiert sind, gibt es eine Vielzahl von Inhaltstypen für H5P. Es lohnt sich, sich mit diesen auseinander zu setzen und sie Schritt für Schritt in das eigene Lehrkonzept zu integrieren. Verschiedene Inhaltstypen sind bereits aus anderen Moodle-Aktivitäten oder aus Hot Potatoes bekannt und entsprechend ebenso in H5P umgesetzt worden. Die Mehrzahl der Inhaltstypen ist jedoch völlig neu. Folgende Inhaltstypen kennt H5P:

- **Accordeon:** Sichtbar sind zunächst kurze Schlagworte oder einfache Beschreibungen. Klickt man auf den Begriff, öffnet sich eine detaillierte Beschreibung. Der Inhaltstyp kann in rein präsentierenden Lektionen verwendet werden, wo es vermieden werden soll, Lernende sofort mit einer großen Informationsflut zu überfordern. Der Inhaltstyp kann aber auch der Selbstkontrolle dienen, wobei kurze Kontrollfragen sichtbar sind und mit einem Mausklick die Lösung eingeblendet wird.
- **Agamotto:** eine Slideshow-Variante zur Darstellung von Bildern und erklärenden Texten.
- **Arithmetic Quiz:** Rechenaufgaben werden gelöst. Wird dieses Quiz nach Zeit durchgeführt, fördert es die Fähigkeit des Kopfrechnens.
- **Audio Recorder:** Aufnahmemöglichkeit für selbst gesprochene Texte oder – im Musikunterricht – selbst gesungene Lieder bzw. Instrumentalaufnahmen.
- **Branching Szenario:** Fragen mit verschiedenen Antwortmöglichkeiten werden wie Checklisten durchgegangen. Wenn der Lernende einen falschen Lösungsweg wählt, beginnt das Szenario von Neuem. Beispielsweise könnte hier ein theoretisches Szenario durchgesprochen werden, wie eine stabile Seitenlage bei der Ersten Hilfe durchzuführen ist.
- **Chart:** Verschiedene Diagrammtypen eignen sich zur Darstellung von Ergebnissen aus Aufgaben der Mathematik oder Statistik etc.
- **Collage:** Die Lernenden erarbeiten aus verschiedenen Bildern eine Bildersammlung und bereiten diese für die Präsentation im Kurs auf.
- **Column:** Hier können verschiedene Inhaltstypen kombiniert werden.
- **Course Presentation:** Eine vereinfachte Form einer „PowerPoint"-ähnlichen Präsentation. Allerdings sollte hier nicht das Leistungsvolumen einer ausgereiften Präsentationssoftware erwartet werden.

- **Dialog Cards:** „Flash Card Set“-Lernkartenspiel.
- **Dictation:** Eine Audio-Aufzeichnung eines Diktats durch einen Lehrenden wird im Kurs von den Lernenden gehört. Diese schreiben die gehörten Sätze in die Lösungsfelder. Die Aufnahme kann mit einem beliebigen Programm oder direkt mit dem H5P-Audio Recorder erfolgen.
- **Documentation Tool:** Ein durch ein Webformular geführtes Dokumentationswerkzeug. Es eignet sich für einfache Formen eines „Projektmanagements“ zur Abarbeitung der Meilensteine.
- **Drag and Drop:** Zuordnungsspiel, bei dem Texte und Bilder einander zugeordnet werden.
- **Drag the Words:** Lückentextspiel, wobei die fehlenden Wörter aus einem Lösungspool gewählt und mit der Maus an die richtige Stelle geschoben werden.
- **Essay:** Lernende schreiben einen kurzen Text zu einer Aufgabe. Das Programm prüft, ob bestimmte Stichworte im Text auftauchen. Dieser Inhaltstyp sollte jedoch keinesfalls von einer Lehrperson unkommentiert verwendet werden.
- **Fill in the blanks:** Lückentext.
- **Find the Hotspots**: Lernende müssen zu einer Aufgabenstellung in einem Bild den passenden Bereich finden und markieren. Das Tool eignet sich gut für spontane Überprüfungen während einer Präsenzphase, zum Beispiel in der Kurvendiskussion in der Mathematik: „Bezeichnen Sie in der vorliegenden Kurve einen Wendepunkt!“
- **Find the Words:** Suchrätsel, vergleichbar dem „Cryptex“ (Abschnitt 12.3.3).
- **Flash Cards:** Ein weiteres Lernkartenspiel.
- **Guess the Answer:** Ein Lernkartenspiel mit Bildfragen.
- **iFrame-Embedder:** Mithilfe eines iFrames wird es möglich, Inhalte anderer Webseiten einzubauen, ohne dabei geltende Urheberrechte zu verletzen. Allerdings werden iFrames nicht von allen Browsern unterstützt, denn sie können deaktiviert werden.
- **Image Hotspots:** Ein Bild wird mit anklickbaren Informationen versehen. So können die Lernenden per Mausklick gewissermaßen „Fragen an das Bild richten“.
- **Image Juxtaposition:** Vergleich zweier Bilder durch Überlagerung.
- **Image Pairing:** Zuordnungsspiel mit Bildern.
- **Image Sequencing:** Die Lernenden müssen eine Auswahl von Bildern in die richtige Reihenfolge bringen.
- **Image Slider:** Slideshow-Präsentation mehrerer Bilder.
- **Mark the Words:** Die Lernenden markieren Wörter, die der Aufgabenstellung entsprechen.
- **Memory Game:** Klassisches Memory-Spiel mit verdeckten Kartenpaaren.
- **Multiple Choice:** Beim Klassiker, besonders für Fragestellungen in E-Learning-Systemen, werden zu einer Fragestellung mehrere mögliche Antworten angeboten. Eine oder durchaus auch mehrere Antworten können richtig sein.
- **Personality Quiz:** Es lassen sich analytische Fragen gestalten, mit denen Ansichten oder „Persönlichkeitsbilder“ ausgewertet werden. Dabei ist es natürlich entscheidend, wie der Verfasser der Aufgaben die Gewichtung und die Interpretationsschwerpunkte setzt. Das

Personality Quiz ist deswegen eine hochinteressante Aufgabe, um die eigene Objektivität zu schulen. Es ist nicht alleine für die Ausbildung von Psychologen oder Kommunikationswissenschaftlern interessant.

- **Quiz:** Dieser Inhaltstyp hat Parallelen zum *Masher* in Hot Potatoes. Es ist hierbei möglich, ein kombiniertes Quiz aus verschiedenen Fragetypen zu entwickeln. Für jede Frage wird eine Bewertung ausgegeben und am Schluss des Quiz eine Gesamtbewertung (Zahl der richtigen Lösungen zu maximal erreichbaren Punkten).
- **Single Choice Set:** Zu den gestellten Fragen gibt es nur eine einzige richtige Antwort.
- **Summery:** Es werden hintereinander mehrere Fragen gestellt. Grundsätzlich ist jeweils eine Aussage richtig, die mit der Maus angeklickt wird. Nach der Antwort wird automatisch die nächste Frage sichtbar.
- **True-False:** Die Lernenden bewerten, ob die präsentierten Aussagen wahr oder falsch sind.
- **Timeline:** Die Lernenden erstellen eine Zeitleiste und können dazu passende Texte und Illustrationen per Mausklick einblenden. Als Einsatzschwerpunkt bietet sich Geschichtsunterricht an, aber auch andere Projekte lassen sich in einer Zeitleiste abbilden. Besonders interessant ist dies für Teamarbeiten. Zusätzlich können auch Lehrende das Instrument nutzen, um beispielsweise das Curriculum des laufenden Semesters zu präsentieren.
- **Virtual Tour:** Auf einem Bild – auch auf einer 360°-Aufnahme – können Hotspots platziert werden, die Lernende suchen und erforschen sollen.
- **Video:** Es wird nicht nur ein einfaches Video präsentiert, sondern dieses durch Breakpoints und interaktive Elemente ergänzt.

Die Inhaltstypen werden permanent ergänzt und weiterentwickelt. Es ist deswegen immer auch lohnenswert, die H5P.org-Projektseite zu besuchen.

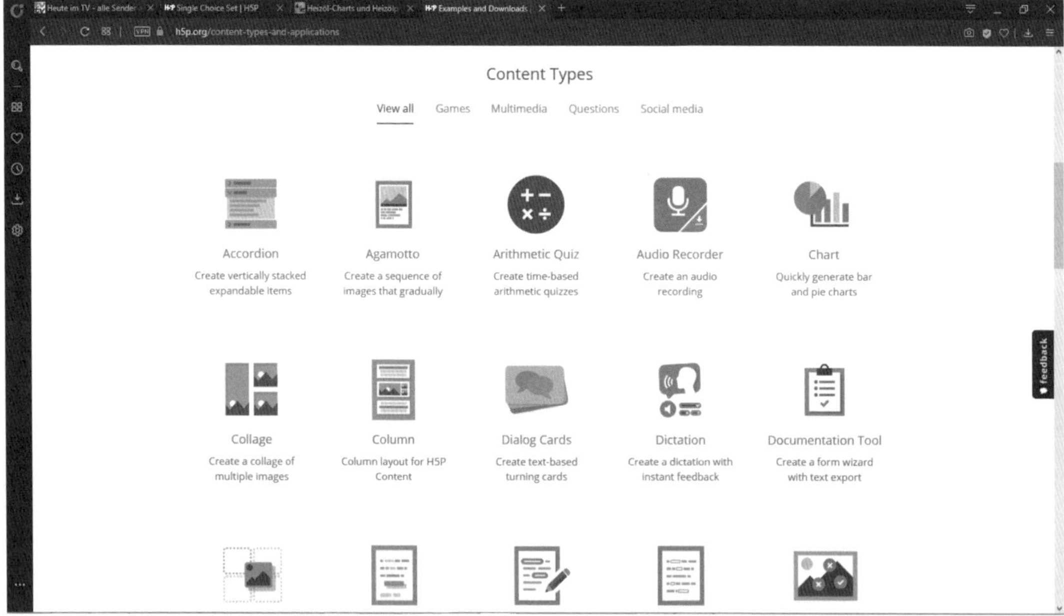

Bild 12.57 Auf der Projektseite h5p.org gibt es eine Übersicht der aktuell verfügbaren Inhaltstypen.

12.5.2.2 H5P in Moodle-Aktivitäten

H5P-Inhalte können in Moodle auf verschiedene Weise genutzt werden. In diesem Abschnitt wird die Integration fertiger H5P-Inhalte in Textseiten vorgestellt. Es gibt im Editor ein kleines Icon mit schwarzem Untergrund und dem H5P-Logo. Damit wird ein kleines Formular geöffnet, welches mit einem einfachen Link auf die H5P-Ressource befüllt wird.

Dieser Inhalt muss allerdings zuerst einmal erstellt werden. Der einfachste Weg dazu ist ein eigener – kostenloser – Zugang zu H5P.org, der in wenigen Minuten eingerichtet ist und lediglich eine eigene E-Mail-Adresse erfordert.

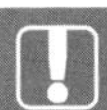

Achtung: Spamfilter arbeiten oft unpräzise!

Möglicherweise erwartet man eine Bestätigungsmail von H5P.org und wartet vergebens. Es kann sich in diesem Fall ein Blick in den Spamordner des Posteingangs lohnen. Das gleiche Problem hat man möglicherweise auch mit der Bestätigungsmail bei der Registrierung am Moodle-System bereits gehabt.

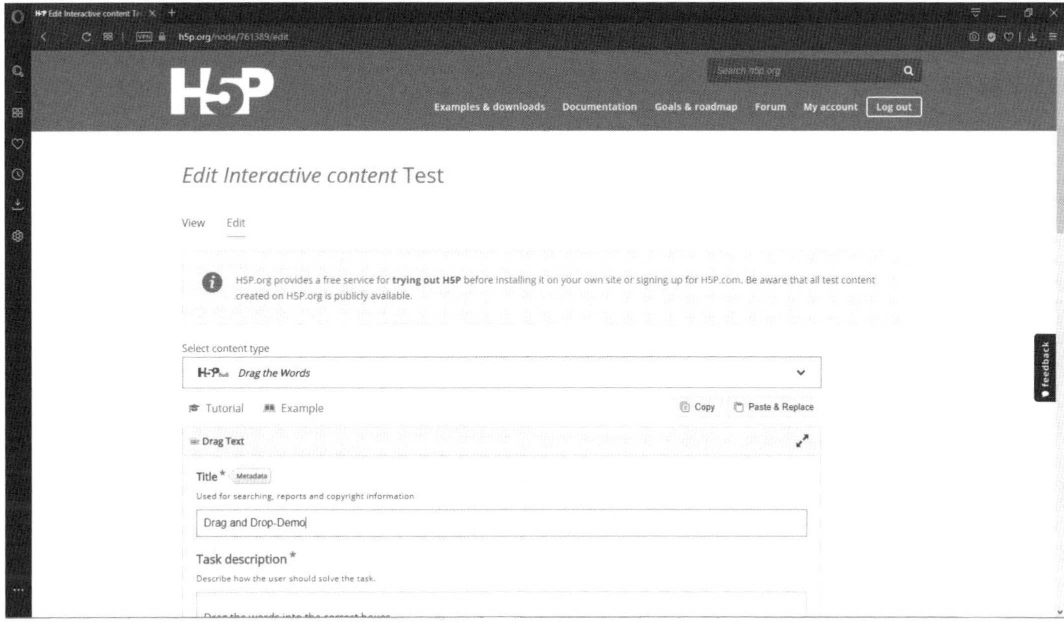

Bild 12.58 Es soll eine Aufgabe des Inhaltstyps „Drag and Drop" angelegt werden.

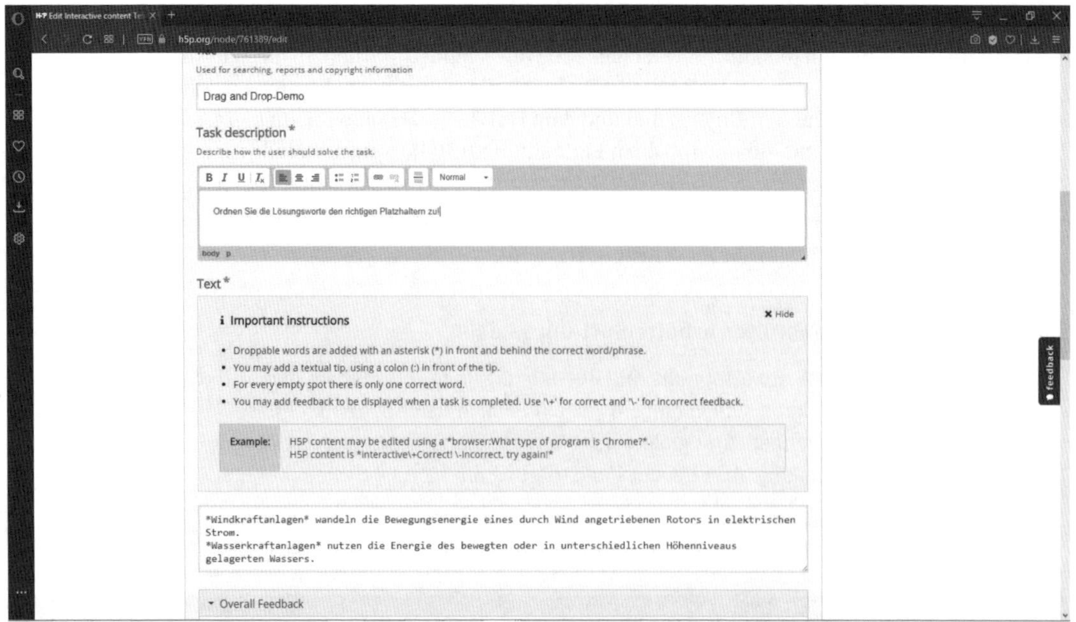

Bild 12.59 Auch H5P fordert – unabhängig von deren Formulierung – eine Beschreibung der Aufgabe.

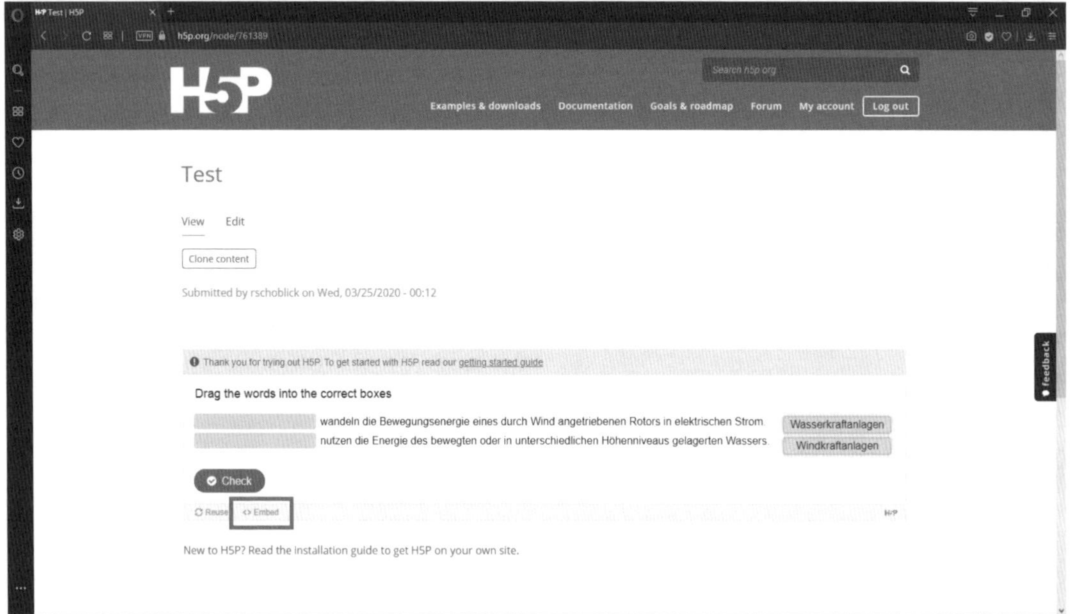

Bild 12.60 Die fertige Aufgabe kann zunächst direkt in der H5P-Plattform getestet und optimiert werden. Über den unscheinbaren Link <> *Embed* kann der Link für den späteren Moodle-Import abgerufen werden.

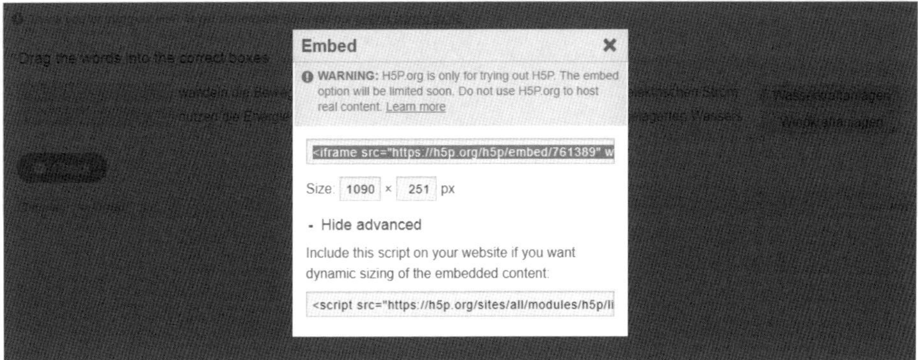

Bild 12.61 Der komplette Einfüge-Code wird markiert und kopiert. Dieser Code wird in Moodle eingefügt.

Ist der H5P-Inhalt erstellt, kann dieser direkt von der Quelle (H5P.org) in die Moodle-Aktivität als *iFrame*[8] importiert werden. Im Beispiel wurde eine sehr einfache Aktivität *Textseite* gewählt. Im Texteditor wird das H5P-Symbol gewählt, was in der Werkzeugleiste über dem Textfenster auswählbar ist. Es ist allerdings zu beachten, dass der Einsatz von iFrames aus Gründen des Datenschutzes nicht unumstritten ist. In iFrames werden Inhalte anderer Webseiten eingebunden. Das bedeutet, dass diese Seiten auch Cookies setzen dürfen, die dabei helfen können, das Surf- und Benutzerverhalten zu analysieren. Das ist nicht grundsätzlich verboten, jedoch muss im Sinn der Datenschutzgrundverordnung darauf hingewiesen werden.

Achtung: Es greift die DSGVO!

Mit einer Verlinkung auf den H5P.org-Webserver wird der eigene lokale Server verlassen. Die Systemadministration hat somit keinen Einfluss mehr auf die Inhalte einer fremden Webseite, die in einem iFrame präsentiert wird. Die Nutzung eines iFrames ist zwar keinesfalls verboten. Auf die *Möglichkeit*, dass fremde Seiten Tracking-Cookies setzen *könnten*, sollte jedoch hingewiesen werden.

[8] iFrame steht für Inline Frame. Es wird ein Rahmen in eine Webseite – zum Beispiel die Moodle-Oberfläche – eingefügt, in die eine andere Webseite geladen werden kann.

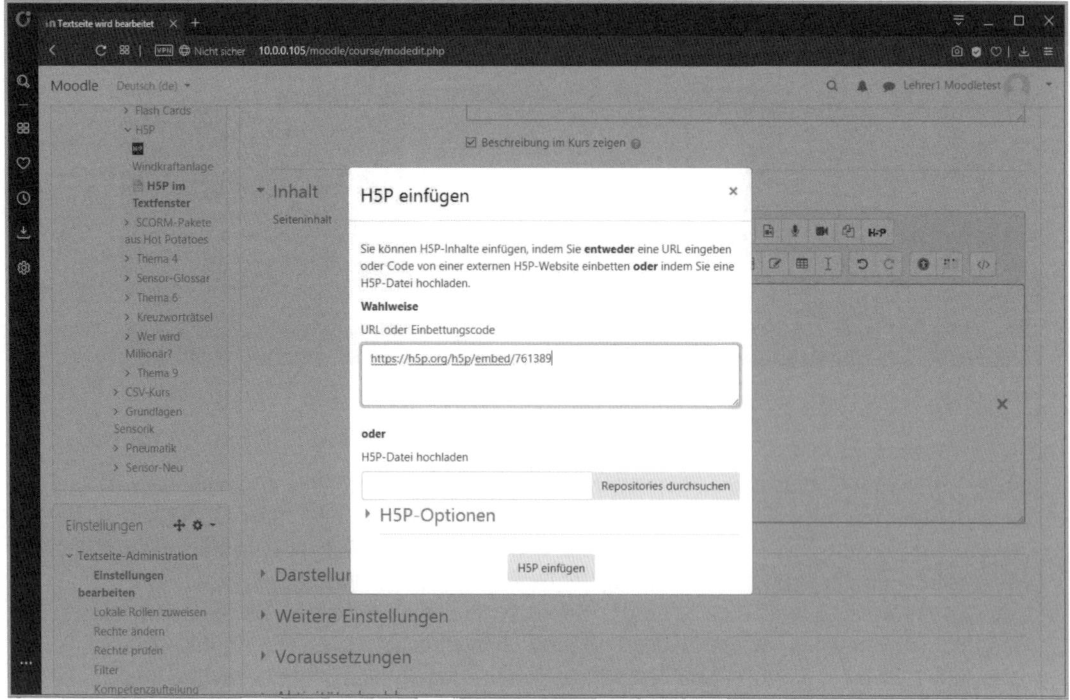

Bild 12.62 Der Link auf die H5P-Ressource wird in das Formularfenster im Moodle-Text-/HTML-Editor eingetragen.

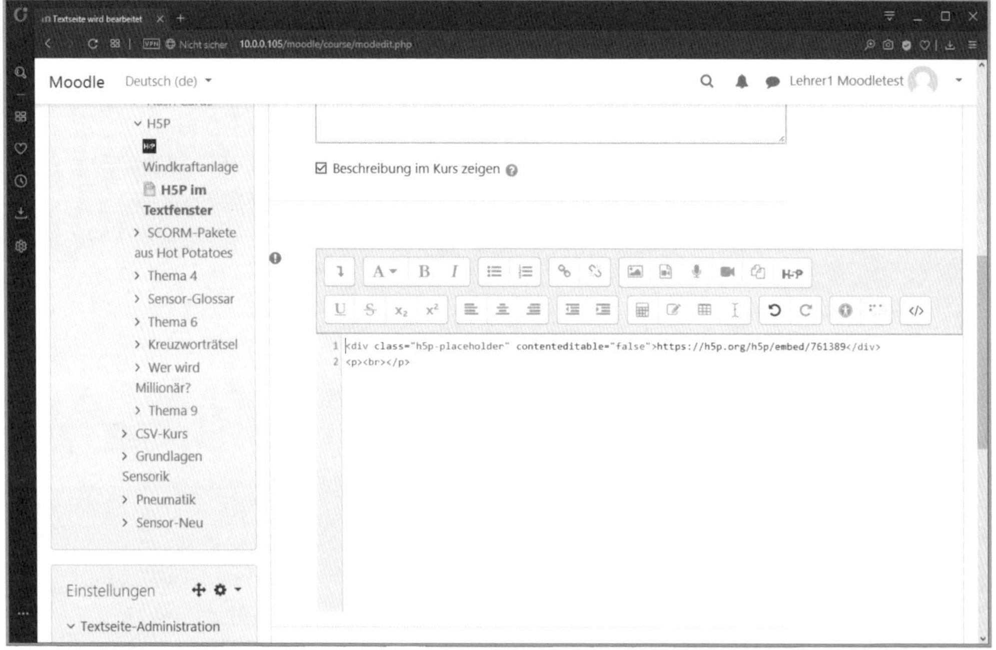

Bild 12.63 Moodle erzeugt intern ein kleines HTML-Skript. Die Klasse wird von der entsprechenden CSS-Formatierung benutzt.

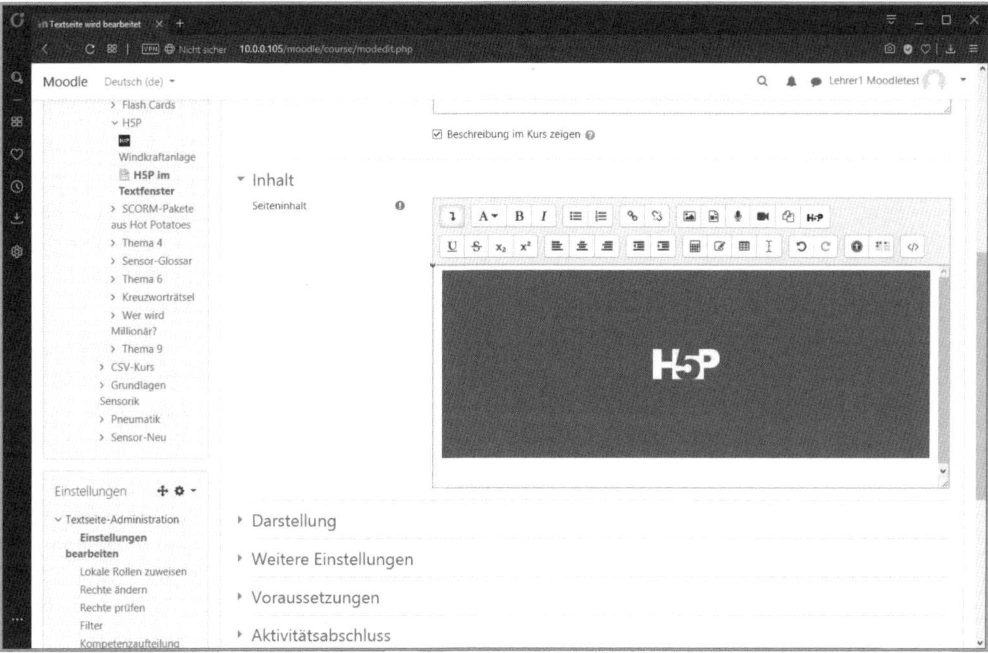

Bild 12.64 Im Editor erscheint nur ein Platzhalter, der auf einen gesetzten Link hinweist. Die Aufgabe wird erst in der Vorschau oder beim Ausführen sichtbar.

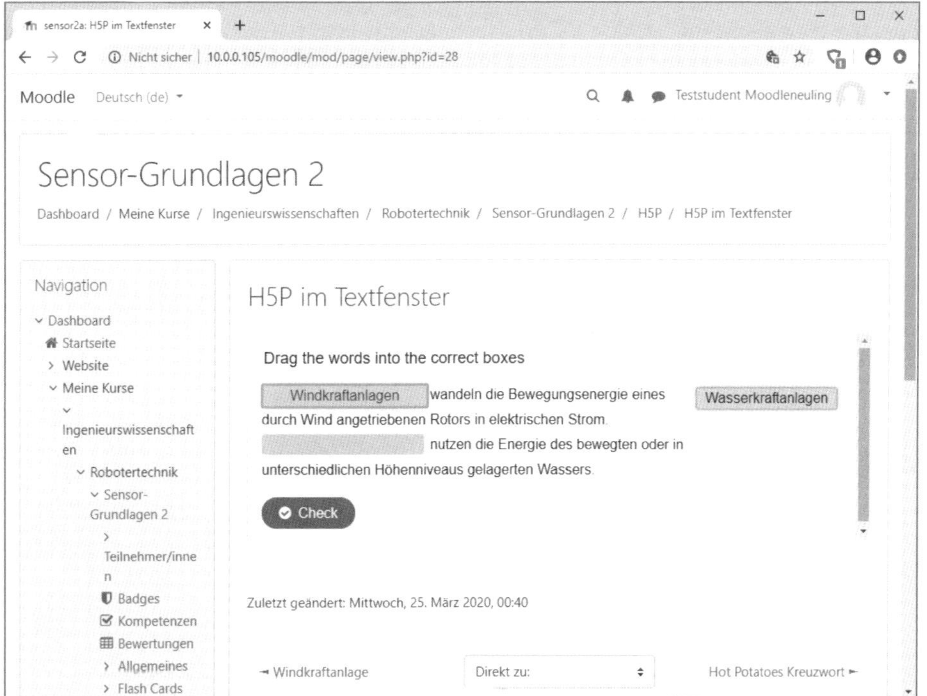

Bild 12.65 Lernende finden nun in ihrem Fenster die Aufgabe, doch sie arbeiten über das Moodle-Fenster in einem fremden System!

12.5.2.3 H5P-Aktivität in Moodle-Kursen

Die Integration von Aufgaben aus fremden Systemen hat verschiedene Nachteile: Die Frage nach der Konformität zur Datenschutzgrundverordnung (DSGVO) wurde bereits angesprochen. Allerdings stellt sich auch die Frage nach der Verfügbarkeit. Auch H5P.org weist ausdrücklich darauf hin, dass die auf dieser Plattform erstellten Inhalte nicht grundsätzlich verfügbar sein werden (vgl. Bild 12.61). Es wird von Seiten der Plattformbetreiber zudem darauf hingewiesen, dass alle Inhalte grundsätzlich öffentlich sind und auch in anderen Lehrkonzepten nutzbar gemacht werden können. Wer seine Lehrinhalte mit einem Copyright versehen und diese möglicherweise in kommerziellen Kursen anbieten möchte, für den ist die H5P-Plattform mit den aktuellen Strukturen die falsche Adresse.

Besser ist es deswegen, alle Inhalte in eigener Regie zu produzieren, was auch möglich ist. Im Moodle Plugin Directory wird man fündig. Dort gibt es ein H5P-Plugin, das nicht nur eine neue Aktivität zur Kursgestaltung anbietet, sondern auch die Möglichkeit, die Inhalte direkt im Kurs zu erzeugen. Eine externe Anbindung zu H5P.org ist damit nicht erforderlich.

Es ist jedoch von der Moodle-Administration etwas Vorbereitung zu leisten: Zum einen muss das Plugin installiert und aktiviert werden (s. o.). Darüber hinaus sollten die Rollen in ihren Fähigkeiten noch einmal neu überdacht werden. Muss wirklich jede Trainer-Rolle H5P einsetzen dürfen? Es ist tatsächlich ein sehr leistungsfähiges Tool und in vielen Kursbereichen zweckmäßig.

H5P ist aber auch – wenn nicht sogar vor allem – für Lernende interessant, die selbstständig Inhalte entwickeln und gestalten wollen. Dies fördert die Motivation, steigert tatsächlich die Freude am Lernen, weil die eigene Kreativität an Bedeutung gewinnt und das Ergebnis durchaus Wertschätzung erfährt. Es birgt aber auch Risiken in sich, die allgemein durch die Möglichkeit, HTML-Inhalte editieren zu können, gegeben sind.

Es ist also auch Aufgabe der Administration unter Umständen weitere Trainer- und Student-Rollen anzulegen und ihnen die erforderlichen Fähigkeiten für die Erstellung von H5P-Content zuzuweisen.

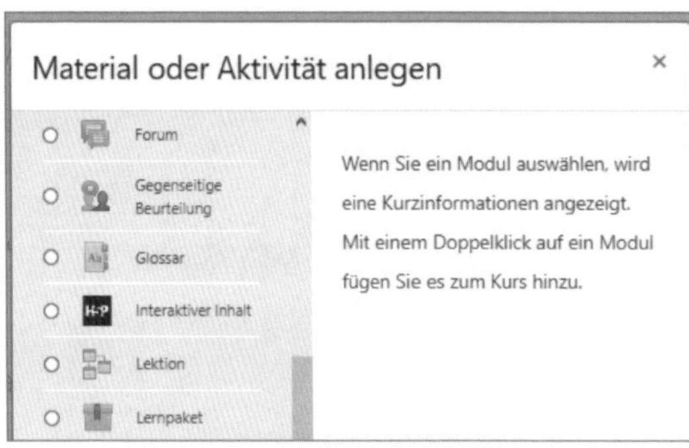

Bild 12.66
Ist das H5P-Plugin installiert, können Aktivitäten direkt in den Kurs eingefügt werden, ohne den Umweg über den HTML-Editor und externe Quellen zu beschreiten.

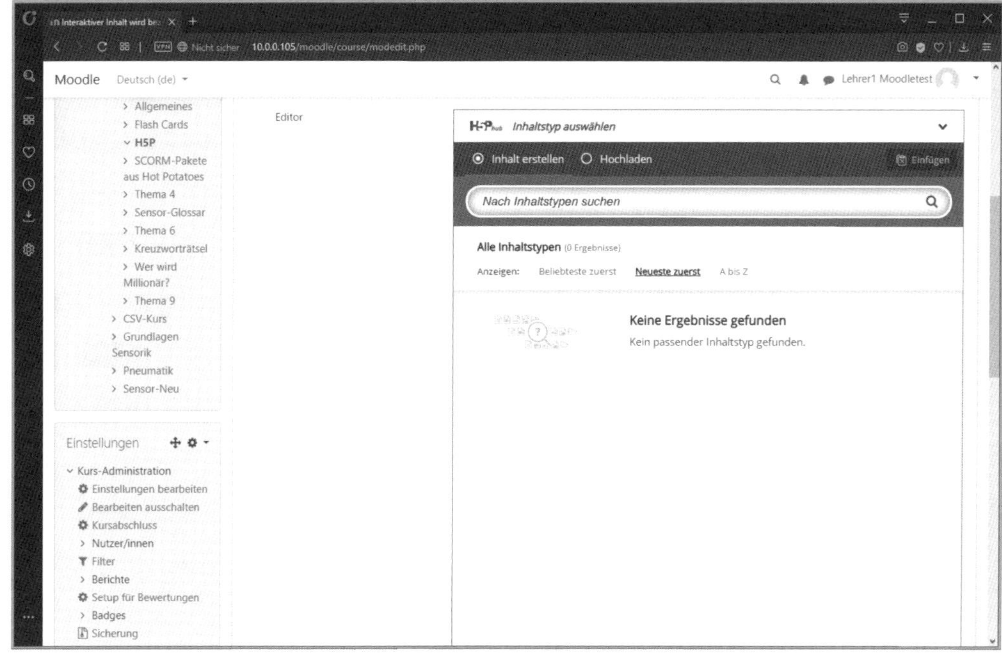

Bild 12.67 Die Aktivität H5P – sie ist nur verfügbar, wenn das Plugin installiert wurde – kann nur dann genutzt werden, wenn die entsprechenden Fähigkeiten aktiviert wurden. Anderenfalls bleibt die Auswahl der Inhaltstypen leer.

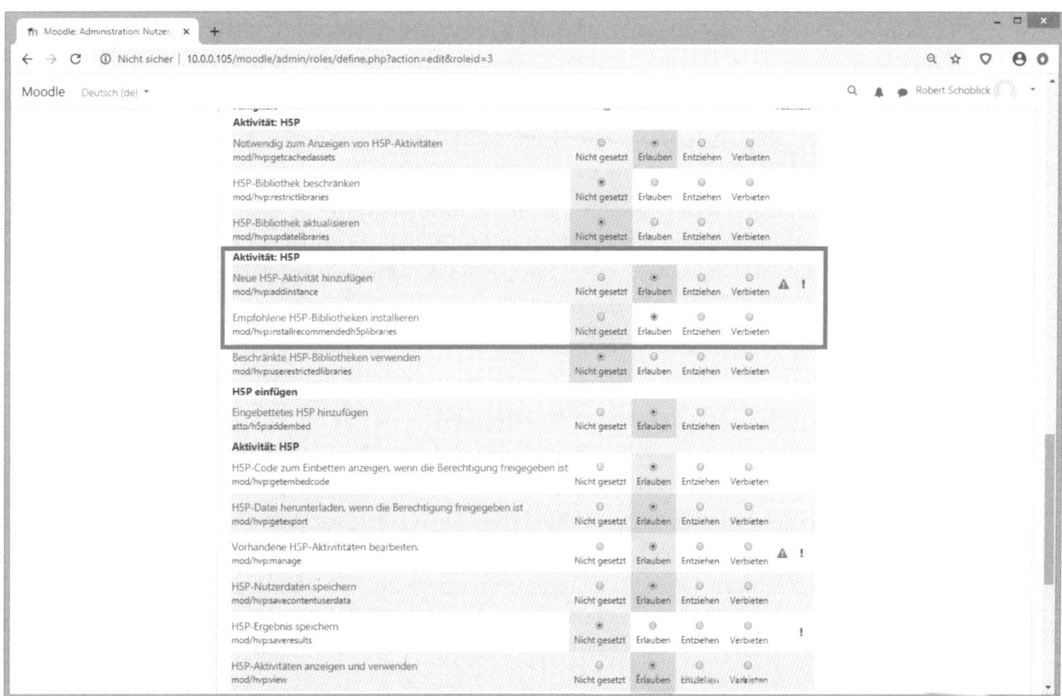

Bild 12.68 Nur wenn die Aktivität in einem Kursbereich hinzugefügt und die Erlaubnis, die Inhaltsbibliotheken zu nutzen, von der Administration erteilt wurde, können H5P-Inhalte in den Kurs eingefügt werden.

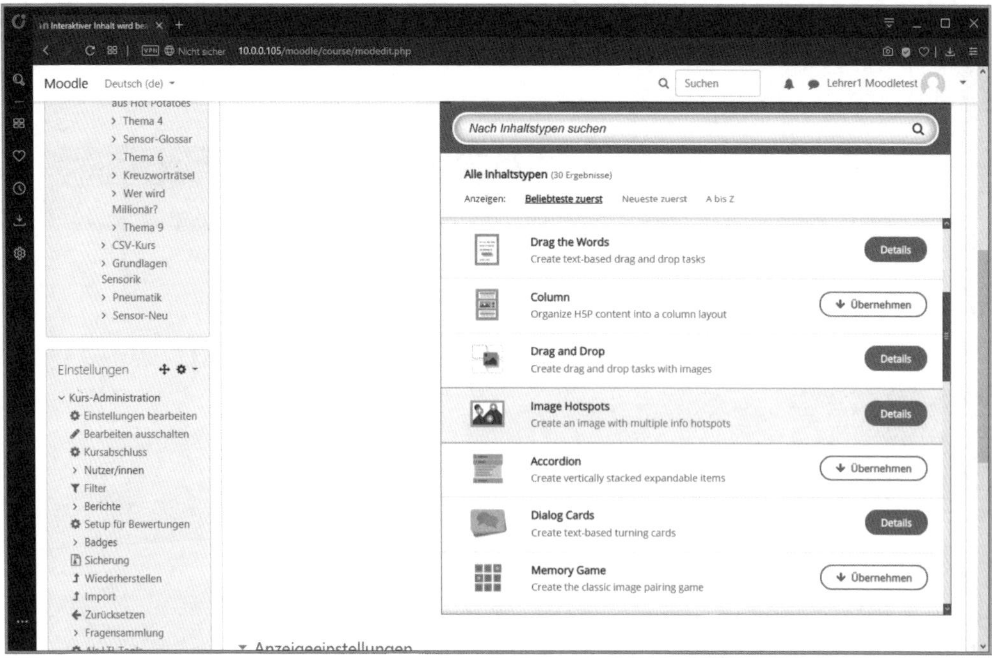

Bild 12.69 Sind die Fähigkeiten zur Installation der empfohlenen Bibliotheken vorhanden, können Inhaltstypen zur Gestaltung einer H5P-Aktivität gewählt werden (hier: Image Hotspots).

Am Beispiel eines *Image Hotspots* soll die Verwendung einer eigenen H5P-Aktivität in einem Kursabschnitt vorgestellt werden. Wie bei jeder Aktivität werden mindestens zwei Pflichtfelder ausgefüllt: der Name der Aktivität und eine Beschreibung.

Die Aktivität *Image Hotspots* benötigt zunächst ein Bild. Neben dem Upload werden hier auch zusätzlich Quellenangaben und Lizenzbedingungen vermerkt. Auch Moodle ist eine öffentliche Plattform und es ist das Urheberrecht zu beachten.

Das Bild sollte mehrere interessante Elemente enthalten, die es sich näher zu erklären lohnt. Die Erklärung dieser Hotspots erfolgt mithilfe kleiner Textblöcke, weiterer Erklär-Grafiken oder sogar mit Videosequenzen. Die Lernenden klicken auf den jeweiligen Hotspot und bekommen ihre Information dargeboten.

In der Lehre kann der Inhaltstyp *Image Hotspots* auf verschiedene Weise verwendet werden:

- **Reines Informationsmedium:** Die Lehrenden entwickeln ein Bild mit verschiedenen Elementen, die von den Lernenden zu erforschen sind. Dies dient der Wissensvermittlung. Wenn der Inhalt des Hintergrundbilds gut gewählt wird, können die Lernenden durchaus zusätzliche Informationen über die Zusammenhänge der Inhalte gewinnen.
- **Eigene Projektarbeit:** Die Lernenden erarbeiten Texte, Illustrationen und Videosequenzen zu einem Themengebiet. Diese Elemente setzen sie als *Image Hotspots* um und bieten diese anderen Mitlernenden als Lehrgangsunterlage an. Die Übung kann auch als Teamprojekt gestaltet werden. Als Ergänzung der Arbeit lässt sich auch das Feedback der anderen Lernenden trainieren.

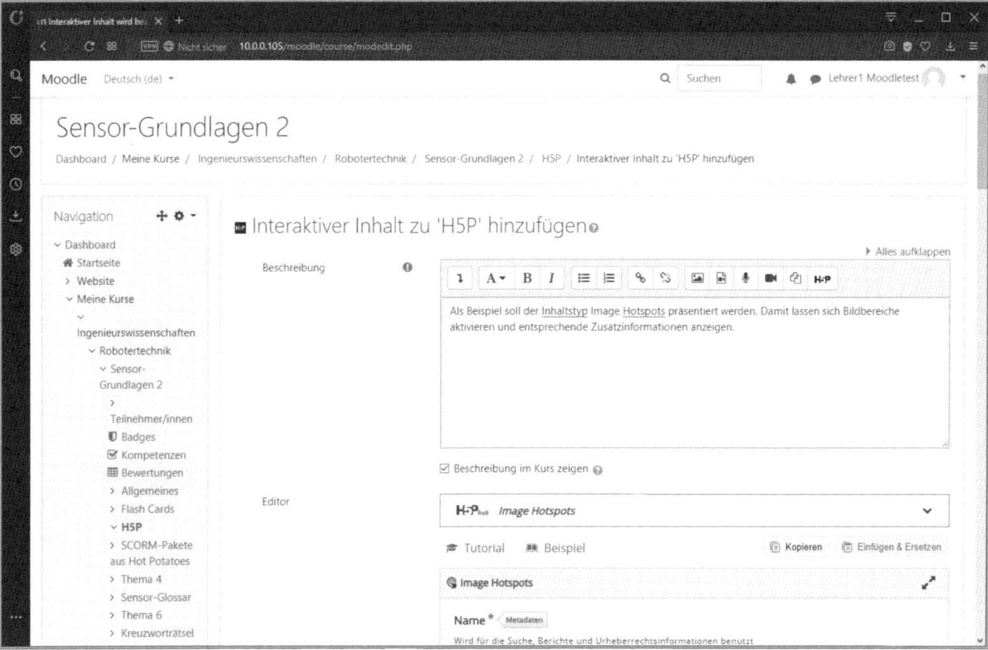

Bild 12.70 Es wird die Aktivität „Image Hotspots" im Kurs angelegt. In einem Bild werden verschiedene markante Punkte gesetzt, zu denen Erklärungen abgerufen werden können.

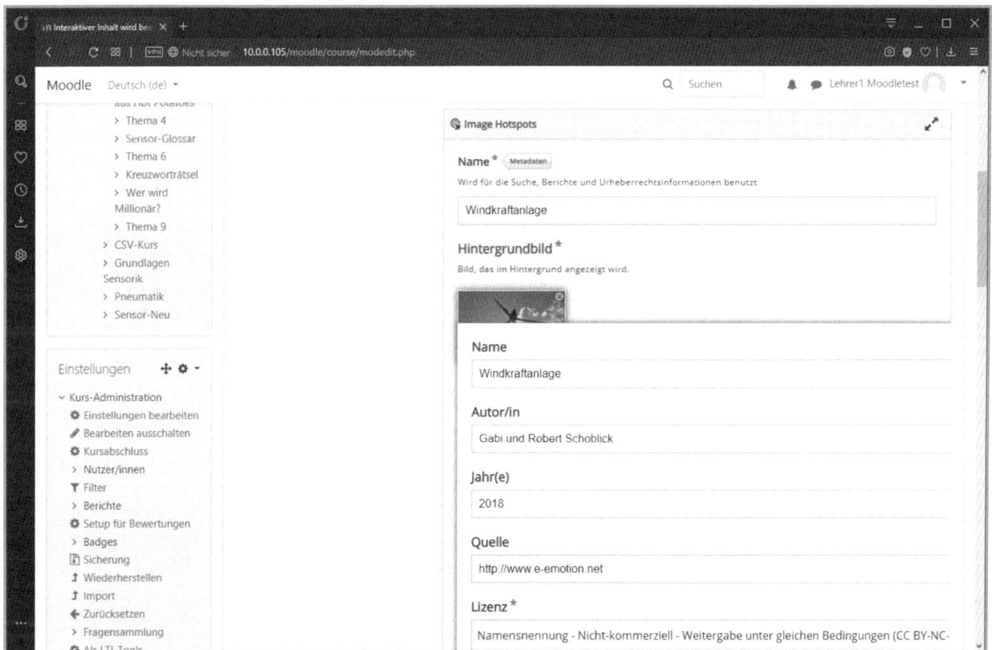

Bild 12.71 Die verwendete Bilddatei unterliegt möglicherweise besonderen Lizenzbedingungen, zu den Metadaten des Bilds gehören deswegen Lizenzbedingungen und Quellenangaben.

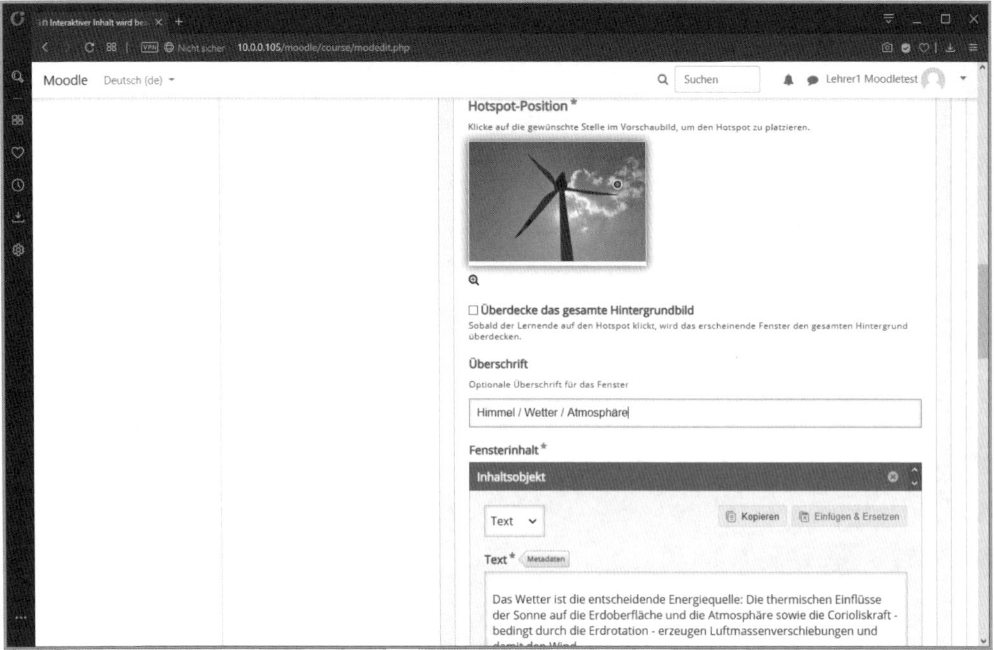

Bild 12.72 Für jeden Hotspot wird ein eigener Informationsinhalt bereitgestellt. Dabei kann es sich um einen Text, ein weiteres Bild oder um ein Video handeln.

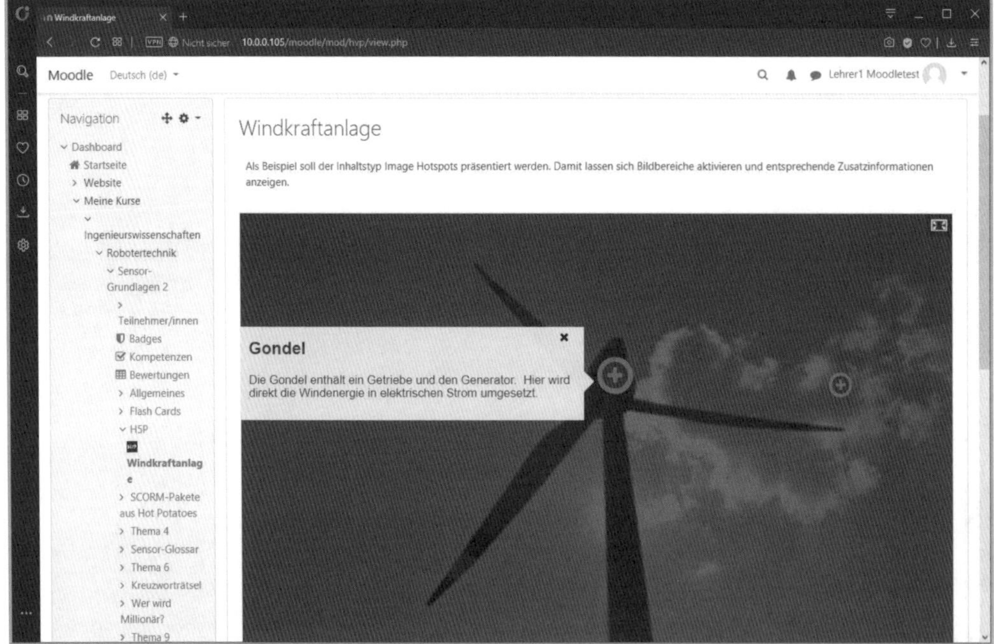

Bild 12.73 Die Lernenden erhalten beim Klick auf einen Hotspot zusätzliche Informationen zum betreffenden Abschnitt.

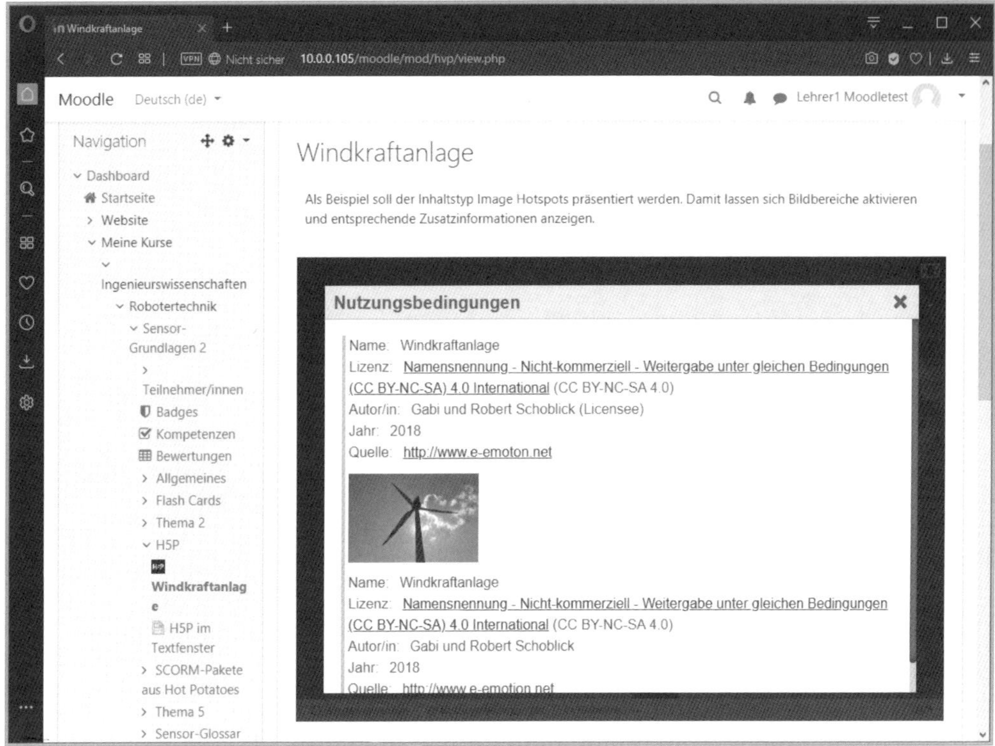

Bild 12.74 In öffentlichen Publikationen ist die Angabe der Quelle und der Nutzungsrechte wichtig. Auch Moodle-Kurse sind öffentliche Publikationen.

13 Fragenkataloge in Moodle

Moodle ist eine Lernplattform, die auch für komplexe Lernzielkontrollen und sogar zur elektronischen Ablegung von Prüfungen verwendet werden kann. Hierzu wird ein Fragenkatalog benötigt, aus dem das Moodle-System die Prüfungsfragen entnehmen kann. Es ist wichtig, ausreichend viele Fragen mit verschiedenen Schwierigkeitsgraden zu definieren. In der Tat handelt es sich hierbei um eine zunächst zeitaufwendige Arbeit. Allerdings lohnt sich der Aufwand auf die lange Sicht aus verschiedenen Gründen:

- Fragen können auch in künftigen Prüfungen verwendet werden.
- Bei ausreichend vielen Fragen werden stets verschiedene Prüfungen durchgeführt.
- Freitextaufgaben kompensieren Leseschwierigkeiten bei schlechten Handschriften der Lernenden.

Der Fragenkatalog fordert zwar einen hohen Startaufwand und regelmäßige Pflege, lässt sich aber auch sehr leicht erweitern, wodurch im Lauf der Zeit eine hochwertige und anspruchsvolle Fragensammlung entstehen kann. Hinzu kommt, dass bereits bestehende Fragenkataloge auch von Kolleginnen und Kollegen anpassbar und damit allgemein nutzbar sind. Wenn mehrere Lehrende Fragen ausarbeiten, entsteht eine sehr umfassende Sammlung, was wiederkehrende Fragen in verschiedenen Prüfungen unwahrscheinlich macht.

Um den Fragenkatalog anzulegen und dort Fragen zu erstellen oder zu verändern, sind Rechte der Teacher-Rolle erforderlich. Damit wird der Block *Kurs-Administration* erreicht. Lernende haben zu diesem Block keinen Zugang. Teacher ohne Autorenrechte sehen zwar den Block *Kurs-Administration*, können aber keine Fragen bearbeiten. Sie sehen in dem Block keinen Abschnitt *Fragen*.

Zur Erinnerung

Rollen sind in Moodle stets kontextbezogen! Das bedeutet, dass eine Person in einem Kurs eine Teacher-Rolle einnehmen kann, während sie in einem anderen Kurs möglicherweise lediglich als Teacher ohne Autorenrechte oder nur Student eingeschrieben ist. Entsprechend gestalten sich die Handlungsspielräume in den jeweiligen Kursen und Kursbereichen.

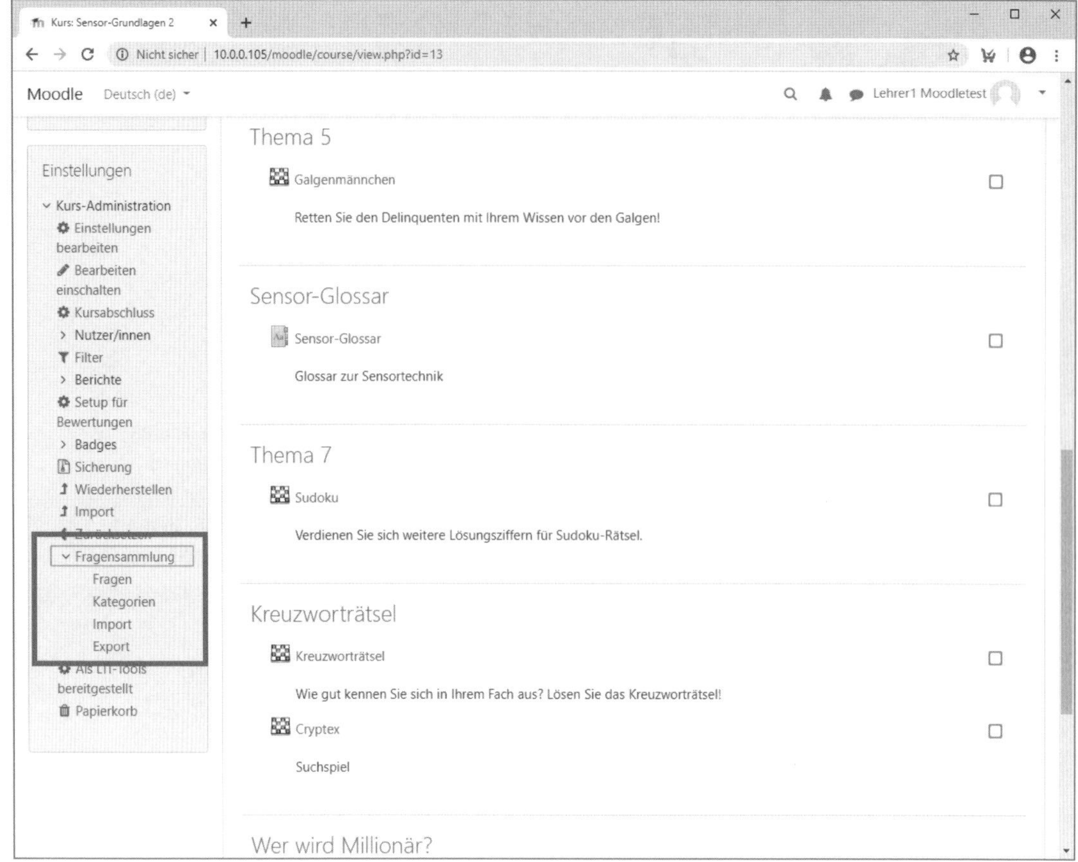

Bild 13.1 Nur mit den Rechten, Fragen zu erstellen und zu bearbeiten, ist dieser Menü-Teil in der *Kurs-Administration* sichtbar.

■ 13.1 Fragenkategorien

Ein Fragenkatalog muss in der Praxis sehr umfangreich werden. Das hat verschiedene Gründe:

- Die zu prüfenden Themengebiete weisen eine gewisse Komplexität auf und sollten umfassend berücksichtigt werden.
- Prüfungsfragen sollten nicht von den Lernenden *vorhersehbar* sein! Alleine unter dem Vorsatz, bei Wiederholungen und in kommenden Semestern stets eine neue Prüfung anzubieten, begründet sich die Anforderung eines sehr umfangreichen Fragenkatalogs.

Um dem Volumen eines solchen Fragenkatalogs eine gewisse Übersicht zu verleihen, werden die Fragen in Kategorien gegliedert. Das hat rein praktische Gründe: Zum Beispiel können Einschränkung der Nutzung auf einen Kurs festgelegt werden. Von besonderer Bedeutung ist allerdings eine Gewichtung der Schwierigkeitsstufen.

E-Learning ist kein Rationalisierungspotenzial!

In Bezug auf Prüfungen und Lernzielkontrollen muss betont werden: Ja! Elektronische Prüfungen vereinfachen die Beurteilung der abgelieferten Arbeiten. Es steckt jedoch sehr viel Anfangsarbeit in der Entwicklung elektronischer Lernzielkontrollen und Prüfungen. Dieser Aufwand sollte in der Zeitkalkulation für Kursvor- und Nachbearbeitungen entsprechend gewürdigt und bemessen werden. Dies gilt auch, wenn ein erster Fragenpool bereits erstellt wurde, denn auch Fragen erfordern regelmäßige Pflege (Korrekturen, Ergänzungen).

Der Einsatz von E-Learning-Elementen dient also nicht der Kompensation eines Lehrermangels und schon gar nicht der Rationalisierung im bestehenden System. Sinn ist es, die Qualität der Lehre zu verbessern und Lehrenden Zeit zu verschaffen, um genau dies zu erreichen. ■

13.1.1 Anlegen einer Fragenklasse

Kategorien sind hierarchisch gegliedert. Das bedeutet, dass eine Kategorie verschiedene Unterkategorien haben kann. Der Zugang und die Sichtweise der Kategorien sind allerdings stets auf einen Kontext bezogen. So werden Fragen grundsätzlich für einen Kurs angelegt. Zugreifen können entsprechend nur die Rollen, die in diesem Kurs die entsprechenden Rechte besitzen.

Lernende brauchen eine Sonderrolle!

Lernende sehen in ihrem Kurs keinen Block „Kurs-Administration“. Sie haben keinen Zugriff auf Fragenkategorien oder Fragen. Soll jedoch die Entwicklung von Fragen als Kursprojekt vorgesehen werden, so bedarf dies der Definition einer besonderen Student-Rolle. Diese wird von der Moodle-Administration eingerichtet. Es empfiehlt sich zudem, die Fragen in einem eigenen Kurs ohne direkten Bezug zum Hauptkurs entwickeln zu lassen. So wird ausgeschlossen, dass tatsächliche Prüfungsfragen publik gemacht werden. ■

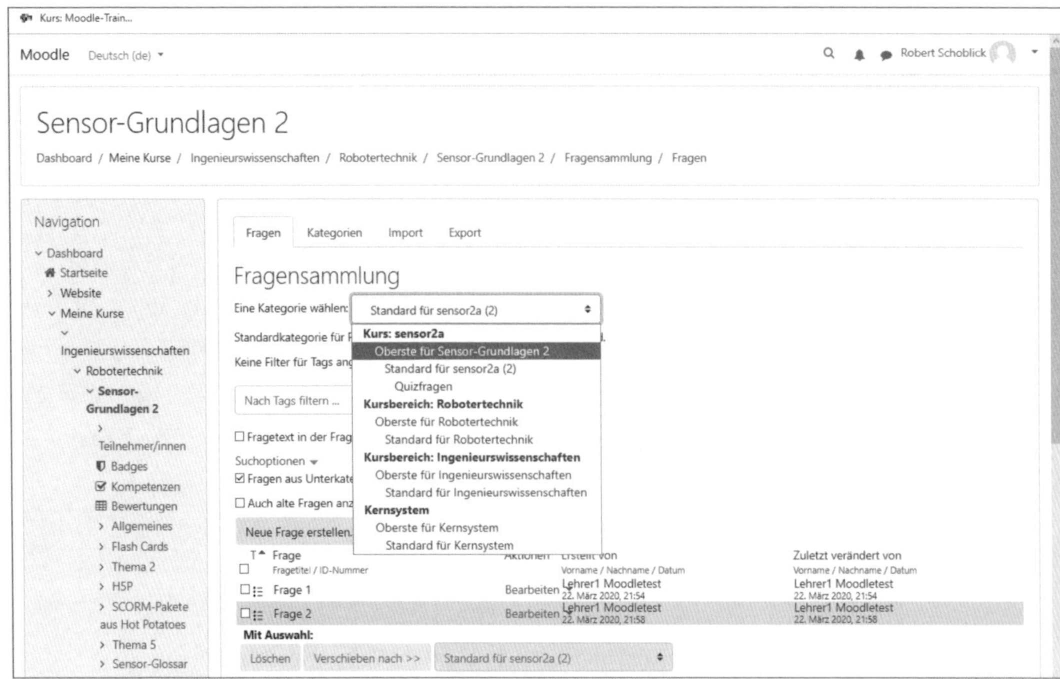

Bild 13.2 Die Moodle-Administration sieht alle Kategorien im System. Mit diesen Rechten ist es möglich, Fragen über Kursgrenzen hinweg zu verschieben.

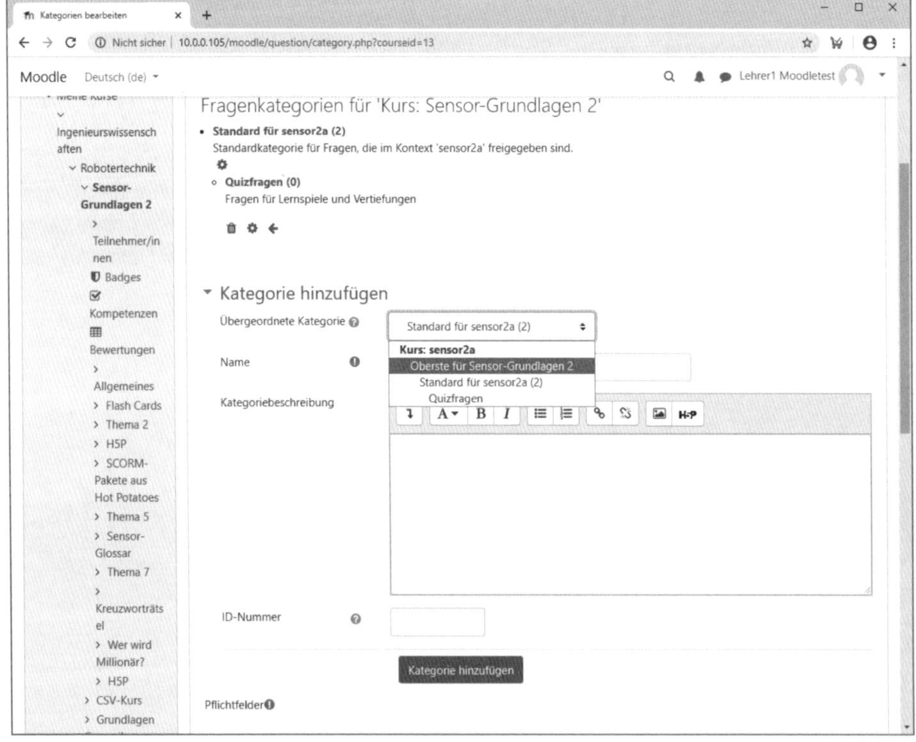

Bild 13.3 Die Teacher-Rolle in einem Kurs sieht nur die Fragenkategorien des jeweiligen Kurses.

Die Anlage einer neuen Kategorie erfolgt im Block *Einstellungen* unter *Kurs-Administration – Fragensammlung*. In diesem Fenster wählt man *Kategorien*. Im Abschnitt *Kategorie hinzufügen* kann nun eine neue Fragenkategorie definiert und in die Hierarchie eingeordnet werden. Der Abschnitt muss unter Umständen „aufgeklappt“ werden.

Die Zuordnung zur Hierarchie ist die erste Aufgabe bei der Anlage einer neuen Kategorie. Es ist zugleich die wichtigste Einstellung, um die dieser Kategorie zugewiesenen Fragen richtig in einem Test verwenden zu können. Der Name der Kategorie ist eine Pflichteingabe. Er sollte aussagekräftig formuliert werden. Auch hier gilt es zu bedenken, dass die Fragensammlung sehr komplex und umfangreich werden kann. Für die Kategorie-Beschreibung steht das komplette HTML-Editor-Fenster zur Verfügung. Eine ID-Nummer kann frei gewählt werden und aus Buchstaben und Ziffern bestehen. Sie muss allerdings im System einmalig sein. Ihre Festlegung ist nicht zwingend erforderlich.

Für die Gestaltung der Hierarchie gibt es verschiedene Strategien, die Lehrende anhand ihres eigenen Kursprogramms bzw. Lehrplans festlegen. Ein Vorschlag wäre der folgende:

- Oberste Kategorie-Ebene: Thema des Kurses
- Erste Unter-Kategorie: Klassifizierung nach Schwierigkeitsgraden (leicht, mittel, schwer)
- Zweite Unter-Kategorie: Einteilung nach Fragentypen

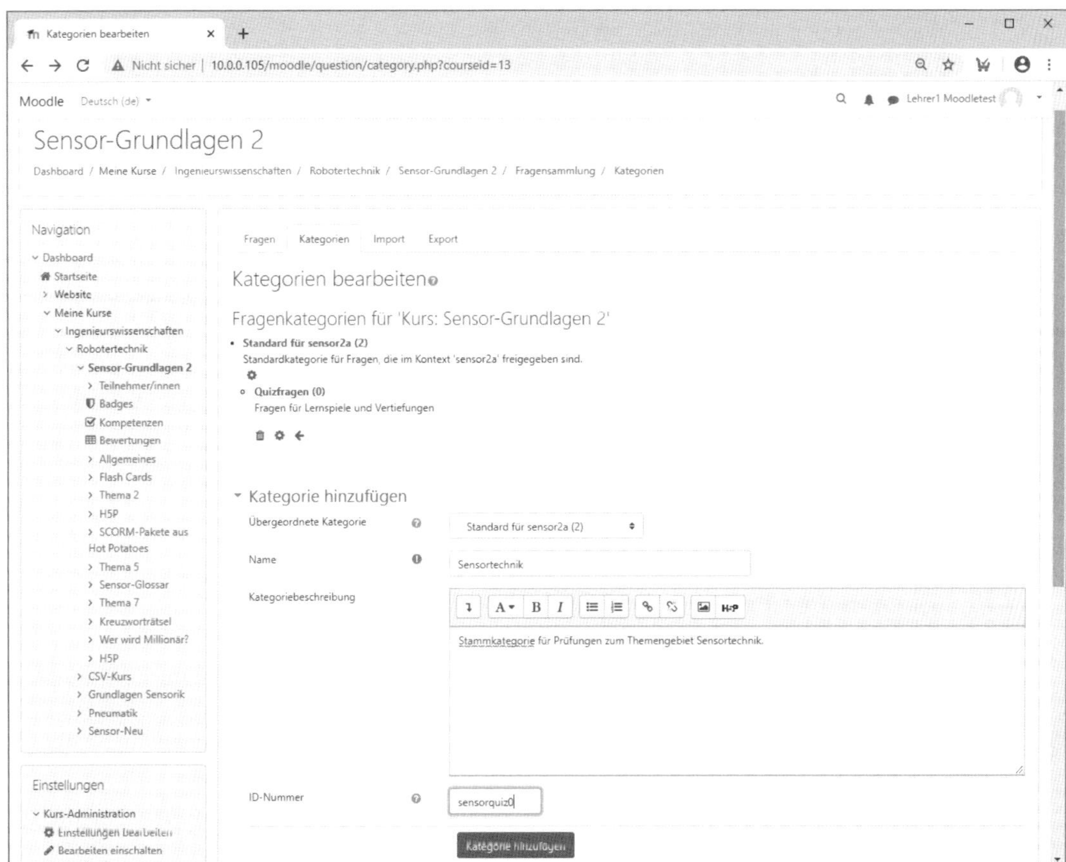

Bild 13.4 Anlage einer neuen Kategorie. Der Name ist fachbezogen und wird direkt in die oberste Ebene der Kategorien dieses Kurses eingegliedert.

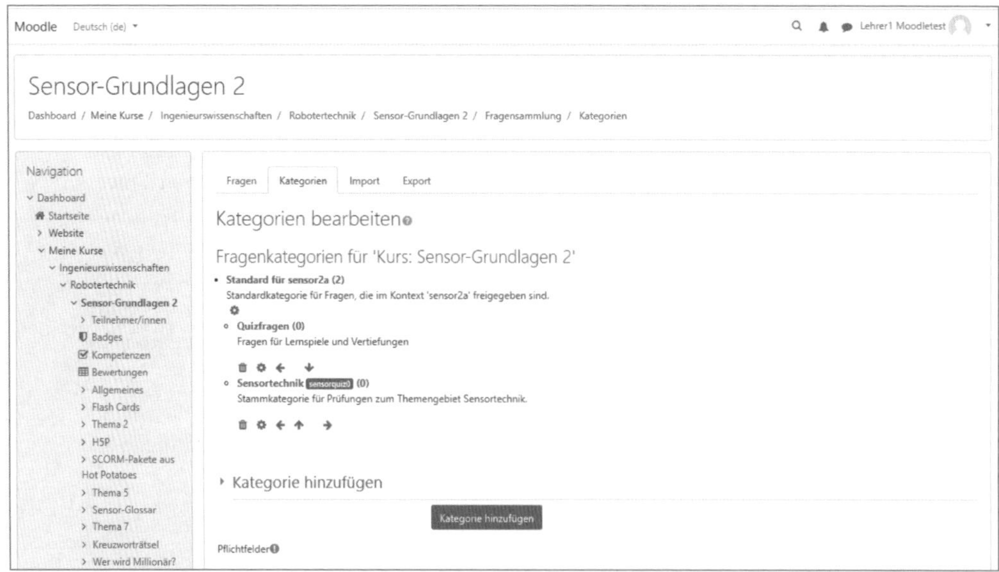

Bild 13.5 Die Fragenkategorien des Kurses können jederzeit bearbeitet und sowohl in ihrer Hierarchieebene als auch in der Reihenfolge verschoben werden.

13.1.2 Klassifizierung von Schwierigkeitsgraden

In einer elektronischen Prüfung können Fragen automatisch jeder Lernenden und jedem Lernenden individuell zugeordnet werden. Das bedeutet, dass alle Lernenden in einer gemeinsamen Prüfung jeweils eigene und voneinander unterschiedliche Fragen bearbeiten. Das Risiko des berühmt-berüchtigten „Abschreibens“ ist damit deutlich geringer und es werden objektivere Testergebnisse erzielt.

Es gilt allerdings auch bei individualisierten Prüfungen der Grundsatz der Chancengleichheit! Es müssen deswegen die Fragen nach unterschiedlichen Schwierigkeitsgraden eingeteilt und entsprechend gewichtet werden.

Der erste Schritt zur Klassifizierung ist zunächst einmal die Einteilung in Kategorien. Es sollen drei Kategorien ausreichen:

- **Leicht:** Hier werden Fragen eingeordnet, die ein selbstverständliches Minimalwissen prüfen. Ihnen werden in der Regel nur wenige Punkte zugewiesen. Dafür sollten die Fragen auch schnell zu beantworten sein, damit ausreichend Zeit für die Bearbeitung der anspruchsvolleren Fragen bleibt.
- **Mittel:** Diese Fragenkategorie sei für das regulär zu prüfende durchschnittliche Wissen vorgeschlagen. In dieser Kategorie werden Fragen formuliert, die grundlegende Kenntnis und das Verständnis des vermittelten Lehrstoffs feststellen sollen. Die Einstufung in der Punktevergabe sollte deutlich über dem Niveau der leichten Fragen liegen.
- **Experten:** Ein oder zwei Fragen sollten in einem Test die besonders engagierten Lernenden fordern, aber auch anerkennend belohnen. Die Fragen dürfen ein inhaltlich hohes Niveau haben, was sich auch in der Bewertung niederschlagen muss. Die Anzahl dieser

Fragen und die Zahl der erreichbaren Punkte sollte wohlüberlegt sein. Dominieren die „Expertenaufgaben“ drücken sie möglicherweise das Ergebnis all derer, die „nur“ die einfachen und mittleren Fragen richtig beantwortet haben. Mit diesen Fragen sollte ein gutes Ergebnis möglich sein. Für ein „sehr gut“ darf gehobenes Wissen eingefordert werden.

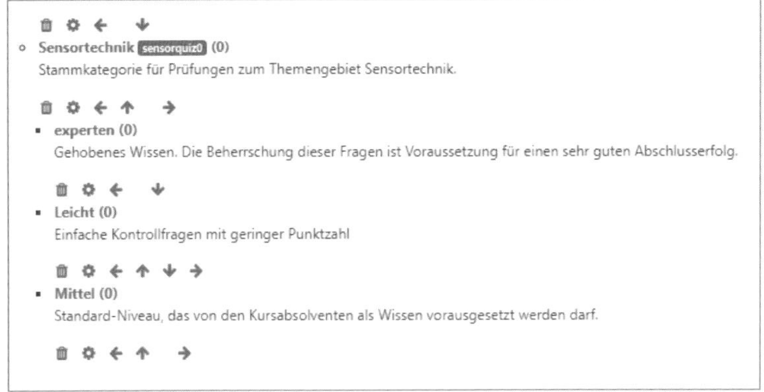

Bild 13.6 Struktur einer Kategorie in einem Fragenkatalog mit drei Unterkategorien für Fragen verschiedener Leistungsniveaus.

13.2 Anlage einer neuen Frage

Mit der Anlage einer neuen Frage wird zunächst die Zuordnung zu einer der vorbereiteten Kategorien festgelegt (oberer umrandeter Bereich in Bild 13.7). Nach dem Klick auf den Button *Neue Frage erstellen* wird zunächst ein Dialog geöffnet, in dem der Fragentyp (Abschnitt 13.3) zu wählen ist. Damit wird der jeweils zugehörige Fragendialog geöffnet. In diesem Dialog wird jeder Frage ein Titel zugewiesen. Dies ist eine Pflichteingabe, die auch in der Auflistung der Fragen erscheinen wird. Selbstverständlich ist auch der Fragetext ein Pflichtfeld. Dieser wird entsprechend der Aufgabenstellung vom Lehrenden frei formuliert.

Grundsätzlich wird die Beantwortung einer Frage bewertet. So muss auch die Zahl der erreichbaren Punkte festgelegt werden. Eine eher leichte Aufgabe wird zweckmäßigerweise mit einer kleineren Punktzahl bewertet als die richtige Antwort auf eine anspruchsvolle Fragestellung. Grundsätzlich ist Feedback ein sehr wichtiges Instrument, um den Lernerfolg der Lernenden zu stärken. Feedback sollte sowohl für richtige als auch für falsche Antworten formuliert werden. Dabei ist es wichtig, auf die Aufgabenstellung und einen möglichen Fehler Bezug zu nehmen.

Es kann durchaus sinnvoll sein, eine (fehlerhaft beantwortete) Frage in mehreren Versuchen anzubieten. In diesem Fall können Punktabzüge festgelegt werden, deren Höhe abhängig von der Zahl der Versuche ist.

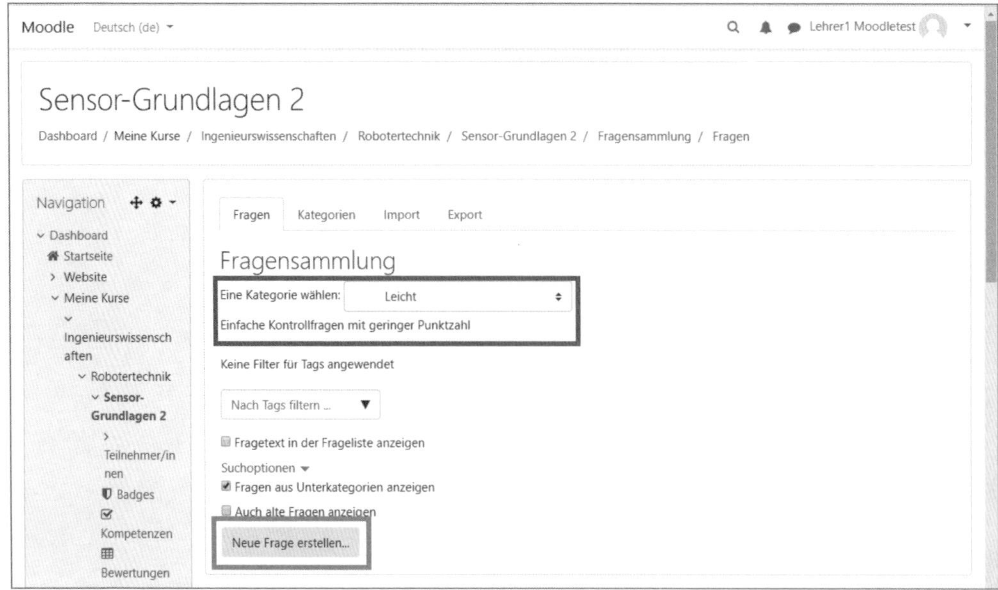

Bild 13.7 Die Fragenkategorie sollte bereits mit der Erstellung der Frage festgelegt werden, um die Übersicht zu bewahren.

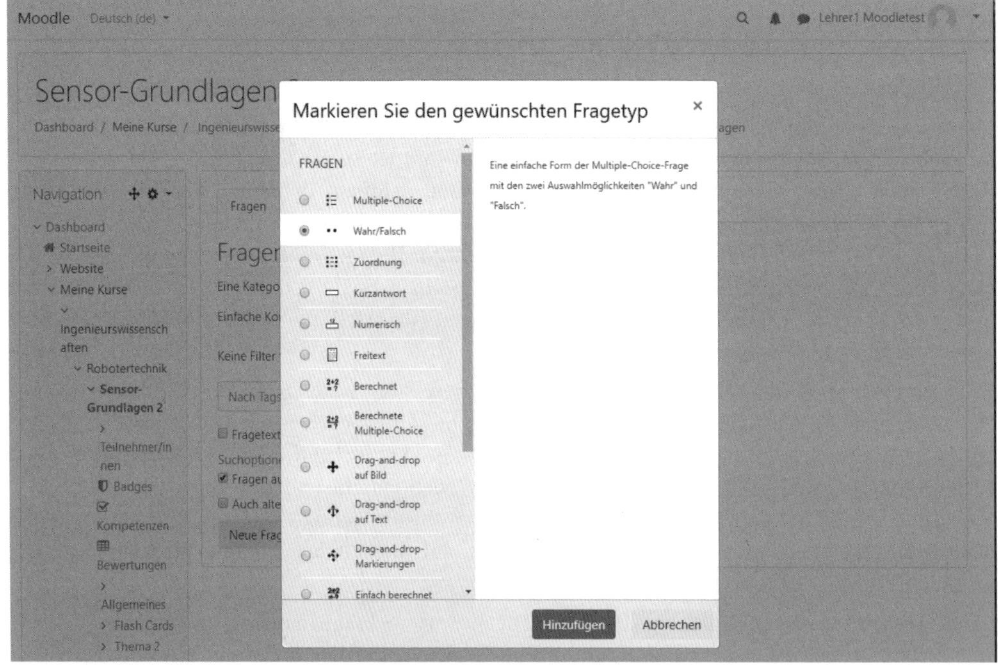

Bild 13.8 Die neu zu formulierende Frage entspricht einem der in Moodle definierten Fragentypen. Nach dieser Auswahl erscheint der folgende Dialog mit unterschiedlichen Feldern und Parametern.

13.3 Fragetypen und Syntax

Mit der Anlage einer neuen Aufgabe gehört neben der Einordnung in eine Kategorie auch die Wahl des Fragetyps zu den Grundeinstellungen. Anders als bei den sechs Kontrollfragen einer Lektion gibt es für die Entwicklung eines Fragenkatalogs für die Aktivität *Test* weitaus umfassendere Möglichkeiten:

- Multiple Choice
- Wahr/Falsch
- Zuordnung
- Kurzantwort
- Numerisch
- Freitext
- Berechnet
- Berechnete Multiple Choice Aufgabe
- Drag and Drop auf ein Bild
- Drag and Drop auf einen Text
- Drag and Drop auf Markierungen
- Einfach berechnet
- Lückentext
- Lückentextauswahl
- Zufällige Kurzantwort-Zuordnung

Bei sehr umfangreichen Fragenkatalogen ist es zu empfehlen, für jeden verwendeten Fragentypus in jeder Schwierigkeitsstufe eine eigene Unterkategorie zu definieren. Wird diese Struktur von Anfang an organisatorisch umgesetzt, ist das Management des Fragenkatalogs und die spätere Erstellung von Tests sehr einfach durchführbar.

13.3.1 Multiple Choice

Eine Multiple Choice-Frage kann verschiedene Antwortmöglichkeiten bieten. In Betracht kommen:

- Eine Antwort ist richtig.
- Mehrere Antworten sind richtig.
- Alle Antworten sind richtig.

Mit der Wahl des Fragetyps „Multiple Choice“ kann eine Vorgabe auf nur eine mögliche Antwort festgelegt werden. Dies hat Auswirkungen auf die Bewertung der Antworten. Bei nur einer möglichen Antwort muss diese Antwort mit 100% bewertet werden. Sind mehrere Antworten richtig, so kann bestimmt werden, welche Anteile an der Gesamtpunktzahl eine richtige Antwort haben soll. Die insgesamt vorgebene Wertung muss 100% betragen. Liegt die Summe der positiven Bewertung unter oder über 100%, meldet sich Moodle mit einem Fehler.

Richtige Fragen durch positive Bewertung

Eine besondere Kennzeichnung der richtigen Fragen findet nicht statt. Was richtig ist, bekommt einen positiven prozentualen Anteil an den zu vergebenden Punkten.

Ebenso lassen sich Wertungen für falsche Antworten vorgeben. Hier dürfen allerdings Wertungsabzüge von mehr als 100 % vergeben werden. Im Beispiel wird jede falsche Antwort mit -100 % bewertet. Das verhindert „erfolgreiches Raten". Eine falsche Antwort führt dazu, dass keine Punkte für diese Frage vergeben werden.

Werden mehrere Antwortversuche bei fehlerhaften Lösungen eingeräumt, so kann hier eine Verringerung der erreichbaren Punkte festgelegt werden. Damit wird vermieden, dass Kandidaten die Fragen ohne Abzüge so oft durchspielen bis sie das gewünschte Ergebnis erreicht haben.

Zu jeder möglichen Antwort kann (und sollte) ein direktes Feedback formuliert werden. Die Kandidaten erhalten so eine Begründung, warum eine Antwort richtig oder falsch ist. Zusätzlich kann ein Gesamtfeedback gegeben werden, das sich auf die Fragestellung allgemein bezieht. Es können Texte für folgende allgemeine Fälle vorbereitet werden:

- Feedback bei vollständig richtigen Antworten.
- Feedback bei unvollständig (teilweise richtig) beantworteter Frage.
- Feedback bei falscher Lösung.

Unabhängig von der Richtigkeit der Antworten kann auch ein direktes Feedback formuliert werden, was unmittelbar nach der Abgabe ausgegeben wird. Es sollte allerdings, wenn ein solches allgemeines Feedback vorgesehen ist, nicht mit einem zu langen Text formuliert werden. Wird die Frage in einer Prüfung eingesetzt, deren Bearbeitungszeit begrenzt ist, hemmt das die Bearbeitung der gesamten Prüfung.

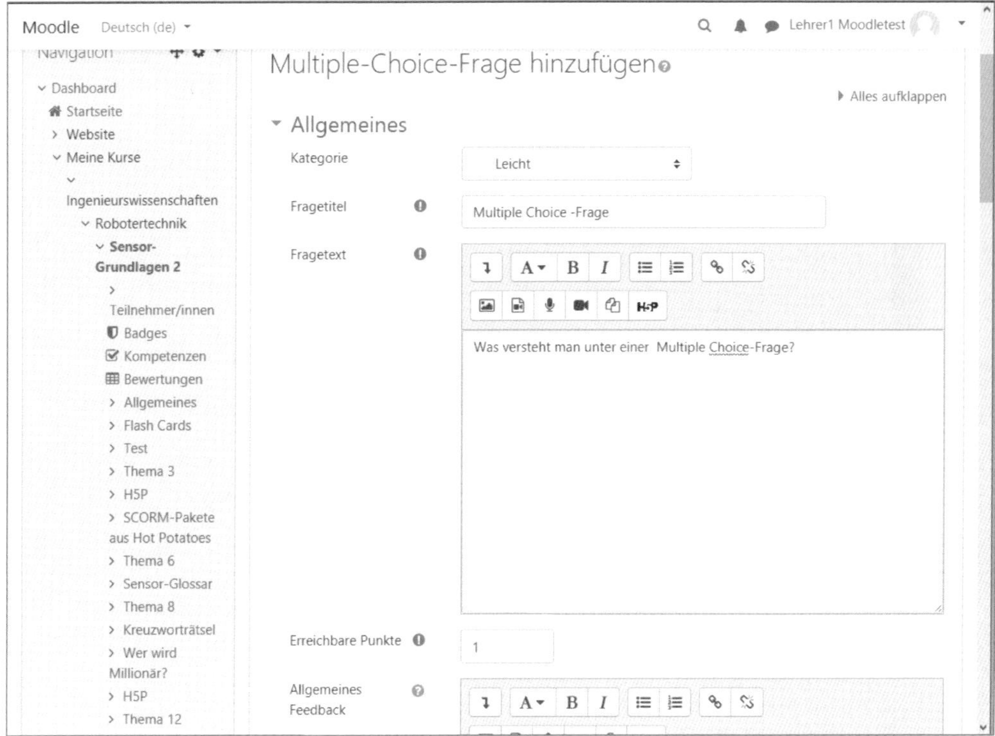

Bild 13.9 Am Beginn jeder Fragestellung steht deren Formulierung.

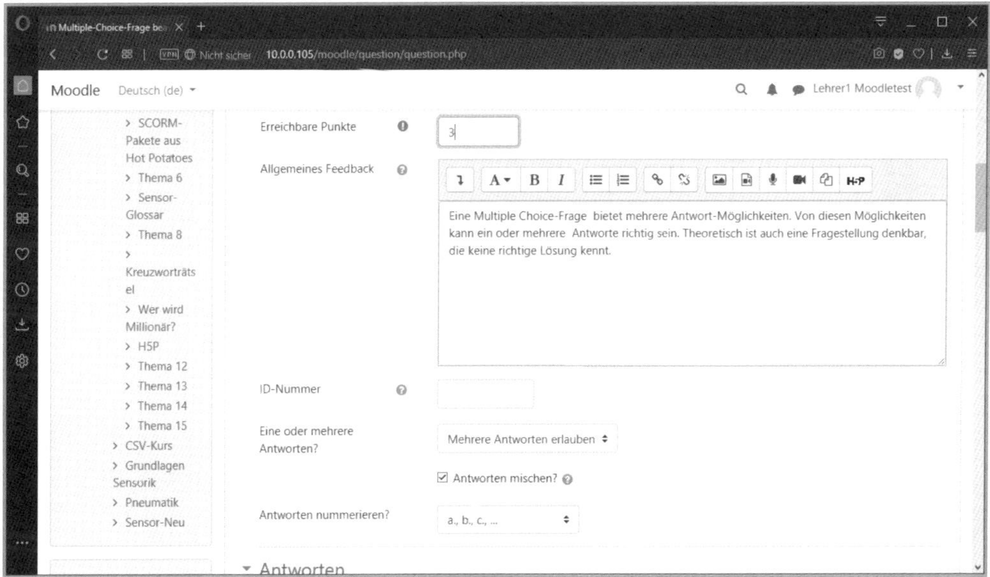

Bild 13.10 Ein allgemeines Feedback kann in Übungsfragen wertvolle Hinweise enthalten. Es wird direkt nach der Abgabe gesendet, unabhängig davon, welches Ergebnis die Antworten bringen.

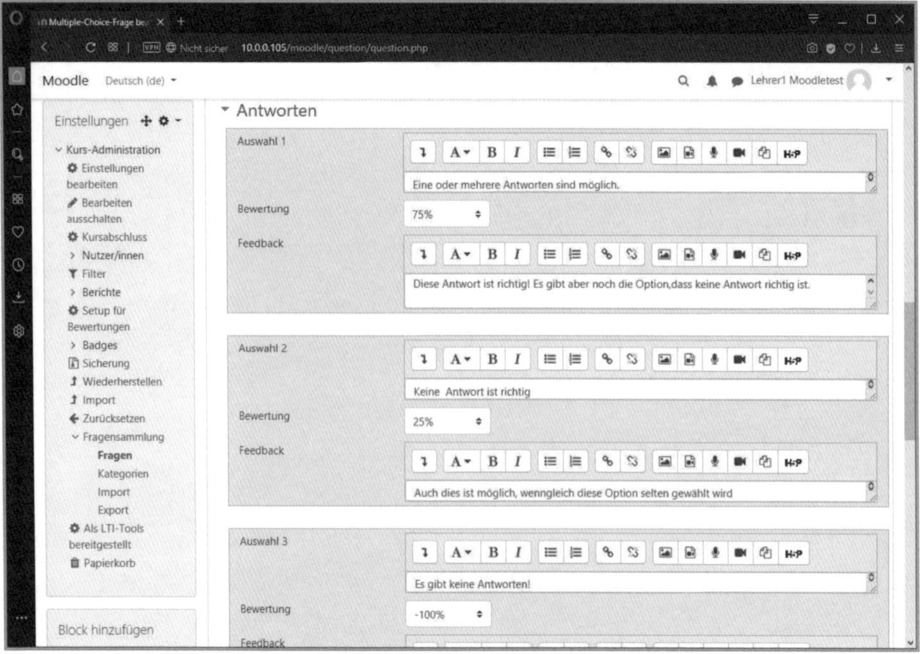

Bild 13.11 Richtige Antworten werden mit einer positiven Bewertung markiert. Falsche Antworten erhalten eine negative Bewertung. –100 % verhindern, dass ein Kandidat durch pures Raten oder Markierung aller Antworten Punkte gewinnen kann.

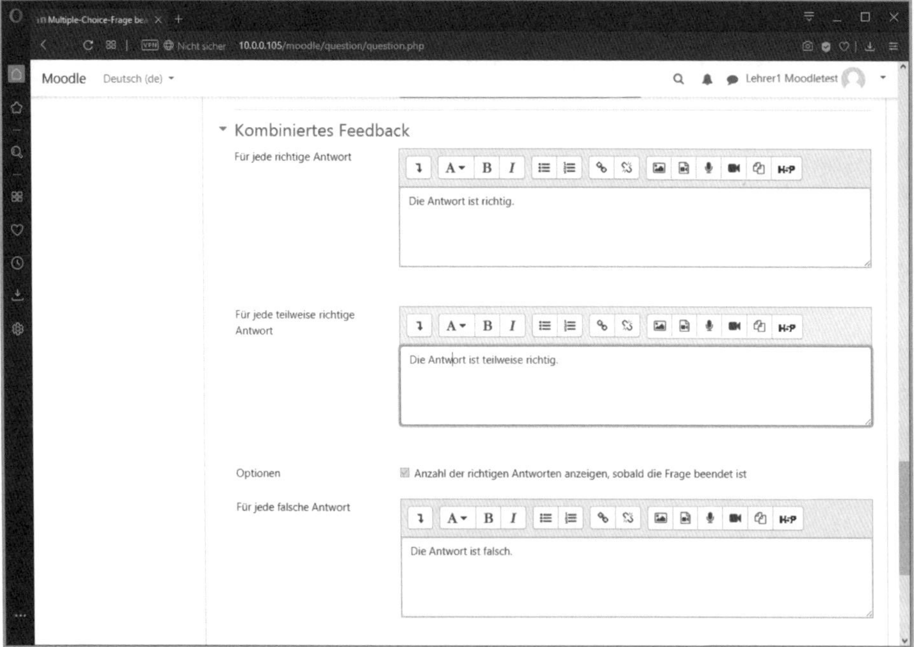

Bild 13.12 Ein kombiniertes Feedback bewertet das Gesamtergebnis der Antworten.

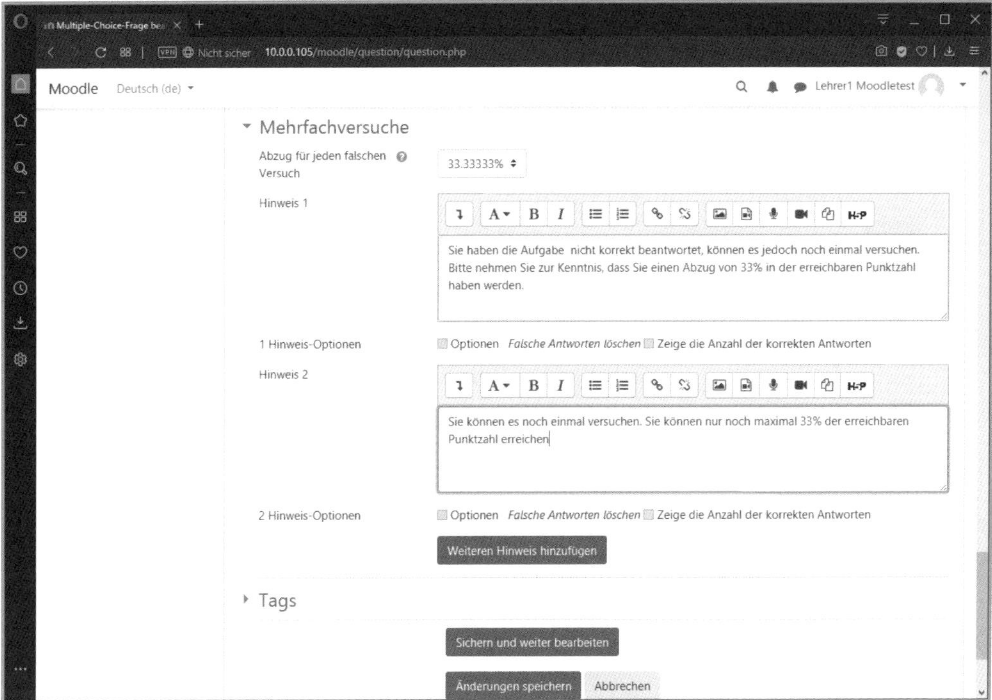

Bild 13.13 Mehrfache Versuche sollten mit reduzierten Punkten bewertet werden. Die maximale Punktzahl kann also bei dieser Frage nur beim ersten Versuch erreicht werden.

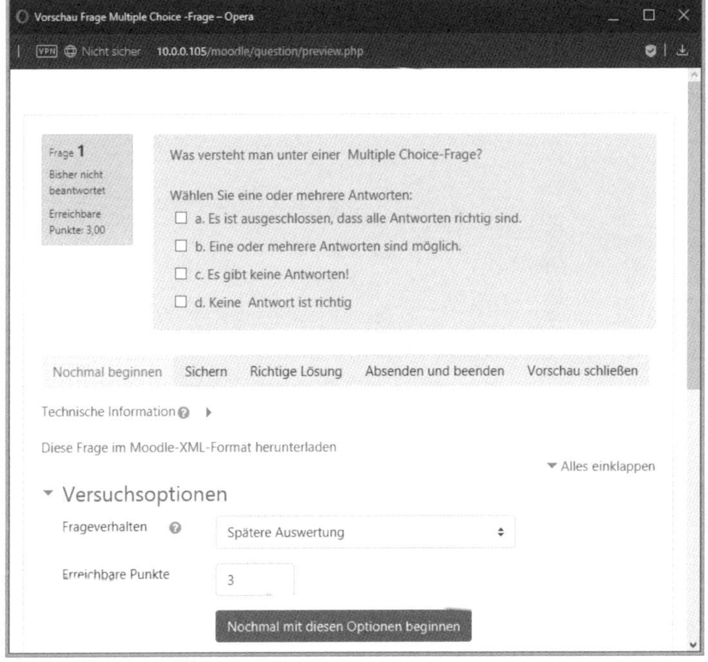

Bild 13.14 In der Vorschau können Lehrende die Aufgabe testen. Lernende sehen ein ähnliches Bild.

13.3.2 Wahr/Falsch

Bei der Wahr/Falsch-Frage wird eine Behauptung aufgestellt. Die Kandidaten entscheiden lediglich, ob diese Behauptung stimmt oder nicht. Es wird mit der Definition der Frage festgelegt, ob die Aussage wahr oder falsch ist. Die Feedbackfelder für beide Fälle sind vorgegeben.

Parallelen in den Definitionen der Fragen

Jede Frage ist verbal zu formulieren und benötigt eine Überschrift. Dies haben alle Fragen gemeinsam. Auch ist jeder Frage eine gewisse Zahl an Punkten zuzuweisen und es sollte Feedback zu den Antworten gegeben werden. Auf diese Details wurde im Zusammenhang mit dem Fragetyp *Multiple Choice* eingegangen. Diese Felder werden deswegen nicht speziell illustriert.

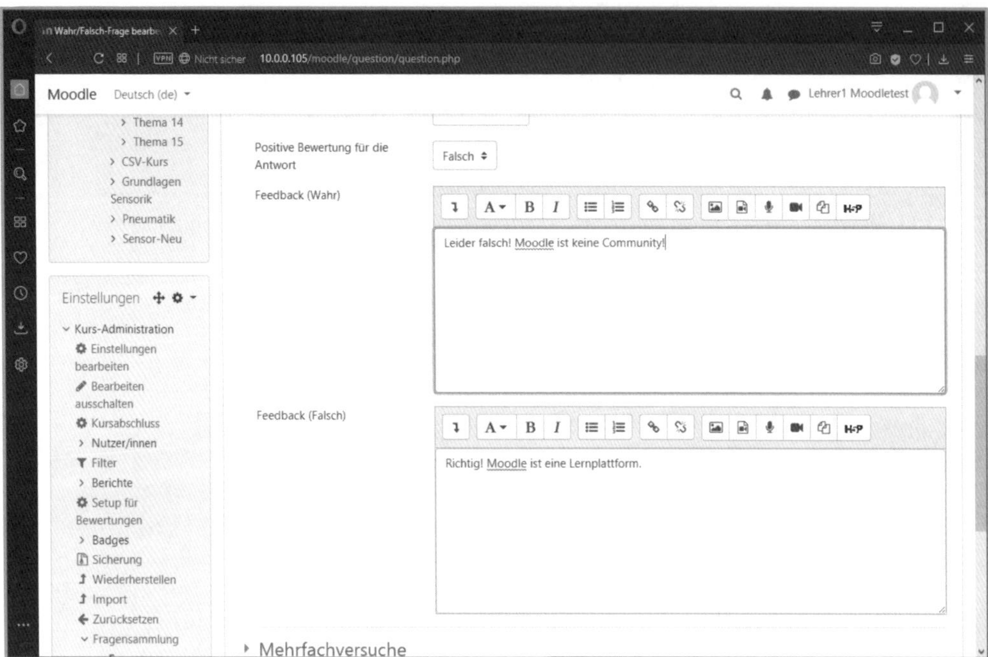

Bild 13.15 Es wird Feedback für die Wahl von Wahr oder Falsch formuliert. Ob die Behauptung wirklich richtig ist, wird in der positiven Bewertung der Antwort bestimmt.

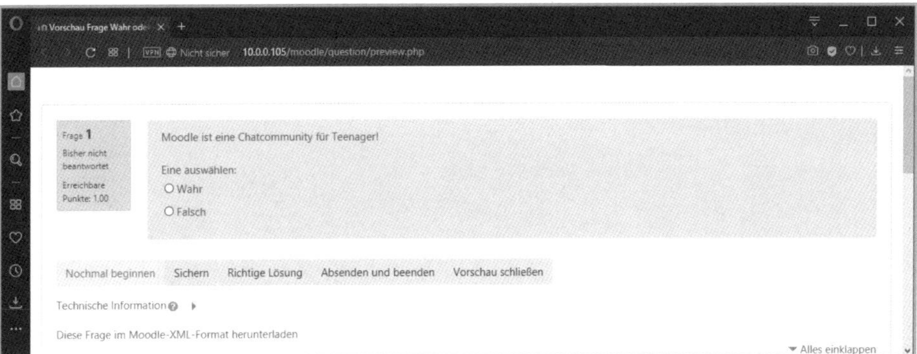

Bild 13.16 Die Aufgabe in der Vorschau für die Lehrenden dient der Simulation und der Fehlerkorrektur. Die Fragestellung in der Kandidatensicht hat weniger Schaltflächen.

13.3.3 Zuordnung

Bei einer *Zuordnungsfrage* werden mehrere Begriffe oder Behauptungen formuliert und dazu passend ein Begriff oder eine Erklärung. Es müssen mindestens zwei Paare vollständig angelegt werden. Fragen bzw. die Behauptungen müssen zudem grundsätzlich auch einen Antwortteil besitzen. Anders sieht es bei den Antwortblöcken aus. Hier können durchaus Begriffe eingetragen werden, obwohl das Fragenfeld leer bleibt. Diese Elemente sind dann natürlich nicht zuzuordnen, was jedoch den Schwierigkeitsgrad steigert.

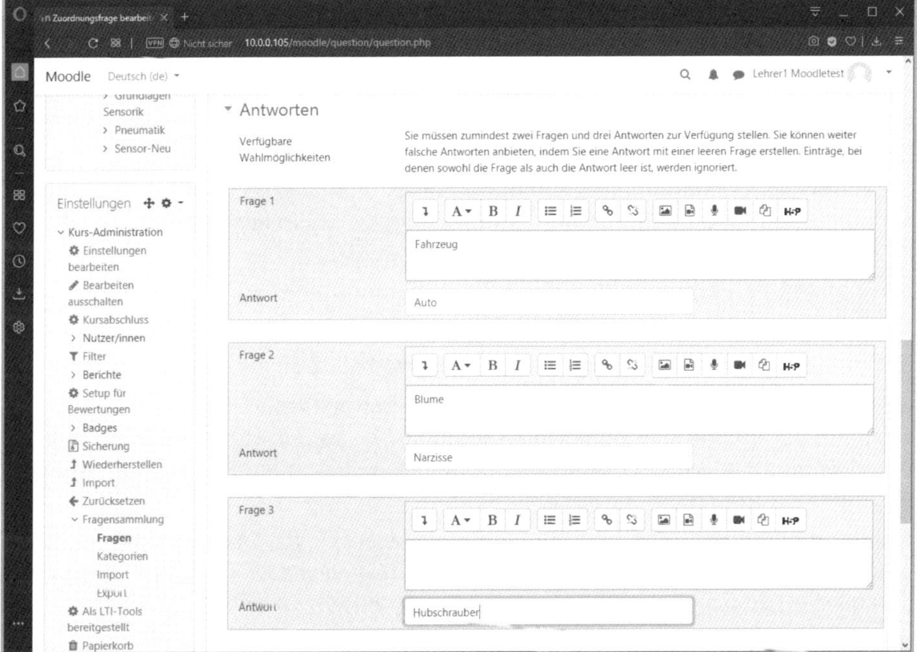

Bild 13.17 Es hat durchaus einen Grund, warum in Frage 3 nur ein Antwort-Element eingetragen wird. Dieses Element ist nicht zuzuordnen und steigert den Schwierigkeitsgrad der Aufgabe.

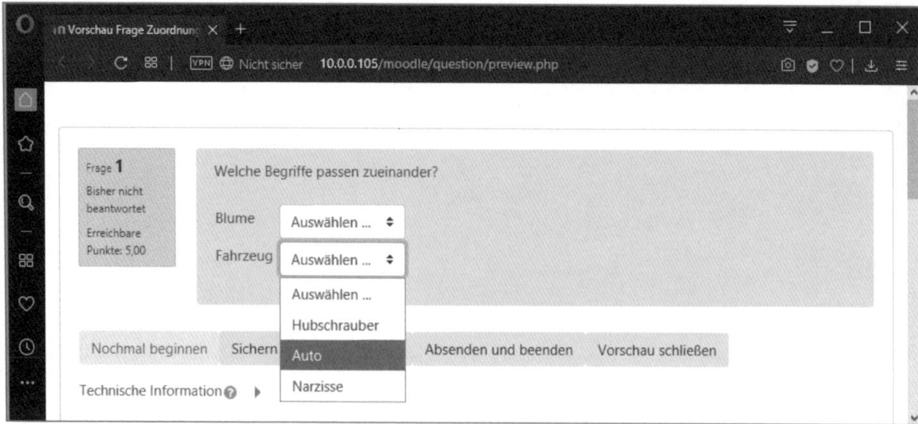

Bild 13.18 Aufgabe der Zuordnungsfrage ist es, zum gefragten Begriff die richtige Antwort zu wählen.

13.3.4 Kurzantwort

Die *Kurzantwort* ist im Grunde ein sehr einfacher Fragetypus. Es werden wie üblich eine Frage und ein Fragentitel formuliert und es wird die Anzahl der erreichbaren Punkte festgelegt. Die Kandidaten antworten jedoch mit einem frei eingegebenen Begriff und das stellt die Lehrenden vor eine Herausforderung: Soll die Rechtschreibung tatsächlich ein KO-Kriterium sein?

Lehrende müssen sich nicht um die Problematik der Groß- und Kleinschreibung kümmern. Hier wird die Entscheidung bei der Definition der Frage getroffen, ob Groß- und Kleinschreibung zu beachten ist oder nicht. Im Sprachunterricht spielt dies gewiss eine wichtige Rolle. Kommt es jedoch vor allem auf die fachlich-inhaltlich richtige Antwort an, kann man hier tolerant sein.

Der Fragetypus Kurzantwort lässt es darüber hinaus zu, verschiedene mögliche Antworten zu akzeptieren. So kann jede mögliche Schreibweise, die aus fachlicher Sichtweise als richtig zu bewerten ist, in ein Antwortfeld geschrieben werden.

Ein Beispiel:

Die Fragestellung lautet: *Wie heißt das Lernmanagement-System, mit dem Sie hier arbeiten?*

Die erste mögliche Antwort ist natürlich: *Moodle*! Selbstverständlich sollte in diesem Fall die Groß- und Kleinschreibung keine Rolle spielen und deswegen wird diese Einstellung auf *unwichtig* gesetzt. Moodle akzeptiert also – obwohl nur ein Antwortfeld ausgefüllt ist – auch die Antworten *MOODLE* oder *moodle*.

Richtig ist es natürlich auch, die Abkürzung (die Moodle ja ist) auszuschreiben. In einem weiteren Antwortfeld wird deswegen der folgende Text eingetragen: *Modular Object Oriented Dynamic Learning Environment*.

Beide Antwortmöglichkeiten – die Kandidaten geben schließlich nur eine Antwort in ihr Textfeld ab – werden in diesem Fall mit 100 % bewertet, bringen also die volle Punktzahl!

Wie sieht es nun jedoch aus, wenn die Antwort einen kleinen Flüchtigkeitsfehler enthält und ein Kandidat den folgenden Lösungsvorschlag in das Textfeld einträgt:

Modular Object Oriented ***Digital*** *Learning Environment*

Das ist eine durchaus gängige Interpretation der Abkürzung Moodle. Es gibt auch in anderen Bereichen mögliche Irrtümer, die zumindest unter der Vergabe von Teilpunkten akzeptiert werden. In einer mündlichen oder schriftlichen Prüfung, die jeweils von Menschen (und nicht einem Algorithmus) bewertet werden, ist das die Regel. Computer kennen das Wort „Kulanz“ nicht. Diese Kulanz kann durch geeignete Formulierung auch teilweise richtiger Lösungen[1] mit der Festlegung geringerer Prozentsätze für die Punktevergabe in einer Kurzantwort-Frage umgesetzt werden.

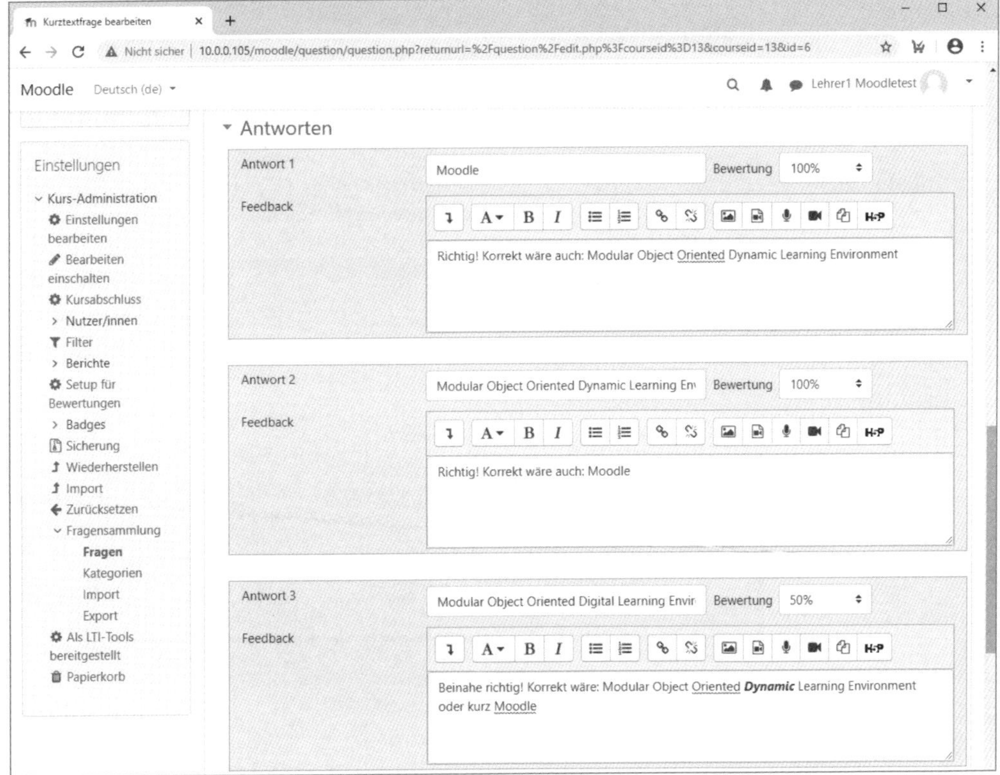

Bild 13.19 Zwei Antworten sind als richtig zu bewerten. In Antwort 3 wird deutlich: Ein Kandidat hat die Frage verstanden und kennt sich grundsätzlich auch aus, jedoch ist ein kleiner Fehler unterlaufen. Das Feedback zeigt in Fettschrift die korrekte Schreibweise und es werden nur 50 % der erreichbaren Punkte gegeben.

[1] Kandidaten werden eine unberücksichtigte, jedoch möglicherweise teilweise richtige Antwort bei ihren Lehrenden reklamieren. Dies ist eine gute Gelegenheit, die möglichen Antworten im Fragenkatalog zu erweitern. Im Lauf der Zeit deckt die Frage auf diese Weise alle möglichen Flüchtigkeitsfehler ab.

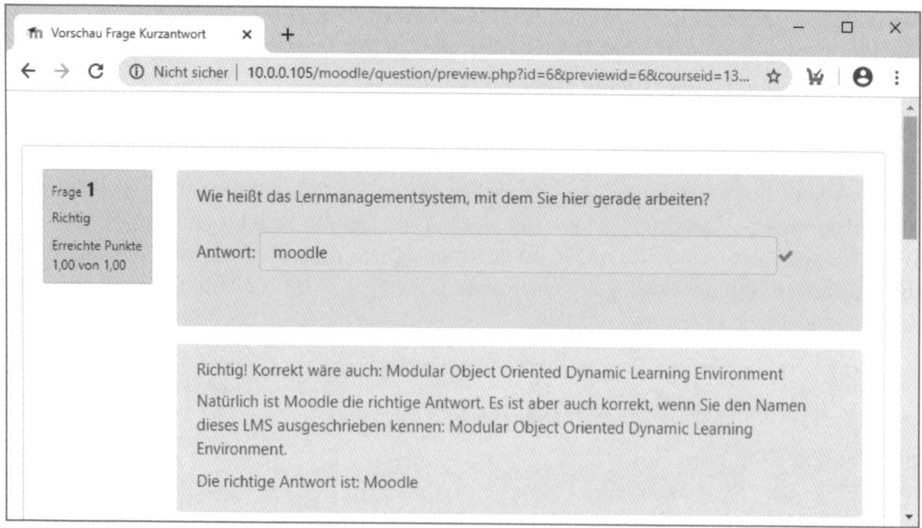

Bild 13.20 Eine richtige Antwort, die auch die volle Punktzahl bringt. Es gibt jedoch noch eine andere Alternative, auf die im (selbst vom Lehrenden) formulierten Feedback hingewiesen wird.

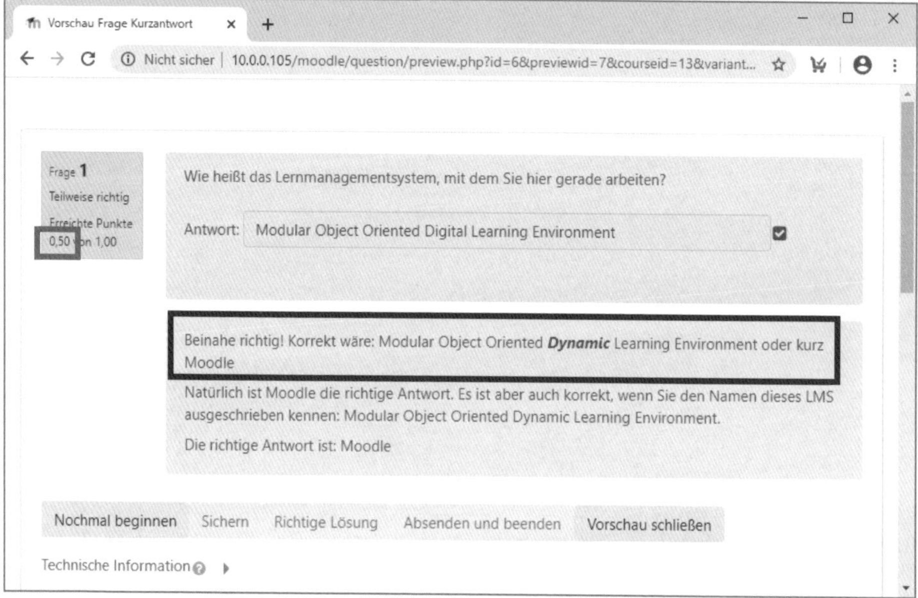

Bild 13.21 Es heißt nicht „Digital“ Learning ..., sondern „Dynamic“ Learning ... Der Ansatz war jedoch vollkommen richtig. Soll dem Kandidaten deswegen kein Punkt gegeben werden? In der Fragendefinition kann auch diese Antwort als richtig vorgesehen werden, jedoch wird ihr eine geringere Gewichtung bei der Punktvergabe zugewiesen.

13.3.5 Numerisch

Beim *numerischen* Fragentypus wird natürlich eine numerische Antwort erwartet. Allerdings kann diese Antwort sehr flexibel gestaltet werden. So lassen sich Einheiten und deren Teiler bzw. Vielfache berücksichtigen. Tückisch bei numerischen Aufgaben, die möglicherweise mehrere Rechenschritte erfordern, sind Rundungsfehler. Es sollte zwar in einer Aufgabenstellung klar kommuniziert werden, nach welchen Regeln und wo zu runden ist, trotzdem können verschiedene mögliche Rechenwege zu Abweichungen führen.

Wird eine Maßeinheit für das Ergebnis vorgegeben, dann kann ein Faktor für einen Punktabzug festgelegt werden, der greift, wenn die Einheit vergessen wird. Die Einheit ist natürlich kein numerischer Wert, sondern in der Regel aus Textzeichen bestimmt. Diese Zeichen sind frei wählbar und müssen eingestellt werden. Mit der Festlegung der Fragestellung muss vorgegeben werden, ob die Einheit links oder rechts vom Betrag zu setzen ist. Besonders bei Währungen sind hier verschiedene Varianten möglich. Diese sind in jedem Fall in der Fragestellung zu benennen, wenn die Lernenden internationalem Ursprungs sind.

Internationale Schreibweisen bei numerischen Fragen

Beispielsweise bei Währungen gibt es im internationalen Raum aber auch national aus reiner „Gewohnheit" verschiedene Varianten in der Schreibweise: Die Einheiten können vor oder nach dem Betrag geschrieben werden. Für Moodle macht das tatsächlich einen Unterschied! Die Eingabe der Lösungen muss also in der von den Lehrenden festgelegten Schreibweise erfolgen. Sonst führt das zu einem falschen Ergebnis. ■

In der Definition der Fragen erfolgt die Deklaration der Einheiten separat vom Wert des Betrags. In den Antworten wird also lediglich ein reiner Zahlenwert eingetragen. Buchstaben und andere Zeichen werden von Moodle nicht akzeptiert! Die Einheiten müssen in einem speziellen Abschnitt festgelegt werden. Es werden verschiedene Buchstaben oder Buchstabenketten als Maßeinheiten definiert.

Bei der Eingabe der Lösung ist es nicht entscheidend, ob ein (oder auch mehrere) Leerzeichen zwischen dem Betrag und der Maßeinheit vorhanden sind. Sehr wohl wird jedoch die Groß- und Kleinschreibung unterschieden. Diese muss absolut korrekt sein, damit die Lösung als richtig erkannt werden kann. Der Versuch, für die Einheit zwei Schreibweisen in Groß- und in Kleinschreibung mit dem jeweils gleichen Faktor zu deklarieren, schlug fehl! Moodle meldet einen Datenbankfehler, der das Schreiben der Fragendeklaration in die Systemdatenbank unmöglich macht.

Groß- und Kleinschreibung ist zu beachten!

Bei der Eingabe von Maßeinheiten kann keine Toleranz von Groß- und Kleinschreibung gewährt werden. Das ist auch sinnvoll, denn es gibt beispielsweise einen Unterschied zwischen MV (1 000 000 V) und mV (0,001 V). ■

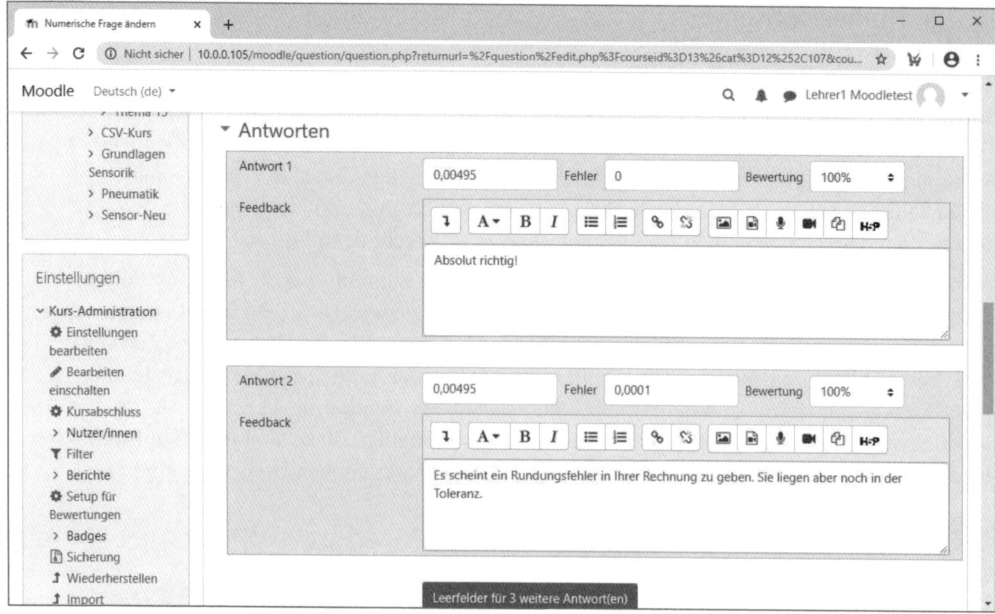

Bild 13.22 Zwei richtige (numerische) Antworten werden festgelegt: Die erste Antwort gibt ein Feedback bei absoluter Richtigkeit, die zweite Antwort lässt eine Toleranz von 0,0001 zu. Die Einheiten werden hier noch nicht berücksichtigt.

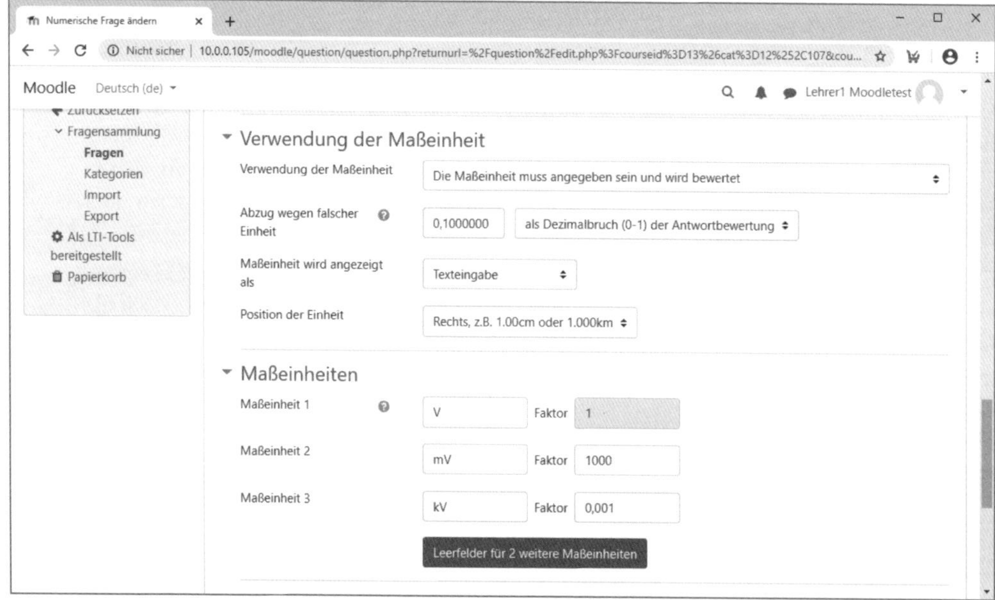

Bild 13.23 Eine fehlende oder falsche Maßeinheit führt hier zu 10 % Punktabzug. Es wird zudem festgelegt, mit welchen Maßeinheiten und welchen Faktoren zu arbeiten ist.

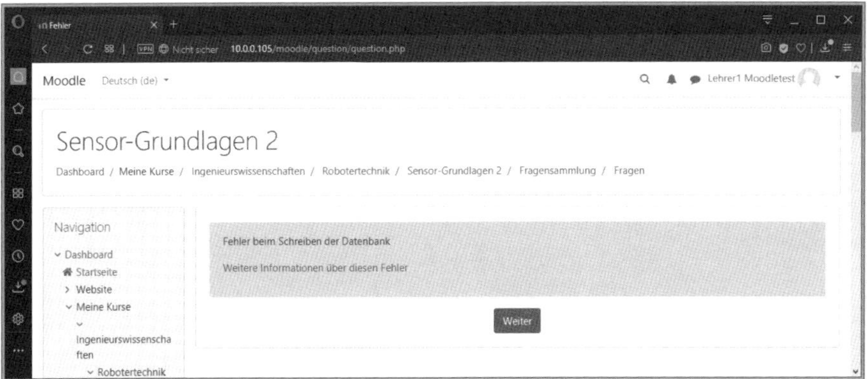

Bild 13.24 Es wurde versucht, zwei Varianten der Maßeinheit einmal in Groß- und einmal in Kleinschreibung mit dem gleichen Faktor zu deklarieren. Dies wird vom System nicht akzeptiert.

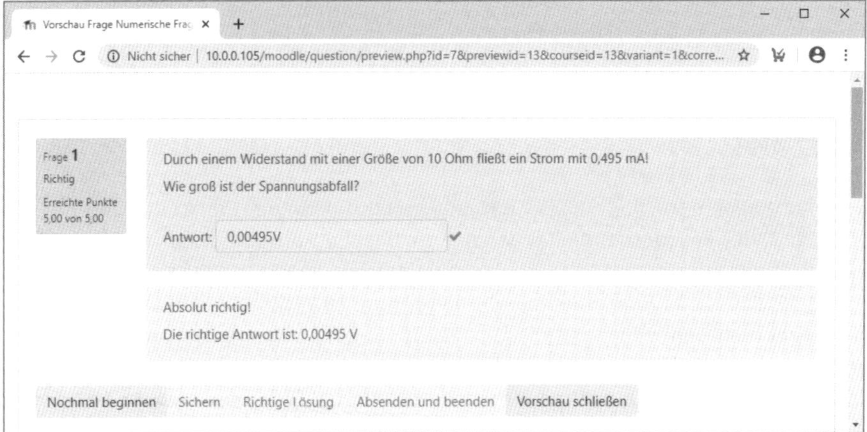

Bild 13.25 Eine exakte Antwort! Sie stimmt auf das Hundertstel Millivolt genau. Es wird kein Toleranzfall aktiviert.

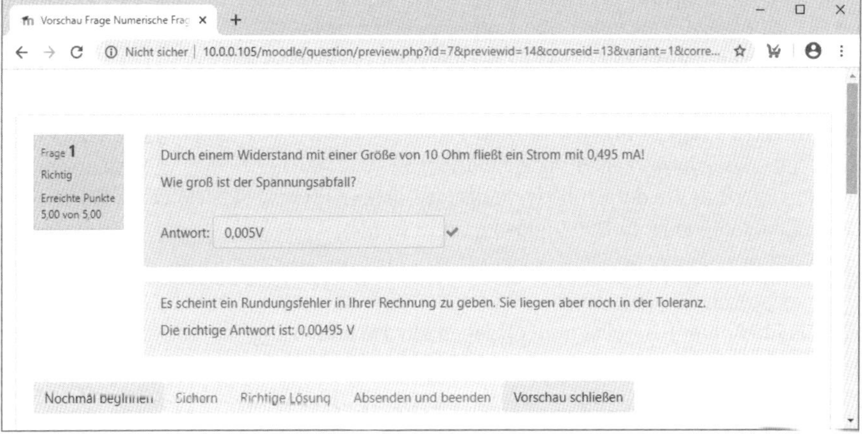

Bild 13.26 Die eingegebene Lösung weicht um 0,05 mV von der richtigen Lösung ab. Das liegt innerhalb der eingestellten Toleranz von 0,1 mV und wird deswegen als richtig interpretiert.

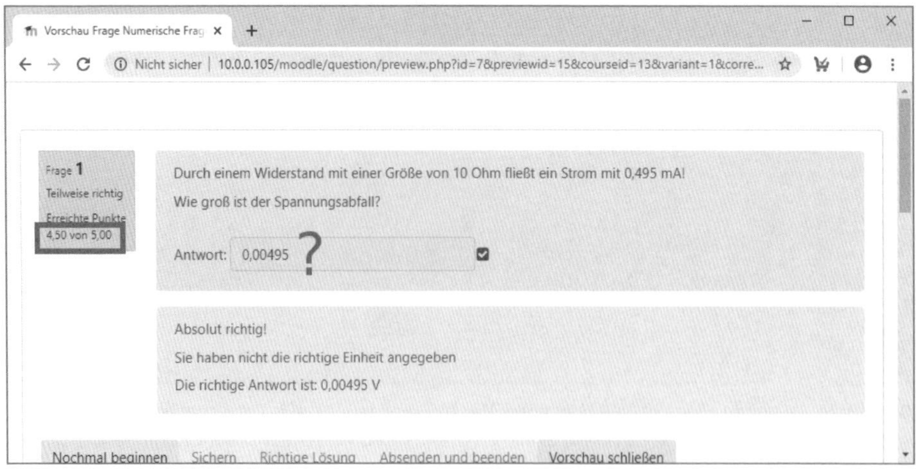

Bild 13.27 Der Zahlenwert ist absolut richtig, aber es fehlt die Maßeinheit im Ergebnis. Deswegen wird ein Punktabzug von (hier) 10% vorgenommen.

13.3.6 Freitext

In vielen Prüfungen werden Freitext-Fragen eingesetzt. Tatsächlich gibt es unter Lehrenden die Frage nach der Rechtfertigung des damit verbundenen Aufwands, eine IT-Infrastruktur für eine Prüfung einzusetzen, die ebenso mit Füllfeder oder Kugelschreiber auf Papier absolviert werden kann. Eine automatische Bewertung ist nicht möglich und ein Gesamtfeedback geht nicht individuell auf die Lösung ein. Eine Bewertung ist also grundsätzlich manuell vorzunehmen. Dies rechtfertigt noch nicht, Freitextaufgaben elektronisch zu präsentieren, denn auch die Bewertung auf Papier gelieferter Lösungen kann in das System manuell eingetragen werden.

Wer einmal die auf Papier unter Stress geschriebenen Freitext-Lösungen eines größeren Klassenverbands korrigieren und bewerten musste, wird dagegen den Wert der Freitextaufgaben in Moodle zu schätzen wissen: Es gibt dort keine unlesbare Handschrift. Natürlich könnte man die Regel anwenden, dass unlesbare Lösungen als falsch zu bewerten sind, doch bewertet man damit lediglich eine formale Schwäche des Lernenden. Das kann nicht das Ziel einer Prüfung sein, die das Beherrschen des Fachwissens feststellen soll.

Die Definition der Frage erfolgt wie bei den Typen zuvor. Mit der Wahl des Fragetypus wird zudem bereits das erforderliche Eingabefeld vorgegeben, welches in der Prüfung erscheint. Dieses kann allerdings in der Größe verändert werden. In dieses Feld erfolgt die Verfassung der Lösung. Zudem kann ein Dateiupload erlaubt werden.

Es gibt weitere Felder in der Fragendeklaration: Das klassische „Allgemeine Feedback" kann mit der Abgabe gegeben werden. Viel interessanter ist aber sicher die *Antwortvorlage*. In dieses Feld können Hinweise und Vorgaben zur Formulierung der Antwort eingetragen werden. Diese erscheinen im Antwortfenster.

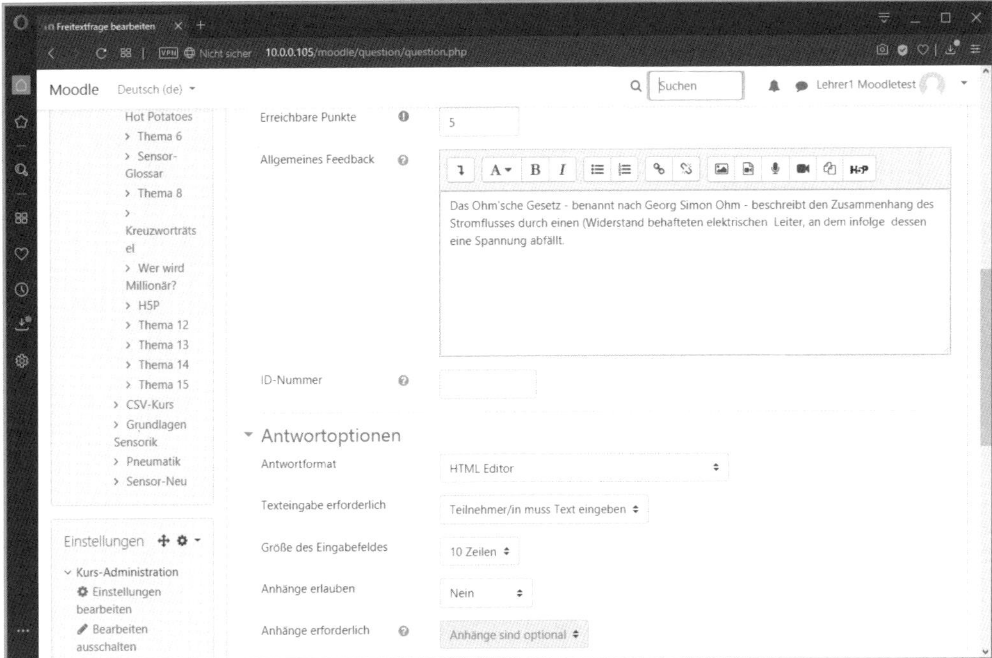

Bild 13.28 Ein allgemeines Feedback sollte bei einer Freitextaufgabe formuliert werden. Kandidaten erhalten unmittelbar nach der Abgabe noch kein Ergebnis. Aus Hinweisen zur richtigen Lösung können die Kandidaten ihre eigene Leistung selbst abschätzen und grob bewerten.

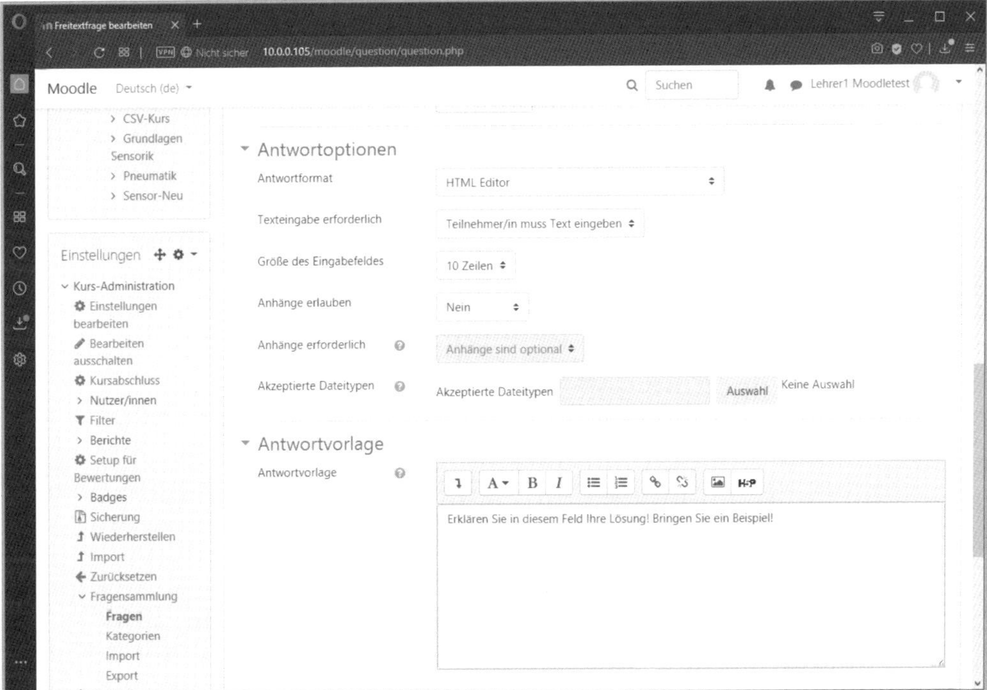

Bild 13.29 Fehlt die Antwortvorlage, bleibt das Eingabefeld leer. Ansonsten kann man den Kandidaten Lösungshinweise oder Teilüberschriften für die zu bearbeitenden Themen anbieten.

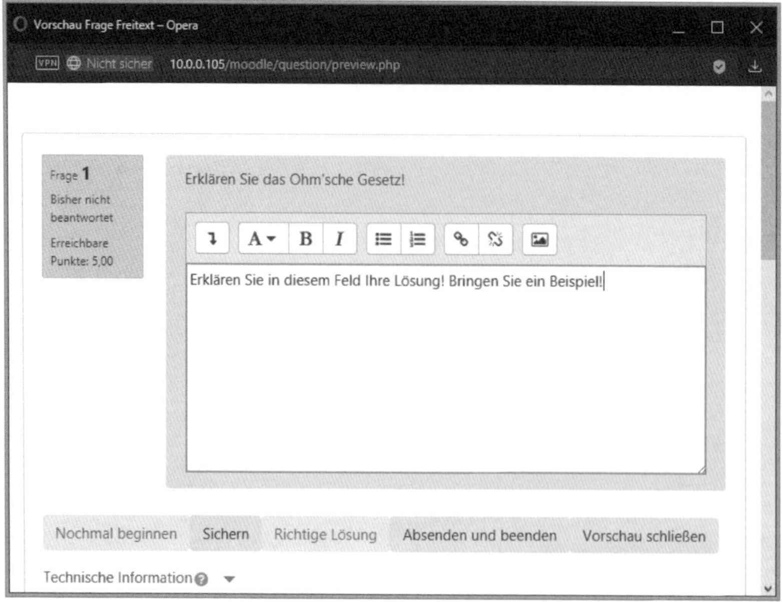

Bild 13.30 Diese Aufgabe sieht eine reine Freitextaufgabe vor. Die Beilage einer Datei ist nicht möglich.

13.3.7 Berechnet

Moodle bietet mit dem Fragentypus „Berechnet“ eine sehr dynamische Fragemethode an, die ideal in der Mathematik, im naturwissenschaftlichen oder im wirtschaftswissenschaftlichen Unterricht genutzt werden kann. Die Kandidaten müssen die Aufgaben berechnen und das numerische Ergebnis in das Lösungsfeld eintragen. Anders als es bei den vorangegangenen Beispielen zu sehen war, findet die Anlage einer berechneten Frage in mehreren Schritten statt:

- Erster Schritt: Formulierung der Frage, Beschreibung der Antwort-Formel und Festlegung der erreichbaren Punktzahl. Ähnlich wie bei einer numerischen Frage kann auch die Verwendung von Maßeinheiten in verschiedenen Teiler- oder Vielfachstufen gefordert werden.
- Zweiter Schritt: Wahl der Datensatzbereiche und Synchronisation mit anderen Fragen.
- Dritter Schritt: Erstellung und Bearbeitung von Datensätzen für die Belegung der Platzhalter.

Damit Moodle die Berechnung aus variablen Werten selbst durchführen und bei jedem Versuch gewissermaßen eine neue Aufgabe generieren kann, ist eine besondere Syntax erforderlich.

Dies beginnt mit der Deklaration der Variablen. Eine Variable kann aus nahezu beliebigen Zeichenketten gebildet werden. Wichtig ist, dass eine Variable keine Leerzeichen enthalten darf. Sonst wird Moodle mit einer Fehlermeldung reagieren, wenn der zweite Schritt aufgerufen werden soll.

Variable Größen – in Moodle werden diese als Ersatzzeichen bezeichnet – werden in einer geschweiften Klammer eingefasst.

Richtige Schreibweisen einer Variablen (Ersatzgröße) sind:

{x}

{Rechenwert}

{VariableX}

Falsch wäre dagegen diese Schreibweise:

x

{Variable x}

Im ersten Fall fehlen die geschweiften Klammern und im zweiten Beispiel enthält der Name der Variablen ein Leerzeichen.

Wichtig

Diese Variablen bzw. Ersatzzeichen werden sowohl in der Aufgabenstellung als auch in der Lösungsformel verwendet!

Ein Beispiel soll die Verwendung von Ersatzzeichen bzw. Variablen zeigen. Zuerst wird die Aufgabe im *Fragetext* formuliert. Es soll die elektrische Leistung (P in Watt) errechnet werden, die bei bekanntem Spannungsabfall (U) und bekanntem Stromfluss (I) in einem Widerstand umgesetzt wird. Die Formulierung des Fragetextes lautet also:

```
Berechnen Sie die in einem Widerstand umgesetzte elektrische Leistung!
*  Der Spannungsabfall ist U = {U} V
*  Es fließt ein Strom I = {I} A
```

Obwohl in der Lösung die Eingabe der Maßeinheiten erwartet wird, sind in den Variablen nur rein numerische Werte ohne Einheiten gespeichert. Die Einheiten müssen also als Text nach dem Platzhalter ergänzt werden.

Bei einer berechneten Aufgabe wird in den meisten Fällen nur eine einzige Antwort benötigt. Allerdings gibt es hier auch Ausnahmen. Man denke nur an die Lösung einer gemischt quadratischen Gleichung, bei der zwei Lösungen möglich sind. In diesem Fall muss neben dem angebotenen Antwortfeld ein weiteres Feld eröffnet werden. Beide Felder sind dann entsprechend zu bewerten:

- Bei Aufgaben, wo *entweder* die erste *oder* die zweite Lösung richtig ist, werden beide Antworten mit 100 % bewertet.
- Im Beispiel der gemischt quadratischen Gleichung sind zwei Lösungen richtig. Das bedeutet aber auch, dass zum Erreichen der vollen Punktzahl beide Lösungen zu berechnen sind. Jede Antwort wird also mit jeweils 50 % bewertet.

Mehrere Antworten sind möglich!

Sind in einer berechneten Aufgabe mehr als eine Antwort möglich oder ergibt die Berechnung per mathematischem Gesetz mehrere Lösungen, so können weitere Antwortfelder in der Fragendefinition hinzugefügt werden. Es muss jedoch möglich sein, insgesamt 100 % zu erreichen. Können keine 100 % erreicht werden, wird Moodle die Aufgabenstellung nicht akzeptieren.

Wenn nicht gerade einfache Grundrechnungen mit ganzen Zahlen durchgeführt werden, wird man zwangsweise mit dem Problem der Rundungsfehler zu tun haben. Das ist besonders dann der Fall, wenn komplexe Aufgaben zu lösen sind, deren Berechnung mehrere Zwischenschritte erfordern. Damit ein Ergebnis auch bei durch Rundung begründeten Abweichungen als richtig erkannt werden kann, ist es wichtig, einen Toleranzbereich festzulegen. Moodle sieht hier drei mögliche Varianten vor, um eine Toleranz zu definieren:

- Relativ
- Nominell
- Geometrisch

In den meisten Fällen wird die *relative Toleranz* ausreichend sein. Die Aufgabe ist richtig, wenn die Abweichung kleiner oder gleich dem eingetragenen Wert ist.

$$\textit{Absolute Abweichung} \leq \textit{eingetragene Toleranz}$$

Bei der *nominellen Toleranz* berücksichtigt man ein sehr breites Ergebnisspektrum von sehr kleinen bis hin zu sehr großen Werten. Beispielsweise gerät die relative Toleranz an ihre Grenzen, wenn die Ergebnisse von einem sehr kleinen Bereich (deutlich unter 1) bis zu einem sehr großen Bereich (mehrere Hunderter- oder Tausenderstellen) variieren können. Im letzteren Fall ist eine relative Toleranz von einem Hundertstel völlig sinnlos. Anders die nominelle Toleranz. Die Antwort wird als richtig gewertet, wenn das Verhältnis der Abweichung zum Betrag der tatsächlichen Lösung kleiner oder gleich der vorgegebenen Toleranz ist.

$$\frac{\textit{Absolute Abweichung}}{\textit{Lösungswert}} \leq \textit{eingetragene Toleranz}$$

Bei der *geometrischen Toleranz* wird ebenfalls mit Verhältnissen gearbeitet und damit die Bandbreite der möglichen Lösungen berücksichtigt. Hier werden jedoch zusätzlich alle Parameter quadriert.

$$\frac{\textit{Absolute Abweichung}^2}{\textit{Lösungswert}^2} \leq \textit{eingetragene Toleranz}^2$$

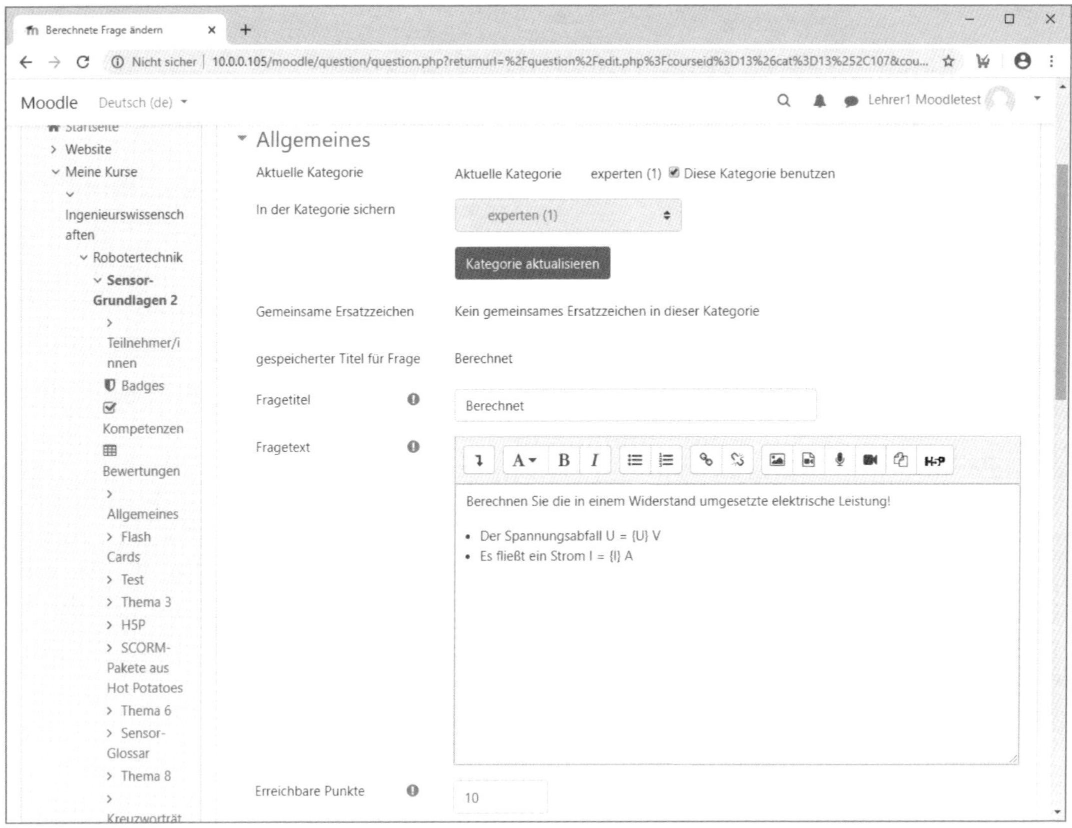

Bild 13.31 In der Aufgabenstellung werden bereits Platzhalter verwendet. Diese werden von Moodle mit den Inhalten gefüllt, die für die Berechnung des Ergebnisses verwendet werden.

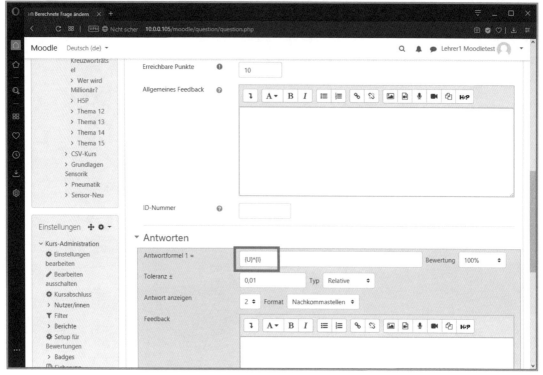

Bild 13.32 Jede mögliche Antwort wird aus einer Berechnungsformel ermittelt. Es sind Regeln der speziellen Syntax zu beachten.

Die Formulierung der Antwortformel setzt neben der richtigen Schreibweise der Variablen auch die Kenntnis einer besonderen Syntax voraus. Dabei ist die Schreibweise einfacher Grundrechenarten unkritisch: +, –, * und / sind hierfür bekannte Schreibweisen, die allgemein verwendet werden.

Kein Gleichheitszeichen!

Für die Antwortformeln in einer berechneten Frage wird *kein Gleichheitszeichen* verwendet. Doch Achtung: In der nachfolgend beschriebenen *berechneten Multiple Choice-Frage* ist das anders geregelt!

Komplizierter wird es jedoch, wenn mit Potenzen zu arbeiten ist.

Falsch ist: {x}^2 – diese Schreibweise ist zwar allgemein durchaus geläufig für die Potenz x^2, kann jedoch in Moodle nicht verwendet werden! Hier muss tatsächlich – und das mit einem deutlichen mathematischen Umweg – mit einer Funktion gearbeitet werden:

exp(2*log({x})) – diese Schreibweise ist in einer berechneten Aufgabenstellung richtig!

Ebenso richtig ist die Schreibweise **pow({x},2)**.

Auch wenn es in vereinzelten Fällen sehr kompliziert erscheint, können mithilfe der definierten Funktionen sehr komplexe Berechnungen programmiert werden.

Funktionsschreibweise

Alle Argumente der Funktionen werden in runde Klammern eingefasst! Die Schreibweise der Variablen ändert sich dabei nicht. Eine Variable bzw. ein Ersatzzeichen wird stets in geschweiften Klammern dargestellt, welche Teil des Ersatzzeichens sind. Dies bleibt auch bei einer Verwendung innerhalb von Funktionen so.

Tabelle 13.1 Funktionen für Antwortformeln in berechneten Fragetypen

Funktion	Bedeutung
abs()	Absoluter Betrag (Ergebnis ist der Zahlenwert ohne Vorzeichen)
acos()	Arkus-Cosinus – „Umkehrfunktion" des Cosinus
acosh()	Area-Cosinus Hyperbolicus: $\mathrm{acos}(x) = \ln\left(x + \sqrt{x^2 - 1}\right)$
asin()	Arkus-Sinus – „Umkehrfunktion" des Sinus
asinh()	Area-Sinus Hyperbolicus: $\mathrm{asin}(x) = \ln\left(x + \sqrt{x^2 + 1}\right)$
atan2()	Es werden die kartesischen Koordinaten x, y als Argument übergeben. Das Ergebnis ist der Winkel im richtigen Quadranten.
atan()	Arkus-Tangens – „Umkehrfunktion" des Tangens
atanh()	Area-Tangens Hyperbolicus: $\mathrm{atanh}(x) = \frac{1}{2} \cdot ln\left(\frac{1+x}{1-x}\right)$
bindec()	Umrechnung einer Binärzahl in eine Dezimalzahl
cell()	Aufrunden
cos()	Kosinus
cosh()	Kosinus Hyperbolicus: $\cosh(x) = \frac{1}{2} \cdot \left(e^x + e^{-x}\right)$
decbin()	Umrechnung einer Dezimalzahl in eine Binär- bzw. Dualzahl
decoct()	Umrechnung einer Dezimalzahl in eine Oktalzahl
deg2rad()	Umrechnung der Winkel von Grad (Degree) in Radiant
exp()	Exponentialfunktion nach dem folgenden Schema: $x^n = \exp(n \cdot \log(x))$
expm1()	$expm1(x) = e^{x-1}$
floor()	Abrunden
fmod()	Modulo: Es werden Dividend und Divisor als Argumente übergeben. Das Ergebnis ist der Rest der Division.
is_finite()	Das Ergebnis ist „1", wenn das Argument endlich ist. Ansonsten ist das Ergebnis „0"
is_infinite()	Das Ergebnis ist „1", wenn das Argument unendlich ist. Ansonsten ist das Ergebnis „0"

(Fortsetzung nächste Seite)

Tabelle 13.1 Funktionen für Antwortformeln in berechneten Fragetypen *(Fortsetzung)*

Funktion	Bedeutung
is_nan()	Das Ergebnis ist „1“, wenn das Argument keine Zahl (Not a Number) ist.
log10()	Logarithmus zur Basis 10
log1p()	Log(x+1)
log()	Natürlicher Logarithmus zur Basis e – bitte Schreibweise beachten: *nicht* ln!
max()	Maximalwert der als Argument übergebenen Zahlenwerte
min()	Minimalwert der als Argument übergebenen Zahlenwerte
octdec()	Umrechnung einer Oktal- in eine Dezimalzahl
pi()	Die Zahl Pi (π) als Wert
pow()	Berechnung einer Potenz, wobei als Argumente durch Komma getrennt die Basis und der Exponent übergeben werden.
rad2deg()	Umrechnung eines Winkels von Radiant in Grad (Degree)
round()	Rundung einer Gleitkommazahl
sin()	Sinus
sinh()	Sinus-Hyperbolicus: $\sinh(x) = \frac{1}{2} \cdot \left(e^{x} - e^{-x}\right)$
sqrt()	Quadratwurzel
tan()	Tangens

Parameter für verschiedene Funktionen der Trigonometrie

Die Argumente der trigonometrischen Funktionen müssen als Radiant (nicht in Grad) deklariert werden!

Auch in einer berechneten Frage können bei der Eingabe des Ergebnisses Maßeinheiten inkl. der üblichen Teiler und Vielfachen verwendet werden. Es gilt auch hier, den Unterschied zwischen Groß- und Kleinschreibung zu beachten. Außerdem müssen die richtigen Faktoren vorgegeben werden, anhand derer Moodle die Werte entsprechend umrechnen kann.

Die reine Einheit wird immer mit dem Faktor 1 dargestellt. Im Beispiel wird eine elektrische Leistung in Watt als Lösung gefragt. Die Einheit ist also W. Will jemand die Antwort in Milli-Watt (mW) schreiben, was einem Tausendstel Watt entspricht, dann braucht dies den Faktor 1000, um mit der Ursprungseinheit kompatibel zu sein. Der einzugebende Faktor für mW ist deswegen 1000, denn 1000 mW sind gleich 1 W.

Ähnlich sieht es bei den Vielfachen aus. Um den Wert 1 Kilo-Watt (kW) in die Ausgangseinheit Watt umzurechnen, muss der Faktor 0,001 eingestellt werden.

Auch bei den berechneten Aufgaben gilt, dass eine fehlende Einheit zu einem Punktabzug führt, dessen Höhe mit der Erstellung der Frage festgelegt wird.

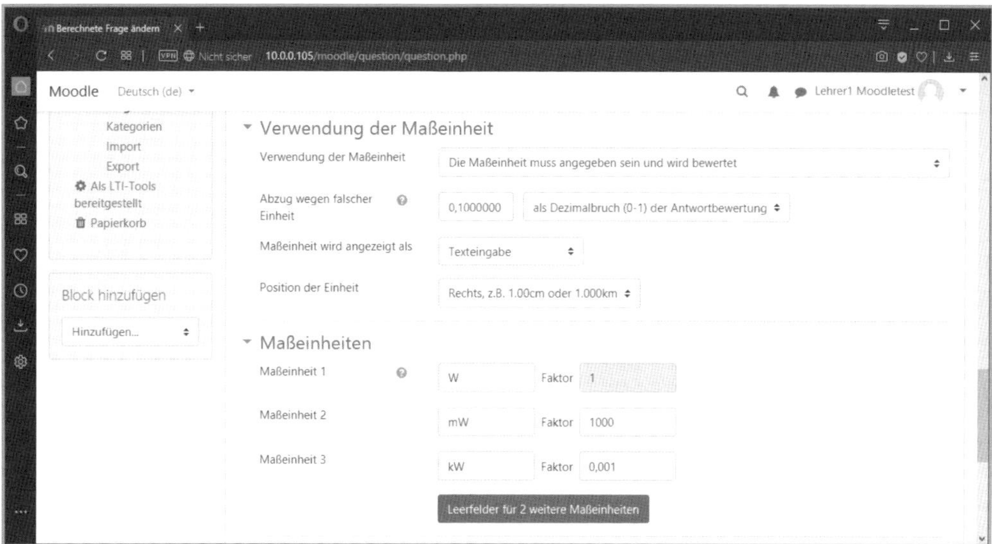

Bild 13.33 Die geforderten Maßeinheiten werden so festgelegt, wie es bereits beim numerischen Fragetypus zu sehen war.

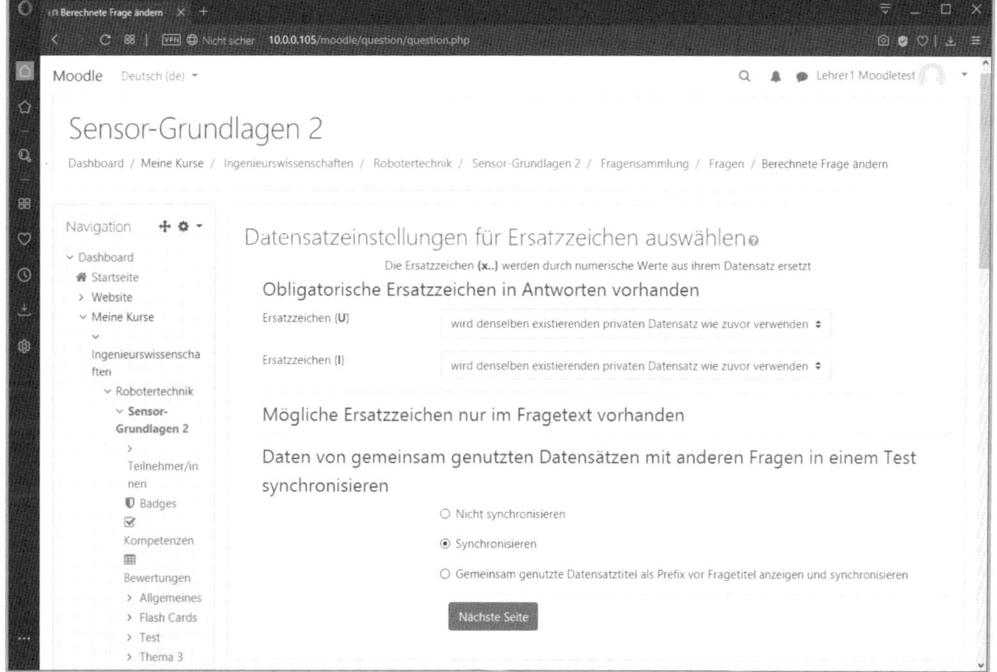

Bild 13.34 Sollen die Zahlenwerte der Platzhalter auch für weitere Aufgaben in einem Test verwendet werden, die einen Bezug zu dieser Berechnungsaufgabe haben, ist die Synchronisation zu aktivieren.

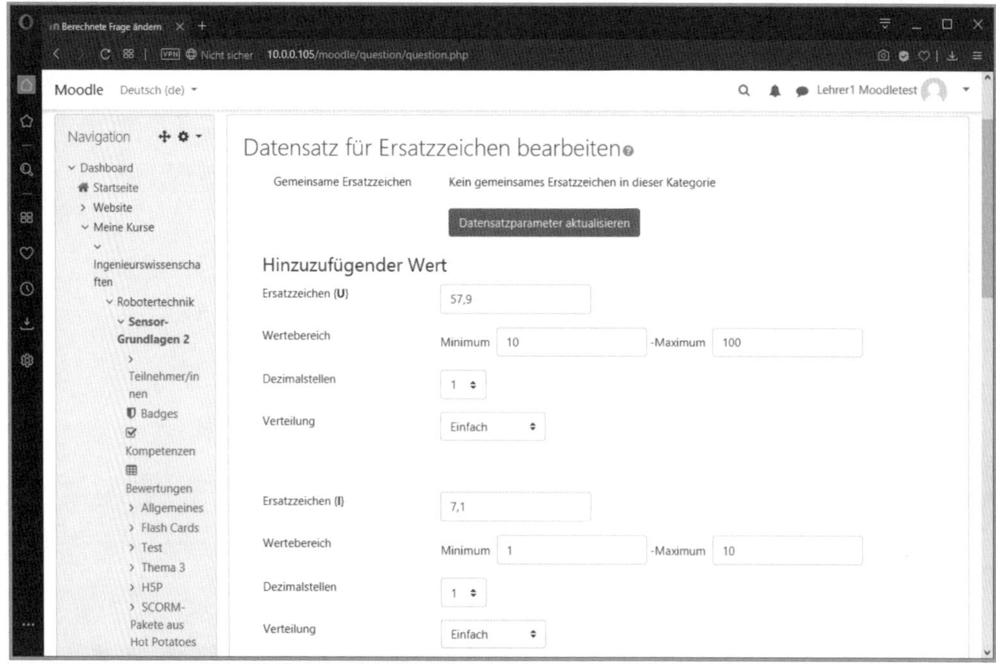

Bild 13.35 Der Wertebereich kann an die gewünschten Werte angepasst und die Aufgaben somit praxisnah formuliert werden.

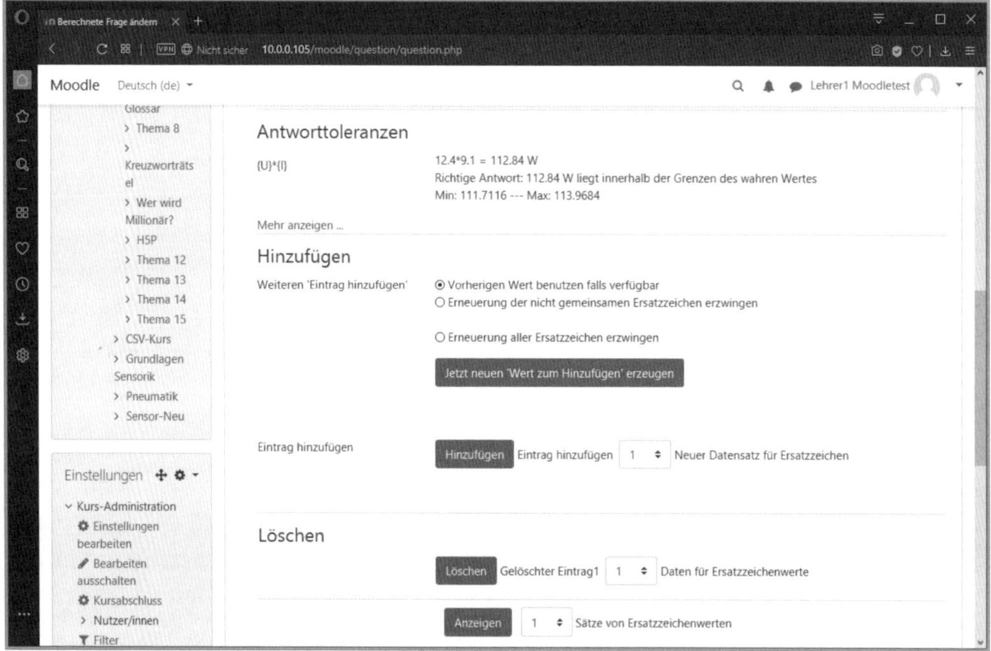

Bild 13.36 Die im Test verwendeten Werte werden nicht grundsätzlich beim Test neu erzeugt. Es werden mit der Einrichtung der Frage Datensätze angelegt, aus denen die Fragestellung ihre Werte bezieht.

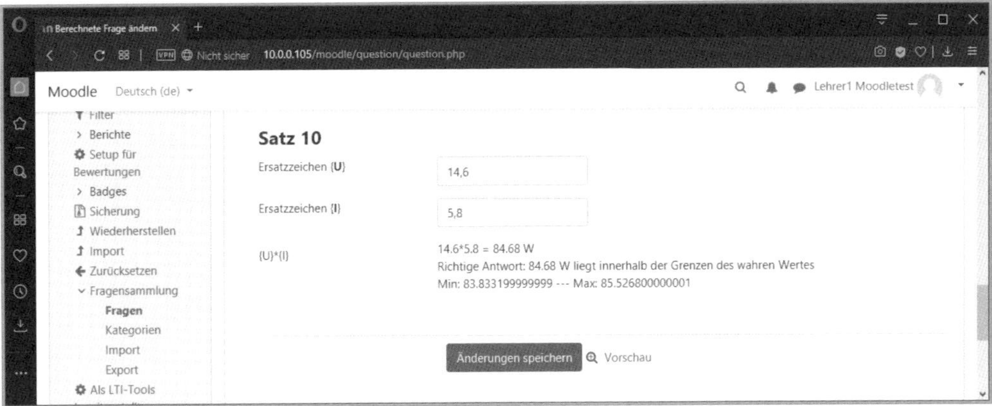

Bild 13.37 Hier wird ein soeben erzeugter Datensatz einschließlich der Berechnung und der verwendeten Werte angezeigt.

Wie in den Illustrationen zu erkennen ist, können die Wertebereiche aller Variablen individuell für die Aufgabe gewählt werden. Damit lassen sich sehr praxisnahe Aufgaben gestalten. Soll beispielsweise aus dem gegebenen Volumen eines Schwimmbeckens welches eine Länge von 50 m hat, für verschiedene Breiten die jeweilige Wassertiefe errechnet werden, sind für praxisnahe Aufgaben die vorgeschlagenen Zahlen von 1 bis 10 nicht realistisch. Die Wertebereiche lassen sich manuell anpassen.

Bei der Berechnung der Datensätze wird man schnell feststellen, dass Moodle eine gewisse Zeit für die Antwort und den Aufbau der Seite beansprucht. Während einer Prüfung, die rechtliche Relevanz haben kann, ist es jedoch wichtig, dass die verfügbare Zeit nicht durch ein langsames IT-System vergeudet wird. Aus diesem Grund wird mit der berechneten Frage ein Datensatz mit möglichen Inhalten der Ersatzzeichen angelegt und gespeichert. Wie viele Zahlenkombinationen damit möglich sind, wird mit der Anlage der Frage bestimmt. Moodle berechnet also nicht bei der Aufgabenstellung Zufallszahlen, sondern wählt diese aus der bereits vorhandenen Datenbank aus!

Dieses Verfahren bietet noch einen weiteren Vorteil: Es ist denkbar, dass während des Tests eine weitere berechnete Frage gestellt wird, die zweckmäßiger Weise mit den gleichen Zahlen arbeitet, jedoch eine andere Größe erfragt. In diesem Beispiel – es wird aus einer gegebenen Spannung und einem gegebenen Strom die elektrische Leistung P = U*I berechnet – bietet es sich an, in einer weiteren (berechneten) Frage nach der Größe des Widerstands zu fragen. Auch hier werden wieder die beiden Größen U und I benötigt. Die Berechnung des Widerstandes R = U/I erfolgt jedoch mit einer anderen Formel, welche die Kandidaten beherrschen müssen. Dazu müssen die Fragen allerdings *synchronisiert* werden.

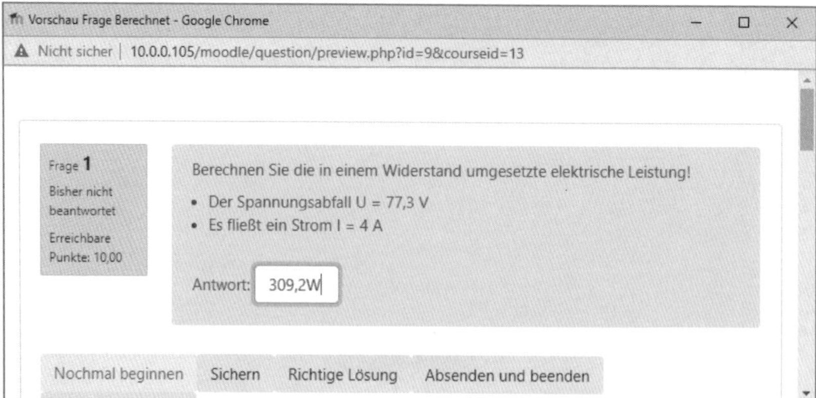

Bild 13.38 Eingabe eines Lösungsvorschlags (hier in der Vorschau): Der Betrag ist richtig und es wird auch die Einheit angegeben.

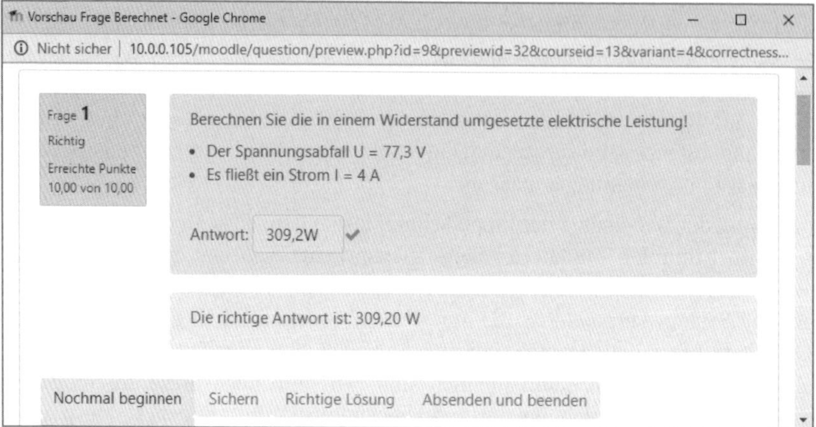

Bild 13.39 Die Antwort ist richtig! Sie wird mit der vollen Punktzahl honoriert.

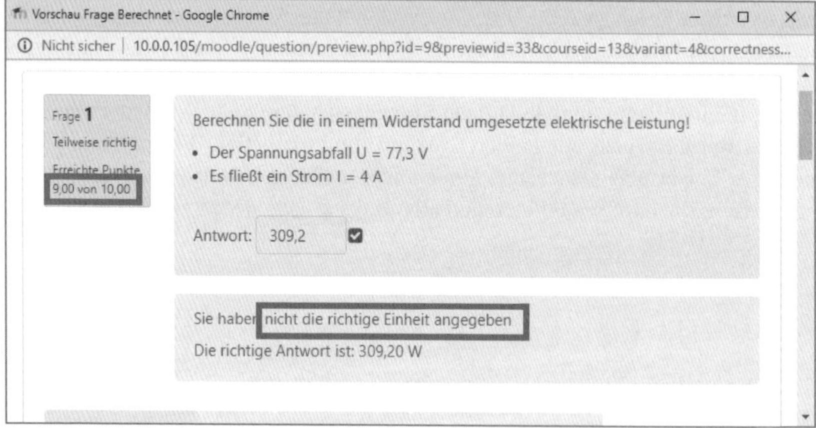

Bild 13.40 Obwohl die Lösung im Betrag richtig ist, wurde die Angabe der Maßeinheit vergessen. Dies kostet den Abzug eines Punkts.

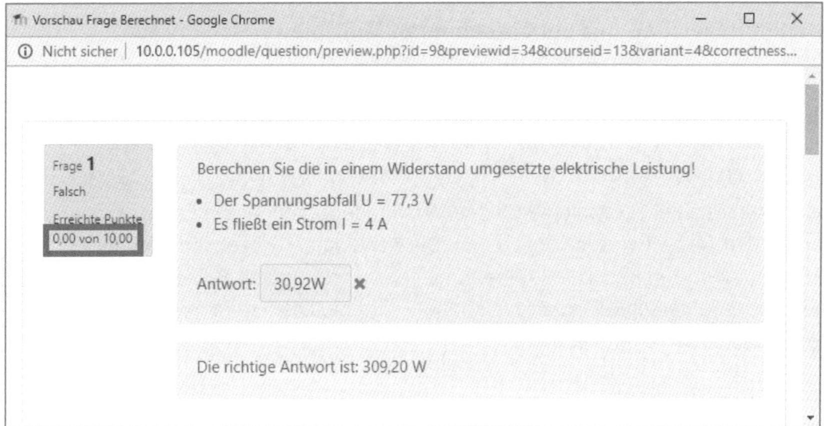

Bild 13.41 Hier wurde eine falsche Antwort eingetragen. Die richtige Lösung wird im roten Bereich dargestellt. Es werden keine Punkte vergeben.

13.3.8 Berechnete Multiple Choice-Aufgabe

Die berechnete Multiple Choice-Frage hat viele Parallelen zur einfachen berechneten Aufgabe. So ist die Syntax der Variablen, also der Ersatzzeichen, absolut identisch:

- Ersatzzeichen werden in geschweifte Klammern geschrieben
- Ersatzzeichen dürfen keine Leerzeichen enthalten

Auch die Schreibweise der Formeln entspricht weitgehend dem Verfahren, wie es bei den berechneten Fragen zu sehen war: Es gelten die üblichen Zeichen für die vier Grundrechenarten (+, -, * und /) sowie Klammern. Hinzu kommen die Funktionen aus Tabelle 13.1.

Anders als bei den berechneten Fragen wird bei den berechneten Multiple Choice-Antworten ein Gleichheitszeichen benötigt! Dies ist wichtig, weil die Antworten nicht allein rein numerisch, sondern auch in der Form kurzer Texte formuliert werden können, die errechnete Werte in ihrer Aussage enthalten.

Der gesamte Ausdruck muss ebenfalls in geschweifte Klammern gefasst werden! Für die in der Fragestellung geforderte Berechnung des Widerstands aus der Spannung und dem Strom würde man also diese Formel in die Antwortzeile eintragen:

```
{={U}/{I}}
```

Damit auch eine Einheit in der Antwort enthalten ist, wird diese einfach dazu geschrieben. Das (entsprechend ergänzte) Beispiel sieht nun wie folgt aus:

```
{={U}/{I}} Ohm
```

In die Antwortzeile können also auch ganze Sätze eingebaut werden, die sowohl das Ergebnis als auch die ursprünglichen Werte beinhalten:

```
Aus der Spannung {U} V und dem fließenden Strom {I} A errechnet sich der Widerstand
nach dem Ohm'schen Gesetz mit einer Größe von {={U}/{I}} Ohm.
```

Gleichheitszeichen nur bei berechneten Multiple Choice-Fragen

Bitte beachten: Bei einfachen berechneten Fragen ist die Form der Beantwortung rein numerisch und es ist ein, von den Kandidaten zu berechnender, Wert einzutragen. Das Feld ist also leer und erwartet das Ergebnis. Bei der einfachen berechneten Frage wird also KEIN Gleichheitszeichen benötigt.

Anders sieht es bei der Multiple Choice-Version der berechneten Frage aus: Hier werden Textantworten vorgegeben. Die Kandidaten wählen lediglich die richtigen Antworten aus. Damit Berechnungen von der reinen Präsentation einer Formel unterschieden werden können, wird die besondere Syntax mit dem Gleichheitszeichen benötigt. ■

Zwei weitere Unterschiede zur reinen berechneten Frage sind:

- Die fehlende Definition von Einheiten einschließlich der zugehörigen Faktoren.
- Außerdem werden keine Toleranzen für die Rechenergebnisse definiert.

Beides ist nicht nötig, weil die Antworten nicht aus (von den Lernenden) frei geschriebenen Rechenergebnissen bestehen, sondern durch die Wahl einer oder mehrerer vorgegebener Lösungen erfolgen.

Die übrigen Schritte gleichen denen der berechneten Frage, wobei auch hier im Wesentlichen die Erzeugung der Datensätze für die Variablen bzw. *Ersatzzeichen* von Bedeutung ist. Sie sind in ihrem Wertebereich und in ihrer Anzahl frei zu wählen. Darüber hinaus können sie mit gleichnamigen Ersatzzeichen von Fragen in einem Test im gleichen Kurs synchronisiert werden.

Parallelen gibt es natürlich auch zu den regulären Multiple Choice-Fragen (vgl. Abschnitt 13.3.1). Es können zahlreiche Antwortmöglichkeiten entwickelt werden. Auch ist es möglich, dass mehrere Antworten richtig sind. Ein Beispiel wäre eine Antwort in einer bestimmten Länge, die in einer Antwort in Meter, in einer anderen in Fuß mit den jeweiligen Umrechnungen gegeben wird. Damit mehrere Antworten gültig sein können, muss die entsprechende Option aktiviert werden. Außerdem muss gewährleistet sein, dass mit der richtigen Beantwortung aller Frageteile auch tatsächlich 100 % der Punkte erreichbar sind. Bei Abgabe einer falschen Antwort ist durch Vergabe von „-100 %" der Entzug aller Punkte für diese Aufgabe möglich, auch wenn eine oder mehrere richtige Antwortelemente markiert wurden.

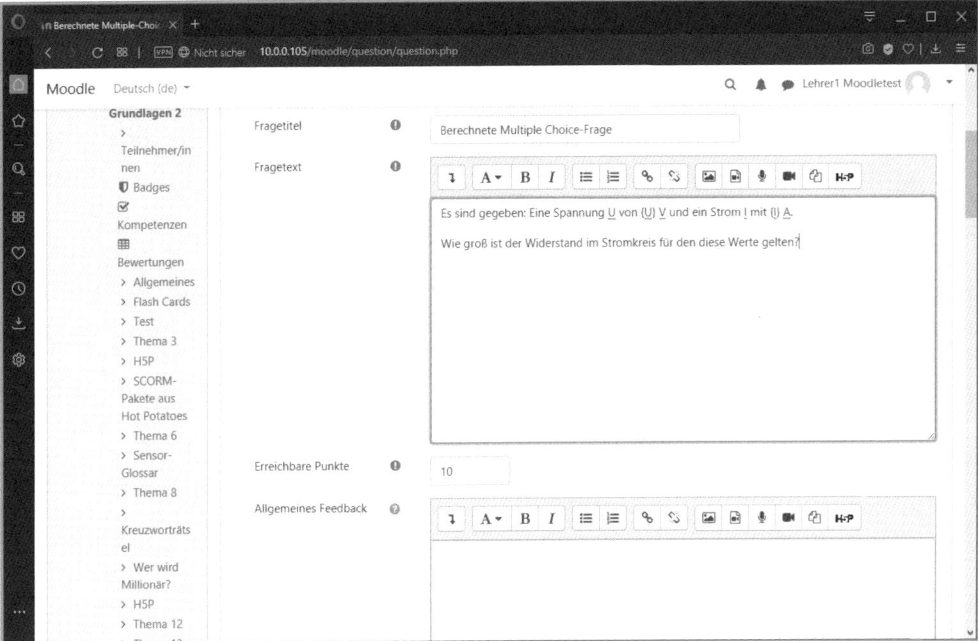

Bild 13.42 In einer berechneten Multiple Choice-Fragestellung müssen auch die einer Berechnung zugrunde liegenden Werte enthalten sein. Dies funktioniert durch den Einsatz von Platzhaltern bzw. „Ersatzzeichen", wie sie in Moodle genannt werden.

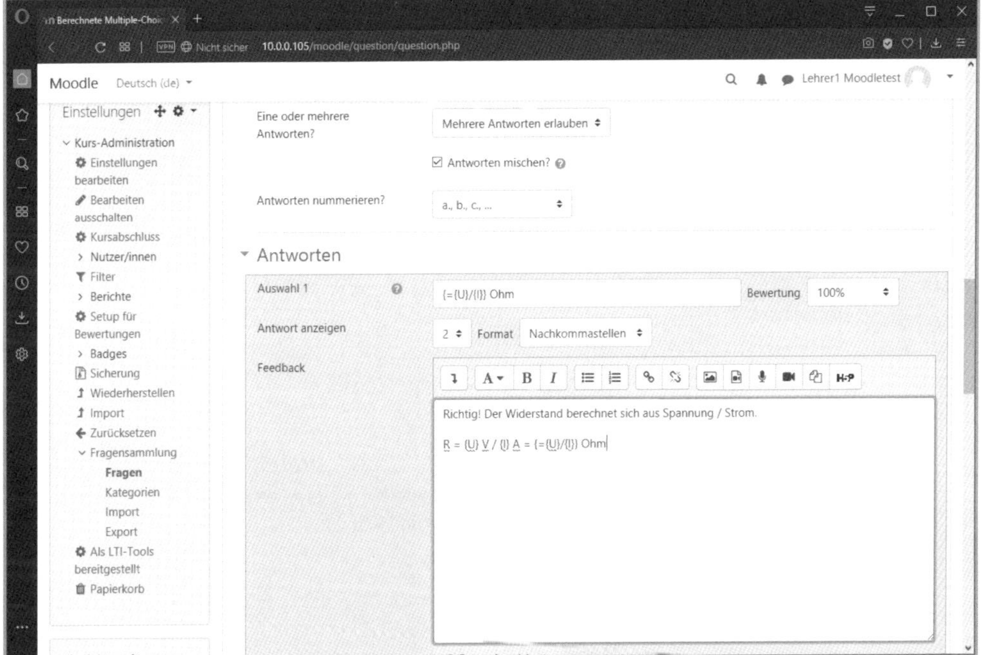

Bild 13.43 Platzhalter werden sowohl in der Antwort als auch im Feedback eingesetzt. So kann im Feedback der Rechenweg mit echten Zahlen dargestellt werden.

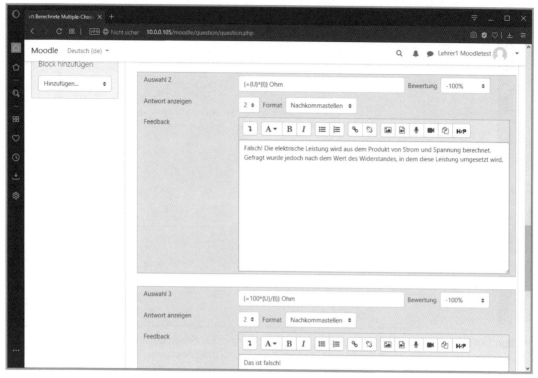

Bild 13.44 Natürlich braucht eine Multiple Choice-Frage auch falsche Antworten. Auch diese werden mithilfe der Platzhalter erzeugt, um selbst Fehler plausibel erscheinen zu lassen.

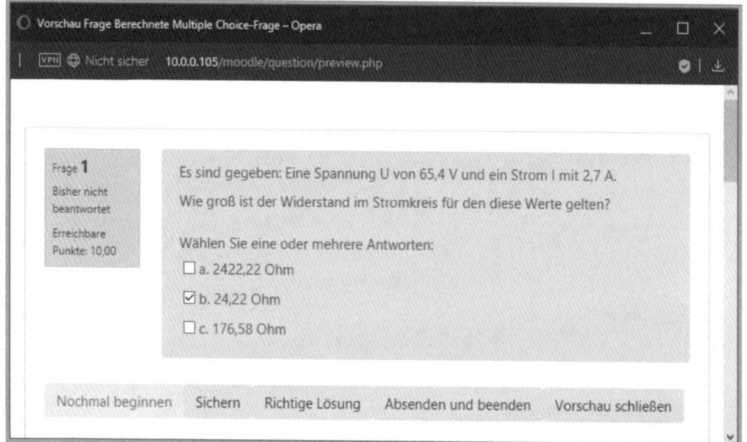

Bild 13.45 In der Vorschau erscheinen Fragestellung und Antwortvorschläge mit den tatsächlich verwendeten Zahlen.

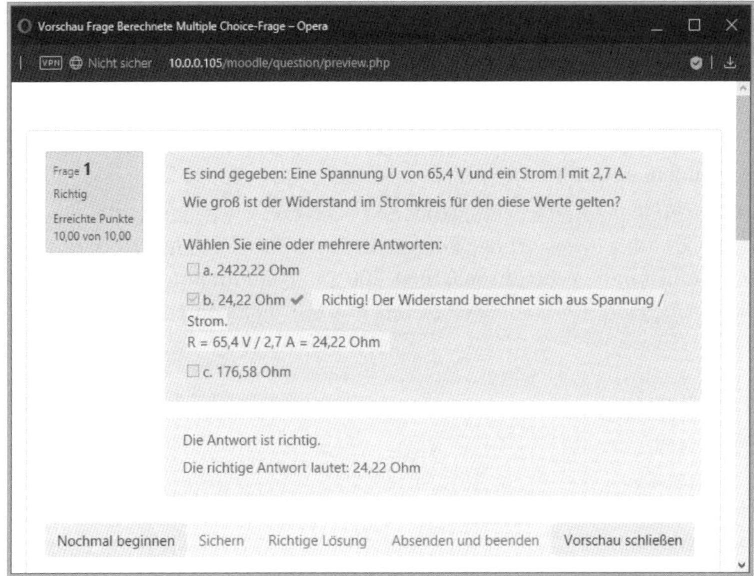

Bild 13.46 Es wurde die richtige Antwort gewählt und es wird die volle Punktzahl vergeben.

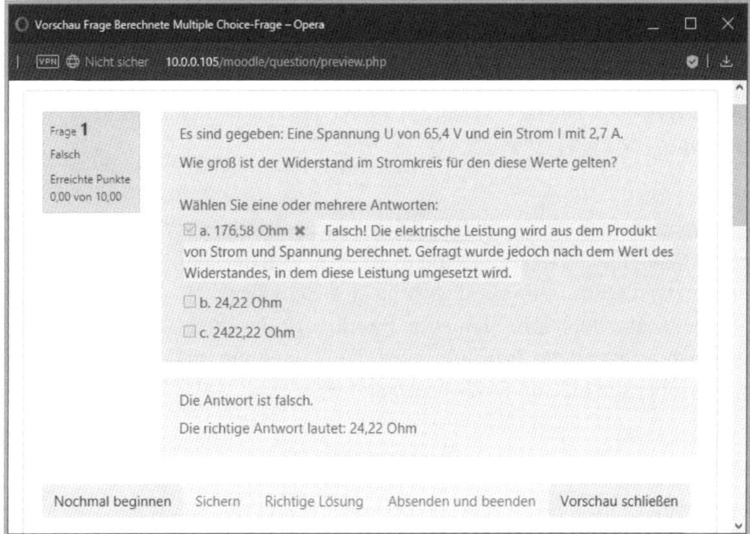

Bild 13.47 Eine klar falsche Antwort! Es werden keine Punkte vergeben, jedoch wird neben der falschen Antwort ein Feedback gegeben, welches den Kandidaten hilft, ihren eigenen Fehler zu verstehen.

13.3.9 Drag and Drop auf ein Bild

Eine sehr interessante Aufgabenstellung, die sich auch gut zur Verwendung im Präsenzunterricht eignet, um ein spontanes Feedback zu einer Kurseinheit einzufordern, ist das *Drag and Drop auf ein Bild*. Da diese Frage vorwiegend mit rein grafischen Elementen gestaltet wird, ist sie zudem auch für untere Klassenstufen[2] gut geeignet.

Neben den üblichen Pflichtelementen wie Fragetitel und Fragetext sowie der Festlegung der erreichbaren Punktzahl, ist für diese Art der Fragestellung ein detailreiches Hintergrundbild nötig, das eine Auflösung von bis zu maximal 600 x 400 Bildpunkten haben sollte. Zusätzlich werden *verschiebbare Objekte* benötigt. Das können Bilder in einem der folgenden Formate sein:

- GIF
- JPG/JPEG
- PNG
- SVG

Die Bilder, die als verschiebbare Objekte verwendet werden, sollten nicht mehr als 150 Bildpunkte in der Breite und 100 Bildpunkte in der Höhe haben.

Alternativen beim Hochladen von Dateien

Es gibt zwei Möglichkeiten, eine Bilddatei als verschiebbares Objekt in das System zu laden: Man kann den Weg über den Dialog *Datei wählen* verwenden oder die Bilddatei einfach aus dem Explorer-Fenster des Betriebssystems in das dafür vorgesehene Feld ziehen.

Es ist auch möglich, einen Text als ein verschiebbares Objekt zu deklarieren. Der Text sollte jedoch sehr kurz und knapp, idealerweise ein Stichwort sein, weil der Platz auf dem Hintergrundbild sehr begrenzt ist. Eine kleine Steigerung des Schwierigkeitsgrads bietet die zufällige Anordnung der verschiebbaren Elemente. Damit wird der flüchtige Blick auf den Bildschirm des Nachbarn während der Prüfung selbst dann zu einem unsicheren Ergebnis führen, wenn dort scheinbar die gleiche Frage bearbeitet wird.

Verschiebbare Texte mit Formaten

Die unscheinbare Eingabezeile für den verschiebbaren Text versteht HTML-Code. So ist es möglich, mithilfe von HTML Akzente zu setzen:

- <b>...</b> - Fettschrift
- <i>...</i> - Kursivschrift

[2] Wenn von sogenannten „unteren Klassenstufen" die Rede ist, ist dieser Begriff natürlich sehr differenziert zu betrachten, denn es muss zumindest die Fähigkeit der Lernenden entwickelt sein, sich im Moodle-System anzumelden und in den Kursen zu navigieren.

- ^{...} – hochgestellt
- _{...} – tiefgestellt
- <span style="*CSS-Code*">...</span> – Formatierung mit CSS-Code

Für eine sehr komplexe Aufgabenstellung können die verschiebbaren Objekte in Gruppen gegliedert werden. Es können nur Objekte auf die zu einer Gruppe passende *Dropzone* geschoben werden. Damit kann die Aufgabe insgesamt vereinfacht oder thematisch in Teilaufgaben strukturiert werden.

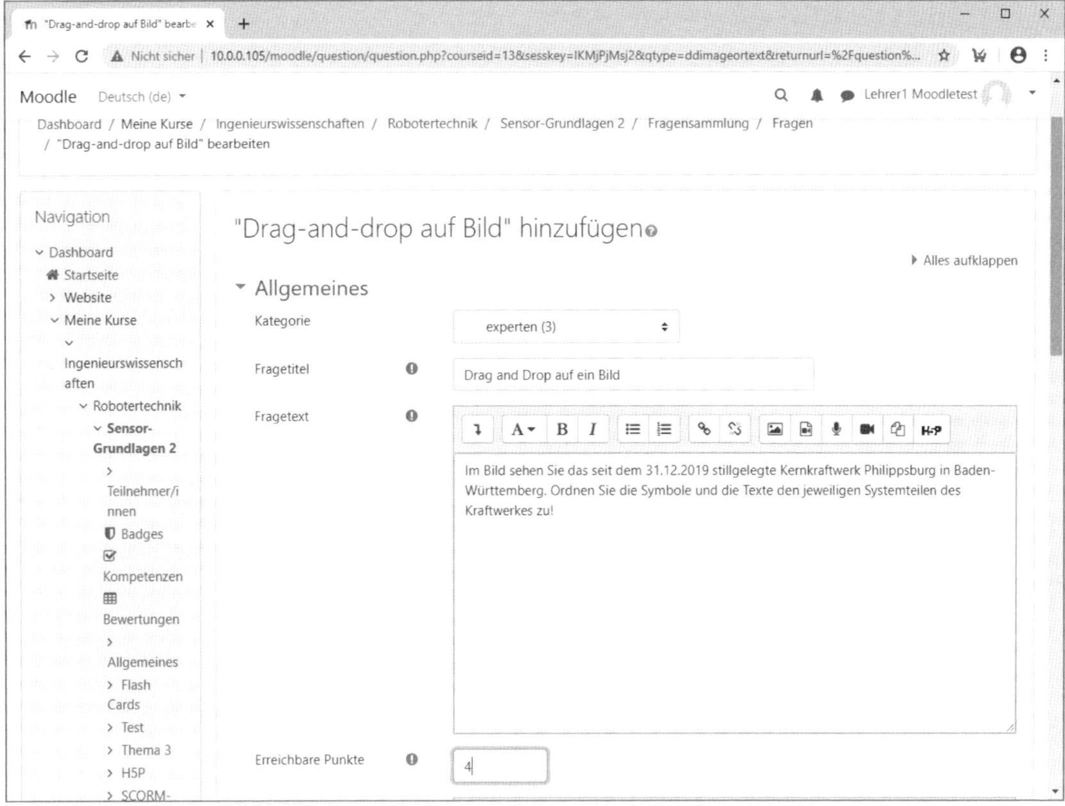

Bild 13.48 Wie bei jeder Frage gehören ein Fragetitel und ein Fragetext zu den wichtigsten Festlegungen bei einer Frage. Wichtig ist grundsätzlich auch die Festlegung der zu vergebenden Punktzahl.

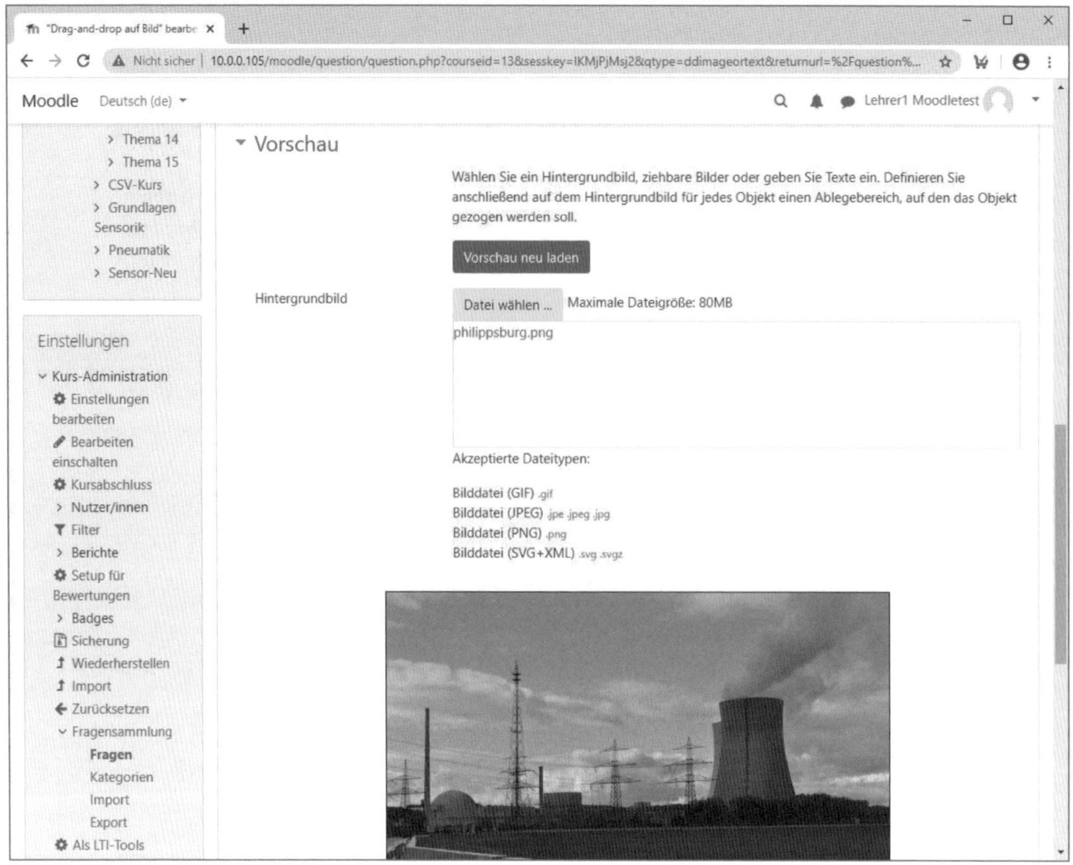

Bild 13.49 Das Hintergrundbild ist die Ablagefläche für die Antworten. Es sollte Details beinhalten, nach denen gefragt wird.

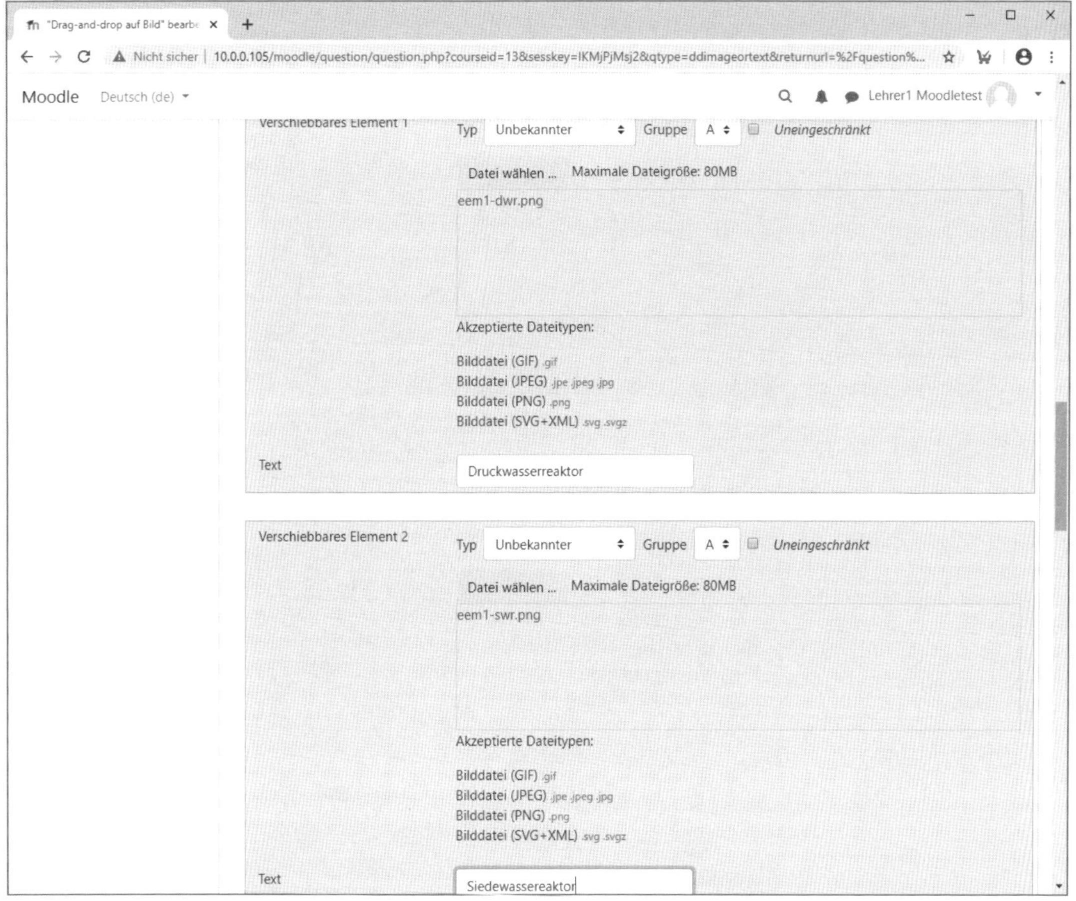

Bild 13.50 „Unbekannter“ Typ ist etwas ungeschickt im System formuliert. Es handelt sich hier um Bilder in einem von vier Dateitypen, die hochgeladen werden können.

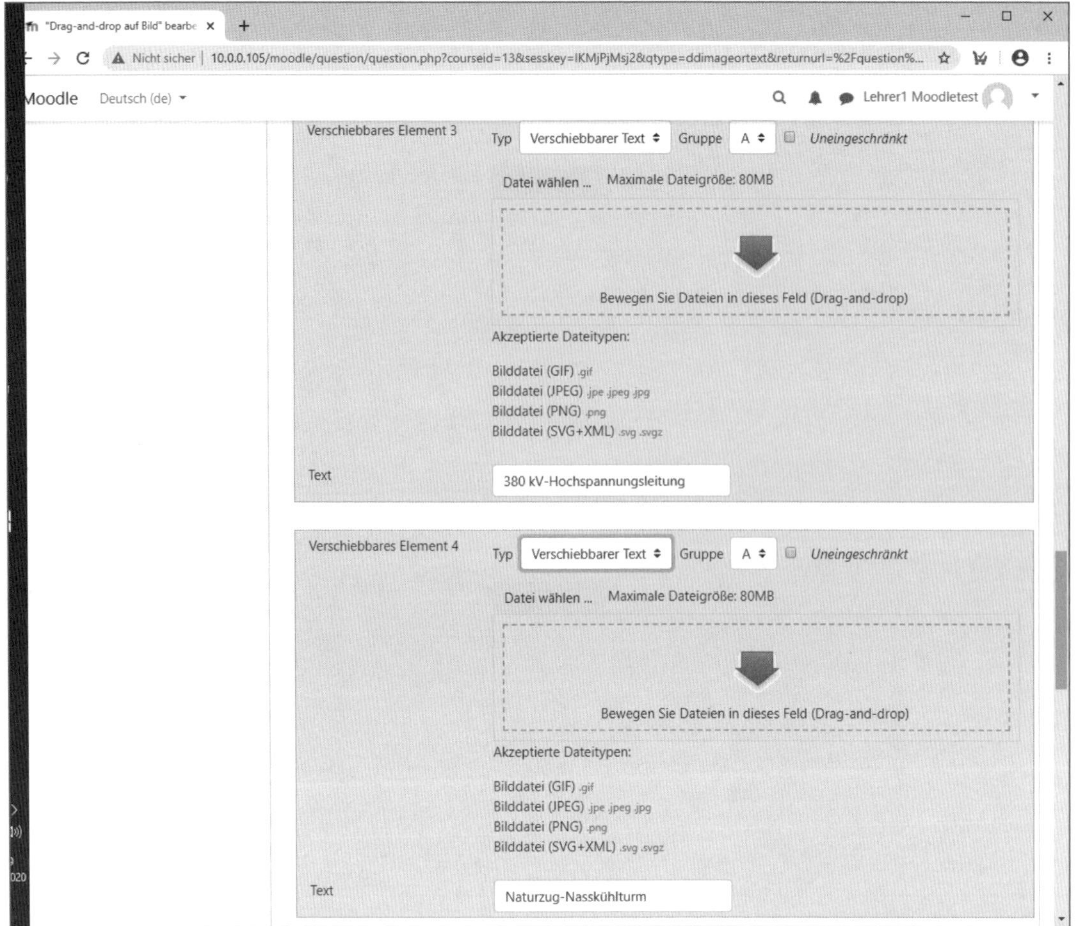

Bild 13.51 Ein verschiebbarer Text wird in die Textzeile am Ende des Antwortfelds eingetragen.

Die „Drag and Drop"-Aufgabe ist nur dann sinnvoll, wenn die richtigen Ablageorte, die sogenannten *Dropzones*, für die verschiebbaren Objekte eindeutig definiert sind. Die Größen der Dropzones legt Moodle automatisch fest. Es gibt einen Unterschied zwischen einer grafischen Zone und einer Text-Zone. Werden gemischte verschiebbare Elemente verwendet, dominiert das Format der grafischen Zone, damit alle Ablagebereiche das gleiche Aussehen haben.

Um die Dropzone zu definieren, braucht es darüber hinaus Koordinaten. Hier wird der linke obere Punkt der Dropzone festgelegt. Es gibt zwei Möglichkeiten, um diese Deklarationen vorzunehmen:

Die kompliziertere Variante ist es, auf dem Originalbild in einem Bildbearbeitungsprogramm (Bild 13.52 zeigt ein Beispiel mit dem kostenlosen Programm GIMP) die Koordinaten der Bildpunkte zu ermitteln. In den meisten Programmen wird die Position des Mauszeigers in der Statuszeile angezeigt. Die so ermittelten Koordinaten werden in die Felder *links* und *oben* eingetragen.

Man muss allerdings nicht unbedingt investigativ in einer zusätzlichen Software tätig werden. Es geht durchaus einfacher, wenn man zunächst alle Koordinaten mit Standard-Parametern besetzt, die Frage zwischenspeichert (und weiterbearbeitet) und dann die in der Vorschau angezeigten verschiebbaren Elemente mit der Maus an die gewünschte Position verschiebt. Nach *erneutes Speichern* der Frage werden die linken oberen Koordinaten der Dropzones automatisch aus den Positionen der Elemente übernommen.

Bild 13.52 Am Ort, wo das rote Kreuz – stellvertretend für das Markierungskreuz des Mauszeigers – platziert wurde, soll eine Dropzone eingefügt werden. Die Koordinaten sind im links umrandeten Bereich ablesbar und können in Moodle übernommen werden.

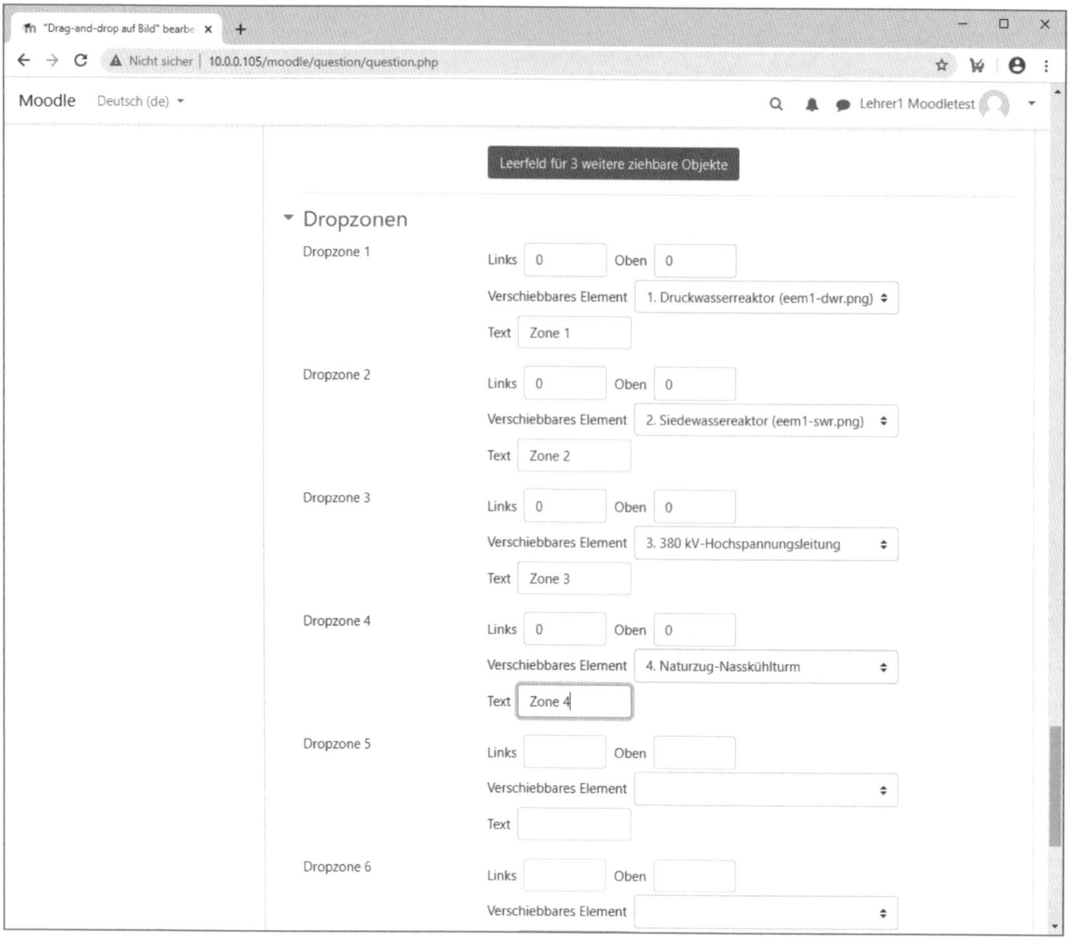

"Drag-and-drop auf Bild" bearbe ×
Nicht sicher | 10.0.0.105/moodle/question/question.php
Moodle Deutsch (de) Lehrer1 Moodletest

Leerfeld für 3 weitere ziehbare Objekte

Dropzonen

Dropzone 1
Links 0 Oben 0
Verschiebbares Element 1. Druckwasserreaktor (eem1-dwr.png)
Text Zone 1

Dropzone 2
Links 0 Oben 0
Verschiebbares Element 2. Siedewassereaktor (eem1-swr.png)
Text Zone 2

Dropzone 3
Links 0 Oben 0
Verschiebbares Element 3. 380 kV-Hochspannungsleitung
Text Zone 3

Dropzone 4
Links 0 Oben 0
Verschiebbares Element 4. Naturzug-Nasskühlturm
Text Zone 4

Dropzone 5
Links Oben
Verschiebbares Element
Text

Dropzone 6
Links Oben
Verschiebbares Element

Bild 13.53 Die Dropzones werden durch die Koordinaten des linken oberen Eckpunkts definiert. Das zugeordnete Feld wird mit einer Drop-down-Liste gewählt.

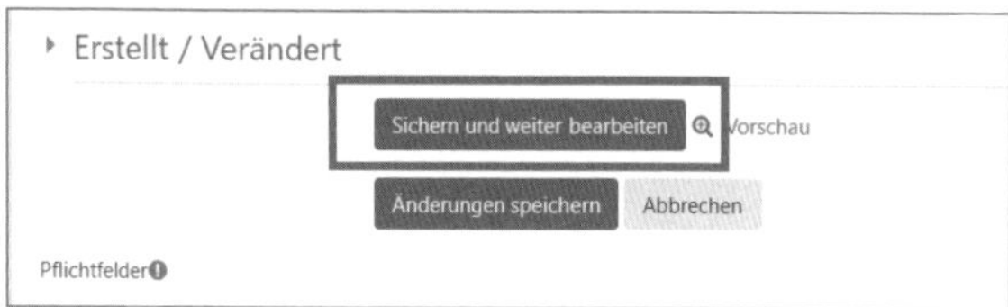

Bild 13.54 Um die Elemente in die Vorschau (in der Aufgabendeklaration!) anzuzeigen und gezielt verschieben zu können, muss die Frage gelegentlich gespeichert und danach weiter bearbeitet werden.

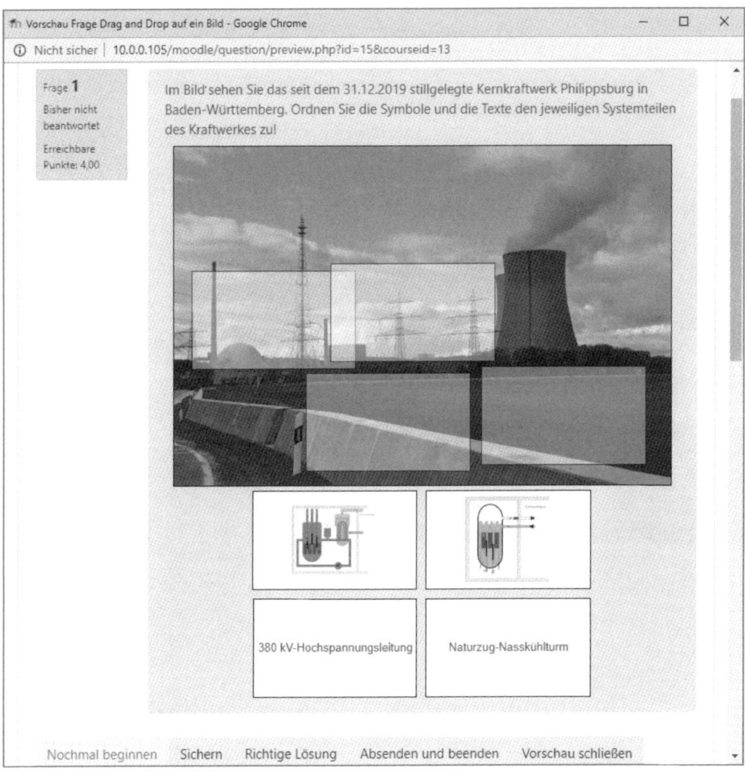

Bild 13.55 Die verschiebbaren Elemente werden außerhalb des Hintergrundbilds platziert und von der Kandidatin oder dem Kandidaten mit der Maus auf die jeweilige Dropzone geschoben.

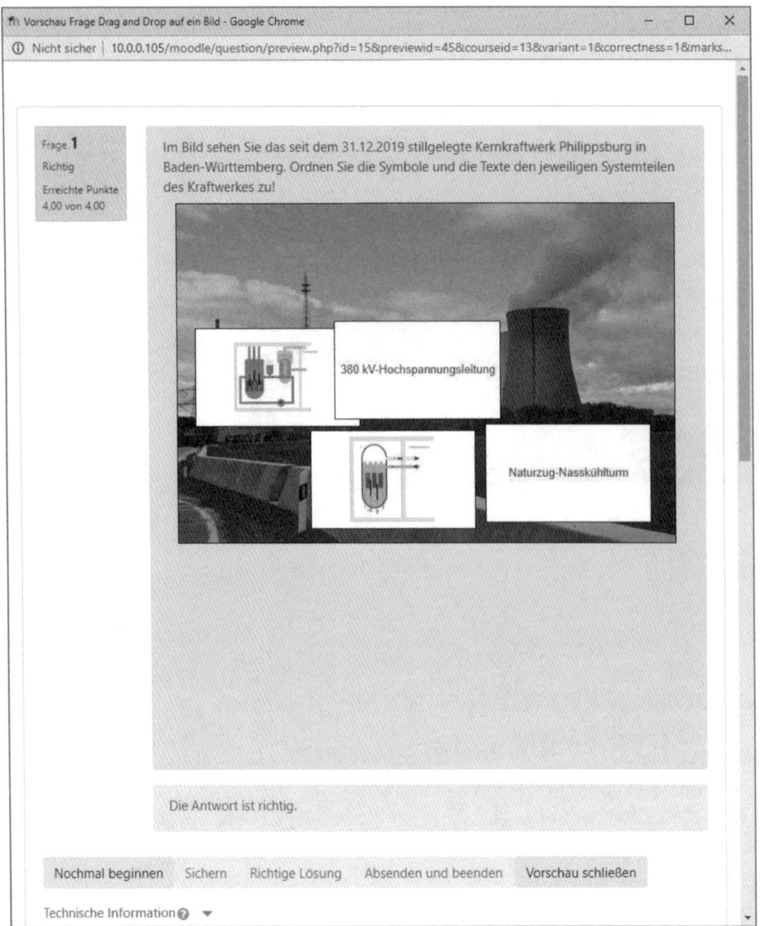

Bild 13.56 Für jede richtige Zuordnung gibt es Punkte. Die volle Punktzahl wird erreicht, wenn alle Elemente richtig zugeordnet wurden.

13.3.10 Drag and Drop auf einen Text

Lückentexte sind eine sehr beliebte Fragetechnik. Moodle sieht dafür eine Variante zur freien Eingabe der Lösungen in die Textlücken vor, die jedoch in ihrer Syntax sehr komplex und in der Gestaltung der Texte anspruchsvoll ist (vgl. Abschnitt 13.3.13). Eine „Drag and Drop"-Aufgabe auf Textlücken ist dagegen sehr einfach zu gestalten. Auch sind Schreibfehler ausgeschlossen, weil die Lösungsworte bereits vorverfasst sind und in der Form verschiebbarer Elemente vorliegen. Diese Elemente werden mit der Maus auf die freien Felder geschoben, die durch Platzhalter in den Fragetext eingefügt werden.

Das Prinzip zur Erstellung eines solchen Fragetextes ist einfach: Aus dem Originaltext werden Wörter ausgeschnitten und diese in ein Antwortfeld unter *Auswahl* eingesetzt. Auf der linken Seite ist neben dem Antwortfeld der Name des Platzhalters zu finden. Er wird durch ein Doppelpaar eckiger Klammern und eine fortlaufende, von Moodle generierte Zahl gebildet. Der erste Platzhalter, also das erste freie Feld, auf das ein verschiebbarer Text abgelegt werden kann, lautet demnach [[1]]. Dieser Platzhalter wird entsprechend in den Text geschrieben und das ursprüngliche Wort gelöscht (vgl. Bild 13.57).

Wie bereits bei den „Drag and Drop"-Aufgaben mit Bildern können die Antwortfelder auch hier gruppiert und damit verschiedenen Teilaufgaben zugeordnet werden.

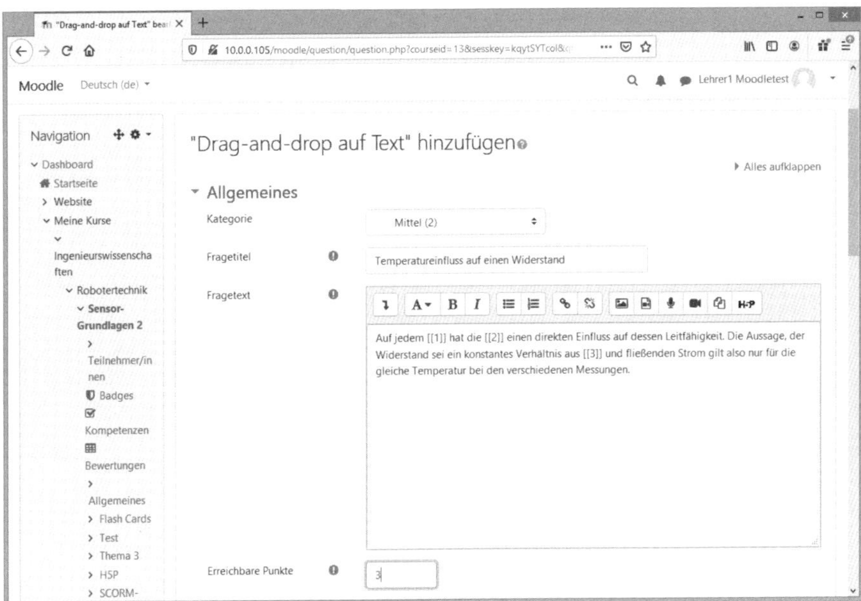

Bild 13.57 Im Fragetext werden anstelle der gesuchten Begriffe Platzhalter eingefügt.

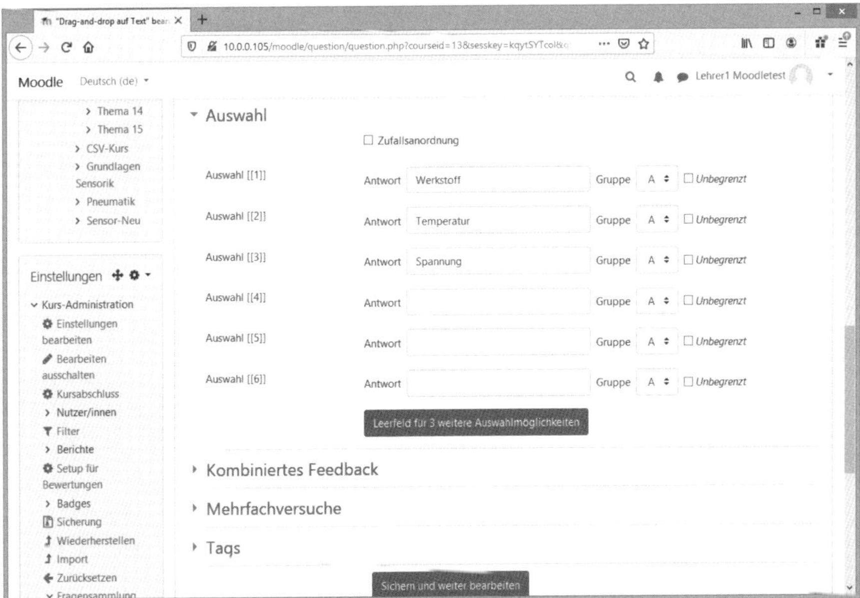

Bild 13.58 Jeder Variablen – hier [[1]] bis [[3]] – wird ein Begriff zugeordnet. Es können auch Platzhaltergruppen definiert werden. Diese erzeugen verschiedene Elemente, die nur in bestimmten Feldern abgelegt werden können.

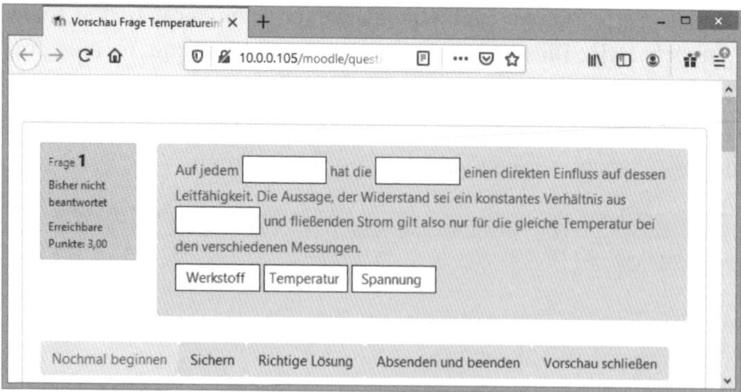

Bild 13.59 Die Kandidaten müssen die Begriffe in die Platzhalterfelder verschieben.

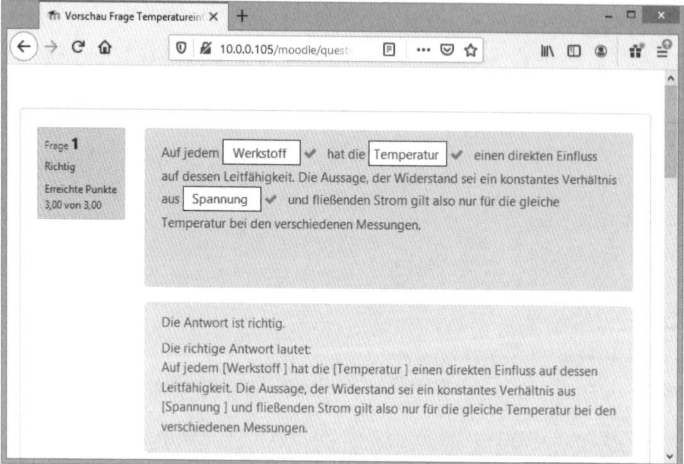

Bild 13.60 Wenn alle Begriffe in die richtigen Felder verschoben wurden, gibt es natürlich die volle Punktzahl. Zudem wird allgemein die richtige Lösung gezeigt.

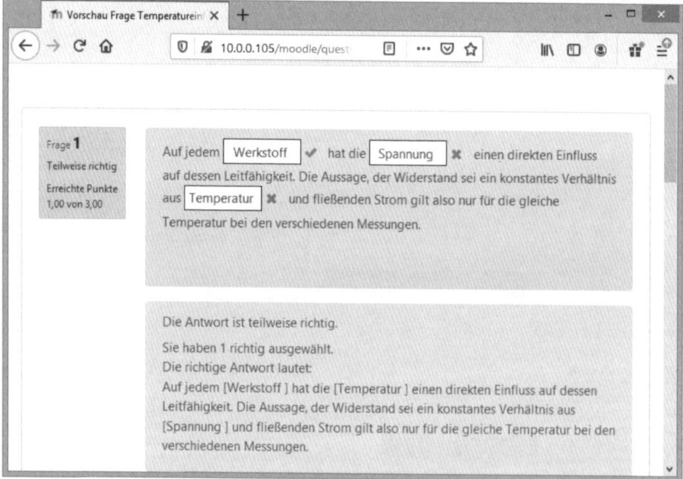

Bild 13.61 Zwei der Begriffe wurden falsch zugeordnet. Für die richtige Zuordnung gibt es hier einen Punkt.

13.3.11 Drag and Drop auf Markierungen

Der Fragetyp *Drag and Drop auf Markierung* bedarf einer gewissen Sorgfalt bei der Definition der Dropzones. Der Fragetypus ähnelt zunächst einmal der im Abschnitt 13.3.9 beschriebenen Variante, zeigt jedoch in der späteren Frage keine Platzierungsflächen für die richtigen Antworten an. Es werden vielmehr unsichtbare Markierungen in ein Hintergrundbild gesetzt, auf die die verschiebbaren Antwort-Elemente abzulegen sind.

Die Ablagemarkierungen müssen also großzügig bemessen werden, damit eine reelle Chance besteht, die richtige Antwort zu liefern. Zudem ist es wichtig, den Lernenden das exakte Verfahren zu erläutern, um Missverständnisse und Reklamationen der Ergebnisse zu vermeiden.

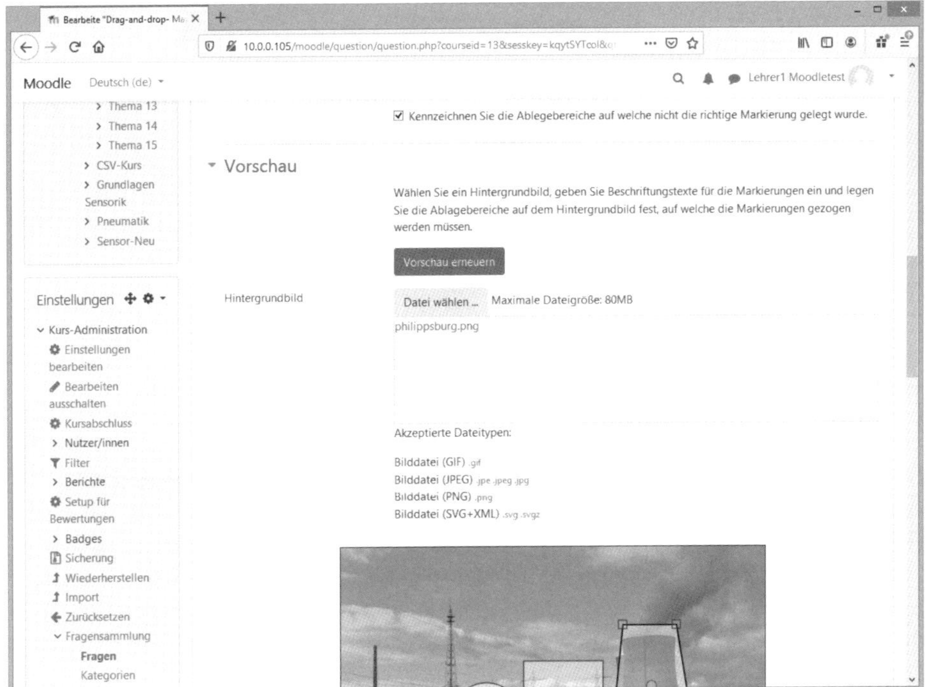

Bild 13.62 Wie auch bei der „Drag and Drop"-Aufgabe auf ein Bild wird hier ein Hintergrundbild benötigt. Allerdings sind später keine Ablageflächen zu sehen. Diese Aufgabe ist somit etwas schwieriger zu lösen.

Neben den unsichtbaren Umrissen der Dropzones, die eine möglichst klare Aussage bei der Platzierung der verschiebbaren Elemente erfordern, kann die Art der Antwortabgabe zusätzlich interessanter gestaltet werden: Es ist durchaus möglich, ein Element mehr als einmal auf dem Hintergrundbild zu platzieren. Die Trefferwahrscheinlichkeit steigt zwar damit, jedoch geht dieses „Raten" zulasten der erreichbaren Punktzahl. Mit der Deklaration der Frage kann bereits festgelegt werden, ob ein Element nur einmal, eine begrenzte Zahl oder beliebig oft während der Beantwortung der Frage auf das Hintergrundbild geschoben werden darf.

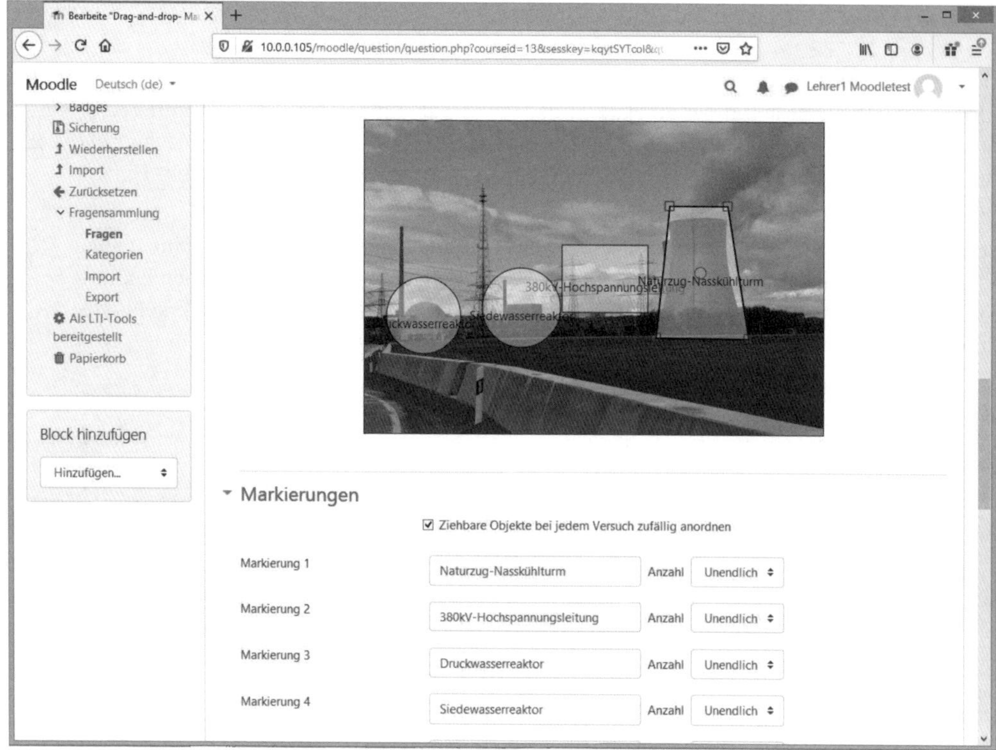

Bild 13.63 Zunächst einmal werden Markierungen und die zugeordneten Begriffe definiert. Die Positionierung erfolgt im Anschluss.

Die Dropzones, also die Ablagebereiche, können – anders als beim Fragetyp nach Abschnitt 13.3.9 – nahezu beliebig gestaltet werden. Es ist auch hier möglich, die Felder ausgehend von den Ursprungskoordinaten des Bilds zu entwickeln, d. h. sie mit der Maus am Zentrum zu fassen, auf das Zielobjekt im Bild zu ziehen und dann die Größe anzupassen, jedoch ist es auch möglich, die Koordinaten sowie die zusätzlich erforderlichen Parameter manuell einzutragen. Etwas anspruchsvoller gestaltet sich dabei die Deklaration eines Polygon-Felds.

Wird dieser Feldentwurf ohne weitere Deklaration gewählt, so bietet Moodle ein Dreieck an. Im Feld Koordinaten kann die Deklaration des Polygons jedoch um beliebig viele weitere Eckpunkte erweitert werden. Bild 13.52 zeigt ein Beispiel, wie die Koordinaten der Bildpunkte alternativ ermittelt werden können.

Die Festlegung der Koordinaten erfolgt nach dem folgenden Muster:

- Kreis (x,y-Koordinaten des Zentrums sowie Radius r): x,y**;**r – der Radius wird mit einem Semikolon von den x,y-Koordinaten des Kreismittelpunkts getrennt.
- Rechteck (x,y-Koordinaten des linken oberen Eckpunkts sowie Breite b und Höhe h): x,y**;**b,h
- Polygon (x,y-Koordinatenpaare für jeden Punkt): x1,y1**;**x2,y2**;**x3,y3**;** ...

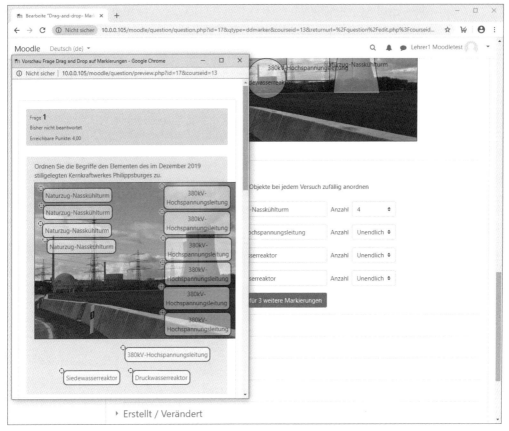

Bild 13.64 Sollen die verschiebbaren Elemente nur ein einziges Mal platzierbar sein oder können Kandidaten damit das Hintergrundbild beliebig oft „dekorieren“? Die Festlegung wird mit der Zuweisung der Begriffe zu den Platzhaltern getroffen.

Unterschied Komma und Semikolon

Parameter eines Koordinatenpaares werden durch ein Komma, die verschiedenen Koordinatenpaare untereinander durch ein Semikolon voneinander getrennt. Bei Bildpunkten sind keine Dezimalbrüche üblich.

Die Möglichkeiten der Technik sind begrenzt! Es sollte also entweder mit sehr großzügig bemessenen Dropzones gearbeitet werden, die eine gewisse Toleranz auch außerhalb des Zielobjekts bieten, oder die Dropzone sollte – mit einer Polygonform – nahezu exakt das Zielobjekt nachbilden.

Auch die Kandidatinnen und die Kandidaten müssen richtig informiert werden: Es ist eine weit verbreitete Annahme, dass der Mittelpunkt des verschiebbaren Objekts in die Dropzone geschoben werden muss. Diese Annahme ist jedoch falsch! Nicht der Mittelpunkt, sondern der kleine Zielkreis links oberhalb des Objekts markiert die Ablage! Dessen Position wird ausgewertet. Bild 13.67 zeigt die Auswirkungen einer falschen Deutung: Obwohl die Fragen eigentlich vollkommen korrekt beantwortet wurden, wurde kein Punkt vergeben. Die Zielmarkierung der verschiebbaren Objekte lag immer deutlich außerhalb der Dropzones!

Kontroversen vorprogrammiert!

„Aber ich habe doch den richtigen Begriff auf das Objekt platziert!" oder „Dann müssen Sie die Markierungen eindeutig setzen!" – das sind nur Beispiele von Studierenden-Reaktionen auf Punktabzüge bei diesem Aufgabentypus. Das Prinzip der Platzierung sollte im Vorfeld einer Prüfung klargemacht und gegebenenfalls auch in Tests geübt werden. Auf jedem Fall sollte das Prinzip mit der Aufgabenstellung – gegebenenfalls ergänzend im Fragetext – erklärt werden, um Missverständnisse und spätere Diskussionen zu vermeiden.

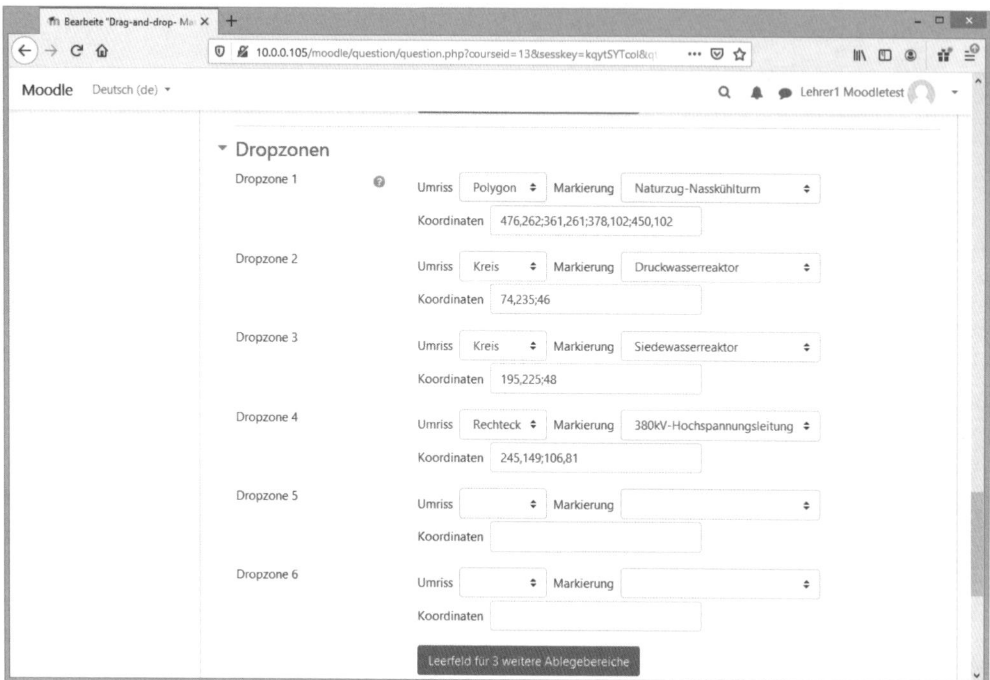

Bild 13.65 Es können für die Dropzones verschiedene Formen deklariert werden: Kreis, Rechteck und Polygon.

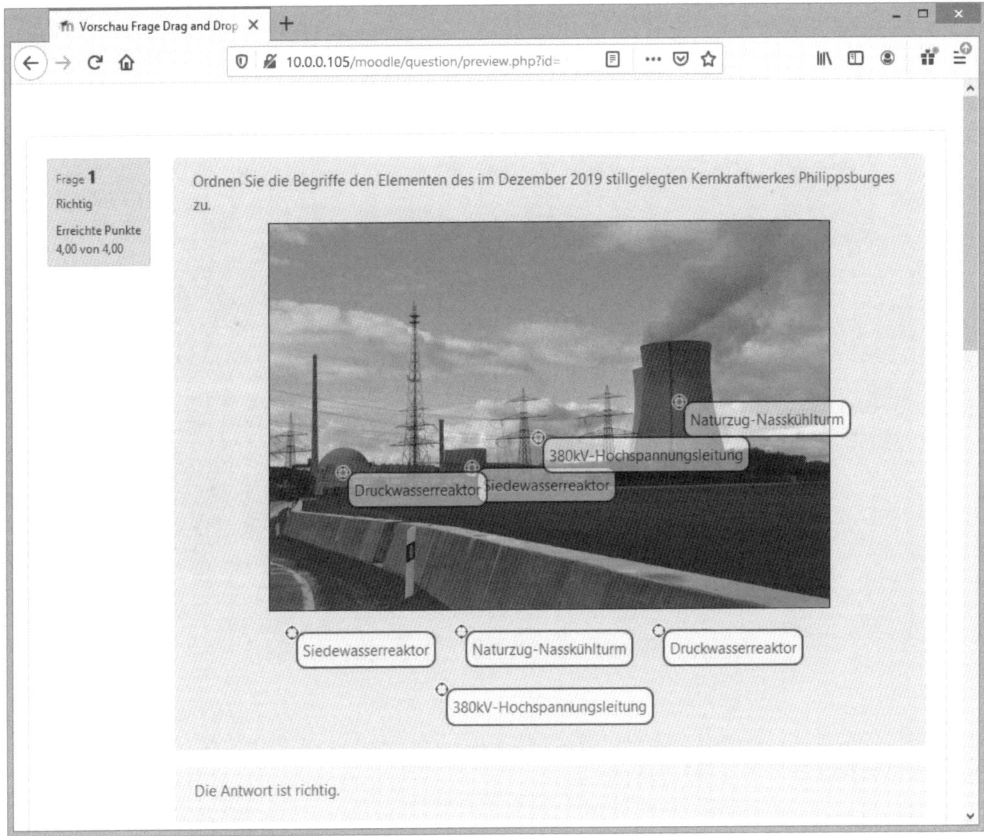

Bild 13.66 Hier sind alle Antworten richtig platziert. Es gibt die volle Punktzahl.

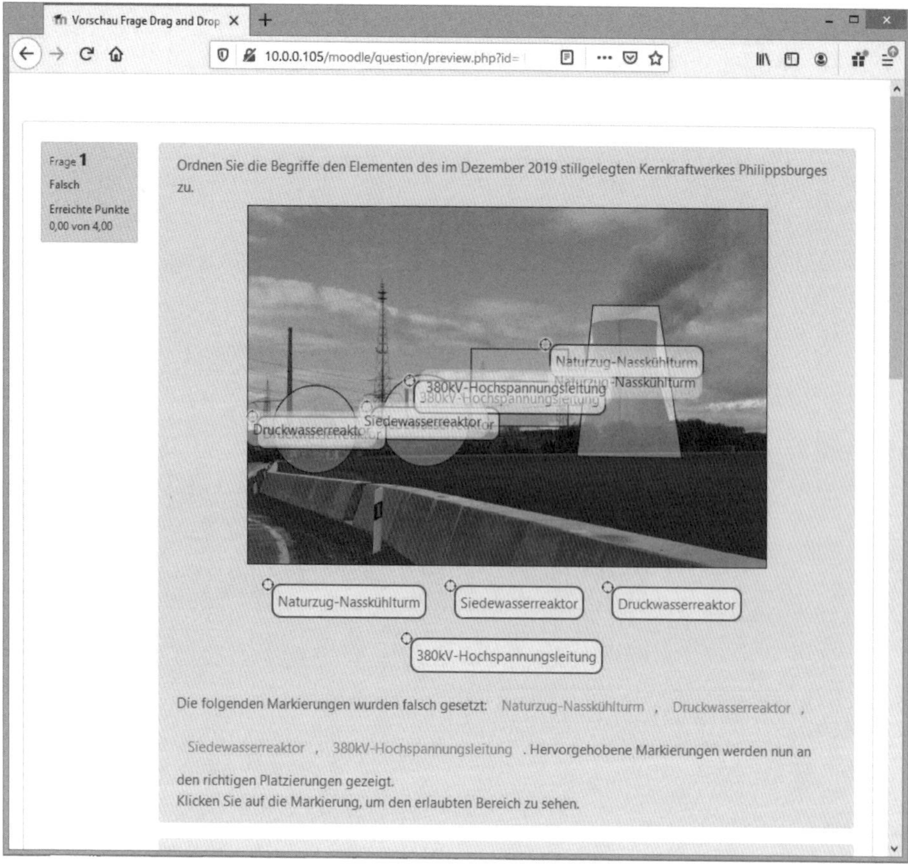

Bild 13.67 Die Aufgabe muss klar erklärt werden! Obwohl die Lösungsbegriffe über die richtigen Dropzones gesetzt wurden, werden die Platzierungen nicht als richtig angesehen. Die Marker liegen außerhalb der definierten Bereiche.

13.3.12 Einfach berechnet

Die berechnete Frage (vgl. Abschnitt 13.3.7) erfordert einen gewissen administrativen Aufwand, der durch mehrere Dialogseiten bei der Erstellung einer Frage geprägt ist. Mit der *einfach berechneten Frage* steht eine Alternative zur Verfügung, die vergleichbare Aufgabenstellungen ermöglicht und trotzdem die komplette Aufgabengestaltung in nur einem Dialog gestattet.

Auch hier werden Platzhalter (Ersatzzeichen) verwendet, die sowohl in der Fragestellung, im Feedback als auch natürlich in der Berechnung der Lösung zum Einsatz kommen. Die Syntax entspricht der bei berechneten Fragen einschließlich der Funktionen (Tabelle 13.1). Für die Ersatzzeichen werden wie bei der berechneten Frage mit der Deklaration Zahlenwerte angelegt und in Datensätzen gespeichert. Eine direkte Berechnung der Zufallszahlen erfolgt also nicht während der Aufgabenstellung in der laufenden Prüfung. Das verbessert die Performance des Systems.

Die Rechenergebnisse – wenn gefragt, mit den Maßeinheiten – werden frei in das Antwortfeld eingetragen. Durch Rundungen können aber Abweichungen von den durch den Computer errechneten Werten entstehen. Um die Antworten dennoch werten zu können, lassen sich Toleranzgrenzen festlegen. Wird die Verwendung von Maßeinheiten und deren Angabe in der Lösung erzwungen, lassen sich selbstverständlich auch die Faktoren der Teiler und Vielfachen deklarieren.

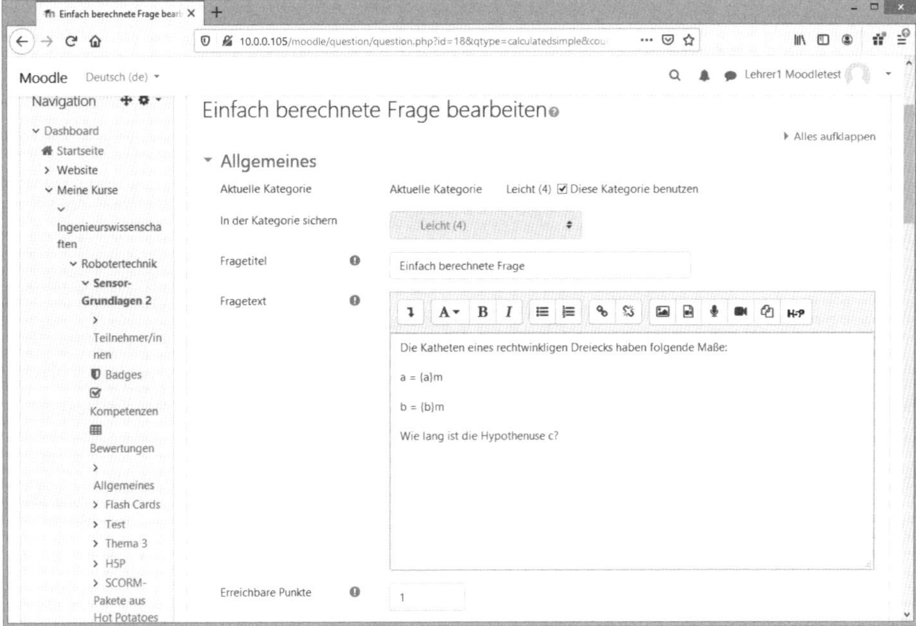

Bild 13.68 Auch bei der einfach berechneten Frage kommen wieder die Ersatzzeichen (Variablen) in der bereits bekannten Schreibweise zum Einsatz.

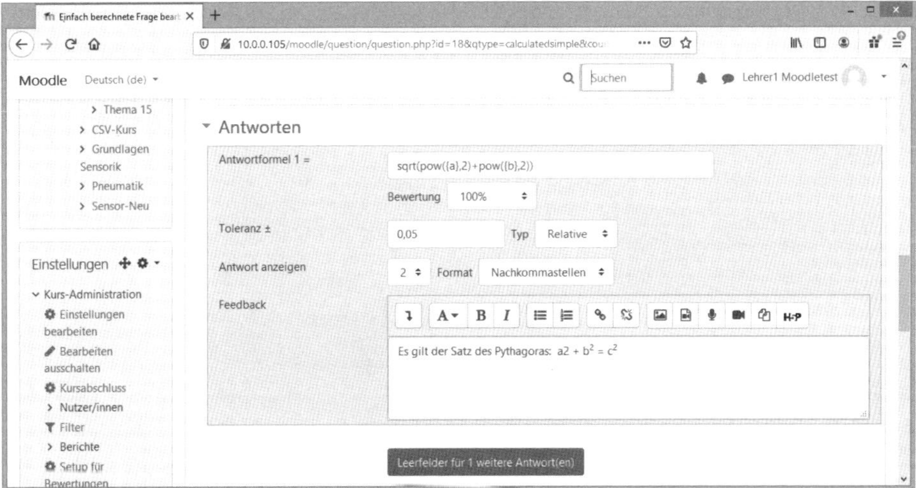

Bild 13.69 In der Antwortformel können auch Funktionen verwendet werden.

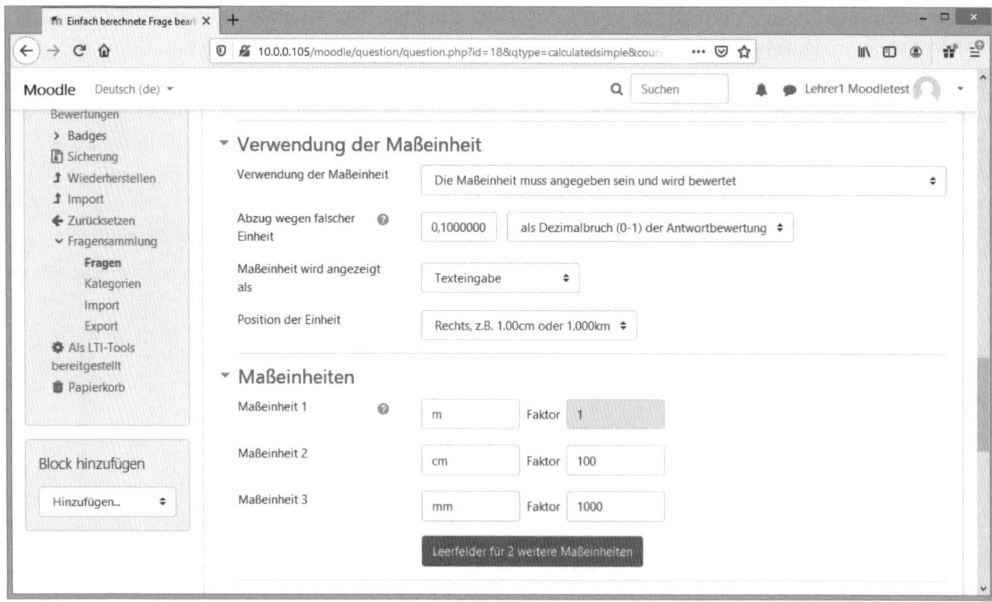

Bild 13.70 Die Verwendung der Maßeinheiten ist in technischen Berechnungen sehr wichtig und sollte auch im Ergebnis eingefordert werden.

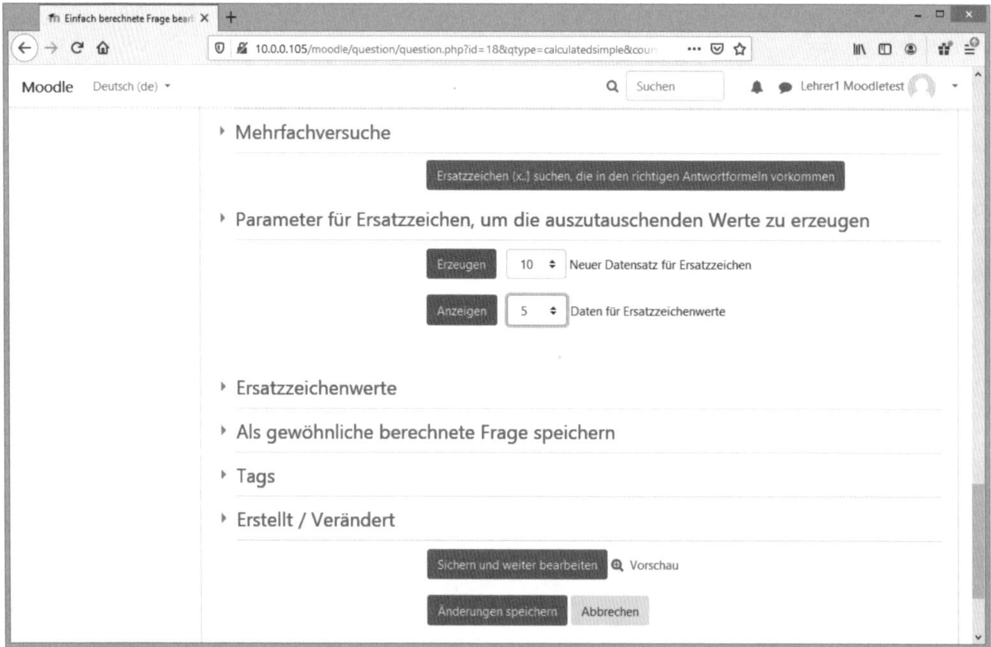

Bild 13.71 Hier ist der wesentliche Unterschied zur „berechneten Frage“, dass die Datensätze für die Ersatzzeichen direkt in der ersten Deklarationsseite erzeugt werden.

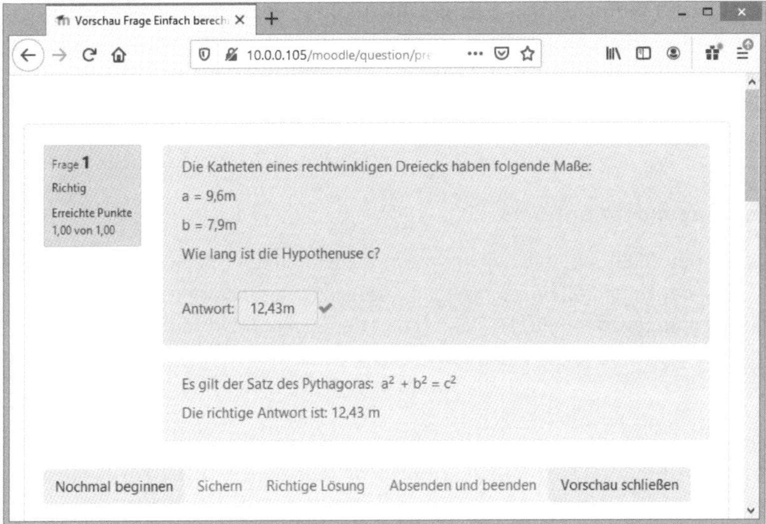

Bild 13.72 Wenn die Lösung vom Betrag her richtig ist und auch die Maßeinheit (sofern in der Aufgabenstellung gefordert) in das Lösungsfeld eingetragen wurde, gibt es die volle Punktzahl.

13.3.13 Lückentext

Der Lückentext ist eine sehr aufwendig zu formulierende Frage. Sie wird als reiner Text gestaltet. Zu empfehlen ist die Verfassung der Texte in einem Texteditor, wie er auch von Programmierern verwendet wird. Ungeeignet ist dagegen die Verwendung eines Textverarbeitungsprogramms wie MS-Word oder LibreOffice Writer. Diese Programme liefern *formatierten Text*. Formatierter Text (Fett- oder Kursivschrift etc.) ist jedoch nur rein optisch auf dem Bildschirm oder auf dem Ausdruck zu sehen. Betrachtet man eine Word- oder Writer-Datei, so ist diese neben dem reinen, meist kaum noch deutbaren Text mit für den Menschen nicht mehr interpretierbarem Code durchmischt. Diese Dateien sind für Moodle-Fragen ungeeignet, weil hier nur reiner, unformatierter Text benötigt wird.

Timeout bei Moodle beachten!

Der zeitliche Aufwand für die Formulierung einer Lückentextfrage kann sehr groß sein. Möglicherweise wurde ein Zeitlimit für eine Moodle-Sitzung (Session Timeout) festgelegt, welches zum Logout führt, wenn während dieser Zeit keine Aktivität im System erkennbar ist. Hat man Pech und braucht sehr lange für die Verfassung der Frage, wird diese möglicherweise beim Versuch, die Frage zu speichern nicht mehr angenommen. Besser ist es, die Frage in einem externen Programm vorzubereiten. ■

Lücken werden mit einer geschweiften Klammer eingeleitet und auch wieder beendet:

```
{Lückenaufgabe}
```

Die Definition der „Lücke“ kann mit einer Zahl beginnen. Diese entspricht einem Faktor, der die Wertigkeit der Antwort beschreibt. Ist die Lückentextaufgabe aus beispielsweise vier Teilaufgaben mit insgesamt 5 Punkten und eine der Teilaufgaben mit der Wichtung „2“ bewertet, dann wird die richtige Lösung dieser Teilaufgabe zwei Punkte einbringen, die der anderen jeweils einen Punkt.

Wichtungsangabe ist optional

Die Angabe einer Wichtung, mit welcher die anteilige Punkteverteilung bei der Beantwortung der Teilaufgaben geregelt wird, ist nicht verpflichtend. Wird keine Wichtung angegeben und die Deklaration der Lücke direkt mit der Kennzeichnung des Typs begonnen, gilt eine Wichtung von Eins. ■

Während der reine Fragetext als unformatierter Text sehr einfach zu gestalten ist, ist die Syntax der Lücken sehr umfangreich und anspruchsvoll. Dies beginnt bei der Festlegung des Lückentypus. Hierbei sind folgende Kennzeichnen möglich (Tabelle 13.2):

- Kurzantworten
- Numerische Antworten
- Multiple Choice-Antworten (Wahl im Dropdown-Menü, Radiobutton oder Checkboxen in horizontaler oder vertikaler Ausrichtung)

Die Kennzeichen müssen großgeschrieben werden. Sie werden von Doppelpunkten eingeschlossen.

Tabelle 13.2 Art der Lückentextaufgabe

Kennzeichen	Groß-/Klein-schreibung	Horizontal/vertikal	Sonstiges
:SHORTANSWER:	Unwichtig		Kurzantwort
:SA:	Unwichtig		Kurzantwort
:MW:	Unwichtig		Kurzantwort
:SHORTANSWER_C:	*WICHTIG*		Kurzantwort
:SAC:	*WICHTIG*		Kurzantwort
:MWC:	*WICHTIG*		Kurzantwort
:NUMERICAL:	Zahl		Numerische Kurzantwort
:NM:	Zahl		Numerische Kurzantwort
:MULTICHOICE:	./.		Auswahlmenü
:MC:	./.		Auswahlmenü
:MULTICHOICE_V:	./.	Vertikal	Radiobutton
:MCV:	./.	Vertikal	Radiobutton
:MULTICHOICE_H:	./.	Horizontal	Radiobutton
:MCH:	./.	Horizontal	Radiobutton
:MULTIRESPONSE:	./.	Vertikal	Checkboxen

Kennzeichen	Groß-/Kleinschreibung	Horizontal/vertikal	Sonstiges
:MR:	./.	Vertikal	Checkboxen
:MULTIRESPONSE_H:	./.	Horizontal	Checkboxen
:MRH:	./.	Horizontal	Checkboxen
:MULTICHOICE_S:	./.		Auswahlmenü, Mischung der Fragen ist möglich
:MCS:	./.		Auswahlmenü, Mischung der Fragen ist möglich
:MULTICHOICE_VS:	./.	Vertikal	Radiobutton, Mischung der Fragen ist möglich
:MCVS:	./.	Vertikal	Radiobutton, Mischung der Fragen ist möglich
:MULTICHOICE_HS:	./.	Horizontal	Radiobutton, Mischung der Fragen ist möglich
:MCHS:	./.	Horizontal	Radiobutton, Mischung der Fragen ist möglich
:MULTIRESPONSE_S:	./.	Vertikal	Checkboxen, Mischung der Fragen ist möglich
:MRS:	./.	Vertikal	Checkboxen, Mischung der Fragen ist möglich
:MULTIRESPONSE_HS:	./.	Horizontal	Checkboxen, Mischung der Fragen ist möglich
:MRHS:	./.	Horizontal	Checkboxen, Mischung der Fragen ist möglich

Für die Lösungsbegriffe – egal, ob es sich um Kurztextantworten oder um eine Auswahl handelt – wird das Zeichen „Tilde" ~ als Trennzeichen verwendet. Eine richtige Antwort (100 %) wird mit dem vorangestellten Gleichheitszeichen gekennzeichnet. Eine Vergabe von Teilpunkten ist auch prozentual möglich. Der Betrag der Prozentangabe wird mit einem beginnenden und einem schließenden Prozentzeichen deklariert:

- %100% – 100% der für diese Teilaufgabe erreichbaren Punkte werden vergeben. Die (Teil)-Aufgabe ist richtig.
- %0% – die Lösung der (Teil)-Aufgabe ist falsch.
- %33% – dieser Lösungsvorschlag der (Teil)-Aufgabe bringt ein Drittel der in dieser Aufgabe erreichbaren Punktzahl.

Ein Ergebnis von 100 % muss möglich sein!

Die verschiedenen Varianten der Lückentextfrage lassen auch verschiedene Antworten zu: Während Kurzantworten und „Multiple Choice"-Typen, deren Ergebniseingabe mithilfe von Radiobutton erfolgt, nur eine einzige Eingabe vorsehen, lassen Checkboxen mehrere Antwortmarkierungen zu. Die Summe aller möglichen richtigen Teillösungen muss 100 % ergeben.

Die Syntax sieht auch Feedback vor. Das Feedback wird unmittelbar nach der Antwortoption getrennt durch ein „Hash"-Zeichen (#), geschrieben. Es wird nach der Abgabe der Antwort sichtbar, wenn man mit dem Mauszeiger über das Antwortfeld fährt.

Ein Beispiel: Es wird eine einfache Multiple Choice-Lückentextfrage (vgl. Bild 13.73) formuliert:

> *Die Aussage, das Modular Object Oriented Dynamic Learning Environment, kurz:*
> ***{2:MC:=Moodle#Die Antwort ist richtig!~H5P#Diese Antwort ist leider falsch!}***
> *ist zutreffend.*

Es ist nur der in die geschweiften Klammern gesetzte Bereich interessant, der von links nach rechts analysiert werden soll:

- Die Zahl ***2*** wichtet die Zahl der erreichbaren Punkte auf das Doppelte. In dieser Aufgabe gibt es nur eine einzige Lücke, sodass die erreichbare Punktzahl damit zwei beträgt.
- Die Kennzeichnung ***:MC:*** steht für eine Multiple Choice-Lücke. Den Kandidaten wird ein Auswahlmenü angeboten. Darin wird die Lösung markiert. Die Reihenfolge der Lösungsoptionen entspricht hier der Reihenfolge der Deklaration. Sollen die Fragen gemischt werden, so müsste die Kennzeichnung *:MULTICHOICE_S:* oder *:MCS:* gewählt werden.
- ***=Moodle*** – das Gleichheitszeichen markiert die richtige Lösung. Alternativ könnte an dieser Stelle *%100%* stehen. Dem Gleichheitszeichen folgt der Lösungsbegriff, der auch einen längeren Text darstellen kann.
- ***#*** – das Zeichen Hash (die „Raute") trennt die Lösungsoption von dem dazu gehörigen Feedback. Nach Abgabe der Lösung wird dieses Feedback beim Überfahren des Felds mit der Maus sichtbar.
- ***~H5P*** – die Tilde – das Zeichen ~ – trennt die verschiedenen Antwortoptionen voneinander. Hier fehlt zwischen der Tilde und dem Begriff „H5P" das Gleichheitszeichen, wodurch diese Option als falsch deklariert wird. Alternativ könnte an dieser Stelle auch %0% gesetzt werden.
- ***#*** – auch für die falsche Antwortoption kann nach einem Hash (Raute) ein Feedback formuliert werden.

Position des richtigen Ergebnisses

Die richtige Antwort muss nicht unbedingt an der ersten Stelle der Reihenfolge gesetzt werden. Eine richtige Antwort wird jedoch grundsätzlich mit den Gleichheitszeichen oder mit einem Prozentsatz größer als 0% gekennzeichnet. In der Summe muss jedoch bei der Beantwortung aller richtigen Antworten 100% erreichbar sein.

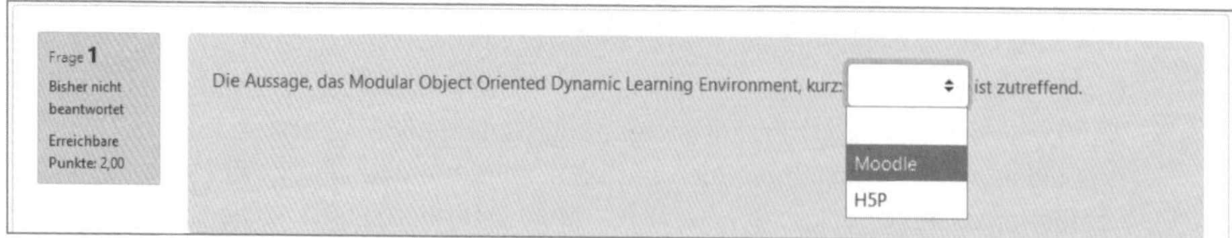

Frage 1
Bisher nicht beantwortet
Erreichbare Punkte: 2,00
Die Aussage, das Modular Object Oriented Dynamic Learning Environment, kurz:
ist zutreffend.
Moodle
H5P

Bild 13.73 Eine Lückentextaufgabe in der einfachen Multiple Choice-Variante (Kennzeichnung: :MC: oder :MULTICHOICE:

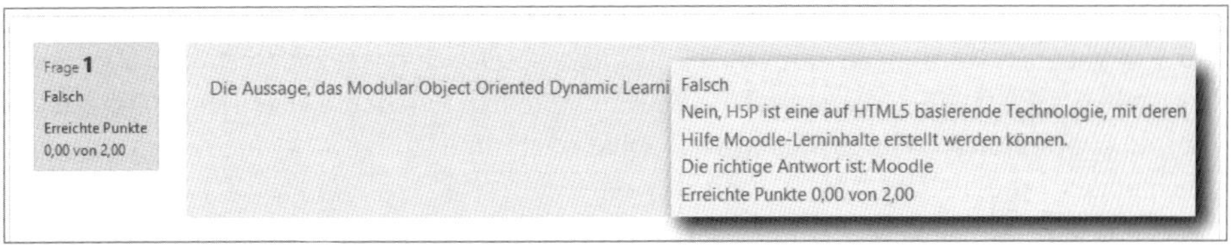

Bild 13.74 Das Feedback zum Ergebnis wird sichtbar, wenn man das Feld mit dem Mauszeiger überfährt.

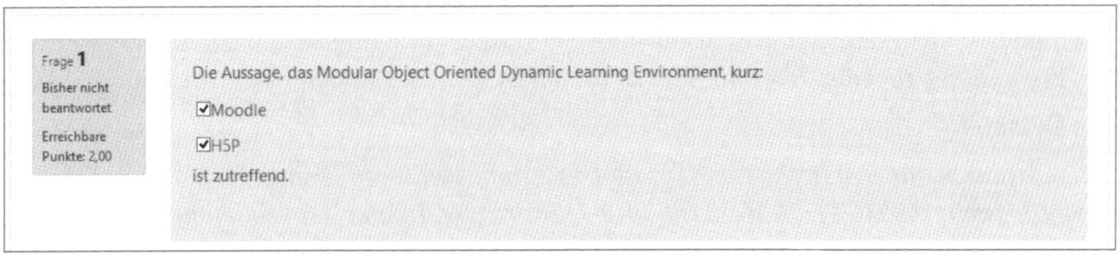

Bild 13.75 Die Kennzeichnung :MRS: oder :MULTIRESPONSE_S: bietet senkrecht platzierte Checkboxen als Lösungseingabe an. Checkboxen ermöglichen mehrere Markierungen.

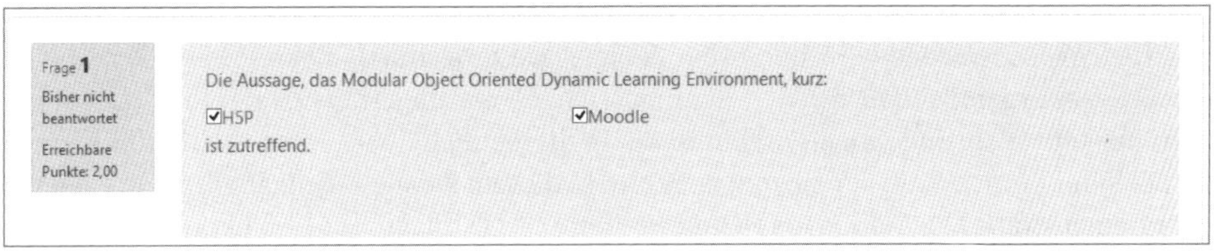

Bild 13.76 Die waagerechte Anordnung von Checkboxen wird mit der Kennzeichnung :MRHS: oder :MULTIRESPONSE_HS: erreicht. Auch hier können mehrere Lösungen gewählt werden.

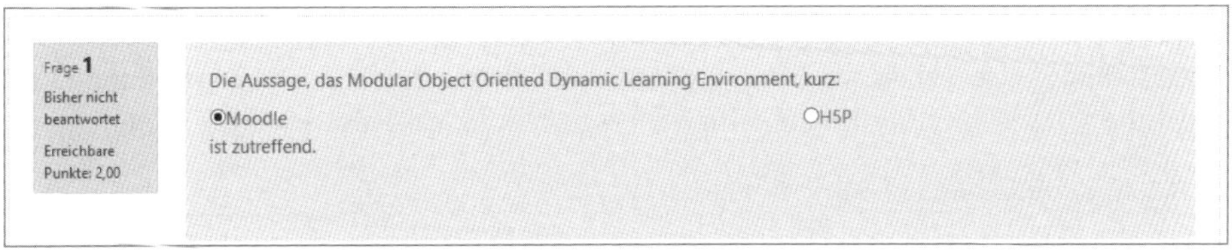

Bild 13.77 Optisch den Checkboxen ähnlich, in der Funktion jedoch verschieden sind die Radiobutton. Diese lassen nur eine einzige Wahl zu. Die hier verwendete Kennzeichnung ist :MCHS: oder :MULTICHOICE_HS:

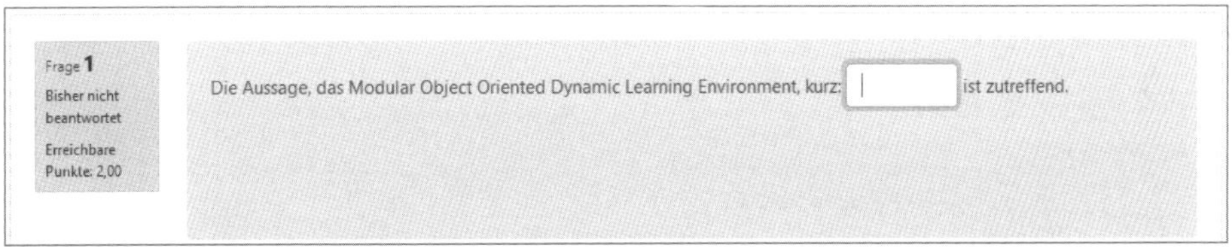

Bild 13.78 Bei einem Lückentext, der Kurzantworten vorsieht, genügt es, nur eine einzige Antwortoption vorzusehen. Gibt es mehrere richtige Antwortmöglichkeiten, können alle Varianten erfasst und als richtig deklariert werden. Das hier gezeigte Beispiel verwendet die Kennzeichnung :SA: oder :SHORTANSWER:

Soll bei einem Lückentext in der Variante Kurzantwort auch ein Feedback bei einer falschen Antwort gegeben werden, so kann dies mithilfe des Zeichens *Asterisk* * erfolgen. Der Asterisk steht als Platzhalter für ein oder mehrere beliebige Zeichen. Diese Deklaration muss allerdings an letzter Stelle erfolgen, weil sonst auch die richtige Antwort möglicherweise „abgefangen" und als falsch interpretiert wird.

Ein Sonderfall der Lückentextaufgabe ist die numerische Antwort. Diese Form unterscheidet sich von den *numerischen* und den *berechneten* Fragetypen, wie sie bereits in vorangegangenen Abschnitten erläutert wurden. Es werden beispielsweise keine Maßeinheiten abgefragt. Auch werden keine Datensätze mit der Formulierung der Aufgabe erzeugt. Es wird lediglich das numerische Ergebnis und eine absolute Toleranz als Ergebnis festgelegt. Der Zahlenwert des Ergebnisses und der Toleranzwert werden durch einen Doppelpunkt getrennt.

Ein Beispiel

> *Ein Rechteck hat eine Breite von 4 cm und eine Höhe von 3 cm. Demnach ist dessen Flächeninhalt* ***{1:NUMERICAL:%100%12:0,5#12 Quadratzentimeter ist die richtige Antwort.} cm^2.***

Diese Aufgabe wird mit einer einfachen Wichtung bewertet. Weil nur eine Lücke in der Teilaufgabe vorgesehen ist, wird somit in dieser auch nur ein Punkt vergeben. Anstelle der Kennzeichnung *:NUMERICAL:* kann auch die kürzere Variante *:NM:* verwendet werden. Anstelle des Gleichheitszeichens wird in diesem Beispiel die prozentuale Schreibweise verwendet: *%100%*. Das Ergebnis wird als ein rein numerischer Wert eingetragen. Eine Toleranz – diese wäre bei einem so eindeutigen Ergebnis wie in diesem Fall überflüssig – wird durch einen Doppelpunkt vom Betrag der Lösung getrennt. In diesem Beispiel wird eine Toleranz von 0,5 (zur Demonstration) gewährt. Als richtig werden also Lösungen von 11,5 bis 12,5 betrachtet.

Die Vielfalt der verwendeten Steuer- und Sonderzeichen generiert insgesamt ein Problem: Was, wenn die Fragestellung die Verwendung eines dieser Zeichen in darstellbarer Form erfordert? Das ist nur durch eine *Maskierung* der Zeichen **{ } * # ~ = : / ** möglich! Die Maskierung erfolgt mithilfe eines sogenannten Backslashs \. Soll ein Backslash selbst in der Fragestellung ausgegeben werden, wird deswegen \\ geschrieben. Die Darstellung eines Ausdrucks in geschweifter Klammer in der Fragestellung wird also wie folgt formuliert:

```
\{Ausdruck in einer geschweiften Klammer\}
```

Lückentextaufgaben können insgesamt sehr komplex und umfangreich formuliert werden. Dabei ist es möglich, die verschiedenen Varianten zu mischen und einzelnen Teilaufgaben eigene Wichtungen zuzuweisen. Die erreichbare Gesamtpunktzahl ergibt sich aus der Summe aller Teilpunkte.

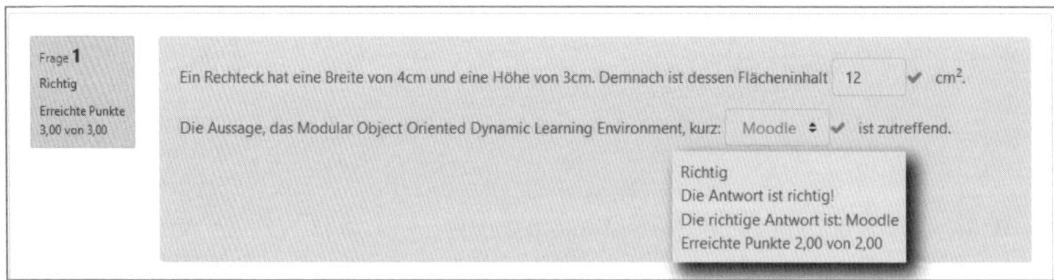

Bild 13.79 Das Ergebnis der gesamten Aufgabe sind drei Punkte. Weil der untere Aufgabenteil mit der Wichtung 2 deklariert wurde, hat die richtige Wahl des Textes entsprechend zwei Punkte eingebracht, während der richtigen Antwort in der numerischen Lücke, der keine Wichtung zugewiesen wurde (es gilt pauschal 1), nur ein Punkt zugeteilt wurde.

13.3.14 Lückentextauswahl

Die unter Abschnitt 13.3.10 beschriebene Lückentext-Aufgabe *Drag and Drop auf einen Text* sah verschiebbare Elemente vor, die jeweils in die richtigen Textlücken eingefügt werden mussten. Die Lückentextauswahl ist von der Entwicklung und Konfiguration betrachtet mit diesem Aufgabentypus vergleichbar, jedoch wird die Frage anders präsentiert. Die Präsentation der Lösungsvorschläge erfolgt in einer Dropdown-Liste.

Den Auswahlangeboten werden Variablen zugeordnet, die in doppelten eckigen Klammern geschrieben werden. Um den Satz *„Auf jedem Werkstoff hat die Temperatur einen direkten Einfluss auf dessen Leitfähigkeit“* mit Textlücken zu versehen, kann die Aufgabe folgendermaßen in den Fragetext geschrieben werden:

```
Auf jedem [[1]] hat die [[2]] einen direkten Einfluss auf dessen Leitfähigkeit.
```

In der Auswahlliste werden nun Deklarationen wie in Bild 13.80 vorgenommen. Mithilfe der Gruppen können die Antwortvorschläge auf ganz bestimmte Lücken verteilt werden. Es werden nur die Auswahlen in der Dropdown-Liste angezeigt, welche der gleichen Gruppe angehören wie die deklarierte Lösung.

Eindeutige Zuordnung ist erforderlich!

Innerhalb einer Gruppe muss ein richtiger Lösungsbegriff einmalig sein. Eine Auswahl darf also nicht für mehrere Fragen richtig sein, weil Moodle Feldinhalte, nicht jedoch deren Bedeutungen zuordnet. Soll ein Begriff in mehreren Lücken richtig sein, muss dieser verschiedenen Gruppen angehören. ■

▾ Auswahl

☑ Zufallsanordnung

Auswahl [[1]]	Antwort	Werkstoff	Gruppe	A
Auswahl [[2]]	Antwort	Temperatur	Gruppe	A
Auswahl [[3]]	Antwort	Spannung	Gruppe	B
Auswahl [[4]]	Antwort	Leitwert	Gruppe	B
Auswahl [[5]]	Antwort	Strom	Gruppe	B
Auswahl [[6]]	Antwort	Widerstand	Gruppe	B
Auswahl [[7]]	Antwort	Querschnittsfläche	Gruppe	A

Leerfeld für 3 weitere Auswahlmöglichkeiten

Bild 13.80 Es können mehr Lösungsvorschläge definiert werden als es Lücken im Text gibt. Es muss jedoch jeder Lücke eine Lösung zugeordnet werden.

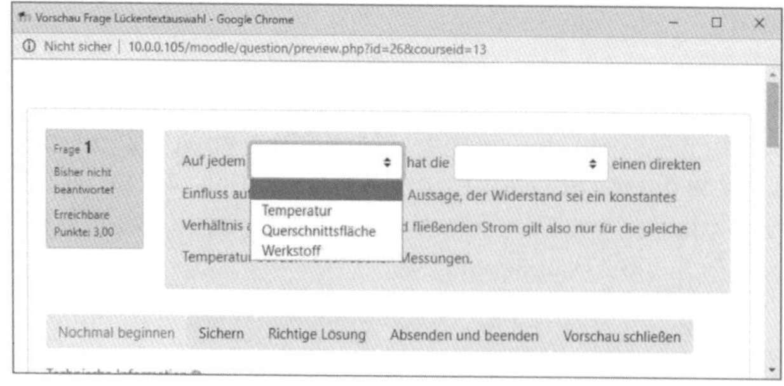

Bild 13.81
Dieser Lücke werden Antwortverschläge der Gruppe A zugeordnet.

Bild 13.82
In dieser Lücke sind die Antwortvorschläge der Gruppe B gelistet.

13.3.15 Zufällige Kurzantwort-Zuordnung

Der Fragetyp *Kurzantwort* (Abschnitt 13.3.4) sieht eine einzige Frage vor, die mit einem frei verfassten Begriff beantwortet werden kann. Wenn verschiedene Kurzantwort-Fragen in einer gemeinsamen Kategorie vorliegen, dann bietet die zufällige Kurzantwort-Zuordnung eine interessante Verwendungsmöglichkeit dieses bereits vorhandenen Fragenbestands an. In der Fragengestaltung wird lediglich festgelegt, wie viele Fragen gestellt werden sollen und wie viele Punkte mit deren richtiger Beantwortung zu verdienen sind. Moodle analysiert nun den Fundus aus verfügbaren Kurzantwort-Fragen und präsentiert diese in einer gemeinsamen Oberfläche. Allerdings werden nun keine frei formulierten Kurzantworten von den Kandidaten erwartet, sondern diese wählen die Antworten aus einer Dropdown-Liste aus. Jedes Feld enthält dabei die gleichen Antwort-Optionen in exakt der gleichen Reihenfolge.

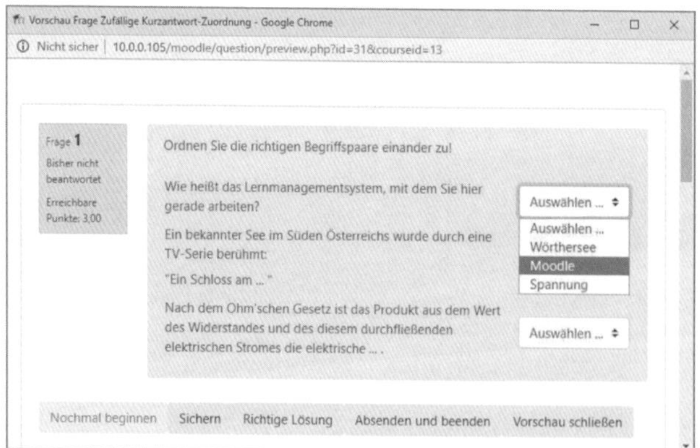

Bild 13.83
Die zufälligen Kurzantwort-Zuordnungen basieren auf bereits vorhandenen Kurzantwort-Fragen, die hier allerdings in der Form von Zuordnungen zusammengefasst werden.

13.4 Import und Export von Fragen

Es ist unschwer festzustellen, dass die Gestaltung eines prüfungstauglichen Fragenkatalogs eine sehr umfassende, zeit- und arbeitsaufwendige Angelegenheit ist. Dieser Aufwand lässt sich verringern, wenn man zusammenarbeitet. Im schulischen Bereich kann es also sinnvoll sein, Prüfungsfragen auf gleicher Ebene auszutauschen. In einer Großstadt oder in einem Bundesland gibt es viele Schulen des gleichen Zweigs. Innerhalb jeder einzelnen Schule sind verschiedene Lehrerinnen und Lehrer für ein Fach zuständig. Nehmen wir also ein einfaches (fiktives) Rechenbeispiel:

- In einer Region (mit vergleichbaren Lehrplänen) existieren (angenommen) 20 Schulen eines Zweigs.
- Es gibt in jeder dieser Schulen durchschnittlich drei Lehrerinnen und Lehrer, die dieses Fach in einer vergleichbaren Klassenstufe unterrichten und prüfen.
- Jede Lehrkraft entwickelt in drei Schwierigkeitsstufen jeweils fünf Fragen.
- Pro Frage soll großzügig ein Zeitaufwand von 30 Minuten (im Durchschnitt) eingeräumt werden. Es ist natürlich zu bedenken, dass der Entwurf sehr umfangreicher Lückentextaufgaben durchaus längere Bearbeitungszeiten beanspruchen kann.

In einer Arbeitszeit von 7,5 Stunden pro Lehrkraft entstehen somit insgesamt 900 Fragen. Insgesamt fallen für die Erstellung des – tatsächlich bemerkenswerten – Fragenkatalogs ca. 450 Arbeitsstunden an.

Würde jede einzelne Schule diese 900 Fragen jeweils in eigener Verantwortung erstellen wollen, müsste jede Lehrkraft alleine 300 Fragen entwerfen und dafür jeweils 150 Stunden aufwenden. Jede einzelne Schulleitung müsste nur für dieses eine Fach Personalkosten für 450 Arbeitsstunden kalkulieren. Bitte beachten: Es handelt sich nur um ein einziges Schulfach einer einzigen Klassenstufe in einem einzigen Schulzweig!

Frage mit offener Antwort

Wie viele Arbeitsstunden werden erfahrungsgemäß in die Erstellung und Korrektur von Klausuren investiert? Jede Lehrerin und jeder Lehrer „freut" sich in diesem Zusammenhang bei den Korrekturen über „kreative Kalligrafie" der Lernenden bei der Beantwortung der Prüfungsfragen auf Papier. Für die Interpretation diverser Handschriften wird ein gewisser Zeitaufschlag benötigt. ■

Der Aufwand für die individuelle Gestaltung eigener Fragenkataloge kann natürlich durch eine kleinere Anzahl von Fragen erheblich reduziert werden. Das bedeutet allerdings eine häufige Wiederholung der Fragen und damit verbunden eine Verbreitung der Information einschließlich der Lösungen unter den Lernenden.

Stehen Lehrende der gleichen Fachbereiche verschiedener Schulen im direkten Dialog, kann der Zeitaufwand also deutlich gesenkt und ein sehr umfangreicher Fragenkatalog gemeinsam entwickelt werden. Dazu ist es erforderlich, die eigenen Fragen zu exportieren und in die Kataloge der anderen Systeme zu importieren.

Fragenaustausch spart Zeit und Kosten!

Der für Prüfungen und Lernzielkontrollen zu leistende Aufwand ist grundsätzlich signifikant. Es gibt wohl kaum eine Lehrkraft, deren Wohnzimmer nicht permanent mit zu korrigierenden Klausuren belegt ist. Auch Online-Prüfungen sparen effektiv nur dann Zeit, wenn man die Möglichkeiten der Kooperation zu nutzen versteht. ■

13.4.1 Export eines Fragenkatalogs

Der Export einer Fragensammlung erfolgt zur Sicherung des eigenen Fragenkatalogs, aber auch, um die Fragen mit Kolleginnen und Kollegen zu teilen. Sicherheitskopien sollten grundsätzlich für den gesamten Kurs angefertigt werden. Dies wurde bereits in einem früheren Kapitel beschrieben.

Der Export eines *Fragenkatalogs* ist nur nach Klärung der rechtlichen Rahmenbedingungen (Urheberrecht) zur gemeinsamen Nutzung im Kollegenkreis oder schulübergreifend möglich. Wie in der Einleitung jedoch sehr rudimentär angedeutet, ist das Potenzial zur Einsparung von Arbeitszeit sehr groß.

Urheberrecht beachten!

Die Ausarbeitung einer Prüfungsfrage basiert auf der Leistung eines Urhebers. Es wird also geistiges Eigentum geschaffen, dessen Nutzungsrecht zu regeln ist. ■

Der Export der Fragen kann über den Hauptdialog nicht auf einzelne Fragen beschränkt werden, sondern wirkt auf ganze Kategorien. Der Vorgang erfolgt in der Kurs-Administration im Abschnitt *Fragensammlung*. Dort wird *Export* gewählt und im sich öffnenden Dialog das Dateiformat, die gewünschte Kategorie und – sofern dies das gewählte Format unterstützt – ob die Kategorie und der Kontext in die Datei hineingeschrieben werden sollen. Damit ist die Angelegenheit auch beinahe schon erledigt. Der Rest ist ein gewöhnlicher Download einer Datei aus einer Internet-Quelle.

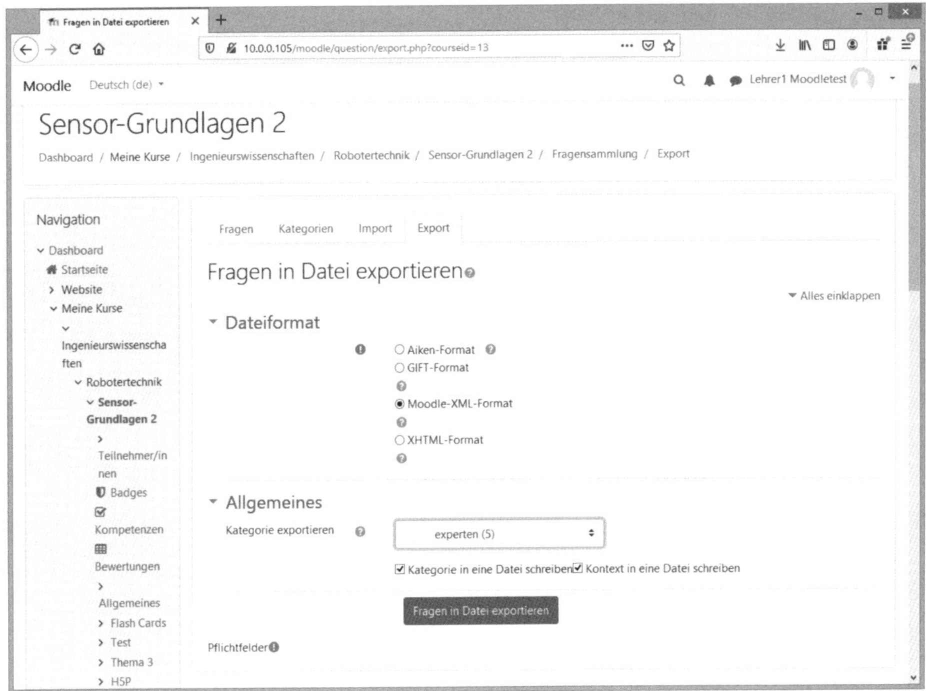

Bild 13.84 Das Moodle-XML-Format erlaubt die flexibelste Erfassung aller möglichen Prüfungsfragen beim Export. Die Syntax ist jedoch recht komplex.

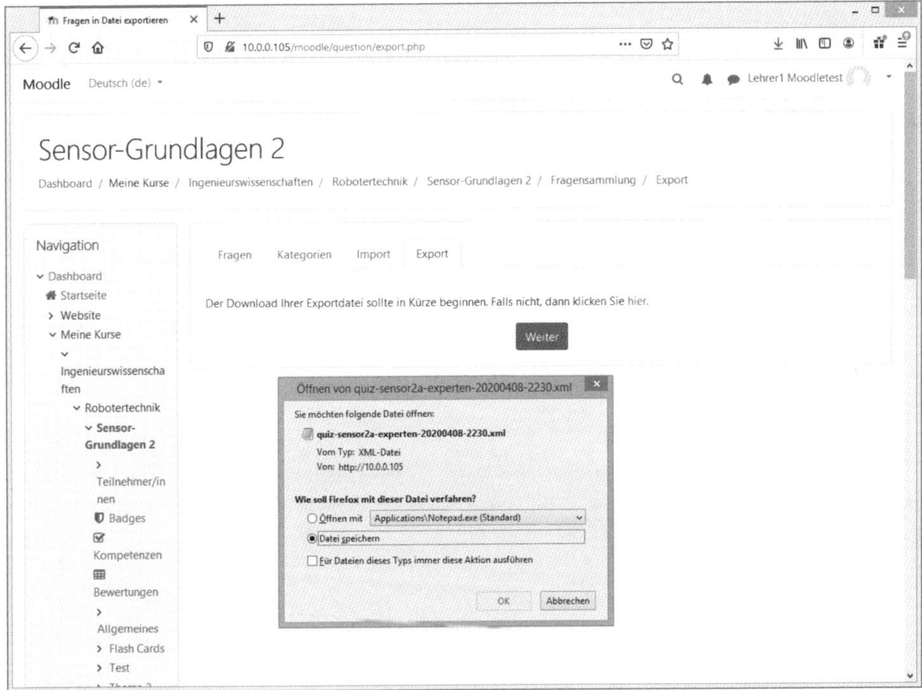

Bild 13.85 Nach der Wahl des Datenformats und der zu exportierenden Fragenkategorie wird die XML-Datei in bekannter Weise auf dem PC gespeichert.

13.4.2 Export einer einzelnen Frage

Es ist natürlich auch möglich, nur eine einzige Datei zu exportieren. Dazu wird in der Aktionsspalte des Fragenkatalogs bei der gewünschten Frage die Auswahl *Als Moodle-XML kopieren* gewählt. Der Download startet in diesem Fall sofort. Weitere Einstellungen erfolgen nicht und es werden auch keine anderen Dateiformate als Alternative angeboten.

Speicherort der exportierten Frage

Wohin auf dem eigenen Computer die XML-Datei mit der gewählten Frage gespeichert wird, hängt maßgeblich von den Einstellungen des Webbrowsers ab. In der Regel wird es sich hierbei um das Download-Verzeichnis handeln, das zu den Standard-Verzeichnissen des Windows-Betriebssystems zählt und für jeden Benutzer-Account individuell angelegt wird.

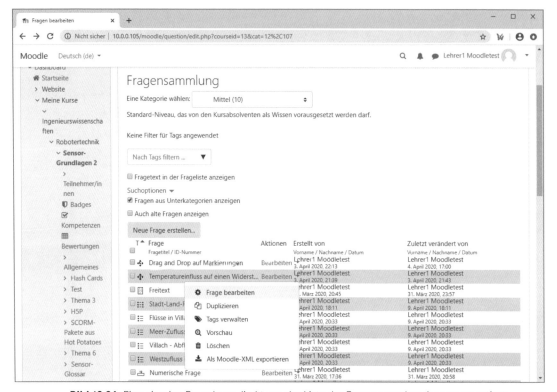

Bild 13.86 Eine einzelne Frage kann direkt aus der Liste der Fragensammlung heraus exportiert werden. Hier ist allerdings lediglich das Moodle-XML-Format vorgesehen.

13.4.3 Import eines Fragenkatalogs

Beim Blick in den Import-Dialog für Fragen wird schnell auffallen, dass die Zahl der Dateiformate deutlich größer ist als dies zuvor beim Export der Fall gewesen war. Das liegt daran, dass Moodle auch in der Lage ist, verschiedene Fragensammlungen aus alternativen Lernmanagementsystemen zu übernehmen. Das sind u. a.:

- Blackboard,
- ExamView,
- WebCT.

In der Rubrik *Allgemeines* des Dialogs wird die Kategorie gewählt, denen die zu importierenden Fragen zugeordnet werden sollen. Wenn eine Datei mehrere Fragen beinhaltet, ist zu beachten, dass diese Fragen dann alle einer gemeinsamen Kategorie zugeordnet werden. Sehen Lehrende die Zuordnung in ihrem System anders, müssen die Fragen in der Fragenliste einzeln verschoben werden. Hierbei sind stets die Grenzen zu berücksichtigen, die durch die Reichweite der jeweiligen Rollen gegeben sind. Eine systemweite Verteilung der Fragen auf beliebige Kurse in beliebigen Bereichen kann nur durch die Moodle-Administration erfolgen.

Der eigentliche Upload der Fragendatei erfolgt über den bereits bekannten Dialog: Es kann eine Datei über die Schaltfläche *Datei wählen* aus dem Explorer-Fenster (in einem Windows-System) oder durch Verschieben der Datei in das umrandete Feld (Drag and Drop) hochgeladen werden. Wichtig ist, dass die gewählte Datei in ihrem Format dem eingestellten Dateiformat entspricht und dass sie im UTF-8-Code vorliegt.

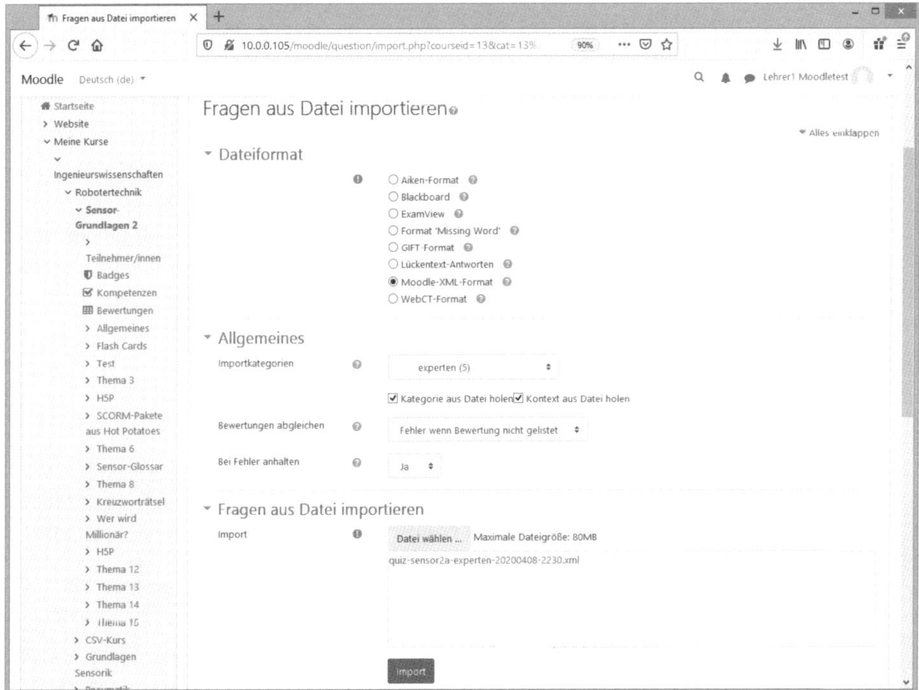

Bild 13.87 Neben den aus Moodle direkt exportierten Fragen können auch verschiedene andere Quellen beim Fragen-Import berücksichtigt werden.

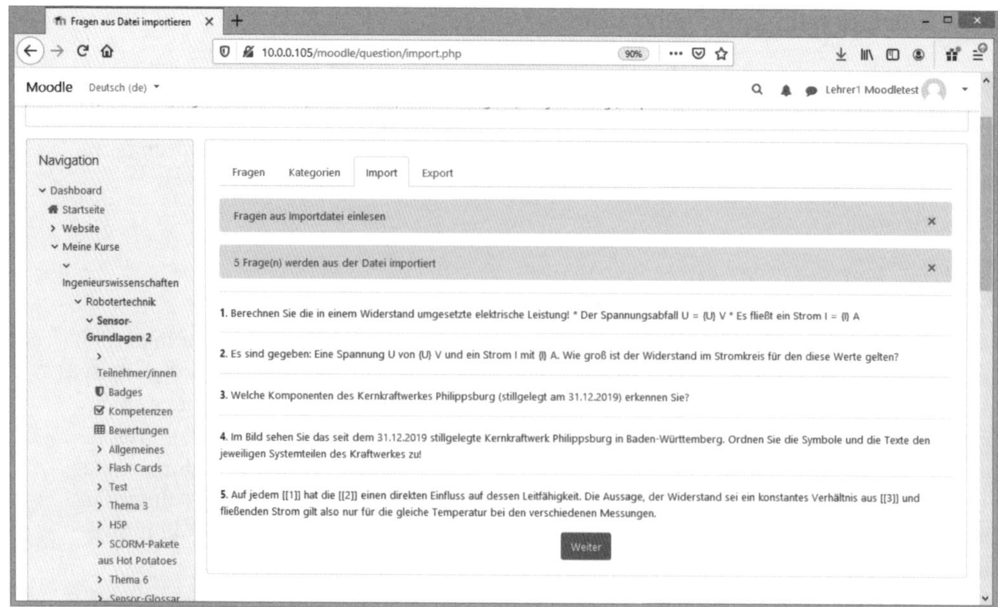

Bild 13.88 Die einzelnen Fragen werden an dieser Stelle in einem Fenster gelistet, sind jedoch als einzelne Fragen im Katalog zu finden.

13.5 Dateiformate für den Fragen-Import und -Export

Beim Im- und Export von Fragen werden reine textbasierende Formate verwendet. Wenn diese Dateien extern, also außerhalb des Moodle-Systems bearbeitet werden, ist es wichtig, dass diese im *UTF-8*-Format gespeichert werden. Mit etwas manuellem Arbeitsaufwand oder mit geeigneten Konverter-Programmen ist es zudem möglich, Fragen für die Verwendung in Textverarbeitungsprogrammen aufzubereiten. Somit können Prüfungen durchaus sowohl im Moodle-System als auch alternativ schriftlich durchgeführt werden.

13.5.1 AIKEN-Format

Beim AIKEN[3]-Format handelt es sich um ein sehr einfaches, aber ausschließlich auf Single-Choice-Fragen begrenztes Datenformat. Es gibt nur wenige Syntaxregeln zu beachten. Diese müssen jedoch eingehalten werden, um Fehler zu vermeiden:

[3] Howard Hathaway Aiken, Ph. D (1900 – 1973). war ein US-amerikanischer Mathematiker und Computertechniker. Nach ihm wurde u. a. der Aiken-Code, ein Komplementärcode zur Darstellung von Dezimalziffern mit vier Bit benannt, wobei die Bit-Werte der Ziffern 0 bis 4 den invertierten Bitwerten der Ziffern 9 bis 5 entsprechen.

- Die Datei muss als Textdatei im Format *UTF-8* gespeichert werden.
- Die Frage und jede Lösungszeile werden jeweils in eine eigene Zeile geschrieben.
- Eine Lösungszeile beginnt stets mit einem groß geschriebenen Buchstaben.
- Auf den (groß geschriebenen) Buchstaben folgt entweder ein Punkt oder eine schließende runde Klammer.
- In die letzte Zeile wird die Lösung geschrieben (ausschließlich große Buchstaben). Die Lösung wird mit dem Begriff *ANSWER:* eingeleitet.

Ein Beispiel:

```
Mit welchem Lernmanagement System setzen Sie sich hier gerade auseinander?
A. LMS
B. H5P
C. Moodle
D. Nudel
E. Gar keines
ANSWER: C
```

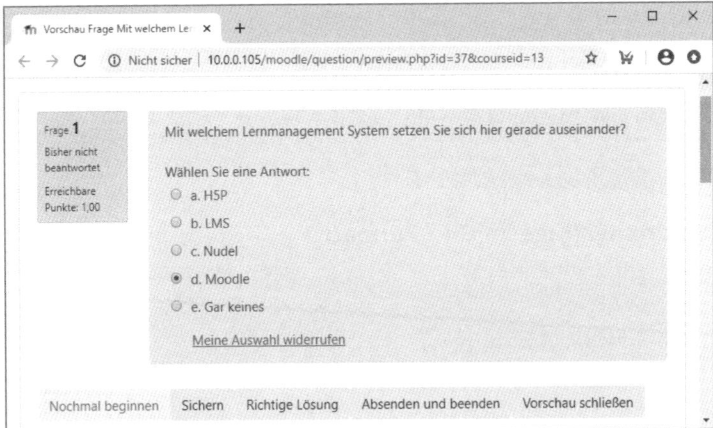

Bild 13.89 Die Vorschau einer mit dem Aiken-Format importierten Frage.

13.5.2 GIFT-Format

Das General-Import-Format-Template-(GIFT)-Format ist ein textbasierendes (UTF-8) Beschreibungsformat für folgende Fragetypen:

- Multiple Choice
- Wahr/Falsch
- Kurzantwort
- Zuordnung
- Lückentext
- Numerisch

Durch die Vielseitigkeit ist die Syntax etwas komplexer:

- // Kommentarzeile
- :: (Am Beginn *und* am Ende des Ausdrucks!) Titel der Frage – Beispiel: *::Titel::*
- # Feedback
- %%Prozentzahl%% Wichtung/Anteilige Verteilung der erreichbaren Punktzahl
- : Zahlenbereich einer numerischen Frage
- -> Zuordnung
- {Antwort} – öffnende und schließende geschweifte Klammern definieren die Antwortmöglichkeiten
- {#Zahl} – numerische Antwort
- = richtige Antwort
- ~ falsche Antwort
- {T} wahre Aussage
- {F} falsche/unwahre Aussage

Jede Frage braucht einen Titel!

Für jede Frage im GIFT-Format sollte ein Titel – *::Fragetitel::* – vorgegeben werden. Sonst verwendet Moodle die ersten Begriffe des Fragetextes.

Beispiel für eine Zuordnungsfrage im GIFT-Format:

```
// Beispiel für eine Zuordnungsfrage
::Stadt-Land-Fluss::
Ordnen Sie die Begriffe richtig zu:
{
=Stadt -> Villach
=Bundesland -> Kärnten
=Staat -> Österreich
=Fluss -> Drau
}
```

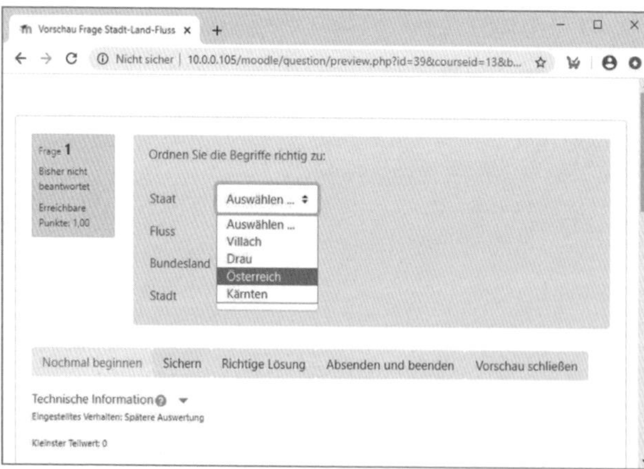

Bild 13.90
Die im GIFT-Format importierte Zuordnungsfrage wurde als solche korrekt erkannt und richtig dargestellt.

Beispiel für eine Kurzantwort im GIFT-Format:

```
// Beispiel für eine Kurzantwortfrage
::Deutsche Kanzlerin::
Die erste deutsche Bundeskanzlerin heißt Angela {=Merkel}.
```

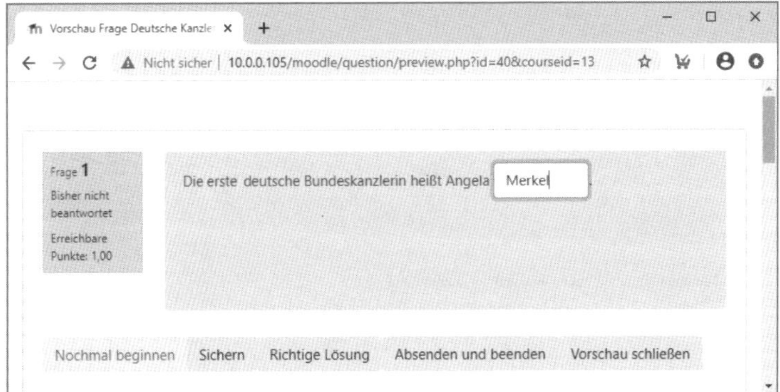

Bild 13.91 Auch eine Kurzantwort-Frage lässt sich mit dem GIFT-Format sehr einfach importieren.

Auch Lückentexte lassen sich mit dem GIFT-Format erstellen. Allerdings wird grundsätzlich jede Lücke als eine Frage betrachtet. Das folgende Listing einer GIFT-Datei (.txt oder vergleichbar im UTF-8-Format) formuliert insgesamt vier Fragen.

Beispiel für eine Lückentextfrage im GIFT-Format

```
// Beispiel für eine Lückentextfrage
::Flüsse in Villach::
Von Norden nach Südosten fließt die {
=Drau
~Gail
~Donau
} durch Villach.

::Westzufluss in Villach::
Die {
=Gail
~Drau
~Donau
} trifft aus westlicher Richtung kommend bei Villach ein.

::Villach – Abfluss::
Zwei Flüsse münden bei Villach ineinander. Die {
=Drau
~Gail
~Donau
} ist der gemeinsame Strom, der in östliche Richtung abfließt.

::Meer-Zufluss der Villach-Flüsse::
Die Drau fließt letztendlich in der Nähe von Osijek (Kroatien) in die {
=Donau
~Drau
~Gail
} und mündet in das Schwarze Meer.
```

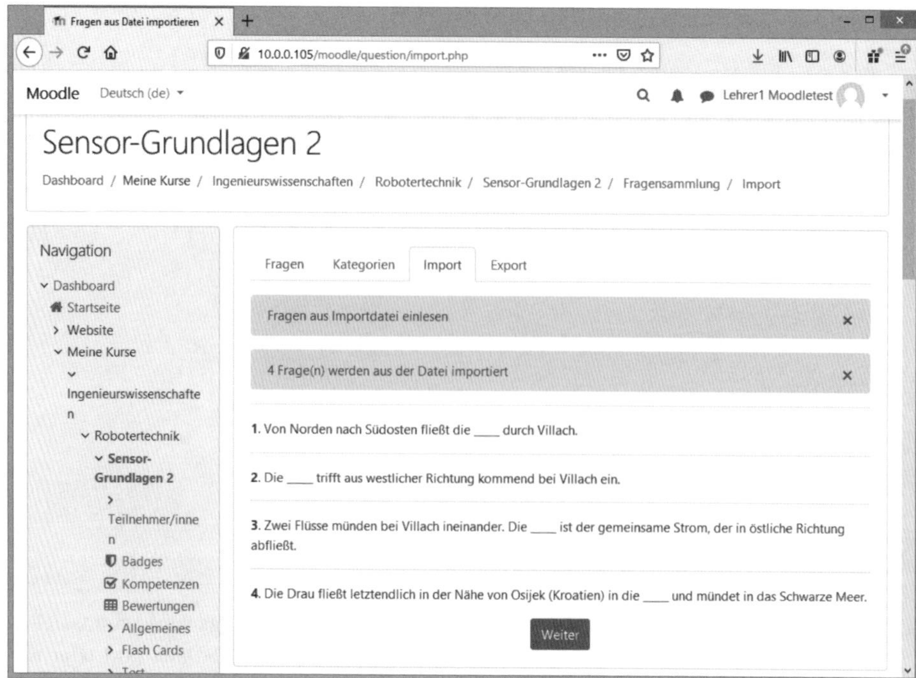

Bild 13.92 Der Import der Lückentextfragen aus der beschriebenen Datei im GIFT-Format erzeugt vier neue Fragen in der Fragensammlung.

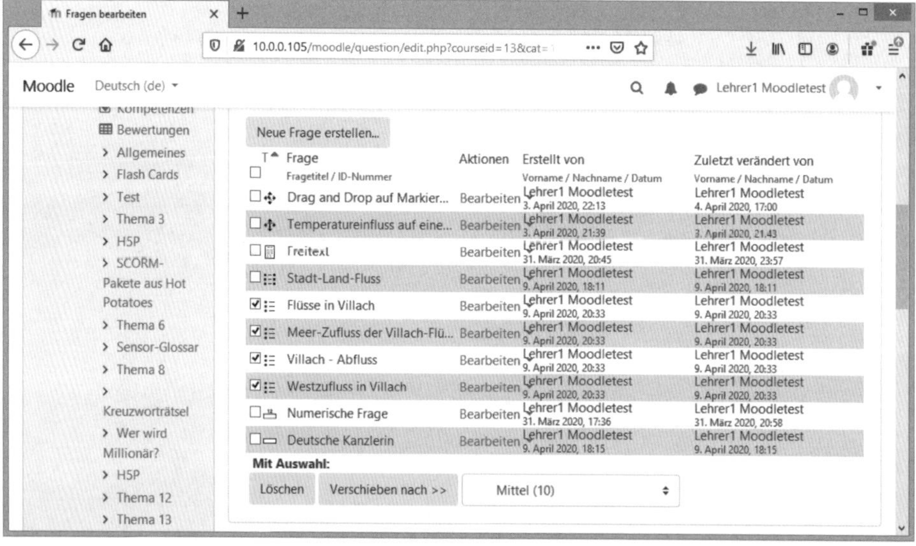

Bild 13.93 Wichtig ist, dass jeder Frage ein eigener Titel (::Titel::) zugeordnet wird, damit die Teilfragen auch bei größeren Fragensammlungen im Katalog auffindbar sind.

13.5.3 Moodle-XML-Format

XML (= Extensible Markup Language) ist eine universell nutzbare Beschreibungssprache, die unter anderem zur Übertragung von Informationen zwischen Sender und Empfänger eingesetzt wird, die nach genau festgelegten Regeln kommunizieren. Die Syntax der Elemente wird individuell für die verschiedenen Anwendungen festgelegt. „Moodle XML" legt Elemente fest, deren Inhalte die Felder der Fragendeklarationen ansprechen.

XML-Elemente bestehen grundsätzlich aus einem in spitzen Klammern geschriebenen *Start-Tag* <TAG> und einem ebenfalls in spitzen Klammern geschriebenen *End-Tag* </TAG>. Letzterer wird vor dem gleichen Wortlaut des Tag-Namen zusätzlich mit dem Zeichen *Slash* / gekennzeichnet. Zwischen diesen beiden Tags befindet sich der Inhalt des Elements. Damit ist XML in der Struktur der Internet-Beschreibungssprache HTML (Hypertext Markup Language) sehr ähnlich.

Die erste Zeile von Moodle XML lautet unabhängig vom Inhalt der Fragensammlung:

```
<?xml version="1.0" encoding="UTF-8"?>
```

Die XML-Datei für den Im- und Export von Fragen wird mit dem Tag `<quiz> .... </quiz>` umschlossen. Kommentare können beliebig in die Datei eingefügt werden und erleichtern in größeren Dateien die Übersicht. Sie werden vom System ignoriert und haben rein informativen Charakter. Die Schreibweise eines Kommentars lautet.

```
<!-- Kommentar -->
```

Nun können in einer einzigen Moodle-XML-Datei mehrere Fragen verschiedenen Typs transportiert werden: Das Element, in dem eine Frage eingebaut wird, lautet:

```
<question type="Fragetyp"> .... </question>
```

Die Codes für den Typ sind von den Moodle-Entwicklern festgelegt worden. Damit wird der Fragetypus definiert und damit auch die Art und Weise, wie die folgenden Elemente zu interpretieren sind.

Tabelle 13.3 Moodle-XML-Fragetypen

Fragetyp-Attribut	Moodle-Fragetyp
calculated	Berechnete Frage
calculatedmulti	Berechnete Multiple Choice-Frage
calculatedsimple	Einfach berechnete Frage
category	Kategorie („leerer" Block eines Fragentyps)
cloze	Lückentext
ddimageortext	Drag and Drop auf ein Bild
ddmarker	Drag and Drop auf eine Markierung
ddwtos	Drag and Drop auf einen Text
essay	Freitextfrage
gapselect	Lückentextauswahl
match	Zuordnungsfrage

(Fortsetzung nächste Seite)

Tabelle 13.3 Moodle-XML-Fragetypen *(Fortsetzung)*

Fragetyp-Attribut	Moodle-Fragetyp
multichoice	Multiple Choice-Frage
numerical	Numerische Frage
randomsamatch	Zufällige Kurzantwortfragen
shortanswer	Kurzantwort-Frage
truefalse	Wahr/Falsch-Aufgabe

Export der „zufälligen Kurzantwort-Fragen"

Der Export *zufällige Kurzantwort-Fragen* ist im Grunde genommen nicht möglich. Dieser „Fragentypus" stellt streng genommen lediglich eine Vorgabe dar, wie bereits vorhandene Kurzantwort-Fragen zu gemeinsamen Auswahlfragen zusammengestellt werden. Der Export bzw. der Import einer solchen Frage ist also nur sinnvoll, wenn auch die Kurzantwortfragen der Kategorie exportiert und diese ebenfalls beim Import in einen anderen Fragenkatalog berücksichtigt werden. Zumindest muss im Ziel des Imports ein ausreichender Pool an Kurzantwortfragen vorhanden sein.

Erinnert man sich an die Struktur der Pflichtelemente einer Fragendeklaration, so fallen sofort drei Felder auf:

- Fragentitel `<name>`
- Fragetext `<questiontext>`
- Erreichbare Punktzahl `<defaultgrade>`

Darüber hinaus – wenngleich auch kein Pflichtelement – ist ein allgemeines Feedback Teil jeder Fragestellung geworden. Das XML-Element dafür heißt `<generalfeedback>`. Bis auf die erreichbare Punktzahl werden die drei Elemente noch um weitere Elemente ergänzt: `<text>` enthält den eigentlichen Inhalt des Elements, wie er dargestellt wird. Es sind zudem Attribute für die Elemente zu beachten: Die Eingaben in die Moodle-Oberfläche werden in der Regel im HTML-Format vorgenommen, auch dann, wenn man selbst die Eingaben nicht im HTML-Modus des Editors vornimmt. Beim Element `<questiontext>` und `<generalfeedback>` wird deswegen das Attribut *format="html"* gesetzt.

Mit XML lassen sich sogar Bilder transportieren. Allerdings ist es ohne den Bezug auf ein Dateisystem oder ohne eine feste Verzeichnisstruktur (wie sie in einem ZIP-Archiv darstellbar ist) nicht möglich, auf eine externe Datei zu verweisen. Auch in der XML-Datei wird keine externe Datei aufgerufen. Dafür wird jedes Bild direkt, aber codiert nach dem Standard *base64,*[4] vollständig in die XML-Datei geschrieben. In einem Texteditor betrachtet, kann also eine sehr große Datei mit scheinbar wirrem Inhalt entstehen.

[4] base64 ist ein schon sehr alter Standard, der für die Übertragung von Binärdateien (ausführbare Programme, Bilder, Audio- und Videodaten etc.) über das Internet entwickelt wurde. Das Internet ist grundsätzlich jedoch in der Urfassung nur für die Übermittlung von reinem Text vorgesehen gewesen. base64 wandelt also jeweils 7 Bit in ein druckbares Zeichen um. Auf der Seite des Empfängers werden diese Daten wieder zurückgewandelt und das eigentliche Bild (etc.) wiederhergestellt.

```
<file name="philippsburg.png" encoding="base64">
```

Der Inhalt dieses Elements wird bei der Betrachtung im Editor ungefähr so aussehen (sehr kleiner Auszug):


```
…iVBORw0KGgoAAAANSUhEUgAAAjcAAAF5CAIAAADs8Jx4AAAACXBIWXMAAA7EAAA0xAGVKw4bAAAAB3RJ
TUUH5AQDCw831USsOwAAIABJREFUeNpsvVuSJcuxKwZ4ZDXPvdL8J6MPzeCORhLP7pXu0AfgsYoykWa
Ozd3VVasyI/wBB+D8P/…
```


Betrachtet man Bild 13.94 so fällt in Zeile 389 ein `<text>`-Element auf. Der Inhalt wird mit einem eigenartigen Tag eingeleitet, der einem Kommentarelement ähnlich erscheint: `<![CDATA[ ... ]]>`. Der durch drei Punkte vereinfacht symbolisierte Bereich enthält an dieser Stelle reinen HTML-Code. CDATA veranlasst Moodle dazu, den darin enthaltenen Inhalt nicht als XML-Code auszuwerten und den Inhalt 1:1 an eine weiterverarbeitende Instanz im Programm zu übergeben. In der Tat interpretiert der XML-Parser in Moodle also den Inhalt des CDATA-Elements wie einen Kommentar und ignoriert ihn zunächst, ohne diesen jedoch zu verwerfen.

Weitere Elemente (Auswahl) zeigt die Tabelle 13.4:

Tabelle 13.4 Moodle-XML-Elemente (Auszug)

Element	Bedeutung
<question>	Gesamt-Container für eine Frage inkl. aller Teilelemente
<name>	Fragentitel
<text>	Textinhalt verschiedener Elemente wie <feedback> oder <questiontext>
<generalfeedback>	Allgemeines Feedback (unabhängig vom Ergebnis der Antwort)
<defaultgrade>	Standardbewertung (Punktzahl)
<penalty>	Abzugsfaktor bei mehreren Versuchen
<hidden>	Verborgene Frage
<idnumber>	ID der Frage (sofern vergeben)
<shuffleanswers>	1 = Antwortoptionen mischen 0 = Antwortoptionen nicht mischen
<correctfeedback>	Allgemeines Feedback bei vollständig richtiger Antwort
<partiallycorrectfeedback>	Allgemeines Feedback bei teilweise richtiger Antwort
<incorrectfeedback>	Allgemeines Feedback bei unrichtiger Antwort
<file>	Inhalt einer Datei im base64-Format
<drag>	Container für ein bewegliches Element
<no>	Nummer des beweglichen Elements
<noofdrags>	Maximale Zahl der Verwendung bei der Ablage im Zielbild
<coords>	Koordinaten der markanten Punkte einer Ablagezone sowie Radius bzw. Höhen-/Breitendefinitionen (in Bildpunkten)
<shape>	Form der Ablagezone (circle, rectangle, polygon)
<choice>	Zugeordnete Nummer des beweglichen Elements

(Fortsetzung nächste Seite)

Tabelle 13.4 Moodle-XML-Elemente (Auszug) *(Fortsetzung)*

Element	Bedeutung
<quiz>	Haupt-Element einer Frage bzw. Fragesammlung
<drop>	Ablagezone für Drag-and-Drop-Aufgaben
<questiontext>	Container-Element für die eigentliche Fragestellung
<answernumbering>	Form der Antwortnummerierung (z. B.: „123“ für numerisches Format oder „ABC“ für große Buchstaben als Nummernformat)
<answer fraction=“100“>	Bei Wahr/Falsch-Fragen: richtige Antwort
<answer fraction=”0”>	Bei Wahr/Falsch-Fragen: falsche Antwort
<answer>	Antwort-Element – enthält meist ein <text>-Element
<subquestion>	Container-Element für zusammengehörige Paare bei Zuordnungsfragen

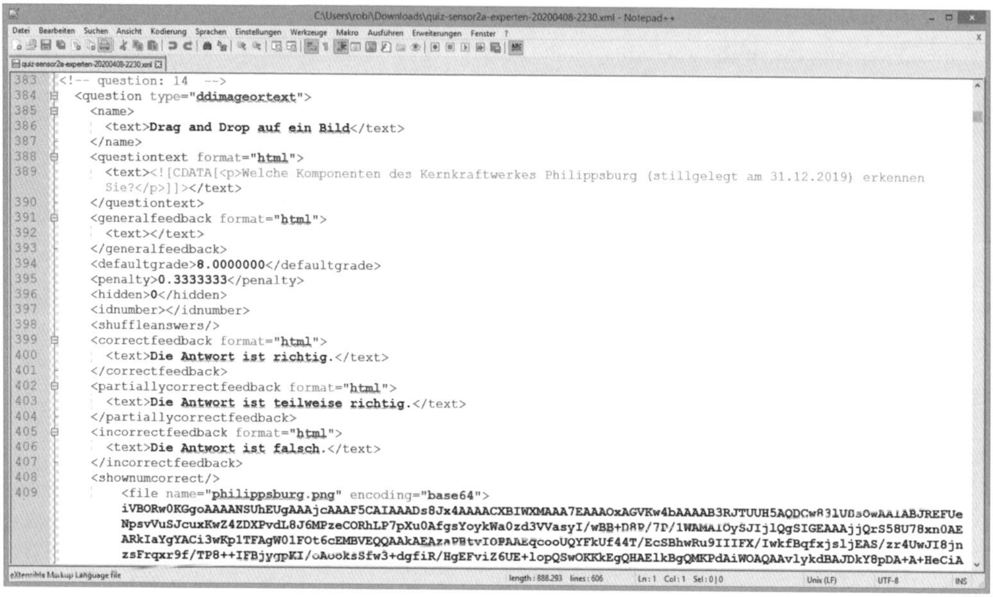

```
<!-- question: 14  -->
  <question type="ddimageortext">
    <name>
      <text>Drag and Drop auf ein Bild</text>
    </name>
    <questiontext format="html">
      <text><![CDATA[<p>Welche Komponenten des Kernkraftwerkes Philippsburg (stillgelegt am 31.12.2019) erkennen Sie?</p>]]></text>
    </questiontext>
    <generalfeedback format="html">
      <text></text>
    </generalfeedback>
    <defaultgrade>8.0000000</defaultgrade>
    <penalty>0.3333333</penalty>
    <hidden>0</hidden>
    <idnumber></idnumber>
    <shuffleanswers/>
    <correctfeedback format="html">
      <text>Die Antwort ist richtig.</text>
    </correctfeedback>
    <partiallycorrectfeedback format="html">
      <text>Die Antwort ist teilweise richtig.</text>
    </partiallycorrectfeedback>
    <incorrectfeedback format="html">
      <text>Die Antwort ist falsch.</text>
    </incorrectfeedback>
    <shownumcorrect/>
        <file name="philippsburg.png" encoding="base64">
        iVBORw0KGgoAAAANSUhEUgAAAjcAAAF5CAIAAADs8Jx4AAAACXBIWXMAAA7EAAAOxAGVKw4bAAAAB3RJTUUH5AQDCw831UBsOwAAIABJREFUe
        NpsvVuSJcuxKwZ4ZDXPvdL8J6MPzeCORhLP7pXu0AfgsYoykWa0zd3VVasyI/wBB+D8P/7D/1WAMAIOySJIj1QgSIGEAAAjjQrS58U78xn0AE
        ARkIaYgYACi3wKp1TFAgW01FOt6cEMBVEQQAAkAEAzaPBtvIOPAAEqcooUQYFkUf44T/EcSBhwRu9IIIFX/IwkfBqfxjsljEAS/zr4UwJI8jn
        zsFrqxr9f/TP8++IFBjygpKI/oAooksSfw3+dgfiR/HgEFviZ6UE+lopQSwOKKkEgQHAElkBgQMKPdAiWOAQAAvlykdBAJDkY8pDA+A+HeCiA
```

Bild 13.94 Ein Blick in einen – sehr kleinen – Ausschnitt einer Moodle-XML-Datei, in die verschiedene Fragen einer Kategorie exportiert wurden.

13.5.4 XHTML-Format

Das XHMTL-Format wurde ursprünglich im Webdesign eingesetzt. Es war ein Versuch, eine Harmonisierung der verschiedenen „Dialekte“ in der HTML-Welt zu erreichen. Durch die Kombination aus Standard-HTML-Elementen und zusätzlichen – auf die Anwendung bezogenen – XML-Elementen versuchte man auch in Moodle, eine systemunabhängige Beschreibungssprache zu etablieren. XHTML hat heute im Webdesign eine untergeordnete Bedeutung und wird hier nur der Vollständigkeit wegen erwähnt.

Moodle XML ist am flexibelsten verwendbar!

Das universellste Dateiformat für den Austausch von Fragen und Fragenkatalogen zwischen Moodle-Systemen ist zweifellos Moodle XML. AIKEN und GIFT zeichnen sich durch eine sehr einfache Syntax aus, sind jedoch nur für wenige Fragetypen geeignet. XHTML gilt als veraltet.

L:\buch\ELT\Hanser\Kapitel_17-Lernzielkontrollen\zusatz\quiz-sensor2a-Mittel-20200410-0143.html - Notepad++

Datei Bearbeiten Suchen Ansicht Kodierung Sprachen Einstellungen Werkzeuge Makro Ausführen Erweiterungen Fenster ?

quiz-sensor2a-Mittel-20200410-0143.html

```
<!-- question: 17  name: Drag and Drop auf Markierungen -->
<div class="question">
<h3>Drag and Drop auf Markierungen</h3>
<p class="questiontext"><p>Ordnen Sie die Begriffe den Elementen des im Dezember 2019 stillgelegten Kernkraftwerkes
Philippsburges zu.<br></p></p>
<!-- export of ddmarker type is not supported  -->
</div>



<!-- question: 16  name: Temperatureinfluss auf einen Widerstand -->
<div class="question">
<h3>Temperatureinfluss auf einen Widerstand</h3>
<p class="questiontext"><p>Auf jedem [[1]] hat die [[2]] einen direkten Einfluss auf
dessen Leitfähigkeit. Die Aussage, der Widerstand sei ein konstantes
Verhältnis aus [[3]] und fließenden Strom gilt also nur für die
gleiche Temperatur bei den verschiedenen Messungen.<br></p></p>
<!-- export of ddwtos type is not supported  -->
</div>



<!-- question: 8  name: Freitext -->
<div class="question">
<h3>Freitext</h3>
<p class="questiontext"><p>Erklären Sie das Ohm'sche Gesetz!</p></p>
<!-- export of essay type is not supported  -->
```

Hyper Text Markup Language file length : 6.127 lines : 147 Ln : 1 Col : 1 Sel : 0 | 0 Unix (LF) UTF-8 INS

Bild 13.95 XHTML ist im Grunde genommen reines HTML (und CSS), wobei sich die Syntax der HTML-Elemente an die von XML anlehnt. Die XHTML-Technologie wird in der Praxis des Webdesigns jedoch kaum noch verwendet.

14 Lernzielkontrollen und Prüfungen

Die Feststellung der erbrachten Leistungen und deren Bewertung ist ein besonders anspruchsvolles und sensibles Thema. Es werden sowohl Fragen der Chancengleichheit als auch der rechtlich korrekten Durchführung einer Prüfung und des Datenschutzes berührt. Moodle bietet verschiedene Optionen, um Prüfungen mit angemessenen Schwierigkeitsgraden zu gestalten, dabei die gebotene Fairness zu wahren und zudem Betrugsversuche auszuschließen. Das Kapitel behandelt deswegen nicht nur die Gestaltungsmöglichkeiten aussagekräftiger Fragenkataloge und die Formulierung von Prüfungen, sondern auch die Einschränkungen des Zugriffs auf die Prüfungsfragen durch zeitliche Grenzen, einen geschützten IP-Adressraum bis hin zur Begrenzung auf die Verwendung eines bestimmten Webbrowsers. Hier wird der Safe Exam Browser (SEB) vorgestellt, eine Entwicklung der ETH Zürich[1] zur sicheren Durchführung von Prüfungen. Ein sehr ausgereiftes Konzept auf dieser Basis ist seit vielen Jahren an der Alpen-Adria-Universität in Klagenfurt im Einsatz.

14.1 Kontrollübungen in Lektionen

Lektionen sind eine ausgesprochen vielseitige Aktivität in Moodle. Neben den Inhaltsseiten lassen sich auch Fragenseiten in die Lektion einbauen. Dabei sind nur die folgenden Fragentypen vorgesehen:

- Freitext
- Kurzantwort
- Multiple Choice
- Numerisch
- Wahr/Falsch
- Zuordnung

Die Kontrollfragen sind recht einfach gestaltet, dienen aber durchaus der Motivation beim Lernen.

[1] ETH = Eidgenössische Technische Hochschule

14.2 Gestaltung elektronischer Prüfungsumgebungen

Prüfungen sind – nicht nur auf akademischem Niveau – ein sehr sensibles Thema. Es geht nicht alleine darum, Fachwissen durch geschickte Fragestellungen zu überprüfen und zu bewerten. Es geht auch um Chancengleichheit und um Rechtssicherheit.

14.3 Klassische Prüfungen

Der Ablauf einer klassischen Prüfung ist in einem großen Umfang von Kontrolle und Überwachung geprägt. Damit wird rechtliche Sicherheit erreicht, die letztlich die Voraussetzung ist, um Prüfungsergebnisse auch international anzuerkennen.

Damit eine Prüfung tatsächlich als aussagekräftig gewertet werden kann, müssen folgende Faktoren gegeben sein:

- Die Prüfung muss in Umfang und Schwierigkeitsgrad dem angestrebten fachlichen Niveau entsprechen.
- Die Prüfungsteilnehmerinnen und -teilnehmer müssen sicher identifiziert werden.
- Die Verwendung unzulässiger Hilfsmittel muss ausgeschlossen sein.
- Absprachen zwischen den Kandidatinnen und Kandidaten müssen zuverlässig unterbunden werden.
- Fremdhilfe muss ausgeschlossen sein.
- Die vorgegebenen Bearbeitungszeiten sind einzuhalten.

Im Normalfall wird eine solche Prüfung in einem geschlossenen Lehrsaal durchgeführt, wobei entsprechend der Zahl der Teilnehmerinnen und Teilnehmer ausreichend viele Aufsichtskräfte zugegen sind. Sind die Kandidatinnen und Kandidaten den aufsichtführenden Personen nicht persönlich eindeutig bekannt, dann prüfen sie die Identitäten beispielsweise durch persönliche Vergleiche der Studien- und Personalausweise.

Damit ist bereits die Identitätskontrolle bei rein elektronischen Fernprüfungen ein rechtlich relevantes Problem. Lösungsansätze, die jedoch nicht wirklich zuverlässige Aussagekraft bieten, wären ein Webcam-Check und ein Gesichtsvergleich mit einem vorliegenden Bild (Studierendenausweis, Moodle-Profilfoto etc.). Technisch realisierbar wäre auch die automatische Auswertung biometrischer Erkennungsmerkmale (Iris-Scan, Fingerprint etc.). Dies müsste im Einzelfall jedoch datenschutzrechtlich überprüft und legitimiert werden.

Schwierig bei rein elektronischen Prüfungen außerhalb kontrollierbarer Örtlichkeiten ist auch, Betrugsversuche zu erkennen und zu verhindern. Selbst in überwachten Umgebungen gibt es immer wieder Betrugsversuche, die zur nicht ausreichenden Bewertung einer Prüfung führen müssen. Lehrende können gewiss eine Reihe „kreativer" Beispiele benennen:

- Der Klassiker: Spickzettel im Toilettenpapier („Nachschlagen" beim WC-Gang)
- Gefälschte Etiketten auf Getränkeflaschen

- Spickzettel im Uhrenarmband oder in der Gürtelschnalle
- Spickzettel im Strumpfband uvm.

Insbesondere die letzten Beispiele zeigen die Notwendigkeit eines gewissen personellen Aufwands zur Prüfungsaufsicht, wobei das Personal mit gemischten Geschlechtern zu wählen ist.

Betrugsversuche sind grundsätzlich anzunehmen, wenngleich natürlich nicht grundsätzlich einzelnen Kandidatinnen und Kandidaten zu unterstellen. Diesen Fakt zu ignorieren würde jedoch zur Entwertung des Prüfungsergebnisses und damit letztlich für die (mehrheitlich) ehrlichen Absolventen zum Nachteil führen.

Strittige Notlösung

In Zeiten der Kontakteinschränkungen infolge der COVID-19-Pandemie im Frühjahr 2020 wurde in den Kreisen Lehrender eine Fernprüfung über das Moodle-System besprochen. Dies ist technisch möglich und kann in einer geschlossenen lokalen Umgebung auch rechtssicher umgesetzt werden. Während der Pandemiezeit wurde jedoch überlegt, Prüfungen aus dem Home-Office der Lernenden anzuerkennen. Dabei sollte ein permanenter Zugriff auf die Webcam (beispielsweise über Skype oder ein Virtual Classroom-System) aufgebaut werden, welcher eine Beobachtung der Kandidatinnen und Kandidaten gestattet. Das umfasste auch die Vereinbarung eines gelegentlichen Kameraschwenks, um die Anwesenheit weiterer Personen und die Verwendung unerlaubter Hilfsmittel auszuschließen.

Elektronische Fernprüfungen sind jedoch grundsätzlich möglich, wobei allerdings eine verlässliche Aufsicht zu gewährleisten ist. Damit ist es denkbar, erkrankte Kandidatinnen und Kandidaten auch bei einem Klinik- oder Reha-Aufenthalt zu prüfen. Von besonderer Bedeutung ist dieses Prinzip allerdings bei Prüfungen von Strafgefangenen während ihres Gefängnisaufenthaltes. Das ist keinesfalls abwegig und wird vereinzelt (analog) durchgeführt: Vollzugsbeamte übernehmen hier die Aufsicht.

Insgesamt haben Fernprüfungen eine lange Tradition. So arbeitet beispielsweise die Fernuniversität in Hagen weltweit mit anderen Hochschulen zusammen und mietet dort Prüfungsräume sowie Aufsichtspersonal an. Die Prüfungsaufgaben werden in versiegelten Umschlägen geliefert und erst unmittelbar vor der Prüfung geöffnet. Unter vergleichbaren Bedingungen lassen sich auch elektronisch abgestützte Prüfungen durchführen.

14.4 Die Aktivität „Test“

Moodle ist eine Lernplattform, die auch zur Durchführung von Lernzielkontrollen und Prüfungen eingesetzt werden kann. Hierzu wird die Aktivität *Test* verwendet. Diese wird zunächst einmal eingerichtet, wobei verschiedene wichtige Entscheidungen zu treffen sind, bevor noch die erste Frage gestellt wird. Die zeitliche Befristung, die grundsätzlich auch bei anderen Aktivitäten konfigurierbar ist, bekommt allerdings bei der Planung einer Prüfung eine besondere Bedeutung. Das dafür vorzusehende Zeitfenster sollte nicht zu eng bemessen sein. Es muss grundsätzlich mit Komplikationen gerechnet werden. Dies können sein:

- Probleme bei der Raumbelegung: Der reservierte Prüfungsraum wird nicht rechtzeitig verfügbar.
- Verzögerungen beim Identitätscheck.
- Technische Probleme (Netzwerkverbindung, Probleme mit einzelnen Rechnern, mögliche Störungen oder Falschkonfigurationen im Moodle-System).

Nicht zuletzt kann eine umfangreiche Prüfung in mehreren Durchgängen durchgeführt werden. Die Prüfungsdauer wird jedoch grundsätzlich auf die exakt eingestellte Zeit begrenzt.

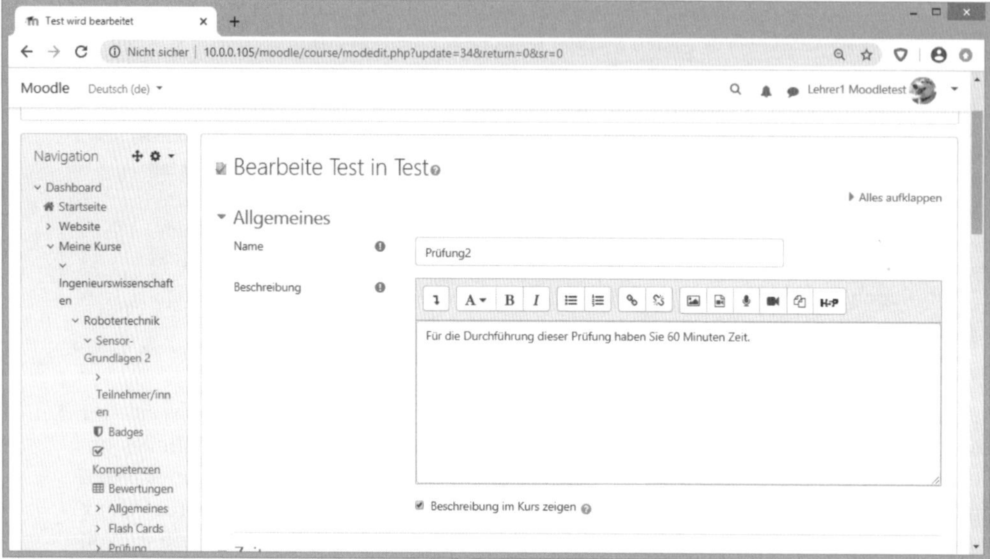

Bild 14.1 Die Aktivität „Test“ wird zunächst wie jede gewöhnliche Aktivität eingerichtet. In der Detailkonfiguration sind jedoch einige wichtige zusätzliche Einstellungen vorzunehmen.

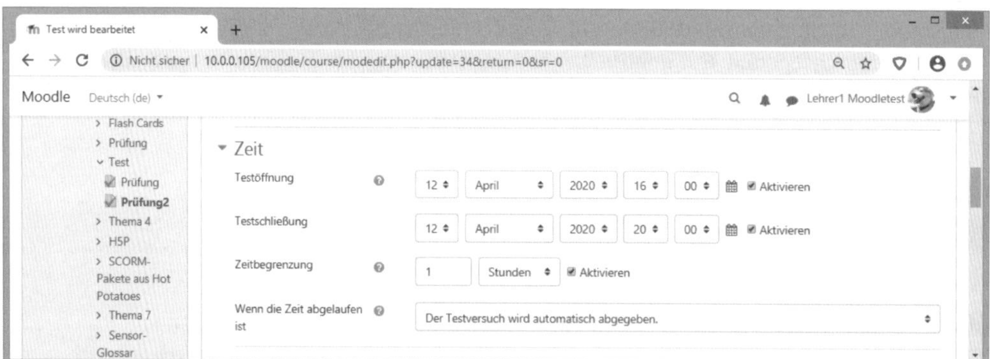

Bild 14.2 Das Prüfungszeitfenster wird durch die Testöffnung und eine zeitliche Begrenzung festgelegt. Die Prüfung selbst wird zeitlich auf die Minute genau begrenzt.

14.4.1 Bewertung der Prüfung

Die Moodle-Administration kann Bewertungskategorien festsetzen, welche Lehrende letztlich den Prüfungen in ihren Kursen zuweisen können. Diese Kategorien haben den Sinn, verschiedene Bewertungen in einem Kontext zusammenzuführen. In den meisten Fällen wird die Standardeinstellung „Nicht kategorisiert“ verwendet. Andere Einstellungen müssen von der Moodle-Administration ausdrücklich (und systemübergreifend gültig) festgelegt und freigegeben werden.

Bewertungskategorien sind Chefsache

Die Deklaration von Bewertungskategorien obliegt der Moodle-Administration. Die Einstellungen werden mit den entsprechenden Administrationsrechten in der Website-Administration vorgenommen:

Zusatzoptionen - Bewertungen - Bewertungskategorieeinstellungen

Darüber hinaus lassen sich u. a. Bewertungsskalen und Notenstufen festlegen. ■

Die *Bestehensgrenze* wird auf einen Wert von 0 bis 10 festgelegt. Dabei sind realistische Grenzen von 5 bis 7,5 üblich, was einem Mindesterfolg von 50 % bis 75 % der Punktzahl entspricht. Es kann aber ebenso eine *Bestehensgrenze* von 2 (20 %) festgelegt werden. Derartige Bewertungen stellt man bei Prüfungen ein, die vor allem einen hohen Stressfaktor haben und in ihrem Volumen grundsätzlich nicht in der gegebenen Zeit zu bewältigen sind.

Auch die Zahl der Versuche ist relevant. Sind aber mehrere Versuche zulässig, kann davon ausgegangen werden, dass hier verschiedene Ergebnisse erzielt werden. Die Fragen werden in der Regel völlig neu zusammengestellt, wenn der Auswahlpool groß genug ist. Für die Gesamtbeurteilung stellt sich nun die Frage, welcher der Versuche grundsätzlich zu bewerten ist. Es gibt hier vier Möglichkeiten:

- Es wird grundsätzlich der erste Versuch bewertet. Hier obliegt es den Lehrenden, eventuell bessere spätere Versuche zu berücksichtigen.
- Es wird grundsätzlich der letzte Versuch bewertet. Dies ist eine gängige Praxis. Entscheiden sich Studierende, eine (bereits bestandene) Klausur zu wiederholen, um im Idealfall ihr Ergebnis zu verbessern, wird der erste Versuch verworfen und es wird ein weiterer Antritt notiert. Das Risiko des Nicht-Bestehens ist damit groß.
- Es wird der Durchschnitt aller Versuche bewertet.
- Es wird der beste Versuch bewertet.

In einer regulären Klausur wird hier in der Regel nur ein Versuch gestattet. Zwar sind Wiederholungen nicht ausreichend bewerteter Arbeiten möglich, jedoch wird die Anzahl der möglichen Antritte begrenzt. Im Fall einer technischen Störung kann es jedoch passieren, dass ein Versuch abläuft und die Kandidatin oder der Kandidat die Arbeit nicht korrekt abgeben kann. In diesem Fall können Lehrende den Versuch aus dem System löschen oder in Teilen neu bewerten. Das ist individuell für jede Teilnehmerin und jeden Teilnehmer möglich (vgl. Abschnitt 14.4.5.3).

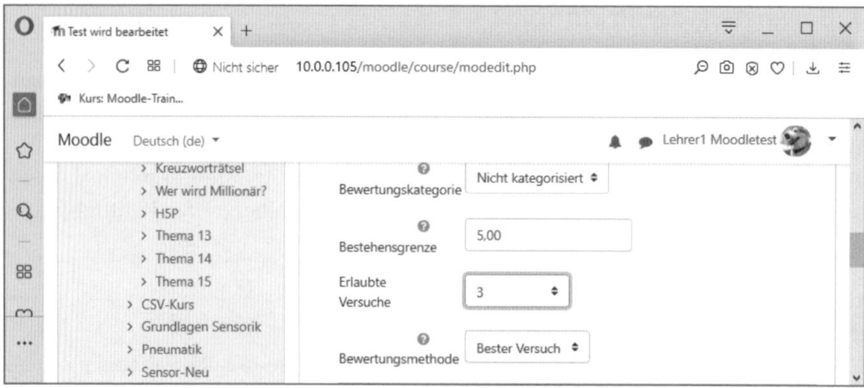

Bild 14.3 Ab 50% der erreichten Punktzahl ist dieser Test bestanden.

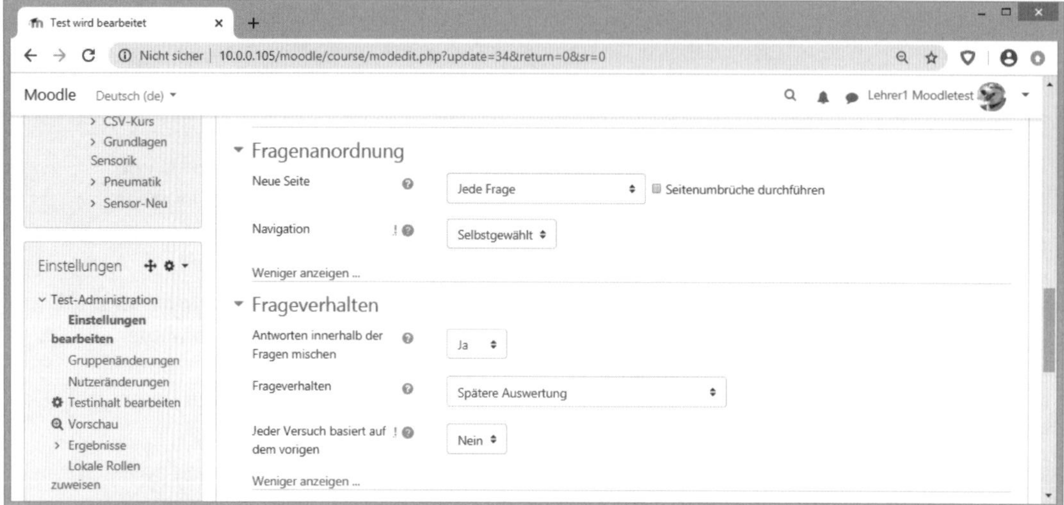

Bild 14.4 Die Fragenanordnung sollte so gewählt werden, dass nur eine einzige Frage pro Bildschirmseite zu sehen ist. Das kommt der Konzentration der Kandidaten zugute.

Mit der Konfiguration der Prüfung wird auch festgelegt, welches Feedback die Kandidatinnen und Kandidaten zu welchem Zeitpunkt bekommen. In einer rechtlich relevanten Abschlussprüfung wird natürlich nicht unmittelbar nach der Beantwortung einer Frage ein Feedback gegeben. Das ist schon gar nicht dann sinnvoll, wenn noch die Möglichkeit der Korrektur besteht. Bei (Präsenz-)Unterricht begleitenden Kontrollfragen kann dies allerdings gewünscht sein, weil die Fragen an dieser Stelle als eine zeitnahe Reflexion des Stoffs zu verstehen sind und das Feedback somit der Aufmerksamkeit zugutekommt bzw. zeitnah Verständnisfragen im Plenum provoziert.

Wie angedeutet, ist die eindeutige Identifikation der Kandidatinnen und Kandidaten für eine Prüfung von großer rechtlicher Relevanz. Moodle kann hier unterstützend wirksam sein, wenn das Profilbild während der Prüfung für die Aufsicht führenden Personen neben den Fragestellungen sichtbar ist. Das ist technisch möglich und kann wahlweise mit einem kleinen oder großen Bild umgesetzt werden. Das Bild selbst wird direkt bei der Navigation platziert und nimmt keinen Platz ein, der für die Bearbeitung der Frage benötigt wird. Dennoch ist es rechtlich schwierig, auf ein Profilbild im Moodle-System zu bestehen. Hier handelt es sich um persönliche Daten, die in der Regel auf freiwilliger Basis in das System hochgeladen werden.

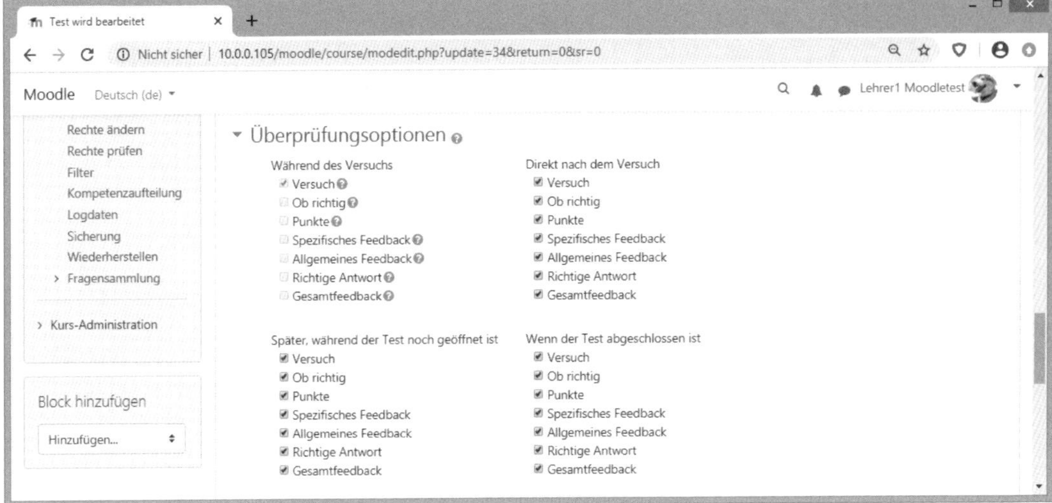

Bild 14.5 Nichts ist spannender als das Ergebnis einer soeben geschriebenen Prüfung. Wie viel Feedback unmittelbar nach der Abgabe oder gar während des laufenden Versuchs gegeben wird, kann von den Lehrenden gezielt eingestellt werden.

Bild 14.6 Das Nutzerbild kann die Identitätsprüfung während einer elektronischen Klausur erleichtern. Die verpflichtende Bereitstellung eines eindeutigen Personenfotos in das Moodle-System wird allerdings aus rechtlicher Perspektive zu diskutieren sein.

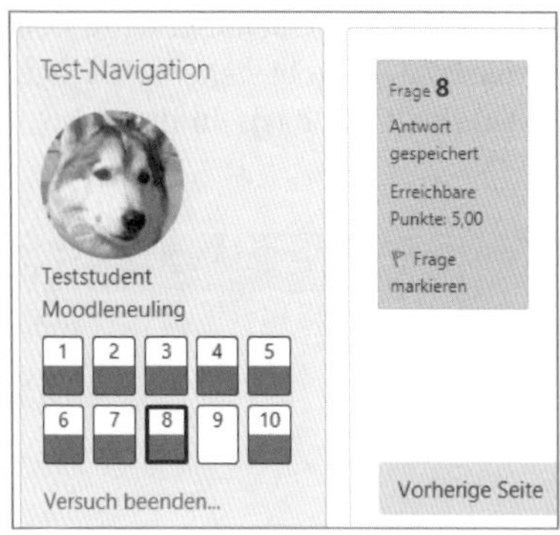

Bild 14.7
Das Moodle-Profilfoto in der Fragennavigation erleichtert die Wiedererkennung der Teilnehmerin oder des Teilnehmers während einer Prüfung. Allerdings muss man auch mit anonymisierten Abbildungen rechnen, wie es hier gezeigt wird. Dann muss grundsätzlich der Studierendenausweis geprüft werden.

14.4.2 Begrenzung auf bestimmte Netzwerkbereiche

Es wurde bereits angesprochen: Betrugsversuche gehören im Prüfungsalltag zum Tagesgeschäft. Es ist dabei zwar nur eine Minderheit, die ihre Chance sucht, das Ergebnis auf unlautere Weise zu manipulieren, jedoch entwertet allein die potenzielle Möglichkeit, dass die Ergebnisse gefälscht werden könnten,[2] die Qualität der Prüfung und des gesamten Studiengangs. Um das Sicherheitsniveau zu steigern, bietet Moodle bereits einige recht wirksame „Bordwerkzeuge“.

So bietet Moodle die Möglichkeit, den Zugriff auf die Prüfung mit einem Kennwort zu schützen. Dieses Kennwort wird zweckmäßiger Weise erst mit dem Beginn der Prüfung kommuniziert und ist damit nur den im Saal anwesenden Teilnehmerinnen und Teilnehmern bekannt. Wenn ein konsequentes Handy-Verbot durchgesetzt wird und weitere Sicherheitseinstellungen aktiviert werden, ist lediglich der berühmte „WC-Gang“ eine potenzielle Sicherheitslücke, über die das Passwort nach außen verbreitet werden kann.

Damit besteht das Risiko, dass sich eine weitere Person außerhalb des überwachten Prüfungssaals mit fremder Identität einloggt und die Prüfung stellvertretend schreibt. Doch auch dieses Risiko lässt sich einschränken, wenn man den Prüfungssaal mit einer kabelbasierten Netzwerk-Infrastruktur ausrüstet. Diese lässt sich auf einen eng umrissenen Bereich von IP-Adressen[3] konfigurieren. Natürlich ist das technisch recht aufwendig und vor allem ziemlich teuer! Wesentlich preiswerter sind WLAN-Infrastrukturen, die heute nahezu an jedem Universitäts- oder Fachhochschul-Campus sowie an den meisten Schulen vorhanden sind. Es empfiehlt sich jedoch, speziell in Prüfungsräumen ein eigenes WLAN zu betreiben, um die Überlastung des Netzes durch die reguläre Nutzung zu vermeiden.

Ein WLAN ist natürlich ein offenes Medium. Grundsätzlich kann also niemand ausschließen, dass direkt nebenan vom Prüfungssaal ein „Experte“ mit einem Laptop sitzt, sich mit falschen Zugangsdaten am Moodle-System anmeldet und die Prüfung für eine Teilnehmerin

[2] Tatsächlich ist die Form des Konjunktivs mit Absicht gewählt, denn Sicherheitslücken werden meist denen nachteilig ausgelegt, die einen sehr guten Erfolg durch viel persönlichen Fleiß erzielt haben. Prüfungssicherheit bedeutet vor allem, die Anerkennung ehrlich erworbener Leistungen zu schützen.

[3] IP steht für Internet Protocol. Tatsächlich beschreibt diese Abkürzung das Verfahren, mit dem Datenpakete über das Internet übertragen werden. Das gleiche Protokoll wird allerdings auch in einem lokalen Netzwerk verwendet. Die IP-Adresse ist in einem solchen System die Adresse des Computers.

oder einen Teilnehmer „übernimmt“. Das ist grundsätzlich zunächst einmal möglich! Es ist aber auch selbst in diesen einfachen Infrastrukturen möglich, Betrügern das Leben schwer zu machen. Auf jedem Fall ist es zudem möglich, einen Betrug im Nachhinein zu beweisen.

Form der IP-Adresse

Mit der Beschränkung auf bestimmte IP-Adressen kann der Zugriff auf den Test lediglich auf Computer eingeschränkt werden, denen eine passende Adresse zugewiesen wurde. Hierbei können - getrennt durch Kommata - einzelne Adressen eingestellt werden. Es ist zudem möglich, Teiladressen festzulegen, um den Zugang zur Prüfung auf Rechner innerhalb eines Subnetzes zu beschränken. Der Teil der Hostadressen wird nicht geschrieben. Möglich ist auch eine Schreibweise in diesem Format: 192.168.0.0/24. ■

14.4.2.1 Parallelanmeldungen vermeiden

Die *Moodle-Administration* kann die Zahl der gleichzeitigen Anmeldungen in das Moodle-System pauschal begrenzen. Das passiert in der *Website-Administration* unter *Plugins - Authentifizierung - Übersicht*. Dort ist ein Bereich *Grundeinstellungen* zu finden. Hier muss der Wert bei *Gleichzeitige Anmeldungen begrenzen* auf 1 gesetzt werden.

Das funktioniert allerdings nur bei Authentifizierungsverfahren, die direkt im Moodle-System umgesetzt werden. Single Sign On (SSO)-Verfahren werden durch die Einstellungen in Moodle nicht berührt! Hier müssen in den Authentifizierungsservern Lösungen gefunden werden.

Erfolgt nun die offizielle Anmeldung an das Moodle-System durch die Prüfungskandidatinnen und -kandidaten im Prüfungssaal, funktioniert das System wie immer einwandfrei. Versucht nun eine weitere Person, sich mit einem bereits aktiven Account einzuloggen, so wird auch dies gelingen. Allerdings wird die Verbindung zum Computer, der das erste Login herstellte, unterbrochen. Möglicherweise fällt dies dem Aufsicht führenden Personal auf.

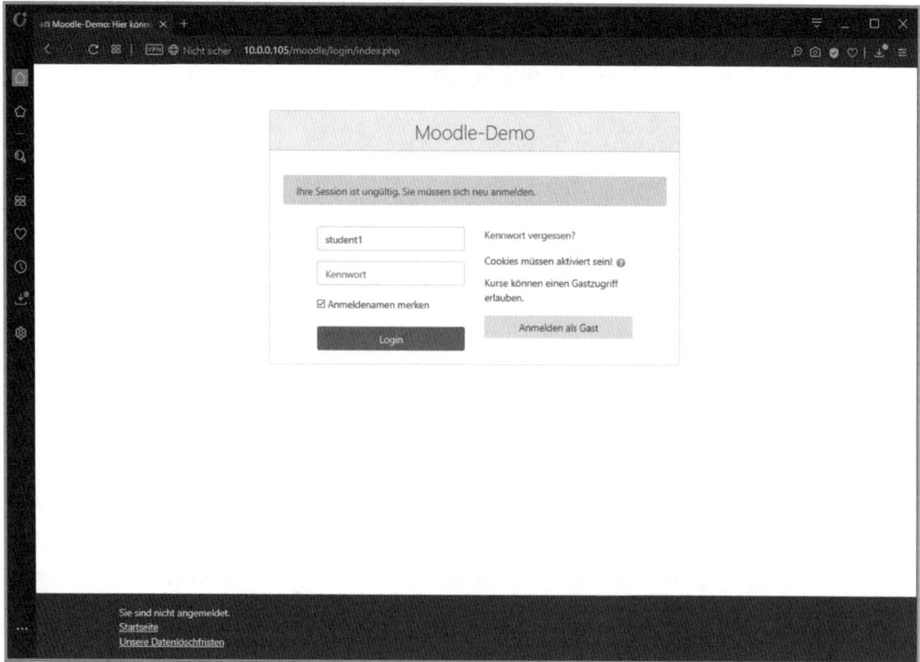

Bild 14.8 Wenn versucht wird, sich mit einem zweiten Rechner unter Verwendung der gleichen Zugangsdaten, in Moodle anzumelden, werden bestehende Sitzungen ungültig und fordern eine erneute Anmeldung. Voraussetzung: Die gleichzeitige Anmeldung ist auf „1" begrenzt.

14.4.2.2 Vollbild-Modus erzwingen

Die eben gezeigte Einschränkung ist nicht in der Lage, grundsätzlich die Übergabe einer Prüfung an eine illegale Hilfskraft zu unterbinden. Es bewirkt, dass dem betrügerisch arbeitenden Kandidaten Zeit verloren geht und dass durch ungewöhnliche Bewegung am Bildschirm Auffälligkeiten durch die Aufsichten erkannt werden. Eine Kommunikation – zum Beispiel via Chat – ist also grundsätzlich nicht auszuschließen.

Das kann auch die Einstellung *Vollbild-Popup mit JavaScript-Sicherheit* im Feld *Browsersicherheit* der Test-Konfiguration nicht erzwingen. Etwas effektiver ist da der *Safe Exam Browser*, auf den in Abschnitt 14.5 näher eingegangen wird. Wer Unterlagen auf der eigenen Festplatte nachschlagen oder über ein zweites Browser-Fenster im Internet recherchieren möchte, wird sich von der Einschränkung des Vollbild-Popups nicht aufhalten lassen.

Das Vollbild-Popup zeigt eine reine Browser-Oberfläche ohne jegliche Menüs. Zudem werden nur die für die Prüfung erforderlichen Elemente in Moodle dargestellt. Der Klick in den Chat oder die Suche im Internet erfordert also grundsätzlich den Wechsel des Fensters.

Klare Vereinbarungen sind erforderlich!

Aufsichtführende Personen dürfen auch bei einem Verdacht nicht einfach so in die Tasten eines privaten Computers greifen. Allerdings kann vor Beginn der Prüfung eine Vereinbarung getroffen werden, deren Missachtung pauschal als Betrugsversuch zu werten ist. Zu dieser Vereinbarung muss gehören:

- Es darf kein Programmfenster mit Ausnahme des für diese Moodle-Sitzung benötigten Browsers geöffnet sein.
- Es darf kein Programm geöffnet sein, was nicht einem ausdrücklich zugelassenen Hilfsmittel entspricht.
- Es darf kein Messenger aktiv sein (Skype etc.), auch nicht minimiert im Systemtray.
- Auf Aufforderung durch die Aufsicht haben die Kandidatinnen und Kandidaten mit der Tastenkombination [Alt]-[Tab] die geöffneten Fenster zu präsentieren. ■

Bild 14.9 Zugriffsbeschränkungen auf die Prüfung können durch ein Kennwort, durch Beschränkungen des IP-Adressbereichs und durch besondere Browsertypen festgelegt werden. Einen vollkommenen Schutz gegen Betrugsversuche bieten sie allerdings nicht.

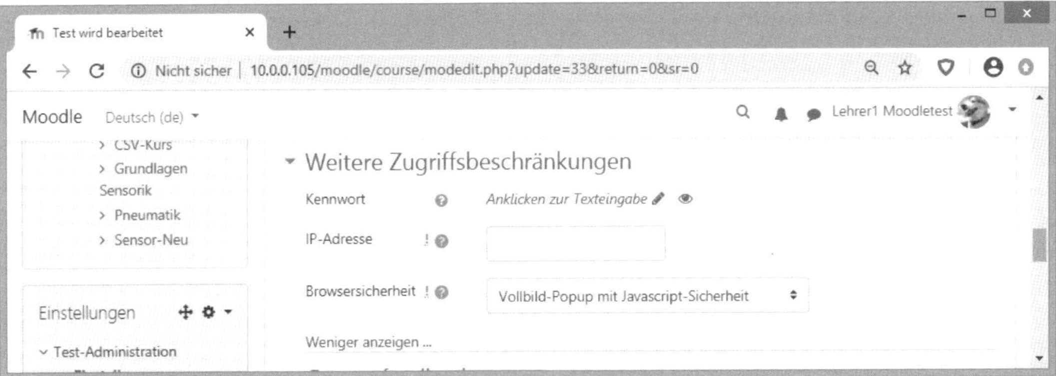

Bild 14.10 Das Vollbild-Popup, welches in der Standard-Installation eines Moodle-Systems eingestellt werden kann, zwingt zum Zugriff auf andere Programmfenster und damit zu einem deutlich sichtbaren und möglicherweise zeitaufwendigen Wechsel des Programmfensters. Sicherheit gegen Betrug bietet es nicht.

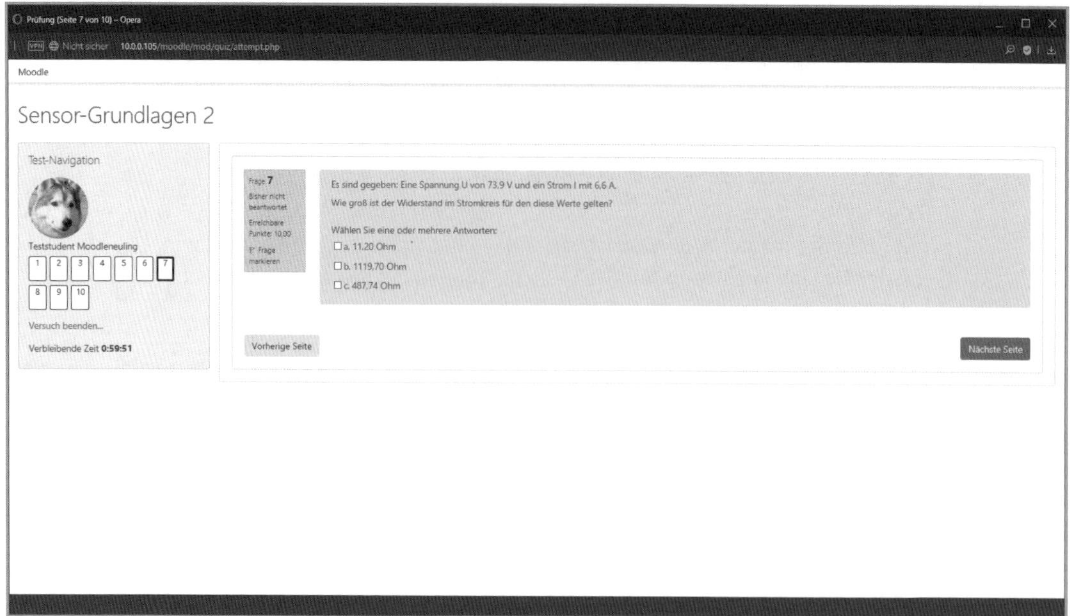

Bild 14.11 Dem Vollbild fehlen sämtliche Steuerelemente des Browsers und weitere Menüelemente.

14.4.2.3 Nachträgliches Betrugsindiz

Alle Anmeldungen im System und Zugriffe auf Moodle-Ressourcen werden in den Protollen einer jeden Benutzerin und eines jeden Benutzers gespeichert. Tauchen in diesen Protokollen mehrere Zugriffe auf die Prüfung unter gleichem Benutzerzugang jedoch mit verschiedenen IP-Adressen auf, so kann dies auf einen externen Helfer hinweisen. Besonders dann, wenn nur eine einzige Moodle-Sitzung aktiv sein kann, werden die Log-Daten interessante Hinweise bieten: Jeder Identitätswechsel erfordert nämlich eine neue Anmeldung am System. Auch die Logins werden protokolliert und dabei zusätzlich die IP-Adressen gespeichert.

Um den Schein der Prüfungsteilnahme zu wahren, müssen auch betrügerische Kandidatinnen und Kandidaten in der Prüfung aktiv sein. Wechseln sie die Frage nachdem sich ein Helfer mit ihrem Account eingeloggt hat, wird die Sitzung ungültig und es wird eine erneute Anmeldung erforderlich. Dies ist am Bildschirm deutlich erkennbar und es besteht das Risiko, dass das Aufsichtspersonal dies bemerkt. In den Logdateien ist dieses Wechselspiel jedoch sehr auffällig. Im Zweifelsfall kann zudem noch tiefer geforscht werden. Die IT-Abteilung hat Zugriff auf die Logdateien des Webservers. Dessen Datenflut ist zwar sehr umfangreich, kann jedoch mit geeigneten Suchfiltern vergleichsweise schnell analysiert werden.

Nicht nachweisbar ist auf diesem Weg die Nutzung unerlaubter Hilfsmittel, wie zum Beispiel der Zugriff auf Unterlagen auf der eigenen Festplatte oder Internet-Recherchen.

Betrug verhindern mit Standardmitteln?

Es ist tatsächlich möglich, Betrugsversuche technisch mit einer extrem hohen Wirkung zu unterbinden. Das beweist die sichere Prüfungsumgebung (SPU) an der Alpen-Adria-Universität in Klagenfurt. Dahinter steht eine aufwendige Infrastruktur.

Ohne großen technischen Aufwand existieren Schlupflöcher, die eine Durchführung von Betrugsversuchen möglich machen. Betrug absolut zu verschleiern und Spuren zu verwischen, ist jedoch nicht möglich und hier bieten die Server-Systeme mit ihren Protokoll-Dateien eine lückenlose Aufzeichnung der Vorgänge im System.

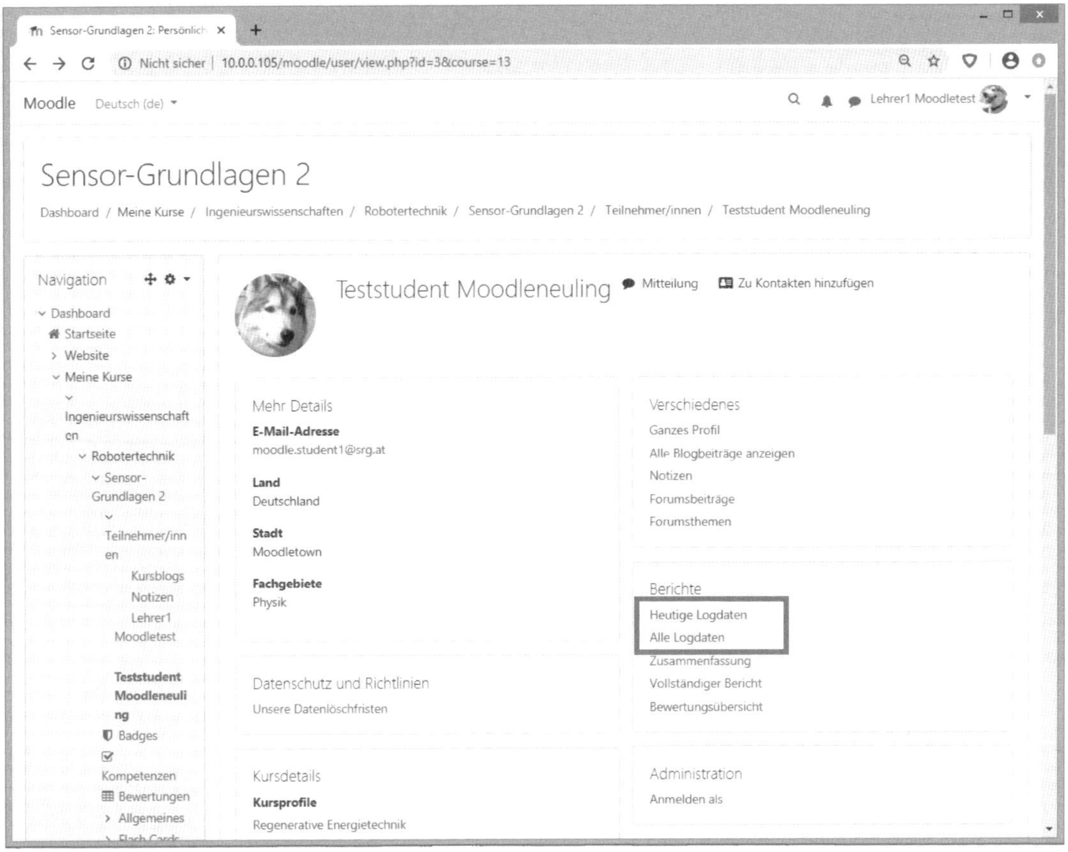

Bild 14.12 Personen mit einer Teacher-Rolle können in den Benutzerprofilen verschiedene Berichte einsehen. Sehr informativ sind hier die Log-Daten.

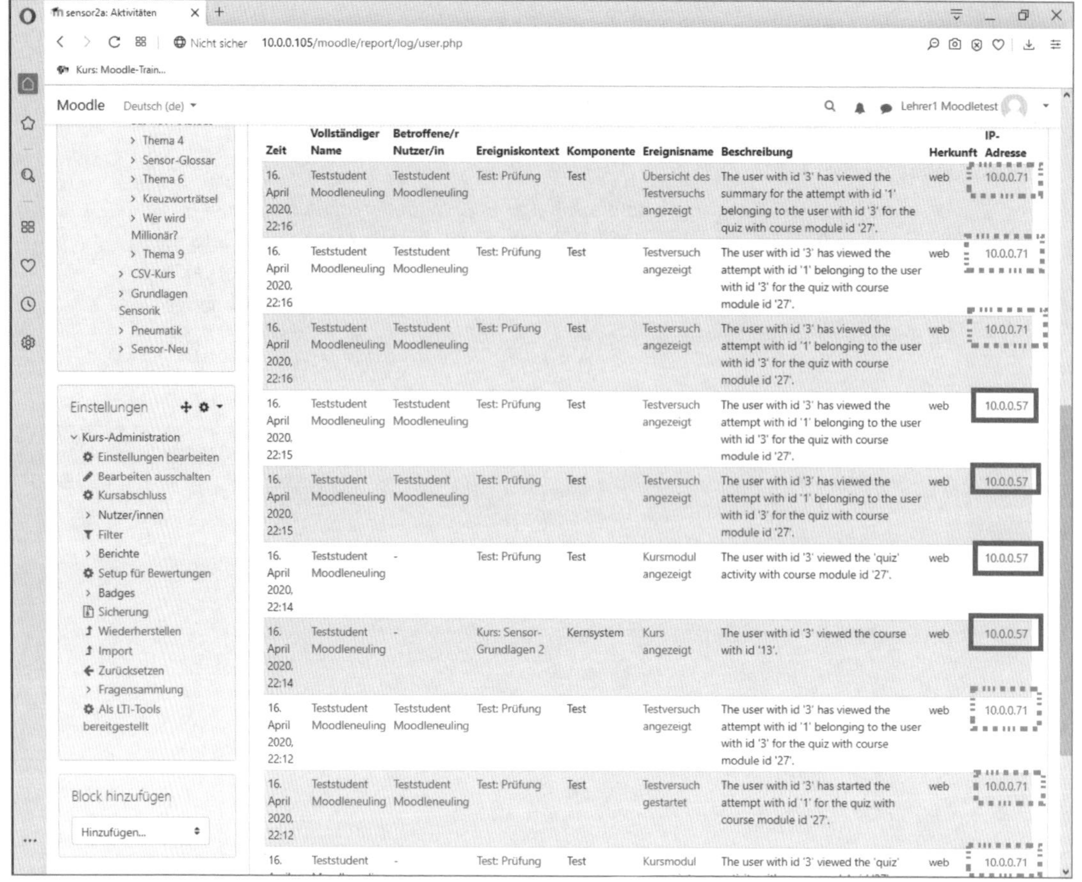

Bild 14.13 Ein nahezu zeitgleicher Zugriff auf ein und dieselbe Prüfung abwechselnd mit mehreren IP-Adressen durch eine scheinbar „einzige“ Person deutet auf eine unerlaubte Manipulation hin.

14.4.3 Test und Testfragen

Nach der Konfiguration der Test-Aktivität kann diese noch nicht sofort in einer Prüfung eingesetzt werden. Es fehlt noch die Zuweisung von Fragen in diesen Test. Hier gibt es drei verschiedene Möglichkeiten:

- Hinzufügen einzelner Fragen, die mit der Prüfung auch augenblicklich formuliert werden.
- Hinzufügen fest gewählter Fragen aus der Fragensammlung.
- Hinzufügen zufälliger Fragen aus der Fragensammlung.

Am aufwendigsten ist die Verfassung einzelner Fragen für jeden Test. Diese Option sollte nur in Ausnahmefällen eingesetzt werden, beispielsweise dann, wenn ein aktuelles Themengebiet spontan in den Lehrplan übernommen wurde und ebenfalls in der Prüfung abgefragt werden soll.

Fragenzuordnung

Die Zuordnung der Fragen startet beim erstmaligen Aufruf des Tests durch die Teacher-Person. Jederzeit kann die Fragenzuordnung im *Einstellungs-*Block in der *Test-Administration* unter *Testinhalt bearbeiten* ergänzt und korrigiert werden.

Die *Test-Administration* ist sehr vielseitig. Die Test-Administration ist nur sichtbar, wenn ein Test im Kurs gewählt wurde. Die Fragenzuordnung kann theoretisch jederzeit verändert werden. Allerdings ist dies nur möglich, solange noch keine Versuche aktiviert wurden. Änderungen während eines laufenden Prüfungszyklus würden die Chancengleichheit in Frage stellen.

Ist die Fragensammlung ausreichend groß, kann eine bestimmte Zahl von Fragen nach dem Zufallsprinzip aus verschiedenen Kategorien entnommen werden. Hier ist eine Kategorisierung der Fragen wichtig, um eine Auswahl möglichst gleicher Schwierigkeitsgrade zu ermöglichen.

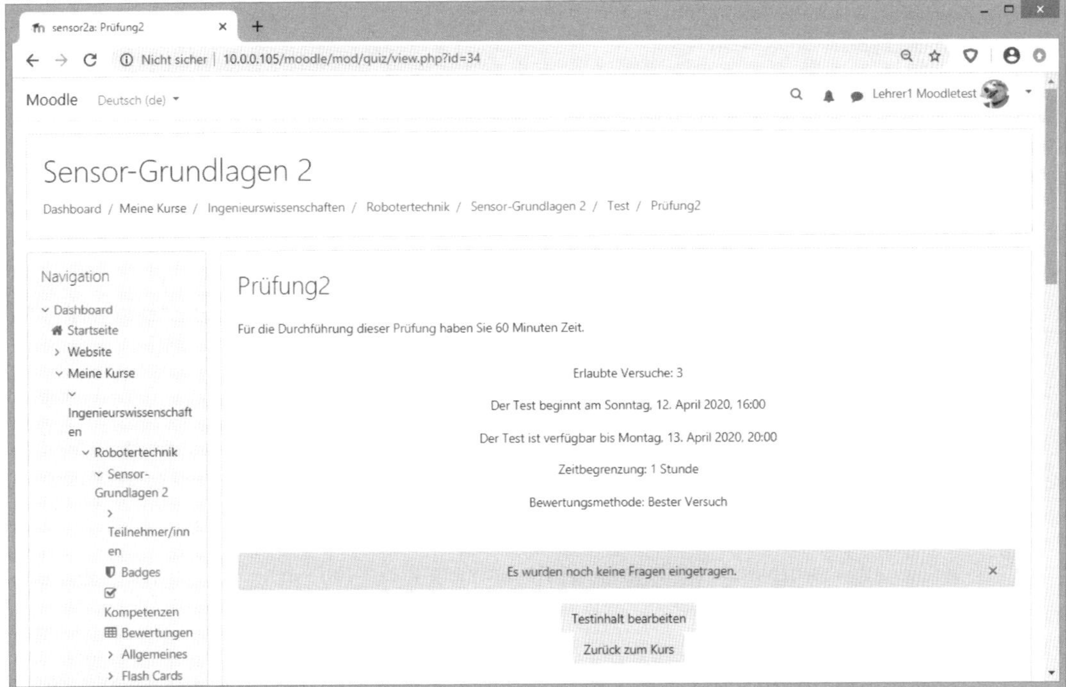

Bild 14.14 Wenn dem Test noch keine Fragen zugewiesen wurden, führt der erste Klick eines Lehrenden zu den erforderlichen Dialogen.

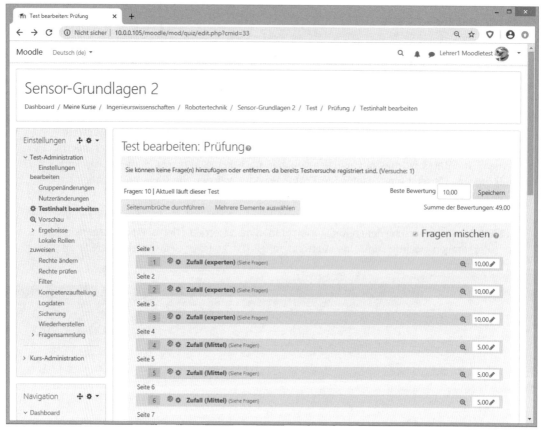

Bild 14.15 Jederzeit können die Fragen im Test in der Testadministration ergänzt oder verändert werden. Allerdings ist das nur möglich, wenn noch keine Testversuche stattgefunden haben.

14.4.3.1 Fixierte Prüfung mit gleichen Fragen

Die gezielte Auswahl von Prüfungsfragen aus einer Fragensammlung gewährleistet absolute Chancengleichheit. Alle Kandidaten bearbeiten die gleichen Fragen. Auch weitere Prüfungen lassen sich vergleichsweise schnell mithilfe einer fertigen Fragensammlung zusammenstellen, aus der die gewünschten Fragen beim Testdesign gezielt gewählt werden. Das Risiko des Abschreibens ist überschaubar und kann durch räumliche Distanz – Belegung jedes zweiten Platzes und jeder zweiten Zeile – deutlich reduziert werden.

Fragensammlung

Die Erstellung einer Fragensammlung und deren Zuordnung wurde in einem eigenen Kapitel ausführlich beschrieben. Die Bewertung nach Schwierigkeitsstufen erfolgt natürlich subjektiv, ist jedoch die mit Gewissheit anspruchsvollste Aufgabe im Design von Prüfungen.

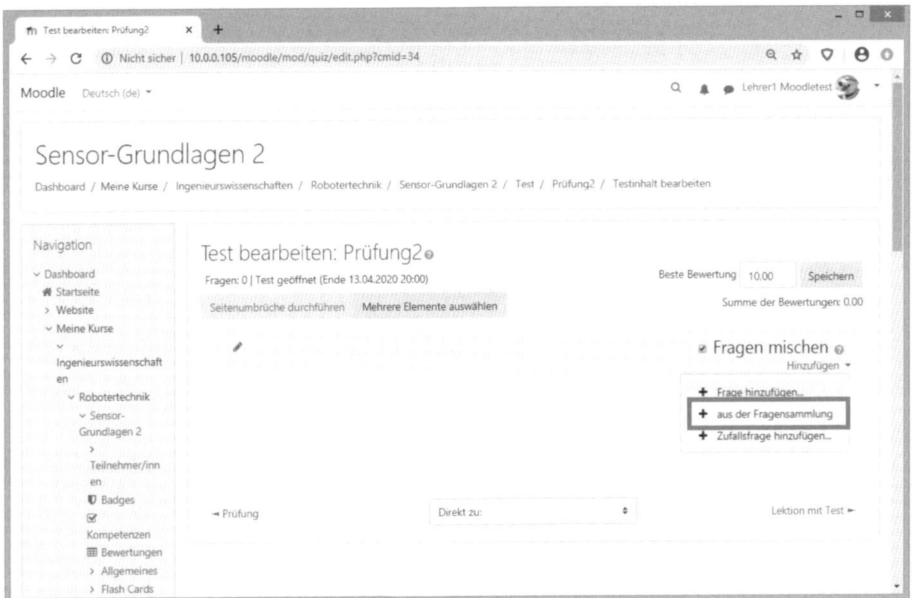

Bild 14.16 Die Option *aus der Fragensammlung* führt zur manuellen Auswahl von Fragen aus einem bereits bestehenden Fundus. Alle Prüfungskandidatinnen und -kandidaten bearbeiten die gleiche Prüfung.

Frage aus der Fragensammlung hinzufügen

Eine Kategorie wählen: Leicht (14)

Einfache Kontrollfragen mit geringer Punktzahl

Keine Filter für Tags angewendet

Nach Tags filtern ...

Suchoptionen

Fragen aus Unterkategorien anzeigen

Auch alte Fragen anzeigen

T Frage

Einfach berechnete Frage Die Katheten eines rechtwinkligen Dreiecks haben folgende Maße: a = {a}r

Zuordnungsfrage Welche Begriffe passen zueinander?

Zweite Zuordnungsfrage Welche Begriffe passen zueinander?

Lückentext kombiniert Ein Rechteck hat eine Breite von 4cm und eine Höhe von 3cm. Demnach ist d

Lückentext-Kurzantwort Die Aussage, das Modular Object Oriented Dynamic Learning Environment,

Lückentext-Numerisch Ein Rechteck hat eine Breite von 4cm und eine Höhe von 3cm. Demnach ist d

Mit welchem Lernmanagement System setzen Sie sich hier gerade auseinander? Mit welchem Ler

Multiple Choice -Frage Was versteht man unter einer Multiple Choice-Frage?

Zufällige Kurzantwort-Zuordnung Ordnen Sie die richtigen Begriffspaare einander zu!

Dritte Kurzantwort Ein bekannter See im Süden Österreichs wurde durch eine TV-Serie berühmt: "Ei

Kurzantwort Wie heißt das Lernmanagementsystem, mit dem Sie hier gerade arbeiten?

Vierte Kurzantwort Nach dem Ohm'schen Gesetz ist das Produkt aus dem Wert des Widerstandes ur

Zweite Kurzantwort Welches Auto aus deutscher und später mexikanischer Produktion wurde in der

Wahr oder Falsch? Moodle ist eine Chatcommunity für Teenager!

Ausgewählte Fragen zum Test hinzufügen

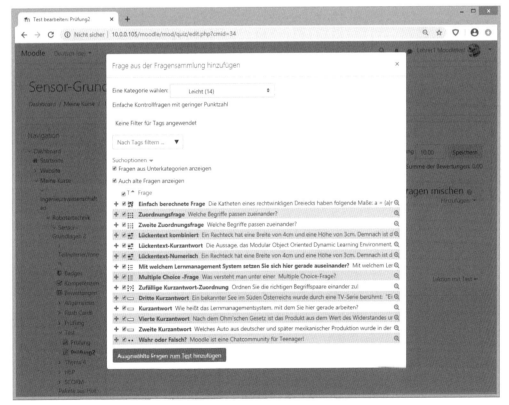

Bild 14.17 Die für den Test gewünschten Fragen werden per Mausklick ausgewählt. Es ist auch möglich, alle Fragen zu selektieren.

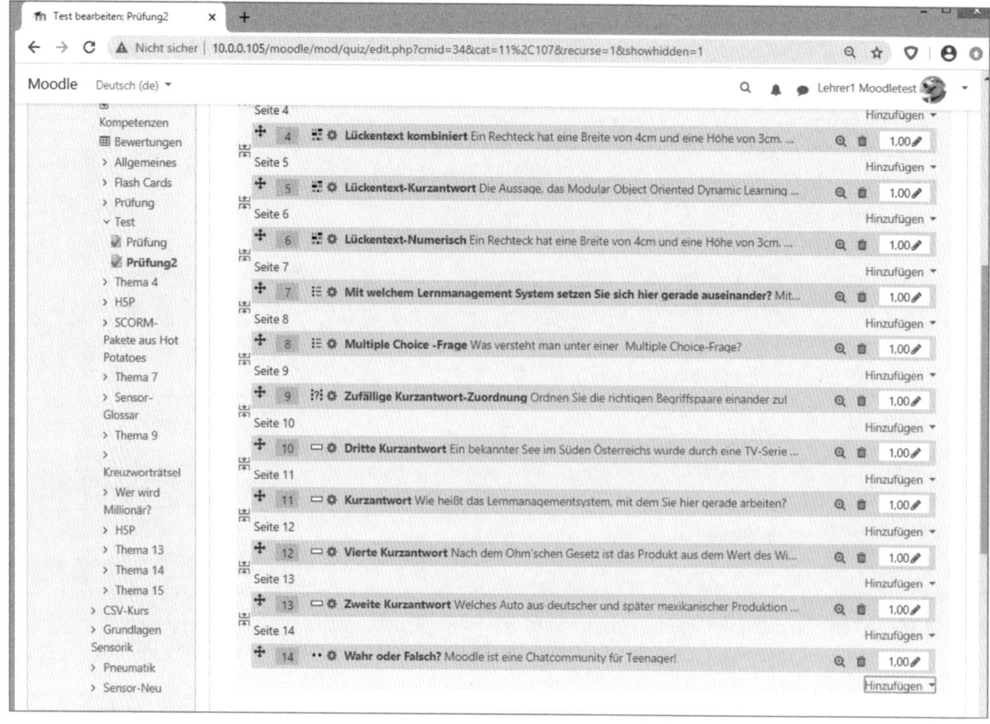

Bild 14.18 Nach der Auswahl der Fragen kann deren Bewertung, deren Reihenfolge der Erscheinung – falls diese nicht zufällig erfolgen soll – im Detail eingestellt werden. Fragen können zudem entfernt und ergänzt werden.

14.4.3.2 Prüfung mit zufälligen Fragstellungen

Eine sehr beliebte Form der Prüfungsgestaltung ist die Verwendung zufällig aus einer Sammlung gewählter Fragen. Das erfordert eine umfassende Vorbereitung, bietet jedoch den Vorteil einer spontanen Wiederholbarkeit auch mit neuen Fragen. Darüber hinaus verringert eine zufällige Wahl von Fragen das Risiko des Abschreibens. Hier ist es allerdings absolut wichtig, verschiedene Fragensammlungen mit unterschiedlichen Schwierigkeitsstufen anzulegen. Das Kapitel zur Erstellung von Prüfungsfragen hat dies bereits diskutiert. Aus jeder Fragenkategorie wird dann die Nutzung einer gewissen Anzahl von Fragen festgelegt. Die Anzahl und die Bewertung der jeweiligen Fragenklassen sollten geschickt aufeinander abgestimmt werden. Werden zu viele schwierige Fragen gestellt, deren Bewertung mit einer großen Punktzahl verbunden ist, wird es für die Kandidatinnen und Kandidaten schwierig, mit der Beantwortung einfacher und mittelschwerer Fragen ein ausreichendes oder gar befriedigendes Ergebnis zu erzielen.

Zufällige Fragenwahl ist ein Sicherheitsgewinn

Durch die automatische Gestaltung einer Prüfung mit zufälligen Fragen von identischem Niveau wird die Prüfung als solches authentisch. Es ist den Lernenden damit kaum möglich, eine „Klausurensammlung“ zu veröffentlichen, die gezieltes „Bulimie-Lernen“ mit fertigen Lösungswegen ermöglicht.

Wie Bild 14.20 zeigt, können die Wertigkeiten der Fragen nachträglich angepasst werden. Schwierige Fragen werden eine höhere Punktzahl erzielen als einfache. Die Punktzahlen lassen sich also an das Niveau der Kandidatinnen und Kandidaten anpassen, um tatsächlich eine aussagekräftige und dem Aufwand gerecht werdende Prüfung zu entwickeln. Bei der Punktezuweisung sollte jedoch stets im Blick behalten werden, dass es auch durchschnittlichen Lernenden möglich sein sollte, mit einem genügenden Ergebnis die Prüfung zu bestehen. Um in den Bereich eines sehr guten Ergebnisses zu gelangen, sollte die Bewertung so bemessen sein, dass zumindest eine schwierige Frage mit voller Punktzahl zu beantworten ist. Auf der anderen Seite sollte die Masse der einfachen und mittelschweren Antworten bei überwiegend richtiger Beantwortung genügen, um ein ausreichendes Ergebnis zu erreichen.[4]

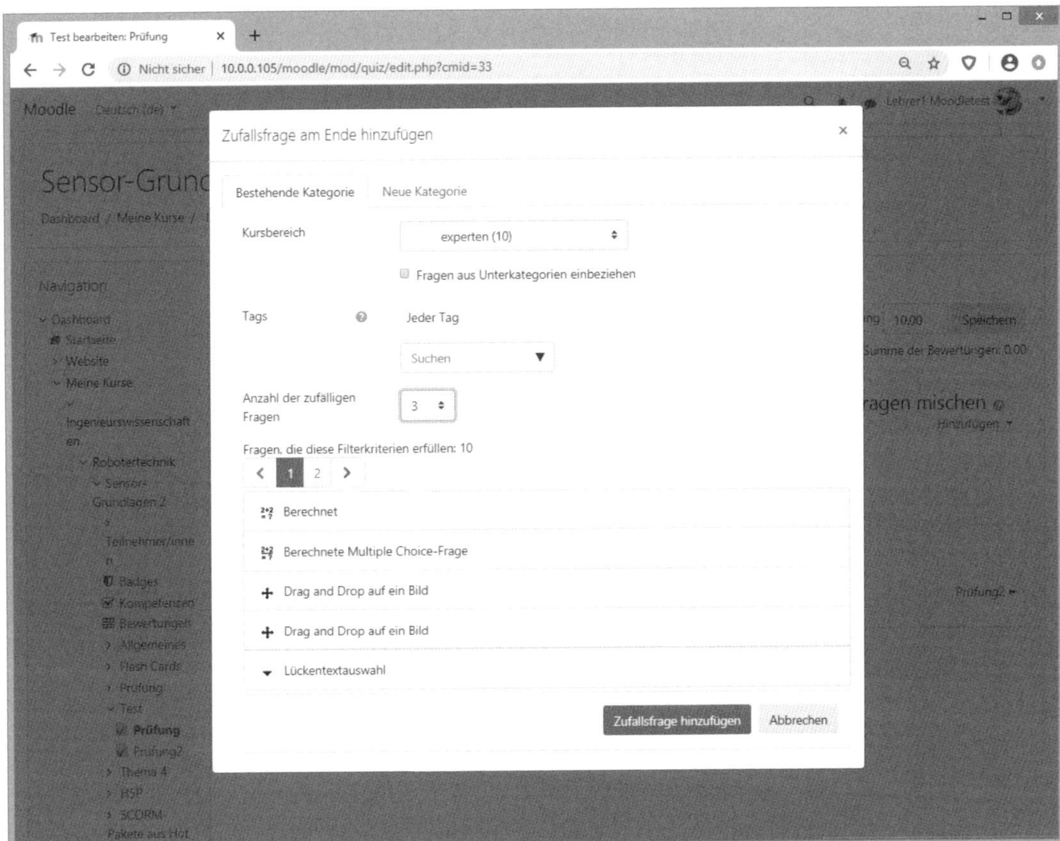

Bild 14.19 Es wird die Fragenkategorie gewählt und entschieden, wie viele Fragen aus dieser Kategorie in die Prüfung einfließen sollen.

[4] Die Punkteverteilung in Bild 18.20 entspricht nicht diesen Zielsetzungen. Sie dienen der optischen Abgrenzung der verschiedenen Schwierigkeitsgrade in der Illustration. Ein besseres Design würde möglicherweise eine schwierige Frage weniger in dieser Beispielprüfung vorsehen und die einfachen Fragen etwas besser bewerten (zwei oder drei Punkte). Denkbar ist auch, eine größere Anzahl mittelschwerer Fragen zu stellen.

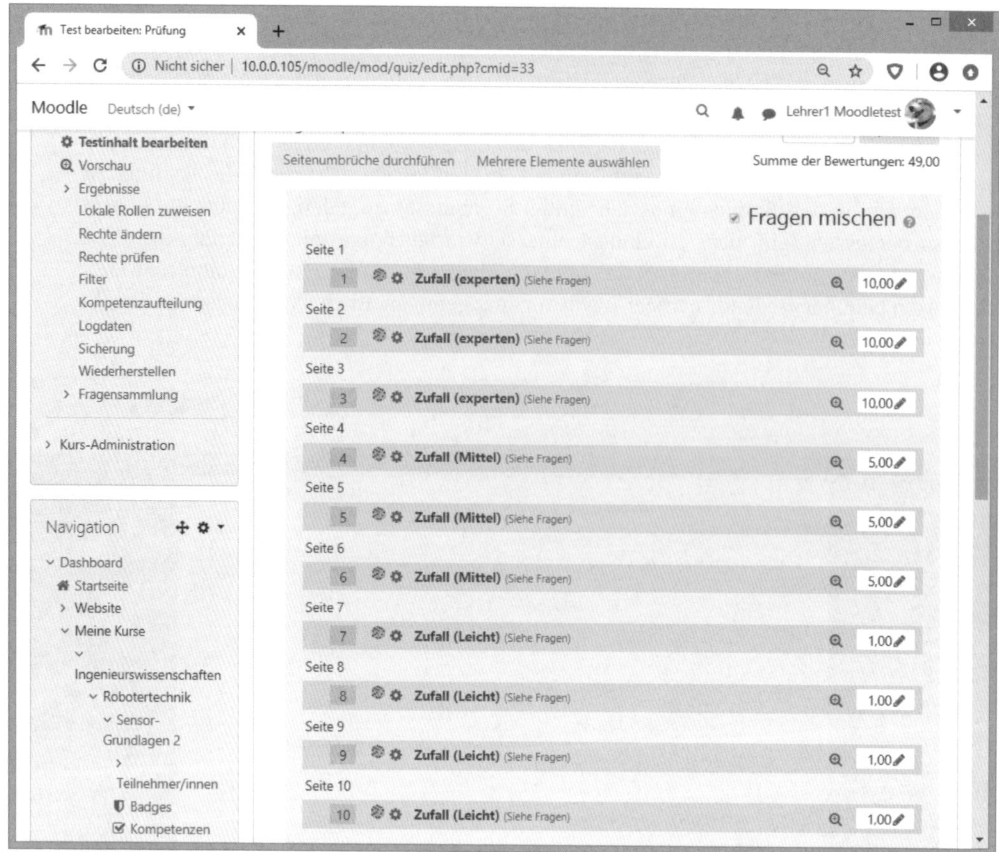

Bild 14.20 Die Fragen werden in diesem Fall nicht speziell aufgelistet. Es wird auf die Zufallsfrage hingewiesen und in Klammern die Kategorie gesetzt. Die Punktzahl kann auf der rechten Seite detailliert festgelegt werden.

14.4.4 Prüfung durchführen

Wenn die administrativen Abläufe erledigt sind, wenn also die Anwesenheit der Kandidatinnen und Kandidaten sowie deren Identitäten überprüft wurden, kann die Prüfung beginnen. Das Zeitfenster ist in der Voreinstellung bereits so gewählt, dass eine gewisse Reserve bei einer Systemstörung oder im Fall einer dringenden Erklärung gegeben ist und eingeräumt werden kann.

Bis zum Beginn der Prüfung kann die Prüfungsleitung den Test versteckt schalten. Es kann so niemand versuchen, den Test vor dem eigentlichen Prüfungsbeginn zu aktivieren. Die Prüfungszeit beginnt erst in dem Augenblick, wenn sich die Kandidatin oder der Kandidat in den Test einschaltet. Dies passiert mit einer ausdrücklichen Willenserklärung: *Test jetzt durchführen*.

Dies ist der Augenblick, ab dem die Zeit zu laufen beginnt, wenn eine Zeitbegrenzung vorgesehen ist.

Zeitbegrenzung

Die zeitliche Begrenzung eines Tests muss ausdrücklich aktiviert werden (vgl. Bild 14.2). Sonst kann der Test so lange bearbeitet werden, wie die Sitzung der Teilnehmerin bzw. des Teilnehmers in Moodle dauert.

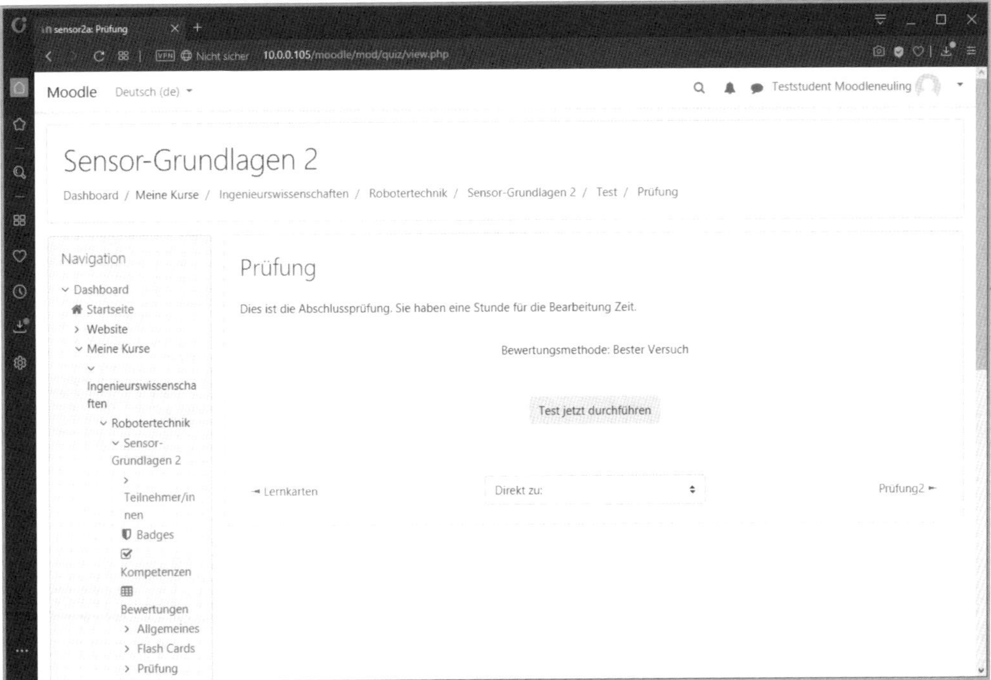

Bild 14.21 Der Test ist aktiviert. Die Bearbeitungszeit beginnt individuell für jede Kandidatin und jeden Kandidaten mit dem Start des Tests.

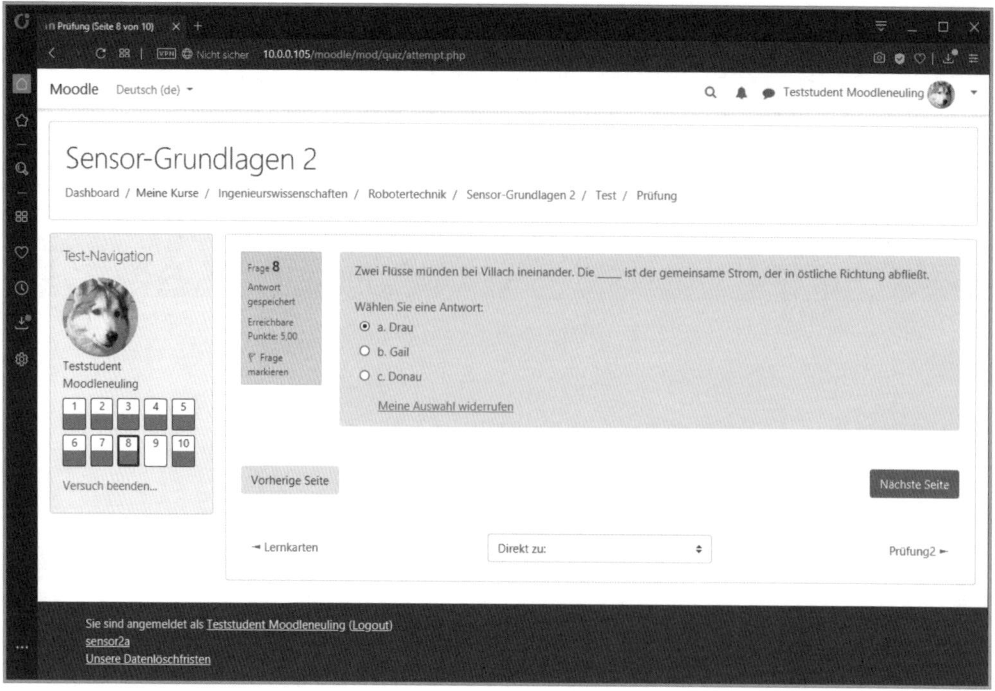

Bild 14.22 In der Navigation ist klar zu erkennen, welche Fragen bereits beantwortet wurden und welche noch offen sind.

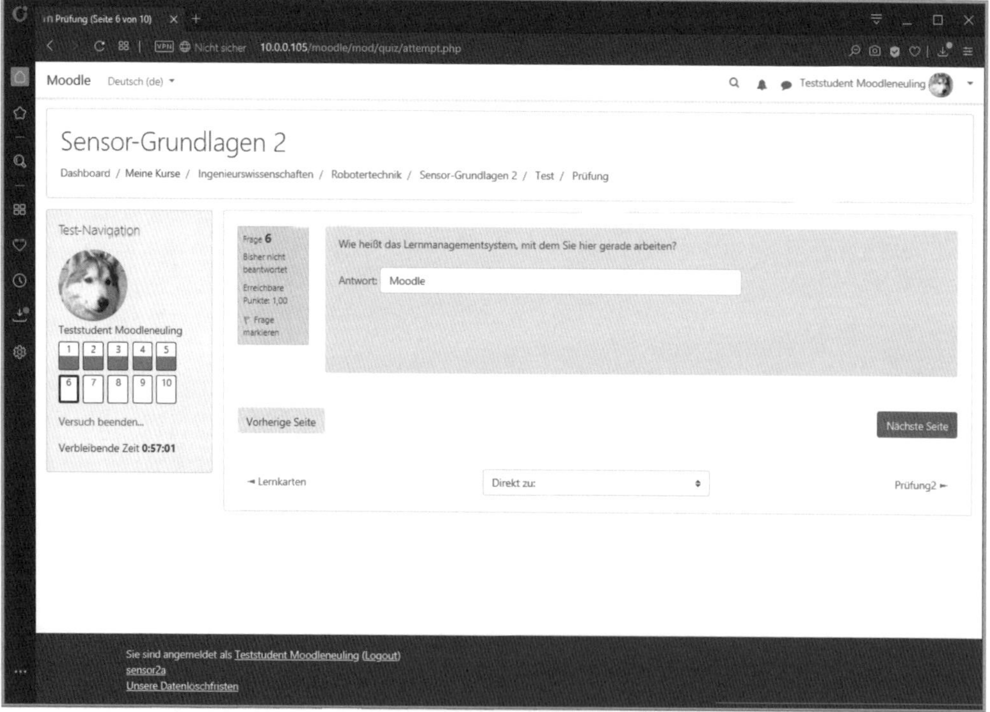

Bild 14.23 Gibt es für die Bearbeitung der Prüfungsaufgaben ein Zeitlimit, so wird der Countdown bis zur automatischen Abgabe in der Navigation angezeigt.

Die Form der Abgabe einer Arbeit kann von sehr moderat bis streng geregelt festgelegt werden. Die restriktive Variante, die in Verbindung mit einer zeitlichen Begrenzung der Prüfung möglich ist, ist die automatische Abgabe der Prüfung. Der Test wird dann direkt geschlossen. Alle aktuell vorliegenden Antworten werden gespeichert und fließen in die Bewertung mit ein.

Es gibt die Option, eine Nachfrist für die Abgabe einzuräumen. In dieser Zeit können allerdings keine Fragen mehr beantwortet werden. Einigen Lernenden ist es aber wichtig, sich ihre Lösungen noch einmal anzusehen, um sich im Nachhinein darüber Gedanken machen zu können. Bei einer elektronischen Prüfung, wo nach dem Abschluss des Tests auch direktes Feedback gegeben werden kann, ist dies allerdings nicht wirklich nötig.

Eine weitere Option ist der Zwang, die Arbeit vor dem Ablauf des Zeitlimits abgeben zu müssen, damit der Test gewertet wird. Es gibt verschiedene Ansätze, die für und gegen diese Variante sprechen. Für diese Variante sprechen Prüfungsmodalitäten, bei denen die Lernenden mit ihrer Abgabe der Prüfung entscheiden, ob sie diese als Antritt werten lassen wollen oder nicht. Gerne wird dies von Lehrenden jedoch nicht vorgesehen, weil die Art und die Inhalte der Fragestellung somit als Information nach außen dringen können.

Die bevorzugte Variante wird es sein, die Prüfung automatisch mit dem Ablauf der Zeit abzugeben und alle bis dahin beantworteten Fragen in die Wertung einzubeziehen. Als Bekundung des Prüfungsantritts gilt dann beispielsweise der Start des Tests.

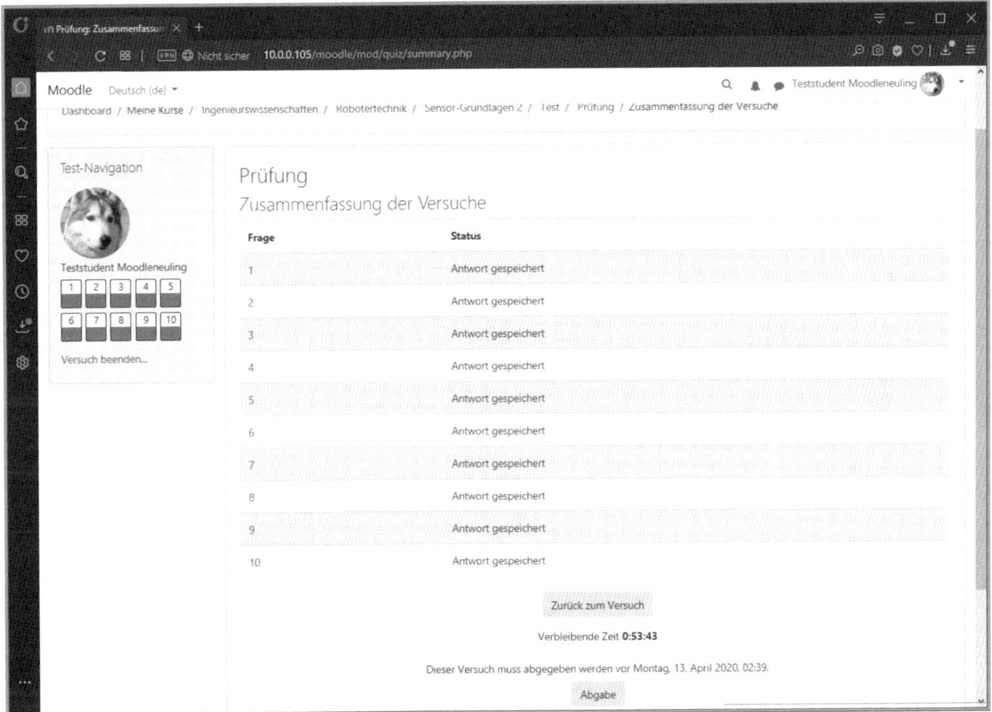

Bild 14.24 Wer sich entschließt, die Prüfung zu beenden, bekommt vor der endgültigen Abgabe eine Zusammenfassung präsentiert. Hier ist zu erkennen, ob womöglich die Bearbeitung einer Frage vergessen wurde.

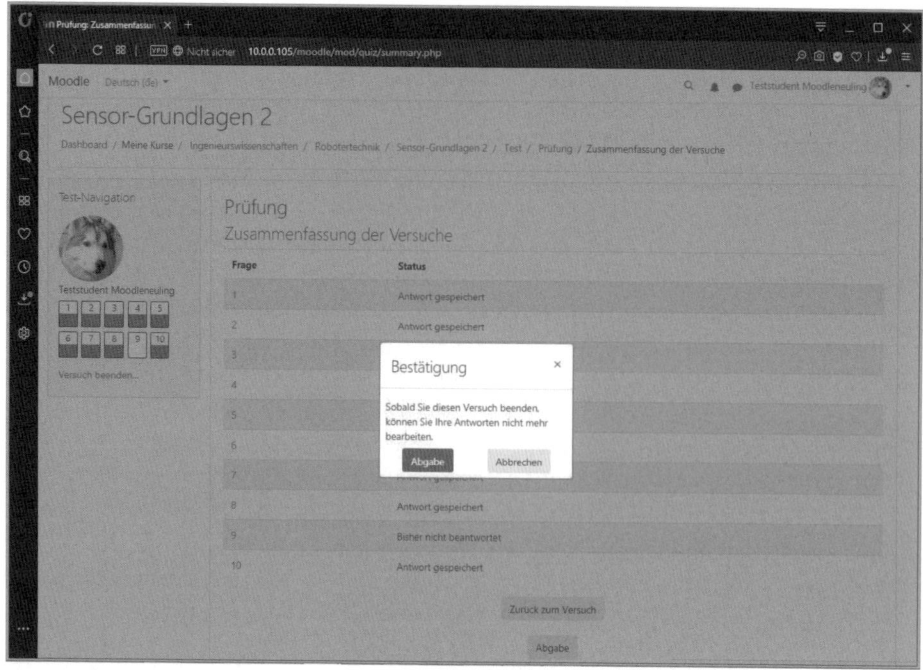

Bild 14.25 Die Abgabe ist rechtsverbindlich und findet deswegen über mehrere Schritte und eine endgültige Bestätigung statt. Danach kann der Versuch nicht mehr bearbeitet werden!

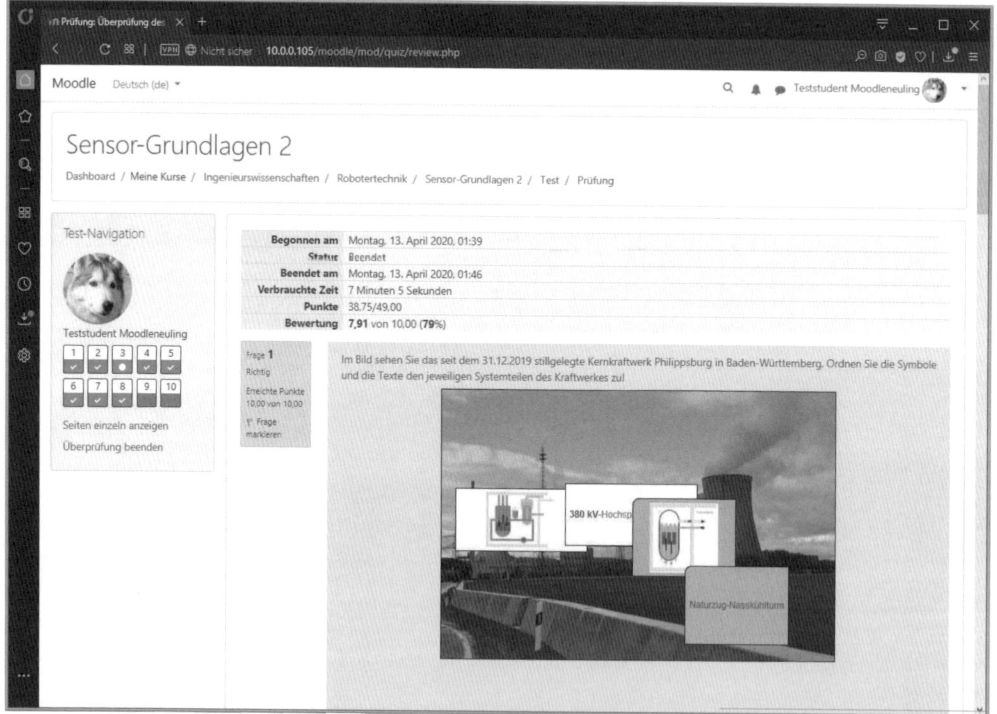

Bild 14.26 Wenn die Lehrenden dies in den *Überprüfungsoptionen* bei der Konfiguration des Tests einstellen, können die Lernenden nach der Abgabe sofort ihr Feedback zu den Aufgaben einsehen und erkennen, wo sie eventuell Fehler gemacht haben.

14.4.5 Prüfungsverlauf und Ergebnisberichte

Für die Lehrenden ist es während einer Prüfung wichtig, das System und dessen Funktion im Blick zu behalten. Aus diesem Personenkreis muss deswegen mindestens eine Kollegin oder ein Kollege die *Test-Administration* beherrschen.

Dies ist wichtig für den Eingriff im Pannenfall sowie für die direkte Klärung strittiger Fragen bei den Prüfungsergebnissen.

14.4.5.1 Ergebnisübersicht

Die meistgestellte Frage unmittelbar nach einer Prüfung zielt auf die Chancen von Bestehen und Nicht-Bestehen ab. Tatsächlich ist es mit dem Moodle-System möglich, bereits unmittelbar nach der Abgabe ein Ergebnis mitzuteilen. Die einzige Ausnahme stellen Prüfungen dar, die mit Freitextaufgaben gestaltet wurden. Diese erfordern grundsätzlich die manuelle Korrektur und Bewertung durch das Lehrpersonal.

Da möglicherweise Reklamationen zu bearbeiten sind und sich die Lehrenden eine eigene Bewertung vorbehalten, kann im Prüfungssaal noch keine rechtlich verbindliche Aussage zum Ergebnis der Prüfung im Einzelfall getroffen werden. Denkbar ist es allerdings, die Tendenz des Gesamtergebnisses zu kommunizieren. Hier bietet Moodle zwei verschiedene Berichtsansichten:

- Ein Diagramm
- Eine tabellarische Ansicht (Klick auf *Grafikdaten anzeigen*)

Die Darstellungen zeigen die Verteilung der Teilnehmerinnen und Teilnehmer (y-Achse) über die Bewertungsbreite (x-Achse). Auf diese Weise kann sofort erkannt werden, wie groß der Anteil derer ist, die diese Prüfung nicht bestanden haben.

Mehrere Wege führen zur Statistik

Es gibt zwei Wege, die Berichte direkt zu erreichen. In einem Fall kann die Lehrkraft im Prüfungsabschnitt des Moodle-Kurses auf den Link *Versuche* klicken. Dort werden die bereits absolvierten Versuche und deren Teilnehmerinnen und Teilnehmer aufgelistet. Auch die Bewertungsdiagramme sind hier zugänglich.

Der normale Weg führt über die *Test-Administration*. Unter *Ergebnisse* wird hier die *Bewertung* gewählt. Detaillierte statistische Auswertungen des Ergebnisses sind ebenfalls in der Test-Administration unter *Ergebnisse - Statistik* zu finden. Es ist hier auch möglich, die Statistiken zur weiteren Analyse als CSV-Datei oder in einem gängigen Tabellenformat zu exportieren. ■

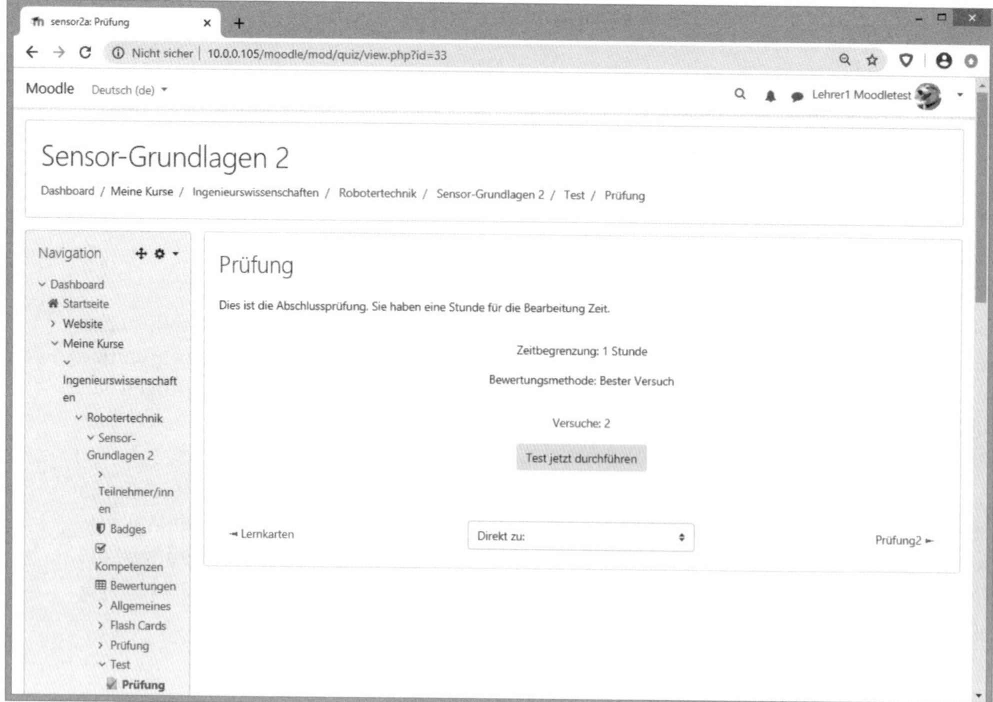

Bild 14.27 Personen mit der Teacher-Rolle haben sehr umfassende Möglichkeiten, die Ergebnisse im Detail zu beobachten. Eine Möglichkeit ist der Klick auf den Link „Versuche" im Prüfungs-Start-Fenster.

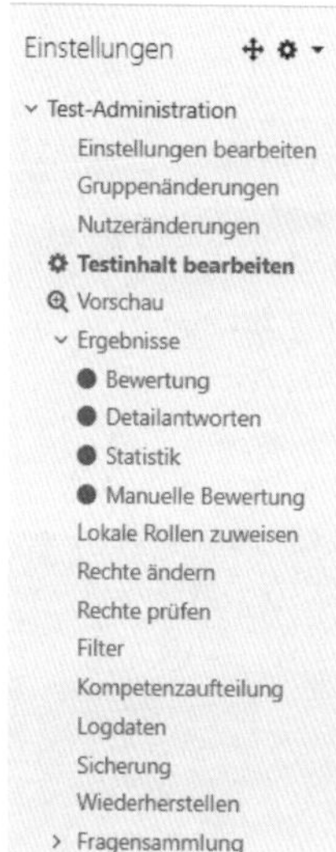

Bild 14.28
Die Bearbeitung der Testinhalte und die Administration der Prüfung sowie deren Auswertung findet in der Test-Administration statt.

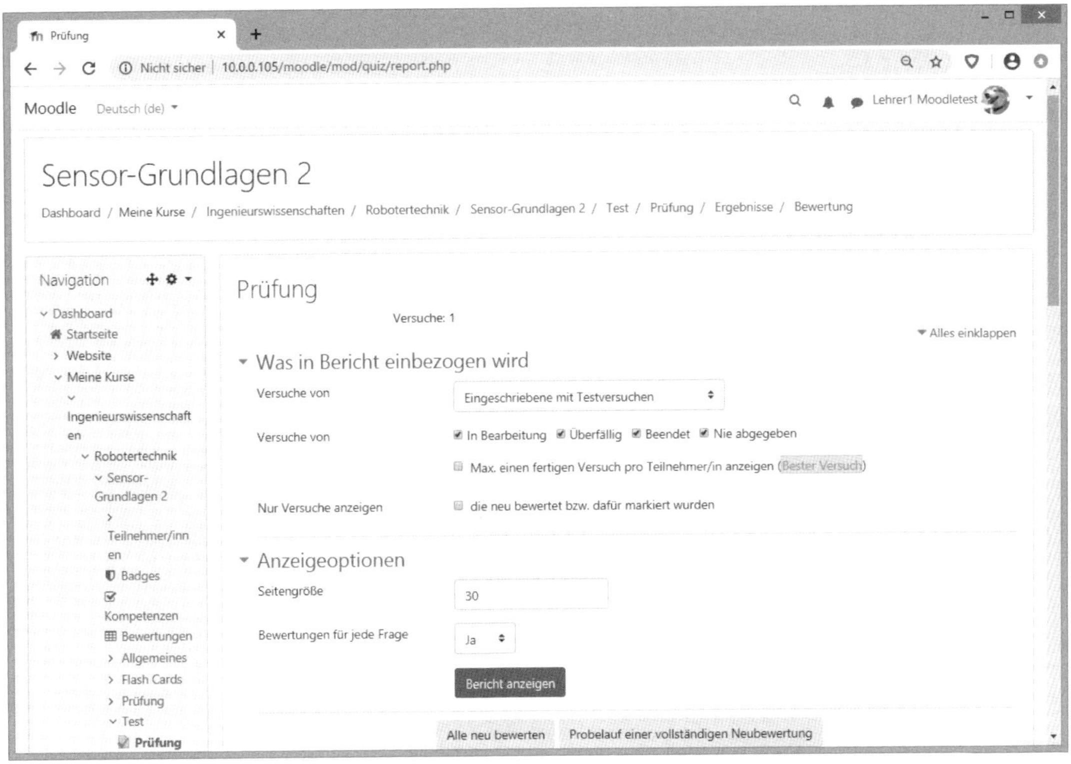

Prüfung
Nicht sicher | 10.0.0.105/moodle/mod/quiz/report.php
Moodle Deutsch (de)
Lehrer1 Moodletest
Sensor-Grundlagen 2
Dashboard / Meine Kurse / Ingenieurswissenschaften / Robotertechnik / Sensor-Grundlagen 2 / Test / Prüfung / Ergebnisse / Bewertung
Navigation
Dashboard
Startseite
Website
Meine Kurse
Ingenieurswissenschaften
Robotertechnik
Sensor-Grundlagen 2
Teilnehmer/innen
Badges
Kompetenzen
Bewertungen
Allgemeines
Flash Cards
Prüfung
Test
Prüfung
Prüfung
Versuche: 1
Alles einklappen
Was in Bericht einbezogen wird
Versuche von Eingeschriebene mit Testversuchen
Versuche von In Bearbeitung Überfällig Beendet Nie abgegeben
Max. einen fertigen Versuch pro Teilnehmer/in anzeigen (Bester Versuch)
Nur Versuche anzeigen die neu bewertet bzw. dafür markiert wurden
Anzeigeoptionen
Seitengröße 30
Bewertungen für jede Frage Ja
Bericht anzeigen
Alle neu bewerten
Probelauf einer vollständigen Neubewertung

Bild 14.29 Welche Informationen der Bericht umfassen soll, kann eingestellt werden. Während einer Prüfung ist es sinnvoll, die in Bearbeitung befindlichen Versuche zu betrachten, um Rückfragen besser beantworten zu können.

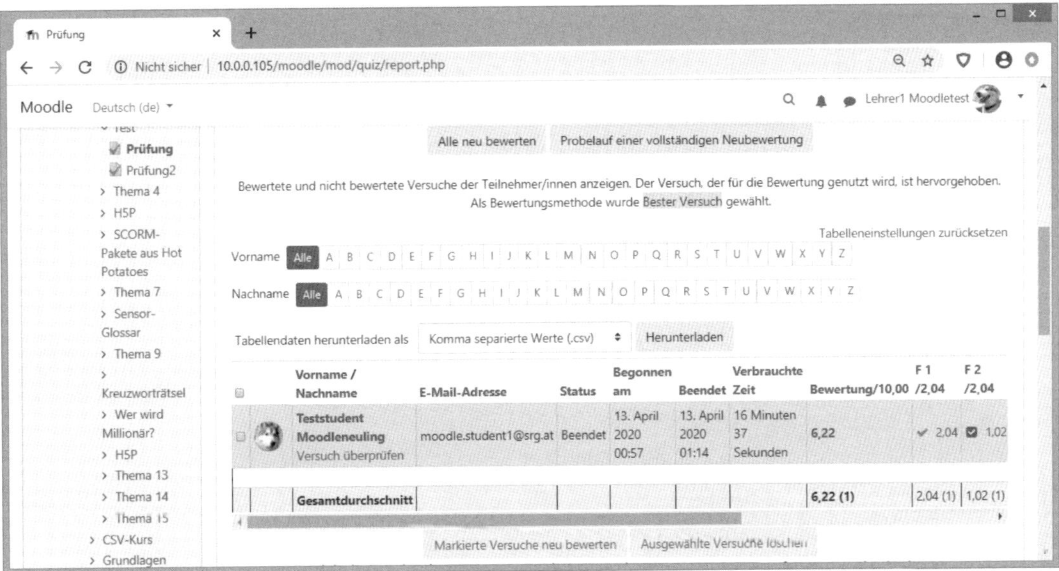

Bild 14.30 Die Liste ist in der Praxis natürlich bedeutend länger. Die Ergebnisse der einzelnen Kandidatinnen und Kandidaten können direkt untersucht und im Einzelfall auch korrigiert werden.

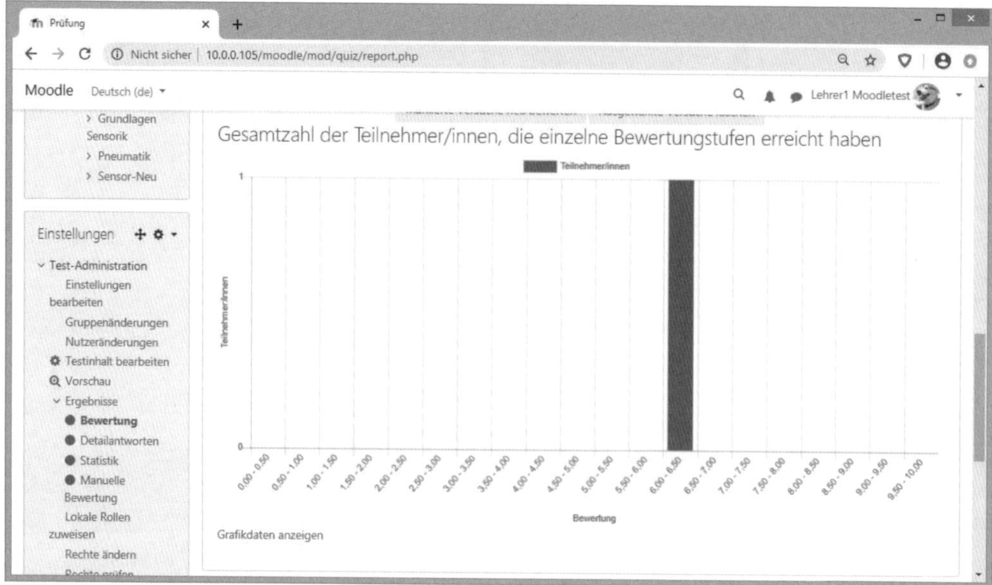

Bild 14.31 In dieser Simulation gab es nur eine einzige Abgabe. In der Praxis wird hier aber bereits nach dem Test deutlich sichtbar, wie das Ergebnis ausgefallen ist.

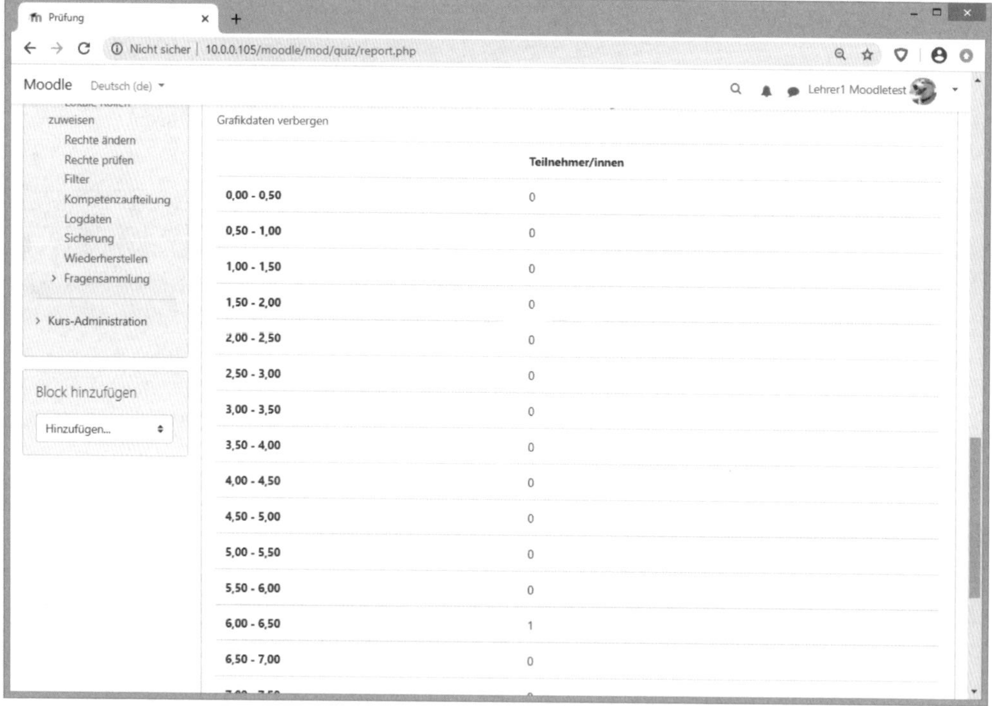

	Teilnehmer/innen
0,00 - 0,50	0
0,50 - 1,00	0
1,00 - 1,50	0
1,50 - 2,00	0
2,00 - 2,50	0
2,50 - 3,00	0
3,00 - 3,50	0
3,50 - 4,00	0
4,00 - 4,50	0
4,50 - 5,00	0
5,00 - 5,50	0
5,50 - 6,00	0
6,00 - 6,50	1
6,50 - 7,00	0

Bild 14.32 Die Werte des Säulendiagramms können auch in einer tabellarischen Ansicht dargestellt werden. Es wird detailliert ersichtlich, wie viele Kandidatinnen und Kandidaten welchen Erfolg erreicht haben.

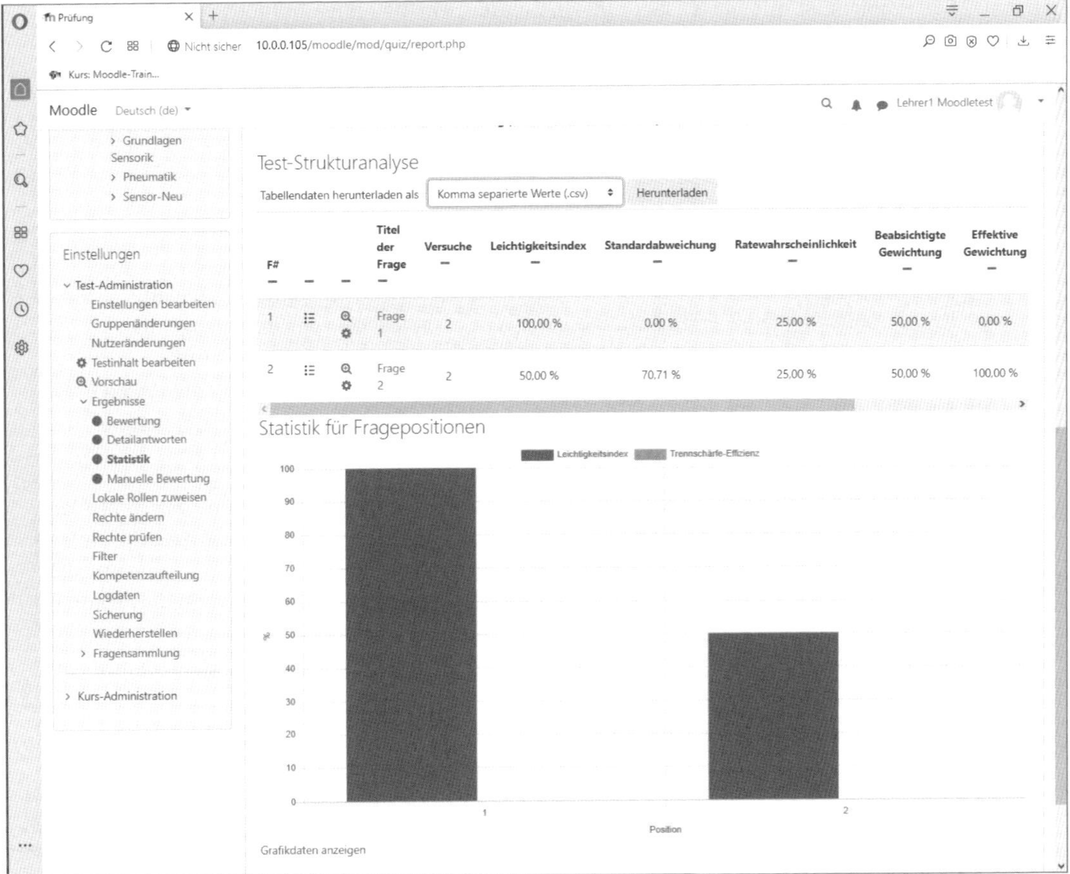

Bild 14.33 Für eine detaillierte Analyse der Prüfung kann eine Statistik exportiert werden.

14.4.5.2 Eingriffe in Einzelfälle

Der zeitliche Ablauf einer Prüfung ist eng getaktet. Die Regeln sind erläutert, die Teilnehmerinnen und Teilnehmer sind motiviert und beginnen ihre Arbeit. Plötzlich gibt es ein Problem: Bei einer Kandidatin oder einem Kandidaten wird der Bildschirm dunkel. Nichts geht mehr, doch im Hintergrund läuft die Zeit unerbittlich weiter.

Eine gut organisierte Prüfungsmannschaft wird Ersatzgeräte vorsehen, die im Fall einer Störung von den Teilnehmerinnen und Teilnehmern zur Fortsetzung der Prüfung genutzt werden können. Das bedeutet aber auch einen zeitlichen Verlust:

- Der Fehler tritt auf. Die Kandidatin oder der Kandidat versucht, das Problem zu beheben.
- Die Kandidatin bzw. der Kandidat bittet das Aufsichtspersonal um Rat. Die Aufsicht prüft das Problem und kann den Fehler nicht direkt beheben.
- Die Aufsicht weist der Kandidatin bzw. dem Kandidaten einen Platz mit einem Ersatzgerät zu. Dieses ist zweckmäßigerweise aufgebaut und bereits gestartet, sodass nur noch eine Anmeldung am Moodle-System erforderlich ist.
- Die Kandidatin bzw. der Kandidat wechselt den Platz und meldet sich am Moodle-System an. Dort kann nun am Ersatzgerät die Prüfung fortgesetzt werden.

Das Problem ist nun, dass jeder einzelne dieser Schritte einige Minuten Zeit in Anspruch nimmt, die möglicherweise für das Prüfungsergebnis entscheidend sein kann. Hinzu kommt der Stress durch die unvorhergesehene technische Panne. Nicht zuletzt ist die Kandidatin bzw. der Kandidat durch den Umzug im Prüfungssaal aus dem eigenen Fluss gekommen und muss sich erst wieder in die Prüfung hineinversetzen. Eine solche Panne kann also durchaus fünf bis zehn Minuten der kostbaren Bearbeitungszeit kosten.

Störungen protokollieren!

Wie gesehen kann eine nachträgliche Auswertung der Logdateien erfolgen, um Schummeleien zu enttarnen. Im Fall eines Wechsels des Prüfungsgeräts wird ebenfalls der Fall eintreten, dass die Prüfung mit zwei Geräten (zwei verschiedenen IP-Adressen) durchgeführt wurde. Eine saubere Dokumentation der Störung schließt in diesem Fall irrtümliche Betrugsverdachtsmomente aus. ■

Eine individuelle Verlängerung der Bearbeitungszeit ist in der *Test-Administration* als *Nutzeränderung* vorzunehmen. Hier wird zuerst einmal der betreffende Nutzer bzw. die Nutzerin gewählt, denn nur allein auf diese Teilnehmerin bzw. diesen Teilnehmer beziehen sich die folgenden Einstellungen. So kann die Anzahl der erlaubten Versuche verändert werden. Im hier gezeigten Fall soll allerdings die Bearbeitungszeit von ursprünglich 60 Minuten auf 90 Minuten verlängert werden. Welcher Zeitwert genau eingestellt wird, hängt vom Grund der Maßnahme ab. Das können sein:

- Technische Störung (wie oben beschrieben).
- Teilnahme einer beeinträchtigten Person, für die der allgemeine Zeitrahmen einen unzumutbaren Nachteil darstellen würde.

Nach dem Speichern wird die Änderung sofort wirksam. Das bedeutet, dass der Countdown auch beim bereits laufenden Versuch einen neuen Wert anzeigt.

Die Fähigkeit, Zeitlimits zu ignorieren

Moodle kennt eine besondere Fähigkeit:

mod/quiz/ignoretimelimits

Ist diese Fähigkeit auf *erlaubt* gesetzt, dann würde die damit verbundene Rolle nicht auf die Begrenzung der Bearbeitungsdauer reagieren. Wenn Menschen an der Prüfung teilnehmen, die möglicherweise aufgrund motorischer Einschränkungen durch die knappe Zeit einen Nachteil haben, wäre es möglich, hier einen Ausgleich zu schaffen. Sinnvoller ist allerdings, in diesen Fällen eine Ausnahme durch die *Nutzeränderung* herzustellen. ■

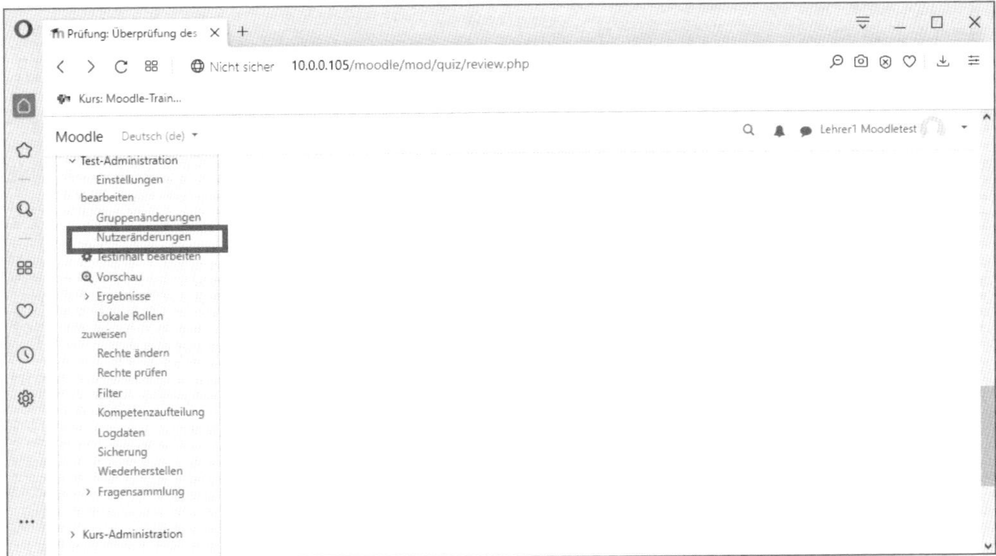

Bild 14.34 Um die Bearbeitungszeit einer Teilnehmerin oder eines Teilnehmers zu verlängern, muss eine (individuelle) Nutzeränderung in der Test-Administration vorgenommen werden.

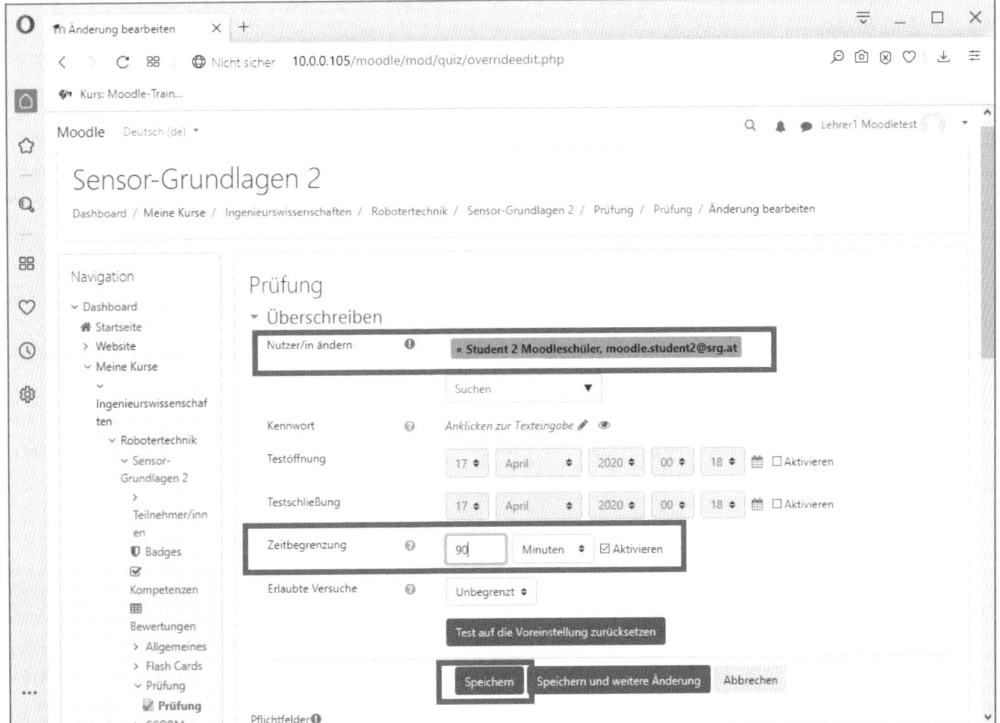

Bild 14.35 Es wird zuerst gezielt die Teilnehmerin oder der Teilnehmer gewählt, dessen Bearbeitungszeit verändert werden soll. Dann wird die Zeitbegrenzung um die ausgefallenen Minuten erhöht. Nach der Speicherung wird das neue Zeitlimit sofort in der Prüfung wirksam.

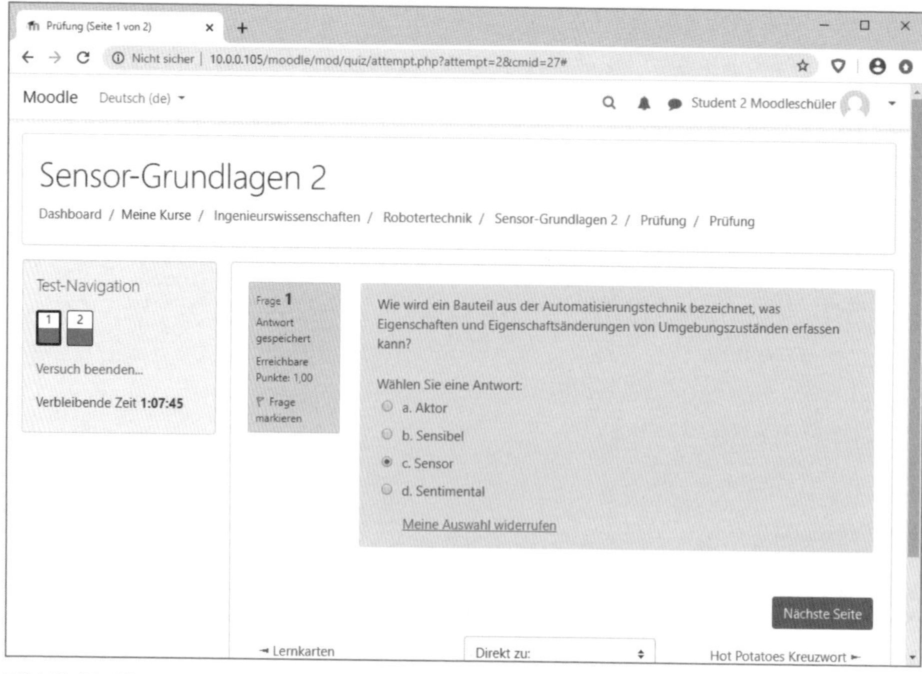

Bild 14.36 Die verbleibende Zeit ist nun deutlich mehr als ursprünglich 60 Minuten. Die Anpassung ist auch während eines bereits laufenden Tests möglich.

14.4.5.3 Ergebniskorrekturen und Zusatzversuche

Es gibt mindestens zwei Fälle, in denen die Korrektur eines Ergebnisses und gegebenenfalls eine Neubewertung erforderlich sein können.

- Ein tatsächlicher Fehler in der Aufgabendeklaration führte zu einer falschen automatischen Bewertung trotz einer fachlich richtigen Antwort.
- Freitextaufgaben müssen grundsätzlich manuell bewertet werden.

Im bereits angesprochenen Bereich *Bewertung (Test-Administration – Ergebnisse)* gibt es eine Liste aller durchgeführten Versuche. Diese Liste kann wie bei einer gängigen Tabellenkalkulation durch einen Klick auf die jeweilige Spaltenüberschrift sortiert werden. Zudem erleichtert der alphabetische Index die Suche nach bestimmten Teilnehmerinnen und Teilnehmern.

Diese Tabelle bietet zunächst verschiedene Möglichkeiten:

- den kompletten Versuch der Teilnehmerin bzw. des Teilnehmers überprüfen.
- eine einzelne Antwort überprüfen.

Im Fall einer gezielten Reklamation oder einer zu bewertenden Freitextaufgabe wird man die Antwort direkt überprüfen wollen. Dazu klickt man auf den Zahlenwert des Ergebnisses. Um einen Versuch der betreffenden Person zu überprüfen, gibt es sowohl unter deren Namen einen Link als auch die Möglichkeit auf den Zahlenwert der gesamten Bewertung zu klicken.

Ebenso in diesem Bereich lassen sich zusätzliche Versuche aktivieren. Ist die Anzahl der möglichen Versuche begrenzt oder bei mehreren möglichen Versuchen mit Punktabzügen sanktioniert, kann im Fall eines begründeten Abbruchs oder Misserfolgs eines Versuchs dieser gelöscht und damit ein weiterer Antritt ermöglicht werden. Ein Beispiel für einen solchen begründeten Fall wäre der Sturm des Prüfungssaales durch Störer, wodurch den Kandidatinnen und Kandidaten die für die Prüfung wichtige Konzentration genommen wird. Auch technische Störungen oder Krankheitsfälle sind begründete Fälle, die einen erneuten Versuch rechtfertigen.

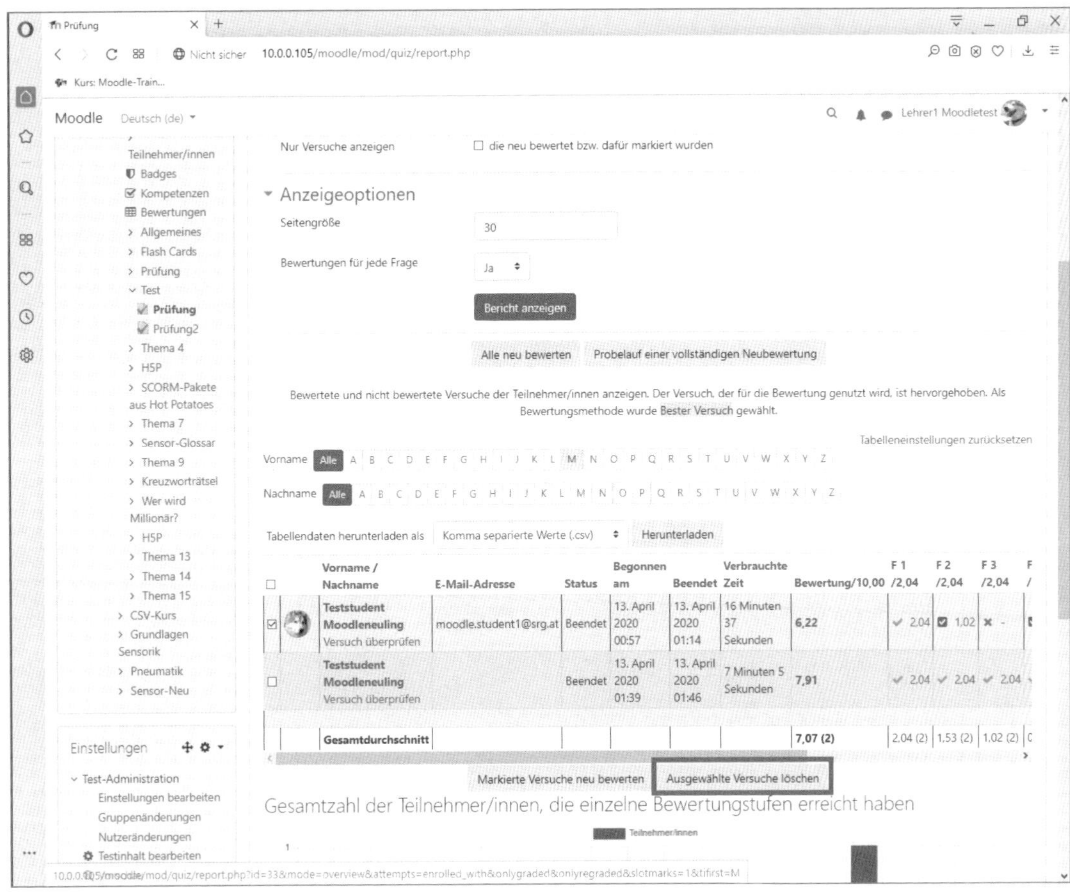

Bild 14.37 Ein ungültiger Versuch kann durch eine lehrende Person gelöscht und damit ein erneuter Antritt ermöglicht werden. Die Löschung ist zu dokumentieren und die Ergebnisse zuvor zu speichern.

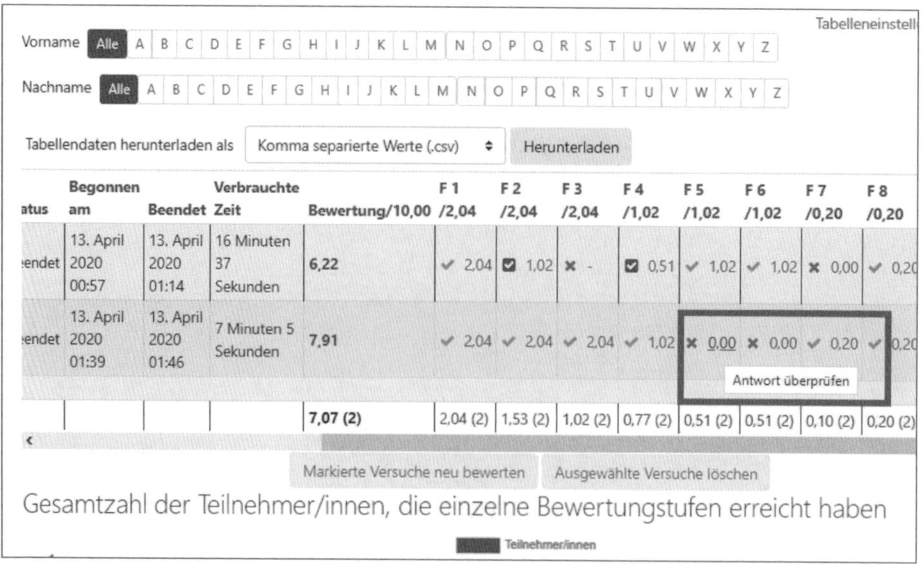

Bild 14.38 Ein Klick auf den Zahlenwert der Bewertung führt zur Überprüfung einer einzelnen Antwort. Hier lässt sich erkennen und klären, wenn etwas schiefgelaufen ist.

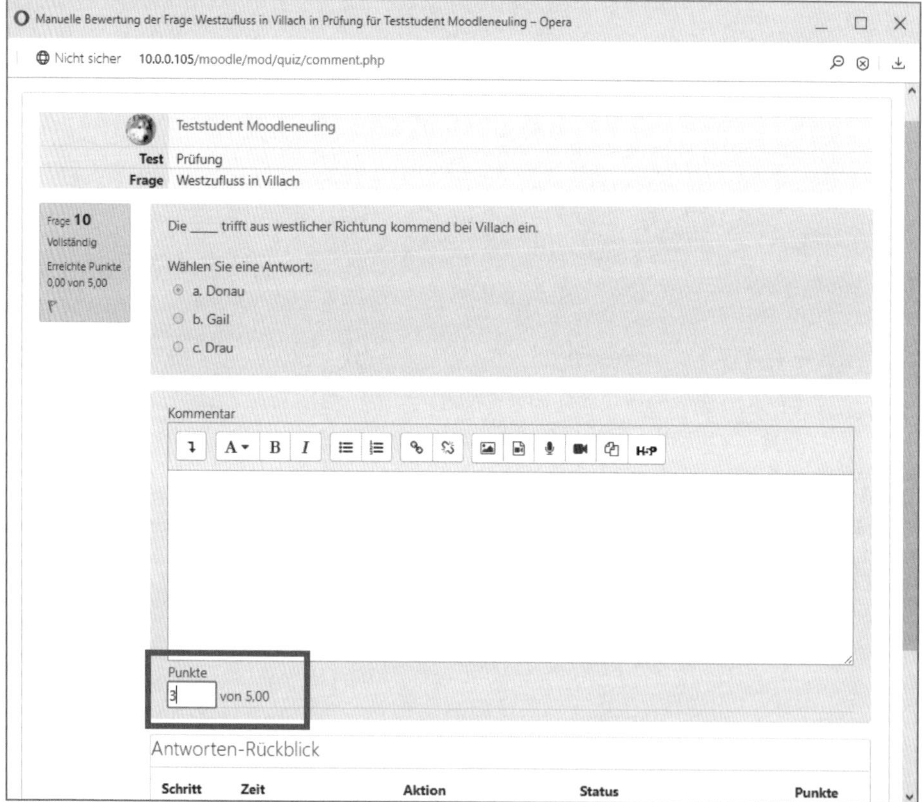

Bild 14.39 Natürlich ist die Antwort in diesem Fall falsch. Aber was, wenn die Antwort strittig wäre und die Vergabe von Teilpunkten gerechtfertigt? Dann gibt es hier die Möglichkeit, die automatisch von Moodle vergebenen Punkte zu überschreiben.

14.4.5.4 Grundsätzliche manuelle Bewertung

Wie bereits angesprochen, gibt es Fragen, deren Antworten sich nicht automatisch durch Moodle (nach den Regeln des Fragenerstellers) bewerten lassen. Das mag in einiger Zukunft unter dem Einsatz künstlicher Intelligenz[5] anders aussehen, jedoch ist Moodle derzeit noch nicht in der Lage, Texte zu verstehen und zu interpretieren, um daraus belastbare Bewertungen abzuleiten.

Freitextantworten müssen also heute nach wie vor vom Lehrenden gelesen und bewertet werden. Es fließen hier also unvermeidlich subjektive Einflüsse in die Bewertung mit ein. Was dies betrifft, so bietet die elektronische Prüfungsform zunächst keinen echten Gewinn. Zumindest ist die Bewertung vom reinen Prozedere betrachtet nicht anders als bei der Beurteilung einer auf Papier geschriebenen Arbeit.

Es gibt aber bereits an dieser Stelle Meinungen, die allein durch die elektronische Abgabe einer Freitextantwort einen positiven Effekt hinsichtlich der Neutralisierung subjektiver Einflüsse sehen. Diese Ansichten werden wohl wissend vertreten, dass die Identitäten der Kandidatinnen und Kandidaten bekannt sind und demnach persönliche Sympathie oder Antipathie nicht ausgeschlossen werden kann. Es wird argumentiert, dass das Schriftbild einen unterbewussten, jedoch direkten Einfluss auf die Bewertung haben kann. Ein schönes Schriftbild wirkt offensichtlich „kompetenter“ als eine ungelenke Handschrift, die womöglich noch durch viele Durchstreichungen und Rechtschreibfehler negativ betont wird.

Tatsächlich ist es die Vielfalt der Handschriften der Teilnehmerinnen und Teilnehmer, die das deutlichste Argument für eine elektronische Prüfung darstellt. Dabei wird keinerlei subjektive Bewertung betrachtet, sondern allein der praktische Aspekt. Schlechte Handschriften sind schwer zu lesen und können somit zu Fehldeutungen führen. Es erfordert viel Zeit, eine handschriftliche Arbeit mit dem Anspruch auf Fairness zu beurteilen. Eine in ein Textfeld geschriebene Antwort wird immer in einer klar lesbaren Computerschrift dargestellt. Dies erleichtert die Lesbarkeit und damit die Bewertung. Es bringt für Lehrende einen deutlichen Zeitgewinn in der Bearbeitung der Prüfungen.

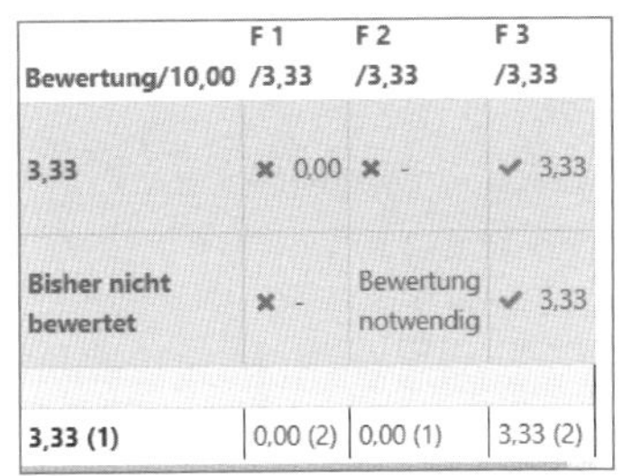

Bewertung/10,00	F 1 /3,33	F 2 /3,33	F 3 /3,33
3,33	✖ 0,00	✖ -	✔ 3,33
Bisher nicht bewertet	✖ -	Bewertung notwendig	✔ 3,33
3,33 (1)	0,00 (2)	0,00 (1)	3,33 (2)

Bild 14.40
Die Frage 2 – es handelt sich um eine Freitextaufgabe, die das System nicht automatisch bewerten kann – zeigt hier zwei verschiedene Ergebnisse: In der ersten Zeile wird sie als „Falsch“ gekennzeichnet. Nur in der zweiten Zeile wird die Bewertung gefordert.

[5] Künstliche Intelligenz (KI) ist eine mittlerweile sehr weit fortgeschrittene Technologie. Die Spitze des Eisbergs ist jedem im Alltag bekannt, wenn Sprachsteuerungssysteme eingesetzt werden. Diese nutzen allerdings sehr große Rechenleistungen in einem entfernten System – meist in den USA gehostet, weil dort die führenden Unternehmen dieser Branche beheimatet sind. Das wirft bereits Fragen hinsichtlich des Daten- und Persönlichkeitsschutzes auf. Es werden nicht allein die Sprachbefehle gedeutet und in konkrete Schaltanweisungen umgesetzt, sondern es können auch Sprachanalysen durchgeführt und tiefgreifende Forschungen betrieben werden. Stimme ist ein biometrisches Merkmal, das zur eindeutigen Erkennung eines Menschen verwendet werden kann. Auch das Militär forscht intensiv im Bereich der künstlichen Intelligenz. Bildungssysteme werden möglicherweise von den Ergebnissen – wenngleich nicht primär – profitieren können. Es wird jedoch noch einige Jahre dauern, bis tatsächlich Bildungssysteme auf der Basis künstlicher Intelligenz eingesetzt werden können.

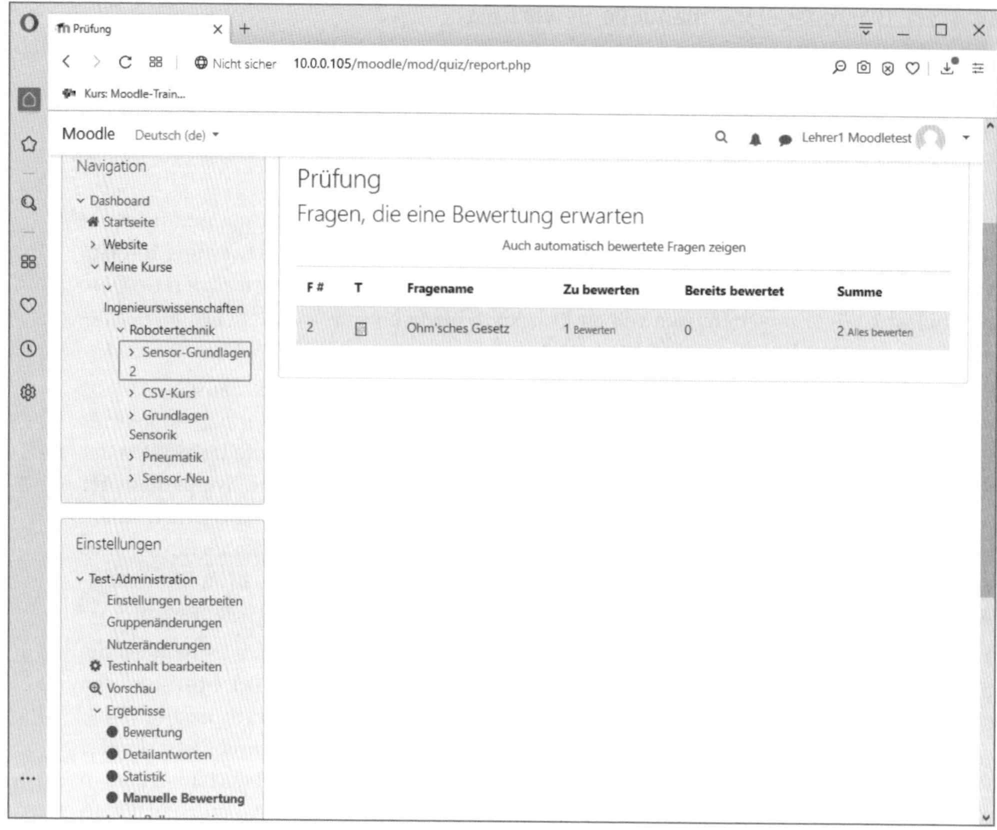

Bild 14.41 Nach einer einfachen mathematischen Betrachtung erscheint die angezeigte Zeile unlogisch: Es wurde von zwei Lösungen noch keine bewertet. Es ist aber nur eine einzige Frage zur Bewertung ausstehend. Dies spiegelt die Aussage des vorherigen Bilds wider.

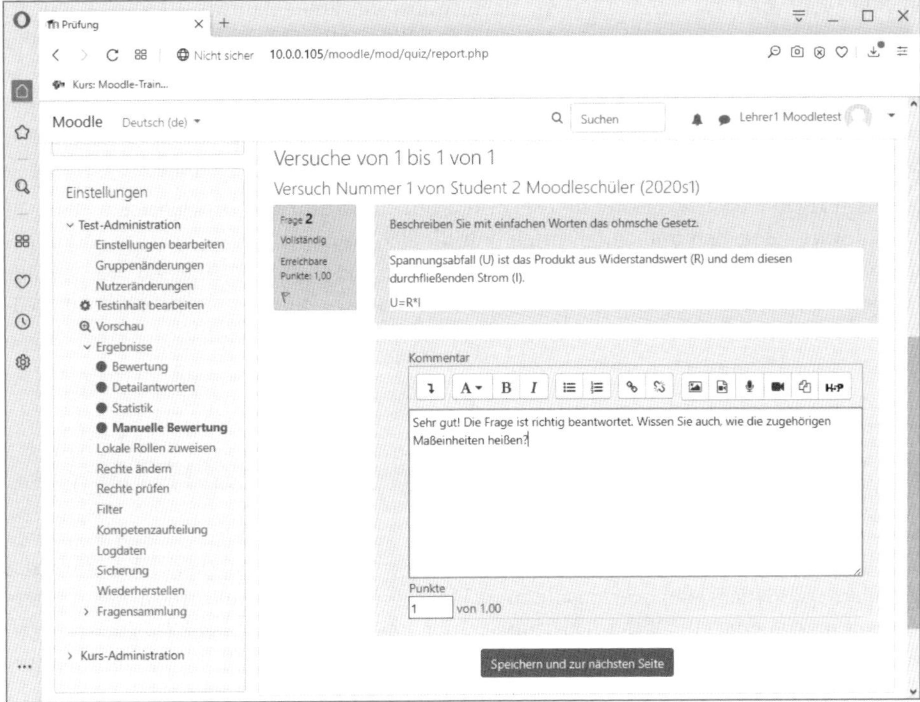

Bild 14.42 In der manuellen Bewertung können Lehrende ein persönliches Feedback zur Antwort geben. Die zu vergebenden Punkte werden manuell eingetragen und sind nach der Speicherung im System gültig.

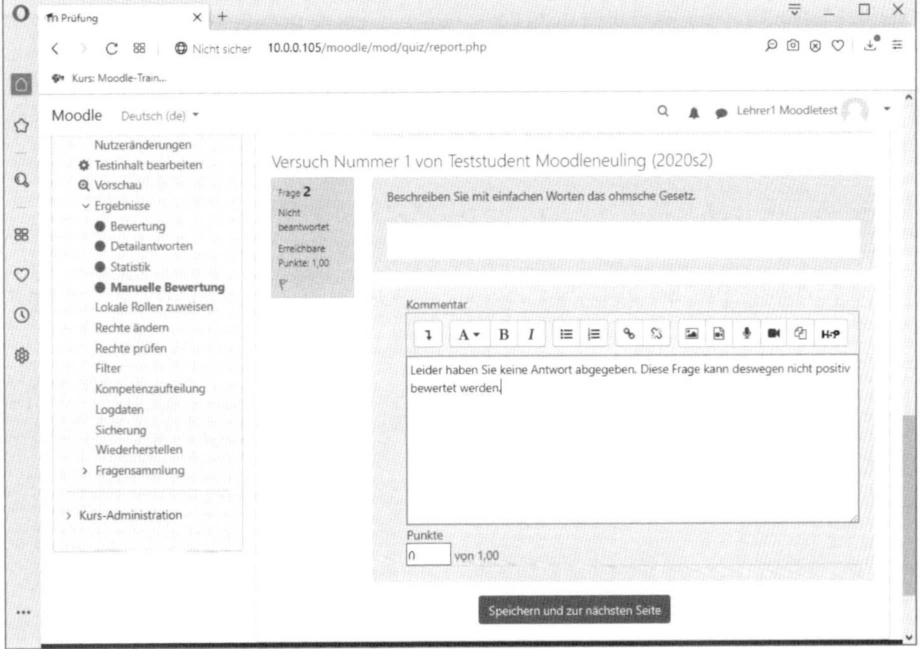

Bild 14.43 Eine Freitextantwort wurde automatisch als „falsch“ gekennzeichnet. Dazu war das System automatisch in der Lage, weil keine Antwort geliefert wurde. Es gibt im Antwortfeld keinen Inhalt.

In Bild 14.40 sind zwei Zeilen zu erkennen, wobei die Freitextantwort (Frage 2) nur in einem Fall eine Bewertung fordert. In der ersten Zeile wird dagegen ein rotes X gesetzt und damit eine falsche Antwort indiziert. Obwohl Moodle im Prinzip nicht in der Lage ist, eine Freitextantwort zu bewerten, gibt es eine Ausnahme: Ist das Antwortfeld leer, so kann keine richtige Antwort vorliegen! Hier ist es also eindeutig, dass es keine Punkte zu vergeben gibt, und Moodle wird diese Antwort nicht mehr zur manuellen Bewertung anbieten.

Ist das Textfeld jedoch ausgefüllt und sei es nur mit einem einzigen Druckzeichen, dann ist die Antwort zu sichten und zu bewerten. Für die Bewertung sind zwei Schritte vorzunehmen. Wichtig ist rein formal die Vergabe der Punkte, die in das Ergebnis des Kurses mit einfließen. Optional, aber aus didaktischen Gründen sehr wichtig ist das persönliche Feedback. Dieses wird in ein eigenes Textfeld eingetragen.

14.5 Der Safe Exam Browser der ETH-Zürich

Wie in Abschnitt 14.4.2 bereits angedeutet, ist es schwierig, Betrugsversuche durch die technischen Möglichkeiten von Moodle zu verhindern. Dieses Problem wurde in der Schweiz erkannt und von der Abteilung „Lernentwicklung und -technologie" der ETH Zürich in ein sehr zuverlässiges Produkt umgesetzt: Der Safe Exam Browser (SEB) ist ein sogenanntes *Kiosk System*[6]. Dieser Browser ist für verschiedene Plattformen verfügbar:

- MS-Windows
- Mac OS
- iOS

Der Safe Exam Browser wird über das Lernmanagementsystem aufgerufen. Ist der Browser aktiv, dann erscheint die Oberfläche im Vollbildmodus. Allerdings gibt es einen wesentlichen Unterschied zum Vollbildmodus mit JavaScript (vgl. Abschnitt 14.4.2.2): Der Safe Exam Browser bietet keine Hintertüren. Tastenkombinationen wie **Alt+Tab** lassen sich sperren.

Safe Exam Browser – nicht allein für Moodle

Der Safe Exam Browser wird nicht nur mit Moodle, sondern auch in anderen Lernmanagementsystemen eingesetzt. Das sind u. a. ILIAS und OpenOLAT.

[6] Der Begriff eines Kiosk-Systems kommt aus der multimedialen Werbetechnologie. Öffentliche Internet-Terminals sollen den potenziellen Kunden ermutigen, durch die Webseiten des eigenen Unternehmens zu navigieren, jedoch soll es keine Plattform für den Besuch beliebiger Seiten darstellen.

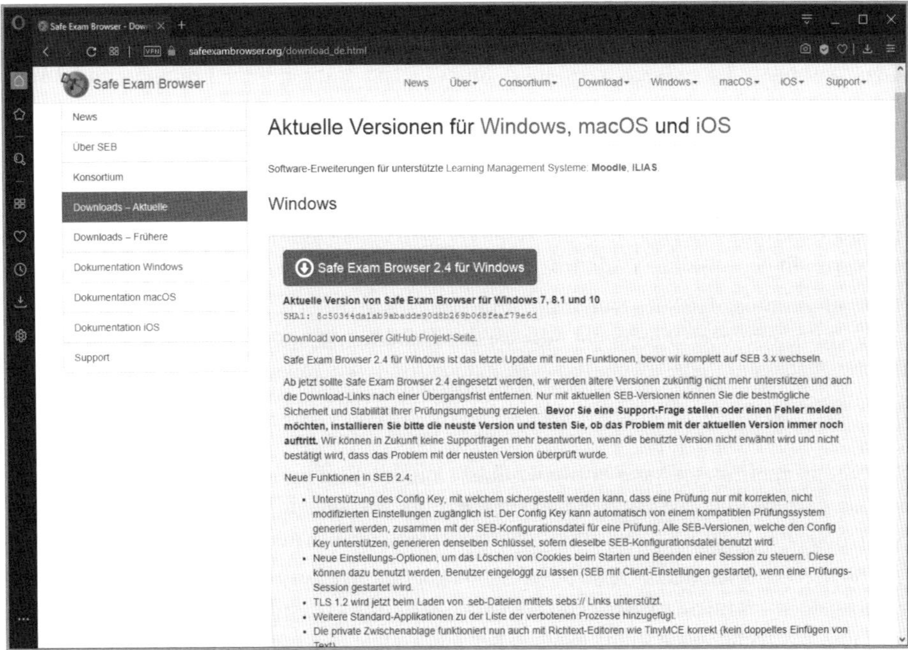

Bild 14.44 Der Safe Exam Browser kann kostenlos für die wichtigsten Betriebssysteme heruntergeladen werden. Linux-User können den Safe Exam Browser jedoch nicht verwenden.

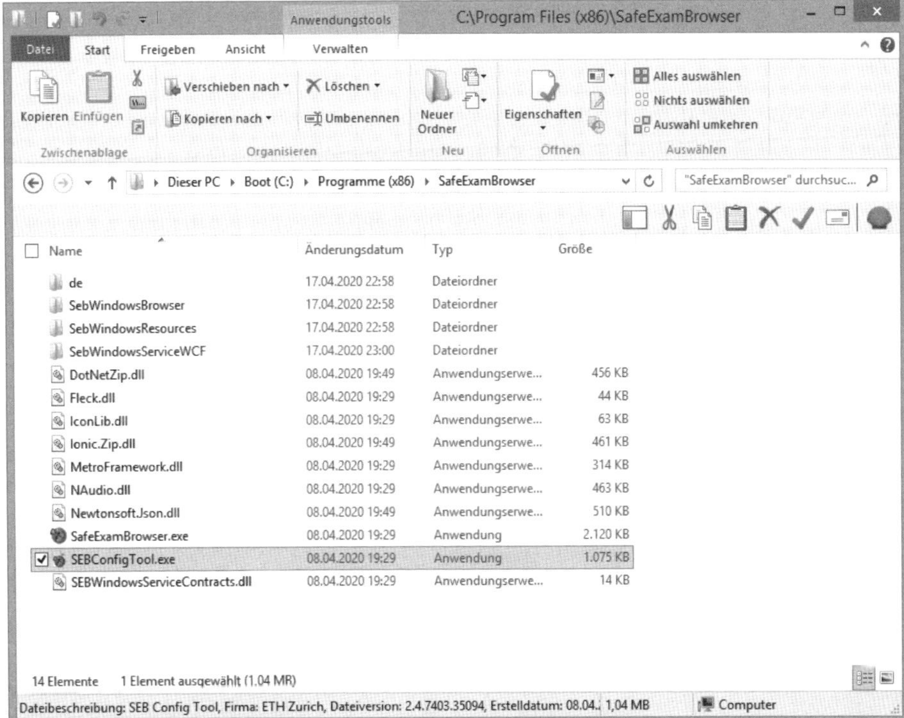

Bild 14.45 Vor dem ersten Einsatz des Safe Exam Browsers ist die Konfiguration erforderlich. Dies ist grundsätzlich eine Aufgabe der Lehrenden, welche die Regeln der Prüfung und damit auch die für die Verwendung von Werkzeugen festlegen.

Der Safe Exam Browser ist kein Webbrowser im klassischen Sinn. Seine Aufgabe ist es, Funktionen außer Kraft zu setzen und den Zugriff auf andere Programme des Computers einzuschränken. Es soll also verhindert werden, dass während der Prüfung andere Webseiten aufgerufen werden als es für die Bearbeitung der Prüfung nötig ist. Um das zu gewährleisten, ist eine spezielle Konfiguration erforderlich, die vom Lehrenden zu erstellen ist. In dieser Konfiguration wird unter anderem festgelegt, welche zusätzlichen Programme verfügbar sein dürfen. Das ist durchaus im Sinn einer Prüfung, denn möglicherweise sind Aufgaben mithilfe externer Software zu lösen. Man denke nur an die Programmierung von Robotern mit der jeweiligen Administrationssoftware.

Die Konfigurationsdatei des Safe Exam Browsers enthält jedoch noch sehr viel mehr Details. Die wichtigste Information ist die Adresse der Testaktivität, welche die Prüfung beinhaltet. Damit startet der Safe Exam Browser automatisch mit einem Anmeldebildschirm des Moodle-Systems. Nach dem Login gelangen die Kandidatinnen und Kandidaten direkt zur Prüfung.

Der Safe Exam Browser kann entweder direkt auf den Rechnern der Teilnehmerinnen und Teilnehmer installiert oder mit einem via Netzwerk gebooteten Betriebssystem mitgeliefert werden. Beides birgt vor allem rechtliche, aber auch technische Probleme.

Das Booten eines kompletten Betriebssystems über das Netzwerk ist durchaus ein Konzept, welches auch im Business-Bereich verwendet wird. Die eigentlichen Computer sind quasi nur „dumme Technologie" ohne eigenes Betriebssystem und ohne eigene Software. Es handelt sich um sogenannte Thin Clients. Damit dies jedoch funktionieren kann, müssen die Computer für das Booten über das Netzwerk konfiguriert werden. Komplikationen können hierbei neue BIOS-Technologien hervorrufen, wenn diese eine ID beinhalten, die direkt mit der Lizenz eines Betriebssystems verbunden ist. Eine der größten Herausforderungen stellt jedoch die Schaffung einer geeigneten Infrastruktur dar. Eine Verkabelung geeigneter Prüfungssäle ist kostspielig und erfordert neben dem rein technischen Aufwand auch eine entsprechende Administration. Diese Räume werden quasi per se für Prüfungen bevorzugt zu belegen sein. Es stellt sich damit also auch ein organisatorisches Problem.

Die feste Installation auf privaten Computern der Kandidatinnen und Kandidaten ist rechtlich nicht unumstritten. Es stellen sich Fragen nach einer eventuellen Haftung. Gibt es Störungen im System, kann alleine die Behauptung, der Safe Exam Browser (oder eine andere im Prüfungskontext installierte Software) hätte die Störung verursacht, Streitigkeiten verursachen, die durchaus juristisches Niveau erreichen können.

Zusätzlich muss in der Organisationsstruktur der Schule oder Hochschule eine Beratungsstelle installiert werden. Der Safe Exam Browser erfordert eine Einführung in dessen Benutzung und den entsprechenden technischen Support. Man darf davon ausgehen, dass an Schulen und Hochschulen nur ein Bruchteil der Lernenden einen technisch orientierten Hintergrund besitzt. Die meisten Lernenden benutzen das Internet, ein Smartphone und den Laptop als reines Werkzeug und verlassen sich auf dessen Funktion. Für technische Feinheiten wird also professionelle Hilfe benötigt und diese Experten müssen mit allen denkbaren Varianten der verwendeten Geräte, deren Betriebssystemen und Formfaktoren vertraut sein. Dies ist grundsätzlich eine Herausforderung in einer zunehmend digitalisierten Gesellschaft.

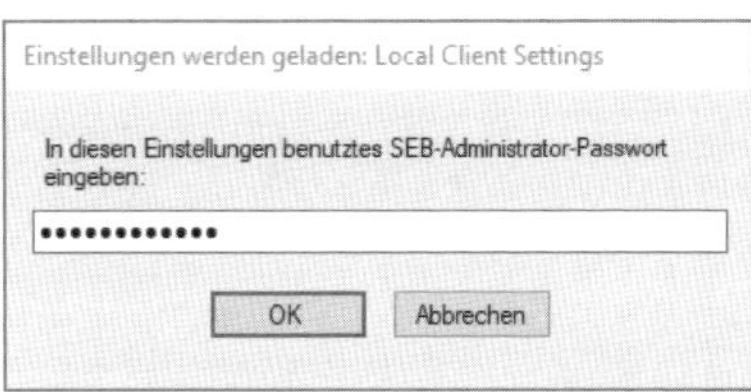

Bild 14.46
Die Konfiguration des Safe Exam Browsers ist nur mit einem Administrator-Passwort zugänglich. Damit werden Manipulationen ausgeschlossen.

Der Safe Exam Browser unterscheidet sich vor allem durch die Restriktion beim Zugriff auf Ressourcen des eigenen Computers vom Vollbildmodus wie er für Prüfungen in Moodle vorgesehen werden kann. Programme, die während einer Prüfung als Hilfsmittel zugelassen sind, müssen ausdrücklich in der Konfiguration des Safe Exam Browsers eingetragen werden. Ebenso lässt sich der Aufruf von Webseiten durch den Safe Exam Browser beschränken. Die Recherche nach einer Antwort über eine Suchmaschine ist damit ausgeschlossen.

Die mit dem Safe Exam Browser verbundenen Einschränkungen bei der Nutzung des Computers während der Prüfungszeit betreffen auch gängige Tastencodes wie beispielsweise Alt+Tab, mit denen zwischen aktiven Programmfenstern umgeschaltet werden kann. Die Einstellungen des Safe Exam Browsers können so weit reichen, dass eine Rückkehr ins Betriebssystem nicht mehr möglich ist. In der Regel wird man jedoch eine Exit-Sequenz aus drei Funktionstasten oder ein Passwort zum Beenden des Safe Exam Browsers vorsehen.

Um die Restriktionen zu umgehen, müsste also lediglich die Konfiguration des Browsers verändert werden. Diese liegt in der Datei *SebClientSettings.seb* vor. Sie ist jedoch nicht mit einem gewöhnlichen Editor zu bearbeiten und damit gesichert. Um die Einstellungen zu bearbeiten wird das Programm *SEBConfigTool.exe* benötigt, was mit dem Safe Exam Browser installiert wird. In der Regel wird der Zugriff auf die Konfiguration durch ein Administrations-Kennwort geschützt. Damit ist eine Manipulation der Einstellungen ausgeschlossen.

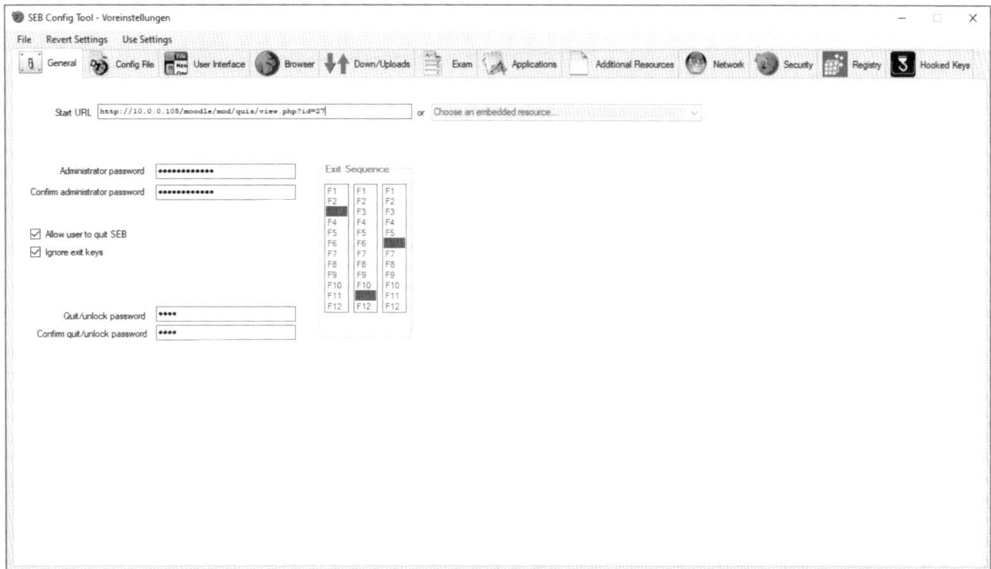

Bild 14.47 Die wichtigsten Einstellungen werden in diesem Fenster vorgenommen. Dazu gehören die Startadresse, über die der Safe Exam Browser den Weg zur Prüfung findet, die Kennwörter für den Konfigurationszugang und die Ausstiegssequenzen, um nach der Prüfung wieder zum regulären Betriebssystem zurückzukehren.

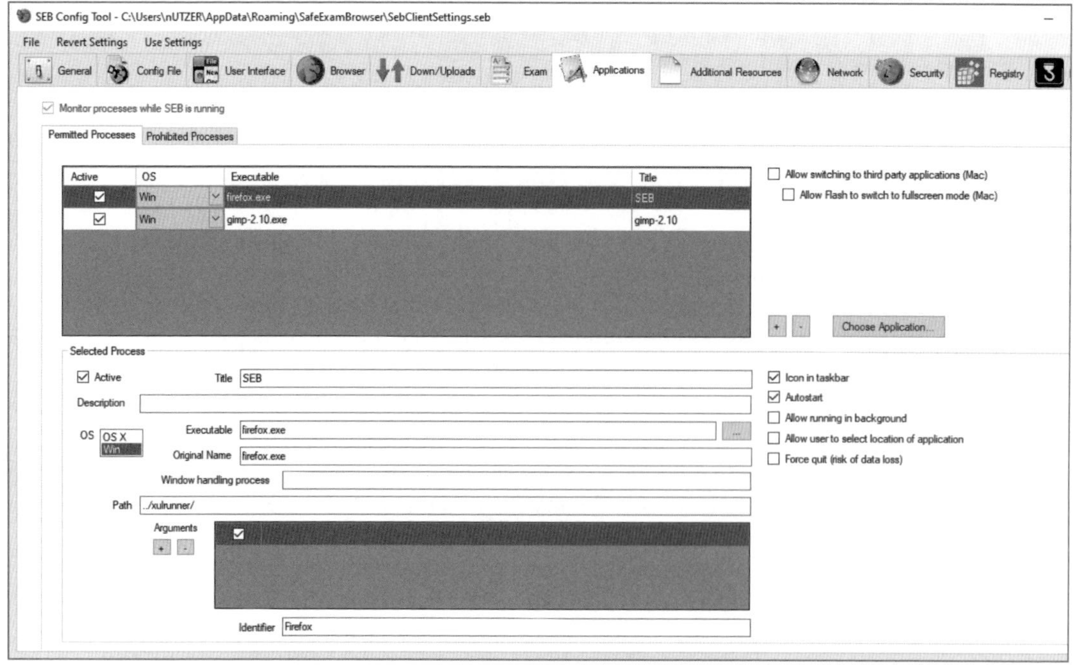

Bild 14.48 Im Einzelfall können auf dem Computer installierte Programme als erlaubte Hilfsmittel freigegeben werden.

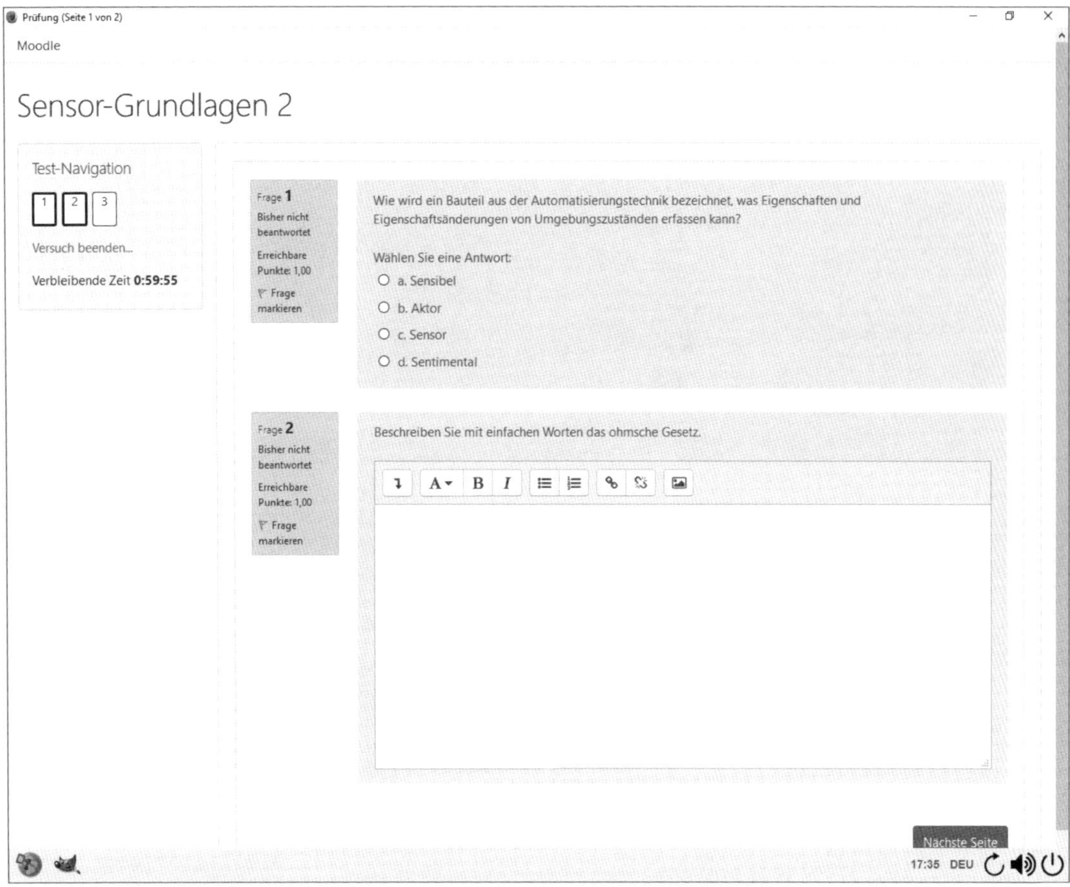

Bild 14.49 Dem Safe Exam Browser fehlen sämtliche Menü- und Navigationsleisten, wie man sie sonst von einem gewöhnlichen Webbrowser kennt. Auch die im unteren Bereich dargestellte Taskleiste kann deaktiviert werden. Es steht einzig und allein der Prüfungsinhalt zur Verfügung.

14.6 Leistungen einzelner Students

Lehrende stehen spätestens am Ende einer Lehrveranstaltung vor der Aufgabe, die gesamten Leistungen des Kurses zu beurteilen. Eine mit der Aktivität *Test* durchgeführte Prüfung ist meist nur eine Komponente und sollte grundsätzlich nicht die einzige Wertungsgrundlage darstellen. Eine solche Prüfung stellt schließlich nur eine Momentaufnahme dar und spiegelt die Tagesform der Kandidatin bzw. des Kandidaten wider.

Lehrende können sich über den Leistungsstand der Teilnehmerinnen und Teilnehmer ihres Kurses informieren, wenn sie in die Teilnehmerliste blicken. Dort kann jedes einzelne Nutzer-Profil aufgerufen werden. Mit den entsprechenden Rechten der Teacher-Rolle kann in diesen Profilen die Bewertungsübersicht aufgerufen werden. Darin finden natürlich auch die betroffenen Lernenden eine Übersicht zu den von ihnen erbrachten Leistungen.

In der Leistungsübersicht finden die betreffenden Students alle sie betreffenden Kurse. Personen mit der Teacher-Rolle haben Einblick in die Ergebnisse der von ihnen betreuten Kurse. Es lassen sich die Ergebnisse jeder einzelnen Aktivität des Kurses einsehen und einzelne Ergebnisse beantworteter Fragen nachvollziehen.

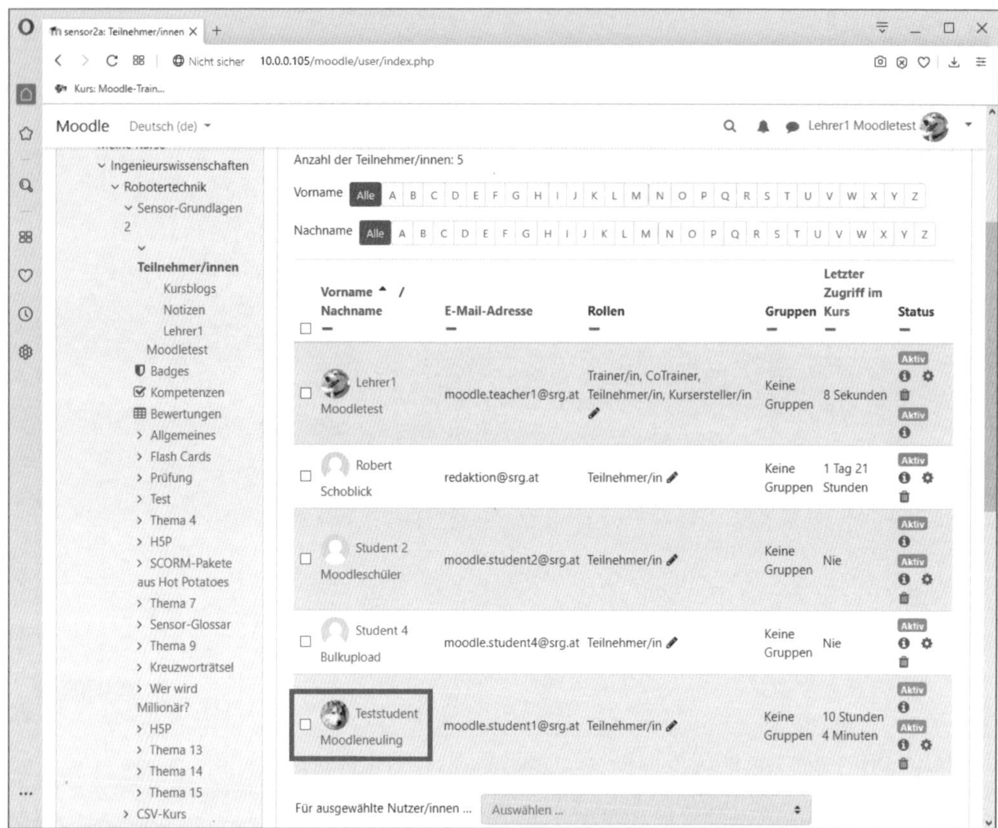

Bild 14.50 Lehrende haben die Möglichkeit, die Ergebnisse ihrer Lernenden zu prüfen und bei Bedarf anzupassen.

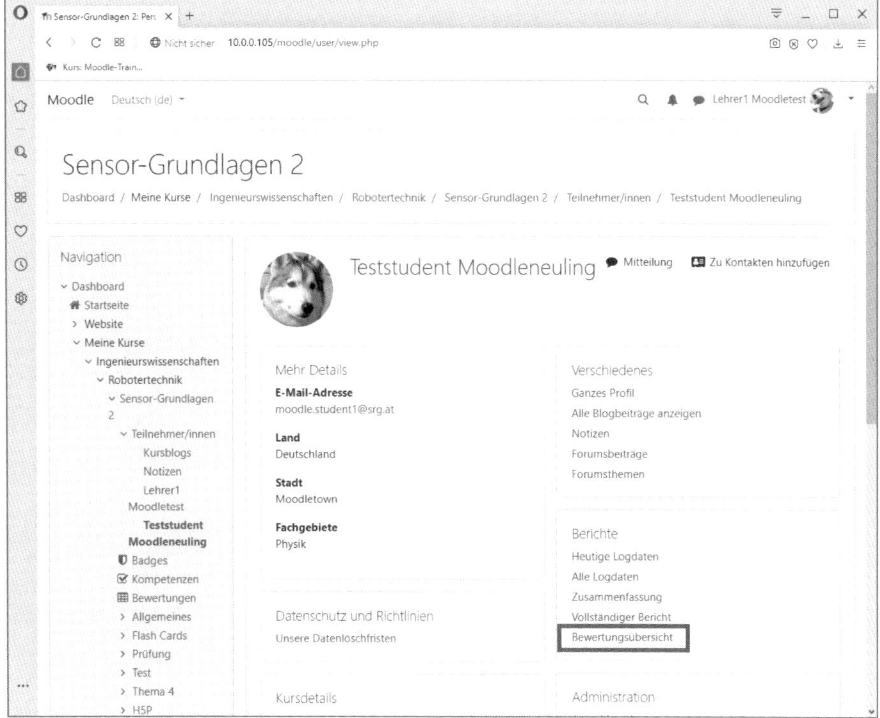

Bild 14.51 Lehrenden mit den entsprechenden Rechten ist in den Nutzerprofilen die Bewertungsübersicht im Block *Berichte* zugänglich.

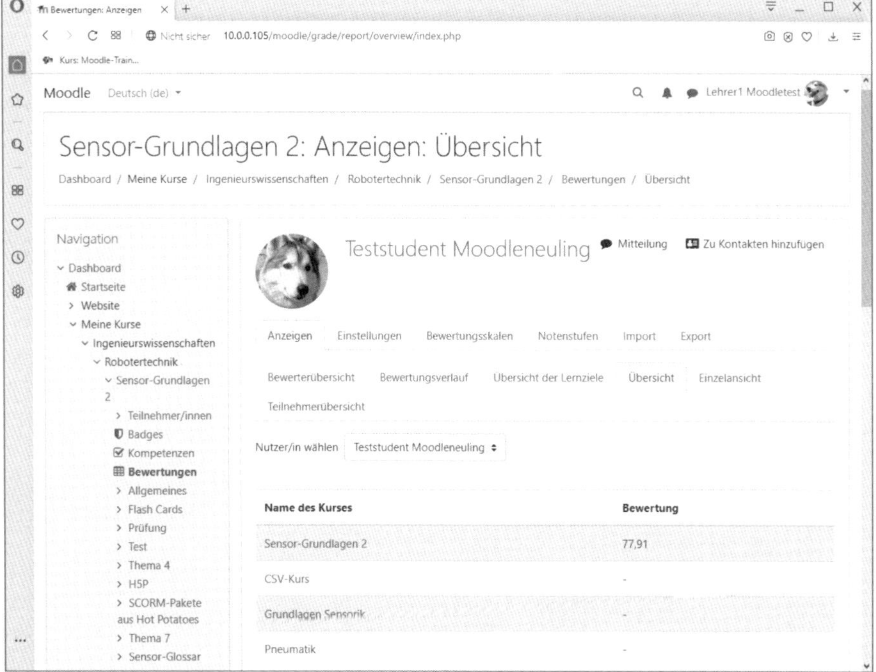

Bild 14.52 Lehrende können lernende Personen in verschiedenen Kursen betreuen. Nur auf die Bewertungen dieser Kurse gibt es einen Zugriff.

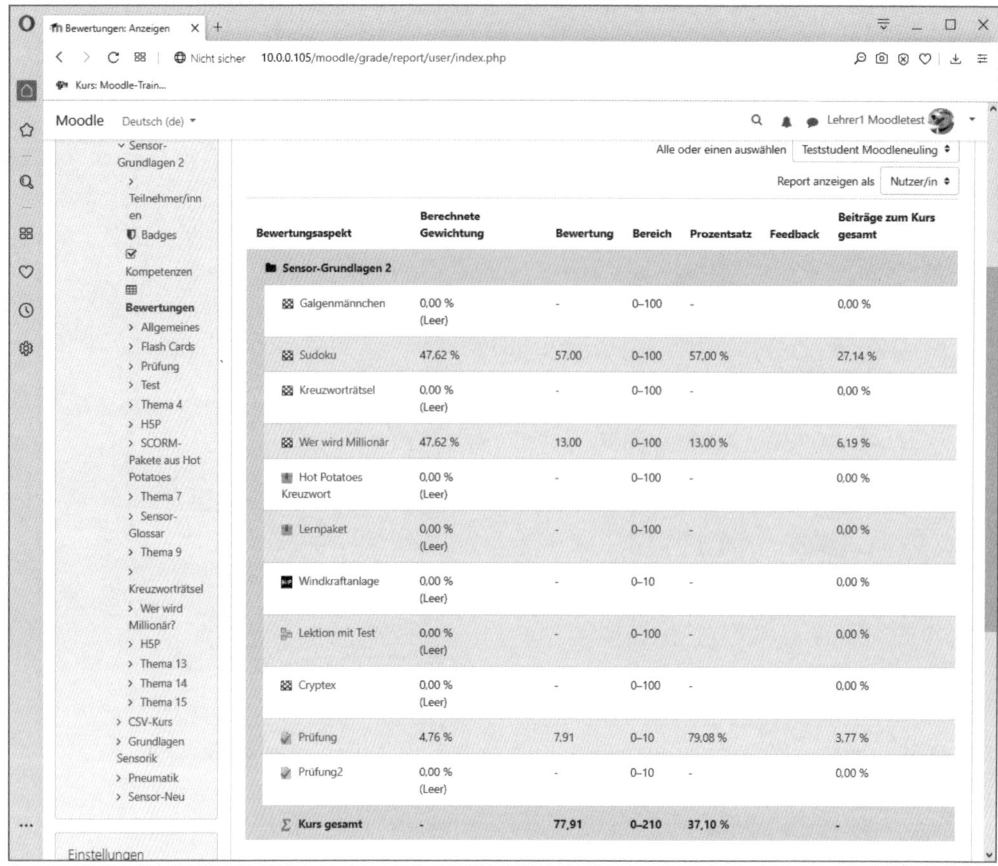

Bild 14.53 Nicht nur die Prüfungsergebnisse, sondern auch die Fortschritte in einzelnen Lektionen des Kurses sind ersichtlich und können in die Gesamtbeurteilung einbezogen werden.

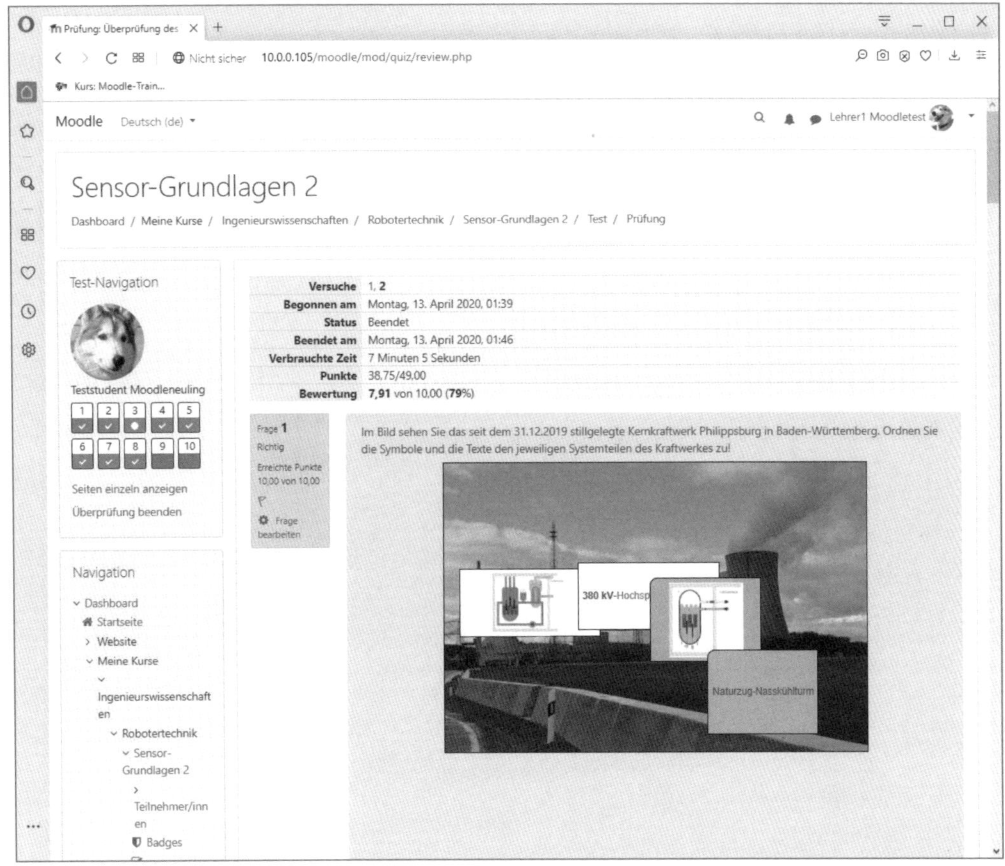

Bild 14.54 Es ist möglich, nachträglich Fragen und Aktivitäten zu betrachten und deren Bewertung zu prüfen.

Index

Symbole

A

B

C

D

E

H

I

L

M

N

O

P

Q

R

T

X

Z